DIREITO
AMBIENTAL

O GEN | Grupo Editorial Nacional – maior plataforma editorial brasileira no segmento científico, técnico e profissional – publica conteúdos nas áreas de concursos, ciências jurídicas, humanas, exatas, da saúde e sociais aplicadas, além de prover serviços direcionados à educação continuada.

As editoras que integram o GEN, das mais respeitadas no mercado editorial, construíram catálogos inigualáveis, com obras decisivas para a formação acadêmica e o aperfeiçoamento de várias gerações de profissionais e estudantes, tendo se tornado sinônimo de qualidade e seriedade.

A missão do GEN e dos núcleos de conteúdo que o compõem é prover a melhor informação científica e distribuí-la de maneira flexível e conveniente, a preços justos, gerando benefícios e servindo a autores, docentes, livreiros, funcionários, colaboradores e acionistas.

Nosso comportamento ético incondicional e nossa responsabilidade social e ambiental são reforçados pela natureza educacional de nossa atividade e dão sustentabilidade ao crescimento contínuo e à rentabilidade do grupo.

PAULO DE BESSA ANTUNES

DIREITO
AMBIENTAL

24ª edição revista, atualizada e ampliada

gen | atlas

- O autor deste livro e a editora empenharam seus melhores esforços para assegurar que as informações e os procedimentos apresentados no texto estejam em acordo com os padrões aceitos à época da publicação, e todos os dados foram atualizados pelo autor até a data de fechamento do livro. Entretanto, tendo em conta a evolução das ciências, as atualizações legislativas, as mudanças regulamentares governamentais e o constante fluxo de novas informações sobre os temas que constam do livro, recomendamos enfaticamente que os leitores consultem sempre outras fontes fidedignas, de modo a se certificarem de que as informações contidas no texto estão corretas e de que não houve alterações nas recomendações ou na legislação regulamentadora.

- Fechamento desta edição: *27.03.2025*

- O autor e a editora se empenharam para citar adequadamente e dar o devido crédito a todos os detentores de direitos autorais de qualquer material utilizado neste livro, dispondo-se a possíveis acertos posteriores caso, inadvertida e involuntariamente, a identificação de algum deles tenha sido omitida.

- **Atendimento ao cliente:** (11) 5080-0751 | faleconosco@grupogen.com.br

- Direitos exclusivos para a língua portuguesa
  Copyright © 2025 by
  Editora Atlas Ltda.
  Uma editora integrante do GEN | Grupo Editorial Nacional
  Travessa do Ouvidor, 11 – Térreo e 6º andar
  Rio de Janeiro – RJ – 20040-040
  www.grupogen.com.br

- Reservados todos os direitos. É proibida a duplicação ou reprodução deste volume, no todo ou em parte, em quaisquer formas ou por quaisquer meios (eletrônico, mecânico, gravação, fotocópia, distribuição pela Internet ou outros), sem permissão, por escrito, da Editora Atlas Ltda.

- Capa: Fabricio Vale

- **CIP – BRASIL. CATALOGAÇÃO NA FONTE.
  SINDICATO NACIONAL DOS EDITORES DE LIVROS, RJ.**

A643d
24. ed

Antunes, Paulo de Bessa
  Direito ambiental / Paulo de Bessa Antunes. – 24. ed. rev., atual. e reform. – Barueri [SP]: Atlas, 2025.
  680 p. ; 24 cm.

  Inclui bibliografia
  ISBN 978-65-5977-742-6

  1. Direito ambiental – Brasil. I. Título.

25-97143.0   CDU: 349.6(81)

Meri Gleice Rodrigues de Souza – Bibliotecária – CRB-7/6439

SOBRE O AUTOR

Paulo de Bessa Antunes
Professor titular da Universidade Federal do Estado do Rio de Janeiro (UNIRIO). Doutor em Direito (Universidade do Estado do Rio de Janeiro – UERJ). Mestre em Direito (Pontifícia Universidade Católica do Rio de Janeiro – PUC/RJ). Bacharel em Ciências Jurídicas e Sociais (Faculdade Nacional de Direito – UFRJ/FND). Procurador Regional da República (aposentado). Ex-coordenador da Defesa dos Interesses Individuais e Difusos da Procuradoria da República no Estado do Rio de Janeiro. Ex-coordenador da pós-graduação em Direito e Políticas Públicas do Centro de Ciências Jurídicas e Políticas da UNIRIO. 2022 Elisabeth Haub Award of Environmental Law and Diplomacy. Presidente da Comissão de Direito Ambiental do Instituto dos Advogados Brasileiros (IAB). Ex-presidente da União Brasileira da Advocacia Ambiental (UBAA). Environmental Law Visiting Scholar (Elisabeth Haub School of Law – Pace University). Advogado especializado em Direito Ambiental. Membro da Comissão Mundial de Direito Ambiental da União Internacional para a Conservação da Natureza (WCEL/IUCN), de 2017 a 2020. Vice-presidente do Comitê XI, Recursos Naturais e Proteção do Meio Ambiente, da Federação Interamericana de Advogados.

PREFÁCIO À 24ª EDIÇÃO

Esta 24ª edição de *Direito Ambiental* é uma ampla atualização passada pelo livro que, de fato, está à disposição do leitor há mais de trinta anos, pois a sua primeira edição veio a público em 1992 – pela editora Renovar, ainda intitulada de *Curso de Direito Ambiental* –, coincidentemente no ano em que se realizou a Conferência das Nações Unidas sobre Meio Ambiente e Desenvolvimento [Rio 92]. Desde então, o livro vem sendo generosamente acolhido pelos interessados pelo Direito Ambiental, notadamente estudantes das mais diferentes graduações e profissionais da área do meio ambiente.

Ao longo das mais de três décadas de vida de *Direito Ambiental*, houve uma grande produção legislativa, doutrinária e jurisprudencial que transformou o papel do Direito Ambiental não só no contexto da ordem jurídica, mas especialmente no âmbito nacional e internacional. *Direito Ambiental* procurou acompanhar as transformações e trazer informação atualizada para os seus leitores. É importante registrar que, quando do lançamento do livro, não se tinha a facilidade que hoje nos é proporcionada pela internet e, por isso, muito conteúdo foi sendo acrescentado ao livro que, na atualidade, se encontra amplamente acessível na rede de computadores.

Uma forma de reafirmar o nosso compromisso ambiental, além de nos associarmos às comemorações de Rio+30 e, também, às comemorações de Estocolmo+50, foi reduzir o consumo excessivo de papel de uma obra que já ultrapassa o milhar de páginas e que, inevitavelmente, precisava manter coerência com os seus objetivos ecológicos e de proteção ao meio ambiente. Ciente de tal condição, foi feita uma reorganização profunda de *Direito Ambiental*, com vistas a atender ao público acadêmico e ao profissional.

O eixo principal da reformulação foi a divisão do livro em seis partes temáticas que procuraram agrupar os capítulos de forma sistemática, de modo que a unidade entre as principais questões ambientais não se perdesse. As partes temáticas ficaram assim distribuídas: (1) Teoria Geral do Direito Ambiental, (2) Diversidade biológica, (3) Política energética e meio ambiente, (4) Recursos hídricos, (5) Meio ambiente urbano e (6) Exploração de recursos naturais. É relevante informar ao leitor que, não obstante a redução de volume do livro, novos capítulos foram acrescidos à obra, como resposta a novos temas que ganharam repercussão. Assim, foram inseridos, por exemplo, um capítulo sobre mudanças climáticas e outro sobre o direito dos animais.

Com vistas à redução de papel e como contribuição a um dos três Rs da sustentabilidade – Reduzir –, a indicação de decisões judiciais, como regra, não se faz mais com a reprodução de ementas ou trecho de votos, salvo quando extremamente necessários, pois a indicação das decisões judiciais é suficiente para que o julgado seja facilmente encontrado na internet nos sítios eletrônicos dos próprios tribunais, tendo em vista que todos os tribunais brasileiros possuem acesso digital para a sua jurisprudência; o mesmo ocorre com as referências legislativas, haja vista que as leis estão amplamente disponíveis em vários sítios na internet públicos (acesso gratuito) e privados.

O Autor

SUMÁRIO

1ª PARTE
TEORIA GERAL DO DIREITO AMBIENTAL

CAPÍTULO 1 – O DIREITO AMBIENTAL 3
1. O conceito de direito ambiental.. 3
   1.1 Um direito de natureza tutelar e finalística 7
   1.2 As vertentes do direito ambiental 8
      1.2.1 A vertente econômica 8
         1.2.1.1 Liberdade econômica e direito ambiental 9
      1.2.2 A vertente ecológica do direito ambiental 12
         1.2.2.1 O reconhecimento de direitos da natureza.................... 12
      1.2.3 A vertente humana do direito ambiental 14
   1.3 Os princípios do direito ambiental 14
      1.3.1 Princípio da dignidade da pessoa humana............................... 15
      1.3.2 Princípio democrático... 15
      1.3.3 Princípio da precaução 17
      1.3.4 Princípio da prevenção... 19
      1.3.5 Princípio do equilíbrio.. 20
      1.3.6 Princípio da capacidade de suporte 20
      1.3.7 Princípio da responsabilidade.. 22
      1.3.8 Princípio do poluidor pagador... 22
      1.3.9 Princípio da vedação de retrocesso ambiental ou proibição da proteção insuficiente.. 23
   1.4 Autonomia do direito ambiental 23
   1.5 Fontes do direito ambiental... 24
      1.5.1 Fontes materiais.. 24
         1.5.1.1 O ambientalismo e os movimentos populares.............. 24
         1.5.1.2 Descobertas científicas 28
         1.5.1.3 Doutrina jurídica 28
      1.5.2 Fontes formais 29
   1.6 Direito Internacional do Meio Ambiente [DIMA]............................... 29
      1.6.1 A setorialização do DIMA 30
2. O desenvolvimento sustentável... 33
   2.1 Direito e desenvolvimento econômico 33
   2.2 Desenvolvimento econômico.. 34
      2.2.1 A ideia de desenvolvimento... 35
         2.2.1.1 O desenvolvimentismo... 37

2.3	Desenvolvimento e subdesenvolvimento	38
2.4	O desenvolvimento sustentável	39
	2.4.1 Antecedentes	40
	2.4.1.1 A Comissão Brundtland	41
	2.4.2 Agenda 21	43
	2.4.2.1 Agenda 21 e o combate à pobreza	44
	2.4.3 Os diferentes conceitos de desenvolvimento sustentável e sustentabilidade	44
	2.4.3.1 O direito ao desenvolvimento e o desenvolvimento sustentável	45
	2.4.3.2 Novas possibilidades	46
2.5	Os objetivos do desenvolvimento	48
	2.5.1 Objetivos de Desenvolvimento do Milênio	48
	2.5.2 Objetivos de Desenvolvimento Sustentável: Agenda 2030	50

CAPÍTULO 2 – A ORDEM CONSTITUCIONAL DO MEIO AMBIENTE **51**

1.	A Constituição de 1988	52
1.1	O artigo 225 da Constituição Federal de 1988	54
	1.1.1 Conceito normativo de meio ambiente	55
	1.1.2 A integração de conceitos exteriores ao direito na Constituição	56
2.	Aplicabilidade das normas	57
3.	Competências constitucionais	58
3.1	Competência federal	61
	3.1.1 Competência estadual	62
	3.1.2 Competência municipal	63
4.	A questão da aplicação da norma mais restritiva	64
5.	Repartição de competências administrativas (Lei Complementar 140, de 8 de dezembro de 2011)	66

CAPÍTULO 3 – SISTEMA NACIONAL DO MEIO AMBIENTE **71**

1.	O Sistema Nacional do Meio Ambiente – Sisnama	75
1.1	Órgãos integrantes do Sistema Nacional do Meio Ambiente – Sisnama	77
	1.1.1 Cooperação administrativa	77
	1.1.1.1 Comissões multipartes	78
1.2	Conselho de Governo	78
1.3	O Conselho Nacional do Meio Ambiente – Conama	78
	1.3.1 Resoluções do Conama	80
	1.3.2 Impacto regulatório	83
1.4	Ministério do Meio Ambiente e Mudança do Clima – MMA	87
	1.4.1 Instituto Brasileiro do Meio Ambiente e dos Recursos Naturais Renováveis – Ibama	89
	1.4.1.1 Atribuições do Ibama	90
	1.4.2 Instituto Chico Mendes de Conservação da Biodiversidade – ICMBio	90
	1.4.3 Instituto de Pesquisa Jardim Botânico do Rio de Janeiro – JBRJ	90

SUMÁRIO | XI

CAPÍTULO 4 – PODER DE POLÍCIA AMBIENTAL E LICENCIAMENTO AMBIENTAL .. **93**

1. Conceito normativo de poder de polícia.. 94
2. A ordem pública do meio ambiente.. 96
    2.1   A fiscalização ambiental.. 96
3. O controle ambiental.. 104
4. O licenciamento ambiental.. 105
    4.1   Competência... 109
        4.1.1   A questão do licenciamento municipal 112
    4.2   O licenciamento federal 114
        4.2.1   Procedimento.. 116
        4.2.2   Licenças e autorizações emitidas pelo Ibama................................... 117
               4.2.2.1   A natureza jurídica das licenças ambientais..................... 118
               4.2.2.2   Autorização ambiental 120
               4.2.2.3   Natureza e alcance da Licença Prévia............................... 121
               4.2.2.4   Responsabilidade pela emissão das licenças ambientais....... 122
        4.2.3   Procedimentos e prazos... 123
        4.2.4   Condicionantes do licenciamento ambiental.................................... 124
        4.2.5   Normas gerais 125
        4.2.6   Intervenção de órgãos externos no licenciamento ambiental 127
               4.2.6.1   O conceito jurídico de anuência ou autorização................. 130
5. As bases constitucionais para a avaliação dos impactos ambientais....................... 132
    5.1   Os diferentes estudos ambientais 133
        5.1.1   Relatório Ambiental Simplificado [RAS]... 133
        5.1.2   Plano e projeto de controle ambiental [PCA]................................... 134
        5.1.3   Relatório Ambiental Preliminar [RAP]... 134
        5.1.4   Diagnóstico ambiental... 135
        5.1.5   Plano de Manejo 135
        5.1.6   Plano de recuperação de área degradada [PRAD]............................ 135
        5.1.7   Análise preliminar de risco.. 135
6. Estudo de Impacto Ambiental – EIA 135
    6.1   A avaliação de impacto no direito brasileiro e a retroação das leis de proteção ao meio ambiente 136
    6.2   A avaliação de impacto ambiental na Lei 6.938/1981.................................. 138
        6.2.1   Relação de atividades previstas no artigo 2º da Resolução Conama 01/1986... 139
        6.2.2   Definição de impacto e impacto ambiental....................................... 141
    6.3   Natureza jurídica do EIA.. 142
        6.3.1   Formalidades do estudo prévio de impacto ambiental....................... 144
        6.3.2   Requisitos do EIA 146
               6.3.2.1   Alternativas tecnológicas e de implantação 148
               6.3.2.2   Impactos ambientais gerados na fase de implantação e na fase de operação.. 149
               6.3.2.3   Área geográfica a ser diretamente atingida 150
               6.3.2.4   Consideração de planos e programas governamentais........ 150
               6.3.2.5   Impactos sociais e humanos... 150
               6.3.2.6   Equipe técnica habilitada 151
               6.3.2.7   Publicidade.. 152

XII | DIREITO AMBIENTAL – *Paulo de Bessa Antunes*

	6.3.2.8 Informação incompleta	152
	6.3.2.9 Despesas	155
	6.3.2.10 Cadastro Técnico Federal de Atividades e Instrumentos de Defesa Ambiental	155
	6.3.2.11 O Relatório de Impacto Ambiental – RIMA	155
6.4	Audiência pública	155
	6.4.1 Convocação	157
	6.4.2 Realização da audiência	157
	6.4.3 Função da audiência	157

CAPÍTULO 5 – INFRAÇÕES ADMINISTRATIVAS 159

1.	A subjetividade: caracterização de negligência ou dolo	170
2.	Prazos prescricionais	170
3.	Infrações administrativas contra o meio ambiente	171
	3.1 Fauna	172
	3.2 Flora	173
	3.3 Poluição	180
	3.4 Operação sem licença ou autorização	181
	3.5 Infrações contra o ordenamento urbano e o patrimônio cultural	181
4.	Processo sancionatório ambiental	183
	4.1 A autuação	183
	4.1.1 Autuação de advertência	184
	4.2 Multas	185
	4.3 A defesa administrativa	187
	4.4 Instrução e julgamento	188
	4.5 Recurso hierárquico	190

CAPÍTULO 6 – A PROTEÇÃO JUDICIAL E ADMINISTRATIVADO MEIO AMBIENTE 191

1.	O Poder Judiciário	191
	1.1 O STF e o STJ na proteção ambiental	192
2.	O Ministério Público	194
	2.1 A base constitucional da atuação do Ministério Público	194
3.	Defensoria Pública	195
4.	Advocacia-Geral da União (Advocacia Pública)	195
5.	Principais meios judiciais de proteção ambiental	195
	5.1 Ação civil pública	195
	5.1.1 Competência para o processamento e julgamento das ações civis públicas	196
	5.1.2 Legitimidade ativa	197
	5.1.3 Ministério Público como parte legítima da ACP	198
	5.2 Mandado de segurança coletivo	199
	5.3 Ação popular	199
	5.4 Desapropriação	200
	5.5 Tombamento	200

CAPÍTULO 7 – DANO AMBIENTAL E RESPONSABILIDADE AMBIENTAL 201

1.	O dano ambiental	201
	1.1 Dano ambiental, dano ecológico	202

1.2	A apuração do dano ambiental	205
1.3	Dano moral (coletivo e individual) ambiental	206
1.4	Recuperação natural e proporcionalidade	207
2.	Responsabilidade ambiental	208
2.1	A responsabilidade ambiental na Constituição Federal	209
2.2	Responsabilidade ambiental	210
2.2.1	Responsabilidade por risco	212
2.2.1.1	Teoria do Risco Integral	212
2.3	Exclusão de responsabilidade ambiental	214
2.4	Poluidor indireto e responsabilidade objetiva	216
2.5	A inversão do ônus da prova	218
3.	Prescrição	219
3.1	Prescrição e segurança jurídica	221
3.1.1	Regime prescricional aplicável às Terras Indígenas aplicado às questões ambientais	223

2ª PARTE
DIVERSIDADE BIOLÓGICA

CAPÍTULO 8 – PROTEÇÃO JURÍDICA DA DIVERSIDADE BIOLÓGICA 227

1.	Visão geral do tema	227
2.	A Convenção sobre Diversidade Biológica	233
2.1	Objetivos da Convenção	235
2.1.1	Conservação *in situ* e *ex situ*	236
2.1.2	Financiamento das medidas a serem adotadas	238
2.2	Soberania dos Estados sobre a diversidade biológica	240
2.3	A Conferência das Partes [COP]	240
2.4	Protocolos	241
2.4.1	Protocolo de Cartagena	241
2.4.2	Protocolo Suplementar de Nagoia-Kuala Lumpur	241
2.4.3	Protocolo de Nagoia	243
2.5	A Convenção sobre Diversidade Biológica no Brasil: acesso ao conhecimento tradicional associado	245
3.	Proteção à diversidade biológica no Brasil	248
3.1	Conceitos normativos	249
3.2	Patrimônio genético	250
3.2.1	Repartição de benefícios	251
3.2.1.1	Modalidades de repartição de benefícios	253
3.3	Política Nacional de Biodiversidade	256
3.3.1	Princípios referentes ao acesso aos conhecimentos tradicionais associados	258
4.	Convenção de Ramsar	258
4.1	A Convenção de Ramsar	259
4.1.1	A Convenção de Ramsar perante a Corte Internacional de Justiça...	260
4.2	A Convenção de Ramsar no Brasil	261
4.2.1	Os sítios Ramsar brasileiros	262

XIV | DIREITO AMBIENTAL – *Paulo de Bessa Antunes*

5. Convenção sobre o Comércio Internacional de Espécies da Flora e da Fauna Selvagem em Perigo de Extinção – CITES 263

    5.1 A Convenção CITES 265

        5.1.1 A regulamentação do Comércio Internacional: as três partes da Convenção (Anexos) 266

        5.1.2 Relação entre a CITES e outras convenções internacionais e a legislação nacional 268

    5.2 A Convenção CITES no Brasil 269

        5.2.1 Categorias de Ameaça da IUCN 270

        5.2.2 Implementação da CITES pelo Brasil 272

        5.2.3 Procedimentos necessários ao comércio internacional de espécies (espécies integrantes dos Anexos I, II e III) 272

        5.2.4 A tutela penal 273

CAPÍTULO 9 – A VEGETAÇÃO NATIVA E SUA PROTEÇÃO LEGAL **275**

1. Código Florestal 279

    1.1 O conceito jurídico de floresta 280

    1.2 Áreas de preservação permanente 281

        1.2.1 Áreas de preservação permanente [APP] em decorrência de lei 281

        1.2.2 Áreas de preservação permanente por ato do Poder Público 285

        1.2.3 Áreas consolidadas em APP (normas de regularização de ilícitos passados) 285

    1.3 Reserva (florestal) legal 287

    1.4 A floresta, os desmatamentos e a utilização de fogo 290

2. Mata Atlântica 292

    2.1 Regimes jurídicos da Mata Atlântica 292

        2.1.1 Regime Jurídico Geral 292

        2.1.2 Regime jurídico especial 295

    2.2 Proteção da vegetação primária 296

    2.3 Proteção da vegetação secundária em estágio avançado de regeneração 296

    2.4 Proteção da vegetação secundária em estágio médio de regeneração 296

    2.5 Proteção da vegetação secundária em estágio inicial de regeneração 296

    2.6 Exploração seletiva de vegetação secundária em estágio avançado, médio e inicial de regeneração 297

    2.7 Proteção do bioma Mata Atlântica nas áreas urbanas e regiões metropolitanas 297

    2.8 Atividades minerárias em áreas de vegetação secundária em estágio avançado e médio de regeneração 297

3. Política Nacional de Pagamento por Serviços Ambientais – PNPSA (Lei 14.119/2021) 298

    3.1 PNPSA – objetivos e diretrizes 298

    3.2 Modalidades de pagamentos por serviços ambientais 299

        3.2.1 Contrato de pagamento por serviços ambientais 300

    3.3 Programa Federal de Pagamento por Serviços Ambientais – PFPSA 300

        3.3.1 Governança 301

        3.3.2 Cadastro Nacional de Pagamento por Serviços Ambientais (CNPSA) 302

SUMÁRIO | **XV**

CAPÍTULO 10 – ESPAÇOS TERRITORIAIS (ÁREAS) ESPECIALMENTE PROTEGIDOS E UNIDADES DE CONSERVAÇÃO... **303**

1. Os diferentes espaços territoriais especialmente protegidos [ETEP]....................... 305
2. As unidades de conservação 307
   - 2.1 Unidades de conservação e direitos de propriedade constitucional............. 307
     - 2.1.1 Princípios constitucionais relativos ao meio ambiente e ao direito de propriedade... 307
   - 2.2 O Sistema Nacional de Unidades de Conservação – SNUC 309
   - 2.3 A criação das unidades de conservação 310
   - 2.4 Gestão das unidades de conservação 312
   - 2.5 Categorias de gestão de unidades de conservação...................................... 314
     - 2.5.1 Unidades de conservação do grupo de proteção integral.................. 314
     - 2.5.2 Unidades do grupo de uso sustentável 316
   - 2.6 As zonas de amortecimento 320
   - 2.7 Mosaico de unidades de conservação 321
   - 2.8 Plano de Manejo.. 321
3. A exigibilidade legal da compensação ambiental: delimitação dos danos 322
   - 3.1 As intervenções aptas a gerar a compensação ambiental............................ 322
   - 3.2 A natureza dos danos capazes de gerar compensação ambiental................. 323
   - 3.3 O impacto significativo e não mitigável 326
     - 3.3.1 Interpretação e valoração dos impactos 326
   - 3.4 Definição das medidas mitigadoras e do programa de monitoragem dos impactos 326

CAPÍTULO 11 – BIOSSEGURANÇA.. **329**

1. Objetivos, conceitos e proibições da lei de biossegurança.................................... 331
2. Estrutura administrativa de Biossegurança 332
   - 2.1 A CTNBio e o licenciamento ambiental.. 335
3. Registro de OGM... 336
4. Responsabilidade civil, administrativa e penal 337

CAPÍTULO 12 – TERRAS INDÍGENAS E REMANESCENTES DE QUILOMBOS........ **339**

1. Os povos originários e as Constituições brasileiras... 342
   - 1.1 A Constituição de 1988.. 344
   - 1.2 Política Indigenista do Brasil 345
     - 1.2.1 Política Indigenista de 2019 a 2023.. 345
     - 1.2.2 O Ministério dos Povos Indígenas 345
   - 1.3 As Terras Indígenas [TI], os recursos naturais e o consentimento prévio, livre e informado... 347
     - 1.3.1 Terras indígenas 347
       - 1.3.1.1 Direitos adquiridos sobre as terras indígenas....................... 348
   - 1.4 A demarcação das terras indígenas 349
   - 1.5 O Marco Temporal e o renitente esbulho como obstáculos aos direitos indígenas 350
     - 1.5.1 Lei 14.701/2023 – Lei do Marco Temporal 352

1.6	A Exploração de Recursos Naturais em Terras Indígenas: Consentimento Livre, Prévio e Informado [CLPI]	353
	1.6.1 Bases legais do consentimento prévio, livre e informado	355
	1.6.1.1 Convenção 169 da Organização Internacional do Trabalho	356
	1.6.1.2 Declaração das Nações Unidas sobre o Direito dos Povos Indígenas	357
1.7	O Sistema Interamericano de Proteção aos Direitos Humanos	358
2.	Quilombolas e comunidades tradicionais	360
2.1	Condições constitucionais e legais para o reconhecimento de comunidades remanescentes de quilombos	362
	2.1.1 Regime de propriedade das terras quilombolas	364
3.	Comunidades brasileiras tuteladas pela Convenção 169	365
3.1	Comunidades Tradicionais brasileiras reconhecidas	366
4.	Créditos de Carbono em Terras Indígenas e de Comunidades Tradicionais	369

CAPÍTULO 13 – A PROTEÇÃO DOS ANIMAIS NO DIREITO BRASILEIRO ... 371

1.	Animais silvestres	373
2.	Animais domésticos	374
3.	Animais utilizados em pesquisas científicas	375
4.	Animais e manifestações culturais e religiosas e a proibição de crueldade contra os animais	379

3ª PARTE
POLÍTICA ENERGÉTICA E MEIO AMBIENTE

CAPÍTULO 14 – MUDANÇAS CLIMÁTICAS ... 385

1.	Esforços internacionais para o enfrentamento das mudanças do clima	388
1.1	Protocolo de Kyoto	388
	1.1.1 Mecanismo de Desenvolvimento Limpo – MDL	389
1.2	Acordo de Paris	391
	1.2.1 Planos Setoriais de Mitigação das Mudanças Climáticas	392
1.3	Pacto de Glasgow	392
2.	A Política Nacional de Mudanças Climáticas – PNMC	393
2.1	Comitê Interministerial sobre a Mudança do Clima (CIM)	396
	2.1.1 Composição do CIM	397
2.2	REDD+	398
	2.2.1 Comissão Nacional para REDD+	399
3.	Proteção da Camada de Ozônio	400
4.	Sistema Brasileiro de Comércio de Emissões de Gases de Efeito Estufa – SBCE (Lei 15.042/2024)	401
4.1	Âmbito de aplicação	401
4.2	Princípios e características do SBCE	402
4.3	Governança e competências do SBCE	404
4.4	Ativos do SBCE	405

4.5	Negociação de Ativos Integrantes do SBCE e de Créditos de Carbono no Mercado Financeiro e de Capitais	408
4.6	Plano Nacional de Alocação (PNA)	409
4.7	Infrações e penalidades	410
4.8	A Comissão de Valores Mobiliários (CVM) e o mercado de créditos de carbono	411

5. Política Nacional de Qualidade do Ar (Lei 14.850/2024) 411
    5.1   Princípios e objetivos 412
    5.2   Instrumentos da PNQA 413
        5.2.1   Padrões da qualidade do ar, monitoramento e controle das fontes poluidoras 413
    5.3   Planos de Gestão da Qualidade do Ar 414
        5.3.1   Plano Nacional de Gestão da Qualidade do Ar 414
        5.3.2   Plano Estadual ou Distrital de Gestão da Qualidade do Ar 415
    5.4   Sistema Nacional de Gestão da Qualidade do Ar 415
    5.5   Incentivos fiscais, financeiros e creditícios 415
6. Clima e litígios judiciais e administrativos 416

CAPÍTULO 15 – POLÍTICA ENERGÉTICA **419**

1. Política energética nacional 420
    1.1   O petróleo na política energética nacional 422
    1.2   Agência Nacional do Petróleo, Gás Natural e Biocombustíveis 422
        1.2.1   Processo sancionatório perante a ANP 425
            1.2.1.1   Procedimento administrativo 426
            1.2.1.2   Citação e intimação 426
            1.2.1.3   Defesa do autuado 427
            1.2.1.4   Instrução e julgamento 427
            1.2.1.5   Recursos 427
            1.2.1.6   Penalidades 427
            1.2.1.7   Multa 428
            1.2.1.8   Cancelamento do registro, da apreensão, da inutilização e da suspensão do fornecimento de bens e produtos 429
            1.2.1.9   Suspensão temporária de funcionamento de estabelecimento ou instalação 429
            1.2.1.10   Cancelamento de registro de estabelecimento ou instalação 429
            1.2.1.11   Revogação da autorização para o exercício de atividade 430
            1.2.1.12   Medidas cautelares 430
    1.3   Exploração e produção (aspectos ambientais) 431
    1.4   Contratos de concessão 432
2. Política Nacional de Conservação de Energia 435
    2.1   Penalidades 436
    2.2   Energia renovável: iniciativa energética 436
3. Política Nacional de Biocombustíveis (RenovaBio) 438
    3.1   As metas de redução de emissões na matriz de combustíveis 440
    3.2   Créditos de Descarbonização (CBIO) 442

3.2.1 Negociação de Créditos de Descarbonização 442
3.3 Certificação de Biocombustíveis.. 442
3.4 Adicionalidade e eficiência energética dos CCBios 443
3.5 Eficiência energética... 447
    3.5.1 Ilegalidade da Portaria Normativa 56/GM/MME/2022 e ausência de análise de impacto regulatório... 449
    3.5.2 A Resolução 791/2019 da ANP... 451
4. Política Nacional do Hidrogênio de Baixa Emissão de Carbono (REHIDRO)...... 453
4.1 A Lei 14.948/2024 453
    4.1.1 Princípios e objetivos 453
4.2 Instrumentos da PNHBEC 454
    4.2.1 Programa Nacional do Hidrogênio 455
    4.2.2 Gestão de riscos 455
5. Potencial Energético *Offshore* (Lei 15.097/2025)... 456
5.1 Princípios e fundamentos 456
5.2 Outorga de prismas.. 457
    5.2.1 Licenciamento ambiental e descomissionamento 458

CAPÍTULO 16 – ENERGIA NUCLEAR.. 461

1. A energia nuclear na Constituição Federal... 461
1.1 Competências da União 462
1.2 As competências dos estados e dos municípios em matéria nuclear........... 464
1.3 Análise da estrutura de competências.. 464
1.4 Tratamento democrático do problema nuclear na Constituição de 1988 466
1.5 O Brasil na comunidade nuclear internacional.. 467
2. Os impactos sociais da energia nuclear 468
2.1 Acidentes nucleares na utilização pacífica da energia nuclear 468
    2.1.1 Three Mile Island... 468
    2.1.2 Chernobyl.. 468
    2.1.3 Césio 137 469
    2.1.4 Fukushima 470
3. Responsabilidade civil por danos nucleares 470
4. Rejeitos radioativos 472
4.1 Responsabilidade pelos rejeitos radioativos.. 473
    4.1.1 Responsabilidade civil 473
5. A responsabilidade penal em matéria nuclear... 474
5.1 Os crimes previstos na Lei 6.453/1977 474

4ª PARTE
RECURSOS HÍDRICOS

CAPÍTULO 17 – ÁGUA POTÁVEL E SANEAMENTO 481

1. Água... 482
1.1 A Água nas Constituições brasileiras... 485
1.2 Conceitos básicos do Código de Águas.. 488
    1.2.1 Outros conceitos importantes... 489

		1.2.1.1	Rio	490
		1.2.1.2	Lago e lagoa	490
		1.2.1.3	Corrente	491
	1.3	Política Nacional de Recursos Hídricos – PNRH		491
		1.3.1	Outorga de direito de uso de recursos hídricos e cobrança pelo uso	492
		1.3.2	Administração dos recursos hídricos	494
			1.3.2.1 Infrações e penalidades	497
	1.4	Agência de água		497
		1.4.1	Agência Nacional de Águas e Saneamento Básico – ANA	498
			1.4.1.1 A regulamentação administrativa das águas	499
2.	Saneamento básico			501
	2.1	Titularidade dos serviços públicos de saneamento básico		501
	2.2	Prestação regionalizada de serviços públicos de saneamento básico		503
	2.3	Planejamento		503
	2.4	Regulação		503
	2.5	Aspectos técnicos e ambientais		505
	2.6	Política federal de saneamento básico		506
	2.7	O papel da ANA na regulação do saneamento		510
	2.8	Licenciamento ambiental		511
		2.8.1	Processo simplificado para o licenciamento	511

CAPÍTULO 18 – POLUIÇÃO DOS MARES 515

1.	Poluição hídrica por óleos		518
2.	Convenção das Nações Unidas sobre o direito do mar (Montego Bay)		524
	2.1	Recursos vivos do mar: medidas de controle e uso	526
	2.2	Poluição marinha	529
3.	A Convenção Marpol		529
4.	A Lei 9.966, de 28 de abril de 2000		531
	4.1	Classificação das substâncias quanto ao perigo ou nocividade	533
	4.2	Os planos de emergência	535
	4.3	Descarga em águas jurisdicionais nacionais de óleo, substâncias nocivas ou perigosas e lixo	536
	4.4	Ressarcimento de custos de combate à poluição	537
5.	Poder de polícia em matéria de poluição por óleo		537
6.	Infrações administrativas		539
7.	Responsabilidade		540

5ª PARTE
MEIO AMBIENTE URBANO

CAPÍTULO 19 – A PROTEÇÃO DO MEIO AMBIENTE URBANO 545

1.	Normas constitucionais		549
2.	Instrumentos da política urbana		549
	2.1	Instrumentos com imediata repercussão ambiental	550

XX | DIREITO AMBIENTAL – *Paulo de Bessa Antunes*

    2.2   Plano Diretor e gestão democrática da cidade 552

    2.3   Loteamento de acesso controlado 554

    2.4   Mobilidade urbana 554

3. Zoneamento 556

    3.1   Zoneamento ambiental 559

        3.1.1   Zoneamento federal 559

        3.1.2   Zoneamento estadual 559

        3.1.3   Zoneamento municipal 560

        3.1.4   Zoneamento ambiental urbano 560

        3.1.5   Zonas de Uso Industrial (ZUI) 560

CAPÍTULO 20 – POLÍTICA NACIONAL DE RESÍDUOS SÓLIDOS – PNRS 563

1. Instrumentos e diretrizes 566

2. Planos de resíduos sólidos 568

3. Responsabilidades dos geradores e dos poderes públicos 572

4. Logística reversa 576

5. Resíduos perigosos 578

6. Instrumentos econômicos 578

7. Proibições 579

6ª PARTE
EXPLORAÇÃO DE RECURSOS NATURAIS

CAPÍTULO 21 – MINERAÇÃO 583

1. A evolução legislativa da atividade minerária 585

    1.1   A mineração na Constituição de 1988 585

2. Agência Nacional de Mineração [ANM] 587

3. Conselho Nacional de Política Mineral 588

4. Política Mineral Brasileira 589

5. O Código de Minas 589

    5.1   O Código de Minas e a proteção do meio ambiente 591

6. Mineração em terras indígenas 592

7. Mineração e meio ambiente 593

    7.1   Licenciamento das atividades de mineração 593

    7.2   Estudos de impacto ambiental e atividades de mineração 595

    7.3   Obrigação de recuperação ambiental da área degradada 596

8. Cavernas 598

    8.1   Proteção ao patrimônio espeleológico 598

        8.1.1   Atribuições do Instituto Chico Mendes de Conservação da Biodi-
                versidade – Instituto Chico Mendes 599

    8.2   O Decreto 10.935, de 12 de janeiro de 2022 599

9. Política Nacional de Segurança de Barragens 603

    9.1   Objetivos da Política Nacional de Segurança de Barragens 604

    9.2   Plano de Segurança da Barragem 606

        9.2.1   Sistema Nacional de Informações sobre Segurança de Barragens
                (SNISB) 607

    9.3   Sanções 608

CAPÍTULO 22 – AGROTÓXICOS **611**

1. Substâncias tóxicas 611
2. Agrotóxicos 613
   - 2.1 A Lei 14.785/2023 613
   - 2.2 Repartições de Competências Administrativas no Interior da Administração Federal 614
   - 2.3 Definição legal de agrotóxico, produtos de controle ambiental, produtos técnicos e afins.. 618
   - 2.4 Registro... 619
      - 2.4.1 Prazo para registro 620
   - 2.5 Análise de risco 621
      - 2.5.1 Reanálise dos riscos... 621
   - 2.6 Controle de qualidade, inspeção e fiscalização dos agrotóxicos 622
   - 2.7 Alerta de organizações internacionais e seus reflexos no Brasil........... 625
   - 2.8 Responsabilidade 627
   - 2.9 Comercialização de agrotóxicos... 629
      - 2.9.1 Receituário agronômico 630
      - 2.9.2 Embalagem, fracionamento e rotulagem 630
   - 2.10 Destinação final dos agrotóxicos... 631

REFERÊNCIAS BIBLIOGRÁFICAS **633**

1ª PARTE

TEORIA GERAL DO DIREITO AMBIENTAL

Capítulo 1
O DIREITO AMBIENTAL

 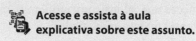

Acesse e assista à aula explicativa sobre este assunto.

> http://uqr.to/1b2he

1. O CONCEITO DE DIREITO AMBIENTAL

O conceito de direito ambiental só pode ser apreendido após se saber o que é (1) Direito e o que é (2) meio ambiente ou ambiente. Para Miguel Reale (1993) o Direito é a interação tridimensional de norma, fato e valor. Para ele a compreensão do direito isoladamente como fato, como valor ou como norma é precária e, em geral, *abriga equivocadamente a compreensão do direito como mera forma, indiferente às infinitas e conflitantes possibilidades dos interesses humanos.*

Meio ambiente, ou ambiente, para Robert Reichardt (KADE, 1975), é o sistema de constantes espaciais e temporais de estruturas não humanas, que influencia os processos biológicos e o comportamento dessa população, nele compreendidos os processos sociais diretamente ligados a essas estruturas tais como o trajeto regular dos suburbanos, ou o desvio comportamental em correlação direta com a densidade da população ou com as condições habitacionais.

O *fato* que se encontra à base do direito ambiental é a vida humana, que depende dos recursos ambientais para a sua reprodução, a excessiva utilização dos recursos naturais, o agravamento da poluição de origem industrial e tantas outras mazelas causadas pelo crescimento econômico desordenado, que fizeram com que tal realidade repercutisse no mundo normativo do *dever ser,* se refletindo na *norma* elaborada com a necessidade de estabelecer novos comandos e regras aptos a dar, de forma sistemática e orgânica, um novo e adequado tratamento ao fenômeno da deterioração do meio ambiente. O *valor* que sustenta a norma ambiental é o reflexo no mundo ético das preocupações com a sobrevivência do Ser Humano e da manutenção das qualidades de salubridade do ambiente, com a conservação das espécies, a proteção das águas, do solo, das florestas, do ar e de tudo que é essencial para a vida como um todo.

É também no campo do *valor* que se manifestam os conflitos de uso dos recursos ambientais, pois as diferentes perspectivas axiológicas tendem a identificar, em um mesmo bem, utilidades diversas e, nem sempre, coincidentes. Ao contrário, a evolução normativa do Direito Ambiental demonstra que é, precisamente, em função de marcantes divergências axiológicas que se faz necessária a intervenção normativa com vistas à racionalização do conflito e a sua solução em bases socialmente legítimas. Aliás, registre-se que é crescente a valoração da natureza, independentemente de sua utilidade imediata para o Ser Humano.

O direito ambiental é a *norma* que, baseada no *fato* ambiental e no *valor ético* ambiental, estabelece os mecanismos normativos para disciplinar as atividades humanas em relação ao meio ambiente. É relevante observar a *medida de equilíbrio* que cada uma das três diferentes dimensões do direito deve guardar em relação às demais. Com efeito, a gravidade da crise ecológica – ou de uma determinada percepção dela – pode induzir a uma supervalorização do aspecto ético – com riscos da abstração nele encerrada – sobre o normativo e o fático, gerando situações *juridicamente espinhosas e de insegurança*. É como afirma Dworkin (2002), não se pode definir os direitos dos cidadãos de modo que possam ser anulados por supostas razões de bem-estar geral.

O direito ambiental é essencialmente democrático e está compreendido dentro dos contornos do Estado de Direito.[1] É elementar que o direito ambiental deve ser visto como *direito* – com todas as limitações que tal instrumento tem para atuar como elemento de equilíbrio entre as tensões existentes no fato ambiental.

O tratamento jurídico do meio ambiente se faz em diferentes áreas do direito e por diferentes instrumentos que, nem sempre, são de direito ambiental. Este fato é um dos mais relevantes no contexto, pois nem toda norma que, direta ou indiretamente, se relaciona a uma questão ambiental pode ser compreendida no universo do direito ambiental. Ao mesmo tempo, a amplitude – crescente – do chamado ambiente faz que muitas províncias jurídicas se especializem e se torne cada vez mais difícil tratá-las dentro de um enorme "guarda-chuva" designado como direito ambiental. Existe um direito da proteção da diversidade biológica, um direito da proteção dos mares, um direito referente aos produtos tóxicos, outro sobre espécies ameaçadas de extinção e daí por diante, e isso ocorre tanto no direito internacional como no direito interno. Cada um destes diferentes segmentos vem solidificando uma principiologia própria, normas próprias e padrões aplicativos e operacionais específicos.

A doutrina jurídica se baseia em classificação e subdivisão do direito em "ramos", o que é reflexo do positivismo. Como entender o componente ambiental do direito ambiental? O direito ambiental é um direito da natureza? Esta é uma questão importante e que merece alguma reflexão preliminar (ANTUNES, 2015). Certamente, a *natureza* é parte importante do meio ambiente, talvez a mais importante delas. Mas o meio ambiente não é só a natureza. Meio ambiente é natureza mais atividade antrópica, mais modificação produzida pelo Ser Humano sobre o meio físico de onde retira o seu sustento. Não se deve, contudo, imaginar que o Homem não seja parte do mundo natural, ao contrário, ele é parte essencial, pois dotado de uma capacidade de intervenção e modificação da realidade externa que lhe outorga uma posição extremamente diferente da ostentada pelos demais animais. Um dos fundamentos da atual crise ecológica é a concepção de que o *humano* é externo e alheio ao *natural*.

A palavra *natureza* é originada do latim *Natura*, de *nato*, nascido. Os seus principais significados são: *(a) conjunto de todos os seres que formam o universo; e (b) essência e condição própria de um ser*. Whitehead (1994), em conhecida obra, afirma que a natureza é o que observamos pela percepção que nos é fornecida pelos sentidos. Ao tomarmos consciência da natureza como realidade externa, damos início ao mundo da cultura. É apenas por intermédio do mundo da cultura que sobrevivemos às dificuldades do mundo exterior, tal a nossa fragilidade perante o mundo natural. O Ser Humano descobriu uma forma diferente da dos demais animais para se adaptar ao ambiente (CASSIRER, 2001). A escala que esta forma atingiu é que causa os problemas ambientais contemporâneos.

---

[1] STF, RE 157.905/SP, Rel. Min. Marco Aurélio, *DJU* 25.09.1998, p. 20.

Não devemos esquecer que *natureza* é conceito político, servindo de inspiração para filósofos e reformadores sociais. O estado da natureza é um conceito teórico que sustenta diferentes teorias de filosofia política e social. Para Rousseau, o *estado de natureza* não é um período da história humana marcado por inconveniências a serem superadas pela constituição da sociedade civil. Aqueles para os quais o estado de natureza constituía uma etapa que precisava ser necessariamente ultrapassada para que a humanidade pudesse estabelecer formas de convivência mais adequadas ao conjunto dos indivíduos, como é, por exemplo, o caso de Locke e Hobbes, essa passagem implicava perdas em termos da limitação da liberdade e do julgamento e execução pelos próprios indivíduos da "lei da natureza". Mas o estabelecimento da sociedade civil através de um pacto acordado por toda a comunidade trazia ganho suficiente – em termos de preservação da vida, da liberdade, da propriedade, da igualdade, dos bens e da segurança e do respeito às leis que deveriam submeter igualmente a todos – para ser amplamente adotado. O caminho aberto pela sociedade civil é para eles, portanto, o que leva às conquistas da civilização e a formas mais adequadas de convivência entre os homens. Para estes pensadores e filósofos políticos, o estado de natureza era um período de selvageria fundamentalmente insatisfatório, onde os aspectos negativos dificultavam – quando não inviabilizavam – a vida da coletividade. O Homem sobrevive às intempéries e às diferentes condições climáticas desfavoráveis, culturalizando a natureza, transformando-a em menos hostil, mediante uma evolução que o leva às cidades que refletem a expressão máxima da cultura como atividade humana, como observado por Aristóteles.[2]

É recorrente, na Ciência Política, a utilização da natureza como modelo alternativo de organização social. Filósofos como Rousseau, Locke, Hobbes admitiam a existência de um "estado da natureza" como base teórica para as suas críticas sociais. A natureza como conceito político e filosófico tem origem na Grécia Antiga, pois foi pela observação da natureza que os filósofos identificaram leis universais para explicar os fenômenos físicos e, sobretudo, a sociedade. Modernamente, o conceito político de natureza foi resgatado por Henry David Thoreau, filósofo e humanista estado-unidense, considerado o pai do ecologismo moderno, devido à importante crítica que fez à sociedade moderna e o seu apego à acumulação de riquezas sem uma base ética sólida, privilegiando o imediato e material, cuja seguinte passagem é bem representativa: "Se alguém andar na mata por amá-la, a metade de cada dia, ele está em perigo de ser encarado como um vadio, mas se ele passa o dia todo como um especulador, destroçando a floresta e desmatando a terra antes da época própria, então ele é visto como um cidadão empreendedor. Como se uma cidade não tivesse interesse em suas florestas, além de derrubá-las".[3]

Meio ambiente compreende o humano como parte de um conjunto de relações econômicas, sociais e políticas construídas a partir da apropriação dos bens naturais que se transformam em recursos essenciais para a vida em quaisquer de seus aspectos. A construção teórica da natureza como *recurso* é o seu reconhecimento como base material da vida em sociedade. Como demonstrado por Thoreau, todo o conflito sobre os bens naturais é um conflito sobre o papel que desempenham para a nossa vida. Conflito entre o mero utilitarismo e o desfrute das belezas cênicas que muitas vazes serve como descanso para a alma, reconhecendo o valor intrínseco do mundo natural.

---

[2] Disponível em: http://www.unicamp.br/~jmarques/cursos/1998-hg-022/politica.doc. Acesso em: 2 maio 2022.

[3] THOREAU, Henry David. *Life without principle*. Disponível em: http://thoreau.eserver.org/life1.htmle. Acesso em: 9 jun. 2022.

Direito ecológico foi o primeiro nome do moderno direito ambiental, como consta dos trabalhos de Sérgio Ferraz (1972) e Diogo de Figueiredo Moreira Neto (1977). O desenvolvimento dos estudos sobre a disciplina conduziu a maioria dos autores à utilização da expressão *direito ambiental,* por ser mais abrangente e mais capaz de assimilar as nuances da matéria. A experiência prática tem demonstrado que muitos e diferentes problemas acabam absorvidos pelo direito ambiental, ainda que não se refiram direta e unicamente às questões estritamente ecológicas. Aliás, uma das grandes dificuldades em nossa disciplina é, efetivamente, estabelecer os limites de sua abrangência. Sabemos que a proteção jurídico-ambiental se estende a horizontes mais vastos do que a natureza considerada em si própria. A este respeito, é conveniente lembrar a lição de Rodgers (1977) no sentido de que o direito ambiental não se preocupa só com o ambiente natural: as condições físicas da terra, ar, água. Ele também engloba o ambiente humano: a saúde, o social e outras condições afetando o lugar do ser humano na Terra.

A produção nacional, bem representada pelo Professor Paulo Affonso Leme Machado (2005), nas primeiras edições de seu *Direito Ambiental Brasileiro, n*ão chegou a apresentar uma definição de Direito Ambiental, preferindo, em sua obra, fornecer ao leitor uma metodologia para que este compreenda o conteúdo e o significado do Direito Ambiental. Para o consagrado autor, o Direito Ambiental é um direito de proteção à natureza e à vida, dotado de instrumentos peculiares que se projetam em diversas áreas do Direito, sobretudo no Direito Administrativo. Posteriormente, o consagrado mestre evoluiu em sua concepção e nos fornece a seguinte definição:

> O Direito Ambiental é um Direito sistematizador, que faz a articulação da legislação, da doutrina e da jurisprudência concernentes aos elementos que integram o meio ambiente. Procura evitar o isolamento dos temas ambientais e sua abordagem antagônica. Não se trata mais de construir um Direito das águas, um Direito da atmosfera, um Direito do solo, um Direito florestal, um Direito da fauna ou um Direito da biodiversidade. O Direito Ambiental não ignora o que cada matéria tem de específico, mas busca interligar estes temas com a argamassa da identidade de instrumentos jurídicos de prevenção e de reparação, de informação, de monitoramento e de participação (MACHADO, 2023).

O direito ambiental é um direito cuja finalidade é regular a apropriação econômica dos bens ambientais, de forma que ela se faça levando em consideração a sustentabilidade dos recursos, o desenvolvimento econômico e social, assegurando aos interessados a participação nas diretrizes a serem adotadas, bem como padrões adequados de saúde e renda. Ele se desdobra em três vertentes fundamentais, que são constituídas pelo: (1) *direito ao meio ambiente,* (2) *direito sobre o meio ambiente* e (3) *direito do meio ambiente.* Tais vertentes existem, na medida em que o direito ao meio ambiente é um direito humano fundamental que cumpre a função de integrar os direitos à saudável qualidade de vida, ao desenvolvimento econômico e à proteção dos recursos naturais. Mais do que um ramo autônomo do direito, o direito ambiental é uma concepção de aplicação da ordem jurídica que penetra, transversalmente, em todos os ramos do direito. O direito ambiental tem uma dimensão humana, uma dimensão ecológica e uma dimensão econômica que devem ser compreendidas harmonicamente. Evidentemente que, a cada nova intervenção humana sobre o ambiente, o aplicador do direito ambiental deve ter a capacidade de captar os diferentes pontos de tensão entre as três dimensões e verificar, no caso concreto, qual delas é a que se destaca e que está mais precisada de tutela em um dado momento.

A doutrina nacional se divide em duas correntes básicas: (1) uma que privilegia o chamado ambientalismo social ou socioambientalismo (SANTILLI, 2005) e (2) outra mais voltada para o preservacionismo. O socioambientalismo busca conciliar a convivência humana – sobretudo populações menos favorecidas – com a proteção de ambientes naturais; já a vertente preservacionista tem uma visão de santuário das áreas protegidas.

Certamente, não se pode pensar o direito ambiental rígida e dogmaticamente, pois isto seria uma contradição em seus próprios termos. É da própria natureza do direito ambiental que ele seja examinado de forma mais aberta e distante da rigidez do positivismo. A relevância do chamado socioambientalismo e a sua compreensão jurídica é que, efetivamente, ele busca localizar o Ser Humano no centro do direito ambiental. Há, entretanto, um início de convergência entre ambas as linhas.

1.1   Um direito de natureza tutelar e finalística

As sociedades modernas e democráticas se organizam em torno do direito e de seus princípios que expressam os seus valores fundamentais. O direito ambiental é a resposta jurídica que as sociedades contemporâneas deram à crise ambiental, estabelecendo os mecanismos, métodos, critérios, proibições e permissões, definindo como e quais recursos ambientais podem ser utilizados economicamente. Cuida-se, portanto, de um direito regulador da atividade econômica cuja natureza é essencialmente tutelar.

Uma importante característica do direito ambiental é a sua índole transdisciplinar, não podendo ser compreendido sem uma abertura para outras áreas do conhecimento humano, tais como a ecologia, a economia, a antropologia e tantas outras ciências. O direito ambiental é essencialmente finalístico, na medida em que busca atingir determinados objetivos concretamente definidos. Exemplificativamente, o artigo 2º da Lei 6.938, de 31 de agosto de 1981 (Política Nacional do Meio Ambiente – PNMA), determina que a Política Nacional do Meio Ambiente tem por objetivo a preservação, melhoria e recuperação da qualidade ambiental propícia à vida, visando assegurar, no País, condições ao desenvolvimento socioeconômico, aos interesses da segurança nacional e à proteção da dignidade da vida humana. No texto normativo podemos (1) constatar que a PNMA se baseia em três elementos que são o (1) ecológico, o (2) econômico e o (3) humano. Esses três elementos permeiam as diversas normas que constituem o direito ambiental brasileiro. Tais elementos existem, na medida em que o direito ao meio ambiente é um direito humano fundamental que cumpre a função de integrar os direitos à saudável qualidade de vida, ao desenvolvimento econômico e à proteção dos recursos naturais. O direito ambiental tem uma dimensão humana, uma dimensão ecológica e uma dimensão econômica que devem ser compreendidas harmonicamente.

Quando falamos em direito ambiental, essencialmente, falamos de um *direito público* cujas leis, normas e princípios estão voltados para a regulação relativa aos padrões de lançamento de substâncias químicas, de partículas, padrões de qualidade, proteção de espécies animais e vegetais. Há, portanto, um campo muito amplo sob a designação direito ambiental. É importante observar, contudo, que no passado, o direito privado exerceu papel importante na proteção das relações de vizinhança, ou mesmo por normas de direito penal ou direito administrativo, que sancionavam o mau uso dos elementos naturais ou a utilização de forma prejudicial a terceiros. Entretanto, os novos tempos demandam outra concepção de proteção jurídica da natureza. É por isso que o direito ambiental não se confunde com as formas de proteção jurídica dos bens naturais que o antecederam, sendo de fato um setor específico da ordem jurídica.

1.2 As vertentes do direito ambiental

Como já foi desenvolvido no início do capítulo, o direito ambiental repousa sobre três vertentes que devem se equilibrar, de forma a garantir o cumprimento dos seus objetivos que são *fundamentalmente* tutelares.

1.2.1 A vertente econômica

Economia e ecologia têm muito em comum, pois têm origem na palavra *oikos:* casa. No entanto, tal relação óbvia não tem tido aceitação entre as partes envolvidas, existindo sempre a irreal dicotomia entre "desenvolvimento e meio ambiente". Fato é que as relações entre economia e ecologia são tensas e, especialmente no direito ambiental, elas não têm tido a atenção que merecem. Christopher D. Stone (1993) sustenta ser vergonhoso imaginarmos que o pensamento econômico é intrinsecamente oposto ao ambiental. A doutrina relevante de direito ambiental no Brasil tem dado pouca atenção à vertente econômica do direito ambiental. Conforme Christopher Stone observou, há uma notável desconfiança mútua entre ambientalistas e economistas (STONE, 1993). Ora, o fato é que o direito ambiental não pode ser imaginado sem consideração de seus aspectos econômicos, pois dentre os seus fins últimos se encontra a regulação da apropriação econômica dos bens naturais, com vistas à proteção da natureza e da saúde humana, impedindo a utilização predatória.

A Constituição de 1934 introduziu em nosso direito os primeiros mecanismos constitucionais de atuação positiva do Estado na ordem econômica. O ano de 1934 marca o início do modelo de intervenção econômica e do federalismo cooperativo que passa a dotar a União de poderes para, mediante a execução de programas específicos, alavancar a atividade econômica. Foi na Carta de 34 que nasceu o direito econômico brasileiro, que é *o direito considerado em suas consequências econômicas* (MONCADA, 1988). Para o direito econômico, o importante é a eficácia, isto é, a capacidade de produzir alterações na ordem econômica como consequência das medidas implementadas. Ele é, assim como o direito ambiental, um direito de organização que não se submete apenas às forças do mercado, muito embora não possa desconsiderá-las. Ambos têm natureza prospetiva, pois moldam comportamentos futuros.

O direito econômico é parte da intervenção do Estado sobre a ordem econômica que, em seus aspectos ambientais, se faz pela utilização de mecanismos jurídicos próprios pertencentes ao direito ambiental. O direito ambiental como parte do direito econômico vai além do mero poder de polícia, pois orienta as forças produtivas para uma determinada direção: a utilização sustentável dos recursos ambientais. A intervenção econômica se diferencia do poder de polícia, na medida em que este último se limita à proibição de atividades, condutas ou comportamentos de particulares. A intervenção econômica define um caminho, um comportamento para os agentes econômicos. Ela assume três modalidades principais: (a) participação, absorção; (b) direção; (c) indução (GRAU, 1991).

A *participação* e a *absorção* indicam que o Estado atua como agente econômico através de entidades criadas especificamente para tal fim, ou atua mediante a atividade de empresas incorporadas ao patrimônio público. *Direção* é o processo pelo qual o Estado dirige um determinado empreendimento econômico, assumindo as suas responsabilidades essenciais. *Indução* é o mecanismo pelo qual o Estado cria incentivos ou punições para a adoção de determinados comportamentos econômicos ou cria condições favoráveis para que se desenvolvam empreendimentos privados em determinadas regiões, ou mesmo que determinadas atividades econômicas possam ser realizadas mediante medidas especiais de política econômica.

Para o direito ambiental, a *indução* é o instrumento mais importante, haja vista que somente através dele é que se podem tomar medidas com vistas a impedir danos ambientais significativos. A indução se faz, essencialmente, com a adoção dos chamados mecanismos de incentivo econômico.

A proteção do meio ambiente é um dos princípios basilares de nossa ordem econômica constitucional, estando prevista no artigo 170, inciso VI. Ao mesmo nível do princípio da proteção ao meio ambiente, a Constituição reconhece outros princípios, tais como *(i) soberania nacional, (ii) propriedade privada, (iii) função social da propriedade, (iv) livre concorrência, (v) defesa do consumidor, (vi) redução das desigualdades regionais e sociais, (vii) busca do pleno emprego e (viii) tratamento favorecido para as empresas de pequeno porte constituídas sob as leis brasileiras e que tenham sua sede e administração no País.*

A inclusão do "respeito ao meio ambiente" como um dos princípios da atividade econômica e financeira é medida de enorme importância, pois ao nível mais elevado de nosso ordenamento jurídico está assentado que a licitude constitucional de qualquer atividade econômica, ainda que fundada na livre-iniciativa, está submetida à observância do respeito ao meio ambiente, à observância das normas de proteção ambiental. Relevante anotar que as dificuldades ocasionadas por uma legislação ambiental extremamente fragmentária, com competências legais e administrativas mal definidas, fizeram com que o Poder Constituinte derivado determinasse um "princípio" que se expressa em tratamento diferente em função do impacto ambiental produzido pela atividade. A Constituição reconheceu que muitas normas de proteção ambiental têm sido aplicadas igualmente a pequenos e grandes empreendimentos, desconsiderando o impacto real causado por cada um deles.

O artigo 174, § 3º, da CF se refere diretamente ao meio ambiente quando trata da organização de cooperativas de garimpeiros, que deverão levar em conta a proteção ao meio ambiente. Também no artigo 176 existem normas de natureza ambiental. Os capítulos da política urbana (artigos 182 e 183) e da política agrícola e fundiária (artigos 184 a 191) da Constituição Federal também estão vinculados ao meio ambiente, sendo certo que a própria função social da propriedade incorporou a necessidade de conservação ambiental, transformando-se em função socioambiental da propriedade.

O desenvolvimento brasileiro foi feito com pouco respeito ao ambiente, pois calcado na exploração intensiva de produtos primários, sem preocupação quanto à sua conservação. Desde a década de 80 do século XX, sobretudo após a edição da Lei da PNMA, teve início uma nova maneira de pensar as relações entre economia e meio ambiente. Isto se dá com a introdução do conceito de sustentabilidade e a constatação de que recursos naturais são finitos. Essa mudança de concepção, contudo, não é linear e, sem dúvida, podemos encontrar diversas contradições e dificuldades na implementação de políticas industriais que levem em conta o fator ambiental e que estejam preocupadas em assegurar a sustentabilidade da utilização de recursos ambientais.

O desenvolvimento sustentado é uma tentativa de conciliar a conservação dos recursos ambientais e o desenvolvimento econômico.

1.2.1.1 Liberdade econômica e direito ambiental

O artigo 170 da Constituição Federal estabelece os nove princípios norteadores do exercício das atividades econômicas no País que, na forma do texto constitucional, não se confunde com uma liberdade absoluta no mercado, devendo observar parâmetros tais como a (1) função social da propriedade, a (2) defesa do consumidor e a (3) defesa do meio ambiente. É por meio de tais parâmetros que a Constituição busca assegurar um equilíbrio entre todos os agentes econômicos. Nesse contexto constitucional foi editada a Lei 13.874, de 20 de setembro de 2019. A chamada Reforma Tributária (Emenda Constitucional 132/2023), finalmente, incorporou a preocupação ambiental no sistema tributário nacional. O § 4º do artigo 43 estabelece que: "[s]empre que possível, a concessão dos incentivos regionais a que se refere o § 2º, III, considerará critérios de sustentabilidade ambiental e redução das emissões de carbono". O princípio da proteção ao meio ambiente, de forma explícita, foi incorporado ao Texto Constitucional (artigo 145, § 3º). De grande relevância é a possibilidade de estabelecimento de alíquotas (artigo 155, § 1º, II).

A lei é ampla e a sua aplicação às questões ambientais deve ser encarada com moderação. Com efeito, a "simplificação" do licenciamento ambiental, tal como previsto nos artigos 5º e 5º-A da Lei 11.598/2007, conforme redação dada pela Lei 14.195/2021, foi julgada inconstitucional pelo STF, de acordo com o decidido na ADI 6.808, Relatora Ministra Cármen Lúcia, isto em função de que a classificação de risco ambiental foi subtraída da competência dos órgãos de controle ambiental.

Conforme o disposto no § 1º do artigo 1º da Lei 13.874/2019, as suas disposições devem ser observadas *na aplicação e na interpretação do direito civil, empresarial, econômico, urbanístico e do trabalho nas relações jurídicas que se encontrem no seu âmbito de aplicação e na ordenação pública, inclusive sobre exercício das profissões, comércio, juntas comerciais, registros públicos, trânsito, transporte e proteção ao meio ambiente.* O legislador estipulou um critério normativo para a aplicação e interpretação das normas de proteção ambiental, favorecendo a atividade econômica, o que é inconstitucional, pois privilegia o aspecto puramente econômico, esvaziando a natureza tutelar do direito ambiental.[4] Com efeito, a norma viola os artigos 170, VI, e 225 da Constituição Federal, pois privilegia o econômico em detrimento do ambiental e humano, quebrando o tripé da sustentabilidade sobre o qual se estrutura o Direito Ambiental.

O arcabouço constitucional existente no Brasil, certamente, não comporta, quando se tratar de questões ambientais, a constitucionalidade do § 2º do artigo 1º da Lei 13.874/2019, que determina aplicarem-se em favor da "liberdade econômica [...] todas as normas de ordenação pública sobre atividades econômicas privadas".

A aplicação da legislação ambiental não pode ter, e não tem, como pressuposto a defesa de uma suposta liberdade econômica, pois na sua origem está o combate aos excessos da liberdade econômica e os danos ambientais por ela causados. Os agentes econômicos não podem transferir os seus custos ambientais para a sociedade. Considerando que o direito ambiental possui três vertentes (humana, econômica e ecológica), parece ser um despropósito que sua interpretação deva privilegiar a econômica, independentemente da situação concreta a ser examinada. Aliás, merece nota o fato de que a lei, no § 3º do artigo 1º, excepciona a sua aplicação no que tange ao direito tributário e ao financeiro, o que demonstra que os interesses patrimoniais do Estado estão colocados em posição superior aos da "liberdade econômica". O direito ambiental é, em concreto, a regulação necessária para que a "liberdade econômica" não seja praticada em desrespeito aos bens ambientais e, consequentemente, da saúde humana, da ecologia e, portanto, de um desenvolvimento sustentável.

Ora, nos termos do § 6º do artigo 1º da Lei 13.874/2019, atos públicos de liberação são "a licença, a autorização, a concessão, a inscrição, a permissão, o alvará, o cadastro, o credenciamento, o estudo, o plano, o registro e os demais atos exigidos, sob qualquer denominação, por órgão ou entidade da administração pública na aplicação de legislação, como condição para o exercício de atividade econômica, inclusive o início, a continuação e o fim para a instalação, a construção, a operação, a produção, o funcionamento, o uso, o exercício ou a realização, no âmbito público ou privado, de atividade, serviço, estabelecimento, profissão, instalação,

---

4   Ver item 1.1.1.

operação, produto, equipamento, veículo, edificação e outros". É claramente inconstitucional que, em caso de dúvida relacionada à concessão de qualquer licença ambiental, a Administração privilegie, sem mais, a liberdade econômica em detrimento de outros valores tutelados pela Constituição Federal.

O artigo 2º da Lei da Liberdade Econômica estabeleceu quatro princípios que devem orientar o intérprete na sua aplicação, que são os seguintes: (1) a liberdade como uma garantia no exercício de atividades econômicas; (2) a boa-fé do particular perante o poder público; (3) a intervenção subsidiária e excepcional do Estado sobre o exercício de atividades econômicas; e (4) o reconhecimento da vulnerabilidade do particular perante o Estado. Os princípios estabelecidos em (1) e (2) são princípios perfeitamente compatíveis com as normas constitucionais vigentes e não acarretam maior impacto na legislação ambiental ou no seu padrão interpretativo tal como vem sendo praticado. Por outro lado, os princípios constantes de (3) e (4) merecem especial atenção. Com efeito, o inciso I do artigo 2º da Política Nacional do Meio Ambiente estabelece como um de seus princípios a "ação governamental na manutenção do equilíbrio ecológico, considerando o meio ambiente como um patrimônio público a ser necessariamente assegurado e protegido, tendo em vista o uso coletivo". Isto significa que o Estado deve agir com vistas à manutenção do equilíbrio ecológico e, especial, estar atento à proteção ambiental. As ações estatais não devem ser "mínimas", mas proporcionais às reais necessidades devidamente apuradas por investigação técnica e científica. Acresce o fato de que o artigo 225 da Constituição Federal, em seu § 1º, estabelece um rol de atividades que devem ser desempenhadas pelo Poder Público, o que afasta a "intervenção mínima", desproporcional e desmesurada. Assim, o princípio estabelecido no artigo 2º, III, da Lei de Liberdade Econômica é inaplicável às questões ambientais. O mesmo se diga em relação à vulnerabilidade do particular *vis-à-vis* o Estado. Ainda que muitos abusos possam ser identificados em diversas medidas adotadas por vários setores dos órgãos da administração ambiental, fato é que, no contexto de grandes projetos, não há como se imaginar que os empreendedores possam ser enquadrados na condição de "vulneráveis" em relação ao Estado.

Com efeito, uma simples leitura do orçamento de diversas grandes empresas nacionais e transnacionais demonstra que estes são muitas vezes superiores aos recursos orçamentários dos órgãos de controle ambiental. Da mesma forma, o potencial de geração de empregos, arrecadação e prestígio vinculados a determinados projetos fazem com que o princípio estabelecido no inciso IV do artigo 2º da Lei 13.874/2019 não seja aplicável aos grandes empreendimentos e empresas de grande porte, sendo válido, se tanto, aos pequenos e médios empreendedores, hipótese compatível com o disposto no artigo 170, VI, da Constituição Federal.

Por fim, há que se realçar que a Lei da Liberdade Econômica é muito mais uma declaração política do que uma inovação legislativa que se destaque pela originalidade. De fato, a lei, na Declaração de Direitos de Liberdade Econômica (artigos 3º e seguintes), nada mais fez do que buscar reafirmar determinados direitos relativos à atividade econômica já previamente existentes em nosso ordenamento jurídico e, por meio de lei, combater alguns comportamentos absurdos e burocráticos existentes na Administração Pública. Não é ocioso ressaltar que, em diferentes pontos da Declaração dos Direitos de Liberdade Econômica, o próprio legislador limitou a abrangência da liberdade aos estritos limites da lei, conforme demonstra o artigo 3º, II, *a, b* e *c*, IV, V, VIII e IX.

O inciso XI do artigo 3º é relevante para a matéria ambiental, ainda que se refira, apenas, ao direito urbanístico. Cuida-se da complexa questão da fixação de parâmetros para a definição de medidas de compensação ambiental. É razoável que medidas compensatórias de impactos ambientais guardem relação de causa e efeito com o dano causado.

1.2.2 A vertente ecológica do direito ambiental

O conteúdo econômico do direito ambiental já foi exaustivamente demonstrado, agora cabe avançar no sentido da demonstração dos conteúdos humanísticos e ecológicos. O primeiro ponto a ser realçado é o fato de que a sua construção prática demonstra que ele, em grande medida, é originado de movimentos reivindicatórios e de protestos contra más condições de vida, poluição, falta de saneamento e tantas outras. No contexto brasileiro que de certa forma reproduz o internacional, há um amálgama de ações políticas com medidas judiciais e legislativas, criando uma base bastante rica e fértil para a produção de regras ambientais.

Em inúmeras ocasiões, os Tribunais têm sido provocados a dar seu veredicto sobre situações lesivas ao meio ambiente. É certo que muitas vezes os litígios judiciais são a única forma de impedir que medidas ilegais sejam adotadas, até mesmo do Poder Público. Findley e Farber (1998) nos lembram que fora do processo político, o único controle sobre os órgãos ambientais é o judicial.

Atualmente, vivemos uma "era dos direitos" (BOBBIO, 1992) com recursos escassos, na qual as diferentes parcelas da população postulam direitos de forma cada vez maior e que resultam em normas cada vez mais atributivas de garantias processuais e direitos substantivos, ainda que muitas vezes os orçamentos públicos previstos para a concretização das novas realidades normativas nem sempre sejam capazes de torná-las efetivas. Entretanto, a formulação de tais direitos serve como norte para os processos reivindicatórios.

O *caput* do artigo 225 da CF define o direito ao meio ambiente equilibrado como um "direito de todos", logo, subjetivamente exigível por toda e qualquer pessoa. No particular, há forte tendência teórica de incluir os animais irracionais como "sujeitos" (POSNER, 2004; SINGER, 2004) de direito e, portanto, devendo ser compreendidos no conceito de "todos". Na verdade, cuida-se de uma construção jurídica para atribuir personalidade e direitos aos animais e à própria natureza. Ora, se empresas [construção jurídica] possuem direitos e personalidade, do ponto de vista teórico, não há qualquer impedimento para que tais entes venham a ser considerados como sujeitos de direito.

1.2.2.1 O reconhecimento de direitos da natureza

O reconhecimento do valor intrínseco da natureza é parte integrante de várias culturas e tem recebido maior atenção por parte das nações no contexto internacional nos últimos anos. A Assembleia Geral da Organização das Nações Unidas, por intermédio da Resolução A/RES/37/7 (28.10.1982), proclamou a Carta Mundial da Natureza[5] com os seguintes princípios: a (1) natureza deve ser respeitada e seus processos essenciais não devem ser prejudicados; a (2) viabilidade genética na terra não deve ser comprometida; os níveis populacionais de todas as formas de vida, selvagens e domesticadas, devem ser pelo menos suficientes para sua sobrevivência e, para esse fim, os *habitats* necessários devem ser salvaguardados; todas (3) as áreas da terra, tanto terrestres como marítimas, estarão sujeitas a estes princípios de conservação; (4) proteção especial deve ser dada a áreas únicas, a amostras representativas de todos os diferentes tipos de ecossistemas e aos *habitats* de espécies raras ou ameaçadas de extinção; os (5) ecossistemas e organismos, bem como os recursos terrestres, marinhos e atmosféricos que são utilizados pelo homem, devem ser gerenciados para alcançar e manter a produtividade sustentável ideal, mas não de forma a colocar em perigo a integridade dos

---

5   Disponível em: https://documents-dds-ny.un.org/doc/RESOLUTION/GEN/NR0/424/85/IMG/NR042485.pdf?OpenElement. Acesso em: 20 mar. 2022.

outros ecossistemas ou espécies com os quais eles coexistem; a (6) natureza deve ser protegida contra a degradação causada pela guerra ou outras atividades hostis.

Alguns países têm reconhecido em seu ordenamento constitucional, ou mediante decisões judiciais, os direitos da natureza. A Constituição do Equador, em seus artigos 71 e 72, reconhece, expressamente, direitos à natureza.[6] São conhecidos os casos de ações judiciais propugnando pelo reconhecimento da capacidade legal dos rios em alguns países: o (1) rio Whanganui na Nova Zelândia, o (2) rio Altrato na Colômbia, os (3) rios Ganges e (4) Yanuma na Índia. No caso da Nova Zelândia, o parlamento nacional aprovou uma lei (Lei Te Awa Tapua) que reconhece que Te Awa Tapua é um todo vivo e indivisível, compreendendo das montanhas até o mar, incorporando todos os elementos físicos e metafísicos.[7] As reivindicações do povo Maori em relação à proteção do rio e de seu entorno foram admitidas.

Na Colômbia, a Corte Constitucional (Sentença T – 622 – 2016[8]) reconheceu o rio Altrato como sujeito de direitos como forma de responder aos agravos que o rio sofria em função de mineração e outras atividades deletérias, conforme amplamente documentado na decisão.

No caso indiano, a Suprema Corte do Estado de Uttarkhland (Mohd. Salim *vs.* State of Uttarakhand & Ors., Writ Petition (PIL) 126/2014) entendeu que os rios Ganges e Yanuma são importantes componentes da religiosidade e espiritualidade hindu, merecendo tratamento adequado por parte das autoridades, reconhecendo que eles são elementos fundamentais para o sustento e a vida das comunidades, desde as montanhas até o mar e que, em tal condição, possuem uma personalidade legal viva.[9] Entretanto, a decisão foi apelada pelo Estado de Uttarkhland para a Suprema Corte da Índia que negou, a ambos os rios, a condição de entidades vivas detentoras de direitos legais.[10]

Os casos acima apresentados demonstram que a questão relativa aos direitos intrínsecos da natureza é atualíssima e tende a ter sua importância ampliada. Também é relevante observar que o Direito Constitucional Brasileiro confere proteção especial às paisagens, de acordo com o definido nos artigos 23, III, 24, VII, VIII, e 216, V, todos da CF.

O Direito brasileiro reconhece à natureza um elevado nível de tutela. Isto ocorre tanto em relação à norma constitucional, quanto em relação à legislação ordinária. Relembre-se que os incisos I, II e VII do artigo 225 da CF falam em: "Preservar e restaurar os processos ecológicos essenciais e prover o manejo ecológico dos ecossistemas", "preservar a diversidade e a integridade do patrimônio genético do País", "proteger a fauna e a flora, vedadas, na forma da lei, as práticas que coloquem em risco sua função ecológica [...]".

Observe-se que há uma obrigação social, legal e constitucional para com a tutela dos processos ecológicos essenciais. Há obrigação de que o Estado se empenhe na preservação das espécies da flora e da fauna, não se cogitando de suas utilidades imediatas.

O reconhecimento de tutela a bens jurídicos que não estejam *diretamente* vinculados à pessoa humana é de grande importância para se medir o real grau de codependência entre o

---

6   Disponível em: https://www.ambiente.gob.ec/wp-content/uploads/downloads/2018/09/Constitucion-de-la-Republica-del-Ecuador.pdf. Acesso em: 20 mar. 2022.

7   Disponível em: https://www.legislation.govt.nz/act/public/2017/0007/latest/whole.html. Acesso em: 20 mar. 2022.

8   Disponível em: https://www.corteconstitucional.gov.co/relatoria/2016/t-622-16.htm. Acesso em: 20 mar. 2022.

9   Disponível em: https://timesofindia.indiatimes.com/readersblog/thoughtswithadashoflaw/rivers--ganga-yamuna-living-entities-having-the-status-of-a-legal-person-11519/. Acesso em: 20 mar. 2022.

10 Disponível em: https://www.ndtv.com/india-news/no-yamuna-and-ganga-are-not-living-entities--says-supreme-court-1721833. Acesso em: 20 mar. 2022.

DIREITO AMBIENTAL – Paulo de Bessa Antunes

homem e o mundo que o cerca, do qual ele é parte integrante. A atitude de respeito e proteção às demais formas de vida ou aos sítios que as abrigam é uma prova de compromisso do ser humano com a própria raça e, portanto, consigo mesmo.

1.2.3 A vertente humana do direito ambiental

No regime constitucional brasileiro, o artigo 225 da CF impõe a conclusão de que o *direito ao ambiente* prístino é um dos direitos humanos fundamentais. É, o meio ambiente, bem de uso comum do povo *e essencial à sadia qualidade de vida, portanto, é* res communes omnium *(coisa comum a todos), interesse comum, tutelável judicialmente por meio de ação popular, como se pode ver do a*rtigo 5º da CF em seu inciso LXXIII. Uma consequência lógica da identificação do *direito ao ambiente* como um direito humano fundamental, *conjugada com o princípio constitucional da dignidade da pessoa humana,* é que no centro de gravitação do direito ambiental se encontra o Ser Humano, mas não se limita a ele.

Foi na década de 70 do século XX que tiveram início as discussões sobre a incorporação da proteção do meio ambiente nas Constituições de diversos países. Em 1971, a Constituição da Suíça tratou do tema, sendo seguida pelas Cartas da Grécia e de Papua-Nova Guiné, ambas em 1975.[11] A derrubada do salazarismo e do franquismo fizeram com que Portugal e Espanha fossem os primeiros países a incorporarem em suas constituições de 1976 e 1978 o direito ao meio ambiente saudável, como evidente fonte de inspiração para a Constituição Brasileira. Este movimento de "esverdeamento" das constituições foi de tal forma relevante que, no momento, cerca de 149 países possuem disposições sobre meio ambiente em suas constituições.

Além dos textos constitucionais, a proteção do meio ambiente e, em especial, o direito ao meio ambiente sadio tem se disseminado por vários continentes e acordos multilaterais. No âmbito das Américas, o Protocolo Adicional à Convenção Americana sobre Direitos Humanos em Matéria de Direitos Econômicos, Sociais e Culturais, "Protocolo de São Salvador", estabelece em seu artigo 11 que "[t]oda pessoa tem direito a viver em meio ambiente sadio e a dispor dos serviços públicos básicos". No continente africano, a Declaração de Pretória sobre os direitos econômicos, sociais e culturais na África[12] também é dotada de provisões relativas ao meio ambiente sadio, o mesmo ocorrendo nos demais continentes.

1.3 Os princípios do direito ambiental

A Lei de Introdução às Normas do Direito Brasileiro estabelece em seu artigo 4º que diante de omissão legislativa, o juiz decidirá o caso de acordo com "a analogia, os costumes e os princípios gerais de direito". O Código de Processo Civil [CPC], muito embora não mencione expressamente os princípios gerais de direito, determina em seu artigo 140 que "o juiz não se exime de decidir sob a alegação de lacuna ou obscuridade do ordenamento jurídico", daí resultando evidente que os princípios são parte integrante do ordenamento jurídico. Os princípios gerais de direito são o último recurso a ser empregado pelo aplicador da norma para solucionar um caso concreto. Os princípios jurídicos têm papel relevante na ordem jurídica, qual seja o de dar unidade ao sistema, coerência e harmonia, servindo de *guia para o intérprete.* Admite-se que, modernamente, o constitucionalismo e a nova hermenêutica têm lhes reconhecido plena normatividade, equivalente à de norma jurídica, conforme admitido

---

[11] Disponível em: https://davidsuzuki.org/wp-content/uploads/2013/11/status-constitutional-protection-environment-other-nations.pdf. Acesso em: 19 mar. 2022.

[12] Disponível em: https://www.achpr.org/legalinstruments/detail?id=35. Acesso em: 19 mar. 2022.

na doutrina jurídico-ambiental. Advirta-se, no entanto, que os princípios do direito ambiental não se confundem com os princípios gerais do direito.

Há, todavia, mesmo da doutrina ambiental, quem identifique uma hipertrofia dos princípios", como é o caso de Sarlet e Fensterseifer (2014), que afirmam ser a matéria inspiradora de cuidados, pois, como o verificado em outros "campos sensíveis", há excessos de "perfil fundamentalista", o que acarreta "uma dose de voluntarismo que procura se legitimar mediante invocação genérica – e, por vezes, mesmo *panfletária* – do discurso dos princípios".

O recurso aos princípios de direito ambiental é importante, pois nem sempre a norma é capaz de acompanhar as necessidades concretas da proteção ao meio ambiente. Logo, a utilização dos princípios de direito ambiental, como instrumento de gestão dos riscos ambientais, é medida necessária em muitas situações da vida real. Há, porém, que se observar que não há um consenso doutrinário sobre quais são efetivamente os princípios do Direito Ambiental, sendo certo que alguns deles são amplamente aceitos, ainda que se encontre forte divergência quanto ao seu significado.

1.3.1   Princípio da dignidade da pessoa humana

O ser humano, conforme estabelecido em nossa Constituição e nas Declarações de Estocolmo (Princípio 1) e do Rio (Princípio 1) – embora estas não tenham força obrigatória –, é o centro das preocupações do direito ambiental, que existe em função do ser humano e para que ele possa viver melhor na Terra.

A relação com os demais animais deve ser caridosa e tolerante, sem que se admita a crueldade, o sofrimento desnecessário e a exploração interesseira de animais e plantas. Mas, evidentemente, não se pode perder de vista o fato de que o homem se encontra em posição central, haja vista a sua capacidade de raciocínio, transformação consciente da natureza etc. Como afirmado por Sófocles: "Há muitas maravilhas neste mundo, mas a maior de todas é o homem".

1.3.2   Princípio democrático

O direito ambiental tem uma das suas principais origens nos movimentos reivindicatórios dos cidadãos. Logo, a democracia é uma de suas bases mais caras e consistentes. O princípio democrático encontra a sua expressão normativa especialmente nos *direitos à informação e à participação*. Tais direitos estão, expressamente, previstos no texto da CF e em diversas leis esparsas.

O direito ambiental, em seus aspectos regulatórios, depende da administração pública, que tem no princípio da publicidade administrativa um dos seus alicerces.

O princípio democrático assegura aos cidadãos o direito de, na forma da lei ou regulamento, participar das discussões para a elaboração das políticas públicas ambientais e de obter informações dos órgãos públicos sobre matéria referente à defesa do meio ambiente e de empreendimentos utilizadores de recursos ambientais e que tenham significativas repercussões sobre o ambiente, resguardado o sigilo industrial. No sistema constitucional brasileiro, tal participação faz-se por várias maneiras diferentes, das quais merecem destaque: (1) o dever jurídico de proteger e preservar o meio ambiente; (2) o direito de opinar sobre as políticas públicas, por meio de:

a) participação em audiências públicas, integrando órgãos colegiados etc.;
b) participação mediante a utilização de mecanismos judiciais e administrativos de controle dos diferentes atos praticados pelo Executivo, tais como as ações populares, as representações e outros;

c) as iniciativas legislativas que podem ser patrocinadas pelos cidadãos. A materialização do princípio democrático faz-se por meio de diversos instrumentos processuais e procedimentais.

As iniciativas legislativas são:

- *Iniciativa Popular*, prevista no artigo 14, inciso III, da CF;
- *Plebiscito*, previsto no artigo 14, inciso I, da CF; e
- *Referendo*, previsto no artigo 14, inciso II, da CF.

Medidas administrativas fundadas no princípio democrático:

Direito de informação. O artigo 5º, XXXIII, da CF. A Lei 10.650, de 16 de abril de 2003, é especificamente voltada para assegurar o direito à informação em questões de meio ambiente. Além dessa lei voltada especificamente para a informação ambiental, aplica-se Lei 12.527, de 18 de novembro de 2011.

Trata-se de uma norma geral e, portanto, aplicável à União, aos Estados e aos Municípios, bem como às organizações não governamentais que recebam, para realização de ações de interesse público, recursos públicos diretamente do orçamento ou mediante subvenções sociais, contrato de gestão, termo de parceria, convênios, acordo, ajustes ou outros instrumentos congêneres.

Direito de petição. Previsto na alínea *a* do inciso XXXIV do artigo 5º da CF. É a possibilidade que o cidadão tem de acionar o Poder Público para que este, no exercício de sua autotutela, ponha fim a uma situação de ilegalidade ou de abuso de poder. Exemplo: (1) representar para exigir que o Estado puna o possuidor de um depósito clandestino de produtos tóxicos; (2) esclarecimento sobre autos de infração.[13]

Estudo prévio de impacto ambiental. É exigência constitucional prevista no § 1º, inciso IV, do artigo 225 da CF, para toda *instalação de obra ou atividade potencialmente causadora de significativa degradação do meio ambiente*. O EIA deve ser tornado público. O EIA deve ser submetido à audiência pública. É importante frisar que a exigência de EIA só é legal nas hipóteses em que o órgão ambiental demonstre a potencialidade de um impacto negativo a ser causado ao meio ambiente. A exigência da avaliação ambiental prévia não se confunde com a exigência de prévio EIA.

Medidas judiciais fundadas no princípio democrático:

Ação popular. É ação constitucional, cuja finalidade é anular ato lesivo ao patrimônio público ou de entidade da qual o Estado participe, à moralidade administrativa, ao meio ambiente e ao patrimônio histórico e cultural, ficando o autor, salvo comprovada má-fé, isento de custas judiciais e do ônus da sucumbência. Ela tem sido muito utilizada e tem obtido resultados bastante satisfatórios.

Ação civil pública. É ação constitucional (artigo 129, III) que somente pode ser proposta por determinadas pessoas jurídicas ou pelo Ministério Público, que são dotados de legitimação extraordinária para a tutela dos interesses protegidos pela norma processual constitucional.

Ações de Constitucionalidade, inconstitucionalidade e arguição de violação de preceito fundamental. Peculiaridades muito próprias do sistema judicial brasileiro fizeram com que

---

[13] TRF-4, REO 5.297/SC 2005.72.00.005297-1, 1ª Turma Suplementar, Rel. Loraci Flores de Lima, j. 07.03.2006, *DJ* 22.03.2006, p. 722.

muitos legitimados pudessem se dirigir ao STF com vistas a discutir a constitucionalidade ou inconstitucionalidade de normas de proteção ao meio ambiente.

Há, seguramente, um déficit de aplicação do princípio democrático na prática administrativa do Direito Ambiental brasileiro, notadamente no licenciamento ambiental, o qual transforma a participação de terceiras partes interessadas em mera assistência privilegiada, sem que as suas opiniões sejam, efetivamente, levadas em consideração, ou sem que elas possam estabelecer mecanismos formais de solução de conflitos.

No âmbito da América Latina e do Caribe foi firmado o Acordo Regional sobre Acesso à Informação, Participação Pública e Acesso à Justiça em Assuntos Ambientais na América Latina e no Caribe Adotado em Escazú (Costa Rica), em 4 de março de 2018 que, em seu artigo 1º, estabelece como objetivo:

> [...] garantir a implementação plena e efetiva, na América Latina e no Caribe, dos direitos de acesso à informação ambiental, participação pública nos processos de tomada de decisões ambientais e acesso à justiça em questões ambientais, bem como a criação e o fortalecimento das capacidades e cooperação, contribuindo para a proteção do direito de cada pessoa, das gerações presentes e futuras, a viver em um meio ambiente saudável e a um desenvolvimento sustentável.

No âmbito europeu, há a Convenção Aarhus que trata da participação popular na tomada de decisões ambientais.

1.3.3 Princípio da precaução

É entre os princípios do direito ambiental aquele objeto das mais acirradas polêmicas e debates, com grande repercussão nos foros judiciais, na imprensa e em toda a sociedade. O princípio da precaução [PP] tem origem no direito alemão da década de 70 do século XX, expressando uma preocupação com a necessidade de avaliação prévia das consequências ambientais dos projetos e empreendimentos que se encontravam em curso ou em vias de implantação. Daí surgiu a ideia de precaução. Na sua formulação original, o princípio estabelecia que a *precaução* era desenvolver em todos os setores da economia processos que reduzissem significativamente as cargas ambientais, principalmente aquelas originadas por substâncias perigosas. Outras formulações do princípio foram sendo construídas e, em pouco tempo, o *Vorsorgeprinzip* se expandiu para o direito internacional e para vários direitos nacionais, inclusive o brasileiro. Apesar disso, é importante ressaltar que *não existe* um consenso internacional quanto ao seu significado. Contudo, é possível identificar nas diferentes visões alguns pontos comuns como, por exemplo: "O banimento total pode não ser uma resposta proporcional ao risco potencial em todos os casos", como ressaltado no documento da Unesco elaborado sobre a matéria (UNESCO, 2005).

Ante a inexistência de um consenso a respeito do conteúdo concreto do princípio da precaução, há tendência à adoção de *uma definição negativa do princípio,* ou seja, a definição do *que ele não é:* "Para evitar mal-entendidos e confusões, é útil refletir sobre o que o PP não é. O PP não é baseado em 'risco zero', mas pretende alcançar riscos ou riscos mais baixos ou mais aceitáveis. Não é baseado em ansiedade ou emoção, mas é uma regra de decisão racional, baseado na ética, que tem como objetivo usar o melhor dos 'sistemas de ciências' de processos complexos para tomar decisões mais sábias. Finalmente, como qualquer outro princípio, o PP em si não é um algoritmo de decisão e, portanto, não pode garantir a consistência entre os casos. Assim como em casos judiciais legais, cada caso será um pouco diferente, tendo os seus próprios fatos, incertezas, circunstâncias e tomadores de decisão e o elemento de julgamento não pode ser eliminado" (UNESCO, 2005, p. 16).

Desnecessário dizer que, ao se estabelecer a *precaução como princípio,* ela não pode ser interpretada como uma cláusula geral, aberta e indeterminada. É preciso que se defina o que se pretende prevenir e qual o risco a ser evitado. Isto, contudo, só pode ser feito diante da análise das diferentes alternativas que se apresentam para a implementação ou não de determinado empreendimento ou atividade.

Outro aspecto pouco ressaltado do PP é que prevenir riscos ou danos implica *escolher* quais os riscos ou danos pretendemos prevenir e quais os que aceitamos correr. Se feita racionalmente a escolha, escolheremos o risco menor em preferência ao maior. Contudo, nem sempre as escolhas são feitas racionalmente, pois a *percepção* do risco nem sempre tem relação com o *risco real* e, muitas vezes, a escolha é feita com base na percepção do risco.

O grande lançamento internacional do PP foi na Conferência das Nações Unidas sobre Meio Ambiente e Desenvolvimento – CNUMAD [Rio 92, Eco 92]. Na oportunidade, a Declaração do Rio tratou do tema no Princípio 15.[14]

Vários documentos internacionais dotados de força obrigatória têm expressamente assumido o Princípio da Precaução como um de seus fundamentos, entre outros: o (1) *Protocolo de Cartagena*: É um documento internacional que encontra suas origens na Convenção sobre Diversidade Biológica, cujo objetivo fundamental é estabelecer normas de biossegurança no que se refere à transferência, à manipulação e ao uso dos organismos vivos modificados (OVMs) resultantes da biotecnologia moderna que possam ter efeitos adversos na conservação e no uso sustentável da diversidade biológica, levando em conta os riscos para a saúde humana, decorrentes do movimento transfronteira. Tal documento foi promulgado pelo Decreto 5.705, de 16 de fevereiro de 2006;[15] a (2) Convenção *de* Estocolmo sobre Poluentes Orgânicos Persistentes.[16] Esta mesma Convenção, na sua Parte V (B), reconhece que a utilização das melhores técnicas disponíveis para prevenir a liberação de poluentes orgânicos persistentes deve levar em conta uma análise custo-benefício quando da aplicação de medidas de precaução e prevenção.

Uma primeira exegese do texto do princípio 15 da Declaração do Rio nos indica que:

(1) O critério da precaução não é um critério (princípio) definido pela ordem internacional, mas, ao contrário, é um princípio que se materializa na ordem interna de cada Estado, na exata medida das capacidades dos diferentes Estados. Ou seja, a aplicação de tal princípio deve levar em conta o conjunto de recursos disponíveis, em cada um dos Estados, para a proteção ambiental, considerando as peculiaridades locais. Em outras palavras, as medidas adotadas para prevenir a poluição atmosférica

---

[14]   Princípio 15: De modo a proteger o meio ambiente, o princípio da precaução deve ser amplamente observado pelos Estados, de acordo com suas capacidades. Quando houver ameaça de danos sérios ou irreversíveis, a ausência de absoluta certeza científica não deve ser utilizada como razão para postergar medidas eficazes e economicamente viáveis para prevenir a degradação ambiental.

[15]   Artigo 1º OBJETIVO – De acordo com a abordagem de precaução contida no Princípio 15 da Declaração do Rio sobre Meio Ambiente e Desenvolvimento, o objetivo do presente Protocolo é de contribuir para assegurar um nível adequado de proteção no campo da transferência, da manipulação e do uso seguros dos organismos vivos modificados resultantes da biotecnologia moderna que possam ter efeitos adversos na conservação e no uso sustentável da diversidade biológica, levando em conta os riscos para a saúde humana, e enfocando especificamente os movimentos transfronteiriços.

[16]   Artigo 1º: Tendo presente o Princípio da Precaução consagrado no Princípio 15 da Declaração do Rio sobre Meio Ambiente e Desenvolvimento, o objetivo da presente Convenção é proteger a saúde humana e o meio ambiente dos poluentes orgânicos persistentes.

em Hamburgo não são as mesmas necessárias para uma pequena cidade no interior da Costa Rica.

(2) A dúvida sobre a natureza nociva de uma substância não deve ser interpretada como se não houvesse risco. Ela, entretanto, não se confunde com a mera opinião de leigos ou "impressionistas". A dúvida, para impedir determinada ação, deve ter base em análises técnicas e científicas, realizadas com base em protocolos aceitos pela comunidade internacional.

O PP não determina a paralisação da atividade, mas que ela seja realizada com os cuidados necessários, até mesmo para que o conhecimento científico possa avançar e a dúvida ser esclarecida.

Em termos práticos, como se deve proceder diante de uma fundada incerteza quanto aos efeitos que uma determinada intervenção sobre o meio ambiente pode acarretar? Como deve ser aplicado o PP? Em primeiro lugar, há que se consignar que ele encontra expressão concreta em sete incisos do § 1º do artigo 225 da CF, ou seja, nos incisos que determinam ao Poder Público e ao legislador ordinário que definam meios e modos para que a avaliação dos impactos ambientais seja capaz de evitar – tanto quanto possível – danos ao meio ambiente. Fora dessas circunstâncias, a aplicação do PP não pode se dar de forma imediata e sem uma base legal que a sustente.

A expressão normativa do princípio da precaução se materializa nas diversas regras que determinam a avaliação dos impactos ambientais dos diferentes empreendimentos capazes de causar lesão ao meio ambiente, ainda que potencialmente.

A aplicação *juridicamente legítima* do PP deve levar em consideração as leis existentes no País que determinem a avaliação dos impactos ambientais de uma certa atividade, conforme a legalidade infraconstitucional existente. Infelizmente, tem havido uma forte tendência a se considerar que o princípio da precaução é um superprincípio que se sobrepõe aos princípios fundamentais da República, tal como estabelecidos pela própria CF, o que, evidentemente, é uma grave ruptura da legalidade constitucional.

O PP tem sido prestigiado pelo legislador brasileiro que, em muitas normas positivadas, determina medidas com vistas à avaliação dos impactos ambientais efetivos e potenciais gerados pelos diferentes empreendimentos. Ainda que extremamente relevante – o que é reconhecido por toda a doutrina brasileira e pelo nosso ordenamento jurídico –, o PP não é dotado de normatividade capaz de fazer com que ele se sobreponha aos princípios da legalidade (um dos princípios setoriais reitores da Administração Pública) e, especialmente, aos princípios fundamentais da República, repita-se. A aplicação do PP somente se justifica constitucionalmente quando observados os princípios fundamentais da República e ante a inexistência de norma capaz de determinar a adequada avaliação dos impactos ambientais.[17]

1.3.4   Princípio da prevenção

É princípio próximo ao da precaução, embora com este não se confunda. *O princípio da prevenção se aplica aos impactos ambientais já conhecidos* e dos quais se possa, com segurança, estabelecer um conjunto de nexos de causalidade suficiente para identificar os impactos futuros mais prováveis. Com base no princípio da prevenção, o licenciamento ambiental e,

---

[17]   STF: (1) RE 627.189, Rel. Min. Dias Toffoli, j. 08.06.2016, *DJe* 03.04.2017, Tema 479; (2) ADI 5.592/DF, Tribunal Pleno, Rel. Cármen Lúcia, j. 11.09.2019, Data de Publicação: 10.03.2020.

até mesmo, os estudos de impacto ambiental podem ser realizados e são solicitados pelas autoridades públicas.

É importante deixar consignado que a prevenção de danos, tal como presente no princípio ora examinado, não significa – em absoluto – a eliminação de danos. A existência de danos ambientais originados por um empreendimento específico é avaliada em conjunto com os benefícios por ele gerados e, a partir de uma análise balanceada de uns e outros, surge a opção política consubstanciada no deferimento ou indeferimento das licenças ambientais. As condicionantes estabelecidas para a implantação do projeto indicam as condições técnicas e políticas mediante as quais o administrador estabelece a ponderação entre os diferentes interesses em jogo. Este mecanismo de valoração é mais claramente definido na aplicação do chamado princípio do equilíbrio, que será examinado adiante.

1.3.5   Princípio do equilíbrio

Pelo princípio do equilíbrio, os aplicadores da política ambiental e do Direito Ambiental devem pesar as consequências previsíveis da adoção de uma medida, de forma que ela possa ser útil à comunidade e não importem em gravames excessivos aos ecossistemas e à vida humana. Por meio do princípio do equilíbrio, deve ser feito o balanço entre as diferentes repercussões do projeto a ser implantado, isto é, devem ser analisadas as consequências ambientais, as consequências econômicas, as sociais etc. A legislação ambiental deverá ser aplicada de acordo com a resultante de todas essas variáveis.

As medidas para assegurar maior proteção ambiental, como se percebe facilmente, dependem do grau de consciência social em relação ao meio ambiente como prioridade. Não se pode, licitamente, esquecer que rotineiramente são apresentadas dicotomias absolutamente falsas entre progresso e proteção ambiental. Princípio do equilíbrio é o princípio pelo qual devem ser pesadas todas as implicações de uma intervenção no meio ambiente, buscando-se adotar a solução que melhor concilie um resultado globalmente positivo.

1.3.6   Princípio da capacidade de suporte

O *princípio da capacidade de suporte* tem assento constitucional no inciso V do § 1º do artigo 225 da CF. A primeira manifestação objetiva de tal princípio se dá quando a administração pública estabelece padrões de qualidade ambiental que se concretizam em limites de emissões de partículas, de limites aceitáveis de presença de determinados parâmetros de qualidade da água[18] etc. Tais padrões devem levar em consideração a capacidade de suporte do ambiente, isto é, o limite de matéria ou energia estranha que o ambiente pode suportar sem alterar suas características. A Administração Pública tem a obrigação de fixar padrões de emissões de matérias poluentes, de ruído, enfim, de tudo aquilo que possa implicar prejuízos aos recursos ambientais e à saúde humana. A violação dos limites fixados, sem uma justificativa técnica plausível, deve ser sancionada. A fixação dos limites é de extrema importância,

---

[18] Parâmetros de qualidade da água: a água contém, geralmente, diversos componentes, os quais provêm do próprio ambiente natural ou foram introduzidos a partir de atividades humanas.
Para caracterizar uma água, são determinados diversos parâmetros, os quais representam as suas características físicas, químicas e biológicas. Esses parâmetros são indicadores da qualidade da água e constituem impurezas quando alcançam valores superiores aos estabelecidos para determinado uso. Os principais indicadores de qualidade da água são discutidos a seguir, separados sob os aspectos físicos, químicos e biológicos. Disponível em: https://tratamentodeagua.com.br/artigo/qualidade--da-agua/. Acesso em: 10 jun. 2022.

pois será a partir deles que se estabelecerá uma presunção que permite à Administração impor coercitivamente as medidas necessárias para que se evite, ou pelo menos se minimize, a poluição e a degradação. Há que se observar que o limite último é a chamada capacidade de suporte do corpo receptor. Os padrões são fixados de forma a, em tese, resguardar a qualidade ambiental. Dependendo do grau de saturação de um corpo receptor, pode ocorrer que o limite esteja acima ou abaixo do que, efetivamente, pode ser suportado pelo ambiente.

Assim, o princípio da capacidade de suporte estabelece uma presunção *iuris tantum* cuja consequência é a transferência do ônus da prova para que o empreendedor demonstre o cumprimento do padrão legal, ou que a sua ultrapassagem não esteja causando danos ao meio ambiente, às pessoas ou aos seus bens.

Há uma importante questão a ser examinada, que é a de saber quais os valores a adotar quando da fixação dos padrões. O tema é importante e controverso, pois muitas vezes os limites são determinados de acordo com a capacidade industrial e tecnológica de reduzir a poluição. Fixam-se limites cuja base de cálculo leva em consideração o nível tecnológico atual e não o potencial de agressão da atividade que está sendo limitada. A fixação de padrões de forma que estes possam estimular o desenvolvimento tecnológico, com vistas ao alcance de índices mais baixos de emissão de poluentes e mais elevados de pureza da água e do ar, é um importante elemento para que se alcance a modernização tecnológica e a ampliação dos investimentos em pesquisas de proteção ambiental. Os limites devem ser estabelecidos em função das necessidades de proteção ambiental e da melhor tecnologia disponível, sem custos excessivos.

A melhor tecnologia disponível, em países cujo nível de desemprego é elevado e nos quais a preparação técnica dos trabalhadores é ainda deficiente, é um critério que deverá levar em consideração fatores de ordem política e econômica extremamente importantes. Uma tecnologia que proteja o meio ambiente de forma adequada, mas que traga como consequência a redução de muitos empregos, não é a melhor tecnologia disponível, haja vista que não considera todos os fatores que, necessariamente, estão envolvidos no problema. Melhor tecnologia disponível é aquela que, no conjunto, atenda às diferentes necessidades identificadas no projeto.

O princípio da capacidade de suporte tem reconhecimento normativo no direito positivo brasileiro. A Resolução Conama 382, de 26 de dezembro de 2006, *estabelece que os limites máximos de emissões de poluentes atmosféricos em seu conjunto estão ligados à capacidade de suporte do ambiente no qual eles são lançados*. De fato, os incisos I e IV do artigo 2º da Resolução dispõem que: "para o estabelecimento dos limites de emissão de poluentes atmosféricos são considerados os seguintes critérios mínimos: I – o uso do limite de emissões é um dos instrumentos de controle ambiental, cuja aplicação deve ser associada a critérios de capacidade de suporte do meio ambiente, ou seja, ao grau de saturação da região onde se encontra o empreendimento; [...] IV – possibilidade de diferenciação dos limites de emissão, em função do porte, localização e especificidades das fontes de emissão, bem como das características, carga e efeitos dos poluentes liberados; [...]".

Como já foi visto acima, a Resolução Conama 382, de 26 de dezembro de 2006, estabelece expressamente a possibilidade de que, em certas circunstâncias, possa haver a ultrapassagem dos padrões de emissão de particulado, conforme consta do artigo 6º, § 2º, haja vista que o órgão ambiental licenciador poderá, mediante decisão fundamentada, a seu critério, estabelecer limites de emissão "menos restritivos" que os estabelecidos *na* Resolução. O mesmo raciocínio é válido para as disposições da Resolução 430, de 13 de maio de 2011, do CONAMA, vez que o artigo 6º estabelece que excepcionalmente e em caráter temporário, o órgão ambiental competente poderá, mediante análise técnica fundamentada, autorizar o lançamento de efluentes em desacordo com as condições e padrões estabelecidos nesta Resolução, desde que observados determinados requisitos.

A capacidade de suporte é definida normativamente como "a capacidade da atmosfera de uma região receber os remanescentes das fontes emissoras de forma a serem atendidos os padrões ambientais e os diversos usos dos recursos naturais".

1.3.7   Princípio da responsabilidade

Qualquer violação do direito implica a sanção do responsável pela quebra da ordem jurídica. A CF brasileira estabelece, no § 3º do artigo 225, a responsabilidade por danos ao meio ambiente, embora não defina o caráter subjetivo ou objetivo dela. Esta questão restou delegada para a legislação ordinária que a definiu como objetiva. Um ponto que julgo mereça ser ressaltado é o fato de que a responsabilidade, no sistema jurídico brasileiro, decorre de lei, contrato ou ato ilícito. A responsabilidade ambiental se divide em: (1) civil, (2) administrativa e (3) penal.

1.3.8   Princípio do poluidor pagador

O reconhecimento de que o mercado nem sempre age tão livremente como supõe a teoria econômica liberal, principalmente pela ampla utilização de subsídios ambientais, e por práticas econômicas que prejudicam a qualidade ambiental, diminuindo artificialmente preços de produtos e serviços, fez que se estabelecesse o chamado Princípio do Poluidor Pagador [PPP], introduzido pela Organização para a Cooperação e Desenvolvimento Econômico – OCDE, com a adoção da Recomendação C(72) 128, do Conselho Diretor, que trata de princípios dos aspectos econômicos das políticas ambientais (OECD, 1992). O PPP parte da constatação de que os recursos ambientais são escassos e que o seu uso na produção e no consumo acarretam a sua redução e degradação. Ora, se o custo da redução dos recursos naturais não for considerado no sistema de preços, o mercado não refletirá a escassez. Logo, são necessárias políticas públicas para eliminar a "falha de mercado", assegurando que os preços dos produtos reflitam os custos ambientais.

> A – Princípios dirigentes. A) Alocação de custos: O princípio poluidor pagador 2. Os recursos ambientais são em geral limitados e o seu uso em atividades de produção e consumo pode levá-los à deterioração. Quando o custo desta deterioração não é adequadamente levado em conta no sistema de preços, o mercado falha em refletir a escassez de tais recursos no nível nacional e no internacional. Medidas públicas são, então, necessárias para reduzir a poluição e para alcançar uma melhor alocação de recursos, assegurando que os preços dos bens dependentes da qualidade e da quantidade de recursos ambientais reflitam mais proximamente a sua escassez relativa e que os agentes econômicos envolvidos ajam de acordo... 4. O princípio a ser usado para a alocação dos custos da prevenção e das medidas de controle da poluição que sirvam para encorajar o uso racional dos escassos recursos ambientais e para evitar distorções no comércio e no investimento é o assim chamado "Princípio Poluidor Pagador". Este princípio significa que o poluidor deve suportar os custos de realização das medidas acima mencionadas decididas pelas autoridades públicas para assegurar que o ambiente esteja em um estado aceitável. Em outras palavras, os custos destas medidas devem estar refletidos no custo dos bens e serviços que causam poluição na produção e/ou consumo. Estas medidas não devem ser acompanhadas por subsídios que criem significativas distorções no comércio e investimento internacionais (OECD, 1972).[19]

---

[19]   Disponível em: https://legalinstruments.oecd.org/en/instruments/OECD-LEGAL-0132. Acesso em: 17 nov. 2018.

O elemento que diferencia o PPP da responsabilidade é que ele busca afastar o ônus do custo econômico das costas da coletividade e dirigi-lo diretamente ao utilizador dos recursos ambientais. Ele não pretende recuperar um bem ambiental que tenha sido lesado, mas estabelecer um mecanismo econômico que impeça o seu desperdício, impondo-lhes preços compatíveis com a realidade.

Os recursos ambientais como água, ar, em função de sua natureza pública, quando poluídos, acarretam custo público para a sua recuperação e limpeza. Este custo público, como se sabe, é suportado por toda a sociedade. Economicamente, este custo representa um subsídio ao poluidor. O PPP busca, exatamente, eliminar ou reduzir tal subsídio a valores insignificantes (ARAGÃO, 1997). O PPP, de origem econômica, transformou-se em um dos princípios jurídicos ambientais mais importantes para a proteção ambiental.

1.3.9 Princípio da vedação de retrocesso ambiental ou proibição da proteção insuficiente

O padrão de proteção ambiental alcançado por um País é um elemento fundamental para o seu desenvolvimento econômico, para a proteção da saúde de seus habitantes e para a defesa de sua fauna e de sua flora, bem como indica o seu padrão civilizatório. A Constituição Federal no artigo 225, § 1º, inciso III, estabelece a impossibilidade legal de que mudanças legislativas alterem o nível de tutela ambiental conferida aos espaços especialmente protegidos em razão de seus valores ecológicos. Essa disposição reflete o chamado princípio de vedação de retrocesso ambiental ou da proibição da proteção insuficiente. O STF tem reconhecido, com frequência, o princípio da vedação do retrocesso ambiental.[20] Não se deve confundir normas mais ou menos "restritivas" com proteção deficiente do meio ambiente. O que a Constituição proíbe é a elaboração de leis que, na prática, enfraqueçam a proteção ambiental e a torne deficiente, isto é, que a norma permita um padrão abaixo do mínimo ecológica e socialmente desejável. A jurisprudência do STF tem, com cada vez mais frequência, esposando a tese da proibição da proteção deficiente, o que é um excelente caminho.

1.4 Autonomia do direito ambiental

A autonomia dos ramos do direito é matéria pouco importante e periférica no debate jurídico. Se é verdade que as diferentes manifestações do direito, como fenômeno normativo, possuem peculiaridades, também não é menos verdade que o direito persegue um certo grau de harmonia e coerência entre os seus setores. No caso específico do Direito Ambiental, é relevante considerar que, em função do elevado nível de influência exercido por saberes não jurídicos e situações extralegais, ele possui especificidades que o distinguem dos "ramos tradicionais" do Direito. Em primeiro lugar, há que se observar que a relação do direito ambiental com os demais ramos do direito é *transversal,* isto é, as normas ambientais tendem a se incrustar em cada uma das demais normas jurídicas, obrigando que *se leve em conta* a proteção ambiental em cada um dos demais "ramos" do direito. Uma norma de direito público que determine à administração a realização de estudos de impacto ambiental para a implementação de certas atividades está situada no direito administrativo ou no direito ambiental? Uma norma que tipifica crime contra o meio ambiente é uma norma criminal ou ambiental? O fato é que a proteção ambiental ocorre com base em normas dos mais diferentes campos do direito.

---

[20]   STF, ADI 6.288/CE, Tribunal Pleno, Rel. Rosa Weber, j. 23.11.2020, Data de Publicação: 03.12.2020.

O desenvolvimento do direito ambiental demonstra que ele está amadurecido para ser reconhecido como um setor autônomo da ordem jurídica. A autonomia não o transforma em um *superdireito*, imune às influências dos demais setores da ordem jurídica, nem evita a sua influência sobre os demais "ramos do direito" (ANTUNES, 2021). Os conceitos fundamentais do direito são válidos em qualquer um dos seus diferentes "ramos". O conceito de sujeito de direito é válido tanto para o direito penal quanto para o direito tributário ou o direito civil, assim como para o direito ambiental. O Direito Ambiental, contudo, não se situa em *paralelo* a outros "ramos" do direito, pois é direito de *coordenação e*, nessa condição, é um direito que sugere aos demais setores do universo jurídico o respeito às normas que o formam, dado que o seu fundamento de validade é emanado diretamente da norma constitucional. Sua principal característica é a transversalidade, exprimindo um valor que deve ser refletido nos demais ramos jurídicos.

1.5 Fontes do direito ambiental

As fontes do Direito são sempre um tema extremamente problemático em todas as áreas do Direito. Embora seja dotado das peculiaridades que têm sido vistas ao longo deste capítulo, não se pode deixar de considerar que, também para o Direito Ambiental, a matéria é extremamente importante.

1.5.1 Fontes materiais

As fontes materiais do direito ambiental são múltiplas e, na realidade, guardam relações bastante complexas entre si. Dentre as fontes materiais do Direito Ambiental, podemos encontrar o movimento dos cidadãos por uma melhor qualidade de vida; contra os riscos efetivos decorrentes da utilização de determinados produtos e práticas etc. Enfim, é extremamente variada a relação das fontes materiais de nossa disciplina. Doravante, faremos uma pequena exposição das principais fontes materiais do Direito Ambiental.

1.5.1.1 O ambientalismo e os movimentos populares

O direito ambiental é fruto do ambientalismo que se caracterizada como um movimento social e político, composto por diferentes e, até mesmo, antagônicos pensamentos sobre a natureza, a sua proteção e o seu papel no mundo moderno. Conforme a arguta visão de David Pepper (2000), ele nos traz a sensação de que provém de todos os lados, da esquerda, da direita, do centro, misturando-se com alguns conceitos retirados da ecologia. Nele, estão albergados o biocentrismo e o antropocentrismo, sendo, portanto, difícil definir em concreto a política verde. Isto ocorre porque o ambientalismo coloca em xeque as bases da atual ordem econômica e social, contestando especialmente o modelo produtivista que é um ponto de ligação entre o capitalismo e o socialismo (capitalismo) de estado.

O ambientalismo parte de um discurso cujo objetivo principal é problematizar as questões ambientais, mediante uma mistura de conhecimento científico e senso comum, dramatizando questões e tornando-as de conhecimento público (HANNIGAN, 2014). O discurso ambiental se forma a partir de um conjunto de afirmações, muitas delas com base em argumentos científicos, sobre como a natureza deveria ser, caso fossem evitadas determinadas práticas que a estão colocando em risco, tudo como consequência da urbanização e crescimento industrial acelerados no pós-guerra da Europa e dos Estados Unidos, chegando a se falar em "revolução ambientalista" (McCORMICK, 1992). Em geral, o discurso ambientalista tende ao alarmismo

Capítulo 1 · O DIREITO AMBIENTAL | 25

e ao espetacular, dramatizando os problemas reais e, em nessa circunstância, colaborando para o seu enfrentamento.

Vários trabalhos contribuíram para a formação do ambientalismo, com destaque para duas obras seminais: *Silent Spring* [*Primavera silenciosa*], de Rachel Carson (2013), e o relatório do Clube de Roma, *Limits to Growth* [*Os limites do crescimento*] (MEADOWS et al., 1977).

O movimento dos cidadãos em defesa da qualidade de vida e do meio ambiente ganhou maior expressão social e política a partir de 1960, sobretudo na Europa, nos Estados Unidos e no Japão. No Brasil, esse movimento teve seu início na década de 70 do século XX, no Estado do Rio Grande do Sul, que, desde então, vem se mantendo em posição vanguardeira na proteção ambiental. Não se pode esquecer, contudo, que, na mesma década, no Estado do Acre, tiveram início as atividades que ficaram conhecidas como "empate". Por tais movimentos, os seringueiros impediam a derrubada de florestas, visando a assegurar a preservação dos seringais e, consequentemente, de seu modo tradicional de produção e vida. É importante observar que a prática adotada pelos seringueiros deu margem ao nascimento de um modelo específico de unidade de conservação, as reservas extrativistas.

Este movimento teve a sua maior liderança em Chico Mendes que, com coragem e alto espírito de abnegação, soube defender a causa de seus iguais. Lamentavelmente, o grande líder foi assassinado covardemente. Sua saga, entretanto, serve de luz para todos aqueles que estão empenhados em defender o meio ambiente e a melhoria das condições de vida de nossa população.

Em 1971, foi fundada a Associação Gaúcha de Proteção ao Ambiente Natural (Agapan). Anteriormente, no Rio Grande do Sul, já existia a União Protetora da Natureza, cuja fundação remonta ao ano de 1955. O primeiro ato de impacto nacional promovido pela Agapan ocorreu quando o estudante de arquitetura Carlos Alberto Dayrell subiu em um pé de Tipuana, no centro de Porto Alegre, para evitar fosse este derrubado por uma obra que a Prefeitura planejava desenvolver (construção de um viaduto); isto se deu no ano de 1977. A manifestação foi vitoriosa, pois a Prefeitura precisou mudar os planos para a construção do viaduto e não derrubou a árvore.

Outras lutas importantes desenvolvidas pela Agapan foram contra a Riocell (na época, denominada Boregaard), contra o polo petroquímico de Triunfo, contra as usinas termelétricas de Candiota e de Jacuí. O movimento dos cidadãos em defesa do meio ambiente e da qualidade de vida, no Rio Grande do Sul, é diretamente responsável pela elaboração de diversas leis protetoras do meio ambiente. Dentre essas, pode ser destacada a Lei 7.747/1982, que proíbe a produção e comercialização de agrotóxicos no Rio Grande do Sul.[21]

---

[21] **"Ainda estamos em cima da árvore"**, homenagem a Carlos Alberto Dayrell. O texto a seguir é de autoria grupal. Foi lido pela *Agapan* quando do recebimento do título de cidadão honorário de Porto Alegre pelo Eng. Agrônomo *Carlos Alberto Dayrell*, em 28 de abril de 1998:
Há quase três décadas, o estudante e associado da Agapan – Associação Gaúcha de Proteção ao Ambiente Natural – subiu em uma árvore em frente à Faculdade de Direito da UFRGS, impedindo que ela e outras fossem desnecessariamente derrubadas para a construção de uma via elevada. A multidão solidária que presenciou aquele ato e milhões de pessoas que dele tiveram conhecimento no mundo inteiro compreenderam a novidade radical e o imenso significado daquele gesto exemplar. O acontecimento, manchete na imprensa local, nacional e mundial, foi um dos símbolos que consagraram o surgimento do ambientalismo como uma nova tomada de consciência da realidade e como a bandeira de uma nova ética universal, a impor limites ao industrialismo selvagem e ao consumismo predatório da civilização industrial contemporânea. Na época de Dayrell a agressão à natureza começou a ser percebida como parte da opressão política e da repressão ideológica promovida pelas ditaduras militares na América Latina e pela guerra fria. A descoberta das possibi-

lidades e da necessidade do desenvolvimento de relações de solidariedade com o mundo natural e humano faziam parte de uma mesma busca de liberdade. Além disso, a problemática ecológica introduzia questionamentos que não se enquadravam na visão de mundo das concepções políticas vigentes naquele período de radicalização do conflito entre as ideologias de esquerda e direita. A novidade ecológica era recebida como uma entrada de ar fresco, uma ampliação dos horizontes da condição humana e do seu sentido. Os problemas colocados por uma obra como *Os Limites do Crescimento* (1968) derrubavam o dogma fundamental do capitalismo e também dos países ditos comunistas: a necessidade e a possibilidade do crescimento econômico e do aumento contínuo da produção e do consumo como condição do desenvolvimento econômico e social. A 1ª Conferência Mundial sobre o Meio Ambiente (Estocolmo, junho de 1972), com a participação lamentável da representação brasileira – que convidou os poluidores do mundo a virem desenvolver o Brasil –, representava o reconhecimento oficial da problemática ecológica. A atuação pioneira da Agapan, fundada em 27 de abril de 1971, em Porto Alegre, através da figura de José Lutzenberger, encontrava uma ressonância na mídia local e nacional e junto aos meios universitários. Pensadores e líderes ambientalistas perceberam que harmonizar civilização industrial e natureza era um desafio que exigiria uma revolução cultural, econômica e social sem precedentes. *O Fim do Futuro – Manifesto Ecológico Brasileiro* (1976), escrito por José Lutzenberger, então presidente da Agapan, foi a primeira e única obra a traduzir em termos de contexto cultural brasileiro uma resposta global e abrangente ao desafio ecológico. A imprensa brasileira dava uma cobertura intensa e permanente às questões ambientais. Paralelamente, desde o início dos anos 70, a administração pública, pressionada pelos ambientalistas, começou a se ocupar da questão ambiental, criando secretarias, ministérios, conselhos, comissões, gerando legislação ambiental e órgãos de controle de poluição, nos âmbitos federal, estadual e municipal. A Agapan lançou campanhas contra a poda de árvores, o uso de agrotóxicos, a energia nuclear, a devastação da Amazônia e numerosos outros temas, obtendo vitórias sucessivas em termos de legislação e apoio da opinião pública. O gesto de Dayrell ao subir naquela árvore simbolizou a nova tomada de consciência de uma época. Hoje os tempos são outros. Vimos o fim dos governos militares no Brasil e América Latina, ao que seguiu a distensão do conflito entre capitalismo e comunismo. A ascensão do neoliberalismo e a normalização democrática da política brasileira diluíram a dimensão política da questão ambiental. Atualmente, a ideologia consumista e predatória da civilização industrial – com seus *shopping centers*, seus produtos descartáveis, seu lixo e seus estragos irreversíveis na saúde pública e na natureza – triunfa como uma nova religião. Os meios de comunicação de massa promovem uma verdadeira lavagem cerebral confundindo o consumismo com a própria felicidade. O vocabulário ambientalista foi apropriado pelos governos, pela mídia, pela indústria; o "verdismo" virou moda e até grife. As estratégias de *marketing* e publicidade lançam uma cortina de fumaça verde sobre a realidade, impedindo uma compreensão pública mais efetiva da problemática ambiental e das mudanças necessárias para solucioná-la. A realidade antiecológica, opressora e devastadora, justamente denunciada pelo protesto de Dayrell ao subir na árvore, continua a existir com mais força até do que em tempos passados. A realização da Rio 92 foi a culminância de um processo de confraternização ambientalista mundial e de ecologização da opinião pública, que teve lugar apesar dos poderes da civilização industrial ali presentes. As dificuldades encontradas para a assinatura de convenções e as posições intransigentes da maioria dos países industrializados na defesa dos interesses econômicos em detrimento da biodiversidade foram nuvens negras no céu azul dos ecologistas ali reunidos. Vivemos atualmente o paradoxo da aparente consagração definitiva das teses do movimento ecológico sem as esperadas e necessárias transformações na ideologia do consumismo ilimitado e suas contrapartidas nos planos político, econômico, tecnológico e comunicacional-informacional. Decorridas quase três décadas de ambientalismo, as lideranças culturais, políticas, científicas e tecnológicas brasileiras, presas a paradigmas pré-ecológicos ultrapassados (ironicamente explicáveis pela Teoria da Dependência, elaborada por Fernando Henrique Cardoso), ainda não deram respostas ao desafio de propor modelos alternativos de desenvolvimento que incorporem criativamente a dimensão ecológica no que ela tem de mais radical. O chamado "desenvolvimento sustentável" é o discurso oficial de governos e empresariado que corresponde ao conceito sociológico de "modernização conservadora" (expressão utilizada por Hélio Jaguaribe), ou seja, é uma reação paliativa ao desafio ecológico que não atende efetivamente às demandas tecnológicas, econômicas, políticas e culturais que se apresentam. Entretanto, apesar de desafiarem poderosos interesses econômicos e políticos, as ideias do movimento ecológico continuam a provocar uma irresistível trajetória de transformações pontuais em

1.5.1.1.1 O pensamento de José Lutzemberger

Apesar do fechamento político e do evidente déficit de liberdade de expressão existentes no regime militar vigente entre 1964 e 1985, a crítica ao modelo de desenvolvimento se fez presente, podendo ser bem sintetizada na obra e militância de José Lutzemberger cujo livro *O Fim do Futuro? Manifesto Ecológico Brasileiro* foi pioneiro entre nós. O autor sustentava que os seres vivos existentes na biosfera são o seu motor que, movido pela energia solar, aciona os ciclos biogeoquímicos que sustentam a vida na "Nave Espacial Terra" (1976, p. 9). A Ecologia, para o autor, é a ciência da "sinfonia da vida", a "ciência da sobrevivência", não sendo uma mera especialização, pois a ecologia "é a visão sinfônica do mundo" (p. 10). Em "A demolição da natureza" consta a afirmação de que "[a] sociedade moderna é infinitamente mais destruidora do ambiente que algumas das sociedades antigas, extintas justamente porque fabricavam desertos" (p. 12). "Pecamos contra todos os preceitos da Ecologia" (p. 13).

José Lutzemberger fez um apelo moral ao comportamento humano em relação à natureza, pois a condição biológica do Homem, em especial a complexidade de seu cérebro, confere-lhe "autonomia de comportamento ou liberdade de ação" (p. 16), em outras palavras: livre-arbítrio. Em consequência das agressões causadas pela sociedade industrial, a Ecosfera "está gravemente enferma" (p. 17). "A agricultura moderna é outra forma de rapina, de rapina mais irreversivelmente destruidora que a rapina do caboclo" (p. 21). Em "Exploração insensata" Lutzemberger faz forte crítica à conjuntura desenvolvimentista contemporânea ao texto que, como se sabe, foi marcada pela construção de diferentes obras de infraestrutura viária, minerária etc. Todo o padrão de desenvolvimento então adotado dava margem à constituição de uma "bacanal do esbanjamento".

A crítica à energia nuclear é também forte; com sua utilização, o Ser Humano brinca de "aprendiz de feiticeiro". A resistência de Lutzemberger à tecnologia nuclear, todavia, é conjuntural, pois ela seria admissível em um mundo utópico no qual não existissem guerras, revoluções, banditismo, terrorismo, terremotos e outros fenômenos sociais e naturais (p. 42). Para o autor, a "explosão demográfica é um desequilíbrio que se deve a interferências artificiais em equilíbrios naturais" (p. 44). Para ele, "[a] densidade demográfica alcançada por alguns países altamente desenvolvidos nunca nos poderá servir de modelo e isto invalida

---

praticamente todos os campos da cultura. Estas vão desde reformulações teóricas em diversos campos do conhecimento, da ética à filosofia, das artes às ciências humanas e naturais, inclusive apresentando inovações tecnológicas – como na agricultura, onde a perspectiva agroecológica vem ganhando terreno dia a dia em todos os lugares do mundo. Mesmo assim, o gesto exemplar de Dayrell deve ser reinterpretado. Quando aconteceu, a compreensão da problemática ambiental era mais simples e estava muito mais ao alcance do grande público. Pode-se dizer que respondia à problemática instaurada pela Revolução Industrial. Hoje temos uma nova complexidade que vem no bojo da revolução biológica em curso. A biotecnologia, os organismos transgênicos, o patenteamento de seres vivos e todas as implicações econômicas daí derivadas apresentam uma complexidade cuja compreensão ainda está muito longe do domínio público. O atual sistema econômico, por ser intrinsecamente incapaz de refutar os questionamentos trazidos pelo paradigma ecológico, realiza apenas modificações de fachada nos processos industriais poluentes – e ainda cria novos problemas no campo biológico – sem qualquer alteração na ideologia do consumo ilimitado. Nós, ecologistas, não temos soluções prontas, imediatas e tranquilizadoras que assegurem a preservação da biodiversidade essencial à manutenção da vida no Planeta. Da mesma forma, não podemos isoladamente garantir a adoção de um novo imperativo ético de solidariedade com as gerações futuras. Assim, após quase três décadas de movimento ecológico, o gesto de Dayrell continua a ser um símbolo de valor permanente tanto para a Agapan como para os ambientalistas do Brasil e do Mundo. *Obrigado, Dayrell.* Disponível em: http://www.agirazul.com/eds/ed13/ dayrell1.htm. Acesso em: 19 set. 2015.

o argumento de que o desenvolvimento e o elevado nível de vida traz, automaticamente, o equilíbrio demográfico" (p. 45).

Após tecer duras e ácidas críticas à sociedade industrial, em especial à forma com que ela se organizou no Brasil, Lutzemberger, na segunda parte do Manifesto, apresenta o seu método para a "reconquista do futuro", chamando a atenção para a necessidade de "sustentabilidade econômica" (p. 76) que, em seu ponto de vista, não se confunde com o "desenvolvimento", pois, para ele, "[u]m mundo totalmente "desenvolvido" seria impensável, ou melhor, "tão impensável quanto seria um mundo em que o último quilômetro estivesse coberto de concreto" (p. 76). Há, na opinião de José Lutzemberger, uma necessidade de ressacralizar a natureza, pois "para o silvícola animista tudo é sagrado e para o budista Deus e Natureza são a mesma coisa" (p. 78-79), o que não ocorre na Cultura Ocidental, haja vista que fazemos questão de "excluir de nossa ética tudo que não se relaciona com o Homem".

A Ecologia, para o autor, todavia, não é revolucionária, pois é "ciência do possível" (p. 81), não se propondo a desmontar a ordem vigente. Com efeito, "[a] iniciativa descentralizada e a democracia pluralista estão, efetivamente, mais próximas dos mecanismos ecológicos e têm mais potencial evolutivo" (p. 82). É diante deste quadro econômico, social e político que se desdobrarão os elementos constitutivos da futura PNMA.

Selene Herculano (2013) demonstra que, a partir da década de 1970, são criadas diversas associações civis com o objetivo de lutar pela conservação ambiental, afastando-se do ambientalismo oficial; tais movimentos foram as reações da sociedade aos resultados negativos do modelo econômico vigente e de suas consequências ambientais negativas.

1.5.1.2 Descobertas científicas

As descobertas científicas desempenham um importante papel na construção do Direito Ambiental. Questões como o aquecimento global, que gerou o Protocolo de Quioto; o Protocolo de Montreal sobre a proteção da camada de ozônio, as convenções sobre produtos perigosos e tantas outras são diretamente fundadas em descobertas científicas significativas. Tais descobertas exercem o papel de chamar a atenção para questões cruciais que demandam uma regulamentação jurídica. Muitas vezes, princípios científicos são incorporados ao mundo jurídico também.

Um excelente exemplo da importância das descobertas científicas na produção do direito ambiental e mesmo de sua jurisprudência é caso da declaração de constitucionalidade da Lei 12.684/2007 [Estado de São Paulo], que proibiu o uso de amianto no estado, muito embora a sua utilização no Brasil fosse autorizada pela Lei 9.055/1995 [federal], entendeu o STF, em declaração incidental, que a lei federal era inconstitucional, pois "atualmente, o que se observa é um consenso em torno da natureza altamente cancerígena do mineral e da inviabilidade de seu uso de forma efetivamente segura, sendo esse o entendimento oficial dos órgãos nacionais e internacionais que detêm autoridade no tema da saúde em geral e da saúde do trabalhador".[22]

1.5.1.3 Doutrina jurídica

A doutrina é uma importante fonte material do Direito Ambiental, pois, por meio dela, muitas mudanças legislativas e interpretativas têm sido adotadas nos mais diversos países. Merece destaque, no particular, a elaboração doutrinária dos princípios do Direito Ambiental que, cada vez mais, tornam-se fundamentais na elaboração de leis e na aplicação judicial das

---

[22] STF, ADI 3.937/SP, Tribunal Pleno, Rel. Marco Aurélio, j. 24.08.2017, Data de Publicação: 01.02.2019.

normas de proteção ao meio ambiente. No Brasil, é bastante comum que decisões judiciais citem expressamente a doutrina elaborada por juristas nacionais e estrangeiros.

1.5.2 Fontes formais

As fontes formais do direito ambiental não se distinguem ontologicamente daquelas que são aceitas e reconhecidas como válidas para os mais diversos ramos do Direito. Consideram-se fontes formais do direito ambiental: a Constituição, as leis, os atos internacionais firmados pelo Brasil, as normas administrativas originadas dos órgãos competentes e a jurisprudência.

O papel desempenhado pela CF como fonte de direito ambiental é óbvio, dispensando maiores comentários. Observe-se, contudo, que, devido ao sistema federal adotado pelo Brasil, existem várias Constituições estaduais que devem ser obedecidas e seguidas em seus âmbitos específicos de competência. Tais Constituições, evidentemente, devem se adequar ao modelo definido pela CF, sob pena de inconstitucionalidade.[23]

As leis brasileiras sobre proteção ambiental podem ser federais, estaduais ou municipais, cada uma dentro de uma determinada esfera de atribuição e competência. A CF define um modelo para que cada lei de um ente federativo seja válida em determinada esfera. Os atos internacionais ratificados pelo Brasil integram o Direito brasileiro com a hierarquia de lei.

As normas administrativas são muito importantes em Direito Ambiental. Argumenta-se que não é possível que o Congresso legisle com a velocidade necessária para acompanhar determinadas áreas científicas nas quais a evolução é extremamente rápida, motivo pelo qual as normas administrativas devem ter o seu poder ampliado. Se, por um lado, este é um aspecto da realidade objetiva, por outro, é ele muito perigoso, pois o Executivo tende a exorbitar de suas atribuições, seja para ampliar a "proteção" ambiental à custa de direitos e garantias individuais, mediante a imposição de restrições às atividades de particulares que não encontram referência na lei; seja pela inobservância de normas e parâmetros legais, em prejuízo da boa qualidade ambiental. Aqui, não há como se afastar a incidência do princípio da legalidade estabelecido na CF, ou seja, as normas administrativas não podem ultrapassar os limites fixados pela lei, sob pena de invalidade formal.

A jurisprudência é um fator fundamental na construção do Direito Ambiental, mesmo em um sistema como o nosso, que privilegia o direito legislado. Este fato tem sido ressaltado por quase todos os autores que se dedicam ao estudo da proteção legal do Meio Ambiente. Com efeito, muitos dos contornos básicos do Direito Ambiental foram construídos em litígios judiciais, transportando-se para o mundo legislativo.

1.6 Direito Internacional do Meio Ambiente [DIMA]

O direito ambiental interno tem uma forte articulação com o direito internacional do meio ambiente [DIMA]. Aliás, não é pouco frequente que, em questões internas, haja um grande recurso a normas de direito internacional, tem sido comum que decisões judiciais nacionais "apliquem" normas internacionais a casos nacionais.

A proteção do meio ambiente é parte da agenda global e um dos principais temas discutidos nos diferentes *fóruns* internacionais; isso permitiu que, no âmbito do Direito Internacional Público, um setor específico começasse a se especializar (REI, 2018). Com efeito, desde 1992, a Organização das Nações Unidas [ONU] realizou diversas conferências internacionais que tiveram como tema central a discussão e a deliberação sobre questões ambientais. O DIMA é

---

[23] STF, ADI 1.505/ES, Tribunal Pleno, Rel. Min. Eros Grau, *DJU* 04.03.2005.

uma das respostas dadas pela comunidade internacional à deterioração dos recursos ambientais em escala planetária. É resposta jurídica, originada na compreensão comum dos sujeitos de Direito Internacional no sentido de que somente uma ação uniforme e articulada entre os diversos atores internacionais é capaz de solucionar problemas que ultrapassam a fronteira de um único Estado. O DIMA surgiu no século XX, assim como a questão ambiental. É fato que, no passado, existiram alguns acordos internacionais sobre problemas comuns que afetavam os seus recursos naturais. Entretanto, foi somente no século passado que a preocupação se tornou mais eloquente e visível no cenário internacional. Todavia, deve ser observado que o interesse com a proteção do meio ambiente surge, inicialmente, no âmbito interno de cada país e, daí, se propaga para a arena internacional. Uma condição essencial para que o DIMA se desenvolva é a existência de instituições internacionais estáveis que expressem, no mínimo, o desejo de cooperação entre os Estados, pois não é concebível o tratamento de problemas multilaterais sem instituições que os articulem de forma pacífica e cooperativa. O tema meio ambiente e o direito que sobre ele incide têm vocação universal (MORAND-DEVILLER, 2010) e, como tais, precisam ser abordados de forma que envolva a comunidade internacional e os diversos mecanismos por ela criados.

O DIMA pode ser definido como o conjunto de regras (cogentes ou não), princípios e práticas internacionais que criam obrigações e direitos relativos à proteção do meio ambiente, da natureza e dos recursos naturais no âmbito da comunidade internacional. Nele, estão incluídas as matérias que, simultaneamente, são de interesse de múltiplos Estados, tais como as poluições transfronteiras, os recursos do mar, as mudanças climáticas globais e a proteção da diversidade biológica, bem como matérias de interesse regional, *e.g.*, a proteção de um determinado rio internacional ou de florestas que se espalham por mais de um país.

Dentre as características mais marcantes do DIMA, podem ser apontadas (1) a sua juventude (MALJEAN-DUBOIS, 2008), (2) a sua setorização, (3) o seu caráter prospectivo, (4) a modificação do conceito de soberania nacional e a (5) transformação de elementos constitutivos, tais como sistema de fontes e os seus sujeitos.

O DIMA é composto pelos tratados, convenções e declarações internacionais relativos à proteção da natureza, sendo muito difícil identificar coerência entre as suas diferentes normas. A harmonização entre todo o conjunto é tarefa dificílima, senão impossível. Dessa forma, é melhor utilizar a noção de setorialização do DIMA, ou seja, que se busque a harmonização entre conjuntos específicos de tratados e convenções internacionais. Igualmente, não se deve desconsiderar as profundas relações entre o DIMA e o Direito Internacional dos Direitos Humanos e, também, com o Direito Internacional Econômico, haja vista a grande interpenetração entre eles. Logo, o DIMA é abrangente e não pode ser entendido fora dos contextos econômicos e sociais. A Declaração de Estocolmo, proclamada em 1972, é uma demonstração eloquente do que se argumenta. Na proclamação, a Conferência afirma que o meio ambiente humano possui dois aspectos, a saber: (1) o natural e o (2) artificial. Ambos são essenciais para que o ser humano desfrute de bem-estar e dos direitos humanos fundamentais e até mesmo da própria vida. Assim, protegê-lo e melhorá-lo é uma questão fundamental que afeta o desenvolvimento econômico de todo o mundo, sendo desejo dos povos e obrigação dos governos.

1.6.1   A setorialização do DIMA

O meio ambiente é entendido como uma totalidade que engloba todos os chamados recursos naturais do planeta, assim como as obras da cultura humanas. Dada a amplitude do conceito, torna-se uma impossibilidade tratá-lo de forma única. A Corte Internacional de Justiça [CIJ], na célebre decisão do caso do Projeto Gabicikovo-Nagymaros (Hungria v.

Eslováquia), estabeleceu que o meio ambiente não é uma abstração, mas o espaço no qual vivem os seres humanos e do qual depende a qualidade de suas vidas e saúde, inclusive quanto às gerações futuras. Entretanto, dos pontos de vista práticos e normativos, há impossibilidade real de se estabelecer um acordo multilateral que trate de "meio ambiente". Desta forma, os Estados têm, nas suas práticas concretas, firmado acordos internacionais por setores específicos. Observando-os, constata-se que os principais setores do DIMA são: a (1) proteção da diversidade biológica, incluindo a proteção de flora, fauna e recursos genéticos; a (2) proteção dos recursos hídricos marítimos e fluviais; a (3) proteção contra a poluição transfronteira, incluindo produtos tóxicos e a poluição química; e a (4) proteção da atmosfera, inclusive as mudanças climáticas. Os setores estão cobertos por inúmeros tratados e convenções. Como se verá no tópico seguinte, o DIMA tem-se utilizado amplamente das chamadas convenções-quadro, que são acordos abertos e gerais que demandam a adoção de medidas posteriores para a sua efetiva concretização.

Os tratados, conforme definido na Convenção de Viena sobre o Direito dos Tratados, artigo 1 (a), são acordos internacionais formais e escritos, celebrados entre Estados e submetidos às regras do Direito Internacional, podem ser celebrados em documento único ou em vários documentos conexos, independentemente do *nomen iuris*. Segundo a observação de Stéphane Doumbé-Billé et al. (2013), os tratados quantitativamente são as normas mais importantes do DIMA. Para os autores, os primeiros tratados ambientais remontam ao século XIX, ainda que não fossem voltados para a proteção ambiental em *si mesma*, mas para outros bens jurídicos e econômicos, como é o caso da Convenção de Paris de 1902, sobre a proteção dos pássaros *úteis* para a agricultura (VARELLA, 2009). Em geral, segundo o Ministério das Relações Exteriores brasileiro, o termo "tratado" é utilizado para os acordos aos quais se pretende atribuir importância política.[24] O DIMA utiliza muito as convenções, que são atos multilaterais sobre temas de interesse geral, resultado de conferências, frequentemente usados em questões comerciais, industriais, de direitos humanos e meio ambiente.

Em matéria ambiental, as convenções-quadro, tais como a Convenção sobre Diversidade Biológica, *v.g.*, são documentos de grande relevância, dada a sua condição de serem acordos amplos, permitindo a acomodação das diferentes visões das partes, de modo a ter vida longa (SANDS e PEEL, 2017). Normalmente, dada a complexidade do tema, os Estados estabelecem Protocolos que são documentos interpretativos dos tratados ou convenções. No caso da Convenção das Nações Unidas sobre Mudanças do Clima, foi firmado o Protocolo de Kyoto que, embora tenha entrado em vigor em 16 de fevereiro de 2005, fracassou devido a dificuldades políticas. Ele foi substituído pelo Acordo de Paris, que se viabilizou pelo fato de expressar compromissos *voluntários* assumidos pelas Partes para a redução da emissão de gases de efeito estufa [GEE]. Nesta altura, é relevante anotar que o Protocolo de Montreal sobre Substâncias que destroem a Camada de Ozônio, originado da Convenção de Viena para a Proteção da Camada de Ozônio, é amplamente exitoso, sendo "o único acordo ambiental multilateral cuja adoção é universal: 197 Estados assumiram o compromisso de proteger a camada de ozônio".[25]

Lavielle et al. (2018) dividem os tratados ambientais em dois grandes grupos: a (1) luta contra a poluição e a (2) defesa dos recursos naturais. O primeiro grupo é formado por acordos protetores de meios específicos, *e.g.*, a água, o ar, o solo etc. Já o segundo grupo engloba

---

[24] Disponível em: http://www.brasil.gov.br/governo/2012/05/atos-internacionais. Acesso em: 27 maio 2019.

[25] Disponível em: http://www.mma.gov.br/clima/protecao-da-camada-de-ozonio/convencao-de-viena--e-protocolo-de-montreal. Acesso em: 9 jul. 2019.

os chamados domínios de proteção, *e.g.*, a diversidade biológica, ou espécies da flora e da fauna. A divisão é meramente didática, dada a interdependência dos temas. Se um acordo protege um dado ecossistema contra a poluição química, certamente protegerá a diversidade biológica nele contida.

Os acordos ambientais multilaterais podem ter uma vocação (1) universal, ou seja, buscam congregar todos os Estados em torno de um único tema, ou (2) regional, abrangendo apenas os Estados geograficamente localizados em uma região. Todavia, alguns acordos regionais também aceitam a adesão de Estados fora da região original, como é o caso da Convenção de Aarhus, artigo 19 (3), que admite a adesão de Estados com *status* consultivo junto à Comissão Econômica da Europa. Quanto aos *efeitos* sobre o meio ambiente, Lavielle et al. (2018) identificam quatro tipos de convenções: (1) as inteiramente dedicadas ao meio ambiente; (2) aquelas dedicadas a uma região específica com disposições ambientais, *e.g.*, o Tratado da Antártida; (3) tratados que não tenham natureza ambiental, como os de desarmamento que, indiretamente, protegem o meio ambiente; e (4) tratados comerciais que, sem as devidas cláusulas ambientais, podem gerar efeitos nocivos sobre o meio ambiente.

A produção de acordos ambientais multilaterais em tema ambiental, nos últimos 40 anos, é impressionante. O *Registro de Tratados Internacionais e outros Acordos no campo do Meio Ambiente*, edição de 2005,[26] indica a existência de 50 principais tratados internacionais sobre meio ambiente entre os anos de 1920 e 1970; já de 1971 a 2005, o número total de tratados constante da publicação chega a 272, dividindo-se em diversas matérias. Não se sabe exatamente qual o número total de acordos existentes em nível regional e sub-regional, entretanto, estima-se que possam ultrapassar 2.000 (SANDS e PEEL, 2017). O grande número de acordos internacionais, se por um lado demonstra uma crescente preocupação global com o assunto, por outro é um elemento complicador, pois torna o DIMA extremamente fragmentado e de dificílima aplicação e, até mesmo, meramente simbólico, caso não haja implementação concreta.

Como regra geral, a formação dos tratados e convenções ambientais não é diferente do que ocorre em outros setores do direito internacional público. Contudo, há algumas peculiaridades nos acordos ambientais que merecem destaque. Em primeiro lugar, está a existência de uma agenda comum entre dois ou mais Estados ou, ainda, organização internacional, e que tais atores estejam dispostos a discuti-la, com vistas a alcançar algum nível de entendimento compartilhado. Faz-se necessário, igualmente, que os Estados tenham atingido algum nível de consenso interno em relação às políticas a serem adotadas, pois, do contrário, é praticamente impossível uma atuação coerente em nível internacional, sobretudo em função do fato de que, nos dias atuais, a negociação e elaboração de tratados e convenções internacionais não é mais feita sob o exclusivo patrocínio dos ministérios de relações exteriores ou dos negócios estrangeiros, havendo a crescente intervenção de agências governamentais específicas em matéria ambiental na equipe negociadora. Além dos atores estatais que, sem dúvida, são principais agentes nas negociações internacionais, é relevante ressaltar que, no campo ambiental, é crescente a intervenção dos agentes não estatais, tais como Organizações Não Governamentais [ONGs], instituições financeiras, sociedades científicas, corporações transnacionais, povos indígenas e populações tradicionais e, até mesmo, indivíduos, ainda que, por fim, caiba aos Estados e às Organizações Internacionais a assinatura dos acordos. Todavia, do ponto de vista da realidade concreta, não se pode deixar de reconhecer que, não com pouca frequência, as corporações internacionais e ONGs possuem mais poder real do que os chamados *países*

---

[26] Disponível em: https://www.unenvironment.org/resources/report/register-international-treaties--and-other-agreements-field-environment. Acesso em: 20 jun. 2019.

menos desenvolvidos.[27] As disparidades econômicas entre os Estados e as diferentes visões sobre o próprio conceito de meio ambiente e de desenvolvimento, inclusive no que tange à concepção de desenvolvimento sustentável, têm servido de freio para a implementação de diversos acordos, sobretudo pela vocalização dos agentes não estatais, muitas vezes, em função da falta de equidade entre os termos propostos (CORNWALL e EADE, 2010).

As convenções-quadro demandam a criação de novas estruturas para a sua implementação e fiscalização, acarretando custos e criação de burocracias internacionais. Tais estruturas têm formas variadas que, em geral, são: os (1) secretariados, as (2) conferências das partes como estruturas físicas. Em termos documentais acordados: os (1) anexos e (2) outros instrumentos jurídicos.

A convenção-quadro define os instrumentos que serão constituídos, quando da sua entrada em vigor. Exemplificativamente, a Convenção-Quadro das Nações Unidas sobre Mudanças Climáticas, em seu artigo 2º, estabelece que a Conferência das Partes poderá adotar instrumentos jurídicos com a finalidade de atingir os objetivos da própria Convenção. Por sua vez, os artigos 7, 8, 9, 10 e 11 estabelecem uma (1) Conferência das Partes, (2) um Secretariado, (3) um Órgão Subsidiário de Assessoramento Científico e Tecnológico, (4) Órgão Subsidiário de Implementação e (5) um mecanismo financeiro vinculado à Convenção. A Conferência das Partes, criada pela própria convenção [artigo 7 (2)], é o órgão máximo da Convenção competindo-lhe acompanhar a sua implementação e a de quaisquer outros instrumentos jurídicos que a Conferência das Partes adote, bem como tomar decisões, conforme o seu mandato, para a efetiva implementação da convenção. É certo que as convenções-quadro deram margem à criação de estruturas complexas e caras, que têm sido objeto de muitas críticas por parte, sobretudo, de ONGs que questionam os gastos e a sua pouca efetividade, haja vista que a própria ONU admite que a qualidade ambiental global vem se deteriorando.[28]

2. O DESENVOLVIMENTO SUSTENTÁVEL

O desenvolvimento sustentável é princípio amplamente reconhecido pelo direito ambiental. A partir da elaboração do Relatório Brundtland, ele se tornou um mantra internacional presente em praticamente todas as discussões sobre meio ambiente e economia. Sustentabilidade e desenvolvimento sustentável se tornaram lugares-comuns.

O desenvolvimento sustentável é uma acomodação entre diferentes visões distintas sobre a utilização dos recursos ambientais em nível planetário. São muitas as razões históricas que justificam o volume alto das discussões e debates sobre a matéria. As décadas de 1960 e 1970 do século XX presenciaram dois debates fundamentais sobre os temas incorporados ao desenvolvimento sustentável; nos países desenvolvidos, a atenção estava voltada para os efeitos deletérios do modelo econômico e suas repercussões negativas sobre o ambiente e a saúde humana; já nos países subdesenvolvidos, havia um efervescente debate sobre o desenvolvimento econômico.

2.1 Direito e desenvolvimento econômico

A Conferência das Nações Unidas sobre Meio Ambiente Humano, realizada em 1972 na cidade de Estocolmo, é reconhecida como o primeiro grande encontro internacional para a

---

[27] Disponível em: https://www.un.org/development/desa/dpad/least-developed-country-category/ldcs-at-a-glance.html. Acesso em: 20 jun. 2019.

[28] Disponível em: https://www.unenvironment.org/resources/global-environment-outlook-6. Acesso em: 21 jun. 2019.

discussão de temas ambientais. É certo que o meio ambiente é a sua discussão fundamental, mas ela turva um debate sobre o desenvolvimento econômico dos países subdesenvolvidos e as suas relações com a proteção ambiental global que será o tema dominante no pós-Estocolmo. A própria constituição da Comissão Mundial sobre Meio Ambiente e Desenvolvimento e a criação do UNEP, ambas pela Assembleia Geral, demonstram a centralidade do tema desenvolvimento econômico.

A Conferência de Estocolmo suscitou controvérsia, na medida em que, na perspectiva de vários países em desenvolvimento, transpôs as agendas ambientais dos países desenvolvidos para o contexto internacional. Isso acarretou a necessidade de que a agenda fosse ampliada com a inclusão do tema desenvolvimento econômico, motivo de grande preocupação dos países em vias de desenvolvimento (LAGO, 2006).

O desenvolvimento econômico é assunto frequente no pós-guerra, tornando-se um tema jurídico tão relevante que chegou a dar base a uma corrente de pensamento jurídico: direito e desenvolvimento (TRUBEK, 2012). A doutrina do direito e desenvolvimento sustenta que os sistemas legais têm influência direta na atividade econômica, podendo ser um fator de estímulo ou desestímulo para a economia. A história demonstra que o sistema jurídico foi importante para a construção do capitalismo (TIGAR e LEVY, 1978). O direito europeu criou regras gerais, em tese, aplicáveis a qualquer indivíduo por meio de instrumentos formais, estabelecendo a igualdade jurídica entre as pessoas; impedindo ações arbitrárias, criando previsibilidade para os contratos. A redução das incertezas serviu, portanto, de facilitador e incentivo para a vida econômica (TRUBEK, 2009).

A ideia de desenvolvimento propiciou a criação de diversas instituições multilaterais. Em julho de 1944, a Conferência de Bretton Woods reuniu delegados de 44 países com o objetivo de estabelecer um quadro normativo para a cooperação e reconstrução internacional após o término da Segunda Guerra Mundial. Como resultado da conferência, foram criadas duas instituições fundamentais para o desenvolvimento: (1) o Fundo Monetário Internacional e o (2) Banco Internacional para a Reconstrução e Desenvolvimento (Banco Mundial). Ao Banco Mundial coube a tarefa de auxiliar na reconstrução dos países devastados pela guerra e acelerar o crescimento das economias dos países em desenvolvimento. Na América Latina e no Caribe, merece especial destaque o Banco Interamericano de Desenvolvimento (BID), que resultou de uma proposta feita pelo Presidente Juscelino Kubitschek e foi criado em 1959. Em 1970, o Banco de Desenvolvimento da América Latina e do Caribe – CAF foi fundado por um grupo de 19 países, sendo 17 da América Latina e do Caribe, Espanha e Portugal e, ainda, 14 bancos privados da Região. Na atualidade, existem 527 instituições de fomento ao desenvolvimento no mundo.[29]

2.2 Desenvolvimento econômico

O desenvolvimento econômico não tem definição clara; apesar disso, ele é fundamental para a economia; todavia, depende da concepção que se tenha da própria economia. A economia, ou a sua história, carrega consigo os preconceitos e visões distorcidas – ideológicas – que caracterizam uma determinada época. Karl Polanyi (2012), ao analisar a relação entre sociedade e sistemas econômicos, afirma que a tendência que levou Adam Smith e seus contemporâneos a ver no "homem primitivo" uma inclinação natural para as trocas foi a mesma tendência que levou os seus sucessores a abandonarem o desejo de estudar as situações eco-

---

[29] Disponível em: https://www.afd.fr/en/actualites/fics-2021-new-database-worlds-527-public-development-banks-and-financing-institutions-unveiled. Acesso em: 16 jan. 2025.

nômicas das sociedades "primitivas", sob o argumento de que elas não tinham inclinação para essas "louváveis paixões". Ainda segundo Polanyi, a tradição dos economistas clássicos e suas crenças nas leis de mercado e em uma "alegada propensão do homem no seu estado natural" para as trocas foram abandonadas, pois os "não civilizados" não poderiam contribuir para a compreensão da economia moderna.

As grandes diferenças econômicas entre as sociedades, seus métodos de produção e acumulação de riquezas são, historicamente, recentes. Conforme Polanyi, os países atualmente considerados desenvolvidos, em especial os da Europa, nem sempre foram os mais relevantes economicamente. O aperfeiçoamento tecnológico foi lento: "[d]e acordo com os historiadores, até bem pouco tempo as formas de vida industrial da Europa agrícola não eram muito diferentes daquelas que existiram há alguns milhares de anos" (POLANYI, 2012, p. 47-48). O autor acrescenta que, do ponto de vista econômico, a Europa medieval era equivalente à Pérsia antiga, à Índia ou à China e "certamente não podia rivalizar em riqueza e cultura com o Novo Império do Egito, de dois mil anos atrás".

A ideia de "desenvolvimento econômico", tal como a conhecemos, é fruto de um processo histórico específico que, por diversos fatores, se desenvolveu na Europa e se expandiu pelo mundo. O modo de produção capitalista, por circunstâncias históricas, se alastrou, tendo como uma de suas ideias motoras o crescimento e a acumulação de capital. Já no século XVI, o capitalismo comercial havia mostrado a sua tendência à internacionalização com a incorporação do "Novo Mundo" ao sistema global e dele retirando recursos fundamentais para o seu crescimento; aproximadamente 9/10 dos metais preciosos que se dirigiam à Europa eram oriundos das colônias ibéricas (SIMONSEN, 2016).

O debate teórico e prático sobre o desenvolvimento foi muito relevante no século XX, sobretudo, no contexto da descolonização. Isto se deveu ao fato de que as colônias, integradas subordinadamente à economia global, aspiravam a melhorar as suas condições econômicas e sociais e a se desenvolverem. A pobreza extrema de grandes parcelas das populações africanas, asiáticas e latino-americanas deu base à teorização sobre a melhor forma de superar o "atraso" em relação aos países centrais do sistema econômico interacional.

2.2.1   A ideia de desenvolvimento

Celso Furtado afirma que a teoria do desenvolvimento econômico explica, em perspectiva macroeconômica, as causas e os mecanismos do aumento constante da produtividade do trabalho e as suas repercussões sobre como a produção é organizada e distribuída, utilizando o produto social. Para ele, o desenvolvimento econômico é um fenômeno histórico, pois cada economia, ao se desenvolver, enfrenta problemas específicos, muito embora possa haver dificuldades comuns às diversas economias. Segundo o autor, "[o] complexo de recursos naturais, as correntes migratórias, a ordem institucional, o grau relativo de desenvolvimento das economias contemporâneas singularizam cada fenômeno histórico de desenvolvimento" (FURTADO, 2016, p. 28).

A Guerra Fria, ao colocar em confronto e antagonismo dois modelos econômicos: capitalismo e socialismo, possibilitou o confronto de concepções diferentes sobre economia, desenvolvimento econômico e democracia. O principal modelo de desenvolvimento, do ponto de vista do capitalismo, foi o desenvolvido por W.W. Rostow, que concebia o desenvolvimento econômico como uma sequência de etapas pelas quais os países necessariamente passariam. O economista pretendeu escrever um "manifesto não comunista" (CONCEIÇÃO et al., 2017) no qual identifica cinco etapas para o desenvolvimento econômico.

A formulação de W.W. Rostow supõe o desenvolvimento como um processo pelo qual os países passam, classificando as sociedades conforme a etapa de desenvolvimento. A passagem de uma etapa para outra é resultante da combinação de três fatores principais: o (1) nível de poupança, o (2) investimento e o (3) consumo. W.W. Rostow advoga um modelo de desenvolvimento econômico no interior da ordem capitalista internacional, tendo como padrão a ser seguido pelos países "subdesenvolvidos" o dos países industrializados. Aos países desenvolvidos – aqueles que ocupam o centro do sistema capitalista internacional – cabia auxiliar os países "atrasados" mediante a (1) propagação das ideias capitalistas, a (2) ampliação de empréstimos e investimentos e a (3) prestação de auxílios técnicos.

O desenvolvimento, conforme concebido por W.W. Rostow, divide-se em cinco etapas que são: (1) sociedade tradicional (*traditional society*); (2) as precondições para o arranco ou a decolagem (*transitional stage*); o (3) arranco (*take-off*); a (4) marcha para a maturidade (*drive to maturity*); e a (5) era do consumo em massa (*high mass consumption*). A (1) sociedade tradicional, em comparação à sociedade moderna, é marcada pela escassez de recursos, sendo baseada na produção tradicional de subsistência. Ela é incapaz de gerar excedentes para acumulação; logo, é limitada e sem perspectivas de crescimento/desenvolvimento.

As (2) sociedades em processo de transição são as que demonstram os primeiros sinais em direção à decolagem (*take-off*). Do ponto de vista econômico, tais sociedades rompem com os fatores que impõem taxas decrescentes de rendimento, em especial pelo aumento da especialização do trabalho e utilização de tecnologias modernas. É nessa etapa que ocorrem mudanças de natureza educacional, institucional, política e de valores que estimulam o aumento de produtividade.

A (3) fase do arranco é a da supremacia do desenvolvimento sobre as demais tendências, vencendo as resistências econômicas, sociais e políticas que, ainda, persistiam na fase de transição. O desenvolvimento se impõe em todos os aspectos da vida social e a industrialização se torna um elemento fundamental da economia. Há uma forte migração da mão de obra rural para as cidades, dando origem a um novo estilo de vida, não apenas econômico, mas político, social, moral etc.

Na (4) marcha para a maturidade, são agregadas tecnologias modernas ao processo produtivo, incentivando-se a produção e sua diversificação. Há uma redução da mão de obra agrícola e o incremento da especializada nas áreas urbanas. Nessa fase, ocorre um processo de substituição de importação de produtos manufaturados.

A (5) era do consumo de massa surge com o aumento da renda *per capita* que estimula um nível intenso de consumo de alimentos, roupas e produtos industrializados.

A tese de W.W. Rostow mereceu severas críticas, pois "sugere que os países subdesenvolvidos chegariam ao desenvolvimento seguindo idêntica trajetória de modernização, uma vez que o subdesenvolvimento seria apenas uma etapa atrasada do mesmo processo histórico de crescimento econômico e progresso industrial" (CONCEIÇÃO et al., 2017, p. 20).

O desenvolvimento, no contexto brasileiro e latino-americano, foi importante, na medida em que a "problemática brasileira de nosso tempo se centraliza essencialmente em torno [dele], condição precípua para assegurar, ao país e à generalidade de seu povo" (PRADO JÚNIOR, 2021, p. 30), o conforto e o bem-estar propiciados pela civilização e cultura modernas. O desenvolvimento é alcançável por meio do crescimento econômico que se faz a partir de uma perspectiva histórica, não podendo ser encapsulado em modelos teóricos abstratos. Este deve ser o ponto de partida para a analisar o "subdesenvolvimento" que caracteriza os países sem instituições capitalistas maduras ou que não passaram pelas formas clássicas do capitalismo. O mesmo autor anota que o "interesse pela teoria do desenvolvimento ganha considerável ímpeto por força do papel político que passa a representar a questão do subdesenvolvimento" (p. 37).

Caio Prado Júnior indica que a caracterização, por parte de W.W. Rostow, das "sociedades tradicionais" é a base de sua teoria do desenvolvimento. Tais sociedades se tornariam desenvolvidas, sem qualquer menção às suas particularidades históricas. O que se observa no conceito de sociedade tradicional é uma visão estática das sociedades que somente se desenvolveriam a partir de um movimento externo. Para Caio Prado Júnior, "[é] na especificidade própria de cada país que se há de indagar sobre o processo pelo qual ela se formou, evoluiu, cresceu e se desenvolveu, ou se pode desenvolver e como (...)" (2021, p. 41).

Em síntese: a teoria do desenvolvimento de W.W. Rostow não tem base histórica e desconsidera os fatores políticos e sociais como fundamentais em qualquer processo de desenvolvimento econômico.

As discussões sobre o desenvolvimento e a sua natureza são discussões políticas e sociais do mais alto nível e não podem ser resumidas unicamente aos seus aspectos técnicos e normativos. De fato, o caráter ideológico que se esconde por detrás de uma visão "técnica" do desenvolvimento é inequívoco, pois é necessário que se saiba (1) que tipo de desenvolvimento se quer, (2) para quem e (3) como.

2.2.1.1 O desenvolvimentismo

O desenvolvimentismo é conceito típico do século XX utilizado para designar um conjunto de pensamentos econômicos e de políticas públicas (FONSECA, 2015) que pretendiam indicar os caminhos para superar o subdesenvolvimento. A América Latina produziu um rico mosaico teórico desenvolvimentista, dividido em duas correntes principais: o (1) nacional-desenvolvimentismo e o (2) desenvolvimentismo dependente-associado. Pedro Cezar Dutra Fonseca (2015), mesmo ciente do risco de simplificação, define o (1) nacional--desenvolvimentismo como uma ideologia de caráter nacionalista que atribui ao Estado um papel essencial para alavancar recursos para o desenvolvimento, mediante a realização de investimentos em infraestrutura, por exemplo. A industrialização, a ser feita pelo capital privado nacional, deveria ter como meta a produção de bens de consumo popular. A industrialização, posteriormente, avançaria em direção à produção de bens de capital e intermediários. Politicamente, o nacional-desenvolvimentismo se caracterizou pelo populismo.[30]

O (2) desenvolvimento dependente-associado tem a sua principal fonte de investimento no capital estrangeiro. O desenvolvimento econômico resulta de uma industrialização voltada para a produção de bens de consumo duráveis e a implantação de indústrias pesadas, com foco nas camadas de renda mais elevada. Não há exclusão dos investimentos estatais, nem do capital privado nacional, mas entre eles e o capital estrangeiro se estabelece uma relação de dependência e/ou subordinação.

Ambos os "modelos" reconhecem a fragilidade dos capitais nacionais para a promoção do desenvolvimento e da industrialização. Em nenhum dos modelos, há exclusão da participação do Estado ou dos capitais privados nacionais, a diferença básica se dá no grau de intensidade e relevância da participação de cada um desses três diferentes atores. Não há um questionamento do modo de produção capitalista, mas sim uma discussão sobre o aumento de sua eficiência no contexto dos países subdesenvolvidos com vistas a superar o "atraso" ou subdesenvolvimento.

---

[30] Ver definição em: https://www18.fgv.br/CPDOC/acervo/dicionarios/verbete-tematico/populismo. Acesso em: 12 jul. 2024.

O desenvolvimentismo engloba várias formas de políticas e de políticas econômicas, com diferentes perfis históricos que se definiram basicamente entre os anos de 1930 e 1979, o qual esteve muito associado à ideia de substituição de importações. Desde a década de 1930, vários governos latino-americanos incentivaram a industrialização por meio de políticas desenvolvimentistas. Entretanto, na maioria dos casos, não havia um planejamento consistente, com objetivos definidos, metas e recursos a serem empregados. É somente com o planejamento econômico que surge após a Segunda Guerra Mundial, notadamente na década de 1950, por intermédio da Comissão Econômica para a América Latina – CEPAL (FONSECA, 2015), que as políticas desenvolvimentistas passam a ter coerência interna.

A ação estatal é chave para o desenvolvimentismo (FONSECA, 2015). No Brasil, o primeiro período Vargas (1930-1945) foi marcado pela construção de um arcabouço legislativo e administrativo claramente intervencionista; esta característica também se deu em outros países da região. Fonseca identifica na criação da Nacional Financiera (Nafinsa), no México, em 1934; na Corporação de Fomento à Produção (Corfo), no Chile, em 1939; na Carteira de Crédito Agrícola e Industrial no Banco do Brasil, em 1937, na Companha Siderúrgica Nacional (CSN), em 1941, ambas no Brasil; e no Instituto de Financiamento Industrial (IFI), na Colômbia, em 1940; exemplos de intervenção estatal com vistas à promoção do desenvolvimento.

2.3 Desenvolvimento e subdesenvolvimento

O "subdesenvolvimento" não é uma etapa antecedente ao desenvolvimento econômico, mas uma condição relacionada à divisão internacional do trabalho e ao arranjo de forças políticas, econômicas e militares. A incorporação de sociedades "tradicionais" à ordem econômica internacional se fez na condição de "subdesenvolvidas". O "subdesenvolvimento" é resultado de processos históricos que têm na colonização um elemento central, pois para as sociedades colonizadas não estava colocado o modelo capitalista e, portanto, não cabia falar em "desenvolvimento" como é o padrão que passou a ser perseguido após a Segunda Guerra Mundial.

No caso específico da América Latina, a sua incorporação ao sistema econômico capitalista – ainda em formação – se deu no século XVI (MARINI, 2017), no que foi chamada por Caio Prado Júnior de "capítulo da história do comércio europeu" (PRADO JÚNIOR, 2012, p. 14). Um dos grandes marcos definidores da integração é a exploração de prata na região de Potosí (Bolívia). Naquele então, já se percebia uma característica predominante da colonização: a dilapidação dos recursos naturais, basicamente, extraídos para exportação (ARÁOZ, 2020, p. 121). Potosí se transformou em uma grande aglomeração urbana, estimando-se que, em 1570, tivesse uma população de 120 mil pessoas, chegando a 200 mil ao final do século XVII. Estima-se que Potosí tenha sido responsável pela metade de toda a prata que foi enviada para a Espanha durante o período colonial. Vale lembrar que a exploração mineral nas colônias espanholas deu origem a uma importante inovação tecnológica que foi o processo de extração por amálgama de mercúrio, em 1550. "Este método permitiu a exploração rentável de minerais de baixa solubilidade e significou um salto enorme na quantidade de prata extraída" (ARÁOZ, 2020, p. 126).

A exploração predatória ocorreu em toda a América Latina, com consequências humanas e ambientais gravíssimas. No Brasil, a primeira atividade econômica relevante para o comércio internacional: a extração do pau-brasil era "rudimentar" e "não deixou traços apreciáveis, a não ser a destruição impiedosa e em larga escala das florestas nativas donde se extraía a preciosa madeira" (PRADO JÚNIOR, 2012, p. 25). A destruição dos ecossistemas foi marcante na colonização, persistindo como um padrão apocalíptico ao longo de toda a história das regiões colonizadas. Há que se observar que, por exemplo, no caso do Peru, os espanhóis substituíram culturas tradicionais por novas plantas e introduziram animais alienígenas. Assim, a fava, o trigo, a cevada, a aveia, o centeio, a alfafa, a videira, a oliveira e a cana-de-açúcar foram trazidas para a colônia espanhola. Bois, cavalos, ovelhas, porcos e aves e alguns instrumentos agrícolas passaram a fazer parte do universo andino (MAZOYER e ROUDART, 2010).

Conforme a observação de Ruy Mauro Marini, a decadência dos países ibéricos e a crescente subordinação ao Império Britânico permitiram que a Inglaterra assumisse o papel de agente econômico dominante na região. É no século XIX que se rompe o monopólio colonial dos países ibéricos em relação à América Latina e tem início um amplo movimento de independência e de integração "dinâmica dos novos países ao mercado mundial, assumindo duas modalidades que correspondem às condições reais de cada país para realizar tal integração e às transformações que esta vai sofrendo em função do avanço da industrialização nos países centrais" (MARINI, 2017, p. 48).

O debate sobre o desenvolvimento foi estimulado pela ONU e por suas diferentes agências, com destaque para a CEPAL, que, inclusive, albergou concepção original sobre os rumos do desenvolvimento latino-americano.

Às correntes críticas ao modelo desenvolvimentista dos anos de 1960 e 1970 do século XX, o século XXI acrescentou outras que, em especial, identificaram, no "desenvolvimento", um discurso em torno do qual se faz muito barulho e cujo significado é pouco claro ou confuso (CORNWALL e EADE, 2010). A palavra se tornou uma moda, assim como tantas outras. O *Dicionário do desenvolvimento* (SACHS, 1996) arrola todo um conjunto de palavras que giram ao redor do desenvolvimento, com amplos significados políticos e ideológicos que dão base ao discurso do desenvolvimento. Conforme sublinha Gustavo Esteva, o desenvolvimento é uma palavra central em "uma constelação semântica", não havendo nada "na mentalidade moderna" comparável como força ideológica e, ao mesmo tempo, "muito poucas palavras são tão tênues, frágeis e incapazes de dar substância e significado ao pensamento e à ação como esta" (ESTEVA, 1996, p. 53). Ao longo dos anos, o desenvolvimento foi sendo adjetivado, de modo que não basta ser apenas desenvolvimento, é necessário que o desenvolvimento seja social, político, humano, econômico, ambiental, infantil, nacional, equilibrado, sustentável e tantos outros (ANJOS FILHO, 2013).

2.4 O desenvolvimento sustentável

Economia e ecologia são palavras com origens comuns: a palavra grega oikos [casa]. No entanto, há muita "desconfiança desafortunada" (STONE, 1993) entre os "ecologistas" e os "economistas" que não conseguem se entender. O desenvolvimento sustentável busca a diminuição das tensões entre os aspectos econômicos e os ecológicos do crescimento econômico. Ele é uma acomodação das disputas no cenário internacional que se acirraram a partir de Estocolmo.

A economia é uma ciência social das mais antigas cuja metodologia está bem estabelecida e consolidada; por sua vez, a ecologia, como conhecimento sistematizado e científico, é mais recente; muito embora, todas as sociedades, desde sempre, realizaram estudos e pesquisas sobre o mundo natural. Também não chega a ser uma novidade absoluta a crítica à destruição dos recursos naturais; na Grécia clássica, já se fazia ouvir críticas ao estado de conservação da natureza.

A ecologia não é apenas uma ciência voltada para o estudo dos ecossistemas, pois, de acordo com a observação de Pascal Acot (1990), ela questiona a (1) legitimidade da exploração da natureza e do esgotamento dos recursos naturais; e, também, é uma ideologia (2) de alerta, vez que indica que a natureza "é um sistema frágil"; e, por fim, é uma ideologia (3) "de todos os perigos" e que nos desafia incessantemente, sob a forma de um "sistematicismo ecológico", tendo na teoria dos ecossistemas o ponto de encontro da angústia humana com a destruição dos equilíbrios biológicos. Ela nos coloca um problema filosófico "incontornável" que é o da "identidade ambígua do Homem, cuja figura emerge na confluência turbulenta do biológico e do social" (ACOT, 1990, p. 7). Um dos pontos mais salientes dessa "confluência turbulenta", certamente, é a relação entre economia e ecologia.

É certo que diversos historiadores e economistas já haviam alertado para a destruição dos recursos naturais, ainda que o tema fosse secundário no contexto dos debates das décadas de 1960 e 1970 do século XX. Por outro lado, no mesmo período, nos países industrializados, a discussão girava ao redor da diminuição do crescimento econômico e do combate à poluição e da proteção ambiental.

Na África e na Ásia, ainda sob o impacto da descolonização, e apesar das tentativas do Movimento Não Alinhado[31] na procura de caminhos que lhes assegurassem maior autonomia, as novas ideias e os desafios se desenrolavam no contexto aparentemente incontornável da Guerra Fria (LAGO, 2006), com posições ideologicamente rígidas e incapazes de um diálogo construtivo.

2.4.1 Antecedentes

Os conceitos de desenvolvimento sustentável e de sustentabilidade antecedem ao Relatório Brundtland. No início do século XX, o economista Arthur C. Pigou lançou as bases da noção de externalidade que, posteriormente, foram desenvolvidas por John Maynard Keynes. Em acréscimo aos estudos realizados por ambos, o estatístico Harold Hotelling aplicou a teoria econômica para investigar a ótima taxa de extração de recursos naturais renováveis, utilizando uma taxa de desconto pressupondo que os recursos eram inesgotáveis.

Em 1951, o governo dos Estados Unidos instituiu a Comissão de Políticas Materiais, conhecida como Comissão Paley, cujo objetivo era entender os limites quantitativos dos recursos ambientais. Em 1952, foi fundado o primeiro *Think Tank* ambiental dos Estados Unidos – *Resources for the Future*.[32] A Comissão Paley concluiu que a falta de recursos naturais e de energia seriam inevitáveis, recomendando investimentos pesados em energia, inclusive solar, eólica e de biomassa (FREYMAN, 2012).

O Relatório Meadows, produzido para o Clube de Roma, foi uma importante referência para a construção dos conceitos de desenvolvimento sustentável e sustentabilidade. O livro *Limites do crescimento* foi baseado em modelos matemáticos mundiais que consideravam as variáveis população, pobreza, atividade econômica, extração de recursos naturais, poluição, dentre outras. A aplicação do modelo mundial levou à conclusão de que, mantido o nível de crescimento econômico e populacional da época, o planeta entraria em colapso, vez que existiam limites ecológicos que não poderiam ser ultrapassados.

Em 1980, a União Internacional para a Conservação da Natureza, o Programa das Nações Unidas para o Meio Ambiente e o Fundo Mundial para Natureza lançaram um amplo documento denominado Estratégia Mundial para a Conservação (IUCN, 1980), que utiliza a expressão desenvolvimento sustentável, explicitando as suas linhas gerais. O desenvolvimento é definido como a modificação da biosfera e a utilização de recursos humanos, financeiros,

---

[31] Disponível em: https://www.mfa.gov.bn/Pages/The-Non-Aligned-Movement-(NAM)-.aspx. Acesso em: 28 out. 2023.

[32] Disponível em: https://www.rff.org/about/. Acesso em: 16 jan. 2025.

vivos e não vivos, para as necessidades humanas, com vistas à melhoria da qualidade da vida dos seres humanos. Logo, para que o desenvolvimento seja sustentável, ele deve considerar os fatores ecológicos, sociais, econômicos; bem como os recursos naturais (vivos e não vivos) e as vantagens e desvantagens, no curto e no longo espaço de tempo de medidas alternativas. Além dos documentos já mencionados, várias obras políticas, sociais e econômicas contribuíram para a elaboração dos conceitos de desenvolvimento sustentável e sustentabilidade. Entretanto, o conceito ainda permanece aberto e dando margem a diferentes entendimentos e interpretações (VISSIER, 2012).

2.4.1.1   A Comissão Brundtland

A Resolução 38/161 da AG/UNGA, baixada na 38ª Sessão das Nações Unidas, em 1983, criou a CMMAD que foi presidida por Gro Harlen Brundtland, então primeira-ministra da Noruega, tendo como Vice-Presidente Mansour Kalid, do Sudão. O mandato da Comissão era para atuar como órgão independente e produzir um relatório abrangente sobre o estado do meio ambiente mundial, vinculando-o com as questões relativas à pobreza e ao desenvolvimento. Dentre os vários legados da Comissão Brundtland, o conceito de desenvolvimento sustentável é o mais notório. No capítulo 2 da I Parte, em busca do desenvolvimento sustentável, a Comissão após tecer análise profunda sobre o modelo de desenvolvimento até então predominante, afirma que:

> Em essência, o desenvolvimento sustentável é um processo de transformação no qual a exploração dos recursos, a direção dos investimentos, a orientação do desenvolvimento tecnológico e a mudança institucional se harmonizam e reforçam o potencial presente e futuro, a fim de atender às necessidades e aspirações humanas (COMISSÃO MUNDIAL SOBRE MEIO AMBIENTE E DESENVOLVIMENTO, 1988, p. 49).

A ideia base do conceito é a satisfação das necessidades do presente, sem comprometer as necessidades futuras. O desenvolvimento sustentável é, portanto, múltiplo, desdobrando-se em três dimensões: (1) sustentabilidade ambiental, (2) econômica e (3) social. Jeffrey D. Sachs entende que o desenvolvimento sustentável é um "exercício intelectual" para compreender as interações de três sistemas complexos, a (1) economia mundial, a (2) sociedade global e o (3) ambiente físico da Terra. Além disso, ele é uma concepção normativa, pois sugere um conjunto de objetivos a serem alcançados, pelo menos como aspiração. "As nações do mundo adotarão os Objetivos do Desenvolvimento Sustentável precisamente para ajudar a orientar o rumo do futuro desenvolvimento econômico e social do planeta" (2017, p. 13).

2.4.1.1.1   Nosso Futuro Comum – o Relatório Brundtland

O desenvolvimento sustentável é um termo que todo mundo gosta, mas ninguém sabe exatamente o que significa (DALY, 1996). O Relatório Brundtland (COMISSÃO MUNDIAL SOBRE MEIO AMBIENTE E DESENVOLVIMENTO, 1988) é reconhecido como o primeiro grande documento internacional definidor do conceito de desenvolvimento sustentável como aquele "que atende às necessidades do presente, sem comprometer a possibilidade de as gerações futuras atenderem às próprias necessidades". Ainda de acordo com o Relatório, há dois conceitos-chave em sua estrutura: o (1) de necessidades, em especial, as necessidades essenciais dos pobres do mundo, aos quais deve ser dada a máxima prioridade; e a (2) noção das limitações que o estágio da tecnologia e da organização social impõem ao meio ambiente, impedindo-o de atender às necessidades presentes e futuras. Ainda segundo o Relatório,

> [o] desenvolvimento supõe uma transformação progressiva da economia e da sociedade. Caso uma via de desenvolvimento se sustente em sentido físico, teoricamente ela pode ser tentada mesmo num contexto social e político rígido. Mas só se pode ter certeza da sustentabilidade física se as políticas de desenvolvimento considerarem a possibilidade de mudanças quanto ao acesso aos recursos e quanto à distribuição de custos e benefícios. Mesmo na noção mais estreita de sustentabilidade física está implícita uma preocupação com a equidade social entre gerações, que deve, evidentemente, ser extensiva à equidade em cada geração (COMISSÃO MUNDIAL SOBRE MEIO AMBIENTE E DESENVOLVIMENTO, 1988, p. 46).

A satisfação das necessidades humanas é "o principal objetivo do desenvolvimento". O Relatório reconhece que, nos países em desenvolvimento, as necessidades básicas de grande parte das pessoas, tais como alimentação, saúde, emprego, vestimentas e outras, não são atendidas. Acrescenta que, além das necessidades básicas, as pessoas "aspiram legitimamente a uma melhor qualidade de vida", de forma que só há desenvolvimento sustentável se todos tiverem "atendidas as suas necessidades básicas e lhes sejam proporcionadas oportunidades de concretizar suas aspirações".

O Relatório ressalta que os estilos de vida que estejam além do mínimo básico só são sustentáveis caso os padrões gerais de consumo objetivem alcançar o desenvolvimento sustentável em longo prazo. Todavia, há o reconhecimento de que "muitos de nós vivemos acima dos meios ecológicos do mundo", como é o caso do consumo de energia. Entende o Relatório que as "necessidades são determinadas social e culturalmente" e que o desenvolvimento sustentável requer a promoção de valores capazes de manter os padrões de consumo dentro dos limites da capacidade de suporte ecológico a que "todos podem, de modo razoável, aspirar".

Em referência ao Relatório Meadows, Nosso Futuro Comum, afirma que

> [o] crescimento não estabelece um limite preciso a partir do qual o tamanho da população ou o uso dos recursos podem levar a uma catástrofe ecológica. Os limites diferem para o uso de energia, de matérias-primas, de água e de terra. Muitos deles se imporão por si mesmos mediante a elevação de custos e diminuição de retornos, e não mediante uma perda súbita de alguma base de recursos. Mas há limites externos, e para haver sustentabilidade é preciso que, bem antes de esses limites serem atingidos, o mundo garanta acesso equitativo ao recurso ameaçado e reoriente os esforços tecnológicos no sentido de aliviar a pressão (COMISSÃO MUNDIAL SOBRE MEIO AMBIENTE E DESENVOLVIMENTO, 1988, p. 48).

De forma resumida, o desenvolvimento sustentável, tal como concebido pelo Relatório Brundtland, é um processo de transformação no qual a utilização dos recursos naturais, os investimentos, o rumo do desenvolvimento tecnológico, assim como as mudanças institucionais se condicionam mutuamente para atender às necessidades e aspirações da humanidade. Como se pode perceber, é um conceito muito amplo e aberto, refletindo os acordos políticos no interior da comissão encarregada de redigir o Relatório.

É de se registrar sobre o conceito de desenvolvimento sustentável, segundo Paul Johnston, Mark Everard, David Santillo e Karl-Henrik Robèrt (2007), que, em apenas dois anos após a sua elaboração, ele já contava com 140 definições diferentes e que, em 2007, o número rondava as 300 definições nas várias disciplinas que, direta ou indiretamente, lidam com gestão ambiental.

2.4.2　Agenda 21

A Agenda 21 é um documento (*soft law*) emanado da UNCED, cujo objetivo é guiar as ações da comunidade internacional para uma solução dos problemas então enfrentados e "preparar o mundo para os desafios do próximo século [XXI]".

> [Ela] reflete um consenso mundial e um compromisso político no nível mais alto no que diz respeito a desenvolvimento e cooperação ambiental. O êxito de sua execução é responsabilidade, antes de mais nada, dos Governos. Para concretizá-la. são cruciais as estratégias, os planos, as políticas e os processos nacionais. A cooperação internacional deverá apoiar e complementar tais esforços nacionais. Nesse contexto, o sistema das Nações Unidas tem um papel fundamental a desempenhar. Outras organizações internacionais, regionais e sub-regionais também são convidadas a contribuir para tal esforço. A mais ampla participação pública e o envolvimento ativo das organizações não governamentais e de outros grupos também devem ser estimulados (CONFERÊNCIA DAS NAÇÕES UNIDAS SOBRE O MEIO AMBIENTE E DESENVOLVIMENTO, 1995, p. 21).

A Agenda 21 se alicerça no conceito de desenvolvimento e, em especial, no desenvolvimento sustentável, tal como formulado pelo Relatório Brundtland. Ela possui quatro seções: (1) dimensões sociais e econômicas; (2) conservação e gestão dos recursos para o desenvolvimento; (3) fortalecimento do papel dos grupos principais; e (4) meios de implementação. É um documento ousado que buscou enfrentar as principais questões sociais, ambientais e econômicas que se apresentaram na Conferência Rio 92, sendo fruto da crise econômica da década de 1980 do século XX. A questão da dívida externa é central na problemática do desenvolvimento, sendo um empecilho concreto para o financiamento do desenvolvimento e para o acesso aos mercados internacionais pelos países do terceiro mundo.

Ela reflete o pensamento econômico predominante após o fim da União Soviética e o desmantelamento do bloco socialista no Leste Europeu. O seu ideário se baseia na supremacia da democracia liberal e na liberalização da economia mundial. O documento parte do pressuposto de que o desenvolvimento sustentável necessita de "políticas econômicas saudáveis", bem como de "gerenciamentos igualmente saudáveis". Ressalta, ainda, que a previsibilidade e a eficácia da administração pública são essenciais para atingir os objetivos propostos. A atividade econômica e o "processo de tomada de decisões" devem levar em consideração as "preocupações ambientais".

Há o reconhecimento de que os baixos preços dos produtos primários afetavam profundamente a capacidade de investimento dos países em desenvolvimento, devido à importância deles para as suas economias nacionais. As políticas econômicas "saudáveis", no contexto da Agenda 21, estavam relacionadas aos ajustes estruturais promovidos pelo Fundo Monetário Internacional, que, conforme por ela reconhecido,

> em alguns casos eles produziram efeitos sociais e ambientais adversos, como cortes nas verbas destinadas aos setores da saúde, do ensino e da proteção ambiental. É importante velar para que os programas de ajuste estrutural não tenham impactos negativos sobre o meio ambiente e o desenvolvimento social, para que tais programas sejam mais compatíveis com os objetivos do desenvolvimento sustentável (p. 25-26).

A Agenda 21, em linhas gerais, sustenta um modelo econômico que corrobora a então vigente divisão internacional do trabalho.

2.4.2.1 Agenda 21 e o combate à pobreza

O combate à pobreza é uma constante nas discussões sobre desenvolvimento econômico. Logo, a Agenda 21 não poderia se omitir em relação a questão tão crucial. Ela reconhece que a pobreza é um problema complexo com múltiplas dimensões, não sendo possível "encontrar uma solução uniforme, com aplicação universal para o combate à pobreza" (p. 27). Ele é reconhecido como uma "responsabilidade conjunta" de todos os países. Quanto às políticas ambientais e o seu papel no combate à pobreza, elas devem considerar "devidamente aqueles que dependem dos recursos para sua sobrevivência, ademais de gerenciar os recursos de forma sustentável" (p. 27). A falta de integração entre as políticas de combate à pobreza com as políticas ambientais, no médio e no longo prazo, conforme o entendimento contido na Agenda, pode acarretar o fracasso de ambas. As políticas de desenvolvimento – em especial aquelas destinadas ao aumento da produção de bens – necessitam levar em consideração a sustentabilidade dos recursos naturais sobre os quais estão alicerçadas; pois, se não o fizerem, haverá um declínio de produtividade que, inclusive, afetará o próprio combate à pobreza. O que se percebe é que a Agenda 21 anda em círculos, pois é incapaz de apontar claramente as (1) origens da pobreza e os (2) meios para superá-la.

2.4.3 Os diferentes conceitos de desenvolvimento sustentável e sustentabilidade

Não há consenso sobre o conceito de desenvolvimento sustentável. A fórmula adotada pelo Relatório Brundtland é genérica e, portanto, sujeita a diversas interpretações contraditórias (VISSIER, 2012). O fato é que os conceitos de desenvolvimento sustentável e de sustentabilidade, tal como elaborados em Nosso Futuro Comum, são, política e economicamente, neutros, pois expressam compromissos entre diferentes forças políticas, sociais, econômicas e culturais em conflito sobre a questão do desenvolvimento e do seu significado concreto.

A Conferência de Estocolmo, em 1972, foi o palco aberto de um debate que opôs visões diferentes do mundo e da utilização dos recursos naturais. Parece claro que o princípio jurídico da "soberania sobre os recursos naturais" é uma constatação do importante papel que os bens naturais, mesmo após a independência das colônias, continuavam a jogar em suas economias. Por outro lado, a ideia de que o desenvolvimento é, em alguma medida, a reprodução do ocorrido nos países industrializados gera uma pressão sobre os recursos naturais, pois dá margem a práticas extrativistas agressivas. Essa situação se agrava com os preços baixos que obrigam o aumento da exploração para que as divisas internacionais sejam relevantes para os países exportadores de produtos primários (*commodities*).

A ideia de "mudança de padrões de consumo" precisa ser vista com moderação, pois grandes parcelas da população mundial não têm acesso aos bens de consumo mais básicos.

> Em seu processo de desenvolvimento, os países em desenvolvimento devem procurar atingir padrões sustentáveis de consumo, garantindo o atendimento das necessidades básicas dos pobres e, ao mesmo tempo, evitando padrões insustentáveis, especialmente os dos países industrializados, geralmente considerados especialmente nocivos ao meio ambiente, ineficazes e dispendiosos. Isso exige um reforço do apoio tecnológico e de outras formas de assistência por parte dos países industrializados (CONFERÊNCIA DAS NAÇÕES UNIDAS SOBRE O MEIO AMBIENTE E DESENVOLVIMENTO, 1995, p. 34).

Diante da realidade complexa das relações entre produção, consumo e padrões de desenvolvimento, a Agenda 21 sugere ser conveniente reconsiderar os "atuais conceitos de crescimento econômico e a necessidade de que se criem novos conceitos de riqueza e prosperidade" (p. 35). O pensamento subjacente é que se estabeleça um modelo apto a assegurar uma melhoria dos níveis mediante modificações "nos estilos de vida" cuja dependência aos recursos naturais finitos seja menor. A referência, obviamente, se dirige às sociedades afluentes, pois o consumo de recursos ambientais pelos pobres é inferior ao dos ricos. Os países com altas rendas consomem cerca de 74% dos recursos ambientais mundiais, enquanto os de rendas médias superiores consomem 25%; os de renda média inferior são responsáveis por 1% do consumo e os de baixa renda respondem por menos de 1% do consumo global de recursos ambientais, considerando-se o período entre 1970 e 2017 (HICKEL et al., 2022).

2.4.3.1   O direito ao desenvolvimento e o desenvolvimento sustentável

O desenvolvimento sustentável é princípio jurídico, tanto no direito interno como no internacional, sendo cada vez mais recorrente a sua utilização no contexto da aplicação do direito (DUPUY e VIÑUALES, 2015; MACHADO, 2023; SANDS e PEEL, 2017). Chris Wold (2009), ao tratar dos princípios do direito internacional do meio ambiente, utiliza a denominação princípio do desenvolvimento, afastando o vocábulo sustentável. O autor observa que não é trivial a discussão sobre o verdadeiro significado do princípio do direito ao desenvolvimento na arena internacional, pois "as nações muitas vezes o formulam em termos puramente econômicos" (WOLD, 2009, p. 11). Nas observações sobre o tema há uma crítica, no sentido de que os países subdesenvolvidos, ao postularem o direito ao desenvolvimento, "se esquecem de todos os elementos do direito ao desenvolvimento associados à proteção e promoção dos direitos humanos" (p. 11).

A questão relativa ao desenvolvimento, entretanto, é fundamental para as nações pobres ou com renda média e para as menos desenvolvidas. O tema tem sido frequente nas mais diversas conferências internacionais, pois desde a Carta das Nações Unidas, em seu artigo 55 (a), já há a afirmação de que a organização deve favorecer "os níveis mais altos de vida, trabalho efetivo e condições de progresso e desenvolvimento econômico e social". Em 1982, a Assembleia Geral das Nações Unidas aprovou a Declaração sobre o Direito ao Desenvolvimento,[33] cujo artigo 1º (§§ 1º e 2º) estabelece que o direito ao desenvolvimento é um "direito humano inalienável", habilitando as pessoas e os povos a "participar do desenvolvimento econômico, social, cultural e político", no qual "todos os direitos humanos e liberdades fundamentais possam ser plenamente realizados". É parte integrante do direito ao desenvolvimento a "plena realização do direito dos povos à autodeterminação", inclusive o exercício de seu direito inalienável à soberania plena sobre todas as suas riquezas e recursos naturais". Em 1993, a Conferência Mundial sobre Direitos Humanos[34] reafirmou o direito ao desenvolvimento, previsto na Declaração sobre Direito ao Desenvolvimento, como um direito universal e inalienável e parte integral dos direitos humanos fundamentais.

A Declaração do Rio trata do desenvolvimento sustentável em seu Princípio 1, afirmando que o Ser Humano é o centro das preocupações com o desenvolvimento sustentável. Em diversos outros princípios há menção expressa ao desenvolvimento sustentável e ao direito ao desenvolvimento, v.g., princípios 3, 4, 5, 6, 7, 8, 9, 11, 12, 24 e 27. As demais declarações internacionais sobre meio ambiente estão perfeitamente alinhadas com a invocação do princípio do desenvolvimento sustentável. Por fim, no campo dos diretos humanos, a Declaração

---

[33]   Resolução 41/128. Disponível em: https://acnudh.org/wp-content/uploads/2012/08/Declara%C3%A7%C3%A3o-sobre-o-Direito-ao-Desenvolvimento.pdf. Acesso em: 16 jan. 2025.

[34]   Disponível em: https://www.onumulheres.org.br/wp-content/uploads/2013/03/declaracao_viena.pdf. Acesso em: 16 out. 2025.

DIREITO AMBIENTAL – *Paulo de Bessa Antunes*

e Programa de Ação de Viena[35] incorporou em diversos de seus artigos a dimensão ambiental como parte do conceito de desenvolvimento.

No âmbito do direito interno brasileiro, o desenvolvimento tem assento constitucional, sendo a garantia do desenvolvimento nacional um dos objetivos fundamentais da República.

2.4.3.2 Novas possibilidades

A atividade humana, em quaisquer de suas dimensões, gera impactos sobre a natureza, tanto positivos quanto negativos. Os modelos econômicos de produção a qualquer custo criaram situações dramáticas, do ponto de vista ambiental. Herman Daly e John B. Cobb Jr. (1994) discordam que as únicas alternativas econômicas viáveis sejam as produtivistas. Segundo os autores, nos últimos dois séculos, a economia transformou radicalmente o mundo e a vida humana devido à industrialização e à maior produtividade do trabalho. Isto permitiu o aumento da população e o crescimento da disponibilidade de bens de consumo. O padrão de vida passou da subsistência para a afluência para a maioria da população na região do Atlântico Norte, no Japão, em Singapura, Taiwan, Coreia do Sul e Hong Kong, por exemplo. A economia industrial, no entanto, tem "consequências para a maior economia da vida" (DALY e COBB JR., 1994, p. 3), criando problemas psicológicos, estresse, agressividade e outros, em decorrência do estímulo à competição e o desejo de consumo cada vez maior de bens materiais. Na mesma linha, Fritjof Capra e Ugo Mattei afirmam que "em nossa civilização, modificamos a tal ponto o nosso meio ambiente durante essa evolução cultural que perdemos o contato com a nossa base biológica e ecológica mais do que qualquer outra civilização do passado" (2006, p. 39).

A crítica ecologista aos economistas e à economia pressupõe que o crescimento econômico e os economistas têm dado pouca atenção à utilização excessiva dos recursos naturais e a poluição associada à atividade econômica. Há, também, a alegação de que os economistas têm encorajado a superexploração dos recursos naturais. O fato é que a revolução industrial, ainda, é vista como sinônimo de desenvolvimento econômico, e a produção em larga escala e mais especializada, com o aumento da integração e interdependência, tem aumentado a fragilidade do sistema terrestre como um todo (DALY e COBB JR., 1994).

A industrialização é fruto do sistema capitalista e modelo para o crescimento econômico dos antigos países socialistas, em especial a ex-União Soviética. Segundo Daly e Cobb Jr., "o conflito entre o capitalismo e o socialismo não é sobre a desejabilidade ou a possibilidade da industrialização" (1994, p. 13), pois ele se dá sobre o grau de eficiência de cada sistema para melhor atender ao crescimento da produção de bens e serviços e para o aumento dos benefícios e da igualdade entre os indivíduos. Há, também, a relevante questão da propriedade dos bens de produção. Ambos os sistemas são passíveis de crítica, pois os mercados não podem ser os fins últimos de uma sociedade. A concentração da propriedade em poucas mãos é um malefício para a sociedade, pois as suas decisões fundamentais passam a ser "exclusividade" de uma oligarquia cada vez mais restrita. Por outro lado, em muitas oportunidades, há necessidade de planejamento centralizado, com vistas a enfrentar problemas econômicos e sociais específicos.

Apesar das fortes críticas aos modelos econômicos predominantes, fato é que a economia não pode ser afastada da ecologia. O equilíbrio entre ambas é o desafio a ser superado

---

[35] Disponível em: https://www.oas.org/dil/port/1993%20Declara%C3%A7%C3%A3o%20e%20Programa%20de%20Ac%C3%A7%C3%A3o%20adoptado%20pela%20Confer%C3%AAncia%20Mundial%20de%20Viena%20sobre%20Direitos%20Humanos%20em%20junho%20de%201993.pdf. Acesso em: 16 jan. 2025.

no século XXI, pois há um crescente consenso no sentido de que os modelos econômicos até aqui adotados, apesar de êxitos, nos levaram a um impasse ecológico e social.

2.4.3.2.1 Crítica ao desenvolvimento (crescimento)

As ideias de desenvolvimento econômico e de crescimento econômico são objetos de múltiplas críticas acadêmicas, políticas, teóricas e práticas. A crítica tem várias faces. Todavia, há um ponto em comum que é a incapacidade, até aqui demonstrada, de eliminação dos bolsões de miséria, de proteger adequadamente o meio ambiente e da falta de prioridades que assegurem uma melhor qualidade de vida para os indivíduos. Há contradições evidentes no modelo predominante, somos capazes de enviar espaçonaves para outros planetas, mas incapazes de controlar a emissão de gases de efeito estufa; apesar disso, "os economistas tentam dizer-nos que não dispomos de recursos para enfrentar os custos de uma adequada assistência à saúde, os gastos com educação ou transportes públicos" (CAPRA, 2006, p. 39).

Michel Bosquet [André Gorz] (1978) nos adverte que a ecologia só aparece como uma disciplina autônoma quando a atividade econômica destrói ou perturba de forma duradoura o meio ambiente, comprometendo assim a própria atividade econômica. O mesmo autor nos lembra que "toda produção é também destruição" (BOSQUET, 1978, p. 27). Esta dialética se mostra verdadeira, na medida em que o próprio direito ambiental, nacional ou internacional, em última instância, existe para organizar a "destruição" e mantê-la dentro de limites "toleráveis".

A crítica mais conhecida ao desenvolvimento (crescimento) econômico é o relatório Limites do Crescimento (MEADOWS et al., 1977), que sustenta a existência de muitas discordâncias sobre a afirmação de que o crescimento da população e do capital deveria parar em breve; entretanto, segundo os autores, "virtualmente ninguém discute que o crescimento material desse planeta pode continuar para sempre". Conforme a observação dos autores:

> [n]esta fase da história da humanidade, a escolha (...) ainda é possível em quase todas as esferas da atividade humana. O homem ainda pode escolher seus limites e parar quando quiser, seja afrouxando algumas das pressões fortes que causam o crescimento de capital e de população, seja instituindo contrapressões, ou então fazendo ambas as coisas. Tais contrapressões não serão completamente agradáveis. Elas certamente trarão radicais mudanças nas estruturas sociais e econômicas que têm sido profundamente impressas na cultura humana, através de séculos de crescimento. As alternativas são esperar até que o preço da tecnologia se torne maior do que a sociedade possa pagar, ou até que os próprios efeitos colaterais da tecnologia suprimam o crescimento, ou então até que surjam problemas sem soluções técnicas. Em qualquer desses pontos, a possibilidade de escolha de limites terá desaparecido. O crescimento será interrompido por pressões independentes de escolhas humanas, que, como sugere o modelo mundial, podem ser muito piores do que as que a sociedade poderia escolher por si mesma. Pareceu-nos necessário determo-nos, aqui, numa análise tão demorada da tecnologia, porque notamos que o otimismo tecnológico é a reação mais comum e a mais perigosa às descobertas provenientes do nosso modelo mundial. A tecnologia pode aliviar os sintomas de um problema, sem afetar as causas fundamentais. A fé na tecnologia, como uma solução final para todos os problemas, pode desviar nossa atenção do problema mais fundamental – do crescimento em um sistema finito – e impedir-nos de tomar medidas efetivas para resolvê-lo (MEADOWS et al., 1977, p. 151).

48 DIREITO AMBIENTAL – *Paulo de Bessa Antunes*

É interessante observar que o Relatório Meadows utiliza a expressão sustentável, no contexto do desenvolvimento, com o sentido de "sem colapso inesperado e incontrolável" (MEADOWS et al., 1977, p. 155). A propósito, Mike Davis (2006) nos recorda que a Terra se urbanizou mais rapidamente do que as previsões do Clube de Roma. Segundo o autor, a dinâmica da "urbanização do Terceiro Mundo recapitula e confunde os precedentes da Europa e da América do Norte no século XIX e início do século XX" (DAVIS, 2006, p. 22).

A crítica ao desenvolvimento se expressa de diferentes formas de concepções políticas e econômicas, muitas delas com uma inegável roupagem passadista e utópica. Em não poucos casos, com uma tentativa de retorno a um passado puramente imaginário. Fala-se, também, em "decrescimento", que é um termo tão pouco claro e ambíguo quanto o crescimento. O decrescimento parte do pressuposto de que o crescimento econômico não foi alcançado e, portanto, é hora de buscar uma alternativa:

> O caso do Brasil é emblemático: depois de ter conhecido uma ascensão vertiginosa na atividade econômica e de haver promovido políticas sociais com base no crescimento, o processo freou bruscamente e o país mergulhou numa grave crise social e política. Mais uma vez, o crescimento força a um novo crescimento para apaziguar as frustrações das promessas difíceis ou impossíveis de cumprir (AZAM, 2019, p. 66-67).

O decrescimento é uma evolução das críticas ao desenvolvimento econômico, como objetivo a ser atingido e dos estranhos caminhos que por ele foram tomados. Ele pode ser resumido nos seguintes pontos: (1) redução do consumo de recursos naturais e de energia, com vistas a atender às restrições físico-químicas e ecológicas do planeta; (2) invenção de um novo imaginário político e social oposto ao das ideologias do crescimento e do desenvolvimento; (3) um movimento plural para o qual convergem várias correntes, experiências e estratégias que busquem a construção de sociedades autônomas e frugais (simples e moderadas), "o decrescimento não é uma alternativa em si, mas uma matriz de alternativas" (AZAM, 2019, p. 71); (4) caminhos diversos para sair do crescimento e rejeitar o excesso; e (5) um movimento que é democrático e político em que se coloca a questão: "como queremos viver juntos com a natureza?", em lugar de "como queremos crescer?".

2.5 Os objetivos do desenvolvimento

A ONU, no século XXI, definiu dois grandes conjuntos de objetivos a serem alcançados pela comunidade internacional relativamente ao desenvolvimento: os (1) Objetivos de Desenvolvimento do Milênio e os (2) Objetivos do Desenvolvimento Sustentável.

2.5.1 Objetivos de Desenvolvimento do Milênio

Os ODM foram adotados pelas Nações Unidas em setembro de 2000[36] e estão contidos na Declaração do Milênio, um compromisso global com vistas à redução da pobreza, cujo prazo foi fixado em 2015. A declaração foi proclamada na Cúpula do Milênio realizada em Nova York em setembro de 2000, tendo sido fruto de uma reunião que contou com 147 chefes de Estado e de governo e a presença de 191 países. Os objetivos fixados foram oito, que abrangiam desde cortar pela metade o número de pessoas vivendo em extrema pobreza no mundo até o combate à aids. Segundo as palavras de Kofi Annan, então Secretário-Geral da ONU:

---

[36] Resolução A/RES/55/2, 8 de setembro de 2000.

Os líderes definiram alvos concretos, como reduzir para metade a percentagem de pessoas que vivem na pobreza extrema, fornecer água potável e educação a todos, inverter a tendência de propagação do VIH/SIDA e alcançar outros objetivos no domínio do desenvolvimento. Pediram o reforço das operações de paz das Nações Unidas, para que as comunidades vulneráveis possam contar conosco nas horas difíceis. E pediram-nos também que combatêssemos a injustiça e a desigualdade, o terror e o crime, e que protegêssemos o nosso património comum, a Terra, em benefício das gerações futuras (ANNAN, 2001).

Em relação ao combate à pobreza extrema, a Declaração do Milênio afirma que os líderes mundiais não poupariam esforços para liberar "os nossos semelhantes, homens, mulheres e crianças, das condições abjectas e desumanas da pobreza extrema", à qual estavam submetidas cerca de 1 bilhão de pessoas. Reconhecendo que o direito ao desenvolvimento ainda estava por se realizar, os líderes mundiais declararam o seu compromisso "em fazer do direito ao desenvolvimento uma realidade para todos e em libertar toda a humanidade da carência". É relevante apontar que a Declaração do Milênio renovou uma preocupação antiga dos países em vias de desenvolvimento com "os obstáculos que (...) enfrentam para mobilizar os recursos necessários para financiar o seu desenvolvimento sustentável". Os países menos desenvolvidos também foram lembrados na Declaração com um "pedido" aos países industrializados que adotassem "uma política de acesso, livre de direitos aduaneiros e de cotas, no que se refere a todas as exportações" desses países. Da mesma forma, foi feito o pedido do cancelamento de dívidas públicas bilaterais de tais países. O grupo de líderes mundiais decidiu, ainda, "[r]eduzir para metade, até ao ano 2015, a percentagem de habitantes do planeta com rendimentos inferiores a um dólar por dia e a das pessoas que passam fome; de igual modo, reduzir para metade a percentagem de pessoas que não têm acesso a água potável ou carecem de meios para o obter".

O Relatório de desempenho dos ODM, produzido em 2015, demonstrou que eles não foram alcançados. Em 2015, cerca de 800 milhões de pessoas ainda viviam em pobreza extrema; mais de 160 milhões de crianças com menos de 5 anos de idade estavam abaixo do peso esperado. Estimou-se em 57 milhões o número de crianças sem escola. Por fim, cerca de 16.000 crianças morriam por dia antes de completarem 5 anos de vida (UNITED NATIONS, 2015). A análise independente feita pela ONG Our World in Data (OUR WORLD IN DATA TEAM, 2023) demonstra que somente foram atingidos três objetivos e meio, dos oito definidos. Em relação ao ODM 3, é possível afirmar que a disparidade de gêneros na educação foi reduzida; a redução da malária e da tuberculose (ODM 6) foi alcançada. Quanto ao ODM 7, o seu cumprimento foi parcial, pois o acesso à água potável foi ampliado; embora os níveis de acesso ao saneamento básico não tenham melhorado significativamente.

O grau de inadimplência em relação aos ODM foi variado. As maiores falhas ocorreram nos objetivos ambientais do ODM 7, pois muitos indicadores ambientais globais pioraram no período; *e.g.*, as (1) emissões de gases de efeito estufa cresceram cerca de 50%; a (2) cobertura florestal global diminuiu; e os (3) estoques pesqueiros mundiais diminuíram; florestas mundiais continuaram a diminuir. Apesar disso, é interessante observar que o ODM 7 foi um dos maiores beneficiados pela Ajuda Oficial ao Desenvolvimento, que, entre 2010 e 2012, foi da ordem de 31 bilhões de dólares americanos destinados a programas ambientais, ou seja, 24% da ajuda bilateral. Grande parte do aumento dos valores foi em função do crescimento de interesse pela questão climática que aumentou 150% nos períodos 2007/2009 e 2010/2012, chegando a alcançar uma média de 21 bilhões de dólares americanos no último período (UNITED NATIONS, 2015).

2.5.2 Objetivos de Desenvolvimento Sustentável: Agenda 2030

Em setembro de 2015, na sede da ONU,[37] chefes de Estado e de governo pactuaram os novos Objetivos de Desenvolvimento Sustentável globais como "um plano de ação para as pessoas, para o planeta e para a prosperidade". A agenda foi concebida para ser implementada em 15 anos, incluindo também em seus objetivos o fortalecimento da paz mundial e a ampliação da liberdade, a erradicação "da pobreza em todas as suas formas e dimensões, incluindo a pobreza extrema", reconhecendo nesta última o "maior desafio global e um requisito indispensável para o desenvolvimento sustentável". Foram definidos 17 ODS, com 169 metas.

Os ODS, conforme a proclamação, "se constroem sobre o legado dos Objetivos de Desenvolvimento do Milênio e concluirão o que estes não conseguiram alcançar". Por meio deles, a comunidade internacional busca "concretizar os direitos humanos de todos e alcançar a igualdade de gênero e o empoderamento das mulheres e meninas". São objetivos e metas integrados e indivisíveis, servindo de ponto de equilíbrio para as "três dimensões do desenvolvimento sustentável: a econômica, a social e a ambiental". Parece evidente que a amplitude dos objetivos demonstra a inexistência de focos concretos e de prioridades. Os ODS foram concebidos como uma "ambição" em relação aos ODM que, no entanto, estavam longe de serem atingidos quando foram ampliados em 2015.

A Agenda 2030 (UNITED NATIONS, 2015) é "um plano de ação para as pessoas, para o planeta e para a prosperidade". Além disso, ela busca fortalecer a paz universal com mais liberdade. Os signatários do compromisso reconheceram que a "erradicação da pobreza em todas as suas formas e dimensões, incluindo a pobreza extrema, é o maior desafio global e um requisito indispensável para o desenvolvimento sustentável". A Agenda 2030 conclama a todos os países e todas as partes interessadas que atuem em parceria colaborativa para a sua implementação. Solenemente, os chefes de governo e de Estado afirmam: "Estamos decididos a libertar a raça humana da tirania da pobreza e da penúria e a curar e proteger o nosso planeta. Estamos determinados a tomar as medidas ousadas e transformadoras que são urgentemente necessárias para direcionar o mundo para um caminho sustentável e resiliente". Reconhecendo as dificuldades de implementação dos ODM, o Preâmbulo da Agenda 2030 afirma que:

> Os 17 Objetivos de Desenvolvimento Sustentável e 169 metas que estamos anunciando hoje demonstram a escala e a ambição desta nova Agenda universal. Eles se constroem sobre o legado dos Objetivos de Desenvolvimento do Milênio e concluirão o que estes não conseguiram alcançar. Eles buscam concretizar os direitos humanos de todos e alcançar a igualdade de gênero e o empoderamento das mulheres e meninas. Eles são integrados e indivisíveis, e equilibram as três dimensões do desenvolvimento sustentável: a econômica, a social e a ambiental.

Existem balanços parciais relativos ao atingimento dos ODS que nos alertam que é chegada a hora de soar o alarme (UNITED NATIONS, 2023), pois os ODS estão enfrentando grandes problemas, dado que a análise de 140 objetivos demonstra que metade deles se encontra "sob ataque" e 30% dos objetivos regrediram a padrões anteriores a 2015. O relatório indica que, conforme as atuais tendências, em 2030, 575 milhões de pessoas estarão vivendo em extrema pobreza. Estima-se que, em 2030, aproximadamente 84 milhões de crianças não terão acesso à escola e 300 milhões de crianças escolarizadas serão incapazes de ler e escrever.

---

[37] A/RES/70/1. Disponível em: https://www.un.org/en/development/desa/population/migration/generalassembly/docs/globalcompact/A_RES_70_1_E.pdf. Acesso em: 16 jan. 2025.

Capítulo 2
A ORDEM CONSTITUCIONAL DO MEIO AMBIENTE

O exame do tema meio ambiente nas Constituições brasileiras parte da República, pois foi nesse regime político que a matéria mereceu tratamento constitucional. Anteriormente à Constituição de 1988, conforme foi bem observado por Machado Horta (2002), a matéria ambiental estava englobada na competência legislativa referente à defesa da saúde ou a proteção dos monumentos históricos, artísticos e naturais, às paisagens e aos locais especialmente dotados de beleza natural.

A Constituição Federal de 1891, em seu artigo 34, 29, atribuiu competência legislativa à União sobre as *suas* minas e terras. Posteriormente, a Emenda Constitucional 3, de 1926, alterou o artigo 34, atribuindo competência ao Congresso Nacional para legislar sobre a navegação dos rios que banhem mais de um estado ou se estendam a territórios estrangeiros. A reforma constitucional foi omissa em relação às minas, mantendo o dispositivo contido no artigo 64[1] que atribuía à União a propriedade das minas existentes em seus territórios. Entretanto, o § 17 do artigo 72 estipulava que as minas pertenciam aos proprietários do solo.[2]

Em 1934, como fruto da Revolução de 30 e da Revolução Constitucionalista de 1932, foi elaborada uma nova Constituição Federal, que, no espírito da época, era intervencionista. A Constituição de 1934, em seu artigo 5º, inciso XIX, atribuiu à União competência legislativa sobre bens de domínio federal, riquezas do subsolo, mineração, metalurgia, água, energia hidrelétrica, florestas, caça e pesca e sua exploração.

---

[1] Art. 64. Pertencem aos Estados as minas e terras devolutas situadas nos seus respectivos territórios, cabendo à União somente a porção do território que for indispensável para a defesa das fronteiras, fortificações, construções militares e estradas de ferro federais. Parágrafo único. Os próprios nacionais, que não forem necessários para o serviço da União, passarão ao domínio dos Estados, em cujo território estiverem situados.

[2] Art. 72. A Constituição assegura a brasileiros e a estrangeiros residentes no país a inviolabilidade dos direitos concernentes à liberdade, à segurança individual e à propriedade, nos termos seguintes: (...) § 17. O direito de propriedade mantém-se em toda a sua plenitude, salvo a desapropriação por necessidade, ou utilidade pública, mediante indenização prévia. *a)* As minas pertencem ao proprietário do solo, salvo as limitações estabelecidas por lei, a bem da exploração das mesmas. *b)* As minas e jazidas minerais necessárias à segurança e defesa nacionais e as terras onde existirem não podem ser transferidas a estrangeiros.

As competências legislativas federais foram ampliadas e, principalmente, deve ser anotado que elas cresceram nas áreas que modernamente são nominadas *infraestrutura:* atividades necessárias para o desenvolvimento econômico. De alguma forma, a CF de 1934 estimulou o desenvolvimento de uma legislação infraconstitucional preocupada com a proteção ambiental, dentro de uma abordagem de conservação de recursos econômicos e utilitarista. Um bom exemplo é o Código de Águas de 1934, cujos objetivos primordiais estavam relacionados à produção de energia elétrica; o mesmo se diga quanto ao antigo Código Florestal (1934), que estabeleceu mecanismos para a utilização industrial das florestas. Ambos os diplomas legais continham normas visando à proteção dos recursos naturais. A Constituição de 1937, em seu artigo 16, inciso XIV, determinou competir privativamente à União legislar sobre os bens de domínio federal, minas, metalurgia, energia hidráulica, águas, florestas, caça e pesca e sua exploração.

O regime democrático de 1946 não alterou substancialmente as competências legislativas da União em temas referentes à infraestrutura e, consequentemente, ambientais. Os textos anteriores foram, praticamente, repetidos. Na CF de 1946, artigo 5º, inciso XV, alínea *l*, constava a competência da União para legislar sobre riquezas do subsolo, mineração, metalurgia, águas, energia elétrica, florestas, caça e pesca.

Com o regime ditatorial de 1964, e a exacerbação dos poderes do Executivo federal, que passou a exercê-los de forma discricionária e autoritária, houve uma hipertrofia dos Poderes da União que, como se viu, não eram pequenos. A CF de 1967, em seu artigo 8º, XII, atribuiu as seguintes competências para a União: organizar a defesa permanente contra as calamidades públicas, especialmente a seca e as inundações. Outras competências estavam previstas entre as titularizadas pela União. Nos termos da Carta de 1967, competia à União explorar, diretamente ou mediante autorização ou concessão, os serviços e as instalações de energia elétrica de qualquer origem ou natureza, mantendo a característica de que a infraestrutura era uma matéria federal. Aqui, como é fácil perceber, tratava-se de uma competência administrativa que, necessariamente, trazia consigo a competência legislativa. Quanto à competência legislativa, propriamente dita, a Carta de 1967 estabelecia que a União era dotada das seguintes potestades legislativas: (1) direito agrário; (2) normas gerais de segurança e proteção da saúde; (3) águas e energia elétrica; (4) jazidas, minas e outros recursos minerais; (5) metalurgia; (6) florestas, caça e pesca; (7) regime dos portos e da navegação de cabotagem, fluvial e lacustre.

A Emenda Constitucional 1, de 17 de outubro de 1969, manteve o mesmo regime de competências da Carta de 1967. Houve, entretanto, uma pequena mudança no que diz respeito às competências legislativas em relação à energia, que foi subdividida em elétrica, térmica, nuclear ou de qualquer natureza. Um balanço geral das competências constitucionais em matéria ambiental demonstra que o tema, até a Constituição de 1988, mereceu tratamento apenas tangencial e que a principal preocupação do constituinte sempre foi com a infraestrutura para o desenvolvimento econômico.

1. A CONSTITUIÇÃO DE 1988

A Constituição Federal de 1988 inaugura uma nova realidade em termos de proteção jurídica do meio ambiente. A Constituição de 1988, em termos ambientais, segue uma tendência que se inaugurou na década de 70 do século XX e que foi paulatinamente se ampliando[3] entre as nações, sendo predominante atualmente.[4]

---

[3] Disponível em: https://davidsuzuki.org/science-learning-centre-article/status-constitutional-protection-environment-nations/. Acesso em: 4 maio 2022.

[4] Uma boa fonte de informações está disponível em: http://www.harmonywithnatureun.org/environmentalProvisions/. Acesso em: 4 maio 2022.

Constituições mundiais e meio ambiente

Antes de 1970	1970 – 1979	1980 – 1989	1990 – 1999	2000 – 2009	2010 – 2013
5	18	22	68	27	9

Fonte: https://davidsuzuki.org/science-learning-centre-article/status-constitutional-protection-environment-nations/.

O capítulo do meio ambiente [artigo 225] trata das obrigações da sociedade, do indivíduo e do poder público para com o ambiente. Nele constam normas que, do ponto de vista do direito constitucional, podem ser agrupadas como de (1) garantia, de (2) competência, (3) gerais e (4) específicas (HORTA, 2002). A Constituição de 1988 não desconsiderou o meio ambiente como elemento indispensável para o desenvolvimento da infraestrutura econômica. Ao contrário, houve um aprofundamento das relações entre o meio ambiente e a infraestrutura econômica, pois, nos termos da Constituição de 1988, é reconhecido pelo constituinte originário que se faz necessária a proteção ambiental de forma que se assegure uma adequada fruição dos recursos ambientais e um nível elevado de qualidade de vida para as populações. A Constituição não desconsiderou que toda a atividade econômica se faz pela utilização de recursos ambientais. O legislador constituinte estabeleceu um mecanismo mediante o qual as tensões entre os diferentes usuários dos recursos ambientais sejam amenizadas dentro de uma perspectiva de utilização sustentável.

A fruição do meio ambiente saudável e ecologicamente equilibrado foi erigida em direito fundamental. A adequada compreensão do capítulo e dos dispositivos constitu- cionais voltados para o meio ambiente é essencial e exige uma atenção toda especial para disciplinas não jurídicas. Conceitos pertencentes à Geografia, à Ecologia, à Mineralogia etc. passam a desempenhar um papel na interpretação da norma constitucional que era completamente impensável antes de 1988. Esse é, provavelmente, o maior desafio que o artigo 225 lança ao jurista.

Vê-se, com clareza, que há, no contexto constitucional, um sistema de proteção ao meio ambiente que ultrapassa as meras disposições esparsas. Aqui reside a diferença fundamental entre a Constituição de 1988 e as que a precederam. Em 1988, buscou-se harmonia entre os diferentes dispositivos de defesa do meio ambiente. A norma constitucional ambiental é parte integrante de um complexo mais amplo e é possível dizer que ela faz a interseção entre as normas de natureza econômica e aquelas destinadas à proteção dos direitos individuais. A correta interpretação das normas ambientais existentes na Constituição da República deve ser feita, como já foi dito, com a análise das diferentes conexões materiais e de sentido que elas guardam entre si e, principalmente, com outras áreas do direito. A tarefa não é trivial, pois é elevado o número de normas ambientais existentes na CF. A Constituição possui 22 artigos que, de uma forma ou de outra, relacionam-se com o meio ambiente, além de parágrafos e incisos diversos. Sistematizá-los e harmonizá-los é uma tarefa que ainda está por ser feita. Não se esqueça que o meio ambiente, tal como tratado em nossa Constituição, é objeto de privilegiada tutela.

Em relação à organização regional do País, o artigo 43, § 4º, da CF estabelece que, "sempre que possível", a União, ao articular sua ação administrativa com vistas ao desenvolvimento regional, deverá conceder os incentivos regionais considerando "critérios de sustentabilidade ambiental e redução das emissões de carbono". Observe-se, no entanto, que há uma alta dose de discricionariedade administrativa.

O Fundo Nacional de Desenvolvimento Regional, instituído pelo artigo 159-A da CF, deve ter seus recursos aplicados prioritariamente em projetos que "prevejam ações de susten- tabilidade ambiental e redução das emissões de carbono" (artigo 159-A, § 2º).

A "reforma tributária" promovida pela Emenda Constitucional 132/2023, em tese, instituiu instrumentos que possibilitam a sua utilização com vistas à proteção ambiental e do sistema climático. De fato, os instrumentos econômicos são fundamentais para que o direito ambiental possa ser mais eficaz do que é atualmente.

O artigo 153, VIII, dota a União de competência para instituir impostos sobre a "produção, extração, comercialização ou importação de bens e serviços prejudiciais à saúde ou ao meio ambiente", nos termos de lei complementar.

O § 3º do artigo 145 da Lei Fundamental define uma principiologia tributária que inclui a defesa do meio ambiente. Isso indica que a tributação deve ser pensada como uma forma de proteger o ambiente, de forma que se incentivem tecnologias e práticas mais amigáveis ao ambiente, mediante menor incidência tributária e se desincentivem as ambientalmente mais agressivas. No entanto, isso deve vir acompanhado de ações educativas, pois o aumento do preço dos combustíveis fósseis em função de "impostos verdes" ainda parecer ser uma expectativa com difícil aceitação.

O inciso V do § 1º do artigo 155 da CF determina a não incidência do imposto de transmissão sobre doações efetuadas, no âmbito do Poder Executivo da União, aos "projetos socioambientais ou destinados a mitigar os efeitos das mudanças climáticas e às instituições federais de ensino". O § 6º, II, do artigo 155 da CF estabelece a possibilidade de alíquotas diferenciadas nos impostos incidentes sobre "operações interestaduais com gás natural e seus derivados, e lubrificantes e combustíveis", em função do impacto ambiental.

A repartição das receitas tributárias, igualmente, passou a observar critérios ambientais (artigo 158, § 2º, III).

1.1   O artigo 225 da Constituição Federal de 1988

O capítulo do meio ambiente da CF é o centro nevrálgico do sistema constitucional de proteção ambiental e é nele que está caracterizada a proteção do meio ambiente como um elemento de interseção entre a ordem econômica, os direitos individuais e coletivos e os nascentes direitos da natureza. O artigo 225 determina que "[t]odos têm direito ao meio ambiente ecologicamente equilibrado, bem de uso comum do povo e essencial à sadia qualidade de vida, impondo-se ao Poder Público e à coletividade o dever de defendê-lo e preservá-lo para as presentes e futuras gerações".

O primeiro destaque é o vocábulo *todos*", que dá início ao capítulo. "Todos", tal como presente no artigo 225, tem o sentido de qualquer indivíduo que se encontre em território nacional. "Todos" quer dizer todos os seres humanos. "Todos" inclui os nascentes direitos da natureza e dos animais. O artigo 225, ao se utilizar da expressão deixou o conceito em aberto, de forma que a sua interpretação se dê de forma evolutiva, acompanhando a crescente preocupação com a proteção do ambiente e da diversidade biológica.

A Constituição Federal tem como um de seus princípios reitores a dignidade da pessoa humana e, portanto, a ordem jurídica nacional tem como seu centro o indivíduo humano. Entretanto, não se trata de uma visão egoísta, mas de uma visão de que todas as formas de vida são companheiras na jornada sobre a Terra.[5]

---

[5]   33. Entretanto não basta pensar nas diferentes espécies apenas como eventuais "recursos" exploráveis, esquecendo que possuem um valor em si mesmas. Anualmente, desaparecem milhares de espécies vegetais e animais, que já não poderemos conhecer, que os nossos filhos não poderão ver, perdidas para sempre. A grande maioria delas extingue-se por razões que têm a ver com alguma atividade humana. Por nossa causa, milhares de espécies já não darão glória a Deus com a sua existência, nem

Capítulo 2 · A ORDEM CONSTITUCIONAL DO MEIO AMBIENTE

A proteção aos animais e ao meio ambiente é estabelecida como uma consequência de tal princípio e se justifica na medida em que é necessária para que o indivíduo humano possa ter uma existência digna em toda plenitude.[6] Não pode haver dignidade humana com maus-tratos à natureza e aos animais.

1.1.1 Conceito normativo de meio ambiente

Para Robert Reichardt (KADE, 1975) o ambiente de uma dada população de seres humanos como o sistema de constantes espaciais e temporais de estruturas não humanas, que influencia os processos biológicos e o comportamento dessa população. No "ambiente" estão compreendidos os processos sociais diretamente ligados a essas estruturas, como sejam o trajeto regular dos suburbanos, ou o desvio comportamental em correlação direta com a densidade da população ou com as condições habitacionais. Excluímos, no entanto, os processos que se desenvolvem principalmente no exterior do sistema social. É evidente que tal distinção, em certa medida, é arbitrária, pois num sistema social cada elemento se acha vinculado a todos os outros.

José Lutzemberger (1976, p. 9) afirmava que: "[a] evolução orgânica é um processo sinfônico. As espécies, todas as espécies, e o Homem não é uma exceção, evoluíram e estão destinadas a continuar evoluindo conjuntamente e de maneira orquestrada. Nenhuma espécie tem sentido por si só, isoladamente. Todas as espécies, dominantes ou humildes, espetaculares ou apenas visíveis, quer nos sejam simpáticas ou as consideremos desprezíveis, quer se nos afigurem como úteis ou mesmo nocivas, todas são peças de uma grande unidade funcional. A natureza não é um aglomerado arbitrário de fatos isolados, arbitrariamente alteráveis ou dispensáveis. Tudo está relacionado com tudo. Assim como numa sinfonia os instrumentos individuais só têm sentido como partes do todo, é função do perfeito e disciplinado comportamento de cada uma das partes integrantes da maravilhosa sinfonia da evolução orgânica, onde cada instrumento, por pequeno, fraco ou insignificante que possa parecer, é essencial e indispensável".

O conceito normativo de meio ambiente consta do artigo 3º da Lei 6.938, de 31 de agosto de 1981. *A* referida Lei, estabelecida no regime constitucional anterior, foi firmada com base no artigo 8º, inciso XVII, alíneas *c, h* e *i*, da Carta de 1967, tendo sido recebida pela atual Constituição, fato que foi confirmado pelas suas sucessivas reformas. As definições de meio ambiente são muitas. Iara Verocai (1992) destaca uma enorme quantidade de definições; dentre essas, merecem destaque as seguintes: (1) *a* soma das condições externas e influências que afetam a vida, o desenvolvimento e, em última análise, a sobrevivência de um organismo; (2) o conjunto do sistema externo físico e biológico, no qual vivem o homem e os outros organismos.

---

poderão comunicar-nos a sua própria mensagem. Não temos direito de o fazer. Carta Encíclica *Laudato Si'* do Santo Padre Francisco sobre o cuidado da casa comum. Disponível em: https://www.vatican.va/content/francesco/pt/encyclicals/documents/papa-francesco_20150524_enciclica-laudato-si.html. Acesso em: 10 jun. 2022.

[6]   34. Se tudo está interligado, é difícil pensar que este desastre mundial não tenha a ver com a nossa maneira de encarar a realidade, pretendendo ser senhores absolutos da própria vida e de tudo o que existe. Não quero dizer que se trate duma espécie de castigo divino. Nem seria suficiente afirmar que o dano causado à natureza acaba por se cobrar dos nossos atropelos. É a própria realidade que geme e se rebela… Vem à mente o conhecido verso do poeta Virgílio evocando as lágrimas das coisas, das vicissitudes da história. Francisco. Carta Encíclica *Fratelli Tutti* do Santo Padre Francisco sobre a Fraternidade e a Amizade Social. Disponível em: https://www.vatican.va/content/francesco/pt/encyclicals/documents/papa-francesco_20201003_enciclica-fratelli-tutti.html. Acesso em: 10 jun. 2022.

DIREITO AMBIENTAL – *Paulo de Bessa Antunes*

A Lei da PNMA define meio ambiente como o conjunto de condições, leis, influências e interações de ordem física, química e biológica, que permite, abriga e rege a vida em todas as suas formas. A CF de 1988 elevou o meio ambiente *à condição de direito de todos e bem de uso comum do povo*, modificando o conceito jurídico de meio ambiente, tal como ele estava definido pela Lei da Política Nacional de Meio Ambiente. Em razão da alta relevância do bem jurídico tutelado, a CF estabeleceu a *obrigação* do Poder Público e da Comunidade de preservá-lo para as presentes e futuras gerações. Foram criadas duas situações distintas: a primeira, de (1) não promover degradação; a segunda, de (2) promover a recuperação de áreas já degradadas. A Constituição fez uma escolha clara pela conservação que, necessariamente, tem que ser interpretada de maneira dinâmica. A Constituição criou *a obrigação de zelo para com o meio ambiente*. Registre-se que o conceito de *uso comum de todos* rompe com o tradicional enfoque de que os bens de uso comum só podem ser bens públicos. Não. A CF estabeleceu que, mesmo sob a égide do domínio privado, podem ser fixadas obrigações para que os proprietários assegurem a fruição, por todos, dos aspectos ambientais de bens de sua propriedade. A fruição, contudo, é mediata, e não imediata. O proprietário de uma floresta permanece proprietário dela, pode estabelecer interdições quanto à penetração e permanência de estranhos no interior de sua propriedade. Entretanto, está obrigado a não degradar as características ecológicas que, estas sim, são de uso comum, tais como a beleza cênica, a produção de oxigênio, o equilíbrio térmico gerado pela floresta, o refúgio de animais silvestres etc. Aqui há uma importante contribuição do legislador ordinário brasileiro que, desde 1934, considera as florestas de interesse comum de todos (artigo 1º).

Os artigos 219 e 225, § 4º, da CF estabeleceram o conceito jurídico de *patrimônio nacional*, cujo conteúdo não foi definido. Contudo, há que se observar que, no contexto específico da proteção ambiental, tal conceito não se confunde com o de propriedade pública, como tem sido reiteradamente decidido pelo STF.[7]

1.1.2 A integração de conceitos exteriores ao direito na Constituição

O § 1º do artigo 225 da CF integrou uma série de conceitos não jurídicos ao direito ambiental constitucional, *v.g.*, o inciso I, que estabelece obrigações para o poder público e, em contrapartida, estabelece um *direito subjetivo público* oponível ao Estado, de forma que o cidadão possa exigir que o Estado atue ativamente na proteção ao meio ambiente. A preservação é uma obrigação cujos sujeitos passivos são os diversos órgãos públicos especialmente voltados para a referida tarefa ou para aqueles que tenham promovido ou estejam promovendo atividades ambientalmente impactantes. Contudo, há que se observar que somente os processos ecológicos essenciais devem ser preservados; os demais estão submetidos às regras de conservação. Existe uma obrigação de, na medida do possível, *repristinar* as realidades ambientais anteriores. O Estado deve se empenhar em estabelecer processos que permitam a recuperação de ecossistemas degradados, quaisquer que sejam as origens da degradação.

Ecossistema, em definição acadêmica, é um conceito complexo que, para Roger Dajoz (1983, p. 279), é composto pelo biótopo mais a biocenose: "A noção de biocenose é inseparável da noção de biótopo. Dá-se esse nome ao espaço ocupado pela biocenose. O biótopo é uma área geográfica de superfície e volumes variáveis submetida a condições cujas dominantes são homogêneas". O biótopo é uma extensão mais ou menos bem delimitada contendo recursos suficientes para poder assegurar a conservação da vida.

---

[7] RE 134.297/SP, 1ª Turma, Rel. Min. Celso de Mello, j. 13.06.1995, *DJU* 22.09.1995, p. 30.597.

Como se sabe, o termo ecossistema foi originalmente proposto por Tansley, visando definir a interação entre os seres vivos e os elementos físicos dos locais onde habitam. O ecossistema é a unidade funcional básica da natureza. Para Tansley, os termos anteriormente propostos pelos cientistas para designar a unidade básica da natureza não eram suficientemente adequados.

Eugene Odum (1988, p. 9) afirma que: "Os organismos vivos e o seu ambiente não vivo (abiótico) estão inseparavelmente inter-relacionados e interagem entre si. Chamamos de sistema ecológico ou ecossistema qualquer unidade (biossistema) que abranja todos os organismos que funcionam em conjunto (a comunidade biótica) numa dada área, interagindo com o ambiente físico de tal forma que um fluxo de energia produza estruturas bióticas claramente definidas e uma ciclagem de materiais entre partes vivas e não vivas".

O ecossistema é a unidade funcional básica na ecologia, pois inclui tanto os organismos quanto o ambiente abiótico; cada um desses fatores influencia as propriedades do outro e cada um é necessário para a manutenção da vida, como a conhecemos na Terra. Esse nível de organização deve ser nossa primeira preocupação se quisermos que a nossa sociedade inicie a implementação de soluções holísticas para os problemas que estão aparecendo agora em relação ao bioma e à biosfera.

A complexidade dos ecossistemas e das múltiplas interações existentes em seu interior demonstra ao jurista a total impossibilidade da adoção dos métodos tradicionais do direito para a compreensão dessa nova realidade que, originariamente exterior, penetra avassaladoramente no universo do direito, assentando-se na própria Constituição. Vê-se, claramente, que o jurista deverá buscar na moderna ecologia os conceitos básicos para a proteção ambiental desejada pela sociedade.

2. APLICABILIDADE DAS NORMAS

Uma das questões centrais da vida do Direito, provavelmente a mais importante, é aquela que diz respeito à aplicação e eficácia das normas jurídicas. Em matéria ambiental, o problema não é diferente. Provavelmente seja mais grave.

A CF, com o objetivo de tornar efetivo o exercício do *direito ao meio ambiente sadio*, estabeleceu uma gama de incumbências para o Poder Público, arroladas nos incisos I a VII do § 1º do artigo 225 que se constituem em direitos públicos subjetivos, exigíveis pelo cidadão a qualquer momento.

Ante o jurista, coloca-se a questão de saber qual a natureza das normas constitucionais relativas ao meio ambiente. Inicialmente, cumpre observar que o *caput* do artigo 225 instituiu um direito de ampla abrangência econômica e social. Todo o conjunto de normas do artigo 225 estabelece um rol de ações e abstenções que devem, desde logo, ser observadas pela administração, ou pelos particulares. Verifica-se, de plano, que muitos incisos e parágrafos do artigo 225 não demandam posterior regramento em nível infraconstitucional, enquanto outros necessitam de adensamento em Lei específica, sendo de eficácia contida. Tal situação torna problemática a aplicação imediata e *in totum* do capítulo ambiental de nossa Carta Política, ainda que se possa entender que o artigo 225 é uma extensão do artigo 5º, pois, sem dúvida, o meio ambiente deve ser compreendido como um direito fundamental; logo, nos termos do § 1º do artigo 5º, cuja eficácia é plena, a matéria, contudo, não é tão simples.

Saber quais das normas são de eficácia plena e quais são de eficácia contida é uma tarefa jurídica complexa e de relevância fundamental para que o direito ambiental possa, efetivamente, ter uma existência concreta. Maria Helena Diniz sustenta que: "São plenamente eficazes as normas constitucionais que forem idôneas, desde sua entrada em vigor, para disciplinarem as relações jurídicas ou o processo de sua efetivação, por conterem todos os elementos imprescindíveis para que haja a possibilidade da produção imediata dos efeitos previstos, já que, apesar de suscetíveis de emenda, não requerem normação subconstitucional subsequente" (DINIZ, 1989, p. 99).

O artigo 225 é complexo em sua estrutura e, portanto, se compõe de normas de variado grau de eficácia. De fato, no interior do citado artigo existem normas que explicitam um direito da cidadania *ao meio ambiente sadio* (artigo 225, *caput*), normas que dizem respeito ao *direito do meio ambiente* (artigo 225, § 1º, I) e normas que explicitam *um direito regulador da atividade econômica em relação ao meio ambiente* (artigo 225, § 1º, V).

Essas dificuldades ainda não foram devidamente enfrentadas pela doutrina. As normas que consagram o direito *ao meio ambiente sadio* são de eficácia plena e não necessitam de qualquer norma subconstitucional para que operem efeitos no mundo jurídico e que, em razão disso, possam ser utilizadas perante o Poder Judiciário, mediante todo o rol de ações de natureza constitucional, tais como a ação civil pública e a ação popular.

Veja-se que, após definir o *direito ao meio ambiente, a* CF, no § 1º do artigo 225, estatui que: "Para assegurar a efetividade desse direito, incumbe ao Poder Público".

A partir do parágrafo, segue uma série de incisos nos quais estão contidos os comandos para o legislador ordinário e para o administrador. Tais comandos são de natureza obrigatória e não podem ser descurados pelos destinatários. É exatamente através da obediência aos comandos constitucionais que o *direito ao meio ambiente* pode se tornar um elemento da vida real. Os instrumentos são constitucionais, são as ferramentas com as quais o direito se materializará.

Na qualidade de *instrumentos*, não se pode admitir que os incisos do § 1º do artigo 225 sirvam para impedir a fruição do direito estabelecido no *caput*. Ocorre, entretanto, que alguns dos incisos são problemáticos quanto à sua materialização. O exemplo mais significativo é aquele que nos é fornecido pelo inciso IV, que se apresenta como o mais problemático, na medida em que se refere expressamente à necessidade de lei. Lei, nessa altura, deve ser compreendida como ato normativo, regulamento.[8] É desnecessária a normação por meio de lei formal, pois a própria Constituição fixou os limites da exigibilidade dos Estudos de Impacto Ambiental. É evidente que os Estudos de Impacto Ambiental significam uma interferência na esfera privada dos agentes econômicos e, portanto, somente poderiam ser criados por lei formal. Ocorre que a própria Constituição reconheceu e recepcionou o instituto que lhe é antecedente e, mais do que isso, definiu as condições em que este deverá ser exigido. Assim sendo, a norma está plenamente apta a gerar resultados jurídicos, a ser exercitada plenamente, a ser eficaz.

As demais normas jurídicas contidas nos parágrafos restantes do artigo 225 possuem natureza diversa daquela do parágrafo inaugural do capítulo constitucional do meio ambiente. Em verdade, não há uma unidade conceitual ou material entre os cinco parágrafos finais do capítulo. Devido à grande disparidade entre os temas contidos no parágrafo, não será possível examiná-los todos neste capítulo. O exame dos diferentes conteúdos está espalhado ao longo dos diversos capítulos deste livro.

3. COMPETÊNCIAS CONSTITUCIONAIS

Um dos problemas jurídico-constitucionais mais complexos é a repartição de competências entre os entes da federação. Isso tem sido reconhecido pelos estudiosos do tema,

---

[8] O STF, no julgamento da ADPF 708, decidiu que acordos ambientais multilaterais definem regras de direitos humanos fundamentais.

não sem uma certa perplexidade, como nos dá mostra Vladimir Passos de Freitas (1993): "em que pesem as dificuldades para discernir o que é interesse nacional, regional ou local, assunto ainda pouco enfrentado pela doutrina e pelos Tribunais, o certo é que a repartição de poderes atende mais aos interesses da coletividade. Evidentemente, só com o tempo as dúvidas serão aclaradas".

Em obra posterior, o mesmo autor (2000, p. 80) insiste na questão das evidentes dificuldades decorrentes dos aspectos relacionados com competências, senão vejamos: "A prática vem revelando extrema dificuldade em separar a competência dos entes políticos nos casos concretos. Há – é inegável – disputa de poder entre órgãos ambientais, fazendo que, normalmente, mais de um atribua a si a mesma competência legislativa e material".

Machado (2005, p. 108), com a inegável autoridade e experiência na matéria que lhe é reconhecida, aponta questão que, com frequência, tem sido esquecida por legisladores e administradores: "leis infraconstitucionais não podem repartir ou atribuir competências, a não ser que a própria CF tenha previsto essa situação, como o fez expressamente no artigo 23, parágrafo único, quando previu que a competência comum estabelecendo normas de cooperação será objeto de LC".

O decano do direito ambiental brasileiro tocou em uma das questões mais delicadas e críticas: a indisfarçável tendência legislativa e mesmo regulamentar em "atribuir" competência e definir repartições de forma flagrantemente antagônica ao texto constitucional. Uma das questões cruciais é a repartição das competências administrativas que, em termos práticos, se desdobra na fiscalização e no licenciamento ambiental. Nesses dois pontos estão as maiores dificuldades para as atividades econômicas e, principalmente, os conflitos entre os diferentes entes administrativos, tanto no nível das diferentes esferas administrativas como, não raras vezes, dentro de um mesmo nível político administrativo, visto que não são raras as divergências entre agências de controle ambiental, institutos de florestas e agências de águas de um mesmo Estado, Município ou da União.

Rotineiramente, o poder de polícia sobre determinada atividade integra as atribuições da pessoa de direito público interno dotada de competência legislativa no assunto, visto que o poder de polícia é uma decorrência da competência. À competência legislativa corresponderá uma competência administrativa específica. A definição das competências é importante para que se saiba quais são as entidades responsáveis pela fiscalização da atividade. O sistema federativo adotado por nosso País, contudo, cria situações que não são claras. Aliás, esse é um tema recorrente em todos os países que adotam o modelo do federalismo cooperativo. A primeira dificuldade concreta para compreender a questão é que a Constituição utiliza, indistintamente, da expressão *meio ambiente* e de vocábulos, de elementos que, em tese, constituem o meio ambiente. Assim, a Constituição fala em meio ambiente e em recursos hídricos, florestas, ecossistemas etc. Ora, a Constituição reconhece *uma competência para legislar sobre minas* e *outra para legislar sobre meio ambiente*; reconhece uma competência para energia nuclear e outras para meio ambiente. Por certo, são temas intimamente correlacionados e cujo tratamento deve ser feito em conjunto, sob pena de esvaziamento das competências constitucionais e insegurança jurídica, com a consequente fragilização ambiental. O entendimento do STF, originalmente, era de que as competências privativas se sobrepõem às competências concorrentes – quanto a temas tangentes –, o que significa, na prática, o estabelecimento de um regime federal muito centralizado e centralizador. Ora, ao legislar sobre *minas,* por exemplo, a União exerce toda a competência sobre a matéria, inclusive a ambiental, adotando-se o critério de que o acessório segue o principal, ou seja, a competência concorrente somente será exercida na medida em que se conforme ao padrão federal definido em sede de competência exclusiva. Nenhuma norma estadual ou municipal poderá, a título de proteção ambiental, chegar ao ponto de inviabilizar a atividade tal qual definida pela União no uso exclusivo de suas atribuições. Esse é um parâmetro que deve ser seguido em toda e qualquer matéria que, tratada na competência privativa da União, tenha repercussão ambiental (competência concorrente). É possível se afirmar que a competência privativa exerce um direito de preempção sobre a competência concorrente e mesmo a comum, sempre que entre elas se identifique um ponto de contato. O que aqui se explicita, por certo, não é um desejo pessoal do autor, mas a forma pela qual a prática judicial e administrativa tem solucionado as questões: com maior centralização.

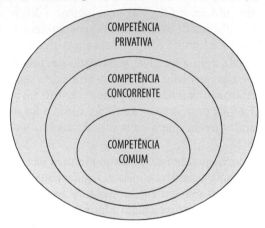

As competências legislativas ambientais estão *aparentemente* muito repartidas pela CF, sendo certo que tanto a União como os Estados-Membros e os Municípios possuem-na, em tese, ainda que de forma e grau diferentes. Há uma verdadeira *balcanização* de competências. A repartição de competências legislativas, feita com espírito que, à primeira vista, se passa por descentralizador, muito embora não o seja, implica a existência de um sistema legislativo complexo e que, nem sempre, funciona de modo integrado, como seria de se esperar e que tende a operar como uma força centrípeta. Tal fato é devido a toda uma gama de circunstâncias que variam desde interesses locais e particularizados até conflitos interburocráticos e, sem dúvida, chegam até as dificuldades inerentes ao próprio sistema federativo tripartite. Com efeito, ainda não se logrou uma clara demarcação do campo de atividade dos diversos órgãos ambientais, vez que as competências não estão claramente definidas, pois a repartição de competências é muito vaga. Esse fato, como é óbvio, resulta altamente prejudicial ao meio ambiente e para as atividades econômicas.

O Supremo Tribunal Federal desempenha papel fundamental na conformação do direito ambiental brasileiro, sobretudo no que diz respeito à repartição de competências legislativas, haja vista que estas emanam diretamente do Texto Constitucional. Em assim sendo, parece-nos relevante apresentar, ao leitor, as decisões da Corte que têm servido de balizamento para a aplicação das competências legislativas concorrentes em matéria ambiental. Em primeiro lugar, convém relembrar decisão que cuida do *caput* do artigo 24 da Constituição, o STF decidiu que, nos casos em que a dúvida *sobre a competência legislativa recai sobre norma que abrange mais de um tema, deve o intérprete acolher interpretação que não tolha a competência que detêm os entes menores para dispor sobre determinada matéria (presumption against preemption), haja vista que o federalismo é um instrumento de descentralização política que visa realizar direitos fundamentais.*[9] A decisão, como se percebe, é uma mudança nas anteriores orientações da Corte

---

[9] RE 194.704, Rel. p/ ac. Min. Edson Fachin, j. 29.06.2017, *DJe* 17.11.2017.

Constitucional, promovendo uma abertura em direção à maior descentralização. Há também que se registrar que o STF não tem admitido que os estados renunciem às suas competências em favor da União, como foi o caso do julgamento da constitucionalidade da Lei 11.463/2000 do Estado do Rio Grande do Sul,[10] que remetia o controle dos organismos geneticamente modificados à lei federal. O mesmo se deu em relação à lei do estado do Paraná.[11]

Em relação à competência dos estados para definir modelos simplificados de licenciamento ambiental, o STF decidiu que a legislação federal, retirando sua força de validade diretamente da Constituição Federal, permitiu que os Estados-membros estabelecessem procedimentos simplificados para as atividades e empreendimentos de pequeno potencial de impacto ambiental.[12] Observe-se que o estabelecimento da possibilidade de criar o licenciamento simplificado no âmbito estadual não afasta a sua obrigatoriedade, quando for o caso.[13]

Relativamente à competência municipal em matéria de licenciamento ambiental, o Supremo Tribunal Federal, no Tema 145, reconheceu que o município é competente para legislar sobre a matéria no limite de seu interesse local.[14] Tal competência se estende, por exemplo, ao controle de ruído produzido por fogos de artifício.[15]

3.1 Competência federal

A CF, em seu artigo 22, determina competir *privativamente* à União legislar sobre: águas, energia, jazidas, minas e outros recursos minerais e atividades nucleares de qualquer natureza. Os itens acima citados estão amplamente relacionados com o meio ambiente, formando parte significativa da legislação ambiental, desmentindo a tese de que a Constituição de 1988 é descentralizadora. Tal quantidade de competências privativas, quando mesclada com as concorrentes, gera uma teia que não deixa quase nada para a competência dos demais entes federativos. A União, na forma do artigo 23 da CF, tem competência *comum* com os Estados, o Distrito Federal e os Municípios para: proteger o meio ambiente e combater a poluição em qualquer de suas formas; preservar as florestas, a flora e a fauna; registrar, acompanhar e fiscalizar a concessão de direitos de pesquisa e exploração de recursos hídricos e minerais em seus territórios. A competência comum é uma verdadeira "armadilha", visto que, na prática, a atribuição de todos acaba se transformando na atribuição de ninguém. Ademais, a competência comum não é complementada pela indispensável fonte de recursos para a sua implementação, gerando uma dependência de Estados e municípios em relação ao poder federal. Veja-se, ademais, que a competência comum despreza o princípio da *subsidiariedade* (*PONTIFÍCIO CONSELHO DE JUSTIÇA E PAZ*, 2005, p. 235), sendo articulada sem nenhum critério claro ou, minimamente, compreensível. Não há, na Constituição, um critério fundado na possibilidade de uma prestação de serviço mais adequada ou de maior proteção ao meio ambiente.

---

[10] ADI 2.303, Rel. Min. Marco Aurélio, j. 05.09.2018.

[11] ADI 3.035, Rel. Min. Gilmar Mendes, *DJ* 14.10.2005; ADI 3.645, Rel. Min. Ellen Gracie, j. 31.05.2006, *DJ* 01.09.2006; ADPF 109, Rel. Min. Edson Fachin, j. 30.11.2017, Informativo 886. Vide ADI 3.356 e ADI 3.357, Rel. p/ ac. Min. Dias Toffoli, j. 30.11.2017, Informativo 886. Vide ADI 3.406 e ADI 3.470, Rel. Min. Rosa Weber, j. 29.11.2017, Informativo 886. Vide ADI 3.937, Rel. p/ ac. Min. Dias Toffoli, j. 24.08.2017, Informativo 874.

[12] ADI 4.615, Rel. Min. Roberto Barroso, j. 20.09.2019, *DJe* 28.10.2019.

[13] ADI 5.312, Rel. Min. Alexandre de Moraes, j. 25.10.2018, *DJe* 11.02.2019.

[14] RE 586.224, Rel. Min. Luiz Fux, j. 05.03.2015, *DJe* 08.05.2015, Tema 145.

[15] Tema 1.056 – Constitucionalidade de lei municipal que proíbe a soltura de fogos de artifício e artefatos pirotécnicos produtores de estampidos. Rel. Min. Luiz Fux. *Leading Case*: RE 1.210.727.

62 | DIREITO AMBIENTAL – *Paulo de Bessa Antunes*

O artigo 24 da CF determina competir à União, aos Estados e ao Distrito Federal legislar concorrentemente sobre: florestas, caça, pesca, fauna, conservação, defesa do meio e dos recursos naturais, proteção ao meio ambiente e controle da poluição; proteção ao patrimônio histórico, cultural, artístico, turístico e paisagístico.

Por incrível que possa parecer, verifica-se, mais uma vez e sem muita dificuldade, que diversas das matérias que integram a competência privativa da União estão, concomitantemente, arroladas nas competências comum e concorrente dos diversos entes da Federação. Água, energia, jazidas, minas e outros recursos minerais e atividades nucleares de qualquer natureza integram a competência legislativa privativa da União. Ocorre que a proteção do meio ambiente, o combate à poluição, a preservação de florestas, da flora e da fauna, a exploração de recursos hídricos, estão incluídos na competência comum da União, dos Estados, do Distrito Federal e dos Municípios. Compete à União, aos Estados e ao Distrito Federal legislar concorrentemente sobre: florestas, caça, pesca, fauna, conservação, defesa do meio e dos recursos naturais, proteção ao meio ambiente e controle da poluição; proteção ao patrimônio histórico, cultural, artístico, turístico e paisagístico.

A competência definida no artigo 22 da Constituição, ou seja, a *competência privativa*, somente pode ser exercida pela própria União, a menos que ela, mediante Lei Complementar [LC], autorize os Estados-Membros a legislar sobre questões específicas incluídas nas matérias contempladas no parágrafo único. A competência privativa é competência legislativa que só pode ser exercida pelos Estados mediante autorização dada por LC federal para casos específicos. O STF já tem entendimento pacífico no sentido de inadmitir a legislação local enquanto não for editada a LC determinada pela própria Constituição.[16]

3.1.1   Competência estadual

A competência dos estados em matéria ambiental está prevista nos artigos 23 e 24 da CF. No artigo 23, há uma determinação de cooperação administrativa entre os diversos componentes da Federação. Já o artigo 24 afirma uma competência legislativa própria para os Estados. Ele não trata do meio ambiente como um bem *unitário*, mas subdivide-o em diversos "setores" que estão tutelados por normas legais estaduais. Assim, os estados podem legislar concorrentemente sobre: florestas, caça, pesca, fauna, conservação da natureza, defesa do solo e dos recursos naturais, proteção do meio ambiente, controle da poluição; proteção ao patrimônio histórico, cultural, artístico, turístico e paisagístico; responsabilidade por dano ao meio ambiente, a bens e direitos de valor artístico, estético, histórico, turístico e paisagístico.

Observadas as normas gerais federais, cada estado pode estabelecer as suas próprias normas de tutela ambiental, criando sistemas estaduais de proteção ao meio ambiente. Esse é um caminho interessante para a proteção do meio ambiente, pois a maior proximidade entre o bem a ser tutelado e a agência de controle ambiental é bastante positiva e possibilita mais efetividade na tutela almejada. Evidentemente que o estabelecimento de sistemas estaduais de proteção ao meio ambiente encontra fortes obstáculos em questões de natureza econômico-financeira. Como se vê, é ampla a possibilidade que os Estados têm para legislar sobre meio ambiente. A prática do federalismo cooperativo, no entanto, vem bloqueando os poderes locais no que tange à possibilidade de exercerem as suas competências.[17]

Entretanto, há que se observar que o STF tem, paulatinamente, ampliado a competência dos estados-membros sempre que estes se colocam em posições firmes de defesa do meio

---

[16]   ADI 2.432/RN, Rel. Min. Eros Grau, Pleno, *DJU* 26.08.2005, p. 5. Republicação: *DJU* 23.09.2005, p. 7.

[17]   STF, ADI 1.245/RS, Tribunal Pleno, Rel. Min. Eros Grau, *DJU* 26.08.2005, p. 5.

ambiente. Como exemplo veja-se o caso da proibição de caça no território do Estado de São Paulo que foi julgada constitucional. Lembrando que a Lei Federal 5.197, de 3 de janeiro de 1967, somente proíbe a caça profissional (artigo 2º).[18] Há uma importante decisão do STF (ADI 6.137), relativa à pulverização aérea de agrotóxicos, mediante a qual foi julgada constitucional lei do Estado do Ceará que proíbe a pulverização de agrotóxicos por avião no Estado.[19]

3.1.2 Competência municipal

Os municípios, pela Constituição de 1988, integram a Federação. Na forma do artigo 23 da CF, os municípios têm competência administrativa para defender o meio ambiente e combater a poluição. Contudo, os municípios não estão arrolados entre as pessoas jurídicas de direito público interno encarregadas de legislar sobre meio ambiente. No entanto, seria incorreto e insensato dizer-se que os Municípios não têm competência legislativa em matéria ambiental.

O artigo 30 da CF atribui aos municípios competência para legislar sobre: assuntos de interesse local; suplementar a legislação federal e estadual no que couber; promover, no que couber, adequado ordenamento territorial, mediante planejamento e controle do uso, do parcelamento e da ocupação do solo urbano; promover a proteção do patrimônio histórico-cultural local, observadas a legislação e a ação fiscalizadora federal e estadual.

Logo, o meio ambiente está incluído no conjunto de atribuições legislativas e administrativas municipais. Os municípios são elos fundamentais na complexa cadeia de proteção ambiental. A importância dos municípios é evidente por si mesma, pois as populações e as autoridades locais reúnem amplas condições de bem conhecer os problemas e mazelas ambientais de cada localidade, sendo certo que são as primeiras a localizar e identificar o problema. É por meio dos municípios que se implementa o princípio ecológico de agir localmente, pensar globalmente. Na verdade, entender que os municípios não têm competência ambiental específica é fazer uma interpretação puramente literal da CF, sendo certo que o *STF* tem reconhecido a competência municipal para legislar sobre meio ambiente.[20]

A discussão sobre a natureza do interesse local e as suas repercussões sobre o meio ambiente e, consequentemente, sobre as competências legislativas correspondentes têm sido amplamente discutidas nos tribunais. Na discussão sobre a lei do município da Paulínia, que proibia a queima de palha de cana nos limites da comuna, o STF entendeu inconstitucional a norma, por ultrapassar o interesse local. Não há dúvida de que a qualidade do ar é um tema que, em geral, ultrapassa os limites de um único município; todavia, parece ser razoável que um município proíba uma atividade que impacte mais diretamente os seus munícipes, como é o caso da queima de palha de cana. Por outro lado, o STF permitiu que o custo social da atividade (danos à saúde dos munícipes, poluição etc.) fosse transferido para os moradores do município e para a própria municipalidade. A decisão é contraditória como outras proferidas pela própria Corte que se alicerçam em princípios, *e.g.*, como o do poluidor pagador.[21]

---

[18] STF, ADI 350, Tribunal Pleno, Rel. Dias Toffoli, j. 21.06.2021, Publicação: 20.10.2021.

[19] ADI 6.137, Tribunal Pleno, Rel. Min. Cármen Lúcia, j. 29.05.2023, DJe 13.06.2023, Publicação: 14.06.2023.

[20] STF, RE 586.224, Tribunal Pleno, Rel. Min. Luiz Fux, j. 05.03.2015, Publicação: 08.03.2015. **Tese:** O município é competente para legislar sobre o *meio ambiente* com a União e Estado, no limite do seu interesse local e desde que tal regramento seja harmônico a disciplina estabelecida pelos demais entes federados (artigo 24, inciso VI, c/c 30, incisos I e II, da Constituição Federal).
STF, RE 901.444 AgR, 1ª Turma, Rel. Min. Roberto Barroso, j. 04.06.2018, Publicação: 15.06.2018; ADI 3.754, Tribunal Pleno, Rel. Min. Gilmar Mendes, j. 16.06.2020, Publicação: 06.07.2020.

[21] Tema 145 – a) Competência do Município para legislar sobre meio ambiente; b) Competência dos Tribunais de Justiça para exercer controle de constitucionalidade de norma municipal em face da Constituição Federal. Rel. Min. Luiz Fux. Leading Case: RE 586.224.

64 | DIREITO AMBIENTAL – *Paulo de Bessa Antunes*

Sobre o conceito de interesse local, a Lei 14.285/2021 acrescentou o inciso XXVI ao artigo 3º e o § 10 ao artigo 4º da Lei 12.651/2012 (Código Florestal – NCF), que definiram o conceito de *área urbana consolidada* e, a partir de tal definição, passou a admitir que, em *áreas urbanas consolidadas*, lei municipal ou distrital, mediante o cumprimento de certos requisitos, possa "definir faixas marginais distintas daquelas estabelecidas no inciso I do *caput* do artigo 4º". Em rápida análise sobre a matéria, podemos concluir que a competência legislativa dos municípios é limitada aos assuntos de seu *interesse local*, critério dentro do qual não se incluem as faixas marginais de rios, dado que os rios fazem (1) parte de uma bacia hidrográfica e (2) raramente cruzam um único município. Assim, a modificação de suas faixas de proteção é matéria de interesse que extrapola os limites territoriais de um único município e que pode ter repercussões negativas sobre outros territórios e sobre o próprio rio cuja faixa marginal foi diminuída.

4. A QUESTÃO DA APLICAÇÃO DA NORMA MAIS RESTRITIVA

Um dos temas mais presentes e debatidos quando se trata de repartição de competências em matéria ambiental é a chamada *"prevalência da norma mais restritiva"*. A primeira indagação para compreender o problema é a seguinte: Qual é o conceito de *mais restritivo*? Aparentemente, *mais restritivo* significa a menor intervenção ambiental quando comparadas as normas que estejam em conflito positivo. Normalmente, afirma-se que a norma a ser aplicada é aquela considerada mais restritiva, pois, em tese, se estaria privilegiando a maior proteção ao meio ambiente. Ocorre que o critério do mais restritivo, ainda que pudesse ser justificado ambientalmente, o que nem sempre é verdade, precisa encontrar uma legitimidade jurídica, visto que é de aplicação de lei que se trata.

Do ponto de vista puramente ambiental, nem sempre a intervenção mais suave sobre o meio ambiente é a melhor ou a mais necessária. Muitas vezes, em função de intervenções muito pequenas sobre o meio ambiente, surgem situações de profundo desequilíbrio ambiental.

A ordem jurídica se organiza em escala hierárquica, encimada pela Constituição, que, entre outras coisas, dispõe sobre a competência dos diversos organismos políticos e administrativos que formam o Estado. Pouco importa que uma lei seja mais restritiva e, apenas para argumentar, seja mais benéfica para o meio ambiente, se o ente político que a produziu não é dotado de competência para produzi-la. A questão central que deve ser enfrentada é a que se refere à competência legal do órgão que elaborou a norma. Naturalmente, espera-se que os diferentes entes políticos produzam boas leis, na esfera de suas competências.

O Brasil é organizado politicamente sob a forma de Estado Federal com três níveis de governo. Cada um desses níveis tem uma esfera de atribuição própria que deve ser respeitada pelos demais níveis de governo e, evidentemente, por cada um deles em relação às suas próprias atribuições. Assim, um governo não deve dispor além, muito menos aquém, de suas prerrogativas constitucionais. Hipoteticamente raciocinando, o Estado do Rio de Janeiro poderia proibir instalações nucleares em seu território. Ora, como a União permite instalações nucleares no Brasil, é evidente que a lei estadual seria mais restritiva e, portanto, admitindo-se a tese que vem sendo debatida, a lei local deveria prevalecer sobre a lei federal. O raciocínio peca, todavia, devido ao

---

Descrição: Recurso extraordinário em que se discute, à luz dos artigos 24, VI; e 125, § 2º, da Constituição Federal, a competência, ou não, do Município para legislar sobre meio ambiente, tendo conta a Lei 1.952/1995, do Município de Paulínia-SP, que proíbe a queima de palha de cana-de-açúcar e o uso do fogo em atividades agrícolas; e a competência jurisdicional, ou não, do tribunal de justiça local para o exercício do controle concentrado da constitucionalidade dessa norma municipal, em face da Constituição Federal.

Tese: O município é competente para legislar sobre o meio ambiente com a União e o Estado, no limite do seu interesse local e desde que tal regramento seja harmônico com a disciplina estabelecida pelos demais entes federados (artigo 24, VI, c/c 30, I e II, da Constituição Federal).

fato de que os Estados não têm competência em matéria nuclear. Da mesma forma, o Estado do Rio de Janeiro não pode legislar sobre o meio ambiente em São Paulo. Os contrários à tese poderão argumentar que a energia nuclear é uma competência exclusiva da União e, portanto, o exemplo não caberia.

A força avassaladora que a União detém, seja do ponto de vista dos recursos econômicos, seja do ponto de vista do arsenal de competências legislativas e administrativas que lhes foram outorgadas pela própria Constituição, faz que a própria União defina quais são os limites de sua *legislação geral*. Assim, os estados devem – como rotina – conformar-se com a produção de normas cosméticas e de pouca relevância prática. Não havendo uma definição clara sobre o conceito de norma geral, esta será aquilo que a União quiser que seja.

A restrição que o estado está autorizado legitimamente a opor a uma atividade submetida à competência concorrente não pode ir ao ponto de descaracterizar as normas federais. Trocando em miúdos, um Estado não pode, por exemplo, proibir em seu território um produto que esteja autorizado pela União, ainda que sob o pretexto de estar exercendo a sua competência concorrente em matéria de proteção ao meio ambiente.[22] Vale observar que, em sede normativa, o conceito de *mais restritivo* encontra guarida no § 2º do artigo 5º da Lei 7.661, de 16 de maio de 1988 (Plano Nacional de Gerenciamento Costeiro).[23] Assim, é razoável a prevalência da norma mais protetora do ambiente, dada a repartição de competências e o caráter tutelar do direito ambiental. O critério da prevalência do mais restritivo pode ser utilizado nas hipóteses de competência concorrente, especialmente em matérias que tenham conexões com outros direitos fundamentais que se somam ao direito fundamental do meio ambiente equilibrado.

A jurisprudência do STF nos traz o exemplo do julgamento da constitucionalidade da Lei [Estado de São Paulo] 12.684/2007, que proibia o uso de asbestos no Estado de São Paulo.[24] Como se sabe, a Lei 9.055/1995 admitia o uso controlado do amianto (asbestos) na variedade crisotila, com base na defesa da saúde e do ambiente. Com isso, fortaleceu as competências dos estados. O tema envolvia meio ambiente e saúde pública. A Corte Suprema, muito embora não tenha se utilizado do critério da norma mais restritiva, declarou incidentalmente a inconstitucionalidade da lei federal, prestigiando a lei paulista. Outro exemplo da evolução jurisprudencial é caso da declaração parcial de inconstitucionalidade da Lei 16.784/2018 do Estado de São Paulo, que proibiu a caça sob qualquer pretexto naquele estado da federação. O STF declarou a inconstitucionalidade do artigo 3º da Lei Estadual 16.784/2018 e a nulidade parcial, sem redução de texto, do artigo 1º da mesma lei, com o fim de excluir de sua incidência a coleta de animais nocivos por pessoas físicas ou jurídicas, mediante licença da autoridade competente, e daquelas destinadas a fins científicos, previstas, respectivamente, no artigo 3º, § 2º, e no artigo 14, ambos da Lei 5.197/1967.[25]

Não se deve confundir normas mais ou menos "restritivas" com proteção deficiente do meio ambiente. O que a Constituição proíbe é a elaboração de leis que, na prática, enfraqueçam a proteção ambiental e a torne deficiente, isto é, que a norma permita um padrão abaixo do mínimo ecológica e socialmente desejável. A jurisprudência do STF tem, com cada vez mais frequência, esposado a tese da proibição da proteção deficiente, o que é um excelente caminho.[26]

---

22   RE 286.789/RS, 2ª Turma, Rel. Min. Ellen Gracie, *DJU* 08.04.2005, p. 38.

23   Art. 5º (...) § 2º Normas e diretrizes sobre o uso do solo, do subsolo e das águas, bem como limitações à utilização de imóveis, poderão ser estabelecidas nos Planos de Gerenciamento Costeiro, Nacional, Estadual e Municipal, *prevalecendo sempre as disposições de natureza mais restritiva.*

24   STF, ADI 3.937/SP, Tribunal Pleno, Rel. Marco Aurélio, j. 24.08.2017, Publicação: 01.02.2019.

25   STF, ADI 5.977/SP, Tribunal Pleno, Rel. Ricardo Lewandowski, j. 29.06.2020, Publicação: 13.08.2020.

26   STF: (1) ADI 5.312, Tribunal Pleno, Rel. Min. Alexandre de Moraes, j. 25.10.2018, Publicação: 11.02.2019; (2) ADI 5.547, Tribunal Pleno, Rel. Min. Edson Fachin, j. 22.09.2020, Publicação: 06.10.2020.

5. REPARTIÇÃO DE COMPETÊNCIAS ADMINISTRATIVAS (LEI COMPLEMENTAR 140, DE 8 DE DEZEMBRO DE 2011)

A CF, em seu artigo 23, estabelece ser da competência comum da União, dos Estados, do Distrito Federal e dos Municípios: (1) proteger o meio ambiente e combater a poluição em qualquer de suas formas e (2) preservar as florestas, a fauna e a flora, determinando que leis complementares fixarão normas para a cooperação entre a União e os Estados, o Distrito Federal e os Municípios, tendo em vista o equilíbrio do desenvolvimento e do bem-estar em âmbito nacional. Estas determinações constitucionais são uma das expressões do chamado "federalismo cooperativo", que, em tese, é o modelo adotado pela República Federativa do Brasil. Por tal modelo, busca-se um equilíbrio entre os diferentes entes federativos, de forma que eles possam exercer suas autonomias constitucionais e que as diferentes ações da administração pública sejam realizadas de forma a assegurar a economia de recursos financeiros, técnicos e administrativos com vistas a alcançar maior eficiência administrativa. Contudo, passar do retórico ao prático é algo bastante complexo, especialmente em matéria ambiental de difícil execução.

Após muitos anos da promulgação da CF de 1988 e um lustro depois da edição da Emenda Constitucional 53, de 2006, que deu nova redação ao parágrafo único do artigo 23 da Constituição, finalmente veio a lume a LC 140, de 8 de dezembro de 2011, que cuidou de regulamentar tal cooperação. Muito embora não se possa negar a importância da lei, fato é que ela não soluciona todos os problemas.

A LC 140/2011 repartiu as competências administrativas entre a União, os Estados e os Municípios, que, conforme disposto nos artigos 7º, 8º e 9º, ficaram assim definidas:

União	Estados	Municípios
• formular, executar e fazer cumprir, em âmbito nacional, a PNMA; • exercer a gestão dos recursos ambientais no âmbito de suas atribuições; • promover ações relacionadas à PNMA nos âmbitos nacional e internacional; • promover a integração de programas e ações de órgãos e entidades da administração pública da União, dos Estados, do Distrito Federal e dos Municípios, relacionados à proteção e à gestão ambiental; • articular a cooperação técnica, científica e financeira, em apoio à PNMA; • promover o desenvolvimento de estudos e pesquisas direcionados à proteção e à gestão ambiental, divulgando os resultados obtidos; • promover a articulação da PNMA com as de Recursos Hídricos, Desenvolvimento Regional, Ordenamento Territorial e outras;	• executar e fazer cumprir em âmbito estadual a PNMA e demais políticas nacionais relacionadas à proteção ambiental; • exercer a gestão dos recursos ambientais no âmbito de suas atribuições; • formular, executar e fazer cumprir, em âmbito estadual, a Política Estadual de Meio Ambiente; • promover, no âmbito estadual, a integração de programas e ações de órgãos e entidades da administração pública da União, dos Estados, do Distrito Federal e dos Municípios, relacionados à proteção e à gestão ambiental; • articular a cooperação técnica, científica e financeira, em apoio às Políticas Nacional e Estadual de Meio Ambiente; • promover o desenvolvimento de estudos e pesquisas direcionados à proteção e à gestão ambiental, divulgando os resultados obtidos;	• executar e fazer cumprir, em âmbito municipal, as Políticas Nacional e Estadual de Meio Ambiente e demais políticas nacionais e estaduais relacionadas à proteção do meio ambiente; • exercer a gestão dos recursos ambientais no âmbito de suas atribuições; • formular, executar e fazer cumprir a Política Municipal de Meio Ambiente; • promover, no Município, a integração de programas e ações de órgãos e entidades da administração pública federal, estadual e municipal, relacionados à proteção e à gestão ambiental; • articular a cooperação técnica, científica e financeira, em apoio às Políticas Nacional, Estadual e Municipal de Meio Ambiente; • promover o desenvolvimento de estudos e pesquisas direcionados à proteção e à gestão ambiental, divulgando os resultados obtidos; • organizar e manter o Sistema Municipal de Informações sobre Meio Ambiente;

Capítulo 2 · A ORDEM CONSTITUCIONAL DO MEIO AMBIENTE | 67

União	Estados	Municípios
• organizar e manter, com a colaboração dos órgãos e entidades da administração pública dos Estados, do Distrito Federal e dos Municípios, o Sistema Nacional de Informação sobre Meio Ambiente (Sinima); • elaborar o zoneamento ambiental de âmbito nacional e regional; • definir espaços territoriais e seus componentes a serem especialmente protegidos; • promover e orientar a educação ambiental em todos os níveis de ensino e a conscientização pública para a proteção do meio ambiente; • controlar a produção, a comercialização e o emprego de técnicas, métodos e substâncias que comportem risco para a vida, a qualidade de vida e o meio ambiente, na forma da lei; • exercer o controle e fiscalizar as atividades e empreendimentos cuja atribuição para licenciar ou autorizar, ambientalmente, for cometida à União; • promover o licenciamento ambiental de empreendimentos e atividades: (i) localizados ou desenvolvidos conjuntamente no Brasil e em país limítrofe; (ii) localizados ou desenvolvidos no mar territorial na plataforma continental ou na zona econômica exclusiva; (iii) localizados ou desenvolvidos em terras indígenas; (iv) localizados ou desenvolvidos em unidades de conservação instituídas pela União, exceto em Áreas de Proteção Ambiental (APAs); (v) localizados ou desenvolvidos em 2 (dois) ou mais Estados; (vi) de caráter militar, excetuando-se do licenciamento ambiental, nos termos de ato do Poder Executivo, aqueles previstos no preparo e emprego das Forças Armadas, conforme disposto na LC 97, de 9 de junho de 1999; (vii) destinados a pesquisar, lavrar, produzir, beneficiar, transportar, armazenar e prestar informações à União para a formação e atualização do Sinima;	• organizar e manter, com a colaboração dos órgãos municipais competentes, o Sistema Estadual de Informações sobre Meio Ambiente; • elaborar o zoneamento ambiental de âmbito estadual, em conformidade com os zoneamentos de âmbito nacional e regional; • definir espaços territoriais e seus componentes a serem especialmente protegidos; • promover e orientar a educação ambiental em todos os níveis de ensino e a conscientização pública para a proteção do meio ambiente; • controlar a produção, a comercialização e o emprego de técnicas, métodos e substâncias que comportem risco para a vida, a qualidade de vida e o meio ambiente, na forma da lei; • exercer o controle e fiscalizar as atividades e empreendimentos cuja atribuição para licenciar ou autorizar ambientalmente for cometida aos Estados; • promover o licenciamento ambiental de atividades ou empreendimentos utilizadores de recursos ambientais, efetiva ou potencialmente poluidores ou capazes, sob qualquer forma, de causar degradação ambiental, ressalvado o disposto nos artigos 7º e 9º da LC 140/2011; • promover o licenciamento ambiental de atividades ou empreendimentos localizados ou desenvolvidos em unidades de conservação instituídas pelo Estado, exceto em Áreas de Proteção Ambiental (APAs); • aprovar o manejo e a supressão de vegetação, de florestas e formações sucessoras em: (i) florestas públicas estaduais ou unidades de conservação do Estado, exceto em Áreas de Proteção Ambiental (APAs); (ii) imóveis rurais, observadas as atribuições previstas no inciso XV do artigo 7º; e (iii) atividades ou empreendimentos licenciados ou autorizados, ambientalmente, pelo Estado;	• prestar informações aos Estados e à União para a formação e atualização dos Sistemas Estadual e Nacional de Informações sobre Meio Ambiente; • elaborar o Plano Diretor, observando os zoneamentos ambientais; • definir espaços territoriais e seus componentes a serem especialmente protegidos; • promover e orientar a educação ambiental em todos os níveis de ensino e a conscientização pública para a proteção do meio ambiente; • controlar a produção, a comercialização e o emprego de técnicas, métodos e substâncias que comportem risco para a vida, a qualidade de vida e o meio ambiente, na forma da lei; • exercer o controle e fiscalizar as atividades e empreendimentos cuja atribuição para licenciar ou autorizar, ambientalmente, for cometida ao Município; • observadas as atribuições dos demais entes federativos previstas nesta LC, promover o licenciamento ambiental das atividades ou empreendimentos: (i) que causem ou possam causar impacto ambiental de âmbito local, conforme tipologia definida pelos respectivos Conselhos Estaduais de Meio Ambiente, considerados os critérios de porte, potencial poluidor e natureza da atividade; ou (ii) localizados em unidades de conservação instituídas pelo Município, exceto em Áreas de Proteção Ambiental (APAs); • observadas as atribuições dos demais entes federativos previstas nesta LC, aprovar: a) a supressão e o manejo de vegetação, de florestas e formações sucessoras em florestas públicas municipais e unidades de conservação instituídas pelo Município, exceto em Áreas de Proteção Ambiental (APAs); e b) a supressão e o manejo de vegetação, de florestas e formações sucessoras em empreendimentos licenciados ou autorizados, ambientalmente, pelo Município.

União	Estados	Municípios
• elaborar a relação de espécies da fauna e da flora ameaçadas de extinção e de espécies sobre-explotadas no território nacional, mediante laudos e estudos técnico-científicos, fomentando as atividades que conservem essas espécies *in situ;* • controlar a introdução no País de espécies exóticas potencialmente invasoras que possam ameaçar os ecossistemas, *hábitats* e espécies nativas; • aprovar a liberação de exemplares de espécie exótica da fauna e da flora em ecossistemas naturais frágeis ou protegidos; • controlar a exportação de componentes da biodiversidade brasileira na forma de espécimes silvestres da flora, micro-organismos e da fauna, partes ou produtos deles derivados; • controlar a apanha de espécimes da fauna silvestre, ovos e larvas; • dispor material radioativo em qualquer estágio, ou que utilizem energia nuclear em qualquer de suas formas e aplicações mediante parecer da Comissão Nacional de Energia Nuclear (CNEN); ou (viii) que atendam tipologia estabelecida por ato do Poder Executivo, a partir de proposição da Comissão Tripartite Nacional, assegurada a participação de um membro do Conama, e considerados os critérios de porte, potencial poluidor e natureza da atividade ou empreendimento; • aprovar o manejo e a supressão de vegetação, de florestas e formações sucessoras em: (i) florestas públicas federais, terras devolutas federais ou unidades de conservação instituídas pela União, exceto em APAs; e (ii) atividades ou empreendimentos licenciados ou autorizados, ambientalmente, pela União; • proteger a fauna migratória e as espécies inseridas na relação prevista no inciso XVI do artigo 7º da LC 140/2011; • exercer o controle ambiental da pesca em âmbito nacional ou regional; • gerir o patrimônio genético e o acesso ao conhecimento tradicional associado, respeitadas as atribuições setoriais; • exercer o controle ambiental sobre o transporte marítimo de produtos perigosos; e • exercer o controle ambiental sobre o transporte interestadual, fluvial ou terrestre, de produtos perigosos.	• elaborar a relação de espécies da fauna e da flora ameaçadas de extinção no respectivo território, mediante laudos e estudos técnico-científicos, fomentando as atividades que conservem essas espécies *in situ;* • controlar a apanha de espécimes da fauna silvestre, ovos e larvas destinadas à implantação de criadouros e à pesquisa científica, ressalvado o disposto no inciso XX do artigo 7º; • aprovar o funcionamento de criadouros da fauna silvestre; • exercer o controle ambiental da pesca em âmbito estadual; e • exercer o controle ambiental do transporte fluvial e terrestre de produtos perigosos, ressalvado o disposto no inciso XXV do artigo 7º.	

O STF, ao julgar a ADI 4.757, decidiu sobre a questão da repartição de competência, dispondo sobre a competência supletiva. A decisão do STF, com o devido acatamento, desmonta o sistema de repartição de competências previsto na LC 40/2011 não contribuindo para que o Sisnama funcione articuladamente.[27]

---

[27] ADI 4.757, Tribunal Pleno, Rel. Min. Rosa Weber, j. 13.12.2022, Publicação: 17.03.2023. 1. A Lei Complementar 140/2011 disciplina a cooperação entre a União, os Estados, o Distrito Federal e os Municípios nas ações administrativas decorrentes do exercício da competência comum relativas à proteção das paisagens naturais notáveis, do meio ambiente, ao combate à poluição em qualquer de suas formas e à preservação das florestas, da fauna e da flora, em resposta ao dever de legislar prescrito no artigo 23, III, VI e VII, da Constituição Federal. No marco da Política Nacional do Meio Ambiente, instituída pela Lei 6.938/1981, e da forma federalista de organização do Estado constitucional e ecológico, a Lei Complementar 140/2011 foi a responsável pelo desenho institucional cooperativo de atribuição das competências executivas ambientais aos entes federados. (...) 4. Da interpretação do artigo 225 da Constituição Federal, fundamento normativo do Estado de Direito e governança ambiental, infere-se estrutura jurídica complexa decomposta em duas direções normativas. A primeira voltada ao reconhecimento do direito fundamental ao meio ambiente ecologicamente equilibrado, em uma perspectiva intergeracional. A segunda relacionada aos deveres de proteção e responsabilidades atribuídos aos poderes constituídos, aos atores públicos e à sociedade civil em conjunto. A preservação da ordem constitucional vigente de proteção do meio ambiente, densificada nos seus deveres fundamentais de proteção, impõe-se, pois, como limite substantivo ao agir legislativo e administrativo. O que significa dizer que tanto a Política Nacional do Meio Ambiente, em todas as suas dimensões, quanto o sistema organizacional e administrativo responsável pela sua implementação, a exemplo do Sistema Nacional do Meio Ambiente, dos Conselhos Nacionais, Estaduais e Municipais, devem traduzir os vetores normativos do constitucionalismo ecológico e do federalismo cooperativo. 5. A Lei Complementar 140/2011, em face da intricada teia normativa ambiental, aí incluídos os correlatos deveres fundamentais de tutela, logrou equacionar o sistema descentralizado de competências administrativas em matéria ambiental com os vetores da uniformidade decisória e da racionalidade, valendo-se para tanto da cooperação como superestrutura do diálogo interfederativo. Cumpre assinalar que referida legislação não trata sobre os deveres de tutela ambiental de forma genérica e ampla, como disciplina o artigo 225, § 1º, IV, tampouco regulamenta o agir legislativo, marcado pela repartição concorrente de competências, inclusive no tocante à normatização do licenciamento em si. 6. O modelo federativo ecológico em matéria de competência comum material delineado pela Lei Complementar 140/2011 revela quadro normativo altamente especializado e complexo, na medida em que se relaciona com teia institucional multipolar, como o Sistema Nacional do Meio Ambiente (Sisnama), e com outras legislações ambientais, como a Política Nacional do Meio Ambiente (Lei 6.938/1981) e a Lei de Infrações penais e administrativas derivadas de condutas e atividades lesivas ao meio ambiente (Lei 9.605/1998). O diálogo das fontes revela-se nesse quadro como principal método interpretativo. 7. Na repartição da competência comum (artigo 23, III, VI e VII, da CF), não cabe ao legislador formular disciplina normativa que exclua o exercício administrativo de qualquer dos entes federados, mas sim que organize a cooperação federativa, assegurando a racionalidade e a efetividade nos encargos constitucionais de proteção dos valores e direitos fundamentais. Ademais, os arranjos institucionais derivados do federalismo cooperativo facilitam a realização dos valores caros ao projeto constitucional brasileiro, como a democracia participativa, a proteção dos direitos fundamentais e a desconcentração vertical de poderes, como fórmula responsiva aos controles social e institucional. Precedentes. 8. O nível de ação do agir político-administrativo nos domínios das competências partilhadas, próprio do modelo do federalismo cooperativo, deve ser medido pelo princípio da subsidiariedade. Ou seja, na conformação dos arranjos cooperativos, a ação do ente social ou político maior no menor, justifica-se quando comprovada a incapacidade institucional desse e demonstrada a eficácia protetiva daquele. Todavia, a subsidiariedade apenas apresentará resultados satisfatórios caso haja forte coesão entre as ações dos entes federados. Coesão que é exigida tanto na dimensão da alocação das competências quanto na dimensão do controle e fiscalização das capacidades institucionais dos órgãos responsáveis pela política pública. 9. A Lei Complementar 140/2011 tal como desenhada estabelece fórmulas capazes de assegurar a permanente cooperação entre os órgãos administrativos ambientais, a partir da articulação entre as dimensões estáticas e dinâmicas

(...). 10. No § 4º do art. 14, o legislador foi insuficiente em sua regulamentação frente aos deveres de tutela, uma vez que não disciplinou qualquer consequência para a hipótese da omissão ou mora imotivada e desproporcional do órgão ambiental diante de pedido de renovação de licença ambiental. Até mesmo porque para a hipótese de omissão do agir administrativo no processo de licenciamento, o legislador ofereceu, como afirmado acima, resposta adequada consistente na atuação supletiva de outro ente federado, prevista no art. 15. Desse modo, mesmo resultado normativo deve incidir para a omissão ou mora imotivada e desproporcional do órgão ambiental diante de pedido de renovação de licença ambiental, disciplinado no referido § 4º do artigo 14. 11. Um dos princípios fundamentais do funcionamento do sistema legal de tutela do meio ambiente é o da atuação supletiva do órgão federal, seja em matéria de licenciamento, seja em matéria de controle e fiscalização das atividades ou empreendimentos potencialmente poluidores ou degradantes do meio ambiente. No exercício da cooperação administrativa, portanto, cabe atuação suplementar – ainda que não conflitiva – da União com a dos órgãos estadual e municipal. As potenciais omissões e falhas no exercício da atividade fiscalizatória do poder de polícia ambiental por parte dos órgãos que integram o Sistema Nacional do Meio Ambiente (Sisnama) não são irrelevantes e devem ser levadas em consideração para constituição da regra de competência fiscalizatória. Diante das características concretas que qualificam a maioria dos danos e ilícitos ambientais de impactos significativos, mostra-se irrazoável e insuficiente regra que estabeleça competência estática do órgão licenciador para a lavratura final do auto de infração. O critério da prevalência de auto de infração do órgão licenciador prescrito no § 3º do artigo 17 não oferece resposta aos deveres fundamentais de proteção, nas situações de omissão ou falha da atuação daquele órgão na atividade fiscalizatória e sancionatória, por insuficiência ou inadequação da medida adotada para prevenir ou reparar situação de ilícito ou dano ambiental. 12. O juízo de constitucionalidade não autoriza afirmação no sentido de que a escolha legislativa é a melhor, por apresentar os melhores resultados em termos de gestão, eficiência e efetividade ambiental, mas que está nos limites da moldura constitucional da conformação decisória. Daí por que se exige dos poderes com funções precípuas legislativas e normativas o permanente ajuste da legislação às particularidades e aos conflitos sociais. 13. A título de obter dictum, faço apelo ao legislador para a implementação de estudo regulatório retrospectivo acerca da Lei Complementar 140/2011, em diálogo com todos os órgãos ambientais integrantes do Sistema Nacional do Meio Ambiente, como método de vigilância legislativa e posterior avaliação para possíveis rearranjos institucionais. Sempre direcionado ao compromisso com a normatividade constitucional ambiental e federativa. Ademais, faço também o apelo ao legislador para o adimplemento constitucional de legislar sobre a proteção e uso da Floresta Amazônia (artigo 225, § 4º), região que carece de efetiva e especial regulamentação, em particular das atividades fiscalizadoras, frente às características dos crimes e ilícitos ambientais na região da Amazônia Legal. 14. Improcedência dos pedidos de declaração de inconstitucionalidade dos artigos 4º, V e VI, 7º, XIII, XIV, h, XV, e parágrafo único, 8º, XIII e XIV, 9º, XIII e XIV, 14, § 3º, 15, 17, caput e §§ 2º, 20 e 21, da Lei Complementar 140/2011 e, por arrastamento, da integralidade da legislação. 15. Procedência parcial da ação direta para conferir interpretação conforme à Constituição Federal: (i) ao § 4º do artigo 14 da Lei Complementar 140/2011 para estabelecer que a omissão ou mora administrativa imotivada e desproporcional na manifestação definitiva sobre os pedidos de renovação de licenças ambientais instaura a competência supletiva dos demais entes federados nas ações administrativas de licenciamento e na autorização ambiental, como previsto no artigo 15; e (ii) ao § 3º do art. 17 da Lei Complementar 140/2011, esclarecendo que a prevalência do auto de infração lavrado pelo órgão originalmente competente para o licenciamento ou autorização ambiental não exclui a atuação supletiva de outro ente federado, desde que comprovada omissão ou insuficiência na tutela fiscalizatória.

Capítulo 3
SISTEMA NACIONAL DO MEIO AMBIENTE

Os dados do IBGE[1] demonstram que a população brasileira, entre os anos de 1901 e 2000, cresceu de 17,4 para 169,6 milhões de pessoas; já o Produto Interno Bruto [PIB] cresceu 100 vezes, tendo o PIB *per capita* se multiplicado por 12; não menos relevante foi a ampliação da expectativa de vida, que passou de 33,4 anos em 1910 para 76,6 anos em 2019.[2] Todas as mudanças foram intensificadas na segunda metade do século XX, com a rápida urbanização, sendo que, em 1940, 31,2% da população era urbana e, em 1980, as cidades correspondiam a 67,6% do total da população nacional. Conforme Thomas E. Skidmore (1998), desde a década de 20 do século XX, o País passou por um notável crescimento econômico, haja vista que, entre 1914 e 1930, os investimentos diretos americanos e alemães no Brasil cresceram de US$ 50 milhões a US$ 557 milhões. O crescimento, contudo, foi desigual, se concentrando em São Paulo, Minas Gerais e Rio de Janeiro. São Paulo, por exemplo, viu a sua participação na produção industrial nacional passar de 15,9% em 1907 para 45,4% em 1937.

O regime militar implantado a partir de 1964 se viu diante de problemas que se acumulavam há décadas exigindo respostas. A estratégia de desenvolvimento do novo regime tinha por base a ampliação das atividades extrativistas, industrialização concentrada, incluindo a abertura de frentes produtivas com a incorporação de novas áreas do território nacional à produção econômica; o regime, do ponto de vista ambiental, se equilibrava sobre contradições.

O modelo econômico de 1964 construiu uma nova base legal para a infraestrutura, destacando-se a (1) Lei 4.504, de 30 de novembro de 1964, que instituiu o Estatuto da Terra; a (2) Lei 4.771, de 15 de setembro de 1965, que instituiu o novo Código Florestal (posteriormente revogada pela Lei 12.651/2012); o (3) Decreto-Lei 200, de 25 de fevereiro de 1967, que reorganiza a Administração Pública Federal; o (4) Decreto-Lei 227, de 28 de fevereiro de 1967, que modifica o Código de Minas; a (5) Lei 5.371, de 5 de dezembro de 1967, que autoriza a

---

[1] Disponível em: https://ww2.ibge.gov.br/home/presidencia/noticias/29092003estatisticasecxxhtml.shtm. Acesso em: 23 abr. 2019.

[2] Disponível em: https://agenciadenoticias.ibge.gov.br/agencia-noticias/2012-agencia-de-noticias/noticias/29505-expectativa-de-vida-dos-brasileiros-aumenta-3-meses-e-chega-a-76-6-anos--em-2019. Acesso em: 6 maio 2022.

criação da Fundação Nacional do Índio – FUNAI; e a (6) Lei 6.001, de 19 de dezembro de 1973, Estatuto do Índio.

A modernização *insustentável* implantada no Brasil a partir de março de 1964 gerou grandes danos ambientais que, de fato, foram estimulados pelo próprio poder público, ainda que havendo uma legislação simbólica voltada para a proteção ambiental.

A realidade urbana era muito clara e não podia ser ignorada. A primeira preocupação surgiu da constatação de que o crescimento econômico do País estava impondo ônus severos à saúde pública, decorrente da falta de controle das condições de produção e da ausência de infraestrutura de saneamento básico para a maior parte da população. Isto foi observado especialmente no rápido crescimento de Brasília e na sua desordenada urbanização, sobretudo nas chamadas cidades-satélites. Em 1966, foi editada a Lei 5.027, de 14 de junho [Código Sanitário do Distrito Federal], que trazia normas de combate à poluição. Em seu artigo 7º, § 2º, a lei proibia "a instalação de núcleos habitacionais de qualquer espécie em zonas a montante do lago de Brasília e nas proximidades dos cursos de água da sua bacia", que não possuíssem "sistema de recolhimento de dejetos e de detritos capaz de evitar a poluição e a contaminação das suas águas".

Em âmbito nacional, uma das primeiras normas a definir o conceito de poluição foi o Decreto-Lei 303, de 28 de fevereiro de 1967, que instituiu o Conselho Nacional de Controle da Poluição Ambiental, editado com base no Ato Institucional 4, de 7 de dezembro de 1966. De acordo com o artigo 1º da norma, a poluição era qualquer alteração das propriedades físicas, químicas ou biológicas do meio ambiente (solo, água e ar), originada por substância sólida, líquida, gasosa ou em qualquer estado da matéria que, direta ou indiretamente, fosse "nociva ou ofensiva à saúde à segurança e ao bem-estar das populações", ou ainda que criasse "condições inadequadas para fins domésticos, agropecuários, industriais e outros", ou mesmo que ocasionasse danos à flora e à fauna. O Decreto-Lei fixou uma proibição geral de poluição ao determinar em seus artigos 2º e 3º que não se admitiria o despejo de resíduos oriundos de atividades industriais, comerciais, agropecuárias, domiciliares que poluíssem as águas, o que seria confirmado pelo estabelecimento de "padrões para os despejos" ou por "padrões de qualidade para as águas receptoras". Disposições similares foram instituídas para as emissões atmosféricas. Com vistas ao controle da poluição foi criado junto ao Ministério da Saúde o Conselho Nacional de Controle da Poluição Ambiental [CNCPA]. O CNCPA tinha as funções de órgão normativo e de planejamento, "agindo ainda como único coordenador específico de assunto junto ao Governo Federal e aos órgãos executores da política de controle da poluição ambiental". O Decreto-Lei 303/1967 foi revogado pela Lei 5.318, de 26 de setembro de 1967, que instituiu a Política Nacional de Saneamento, que deveria ser "formulada em harmonia com a Política Nacional de Saúde" e, expressamente, incluía o "controle da poluição ambiental, inclusive do lixo".

Na década de 70 do século XX, o planejamento econômico e a intervenção estatal na economia eram as respostas usuais para as crises globais e para alavancar o desenvolvimento. Coerentemente, o regime militar elaborou dois Planos Nacionais de Desenvolvimento, os quais expressamente reconheciam a grave situação da poluição industrial nos principais centros urbanos. Os problemas oriundos da crescente poluição industrial eram visíveis e não podiam ser ignorados pelo regime então vigente; isto ficou claro com a elaboração dos dois Planos Nacionais de Desenvolvimento [PND I e II] que, apesar de seus contornos autoritários e tecnocráticos, não puderam desconsiderar os fatos que impactavam o meio ambiente brasileiro. Os dois PNDs foram explícitos ao identificarem, na rápida industrialização e no modelo de "integração nacional" então em voga, a expansão das atividades de mineração, a agropecuária no Planalto Central e na Região Amazônica, a constituição de novos polos industriais e a acelerada expansão da infraestrutura, um alto potencial de *devastação* dos recursos naturais, segundo expressão utilizada pelo próprio documento governamental.

O I PND,[3] em seu texto, se utiliza por três vezes da palavra *poluição* em um contexto de externalidade negativa causada pelo desenvolvimento econômico, haja vista que o plano previa altos investimentos em energia elétrica, a implantação de uma central nuclear, investimentos em telecomunicação, mineração "abrangendo, além do minério de ferro, um conjunto de projetos de grande dimensão para lavra e industrialização". A ideia subjacente ao I PND era a consolidação do núcleo desenvolvido do Centro-Sul, criando-se regiões metropolitanas, o que demandaria o controle da poluição industrial; buscava-se, também, criar polos regionais de desenvolvimento, como, por exemplo, o agroindustrial na região Sul, o industrial-agrícola do Nordeste e agropecuário do Planalto Central e da Amazônia. Assim, estava claramente delineada uma estratégia de ocupação territorial do País e de expansão de atividades que notoriamente eram muito impactantes.

O I PND constatou que o País enfrentava problemas "decorrentes do desenvolvimento revolucionário da Ciência e da Tecnologia, tais como: mudança nos hábitos de consumo, modificações nas estruturas industriais, com a formação de empresas multinacionais; e poluição ambiental". Vislumbrou-se, também, que, na década de 1970, a região Centro-Sul, em função do nível de renda alcançado, enfrentaria os "problemas típicos da sociedade moderna", com destaque para a "poluição, já crítica" em vários centros urbanos. Além disso, o programa objetivava levar o Brasil à condição de país desenvolvido no período de uma geração, tinha por meta duplicar a renda *per capita* nacional até 1980 e para tanto era necessária uma taxa de crescimento econômico anual da ordem de 8% a 10%; estimava-se uma expansão dos empregos de cerca de 3,2%. Os recursos para financiamento do I PND eram fornecidos pelo Banco Nacional de Desenvolvimento Econômico, da Caixa Econômica Federal, do Banco do Brasil e demais órgãos de fomento da União.

O II PND, que foi considerado "[a] maior e mais ousada iniciativa do nacional--desenvolvimentismo",[4] trazia o capítulo IX (Desenvolvimento urbano. Controle da poluição e preservação do meio ambiente), que demonstrava o agravamento do problema e, consequentemente, a maior preocupação governamental com ele. Em comparação com o I PND, o II PND tinha uma análise mais profunda das relações entre crescimento econômico acelerado, rápida urbanização, consumo de recursos naturais, qualidade de vida, defesa do consumidor e poluição.

Reconhecendo como problema a poluição urbana, sobretudo nas regiões metropolitanas, o II PND estabeleceu como meta implantar normas antipoluição, "dentro de uma preocupação geral de preservação do meio ambiente e de evitar a devastação dos recursos naturais do País". A concentração industrial foi identificada como geradora de poluição, devendo ser revertida com a instalação de novos polos de desenvolvimento e industriais. Todo esse conjunto de medidas tinha por finalidade "a viabilização da meta de crescimento" que estava "vinculada à importância de consolidar um modelo brasileiro de capitalismo industrial". A consolidação do capitalismo industrial brasileiro deveria enfrentar, segundo as diretrizes do II PND, o "problema do desemprego", sendo necessário atentar, ainda, para os "efeitos de poluição e, em geral, da agressão ao meio ambiente". O crescimento urbano, qualificado como "prematura metropo-

---

[3] Disponível em: http://www.biblioteca.presidencia.gov.br/publicacoes-oficiais/catalogo/medici/i-pnd-72_74. Acesso em: 8 dez. 2019.

[4] Desafios do Desenvolvimento, ano 13, edição 88, 23 nov. 2016. Disponível em: http://www.ipea.gov.br/desafios/index.php?option=com_content&view=article&id=3297&catid=28&Itemid=39. Acesso em: 22 abr. 2019.

litanização", segundo os termos do PND, gerou "a presença forte do problema da poluição industrial", que não mais se restringia às regiões de São Paulo e do Rio de Janeiro. Quanto às demais regiões do País, foi reconhecido que o "desenvolvimento multiforme e rápido que se verifica em todos os quadrantes do território nacional, com a realização de grandes projetos e a aplicação de novas tecnologias, tanto em áreas urbanas como rurais, suscita o tema geral da preservação dos recursos naturais do País".

O combate à poluição industrial e a proteção do meio ambiente, conforme a racionalidade presente nos Planos Nacionais de Desenvolvimento, seriam feitos segundo a concepção de que o País *não via como legítima a imposição de limites*, por parte da comunidade internacional, ao acesso dos "países subdesenvolvidos" – entre os quais o Brasil se incluía – "ao estágio de sociedade industrializada, sob pretexto de conter o avanço da poluição mundialmente". O esforço do combate à poluição, conforme o governo de então, seria feito principalmente pelos países desenvolvidos que eram os principais responsáveis "pelo atual estágio de poluição".

Especificamente em relação à "devastação de recursos naturais – de solo, vegetais e animais", admitia-se que ela já estava assumindo "proporções inadmissíveis", cuja causa imediata era a "construção da infraestrutura", a "execução de programas industriais e agrícolas"; todavia, a principal causa para a dilapidação ambiental era a "ação predatória de interesses imediatistas". Diante de tal quadro, cabia ao País "defender, sistemática e pragmaticamente, esse patrimônio de recursos naturais, cuja preservação faz parte do desenvolvimento, como também o faz a proteção ao patrimônio cultural representado pelas cidades históricas".

O II PND registrava que dentre as diferentes formas de poluição, a mais grave era a "poluição da pobreza", ou seja, a falta das condições básicas de saneamento e equipamentos urbanos "indispensáveis à saúde das populações de baixa renda". Dado que o Brasil ainda possuía vastas áreas ainda não submetidas aos efeitos deletérios da poluição, entendia-se que havia "maior flexibilidade, quanto à política de preservação do equilíbrio ecológico", do que em muitos países, em especial os desenvolvidos. Diante de tal quadro, concluiu o II PND que "a política a seguir é de equilíbrio, para conciliar o desenvolvimento em alta velocidade com o mínimo de efeitos danosos sobre a ecologia e garantindo o uso racional dos recursos do País, com garantia de permanência dos de caráter renovável". Identificando uma série de medidas que deveriam ser adotadas com vistas a solucionar as questões diagnosticadas.

Os graves problemas decorrentes da poluição industrial, notadamente nas áreas com grandes concentrações urbanas, fizeram com que os estados mais industrializados, em resposta à inércia do governo central, tomassem medidas concretas para fazer frente à questão. Em 1968, no Estado de São Paulo, foi criada a CETESB [Decreto 50.079/1968]; a medida foi uma resposta aos crescentes casos de poluição no estado, com destaque para Cubatão, que chegou a ser conhecida como o "Vale da Morte", resultado das atividades geradas pelo polo industrial, implantado na década de 50 do século XX. Cubatão é um dos berços da moderna industrialização brasileira, tendo sido o "símbolo da transformação do Brasil rural em Brasil industrial na década de 1950",[5] a cidade encravada em um vale na Serra do Mar ficava próxima ao porto de Santos e do grande centro consumidor de São Paulo. O processo de industrialização teve início com implantação, em 1955, da Refinaria Presidente Bernardes e, logo a seguir, da Companhia Siderúrgica Paulista. Evidentemente, a oferta de empregos atraiu grande contingente humano. As condições de dispersão atmosférica não eram boas e, rapidamente, o problema da poluição do ar, com todas as suas consequências, se fez presente. Note-se que, por força da

---

[5]   PIRES, Fernanda. "Vale da Morte" foi o símbolo de Cubatão. Disponível em: https://www.valor.com.br/brasil/2570976/vale-da-morte-foi-o-simbolo-de-cubatao. Acesso em: 26 abr. 2019.

Lei 5.449/1968, Cubatão era declarada como de "interesse da segurança nacional", fazendo que o controle exercido pelo Estado de São Paulo fosse limitado e submetido ao governo federal.

O novo Estado do Rio de Janeiro, resultante da fusão do antigo Estado da Guanabara com o antigo Estado do Rio de Janeiro, em 1975, criou a Fundação Estadual de Engenharia do Meio-Ambiente – FEEMA, pelo Decreto-Lei 39/1975. No Estado do Rio de Janeiro, os seus principais polos industriais, Angra dos Reis, Duque de Caxias e Volta Redonda, eram municípios de interesse para a segurança nacional.

No Estado de Minas Gerais, as estruturas técnico-científicas do governo influenciaram na introdução da questão ambiental na política pública mineira. A partir dos primeiros anos da década de 1970, as propostas e atuação do Centro Tecnológico de Minas Gerais [CETEC] e da Fundação João Pinheiro (FJP) levaram à criação da Secretaria de Estado de Ciência e Tecnologia – SECT – pela Lei 6.953/1976, e posteriormente da Comissão de Política Ambiental – COPAM, por meio do Decreto 18.466/1977, transformada em conselho em 1987. Também no Estado de Minas Gerais, as suas principais atividades industriais e extrativas estavam catalogadas dentro do amplo contexto de "interesse da segurança nacional".

Note-se que o Decreto-Lei Federal 1.413/1975 editado após a criação dos órgãos ambientais de São Paulo e do Rio de Janeiro, em seu artigo 2º, determinava competir exclusivamente ao Poder Executivo Federal determinar ou cancelar a suspensão do funcionamento de estabelecimento industrial cuja atividade fosse considerada de alto interesse do desenvolvimento e da segurança nacional, o que na prática era um esvaziamento do poder de polícia dos órgãos ambientais estaduais sobre grandes empreendimentos industriais.

1. O SISTEMA NACIONAL DO MEIO AMBIENTE – SISNAMA

O Sistema Nacional do Meio Ambiente [Sisnama] é o conjunto de órgãos e instituições *vinculadas ao Poder Executivo* que, nos níveis federal, estadual e municipal, são encarregados da proteção e melhoria da qualidade ambiental, conforme definido em lei.

As origens do Sistema Nacional do Meio Ambiente – Sisnama remontam à criação da Secretaria Especial do Meio Ambiente pelo Decreto 73.030/1973, logo após a Conferência das Nações Unidas sobre o Meio Ambiente Humano de 1972, realizada em Estocolmo.

A SEMA foi criada no âmbito do Ministério do Interior como órgão autônomo e diretamente subordinada ao Ministro de Estado, com orientação voltada para a *conservação do meio ambiente e o uso racional dos recursos naturais,* tendo sido extinta pela Lei 7.735, de 22 de fevereiro de 1989, com a criação do Instituto Brasileiro do Meio Ambiente e dos Recursos Naturais Renováveis. O Sisnama foi criado pela Lei 6.938, de 31 de agosto de 1981, que instituiu a Política Nacional do Meio Ambiente [PNMA (artigo 6º)]. A PNMA foi instituída com os objetivos de preservação, melhoria e recuperação da qualidade ambiental propícia à vida, visando assegurar ao País condições de desenvolvimento socioeconômico, os interesses da segurança nacional e a proteção da dignidade da vida humana. É política ambiciosa. Além dos objetivos traçados pelo artigo 2º da PNMA, o seu artigo 4º estabelece uma lista mais ampla de objetivos: (1) compatibilização do desenvolvimento econômico-social com a preservação da qualidade do meio ambiente e do equilíbrio ecológico; (2) definição de áreas prioritárias de ação governamental relativa à qualidade e ao equilíbrio ecológico, atendendo aos interesses da União, dos Estados, do Distrito Federal, dos Territórios e dos Municípios; (3) estabelecimento de critérios e padrões de qualidade ambiental e de normas relativas ao uso e manejo de recursos ambientais; (4) estabelecimento de pesquisas e de tecnologias nacionais orientadas para o uso racional dos recursos ambientais; (5) difusão de tecnologias de manejo do meio ambiente, a divulgação de dados e informações ambientais e a formação de uma consciência pública sobre a necessidade de preservação da qualidade ambiental e do equilíbrio ecológico; (6) preservação e restauração dos recursos ambientais com vistas à sua utilização racional e disponibilidade permanente, concorrendo para a manutenção do equilíbrio ecológico propício à vida; (7) imposição ao poluidor e ao predador da obrigação de recuperar e/ou indenizar os danos causados e, ao usuário, da contribuição pela utilização dos recursos ambientais com fins econômicos.

A *boa condição ambiental*, nos termos da lei, é um importante indutor do desenvolvimento socioeconômico. Ela serve, também, como meio indispensável para a segurança nacional e proteção da dignidade humana. Estes três últimos elementos devem ser entendidos sob a ótica do *desenvolvimento sustentável*. A PNMA se caracteriza por ser um conjunto dos instrumentos legais, técnicos, científicos, políticos, institucionais e econômicos destinados à promoção do desenvolvimento sustentável da sociedade e da economia brasileiras. A implementação da PNMA se faz a partir de princípios estabelecidos pela própria Constituição Federal e pela legislação ordinária. É importante consignar que a PNMA não tem expressa previsão constitucional, o que dificulta a sua implementação e, em especial, o seu financiamento.

O artigo 2º da Lei 6.938/1981, em seus incisos I a X, estabelece os princípios legais que regem a PNMA: *(1)* ação governamental na manutenção do equilíbrio ecológico, considerando o meio ambiente como patrimônio público a ser necessariamente assegurado e protegido, tendo em vista o uso coletivo; (2) racionalização do uso do solo, do subsolo, da água e do ar; (3) planejamento e fiscalização do uso dos recursos ambientais; (4) proteção dos ecossistemas, com a preservação das áreas representativas; (5) controle e zoneamento das atividades potencial ou efetivamente poluidoras; (6) incentivos ao estudo e à pesquisa de tecnologias orientadas para o uso racional e a proteção dos recursos ambientais; (7) acompanhamento do estado da qualidade ambiental; (8) recuperação de áreas degradadas; (9) proteção de áreas ameaçadas de degradação; e (10) educação ambiental a todos os níveis de ensino, inclusive a educação da comunidade, objetivando capacitá-la para a participação ativa na defesa do meio ambiente.

Nem todos os tópicos arrolados no artigo 2º são verdadeiros *princípios jurídicos ambientais*. De fato, a maioria dos incisos representa uma orientação prática à ação governamental que decorre dos princípios do direito ambiental, são instrumentos de gestão ambiental. O princípio do meio ambiente como direito humano fundamental *é* um princípio implícito na PNMA, pois, embora não seja expressamente mencionado na lei, é um princípio constitucional e, portanto, presente nas normas de natureza infraconstitucional.

O princípio democrático encontra-se presente na principiologia estabelecida pela Lei 6.938/1981 através da norma contida no inciso X do artigo 2º. Essa é uma das normas mais importantes da PNMA. Lamentavelmente, o preceito legal tem sido muito pouco observado, pois a educação ambiental e a capacitação dos cidadãos para a defesa ativa do meio ambiente restam como objetivos a serem alcançados.

O *princípio da capacidade de suporte*, igualmente, está presente na PNMA (incisos II, III e V do artigo 2º).

A Lei 6.938/1981, em seu artigo 9º, estabeleceu uma série de instrumentos cuja finalidade é a de viabilizar a consecução dos objetivos da PNMA instituídos no artigo 4º. Tais instrumentos são: (1) estabelecimento de padrões de qualidade ambiental; (2) zoneamento ambiental; (3) avaliação de impactos ambientais; (4) licenciamento e a revisão de atividades efetiva ou potencialmente poluidoras; (5) incentivos à produção e instalação de equipamentos e à criação ou absorção de tecnologia voltados para a melhoria da qualidade ambiental; (6) a criação de espaços territoriais especialmente protegidos pelo Poder Público Federal, Estadual e Municipal, tais como áreas de proteção ambiental, de relevantes interesses ecológicos e extrativistas; (7) Sistema Nacional de Informações sobre o meio ambiente; (8) Cadastro Técnico Federal de atividades e instrumentos de defesa ambiental; (9) penalidades disciplinares ou compensatórias ao não cumprimento das medidas necessárias à preservação ou correção da degradação ambiental; (10) instituição do Relatório de Qualidade do Meio Ambiente, a ser divulgado anualmente pelo Instituto Brasileiro do Meio Ambiente e Recursos Naturais Renováveis – Ibama; (11) garantia de prestação de informações relativas ao meio ambiente, obrigando-se o Poder Público a produzi-las, quando inexistentes; (12) Cadastro Técnico Federal de atividades potencialmente poluidoras e/ou utilizadoras dos recursos ambientais; (13) instrumentos econômicos, como concessão florestal, servidão ambiental, seguro ambiental e outros.

Os instrumentos acima mencionados encontram a sua base constitucional no conjunto de normas jurídicas que se encontram presentes no artigo 225 da CF, especialmente no § 1º e seus incisos. Nesse ponto, é desnecessário examinar cada um individualmente, pois isso será feito ao longo de todo o livro.

1.1 Órgãos integrantes do Sistema Nacional do Meio Ambiente – Sisnama

O Sisnama é integrado pelo (1) órgão superior [Conselho de Governo], pelo (2) órgão consultivo e deliberativo[Conama], pelo (3) órgão central [Ministério do Meio Ambiente], por (4) dois órgãos executores [Ibama e Instituto Chico Mendes]; (5) diversos órgãos setoriais [órgãos da Administração Federal, direta, indireta ou fundacional voltados para a proteção ambiental ou disciplinamento de atividades utilizadoras de recursos ambientais]; (6) órgãos seccionais [órgãos ou entidades estaduais responsáveis por programas ambientais ou pela fiscalização de atividades utilizadoras de recursos ambientais]; e (7) órgãos locais [as entidades municipais responsáveis por programas ambientais ou responsáveis pela fiscalização de atividades utilizadoras de recursos ambientais]. Cada um desses órgãos possui atribuições próprias.

A fiscalização das atividades degradadoras do meio ambiente por parte dos órgãos integrantes do Sisnama tem se revelado hipertrofiada e pouco eficiente. A Lei da PNMA estruturou o Sisnama em sete níveis político-administrativos, o que por si só já demonstra uma enorme dificuldade de articulação. O Sisnama, na forma da lei, é constituído pelos órgãos e entidades da União, dos Estados, do Distrito Federal, dos Territórios e dos Municípios, bem como as Fundações instituídas pelo Poder Público, responsáveis pela proteção e melhoria da qualidade ambiental.

1.1.1 Cooperação administrativa

Com vistas ao aprimoramento de um sistema com evidentes dificuldades de articulação, foi editada a Lei Complementar 140, de 8 de dezembro de 2011 [LC 140/2011], a qual buscou disciplinar a articulação entre os órgãos do Sisnama, mediante a criação de instrumentos de cooperação.

Conforme estabelecido pelo artigo 4º da LC 140/2011, os entes federativos podem se valer, entre outros, dos seguintes instrumentos de cooperação institucional: (1) consórcios públicos, nos termos da legislação em vigor; (2) convênios, acordos de cooperação técnica e outros instrumentos similares com órgãos e entidades do Poder Público, respeitado o artigo 241 da CF; (3) Comissão Tripartite Nacional, Comissões Tripartites Estaduais e Comissão Bipartite do Distrito Federal; (4) fundos públicos e privados e outros instrumentos econômicos; (5) delegação de atribuições de um ente federativo a outro, respeitados os requisitos previstos na LC 140/2011; (6) delegação da execução de ações administrativas de um ente federativo a outro, respeitados os requisitos previstos na LC 140/2011.

A LC 140/2011 estabelece que os convênios, acordos de cooperação técnica e outros instrumentos de colaboração poderão ser firmados por prazo indeterminado. Há uma grande quantidade de instrumentos de cooperação firmados entre os diferentes entes federativos, tais instrumentos permanecem em vigor, salvo na hipótese em que contenham cláusulas manifestamente contrárias aos termos da LC.

1.1.1.1   Comissões multipartes

A LC 140/2011 criou um mecanismo colegiado com vistas a dirimir controvérsias entre os entes federados e acelerar as medidas de cooperação: são as comissões multipartes. As Comissões podem ser (1) tripartites nacionais que são formadas, paritariamente, por representantes dos Poderes Executivos da União, dos Estados e dos Municípios, com o objetivo de fomentar a gestão ambiental compartilhada e descentralizada entre os entes federativos; (2) tripartites estaduais: formadas, paritariamente, por representantes dos Poderes Executivos da União, dos Estados e dos Municípios, com o objetivo de fomentar a gestão ambiental compartilhada e descentralizada entre os entes federativos; e (3) comissões bipartites do Distrito Federal formadas, paritariamente, por representantes dos Poderes Executivos da União e do Distrito Federal, com o objetivo de fomentar a gestão ambiental compartilhada e descentralizada entre esses entes federativos.

A referida Lei Complementar estabeleceu a faculdade de delegação das atribuições de cada ente federativo no que concerne ao poder de polícia ambiental, desde que observados dois requisitos: a (1) existência de órgão ambiental capacitado a executar as ações administrativas a serem delegadas e que o (2) ente federado delegado disponha de conselho de meio ambiente.

Conforme o parágrafo único do artigo 5º, órgão capacitado é aquele que possui técnicos próprios ou em consórcio, devidamente habilitados e em número compatível com a demanda das ações administrativas a serem delegadas. Contudo, merece ser sublinhado que, não sendo a delegação uma obrigação, mas uma mera possibilidade, não há qualquer impedimento legal para que o órgão deselegante estabeleça requisitos adicionais para o ato de delegação. É muito comum que medidas judiciais sejam ajuizadas com vistas à anulação de licenciamentos ambientais, em função de que o licenciamento no caso concreto seria atribuição do órgão federal de meio ambiente. O Poder Judiciário, no entanto, tem prestigiado a cooperação administrativa.[6]

A LC 140/2011 ainda repartiu as competências administrativas entre a União, os estados (Distrito Federal) e os municípios de acordo com o disposto nos artigos 7º, 8º e 9º.

1.2   Conselho de Governo

O Conselho de Governo é o órgão da Presidência da República encarregado do assessoramento imediato ao Presidente, sendo por ele presidido ou, por sua determinação, pelo Vice-Presidente da República, integrado pelos Ministros de Estado e pelo titular do Gabinete Pessoal do Presidente da República. Não se conhece deliberação do Conselho sobre questões ambientais.

1.3   O Conselho Nacional do Meio Ambiente – Conama

O Conama foi criado pelo artigo 6º, inciso II, da Lei 6.938/1981 com a finalidade de assessorar, estudar e propor ao Conselho de Governo diretrizes e políticas governamentais

---

[6]   TRF-5, AI 08077596820214050000, 2ª Turma, Rel. Des. Federal Leonardo Henrique de Cavalcante Carvalho, j. 05.04.2022.

para o meio ambiente e os recursos naturais e deliberar, no âmbito de sua competência, sobre normas e padrões compatíveis com o meio ambiente ecologicamente equilibrado e essencial à sadia qualidade de vida. O Conama, portanto, é órgão dotado de poder regulamentar, segundo expressa determinação legal.

O Decreto 9.806/2019 promoveu uma profunda reformulação no Conama que se efetivou pela redução do número de conselheiros. Reconhece-se que o Conama era um órgão com muitos membros, pois ao longo dos anos viu a sua composição acrescida de forma aleatória e sem muitos critérios claros. Entretanto, as modificações promovidas em 2019 tiveram como fio condutor a drástica diminuição da representação da sociedade civil e um aumento desproporcional da representação dos órgãos federais, a redução foi de 96 para 23 membros. A pressão da sociedade civil, em especial mediante o ajuizamento da ADPF 623 MC/DF, com o objetivo de impugnar a nova composição do Conama, fez que, no curso do processo, o governo federal promovesse nova alteração na composição do colegiado, desta vez pela edição do Decreto 11.018, de 30 de março de 2022, que aumentou de 23 para 36 membros. Há medida liminar concedida na ADPF para manter a composição do Conama. O julgamento de mérito da ADPF foi pela procedência, com declaração de inconstitucionalidade do Decreto 9.806/2019,[7] que, posteriormente, foi revogado pelo Decreto 11.417/2023.

Em julgamentos anteriores relativos à alteração na composição de conselhos governamentais com participação social, o STF, na ADPF 622 relativa ao Decreto 10.003/2019, que alterou as normas sobre a constituição e o funcionamento do Conselho Nacional da Criança e do Adolescente – Conanda e destituiu imotivadamente todos os seus membros, no curso dos respectivos mandatos, fixou tese no sentido de que "É inconstitucional norma que, a pretexto de regulamentar, dificulta a participação da sociedade civil em conselhos deliberativos" (Plenário Virtual, Rel. Min. Luís Roberto Barroso, *DJ* 21.05.2021). Decisão na mesma linha foi tomada no julgamento da ADI 6.121,[8] que teve por objeto a validade do Decreto 9.759/2019, a dispor sobre a extinção e estabelecimento de diretrizes, regras e limitações para colegiados na administração pública federal direta, autárquica e fundacional. Na oportunidade, o STF decidiu que, considerado o princípio da separação de poderes, conflita com a Constituição Federal a extinção, por ato unilateralmente editado pelo Chefe do Executivo, de órgãos colegiados que, contando com menção em lei em sentido formal, viabilizem a participação popular na condução das políticas públicas – mesmo quando ausente expressa "indicação de suas competências ou dos membros que o compõem".

Ao Conama compete, conforme o Decreto 99.274/1990, com nova redação dada pelo Decreto 11.417/2023: (1) estabelecer, mediante proposta do Ibama, normas e critérios para o licenciamento de atividades efetiva ou potencialmente poluidoras, a ser concedido pela União, Estados, Distrito Federal e Municípios e supervisionada pelo referido Instituto; (2) determinar, quando julgar necessário, a realização de estudos das alternativas e das possíveis consequências ambientais de projetos públicos ou privados, requisitando aos órgãos federais, estaduais e municipais, bem assim a entidades privadas, as informações indispensáveis para apreciação dos estudos de impacto ambiental, e respectivos relatórios, no caso de obras ou atividades de significativa degradação ambiental, especialmente nas áreas consideradas patrimônio nacional; (3) determinar, mediante representação do Ibama, a perda ou restrição de benefícios fiscais concedidos pelo Poder Público, em caráter geral ou condicional, e a perda ou suspensão de participação em linhas de financiamento em estabelecimentos oficiais de

---

[7]   STF, ADPF 623, Tribunal Pleno, Rel. Min. Rosa Weber, j. 22.05.2023, Publicação: 18.07.2023.

[8]   STF, ADI 6.121/DF, Tribunal Pleno, Rel. Marco Aurélio, j. 13.06.2019, Publicação: 28.11.2019.

80 | DIREITO AMBIENTAL – *Paulo de Bessa Antunes*

crédito; (4) estabelecer, privativamente, normas e padrões nacionais de controle da poluição causada por veículos automotores, aeronaves e embarcações, mediante audiência dos Ministérios competentes; (5) estabelecer normas, critérios e padrões relativos ao controle e à manutenção da qualidade do meio ambiente com vistas ao uso racional dos recursos ambientais, principalmente os hídricos; (6) assessorar, estudar e propor ao Conselho de Governo diretrizes de políticas governamentais para o meio ambiente e os recursos naturais; (7) deliberar, no âmbito de sua competência, sobre normas e padrões compatíveis com o meio ambiente ecologicamente equilibrado e essencial à sadia qualidade de vida; (8) estabelecer os critérios técnicos para declaração de áreas críticas, saturadas ou em vias de saturação; (9) acompanhar a implementação do SNUC, conforme disposto no inciso I do artigo 6º da Lei 9.985/2000; (10) propor sistemática de monitoramento, avaliação e cumprimento das normas ambientais; (11) incentivar a instituição e o fortalecimento institucional dos Conselhos Estaduais e Municipais de Meio Ambiente, de gestão de recursos ambientais e dos Comitês de Bacia Hidrográfica; (12) avaliar a implementação e a execução da política ambiental do País; (13) recomendar ao órgão ambiental competente a elaboração do Relatório de Qualidade Ambiental, previsto no artigo 9º, inciso X, da Lei 6.938/1981; (14) estabelecer sistema de divulgação de seus trabalhos; (15) promover a integração dos órgãos colegiados de meio ambiente; (16) elaborar, aprovar e acompanhar a implementação da Agenda Nacional de Meio Ambiente, a ser proposta aos órgãos e às entidades do Sisnama, sob a forma de recomendação; (17) deliberar, sob a forma de resoluções, proposições, recomendações e moções, visando ao cumprimento dos objetivos da PNMA; e (18) elaborar o seu regimento interno; (19) funcionar como órgão consultivo e deliberativo do Sistema Nacional de Unidades de Conservação; e (20) definir atividades de interesse social e utilidade pública para fins de supressão de vegetação.

Determina o § 1º do artigo 7º que: "As normas e os critérios para o licenciamento de atividades potencial ou efetivamente poluidoras deverão estabelecer os requisitos necessários à proteção ambiental". A disposição é redundante, pois o objetivo do licenciamento é o de "estabelecer os requisitos necessários para a proteção ambiental".

As penalidades previstas no inciso IV do artigo 7º somente serão aplicadas nos casos previamente definidos em ato específico do Conama, assegurando-se ao interessado a ampla defesa.

Nos termos § 3º do artigo 7º, há que se considerar que: "na fixação de normas, critérios e padrões relativos ao controle e à manutenção da qualidade do meio ambiente, o Conama levará em consideração a capacidade de autorregeneração dos corpos receptores e a necessidade de estabelecer parâmetros genéricos mensuráveis". Isso implica que o elemento mais importante a ser considerado seja a capacidade de suporte ambiental e não o parâmetro em si próprio. Prevalece, assim, a capacidade de suporte sobre o parâmetro, abrindo-se espaço para o controle ambiental pela qualidade e não meramente por limites estabelecidos sem qualquer base científica.

1.3.1 Resoluções do Conama

O Conama foi criado pelo artigo 7º da Lei 6.938/1981,[9] como órgão central do Sisnama, com *competências regulamentares* para (1) estabelecer, mediante proposta da SEMA, normas e critérios para o licenciamento de atividades efetiva ou potencialmente poluidoras, a ser concedido pelos Estados e supervisionado pela SEMA; (2) estabelecer, privativamente, normas e padrões nacionais de controle da poluição por veículos automotores, aeronaves e embar-

---

[9]   Revogado pelo artigo 60 da Lei 8.020/1990.

cações, mediante audiência dos Ministérios competentes; (3) estabelecer normas, critérios e padrões relativos ao controle e à manutenção da qualidade do meio ambiente com vistas ao uso racional dos recursos ambientais, principalmente os hídricos. O advento da Constituição de 1988 fez que o Conama passasse a disciplinar matéria derivada diretamente da Lei Fundamental.[10] Essa peculiaridade foi mal assimilada pela doutrina especializada que manteve o entendimento de que as Resoluções regulatórias do Conama eram normas secundárias. Este é o antigo entendimento do STF que já decidira que a Resolução do Conama é "ato normativo regulamentar e não autônomo, de natureza secundária. O parâmetro de análise dessa espécie de ato é a lei regulamentada e não a Constituição".[11]

Entretanto, a verdade é que o mundo mudou no "domínio da política e do direito" e que "o pluralismo normativo é, assim, um fato, antes mesmo de ser ou um ideal ou um perigo; ele já existe e já é reconhecido como o atual modelo de direito" (HESPANHA, 2013, p. 63). As mudanças no campo do direito têm alguns eixos principais, sendo um deles o fato de que a *lei não é mais um termo unívoco e que se limita a regular as liberdades e o direito de propriedade*. A realidade é que nas sociedades complexas e tecnológicas de nossos dias, a grande maioria das leis "está voltada para questões técnicas, financeiras, orçamentárias, urbanísticas, previdenciárias e tantas outras que ultrapassam o simples campo da liberdade individual ou o direito de legítima defesa" (ANTUNES, 2021, p. 131-132). As Resoluções do Conama, com natureza regulatória, se incluem no que tem sido chamado de "mutações contemporâneas do direito" (COMMAILLE, 2015). Entre as quais está a *deslegalização* que se caracterizava como a atribuição de competências para órgãos de natureza técnica e administrativa em matérias cuja complexidade e dinâmica ultrapassam os limites do processo legislativo tradicional.

É interessante consignar que o STF, em matéria ambiental, *caminhou no sentido de reconhecer base diretamente constitucional às Resoluções do Conama*, haja vista que elas tratam de direitos fundamentais, como se deu no caso da ADI 4.615, Relator Ministro Roberto Barroso, na qual foi decidido que: "[a] legislação federal, *retirando sua força de validade diretamente da Constituição Federal, permitiu* que os Estados-membros estabelecessem procedimentos simplificados para as atividades e empreendimentos de pequeno potencial de impacto ambiental".

Na ADPF 748[12] discutiu-se a legalidade da Resolução Conama 500/2022, que revogava as Resoluções 284/2001, 302/2002 e 303/2002. Na oportunidade, a Relatora Min. Rosa Weber entendeu cabível a ADPF, cujo objeto era evitar ou reparar lesões a preceitos fundamentais resultantes de ato do Poder Público de caráter normativo. Ainda, conforme o voto da Ministra Rosa Weber, *o poder normativo do Conama tem por finalidade a implementação das diretrizes, finalidades, objetivos e princípios expressos na Constituição e na legislação ambiental, devendo a orientação administrativa ser compatível com a ordem constitucional de proteção do patrimônio ambiental*. Logo, a revogação de normas "operacionais fixadoras de parâmetros mensuráveis", sem a sua substituição ou atualização, compromete o adimplemento da legislação ambiental. "O ímpeto, por vezes legítimo, de simplificar o direito ambiental por meio da desregulamentação não pode ser satisfeito ao preço do retrocesso na proteção do bem jurídico". E acrescenta a Relatora: "A revogação das *Resoluções* 302/2002 e 303/2002 distancia-se dos objetivos definidos no artigo 225 da CF, baliza material da atividade normativa do *CONAMA*. Estado de anomia e descontrole regulatório, a configurar material retrocesso no tocante à satisfação do dever de proteger e preservar o equilíbrio do meio ambiente, incompatível com a ordem constitucional e o princípio da precaução". A decisão, como se vê, estabeleceu um limite bastante claro à *des-*

---

[10] As demais competências do Conama não têm natureza regulamentar.

[11] ADI 3.074 AgR/DF, Rel. Min. Teori Zavascki, j. 28.05.2014, Publicação: 13.06.2014.

[12] ADPF 749, Rel. Min. Rosa Weber, j. 14.12.2021, Publicação: 10.01.2022.

legalização: não é legítima a revogação de norma de proteção ambiental que crie uma lacuna normativa. Aqui, o STF se manteve fiel ao princípio de vedação da proteção insuficiente ou vedação do retrocesso ambiental que tem sido seguidamente reconhecido pela Corte.[13] A decisão do STF, no caso concreto, foi no sentido da inconstitucionalidade da Resolução 500.[14]

A CF utiliza o vocábulo *lei* em diferentes sentidos. No artigo 225, por exemplo, a palavra aparece sete vezes, "nem sempre com o mesmo significado" (ANTUNES, 2021, p. 132). No caso específico dos estudos prévios de impacto ambiental, o inciso IV do § 1º determina que ele seja exigido "na forma da lei". A jurisprudência do Supremo Tribunal Federal tem entendido que a Resolução 001/1986 está compreendida no conceito de legislação federal, inclusive como norma geral.[15] Logo, o termo *lei* é polissêmico e deve ser compreendido em relação à natureza da atividade a ser regulada.

Ao partir da natureza da atividade regulada, como forma de atribuir maior ou menor grau de positividade aos atos normativos, o STF, ao julgar a constitucionalidade da Resolução 458/2013 do Conama, entendeu que "A Resolução impugnada é *ato normativo primário, dotada de generalidade e abstração suficientes a permitir o controle concentrado de constitucionalidade*".[16]

O STF deu igual tratamento às Resoluções do Conama ao conferido às deliberações da diretoria colegiada da ANVISA que se prestam "à tutela de constitucionalidade *in abstracto*", pois são "ato[s] normativo[s] qualificado[s] por abstração, generalidade, autonomia e imperatividade".[17] Ainda, conforme a decisão do STF, a função reguladora das agências "não

---

[13] Dentre outras: ADI 5.676, Rel. Min. Ricardo Lewandowski, j. 18.12.2021, Publicação: 25.01.2022.

[14] "1. A mera revogação de normas operacionais fixadoras de parâmetros mensuráveis necessários ao cumprimento da legislação ambiental, sem sua substituição ou atualização, compromete a observância da Constituição, da legislação vigente e de compromissos internacionais. 2. A revogação da *Resolução CONAMA* 284/2001 sinaliza dispensa de licenciamento para empreendimentos de irrigação, mesmo que potencialmente causadores de modificações ambientais significativas, a evidenciar graves e imediatos riscos para a preservação dos recursos hídricos, em prejuízo da qualidade de vida das presentes e futuras gerações (artigo 225, *caput* e § 1º, I, da CF). A revogação das *Resoluções* 302/2002 e 303/2002 distancia-se dos objetivos definidos no artigo 225 da CF, baliza material da atividade normativa do *CONAMA*. Aparente estado de anomia e descontrole regulatório, a configurar material retrocesso no tocante à satisfação do dever de proteger e preservar o equilíbrio do meio ambiente, incompatível com a ordem constitucional e o princípio da precaução. Precedentes. Aparente retrocesso na proteção e defesa dos direitos fundamentais à vida (artigo 5º, *caput*, da CF), à saúde (artigo 6º da CF) e ao meio ambiente ecologicamente equilibrado (artigo 225, *caput*, da CF). Fumus boni juris demonstrado. 3. Elevado risco de degradação de ecossistemas essenciais à preservação da vida sadia, comprometimento da integridade de processos ecológicos essenciais e perda de biodiversidade, a evidenciar o periculum in mora. 4. Ao disciplinar condições, critérios, procedimentos e limites a serem observados no licenciamento de fornos rotativos de produção de clínquer para a atividade de coprocessamento de resíduos, a *Resolução CONAMA* 499/2020 atende ao disposto no artigo 225, § 1º, IV e V, da CF, que exige estudo prévio de impacto ambiental para a instalação de atividade potencialmente causadora de degradação do meio ambiente e impõe ao Poder Público o controle do emprego de técnicas, métodos e substâncias que comportem risco para a vida, a qualidade de vida e o meio ambiente. Mostra-se consistente, ainda, com o marco jurídico convencional e os critérios setoriais de razoabilidade e proporcionalidade da Política Nacional de Resíduos Sólidos (artigo 6º, XI, da Lei 12.305/2010), a afastar o fumus boni juris. 5. Liminar parcialmente deferida, ad referendum do Plenário, para suspender os efeitos da *Resolução CONAMA 500*/2020, com a imediata restauração da vigência e eficácia das *Resoluções CONAMA* 284/2001, 302/2002 e 303/2002. 6. Medida liminar referendada" (ADPF 748 MC, Tribunal Pleno, Rel. Min. Rosa Weber, j. 30.11.2020, Publicação: 10.12.2020).

[15] ADI 4.069/RJ, Tribunal Pleno, Rel. Edson Fachin, j. 08.09.2020, Publicação: 24.09.2020.

[16] STF, ADI 5.547/DF 4001523-31.2016.1.00.0000, Rel. Edson Fachin, j. 22.09.2020, Publicação: 06.10.2020.

[17] ADI 4.874, Rel. Min. Rosa Weber, j. 01.02.2018, Publicação: 01.02.2019.

se confunde com a função regulamentadora da Administração (artigo 84, IV, da Lei Maior), tampouco com a figura do regulamento autônomo (artigos 84, VI, 103-B, § 4º, I, e 237 da CF)".

A evolução da jurisprudência do STF relativamente à natureza jurídica das Resoluções do Conama não significa um cheque em branco para o colegiado que, evidentemente, está submetido aos princípios constitucionais relacionados à proteção do meio ambiente, inclusive no que tange à sua composição, conforme decisão liminar na ADPF 623.

As Resoluções do Conama, quando têm por objetivo regulamentar o exercício do direito fundamental ao meio ambiente sadio e equilibrado, não são atos meramente administrativos, pois dotados de generalidade e abstração, qualificando-se para o controle direto de constitucionalidade. A legitimidade das Resoluções, todavia, depende de que elas não violem os princípios explícitos e implícitos da Constituição Federal, tais como o da vedação de proteção insuficiente (vedação de retrocesso em matéria ambiental) e da participação.

1.3.2   Impacto regulatório

A regulação governamental das atividades privadas, certamente, gera impactos sobre os seus resultados, muito embora seja matéria que, até recentemente, tenha recebido pouca atenção. Uma tentativa de evitar os impactos negativos da regulação é o Decreto Federal 9.203/2017, que dispôs sobre a governança pública da administração pública federal direta, autárquica e fundacional, portanto, aplicável às Resoluções do Conselho Nacional do Meio Ambiente. É importante observar que a análise de impacto regulatório é, em certa medida, o cumprimento da determinação constitucional contida no § 16 do artigo 37 da Constituição [resultante da Emenda Constitucional 109/2021], que estabelece que os órgãos e as entidades da administração pública, individual ou conjuntamente, devem realizar avaliação das políticas públicas, inclusive com divulgação do objeto a ser avaliado e dos resultados alcançados, na forma da lei. Naturalmente, o primeiro passo para a avaliação de uma política pública é examinar as possíveis consequências, negativas ou positivas, de sua implantação.

A governança pública é o conjunto de mecanismos de liderança, estratégia e controle postos em prática para avaliar, direcionar e monitorar a gestão, com vistas à condução de políticas públicas e à prestação de serviços de interesse da sociedade. Dois conceitos importantes introduzidos pelo decreto são: (1) valor público, que significa os produtos e resultados gerados, preservados ou entregues pelas atividades de uma organização que representem respostas efetivas e úteis às necessidades ou às demandas de interesse público e modifiquem aspectos do conjunto da sociedade ou de alguns grupos específicos reconhecidos como destinatários legítimos de bens e serviços públicos; e (2) gestão de riscos, que significa o processo de natureza permanente, estabelecido, direcionado e monitorado pela alta administração, que contempla as atividades de identificar, avaliar e gerenciar potenciais eventos que possam afetar a organização, destinado a fornecer segurança razoável quanto à realização de seus objetivos.

A melhoria regulatória é um dos princípios norteadores da governança pública e deve (1) monitorar o desempenho e avaliar a concepção, a implementação e os resultados das políticas e das ações prioritárias para assegurar que as diretrizes estratégicas sejam observadas; (2) manter processo decisório orientado pelas evidências, pela conformidade legal, pela qualidade regulatória, pela desburocratização e pelo apoio à participação da sociedade; (3) editar e revisar atos normativos, pautando-se pelas boas práticas regulatórias e pela legitimidade, estabilidade e coerência do ordenamento jurídico e realizando consultas públicas sempre que conveniente; (4) definir formalmente as funções, as competências e as responsabilidades das estruturas e dos arranjos institucionais; e (5) promover a comunicação aberta, voluntária e transparente das atividades e dos resultados da organização, de maneira a fortalecer o acesso público à informação, entre outros.

A melhoria das condições regulatórias deve ser feita por meio da utilização da análise de riscos regulatórios. Infelizmente, não se conhece, no âmbito das instituições integrantes do MMA, nenhuma metodologia de análise de riscos regulatórios a ser aplicada antes da edição de Resoluções, por exemplo.

A Lei 13.874/2019, dita Declaração de Direitos da Liberdade Econômica, em seu artigo 5º estabelece que as "propostas de edição e de alteração de atos normativos de interesse geral de agentes econômicos ou de usuários dos serviços prestados, editadas por órgão ou entidade da administração pública federal, incluídas as autarquias e as fundações públicas, serão precedidas da realização de análise de impacto regulatório, que conterá informações e dados sobre os possíveis efeitos do ato normativo para verificar a razoabilidade do seu impacto econômico". Na elaboração de Resoluções, Portarias, Instruções Normativas e outros, a Administração deve considerar as normas da Lei de Introdução às Normas do Direito Brasileiro [LINDB], mediante a qual, "[n]as esferas administrativa, controladora e judicial, não se decidirá com base em valores jurídicos abstratos sem que sejam consideradas as consequências práticas da decisão" (artigo 20). Sendo certo que, ao motivar o ato, o administrador deverá demonstrar a necessidade e a adequação da medida imposta ou da invalidação de ato, contrato, ajuste, processo ou norma administrativa, inclusive em face das possíveis alternativas. Assim, a medida a ser adotada, ou a norma a ser editada, necessariamente, precisa levar em consideração as alternativas que se mostrem menos custosas e sejam aptas a alcançar o fim desejado.

A análise custo/benefício das novas regulamentações, por força do artigo 21 da LINDB, é obrigatória, pois as "suas consequências jurídicas e administrativas" deverão ser indicadas de modo "expresso".

A referida Lei da Liberdade Econômica foi regulamentada pelo Decreto 10.178, de 18 de dezembro de 2019, que dispõe especialmente sobre os critérios e os procedimentos para a classificação dos riscos de atividade econômica que, evidentemente, inclui atividades utilizadoras de recursos ambientais. O Decreto estabelece os critérios e os procedimentos a serem observados pelos órgãos e pelas entidades da Administração Pública federal direta, autárquica e fundacional para a classificação do nível de risco de atividade econômica e para fixar o prazo para aprovação tácita do ato público de liberação. Contudo, a prática demonstra que, frequentemente, Estados e Municípios se valem de normas federais, inclusive decretos, para reger atividades utilizadoras de recursos ambientais. Não é novidade que o Decreto 6.514/2008 seja amplamente usado por estados e municípios para a aplicação de penalidades administrativas. Assim, parece ser razoável que o Decreto 10.178/2019 sirva, no mínimo, de inspiração para os entes federados.

O artigo 1º do Decreto 10.178/2019 dispõe sobre a sua aplicação pelo Distrito Federal, Estados e Municípios nas condições que estabelece, a saber: (1) o Capítulo II, como norma subsidiária na ausência de legislação estadual, distrital ou municipal específica para definição de risco das atividades econômicas para a aprovação de ato público de liberação; e (2) o Capítulo III, nas seguintes hipóteses: a) o ato público de liberação da atividade econômica ter sido derivado ou delegado por legislação ordinária federal; ou b) o ente federativo ou o órgão responsável pelo ato decidir vincular-se ao disposto no inciso IX do *caput* do artigo 3º da Lei 13.874, de 20 de setembro de 2019, por meio de instrumento válido e próprio. Logo, na hipótese de licenciamentos ambientais delegados pelo Ibama, os órgãos estaduais deverão aplicar os critérios estabelecidos na regulação da atividade econômica.

Por sua vez, o Decreto 10.411/2020, em seu artigo 1º, §§ 1º e 2º, determina que a análise de impacto regulatório é procedimento obrigatório para os órgãos e entidades da Administração

Pública federal direta, autárquica e fundacional, quando da proposição de atos normativos de interesse geral de agentes econômicos ou de usuários dos serviços prestados, no âmbito de suas competências, inclusive as propostas de atos normativos formuladas por colegiados por meio do órgão ou da entidade encarregado de lhe prestar apoio administrativo. O decreto entrou em vigor para todos os órgãos da Administração Pública federal, conforme o artigo 24, II, aos 14 de outubro de 2021.

Os órgãos ou entidades responsáveis pelas decisões administrativas que impliquem liberação classificarão o risco da atividade econômica e deverão estabelecer três níveis de riscos: (1) nível de risco I – para os casos de risco leve, irrelevante ou inexistente; (2) nível de risco II – para os casos de risco moderado; ou (3) nível de risco III – para os casos de risco alto. O Decreto estabelece que o ato normativo da autoridade máxima do órgão ou da entidade deverá abarcar a matéria "de modo exaustivo", estabelecendo as hipóteses de classificação. O Poder Regulamentar buscou, com isto, evitar fórmulas abertas bastante comuns como o "tais como" que, por meramente exemplificativas, sempre deixam uma grande margem de discricionariedade para o Administrador. É certo que, nem sempre, todas as situações serão abarcadas, entretanto, a norma passou a exigir maior cuidado por parte da administração. Para evitar vazios normativos, admite-se que a "atividade econômica poderá ser enquadrada em níveis distintos de risco pelo órgão ou pela entidade, em razão da complexidade, da dimensão ou de outras características e se houver a possibilidade de aumento do risco envolvido".

Para a definição do nível de risco da atividade econômica, a Administração deverá considerar, no mínimo, o seguinte: (1) a probabilidade de ocorrência de eventos danosos; e (2) a extensão, a gravidade ou o grau de irreparabilidade do impacto causado à sociedade na hipótese de ocorrência de evento danoso. Tais considerações deverão, preferencialmente, ser feitas com a utilização de métodos quantitativos e estatísticos, evitando-se, portanto, a subjetividade na identificação dos riscos associados. A classificação de risco deve garantir que (1) todas as hipóteses de atos públicos de liberação estejam classificadas em, no mínimo, um dos níveis de risco; e (2) pelo menos uma hipótese esteja classificada no nível de risco I. Para o afastamento do previsto em (2), a autoridade pública deverá fundamentar a exclusão.

O enquadramento do risco é uma presunção *iuris tantum* (relativa), na medida em que a autoridade administrativa poderá definir critérios para alteração do enquadramento do nível de risco da atividade econômica, mediante a demonstração pelo requerente da existência de instrumentos que, a critério do órgão ou da entidade, reduzam ou anulem o risco inerente à atividade econômica, tais como: (1) declaração própria ou de terceiros como substitutivo de documentos ou de comprovantes; (2) ato ou contrato que preveja instrumentos de responsabilização própria ou de terceiros em relação aos riscos inerentes à atividade econômica; (3) contrato de seguro; (4) prestação de caução; ou (5) laudos de profissionais privados habilitados acerca do cumprimento dos requisitos técnicos ou legais. Tais circunstâncias devem constar previamente em atos normativos, cuja fundamentação e razões técnicas que subsidiem a norma devem estar disponíveis no sítio da internet da entidade ou órgão público, como condição de validade.

A classificação de risco tem por objetivo a simplificação da liberação econômica da atividade; em sendo assim, a classificação de risco I dispensa a solicitação de qualquer ato público de liberação. No particular, deve ser relembrado que é frequente que pequenos Municípios exijam licenciamento ambiental para atividades tais como padarias, farmácias, restaurantes que, em princípio, não geram riscos relevantes para a comunidade.

Nas hipóteses de nível de risco II, os órgãos públicos deverão adotar procedimentos administrativos simplificados para as solicitações de atos públicos de liberação de atividades econômicas. Caso, no processo administrativo, estejam presentes os elementos necessários à sua instrução, a decisão liberatória deve ser proferida no momento da solicitação, ou seja, imediatamente.

A Lei 11.598/2007, com a nova redação que lhe foi dada pela Lei 14.195/2021, em seu artigo 5º determina que para a finalidade de registro e legalização de empresários e pessoas jurídicas, os requisitos de segurança sanitária, controle ambiental e prevenção contra incêndios deverão ser simplificados, racionalizados e uniformizados pelos órgãos e entidades que componham a Redesim, no âmbito das respectivas competências. O § 1º do artigo admite que as vistorias necessárias para a emissão das licenças e autorizações poderão ser "realizadas após o início de operação do estabelecimento quando a atividade, por sua natureza, comportar grau de risco compatível com esse procedimento".

O artigo 6º-A estabelece que, em caso em que o grau de risco da atividade seja considerado médio, na forma prevista no artigo 5º-A, o alvará de funcionamento e as licenças serão emitidos automaticamente, sem análise humana, por intermédio de sistema responsável pela integração dos órgãos e das entidades de registro, nos termos estabelecidos em resolução do CGSIM. O § 6º do artigo 6º-A dispõe que não são afastadas as "regras de licenças ambientais e outros atos autorizativos previstos na Lei Complementar 140, de 8 de dezembro de 2011".

O STF, ao julgar a ADI 6.808,[18] decidiu que é inconstitucional a concessão automática de licença ambiental para funcionamento de empresas que exerçam atividades classificadas como de risco médio, mantendo-se a competência dos órgãos de controle ambiental para a definição do processo de licenciamento ambiental e vetando-se a concessão automática de licenças ambientais. A decisão do STF, de certa forma, dá interpretação ao § 6º do artigo 6º-A da Lei 11.598/2007, no sentido de assegurar que, em matéria ambiental, a simplificação do licenciamento ambiental não pode ir além da diminuição das exigências meramente burocráticas, sem descuidar das questões relativas à proteção do meio ambiente.

Ainda em relação à proteção do meio ambiente, é inconstitucional a aprovação tácita de licenciamentos e/ou a concessão de licenças sanitárias ou ambientais. O STF, na ADPF 656,[19]

---

[18] "1. Conversão da apreciação da medida cautelar em julgamento de mérito: prescindibilidade de novas informações. Princípio da razoável duração do processo. Precedentes. 2. A ausência de aditamento à petição inicial não importa no prejuízo da ação quando não constatada alteração substancial das normas impugnadas. Precedentes. 3. São inconstitucionais as normas pelas quais simplificada a obtenção de licença ambiental no sistema responsável pela integração (Redesim) para atividade econômica de risco médio e vedada a coleta adicional de informações pelo órgão responsável à realizada no sistema Redesim para a emissão das licenças e alvarás para o funcionamento do empresário ou da pessoa jurídica, referentes a empreendimentos com impactos ambientais. Não aplicação das normas questionadas em relação às licenças ambientais. 4. Ação direta conhecida quanto ao disposto no artigo 6º-A e inc. III do artigo 11-A da Lei 14.195/2021, decorrentes da conversão, respectivamente, do artigo 6º e inc. II do artigo 11 da Medida Provisória 1.040/2021. Julgamento de mérito. Parcial procedência do pedido para dar interpretação conforme à Constituição ao artigo 6º-A e ao inc. III do artigo 11-A da Lei 14.195/2021 no sentido de excluir a aplicação desses dispositivos às licenças em matéria ambiental" (STF, ADI 6.808/DF 0052474-24.2021.1.00.0000, Rel. Min. Cármen Lúcia, j. 14.09.2021, Publicação: 21.09.2021).

[19] "I – O ato impugnado consiste em portaria assinada pelo Secretário de Defesa Agropecuária do Ministério da Agricultura, Pecuária e Abastecimento – MAPA, que estabelece prazos para aprovação tácita de utilização de agrotóxicos, independentemente da conclusão de estudos técnicos relacionados aos efeitos nocivos ao meio ambiente ou as consequências à saúde da população brasileira. II – Trata-se de portaria, destinada ao público em geral com função similar a um decreto regulamentar, o qual, a pretexto de interpretar o texto legal, acaba por extrapolar o estreito espaço normativo reservado pela Constituição às autoridades administrativas. III – Exame de atos semelhantes que vêm sendo realizados rotineiramente por esta Corte, a exemplo da ADPF 489, também proposta pela Rede Sustentabilidade contra a Portaria do Ministério do Trabalho 1.129/2017, a qual redefiniu os conceitos de

decidiu que portaria ministerial que, sob a justificativa de regulamentar a atuação estatal sobre o exercício de atividade econômica relacionada a agrotóxicos, para imprimir diretriz governamental voltada a incrementar a liberdade econômica, fere direitos fundamentais consagrados e densificados, há muito tempo, concernentes à Saúde Ambiental.

1.4 Ministério do Meio Ambiente e Mudança do Clima – MMA

A primeira estrutura administrativa criada no Brasil Republicano para a proteção do que posteriormente seria o "meio ambiente" foi o Serviço Florestal do Brasil criado pelo Decreto 4.421/1921, que era "uma seção especial", cujos objetivos eram "conservação, beneficiamento, reconstituição, formação e aproveitamento das florestas". O MMA resultou da transformação da Secretaria do Meio Ambiente em Ministério por força do artigo 21 da Lei 8.490/1992. Por sua vez, o MMA foi transformado pela Lei 8.746/1993, em MMA e da Amazônia Legal. Houve uma ligeira alteração nas atribuições e na estrutura básica do Ministério transformado para aquelas que passaram a ser atribuídas ao novel Ministério.

A Lei 14.600/2023 reorganizou os órgãos da Presidência da República, dando nova estrutura ao MMA que, por força do artigo 36, é competente para dispor sobre: (1) política nacional do meio ambiente; (2) política nacional sobre mudança do clima; (3) política de preservação, conservação e utilização sustentável de ecossistemas, biodiversidade e florestas; (4) gestão de florestas públicas para a produção sustentável; (5) estratégias, mecanismos e instrumentos regulatórios e econômicos para a melhoria da qualidade ambiental e o uso sustentável dos recursos naturais; (6) políticas para a integração da proteção ambiental com a produção econômica; (7) políticas para a integração entre a política ambiental e a política energética; (8) políticas de proteção e de recuperação da vegetação nativa; (9) políticas e programas ambientais para a Amazônia e para os demais biomas brasileiros; (10) zoneamento ecológico-econômico e outros instrumentos de ordenamento territorial, incluído o planejamento espacial marinho, em articulação com outros Ministérios competentes; (11) qualidade ambiental dos assentamentos humanos, em articulação com o Ministério das Cidades; (12) política nacional de educação ambiental, em articulação com o Ministério da Educação;

---

trabalho forçado, jornada exaustiva e condições análogas às de escravos. IV – A portaria ministerial que, sob a justificativa de regulamentar a atuação estatal acerca do exercício de atividade econômica relacionada a agrotóxicos, para imprimir diretriz governamental voltada a incrementar a liberdade econômica, fere direitos fundamentais consagrados e densificados, há muito tempo, concernentes à Saúde Ambiental. V – Cuida-se de 'um campo da Saúde Pública afeita ao conhecimento científico e à formulação de políticas públicas relacionadas à interação entre a saúde humana e os fatores do meio ambiente natural e antrópico que a determinam, condicionam e influenciam, visando à melhoria da qualidade de vida do ser humano, sob o ponto de vista da sustentabilidade'. VI – Estudos científicos, inclusive da Universidade de São Paulo, descortinam dados alarmantes, evidenciando que o consumo de agrotóxicos no mundo aumentou em 100% entre os anos de 2000 e 2010, enquanto no Brasil este acréscimo correspondeu a quase 200%. VII – Pesquisas mostram também que o agrotóxico mais vendido no Brasil é o Glifosato, altamente cancerígeno, virtualmente banido nos países europeus, e que corresponde, sozinho, a mais da metade do volume total de todos os agrotóxicos comercializados entre nós. VIII – No País, existem 504 ingredientes ativos com registro autorizado, sendo que, desses, 149 são proibidos na União Europeia, correspondendo a cerca de 30% do total, valendo acrescentar que, dos 10 agrotóxicos mais vendidos aqui, 2 são banidos na UE. IX – Permitir a entrada e registro de novos agrotóxicos, de modo tácito, sem a devida análise por parte das autoridades responsáveis, com o fim de proteger o meio ambiente e a saúde de todos, ofende o princípio da precaução, ínsito no artigo 225 da Carta de 1988" (ADPF 656/DF 0087430-03.2020.1.00.0000, Rel. Min. Ricardo Lewandowski, j. 29.04.2022, Publicação: 03.05.2022).

88 | DIREITO AMBIENTAL – *Paulo de Bessa Antunes*

(13) gestão compartilhada dos recursos pesqueiros, em articulação com o Ministério da Pesca e Aquicultura; e (14) políticas de proteção de espécies ameaçadas de extinção.

O Ministério do Meio Ambiente e Mudança do Clima tem a seguinte estrutura organizacional: (I) órgãos de assistência direta e imediata ao Ministro de Estado do Meio Ambiente e Mudança do Clima: (a) Gabinete; (b) Assessoria de Participação Social e Diversidade; (c) Assessoria Especial de Assuntos Parlamentares e Federativos; (d) Assessoria Especial de Comunicação Social; (e) Assessoria Especial de Assuntos Internacionais; (f) Assessoria Especial de Controle Interno; (g) Corregedoria; (h) Ouvidoria; (i) Consultoria Jurídica; e Secretaria-Executiva: (a) Subsecretaria de Planejamento, Orçamento e Administração; (b) Departamento de Planejamento e Gestão Estratégica; (c) Departamento de Gestão de Fundos e de Recursos Externos; (d) Departamento de Educação Ambiental e Cidadania; e (e) Departamento de Apoio ao Conselho Nacional do Meio Ambiente – Conama e ao Sistema Nacional do Meio Ambiente – Sisnama; (II) órgãos específicos singulares: (1) Secretaria Nacional de Biodiversidade, Florestas e Direitos Animais: (a) Departamento de Florestas; (b) Departamento de Proteção, Defesa e Direitos Animais; (3) Departamento de Conservação e Uso Sustentável da Biodiversidade; e (4) Departamento de Áreas Protegidas; (2) Secretaria Nacional de Meio Ambiente Urbano e Qualidade Ambiental: (a) Departamento de Meio Ambiente Urbano; (b) Departamento de Gestão de Resíduos; e (c) Departamento de Qualidade Ambiental; (3) Secretaria Nacional de Mudança do Clima: (a) Departamento de Apoio ao Conselho Nacional de Mudança do Clima e ao Comitê Interministerial sobre Mudança do Clima; (b) Departamento de Políticas de Mitigação, Adaptação e Instrumentos de Implementação; e (c) Departamento de Oceano e Gestão Costeira; (4) Secretaria Nacional de Bioeconomia: (a) Departamento de Políticas de Estímulo à Bioeconomia;[20] (b) Departamento de Gestão Compartilhada de Recursos Pesqueiros; e (c) Departamento de Patrimônio Genético; (5) Secretaria Nacional de Povos e Comunidades Tradicionais e Desenvolvimento Rural Sustentável: (a) Departamento de Gestão Socioambiental e Povos e Comunidades Tradicionais; (b) Departamento de Políticas de Gestão Ambiental Rural; (c) Departamento de Revitalização de Bacias Hidrográficas, Acesso à Água e Uso Múltiplo dos Recursos Hídricos; e (d) Departamento de Combate à Desertificação; (6) Secretaria Extraordinária de Controle do Desmatamento e Ordenamento Ambiental Territorial: (a) Departamento de Políticas de Controle do Desmatamento e Queimadas; e (b) Departamento de Ordenamento Ambiental Territorial; e (7) Serviço Florestal Brasileiro: (a) Diretoria de Concessão Florestal e Monitoramento; (b) Diretoria de Fomento Florestal; (c) Diretoria de Regularização Ambiental Rural; e (d) Diretoria de Planejamento, Orçamento e Administração; (III) órgãos colegiados: (a) Conama; (b) Conselho Deliberativo do Fundo Nacional do Meio Ambiente; (c) Conselho de Gestão do Patrimônio Genético – CGen; (d) Comissão Nacional de Florestas – Conaflor; (e) Comitê Gestor do Fundo Nacional sobre Mudança do Clima; (f) Comissão Nacional de Combate à Desertificação – CNCD; (g) Comitê Gestor do Fundo Nacional para a Repartição de Benefícios – FNRB; (h) Comissão Nacional para Recuperação da Vegetação Nativa – Conaveg; (i) Comissão Nacional para Redução das Emissões de Gases de Efeito Estufa Provenientes do Desmatamento e da Degradação Florestal, Conservação dos Estoques de Carbono Florestal, Manejo Sustentável de Florestas e Aumento de Estoques de Carbono Florestal – REDD+; (j) Comissão Nacional de Biodiversidade; (k) Conselho Nacional de Recursos Hídricos; (l) Comissão de Gestão de Florestas Públicas; (m) Conselho Nacional de Mudança do Clima – CNMC; e (n) Conselho Nacional dos Povos e Comunidades Tradicionais – CNPCT; e (IV) entidades vinculadas: (a) Instituto Brasileiro do Meio Ambiente e dos Recursos Naturais Renováveis – Ibama;

---

20   Ver Decreto 12.044/2024.

(b) Instituto Chico Mendes de Conservação da Biodiversidade – Instituto Chico Mendes; (c) Instituto de Pesquisas Jardim Botânico do Rio de Janeiro – JBRJ.

Há uma quantidade enorme de órgãos e entidades, com destaque para o impressionante número de 14 Colegiados vinculados à estrutura do MMA. Há que se questionar a permanência do colegiado relativo aos povos e comunidades tradicionais no âmbito do MMA, haja vista que a nova composição ministerial engloba três ministérios voltados para (1) povos indígenas, (2) igualdade racial e (3) direitos humanos que, em tese, seriam mais apropriados para acolher povos e comunidades tradicionais.

1.4.1 Instituto Brasileiro do Meio Ambiente e dos Recursos Naturais Renováveis – Ibama

O Ibama foi criado pela Lei 7.735/1989, resultante da aprovação da Medida Provisória 34, de 1989, a partir da extinção dos antigos órgãos encarregados dos problemas ambientais brasileiros. Para a criação do Ibama, foram extintas a SEMA, criada pelo Decreto 73.030/1973, e a Superintendência do Desenvolvimento da Pesca – Sudepe, autarquia federal vinculada ao Ministério da Agricultura, criada pela Lei Delegada 10/1962. O Ibama foi criado sob a forma de autarquia federal de regime especial, dotada de personalidade jurídica de direito público com autonomia administrativa e financeira, vinculada ao MMA, com a finalidade de assessorá-la na formação e coordenação, bem como executar e fazer executar a PNMA, e de preservação, conservação e uso racional, fiscalização, controle e fomento dos recursos naturais.

A criação do Ibama teve o mérito de congregar, em um único organismo, diversas entidades que não conseguiram jamais atuar em conjunto. Antes da existência do Ibama, havia pelo menos quatro órgãos voltados para as questões ambientais. Deve ser ressaltado, entretanto, que nenhum deles possuía força política ou econômica para desempenhar adequadamente as suas tarefas. O Ibama, sem dúvida, foi um grande progresso em relação à situação anterior. É lógico, contudo, que remanescem problemas muito graves. O mais importante deles é, sem dúvida, a falta de uma definição clara quanto às tarefas a serem desenvolvidas pelo Instituto, pois existe uma evidente superfetação de atribuições. É de se considerar, ademais, que as competências de planejamento, gestão, fiscalização e execução são muito diferenciadas entre si e, não poucas vezes, geram conflitos muito graves no interior de um mesmo órgão. Embora vitoriosa, faz-se necessária uma revisão da iniciativa que levou à criação do Ibama. A experiência que foi acumulada nos mostra que órgãos de controle ambiental não devem se confundir com órgãos encarregados da gestão de unidades de conservação, ou mesmo de pesquisa científica.

Os órgãos setoriais integrantes do Sisnama são os órgãos ou entidades federais, da administração direta ou indireta, cujas atividades sejam associadas às de proteção da qualidade ambiental ou à disciplina da utilização dos recursos naturais. Muitos são os órgãos que podem ser catalogados na condição de órgãos setoriais do Sisnama. É de se observar que o verdadeiro labirinto legal e regulamentar em que se constitui a legislação brasileira de proteção ao meio ambiente levou a que o Decreto 99.274, de 6 de junho de 1990, que regulamentou a Lei 6.938/1981, utilizasse uma denominação diversa daquela contida na lei. Com efeito, o artigo 3º, V, do decreto denomina como *órgãos seccionais* os órgãos e entidades integrantes da Administração Pública Federal, direta ou indireta, bem como os órgãos e entidades da Administração Pública dos Estados-Membros da Federação. Houve, evidentemente, uma clara impropriedade no decreto, pois os órgãos setoriais foram suprimidos do Sisnama e confundidos com os órgãos seccionais.

O artigo 12 do Decreto 99.274 determina que a coordenação dos órgãos seccionais federais, quanto à PNMA, compete ao MMA.[21]

Órgãos seccionais são os órgãos ou entidades estaduais responsáveis pela execução de programas e projetos, e pelo controle e fiscalização de atividades capazes de provocar degradação ambiental. Tais órgãos são de extraordinária importância para o Sisnama, pois a eles compete a maior parte da atividade de controle ambiental. Cada Estado deverá organizar a sua agência de controle ambiental de acordo com a sua realidade, de acordo com o seu interesse peculiar. A grande dificuldade dos órgãos seccionais é que, quase sempre, eles são destituídos de recursos necessários para o seu adequado funcionamento.

Os órgãos locais são os órgãos municipais de controle ambiental. Tais órgãos somente existem nos Municípios mais ricos, naqueles que são dotados de mais recursos financeiros. Na grande maioria das vezes, o controle ambiental em âmbito local é inexistente ou realizado pelo órgão estadual ou federal.

1.4.1.1 Atribuições do Ibama

A atual redação do artigo 2º da Lei 7.735/1989 deu as seguintes atribuições ao Ibama: (1) exercer o poder de polícia ambiental; (2) executar ações das políticas nacionais de meio ambiente, referentes às atribuições federais, relativas ao licenciamento ambiental, ao controle da qualidade ambiental, à autorização de uso dos recursos naturais e à fiscalização, monitoramento e controle ambiental, observadas as diretrizes emanadas do MMA; e (3) executar as ações supletivas de competência da União, de conformidade com a legislação ambiental vigente.

1.4.2 Instituto Chico Mendes de Conservação da Biodiversidade – ICMBio

A Lei 11.516/2007 criou o Instituto Chico Mendes de Conservação da Biodiversidade – Instituto Chico Mendes, que é organizado sob a forma de autarquia federal dotada de autonomia administrativa e financeira, vinculada ao MMA, com as seguintes finalidades: (1) executar ações da política nacional de unidades de conservação da natureza, referentes às atribuições federais relativas à proposição, implantação, gestão, proteção, fiscalização e monitoramento das unidades de conservação instituídas pela União; (2) executar as políticas relativas ao uso sustentável dos recursos naturais renováveis e ao apoio ao extrativismo e às populações tradicionais nas unidades de conservação de uso sustentável instituídas pela União; (3) fomentar e executar programas de pesquisa, proteção, preservação e conservação da biodiversidade e de educação ambiental; (4) exercer o poder de polícia ambiental para a proteção das unidades de conservação instituídas pela União; e (5) promover e executar, em articulação com os demais órgãos e entidades envolvidos, programas recreacionais, de uso público e de ecoturismo nas unidades de conservação, onde estas atividades sejam permitidas.

1.4.3 Instituto de Pesquisa Jardim Botânico do Rio de Janeiro – JBRJ

A estrutura organizacional do Instituto de Pesquisas Jardim Botânico do Rio de Janeiro – JBRJ foi aprovada pelo Decreto 12.137/2024, competindo-lhe: (1) promover, realizar e divulgar o ensino e as pesquisas técnico-científicas sobre os recursos florísticos do País, com vistas ao conhecimento e à conservação da biodiversidade; e (2) manter as coleções científicas sob sua responsabilidade. E, ainda, (3) subsidiar o Ministério do Meio Ambiente e Mudança do Clima na elaboração da Política Nacional de Biodiversidade e de Acesso a Recursos Genéticos;

---

[21] Atualizado de acordo com a extinção da SEMA e a criação do MMA.

(4) criar e manter programas de apoio à implantação, à estruturação e ao desenvolvimento de jardins botânicos, nos âmbitos federal, estadual, distrital e municipal; (5) manter a operacionalização e o controle do Sistema Nacional de Registro de Jardins Botânicos; (6) desenvolver e difundir programas de pesquisa científica, com vistas à conservação da flora nacional, e estimular o desenvolvimento tecnológico das atividades de interesse da botânica e de áreas correlatas; (7) manter e ampliar coleções nacionais de referência, representativas da flora nativa e exótica, em estruturas adequadas, carpoteca, xiloteca, herbário e coleção de plantas vivas; (8) manter e ampliar o acervo bibliográfico, especializado na área da botânica, do meio ambiente e de áreas afins; (9) estimular e manter programas de formação e capacitação de recursos humanos nos campos da botânica, da ecologia, da educação ambiental e da gestão de jardins botânicos; (10) manter banco de germoplasma e promover a divulgação anual do *index seminum* no *Diário Oficial da União*; (11) manter unidades associadas representativas dos diversos ecossistemas brasileiros; e (12) analisar propostas e firmar acordos e convênios internacionais, com vistas à cooperação no campo das atividades de pesquisa e acompanhar a sua execução, ouvido o Ministério do Meio Ambiente e Mudança do Clima.

Capítulo 4
PODER DE POLÍCIA AMBIENTAL E LICENCIAMENTO AMBIENTAL

 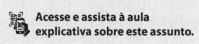

Acesse e assista à aula explicativa sobre este assunto.

> http://uqr.to/1b2hh

O uso dos recursos ambientais está sujeito ao poder de polícia e, em especial, ao licenciamento ambiental que é o procedimento administrativo que estabelece os limites e as condicionantes para o acesso, exploração e utilização dos recursos naturais. É o exercício do poder de polícia que balizará os seus legítimos limites de utilização. O poder de polícia é um poderoso instrumento de harmonização de direitos individuais, fazendo que eles sejam exercidos com respeito aos direitos de terceiros. Contudo, a sua legitimidade depende da estrita observância das normas legais e regulamentares, sendo necessário que o agente da autoridade atue dentro da regra de direito. O Estado deve assegurar aos indivíduos a liberdade para a realização de seus projetos pessoais e privados, desde que não produzam danos a terceiros.

O poder de polícia tem suas origens na própria formação do Estado moderno tal como concebido na Europa Ocidental. A necessidade concreta de ordenar e regulamentar os diversos aspectos da vida social impôs à Administração o exercício de práticas que passaram a ser conhecidas como *atividades de polícia, exercidas sob um poder* político centralizado. O poder de polícia é a faculdade que o Estado possui de intervir na vida social, com a finalidade de coibir comportamentos nocivos para a vida em comunidade, decorrendo do próprio Estado de Direito, e está, *ipso iure,* submetido ao princípio da legalidade, sem o qual não alcança legitimidade constitucional. Não se pode estabelecer uma exigência de polícia sem que haja uma base constitucional e legal para a sua imposição.

O poder de polícia, como atuação estatal demarcadora do conteúdo de direitos privados, é exercido no sentido de evitar a prática de danos a terceiros. Indiscutivelmente, ele é um balizamento de direito imposto pelo Estado aos cidadãos e que se dirige fundamentalmente à liberdade individual e à propriedade privada, fixando os marcos nos quais esses direitos são concretamente exercidos. Hely Lopes Meirelles (1996) sustentava que o conceito de poder de polícia, nas sociedades modernas, se amplia constantemente, de forma a abranger maior gama de atividades particulares que, de uma forma ou de outra, mediata ou imediatamente, interferiam nos diversos interesses dos grupos sociais. As restrições e limitações impostas pelo poder público ao cidadão – aqui deve ser observado que as limitações atingem, indistintamente, as pessoas naturais e as pessoas jurídicas – decorrem da lei e são, portanto, *vinculadas, isto é, são tomadas com base em preceito formal de lei. É arbitrário o exercício do poder de polícia que não esteja embasado em uma norma legal.*

Não pode ser esquecido, a propósito, o fato de que o Estado, em qualquer uma de suas manifestações de soberania, tem a indeclinável obrigação de fundamentar todos os seus atos em preceito contido em uma lei formal (CF, artigos 37, *caput*, 93, IX, e 129, VIII). *A vinculação da Administração ao direito escrito e positivado é uma garantia do cidadão e da sociedade*, servindo de barreira para que o administrador não ultrapasse os limites do mandato que lhe foi outorgado pela comunidade, ou seja, exercer a atividade administrativa nos estreitos limites da norma legal.

1. CONCEITO NORMATIVO DE PODER DE POLÍCIA

É no Código Tributário Nacional [CTN] que se encontra o conceito normativo de poder de polícia (artigo 78), que se caracteriza como uma atividade indelegável exercida pelo Estado.[1] É atuação estatal, preventiva ou repressiva, visando coibir *danos sociais*. É importante observar a particularidade específica da ação policial do Estado, pois, agindo em relação aos danos sociais, tudo aquilo que for do interesse privado é imune à atividade de polícia, bem entendido que não pode a atividade privada prejudicar a ordem pública em quaisquer de seus aspectos. Por ser atividade *vinculada,* o Estado não pode, no uso de seu poder de polícia, se imiscuir na intimidade privada dos cidadãos nem no seu domicílio.[2] A jurisprudência moderna do Supremo Tribunal Federal tem reconhecido que entidades da Administração Pública indireta, mesmo que organizadas sob o regime de direito privado, podem exercer o poder de polícia.[3]

A atividade de *polícia* se subdivide em dois grandes grupos: o da (1) Polícia Administrativa e o da (2) Polícia Judiciária. O poder de polícia ambiental está incluído no grupo da polícia administrativa, assim como a vigilância sanitária, a das edificações e outros. As polícias militares são instituições que exercem atividades administrativas de manutenção da ordem pública; já a polícia judiciária é aquela que é exercida com vistas à apuração de crimes e contravenções para submetê-los à apreciação judicial.

O ato de polícia é dotado de autoexecutoriedade, *i.e.,* não depende de autorização judicial, sendo legal desde que resguarde os direitos constitucionais de inviolabilidade do domicílio, por exemplo. O Estado age por meios coativos que são postos à sua disposição pela lei; contudo, o limite da coação legítima é balizado pela própria lei. A execução dos atos de polícia é atribuição da autoridade de polícia, que é, em nosso regime, uma entidade da Administração Pública direta ou indireta, que age por meio de seus agentes legitimamente investidos de autoridade.

A autoridade administrativa tem o poder-dever de promover a regulamentação a ser posta em prática pelo *pessoal de polícia*, isto é, pelos agentes responsáveis pelo cumprimento

---

[1] "1. Estando prejudicada a Ação, quanto ao § 3º do artigo 58 da Lei 9.649, de 27.05.1998, como já decidiu o Plenário, quando apreciou o pedido de medida cautelar, a Ação Direta é julgada procedente, quanto ao mais, declarando-se a inconstitucionalidade do *caput* e dos §§ 1º, 2º, 4º, 5º, 6º, 7º e 8º do mesmo artigo 58. 2. Isso porque a interpretação conjugada dos artigos 5º, XIII, 22, XVI, 21, XXIV, 70, parágrafo único, 149 e 175 da Constituição Federal, leva à conclusão, no sentido da indelegabilidade, a uma entidade privada, de atividade típica de Estado, que abrange até poder de polícia, de tributar e de punir, no que concerne ao exercício de atividades profissionais regulamentadas, como ocorre com os dispositivos impugnados. 3. Decisão unânime" (STF, ADI 1.717/DF, Rel. Min. Sydney Sanches, *DJU* 28.03.2003).

[2] STF, RE-AgR 331.303/PR, Rel. Min. Sepúlveda Pertence, *DJU* 12.03.2004, p. 42.

[3] Tema 532 – Aplicação de multa de trânsito por sociedade de economia mista, Rel. Min. Luiz Fux, Leading Case: RE 633.782. Foi fixada a seguinte tese: "É constitucional a delegação do poder de polícia, por meio de lei, a pessoas jurídicas de direito privado integrantes da Administração Pública indireta de capital social majoritariamente público que prestem exclusivamente serviço público de atuação própria do Estado e em regime não concorrencial".

e observância da ordem emanada da autoridade competente, nos exatos termos em que ela tenha sido proferida, atentando-se para o fato de que o pessoal de polícia não está obrigado a dar cumprimento à determinação manifestamente ilegal.[4] Devem, contudo, ser observados alguns pontos fundamentais: o ato de polícia, embora seja autoexecutório, não pode exorbitar da (1) legalidade e da (2) proporcionalidade entre a infração cometida e a sanção administrativa aplicada. A *proporcionalidade* é requisito essencial para a validade do ato de polícia.[5] Assim, não pode a autoridade pública interditar toda uma fábrica se apenas um de seus fornos polui a atmosfera e a sua interdição é suficiente para fazer cessar a agressão ambiental (GASPARINI, 1989). O importante é que se estabeleça uma real equivalência entre dano e pena. A aplicação proporcional de uma sanção é, provavelmente, o elemento mais difícil entre todos os necessários para a adequada manutenção da ordem pública ambiental.[6] A proporcionalidade se apura no caso concreto. O Superior Tribunal de Justiça julgou caso no qual foi apreendida carga de madeira, na qual parte minoritária era de origem ilegal. A Corte entendeu, acertadamente, que se a madeira legal tinha servido de instrumento para a ocultação da parcela ilegal, também deveria ser objeto de apreensão.[7]

Claro está que o ato de polícia ambiental não foge ao regramento geral dos atos administrativos, uma vez que ele é uma espécie em um universo mais amplo. Por isso, é indispensável que o ato de polícia seja praticado pela autoridade competente, ou seja, aquela dotada de atribuição legal; que seja revestido de forma adequada, de proporcionalidade, da sanção e da legalidade dos meios. Evidentemente que a ordem de polícia, a regulamentação de polícia, deve ser emanada da autoridade competente e baseada em norma legal. A Constituição de 1988 estabelece, ainda, como pressuposto para a validade dos atos administrativos a impessoalidade, a moralidade e a eficiência, requisitos necessários para a validade dos atos de polícia.

A Lei de Introdução às Normas do Direito Brasileiro [Decreto-Lei 4.657/1942], novo nome da antiga Lei de Introdução ao Código Civil, em seu artigo 20 e parágrafo único determina que as autoridades administrativas, controladoras e judiciais não decidirão com base em valores jurídicos abstratos, sem que sejam consideradas as consequências práticas da decisão,

---

[4]   Lei 8.112, de 11 de dezembro de 1990: artigo 116, IV.

[5]   "Ação direta de inconstitucionalidade. Impugnação à nova redação dada ao § 2º do artigo 33 do Decreto Federal 70.235, de 06.03.1972, pelo artigo 32 da Medida Provisória 1.699-41, de 27.10.1998, e o *caput* do artigo 33 da referida Medida Provisória. Aditamentos com relação às Medidas Provisórias posteriores. Em exame compatível com a liminar requerida, não têm relevância suficiente para a concessão dela as alegadas violações aos artigos 62 e 5º, XXXIV, XXXV, LIV e LV, e 62 da Constituição Federal quanto à redação dada ao artigo 33 do Decreto Federal 70.235/1972 – recebido como lei pela atual Carta Magna – pelo artigo 32 da Medida Provisória 1.699-41, de 27 de outubro de 1998, atualmente reeditada pela Medida Provisória 1.863-53, de 24 de setembro de 1999. No tocante ao *caput* do já referido artigo 33 da mesma Medida Provisória e reedições sucessivas, basta, para considerar relevante a fundamentação jurídica do pedido, a alegação de ofensa ao princípio constitucional do devido processo legal em sentido material (artigo 5º, LIV, da Constituição) por violação da razoabilidade e da proporcionalidade em que se traduz esse princípio constitucional. Ocorrência, também, do *periculum in mora*. Suspensão de eficácia que, por via de consequência, se estende aos parágrafos do dispositivo impugnado. Em julgamento conjunto de ambas as ADINs, delas, preliminarmente, se conhece em toda a sua extensão, e se defere, em parte, o pedido de liminar, para suspender a eficácia, *ex nunc* e até julgamento final do artigo 33 e seus parágrafos da Medida Provisória 1.863-53, de 24 de setembro de 1999" (STF, ADI-MC 1.976/DF, Tribunal Pleno, Rel. Min. Moreira Alves, *DJU* 24.11.2000, p. 189).

[6]   TRF-4, REEX 50018684320104047205/SC 5001868-43.2010.4.04.7205, 4ª Turma, Rel. Luís Alberto D'Azevedo Aurvalle, j. 10.07.2012.

[7]   STJ, AgInt no REsp 1.935.278/CE 2021/0126739-0, 2ª Turma, Rel. Min. Francisco Falcão, j. 09.11.2021, *DJe* 11.11.2021.

96 | DIREITO AMBIENTAL – *Paulo de Bessa Antunes*

determinando que a motivação deverá demonstrar a necessidade e a adequação da medida a ser imposta ao particular, assim como da invalidação do ato, contrato, ajuste, processo ou norma administrativa, considerando as alternativas possíveis. Os *valores jurídicos abstratos* são aqueles previstos em normas jurídicas com alto grau de indeterminação e abstração [Decreto 9.830/2019].

2. A ORDEM PÚBLICA DO MEIO AMBIENTE

O direito ambiental é um dos principais elementos da ordem pública do meio ambiente que é constituída pelo conjunto de instituições e normas cujo objetivo é assegurar o cumprimento do artigo 225 da Constituição Federal, ou seja, o direito fundamental dos indivíduos ao meio ambiente sadio e equilibrado. Logo, uma de suas mais relevantes atribuições é estabelecer os elementos normativos que assegurem a utilização sustentável dos recursos ambientais. A *ordem pública* do meio ambiente é o respeito pelos cidadãos e pelas instituições públicas e privadas aos parâmetros estabelecidos pela norma ambiental. Se os níveis ambientais legalmente estabelecidos estiverem sendo observados, a ordem pública ambiental estará, em princípio, sendo cumprida. Contudo, não há uma garantia absoluta de que o respeito aos padrões ambientais não cause danos a terceiros, ou mesmo ao meio ambiente. Assim, o respeito da ordem pública ambiental necessita de, no mínimo, dois requisitos: a (1) adequação da atividade aos parâmetros normativamente fixados e a (2) inexistência de danos a terceiros e/ou ao ambiente.

A polícia do meio ambiente pode ser (1) preventiva ou (2) repressiva. A atuação preventiva ou repressiva faz-se mediante a utilização de medidas de polícia ambiental. O conceito de polícia do meio ambiente é, essencialmente, um conceito jurídico-administrativo que faz referência à atuação dos órgãos ambientais e à função de fiscalização e controle por eles exercidos. O direito de fiscalizar instalações industriais para verificar a sua adequação às normas de proteção ao meio ambiente é inerente à atividade de órgãos ambientais que tenham concedido a licença ou autorização ambiental (LC 140/2011, artigo 17). A polícia judiciária [polícia civil] não exerce função de fiscalização ambiental, pois o seu papel é investigar crimes e submeter o resultado de suas investigações ao Ministério Público e ao Poder Judiciário. As polícias militares são polícias administrativas e têm sido reconhecidas como agentes de fiscalização ambiental, sobretudo em matéria florestal e no combate ao tráfico ilícito de madeiras e animais, por exemplo. As polícias militares podem exercer as ações de fiscalização, inclusive com a lavratura de autos de infração, desde que haja lei autorizativa ou convênio regularmente firmado com a instituição primariamente responsável pela fiscalização.[8]

2.1 A fiscalização ambiental

A fiscalização ambiental é atividade relevante para a proteção do meio ambiente, pois é por meio dela que danos ambientais podem ser evitados e, se consumados, reprimidos. A fiscalização ambiental é exercida pelos agentes dos órgãos integrantes do Sisnama, sendo como regra geral atribuição do órgão responsável pela emissão da licença ou autorização ambiental. A Lei Complementar 140/2011, no particular, é confusa, pois em seu parágrafo terceiro afirma que a atribuição comum dos entes federativos para o combate à poluição [CF, artigo 23] pode ser exercida por todos os entes federativos, prevalecendo, entretanto, a sanção imposta pelo ente que tenha expedido a licença do empreendimento sancionado ou, na inexistência da licença, o órgão competente para o licenciamento. A jurisprudência tem se inclinado no

---

[8] STJ, REsp 1.621.954/SC 2015/0310346-5, 2ª Turma, Rel. Min. Herman Benjamim, j. 20.10.2016, *DJe* 05.11.2019. Ver Tema 532 do STF.

sentido de admitir a imposição de multas ambientais por entes federativos que não sejam os responsáveis pelo licenciamento, sob o argumento de que o artigo 23 da CF não fez a distinção prevista no § 3º do artigo 17 da LC 140/2011.

A fiscalização, assim como qualquer atividade administrativa, está submetida aos princípios e preceitos constitucionais, não podendo ser exercida ao arrepio da CF. Para tal, há que se observar precipuamente o *caput* do artigo 37 da CF, em especial os princípios de *legalidade, publicidade* e *impessoalidade*. A fiscalização deve agir dentro dos estreitos limites do respeito aos direitos e garantias individuais, inclusive daqueles referentes à privacidade do domicílio (artigo 5º, XI, da CF).

Conforme o disposto no artigo 7º da LC 140/2011, as atribuições da fiscalização federal são basicamente as seguintes:

(1) exercer o controle e fiscalizar as atividades e empreendimentos cuja atribuição para licenciar ou autorizar, ambientalmente, for cometida à União;

(2) empreendimentos ou atividades localizados ou desenvolvidos conjuntamente no Brasil e em país limítrofe;

(3) empreendimentos ou atividades localizados ou desenvolvidos no mar territorial, na plataforma continental ou na zona econômica exclusiva;

(4) empreendimentos ou atividades localizados ou desenvolvidos em terras indígenas;

(5) empreendimentos ou atividades localizados ou desenvolvidos em unidades de conservação instituídas pela União, exceto em Áreas de Proteção Ambiental (APAs);

(6) empreendimentos ou atividades localizados ou desenvolvidos em 2 (dois) ou mais Estados;

(7) empreendimentos ou atividades de caráter militar, excetuando-se do licenciamento ambiental, nos termos de ato do Poder Executivo, aqueles previstos no preparo e emprego das Forças Armadas, conforme disposto na Lei Complementar 97/1999;

(8) empreendimentos ou atividades destinados a pesquisar, lavrar, produzir, beneficiar, transportar, armazenar e dispor material radioativo, em qualquer estágio, ou que utilizem energia nuclear em qualquer de suas formas e aplicações, mediante parecer da Comissão Nacional de Energia Nuclear (CNEN); ou

(9) empreendimentos ou atividades que atendam tipologia estabelecida por ato do Poder Executivo, a partir de proposição da Comissão Tripartite Nacional, assegurada a participação de um membro do Conama, e considerados os critérios de porte, potencial poluidor e natureza da atividade ou empreendimento.

A fiscalização pelo Ibama é regida pelas normas contidas no Regulamento Interno da Fiscalização (RIF) do Ibama aprovado pela Portaria 24/2016, com nova redação dada pela Portaria 3.326/2019. O objetivo principal da atividade fiscalizatória é a prevenção da prática de ilícitos administrativos ambientais, "induzindo o comportamento social de conformidade com a legislação ambiental pela aplicação de sanções administrativas e das medidas judiciais cabíveis" (artigo 3º), cabendo-lhe, ainda, a apuração administrativa dos atos infracionais. O artigo 5º da Portaria 24/2016 estabelece que a fiscalização "ambiental emprega a dissuasão como a principal forma de promover a mudança de comportamento social e prevenir a prática de ilícitos ambientais". Dissuasão, como definido, é "a mudança esperada no comportamento do indivíduo pelo medo de ser punido". Não se questiona o caráter retórico da norma por duas razões principais: (a) a simples punição não é suficiente para resolver questões ambientais complexas e, especialmente, (b) pelo fato de que o índice de aplicação efetiva das multas e sanções impostas pelo Ibama e pelo ICMBio é muito baixo.

DIREITO AMBIENTAL – *Paulo de Bessa Antunes*

A padronização de procedimentos para a fiscalização é fundamental, pois fiscalização sem regras claras e definidas é incompatível com o Estado Democrático de Direito. Infelizmente, a grande maioria dos estados e dos municípios não possui regulamentos internos de fiscalização, exercendo-a de forma aleatória e arbitrária.

Somente o *servidor público*[9] especialmente designado possui autoridade legal para lavrar autos de infração e praticar atos de fiscalização ambiental.

Os Agentes Ambientais Federais, no desempenho de suas atribuições, estão obrigados a:

(1) conhecer a estrutura organizacional do Ibama, seus objetivos e competências como Órgão executor da PNMA;

(2) obedecer rigorosamente aos princípios, deveres, proibições, responsabilidades e obrigações relativas ao servidor público civil da União, estabelecidos em leis e normas vigentes, destacando-se as obrigações referentes à ética no serviço público, comunicando a autoridade competente, se for o caso, para apuração de responsabilidades por desrespeito às normas e leis;

(3) respeitar a estrutura hierárquica do Órgão, cumprindo com disciplina as determinações estabelecidas pela autoridade competente, pelo Coordenador Operacional ou pelo Chefe de Equipe Fiscalizatória;

(4) aplicar técnicas, procedimentos e conhecimentos inerentes à prática fiscalizatória, adquiridos nos cursos de capacitação ou aperfeiçoamento;

(5) identificar-se previamente, sempre que estiver em ação fiscalizatória;

(6) abordar as pessoas de forma educada e formal, quando das ações fiscalizatórias;

(7) cumprindo seu papel de educador e multiplicador de informações, orientar a comunidade em geral sobre a legislação ambiental vigente e sobre direitos e deveres referentes a prazos e documentos a serem apresentados resultantes de ação fiscalizatória;

(8) aplicar as sanções previstas na legislação vigente, mediante a constatação de ilícitos ambientais;

(9) preencher os formulários de fiscalização com atenção, de forma concisa e legível, ou mediante uso de equipamento digital, circunstanciando os fatos averiguados com informações objetivas e enquadramento legal específico, evitando a perda do impresso, quando for o caso, ou provocando a nulidade da autuação;

(10) atuar ostensivamente mediante o uso do uniforme e veículo oficial identificado, conforme decisão da autoridade competente ou do Coordenador Operacional;

(11) submeter-se às necessidades do exercício da atividade fiscalizatória, atuando em locais, dias e horários necessários, ainda que peculiares, à execução adequada dos trabalhos práticos;

(12) atender aos prazos estabelecidos pela autoridade hierarquicamente superior, Coordenador Operacional ou Chefe de Equipe Fiscalizatória para a adoção dos procedimentos pertinentes, inclusive quanto à entrega de formulários lavrados e demais documentos das atividades de fiscalização, ainda que mediante solução eletrônica;

(13) apresentar à autoridade hierarquicamente superior ou ao Chefe de Equipe Fiscalizatória o Relatório de Autuação, Parecer Técnico, bem como dados complementares dos fatos ocorridos, preferencialmente com fotos, descrição e localização exata do ilícito ambiental;

---

9   Conforme o decidido pelo tema 532 [STF], o servidor público poderá ser *funcionário* público [regido por estatuto] ou empregado público [regido pelas leis trabalhistas].

Capítulo 4 · PODER DE POLÍCIA AMBIENTAL E LICENCIAMENTO AMBIENTAL | 99

(14) participar de cursos, atualizações, treinamentos e encontros que visem ao aperfeiçoamento das suas funções;

(15) zelar pela manutenção, uso adequado e racional dos veículos, barcos, equipamentos, armas e demais instrumentos empregados nas ações fiscalizatórias em geral e, em específico, aqueles que lhes forem confiados;

(16) conhecer e adestrar-se no manuseio de armas de fogo mediante processo de capacitação específico concebido e dirigido pela CGFIS ou por esta autorizado;

(17) zelar pelo sigilo das informações quando do planejamento e execução das ações fiscalizatórias;

(18) manter a discrição e portar-se de forma compatível com a função que exerce;

(19) apresentar-se limpo, com o uniforme padrão em bom estado, não sendo permitido o uso de vestimentas, acessórios e objetos incompatíveis com o mesmo;

(20) comunicar ao superior imediato os desvios praticados e irregularidades detectadas no exercício da ação fiscalizatória;

(21) abster-se de aceitar favorecimentos que impliquem o recebimento de benefícios para hospedagem, transporte, alimentação, salvo em situações de emergência e que não tenham sido previstas no planejamento operacional;

(22) abster-se em aceitar presentes e brindes de qualquer espécie cuja doação seja motivada por sua condição de Agente Ambiental Federal;

(23) abster-se do consumo de bebidas alcoólicas ou qualquer outro tipo de entorpecentes durante o serviço, considerando-se todos os turnos quando em operação de fiscalização, ou trabalhar sob seus efeitos;

(24) devolver todo material, uniformes, armamento, acessórios e equipamentos que caracterizem atividade de fiscalização, que lhes tenham sido fornecidos pelo Órgão, ao afastar-se dessa atividade ou ser excluído de Portaria de designação para atividade fiscalizatória.

A ação dos órgãos de fiscalização do Ibama está disciplinada pela Portaria 14/2017, com as alterações promovidas pelas Portarias 2.864, de 7 de agosto de 2019, e 3.326, de 12 de setembro de 2019, e as ações de combate ao desmatamento na Amazônia estão disciplinadas pela Portaria Normativa 2/2022. A Portaria Ibama 217/2023 estabeleceu as diretrizes para o planejamento e a execução das ações de fiscalização ambiental, inteligência ambiental, emergências ambientais, operações aéreas e manejo integrado do fogo, para o ano de 2024.

As fiscalizações podem ser: (1) programadas; (2) emergenciais; (3) resultantes de denúncia; (4) decorrentes de determinação judicial; (5) ocasionadas por requisição do Ministério Público; (6) solicitadas por autoridade policial; (7) determinadas por decisão superior; ou (8) de iniciativa própria do AAF.

É relevante consignar que, salvo nas hipóteses de fiscalização emergencial, ou por iniciativa própria, a ação fiscalizatória deverá ser iniciada por Ordem de Fiscalização emitida pela autoridade competente. Cabe observar que a fiscalização por "iniciativa própria" é a antítese da fiscalização iniciada por Ordem de Fiscalização, haja vista que tal Ordem de Fiscalização tem o inegável e salutar propósito de impedir que fiscais mais "zelosos" atuem aleatoriamente e, certamente, em prejuízo da própria idoneidade do corpo de fiscais. Em relação à atuação da fiscalização do Ibama, o Superior Tribunal de Justiça e os Tribunais Regionais Federais têm entendido que a Lei 9.605/1998 – norma de caráter geral – confere a todos os funcionários dos órgãos ambientais integrantes do Sisnama o poder para lavrar autos de infração e instaurar processos administrativos e que, no âmbito das atribuições dos servidores do Ibama, a

100 | DIREITO AMBIENTAL – *Paulo de Bessa Antunes*

competência para a fiscalização é atribuída aos analistas ambientais e, atualmente, por força da Lei 11.357/2006, admitida também aos técnicos ambientais, contanto que estejam formal e previamente designados para o ofício.[10]

Quanto à emissão de Ordens de Fiscalização têm-se por competentes as seguintes autoridades: (1) o diretor da Dipro; (2) o coordenador-geral da CGFis; (3) o coordenador da Cofis; (4) o superintendente; (5) o gerente-executivo; (6) o chefe da Divisão Técnico-Ambiental; e (7) o chefe da unidade avançada. É importante observar que a equipe de fiscalização deve ser integrada por, no mínimo, dois agentes públicos, sendo ao menos um destes Agente Ambiental Federal.

A fiscalização por meio de ato administrativo formal deve ser devidamente documentada, de modo que o autuado possa exercer seus direitos de defesa e para que a administração possa exercer o controle de legalidade da atividade. A documentação produzida pela fiscalização é parte obrigatória do processo administrativo sancionador. Os principais documentos da fiscalização são os seguintes:

(1) Auto de infração (AI): documento destinado a fazer o enquadramento da infração ambiental, sua descrição objetiva, indicação de sanções e qualificação do autuado;

(2) Termo de Embargo: documento destinado a formalizar o embargo de obra ou atividade para paralisar a infração ambiental, prevenir a ocorrência de novas infrações, resguardar a recuperação ambiental e garantir o resultado prático do processo administrativo;

(3) Termo de Suspensão: documento destinado a formalizar a suspensão de venda ou fabricação de produtos para evitar a colocação no mercado de produtos e subprodutos oriundos de infração administrativa ao meio ambiente, ou que tenha como objetivo interromper o uso contínuo de matéria-prima e subproduto de origem ilegal, ou suspensão parcial ou totalmente de atividades para impedir a continuidade de processos produtivos em desacordo com a legislação ambiental;

(4) Termo de Apreensão: documento destinado a formalizar a apreensão de animais, bens, produtos, subprodutos, veículos e petrechos utilizados no cometimento da infração ambiental, visando a prevenir a ocorrência de novas infrações, resguardar a recuperação ambiental e garantir o resultado prático do processo administrativo;

(5) Termo de Depósito: documento destinado a formalizar o depósito de animais, bens, produtos, subprodutos, veículos e petrechos apreendidos por serem utilizados no cometimento da infração ambiental, podendo ficar sob a guarda de órgão ou entidade, ser confiados a terceiro, bem como ficar sob a guarda do próprio autuado, na qualidade de fiel depositário, até o julgamento do processo administrativo;

(6) Termo de Doação: documento destinado a formalizar a doação de animais, bens, produtos, subprodutos e veículos apreendidos utilizados no cometimento da infração ambiental;

(7) Termo de Demolição: documento destinado a formalizar a demolição de obra, edificação ou construção não habitada e utilizada diretamente no cometimento da infração ambiental, conforme o caso;

(8) Termo de Soltura: documento destinado a formalizar a soltura de animais apreendidos, durante as ações de fiscalização ambiental, por meio da libertação da fauna silvestre em seu *habitat* natural, observando-se critérios técnicos previamente estabelecidos;

---

[10] STJ, AgInt no REsp 1.565.823/AL 2015/0283396-0, 2ª Turma, Rel. Min. Asusete Magalhães, j. 10.10.2017, DJe 23.10.2017.

Capítulo 4 · PODER DE POLÍCIA AMBIENTAL E LICENCIAMENTO AMBIENTAL | 101

(9) Termo de Entrega de Animais Silvestres: documento destinado a formalizar a entrega de animais da fauna silvestre a jardins zoológicos, fundações, entidades de caráter científico, centros de triagem, criadouros regulares ou entidades assemelhadas, conforme previsto no inciso I do artigo 107 do Decreto 6.514/2008;

(10) Termo de Destruição/Inutilização: documento destinado a formalizar a destruição ou inutilização de bens, produtos, subprodutos, veículos e petrechos apreendidos, utilizados no cometimento das infrações ambientais, visando a prevenir a ocorrência de novas infrações, resguardar a recuperação ambiental e garantir o resultado prático do processo administrativo;

(11) Notificação: documento destinado a formalizar as determinações exaradas pelo AAF, com vistas a aprofundar o conhecimento de detalhes, solicitar regularização, esclarecimentos, documentos e informações acerca de circunstâncias sobre o objeto da Ação Fiscalizatória, ou para impor ao administrado obrigação de fazer;

(12) Laudo Técnico: documento conclusivo elaborado com a finalidade de registrar o entendimento técnico sobre determinado fato, fundamentado em conhecimentos ou técnicas específicas, e que consiste em elemento probatório e embasamento para decisões e medidas adotadas pela fiscalização ambiental;

(13) Ordem de Fiscalização: documento destinado aos AAFs para ordenar a execução de uma ação fiscalizatória ou o início da apuração de infração ambiental, contendo informações essenciais para a sua execução;

(14) Comunicação de Bem Apreendido (CBA): documento de controle interno destinado a informar a situação de bem apreendido ao final da ação fiscalizatória e servir como recibo de entrega do bem apreendido pelo AAF aos cuidados e responsabilidades da autoridade competente;

(15) Relatório de Fiscalização: documento destinado a descrever as causas e circunstâncias da infração ambiental, narrando em detalhes os fatos ocorridos para seu cometimento, o comportamento do autuado e dos demais envolvidos, os objetos, instrumentos e petrechos envolvidos, os elementos probatórios, o *modus operandi* e a indicação de eventuais atenuantes e/ou agravantes relevantes, com o objetivo de garantir as informações para a elucidação da acusação e auxiliar na decisão da autoridade julgadora acerca da infração ambiental;

(16) Manual Básico para o Autuado: documento para informar os principais direitos e deveres das pessoas físicas e jurídicas autuadas, no âmbito do processo administrativo federal instaurado para apurar infração ambiental;

(17) Documentos instrutórios: manifestação elaborada pela área técnica responsável pela instrução do processo administrativo sancionador com o objetivo de subsidiar a decisão da autoridade competente;

(18) Contradita: manifestação emitida pelo agente autuante ou outro servidor que tenha participado da ação de fiscalização, por meio de informação, visando a elucidar as dúvidas relativas ao ato infracional e à ação fiscalizatória que porventura não tenham sido esclarecidas na instrução preliminar ou surgidas em decorrência de argumentos do administrado;

(19) Decisão Administrativa: decisão interlocutória ou de mérito proferida pela autoridade competente; e

(20) Comunicação de Crime: documento destinado a informar ao Ministério Público a prática de infração ambiental que possa implicar possível crime.

A fiscalização ambiental é atividade administrativa cujos atos, em princípio, ostentam presunção de legalidade e legitimidade. Isto, entretanto, não significa que os agentes de fiscalização possam lavrar autos e impor sanções aos particulares sem que estejam presentes as condições mínimas para a comprovação do alegado nos autos de infração. A atividade de fiscalização, muito embora de natureza eminentemente preventiva, necessita produzir provas das constatações efetivadas durante as diligências, de modo que os autos de constatação e infração emitidos possam ter consistência jurídica e as penalidades efetiva e corretamente aplicadas. Infelizmente, nem sempre isso ocorre. Grande parte da ineficiência da fiscalização é demonstrada pelo pequeno índice de pagamento de multas o qual reflete, dentre outras coisas, uma fiscalização malfeita e apressada, sem a produção da necessária prova técnica. O Ibama (SALOMON, 2011) é o recordista de baixo rendimento no recolhimento de multas aplicadas, em boa medida como decorrência de autos lavrados de forma insuficiente. Aqui, não se pode deixar de observar que os autos de infração lavrados inadequadamente, com vícios de legalidade, devem ser anulados pela própria administração.[11]

Todos os elementos de informação coligidos durante a ação fiscalizatória deverão constar de relatório próprio, conforme as normas vigentes para procedimento de apuração de infrações administrativas por condutas e atividades lesivas ao meio ambiente e, "sempre que possível", reforçadas com parecer técnico que contenha ao menos os itens a seguir:

(1) número do auto de infração e demais termos;

(2) fotografias, preferencialmente coloridas e datadas;

(3) manifestação técnica sobre o objeto da infração e danos verificados, emitida por Analista Ambiental ou Especialista de nível superior, com habilitação adequada, e, preferencialmente, por outro integrante da equipe que não o Agente Ambiental Federal autuante;

(4) coordenadas geográficas, no formato grau, minuto e segundo, *Datum* oficial do IBGE-SAD 1969 ou Sirgas 2000;

(5) nos casos de infração em que o dano seja medido em unidade de área (km^2, hectare, alqueire e outros), deverá ser confeccionado o polígono delimitando a área de abrangência do dano;

(6) em todos os demais casos deverá ser indicado o local da infração, definido por um par de coordenadas geográficas;

(7) nos casos em que a infração puder ser verificada via sensoriamento remoto, o parecer técnico deverá conter ao menos duas imagens, se houver, uma anterior e outra posterior ao fato, ambas datadas e com a grade de coordenadas;

(8) quando houver indicativo A4 de desmatamento gerado pelo Sistema de Detecção em Tempo Real (DETER),[12] o mesmo deverá ser anexado ao parecer técnico. Registre-se que o laudo técnico é essencial, pois é dele que decorrerá a prova cabal da materialidade da ação nociva. Ademais, dado que a apuração judicial dos fatos é sempre lenta, somente um laudo contemporâneo aos eventos poderá servir de base para decisões futuras.

A fiscalização pelo Instituto Chico Mendes está regulada pela Portaria ICMBio 95/2012. Conforme disposto no artigo 1º do RIFICMBio, as ações de fiscalização promovidas pelo ICM-Bio serão executadas com base nas orientações e princípios estabelecidos neste regulamento, em consonância com a legislação pertinente, tendo como áreas de abrangência as Unidades de Conservação Federais e respectivas zonas de amortecimento.

---

[11]   Lei 9.784/1999, artigo 53. Supremo Tribunal Federal, Súmulas 346 e 473.

[12]   "O DETER é um levantamento rápido de alertas de evidências de alteração da cobertura florestal na Amazônia, feito pelo INPE. O DETER foi desenvolvido como um sistema de alerta para dar suporte à fiscalização e ao controle de desmatamento e da degradação florestal realizados pelo Instituto Brasileiro do Meio Ambiente e dos Recursos Naturais Renováveis (IBAMA) e demais órgãos ligados a esta temática". Disponível em: http://www.obt.inpe.br/OBT/assuntos/programas/amazonia/deter. Acesso em: 20 dez. 2019.

Capítulo 4 · PODER DE POLÍCIA AMBIENTAL E LICENCIAMENTO AMBIENTAL | **103**

Elas serão planejadas e executadas pelas unidades descentralizadas e serão coordenadas, avaliadas e supervisionadas pela Diretoria responsável do ICMBio.

A área de atuação do ICMBio para as ações de fiscalização previstas no RIFICMBio é restrita às unidades de conservação federais e respectivas zonas de amortecimento. Vale notar, também, que a fiscalização do ICMBio não exclui a do Ibama, nem dos demais órgãos integrantes do Sisnama.

O Agente de Fiscalização está obrigado a:

(1) Manter atualizados os conhecimentos referentes à Instituição, legislação, procedimentos e tecnologias relacionados à ação fiscalizatória;

(2) Executar, no âmbito da sua área de atuação e de acordo com as normas e orientações gerais e específicas, as ações de fiscalização;

(3) Participar de operações de fiscalização fora de sua unidade de lotação, sempre que convocado pela CGPRO ou recrutado por outras Unidades Descentralizadas;

(4) Atender às peculiaridades da ação fiscalizatória, atuando em locais, dias e horários próprios à atividade de fiscalização, de acordo com as normas estabelecidas pelo Instituto;

(5) Apresentar-se uniformizado na execução das ações de fiscalização do ICMBio, salvo motivo justificado;

(6) Identificar-se previamente no exercício da atividade de fiscalização;

(7) Atuar em ação de fiscalização sempre em equipe;

(8) Buscar testemunhas ao constatar ilícitos ambientais;

(9) Preencher os formulários de fiscalização de forma concisa e legível, circunstanciando os fatos com informações objetivas;

(10) Apresentar à chefia da Unidade onde estiver ocorrendo a ação ou ao coordenador da equipe o relatório das atividades de fiscalização, acompanhado dos devidos formulários, em prazo máximo de 3 (três) dias após o término da ação fiscalizatória;

(11) Receber, mediante assinatura do Termo de Recebimento, os formulários e demais materiais controlados da fiscalização, passando a responder por sua guarda e utilização;

(12) Devolver todo o material controlado ao afastar-se da atividade de fiscalização, em decorrência de exoneração, cessão, redistribuição, aposentadoria, licença e outros tipos de afastamentos previstos em legislação;

(13) Primar pela manutenção e pelo uso adequado e racional de todo patrimônio que lhe for confiado;

(14) Participar de cursos, atualizações, treinamentos e encontros que visem ao aperfeiçoamento das ações fiscalizatórias, aplicando no exercício da atividade as técnicas, procedimentos e conhecimentos adquiridos;

(15) Orientar a comunidade em geral sobre a prevenção de ilícitos, assim como divulgar a legislação ambiental vigente;

(16) Adotar conduta pautada no respeito aos direitos humanos, com vistas a minimizar a ocorrência e a intensidade de conflitos durante a ação fiscalizatória, somente fazendo uso da força, inclusive de cunho verbal, em resposta proporcional à ação prévia por parte do abordado, observados os princípios da legalidade, necessidade, proporcionalidade, moderação e conveniência;

(17) Comunicar à chefia imediata, à CGPRO e/ou demais autoridades competentes os desvios praticados e irregularidades detectadas no exercício da ação de fiscalização; e

(18) Guardar o sigilo das ações de fiscalização.

O Regimento da Fiscalização definiu os padrões a serem utilizados quando do preenchimento dos formulários, com vistas a garantir exigibilidade da imputação. Dessa forma, "[o] preenchimento dos formulários deverá ser efetuado utilizando-se letra de forma legível ou por meio de equipamento eletrônico específico". E "[a] assinatura do autuante deverá obrigatoriamente estar acompanhada de seu nome completo, matrícula e número da portaria de designação como Agente de Fiscalização, todos legíveis, ou carimbo contendo essas informações".

Um elemento da maior importância é a atividade prática da fiscalização, a qual se divide em: (i) *De ordem:* por determinação ou solicitação superior, tipificadas como (a) rotina: ações cotidianas de fiscalização; (b) emergencial: situações atípicas à rotina, que exige atendimento imediato; (c) demanda externa: encaminhada por outros órgãos públicos ou pela sociedade de modo geral, incluindo determinações judiciais, solicitações do Ministério Público e atendimento a denúncias diversas, formais e informais; (d) precursora: não ostensiva, de caráter reservado, objetivando levantamento de informações relacionadas a ilícitos ambientais; e (ii) *De ofício:* por dever de ação do Agente de Fiscalização diante da ocorrência de ilícito ambiental, de competência de apuração pelo ICMBio, sem que haja prévio conhecimento ou determinação.

É relevante observar que a "[a]ção de fiscalização será iniciada com a *designação da equipe de fiscalização pelo chefe da Unidade Descentralizada*". A equipe de fiscalização *"será composta pelo mínimo de 3 (três) Agentes de Fiscalização do ICMBio"*. Para que a equipe atue é necessário que exista uma formalização *"por meio de Ordem de Fiscalização, onde deverão constar os elementos para o cumprimento da ação fiscalizatória, período, nome dos membros da equipe e coordenador"*. Sem tal designação, como regra, a fiscalização deve ser tida por clandestina e realizada sem a devida autorização, portanto, nulos os atos por ela produzidos.

Merece atenção o parágrafo único do artigo 6º, que determina: "O exercício das atividades de fiscalização pelos titulares dos cargos de Técnico Ambiental deverá ser precedido de ato de designação próprio da autoridade ambiental à qual estejam vinculados e dar-se-á na forma de norma a ser baixada pelo Ibama ou pelo Instituto Chico Mendes de Conservação da Biodiversidade – Instituto Chico Mendes, conforme o Quadro de Pessoal a que pertencerem".[13]

3. O CONTROLE AMBIENTAL

O *controle ambiental* é a atividade estatal consistente na exigência da observância da legislação de proteção ao meio ambiente, por parte de toda e qualquer pessoa, natural ou jurídica, utilizadora de recursos ambientais.[14] Veja-se que o controle ambiental é exercido sobre atividades que podem não estar sujeitas ao licenciamento ambiental que somente é aplicável à construção, instalação, ampliação e funcionamento de estabelecimentos e atividades utilizadores de recursos ambientais, efetiva ou potencialmente poluidores *ou capazes, sob qualquer forma, de causar degradação ambiental.*[15]

Os instrumentos de controle ambiental se dividem em (1) instrumentos de controle lato senso e (2) instrumentos de controle estrito senso (licenciamento ambiental). Os estudos ambientais, as auditorias ambientais, os termos de compromisso ambiental, os embargos,

---

[13] Ver o item 4.2.1.1. A Fiscalização pelo IBAMA para mais detalhes sobre a discussão da investidura do agente de fiscalização.

[14] Decreto Estadual (Espírito Santo) 1.777-R/2007.

[15] PNMA, artigo 10.

a interrupção de atividades, a apreensão de instrumentos de ilícitos ambientais e outros documentos e atos da mesma natureza são instrumentos de controle ambiental em sentido amplo; por sua vez, as licenças e autorizações ambientais se classificam como instrumentos de controle ambiental em sentido estrito.

O licenciamento ambiental, de mero instrumento da PNMA, tem se transformado em um dos principais pontos de discussão dos profissionais envolvidos em questões ambientais; isto é uma distorção, pois se discute mais o instrumento da política ambiental do que a própria política ambiental. Todas as atividades humanas que alterem negativamente as condições ambientais são sujeitas ao controle ambiental, mas não necessariamente ao licenciamento ambiental.

O estabelecimento da distinção entre controle e licenciamento é necessário, na medida em que as atividades submetidas ao licenciamento ambiental são em números cada vez maiores e a capacidade do estado em atender às demandas de licenciamento é decrescente. Há uma necessidade real de racionalização do licenciamento ambiental sem que, no entanto, não se afrouxe na proteção ambiental.

4.   O LICENCIAMENTO AMBIENTAL

O *licenciamento ambiental* é, juntamente com a fiscalização, a principal manifestação do poder de polícia ambiental. O licenciamento ambiental é procedimento administrativo pelo qual o órgão ambiental competente permite a localização, instalação, ampliação e operação de empreendimentos e atividades utilizadoras de recursos ambientais, consideradas efetiva ou potencialmente poluidoras ou daquelas que, sob qualquer forma, possam causar degradação ambiental. A definição corresponde, em linhas gerais, à contida na Resolução Conama 237/1997 (artigo 1º, I). A LC 140/2011 define licenciamento ambiental como *o procedimento administrativo destinado a licenciar atividades ou empreendimentos utilizadores de recursos ambientais, efetiva ou potencialmente poluidores ou capazes, sob qualquer forma, de causar degradação ambiental* (artigo 2º, I).

É importante observar que a aplicação do artigo 5º, LV, da Constituição Federal ao licenciamento ambiental é matéria controversa, pois não se pode dizer que existam "litigantes" no procedimento de licenciamento ambiental, haja vista que o objetivo do procedimento de licenciamento ambiental é a concessão, ou não, de um alvará ambiental para o exercício de uma atividade submetida ao poder de polícia. Há litígio administrativo, real ou potencial, em uma ação fiscalizatória, na imposição de um embargo a determinada atividade, ou na cassação de uma licença ou autorização ambiental. Evidentemente que no procedimento de licenciamento ambiental devem ser facultados aos empreendedores e à comunidade a possibilidade de produzirem as alegações que julguem necessárias para a defesa de seus interesses, como estabelecido nas normas próprias que regem o licenciamento ambiental nos âmbitos federal, estadual e municipal, conforme o caso.

O primeiro ponto a caracterizar a natureza jurídica do licenciamento ambiental é a sua condição de *instrumento* da PNMA,[16] devendo, portanto, estar submetido aos objetivos da política nacional do meio ambiente, tal como definidos no artigo 4º da PNMA. Assim, o licenciamento ambiental não é um fim em si mesmo e as suas normas devem ser interpretadas de forma a atingir os objetivos da política ambiental. O órgão ambiental não deve formular exigências meramente burocráticas nem exigir documentos ou estudos que já sejam

---

[16]   PNMA, artigo 9º, IV.

106 | DIREITO AMBIENTAL – *Paulo de Bessa Antunes*

de conhecimento, ou de posse, do órgão de controle ambiental.[17-18] Logo, a flexibilidade da forma é perfeitamente possível, salvo se houver expressa determinação legal para a adoção de determinada fórmula.[19-20]

Quanto aos estudos ambientais exigíveis para determinado licenciamento ambiental, convém observar que a Resolução Conama 237/1997 permite a utilização de diversos deles, conforme a necessidade concreta do empreendimento, considerado o seu grau de intervenção no ambiente, pois a indicação do estudo exigível é "ato discricionário da instituição responsável pelo procedimento de licenciamento e deve ser realizada com base em critérios técnicos relacionados ao porte do empreendimento e ao potencial indutor de impactos ambientais que apresenta".[21] Por isso, o órgão ambiental pode, em decisão fundamentada, demonstrar que o projeto ou empreendimento sob licenciamento não é capaz de causar *significativo* impacto sobre o meio ambiente que é a condição constitucional para a exigência de estudo prévio de impacto ambiental.[22] No caso do Estado do Rio de Janeiro há previsão legal para que o órgão ambiental reconheça a inexigibilidade do estudo prévio de impacto ambiental em determinadas circunstâncias.[23]

Como instrumento da política ambiental, o licenciamento ambiental, como processualística, não se confunde com os institutos processuais do direito administrativo, muito embora sofra grande influência das normas processuais administrativas. A primeira e mais fundamental característica que se apresenta no procedimento administrativo de licenciamento ambiental é que ele não se caracteriza como contencioso, pois o procedimento de licenciamento ambiental não expressa um litígio entre a Administração e o cidadão, ou mesmo um litígio entre a administração e seus servidores. O requerimento de licenças ou autorizações ambientais para o exercício de determinada atividade, em tese, expressa um interesse do particular que poderá, ou não, ser coincidente com o da administração.

O procedimento de licenciamento ambiental, ainda que juridicamente seja complexo é, fundamentalmente, um procedimento de natureza técnica e política. É técnico na medida em que se fundamenta em estudos ambientais específicos com a finalidade de identificar o grau de impacto que a atividade sob licenciamento poderá, ou não, causar sobre o meio ambiente, considerando todos os seus aspectos. É político, na medida em que a concessão de uma licença ou autorização ambiental é, em grande parte, fruto de juízo de conveniência e oportunidade mitigado. A concessão da licença ambiental não é direito subjetivo do requerente; todavia,

---

[17] Lei 9.784/1999: "Artigo 37. Quando o interessado declarar que fatos e dados estão registrados em documentos existentes na própria Administração responsável pelo processo ou em outro órgão administrativo, o órgão competente para a instrução proverá, de ofício, à obtenção dos documentos ou das respectivas cópias".

[18] Lei 5.427/2009 (Estado do Rio de Janeiro): "Artigo 33. Quando o interessado declarar que fatos e dados estão registrados em documentos existentes no próprio órgão responsável pelo processo ou em outro órgão administrativo, a autoridade competente para a instrução, verificada a procedência da declaração, proverá, de ofício, à obtenção dos documentos ou das respectivas cópias, ou justificará a eventual impossibilidade de fazê-lo".

[19] Lei 9.784/1999: "Artigo 22. Os atos do processo administrativo não dependem de forma determinada senão quando a lei expressamente a exigir".

[20] Lei 5.427/2009 (Estado do Rio de Janeiro): "Artigo 19. Os atos do processo administrativo não dependem de forma determinada senão quando a lei expressamente a exigir".

[21] TRF-4, AC 50001502020104047008 PR 5000150-20.2010.404.7008, 4ª Turma, Rel. Vivian Josete Pantaleão Caminha, j. 23.02.2016, *DE* 07.03.2016.

[22] TRF-4, AC 50001502020104047008/PR 5000150-20.2010.404.7008, 4ª Turma, Rel. Vivian Josete Pantaleão Caminha, j. 23.02.2016, *DE* 07.03.2016.

[23] Lei 1.356, de 3 de outubro de 1988, artigo 1º, § 5º.

uma vez concedida, a licença gera direitos (1) enquanto for observada e (2) durante o prazo de sua validade. É perfeitamente compatível com o regime de licenciamento ambiental que uma licença ambiental seja negada devido ao fato de que haja resistência intransponível da comunidade local à implantação de determinado empreendimento.

A Resolução Conama 9/1987 dispõe sobre as audiências públicas, o seu artigo 5º estabelece que a ata da(s) Audiência(s) Pública(s) e seus anexos servirão de base, juntamente com o RIMA, para a análise e *parecer final do licenciador quanto à aprovação ou não do projeto*. Isto é, manifestação contrária ao empreendimento ou projeto, por parte da comunidade, é capaz de levar à negativa da concessão da licença mesmo que, em tese, o empreendimento ou projeto preencha os requisitos técnicos e legais. Esta é uma interpretação consistente com o artigo 10 da Declaração do Rio,[24] por exemplo. Mais recentemente, o Acordo de Escazú, em seu artigo 7, dispõe amplamente sobre o direito de participação cidadã no processo de tomada de decisões ambientais. É uma decorrência lógica da participação popular que a sua manifestação possa efetivamente levar à não concessão da licença, sob pena de que a participação popular não seja efetiva, limitando-se a um mero jogo de cena. Neste particular, os nossos procedimentos de licenciamento ambiental são muito tímidos quanto à possibilidade de participação popular. Aliás, a participação popular no licenciamento é do melhor interesse dos próprios empreendedores, pois sem uma licença social[25] clara para operar, há sempre o risco concreto para os empreendimentos e insegurança jurídica.

Não se destinando a solucionar litígios administrativos, o procedimento de licenciamento ambiental se submete a uma interpretação branda do artigo 5º, LV, da CF, na medida em que a ampla defesa e o contraditório serão aplicados conforme a norma administrativa própria que não se confunde com o Código de Processo Civil, nem com o Código de Processo Penal. O litígio entre a administração e o particular se estabelece, se for o caso, quando da (1) negativa de concessão da licença, do (2) estabelecimento das condicionantes da licença ou da (3) cassação ou revogação da licença ou autorização concedida. É após esses momentos que o

---

[24] Princípio 10: O melhor modo de tratar as questões ambientais é com a participação de todos os cidadãos interessados, em vários níveis. No plano nacional, toda pessoa deverá ter acesso adequado à informação sobre o ambiente de que dispõem as autoridades públicas, incluída a informação sobre os materiais e as atividades que oferecem perigo a suas comunidades, assim como a oportunidade de participar dos processos de adoção de decisões. Os Estados deverão facilitar e fomentar a sensibilização e a participação do público, colocando a informação à disposição de todos. Deverá ser proporcionado acesso efetivo aos procedimentos judiciais e administrativos, entre os quais o ressarcimento de danos e recursos pertinentes.

[25] A licença social para operar não é prevista em lei, não está escrita em um papel e não prevê penalidades legais. Diferentemente da licença prévia, licença de instalação e licença de operação, antigas conhecidas do mundo empresarial, a licença social muitas vezes é esquecida pelas organizações, justamente por não fazer parte de um rito formal, normatizado.

No contexto corporativo, por vezes regido por questões exclusivamente monetárias e pautadas em custo *versus* benefício, a licença social que não estiver explicitada pelos cálculos mais óbvios e evidentes é comumente esquecida. Em um mundo cada vez mais interconectado, interligado e intercomunicado, as empresas têm sido pegas de surpresa. De repente, a comunidade bate à porta e, quando menos se espera, anos de investimento são postos em risco.

O assunto em si não é novo. Há três décadas, o especialista Ian Thomson estuda esse tipo de licença. Certa vez ele mencionou que "além de obter licença legal para operar, é preciso conseguir no mínimo a anuência da comunidade, que deve estar 'de acordo' para a empresa praticar atividades nas vizinhanças. O ideal é que as pessoas vejam a operação como vantajosa. A partir desse momento, elas começam a se referir ao projeto como 'nossa mina' ou 'nossa fábrica'. Elas se sentem donas também". Disponível em: https://www.ethos.org.br/cedoc/ethos-gestao_licenca-social-para-operar-temor-ou--valor/. Acesso em: 11 jun. 2022.

inciso LV do artigo 5º da CF incide em sua plenitude sobre a questão debatida, devendo ser assegurado ao interessado a ampla defesa e o contraditório.

Logo, o procedimento administrativo de licenciamento ambiental tem natureza jurídica própria de direito processual ambiental, não se confundindo com o direito processual administrativo em sua inteireza. Na ausência de normas, no caso do licenciamento federal, há que se aplicar a Lei 9.784/1999, subsidiariamente, conforme disposto no seu artigo 69, o que demonstra a autonomia do procedimento de licenciamento ambiental em relação aos procedimentos administrativos, ou as leis estaduais e/ou municipais quando existentes e conforme seja o nível federativo em que ocorra o licenciamento.

Não se deve perder de vista que o requerimento de licença ambiental visa, por parte do empreendedor, à obtenção de um alvará concedido pelo Estado que o habilite ao exercício de uma determinada atividade utilizadora de recursos ambientais. Nesse sentido, o licenciamento ambiental é atividade diretamente relacionada ao exercício de direitos constitucionalmente assegurados, tais como o direito ao meio ambiente ecologicamente equilibrado, o direito de propriedade e o direito de livre-iniciativa econômica. Logo, o alvará de licença ambiental é o limitador concreto do exercício da atividade econômica que só é lícita se respeitados os seus limites. Aliás, o exame do conjunto de normas que regem o licenciamento ambiental demonstra que, muito embora de forma assistemática, existe uma abertura para a aplicação do contraditório e da ampla defesa, bem como para a participação do empreendedor na definição de seu escopo e exigências (Res. Conama 237/1997, artigo 10).

O processo de licenciamento ambiental é levado ao conhecimento do público desde o seu início, haja vista que existe determinação para que o simples requerimento de licença seja tornado público (Res. Conama 237/1997, artigo 10, II). Evidentemente que tal norma não é ociosa. O fundamento para a sua existência é que qualquer cidadão legitimamente interessado poderá acompanhar o processo de licenciamento ambiental, com vistas ao controle de legalidade e, se for o caso, requerer o que for de direito. Infelizmente, não existem regras que estabeleçam as formas pelas quais a participação se dará e a publicação, tal como tem sido praticada, se torna mais um procedimento burocrático, destituído de qualquer valor efetivo, haja vista que não dá início a uma participação mais ampla no licenciamento, bem como há necessidade de maior clareza na atuação do Estado no processo de licenciamento. Também indica a natureza participativa do licenciamento ambiental o artigo 11 da Resolução Conama 001/1986, que determina sejam o EIA e o Rima colocados à disposição da comunidade. Por fim, as audiências públicas, ainda que de caráter meramente consultivo, indicam a prevalência do princípio da publicidade e da participação no licenciamento ambiental, uma vez que a comunidade interessada a ser atingida pelo empreendimento poderá levar as razões de seu descontentamento ao órgão ambiental.

No licenciamento, são discutidos direitos importantes tanto para o empreendedor como para as comunidades situadas na área de influência do empreendimento e esses direitos não podem ser negligenciados. Logo, o estabelecimento de regras claras no processo de licenciamento ambiental, com a definição precisa da participação do público e de prazos, é essencial. É importante que o processo de licenciamento ambiental incorpore as tensões do caso concreto, evitando-se que liminares e outras medidas judiciais tomadas com base em processos administrativos malconduzidos paralisem empreendimentos necessários que, muitas vezes, são prejudicados em função de licenciamentos ambientais conduzidos de forma equívoca, apressada e, portanto, ilegítima. Os próprios empreendedores precisam ter consciência de que o importante no licenciamento ambiental não é velocidade, mas segurança.

O sistema federal de licenciamento ambiental é ligeiramente mencionado na Lei da PNMA, com a especificação das licenças ambientais no Decreto Federal 99.274/1990. O sistema está construído, pois, fundamentalmente, em resoluções administrativas do Conama.[26]

---

[26] Ver Capítulo 3, item *1.3.1.*

Capítulo 4 · PODER DE POLÍCIA AMBIENTAL E LICENCIAMENTO AMBIENTAL | **109**

É importante frisar que não existe um sistema nacional de licenciamento ambiental, haja vista que as normas aplicáveis podem variar em conformidade com os diferentes estados e municípios que, no caso concreto, estejam outorgando determinada licença ambiental.

O licenciamento ambiental que não observe, em sua tramitação, os princípios fundamentais da administração pública é licenciamento ambiental passível de revisão judicial.

A PNMA, no inciso IV do artigo 9º, estabelece que o *licenciamento é um de seus instrumentos*. O artigo 10 da mesma norma determina quais as medidas básicas que devem tomadas para o licenciamento de empreendimentos potencialmente poluidores. O licenciamento ambiental é um dos diferentes procedimentos de controle ambiental, adotados pelo Estado, cujo objetivo é assegurar que as atividades a ele submetidas gerem o menor impacto ambiental possível. O procedimento e licenciamento ambiental têm origem do requerimento do interessado, ou de ofício, e se encerra com a concessão ou a negativa do alvará respectivo, isto é, uma licença ou autorização ambiental, conforme o caso.

4.1 Competência

A natureza federativa do Estado brasileiro com frequência gera alguns conflitos relativamente às competências para licenciamento ambiental e aos critérios para a fixação dos órgãos competentes. É fato que tais conflitos são, majoritariamente, externos ao Sisnama sendo suscitados por terceiras partes no processo de licenciamento ambiental. Tipicamente são situações nas quais a capacidade dos órgãos estaduais e municipais de controle ambiental é questionada e é buscada uma federalização do licenciamento, usualmente baseada em critérios de dominialidade do bem. Assim, se o empreendimento é zona costeira, por exemplo, postula-se a transferência do processo para o Ibama.

A LC 140/2011 não trouxe novidades para a regulamentação jurídica da cooperação entre entes federativos para a proteção do meio ambiente, pois de certa forma é uma repetição de normas constantes na Resolução Conama 237/1997.

Ela distribuiu as atribuições de proteção ambiental entre os entes federativos, reafirmando o critério de extensão (abrangência) territorial dos impactos como definidor do órgão licenciador. A União[27] e os Municípios[28] têm as suas atribuições definidas, ficando os Estados

---

[27] "Artigo 7º (...) XIV – promover o licenciamento ambiental de empreendimentos e atividades: a) localizados ou desenvolvidos conjuntamente no Brasil e em país limítrofe; b) localizados ou desenvolvidos no mar territorial, na plataforma continental ou na zona econômica exclusiva; c) localizados ou desenvolvidos em terras indígenas; d) localizados ou desenvolvidos em unidades de conservação instituídas pela União, exceto em Áreas de Proteção Ambiental (APAs); e) localizados ou desenvolvidos em 2 (dois) ou mais Estados; f) de caráter militar, excetuando-se do licenciamento ambiental, nos termos de ato do Poder Executivo, aqueles previstos no preparo e emprego das Forças Armadas, conforme disposto na Lei Complementar 97, de 9 de junho de 1999; g) destinados a pesquisar, lavrar, produzir, beneficiar, transportar, armazenar e dispor material radioativo, em qualquer estágio, ou que utilizem energia nuclear em qualquer de suas formas e aplicações, mediante parecer da Comissão Nacional de Energia Nuclear (CNEN); ou h) que atendam tipologia estabelecida por ato do Poder Executivo, a partir de proposição da Comissão Tripartite Nacional, assegurada a participação de um membro do Conselho Nacional do Meio Ambiente (Conama), e considerados os critérios de porte, potencial poluidor e natureza da atividade ou empreendimento".

[28] "Artigo 9º (...) XIV – observadas as atribuições dos demais entes federativos previstas nesta Lei Complementar, promover o licenciamento ambiental das atividades ou empreendimentos: a) que causem ou possam causar impacto ambiental de âmbito local, conforme tipologia definida pelos respectivos Conselhos Estaduais de Meio Ambiente, considerados os critérios de porte, potencial poluidor e natureza da atividade; ou b) localizados em unidades de conservação instituídas pelo Município, exceto em Áreas de Proteção Ambiental (APAs)".

DIREITO AMBIENTAL – *Paulo de Bessa Antunes*

com todos os demais licenciamentos.[29] A LC 140/2011 é um importante instrumento de estabilidade jurídica, e com a evolução jurisprudencial servirá de elemento para uma melhor compreensão das atribuições dos entes federativos.

Federal	Estadual	Municipal
• exercer o controle e fiscalizar as atividades e empreendimentos cuja atribuição para licenciar ou autorizar, ambientalmente, for cometida à União; • promover o licenciamento ambiental de empreendimentos e atividades: (i) localizados ou desenvolvidos conjuntamente no Brasil e em país limítrofe; (ii) localizados ou desenvolvidos no mar territorial, na plataforma continental ou na zona econômica exclusiva; (iii) localizados ou desenvolvidos em terras indígenas; (iv) localizados ou desenvolvidos em unidades de conservação instituídas pela União, exceto em Áreas de Proteção Ambiental (APAs); (v) localizados ou desenvolvidos em 2 (dois) ou mais Estados; (vi) de caráter militar, excetuando-se do licenciamento ambiental, nos termos de ato do Poder Executivo, aqueles previstos no preparo e emprego das Forças Armadas, conforme disposto na LC 97, de 9 de junho de 1999; (vii) destinados a pesquisar, lavrar, produzir, beneficiar, transportar, armazenar e dispor material radioativo, em qualquer estágio, ou que utilizem energia nuclear em qualquer de suas formas e aplicações, mediante parecer da Comissão Nacional de Energia Nuclear (CNEN); ou (viii) que atendam tipologia estabelecida por ato do Poder Executivo, a partir de proposição da Comissão Tripartite Nacional, assegurada a participação de um membro do Conama, e considerados os critérios de porte, potencial poluidor e natureza da atividade ou empreendimento;	• exercer o controle e fiscalizar as atividades e empreendimentos cuja atribuição para licenciar ou autorizar, ambientalmente, for cometida aos Estados; • promover o licenciamento ambiental de atividades ou empreendimentos utilizadores de recursos ambientais, efetiva ou potencialmente poluidores ou capazes, sob qualquer forma, de causar degradação ambiental, ressalvado o disposto nos artigos 7º e 9º; • promover o licenciamento ambiental de atividades ou empreendimentos localizados ou desenvolvidos em unidades de conservação instituídas pelo Estado, exceto em Áreas de Proteção Ambiental (APAs); • aprovar o manejo e a supressão de vegetação, de florestas e formações sucessoras em: (i) florestas públicas estaduais ou unidades de conservação do Estado, exceto em Áreas de Proteção Ambiental (APAs); (ii) imóveis, observadas as atribuições previstas no inciso XV do artigo 7º; e (iii) atividades ou empreendimentos licenciados ou autorizados, ambientalmente, pelo Estado.	• exercer o controle e fiscalizar as atividades e empreendimentos cuja atribuição para licenciar ou autorizar, ambientalmente, for cometida ao Município; • observadas as atribuições dos demais entes federativos previstas nesta LC, promover o licenciamento ambiental das atividades ou empreendimentos: (i) que causem ou possam causar impacto ambiental de âmbito local, conforme tipologia definida pelos respectivos Conselhos Estaduais de Meio Ambiente, considerados os critérios de porte, potencial poluidor e natureza da atividade; ou (ii) localizados em unidades de conservação instituídas pelo Município, exceto em Áreas de Proteção Ambiental (APAs); • observadas as atribuições dos demais entes federativos previstas na LC, aprovar: (i) a supressão e o manejo de vegetação, de floresta e formações rurais, sucessoras em florestas públicas municipais e unidades de conservação instituídas pelo Município, exceto em Áreas de Proteção Ambiental (APAs); e (ii) a supressão e o manejo de vegetação, de florestas e formações sucessoras em empreendimentos licenciados ou autorizados, ambientalmente, pelo Município.

---

[29] "Artigo 8º (...) XIV – promover o licenciamento ambiental de atividades ou empreendimentos utilizadores de recursos ambientais, efetiva ou potencialmente poluidores ou capazes, sob qualquer forma, de causar degradação ambiental, ressalvado o disposto nos artigos 7º e 9º; XV – promover o licenciamento ambiental de atividades ou empreendimentos localizados ou desenvolvidos em unidades de conservação instituídas pelo Estado, exceto em Áreas de Proteção Ambiental (APAs)".

Federal	Estadual	Municipal
• estabelecida por ato do Poder Executivo, a partir de proposição da Comissão Tripartite Nacional, assegurada a participação de um membro do Conama, e considerados os critérios de porte, potencial poluidor e natureza da atividade ou empreendimento; • aprovar o manejo e a supressão de vegetação, de florestas e formações sucessoras em: (i) florestas públicas federais, terras devolutas federais ou unidades de conservação instituídas pela União, exceto em APAs; e (ii) atividades ou empreendimentos licenciados ou autorizados, ambientalmente, pela União.		

É importante observar que, em nível federal, tem havido um movimento de descentralização do licenciamento ambiental, conforme tem sido ressaltado por seguidas orientações administrativas. Mesmo antes da edição da LC 140/2011, a Consultoria Jurídica do MMA[30] externou posicionamento no sentido de que:

> Como explicitado na Lei Federal 6.938/1981, incumbe ao IBAMA o licenciamento ambiental de atividades e obras com grande impacto ambiental, de âmbito nacional ou regional, sem nenhuma derivação para outros aspectos tais como a titularidade do bem, característica ou natureza da atividade. Portanto, nos parece que se utilizar do critério – bens da União instituído no artigo 20 da Constituição – para efeito de identificar e distinguir as competências de licenciamento ambiental nos três níveis da Federação por via de interpretação em desapreço ao que dispõe a lei em sentido formal e material é um equívoco.
>
> Admitido o atrelamento do licenciamento ambiental à titularidade do bem afetado, teríamos uma gama de empreendimentos e atividades de diminuto impacto ambiental sujeitos ao licenciamento obrigatório pelo IBAMA. Caberia ao IBAMA, por exemplo, licenciar toda e qualquer atividade de mineração, qualquer construção em situado na orla marinha (terreno de marinha), qualquer atividade que capte água ou lance efluentes em rios que banhem mais de um estado, ou que se estendam a território estrangeiro (rios de domínio da União).

Mais recentemente, a Orientação Jurídica Normativa 43/2012/PFE/Ibama[31] (revista e atualizada em novembro de 2016), ao tratar das competências para licenciamento ambiental, assentou que:

---

[30] Parecer 312/CONJUR/MMA/2004. Disponível em: https://www.yumpu.com/pt/document/view/32444895/parecer-n-312-ibama. Acesso em: 12 jun. 2022.

[31] Disponível em: https://www.gov.br/ibama/pt-br/acesso-a-informacao/institucional/arquivos/ojn/ojn_43_2012_revista_e_atualizada_nov_2016.pdf. Acesso em: 1º jun. 2022.

DIREITO AMBIENTAL – *Paulo de Bessa Antunes*

43. Em relação à competência da União, mais especificamente da sua Autarquia Federal com competência licenciatória (IBAMA), *a nova Lei dispensou qualquer outro requisito, além daqueles especificados nas alíneas do inciso XIV do artigo 7º*, acima transcrito. Diante disso, haverá competência do IBAMA, caso a atividade ou empreendimento, a ser licenciado, localize-se ou se desenvolva conjuntamente no Brasil e em país limítrofe, no mar territorial, na plataforma continental, na zona econômica exclusiva, em terra indígena, em 2 (dois) ou mais Estados, e em unidades de conservação instituídas pela União, exceto em Áreas de Proteção Ambiental (APAs).

44. Além da definição da competência federal, unicamente pela localização do empreendimento, haverá atribuição do IBAMA para licenciar empreendimentos com características especiais, quais sejam, os de caráter militar, aqueles que manipulem materiais radiativos ou utilizem energia nuclear ou que atendam a tipologia, estabelecida por ato do Poder Executivo, considerando critérios de porte, potencial poluidor e natureza da atividade ou empreendimento.

45. *Sobre esse último critério, que se pode dizer aberto, houve recente regulamentação, com a publicação do Decreto 8.437, de 22 de abril de 2015, que estabeleceu as tipologias de empreendimentos e atividades cujo licenciamento ambiental será de competência da União.* Após a vigência do citado Decreto, pois, têm-se outras situações em que configurada a competência do órgão ambiental federal, além daqueles previstos nas alíneas *a* a *g* do inciso XIV do artigo 7º da LC 140/2011.

A LC 140/2011 estabelece ampla delegabilidade do licenciamento ambiental. Assim, mesmo nos casos nos quais o licenciamento seja de empreendimentos de caráter regional, ou nacional, não há qualquer obstáculo para a sua realização pelo órgão estadual, ou pelos órgãos municipais, conforme a hipótese, desde que observadas as regras para a delegação.

Assim, integrando o licenciamento o âmbito da competência de implementação, os três níveis de governo estão habilitados a licenciar empreendimentos com impactos ambientais, cabendo, portanto, a cada um dos entes integrantes do sistema nacional do meio ambiente, promover a adequação de sua estrutura administrativa com o objetivo de cumprir essa função, que decorre diretamente da Constituição.

O licenciamento ambiental deverá ser feito em apenas um nível federativo, tal como determinado pelo artigo 13 da LC 140/2011, cabendo aos demais entes federativos interessados manifestarem-se sem efeito vinculante, observados os prazos e procedimentos do licenciamento ambiental. Aqui cabe uma indagação: qual o efeito da norma ora examinada sobre o artigo 36 da Lei 9.985/2000, que disciplina o SNUC? Como se sabe, o mencionado artigo 36 determina em seu § 3º que os gestores das unidades de conservação devem dar o seu *nihil obstat* para projetos que possam afetar as unidades de conservação por eles geridas. Ora, a LC, acertadamente, determinou que o parecer de ente federativo diverso daquele que está licenciando uma atividade não tem efeito vinculante – consequência lógica do regime federativo –, assim, o parecer oferecido por uma unidade de conservação integrante de outra esfera administrativa não obriga aquela que está licenciando, o que modera os efeitos do poder de veto que passa a ser aplicável apenas quando a Unidade de Conservação afetada e o órgão licenciador forem do mesmo nível federativo.

4.1.1   A questão do licenciamento municipal

O licenciamento ambiental municipal é tema polêmico que ainda carece de explicação mais clara. O artigo 30 da Constituição Federal define a competência municipal para

Capítulo 4 • PODER DE POLÍCIA AMBIENTAL E LICENCIAMENTO AMBIENTAL | **113**

tratar de assuntos de interesse local, sendo certo que os municípios são entes federados e, portanto, dotados de autonomia administrativa. No entanto, a LC 140/2011, em seu artigo 9º, XIV, estabelece que, "observadas as atribuições dos demais entes federativos previstas na Lei Complementar, promover o licenciamento ambiental das atividades ou empreendimentos: a) que causem ou possam causar impacto ambiental de âmbito local, *conforme tipologia definida pelos respectivos Conselhos Estaduais de Meio Ambiente*, considerados os critérios de porte, potencial poluidor e natureza da atividade (...)". Ora, o que a LC 140/2011 fez foi atribuir aos conselhos estaduais de meio ambiente a competência para definir o impacto local.

No caso do Estado do Rio de Janeiro, o Conselho Estadual do Meio Ambiente, por meio da Resolução 92, de 24 de junho de 2021, se utilizou de critério excludente para definir o que não será licenciado pelo município.

O STF ao analisar a ADI 2.142/CE[32] fixou a tese de que "[é] inconstitucional interpretação do artigo 264 da Constituição do Estado do Ceará de que decorra a supressão da *competência* dos *Municípios* para regular e executar o licenciamento *ambiental* de atividades e empreendimentos de impacto local". Embora não se desconheça a grande disparidade entre os municípios brasileiros em termos de capacidade institucional, administrativa e financeira, fato é que, perante a Constituição Federal, todos são autônomos e possuem capacidades próprias.

---

[32] "Artigo 7º (...) XIV – promover o licenciamento ambiental de empreendimentos e atividades: a) localizados ou desenvolvidos conjuntamente no Brasil e em país limítrofe; b) localizados ou desenvolvidos no mar territorial, na plataforma continental ou na zona econômica exclusiva; c) localizados ou desenvolvidos em terras indígenas; d) localizados ou desenvolvidos em unidades de conservação instituídas pela União, exceto em Áreas de Proteção Ambiental (APAs); e) localizados ou desenvolvidos em 2 (dois) ou mais Estados; f) de caráter militar, excetuando-se do licenciamento ambiental, nos termos de ato do Poder Executivo, aqueles previstos no preparo e emprego das Forças Armadas, conforme disposto na Lei Complementar 97, de 9 de junho de 1999; g) destinados a pesquisar, lavrar, produzir, beneficiar, transportar, armazenar e dispor material radioativo, em qualquer estágio, ou que utilizem energia nuclear em qualquer de suas formas e aplicações, mediante parecer da Comissão Nacional de Energia Nuclear (CNEN); ou h) que atendam tipologia estabelecida por ato do Poder Executivo, a partir de proposição da Comissão Tripartite Nacional, assegurada a participação de um membro do Conselho Nacional do Meio Ambiente (Conama), e considerados os critérios de porte, potencial poluidor e natureza da atividade ou empreendimento".
"Artigo 9º (...) XIV – observadas as atribuições dos demais entes federativos previstas nesta Lei Complementar, promover o licenciamento ambiental das atividades ou empreendimentos: a) que causem ou possam causar impacto ambiental de âmbito local, conforme tipologia definida pelos respectivos Conselhos Estaduais de Meio Ambiente, considerados os critérios de porte, potencial poluidor e natureza da atividade; ou b) localizados em unidades de conservação instituídas pelo Município, exceto em Áreas de Proteção Ambiental (APAs)".
"Artigo 8º (...) XIV – promover o licenciamento ambiental de atividades ou empreendimentos utilizadores de recursos ambientais, efetiva ou potencialmente poluidores ou capazes, sob qualquer forma, de causar degradação ambiental, ressalvado o disposto nos artigos 7º e 9º; XV – promover o licenciamento ambiental de atividades ou empreendimentos localizados ou desenvolvidos em unidades de conservação instituídas pelo Estado, exceto em Áreas de Proteção Ambiental (APAs)".
Parecer 312/CONJUR/MMA/2004. Disponível em: https://www.yumpu.com/pt/document/view/32444895/parecer-n-312-ibama. Acesso em: 12 jun. 2022.
Disponível em: https://www.gov.br/ibama/pt-br/acesso-a-informacao/institucional/arquivos/ojn/ojn_43_2012_revista_e_atualizada_nov_2016.pdf. Acesso em: 1º jun. 2022.

4.2 O licenciamento federal

A Resolução 237, de 19 de dezembro de 1997, do Conselho Nacional do Meio Ambiente estabelece, em seu artigo 10, as etapas do procedimento de licenciamento ambiental federal, a saber:

(1) a definição pelo órgão ambiental competente, com a participação do empreendedor, dos documentos, projetos e estudos ambientais, necessários ao início do processo de licenciamento correspondente à licença a ser requerida;

(2) o requerimento da licença ambiental pelo empreendedor, acompanhado dos documentos, projetos e estudos ambientais pertinentes, dando-se a devida publicidade;

(3) a análise pelo órgão ambiental competente, integrante do SISNAMA, dos documentos, projetos e estudos ambientais apresentados e a realização de vistorias técnicas, quando necessárias;

(4) a solicitação de esclarecimentos e complementações pelo órgão ambiental competente, integrante do SISNAMA, uma única vez, em decorrência da análise dos documentos, projetos e estudos ambientais apresentados, quando couber, podendo haver a reiteração da mesma solicitação caso os esclarecimentos e complementações não tenham sido satisfatórios;

(5) a audiência pública, quando couber, de acordo com a regulamentação pertinente;

(6) a solicitação de esclarecimentos e complementações pelo órgão ambiental competente, decorrentes de audiências públicas, quando couber, podendo haver reiteração da solicitação quando os esclarecimentos e complementações não tenham sido satisfatórios;

(7) a emissão de parecer técnico conclusivo e, quando couber, parecer jurídico;

(8) o deferimento ou indeferimento do pedido de licença, dando-se a devida publicidade.

A Resolução Conama 237/1997 estabeleceu um roteiro mínimo a ser observado nos processos de licenciamento ambiental, roteiro este composto por oito etapas:

> I – Definição pelo órgão ambiental, com a participação do empreendedor, dos documentos, projetos e estudos ambientais necessários para o começo do processo de licenciamento.
>
> II – Requerimento da licença ambiental, acompanhado da documentação definida no item I – deve ser dada publicidade ao requerimento de licença.
>
> III – Análise pelo órgão ambiental.
>
> IV – Possibilidade de formulação de pedidos de esclarecimentos pelo órgão ambiental – uma única vez, podendo haver renovação caso os esclarecimentos não sejam satisfatórios.
>
> V – Audiência pública, se for o caso.
>
> VI – Novos esclarecimentos ao órgão ambiental se, da audiência pública, surgir a necessidade.
>
> VII – Emissão de parecer técnico conclusivo e, se for o caso, parecer jurídico.
>
> VIII – Deferimento ou indeferimento do pedido, com a devida publicidade.

O licenciamento ambiental federal é efetivado perante o Ibama, sendo basicamente voltado para empreendimentos de grande porte cujos impactos sejam considerados de dimensão nacional. A Lei Complementar 140/2011, em seu artigo 7º, XIV, atribui competência à União para licenciar os empreendimentos e/ou atividades (1) localizados ou desenvolvidos conjuntamente no Brasil e em país limítrofe; (2) localizados ou desenvolvidos no mar territorial, na plataforma continental ou na zona econômica exclusiva; (3) localizados ou desenvolvidos em terras indígenas; (4) localizados ou desenvolvidos em unidades de conservação instituídas pela

Capítulo 4 · PODER DE POLÍCIA AMBIENTAL E LICENCIAMENTO AMBIENTAL | **115**

União, exceto em Áreas de Proteção Ambiental (APAs); (5) localizados ou desenvolvidos em 2 (dois) ou mais Estados; (6) de caráter militar, excetuando-se do licenciamento ambiental, nos termos de ato do Poder Executivo, aqueles previstos no preparo e emprego das Forças Armadas, conforme disposto na Lei Complementar 97, de 9 de junho de 1999; (8) destinados a pesquisar, lavrar, produzir, beneficiar, transportar, armazenar e dispor material radioativo, em qualquer estágio, ou que utilizem energia nuclear em qualquer de suas formas e aplicações, mediante parecer da Comissão Nacional de Energia Nuclear (CNEN); ou (9) que atendam tipologia estabelecida por ato do Poder Executivo, a partir de proposição da Comissão Tripartite Nacional, assegurada a participação de um membro do Conselho Nacional do Meio Ambiente (Conama), e considerados os critérios de porte, potencial poluidor e natureza da atividade ou empreendimento.

É necessário observar que o licenciamento dos empreendimentos cuja localização compreenda concomitantemente áreas das faixas terrestre e marítima da zona costeira será de atribuição da União exclusivamente nos casos previstos em tipologia estabelecida por ato do Poder Executivo, a partir de proposição da Comissão Tripartite Nacional, assegurada a participação de um membro do Conama e considerados os critérios de porte, potencial poluidor e natureza da atividade ou empreendimento (artigo 7º, parágrafo único).

O Decreto 8.437/2015 regulamentou o artigo 7º, *caput*, inciso XIV, alínea *h* e parágrafo único, da LC 140/2011, para estabelecer as tipologias de empreendimentos e atividades cujo licenciamento deverá ser conduzido pela União. O artigo 3º do Decreto 8.437/2015 estabeleceu a relação de atividades e empreendimentos cujo licenciamento é do órgão ambiental federal:

(1) rodovias federais: (a) implantação; (b) pavimentação e ampliação de capacidade com extensão igual ou superior a duzentos quilômetros; (c) regularização ambiental de rodovias pavimentadas, podendo ser contemplada a autorização para as atividades de manutenção, conservação, recuperação, restauração, ampliação de capacidade e melhoramento; e (d) atividades de manutenção, conservação, recuperação, restauração e melhoramento em rodovias federais regularizadas;

(2) ferrovias federais: (a) implantação; (b) ampliação de capacidade; e (c) regularização ambiental de ferrovias federais;

(3) hidrovias federais: (a) implantação; e (b) ampliação de capacidade cujo somatório dos trechos de intervenções seja igual ou superior a duzentos quilômetros de extensão;

(4) portos organizados, exceto as instalações portuárias que movimentem carga em volume inferior a 450.000 TEU/ano ou a 15.000.000 ton/ano;

(5) terminais de uso privado e instalações portuárias que movimentem carga em volume superior a 450.000 TEU/ano ou a 15.000.000 ton/ano;

(6) exploração e produção de petróleo, gás natural e outros hidrocarbonetos fluidos nas seguintes hipóteses: (a) exploração e avaliação de jazidas, compreendendo as atividades de aquisição sísmica, coleta de dados de fundo (*piston core*), perfuração de poços e teste de longa duração quando realizadas no ambiente marinho e em zona de transição terra-mar (*offshore*); (b) produção, compreendendo as atividades de perfuração de poços, implantação de sistemas de produção e escoamento, quando realizada no ambiente marinho e em zona de transição terra-mar (*offshore*); e (c) produção, quando realizada a partir de recurso não convencional de petróleo e gás natural, em ambiente marinho e em zona de transição terra-mar (*offshore*) ou terrestre (*onshore*), compreendendo as atividades de perfuração de poços, fraturamento hidráulico e implantação de sistemas de produção e escoamento; e

(7) sistemas de geração e transmissão de energia elétrica, quais sejam: (a) usinas hidrelétricas com capacidade instalada igual ou superior a trezentos megawatts; (b) usinas

termelétricas com capacidade instalada igual ou superior a trezentos megawatts; e (c) usinas eólicas, no caso de empreendimentos e atividades *offshore* e zona de transição terra-mar.

Vale ressaltar que, em relação à implantação e pavimentação e ampliação de rodovias federais, a competência ambiental federal não se aplica nos casos de contornos e acessos rodoviários, anéis viários e travessias urbanas. Da mesma forma em relação às ferrovias federais, a competência federal não se aplica nos casos de implantação e ampliação de pátios ferroviários, melhoramentos de ferrovias, implantação e ampliação de estruturas de apoio de ferrovias, ramais e contornos ferroviários.

A CF de 1988 adotou o *federalismo cooperativo*, deixando claro que os diferentes integrantes da federação, embora autônomos, devem compartilhar responsabilidades em relação à proteção do meio ambiente. Tais responsabilidades vão desde a competência legislativa até a competência de implementação ou de execução (MILARÉ, 2005, p. 541).

Em nível constitucional, o licenciamento ambiental – parcela do poder de polícia administrativo-ambiental – é tratado como matéria de competência comum dos entes da federação, disciplinada pelo artigo 23, inciso VI, da CF. O licenciamento ambiental é atividade administrativa com caráter essencialmente tutelar no âmbito da competência de implementação, e, portanto, na chamada competência comum e como tal exercida pelos três níveis federativos. A PNMA, ainda que elaborada em regime constitucional diverso, busca dar organicidade ao relacionamento político institucional entre os diferentes entes políticos federados, articulando-os em um regime de colaboração recíproca com a formulação de um modelo capaz de integrá-los com vistas a racionalizar esforços, poupar recursos e aumentar a eficiência da proteção ao meio ambiente, mediante a adoção de ações descentralizadas. Em princípio, do ponto de vista administrativo, tal articulação se encontra perfeitamente compatível com os princípios presentes no *caput* do artigo 37 da CF, no que se refere à eficiência administrativa.

Em nível federal, as principais diretrizes quanto ao licenciamento ambiental se encontram no Decreto 99.274/1990, que vem sendo complementado por uma grande quantidade de Resoluções, Portarias e Instruções Normativas além de outras normas administrativas.

O Conama deverá fixar os critérios básicos a serem observados no processo de licenciamento ambiental, nos quais deverá ser exigido que conste dos estudos ambientais: o (1) diagnóstico ambiental; a (2) descrição da ação proposta e suas alternativas; a (3) identificação, análise e previsão dos impactos significativos, positivos e negativos.

A LC 140/2011 veio corroborar o nosso entendimento sobre a matéria ao determinar que a atuação supletiva é a substituição de um órgão por outro, de acordo com previsão expressa, que pode ser: (i) excessiva demora na concessão da licença ambiental; (ii) inexistência de órgão ambiental capacitado ou conselho de meio ambiente no ente federativo competente para o licenciamento.

A LC criou, ainda, a chamada *ação subsidiária*, que é uma forma de apoio técnico, financeiro e científico para o desempenho das competências administrativas em matéria ambiental.

4.2.1 Procedimento

O procedimento-padrão de licenciamento ambiental compreende a concessão de duas licenças preliminares e a licença final que o encerra. Essas licenças são (Decreto 99.274/1990): (1) LP, na fase preliminar do planejamento da atividade, contendo requisitos básicos a serem atendidos nas fases de localização, instalação e operação, observados os planos municipais, estaduais ou federais do uso do solo; (2) LI, autorizando o início da implantação, de acordo com as especificações constantes do projeto executivo aprovado; (3) LO, autorizando, após as

Capítulo 4 · PODER DE POLÍCIA AMBIENTAL E LICENCIAMENTO AMBIENTAL | **117**

verificações necessárias, o início da atividade licenciada e o funcionamento de seus equipamentos de controle de poluição, de acordo com o previsto nas licenças prévia e de instalação.

Penso que não existe uma obrigação para que as licenças sejam concedidas em sequência. Muitas vezes, não há a necessidade concreta de que uma ou outra licença seja concedida. Nem sempre há a necessidade de uma LP, por exemplo. Em diversas hipóteses, serão necessárias outras licenças diferentes.

Em âmbito federal, o licenciamento ambiental deve observar as seguintes fases ou etapas:[33]

(1) abertura de processo;
(2) triagem e enquadramento;
(3) definição de escopo;
(4) elaboração do estudo ambiental;
(5) requerimento de licença;
(6) análise técnica;
(7) decisão;
(8) pagamento;
(9) acompanhamento.

As normas estaduais de licenciamento ambiental, tais como o SELCA do Estado do Rio de Janeiro,[34] estabelecem diversas licenças ambientais.

4.2.2   Licenças e autorizações emitidas pelo Ibama

Como regra, o Ibama emite as seguintes licenças e autorizações:[35]

Licença prévia – LP
Concedida na fase preliminar do planejamento do empreendimento ou atividade aprovando sua localização e concepção, atestando a viabilidade ambiental e estabelecendo os requisitos básicos e condicionantes a serem atendidos nas próximas fases de sua implementação.

Licença de instalação – LI
Autoriza a instalação do empreendimento ou atividade de acordo com as especificações constantes dos planos, programas e projetos aprovados, incluindo as medidas de controle ambiental e demais condicionantes.

Licença de operação – LO
Autoriza a operação da atividade ou empreendimento, com as medidas de controle ambiental e condicionantes determinados para a operação.

---

[33]   Disponível em: http://www.ibama.gov.br/laf/sobre-o-licenciamento-ambiental-federal#quais-empreendimentos-atividades. Acesso em: 13 jul. 2022.

[34]   Decreto 46.890, de 23 de dezembro de 2019: "Artigo 22. São espécies de Licenças Ambientais: I – Licença Ambiental Integrada – LAI; II – Licença Ambiental Prévia – LP; III – Licença Ambiental de Instalação – LI; IV – Licença Ambiental de Operação – LO; V – Licença Ambiental Comunicada – LAC; VI – Licença Ambiental Unificada – LAU; VII – Licença Ambiental de Operação e Recuperação – LOR; VIII – Licença Ambiental de Recuperação – LAR".

[35]   Disponível em: www.ibama.gov.br/laf/sobre-o-licenciamento-ambiental-federal#quais-empreendimentos-atividades. Acesso em: 14 jul. 2022.

Licença de pesquisa sísmica – LPS

A Licença de Pesquisa Sísmica (LPS) autoriza pesquisa de dados sísmicos marítimos e em zonas de transição e estabelece condições, restrições e medidas de controle ambiental que devem ser seguidas pelo empreendedor para realizar essas atividades.

Autorização de supressão de vegetação – ASV

Autoriza as atividades de supressão de vegetação nativa para a instalação e operação dos projetos licenciados.

Autorização para coleta, captura e transporte de material biológico – Abio

Autoriza a execução de atividades relacionadas ao manejo de fauna durante a fase prévia, de instalação ou operação do projeto licenciado.

4.2.2.1 A natureza jurídica das licenças ambientais

A licença ambiental não se confunde com a licença de direito administrativo, pois as licenças administrativas, uma vez concedidas, passam a integrar o patrimônio jurídico de seu titular. Em tais circunstâncias, somente poderão ser revogadas por infração às normas legais. Celso Antônio Bandeira de Mello (1991) afirma, sobre a licença, que uma vez cumpridas as exigências legais, a administração deve concedê-la.

O licenciamento ambiental, como regra, é constituído por um conjunto de licenças que se sucedem no tempo, na medida em que tenham sido cumpridas as condicionantes apostas às licenças antecedentes e que possuem prazo determinado. A redução da licença ambiental à condição de simples autorização é um elemento grave de instabilidade jurídica e econômica, haja vista que boa parte dos empreendimentos submetidos ao regime de licenciamento ambiental demanda investimentos elevados, os quais nem sempre possuem retorno rápido.

O licenciamento a prazo determinado tem a grande vantagem de evitar que se cristalizem situações nas quais os padrões de emissões e de lançamento de efluentes já tenham sido superados tecnologicamente e que possam ser substituídos por outros, inclusive sem prejuízo econômico para o empreendedor. Por outro lado, caso haja agravamento das condições ambientais, o licenciamento pode não ser renovado.

A modalidade se coaduna com a necessidade de aprimoramento constante da qualidade ambiental que é uma das características do direito ambiental. No entanto, há que se lembrar que a *licença ambiental não esgota* o rol das licenças necessárias para o desempenho de determinadas atividades. Assim, a licença de construção, por exemplo, pode ser cassada, se da sua concessão resultar a possibilidade de danos ao meio ambiente, pois violadora de norma legal de tutela ambiental.[36]

A questão referente aos direitos outorgados pela licença ao seu titular pode ser assim resumida: no prazo de validade da licença, a modificação de padrões de emissões e de lançamento de efluentes não é oponível ao titular de uma licença válida e que esteja sendo cumprida de acordo com as determinações nela contidas [Res. Conama 237/1997, artigo 19]. Encerrada a licença, cabível a exigência de modificação dos padrões, com vistas ao cumprimento dos novos índices. Entretanto, a exigibilidade dos novos padrões não é uma questão meramente jurídica, dependendo de inúmeros outros fatores que necessitam ser levados em

---

[36] STJ, REsp 1.820.792/RN 2019/0171771-0, 2ª Turma, Rel. Min. Herman Benjamin j. 05.12.2019, *DJe* 22.10.2020.

consideração pelas autoridades ambientais, tais como o (1) padrão construtivo. É comum que as instalações industriais sejam projetadas e construídas de forma a possibilitar a implantação da tecnologia escolhida à época da construção. Isso implica que, nem sempre, as plantas industriais possam ser adaptadas facilmente às tecnologias mais modernas; (2) dificuldades econômicas da empresa etc.

O sistema de licenciamento ambiental é essencialmente preventivo e não se esgota na concessão das licenças, como tem ocorrido na prática. O acompanhamento das licenças concedidas e das *performances* ambientais são objetivos a alcançar que, efetivamente, são mais importantes que o licenciamento em si. O excesso de atividades submetidas ao regime de licenciamento, bem como as inúmeras dificuldades burocráticas envolvidas nos procedimentos de licenciamento ambiental fazem com que a parte mais importante, isto é, o controle do desempenho, conforme os termos determinados na licença, simplesmente não aconteça na imensa maioria das licenças concedidas.

O licenciamento ambiental é procedimento administrativo complexo que se desenrola em diversas etapas e, em não poucas vezes, perante diferentes órgãos públicos pertencentes a níveis políticos administrativos diversos, o que é motivo de dificuldades e incompreensões, sobretudo em função da inexistência de normas claras que regulem as interfaces entre todos eles. Existe, até mesmo, uma previsão constitucional para a adoção de determinados procedimentos obrigatórios a serem observados para o licenciamento de atividades potencialmente poluidoras. Veja-se a obrigatoriedade constitucional de estudo prévio de impacto ambiental para o licenciamento de atividades potencial ou efetivamente causadoras de significativo impacto sobre o meio ambiente.

A LC 140/2011 estabeleceu mecanismos para que os diferentes entes federativos possam exercer suas atribuições constitucionais de forma harmônica e cooperativa (artigo 13). Os três níveis federativos possuem competências para o licenciamento ambiental, porém, tais competências não serão mais exercidas de forma superposta, ou contraditória. A própria LC 140/2011 estabeleceu uma ampla possibilidade de delegação de competências e uma repartição que, muito embora reproduza os critérios contidos na Resolução Conama 237/1997, avançou na solução de complexas questões referentes ao licenciamento.

O licenciamento ambiental, assim como os demais mecanismos de controle ambiental, deverá levar em consideração os indicadores de desempenho do empreendimento ou atividade, as estratégias previamente estabelecidas, bem como os riscos e impactos envolvidos no empreendimento ou atividade, com vistas à efetividade na tutela do meio ambiente ecologicamente equilibrado e ao desenvolvimento econômico e social, conforme bem estabelecido pelo artigo 13 do Decreto 46.890/2019 [Estado do Rio de Janeiro]. Em síntese, como afirma Farias (2007), cuida-se de mecanismo com função de enquadrar as atividades impactantes sobre o meio ambiente, o que pode ser feito por meio de adequação ou de correção de técnicas produtivas e do controle da matéria-prima e das substâncias utilizadas. O licenciamento ambiental se exterioriza pelos alvarás ambientais, que podem ser de vários tipos diferentes. A Administração pode conceder *licenças* ou *autorizações* para que pessoas físicas ou jurídicas, públicas ou privadas, exerçam as atividades que consumam recursos ambientais.

A licença ambiental não se confunde com a licença administrativa. A *licença administrativa* possui caráter de *definitividade,* só podendo ser revogada por interesse público ou por violação das normas legais (STF, RE 106.931/PR, 2ª Turma, Rel. Min. Carlos Madeira, *DJU* 16.05.1986, p. 8.188), sendo que, na primeira hipótese, a revogação far-se-á mediante indenização (STF, RMS 2810, Pleno, Rel. Min. Mario Guimarães, *DJU* 24.12.1956, p. 2.465); importante ressaltar que somente será legal a revogação precedida pela ampla defesa e o contraditório, haja vista que a licença, em tese, concede direitos ao seu titular.

4.2.2.2 Autorização ambiental

Já a *autorização* expedida a título *precário é* revogável a qualquer momento pelo poder autorizante, mediante um juízo de conveniência e oportunidade. As licenças e autorizações ambientais têm as suas origens imediatas nas licenças e autorizações administrativas e com estas mantêm uma relação intensa e, por vezes, conflitante. Assim, não há que se confundir a licença ambiental com a autorização ambiental. As duas modalidades de alvarás são perfeitamente válidas. Ocasiões existirão em que a hipótese será de concessão de licença ambiental; em outras, a questão será resolvida mediante autorização ambiental. A LC 140/2011, expressamente, e em várias passagens, reconhece a existência das "autorizações ambientais". Este fato tem enorme repercussão jurídica que ainda não foi devidamente analisado pela doutrina e jurisprudência.

A distinção entre autorizações ambientais e licenças ambientais é hoje uma realidade, fazendo parte de inúmeros ordenamentos jurídicos estaduais[37] e municipais. Ora, soa ilógico que a licença ambiental e a autorização ambiental tenham a mesma natureza jurídica. A autorização ambiental é o alvará administrativo que estabelece as condições de realização ou operação de empreendimentos, atividades, pesquisas e serviços de *caráter temporário ou para execução de obras que não caracterizem instalações permanentes*. Exemplos de atividades submetidas a autorização ambiental:

(1) perfuração ou tamponamento de poços tubulares em aquíferos;

(2) supressão de vegetação nativa, nos casos previstos na legislação;

(3) intervenção em área de preservação permanente – APP, nos casos previstos na legislação;

(4) implantação de Projetos de Restauração Florestal ou Programas de Recuperação Ambiental que não necessitem de licença ambiental;

(5) hipóteses de empreendimentos ou atividades de significativo impacto ambiental – licenciadas por outros entes federativos – que afetem unidades de conservação estadual ou sua zona de amortecimento;

(6) encaminhamento de resíduos industriais provenientes de outros estados da Federação para locais de reprocessamento, armazenamento, tratamento ou disposição final licenciados, situados no Estado do Rio de Janeiro;

(7) manejo de fauna silvestre em licenciamento ambiental, incluindo o levantamento, coleta, colheita, captura, resgate, translocação, transporte e monitoramento;

(8) apanha de espécimes da fauna silvestre, ovos e larvas destinadas à implantação de criadouros;

(9) transporte de espécimes, partes, produtos e subprodutos da fauna silvestre oriundos de criadouros regulares;

(10) exposição e uso de espécimes, partes, produtos e subprodutos da fauna silvestre oriundos de criadouros regulares;

(11) funcionamento de criadouros da fauna silvestre;[38]

(12) implantação de planos de manejo florestal sustentável com propósito comercial;

(13) implantação, manejo e exploração de sistemas agroflorestais e prática do pousio;

(14) realização de capina química, com herbicidas de uso não agrícola, por empresas devidamente licenciadas;

---

[37] Decreto 41.560/2021, artigo 8°, XIII [Estado da Paraíba]; Lei 15.434/20220, artigo 119 [Estado do Rio Grande do Sul]; Decreto 46.890/2019, artigo 3°, I e II [Estado do Rio de Janeiro], entre outros.

[38] Ver Resolução Conama 489/2018.

Capítulo 4 · PODER DE POLÍCIA AMBIENTAL E LICENCIAMENTO AMBIENTAL | **121**

(15) aplicação de agrotóxicos por aeronaves, por empresas devidamente licenciadas;

(16) instalação e operação, em caráter temporário, de equipamentos ou sistemas móveis de baixo impacto ambiental;

(17) manutenção de cursos d'água sob a gestão pública, para restabelecimento do seu fluxo por meio de limpeza de vegetação e desobstrução com remoção de detritos;

(18) obras hidráulicas de baixo impacto ambiental;

(19) descomissionamento de máquinas e equipamentos.

Observe-se que a autorização ambiental tem natureza precária, o que não ocorre com a licença ambiental.

4.2.2.3 Natureza e alcance da Licença Prévia

A Licença Prévia [LP], conforme definido na maior parte da legislação brasileira, tanto federal quanto dos Estados e Municípios, é concedida na fase preliminar do planejamento do empreendimento ou atividade e aprova sua localização e concepção, atestando a viabilidade ambiental e estabelecendo os requisitos básicos e condicionantes a serem atendidos nas fases seguintes de sua implantação. Logo, não autoriza qualquer intervenção sobre o meio ambiente, obra ou atividade que possa vir a comprometer os atributos ambientais de qualquer local ou região e, por si só, "não representa agressão ao meio ambiente, pois se trata de ato administrativo que permite o detalhamento do projeto de construção da obra".[39] Em outras palavras, o que se aprova é um projeto conceitual a ser detalhado na fase de obtenção da Licença de Instalação, conforme as condicionantes estabelecidas na própria LP. Portanto, a função básica da LP é aprovar a localização. Note-se que aqui se cuida de macrolocalização, pois a microlocalização das unidades a serem construídas será definida nas condicionantes e nos estudos para a obtenção da Licença de Instalação [LI], em especial no Plano Básico Ambiental [PBA].

A aprovação da concepção do projeto é a segunda função básica da LP que, em linhas gerais, é o que se pretende construir, os seus aspectos mais amplos – que serão detalhados no projeto executivo a ser submetido ao órgão ambiental observando as condicionantes apostas na LP. Por sua vez, a viabilidade ambiental (terceira função básica) é a possibilidade de que o projeto seja implementado sem que dele resultem agressões ao meio ambiente maiores do que os benefícios resultantes de sua consecução. A viabilidade ambiental não se confunde com a "poluição zero", pois de todo projeto a ser implantado haverá algum grau de dano ambiental, o qual, como se sabe, divide-se em:

(1) recuperável,

(2) mitigável e

(3) compensável.

Veja-se que a própria lei do Sistema Nacional de Unidades de Conservação estabeleceu uma *presunção de dano compensável* quando os empreendimentos – precedidos de estudo prévio de impacto ambiental – deverão arcar com a compensação ambiental.

É relevante anotar que o licenciamento ambiental é um procedimento dinâmico e que a LP é apenas uma medida vestibular que, após uma concordância geral com a (1) localização, (2) viabilidade ambiental e (3) concepção, abre caminho para o detalhamento do projeto

---

[39] TRF 1ª Região, Agravo Regimental na Suspensão de Liminar ou Antecipação de Tutela 00388264720114010000, Corte Especial, Rel. Des. Federal Olindo Menezes, e-*DJF1* 20.03.2012, p. 11.

sobre o território e dos requisitos de conservação ambiental que deverão ser atendidos. A matéria relativa à concessão de LP pelas autoridades ambientais já mereceu apreciação pelo STF[40] que definiu que para a concessão da Licença Prévia basta que os esclarecimentos porventura solicitados sobre os estudos apresentados sejam considerados satisfatórios pelo órgão licenciador, pois nesse momento do procedimento de licenciamento são estabelecidos os requisitos básicos e as condicionantes a serem atendidas nas próximas fases de implementação do empreendimento.

4.2.2.4 Responsabilidade pela emissão das licenças ambientais

A grande polêmica relacionada à concessão de licenças ambientais que, seguidamente, tem acarretado o ajuizamento das mais diversas ações judiciais em face de servidores dos órgãos ambientais implicou a elaboração da Lei 11.516/2007, que em seu artigo 13 estabelece que a responsabilidade técnica, administrativa e judicial sobre o conteúdo de parecer técnico conclusivo visando à emissão de licença ambiental prévia por parte do Ibama será exclusiva de órgão colegiado do referido Instituto, estabelecido em regulamento.

Com isso, o legislador buscou afastar a responsabilidade individual do servidor público e diluí-la entre os diferentes membros do colegiado que emitiram o parecer técnico que deu embasamento à emissão da licença ambiental. A medida responde a uma situação de fato na qual os órgãos administrativos chegaram à quase paralisação no que diz respeito à emissão de licenças, tendo em vista o potencial "risco" para os funcionários que as assinassem.

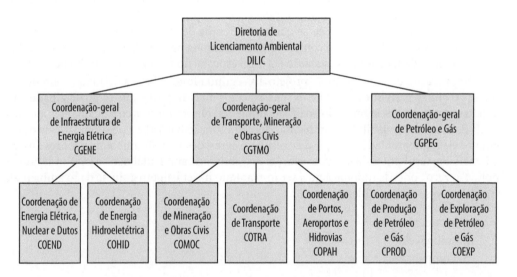

---

[40] STF, ACO 876 MC, Rel. Min. Sepúlveda Pertence, j. 18.12.2006, DJ 01.02.2007. Em 2017, o novo Relator designado, Ministro Edson Fachin, reconheceu a incompetência do Supremo Tribunal Federal para julgar a matéria, determinando a remessa dos autos das 12 (doze) ações cíveis originárias (ACO 787, ACO 820, ACO 857, ACO 870, ACO 872, ACO 873, ACO 876, ACO 886, ACO 996, ACO 1.003, ACO 1.052, ACO 2.862) para a 3ª Vara Federal da Seção Judiciária do Estado de Sergipe. STF, ACO 876/BA, 0002247-55.2006.1.00.0000, Rel. Min. Edson Fachin, j. 11.10.2017.

Capítulo 4 · PODER DE POLÍCIA AMBIENTAL E LICENCIAMENTO AMBIENTAL | 123

4.2.3   Procedimentos e prazos

A intervenção dos órgãos e entidades envolvidos no licenciamento ambiental para a definição do conteúdo do TR, de que trata o artigo 4º da Portaria Interministerial 60/2015, deverá observar os termos de referência específicos constantes de Anexo e mais:

- o Ibama encaminhará, em até 10 dias consecutivos, a partir do requerimento de licenciamento ambiental, a solicitação de manifestação dos órgãos e entidades envolvidos, disponibilizando a Ficha de Caracterização Ambiental em seu sítio eletrônico oficial;
- os órgãos e entidades envolvidos deverão manifestar-se ao Ibama no prazo de 15 dias consecutivos, contados do recebimento da solicitação de manifestação.

Admite-se que, em casos excepcionais devidamente justificados e, a pedido do órgão ou entidade envolvido, o Ibama poderá prorrogar em até 10 dias o prazo para a entrega da manifestação; uma vez expirado o prazo estabelecido aqui mencionado, o Termo de Referência será considerado consolidado, dando-se prosseguimento ao procedimento de licenciamento ambiental.

Os órgãos e entidades envolvidos no licenciamento ambiental deverão apresentar ao Ibama manifestação conclusiva sobre o Estudo Ambiental exigido para o licenciamento, nos prazos de até 90 dias no caso de EIA/RIMA e de até 30 dias nos demais casos, a contar da data do recebimento da solicitação, considerando:

- Fundação Nacional do Índio [FUNAI] – a avaliação dos impactos provocados pela atividade ou pelo empreendimento em terras indígenas e a apreciação da adequação das propostas de medidas de controle e de mitigação decorrentes desses impactos.
- Fundação Cultural Palmares – avaliação dos impactos provocados pela atividade ou empreendimento em terra quilombola, bem como apreciação da adequação das propostas de medidas de controle e de mitigação decorrentes desses impactos.
- Instituto do Patrimônio Histórico e Artístico Nacional [IPHAN] – a avaliação dos impactos provocados pela atividade ou pelo empreendimento nos bens culturais acautelados de que trata esta Portaria e a apreciação da adequação das propostas de medidas de controle e de mitigação decorrentes desses impactos.
- Ministério da Saúde – avaliação e recomendação acerca dos impactos sobre os fatores de risco para a ocorrência de casos de malária, no caso de atividade ou empreendimento localizado em áreas endêmicas de malária.

No período antecedente a emissão das licenças de instalação e operação, é facultado ao Ibama solicitar manifestação dos órgãos e entidades envolvidos, quanto ao cumprimento das condicionantes das licenças expedidas anteriormente, bem como quanto aos estudos, planos e programas pertinentes à fase do licenciamento em curso, os quais terão o prazo máximo de 60 dias, a contar da data de recebimento da solicitação do Ibama, para oferecer resposta.

Iphan	Funai	F. C. Palmares	Centro Tamar	Ministério da Saúde	Gestor Unidade de Conservação da Instrução Normativa
Portaria 28, de 31.01.2003	IN Funai 02, de 27.03.2015	Decreto 4.887, de 20.11.2003	Resolução Conama 10, de 24.10.1996		ICMBio 7, de 05.11.2014
IN IPHAN 01, de 25.03.2015	Resolução 04, de 22.01.2021	IN 57, de 20.10.2009			Resolução Conama 428, de 17.12.2010
		Portaria 98, de 26.11.2007			
		Instrução Normativa MC/ FCP 01, de 25.03.2015			

4.2.4 Condicionantes do licenciamento ambiental

O licenciamento ambiental é complexo e, não raras vezes, conta com a intervenção de terceiras entidades administrativas, em muitas oportunidades vinculadas a esferas administrativas diversas daquela responsável pelo processo de concessão da licença ambiental. Não bastasse isto, é frequente que a licença ambiental seja concedida com a aposição de determinadas condições que devem ser cumpridas pelo seu titular para a validade do alvará administrativo ou mesmo como etapas a serem observadas para a concessão das licenças subsequentes, quando se tratar da hipótese de licenciamento polifásico.

A Resolução 237/1997, do CONAMA, em seu artigo 8º estabeleceu um modelo genérico que define o licenciamento trifásico, isto é, para que uma atividade possa funcionar licitamente, do ponto de vista do controle ambiental, a expedição da Licença de Operação é o ponto culminante de um procedimento que contempla duas licenças precedentes (LP – Licença Prévia; e LI – Licença de Instalação). Cada uma das licenças estabelece as condicionantes a serem cumpridas de forma que seja viabilizada a licença subsequente, uma vez cumpridas. Quando se tratar da última licença do ciclo, a LO, as condicionantes definem como se dará a operação do empreendimento.

As condicionantes são muito relevantes, pois o seu não atendimento pode implicar a imposição de sanções severas. O Decreto Federal 6.514/2008 estabelece a possibilidade de demolição de obra quando esta não atenda "às condicionantes da legislação ambiental e não seja passível de regularização" (artigo 19, II). Por sua vez, o artigo 66 do mesmo Decreto estabelece a infração administrativa de "construir, reformar, ampliar, instalar ou fazer funcionar estabelecimentos, atividades, obras ou serviços utilizadores de recursos ambientais, considerados efetiva ou potencialmente poluidores, sem licença ou autorização dos órgãos ambientais competentes, em desacordo com a licença obtida ou contrariando as normas legais e regulamentos pertinentes". O inciso II do parágrafo único do mesmo artigo dispõe que a mesma pena é aplicada a quem "deixa de atender a condicionantes estabelecidas na licença ambiental".

Nesta altura, convém relembrar que as condicionantes, conforme as dimensões da atividade, empreendimento ou projeto submetido ao licenciamento ambiental, podem ser dezenas ou mesmo centenas exigidas pelos órgãos ambientais. Muitas vezes, as condicionantes não guardam uma relação específica com o impacto ambiental causado pela atividade, empreendimento ou projeto. Em função da recorrência da aposição de tal modelo de condicionantes nas diversas licenças ambientais, a Lei 13.874/2019, em seu artigo 3º, XI, determinou que a Administração Pública não pode exigir "medida ou prestação compensatória ou mitigatória abusiva, em sede de estudos de impacto ou outras liberações de atividade econômica no direito urbanístico", devendo ser entendida a abusividade se caracterizada pelo (1) requerimento de medida já planejada para execução antes da solicitação pelo particular, sem que a atividade econômica altere a demanda para execução da referida medida; pela (2) utilização do particular para realizar execuções que compensem impactos que existiriam independentemente do empreendimento ou da atividade econômica solicitada; (3) que requeira a execução ou prestação de qualquer tipo para áreas ou situação além daquelas diretamente impactadas pela atividade econômica; ou (4) que se mostre sem razoabilidade ou desproporcional, inclusive utilizada como meio de coação ou intimidação. Frise-se que, embora a norma se refira a direito urbanístico, parece ser bastante claro que, dadas as características específicas do licenciamento ambiental e, inclusive o fato de que, em outros momentos, a Lei da Liberdade Econômica faz menção expressa à legislação ambiental, aplicam-se às licenças ambientais e suas condicionantes os dispositivos contidos no artigo 3º, XI, da Lei 13.874/2019. É importante que as condicionantes sejam capazes de estabelecer uma relação de causa-efeito em relação aos danos que pretenda evitar.

A validade das licenças ambientais depende da exibição, ao órgão fiscalizador, dos anexos nos quais constam as condicionantes.[41]

Nem todas as condicionantes, no entanto, se descumpridas, acarretam a suspensão da licença ou a impossibilidade de que o processo de licenciamento ambiental, quando for o caso, avance. São essenciais as condicionantes cujo cumprimento acarreta intervenção sobre o território. Não se poderá conceder a LI, ou autorizar o início das obras, se a autorização de supressão de vegetação [ASV] não tiver sido concedida pela autoridade competente. Nada impede que, se o projeto for faseado, que a ASV seja concedida para o espaço a ter uso alternativo do solo, em cada fase. Uma condicionante que diga respeito a estudos socioeconômicos, por exemplo, não tem força suficiente para impedir o prosseguimento do projeto. Logicamente, todas as condicionantes devem ser cumpridas e, como regra, não devem ser postergadas para outras etapas do processo de licenciamento ambiental.

4.2.5   Normas gerais

Para os fins de aplicação da Portaria Interministerial MMA/MJ/MC/MS 60/2015 foram adotadas as seguintes definições (artigo 2º):

- estudos ambientais: estudos referentes aos aspectos ambientais relacionados a localização, instalação, operação e ampliação de atividade ou empreendimento, apresentados como subsídio para a análise da licença requerida;
- bens culturais acautelados em âmbito federal: (a) bens culturais protegidos pela Lei 3.924, de 26 de julho de 1961; (b) bens tombados nos termos do Decreto-Lei 25, de 30 de novembro de 1937; (c) bens registrados nos termos do Decreto 3.551, de 4 de agosto de 2000; e (d) bens valorados nos termos da Lei 11.483/2007;
- Ficha de Caracterização da Atividade – FCA: documento apresentado pelo empreendedor, em conformidade com o modelo indicado pelo Ibama, em que são descritos: (a) os principais elementos que caracterizam a atividade ou o empreendimento;

---

[41]   TJ-MG, AC 1070215088479005/MG, Rel. Alice Birchal, j. 26.03.2019, Publicação: 02.04.2019.

(b) a área de localização da atividade ou empreendimento, com as coordenadas geográficas e o *shapefile;* (c) a existência de intervenção em terra indígena ou terra quilombola, observados os limites definidos pela legislação; (d) a intervenção em bem cultural acautelado, considerada a área de influência direta da atividade ou do empreendimento; (e) a intervenção em unidade de conservação, compreendendo sua respectiva zona de amortecimento; (f) as informações acerca da justificativa da implantação do projeto, de seu porte, da tecnologia empregada, dos principais aspectos ambientais envolvidos e da existência ou não de estudos, entre outras informações; e (g) a existência de municípios pertencentes às áreas de risco ou endêmicas para malária;

- licença ambiental: procedimento administrativo pelo qual o Ibama estabelece condições, restrições e medidas de controle ambiental que deverão ser obedecidas pelo empreendedor, pessoa física ou jurídica, para localizar, instalar, ampliar e operar atividades ou empreendimentos utilizadores de recursos ambientais, considerados efetiva ou potencialmente poluidores, ou capazes sob qualquer forma de causar degradação ambiental;

- licenciamento ambiental: procedimento administrativo pelo qual o Ibama licencia a localização, instalação, ampliação e operação de atividades ou empreendimentos utilizadores de recursos ambientais considerados efetiva ou potencialmente poluidores, ou daqueles que, sob qualquer forma, possam causar degradação ambiental, consideradas as disposições legais e regulamentares e as normas técnicas aplicáveis ao caso;

- órgãos e entidades envolvidos no licenciamento ambiental: o órgão e as entidades públicas federais (Fundação Cultural Palmares – FCP, Instituto do Patrimônio Histórico e Artístico Nacional – IPHAN e Ministério da Saúde), incumbidos da elaboração de parecer sobre temas de sua competência, nos processos de licenciamento ambiental conduzidos pelo Ibama;

- Projeto Básico Ambiental – PBA: conjunto de planos e programas identificados a partir da elaboração dos estudos ambientais, com cronograma executivo, plano de trabalho operacional e definição das ações a serem desenvolvidas nas etapas de implantação e operação da atividade ou empreendimento e ainda monitoramento de indicadores ambientais;

- regiões endêmicas de malária: compreende os municípios localizados em áreas de risco ou endêmicas de malária, identificados pelo Ministério da Saúde;

- Relatório Técnico de Identificação e Delimitação – RTID: documento que identifica e delimita o território quilombola a partir de informações cartográficas, fundiárias, agronômicas, ecológicas, geográficas, socioeconômicas, históricas e antropológicas, conforme disposto em Instrução Normativa do Instituto Nacional de Colonização e Reforma Agrária – INCRA;

- termo de referência (TR): documento elaborado pelo Ibama que estabelece o conteúdo necessário dos estudos a serem apresentados em processo de licenciamento ambiental e que contempla os conteúdos apontados pelos Termos de Referência Específicos;

- termos de referência específico (TRE): documentos elaborados pelos órgãos e entidades da administração pública federal envolvidos no licenciamento ambiental que estabelecem o conteúdo necessário para análise dos impactos afetos a cada órgão ou entidade;

- terra indígena: (a) áreas ocupadas por povos indígenas, cujo relatório circunstanciado de identificação e delimitação tenha sido aprovado por ato da FUNAI, publicado no *Diário Oficial da União*; (b) áreas que tenham sido objeto de portaria de interdição expedida pela FUNAI em razão da localização de índios isolados, publicada no *Diário Oficial da União*; e (c) demais modalidades previstas no artigo 17 da Lei 6.001/1973;
- terra quilombola: as áreas ocupadas por remanescentes das comunidades dos quilombos, que tenha sido reconhecida pelo Relatório Técnico de Identificação e Delimitação – RTID, devidamente publicado.

Cabe ao Ibama, no início do procedimento de licenciamento ambiental, conforme constar da Ficha de Caracterização de Atividade – FCA, solicitar informações ao empreendedor sobre possíveis interferências em terra indígena, em terra quilombola, em bens culturais acautelados e em áreas ou regiões de risco ou endêmicas para malária, com vistas a identificar a necessidade de intervenção de outros órgãos no licenciamento ambiental. Havendo omissão das informações solicitadas na FCA, o Ibama deverá informá-la às autoridades competentes para a apuração da responsabilidade do empreendedor, na forma da legislação em vigor.

A Portaria Interministerial 60/2015 estabeleceu uma presunção de interferência nos seguintes casos: (i) em terra indígena quando a atividade ou empreendimento submetido ao licenciamento ambiental localizar-se em terra indígena ou apresentar elementos que possam gerar dano socioambiental direto no interior da terra indígena, respeitados os limites do Anexo I da Portaria; (ii) quando a atividade ou empreendimento submetido ao licenciamento ambiental localizar-se em terra quilombola ou apresentar elementos que possam gerar dano socioambiental direto no interior da terra quilombola, respeitados os limites do Anexo I da Portaria; (iii) quando a área de influência direta da atividade ou empreendimento submetido ao licenciamento ambiental localizar-se numa área onde for constatada ocorrência de bens culturais acautelados; (iv) quando a atividade ou empreendimento localizar-se em municípios pertencentes às áreas de risco ou endêmicas para malária.

O termo de referência do estudo ambiental exigido pelo Ibama para o licenciamento ambiental deverá trazer as exigências de informações ou de estudos específicos referentes à interferência da atividade ou empreendimento em terra indígena, em terra quilombola, em bens culturais acautelados e em municípios pertencentes às áreas de risco ou endêmicas para malária; assim como deverá ser dada especial atenção aos aspectos locacionais e de traçado da atividade ou empreendimento, bem como as medidas para a mitigação e o controle dos impactos a serem consideradas pelo Ibama quando da emissão das licenças pertinentes.

4.2.6   Intervenção de órgãos externos no licenciamento ambiental

É muito comum que, em determinados processos de licenciamento ambiental, seja necessária a intervenção de órgãos que podem, ou não, integrar o Sisnama. Em geral são órgãos voltados para a proteção de populações tradicionais, povos indígenas, patrimônio histórico e cultural, mas podem ser de outra natureza, conforme o caso específico.

Os principais órgãos intervenientes no processo de licenciamento ambiental federal são os seguintes:

(1) Funai: quando a atividade ou o empreendimento submetido ao licenciamento ambiental localizar-se em terra indígena ou apresentar elementos que possam ocasionar impacto socioambiental direto na terra indígena, respeitados os limites do anexo I da Portaria Interministerial MMA/MJ/MC/MS 60/2015;

(2) Incra: quando a atividade ou o empreendimento submetido ao licenciamento ambiental localizar-se em terra quilombola ou apresentar elementos que possam ocasionar impacto socioambiental direto na terra quilombola, respeitados os limites do anexo I da Portaria Interministerial MMA/MJ/MC/MS 60/2015;

(3) Iphan, quando a área de influência direta da atividade ou o empreendimento submetido ao licenciamento ambiental localizar-se em área onde foi constatada a ocorrência dos bens culturais acautelados referidos no artigo 2º, inciso II, da Portaria Interministerial MMA/MJ/MC/MS 60/2015;

(4) SVS/MS: quando a atividade ou o empreendimento localizar-se em municípios pertencentes às áreas de risco ou endêmicas para malária;

(5) órgão federal, estadual ou municipal responsável pela gestão ou criação da unidade de conservação: quando a atividade ou empreendimento afetar unidade de conservação da natureza ou sua zona de amortecimento, de acordo com a Resolução Conama 428/2010 e Instrução Normativa Conjunta 08/2019;

(6) ICMBio: quando houver impactos da atividade ou empreendimento sobre espécies ameaçadas de extinção, nos casos em que o Ibama julgar pertinente, conforme Instrução Normativa Conjunta 08/2019.

A legislação sobre tais intervenções tem natureza ambígua, pois os termos utilizados tendem a induzir o leitor a interpretar a manifestação do órgão interveniente como se fora *um poder de veto*. O artigo 36, § 3º, da Lei do SNUC dispõe que: " [q]uando o empreendimento afetar unidade de conservação específica ou sua zona de amortecimento, o licenciamento a que se refere o *caput* deste artigo só poderá ser concedido mediante autorização do órgão responsável por sua administração, e a unidade afetada, mesmo que não pertencente ao Grupo de Proteção Integral, deverá ser uma das beneficiárias da compensação definida neste artigo". O texto fala em autorização, ou seja, concordância. A linguagem da norma deve ser interpretada em consonância com o artigo 13, § 1º, da LC 140/2011,[42] que indica o caráter não vinculante da intervenção de terceiros no processo de licenciamento ambiental. Fato é que, se o órgão externo pudesse "autorizar" a intervenção, o licenciamento não seria único. Todavia, não deve passar despercebido o fato de que a intervenção de terceiros está mal articulada, pois também não faz sentido que ela se limite, na prática, a mera formulação de críticas à intervenção, sem nenhum poder real sobre a tutela dos bens que se encontram sob a sua responsabilidade.

É na Lei do SNUC e na Lei da Mata Atlântica que a questão da anuência ou autorização se coloca de forma mais dramática.

O artigo 23, VI, da CF atribui competência comum para a União, os Estados e os Municípios para a proteção ambiental, e o combate à poluição deu margem à interpretação no sentido de que o licenciamento ambiental das atividades "efetiva ou potencialmente poluidores ou capazes, sob qualquer forma, de causar degradação ambiental" [artigo 10 da PNMA] e, portanto, dependentes de prévio licenciamento ambiental, seriam licenciadas ambientalmente nos três níveis federativos. A tese, todavia, se choca com os princípios da autonomia dos entes

---

[42] "Artigo 13. Os empreendimentos e atividades são licenciados ou autorizados, ambientalmente, por um único ente federativo, em conformidade com as atribuições estabelecidas nos termos desta Lei Complementar.

§ 1º Os demais entes federativos interessados podem manifestar-se ao órgão responsável pela licença ou autorização, de maneira não vinculante, respeitados os prazos e procedimentos do licenciamento ambiental."

federados tipificados no artigo 1º da Constituição Federal, bem como com o princípio da eficiência administrativa previsto no artigo 37 da Constituição Federal.

Não cabe a nenhum ente federativo, salvo expressa determinação constitucional, "controlar" a atividade de outro integrante da federação, haja vista a estrita repartição das competências constitucionais.

Com efeito, é desarrazoado que, em tese, uma determinada atividade fosse licenciada em um nível federativo e tivesse a licença negada nos demais. Foi exatamente com vistas a evitar tal situação que o Conselho Nacional do Meio Ambiente baixou a Resolução 237, de 19 de dezembro de 1997, em cujo artigo 7º foi determinado que o licenciamento ambiental é exigível em um único nível.[43]

A Lei Complementar 140, de 8 de dezembro de 2011 [LC 140/2011], na mesma linha da Resolução Conama 237/1997, reafirmou o licenciamento ambiental em um único nível, tal como disposto em seu artigo 13 e parágrafos.[44] Logo, a responsabilidade para a emissão de licença ambiental é de um único órgão de controle ambiental, *não se admitindo poder de veto*, direto ou indireto, às demais entidades que, eventualmente, possam ter participação no procedimento de licenciamento ambiental.

Merecem destaque especial os §§ 1º e 2º do artigo 13 da LC 140/2011 ao determinarem que "[o]s demais entes federativos interessados podem manifestar-se ao órgão responsável pela licença ou autorização, de maneira não vinculante, respeitados os prazos e procedimentos do licenciamento ambiental" [§ 1º], e que a "supressão de vegetação decorrente de licenciamentos ambientais é autorizada pelo ente federativo licenciador". Esses parágrafos devem ser cotejados com o artigo 11,[45] que admite a possibilidade de que a lei estabeleça regras próprias relativas à autorização de manejo e à supressão de vegetação, "considerada a sua caracterização como vegetação primária ou secundária em diferentes estágios de regeneração, assim como a existência de espécies da flora ou da fauna ameaçadas de extinção".

Observe-se que, nos termos da LC 140/2011, são admissíveis a (1) atuação supletiva, que é a ação do ente da Federação que se substitui ao ente federativo originariamente detentor das atribuições, nas hipóteses definidas na própria LC 140/2011; e a (2) atuação subsidiária, que é ação do ente da Federação que visa a auxiliar no desempenho das atribuições decorrentes das competências comuns, quando solicitado pelo ente federativo originariamente detentor das atribuições definidas na LC.

---

[43] "Artigo 7º Os empreendimentos e atividades serão licenciados em um único nível de competência, conforme estabelecido nos artigos anteriores."

[44] "Artigo 13. Os empreendimentos e atividades são licenciados ou autorizados, ambientalmente, por um único ente federativo, em conformidade com as atribuições estabelecidas nos termos desta Lei Complementar. § 1º Os demais entes federativos interessados podem manifestar-se ao órgão responsável pela licença ou autorização, de maneira não vinculante, respeitados os prazos e procedimentos do licenciamento ambiental. § 2º A supressão de vegetação decorrente de licenciamentos ambientais é autorizada pelo ente federativo licenciador. § 3º Os valores alusivos às taxas de licenciamento ambiental e outros serviços afins devem guardar relação de proporcionalidade com o custo e a complexidade do serviço prestado pelo ente federativo."

[45] "Artigo 11. A lei poderá estabelecer regras próprias para atribuições relativas à autorização de manejo e supressão de vegetação, considerada a sua caracterização como vegetação primária ou secundária em diferentes estágios de regeneração, assim como a existência de espécies da flora ou da fauna ameaçadas de extinção."

4.2.6.1 O conceito jurídico de anuência ou autorização

Para entender o conceito jurídico de anuência, tal como estabelecido na Lei da Mata Atlântica [LMA], é interessante examinar matéria correlata consistente no conceito de *autorização* constante da Lei 9.985/2000. A LMA (Lei 11.428/2006) utiliza o vocábulo *anuência* por três vezes (artigo 14, §§ 1º e 2º,[46] e artigo 41, parágrafo único)[47], sendo que duas delas dentro do contexto do licenciamento ambiental de atividades de utilidade pública.

O termo se assemelha à *autorização* de que trata a Lei 9.985, de 18 de julho de 2000, que, em seu artigo 36, § 3º, estabelece que nas hipóteses em que o empreendimento submetido ao licenciamento ambiental afete unidade de conservação ou sua zona de amortecimento, o licenciamento somente poderá ser concedido com a "autorização" do órgão gestor da unidade em questão.

Em relação à natureza da "autorização" duas questões devem ser observadas: a (1) primeira diz respeito a regulamentação do vocábulo "autorização". Com efeito, a Resolução Conama 428, de 17 de dezembro de 2010,[48] foi baixada com o objetivo de dispor "no âmbito do licenciamento ambiental, sobre a autorização do órgão responsável pela administração da Unidade de Conservação [UC], de que trata o artigo 36, § 3º, da Lei 9.985, de 18 de julho de 2000,[49] bem como sobre a ciência do órgão responsável pela administração da UC no caso de licenciamento ambiental de empreendimentos não sujeitos a EIA-RIMA".

Observe-se que, diante dos termos do artigo 13 da LC 140/2011, o vocábulo *autorização* não se confunde com o conceito de autorização administrativa[50] e/ou a autorização

---

[46] "Artigo 14. A supressão de vegetação primária e secundária no estágio avançado de regeneração somente poderá ser autorizada em caso de utilidade pública, sendo que a vegetação secundária em estágio médio de regeneração poderá ser suprimida nos casos de utilidade pública e interesse social, em todos os casos devidamente caracterizados e motivados em procedimento administrativo próprio, quando inexistir alternativa técnica e locacional ao empreendimento proposto, ressalvado o disposto no inciso I do artigo 30 e nos §§ 1º e 2º do artigo 31 desta Lei. § 1º A supressão de que trata o *caput* deste artigo dependerá de autorização do órgão ambiental estadual competente, com anuência prévia, quando couber, do órgão federal ou municipal de meio ambiente, ressalvado o disposto no § 2º deste artigo. § 2º A supressão de vegetação no estágio médio de regeneração situada em área urbana dependerá de autorização do órgão ambiental municipal competente, desde que o município possua conselho de meio ambiente, com caráter deliberativo e plano diretor, mediante anuência prévia do órgão ambiental estadual competente fundamentada em parecer técnico."

[47] "Artigo 41. O proprietário ou posseiro que tenha vegetação primária ou secundária em estágios avançado e médio de regeneração do Bioma Mata Atlântica receberá das instituições financeiras benefícios creditícios, entre os quais: I – prioridade na concessão de crédito agrícola, para os pequenos produtores rurais e populações tradicionais; II – (Vetado.) III – (Vetado.) Parágrafo único. Os critérios, condições e mecanismos de controle dos benefícios referidos neste artigo serão definidos, anualmente, sob pena de responsabilidade, pelo órgão competente do Poder Executivo, após anuência do órgão competente do Ministério da Fazenda."

[48] "Artigo 36. (...) § 3º Quando o empreendimento afetar unidade de conservação específica ou sua zona de amortecimento, o licenciamento a que se refere o *caput* deste artigo só poderá ser concedido mediante autorização do órgão responsável por sua administração, e a unidade afetada, mesmo que não pertencente ao Grupo de Proteção Integral, deverá ser uma das beneficiárias da compensação definida neste artigo."

[49] "Artigo 3º O órgão responsável pela administração da UC decidirá, de forma motivada: I – pela emissão da autorização; II – pela exigência de estudos complementares, desde que previstos no termo de referência; III – pela incompatibilidade da alternativa apresentada para o empreendimento com a UC; ou IV – pelo indeferimento da solicitação."

[50] "Ato administrativo unilateral, discricionário e precário em que a Administração faculta ao particular o uso de bem público (autorização de uso), ou a prestação de serviço público (autorização de serviço

Capítulo 4 · PODER DE POLÍCIA AMBIENTAL E LICENCIAMENTO AMBIENTAL | **131**

ambiental,[51] pois na prática implicaria *poder de veto do órgão gestor da unidade de conservação sobre o licenciamento ambiental, descaracterizando a sua unicidade*. Ademais, há que ressaltar que o § 1º do artigo 13 da LC 140/2011 é cristalino ao destacar o caráter *"não vinculante"* da manifestação dos entes federativos (e suas entidades) que não sejam os responsáveis pelo licenciamento ambiental. Logo, a *autorização* deve ser compreendida como *uma manifestação não vinculante* do órgão gestor da unidade de conservação eventualmente afetada pelo projeto, expondo a sua análise do empreendimento e suas repercussões sobre a UC em questão. Não se trata, entretanto, de uma manifestação inócua, pois caso o órgão responsável pelo licenciamento não concorde com os seus termos, deverá fundamentar a sua discordância, conforme determinado pelo artigo 50 da Lei 9.784, de 29 de janeiro de 1999.

A anuência tratada no artigo 14, §§ 1º e 2º, da LMA é mera ciência do Ibama da supressão de vegetação a ser autorizada pelo órgão de controle ambiental licenciador (quando integrante da administração de outro ente federado), oferecendo ao órgão federal a possibilidade de acrescentar, ao licenciamento em curso, elementos que partam de uma visão nacional de conservação da Mata Atlântica e que permita ao órgão licenciador agir em harmonia com a política nacional de proteção do bioma. Registre-se que o Decreto 6.660, de 21 de novembro de 2008,[52] que, dentre outras matérias, regulamenta a anuência dos órgãos federais de meio

---

público), ou o desempenho de atividade ou a prática de ato que, sem esse consentimento, seriam legalmente proibidos. Baseia-se no poder de polícia do Estado sobre a atividade privada" (DI PIETRO, 2019).

[51] "Artigo 39. A Autorização Ambiental – AA é o ato administrativo mediante o qual o órgão ambiental consente com a implantação ou realização de empreendimento ou atividade de curta duração, obras emergenciais e a execução de atividades sujeitas à autorização pela legislação, estabelecendo as condicionantes e restrições adequadas. Decreto Estadual (RJ) 46.890, de 23.12.2019."

[52] "Artigo 19. Além da autorização do órgão ambiental competente, prevista no artigo 14 da Lei 11.428, de 2006, será necessária a anuência prévia do Instituto Brasileiro do Meio Ambiente e dos Recursos Naturais Renováveis – IBAMA, de que trata o § 1º do referido artigo, somente quando a supressão de vegetação primária ou secundária em estágio médio ou avançado de regeneração ultrapassar os limites a seguir estabelecidos: I – cinquenta hectares por empreendimento, isolada ou cumulativamente; ou II – três hectares por empreendimento, isolada ou cumulativamente, quando localizada em área urbana ou região metropolitana. § 1º A anuência prévia de que trata o *caput* é de competência do Instituto Chico Mendes de Conservação da Biodiversidade – Instituto Chico Mendes quando se tratar de supressão, corte ou exploração de vegetação localizada nas unidades de conservação instituídas pela União onde tais atividades sejam admitidas. § 2º Para os fins do inciso II do *caput*, deverá ser observado o disposto nos artigos 30 e 31 da Lei 11.428, de 2006. Artigo 20. A solicitação de anuência prévia de que trata o artigo 19 deve ser instruída, no mínimo, com as seguintes informações: I – dados do proprietário ou possuidor da área a ser suprimida; II – dados da propriedade ou posse, incluindo cópia da matrícula ou certidão atualizada do imóvel no Registro Geral do Cartório de Registro de Imóveis, ou comprovante de posse; III – outorga para utilização do imóvel emitida pela Secretaria do Patrimônio da União, em se tratando de terrenos de marinha e acrescidos de marinha, bem como nos demais bens de domínio da União, na forma estabelecida no Decreto-Lei 9.760, de 1946; IV – localização com a indicação das coordenadas geográficas dos vértices da área a ser objeto de corte ou supressão; V – inventário fitossociológico da área a ser cortada ou suprimida, com vistas a determinar o estágio de regeneração da vegetação e a indicação da fitofisionomia original, elaborado com metodologia e suficiência amostral adequadas, observados os parâmetros estabelecidos no artigo 4º, § 2º, da Lei 11.428, de 2006, e as definições constantes das resoluções do CONAMA de que trata o *caput* do referido artigo; VI – cronograma de execução previsto; VII – estimativa do volume de produtos e subprodutos florestais a serem obtidos com a supressão; e VIII – descrição das atividades a serem desenvolvidas na área a ser suprimida. Parágrafo único. As informações de que trata o *caput* poderão ser substituídas por cópia do estudo ambiental do empreendimento ou atividade, desde que as contemple. Artigo 21. A anuência prévia de que trata o artigo 19 pode ser emitida com condicionantes para mitigar os impactos da atividade sobre

ambiente, *não dispõe sobre a negativa de anuência*, pois isto implicaria poder de veto sobre o licenciamento realizado por outro ente federado. Contudo, o decreto admite que a anuência poderá ser concedida com condicionantes (artigo 21) que serão incluídas no processo de licenciamento ambiental.

A anuência não é aprovação da supressão de vegetação, pois, se assim fosse, o licenciamento ambiental em um único nível seria letra morta, vez que caberia a meros intervenientes no processo de licenciamento ambiental decidir quanto à concessão ou não da licença ambiental requerida.

Em relação à anuência prevista na LMA, releva assinalar que o artigo 14 está inserido no Título II (Do Regime Jurídico Geral do Bioma Mata Atlântica), não sendo aplicável às atividades desenvolvidas no bioma Mata Atlântica submetidas a regimes jurídicos especiais. O artigo 14 estabelece que a supressão de *vegetação primária e secundária no estágio avançado de regeneração somente poderá ser autorizada em caso de utilidade pública, sendo que a vegetação secundária em estágio médio de regeneração poderá ser suprimida nos casos de utilidade pública e interesse social.*

5. AS BASES CONSTITUCIONAIS PARA A AVALIAÇÃO DOS IMPACTOS AMBIENTAIS

A Constituição Federal no inciso IV do § 1º do artigo 225 estabelece a necessidade de realização de estudo prévio de impacto ambiental para a instalação de empreendimento ou atividade capaz de causar, potencial ou efetivamente, *significativa* degradação do meio ambiente. Como se vê, o dispositivo constitucional trata de um tipo singular de estudo ambiental. Contudo, a interpretação adequada do comando constitucional é no sentido de que as atividades que utilizem recursos ambientais e que pelo seu volume, tipologia e dimensão possam causar degradação ambiental devem ser submetidas à avaliação ambiental prévia, no curso de um processo de licenciamento ambiental. A CF, ao ressaltar o estudo prévio de impacto ambiental, tomou a parte pelo todo. Como sabemos, o estudo prévio de impacto ambiental é, apenas, mais uma modalidade de avaliação ambiental que podem ser (1) prévias, (2) concomitantes ou (3) posteriores à implantação, operação ou desmobilização dos empreendimentos, atividades ou programas capazes de impactar negativamente o ambiente.

No que concerne aos impactos ambientais, a CF, com as alterações promovidas pela Emenda Constitucional 42/2003, estabeleceu que o exame dos impactos ambientais deve ser "diferenciado", considerando-se os produtos, serviços e seus processos de elaboração e prestação (artigo 170, VI). Assim, o inciso IV do § 1º do artigo 225 deve ser lido e compreendido em harmonia com o artigo 170, VI, significando que o administrador não pode estabelecer exigências ambientais, notadamente no que se refere à análise de impactos ambientais que desconsiderem o porte dos empreendimentos e suas repercussões sobre o ambiente. Assim, há base constitucional para os diferentes tipos de avaliação ambiental existentes em nosso ordenamento jurídico. O órgão de controle ambiental tem o poder-dever de indicar os estudos ambientais necessários para o licenciamento de determinada atividade, considerando todas as interações dela com o ambiente.

---

o ecossistema remanescente. Parágrafo único. As condicionantes de que trata este artigo devem ser estabelecidas durante o processo de licenciamento ambiental."

5.1 Os diferentes estudos ambientais

A Resolução Conama 237/1997, em seu artigo 1º, III, define os estudos ambientais como todos e quaisquer estudos relativos aos aspectos ambientais relacionados à localização, instalação, operação e ampliação de uma atividade ou empreendimento, apresentado como subsídio para a análise da licença requerida. O mesmo dispositivo legal relaciona uma série de estudos ambientais tais como: (1) relatório ambiental, (2) plano e projeto de controle ambiental, (3) relatório ambiental preliminar, (4) diagnóstico ambiental, (5) plano de manejo, (6) plano de recuperação de área degradada e (7) análise preliminar de risco.

A relação não é exaustiva, podendo haver solicitação de outros estudos específicos por parte dos órgãos de controle ambiental.

5.1.1 Relatório Ambiental Simplificado [RAS]

A Resolução Conama 279/2001 instituiu o Relatório Ambiental Simplificado [RAS] para empreendimentos elétricos com *pequeno potencial de impacto ambiental,*[53] incluindo-se as (1) Usinas hidrelétricas e sistemas associados;[54] as (2) Usinas termelétricas e sistemas associados; os (3) Sistemas de transmissão de energia elétrica (linhas de transmissão e subestações); as (4) Usinas Eólicas e outras fontes alternativas de energia. A análise dos sistemas associados deve ser feita conjuntamente com a dos empreendimentos principais.

O RAS consiste nos estudos relativos aos aspectos ambientais relacionados à localização, instalação, operação e ampliação de uma atividade ou empreendimento, apresentados como subsídio para a concessão da licença prévia, contendo, dentre outras, as informações relativas ao diagnóstico ambiental da região de inserção do empreendimento, sua caracterização, a identificação dos impactos ambientais e das medidas de controle, de mitigação e de compensação.

O RAS tem como *conteúdo mínimo* o seguinte: a (1) descrição do projeto, seus objetivos e justificativas, em relação e compatibilidade com as políticas setoriais, planos e programas governamentais; a (2) descrição do projeto e suas alternativas tecnológicas e locacionais, considerando a hipótese de não realização, especificando a área de influência; o (3) diagnóstico e prognóstico ambiental com a descrição dos prováveis impactos ambientais e socioeconômicos da implantação e operação da atividade, considerando o projeto, suas alternativas, os horizontes de tempo de incidência dos impactos e indicando os métodos, técnicas e critérios para sua identificação, quantificação e interpretação; e, ainda, a caracterização da qualidade ambiental futura da área de influência, considerando a interação dos diferentes fatores ambientais; as (4) medidas mitigadoras e compensatórias, identificando os impactos que não possam ser evitados, com a recomendação da alternativa mais favorável à implantação da atividade e o programa de acompanhamento, monitoramento e controle.

Caso a análise do órgão de controle ambiental verifique que o empreendimento proposto é capaz de causar significativa degradação ambiental, o RAS deverá ser substituído por estudo de impacto ambiental, havendo a possibilidade de aproveitamento dos estudos apresentados, com ou sem complementação, conforme apurado pelo órgão licenciador.

---

[53] No Estado do Rio de Janeiro, o Decreto 46.890, de 23.12.2019, determina em seu artigo 31, § 1º, II, que o RAS se aplica aos empreendimentos e atividades não sujeitos a EIA/Rima, mas que *sejam enquadrados como de alto impacto ambiental*.

[54] Sistemas Associados aos Empreendimentos Elétricos: sistemas elétricos, pequenos ramais de gasodutos e outras obras de infraestrutura comprovadamente necessárias à implantação e operação dos empreendimentos.

134 | DIREITO AMBIENTAL – *Paulo de Bessa Antunes*

O licenciamento ambiental por meio da apresentação de RAS tem assegurado o princípio da participação popular por meio das reuniões técnicas informativas que são reuniões promovidas pelo órgão ambiental competente, às expensas do empreendedor, para apresentação e discussão do Relatório Ambiental Simplificado, Relatório de Detalhamento dos Programas Ambientais e demais informações.

Conforme o acima analisado, o RAS não é um estudo simplório ou superficial. O seu conteúdo, se corretamente executado, permite uma excelente análise dos impactos ambientais de um determinado empreendimento.

5.1.2 Plano e projeto de controle ambiental [PCA]

O Plano e/ou projeto de controle ambiental é o estudo ambiental exigido para projetos considerados de impacto pouco significativo.[55] A Resolução Conama 9/1990 estabeleceu normas próprias para o licenciamento ambiental da pesquisa mineral quando envolver a *guia de utilização*,[56] em tais casos o empreendedor poderá requerer a Licença de Operação apresentando ao órgão licenciador o plano de pesquisa mineral, contemplando a avaliação do impacto ambiental e as medidas mitigadoras a serem adotadas.

Para o exercício das atividades de lavra e/ou beneficiamento mineral das classes I, III, IV, V, VI, VII, VIII e IX, excetuado o regime de permissão de lavra garimpeira, o interessado submeterá seu pedido de licenciamento ambiental ao órgão competente, fornecendo as informações técnicas relacionadas ao empreendimento, de acordo com a legislação aplicável.

A prática administrativa tem adotado a exigência de PCA para empreendimentos com diversos portes de impacto sobre o meio ambiente, inclusive nos que exigem estudos prévios de impacto ambiental. Em geral, o PCA é produzido na fase de licença de instalação [LI], ele deve apresentar todos os aspectos do empreendimento sob licenciamento, assim como as medidas mitigadoras e compensatórias a serem adotadas. Nos procedimentos que exigem a emissão de licença prévia [LP], o PCA deve acompanhar o requerimento de LP.

5.1.3 Relatório Ambiental Preliminar [RAP]

A Instrução Normativa 4/2008 do MMA define o Relatório Ambiental Preliminar [RAP] como o estudo técnico necessário para o licenciamento ambiental do uso sustentável de florestas públicas na modalidade concessão florestal, nos termos da Lei 11.284/2006, elaborado por uma equipe técnica multidisciplinar, com o objetivo de oferecer os elementos necessários à análise da viabilidade ambiental do manejo florestal na área de estudo.

O RAP não é cabível apenas para o uso sustentável das florestas públicas, pois é o estudo ambiental mais simples dentre o rol dos diversos estudos ambientais. O seu objetivo é avaliar a viabilidade de determinado empreendimento, sob o ponto de vista ambiental. A jurisprudência tem admitido o RAP como estudo ambiental suficiente para obras causadoras de pequeno impacto ambiental.[57]

---

[55] Instrução Normativa Ibama 184/2008, artigo 39.

[56] Agência Nacional de Mineração. Resolução 37, de 4 de junho de 2020 (Altera os artigos 102 ao 122 da Portaria 155/2016, que disciplinam a emissão da Guia de Utilização – GU). Autorização excepcional para extração mineral em área titulada, antes da outorga da concessão de lavra.

[57] TJ-SP 10025475020148260278 SP 1002547-50.2014.8.26.0278, 2ª Câmara Reservada ao Meio Ambiente, Rel. Miguel Petroni Neto, j. 17.05.2018, Publicação: 29.05.2018.

5.1.4 Diagnóstico ambiental

É a descrição dos prováveis impactos ambientais e socioeconômicos da implantação e operação da atividade, considerando o projeto, suas alternativas, os horizontes de tempo de incidência dos impactos e indicando os métodos, técnicas e critérios para sua identificação, quantificação e interpretação; caracterização da qualidade ambiental futura da área de influência, considerando a interação dos diferentes fatores ambientais.

5.1.5 Plano de Manejo

A Lei do Sistema Nacional de Unidades de Conservação define Plano de Manejo como o documento técnico mediante o qual, com fundamento nos objetivos gerais de uma unidade de conservação, se estabelece o seu zoneamento e as normas que devem presidir o uso da área e o manejo dos recursos naturais, inclusive a implantação das estruturas físicas necessárias à gestão da unidade.[58] Todavia, o plano de manejo não se aplica apenas às unidades de conservação. A flora e a fauna que não estejam incluídas no interior de uma unidade de conservação também podem ser manejadas.

5.1.6 Plano de recuperação de área degradada [PRAD]

A Instrução Normativa 4, de 13 de abril de 2011, define *área degradada* como a área impossibilitada de retornar por uma trajetória natural, a um ecossistema que se assemelhe a um estado conhecido antes, ou para outro estado que poderia ser esperado. A área alterada ou perturbada é a área que após o impacto ainda mantém meios de regeneração biótica, ou seja, possui capacidade de regeneração natural.

O PRAD é o documento técnico que reúne informações, diagnósticos, levantamentos e estudos que permitam a avaliação da degradação ou alteração e a consequente definição de medidas adequadas à recuperação da área, em conformidade com as especificações dos Termos de Referência constantes nos Anexos da Instrução Normativa 4/2011.

5.1.7 Análise preliminar de risco

O estudo exigido para a instalação de empreendimentos ou atividades perigosos e com potencial de causar danos efetivos ou potenciais a terceiros ou ao meio ambiente. Tem por objetivo evitar danos previsíveis. O estudo deve qualificar e quantificar a frequência e consequências de eventos ambientais danosos, identificar vulnerabilidades sociais e individuais resultantes do projeto.

É por meio da análise do risco ambiental que são elaborados os programas de gerenciamento de riscos e os planos de emergência. A análise de risco tem se contraposto ao princípio da precaução, pois pretende-se que, por meio da análise de risco, sejam tomadas medidas capazes de mitigar o risco de uma determinada atividade.

6. ESTUDO DE IMPACTO AMBIENTAL – EIA

O EIA é uma das diferentes modalidades de estudos utilizadas para o exame dos custos de um projeto, estando voltado para os *custos ambientais* que se caracterizam pelos impactos positivos e negativos advindos da implantação do empreendimento. Analisar custos de

---

[58] STJ, AgInt no AREsp 1.656.657/MG 2020/0022643-3, 2ª Turma, Rel. Min. Herman Benjamin, j. 12.04.2021, *DJe* 03.08.2021.

implantação de projetos é uma prática antiga; de fato, o empreendedor de um projeto busca avaliar se os benefícios compensarão os custos a serem alcançados. Se os benefícios forem maiores que os custos, diz-se que o referido projeto é viável economicamente. Desde a década de 50 do século XX, vem se desenvolvendo uma metodologia de análise de custos de projetos que ficou conhecida como *avaliação social de projetos*. Trata-se de uma evolução da análise custo-benefício que considera não só as repercussões para o empreendedor público ou privado, mas também as repercussões sobre o meio social no qual o projeto se inserirá.

Para a avaliação social é importante a análise das *externalidades* que são os resultados não desejados advindos da implementação de um dado projeto (CONTADOR, 1988). As externalidades podem ser positivas ou negativas. Positivas são aquelas que redundam em benefícios não previstos quando da planificação do projeto. Negativas são as externalidades que implicam a criação de problemas insuspeitados quando do planejamento e da implementação do projeto. Dentro das externalidades, as ambientais avultam pela importância e complexidade. Entretanto, não se pode aceitar acriticamente o conceito de externalidade ambiental negativa de empreendimentos industriais ou tecnológicos, pois na imensa maioria de tais atividades, necessariamente, causarão determinado grau de degradação e/ou poluição. Trata-se, portanto, de definir o grau socialmente aceitável de degradação e/ou poluição.

6.1 A avaliação de impacto no direito brasileiro e a retroação das leis de proteção ao meio ambiente

A história legislativa do estudo de impacto ambiental no Brasil tem início na década de 70 do século XX, pela edição do Decreto-Lei 1.413/1975, que introduziu em nosso direito o zoneamento das áreas críticas de poluição. O texto legal estabeleceu um sistema inteiramente novo para o controle das atividades industriais, pois no seu artigo 1º foi criada uma base legal para o licenciamento ambiental. De acordo com o disposto na norma, "[a]s indústrias instaladas ou a se instalarem em território nacional são obrigadas a promover as medidas necessárias a prevenir ou corrigir os inconvenientes e prejuízos da poluição e da contaminação do meio ambiente". O texto legal, ainda que brando, identificava, na poluição, a causa de (1) inconvenientes [danos à saúde, *e.g.*]; (2) prejuízos [econômicos]; e (3) contaminação do meio ambiente [danos ambientais (a) próprios e (b) impróprios]. Para a instalação dos equipamentos antipoluição era necessária a avaliação ambiental do empreendimento, de forma que se identificasse a poluição potencial e fosse determinada a colocação dos equipamentos necessários para evitar a poluição futura.

Em relação *às indústrias que já se encontravam instaladas* quando da edição do decreto-lei, não houve determinação de imediata instalação de equipamentos antipoluição. Entretanto, o artigo 4º do DL 1.413/1975 estabelecia que, nas áreas críticas, deveria ser adotado o zoneamento urbano, "objetivando, inclusive, para as situações existentes, viabilizar alternativa adequada de nova localização, nos casos mais graves, assim como, em geral, estabelecer prazos razoáveis para a instalação dos equipamentos de controle da poluição". Dessa forma, o DL 1.413 estabeleceu a (1) possibilidade de relocalização de atividades poluidoras já implantadas em zonas mais adequadas para o seu funcionamento; (2) implantação de equipamentos antipoluição nas indústrias que estivessem causando poluição, *mesmo que implantadas antes da vigência do DL 1.413*. A norma, de ordem pública, tinha aplicação imediata e, como se pode perceber, aplicação retroativa moderada [casos mais graves, prazos razoáveis]. A *irretroatividade* das leis, no regime constitucional de 1969, somente se aplicava à matéria penal. O regime constitucional de 1988, sobre a retroatividade das leis não se diferencia substancialmente do regime

Capítulo 4 · PODER DE POLÍCIA AMBIENTAL E LICENCIAMENTO AMBIENTAL | **137**

anterior, desde que resguardados os direitos adquiridos anteriormente.[59] A irretroatividade não é absoluta, salvo em matéria penal. Ao julgar a ADI 605 MC,[60] o STF firmou interpretação no sentido de que o princípio da irretroatividade somente condiciona a atividade jurídica do Estado nas hipóteses expressamente previstas pela Constituição, paralisando a ação do Poder Público eventualmente configuradora de restrição gravosa (a) ao "*status libertatis*" da pessoa (CF, artigo 5º, XL), (b) ao "*status subjectionais*" do contribuinte em matéria tributária (CF, artigo 150, III, *a*) e (c) à segurança jurídica no domínio das relações sociais (CF, artigo 5º, XXXVI). Na medida em que a retroprojeção normativa da lei não gere nem produza os gravames referidos, nada impede que o Estado edite e prescreva atos normativos com efeito retroativo.

O novo regime jurídico relativo ao controle da poluição, portanto, tem aplicação imediata.

A regulamentação do Decreto-Lei 1.413/1975 foi feita pelo Decreto 76.389, de 3 de outubro de 1975. Os artigos 2º e 4º do Decreto 76.389/1975 estabeleceram critérios gerais a serem observados pelos órgãos públicos quando da concessão de financiamentos de atividades potencialmente poluidoras do ambiente. Foi determinado expressamente que: "[o]s órgãos e entidades gestoras de incentivos governamentais, notadamente o CDI, a Sudene, a Sudam e bancos oficiais considerarão explicitamente, na análise de projetos, as diferentes formas de implementar política preventiva em relação à poluição industrial, para evitar agravamento da situação nas áreas críticas, seja no aspecto de localização de novos empreendimentos, seja a escolha do processo, seja quanto a exigência de mecanismos de controle ou processo antipoluentes, nos projetos aprovados".

À então SEMA (Secretaria Especial do Meio Ambiente) competia fixar padrões gerais de qualidade ambiental visando a evitar e corrigir os feitos danosos da poluição industrial. O artigo 4º do decreto estabelece que: *Os Estados e os Municípios, no limite de suas respectivas competências, poderão estabelecer condições para o funcionamento das empresas, inclusive quanto à prevenção ou correção da poluição industrial e da contaminação do meio ambiente, respeitados normas e padrões fixados pelo Governo Federal (Decreto 76.389, de 03.10.1975).*

Um importante critério operacional foi estabelecido pelo parágrafo único do artigo 4º, que determinou que: *Observar-se-á sempre, no âmbito dos diferentes níveis de Governo, a orientação de tratamento progressivo das situações existentes, estabelecendo-se prazos razoáveis para as adaptações a serem feitas e, quando for o caso, proporcionando alternativa de nova localização, com apoio do setor público.*

---

[59] STF, ADI 493, Tribunal Pleno, Rel. Min. Moreira Alves, j. 25.06.1992, Publicação: 04.09.1992. Se a lei alcançar os efeitos futuros de contratos celebrados anteriormente a ela, será essa lei retroativa (retroatividade mínima) porque vai interferir na causa, e um ato ou fato ocorrido no passado. O disposto no artigo 5º, XXXVI, da Constituição Federal se aplica a toda e qualquer lei infraconstitucional, sem qualquer distinção entre lei de direito público e lei de direito privado, ou entre lei de ordem pública e lei dispositiva. Precedente do STF. Ocorrência, no caso, de violação de direito adquirido. A taxa referencial (TR) não é índice de correção monetária, pois, refletindo as variações do custo primário da captação dos depósitos a prazo fixo, não constitui índice que reflita a variação do poder aquisitivo da moeda. Por isso, não há necessidade de se examinar a questão de saber se as normas que alteram índice de correção monetária se aplicam imediatamente, alcançando, pois, as prestações futuras de contratos celebrados no passado, sem violarem o disposto no artigo 5º, XXXVI, da Carta Magna. Também ofendem o ato jurídico perfeito os dispositivos impugnados que alteram o critério de reajuste das prestações nos contratos já celebrados pelo sistema do Plano de Equivalência Salarial por Categoria Profissional (PES/CP). Ação direta de inconstitucionalidade julgada procedente, para declarar a inconstitucionalidade dos artigos 18, *caput* e §§ 1º e 4º; 20; 21 e parágrafo único; 23 e parágrafos; e 24 e parágrafos, todos da Lei 8.177, de 1 de maio de 1991.

[60] STF, ADI 605 MC, Tribunal Pleno, Rel. Min. Celso de Mello, j. 23.10.1991, Publicação: 05.03.1993.

138 | DIREITO AMBIENTAL – *Paulo de Bessa Antunes*

Sem reconhecer o "direito adquirido de poluir", o decreto foi sensível às realidades que não poderiam ser mudadas de uma hora para outra. Estabeleceu-se, portanto, um canal de negociação entre governo e indústria, com a finalidade de, em prazo razoável, alterar situações ambientalmente inaceitáveis. A última opção é a da relocalização das empresas que não pudessem diminuir de forma eficaz a poluição produzida.

Marco de grande importância para o tema ocorreu com a edição da Lei 6.803/1980. Foi através dela que se estabeleceu de forma clara e precisa a necessidade da avaliação do impacto ambiental dos empreendimentos industriais. É importante observar que, nos termos da lei referida, *a avaliação era prévia*. Assim é que o artigo 10, § 3º, da lei determinou que *Além dos estudos normalmente exigíveis para o estabelecimento do zoneamento urbano, a aprovação das zonas a que se refere o parágrafo anterior será precedida de estudos especiais de alternativas e de avaliações de impactos, que permitam estabelecer a confiabilidade da solução a ser adotada.* Observe-se que a avaliação de impacto prevista no § 3º do artigo 10, necessariamente, deveria contemplar alguns itens previamente definidos no artigo 9º.

6.2   A avaliação de impacto ambiental na Lei 6.938/1981

A Lei 6.938/1981 estabeleceu entre os seus instrumentos a Avaliação de Impacto Ambiental [AIA], que é uma denominação que engloba todas as modalidades de estudos ambientais que tenham por objetivo identificar os diferentes impactos causados por atividades e/ou empreendimentos utilizadores de recursos ambientais. A AIA pode ser (1) prévia, (2) concomitante ou (3) posterior à instalação e/ou implantação de uma atividade e/ou empreendimento. Dentre as diferentes modalidades de AIA, uma das mais relevantes é a AIA prévia, que, no direito brasileiro, quando se cuida de processo de licenciamento ambiental, tem o nome de Estudo Prévio de Impacto Ambiental. Tal instrumento jurídico, com a Constituição de 1988, assumiu natureza constitucional, motivo pelo qual se destaca dos demais.

A regulamentação da matéria foi feita por resoluções do Conama,[61] sendo a mais importante a Resolução 1/1986, que regulamentou inteiramente tal modalidade de estudo ambiental. A resolução regulamentou inteiramente a matéria.

Os EIAs são uma evolução das análises do tipo custo/benefício, cujos objetivos básicos podem ser resumidos como uma análise custo/benefício do projeto, tomando-se como parâmetro a repercussão sobre o meio ambiente e as comunidades humanas que estejam situadas em sua área de influência. O estudo ambiental denominado estudo prévio de impacto ambiental somente é exigível *antes* da instalação de empreendimento ou atividade. Na hipótese de atividade já instalada, os estudos ambientais exigíveis são outros. É de se observar que muito embora o EIA tenha sido regulamentado em 1986, *i.e.*, há quase 40 anos, ainda são comuns ações judiciais manejadas contra empreendimentos instalados anteriormente à exigência de tais estudos para a instalação de empreendimentos ou atividades capazes de causar significativa degradação ambiental. O STJ, corretamente, tem rechaçado a pretensão.[62] Outra característica importante do EIA é a sua infungibilidade, ou seja, se a atividade ou projeto a ser implantado é de natureza a causar significativa degradação ambiental, o EIA não pode ser dispensado ou substituído por outros estudos.[63] A matéria é casuística, pois a regra é a exigência do estudo prévio de impacto ambiental para as atividades que sejam efetiva ou potencialmente

---

[61]   Ver capítulo 3 (1.3.1).

[62]   STJ, REsp 200501147867, REsp 766.236, 1ª Turma, Rel. Min. Francisco Falcão, *DJe* 04.08.2008.

[63]   TJ-DF, 00448489020168070018/DF 0044848-90.2016.8.07.0018, 7ª Turma Cível, Rel. Gislene Pinheiro, j. 02.06.2021, *DJe* 09.06.2021.

Capítulo 4 · PODER DE POLÍCIA AMBIENTAL E LICENCIAMENTO AMBIENTAL | **139**

causadoras de significativa degradação ambiental. A jurisprudência tem entendido que, na hipótese de que o empreendimento ou atividade venha a ser desenvolvida em área submetida a algum tipo de regime especial de proteção, há impacto significativo presumido, não cabendo a inexigibilidade do EIA.[64] Em casos de implantação de projetos em áreas já degradadas, há entendimento no sentido da inexigibilidade do EIA.[65]

6.2.1 Relação de atividades previstas no artigo 2º da Resolução Conama 01/1986

Uma questão que tem causado muita discussão e debate é sobre a natureza da lista de atividades e empreendimentos constante do artigo 2º da Resolução 01/1986 do Conselho Nacional do Meio Ambiente.[66] O centro do debate é a utilização da expressão "tais como". Não há dúvida no sentido de que a relação é exemplificativa, pois isso decorre de uma interpretação puramente literal do texto. Todavia, qual é o *sentido jurídico* que a expressão carrega em si? Em outras edições deste livro, era de nosso entendimento que a expressão *tais como* era de natureza exemplificativa, de forma que atividades que estivessem arroladas na lista do artigo 2º da Resolução Conama 01/1986 poderiam, no caso concreto, passar por uma avaliação prévia que demonstrasse a sua incapacidade para a produção de degradação significativa do meio ambiente. Logo, a lista era uma presunção relativa que poderia ser desconstituída pelo empreendedor mediante a apresentação de estudos ambientais. Entretanto, a utilização da expressão "tais como" não deve ser interpretada como uma possibilidade de redução da lista contida no texto regulamentar. "Tais como" implica a tipologia das atividades, não a quantidade de atividades cujo licenciamento deverá ser precedido de estudo prévio de impacto ambiental. Paulo Affonso Leme Machado (2023) ao analisar o tema indica que a Constituição no

---

[64] TJ-RJ, AI 0007452082013819000/RJ 0007452-08.2013.8.19.0000, 11ª Câmara Cível, Rel. Des. Claudio de Mello Tavares, j. 21.08.2013, Publicação: 12.11.2013.

[65] TJ-RJ, Apelação 0273069-88.2014.8.19.0001, 1ª Câmara Cível, Rel. Des. Fabio Dutra, j. 25.01.2022.

[66] "Artigo 2º Dependerá de elaboração de estudo de impacto ambiental e respectivo relatório de impacto ambiental – RIMA, a serem submetidos à aprovação do órgão estadual competente, e do SEMA em caráter supletivo, o licenciamento de atividades modificadoras do meio ambiente, tais como: I – Estradas de rodagem com duas ou mais faixas de rolamento; II – Ferrovias; III – Portos e terminais de minério, petróleo e produtos químicos; IV – Aeroportos, conforme definidos pelo inciso I, artigo 48, do Decreto-Lei 32, de 18.11.1966; V – Oleodutos, gasodutos, minerodutos, troncos coletores e emissários de esgotos sanitários; VI – Linhas de transmissão de energia elétrica, acima de 230 Kv; VII – Obras hidráulicas para exploração de recursos hídricos, tais como: barragem para fins hidrelétricos, acima de 10 MW, de saneamento ou de irrigação, abertura de canais para navegação, drenagem e irrigação, retificação de cursos d'água, abertura de barras e embocaduras, transposição de bacias, diques; VIII – Extração de combustível fóssil (petróleo, xisto, carvão); IX – Extração de minério, inclusive os da classe II, definidas no Código de Mineração; X – Aterros sanitários, processamento e destino final de resíduos tóxicos ou perigosos; XI – Usinas de geração de eletricidade, qualquer que seja a fonte de energia primária, acima de 10 MW; XII – Complexo e unidades industriais e agroindustriais (petroquímicos, siderúrgicos, cloroquímicos, destilarias de álcool, hulha, extração e cultivo de recursos hídricos); XIII – Distritos industriais e zonas estritamente industriais – ZEI; XIV – Exploração econômica de madeira ou de lenha, em áreas acima de 100 hectares ou menores, quando atingir áreas significativas em termos percentuais ou de importância do ponto de vista ambiental; XV – Projetos urbanísticos, acima de 100 ha ou em áreas consideradas de relevante interesse ambiental a critério da SEMA e dos órgãos municipais e estaduais competentes; XVI – Qualquer atividade que utilizar carvão vegetal, derivados ou produtos similares, em quantidade superior a dez toneladas por dia. XVII – Projetos Agropecuários que contemplem áreas acima de 1.000 ha ou menores, neste caso, quando se tratar de áreas significativas em termos percentuais ou de importância do ponto de vista ambiental, inclusive nas áreas de proteção ambiental."

§ 1º, inciso IV, do artigo 225 da CF utilizou o termo "exigir", fechando a porta para qualquer discricionariedade administrativa por parte da Administração ambiental.

Entretanto, boa parte da doutrina especializada entende que o Conama, ao expedir a Resolução 1/1986, definiu uma relação exemplificativa de *atividades* modificadoras do meio ambiente, estabelecendo uma presunção *iuris tantum*, como vem sendo reconhecido por boa parte da doutrina especializada que, como Édis Milaré (2018), para quem a relação deve ser uma mera presunção relativa de gravidade que pode ser desconstituída mediante a prova em sentido contrário a ser feita pelo empreendedor. Ainda, segundo o mesmo autor, "a consagração definitiva da tese da presunção relativa veio com a Resolução 237/1997" (p. 997). Segundo o autor, o parágrafo único do artigo 3º[67] permitiria que o órgão de controle ambiental, ao reconhecer a inexistência de impacto significativo, poderia indicar os estudos ambientais necessários para o licenciamento no caso concreto, dispensando o estudo prévio de impacto ambiental.

A discussão sobre a necessidade ou não de Estudo Prévio de Impacto Ambiental centrada no artigo 2º da Resolução 01/1986 é conceitualmente equivocada. As premissas para enfrentar o tema são outras. Em primeiro lugar, há que se observar que o artigo 2º da Resolução 01/1986 deve ser interpretado em conjunto com o artigo 1º, que determina que impacto ambiental é qualquer alteração das propriedades físicas, químicas e biológicas do meio ambiente, causada por qualquer forma de matéria ou energia resultante das atividades humanas que, direta ou indiretamente, afetam: (1) a saúde, a segurança e o bem-estar da população; (2) as atividades sociais e econômicas; (3) a biota; (4) as condições estéticas e sanitárias do meio ambiente; (5) a qualidade dos recursos ambientais. O que o artigo 2º fez, única e simplesmente, foi orientar o aplicador da norma para a natureza das atividades e empreendimentos que, efetivamente, deveriam passar pelo processo de licenciamento com a exigência de EIA. Tal relação, no entanto, é o *patamar mínimo* a ser observado pelos órgãos de controle ambiental, haja vista que a relação pode ser ampliada, mediante motivação por parte do órgão encarregado do licenciamento.

A "dispensa" ou " inexigibilidade" de EIA tem sido rejeitada, seguidamente, pelo STF.[68]

---

[67] "Artigo 3º A licença ambiental para empreendimentos e atividades consideradas efetivas ou potencialmente causadoras de significativa degradação do meio dependerá de prévio estudo de impacto ambiental e respectivo relatório de impacto sobre o meio ambiente (EIA/RIMA), ao qual dar-se-á publicidade, garantida a realização de audiências públicas, quando couber, de acordo com a regulamentação. Parágrafo único. O órgão ambiental competente, verificando que a atividade ou empreendimento não é potencialmente causador de significativa degradação do meio ambiente, definirá os estudos ambientais pertinentes ao respectivo processo de licenciamento."

[68] (1) ADI 1.086/SC, Tribunal Pleno, Rel. Min. Ilmar Galvão, j. 10.08.2001, Publicação: 10.08.2001: "Ação Direta de Inconstitucionalidade. Artigo 182, § 3º, da Constituição da Constituição do Estado de Santa Catarina. Estudo de Impacto Ambiental. Contrariedade ao artigo 225, § 1º, IV, da Carta da República. A norma impugnada, ao dispensar a elaboração de *estudo* prévio *de impacto ambiental* no caso de áreas de florestamento ou reflorestamento para fins empresariais, cria exceção incompatível com o disposto no mencionado o Estado de Santa Catarina do dispositivo constitucional catarinense sob enfoque".
(2) RE 631.753 AgR/RJ, 1ª Turma, Rel. Min. Ricardo Lewandowski, j. 07.06.2011, Publicação: 22.06.2011: "Agravo regimental no recurso extraordinário. Constitucional. Ambiental. Impossibilidade de lei estadual dispensar *estudo* prévio *de impacto ambiental*. Agravo improvido. I – O Plenário desta Corte, ao julgar a ADI 1.086/SC, Rel. Min. Ilmar Galvão, assentou que a previsão, por norma estadual, de dispensa ao *estudo de impacto ambiental* viola o artigo 225, § 1º, IV, da Constituição Federal. II – Agravo regimental improvido".
(3) ARE 1.154.353 AgR/RJ, 2ª Turma, Rel. Min. Ricardo Lewandowski, j. 20.11.2019, Publicação: 28.11.2019: "Agravo regimental no recurso extraordinário com agravo. Direito administrativo e ambiental. Pesquisa

6.2.2 Definição de impacto e impacto ambiental

A palavra *impacto* tem origem no latim *impactu*. Impacto significa choque, colisão de dois ou mais corpos, *abalo*. *Impacto ambiental é o choque, a colisão, o abalo ao meio ambiente.*[69] Sinteticamente: o impacto ambiental é uma modificação brusca causada no meio ambiente. O EIA somente examina os *impactos ambientais antrópicos*. A análise, contudo, poderá incluir a contribuição humana para a ocorrência de impactos ambientais naturais, como ocorre com a atual discussão sobre mudanças climáticas globais.

O conceito normativo de impacto ambiental consta da Resolução 1/1986, do Conama (artigo 1º), *por sua vez*, a Resolução 237/1997, do Conama, em seu artigo 1º, IV, estabeleceu um novo conceito, que é o de impacto regional, que é todo e qualquer impacto ambiental que afete diretamente (área de influência do projeto), no todo ou em parte, o território de dois ou mais estados. O conceito precisa ser examinado com cautela, pois há casos em que projetos localizados na divisa entre dois estados são de pequeno porte e não poderiam ser classificados como de impacto regional. Por impacto regional deve ser entendido um impacto importante.

Analisando o conceito estabelecido pelo artigo 1º da Resolução 01/1986, percebe-se que as alterações desfavoráveis à saúde são óbvias por si próprias, pois todo projeto que tenha repercussão negativa sobre a saúde dos indivíduos de uma comunidade é impactante. A segurança deve ser entendida como segurança social contra riscos decorrentes da inadequada localização de materiais tóxicos, alteração significativa nas condições de fixação do solo, possibilidade de enchentes, desabamentos etc. Não se pode deixar de mencionar os riscos de ampliação de índices de criminalidade e outros que afetam desfavoravelmente a segurança. Quanto ao bem-estar, este deve ser compreendido como um conjunto de condições que definem um determinado padrão de qualidade de vida que deve ser aferido levando-se em conta as condições peculiares de cada comunidade especificamente considerada.

As atividades sociais e econômicas dizem respeito ao emprego, ao modo de produção da riqueza e dos bens, guardando-se como referencial as populações que vivem em uma determinada região. Os projetos de intervenção no meio ambiente serão socialmente nocivos se, de sua execução, implantação e funcionamento, resultarem desagregação social, descaracterização de comunidades, deslocamentos indesejados, desapossamento de bens etc.

Efeitos desfavoráveis sobre a biota são aqueles que dizem respeito, diretamente, às condições de vida animal e vegetal na região considerada. Alteração das condições estéticas e sanitárias são as transformações que produzam alterações de natureza paisagística,[70] visual[71] ou mesmo olfativa,[72] que potencialmente possam resultar em doenças para os membros de

---

geofísica e geológica. Licenciamento. Necessidade de *estudo de impacto ambiental*. Controvérsia infraconstitucional. Ausência de ofensa direta à Constituição Federal. Necessidade de reexame de provas. Incidência da Súmula 279/STF. Agravo regimental a que se nega provimento. I – É inadmissível o recurso extraordinário quando sua análise implica a revisão da interpretação de normas infraconstitucionais que fundamentam o acórdão recorrido, dado que apenas ofensa direta à Constituição Federal enseja a interposição do apelo extremo. II – Conforme a Súmula 279/STF, é inviável, em recurso extraordinário, o reexame do conjunto fático-probatório constante dos autos. III – Agravo regimental a que se nega provimento".

[69] Para a definição de meio ambiente, ver Capítulo 2 (1.1.1).

[70] A poluição estética vem sendo reconhecida pelos tribunais judiciais brasileiros. STJ, REsp 1.410.732/RN 2013/0198039-6, 2ª Turma, Rel. Min. Herman Benjamin, j. 17.10.2013, *DJe* 13.12.2016.

[71] STJ, REsp 1.658.398/CE 2017/0049200-8, 2ª Turma, Rel. Min. Herman Benjamin, j. 19.09.2017, *DJe* 31.08.2020.

[72] TJ-SP, AC 00037178920048260160/SP 0003717-89.2004.8.26.0160, 2ª Câmara Reservada ao Meio Ambiente, Rel. Paulo Ayrosa, j. 29.01.2014, Publicação: 30.01.2014.

142 DIREITO AMBIENTAL – *Paulo de Bessa Antunes*

uma coletividade. Quanto à qualidade dos recursos ambientais, o projeto a ser implantado não poderá trazer alterações qualitativas aos recursos, tais como enfraquecimento genético de espécies, diminuição de padrões de concentração de determinados elementos etc.

Uma questão que não pode deixar de ser examinada é a do chamado *impacto positivo*. O direito ambiental, dada a sua natureza tutelar, tem preocupação com a *alteração adversa* do meio ambiente causada por atividades antrópicas. O artigo 1º da Resolução 01/1986 do Conama define impacto ambiental como qualquer alteração das propriedades físicas, químicas e biológicas do meio ambiente, causada por qualquer forma de matéria ou energia resultante das atividades humanas que, direta ou indiretamente, afetam: a (1) saúde, a (2) segurança e o bem-estar da população; as (3) atividades sociais e econômicas; a (4) biota; as (5) condições estéticas e sanitárias do meio ambiente; a (6) qualidade dos recursos ambientais. Ora, a definição está dentro do contexto dos estudos prévios de impacto ambiental que são exigíveis quando houver *significativa degradação* do meio ambiente. Logo, o conceito de *impacto ambiental é essencialmente negativo*. Há, todavia, intervenções sobre o meio ambiente que resultam em melhoria da qualidade ambiental, tais intervenções, em tese, não estão contempladas dentre aqueles que demandam estudo prévio de impacto ambiental, pois não degradam o meio ambiente. Um exemplo de tal tipo de intervenção é, por exemplo, o plano de recuperação de áreas degradadas [PRAD].[73] O Decreto (Estado do Rio de Janeiro) 46.890, de 23.12.2019, em seu artigo 16, I, admite a existência do impacto ambiental positivo. A jurisprudência, igualmente, tem aceitado o conceito de impacto positivo que se contrapõe ao dano ambiental [impacto essencialmente negativo].[74]

O impacto positivo, logicamente, não é a regra e deve ser tratado com muita cautela, vez que o artigo 10 da PNMA exige licenciamento ambiental para a "construção, instalação, ampliação e funcionamento de estabelecimentos e atividades utilizadores de recursos ambientais, efetiva ou potencialmente poluidores ou capazes, sob qualquer forma, de causar degradação ambiental". Logo, se a atividade não é capaz de causar degradação [o impacto é positivo], não haveria necessidade do licenciamento. Todavia, não é razoável a dispensa do licenciamento em função de um alegado impacto positivo sobre o meio ambiente. Somente após estudos ambientais apropriados que sejam analisados em um regular processo de licenciamento ambiental é que a natureza, positiva ou negativa, dos impactos a serem causados pelo empreendimento poderá ser definida. Ademais, o impacto positivo ou negativo de um impacto ambiental, dentre outras coisas, também depende da posição do observador.

6.3 Natureza jurídica do EIA

O estudo prévio de impacto ambiental é instituto constitucional, previsto no artigo 225, § 1º, inciso IV, da CF, com a função de avaliar os efeitos ambientais de atividade, projeto ou empreendimento, considerado efetiva ou potencialmente causador de significativa degradação ambiental que é, necessariamente, apresentado ao órgão ambiental competente para análise. É condição prévia para a concessão do licenciamento ambiental, sendo a sua inexistência, quando necessária, condição de nulidade do processo de licenciamento. O EIA ostenta, ainda, a condição de *instrumento da PNMA* (Lei 6.938/1981, artigo 9º, III). *Dado que o EIA é um instrumento constitucional* e modalidade de avaliação ambiental (estudo ambiental), todas as avaliações ambientais adquirem natureza constitucional e devem ser exigidas, conforme o

---

[73]   Ver: Ibama – Instrução Normativa 4/2011.

[74]   TJRJ, Apelação 0188282-63.2013.8.19.00001, 19ª Câmara Cível, Des. Eduardo de Azevedo Paiva, j. 18.11.2014.

Capítulo 4 · PODER DE POLÍCIA AMBIENTAL E LICENCIAMENTO AMBIENTAL | **143**

caso, para a implantação de empreendimentos e projetos novos, desde que capazes de causar degradação ambiental. Da mesma forma, é lícito que, para empreendimentos já instalados e sem a devida licença, seja exigido o licenciamento corretivo com os estudos ambientais apropriados a cada caso.[75]

O estudo prévio de impacto ambiental é uma informação técnica posta à disposição da administração, com vistas a subsidiar o licenciamento ambiental de obra ou atividade capaz de potencial ou efetivamente causar *significativa degradação* ambiental.

A PNMA é um dos principais instrumentos jurídicos para a implementação das diretrizes constitucionais para a promoção do desenvolvimento sustentado. É nesse contexto que os estudos de impacto ambiental estão incluídos. Dentre todos os instrumentos previstos na PNMA ele é o mais complexo. A complexidade é primeiramente (1) *técnica*, em função do conjunto de disciplinas que devem ser utilizadas para a realização de um estudo de impacto ambiental adequado, (2) *jurídica*, pois o papel legal desempenhado pelo EIA não é trivial. Existe, também, uma grande complexidade (3) *política*, que é ocasionada pela participação popular nos processos de licenciamento; e, ainda, há uma complexidade (4) *institucional*, em função do papel desempenhado pelo EIA como instrumento para a tomada de decisão e em função dos diversos órgãos públicos que, conforme seja a natureza e localização do projeto, deverão intervir no licenciamento ambiental.

O inciso IV do § 1º do artigo 225 da CF estabelece que é dever da Administração Pública *exigir, **na forma da lei**, o Estudo Prévio de Impacto para a instalação de obra ou atividade potencialmente causadora de significativa degradação do meio ambiente.* Aqui está um dos pontos mais controversos da questão. O Poder Público não pode exigir o EIA de forma aleatória, visto que a CF estabelece alguns critérios para que tal exigência seja válida e legal. O primeiro deles é que o EIA é exigível na *forma da lei*. Ora, qual seria a extensão do vocábulo "lei" no caso concreto? A doutrina, em sua maioria, tem entendido que lei, na hipótese, tem o sentido de norma jurídica, ato normativo, e *não lei formal*.[76] No particular, há que se observar que o STF, cada vez mais, vem atribuindo maior força normativa às Resoluções do CONAMA.[77]

---

[75] Ver item 5.1 neste capítulo.

[76] Ver Capítulo 3 (1.3.1).

[77] ADPF 748, Tribunal Pleno, Rel. Min. Rosa Weber, j. 23.05.2022, Publicação: 05.08.2022: "1. O exercício da competência normativa do Conama vê os seus limites materiais condicionados aos parâmetros fixados pelo constituinte e pelo legislador. As Resoluções editadas pelo órgão preservam a sua legitimidade quando cumprem o conteúdo material da Constituição e da legislação ambiental. A preservação da ordem constitucional vigente de proteção do meio ambiente impõe-se, pois, como limite substantivo ao agir administrativo. 2. O poder normativo atribuído ao Conama pela respectiva lei instituidora consiste em instrumento para que dele lance mão o agente regulador no sentido da implementação das diretrizes, finalidades, objetivos e princípios expressos na Constituição e na legislação ambiental. Em outras palavras, a orientação seguida pelo Administrador deve necessariamente mostrar-se compatível com a ordem constitucional de proteção do patrimônio ambiental. Eventualmente falhando nesse dever de justificação, expõe-se a atividade normativa do ente administrativo ao controle jurisdicional da sua legitimidade. Tais objetivos e princípios são extraídos, primariamente, do artigo 225 da Lei Maior, a consagrar que todos têm direito ao meio ambiente ecologicamente equilibrado, bem de uso comum do povo e essencial à sadia qualidade de vida, impondo-se ao Poder Público e à coletividade o dever de realizá-lo e preservá-lo para as presentes e futuras gerações. 3. A mera revogação de normas operacionais fixadoras de parâmetros mensuráveis necessários ao cumprimento da legislação ambiental, sem sua substituição ou atualização, compromete a observância da Constituição, da legislação vigente e de compromissos internacionais. 4. A revogação da Resolução Conama 284/2001 sinaliza dispensa de licenciamento para empreendimentos de irrigação, mesmo que potencialmente causadores de modificações ambientais significativas, a evidenciar graves e imediatos riscos para a preservação dos recursos hídricos, em prejuízo da quali-

144 DIREITO AMBIENTAL – *Paulo de Bessa Antunes*

Uma outra questão crucial é a seguinte: a CF estabelece que o Estudo de Impacto Ambiental deve ser exigido quando se tratar de licenciar *obra ou atividade efetiva ou potencialmente poluidora ou degradadora do meio ambiente*. O conceito, no entanto, é aberto e somente pode ser preenchido através da edição de atos normativos, sejam legais ou regulamentares. *É possível, no entanto, que mediante a elaboração de parecer técnico fundamentado, o órgão de controle ambiental possa exigir a apresentação de EIA para o licenciamento ambiental de empreendimento ou atividade que não esteja arrolada em relação de projetos passíveis de licenciamento mediante a apresentação de estudo prévio de impacto ambiental.* Isto se deve à natureza tutelar do direito ambiental. Observe-se que não há *dispensa*[78] de EIA, pois o estudo será exigível, ou não. O EIA sempre será exigível se a obra ou atividade causar impacto negativo *significativo*. É importante observar que as listas de atividades potencialmente poluidoras devem ser examinadas com cuidado, pois não é raro que, em função da tecnologia adotada, uma atividade concreta possa estar aquém ou além do padrão na qual tenha sido classificada. Evidentemente que, em tais casos, a produção de estudos técnicos deverá ser levada em consideração para a sua real classificação.[79]

6.3.1 Formalidades do estudo prévio de impacto ambiental

O EIA é parte integrante do processo de licenciamento ambiental de obras ou atividades capazes de causar significativa degradação ambiental. Do ponto de vista da forma, o EIA deve,

---

dade de vida das presentes e futuras gerações (artigo 225, caput e § 1º, I, da CF). 5. A revogação das Resoluções 302/2002 e 303/2002 distancia-se dos objetivos definidos no artigo 225 da CF, baliza material da atividade normativa do Conama. Estado de anomia e descontrole regulatório, a configurar material retrocesso no tocante à satisfação do dever de proteger e preservar o equilíbrio do meio ambiente, incompatível com a ordem constitucional e o princípio da precaução. Precedentes. Retrocesso na proteção e defesa dos direitos fundamentais à vida (artigo 5º, *caput*, da CF), à saúde (artigo 6º da CF) e ao meio ambiente ecologicamente equilibrado (artigo 225, *caput*, da CF). 6. A Resolução Conama 500/2020, objeto de impugnação, ao revogar normativa necessária e primária de proteção ambiental na seara hídrica, implica autêntica situação de degradação de ecossistemas essenciais à preservação da vida sadia, comprometimento da integridade de processos ecológicos essenciais e perda de biodiversidade, assim como o recrudescimento da supressão de cobertura vegetal em áreas legalmente protegidas. A degradação ambiental tem causado danos contínuos à saúde (artigo 6º da CRFB), à vida (artigo 5º, *caput*, da CRFB) e à dignidade das pessoas (artigo 1º, III, da CRFB), mantendo a República Federativa do Brasil distante de alcançar os objetivos de construir uma sociedade livre, justa e solidária (artigo 3º, I, da CRFB), alcançar o desenvolvimento nacional (artigo 3º, II, da CRFB), que só é efetivo se sustentável, e promover o bem de todos (artigo 3º, IV, da CRFB). Tais danos são potencializados pela ausência de uma política pública eficiente de repressão, prevenção e reparação de danos ambientais. 7. Ao disciplinar condições, critérios, procedimentos e limites a serem observados no licenciamento de fornos rotativos de produção de clínquer para a atividade de coprocessamento de resíduos, a Resolução Conama 499/2020 atende ao disposto no artigo 225, § 1º, IV e V, da CF, que exige estudo prévio de impacto ambiental para a instalação de atividade potencialmente causadora de degradação do meio ambiente e impõe ao Poder Público o controle do emprego de técnicas, métodos e substâncias que comportem risco para a vida, a qualidade de vida e o meio ambiente. Mostra-se consistente, ainda, com o marco jurídico convencional e os critérios setoriais de razoabilidade e proporcionalidade da Política Nacional de Resíduos Sólidos (artigo 6º, XI, da Lei 12.305/2010). 8. Arguição de descumprimento de preceito fundamental julgada parcialmente procedente para declarar a inconstitucionalidade da Resolução Conama 500/2020, no que revogou as Resoluções CF), à saúde (artigo 6º da CF) e ao meio ambiente ecologicamente equilibrado (artigo 225, *caput*, da CF)".

[78] STF, RE 631.753 AgR/RJ, 1ª Turma, Rel. Min. Ricardo Lewandowski, j. 07.06.2011, *DJe*-119.

[79] TRF da 4ª Região, Apelação Cível/PR, 3ª Turma, Juiz Carlos Eduardo Thompson Flores Lenz, *DJU* 03.09.2003, p. 511.

na medida do possível, atentar para as prescrições legais e regulamentares. Entretanto, há que se observar que o EIA não está disciplinado em lei e, portanto, as suas formalidades não são obrigatórias (Lei 9.784/1999, artigo 22), até mesmo porque o processo administrativo se rege pela adoção de formas simples (Lei 9.784/1999, artigo 2º). Com efeito, a prática administrativa e judiciária tem demonstrado que, não raras vezes, um vício formal pode implicar a anulação de uma licença ambiental. A solução não é, obviamente, a mais adequada. É importante que a administração busque aproveitar todos os atos que tenham sido praticados no processo de licenciamento, pois ele, como se sabe, é extremamente caro e difícil, não tendo sentido a anulação de seus atos se, substancialmente, não estão eivados de vícios ou outros elementos que possam pôr em dúvida a lisura da concessão da licença (Lei 9.784/1999, artigo 55). A judicialização extremada das questões ambientais tem levado a que, seguidamente, sejam privilegiadas as questões meramente de forma, em detrimento do próprio conteúdo dos EIAs. O fundamental é que os estudo seja (1) prévio, que (2) abranja e analise *todos* os principais e seja dado ao (3) conhecimento público para debate e crítica.

As conclusões do EIA *não obrigam* a Administração, até mesmo porque seria sem sentido que a administração ficasse tolhida em sua ação administrativa por força de um documento que, embora constante do processo de licenciamento, é, na maioria das vezes, de produção privada.[80] Admita-se a hipótese em que o EIA recomende a implantação de determinada atividade, empreendimento ou projeto e que o clamor popular se coloque contra a atividade. Nada impede que a administração negue a licença pleiteada. As informações contidas no EIA são relevantes para auxiliar a tomada de decisão pelo órgão ambiental competente, não mais do que isso. Caso o EIA fosse vinculante para a administração não haveria sentido na própria existência do licenciamento, pois, uma vez que o EIA tivesse concluído que uma licença deveria ser dada, a Administração não poderia negá-la, por exemplo. O EIA não é um instrumento capaz de impor ao administrador uma determinada conduta – positiva ou negativa – com relação à concessão de uma licença ambiental.[81] O que a Administração não pode fazer é tomar uma decisão contrária à recomendação do EIA sem um parecer técnico robusto e fundamentado que descaracterize o ponto de vista expresso no EIA, justificando a decisão administrativa.

A plena limitação da discricionariedade administrativa pelo EIA seria atribuir ao estudo um papel que nem a Constituição, nem a lei, lhe atribuem. É evidente que os EIAs servem apenas e tão somente para oferecer uma análise técnica dos efeitos que decorrerão da implantação do projeto. Vale observar que o EIA deve ser abrangente, e, uma vez que os elementos tenham sido fornecidos aos administradores, caberá ao governo realizar um balanço entre todas as opções consideradas para decidir.

O EIA simplesmente analisa os impactos que podem ser previstos e oferece ao administrador uma síntese, considerando-os em uma matriz da qual resultará uma opinião sobre a viabilidade ambiental ou não do projeto analisado e sugerindo medidas mitigadoras para os impactos prováveis.

Os impactos identificados pelo EIA são os impactos mínimos do projeto, nada impede que a administração identifique outros impactos, ocasião em que poderá solicitar complementação de estudos. O EIA é estudo essencialmente técnico, devendo guardar coerência técnica. A sobreposição de uma excessiva formalidade ao conteúdo material do EIA, como vem sendo entendido em muitos *fora*, é uma distorção grave. A finalidade precípua dos EIA é informar e examinar todas as alternativas para a implementação ou a não implementação

---

[80] Resolução Conama 237/1997, artigo 11.

[81] TRF 2ª Região, AG 200002010086683/RJ, 3ª Turma, Rel. Juíza Virginia Procópio de Oliveira Silva, *DJU* 29.03.2001.

146 DIREITO AMBIENTAL – *Paulo de Bessa Antunes*

de um projeto. Desde que isto esteja contemplado e que os princípios contidos no artigo 37 da CF estejam atendidos no estudo, não há qualquer motivo racional para não o aproveitar.

6.3.2 Requisitos do EIA

Os requisitos de conteúdo do EIA estão previstos na Resolução 1/1986, em seus artigos 5° e 9°. Já os requisitos formais estão na própria Resolução 1/1986 e na Resolução 1/1988, essencialmente. Os requisitos de conteúdo são os que dizem respeito aos aspectos materiais que devem estar presentes nas Avaliações de Impactos Ambientais – AIA, expressas em estudo de impacto ambiental e em seus Relatórios de Impacto sobre o Meio Ambiente – RIMA. A legislação ambiental brasileira exige um conteúdo material mínimo para as avaliações de impacto ambiental, que devem ser submetidas ao Poder Público para fins de licenciamento de uma atividade ou empreendimento. Nada impede que o órgão de controle ambiental solicite a análise de aspectos que não são formalmente exigidos pelas normas legais, desde que a exigência seja motivada em parecer técnico. Evidentemente que, em tais casos, as informações colhidas servirão como novos subsídios para o órgão licenciante. Observe-se, contudo, que dada a vinculação do empreendedor às conclusões do EIA, as informações que lhe sejam desfavoráveis devem ser consideradas.

O artigo 5° da Resolução do Conama 1/1986 estabelece que o estudo de impacto ambiental deverá obedecer às seguintes diretrizes gerais: (1) contemplar todas as alternativas tecnológicas e de localização do projeto, confrontando-as com a hipótese de não execução do projeto; (2) identificar e avaliar sistematicamente os impactos ambientais gerados nas fases de implantação e operação da atividade; (3) definir os limites da área geográfica a ser direta ou indiretamente afetada pelos impactos, denominada área de influência do projeto, considerando, em todos os casos, a bacia hidrográfica na qual se localiza; (4) considerar os planos e programas governamentais, propostos e em implantação na área de influência do projeto, e sua compatibilidade.

Observe-se que, no caso, trata-se de diretrizes que deverão ser observadas no EIA. O órgão ambiental poderá adotar as diretrizes como julgue mais conveniente, não estando obrigado a adotar uma fórmula ou forma, previamente determinada. O que a norma busca é ter a informação, não especificando a maneira pela qual ela se incorporará ao EIA.

É de se considerar que, quando da determinação da realização do estudo de impacto ambiental, o órgão estadual, federal ou municipal, conforme o caso, poderá determinar as diretrizes adicionais, em razão das peculiaridades do projeto e características ambientais da área. Assim sendo, o órgão licenciador, quando formular a exigência de que seja feito um EIA, deverá indicar imediatamente quais são os estudos complementares necessários. Ultrapassada essa fase, a agência ambiental não poderá formular outras exigências para o empreendedor, salvo pedidos de esclarecimentos para questões já anteriormente suscitadas. Aqui, opera-se uma preclusão administrativa. Assim é na medida em que os EIA são estudos de longa duração, complexos e caros, e, evidentemente, compete à Administração Pública expor, claramente, aquilo que deseja saber sobre um projeto determinado. Exigências imprecisas, pouco claras ou sem base legal devem ser evitadas, pois somente servem para causar prejuízos a todas as partes envolvidas, inclusive para a Administração Pública, visto que o Poder Judiciário poderá invalidar as exigências ilegais. A norma deve ser a "não surpresa".

O artigo 6° da Resolução 1/1986 do Conama determina quais são as alternativas técnicas mínimas que deverão ser desenvolvidas no EIA. O primeiro requisito é o diagnóstico da área de influência do projeto, completa descrição e análise dos recursos ambientais e suas interações, tal como existentes antes da implementação do projeto, de modo a caracterizar

Capítulo 4 · PODER DE POLÍCIA AMBIENTAL E LICENCIAMENTO AMBIENTAL | **147**

a situação ambiental da área. Trata-se, portanto, de um inventário ambiental da região. Há determinação normativa de que, no curso do aludido inventário, sejam considerados três parâmetros, que são: (i) o meio físico – o subsolo, as águas, o ar e o clima, destacando os recursos minerais, a topografia, os tipos e aptidões do solo, os corpos d'água, o regime hidrológico, as correntes marinhas, as correntes atmosféricas; (ii) o meio biológico e os ecossistemas naturais – a fauna e a flora, destacando as espécies indicadoras da qualidade ambiental, de valor científico-econômico, raras e ameaçadas de extinção, e as áreas de preservação permanente; (iii) o meio socioeconômico – o uso e ocupação do solo, os usos da água e a socioeconomia, destacando os sítios e monumentos arqueológicos, históricos e culturais da comunidade, as relações de dependência entre a sociedade local, os recursos ambientais e o potencial de utilização futura desses recursos.

Não são poucas as exigências contidas no primeiro inciso do artigo 6º. A primeira providência a ser tomada é uma ampla investigação sobre a base física na qual deverá ser instalado o projeto proposto, para que se saiba de sua compatibilidade com a instalação projetada. Esse é um exame preliminar. Em determinados momentos, é possível que se verifique que o lençol freático não comporta o projeto, embora haja compatibilidade do projeto com o regime de ventos da região etc. Além das repercussões sobre o meio físico, devem ser examinadas as suas repercussões sobre a vida animal e vegetal existentes na região na qual se pretende executá-lo. É uma análise ampla. Muitas vezes, um projeto poderá tornar inviável a sobrevivência de uma espécie animal ou vegetal; poderá afetar as características básicas de vida de animais e vegetais. Esses elementos devem ser sopesados, e propostas alternativas capazes de viabilizar a vida devem ser apresentadas para exame. A questão grave que se coloca é quando, por exemplo, tornar-se factível a extinção de uma determinada espécie animal ou vegetal em razão do projeto. Nesse caso, é necessário que se faça uma dura opção entre os eventuais benefícios compreendidos pelo projeto e os danos ambientais, cuja quantificação é extremamente difícil, senão impossível. Nesses casos, o projeto deverá prever e prover os meios que se façam necessários para que se evite uma perda irreparável em termos ambientais.

O que deve estar contido no EIA é uma exposição clara e precisa dos impactos. Caberá à sociedade avaliar quais as opções a serem tomadas diante do caso concreto. O EIA, na medida do possível, não deve formular juízos de valor, uma vez que esta não é a sua finalidade. O necessário é que contemple a mais ampla pluralidade de alternativas e situações possíveis. Os julgamentos de valor devem ser feitos pelas autoridades governamentais e pela sociedade.

Por fim, faz-se necessária uma análise cultural do projeto, ou seja: como o empreendimento irá repercutir na vida social de uma determinada localidade. Não se pode admitir a destruição de localidades inteiras, de modos de vida e de cultura, sob o pretexto do "progresso". A história recente do Brasil bem demonstrou tristes exemplos de destruição de comunidades inteiras para a construção de barragens e outros empreendimentos de grande porte. Felizmente, de algum tempo para cá, está se organizando um forte movimento de cidadãos em defesa de suas comunidades, que já logrou conquistar algumas vitórias contra a destruição de seus valores culturais.

O inciso II do artigo 6º determina seja analisada a natureza do impacto a ser produzido pelo projeto. Nessa análise deverão estar incluídas também as alternativas para os impactos. Deverão ser analisados os impactos positivos e os negativos que, eventualmente, serão produzidos. Esses impactos deverão ser dimensionados em curto, médio e longo prazo. Deverão, ainda, ser estudados quais os impactos que permanecerão perenes e quais aqueles outros que somente se manifestarão ao longo de certo lapso de tempo.

A conclusão do EIA deverá apontar, quando viáveis, as providências capazes de diminuir ou cancelar os efeitos dos impactos ambientais negativos. Na análise de tais providências,

DIREITO AMBIENTAL – *Paulo de Bessa Antunes*

deverá constar, inclusive, um exame do material técnico necessário para implementar as medidas, avaliando a eficiência destes. Há, ainda, a necessidade de que se preveja um sistema de acompanhamento e monitoramento permanente das repercussões ambientais do projeto que se pretenda implantar.

6.3.2.1 Alternativas tecnológicas e de implantação

O EIA deve examinar todas as opções tecnológicas para que a finalidade do empreendimento proposto possa ser alcançada. Este é um tema delicado, pois o órgão de controle ambiental não faz política ambiental, limita-se a aplicar a existente. Por exemplo, se o projeto a ser implantado tem por finalidade a geração de energia elétrica para uma determinada região e a administração pública decidiu que a fonte será hidrelétrica, não cabe ao EIA sugerir uma usina fotovoltaica ou eólica. Essas são decisões de política energética e ambiental. Nesse ponto, a análise prende-se ao aspecto tecnológico, isto é, se a tecnologia disponível atende, do ponto de vista da qualidade do produto, à demanda concreta. A análise tecnológica implica, necessariamente, o exame de outros fatores envolvidos no projeto, inclusive o de custo.

O importante é ter em mente que o que se licencia, em princípio, é o projeto. Uma atividade econômica pode ser viável ambientalmente mediante a adoção de um determinado projeto e inviável se adotado outro projeto.

O local de implantação, muitas vezes, pode não ser o adequado e a equipe técnica deve dizê-lo claramente, inclusive sugerindo outra localização. Cumpre relembrar que as exigências para a indicação de alternativas locacionais para empreendimentos e instalações não estão claramente definidas em nosso ordenamento jurídico. Na verdade, em nível federal, a matéria encontra-se regulada, apenas, pela Resolução Conama 1/1986, que, no artigo 5º, I, estipula que o *estudo de impacto ambiental, além de atender à legislação, em especial os* princípios e objetivos expressos na Lei de PNMA, e que também deverá obedecer às seguintes diretrizes gerais: contemplar todas as alternativas tecnológicas e de localização de projeto, confrontando--as com a hipótese da sua não execução.

A escolha da localização de um empreendimento industrial deve levar em consideração, dentre outros, os seguintes aspectos: (1) facilidade de acesso a mercados/centros de distribuição; (2) facilidades de acesso a fornecedores e recursos necessários para funcionamento do empreendimento; (3) bom relacionamento com a comunidade e autoridades governamentais; (4) competitividade da localização em relação às demais alternativas analisadas; (5) considerações ambientais (legais e ecológicas); (6) facilidade de relacionamento com demais empresas do mesmo grupo econômico; (7) abundância e capacitação profissional da mão de obra necessária para a implementação da atividade; (8) atratividades do local; (9) situação tributária, disponibilidade de crédito e incentivos para a implementação da atividade; (10) boa infraestrutura de transportes; (11) existência de utilidades e serviços.

Pelo que se pode ver, a escolha de uma boa alternativa locacional é, apenas, parcialmente, feita pelo empreendedor, pois existem fatores objetivos que, obrigatoriamente, devem ser contemplados sob pena da inviabilização do próprio negócio. Resulta claro, portanto, que a chamada alternativa locacional de um empreendimento não é uma escolha arbitrária a ser tomada pelas empresas sem considerações bastante profundas. Na verdade, a opção por determinada localização para um empreendimento, frequentemente, é decisiva para o sucesso ou o fracasso da atividade que envolve fatores políticos, econômicos e ambientais (ecológicos e socioambientais).

Como se viu, a variável ecológica é uma das componentes de uma matriz mais ampla que deve ser levada em consideração para que se tome a decisão de investir. A questão que necessita ser esclarecida é qual o peso relativo atribuído à variável ecológica na composição dos elementos que levam à decisão de investir, isso do ponto de vista privado. Para a autoridade ambiental, a equação se soluciona com atribuição de pesos para a variante ambiental, de forma a considerar que, no âmbito das ponderações necessárias, o investimento a ser feito é ambientalmente justificável. É imperioso sublinhar que a variável ecológica, assim como as demais, está subordinada ao contexto legal específico, sendo limitada pela legislação aplicável.

As diferentes atividades a serem implantadas têm características que, naturalmente, impõem limitações adicionais para a escolha de uma alternativa locacional adequada. Existem exemplos clássicos que merecem ser mencionados neste capítulo. Pense-se na implantação de uma (1) usina hidrelétrica; além de todas as considerações acima mencionadas, há uma limitação natural, que é a existência de potenciais hidrelétricos capazes de gerar a quantidade de energia nova que se pretende lançar no mercado; o mesmo se diga em relação à (2) atividade de mineração que, obviamente, somente poderá ser instalada em locais nos quais existam os jazimentos que se pretenda explorar.

Em linhas gerais, portanto, as alternativas locacionais se dividem em dois grandes grupos que necessitam ser respeitados e observados para que o empreendimento que se pretende desenvolver não parta de uma premissa locacional inadequada ou inconveniente. A localização de um empreendimento, portanto, se subdivide em (a) macrolocalização e (b) microlocalização.

A macrolocalização leva em conta os aspectos físico-geográficos, mas, sobretudo, considera os fatores de natureza econômica e tecnológica, ou seja, é necessário para que uma determinada região seja considerada adequada para a implantação de um empreendimento que ela esteja (a) próxima de seu mercado consumidor, (b) que a infraestrutura necessária para a sua implantação esteja presente, (c) que exista mão de obra apta a trabalhar no empreendimento, (d) que os aspectos tributários tornem a região competitiva.

É importante realçar que entre a macrolocalização e a microlocalização existe um grau de interação e interferências recíprocas que, não em raras oportunidades, farão que uma tenha repercussão direta sobre a outra, chegando a ser uma condicionante.

A microlocalização corresponde ao espaço geográfico, ao território, que será ocupado pelo empreendimento. As suas limitações serão basicamente de ordem legal, haja vista que as instalações deverão ser implantadas em local sem restrições legais para a atividade. A microlocalização de um empreendimento deve observar as normas municipais de zoneamento e uso e ocupação do solo, além de outras normas legais aplicáveis.

Questão polêmica é a da chamada *opção zero*, isto é, a análise dos efeitos produzidos pela não realização do empreendimento. Trata-se, evidentemente, de comparar a situação ecológica atual da região em que se pretende implantar determinado projeto com a situação futura. Não se trata, contudo, apenas disso. Deve ser analisada, igualmente, a situação econômico-social da área de influência do projeto nas hipóteses de realização e de não realização do empreendimento. Aqui é preciso lembrar que a legislação brasileira, em matéria ambiental, tem como um de seus objetivos assegurar condições de desenvolvimento socioeconômico. Parece-nos, portanto, que a opção zero somente deve ser considerada como a mais adequada quando o projeto causar grandes impactos ambientais, sem possibilidade de mitigação aceitável, e que os seus resultados econômico-sociais sejam desprezíveis.

6.3.2.2 Impactos ambientais gerados na fase de implantação e na fase de operação

O impacto da fase de implantação, em geral, é de curto prazo e não exige maior esforço de investigação, muito embora os seus efeitos possam ser duradouros. O impacto ambiental gerado na fase de implantação é, ainda, bastante visível, de imediato reconhecimento. A sua caracterização, portanto, é menos problemática do ponto de vista tecnológico e científico.

Normalmente ela está relacionada com obras civis, movimentação de caminhões, presença de operários em número excessivo etc.

A questão se torna complexa quando se trata dos impactos ambientais decorrentes da fase de operação, principalmente devido ao fato de que os EIA são exigidos na fase preliminar de planejamento [LP] quando o projeto não está implantado e, portanto, não há como se ter uma previsão segura dos impactos futuros. Normalmente, são utilizados modelos matemáticos que simulam as situações prováveis após a implantação do empreendimento. Apesar da sofisticação do método, não raro, a natureza apresenta surpresas que os melhores modelos matemáticos têm dificuldade de prever.

6.3.2.3   Área geográfica a ser diretamente atingida

A análise dos impactos ambientais ao longo do tempo será uma função da sua verificação em um dado território: a área de influência do projeto. A definição da área de influência é uma das tarefas mais inglórias em matéria de estudos ambientais. A enorme inter-relação entre todos os componentes da biosfera faz que muitos atos praticados localmente possam repercutir globalmente. O fenômeno da poluição transfronteira, das chuvas ácidas e outros demonstram a dificuldade da abordagem do tema. Obviamente que a resolução não pretende o impossível, mas apenas e tão somente que se faça um estudo cientificamente sério e dentro de limites razoáveis. O referencial da bacia hidrográfica é adequado e somente precisará ser ultrapassado em circunstâncias específicas e peculiares. Paulo Affonso Leme Machado (2023) sugere um critério casuístico bastante útil: *A possibilidade de se registrarem impactos significativos é que vai definir a área chamada de influência do projeto.*

Contudo, é importante registrar que a área de influência direta, bem como a área de influência indireta são definidas pelo EIA, salvo se o termo de referência determinar diferentemente.

6.3.2.4   Consideração de planos e programas governamentais

Com o planejamento urbano e industrial que hoje é cada vez mais uma presença na atividade humana, não se pode deixar de considerar o projeto a ser implantado em integração com todo o planejamento governamental para a região na qual este deverá ser localizado. Assim sendo, pode ocorrer que a região esteja planejada para ser uma área de residências, impedindo a implantação da atividade industrial.

6.3.2.5   Impactos sociais e humanos

A Resolução 1/1986 do Conama não exige, explicitamente, a análise dos impactos sociais e humanos do projeto proposto. O entendimento da necessidade da realização de tal análise decorre de uma compreensão holística das ciências ambientais e, evidentemente, do próprio Direito Ambiental. O conjunto de disposições legais contidas na Lei 6.938/1981 é suficiente para demonstrar que, efetivamente, os impactos sociais e humanos dos projetos a serem implantados devem ser examinados pelo EIA, sob pena de necessidade de complementação do estudo. Além de instituto constitucionalmente previsto, o estudo de impacto ambiental é um dos instrumentos da PNMA. Assim, ele tem por desiderato o alcance dos objetivos fixados para a PNMA. Como se sabe, o artigo 2º da Lei 6.938/1981 determina que, entre os seus objetivos estão os de *recuperação da qualidade ambiental propícia à vida e a proteção da dignidade humana.* Necessário, portanto, que as repercussões sociais e humanas dos projetos sejam bem examinadas no estudo.

Não bastassem os argumentos acima expendidos, é de se acrescentar que a própria Lei 6.938/1981, em seu artigo 3º, inciso III, estabelece que poluição é a degradação da qualidade ambiental resultante de atividades que direta ou indiretamente (i) prejudiquem a saúde, a segurança e o bem-estar da população ou (ii) criem condições adversas às atividades sociais e econômicas.

Ora, se a avaliação dos impactos ambientais, em última análise, tem por finalidade a pesquisa e o descobrimento das repercussões geradas por um projeto especificamente considerado, e que, no próprio conceito de poluição, estão incorporadas as perturbações sensíveis da atividade social e econômica, não se pode deixar de incluir nas análises dos impactos tudo aquilo que seja repercussão na vida social e econômica da população da área de influência do projeto.

Necessário se faz que o aspecto *qualidade de vida* seja examinado de forma muito clara e precisa. A implantação de projetos e a utilização de recursos ambientais devem ser realizadas com vários objetivos e, dentre estes, não pode faltar o da geração de empregos e da utilização de mão de obra local, sempre que possível.

6.3.2.6   Equipe técnica habilitada

A equipe técnica exigida para a realização de estudos de impacto ambiental é multidisciplinar. Essa exigência decorre da própria natureza do EIA que, como se viu, engloba conhecimentos de várias ciências. Os integrantes da equipe técnica, portanto, devem ser profissionais das diversas áreas envolvidas no projeto cujo licenciamento se pretende.

A Resolução Conama 237/1997, em seu artigo 11, alterou o sistema anteriormente vigente, no que se refere à apresentação dos estudos ambientais para efeito de licenciamento ambiental, dispondo em seu artigo 11 que *os estudos necessários ao processo de licenciamento deverão ser realizados por profissionais legalmente habilitados, às expensas do empreendedor*. Na forma do parágrafo único do mencionado artigo o *empreendedor e os profissionais que subscrevem os estudos previstos no* caput *deste artigo serão responsáveis pelas informações prestadas, sujeitando-se às sanções administrativas, civis e penais.*

6.3.2.6.1   Independência da equipe técnica

A primeira formalidade a ser examinada é a contida no artigo 7º da Resolução 1/1986 do Conama. Tal artigo, como se sabe, diz respeito à independência da equipe técnica responsável pelo EIA. Com efeito, o artigo 7º da Resolução 1/1986 determina que o EIA deve ser realizado por equipe multidisciplinar habilitada, não dependente direta ou indiretamente do proponente do projeto e que será responsável tecnicamente pelos resultados apresentados.

No sistema atual de licenciamento ambiental, a independência deve ser considerada em termos, pois os estudos de impacto ambiental, como regra, são encomendados pelo empreendedor e por ele estipendiados. Assim, a independência só pode ser técnica e decorre não da Resolução em si, mas do dever de responsabilidade técnica dos profissionais.

O tema da independência técnica, contudo, não é fácil e tem suscitado inúmeras polêmicas. Antônio Inagê Assis de Oliveira (1999, p. 38), profundo conhecedor que é da legislação ambiental brasileira, leciona que "Com o desenvolvimento do sistema de licenciamento, cedo se verificou que os órgãos ambientais, por mais bem aparelhados que fossem, apenas com o conhecimento de seus técnicos, não teriam condições de proceder ao estudo de avaliação de impacto ambiental de certas atividades ou empreendimentos de maior sofisticação técnica ou elevado porte".

152 | DIREITO AMBIENTAL – *Paulo de Bessa Antunes*

Prossegue o autor: "Esse problema não poderia ser resolvido simplesmente com a contratação de novos técnicos especialistas na matéria versada, inclusive por óbices administrativos, mas principalmente pela relativa ociosidade a que estariam destinados, cumprida a tarefa específica. A princípio foi tentada a utilização de consultores independentes, logo inviabilizada pelo elevado montante de recursos necessários [...]. O papel da equipe técnica é, claramente, o de fornecer ao órgão licenciante um parecer prévio sobre o projeto. Tal parecer, muito mais que um aconselhamento, é, obviamente, um laudo técnico cujas repercussões são muito importantes".

A Resolução Conama 237/1997, em seu artigo 11, alterou o sistema anteriormente vigente, no que se refere à apresentação dos estudos ambientais para efeito de licenciamento ambiental, dispondo em seu artigo 11 que *os estudos necessários ao processo de licenciamento deverão ser realizados por profissionais legalmente habilitados, às expensas do empreendedor.* Na forma do parágrafo único do mencionado artigo, o *empreendedor e os profissionais que subscrevem os estudos previstos no* caput *serão responsáveis pelas informações prestadas, sujeitando-se às sanções administrativas, civis e penais.*

A nova regulamentação apenas reconhece uma prática que já existia, isto é, a remuneração da equipe técnica pelo empreendedor. Na vigência do sistema anterior, qualquer empresa idônea de consultoria, contratada para a elaboração do EIA/RIMA, deveria ser remunerada. Tal remuneração, obviamente, só poderia ser feita pelo empreendedor. Pelo novo sistema, a própria empresa licencianda poderá elaborar o EIA/RIMA e levá-lo à apreciação do órgão licenciador.

6.3.2.7 Publicidade

A publicidade dos EIAs e RIMA é obrigatória por mandamento constitucional. Com isso busca-se dar publicidade ao estudo de impacto ambiental e ao seu relatório, permitindo a participação popular no processo de licenciamento.

6.3.2.8 Informação incompleta

A Lei 9.605/1998, desde a inclusão do artigo 69-A, passou a ter incidência direta sobre o licenciamento ambiental e, sobretudo, na elaboração dos estudos ambientais, qualquer que seja a modalidade. Assim, se faz necessário saber exatamente quando o órgão ambiental considera que um estudo ambiental esteja encerrado e o que se deve entender por informação incompleta. O tipo penal em questão, data vênia, tem sido um instrumento de inquietação para toda uma gama de profissionais e, com todo respeito, os seus benefícios para a qualidade dos estudos ambientais ainda não foram comprovados.

A avaliação ambiental é essencial para a implantação de projeto ou empreendimento utilizador de recursos ambientais. O papel do EIA é ainda mais relevante dada a sua natureza constitucional desempenhando atividade fundamental no licenciamento ambiental de atividades capazes de causar, potencial ou efetivamente, significativa degradação ambiental.

O EIA é um procedimento que, além de seu aspecto constitucional, tem natureza (i) técnica e (ii) institucional. A conciliação de todos os seus aspectos nem sempre é facilmente resolvida, pois ao lidar com dados científicos, o EIA não é capaz de afirmar certezas absolutas, dado que a natureza da ciência é evolutiva, com a superação de estágios cognitivos passados e a criação de novos que se fazem à base das pesquisas e estudos que se renovam. Por outro lado, o mundo institucional e jurídico se faz à base de proposições que tendem à verdade, pelo menos a verdade jurídica, criada pela coisa julgada que é imutável, ainda que possa ser discutível ou mesmo inconveniente.

Capítulo 4 · PODER DE POLÍCIA AMBIENTAL E LICENCIAMENTO AMBIENTAL | **153**

Assim, é da natureza do EIA e de sua análise pelos órgãos ambientais, o constante questionamento e a sua modificação na medida em que surgem demandas por parte da sociedade nas audiências públicas e dos próprios órgãos de controle ambiental. É importante ressaltar que o EIA é apresentado ao órgão ambiental na fase de requerimento da LP e, portanto, na fase preliminar de planejamento do projeto, em momento meramente conceitual, no qual as definições do empreendimento ainda se encontram em fase embrionária.

Com muita frequência é comum que, em função de aspectos econômicos, os projetos sofram alterações entre a LP e a concessão da LI, no que se denomina na praxe administrativa como alteração de projeto. Em muitos casos, a alteração de projeto demanda complementações ao EIA para que haja uma adaptação ao projeto "concreto" que se busca implantar e não mais ao "projeto conceitual" que fora licenciado.

É importante observar que a CF não determina que o EIA seja posicionado antes desta ou daquela licença, mas antes da implantação do empreendimento ou projeto.[82] O tema tem sido muito suscitado perante as nossas cortes judiciais e já chegou a merecer decisão do STF, a qual com invulgar felicidade examinou o tema em profundidade.

Por todos os motivos anteriormente descritos e por tantos outros, não se deve supervalorizar o papel do EIA no contexto do licenciamento ambiental, haja vista que ele é um instrumento da política ambiental, não sendo o único. O EIA por mais técnico e correto que seja não é vinculante para a Administração Pública.[83]

---

[82] Cumpre ressaltar que somente com a Licença de Instalação é que o empreendedor poderá realizar ato de construção propriamente dito. É dizer, qualquer alteração efetiva no meio ambiente somente ocorrerá após a emissão dessa licença, com observância dos requisitos básicos e condicionantes expressos nos procedimentos ultrapassados. Portanto, a concessão de Licença Prévia, por si só, não importa em risco de degradação do meio ambiente. Aliás, caso o órgão ambiental competente verifique violação ou inadequação de quaisquer condicionantes ou normas legais, omissão ou falsa descrição de informações relevantes que subsidiaram a expedição da licença, bem como a superveniência de graves riscos ambientais e de saúde, poderá – por meio de decisão motivada – alterar os condicionantes e as medidas de controle e adequação, e ainda suspender ou cancelar uma licença expedida (artigo 19 da Resolução 237/1997) (42). Não há, é certo, limitação temporal para o exercício desse poder, em virtude do evidente realce concedido à questão ambiental em nossa ordem jurídica. STF, ACO 876 MC/BA, Rel. Min. Sepúlveda Pertence, j. 18.12.2006, *DJU* 01.02.2007, p. 148.

[83] TRF da 4ª Região, AC 200671010038018, 3ª Turma, Rel. Des. Federal Carlos Eduardo Thompson Flores Lenz, *DE* 04.11.2009: "10. Nulidade do licenciamento ambiental prévio. Argui o Ministério Público que o EIA realizado não contemplou todas as informações arroladas nos artigos 5º e 6º da Resolução Conama 001/1986, acarretando a nulidade do estudo e da Licença Prévia emitida. A nulidade afirmada, no entanto, não se verifica. Os artigos 5º e 6º da Resolução Conama 001/1986, de fato, contêm uma série de parâmetros que devem nortear a realização do Estudo de Impacto Ambiental, como as alternativas de localização do projeto, os impactos na implantação e operação da atividade, a delimitação da área impactada pelo empreendimento e a consideração dos projetos governamentais previstos ou implementados. Para isto, a norma estabelece que o EIA deverá ser integrado pelas atividades de diagnóstico ambiental da área de influência do projeto, contendo o levantamento dos recursos ambientais antes do empreendimento (meios físico, biológico, socioeconômico); de análise dos impactos ambientais do projeto e suas alternativas, com a projeção das prováveis alterações relevantes; das medidas mitigadoras dos impactos negativos; e da elaboração de programa de acompanhamento e monitoramento de tais impactos. Tratando-se de estudo ambiental necessário à concessão da Licença Ambiental apenas prévia, entretanto, não se exige que tais estudos sejam exaurientes, infensos a modificações, detalhamentos e complementações mesmo posteriores à concessão da licença. A mutabilidade do EIA é intrínseca à sua natureza, dado que se trata de um estudo prospectivo e projetivo das alterações ambientais a serem causadas, no futuro, pelo empreendimento. A própria norma reconhece a necessidade de um estudo probabilístico, ao determinar a necessidade de 'projeção das prováveis alterações' ambientais a serem causadas (Resolução Conama 001/1986, artigo 6º). Assim, pretender a definitividade de um estudo cujo *ethos* é a

virtualidade de alterações ambientais futuras, em face de obras ainda não empreendidas, não condiz com o espírito da norma. A interpretação defendida na inicial que, à hipótese de incidência 'alterações e complementações do EIA', liga a consequência jurídica 'nulidade do EIA' revela-se, nestes termos, a menos indicada. A definitividade pretendida é mesmo um contrassenso normativo, na medida em que se está, na fase da licença prévia, apenas tentando projetar, embora da forma mais detalhada e abrangente possível, as alterações ambientais a serem causadas por obra futura, e a forma de evitá--las, mitigá-las ou compensá-las. A própria CF, no artigo 225, § 1º, inciso IV, dispõe que incumbe ao Poder Público exigir o EIA que deve ser prévio, de qualquer modo, à instalação da obra, como se constata: Artigo 225. Todos têm direito ao meio ambiente ecologicamente equilibrado, bem de uso comum do povo e essencial à sadia qualidade de vida, impondo-se ao Poder Público e à coletivida-de o dever de defendê-lo e preservá-lo para as presentes e futuras gerações. § 1º Para assegurar a efetividade desse direito, incumbe ao Poder Público: [...] IV – exigir, na forma da lei, para instalação de obra ou atividade potencialmente causadora de significativa degradação do meio ambiente, estudo prévio de impacto ambiental, a que se dará publicidade; (Regulamento) [...] Sabe-se que o licenciamento ambiental é ato uno, de caráter complexo, em cujas etapas intervêm vários agentes, e deverá ser precedido de Estudo de Impacto Ambiental e Relatório de Impacto Ambiental, sempre que constatada a existência, ainda que potencial, de significativo impacto ambiental (MILARÉ, Edis. Direito do ambiente. São Paulo: RT, 2001. p. 360). O procedimento administrativo de licenciamento ambiental, dada a amplitude da tutela constitucional do meio ambiente, prevê a possibilidade de a Administração Pública, através de seu órgão ambiental, solicitar do empreendedor esclarecimentos e complementações dos estudos ambientais que deram início ao licenciamento do empreendimento, podendo mesmo haver a reiteração das solicitações de complementação dos estudos sempre que os esclarecimentos não forem satisfatórios (Resolução Conama 237/1997, artigo 10, IV). Há, também, possibilidade de serem solicitados esclarecimentos e complementações pelo órgão ambiental, de-correntes das audiências públicas, de acordo com o disposto no artigo 10, VI, da mesma Resolução Conama 237/1997. A oportunidade de a Administração exigir complementações do empreendedor é igualmente prevista no mesmo artigo 10, § 2º, da Resolução Conama 237/1997, que preconiza que 'No caso de empreendimentos e atividades sujeitos ao estudo de impacto ambiental – EIA, se verificada a necessidade de nova complementação em decorrência dos esclarecimentos já presta-dos, conforme os incisos IV e VI, o órgão ambiental competente, mediante decisão motivada e com a participação do empreendedor, poderá formular novo pedido de complementação'. A previsão normativa de sucessivos pedidos de complementação do EIA, portanto, evidencia o caráter dinâmico dos estudos ambientais e das licenças ambientais concedidas pela Administração Pública. A exigência de complementações e de incorporação de novas condicionantes ambientais é ínsita à natureza do estudo ambiental e do licenciamento ambiental. Assim, vê-se que o procedimento de licenciamento ambiental comporta diversas etapas e diversas possibilidades de complementações e saneamen-tos dos EIAs inicialmente apresentados, sem que tais deficiências e esclarecimentos impliquem, necessariamente, a invalidade dos estudos ambientais prévios. Não exige a legislação ambiental, como se vê, que o EIA, documento inicial do licenciamento ambiental, represente estudo definitivo, infenso a revisões. Ao contrário, espera-se mesmo que, de seu exame, surjam novas indagações a serem respondidas para que seja possível o licenciamento ambiental. Novos questionamentos sobre o EIA inicialmente apresentado surgem como decorrência do seu exame pelo órgão ambiental e pelos demais participantes do licenciamento ambiental. De fato, a legislação pertinente em nenhum momento determina que eventuais pedidos de complementação e solicitação de esclarecimentos devam acarretar a invalidade do EIA prévio e a necessidade de sua reelaboração completa. É lícito, portanto, concluir que a existência de complementações nos EIAs previamente apresentados para o licenciamento ambiental não traz como consequência jurídica a sua nulidade e a necessidade de sua completa reelaboração, fazendo tábula rasa do quanto já empreendido nos estudos ambientais. A constatação de deficiências no estudo ambiental prévio determina que, caso procedentes e rele-vantes tais incompletudes, os estudos deverão ser acrescidos, complementados ou esclarecidos, no bojo do licenciamento ambiental e não completamente reelaborados, desconsiderando-se *in totum* o EIA inicialmente trazido ao órgão ambiental. Admitir a conclusão contrária é admitir que haverá, no curso do licenciamento ambiental, diversas reelaborações completas dos EIAs e nulidade das licenças já concedidas, uma para cada oportunidade de esclarecimentos e saneamento de deficiên-cias, o que comprometeria, de forma definitiva, a necessária efetividade da atuação administrativa no licenciamento ambiental (...)".

Capítulo 4 · PODER DE POLÍCIA AMBIENTAL E LICENCIAMENTO AMBIENTAL | 155

Assim, não se devem considerar os estudos ambientais finalizados antes de sua aprovação final pelo órgão de controle ambiental. A mera entrega deles não é apta para gerar consequências penais ou administrativas.

6.3.2.9 Despesas

Foi com o intuito de viabilizar a independência técnica que o artigo 8º da Resolução 1/1986 do Conama determinou que as despesas deveriam correr todas por conta do proponente do projeto. O espírito da norma é o de impedir que a sociedade arque com as despesas de exame de um projeto cujos benefícios individuais são bastante claros.

6.3.2.10 Cadastro Técnico Federal de Atividades e Instrumentos de Defesa Ambiental

A Lei 6.938/1981, por seu artigo 17, I, estabeleceu o Cadastro Técnico Federal de Atividades e Instrumentos de Defesa Ambiental. Já o Conama, pela Resolução 1/1988, visou a disciplinar o registro de técnicos que, eventualmente, venham a compor equipes técnicas com a finalidade de elaborar projetos para a realização de EIAs. O artigo 2º da Resolução acima mencionada determina que a SEMA *e os órgãos ambientais, no prazo de 90 (noventa) dias, a partir da publicação desta resolução, somente aceitarão, para fins de análise, projetos técnicos de controle da poluição ou estudo de impacto ambiental, cujos elaboradores sejam profissionais, empresas ou sociedades civis regularmente registradas no Cadastro de que trata o artigo 1º.*

Prossegue a Resolução, determinando o prazo de validade do registro, que será de dois anos, competindo aos cadastrados promover a renovação dos registros.

Pelo artigo 5º da Resolução estabeleceu-se que para fins de cadastramento, serão exigidos das pessoas físicas e jurídicas interessadas tão somente os dados necessários à sua caracterização jurídica e responsabilidade legal, bem como avaliação da capacidade técnica e da eficácia dos serviços oferecidos, dados esses a serem coletados através de formulário próprio, cabendo à declarante responder sob as penas da lei, em qualquer tempo, pela veracidade das informações apresentadas. Já o artigo 6º dispõe que a inclusão de pessoas físicas e jurídicas no Cadastro Técnico Federal não implicará, por parte da SEMA e perante terceiros, certificação de qualidade, nem juízo de valor de qualquer espécie.

6.3.2.11 O Relatório de Impacto Ambiental – RIMA

Muitas vezes, há confusão entre EIA e RIMA. O EIA é o conjunto de pesquisas que se fazem necessárias para avaliar o impacto ambiental de um determinado empreendimento. O RIMA é parte integrante do EIA e tem por finalidade fazer com que conceitos técnicos e científicos sejam acessíveis à população em geral.

Deve ser dada a mais ampla divulgação ao RIMA; admite-se, apenas, o sigilo de natureza industrial. O RIMA deve conter um pequeno resumo do EIA, de forma simplificada e acessível.

6.4 Audiência pública

As audiências públicas como parte integrante do processo de licenciamento ambiental, em nível federal, estão regulamentadas pela Resolução Conama 9/1987. A finalidade legal das audiências públicas é assegurar que a comunidade afetada seja ouvida sobre o projeto, manifestando sua opinião, sem caráter deliberativo. Busca-se com a audiência que os cidadãos indaguem sobre dúvidas quanto ao EIA – já distribuído previamente – e aos impactos nele previstos. Para a Administração, ela tem a função de ser um momento no qual poderá ser feita a aferição das repercussões junto à sociedade, do projeto proposto. Sugestões e críticas podem, e devem, ser feitas, assegurando que os administradores possam saber exatamente qual é a opinião popular sobre o projeto. Ela não se confunde com o procedimento de consulta prévia, livre e informada previsto na Convenção 169 da Organização Internacional do Trabalho.

A Lei 9.784/1999, que instituiu no âmbito da Administração Pública Federal o processo administrativo para a defesa de direitos perante a administração, admite em seu artigo 32 a realização de audiências públicas como parte do processo instrutório. Tal norma é, evidentemente, aplicável ao licenciamento ambiental. Posteriormente, a Lei 11.105/2005 (Biossegurança) também dispôs sobre audiências públicas, conforme o contido no artigo 15 e seu parágrafo. Especificamente no que diz respeito ao acesso aos recursos genéticos e conhecimentos tradicionais associados à diversidade biológica, a Lei 13.123/2015 disciplina a matéria.

A audiência pública pode ser convocada de ofício ou a requerimento do Ministério Público ou, ainda, por convocação de 50 cidadãos. A *convocação de ofício não é obrigatória*, pois a Resolução 9/1987 do Conama estabelece que ela será feita sempre que o órgão ambiental *"julgar necessário"*. Muito embora o órgão ambiental não esteja obrigado a realizar a convocação da audiência pública, ele está obrigado a, mediante edital ou anúncio na imprensa local, abrir prazo de, no mínimo, 45 dias para que os interessados, se assim o desejarem, solicitem a realização da *public hearing*.

A convocação da audiência pública pelo *parquet* ou pelo grupo de 50 cidadãos é um direito subjetivo público que não pode ser obstruído pelos órgãos licenciantes. O não atendimento do requerimento dá margem à impetração de mandado de segurança por ser hipótese de direito líquido e certo. É importante observar que, se a audiência pública tiver sido convocada e não realizada, a licença concedida poderá ser anulada, conforme o artigo 2º, § 2º.

No caso de ter sido apresentada a solicitação da audiência pública, o órgão licenciador deverá, mediante edital, fixar data e local para a sua realização e, ainda, fazer comunicação escrita, através de correspondência, àqueles que tenham realizado a solicitação.

A audiência deve ser realizada de forma a permitir que os cidadãos possam dela participar efetivamente. Dependendo da complexidade do projeto a ser examinado, poderá ser realizada mais de uma audiência. Encerrada a audiência, desta deverá ser lavrada uma ata circunstanciada na qual constem todos os incidentes e, principalmente, deverão ser anexados todos os documentos nela produzidos ou encaminhados pela sociedade para consideração pelo órgão licenciante.

A abrangência do projeto, a sua extensão geográfica, a localização dos solicitantes e outros fatores a serem estabelecidos, caso a caso, poderão determinar a realização de audiências públicas em locais diferenciados.

A audiência pública não possui caráter decisório. É atividade de natureza consultiva. Ela é, entretanto, um ato oficial e que, nessa condição, deve ter os seus resultados levados em consideração pelo órgão licenciante. Cabe, no entanto, observar que o artigo 5º da Resolução 9/1987 vem sendo pouco explorado. Determina o artigo mencionado que a ata da(s) audiência(s) pública(s) e seus anexos servirão de base, juntamente com o RIMA, para a análise e o parecer final do licenciador quanto à aprovação ou não do projeto. Qual o alcance dessa norma? Penso que aqui se estabeleceu um dever de levar em conta a manifestação pública. Esse dever se materializa na obrigação jurídica de que o órgão licenciante realize um reexame, em profundidade, de todos os aspectos do empreendimento que tenham sido criticados, fundamentadamente, na audiência pública.

6.4.1 Convocação

A audiência pública pode ser convocada de ofício ou a requerimento do Ministério Público ou, ainda, por convocação de 50 cidadãos. A *convocação de ofício não é obrigatória*, pois a Resolução 9/1987 do Conama estabelece que ela será feita sempre que o órgão ambiental *"julgar necessário"*. Muito embora o órgão ambiental não esteja obrigado a realizar a convocação da audiência pública, ele está obrigado a, mediante edital ou anúncio na imprensa local, abrir prazo de, no mínimo, 45 dias para que os interessados, se assim o desejarem, solicitem a realização da *public hearing*.

A convocação da audiência pública pelo *parquet* ou pelo grupo de 50 cidadãos é um direito subjetivo público que não pode ser obstruído pelos órgãos licenciantes. O não atendimento do requerimento dá margem à impetração de mandado de segurança por ser hipótese de direito líquido e certo. É importante observar que, se a audiência pública tiver sido convocada e não realizada, a licença concedida será inválida, conforme o artigo 2º, § 2º.[84]

No caso de ter sido apresentada a solicitação da audiência pública, o órgão licenciador deverá, mediante edital, fixar data e local para a sua realização e, ainda, fazer comunicação escrita, através de correspondência, àqueles que tenham realizado a solicitação.

6.4.2 Realização da audiência

A audiência deve ser realizada de forma a permitir que os cidadãos possam dela participar efetivamente. Dependendo da complexidade do projeto a ser examinado, poderá ser realizada mais de uma audiência. Encerrada a audiência, desta deverá ser lavrada uma ata circunstanciada na qual constem todos os incidentes e, principalmente, deverão ser anexados todos os documentos nela produzidos ou encaminhados pela sociedade para consideração pelo órgão licenciante.

A abrangência do projeto, a sua extensão geográfica, a localização dos solicitantes e outros fatores a serem estabelecidos, caso a caso, poderão determinar a realização de audiências públicas em locais diferenciados.

6.4.3 Função da audiência

A audiência pública não possui caráter decisório. É atividade de natureza consultiva. Ela é, entretanto, um ato oficial e que, nessa condição, deve ter os seus resultados levados em consideração pelo órgão licenciante. Cabe, no entanto, observar que o artigo 5º da Resolução 9/1987 vem sendo pouco explorado. Determina o artigo mencionado que a ata da(s) audiência(s) pública(s) e seus anexos servirão de base, juntamente com o RIMA, para a análise e o parecer final do licenciador quanto à aprovação ou não do projeto. Qual o alcance dessa norma? Penso que aqui se estabeleceu um dever de levar em conta a manifestação pública. Esse dever se materializa na obrigação jurídica de que o órgão licenciante realize um reexame, em profundidade, de todos os aspectos do empreendimento que tenham sido criticados, fundamentadamente, na audiência pública.[85]

---

[84] "Artigo 2º Sempre que julgar necessário, ou quando for solicitado por entidade civil, pelo Ministério Público, ou por 50 (cinquenta) ou mais cidadãos, o Órgão do Meio Ambiente promoverá a realização de Audiência Pública. (...) § 2º No caso de haver solicitação de audiência pública e na hipótese do Órgão Estadual não realizá-la, a licença não terá validade."

[85] "1. O objetivo da audiência de EIA/RIMA é possibilitar a participação popular em assuntos relacionados ao meio ambiente, e dar concretude ao comando do artigo 225, IV, da CF, o qual, por sua vez, deriva de um princípio maior, o Republicano, insculpido no artigo 1º da Carta Maior. 2. Iniciada a

audiência pública em 17.12.2008, compareceram mais de 300 participantes, o que inviabilizou o prosseguimento da mesma no local designado, porquanto vários outros interessados permaneceram fora do recinto. 3. Redesignada a audiência para o dia 24 de janeiro de 2008, em local mais amplo, com publicação no *Diário Oficial do Estado*, no *Jornal O Estado de S. Paulo* e em jornais locais, além de informes na Rádio Capital e na Rádio local 'Z', compareceram mais de 600 pessoas, com lista de 483 pessoas das quais 55 se manifestaram, com tendo a audiência se estendido por cerca de 7 horas. 4. Foi exatamente o adiamento da audiência que possibilitou a ampla participação popular e o extenso debate que, como dantes afirmado, se estendeu por quase 7 horas, garantindo total legitimidade ao processo. 5. O simples fato de a legislação não prever o desdobramento da audiência não significa que ela não possa ocorrer. É o interesse público quem dita tais regras. O que a legislação veda é a surpresa, a surdina, simulacro de audiência visando burlar o interesse da coletividade" (TRF da 3ª Região, AC 00045385720084036100, AC 1564005, 3ª Turma, *e-DJF3* Judicial 1 15.07.2011, p. 503).

Capítulo 5
INFRAÇÕES ADMINISTRATIVAS

 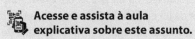

Acesse e assista à aula explicativa sobre este assunto.
> http://uqr.to/1b2hi

Este capítulo tem por escopo realizar uma análise geral e conceitual do sistema de sanções para as infrações administrativas praticadas contra o meio ambiente. Não é seu objetivo analisar pormenorizadamente as diversas riquezas e a variedade de infrações indicam que isto somente pode ser feito em trabalho próprio, especificamente voltado para a questão.

A Lei 9.605/1998 é a lei que define os crimes ambientais, suas penas e estabelece os mecanismos de responsabilidade ambiental administrativa. No que tange à responsabilidade penal, os crimes estão tipificados em lei. Em relação às responsabilidades administrativas contra o meio ambiente, a Lei 9.605/1998 não as definiu, relegando a matéria para regulamento, limitando-se à adoção de uma fórmula geral contida em seu artigo 70. Foi com base em tal fórmula aberta que se editou o Decreto 6.514/2008 no qual as infrações administrativas estão tipificadas. É relevante anotar que a fórmula adotada pelo artigo é o reflexo de uma curiosa oscilação existente nas normas ambientais de caráter sancionatório, pois o legislador, em alguns casos, adotou o critério da reserva legal para definir as punições e as próprias condutas ilícitas, e, em outros, o de fórmulas abertas e abstratas como a contida no artigo 70. Este mecanismo bifronte tem sido validado pelo Poder Judiciário.[1]

Infrações Ambientais						
Lei 9.433, de 8 de janeiro de 1997 (Política Nacional de Recursos Hídricos)	Lei 11.105, de 24 de março 2005 (Biossegurança)	Lei 11.794, de 8 de outubro de 2008 (experimentação científica com animais)	Lei do SNUC	Política Nacional do Meio Ambiente	Poluição por óleo
Definição em lei	Remete a regulamento	Definição em lei	Remete a regulamento	Definição em lei	Definição em lei

O Decreto 6.514/2008 estabelece as bases para a imputação de responsabilidades administrativas por atos e omissões lesivas ao meio ambiente (§ 3º, artigo 225, da CF). A administração

---

[1] O Decreto 6.514, de 2008, não padece de nenhuma ilegalidade, na medida em que, ao disciplinar as infrações administrativas ambientais, apenas detalha as previsões da Lei 9.605, de 1998, facilitando a sua execução pela Administração Pública, sem, com isso, invadir a esfera legislativa reservada às leis. TRF-4, AC 50451566420164047000/PR 5045156-64.2016.4.04.7000, 2ª Turma, Rel. Rômulo Pizzolatti, j. 13.07.2021.

pública se submete aos princípios constitucionais do artigo 37 da CF, entre os quais se destaca o da *legalidade administrativa;* por ele, a Administração somente pode atuar com base na lei e com a finalidade de alcançar os objetivos por ela estabelecidos. Quando a Administração tem necessidade de punir algum ato praticado contra as normas administrativas, tal princípio se desdobra em outro princípio que é o da *reserva legal.*

O Decreto 6.514/2008 é inaugurado (artigo 2º) com a reprodução do texto do artigo 70 da Lei 9.605, de 12 de fevereiro de 1998. Não se discute a necessidade de estabelecer limites à atividade pública e particular com vistas a garantir a salubridade ambiental. O ponto da discussão está no *método* utilizado para a definição das restrições. O Decreto 6.514/2008, a partir de uma autorização genérica contida no artigo 70 da Lei 9.605/1998, simplesmente repetiu, em grande parte, os *tipos penais* existentes na lei e atribuiu-lhes a *condição de tipos administrativos.*[2] O procedimento escolhido pela administração faz que a simples prática de um ilícito administrativo, em tese, se transforme em prática de ilícito penal.[3] Aliás, deve ser registrado que a expressão *crime ambiental* se vulgarizou. No caso da imposição de sanções administrativas a particulares, deve ser acrescentado ao princípio da legalidade o da *reserva de lei.* Isso porque o poder administrativo não pode agir autonomamente, salvo nas restritíssimas hipóteses estabelecidas pela CF (artigo 84, VI). Ademais, o poder regulamentar não pode ir além ou aquém da norma legal. Ora, não parece ser razoável *que o poder regulamentar tenha tal amplitude que transforme um solitário artigo de lei em mais de uma dezena de ilícitos administrativos* contemplados pelo Decreto 6.514/2008.

As infrações administrativas previstas no Decreto 6.514/2008 têm evidente caráter penal (sancionador), nem poderia ser diferente, haja vista que o mencionado decreto pretende "regulamentar" uma lei que, em essência, é penal, muito embora trate de outras matérias também. A dúplice face da administração no trato da questão que, do ponto de vista jurídico, é idêntica, demonstra que uma das duas soluções encontradas é juridicamente inadequada. Do nosso sistema constitucional decorre que o equívoco reside no artigo 70 da Lei 9.605/1998.

Para concluir a crítica que ora se faz, mesmo correndo o risco de uma repetição enfadonha, cumpre assinalar que a doutrina mais moderna e mais de acordo com a realidade de uma Constituição democrática tem afirmado que *os tipos devem ser claros, densos, dotados de um mínimo de previsibilidade quanto aos seus conteúdos* "dentre as possíveis consequências da cláusula constitucional do devido processo legal, destaca-se a ideia de que as normas sancionadoras não podem ser excessivamente vagas, pois devem ser redigidas com a suficiente clareza e precisão, dando justa notícia a respeito de seu conteúdo proibitivo" (OSÓRIO, 2000, p. 211). Analistas mais apressados do artigo 70 poderiam argumentar que o legislador estabeleceu uma cláusula geral e que, em tese, teria deixado ao administrador definir concretamente as hipóteses, estas sim típicas, nas quais a cláusula geral restaria violada. Não se sustenta o argumento, pois "não é possível uma lei sancionadora delegar em sua totalidade, a função tipificadora à autoridade administrativa *[no caso, o Chefe da Administração pela via do decreto],* pois isso equivaleria uma insuportável deterioração da normalidade legal sancionadora, violentando-se a garantia de legalidade" (OSÓRIO, 2000, p. 218).

Heraldo Garcia Vitta (2003, p. 91), com inteira razão, afirma que "pouco valeria o princípio da legalidade se o administrador pudesse impor penalidades administrativas sem que houvessem sido definidos, com antecedência e de maneira exaustiva, os comportamentos que são pressupostos de sanções. Do mesmo modo, o referido princípio seria ineficaz se, acaso, o

---

2   STJ, RMS 21.274/GO, 1ª Turma, Rel. Min. Denise Arruda, *DJU* 16.10.2006.
3   Vale ressaltar que tanto o ilícito penal quanto o administrativo são de natureza subjetiva.

administrador pudesse determinar as infrações por atos subalternos da lei, ficando ao Legislativo, apenas a enumeração das respectivas penalidades".

Fica o registro, pois o Decreto 6.514/2008, bem como suas alterações, tem sido referendado pelos nossos tribunais.

O artigo 21 da Lei 9.605/1998 admite que as penalidades podem ser aplicadas isolada, cumulativa ou alternadamente. Há uma questão delicada, na hipótese, que é a possibilidade de dupla penalidade para um mesmo fato. A responsabilidade ambiental é tríplice, podendo um mesmo fato ensejar a responsabilidade administrativa, a civil e a penal.

Transformação de tipos penais em administrativos

Lei 9.605/1998	Decreto 6.514/2008
Artigo 54. Causar poluição de qualquer natureza em níveis tais que resultem ou possam resultar em danos à saúde humana, ou que provoquem a mortandade de animais ou a destruição significativa da flora: Pena – reclusão, de um a quatro anos, e multa.	Artigo 61. Causar poluição de qualquer natureza em níveis tais que resultem ou possam resultar em danos à saúde humana, ou que provoquem a mortandade de animais ou a destruição significativa da biodiversidade: Multa de R$ 5.000,00 (cinco mil reais) a R$ 50.000.000,00 (cinquenta milhões de reais).

Nas hipóteses do quadro acima, uma mesma atividade "causar poluição em níveis tais" ofende a ordem pública do meio ambiente e dá margem a imposição de sanções administrativas e penais e, também, acarreta o dever de reparar o dano civilmente, com a restauração da área degradada e, se impossível, a indenização equivalente. No entanto, a aplicação de duas ou mais penalidades em razão de um mesmo fato e, dentro da mesma esfera de responsabilidade, em princípio, caracteriza *bis in idem*. Assim, tem-se que não é jurídica a aplicação de, por exemplo, duas multas administrativas pelo mesmo órgão de controle ambiental em decorrência do mesmo fato, salvo se se tratar de ilícito continuado.

O artigo 23 da Constituição Federal determina a competência administrativa concorrente para a proteção do meio ambiente e o combate à poluição. Obviamente que, em decorrência do regime federativo, os entes da federação devem cooperar para que tais exigências sejam exercidas de forma harmônica e não competitiva. Em função disso, a Lei Complementar 140/2011, em seu artigo 17, define a competência do órgão responsável pelo licenciamento ou autorização, conforme o caso, de um empreendimento ou atividade, lavrar auto de infração ambiental e instaurar processo administrativo para a apuração de infrações[4] à legislação ambiental cometidas pelo empreendimento ou atividade licenciada ou autorizada. O § 3º do artigo é ambíguo, na medida em que dispõe que não há impedimento do exercício pelos entes federativos da atribuição comum de fiscalização da conformidade de empreendimentos e atividades efetiva ou potencialmente poluidores ou utilizadores de recursos naturais com a legislação ambiental em vigor, prevalecendo o auto de infração ambiental lavrado por órgão que detenha a atribuição de licenciamento ou autorização. O § 3º é ambíguo, pois admite a imposição de multa por outro ente que não o licenciador, com a prevalência do auto de infração ambiental lavrado pelo órgão responsável pela emissão da licença ou autorização ambiental.

A experiência prática demonstra que a norma gera instabilidade e insegurança jurídica e que, em não raras vezes, ambas as multas são julgadas legais.[5]

---

[4]   Ver Instrução Normativa (Ibama) 19/2023.

[5]   STJ, REsp 1.560.022/SP 2013/0262233-4, 2ª Turma, Rel. Min. Herman Benjamin, j. 05.11.2015, *DJe* 03.02.2016.

As infrações administrativas, na forma do artigo 3º do Decreto 6.514/2008, podem ser punidas com as seguintes sanções: (1) advertência; (2) multa simples; (3) multa diária; (4) apreensão dos animais, produtos e subprodutos da fauna e flora e demais produtos e subprodutos objeto da infração, instrumentos, petrechos, equipamentos ou veículos de qualquer natureza utilizados na infração; (5) destruição ou inutilização do produto; (6) suspensão de venda e fabricação do produto; (7) embargo de obra ou atividade e suas respectivas áreas; (8) demolição de obra; (9) suspensão parcial ou total das atividades; e (10) restritiva de direitos.

A *advertência* é a penalidade administrativa mais branda, sendo inerente à ação administrativa advertir os particulares que estejam praticando atos em desacordo com as normas regulamentares aplicáveis à atividade especificamente considerada. Ela deve ser escrita, mediante auto de infração, não sendo condição prévia para a aplicação de penalidades mais graves ao infrator.[6] É a punição aplicada às infrações de menor gravidade (lesividade) que são aquelas em que a multa consolidada não ultrapasse o valor de R$ 1.000,00 (mil reais) ou, na hipótese de multa por unidade de medida, não exceda o valor referido.

Caso na aplicação da advertência, o agente autuante constate a existência de irregularidades a serem sanadas, o auto de infração será lavrado com a indicação da respectiva sanção de advertência, determinando prazo para que o infrator sane tais irregularidades. Uma vez sanadas as irregularidades apontadas no auto de infração, no prazo assinado, o agente autuante certificará o ocorrido nos autos e dará seguimento ao processo estabelecido no Capítulo II do Decreto 6.514/2008.

Se o autuado, por negligência ou dolo, não sanar as irregularidades, o agente autuante certificará o ocorrido e aplicará a multa correspondente à infração praticada, independentemente da advertência. A advertência pode ser aplicada cumulativamente com outra sanção. Há impedimento regulamentar para a aplicação de nova sanção de advertência no período de três anos a partir do julgamento da defesa da última advertência ou de outra penalidade aplicada.

Multa é a sanção pecuniária imposta ao particular pela administração pela inobservância de normas administrativas que regem atividades submetidas ao poder de polícia. As multas incidem diretamente no patrimônio do particular e, portanto, estão adstritas ao princípio da legalidade e, igualmente, ao princípio da reserva legal. A Lei 9.605/1998 dispôs amplamente sobre multas e elevou-as a valores extremamente significativos, podendo atingir sem os diferentes agravantes a soma de R$ 50 milhões.

A *multa simples* deve ser aplicada na hipótese das infrações que se esgotam em si mesmas, nas *infrações instantâneas,* como, por exemplo, o corte sem autorização de uma árvore. Já a multa diária tem cabimento quando a infração cometida é de natureza continuada, como, por exemplo, a operação de uma atividade em desacordo com os padrões legalmente aplicáveis. Normalmente, quando a infração continuada é praticada, determina-se a paralisação da fonte irregular, até que ela seja capaz de operar dentro dos padrões admissíveis. Na hipótese na qual a determinação de paralisar não tenha sido observada, a cada novo dia de operação corresponderá uma nova multa.

A *apreensão* é o ato pelo qual a administração pública retira de circulação o produto, o bem, o espécime da flora ou da fauna que esteja sendo comercializado fora dos devidos parâmetros legais e administrativos. Pense-se no exemplo da posse ilegal de animal silvestre. Quantas pessoas não têm um papagaio em casa, por exemplo? Tecnicamente, trata-se de uma infração às normas de posse e guarda de animais silvestres que, para efeitos legais, são de propriedade do Estado brasileiro, conforme consta do artigo 1º da Lei de Proteção à Fauna,

---

6 STJ, REsp 1.795.788/RS 2019/0031936-1, 2ª Turma, Rel. Min. Herman Benjamin, j. 06.08.2019, *REPDJe* 28.11.2019, *DJe* 11.10.2019.

Capítulo 5 · INFRAÇÕES ADMINISTRATIVAS | **163**

também conhecida, equivocadamente, como Código de Caça (Lei 5.197/1967).[7] Há jurisprudência antiga entendendo que nas hipóteses em que o animal silvestre esteja afastado da vida natural e sendo bem cuidado, o melhor é manter a situação como se encontra.

Destruição ou inutilização de produto. É ato administrativo material mediante o qual a administração destrói ou torna inútil para a atividade a qual se destina o produto produzido em infração às normas administrativas. É medida extrema e somente deve ser tomada pela administração mediante a possibilidade de ampla defesa para o possível infrator que deverá ter a oportunidade de provar a origem legal de seu produto. A medida somente poderá ser adotada após uma avaliação prévia do produto apreendido, sua quantificação e identificação e com a ciência do possível infrator das normas administrativas que deverá dar ciência dos termos acima mencionados. A medida tem como um de seus principais objetivos desincentivar a prática da atividade. Quando se tratar de produto perecível, uma vez que este tenha sido destruído e, a final, não comprovada a infração que deu origem à destruição ou inutilização, deverá haver indenização ao proprietário.

A nova redação dada ao Decreto 6.514/2008, pelo Decreto 11.080/2022 e, posteriormente, pelo Decreto 12.189/2024, estabeleceu em seus dois parágrafos (artigo 102) que apreensão de produtos, subprodutos, instrumentos, petrechos e veículos de qualquer natureza de que trata o *caput* do artigo 102 independe de sua fabricação ou utilização exclusiva para a prática de atividades ilícitas. No caso de o responsável pela infração administrativa, o detentor ou o proprietário dos bens tratados pelo *caput* ser indeterminado, desconhecido ou de domicílio indefinido, a notificação da lavratura do termo de apreensão será feita por meio da publicação de seu extrato no *Diário Oficial da União*.[8]

Suspensão de venda ou fabricação de produto. A penalidade está prevista no artigo 72 da Lei 9.605/1998, é penalidade grave, pois impõe severas restrições à atividade econômica do autuado. Não há previsão de prazo para a duração de tão drástica medida, pelo que se depreende que ela deve perdurar enquanto persistirem as condições de desobediência aos preceitos legais que regem a venda e a fabricação do produto retirado do mercado. É importante que a fiscalização produza laudo técnico demonstrando as razões necessárias para que a sanção seja aplicada, sob pena de agir com excesso de poder. É medida a ser adotada para produtos considerados perigosos ou potencialmente lesivos à saúde da coletividade. No Decreto 6.514/2008, a matéria tem previsão no artigo 109, sendo medida que visa a evitar a colocação no mercado de produtos e subprodutos oriundos de infração administrativa ao meio ambiente ou que tenha como objetivo interromper o uso contínuo de matéria-prima e subprodutos de origem ilegal.

Embargo de obra ou atividade e de suas respectivas áreas. É medida que tem por finalidade paralisar obra ou atividade que estejam sendo realizadas em desacordo com as normas legais. É importante que se observe que o embargo de obra ou atividade só é legítimo se procedido pelo órgão que detém o poder de polícia sobre a obra ou atividade em questão. Parece-me ilegal que, sob o pretexto de exercício de competência supletiva, por exemplo, admita-se que o órgão federal de controle ambiental embargue obra ou atividade devidamente licenciada por órgão estadual ou municipal que esteja atuando regularmente e, portanto, exercendo o seu natural poder de polícia. Caso a atividade esteja causando danos ao ambiente, admite-se

---

[7]   STJ, REsp 200801836879, REsp 1.084.347, 2ª Turma, Min. Herman Benjamim, *DJe* 30.09.2010.

[8]   ADPF 640 MC-Ref, Tribunal Pleno, Rel. Min. Gilmar Mendes, j. 20.09.2021, Publicação: 17.12.2021. O Tribunal, por unanimidade, converteu a ratificação da medida cautelar em julgamento de mérito e julgou procedente o pedido formulado na *arguição de descumprimento de preceito fundamental*, para declarar a ilegitimidade da interpretação dos artigos 25, §§ 1º e 2º, da Lei 9.605/1998, bem como dos artigos 101, 102 e 103 do Decreto 6.514/2008 e demais normas infraconstitucionais, que autorizem o abate de animais apreendidos em situação de maus-tratos, nos termos do voto do Relator.

que o órgão não responsável pelo licenciamento ambiental imponha medida de embargo e que, imediatamente, comunique a medida ao órgão efetivamente responsável pelo controle da atividade. Esta é uma medida que, no âmbito da competência comum, harmoniza a atividade dos entes federativos e aperfeiçoa a cooperação administrativa. Infelizmente, há decisões judiciais para todos os gostos.[9-10]

No que diz respeito ao embargo, há que se observar que a Lei 12.651/2012, Código Florestal, em seu artigo 51 estabelece que o órgão ambiental competente, ao tomar conhecimento do desmatamento irregular, deverá embargar a obra ou atividade que deu causa ao uso alternativo do solo, como medida administrativa voltada a impedir a continuidade do dano ambiental, propiciar a regeneração do meio ambiente e dar viabilidade à recuperação da área degradada. Todavia, o embargo deverá restringir-se aos locais onde efetivamente ocorreu o desmatamento ilegal, não alcançando as atividades de subsistência ou as demais atividades realizadas no imóvel não relacionadas com a infração.

Demolição de obra. A aplicação da sanção de demolição está prevista no artigo 19 do Decreto 6.514/2008, devendo ser aplicada pela autoridade ambiental responsável pelo controle ambiental da obra ilegalmente executada. A demolição pode ser realizada de *ofício*, ou pelo infrator após ter sido oferecida ao infrator a possibilidade de exercício do contraditório e ampla defesa. A despesa com a demolição corre por conta do infrator. Há, entretanto, que se observar algumas questões fáticas de relevância para a concessão do direito de ampla defesa e do contraditório.

A demolição é cabível quando (1) verificada a construção de obra em área ambientalmente protegida em desacordo com a legislação ambiental; ou (2) quando a obra ou construção realizada não atenda às condicionantes da legislação ambiental e não seja passível de regularização. O § 3º do artigo 19 do Decreto 6.514/2008 dispõe que não será aplicada a penalidade de demolição quando, mediante laudo técnico, for comprovado que o desfazimento poderá trazer piores impactos ambientais que sua manutenção, caso em que a autoridade ambiental, mediante decisão fundamentada, deverá, sem prejuízo das demais sanções cabíveis, impor as medidas necessárias à cessação e mitigação do dano ambiental, observada a legislação em vigor. A matéria, evidentemente, deve ser examinada de forma casuística e excepcional.

---

[9]   "[...] 2. Se a atividade em desenvolvimento causa impacto exclusivamente na localidade do empreendimento agrícola, é de se reconhecer a competência do órgão ambiental estadual para licenciar tal atividade econômica. 3. Concedida, pelo órgão estadual competente, autorização para a implementação de atividade potencialmente poluidora (instalação de sistema de irrigação para plantio de mudas de cana-de-açúcar), ainda que por meio de instrumento formalmente inadequado (termo de compromisso), não cabe ao IBAMA interferir na atividade que já é monitorada pelo órgão estadual, sob pena de vulnerar o princípio da segurança jurídica, abalando a confiança do administrado na intangibilidade de que se revestem os atos da Pública Administração. 4. Por mais que se reconheça ao IBAMA competência supletiva para conceder licenças e fiscalizar atividades potencialmente poluidoras do meio ambiente mesmo em áreas eminentemente a cargo de órgãos ambientais estaduais, sua atuação não tem o condão de suprimir ou de sobrepujar a competência do órgão estadual" (TRF-1, AGA 34.519/TO 2008.01.00.034519-2, 5ª Turma, Rel. Des. Federal João Batista Moreira, j. 24.09.2008, *e-DJF1* 10.10.2008, p. 173).

[10]   "Constitucional e administrativo. Danos ao meio ambiente. Construção em área de preservação permanente. Exercício do direito em desatenção ao princípio da função socioambiental da propriedade. Obrigação de reparar os prejuízos causados aos recursos naturais. Responsabilidade objetiva. Nulidade do auto de infração. Não ocorrência. Termo de embargo. Obra concluída. Não manutenção da sanção. Com efeito, não se pode confundir a definição da competência para processar o licenciamento com a competência para fiscalizar e coibir danos ao meio ambiente. Ademais, a existência de licenças emitidas por órgãos estaduais ou municipais não tem o condão de afastar ou prejudicar a atuação do Ibama" (TRF 4, Apelação Cível 2003.72.00.005795-9/SC, Rel. Des. Fed. Carlos Eduardo Thompson Flores Lenz).

Em relação a tal hipótese, há interessante julgado do Tribunal de Justiça de São Paulo[11] que demonstra a necessidade de excepcionalidade do caso concreto, alertando ainda para o fato de que a vedação de retroatividade das leis, no direito brasileiro, tem aplicação apenas em matéria de lei penal.

Mesmo parecendo surpreendente, cuida-se de uma realidade bastante rotineira em matéria ambiental. Não poucas vezes são realizadas construções ou implantados equipamentos e empreendimentos que, ainda que iniciados irregularmente, com o passar dos anos – em decorrência muitas vezes da própria inércia da administração – dão base ao surgimento de ecossistemas novos e próprios que, se forem desfeitos para a reconstituição do ecossistema anterior, acarretarão um novo dano ao ambiente, o que é inteiramente contraditório e sem qualquer sentido lógico ou prático.[12]

A natureza do solo edificado é, no contexto, fundamental. Caso a construção esteja em área pública não passível de regularização, área que ofereça risco para os habitantes, ou mesmo área ambientalmente protegida que não comporte utilização, a jurisprudência tem admitido a demolição imediata.[13] Mesmo quando se trate do direito à moradia, a ocupação de áreas de risco ou ambientalmente protegidas não gera direito à continuidade da ocupação, mas a recolocação em local seguro.[14]

Assim como o embargo, a demolição de obra somente é legítima quando praticada pelo órgão detentor do poder de polícia específico sobre a obra ilegal. A demolição de obras em função de irregularidades ambientais é cada vez mais frequente e tem sido amplamente admitida pelos tribunais nacionais. O STF tem entendido que demolição de obra por questões de inobservância da legislação ambiental é matéria infraconstitucional e não tem examinado a questão, o que, na prática, confirma as determinações de demolição.[15]

---

[11] E a própria CETESB, instada a se manifestar administrativamente, informou o procedimento adotado, consistente na apresentação prévia e apta à comprovação da dominialidade do bem, e da incidência ou não da pena de demolição prevista no artigo 19, § 3º, do Decreto Federal 6.514/2008. Superada a questão do domínio, apurou-se que a finalidade pretendida pelo autuado, ou seja, intervenção ou supressão de vegetação em área de preservação permanente para edificação de residência e demais obras como piscina e quadra, *não se amoldavam nas hipóteses de excepcionalidade da Lei Federal 4.771/1965* (artigo 4º e seu parágrafo 3º), da Resolução Conama 369/2006 (artigo 2º), bem como que esclareceu-se: "diversa da questão acerca da APP possuir ou não alguma função ambiental, seria *esclarecer se a demolição das edificações existentes trariam piores impactos ambientais que sua manutenção*. Nesse contexto, nem sempre uma APP com edificação perdeu a função ambiental, por exemplo, podemos ter uma edificação ao lado de curso d'água com presença de fauna e flora significativas. Assim, a aplicação da penalidade de demolição com fundamento no artigo 19, inciso I, do Decreto Federal 6.514, de 22 de julho de 2008, só não se concretizará caso a área técnica ateste após a análise de laudo específico a ser apresentado pelo interessado a possibilidade de incidência do § 3º do mesmo artigo, impondo-se então as medidas necessárias à cessação e mitigação do dano ambiental". (...) Além disso, ainda que se alegue que o dano perpetuado é anterior às atuais normas protetivas ao meio ambiente, é indiscutível que norma específica de proibição é fundada no princípio da solidariedade intergeracional, segundo o qual incumbe à presente geração cuidar para que as futuras tenham acesso a um meio ambiente equilibrado. Ademais, se o anterior proprietário e/ou possuidor adquiriu a gleba em 1988 (mas obteve documentos em 1999) *não o fez antes do anterior Código Florestal*, que desde 1965 prevê a existência de áreas de proteção permanente e sua exata localização. TJ-SP, APL 10005333920148260587/SP 1000533-39.2014.8.26.0587, 1ª Câmara Reservada ao Meio Ambiente, Rel. Oswaldo Luiz Palu, j. 10.12.2015, Publicação: 11.12.2015.

[12] TRF 4ª Região, AC 200372000041850/SC, 3ª Turma, Rel. Des. Fed. Luiz Carlos de Castro Lugon, *DJU* 04.10.2006, p. 713.

[13] TJ-DF, 07076039620198070018/DF 0707603-96.2019.8.07.0018, 4ª Turma Cível, Rel. Sérgio Rocha, j. 06.05.2021, DJe 17.05.2021.

[14] Medida Provisória 2.220/2001, artigo 5º e incisos.

[15] STF, RE 977.615 AgR, 1ª Turma, Rel. Min. Rosa Weber, j. 05.12.2017, Publicação: 28.02.2018.

Nas hipóteses em que há obrigatoriedade de demolição de construções que tenham causado danos ambientais, há entendimento jurisprudencial no sentido de que a obrigatoriedade da demolição e da implementação de Plano de Recuperação de Áreas Degradadas [PRAD] é suficientemente gravosa, de forma a dispensar a imposição cumulativa de pena pecuniária.[16] O PRAD é obrigatório nas demolições de construções ilegais, devendo ser executado pelo proprietário da obra ou imóvel a ser demolido, sob a supervisão do órgão ambiental que, em tese, seria o responsável pelo licenciamento ambiental da construção.[17]

As *sanções restritivas de direito* são aquelas arroladas pelo Decreto 6.514/2008 que, como é comum no diploma, em alguns casos reproduzem e, em outros, inovam em relação à Lei 9.605/1998. De fato, a questão referente ao prazo para a vigência das sanções analisadas não está clara, pois a lei só fala no prazo de vigência da proibição de contratar com a administração, atribuindo-lhe um período máximo de 3 (três) anos. O Executivo fixou em 1 (um) ano o período máximo para a vigência da penalidade nos casos dos incisos I a IV do artigo 20 do Decreto 6.514/2008. Contudo, a realidade é que se está diante de uma lacuna legal, pois sem a previsão *legal* da duração da pena, falta atribuição ao Executivo para atribuir prazos, máximos ou mínimos, quando o legislador não o fez. Seria a hipótese de inaplicabilidade da norma? É uma questão que deverá, sem dúvida, ser submetida ao Judiciário. Nos termos do artigo 8º da Lei 6.938/1981, cabe ao Conama a aplicação das penalidades previstas na Lei 9.605/1998. Observe-se, por fim, que o § 2º do artigo 20 do Decreto Federal 6.514/2008 não encontra amparo na lei, pois assim não está previsto. Veja-se que, mesmo a sanção penal, correspondente à restrição de direitos, tem prazo máximo de 10 (dez) anos e a nossa Constituição não admite penas indeterminadas ou perpétuas, como parece ser a vontade do Executivo no caso ora em exame.

A *suspensão parcial de obra ou atividade* é a paralisação que atinge apenas uma parcela do empreendimento e não a totalidade das atividades desenvolvidas. É medida que se adéqua à proporcionalidade do dano causado pelo empreendimento. É a hipótese de paralisação de uma chaminé que esteja emitindo material particulado em desacordo com os padrões legais, sem que as demais de uma mesma indústria sejam paralisadas, desde que se encontrem operando conforme as determinações legais e regulamentares. A suspensão deve perdurar enquanto a irregularidade permanecer.

A *apreensão de animais* é sanção administrativa prevista no inciso IV do artigo 72 da Lei 9.605/1998.

Embargo de obra ou atividade é a sua paralisação por determinação da autoridade administrativa, em razão da prática de dano ambiental relevante ou de descumprimento reiterado de ordem administrativa ou mesmo judicial. É medida gravíssima que deve ser aplicada guardada a proporção com o ilícito praticado. Daí o decreto estabelecer que o embargo de obra ou atividade aplicado pela autoridade ambiental deve se limitar ao local ou locais nos quais efetivamente a infração foi cometida. É medida baseada no princípio da proporcionalidade, uma vez que o montante da pena deve guardar uma relação proporcional com a dimensão do ilícito praticado.

A pena, administrativa ou judicial, é uma retribuição equivalente ao ilícito causado. Tal equivalência se faz por sua dosagem adequada, devidamente caracterizada nos tipos e nas sanções decorrentes de sua violação. Desconsiderar a medida da retribuição é, de fato, praticar vingança, o que é repelido pela ordem jurídica democrática. Observe-se que o embargo, dado aos transtornos que causa aos embargados, deve ser aplicado de forma minimalista, até mesmo porque a paralisação de atividades seguramente implica prejuízo para os embargados,

---

[16] TRF-4, AC 50023707520124047216/SC 5002370-75.2012.4.04.7216, 3ª Turma, Rel. Rogério Favreto, j. 01.06.2021.

[17] STJ, AgInt no AREsp 1.217.162/RS 2017/0319728-2, 2ª Turma, Rel. Min. Francisco Falcão, j. 18.05.2020, *DJe* 20.05.2020.

Capítulo 5 · INFRAÇÕES ADMINISTRATIVAS | 167

prejuízo que só se justifica se a atividade paralisada, de fato, for ilegal ou danosa. Como atividade administrativa, o embargo é abrangido pelo contido no § 6º do artigo 37 da CF, devendo
a Administração responder pelos prejuízos causados na vigência do embargo, caso este seja
declarado ilegal pela própria Administração ou pelo Poder Judiciário.

A Lei 9.605/1998, ao estipular a pena de embargo, não definiu prazo máximo para a
sua duração, concluindo-se que ele deve ser aplicado até que a atividade se regularize ou
corrija o erro apontado. A norma reconhece a possibilidade de paralisação das atividades
por prazo indeterminado, sujeito a evento futuro e incerto que é a apresentação da documentação que comprove a regularidade da atividade sancionada, ou a sua regularização
pela autoridade ambiental. A *autoridade*, no caso, é a própria autoridade embargante
ou a que lhe seja superior em grau de recurso.[18] É importante ressaltar que, em muitas
oportunidades, o Termo de Compromisso (TC) ou mesmo o Termo de Ajustamento de
Conduta (TAC) têm sido utilizados como instrumentos aptos para o levantamento dos
embargos administrativos.

O *desmatamento irregular* e as *queimadas* mereceram importante destaque no decreto,
haja vista que a imposição genérica de embargos não se aplica aos casos, haja vista a existência
de norma especial.

O desmatamento e as queimadas são dois dos principais problemas ambientais brasileiros e, em princípio, a sua realização somente é permitida mediante controle e supervisão
dos órgãos ambientais que disciplinaram a matéria por meio de normas regulamentares. A
autorização para supressão de vegetação e utilização de fogo *em áreas rurais* é de atribuição
dos órgãos ambientais estaduais, conforme disposto na LC 140/2011; entretanto, quando se
tratar de licenciamento ambiental, a autorização deve ser concedida pelo órgão responsável
pelo licenciamento (artigo 12) nos demais casos observando-se o seguinte:

Autorização para supressão de vegetação		
União	**Estados**	**Municípios**
Artigo 7º São ações administrativas da União: [...]	Artigo 8º São ações administrativas dos Estados: [...]	Art. 9º São ações administrativas dos Municípios: [...]
XV – aprovar o manejo e a supressão de vegetação, de florestas e forma-ções sucessoras em:	XVI – aprovar o manejo e a supressão de vegetação, de florestas e forma-ções sucessoras em:	XV – observadas as atribuições dos demais entes federativos previstas nesta LC, aprovar:
a) florestas públicas federais, terras devolutas federais ou unidades de conservação instituídas pela União, exceto em APAs;	a) florestas públicas estaduais ou unidades de conservação do Esta-do, exceto em Áreas de Proteção Ambiental (APAs);	a) a supressão e o manejo de ve-getação, de florestas e formações sucessoras em florestas públicas mu-nicipais e unidades de conservação instituídas pelo Município, exceto em Áreas de Proteção Ambiental (APAs);
b) atividades ou empreendimentos licenciados ou autorizados, ambien-talmente, pela União; e	b) imóveis rurais, observadas as atri-buições previstas no inciso XV do artigo 7º;	b) a supressão e o manejo de ve-getação, de florestas e formações sucessoras em empreendimentos licenciados ou autorizados, ambien-talmente, pelo Município.
	c) atividades ou empreendimentos licenciados ou autorizados, ambien-talmente, pelo Estado.	

---

[18] "Relativamente ao pedido de suspensão do embargo às atividades, registre-se que, considerando-
-se a legalidade do ato que aplicou tal penalidade, a cessação da mesma dependerá de decisão
administrativa prolatada após a demonstração perante o órgão fiscalizador ambiental, por parte do
autuado, de que a pendência está regularizada, nos termos do artigo 15-B do Decreto 6.514/2008"
(Tribunal Regional Federal da 2ª Região, AC 200851010232251, 6ª Turma Especializada, Rel. Des.
Federal Maria Alice Paim Lyard, *e-DJF2R* 19.08.2011, p. 438-439).

A norma ora em comento determina a paralisação de toda e qualquer atividade que esteja sendo realizada na área objeto de queimada ou desmatamento irregular, excetuando-se as chamadas atividades de subsistência. Há uma dúvida, pois no artigo 15-A do Decreto Federal 6.514/2008: A determinação é no sentido de que o embargo atinja apenas as áreas de prática do ilícito. Verifica-se que o artigo 16 do mesmo diploma adotou conceito alargado da área de prática do ilícito que, parece, confunde-se com toda a propriedade ou posse na qual esteja se verificando o desmatamento ou a queimada irregular.

A ressalva feita para as chamadas "*áreas de subsistência*", muito embora louvável, não se sustenta. Que se promovam medidas educativas, explicativas e outras capazes de impedir que os pequenos agricultores promovam atos irregulares, porém, "*passar a mão na cabeça*", como tem sido a tradição, não me parece a medida mais adequada, pois acaba funcionando como estímulo e, o que é pior, os pequenos agricultores acabam fazendo o papel da ponta de lança do desmatamento, pois eles dão início, depois repassam a terra já desmatada para produtores com maior capacidade econômica.

O § 1º do artigo 16 determina que o agente autuante *comprove* os elementos que levaram à imposição da sanção. A medida é adequada, pois autos de infração redigidos e documentados inadequadamente levam à sua inevitável nulidade. *Importante observar que, não sendo mata nativa, ou área de preservação permanente ou de mata nativa, não se aplica a sanção de embargo da atividade.*

Outra modalidade é o embargo de áreas submetidas à concessão florestal, conforme o disposto na Lei 11.284/2006, que dispõe sobre o serviço florestal brasileiro e sobre a concessão florestal. Tenho tal convicção devido ao fato de que a norma, explicitamente, faz referência ao chamado PMFS, que é um instrumento típico da concessão florestal. Não que não se possa fazê-lo em florestas particulares, ao contrário, ele deve ser feito. Aumenta a minha convicção a menção ao Termo de Responsabilidade de Manutenção da Floresta. Pelo que se depreende, a simples existência do PMFS não é suficiente para a autorização de intervenções na floresta, necessário se faz que o órgão gestor expressamente autorize o início dos trabalhos. As atividades que estavam sendo realizadas ao arrepio da lei, embargadas que estejam, devem ser imediatamente recuperadas pelo autor do ilícito. A determinação é lógica e é uma consequência natural do princípio geral de responsabilidade, segundo o qual aquele que causa dano a outrem deve ressarcir o prejuízo causado. Em termos ambientais, isto significa repristinar a situação e revertê-la ao *status quo ante*.

Há sanção própria para aqueles que não obedeçam às determinações administrativas que impliquem embargos de obras ou atividades. A primeira sanção é a constante do inciso I do artigo 18 do Decreto 6.514/2008, que determina a suspensão da atividade que originou a infração. Parece-me uma redundância e, ao mesmo tempo, um despropósito, pois se a atividade já estava embargada e o embargo não foi cumprido, a suspensão da atividade é um *bis in idem* e nada diz que a nova determinação será observada. A hipótese prevista no inciso II, esta sim, é medida efetiva, pois é o cancelamento do registro, licenças e autorizações relativas ao empreendimento ou atividade. Muito embora as licenças tenham um caráter de definitividade, elas não podem sobreviver à ilegalidade praticada pelo seu titular. Também o "confisco" dos produtos é medida adequada, pois incide diretamente nos frutos econômicos do agente, o que, sem dúvida, é o melhor caminho para penalizar uma empresa ou indivíduo.

A demolição administrativa de obras irregularmente construídas é uma prerrogativa do Estado, no caso representado pela autoridade ambiental.[19] A medida se baseia na autoexecutoriedade do ato administrativo, o que significa que a administração não está obrigada a se dirigir ao Poder Judiciário em busca de uma autorização prévia para o legítimo exercício dos poderes que lhes são inerentes. Evidentemente que a autoexecutoriedade dos atos administrativos está compreendida dentro dos limites do Estado de Direito Democrático, ou seja, a ação administrativa deve ser precedida de regular processo administrativo no qual seja conferida às partes privadas os direitos de ampla defesa, contraditório e as demais garantias inerentes à defesa dos cidadãos. Uma vez encerrado o processo administrativo, a administração tem o poder-dever de dar execução à decisão. O único óbice que pode paralisar a ação administrativa é a interposição de alguma medida judicial e que, em tal medida, tenha sido concedida uma liminar ou uma antecipação de tutela que determine a interrupção da ação administrativa. Diante do regime constitucional de separação de poderes albergado por nossa Constituição, a só existência de processo judicial não tem o condão de inibir a ação administrativa. E, portanto, não deve impressionar ao administrador. Logicamente que a demolição administrativa é medida resultante da resistência do infrator em, ele próprio, demolir o irregularmente construído. Somente após a intimação do particular para que ele promova os atos às suas próprias expensas é que a administração se legitima para, por seus próprios meios, exercer os atos materiais de demolição do irregularmente edificado. Contudo, relevante notar que a administração deverá buscar do próprio infrator o ressarcimento dos custos incorridos que, como todo custo administrativo, deve ser comprovado e registrado.

A demolição, contudo, não deve ser aplicada quando dela decorrerem danos ambientais maiores do que aqueles que se pretenda coibir. Mesmo parecendo surpreendente, o parágrafo retrata uma realidade bastante rotineira em matéria ambiental. Não poucas vezes são realizadas construções ou implantados equipamentos e empreendimentos que, ainda que iniciados irregularmente, com o passar dos anos – em decorrência muitas vezes da própria inércia da administração – dão base ao surgimento de ecossistemas novos e próprios que, se forem desfeitos para a reconstituição, acarretarão um novo dano ao ambiente, o que é inteiramente contraditório e sem qualquer sentido lógico ou prático. Aliás, o Decreto 6.514, no particular, reflete decisões judiciais sobre o tema.[20]

---

[19] "Ação Civil pública. Ambiental. Interesse de agir. Provimento em parte. I – A demolição de obra irregular por violação a norma ambiental constitui sanção de natureza administrativa, cuja competência para sua aplicação é privativa da Administração, descabendo a substituição desta pelo Judiciário. II – Ainda que a demolição se cuidasse de prerrogativa inserida no campo da exigibilidade, seria necessária a sua aplicação em procedimento administrativo regular, o que não restou aqui demonstrado, para, em havendo resistência do particular, ser ativada a jurisdição para a sua execução" (TRF 5ª Região, AC 318.899/PB, 4ª Turma, Rel. Des. Federal Edílson Nobre, unânime).

[20] "Várias circunstâncias inibem seja determinada a demolição da edificação como medida reparatória do meio ambiente, mesmo considerando haver sido ela construída em área de preservação permanente (300 metros a partir da linha preamar média), a saber: (a) está ela situada em loteamento de há muito urbanizado e ocupado; (b) o histórico de ocupação da área revela que a implantação do loteamento ocorreu no ano de 1991, atendendo, presumivelmente, as regras urbanísticas e ambientais vigentes à época, dentre as quais, importante que se registre, não se inscrevia a Resolução 303 do Conama, que empresta sustentação jurídica à tese da associação autora, e que foi editada somente em 13.05.2002; (c) o pleito desatende o princípio da proporcionalidade, porquanto grandes seriam os prejuízos financeiros para a construtora, sem qualquer garantia da possibilidade de recuperação efetiva da área, mediante a reconstituição da cobertura vegetal primitiva – restingas, e, ainda que assim não fosse, não há um dimensionamento do impacto ambiental em face da ausência da flora originária naquela porção de terra em que edificado o empreendimento; (d) não há evidências de ameaça ao equilíbrio ecológico, fim último das regras de direito ambiental, pois é pouca e impre-

170 DIREITO AMBIENTAL – *Paulo de Bessa Antunes*

A transferência das despesas referentes à ação administrativa para o particular é justa, pois não se pode pretender que toda a sociedade seja onerada com as despesas causadas por ato ilícito de terceiro. Caso a despesa não seja reembolsada espontaneamente pelo infrator, ela deverá ser inscrita como dívida ativa do ente público e cobrada mediante o processo de execução fiscal, também aplicável às dívidas de natureza não tributária.

As *sanções restritivas de direito* são as arroladas pelo artigo 20 do Decreto 6.514/2008 que, como é comum no diploma, em alguns casos reproduzem e, em outros, inovam em relação à Lei 9.605/1998. De fato, a questão referente ao prazo para a vigência das sanções analisadas não está clara, pois a lei só fala no prazo de vigência da proibição de contratar com a administração, atribuindo-lhe um período máximo de 3 (três) anos. O Executivo fixou em 1 (um) ano o período máximo para a vigência da penalidade nos casos dos incisos I a IV. Contudo, a realidade é que se está diante de uma lacuna legal, pois sem a previsão *legal* da duração da pena, falta atribuição ao Executivo para atribuir prazos, máximos ou mínimos, quando o legislador não o fez. Seria a hipótese de inaplicabilidade da norma? É uma questão que deverá, sem dúvida, ser submetida ao Judiciário. Nos termos do artigo 8º da Lei 6.938/1981, cabe ao Conama a aplicação das penalidades previstas na Lei 9.605/1998. Observe-se, por fim, que o § 2º do artigo 20 do Decreto Federal 6.514/2008 não encontra amparo na lei, pois assim não está previsto. Veja-se que, mesmo a sanção penal, correspondente à restrição de direitos, tem prazo máximo de 10 (dez) anos e a nossa Constituição não admite penas indeterminadas ou perpétuas, como parece ser a vontade do Executivo no caso ora em exame.

1. A SUBJETIVIDADE: CARACTERIZAÇÃO DE NEGLIGÊNCIA OU DOLO

A subjetividade das infrações ambientais se caracteriza pela ação ou omissão do agente capazes de violar a ordem pública do meio ambiente. A negligência e o dolo são manifestações da conduta subjetiva do agente autor da infração que a Administração Pública pretende punir. São, portanto, manifestações de *culpa*. Sabemos que a culpa não se presume, logo, no caso dos cometimentos das infrações previstas nos *incisos I e II do § 3º do artigo 72 da Lei 9.605/1998*, caberá à Administração demonstrar que o ato praticado pelo autuado teve por base conduta sem observância das regras elementares de cuidado com o meio ambiente e com terceiros. A negligência é a falta de zelo, de interesse e a desatenção às medidas necessárias para evitar danos ao meio ambiente. Já o dolo é a conduta cuja finalidade é o resultado negativo para o meio ambiente. Há que se observar que, ainda que grande parte da doutrina admita que o ilícito administrativo é objetivo (MACHADO, 2023), notadamente o ilícito administrativo ambiental. A lei, entretanto, é expressa ao determinar a apuração da culpa. Quanto ao particular, vale o recurso à lição de Wellington Pacheco Barros (2008), que admite que a aferição de infração administrativa ambiental exige a demonstração por parte da administração que o infrator agiu com dolo ou culpa.

2. PRAZOS PRESCRICIONAIS

As infrações administrativas contra o meio ambiente se submetem ao regime de prescrição, não se lhes aplicando o entendimento do STF no sentido de que a reparação civil dos danos

---

cisa a repercussão ambiental da supressão de cobertura vegetal realizada pela recorrida; e, ainda, há notícia nos autos de que, em frente ao empreendimento, remanesce importante e significativa área de preservação devidamente delimitada e identificada com placas alertando para a sua condição jurídico-ambiental, o que minimiza qualquer temor de descompensação ambiental na região" (TRF 4ª Região, AC 200372000041850/SC, 3ª Turma, Rel. Des. Fed. Luiz Carlos de Castro Lugon, *DJU* 04.10.2006, p. 713).

próprios ao meio ambiente é imprescritível.[21] A prescrição é instituto jurídico que tem por finalidade resguardar a segurança jurídica e, de nenhuma forma, a sua aplicação nas questões ambientais tem a consequência de deixar o bem jurídico meio ambiente sem a devida tutela, como parece ser a tese daqueles que sustentam a imprescritibilidade em matéria ambiental.

O fato objetivo é que os interessados e, notadamente, a Administração devem diligenciar tempestivamente para que a punição ou recuperação dos danos causados ao meio ambiente seja providenciada por quem de direito. O que é inadmissível e, do meu ponto de vista, antijurídico é a perpetuação de situações abertas e sem a devida solução, como é o caso da tese da imprescritibilidade dos danos ao meio ambiente. Importante observar que não há qualquer norma legal que seja capaz de nos induzir à conclusão de que a tutela do meio ambiente não sofre os efeitos do tempo.

A prescrição é instituto geral do direito, incidindo em todas as suas diferentes áreas, mediante normas próprias. A prescrição em matéria de ilícito administrativo ambiental está contemplada na Lei 9.873/1999. De acordo com o artigo 1º da norma em questão, "prescreve em cinco anos a ação punitiva da Administração Pública Federal, direta e indireta, no exercício do poder de polícia, objetivando apurar infração à legislação em vigor, contados da data da prática do ato ou, no caso de infração permanente ou continuada, do dia em que tiver cessado". Acrescenta o § 1º do artigo que: "Incide a prescrição no procedimento administrativo paralisado por mais de três anos, pendente de julgamento ou despacho, cujos autos serão arquivados de ofício ou mediante requerimento da parte interessada, sem prejuízo da apuração da responsabilidade funcional decorrente da paralisação, se for o caso". Na hipótese em que o ilícito administrativo também ostente a condição de ilícito penal, conforme o § 2º, "a prescrição reger-se-á pelo prazo previsto na lei penal". A matéria já foi sumulada pelo STJ não sendo mais motivo de controvérsia.[22]

A prescrição administrativa é interrompida (1) pelo recebimento do auto de infração ou pela cientificação do infrator por qualquer outro meio, inclusive por edital; (2) por qualquer ato inequívoco da administração que importe apuração do fato, que são aqueles que impliquem instrução do processo, meros despachos administrativos de natureza burocrática não se enquadram na hipótese; e (3) pela decisão condenatória recorrível.

3. INFRAÇÕES ADMINISTRATIVAS CONTRA O MEIO AMBIENTE

O Decreto 6.514/2008 divide as infrações administrativas ambientais em contra a (1) fauna, a (2) flora, as (3) relativas à poluição, as (4) contra o ordenamento urbano e o patrimônio cultural, as (5) contra a administração ambiental e as cometidas (6) exclusivamente em unidades de conservação, estendendo-se do artigo 24 ao 93. É uma relação extensa com muitas variedades de infrações. Na relação chama atenção a existência das infrações contra a administração ambiental (artigos 76-83) e aquelas cometidas exclusivamente em unidades de conservação (artigos 84-93), em função da sua especialização.

---

[21] Tema 999: "É imprescritível a pretensão de reparação civil de dano ambiental".

[22] STJ: Súmula 467 – "Prescreve em cinco anos, contados do término do processo administrativo, a pretensão da Administração Pública de promover a execução e prescrição da multa por infração ambiental. (Súmula 467, Primeira Seção, j. 13.10.2010, *DJe* 25.10.2010.) Tema Repetitivo 328. Tese Firmada: É de três anos o prazo para a conclusão do processo administrativo instaurado para se apurar a infração administrativa ('prescrição intercorrente')".

3.1 Fauna

As infrações contra a fauna estão arroladas no artigo 24 e seguintes do Decreto 6.514/2008. Como regra geral, tais infrações correspondem aos tipos penais dos crimes praticados contra a fauna no artigo 29 e seguintes da Lei 9.605/1998. A proteção da fauna silvestre é o principal objetivo dos artigos 24 e seguintes do Decreto 6.514/2008. A proteção se estende aos espécimes da fauna silvestre, nativos ou em rota migratória. O ilícito administrativo somente se configura se tais ações forem praticadas sem a devida permissão, licença ou autorização da autoridade competente, ou em desacordo com a obtida. Observe-se que os animais da fauna silvestre ou nativa são de propriedade do Estado (União), a autorização deve ser concedida por órgão federal, ou pelos dos estados e municípios, desde que exista convênio com a entidade federal responsável pela proteção da fauna. Contudo, a simples existência da autorização não é suficiente para impedir a prática da infração, pois a atuação em desacordo com o documento autorizativo é infração administrativa.

Chama-se a atenção para o fato de que a norma protege todo e qualquer animal silvestre, nativo ou em rota de migração, pouco importando o seu grau de vulnerabilidade, muito embora seja outorgada proteção especial para os animais relacionados nas chamadas listas de espécies ameaçadas de extinção, ou listas vermelhas. Observe-se que não há uma gradação, nem definição da categoria na qual o animal deva estar incluído. A menção específica à Convenção Cites é desnecessária, pois a norma foi incorporada ao direito interno brasileiro mediante a expedição do Decreto 76.623/1975. O texto do § 1º do artigo 24 reforça a necessidade da caracterização da subjetividade para a aplicação da pena de multa, haja vista que na hipótese em exame, é imperiosa a apuração do objetivo "vantagem pecuniária" por parte do agente. É relevante a proibição de circulação, com finalidades comerciais, de ovos, larvas, espécimes e quaisquer produtos deles derivados cuja origem não possa ser rastreada até um criadouro oficialmente registrado perante as autoridades competentes.

A proibição de introdução de espécimes alienígenas no país é também uma preocupação, pois o Decreto reprime duas condutas distintas: (1) a simples introdução no país de animal silvestre, nativo ou exótico e (2) a introdução de animal fora de seu *habitat* natural, ambas sem a devida análise técnica fornecida por parecer, quando exigível. Pelo conteúdo da norma, um animal nativo que se encontre no exterior somente pode retornar ao Brasil após parecer técnico que demonstre que ele não acarreta perigo para as espécies aqui existentes. É medida de segurança sanitária bastante importante, pois a estada de animais no exterior pode, em tese, implicar contágio de doenças para a fauna brasileira. Quanto ao (2), o objetivo da norma é evitar a ocorrência das chamadas espécies invasoras que, de fato, se constituem em problema grave, pois uma espécie ao ser introduzida em *habitat* no qual ela não haja predador natural pode caracterizar alteração ecológica negativa, ou mesmo a transmissão de doenças desconhecidas para os demais animais. Não há uma proibição de introdução de espécies fora de seu *habitat* natural; o que a norma determina é que isso somente ocorra após a elaboração de parecer técnico que garanta que a introdução não terá efeitos deletérios para as demais espécies que habitem o determinado local, conforme regulamentado pela autoridade ambiental. A guarda e a manutenção continuada é comparada à introdução de espécie no País, o que se justifica, pois o tipo previsto em (1) resume-se à mera introdução no território nacional, não exigindo a ocorrência de nenhum dano.

A caça é uma das atividades humanas mais antigas. Inicialmente, ela era praticada com o objetivo de alimentação e sobrevivência. O homem, em sua natureza primitiva, é carnívoro. Na medida em que os excedentes agrícolas e de caça foram se tornando mais relevantes, a caça perdeu o seu sentido de atividade realizada para a sobrevivência humana e se tornou um "esporte" praticado pelos mais afortunados. Na verdade, a caça tem sido ao longo dos séculos uma das atividades humanas mais elitizadas e "exclusivas". É interessante observar que as primeiras áreas protegidas do Ocidente foram florestas dedicadas exclusivamente ao exercício da caça pela aristocracia e a nobreza.

Interesses de natureza econômica e mesmo o "puro lazer", aliados à maior letalidade e eficiência das armas, levaram a caça a atingir níveis extremamente elevados, com impacto direto nas populações animais, fazendo que ela passasse a ser amplamente combatida até mesmo com o estabelecimento de uma convenção internacional contra o tráfico de espécies ameaçadas de extinção (Decreto 3.607/2000 – Dispõe sobre a implementação da Convenção sobre o Comércio Internacional das Espécies da Flora e Fauna Selvagens em Perigo de Extinção – Cites), da qual o Brasil é signatário. Vários países adotaram a restrição, como é o caso do Brasil, que não admite a caça profissional (Lei 5.197/1967, artigo 2º).

Estes fatos fizeram com que, em muitos países, as espécies protegidas por normas legais passassem a desfrutar de um inequívoco aumento populacional, gerando problemas relacionados com os conflitos de uso do solo entre os animais protegidos e as populações rurais.

Concomitantemente, há todo um processo político para a defesa dos "direitos dos animais" que, hodiernamente, já contam com uma Declaração de Direitos que foi proclamada em assembleia da Unesco, em Bruxelas, no dia 27 de janeiro de 1978. A Declaração não se volta especificamente para a caça, mas diz respeito à proibição de crueldade contra os animais. Ressalte-se que, como declaração, não é obrigatória para os Estados. No Brasil, os animais silvestres pertencem ao Estado, não havendo um direito de caça esportiva indiscriminado, pois este deve ser regulamentado pelo governo federal, no caso representado pelo Ibama. No Estado do Rio Grande do Sul, tradicionalmente é aberta uma temporada de caça, sendo estabelecidos critérios para o exercício da atividade. Pessoalmente, considero a caça uma barbaridade e não estaria disposto a participar de uma caçada. No entanto, entendo que a atividade necessita ser regulamentada, pois assim determina a legislação brasileira, inclusive a nossa Lei de Crimes Ambientais (artigo 29).

No Brasil, vige a proibição de pesca ou qualquer forma de molestamento intencional de cetáceos em águas jurisdicionais brasileiras (Lei 7.643/1987). A lei, bastante rigorosa em seus termos, estabeleceu inclusive um tipo penal (artigo 2º).

A mais recente relação de espécies ameaçadas divulgadas pelo MMA classifica o grau de ameaça dos cetáceos. A relação se baseia em critérios técnicos mais desenvolvidos do que os anteriormente utilizados, pois categorizou de forma hierárquica o nível de ameaça às diferentes espécies integrantes de nossa fauna silvestre, o que não era feito anteriormente. A escala é a seguinte: (i) criticamente em perigo; (ii) em perigo; e (iii) vulnerável. A categoria vulnerável não significa que o animal esteja sofrendo uma ameaça imediata, mas um risco a médio prazo que poderá ser evitado, desde que tomadas as medidas adequadas.

A Baleia Franca é o cetáceo que possui o maior grau de proteção legal no Brasil, tendo sido criada uma APA com a finalidade específica de sua defesa (Decreto de 14 de setembro de 2000).

3.2 Flora

A Lei 9.605/1998 não possui correspondente exato para o artigo 43 do Decreto 6.514/2008, muito embora abrigue artigos que podem ser considerados "regulamentados" pelo decreto,

174 | DIREITO AMBIENTAL – *Paulo de Bessa Antunes*

quais sejam os artigos 38, 38-A e 50. O artigo do Decreto faz uma mescla dos tipos penais, de modo a definir um tipo administrativo. Os três tipos penais, bem como o administrativo, têm como núcleo os verbos *destruir* ou *danificar*, que, para efeito da aplicação da sanção, foram considerados iguais pelo legislador.

A Lei 9.605/1998 estabelece o crime *de* cortar árvores em floresta considerada de preservação permanente, sem permissão da autoridade competente: Pena – detenção, de um a três anos, ou multa, ou ambas as penas cumulativamente. O ilícito administrativo é o corte de árvores em área considerada de preservação permanente ou cuja espécie seja especialmente protegida. A aplicação do tipo não é simples, demandando que previamente à aplicação de qualquer sanção seja examinado: (1) se a área é de preservação permanente e (2) se o espécime cortado é parte de espécie especialmente protegida e (3) se havia autorização válida.

O tipo corresponde ao artigo 44 da Lei 9.605/1998 é o 45 do Decreto 6.514/2008. O bem jurídico tutelado é a *riqueza mineral do subsolo* e do solo das florestas de domínio público. Note que a norma não protege *Unidade de Conservação*, mas *floresta de domínio público*, que é conceito mais amplo. A atividade proibida é a extração mineral que está submetida, no caso em tela, à dupla regulamentação: (1) da autoridade mineral e (2) da autoridade ambiental. Os produtos minerais, oriundos do subsolo, são bens de propriedade da União, haja vista que, nos termos de nossa CF, a propriedade do solo é distinta da propriedade do subsolo. No caso mencionado no artigo, a norma se bifurca na proteção das (1) florestas de domínio público e das (2) áreas de preservação permanente, estas últimas de domínio público ou privado. A norma, contida no artigo ora comentado, deve ser vista como ênfase da necessidade de autorização para a extração mineral, uma vez que, independentemente da natureza do regime dominial aplicável ao solo, a exploração do subsolo somente poderá ocorrer licitamente com a necessária autorização da Agência Nacional de Mineração.

A equiparação para fins de aplicação de sanções administrativas entre florestas de domínio público e áreas de preservação permanente é descabida, pois o regime jurídico de ambas é diverso.

O tipo penal mais próximo do administrativo [artigo 46 do Decreto 6.514/2008] é o previsto no artigo 45 da Lei 9.605/1998. O ilícito se resume em transformar madeira, de origem nativa, em carvão para qualquer utilização sem a necessária autorização ou sem a obediência do autorizado. A utilização do carvão vegetal é matéria submetida a grande regulamentação, muito embora nem sempre haja o cumprimento das normas relativas. O agente do ilícito é todo aquele, pessoa física ou jurídica, que promove a transformação da madeira, qualquer que seja o meio utilizado, em contravenção às normas aplicáveis.

O tipo do Decreto 6.514/2008 [artigo 47] tem correspondência no artigo 46 da Lei 9.605/1998: o ilícito administrativo bem como o penal transferem para o particular a obrigação de colaborar com a fiscalização da comercialização de produtos madeireiros, haja vista que determinam competir ao adquirente ou possuidor "exigir" que o entregador da mercadoria apresente a licença outorgada pela "autoridade competente".

Pela leitura do *caput* do artigo 47 percebe-se que os destinatários da norma são (1) o comerciante, habitual ou eventual, ou (2) a indústria. A circulação dos diferentes produtos vegetais encontra-se amplamente regulamentada, o que demonstra por si só que o tema é polêmico e sujeito a diversas formas de pressão política, social e econômica. A vasta regulamentação, entretanto, não foi capaz de pôr fim aos fenômenos das queimadas e do desmatamento de nossas florestas, em especial a Floresta Amazônica. A norma determina que o adquirente exija do vendedor ou do transportador o Documento de Origem Florestal (DOF)

Capítulo 5 · INFRAÇÕES ADMINISTRATIVAS | **175**

do produto adquirido e exige, ainda, que o adquirente fique com uma das vias do documento, como forma de provar a origem legal do produto adquirido.

O DOF[23] hoje é um documento emitido eletronicamente pelo Ibama,[24] disponibilizado via internet, sem ônus financeiro aos setores produtor e empresarial de base florestal, na qualidade de usuários finais do serviço e aos órgãos de meio ambiente integrantes do Sisnama, como gestores no contexto da descentralização da gestão florestal. Os critérios e procedimentos de uso do DOF são regulados pela IN Ibama 21/2014, com nova redação dada pela IN Ibama 9/2016. Entretanto, nem todos os DOFs são emitidos pelo sistema próprio gerido pelo Ibama, pois a Resolução Conama 379/2006 [artigo 6º, § 2º][25] autoriza que os estados utilizem sistemas próprios para emissão de documento de controle do transporte e armazenamento de produtos florestais desde que atendam às disposições constantes nela. Em função disso, três estados da federação não participam do sistema do Ibama [Pará, Mato Grosso e Minas Gerais]. Caso o produto de origem florestal seja originado de espécie protegida pela Convenção CITES, o Ibama deve fornecer a autorização para exportação.

---

[23] Lei 12.651/2012: "Artigo 35. O controle da origem da madeira, do carvão e de outros produtos ou subprodutos florestais incluirá sistema nacional que integre os dados dos diferentes entes federativos, coordenado, fiscalizado e regulamentado pelo órgão federal competente do Sisnama. § 1º O plantio ou reflorestamento com espécies florestais nativas ou exóticas independem de autorização prévia, desde que observadas as limitações e condições previstas nesta Lei, devendo ser informados ao órgão competente, no prazo de até 1 (um) ano, para fins de controle de origem. § 2º É livre a extração de lenha e demais produtos de florestas plantadas nas áreas não consideradas Áreas de Preservação Permanente e Reserva Legal. § 3º O corte ou a exploração de espécies nativas plantadas em área de uso alternativo do solo serão permitidos independentemente de autorização prévia, devendo o plantio ou reflorestamento estar previamente cadastrado no órgão ambiental competente e a exploração ser previamente declarada nele para fins de controle de origem. § 4º Os dados do sistema referido no *caput* serão disponibilizados para acesso público por meio da rede mundial de computadores, cabendo ao órgão federal coordenador do sistema fornecer os programas de informática a serem utilizados e definir o prazo para integração dos dados e as informações que deverão ser aportadas ao sistema nacional. § 5º O órgão federal coordenador do sistema nacional poderá bloquear a emissão de Documento de Origem Florestal – DOF dos entes federativos não integrados ao sistema e fiscalizar os dados e relatórios respectivos. Artigo 36. O transporte, por qualquer meio, e o armazenamento de madeira, lenha, carvão e outros produtos ou subprodutos florestais oriundos de florestas de espécies nativas, para fins comerciais ou industriais, requerem licença do órgão competente do Sisnama, observado o disposto no artigo 35. § 1º A licença prevista no *caput* será formalizada por meio da emissão do DOF, que deverá acompanhar o material até o beneficiamento final. § 2º Para a emissão do DOF, a pessoa física ou jurídica responsável deverá estar registrada no Cadastro Técnico Federal de Atividades Potencialmente Poluidoras ou Utilizadoras de Recursos Ambientais, previsto no artigo 17 da Lei 6.938, de 31 de agosto de 1981. § 3º Todo aquele que recebe ou adquire, para fins comerciais ou industriais, madeira, lenha, carvão e outros produtos ou subprodutos de florestas de espécies nativas é obrigado a exigir a apresentação do DOF e munir-se da via que deverá acompanhar o material até o beneficiamento final. § 4º No DOF deverão constar a especificação do material, sua volumetria e dados sobre sua origem e destino. § 5º O órgão ambiental federal do Sisnama regulamentará os casos de dispensa da licença prevista no *caput*. Artigo 37. O comércio de plantas vivas e outros produtos oriundos da flora nativa dependerá de licença do órgão estadual competente do Sisnama e de registro no Cadastro Técnico Federal de Atividades Potencialmente Poluidoras ou Utilizadoras de Recursos Ambientais, previsto no artigo 17 da Lei 6.938, de 31 de agosto de 1981, sem prejuízo de outras exigências cabíveis. Parágrafo único. A exportação de plantas vivas e outros produtos da flora dependerá de licença do órgão federal competente do Sisnama, observadas as condições estabelecidas no *caput*".

[24] Disponível em: http://www.ibama.gov.br/flora-e-madeira/dof/o-que-e-dof. Acesso em: 15 jun. 2022.

[25] "Artigo 6º Os documentos para o transporte e armazenamento de produtos e subprodutos florestais de origem nativa, instituídos pela União, estados, municípios e Distrito Federal, conterão as informações e características mínimas contidas no Anexo desta Resolução. § 2º Os estados, cujos documentos do controle do transporte e armazenamento de produtos florestais atendam ao Anexo desta Resolução, poderão continuar a utilizar estes instrumentos com validade em todo o país."

O controle fornecido pelo sistema é importante e do maior interesse para o empreendedor que efetivamente age dentro da legalidade. É importante observar que a Resolução Conama 379/2006 foi editada no regime da Lei 4.771/1965, que *não disciplinava* de forma clara a documentação necessária para o transporte dos diversos produtos de origem florestal limitando-se a estabelecer no artigo 26, *h* e *i*, as contravenções penais de "receber madeira, lenha, carvão e outros produtos procedentes de florestas, sem exigir a exibição de licença do vendedor, outorgada pela autoridade competente e sem munir-se da via que deverá acompanhar o produto, até final beneficiamento" e de "transportar ou guardar madeiras, lenha, carvão e outros produtos procedentes de florestas, sem licença válida para todo o tempo da viagem ou do armazenamento, outorgada pela autoridade competente".

A Lei 12.651/2012, de forma clara, estabelece em seu artigo 35 que "o controle da origem da madeira, do carvão e de outros produtos ou subprodutos florestais incluirá sistema nacional que integre os dados dos diferentes entes federativos, coordenado, fiscalizado e regulamentado pelo órgão federal competente do Sisnama", assim parece que o § 2º do artigo 6º da Resolução Conama 379/2006 não encontra mais amparo legal na Lei 12.651/2012. Reforça a tese o fato de que o § 4º do artigo 225 da Constituição Federal define como patrimônio nacional a Floresta Amazônica e da Mata Atlântica. A não integração dos estados no sistema nacional regulado pelo Ibama, efetivamente, prejudica o controle sobre a utilização de tais patrimônios nacionais nos estados respectivos. Logicamente que há necessidade de uma declaração formal da incompatibilidade do § 2º do artigo 6º da Resolução Conama 379/2006 com o sistema estabelecido pela Lei 12.651/2012, para que os estados adiram ao sistema federal.

O tipo previsto no artigo 48 do Decreto 6.514/2008 não possui uma correspondência perfeita com os tipos penais previstos na Lei 9.605/1998, aproximando-se do artigo 48. O objetivo da norma é permitir que as *áreas degradadas*, nas quais haja possibilidade biológica de regeneração natural, possam cumprir seu destino. A regeneração ocorre em diferentes estágios que, em nosso sistema legal, estão disciplinados normativamente, em especial no que tange à Mata Atlântica. A norma, ora comentada, contudo, dirige-se especialmente às unidades de conservação e às áreas de preservação permanente, ou especialmente protegidas, inclusive reserva legal, nas quais tenha havido uma designação de área a ser deixada em regeneração natural. Tal designação deve constar de ato formal do poder público, sob pena de inaplicabilidade do artigo.

A Lei 9.605/1998 não possui tipo penal exatamente igual ao administrativo [Decreto 6.514/2008, artigo 49], contudo, os artigos 38, 38-A e 50, aparentemente, serviram como base para a "regulamentação" administrativa. Cuida-se de norma assemelhada à constante do artigo 44 do decreto. Observe-se que o tipo administrativo faz referência a floresta ou qualquer tipo de vegetação nativa, objeto de especial preservação, não passível de autorização para exploração ou supressão. Inicialmente, cumpre registrar que o decreto não possui uma definição de *preservação,* ou de *especial preservação.* Em norma de direito sancionatório, trata-se de questão relevante, pois não se pode dar aos termos um grau de elasticidade com tanta amplitude que o cidadão não saiba exatamente qual é a conduta vedada. O termo *especial preservação é* claramente inadequado, pois o que o poder regulamentar quis dizer foi especial *proteção. Conservação* e *Preservação* dizem respeito à forma pela qual serão apropriados economicamente os recursos naturais. Conservação é a utilização dos recursos ambientais de forma racional e sustentável; já a *preservação* é a utilização indireta dos recursos naturais, sem um uso econômico imediato. Assim, não faz qualquer sentido se falar em preservação especial, como faz o decreto.

A Lei do Sistema Nacional de Unidades de Conservação define preservação como: "*conjunto de métodos, procedimentos e políticas que visem à proteção a longo prazo das espécies, habitats e ecossistemas, além da manutenção dos processos ecológicos, prevenindo a simplificação dos sistemas naturais".* Por sua vez, a Lei 12.651/2012, em seu artigo 3º, II, estabelece que a área de preservação permanente é área protegida, coberta ou não por vegetação nativa, com a função ambiental de preservar os recursos hídricos, a paisagem, a estabilidade geológica e a biodiversidade, facilitar o fluxo gênico de fauna e flora, proteger o solo e assegurar o bem-estar das populações humanas. Já o artigo 4º da Lei 12.651/2012 estabelece o rol das áreas passíveis de serem enquadradas como de preservação permanente. As áreas mencionadas não se enquadram no conceito de "especial preservação", haja vista que constam de descrição genérica e não específica, o que asseguraria a ideia de *"especialização".*

O essencial para que uma área se caracterize como de preservação permanente é a adição da localização geográfica com a função ambiental, não bastando a simples a localização geográfica. A Lei 12.651/2012 se utilizou da partícula **com**, cujo significado é inequivocamente de adição, ou seja, as áreas de preservação permanente são isto mais aquilo.

O artigo 6º da Lei 12.651/2012 possibilitou que o poder público, por ato próprio, defina outras áreas de preservação permanente.

O artigo 50 inaugura uma sequência de artigos voltados para a proteção florestal. Há muita repetição e redundância, pois pretendem prever todas as hipóteses de danos florestais. Contudo, é relevante notar que a norma só tutela espécies nativas ou espécies nativas plantadas. E mais, não basta que as espécies sejam nativas ou nativas plantadas, necessita-se que elas sejam objeto de especial proteção. A especial proteção mereceu definição normativa, sendo aquelas que tenham regime jurídico próprio e especial de conservação, conforme definido pela legislação.

No Brasil, a utilização das florestas nativas e formações sucessoras, públicas ou privadas, somente pode ser feita mediante manejo florestal sustentável que deverá ser aprovado pelo órgão competente do Sistema Nacional do Meio Ambiente, em geral um órgão pertencente à administração dos estados. Uma vez concedida a autorização para a implantação do Plano de Manejo Florestal Sustentado, as suas determinações deverão ser observadas, sob pena de que o responsável pela atividade florestal incorra em infração administrativa.

A Lei 9.605/1998 não tem um tipo penal exatamente igual à infração administrativa [Decreto 6.514/2008, artigo 52], sendo a infração penal mais aproximada aquela que consta do artigo 50-A. O núcleo da ação é o desmatar mediante a utilização de corte raso.[26] O corte raso depende de autorização do órgão de controle ambiental. Os bens jurídicos protegidos são as florestas e demais formações nativas; não se aplicando a norma à vegetação exótica. É importante observar que, em se tratando de atividade necessária ao processo de licenciamento ambiental, há que ser observado o disposto na LC 140/2011 (artigo 13).

O decreto se utiliza das expressões *"reserva legal"* e *"reserva florestal averbada"* [artigo 53]". Não se discute que a reserva legal é uma obrigação *propter rem* e, portanto, parte integrante da própria propriedade florestal. Contudo, é igualmente indiscutível que ela necessita de averbação no registro geral de imóveis, haja vista que não se pode presumir a sua localização no interior da área de determinado imóvel rural. Assim, não havendo averbação, não há reserva legal, para as finalidades do artigo. Há, isto sim, a necessidade de que o proprietário a averbe. Vale

---

[26] Eliminação de todas as árvores, arbustos e outros tipos de vegetação nativa ou cultivada, independentemente de seu tamanho ou espécie. Pode ocorrer com ou sem a remoção de tocos e raízes, a chamada destoca. Se a técnica não for seguida pela queima do material, facilita a retirada de produtos em maior quantidade da área explorada, sendo usada comumente para converter em plantio de pastagem ou cultivos agrícolas. Disponível em: https://plenamata.eco/verbete/corte-raso/. Acesso em: 16 jun. 2022.

ressaltar que a Lei 12.651/2012 dispõe que o registro da Reserva Legal no Cadastro Ambiental Rural ("CAR") desobriga a averbação no Cartório de Registro de Imóveis (artigo 18, § 4º).

A norma procura [Decreto 6.514/2008, artigo 54] evitar a receptação de produtos florestais provenientes de áreas que tenham sido embargadas. O parágrafo único estabelece uma condicionante que é a prévia divulgação pública das áreas que tenham sofrido a aplicação da sanção administrativa de embargo. A medida é correta, pois não se pode exigir que o particular verifique a cada momento a origem dos produtos que adquire que, evidentemente, gozam de uma presunção relativa de legalidade. A divulgação dos embargos tem por objetivo desconstituir a presunção de legalidade, haja vista que a publicação gera uma presunção de conhecimento público do embargo. O Ibama divulga as áreas por ele embargadas na internet.[27]

O Decreto não define o sujeito ativo da infração administrativa, limitando-se a "deixar de averbar a reserva legal" [artigo 55]. Tal infração, contudo, é *própria*, pois a averbação da reserva legal é obrigação do posseiro ou proprietário do imóvel rural, dada a sua natureza *propter rem*. Como explicitado anteriormente, a Lei 12.651/2012 estabeleceu que o registro da reserva legal no CAR desobriga a averbação no cartório de registro de imóveis.

A motosserra [Decreto 6.514/2008] é aparelho utilizado para o corte de madeiras e árvores; normalmente o motor é alimentado por gasolina ou outro combustível. É máquina relativamente pequena e, portanto, de fácil transporte e manuseio. Devido a velocidade com a qual opera e a facilidade de manipulação que proporciona, ela faz que a derrubada de árvores seja, atualmente, uma operação muito simples. Em função das circunstâncias mencionadas, as motosserras estão submetidas à regulamentação administrativa, no âmbito federal, assim como muitos estados possuem normas legais para a comercialização das motosserras.

O artigo 51 da Lei 9.605/1998 não contempla o verbo portar. A imputação do fato de portar motosserra é excessiva e pune administrativamente um ilícito abstrato, pois o portador pode ser um mero detentor da motosserra, não sendo razoável que se atribua pena por detenção muitas vezes meramente acidental. Também não é razoável que se exija do mero detentor a posse dos documentos relativos ao aparelho. A obrigação legal para o registro de motosserra está prevista no Código Florestal, conforme o disposto em seu artigo 69. A matéria, administrativamente, está regulada pela Portaria Normativa Ibama 149/1992.

A norma contida no artigo 58 do Decreto 6.514/2008 visa impedir a propagação de fogo e incêndios em decorrência da utilização das chamadas queimadas que são, como se sabe, uma prática agropastoril milenar e cuja utilização moderna é cada vez mais problemática, seja em motivo da destruição da diversidade biológica, seja pela contribuição para a emissão de gases de efeitos estufa (GEE) para a atmosfera, seja pela quantidade de uso clandestino de fogo no País.

O antigo artigo 27 da Lei 4.771/1965, revogada, foi regulamentado pelo Decreto 2.661/1998. Ao regulamentar o Código Florestal revogado, o decreto estabeleceu que é vedado o emprego do fogo: (1) nas florestas e demais formas de vegetação; (2) para queima pura e simples, assim entendida aquela não carbonizável, de (a) aparas de madeira e resíduos florestais produzidos por serrarias e madeireiras, como forma de descarte desses materiais; (b) material lenhoso, quando seu aproveitamento for economicamente viável; (3) numa faixa de: (a) quinze metros dos limites das faixas de segurança das linhas de transmissão e distribuição de energia elétrica; (b) cem metros ao redor da área de domínio de subestação de energia elétrica; (c) vinte e cinco metros ao redor da área de domínio de estações de telecomunicações;

---

[27] Disponível em: http://www.ibama.gov.br/components/com_manuais/embargos/. Acesso em: 16 jun. 2022.

Capítulo 5 · INFRAÇÕES ADMINISTRATIVAS 179

(d) cinquenta metros a partir de aceiro, que deve ser preparado, mantido limpo e não cultivado, de dez metros de largura ao redor das Unidades de Conservação; (e) quinze metros de cada lado de rodovias estaduais e federais e de ferrovias, medidos a partir da faixa de domínio; (4) no limite da linha que simultaneamente corresponda: (a) à área definida pela circunferência de raio igual a seis mil metros, tendo como ponto de referência o centro geométrico da pista de pouso e decolagem de aeródromos públicos; (b) à área cuja linha perimetral é definida a partir da linha que delimita a área patrimonial de aeródromo público, dela distanciando no mínimo dois mil metros, extremamente, em qualquer de seus pontos. O Decreto permanece vigente, pois compatível com a Lei 12.651/2012.

O decreto admite a chamada "queima controlada",[28] conforme as normas e condições por ele estabelecidas. A queima controlada é o emprego do fogo como fator de produção e manejo em atividades agropastoris ou florestais, e para fins de pesquisa científica e tecnológica, em áreas com limites físicos previamente definidos. Ela, contudo, somente pode ser praticada mediante a expedição de prévia autorização a ser obtida pelo interessado junto ao órgão do Sistema Nacional do Meio Ambiente – Sisnama, com atuação na área onde se realizará a operação.

É condição para a obtenção da autorização para a queima controlada que o interessado (1) defina as técnicas, os equipamentos e a mão de obra a serem utilizados; (2) faça o reconhecimento da área e avalie o material a ser queimado; (3) promova o enleiramento dos resíduos de vegetação, de forma a limitar a ação do fogo; (4) prepare aceiros de no mínimo três metros de largura, ampliando a faixa quando as condições ambientais, topográficas, climáticas e o material combustível assim determinarem; (5) providencie pessoal treinado para atuar no local da operação, com equipamentos apropriados ao redor da área, e evitar propagação do fogo fora dos limites estabelecidos; (6) comunique formalmente aos confrontantes a intenção de realizar a Queima Controlada, com o esclarecimento de que, oportunamente, e com a antecedência necessária, a operação será confirmada com a indicação da data, hora do início e do local onde será realizada a queima; (7) preveja a realização da queima em dia e horário apropriados, evitando-se os períodos de temperatura mais elevada e respeitando-se as condições dos ventos predominantes no momento da operação; (8) providencie o oportuno acompanhamento de toda a operação de queima, até sua extinção, com vistas à adoção de medidas adequadas de contenção do fogo na área definida para o emprego do fogo. O aceiro deverá ter sua largura duplicada quando se destinar à proteção de áreas de florestas e de vegetação natural, de preservação permanente, de reserva legal, aquelas especialmente protegidas em ato do poder público e de imóveis confrontantes pertencentes a terceiros.

O tipo previsto no artigo 59 do Decreto 6.514/2008 corresponde ao artigo 42 da Lei 9.605/1998. A norma objetiva proteger o ambiente contra o fogo.

O balão cuja produção, venda, transporte ou soltura é interditada é aquele apto a provocar incêndio. Todo balão, por ter bucha inflamável, é capaz de provocar incêndio. Assim, a proibição se estende para todo e qualquer tipo de balão que possua bucha inflamável. O artigo 60 do decreto estabelece uma majorante genérica a ser adicionada às penalidades aplicadas aos infratores quando (1) o agente se utilizar de fogo ou (2) provocar incêndio ou, ainda, nos (3) casos nos quais a vegetação prejudicada esteja incluída em lista de espécies ameaçadas de extinção.

---

[28] Ver Lei 14.944/2024 (Política Nacional de Manejo Integrado do Fogo).

3.3 Poluição

A poluição é infração administrativa prevista no *caput* do artigo 61 do Decreto 6.514/2008, consistente em alterar negativamente as condições do meio ambiente "em níveis tais que resultem ou possam resultar em danos à saúde humana, ou que provoquem a mortandade ou a destruição significativa da biodiversidade". A poluição, no direito brasileiro, possui conceito normativo no artigo 3º, inciso III e alíneas, da Lei 6.938/1981. Como se pode ver do texto legal, o conceito é bastante amplo, vez que é "a degradação da qualidade ambiental resultante de atividades que, direta ou indiretamente", prejudiquem a saúde, a segurança e o bem-estar da população; criem condições adversas para as atividades sociais e econômicas; afetem desfavoravelmente a biota; afetem as condições estéticas ou sanitárias do meio ambiente; lancem matéria ou energia em desacordo com os padrões ambientais estabelecidos. O primeiro ponto que chama a atenção é que o conceito de poluição somente se perfaz a partir da existência de uma degradação da qualidade ambiental, ou seja, para que exista poluição é necessário que ocorra uma "alteração adversa do meio ambiente".

A poluição, como ilícito administrativo, se desdobra em diversos outros ilícitos cujas penas são as mesmas da infração tipificada no artigo 61 do Decreto 6.514/2008. Esses ilícitos são:

(1) tornar uma área, urbana ou rural, imprópria para ocupação humana;

(2) causar poluição atmosférica que provoque a retirada, ainda que momentânea, dos habitantes das áreas afetadas ou que provoque, de forma recorrente, significativo desconforto respiratório ou olfativo devidamente atestado pelo agente autuante;

(3) causar poluição hídrica que torne necessária a interrupção do abastecimento público de água de uma comunidade;

(4) dificultar ou impedir o uso público das praias pelo lançamento de substâncias, efluentes, carreamento de materiais ou uso indevido dos recursos naturais;

(5) lançar resíduos sólidos, líquidos ou gasosos ou detritos, óleos ou substâncias oleosas em desacordo com as exigências estabelecidas em leis ou atos normativos;

(6) deixar, aquele que tem obrigação, de dar destinação ambientalmente adequada a produtos, subprodutos, embalagens, resíduos ou substâncias quando assim determinar a lei ou ato normativo;

(7) deixar de adotar, quando assim o exigir a autoridade competente, medidas de precaução ou contenção em caso de risco ou de dano ambiental grave ou irreversível;

(8) provocar pela emissão de efluentes ou carreamento de materiais o perecimento de espécimes da biodiversidade;

(9) lançar resíduos sólidos ou rejeitos em praias, no mar ou quaisquer recursos hídricos;

(10) lançar resíduos sólidos ou rejeitos *in natura* a céu aberto, excetuados os resíduos de mineração;

(11) queimar resíduos sólidos ou rejeitos a céu aberto ou em recipientes, instalações e equipamentos não licenciados para a atividade;

(12) descumprir obrigação prevista no sistema de logística reversa implantado nos termos da Lei 12.305, de 2010, consoante as responsabilidades específicas estabelecidas para o referido sistema;

(13) deixar de segregar resíduos sólidos na forma estabelecida para a coleta seletiva, quando a referida coleta for instituída pelo titular do serviço público de limpeza urbana e manejo de resíduos sólidos;

(14) destinar resíduos sólidos urbanos à recuperação energética em desconformidade com o § 1º do artigo 9º da Lei 12.305, de 2010, e respectivo regulamento;

(15) deixar de manter atualizadas e disponíveis ao órgão municipal competente e a outras autoridades informações completas sobre a realização das ações do sistema de logística reversa sobre sua responsabilidade;

(16) não manter atualizadas e disponíveis ao órgão municipal competente, ao órgão licenciador do Sisnama e a outras autoridades, informações completas sobre a implementação e a operacionalização do plano de gerenciamento de resíduos sólidos sob sua responsabilidade; e

(17) deixar de atender às regras sobre registro, gerenciamento e informação previstos no § 2º do artigo 39 da Lei 12.305, de 2010.

A comprovação da poluição se faz pela produção de laudo técnico elaborado pelo *órgão ambiental*. Logo, não há rigidez absoluta em relação à qualificação profissional do órgão ambiental, desde que o laudo seja baseado em evidências e análises técnicas produzidas por protocolos reconhecidos. A realidade dos órgãos ambientais brasileiros deve ser levada em consideração e, igualmente, a natureza da poluição a ser punida. Há determinadas situações em que a poluição é evidente e a sua demonstração não demanda maiores investigações técnicas. Um excesso de rigor na questão, certamente, implica a falta de punição do ilícito administrativo. A questão fundamental é demonstrar que os "níveis tais" de fato ocorreram e que o limite do tolerável foi ultrapassado indiscutivelmente.

A presunção de legitimidade dos atos administrativos, no caso concreto do tipo do artigo 61 (Decreto 6.514/2008), sofre uma mitigação, vez que exigido o laudo técnico; uma vez presente o laudo técnico, aí sim, o ônus da prova é carreado para o particular que deverá desconstituí-lo.

3.4 Operação sem licença ou autorização

A construção, reforma, ampliação, instalação ou o funcionamento de estabelecimentos, atividades, obras ou serviços utilizadores de recursos ambientais, considerados efetiva ou potencialmente poluidores, sem licença ou autorização dos órgãos ambientais competentes, em desacordo com a licença obtida ou contrariando as normas legais e regulamentos pertinentes, é punível nos termos do artigo 66 do Decreto 6.514/2008. A punição é extensível a quem (1) constrói, reforma, amplia, instala ou faz funcionar estabelecimento, obra ou serviço sujeito a licenciamento ambiental localizado em unidade de conservação ou em sua zona de amortecimento, ou em áreas de proteção de mananciais legalmente estabelecidas, sem anuência do respectivo órgão gestor; e (2) deixa de atender a condicionantes estabelecidas na licença ambiental.

A norma pune a mera desobediência às obrigações de licenciar ou buscar autorização do órgão *ambiental competente*. Isto implica que o tipo não poderá ser aplicado, por exemplo, no caso da falta de *licença de construir* ou de Alvará do Corpo de Bombeiros, por exemplo. Tutela-se, portanto, o poder de polícia dos órgãos ambientais. As atividades consideradas efetiva ou potencialmente poluidoras são aquelas definidas previamente pela Administração, mediante ato próprio, como tal e, portanto, submetidas a licenciamento ambiental. Atualmente, as atividades que demandam licenciamento ambiental são as mencionadas no anexo da Resolução Conama 237/1997.

3.5 Infrações contra o ordenamento urbano e o patrimônio cultural

O ordenamento territorial urbano e o patrimônio cultural são protegidos constitucionalmente e, portanto, é natural que o Decreto 6.514/2008 deles trate. O artigo 73 do Decreto é o núcleo da proteção dos bens integrantes do patrimônio cultural no âmbito administrativo, replicando o artigo 63 da Lei 9.605/1998. A norma reproduz o artigo 63 da Lei 9.605/1998, devendo ser observado que ela não se refere a bem tombado, mas, pura e simplesmente, a edificação ou local especialmente protegido por lei, ato administrativo ou decisão judicial.

Em relação ao ordenamento territorial, o núcleo da proteção administrativa se encontra no artigo 74 do Decreto 6.514/2008 que, inegavelmente, reproduz o artigo 64 da Lei 9.605/1998. O tipo administrativo, assim como o penal, comporta duas condutas diversas e uma contradição, como se demonstrará. Existe o (1) solo não edificável, isto é, aquele no qual a edificação é proibida, e existe o (2) solo edificável mediante autorização da autoridade pública. Ambos não se confundem, pois no solo não edificável a autoridade não poderá emitir licença ou autorização, haja vista a proibição legal. O solo edificável mediante autorização é o solo em geral, pois a polícia edilícia recai sobre qualquer construção ou projeto.

Promover construção em solo não edificável é construir ou fornecer meios ou estímulo para que alguém construa em solo com interdição de edificação, seja por força de restrição legal ou administrativa, seja por força de dificuldades construtivas. O artigo, contudo, não tutela todo e qualquer solo não edificável; ao contrário, o seu objeto de tutela é bastante específico. A limitação é de construção em solo não edificável em razão de seu valor artístico, paisagístico, ecológico, turístico, cultural, religioso, etnográfico ou seu entorno sem autorização da autoridade competente ou em desacordo com a autorização; desnecessário dizer que deve haver um reconhecimento formal e oficial da existência dos valores presentes na norma. Sem o reconhecimento formal o tipo não se aperfeiçoa.

Área de entorno é conceito aberto e muitas vezes se confunde com o conceito de zona de amortecimento. Dado o caráter punitivo da norma, quando se tratar de *unidade de conservação urbana* deve ser aplicado o conceito contido na Lei 9.985/2000 (artigo 2º, XVIII), salvo se existente outro na legislação estadual ou municipal específica.

Acrescente-se que o artigo 25 da Lei do SNUC assim determina que, à exceção das Áreas de Proteção Ambiental e as Reservas Particulares do Patrimônio Natural, todas as unidades de conservação devem possuir uma zona de amortecimento e, quando conveniente, corredores ecológicos. Os usos permitidos nas zonas de amortecimento deverão ser fixados pelo gestor da unidade de conservação, com cuidado para não esvaziar o conteúdo econômico de tais áreas, sob pena de indenização. Os limites da zona de amortecimento devem ser fixados no ato de criação da unidade de conservação ou posteriormente.

Há Resolução do CONAMA (Resolução 428/2010)[29] sobre as zonas de amortecimentos, cuja finalidade, no entanto, é a aplicação no âmbito do licenciamento ambiental. No caso específico de imóveis tombados, o Decreto-Lei 25/1937 (artigo 18) estabelece que sem prévia autorização do Serviço do Patrimônio Histórico e Artístico Nacional, não se poderá, na vizinhança da coisa tombada, fazer construção que lhe impeça ou reduza a visibilidade, nem nela colocar anúncios ou cartazes, sob pena de ser mandada destruir a obra ou retirar o objeto, impondo-se neste caso a multa de cinquenta por cento do valor do mesmo objeto.

O chamado entorno é conceito que não se encontra previsto no Decreto-Lei 25/1937, que se utiliza do termo *vizinhança*, determinando que as construções que nela sejam edificadas não impeçam a visão do bem tombado.

---

[29] Resolução Conama 428/2010: "Artigo 1º (...) § 2º Durante o prazo de 5 anos, contados a partir da publicação desta Resolução, o licenciamento de empreendimentos de significativo impacto ambiental, localizados numa faixa de 3 mil metros a partir do limite da UC, cuja ZA não esteja estabelecida, sujeitar-se-á ao procedimento previsto no *caput*, com exceção de RPPNs, Áreas de Proteção Ambiental (APAs) e Áreas Urbanas Consolidadas".

4. PROCESSO SANCIONATÓRIO AMBIENTAL

A apuração e a aplicação de sanções administrativa são feitas por meio de processo administrativo próprio, o qual deve obedecer aos princípios constitucionais da ampla defesa e do contraditório, além dos princípios da legalidade, finalidade, motivação, razoabilidade, proporcionalidade, moralidade, segurança jurídica, interesse público e eficiência, bem como aos critérios mencionados no parágrafo único do artigo 2º da Lei 9.784/1999. Assim, o processo administrativo sancionatório não admite exigências inúteis e delongas desnecessárias. O artigo 95-A do Decreto 6.514/2008 estabelece que a conciliação e a adesão a uma das soluções legais previstas no inciso II do § 5º do artigo 96 do Decreto 6.514/2008 serão estimuladas pela Administração Pública federal ambiental, com vistas a encerrar os processos administrativos federais relativos à apuração de infrações administrativas por condutas e atividades lesivas ao meio ambiente.

A possibilidade de solução negociada encontra amparo legal na Lei 13.140, de 26 de junho de 2015, que estabelece a possibilidade de autocomposição dos conflitos no âmbito da Administração Pública. Com efeito, o inciso II do artigo 32 da lei estabelece que as câmaras de prevenção e resolução administrativas de conflitos, no âmbito dos respectivos órgãos da Administração Pública, poderão "avaliar a admissibilidade dos pedidos de resolução de conflitos, por meio de composição, no caso de controvérsia entre particular e pessoa jurídica de direito público". Assim, o disposto no artigo 95-A do Decreto 6.514/2008 encontra base legal e deve ser prestigiado sobretudo em face das indiscutíveis dificuldades dos órgãos ambientais de avançarem de forma coerente com os processos sancionatórios. Logo, a conciliação deve ser estimulada pela Administração Pública federal ambiental, de acordo com o rito estabelecido no Decreto 6.514/2008, com vistas a encerrar os processos administrativos federais relativos à apuração de infrações administrativas por condutas e atividades lesivas ao meio ambiente. A prática administrativa deve ser aperfeiçoada, pois ainda tem sido pouco eficiente e incompreendida.

4.1 A autuação

A autuação deve ser feita pelo agente da Administração Pública *legalmente* investido na função pública e com designação específica para fiscalização. A sua atuação deve ser ostensiva, salvo em casos especiais, com a utilização de uniforme e caracterização. Em contexto de legalidade estrita, como é o da aplicação do direito administrativo sancionatório, faz-se necessário que haja previsão legal das sanções a serem aplicadas ao infrator, assim como se faz necessário que os motivos e fundamentos que impliquem o agravamento das sanções a serem aplicadas pela autoridade administrativa estejam, igualmente, previstos na norma. Contudo, também nesse ponto, a Lei 9.605/1998 deixa a desejar, pois o capítulo VI que cuida da infração administrativa simplesmente não é dotado de tal previsão legal. A lei, no particular, é coerente, haja vista que, se não traz em seu bojo as infrações, não teria sentido trazer a previsão de seu agravamento.

O que a Lei 9.605/1998 contempla são as condições de aplicação e agravamento da multa penal (artigo 6º), que não se confunde com a multa administrativa, não sendo passível, portanto, de regulamentação pela autoridade administrativa. Não se desconhece que o artigo 6º da Lei 9.605/1998 se utiliza do vocábulo *autoridade* que, em tese, poderia ser tanto a autoridade judiciária quanto a administrativa. Todavia, leitura atenta do Capítulo II da Lei, dedicado à aplicação da pena, demonstra que, de fato, é de *pena criminal* que se cuida. Uma interpretação sistemática do capítulo, por mais que se queira aproveitá-lo para aplicação em sede administrativa, demonstra-se esforço vão.

184 DIREITO AMBIENTAL – *Paulo de Bessa Antunes*

O artigo 6º não fala em criminoso, mas em infrator, o que, em tese, é favorável à legalidade do artigo ora comentado. Entretanto, na sequência do capítulo são utilizadas expressões como: *crime; crime culposo; Código Penal; a multa será calculada segundo os critérios do Código Penal; sentença penal condenatória; prática de crime; e* tantas outras que, em meu ponto de vista, *não há como se a*plicar o capítulo analogicamente às infrações administrativas. Admite-se, por amor à argumentação, que, se pudesse, aplicaria analogicamente a Lei 9.784/1999, que disciplina o processo administrativo federal; no entanto, a lei recém-mencionada é lacônica ao tratar do assunto (artigo 68) e, expressamente, determina prevalecer a lei que rege o processo específico (artigo 69).

4.1.1   Autuação de advertência

Determina a norma que a advertência *poderá* ser aplicada mediante a lavratura de auto de infração, no caso das infrações de menor "lesividade" ao meio ambiente. Na realidade, a advertência *deverá s*er aplicada mediante a lavratura de auto de infração, haja vista que a advertência meramente verbal por parte da fiscalização não gera qualquer efeito jurídico concreto. A *mera reprimenda não se confunde com advertência.* Menor lesividade é conceito normativo, firmado pelo valor da multa que, nesse caso, não poderá ser aplicada imediatamente, haja vista que a advertência tem por uma de suas funções basilares dar ao particular a possibilidade de sanar o erro de sua conduta. Caso o prazo deferido pela fiscalização não seja atendido, aí sim será lavrada a multa respectiva.

Uma vez sanada a irregularidade, no prazo assinado pela autoridade, o processo administrativo terá seguimento. Ora, se com mera advertência houve o atendimento do mandamento legal e a irregularidade foi superada, parece-me desproposital que se dê prosseguimento ao processo administrativo, haja vista que dele não resultará nenhum benefício para a administração ou para o meio ambiente.

A administração não deve praticar atos inúteis e dos quais os únicos resultados previsíveis sejam danos à esfera jurídica de terceiros administrados. Alexandre de Moraes (2000, p. 304), a propósito, definiu o princípio da eficiência administrativa: *"é aquele que impõe à Administração Pública direta e indireta e a seus agentes a persecução do bem comum, por meio do exercício de suas competências de forma imparcial, neutra, transparente, participativa, eficaz, sem burocracia e sempre em busca da qualidade, primando pela adoção dos critérios legais e morais necessários para a melhor utilização possível dos recursos públicos, de maneira a evitar-se desperdícios e garantir-se uma maior rentabilidade social".*

A advertência é pena aplicável a ilícitos administrativos de menor envergadura e é uma modalidade de constituição em mora do particular. Não há que se falar em advertência em hipóteses que, por sua gravidade, merecem outra punição. Uma vez aplicada a sanção de advertência, a norma veda nova imposição durante o período de três anos após a lavratura de auto de infração no qual conste a penalidade de advertência. É discutível a legalidade da norma, haja vista que, na hipótese de ocorrência de uma nova infração de natureza pequena, pelo particular, não se lhe poderá aplicar a penalidade correspondente – advertência –, mas se deverá agravá-la independentemente da situação de fato. Não há previsão de tal situação na lei, não podendo o poder regulamentar criá-la *sponte sua.* Registre-se que a reabilitação criminal ocorre no prazo de dois anos (artigo 94 do Código Penal). A reabilitação administrativa ocorre nas hipóteses previstas no artigo 163 da Lei 14.133/2021[30] quando, cumulativamente, tenha havido (1) a reparação integral do dano causado à Administração Pública; o (2) pagamento

---

[30]   Entra em vigor em 1º de abril de 2023. Artigo 193. Revogam-se:

I – os artigos 89 a 108 da Lei 8.666, de 21 de junho de 1993, na data de publicação desta Lei;

Capítulo 5 · INFRAÇÕES ADMINISTRATIVAS | 185

da multa; o (3) transcurso do prazo mínimo de um ano da aplicação da penalidade, no caso de impedimento de licitar e contratar, ou de três anos da aplicação da penalidade, no caso de declaração de inidoneidade; o (4) cumprimento das condições de reabilitação definidas no ato punitivo; e a (5) análise jurídica prévia, com posicionamento conclusivo quanto ao cumprimento dos requisitos legais.

4.2 Multas

Conforme determinação contida no artigo 8º do Decreto 6.514/2008, "a multa terá por base a unidade, hectare, metro cúbico, quilograma, metro de carvão-mdc, estéreo, metro quadrado, dúzia, estipe, cento, milheiros ou outra medida pertinente, de acordo com o objeto jurídico lesado". Buscou-se estabelecer uma proporcionalidade entre o dano causado – medido pelas unidades aplicáveis a mensuração de cada um dos recursos ambientais e o valor a ser imputado ao infrator. Ficou para o órgão ambiental definir os parâmetros aplicáveis, o que deverá ser feito por Portaria.

As multas devem ter os seus valores corrigidos, tal como determinado pelo artigo 9º do Decreto 6.514/2008, sendo estabelecidos entre o mínimo de R$ 50,00 (cinquenta reais) e o máximo de R$ 50.000.000,00 (cinquenta milhões de reais).

O artigo 9º reproduz, em termos, o artigo 75 da Lei 9.605. O capítulo mencionado na Lei 9.605/1998 é o das infrações administrativas. O que a norma determina é que o Executivo, mediante instrumentos próprios, corrija o valor da imposição pecuniária, de forma a evitar que a penalidade não sofra corrosão inflacionária e, após longo período, se transforme em soma pouco significativa.

O Executivo, no entanto, não fez a correção dos valores, o que me parece uma contrariedade ao texto legal. Aqui, de certa forma, *há um incentivo econômico* à prática do ilícito. O que a Lei determina é que o Executivo publique tabelas com a correção das multas e os valores que passarão a ser exigidos. É hipótese diferente da correção da multa já aplicada e ainda não paga. Justifica-se, portanto, o protesto de grupos ambientalistas quanto aos valores, muitas vezes, irrisórios de multas ambientais. Não se deve esquecer que, na ocasião da edição da Lei 9.605/1998, os valores das multas eram muito relevantes e, portanto, aptos a exercer o caráter simbólico e intimidatório.

Uma questão que remanesce é a de saber se os valores constantes da lei podem ou não ser corrigidos. Explicamo-nos: o valor máximo de R$ 50 milhões não poderia ser corrigido, pois fixado em lei. Penso que não é a melhor interpretação, pois se assim o fosse, a determinação de atualização seria letra morta e, em tese, todas as multas poderiam atingir o teto de R$ 50 milhões. Assim, os valores foram fixados à época da edição da lei e, conforme exposto acima, devem manter ao longo do tempo a mesma expressão econômica. O fundamental é que exista uma atualização geral e que ela seja publicada pela Administração Pública para que todos possam dela ter conhecimento prévio.

A multa diária é aplicável às chamadas infrações continuadas e não às instantâneas, isto é, aquelas que se consumam em um único ato. A inobservância de tal circunstância implica nulidade da sanção aplicada. O agente autuante deverá lavrar o auto e, nele, indicar o valor da multa-dia a ser aplicada ao agente do ilícito.

O valor atribuído à multa-dia deve ser estabelecido na forma dos critérios definidos no Decreto 6.514, cingindo-se a uma faixa que não poderá ser inferior ao mínimo definido

---

II – a Lei 8.666, de 21 de junho de 1993, a Lei 10.520, de 17 de julho de 2002, e os artigos 1º a 47-A da Lei 12.462, de 4 de agosto de 2011, após decorridos 2 (dois) anos da publicação oficial desta Lei.

pelo artigo 9º, nem superar dez por cento do valor da multa simples máxima cominada para a infração.

Não se aplicará a multa diária após a apresentação, pelo autuado, dos documentos aptos a comprovar a regularização da situação que deu margem à lavratura do auto de infração. Todavia, constatada a inexatidão da informação, restaura-se a aplicação da multa diária; aqui merece ser destacado que, evidentemente, a prestação de informações inverídicas é uma infração autônoma.

Ressalte-se que a celebração de termo de compromisso de reparação ou cessação dos danos encerra a contagem da multa diária, a qual deverá ser consolidada na data. Penso que o *dies a quo* deverá ser o da publicação, e não o da mera celebração, haja vista que os efeitos legais e o conhecimento de terceiros se dão *após* a publicação, dada a natureza de documento oficial ostentada pelo termo de compromisso.

Segundo o estipulado pelo artigo 11 do Decreto 6.514/2008, a prática de nova infração pelo mesmo agente, no período de cinco anos contados da data em que a decisão administrativa que o tenha condenado por infração anterior tenha se tornado definitiva, implica (1) aplicação da multa em triplo, no caso de cometimento da mesma infração; ou (2) aplicação da multa em dobro, no caso de cometimento de infração distinta. Conforme determinado no § 1º do artigo 11, o agravamento deve ser apurado no procedimento da nova infração, do qual deverá constar certidão com as informações sobre o auto de infração anterior e o julgamento definitivo que a tenha confirmado. Na forma do § 2º do artigo 11, caso seja constatada a existência de decisão condenatória irrecorrível em razão da prática de infração anterior, o autuado deverá ser notificado para que se manifeste, no prazo de dez dias, sobre a possibilidade de agravamento da penalidade. Caso a reincidência seja constatada, a autoridade administrativa deverá agravar a penalidade, na forma do disposto nos incisos I e II do *caput* do artigo 11. Determina o § 4º do artigo 11 que não se agravará a penalidade em razão da reincidência, após o julgamento tratado no artigo 124 do Decreto 6.514/2008.[31] Em caso de o infrator aderir a uma das soluções alternativas previstas no artigo 98-A do Decreto 6.514/2008[32] (alínea *b* do

---

[31] "Artigo 124. Oferecida ou não a defesa, a autoridade julgadora, no prazo de trinta dias, julgará o auto de infração, decidindo sobre a aplicação das penalidades. § 1º Nos termos do que dispõe o artigo 101, as medidas administrativas que forem aplicadas no momento da autuação deverão ser apreciadas no ato decisório, sob pena de ineficácia. § 2º A inobservância do prazo para julgamento não torna nula a decisão da autoridade julgadora e o processo. § 3º O órgão ou entidade ambiental competente indicará, em ato próprio, a autoridade administrativa responsável pelo julgamento da defesa, observando-se o disposto no artigo 17 da Lei 9.784, de 1999."

[32] "Artigo 98-A. O Núcleo de Conciliação Ambiental será composto por, no mínimo, dois servidores efetivos do órgão ou da entidade da administração pública federal ambiental responsável pela lavratura do auto de infração. § 1º Compete ao Núcleo de Conciliação Ambiental: I – realizar a análise preliminar da autuação para: a) convalidar de ofício o auto de infração que apresentar vício sanável; b) declarar nulo o auto de infração que apresentar vício insanável; c) decidir sobre a manutenção da aplicação das medidas administrativas de que trata o artigo 101 e sobre a aplicação das demais sanções de que trata o artigo 3º; e d) consolidar o valor da multa ambiental, observado o disposto no artigo 4º; e II – realizar a audiência de conciliação ambiental para: a) explanar ao autuado as razões de fato e de direito que ensejaram a lavratura do auto de infração; b) apresentar as soluções legais possíveis para o encerramento do processo, quais sejam 1. o desconto para pagamento da multa; 2. o parcelamento da multa; e 3. a conversão da multa em serviços de preservação, de melhoria e de recuperação da qualidade do meio ambiente; c) decidir sobre questões de ordem pública; e d) homologar a opção do autuado por uma das soluções de que trata a alínea b. § 2º Os integrantes do Núcleo de Conciliação Ambiental serão designados em ato do dirigente máximo do órgão ou da entidade ambiental da administração pública federal (...) § 4º O Núcleo de Conciliação Ambiental integra a estrutura do órgão ou da entidade da administração pública federal ambiental responsável pela lavratura do auto de infração."

inciso II), não se eximirá da contabilização da infração cometida para fins de aplicação do disposto no artigo 11 do Decreto 6.514/2008.

O Decreto 6.514 buscou fazer prevalecer o princípio da subsidiariedade e, de certa forma, privilegiar a autoridade de nível local. Outro elemento que resulta inescusável da norma é o reconhecimento por parte do Executivo de conflito de atribuições entre as diversas esferas do poder público que, com grande frequência, atuam sem coordenação e buscam, concomitantemente, exercer a competência comum contemplada no artigo 23 da CF. Há uma curiosa possibilidade: no caso de aplicação de uma tríplice multa, ou seja, (a) pelo órgão federal, (b) pelo estadual e pelo (c) municipal, a multa seria paga por escalas; assim, caso a multa federal fosse de R$ 50 milhões, a estadual de R$ 20 milhões e a municipal de R$ 10 milhões; a administração federal receberia R$ 20 milhões e as demais os valores da face da multa, pois o valor a ser pago ao órgão federal deve sofrer o desconto dos valores devidos aos demais entes da federação. O sentido puramente arrecadatório é indiscutível. Em um regime de repartição de competências constitucionais, não há como se sustentar uma tríplice e simultânea competência, pois, se assim fosse, não teria sentido a repartição prevista na Constituição. A LC 140/2011, em casos tais como acima descritos, determina deva prevalecer a sanção aplicada pelo órgão responsável pelo licenciamento da atividade, conforme o § 3º do artigo 17.

O artigo 13 do Decreto 6.514/2008 estabelece que deverão reverter ao Fundo Nacional do Meio Ambiente – FNMA 20% dos valores arrecadados em pagamento de multas aplicadas pela União, podendo o referido percentual ser alterado, a critério dos órgãos arrecadadores. Houve modificação no artigo 13 que teve acrescido o parágrafo único, mediante o qual foi determinado que os valores excedentes aos 20% destinados aos Fundos de Meio Ambiente dependerão da celebração de instrumento específico entre o órgão arrecadador e o gestor do fundo, observado o disposto no artigo 73 da Lei 9.605, de 1998. Tal artigo estabelece que: "Os valores arrecadados em pagamento de multas por infração ambiental serão revertidos ao Fundo Nacional do Meio Ambiente, criado pela Lei 7.797, de 10 de julho de 1989, Fundo Naval, criado pelo Decreto 20.923, de 8 de janeiro de 1932, fundos estaduais ou municipais de meio ambiente, ou correlatos, conforme dispuser o órgão arrecadador". Há divergência entre a norma regulamentar e o texto legal. Com efeito, a lei determina que o produto da arrecadação das multas seja destinado ao Fundo Nacional do Meio Ambiente, ao Fundo Naval e a outros fundos de natureza estadual ou municipal "correlatos", conforme dispuser o órgão arrecadador. Assim, o Decreto fez uma restrição em desfavor do Fundo Nacional do Meio Ambiente e do Fundo Naval que não constam da Lei. Poder-se-ia argumentar que a Lei, ao determinar a destinação dos recursos arrecadados com as multas, estaria invadindo competência da Administração, diante do princípio da separação de poderes; contudo, não houve declaração de inconstitucionalidade do artigo 73 da Lei 9.605/1998, motivo pelo qual o poder regulamentar não poderia estabelecer percentual dos valores arrecadados e, muito menos, retirar o Fundo Naval do rol dos beneficiários dos recursos.

4.3 A defesa administrativa

O artigo 113 do Decreto 6.514/2008 faculta ao autuado o prazo de 20 dias, contado da data da ciência da autuação, para, querendo, apresentar defesa contra o auto de infração, cuja fluência fica sobrestada até a data de realização da audiência de conciliação ambiental.[33] Re-

---

[33] "Artigo 97-A. O autuado poderá, perante o órgão ou a entidade da administração pública federal responsável pela lavratura do auto de infração, no prazo de vinte dias, contado da data da ciência da autuação: I – requerer a realização de audiência de conciliação ambiental; II – requerer a adesão imediata a uma das soluções legais previstas na alínea b do inciso II do § 1º do artigo 98-A; ou III – apresentar defesa. § 1º O requerimento de participação em audiência de conciliação ambiental

188 DIREITO AMBIENTAL – *Paulo de Bessa Antunes*

sultando deserta ou infrutífera a audiência de conciliação, o prazo, conforme o § 1º do artigo 113, reinicia integralmente. Houve aperfeiçoamento da norma, pois o acréscimo do parágrafo deixou clara a consequência do não comparecimento à audiência de conciliação. A multa aplicável, caso o autuado opte por pagá-la, poderá ser quitada com desconto de 30%, desde que paga à vista. Em boa hora, revogou-se o parcelamento para o pagamento com desconto, conforme havia sido autorizado pelo Decreto 9.760/2019.

O autuado poderá, tempestivamente, protocolizar a sua defesa em qualquer unidade administrativa do órgão ambiental que promoveu a autuação, que deverá encaminhá-la imediatamente à unidade responsável (artigo 114). A defesa, por ser ato formal, deverá ser apresentada por escrito contendo as razões de fato e de direito que servem de base para a impugnação do auto de infração, assim como deverá especificar as provas que a parte pretenda produzir, com a devida justificação (artigo 115), não serão conhecidas as defesas apresentadas intempestivamente que poderão ser desentranhadas dos autos administrativos.

Não há obrigatoriedade de que o autuado seja representado por advogado. Se por um lado é certo que o autuado deve considerar o que é melhor para a sua defesa, por outro não se pode deixar de considerar que as defesas administrativas em matéria ambiental são cada vez mais complexas e o autuado, em nosso entendimento, deveria ser advertido de que poderia ser representado por advogado, se assim o desejasse. O STF tem entendido que a obrigatoriedade da defesa técnica formulada por advogado só se aplica em processos criminais.[34] Assim, a representação no processo administrativo poderá ser feita por advogado ou procurador que, no caso, pode ser qualquer indivíduo que o autuado considere apto para defendê-lo, munido da devida procuração que poderá ser apresentada no prazo de 15 dias, prorrogáveis por mais 15.

Não se conhecerá da defesa quando for apresentada (1) fora do prazo; (2) por quem não seja legitimado; ou (3) perante órgão ou entidade ambiental incompetente.

4.4 Instrução e julgamento

Como se sabe, os atos administrativos gozam de presunção de legalidade e legitimidade, por isso, compete ao autuado a produção de provas e argumentos jurídicos aptos a desconstituir o auto de infração. Este fato não desobriga a administração de buscar, por meios

---

interromperá o prazo para oferecimento de defesa. § 2º A interrupção do prazo a que se refere o § 1º não prejudicará a eficácia das medidas administrativas eventualmente aplicadas. § 3º Serão consideradas como desistência do interesse em participar de audiência de conciliação ambiental: I – a não apresentação do requerimento de participação em audiência de conciliação ambiental; II – a apresentação de defesa; e III – a adesão imediata a uma das soluções legais previstas na alínea b do inciso II do § 1º do artigo 98-A. § 4º Antes da realização da audiência de conciliação ambiental designada, o autuado poderá aderir a uma das soluções legais previstas na alínea b do inciso II do § 1º do artigo 98-A. § 5º A adesão a uma das soluções legais previstas na alínea b do inciso II do § 1º do artigo 98-A será admitida somente após a consolidação da multa no âmbito da análise preliminar da autuação ambiental. § 6º O processo somente seguirá ao Núcleo de Conciliação Ambiental caso, no prazo estabelecido no *caput*, o autuado requeira a realização de audiência de conciliação ambiental ou solicite a adesão a uma das soluções legais possíveis para encerrar o processo."

[34] "Ação direta de inconstitucionalidade. Juizados especiais federais. Lei 10.259/2001, artigo 10. Dispensabilidade de advogado nas causas cíveis. Imprescindibilidade da presença de advogado nas causas criminais. Aplicação subsidiária da Lei 9.099/1995. Interpretação conforme a Constituição. (...) Interpretação conforme, para excluir do âmbito de incidência do artigo 10 da Lei 10.259/2001 os feitos de competência dos juizados especiais criminais da Justiça Federal" (ADI 3.168, Rel. Min. Joaquim Barbosa, j. 08.06.2006, *DJ* 03.08.2007) = AI 461.490 ED, 2ª Turma, Rel. Min. Ellen Gracie, j. 23.06.2009, *DJe* 07.08.2009.

Súmula Vinculante 5: "A falta de defesa técnica por advogado no processo administrativo disciplinar não ofende a Constituição".

próprios, esclarecer a situação. Assim, a autoridade administrativa incumbida de presidir o processo administrativo pode requisitar a produção de provas necessárias à formação de seu convencimento, bem como parecer técnico ou contradita do agente autuante, especificando o objeto a ser esclarecido. Admite-se a elaboração de parecer técnico, no prazo de dez dias, prazo que, na prática, é letra morta. A autoridade poderá (deverá), também, ouvir o agente autuante sobre a defesa apresentada, no prazo de cinco dias. Também aqui, cuida-se de mera declaração de intenções. Caso a discussão sobre o auto de infração envolva matéria jurídica, deverá ser emitido parecer por parte da Procuradoria-Geral Federal.

Uma vez encerrada a instrução do processo sancionatório, será assegurada ao autuado a apresentação de alegações finais, observado o prazo de dez dias da intimação.

O artigo 123 do Decreto 6.514/2008 é óbvio e perfeitamente dispensável, pois está estipulado que a "decisão da autoridade julgadora não se vincula às sanções aplicadas pelo agente autuante, ou ao valor da multa, podendo, em decisão motivada, de ofício ou a requerimento do interessado, minorar, manter ou majorar o seu valor, respeitados os limites estabelecidos na legislação ambiental vigente". Aliás, a instância revisora, se vinculada fosse à decisão a ser reexaminada, não precisaria existir e o agente autuante seria soberano em suas autuações, o que não se admite em um Estado Democrático de Direito. Se, após o encerramento da instrução, for identificada a possibilidade de agravamento da penalidade, o autuado será notificado, para que formule, no prazo de dez dias, as suas alegações, antes do julgamento de que trata o artigo 124 do Decreto 6.514/2008, pelos seguintes meios: (1) por via postal com aviso de recebimento; (2) por notificação eletrônica, observado o disposto no § 4º do artigo 96;[35] ou (4) por outro meio válido que assegure a certeza da ciência.[36]

O julgamento administrativo, na forma do artigo 124, deverá ser proferido em 30 dias, tenha a defesa sido oferecida ou não. O prazo é desprovido de sanção para a sua não observância, implicando que não existem meios para compelir a administração a observá--lo. Todavia, há que se registrar que o artigo 5º da Constituição Federal, inciso LXXVIII, outorga às partes o direito da duração razoável do processo administrativo, o que deverá ser examinado de forma casuística. O § 2º do artigo 124 expressamente isenta a administração do cumprimento do prazo ao estabelecer que "a inobservância do prazo para julgamento não torna nula a decisão da autoridade julgadora e o processo". Não se pode deixar de consignar que a norma, tal como posta, é efetivamente favorável ao infrator (autuado), pois a demora no processo administrativo acaba acarretando a prescrição da aplicação das sanções. É necessário que os órgãos ambientais se aparelhem para julgar com celeridade as multas aplicadas.

O § 1º do artigo 124 tem um importante comando para o julgador, que é a obrigação de decidir quanto às medidas que tenham sido "aplicadas no momento (*rectius*: ato) da autuação", sob pena de que elas percam a eficácia.

---

[35] "Artigo 96. Constatada a ocorrência de infração administrativa ambiental, será lavrado auto de infração, do qual deverá ser dado ciência ao autuado, assegurando-se o contraditório e a ampla defesa. (...) § 4º A intimação pessoal ou por via postal com aviso de recebimento será substituída por intimação eletrônica, observado o disposto na legislação específica."

[36] Ver: Despacho 11996516/2022-GABIN. Processo 02001.000996/2022-92 Interessado: Superintendência de apuração de infrações ambientais à/ao AGU/PFE/IBAMA-SEDE. Assunto: Intimação (notificação) por edital para apresentar alegações finais (redação do artigo 122 do Decreto 6.514/2008 prévia do Decreto 9.760/2019) – invalidade. Disponível em: https://www.gov.br/ibama/pt-br/acesso-a--informacao/institucional/arquivos/ojn/despacho_11996516_2022_ojn_06_e_ojn_27.pdf. Acesso em: 15 ago. 2022.

190 | DIREITO AMBIENTAL – *Paulo de Bessa Antunes*

Por óbvio, a decisão administrativa deve ser motivada, com a exposição clara das razões de fato e de direito que lhe deram base, de forma "explícita, clara e congruente, podendo consistir em declaração de concordância com fundamentos de anteriores pareceres, informações ou decisões, que, neste caso, serão parte integrante do ato decisório". Tão logo seja proferida a decisão, o autuado será notificado por via postal com aviso de recebimento ou outro meio válido que assegure a certeza de sua ciência para pagar a multa no prazo de cinco dias, a partir do recebimento da notificação, ou para apresentar recurso.

4.5 Recurso hierárquico

O autuado, querendo, poderá apresentar, no prazo de 20 dias, recurso à própria autoridade (1ª instância) que prolatou a decisão recorrida, a qual, se não a reconsiderar no prazo de cinco dias, o encaminhará à autoridade superior (2ª instância), que deverá ser previamente indicada, em ato próprio. A segunda instância administrativa é final. No mesmo prazo de 20 dias, o autuado poderá manifestar a sua desistência de recorrer, exercendo a faculdade estabelecida pelo artigo 148, § 2º, do Decreto 6514/2008.[37] A norma estipula, em seu artigo 127-A, que o julgamento proferido em primeira instância é sujeito a reexame necessário, declarado na própria decisão, "nas hipóteses estabelecidas em regulamento do órgão ou da entidade ambiental competente". Logicamente, cuida-se da hipótese de que o recurso interposto pelo autuado tenha sido provido pela autoridade julgadora, o que é pouco comum.

A regra geral é que os recursos serão recebidos apenas no efeito devolutivo, todavia, nos casos em que haja "justo receio de prejuízo de difícil ou incerta reparação, a autoridade recorrida ou a imediatamente superior poderá, de ofício ou a pedido do recorrente, conceder efeito suspensivo ao recurso" (artigo 128 do Decreto 6.514/2008). A mesma circunstância é aplicável à imposição da penalidade de multa, ocasião em que o recurso administrativo será recebido no duplo efeito. O artigo 129 é desnecessário, pois declara que a "autoridade responsável pelo julgamento do recurso poderá confirmar, modificar, anular ou revogar, total ou parcialmente, a decisão recorrida", o que é a própria essência que fundamenta a existência de uma instância revisora.

A Instrução Normativa Ibama 10, de 07.12.2012 [IN 10/2012], em seu artigo 93 estabelece as seguintes hipóteses de cabimento do recurso de ofício: (1) decisão que implique redução do valor da sanção de multa em limite superior a R$ 20.000,00 (vinte mil reais); (2) decisão que implique anulação ou cancelamento de autos de infração; e (3) decisão que, ao aplicar atenuantes, reduza a multa conforme disposto no § 2º do artigo 23 da IN 10/2012. O julgamento do recurso de ofício é da atribuição da mesma autoridade competente para a apreciação do recurso voluntário. Não caberá recurso de ofício do cancelamento de autos de infração quando os fatos ilícitos forem objeto de nova autuação, devendo constar essa circunstância tanto no auto de infração cancelado quanto no novo, elaborado em substituição ao primeiro. Deverá ser assegurada ao autuado a possibilidade de contra-arrazoar o recurso de ofício.

---

[37] "Artigo 148. Ao autuado que, sob a égide de regime jurídico anterior, tenha pleiteado tempestivamente a conversão da multa, é garantido o desconto de sessenta por cento sobre o valor da multa consolidada, na apreciação do seu pedido pela autoridade julgadora competente. (...) § 2º Deferido o pedido de que trata o *caput*, o autuado será intimado a confirmar, no prazo de vinte dias, contado da ciência da decisão, o seu interesse na conversão da multa."

Capítulo 6
A PROTEÇÃO JUDICIAL E ADMINISTRATIVA DO MEIO AMBIENTE

 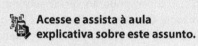

Acesse e assista à aula explicativa sobre este assunto.
> http://uqr.to/1b2hj

Uma das maiores dificuldades para os cidadãos é entender a estrutura do sistema de justiça brasileiro. Mesmo entre os profissionais do direito, não raras vezes, há ausência de clareza sobre a matéria. Não é difícil perceber que, sem uma prévia e correta compreensão da estrutura judiciária brasileira, é muito difícil que se possa buscar a proteção judicial do meio ambiente, especialmente por parte dos cidadãos e das organizações não governamentais. Este capítulo tem por objetivo auxiliar os leitores que não possuem formação jurídica a entender melhor como funciona a complexa estrutura de nosso sistema de justiça.

1. O PODER JUDICIÁRIO

O Poder Judiciário é um dos três Poderes existentes no Estado brasileiro e tem por finalidade dirimir conflitos com base no sistema legal, com vistas a evitar ameaças ou lesões de direitos (CF, artigo 2º c/c o artigo 5º, XXXV) e assegurar um mínimo de convivência pacífica entre os membros da sociedade. A estrutura organizacional do Poder Judiciário brasileiro está contemplada nos artigos 92 e seguintes da CF. Em obediência à estrutura federativa do Estado brasileiro, o Poder Judiciário está assim constituído: (1) Supremo Tribunal Federal (STF); (2) Conselho Nacional de Justiça (CNJ); (3) Superior Tribunal de Justiça (STJ); (4) Tribunais Regionais Federais e os Juízes Federais; (5) Tribunais e Juízes do Trabalho; (6) Tribunais e Juízes Eleitorais; (7) Tribunais e Juízes Militares; (8) Tribunais e Juízes dos Estados e do Distrito Federal e Territórios.

O STF e os tribunais superiores têm jurisdição sobre todo o território nacional, cabendo ao STF examinar as ofensas à Constituição e ao STJ examinar as ofensas à lei federal. O Poder Judiciário Brasileiro se divide em (1) *comum* e (2) *especializado*. A Justiça comum é constituída pela Justiça Federal e pela Justiça dos Estados, do Distrito Federal e dos Territórios. Já a Justiça especializada é composta pela Justiça do Trabalho, pela Justiça Eleitoral e pela Justiça Militar (Estadual ou Federal). Uma vez que o Brasil é uma Federação, o Poder Judiciário poderá ser Federal ou Estadual e o seu conjunto é conhecido como Poder Judiciário Nacional.[1]

---
[1] STF, ADI 3.367/DF, Tribunal Pleno, Rel. Min. Cezar Peluso, j. 13.04.2005, *DJU* 17.03.2006, p. 4.

192 | DIREITO AMBIENTAL – *Paulo de Bessa Antunes*

O Poder Judiciário Federal é integrado pela Justiça Federal e pelas Justiças especializadas. O Poder Judiciário do Distrito Federal e dos Territórios, embora seja mantido pela União Federal, é considerado como se estadual fosse, especialmente em razão de suas competências.

O CNJ é um órgão de natureza administrativa competindo-lhe o controle da atuação administrativa e financeira do Poder Judiciário e do cumprimento dos deveres funcionais dos juízes, cabendo-lhe, além de outras atribuições que lhe forem conferidas pelo Estatuto da Magistratura.

1.1 O STF e o STJ na proteção ambiental

O STF é o principal tribunal do sistema judiciário brasileiro, competindo-lhe, fundamentalmente, a guarda da CF, nos termos dos artigos 102 e seguintes da própria CF. Cabe, ainda, ao STF, processar e julgar ações entre os Estados ou entre os Estados e a União Federal. Tais causas, não é preciso dizer, poderão versar sobre matéria ambiental. Contudo, o papel ambiental mais importante desempenhado pelo STF é o julgamento das ações diretamente constitucionais, bem como a violação de preceito fundamental. Por meio do citado mecanismo, o STF poderá declarar a inconstitucionalidade ou a constitucionalidade de uma norma jurídica com validade *erga omnes* e "manter" ou "suspender" um texto legal.

Já o STJ tem uma atuação de natureza recursal diversa, pois ao mencionado tribunal compete a guarda da legislação federal infraconstitucional. A matéria ambiental que pode ser tratada pelo STJ, em geral, chega-lhe pela via de recursos contra as decisões dos Tribunais Regionais Federais ou dos Tribunais de Justiça. O STJ[2] tem proferido inúmeras decisões em

---

[2] Súmula 467:"Prescreve em cinco anos, contados do término do processo administrativo, a pretensão da Administração Pública de promover a execução da multa por infração ambiental".

Súmula 601: "Consumidor. Ministério Público. Legitimidade ativa. Serviço público. Direitos difusos, coletivos e individuais homogêneos dos consumidores, ainda que decorrentes da prestação de serviço público". CF/1988, artigo 129, III. CF/1988, artigo 127. CDC, artigo 81. CDC, artigo 82. Lei 7.347/1985, artigo 1º. Lei 7.347/1985, artigo 5º. Lei 7.347/1985, artigo 21. "O Ministério Público tem legitimidade ativa para atuar na defesa de direitos difusos, coletivos e individuais homogêneos dos consumidores, ainda que decorrentes da prestação de serviço público".

Súmula 613:"Não se admite a aplicação da teoria do fato consumado em tema de Direito Ambiental." (Súmula 613, Primeira Seção, j. 09.05.2018, *DJe* 14.05.2018.)

Súmula 618: "A inversão do ônus da prova aplica-se às ações de degradação ambiental." (Súmula 618, Corte Especial, j. 24.10.2018, *DJe* 30.10.2018.)

Súmula 623: "As obrigações ambientais possuem natureza *propter rem*, sendo admissível cobrá-las do proprietário ou possuidor atual e/ou dos anteriores, à escolha do credor." (Súmula 623, Primeira Seção, j. 12.12.2018, *DJe* 17.12.2018.)

Súmula 629:"Quanto ao dano ambiental, é admitida a condenação do réu à obrigação de fazer ou à de não fazer cumulada com a de indenizar." (Súmula 629, Primeira Seção, j. 12.12.2018, *DJe* 17.12.2018.)

Temas repetitivos:

146 Tese Firmada. É de cinco anos o prazo para a cobrança da multa aplicada ante infração administrativa ao meio ambiente, nos termos do Decreto 20.910/1932, o qual deve ser aplicado por isonomia, à falta de regra específica para regular esse prazo prescricional.

147 Tese Firmada: Em se tratando de multa administrativa, a prescrição da ação de cobrança somente tem início com o vencimento do crédito sem pagamento, quando se torna inadimplente o administrado infrator. A prescrição de multa por infração à legislação do meio ambiente aplicada por entidade de fiscalização estadual é de cinco anos, contados do vencimento do crédito sem pagamento. REsp 1.112.577/SP.

405 Tese Firmada: O artigo 2º, § 6º, inc. VIII, do Decreto 3.179/1999 (redação original), quando permite a liberação de veículos e embarcações mediante pagamento de multa, *não* é compatível com o que dispõe o artigo 25, § 4º, da Lei 9.605/1998; entretanto, não há ilegalidade quando o referido dispositivo

regulamentar admite a instituição do depositário fiel na figura do proprietário do bem apreendido por ocasião de infração nos casos em que é apresentada defesa administrativa – anote-se que não se está defendendo a simplória *liberação* do veículo, mas a devolução com a instituição de depósito (e os consectários legais que daí advêm), observado, entretanto, que a liberação só poderá ocorrer caso o veículo ou a embarcação estejam regulares na forma das legislações de regência (Código de Trânsito Brasileiro, p. ex.).

Delimitação do Julgado

Conforme ponto 17 da ementa do REsp 1.133.965/BA, "toda esta sistemática é inaplicável aos casos ocorridos já na vigência do Decreto 6.514/2008, que deu tratamento jurídico diverso à matéria (artigos 105 e ss. e 134 e ss.)".

438: Tese Firmada. A alegação de culpa exclusiva de terceiro pelo acidente em causa, como excludente de responsabilidade, deve ser afastada, ante a incidência da teoria do risco integral e da responsabilidade objetiva ínsita ao dano ambiental (artigo 225, § 3º, da CF e do artigo 14, § 1º, da Lei 6.938/1981), responsabilizando o degradador em decorrência do princípio do poluidor pagador.

1010: Tese Firmada. Na vigência do novo Código Florestal (Lei 12.651/2012), a extensão não edificável nas Áreas de Preservação Permanente de qualquer curso d'água, perene ou intermitente, em trechos caracterizados como área urbana consolidada, deve respeitar o que disciplinado pelo seu artigo 4º, *caput*, inciso I, alíneas *a*, *b*, *c*, *d* e *e*, a fim de assegurar a mais ampla garantia ambiental a esses espaços territoriais especialmente protegidos e, por conseguinte, à coletividade.

Controvérsia: 165. Tese 1 – A Lei 12.651/2012 não extinguiu a imprescindibilidade da instituição de área de reserva legal nos imóveis rurais. Essa instituição dispensa, no entanto, a formalização por meio da averbação da reserva legal em cartório do registro de imóveis, bastando o registro no cadastro ambiental rural (CAR).

Tese 2 – Inscrito o imóvel no CAR, torna-se indevida a multa fixada em TAC anterior; e é inexigível a obrigação enquanto não esgotado o prazo para a promoção do registro no CAR, tal como previsto na legislação superveniente e desde que haja previsão para sua aplicação em cláusula expressamente convencionada no TAC firmado pelas partes.

Tese 3 – Demonstrado o cumprimento da obrigação ou a inscrição do imóvel no CAR não poderá ser exigida a multa, pois cobrar a astreinte a despeito do cumprimento da obrigação não retrata a melhor e mais justa solução, uma vez que o cumprimento da obrigação, de forma alternativa, ocorreu por autorização de lei superveniente.

Tese 4 – Se a obrigação não for cumprida será sempre devida a multa, ainda que fixada em TAC firmado anteriormente à edição da Lei 12.651/2012.

Tese 5 – Se a regularização da reserva legal (no cartório de imóveis) ou a inscrição no CAR só ocorreu após o ajuizamento da execução poderá a multa ser reduzida, como o autorizam o artigo 645 do CPC/1973 e 814 do CPC/2015, a critério do juiz e de acordo com as circunstâncias do caso concreto, incidindo a partir da data da citação para a execução até a do cumprimento da obrigação.

Teses do STJ: (1) Admite-se a condenação simultânea e cumulativa das obrigações de fazer, de não fazer e de indenizar na reparação integral do meio ambiente. (2) É vedado ao Instituto Brasileiro do Meio Ambiente e dos Recursos Naturais Renováveis – IBAMA impor sanções administrativas sem expressa previsão legal. (3) Não há direito adquirido a poluir ou degradar o meio ambiente, não existindo permissão ao proprietário ou posseiro para a continuidade de práticas vedadas pelo legislador. (4) O princípio da precaução pressupõe a inversão do ônus probatório, competindo a quem supostamente promoveu o dano ambiental comprovar que não o causou ou que a substância lançada ao meio ambiente não lhe é potencialmente lesiva. (5) É defeso ao IBAMA impor penalidade decorrente de ato tipificado como crime ou contravenção, cabendo ao Poder Judiciário referida medida. (6) O emprego de fogo em práticas agropastoris ou florestais depende necessariamente de autorização do Poder Público. (7) Os responsáveis pela degradação ambiental são coobrigados solidários, formando-se, em regra, nas ações civis públicas ou coletivas litisconsórcio facultativo. (8) Em matéria de proteção ambiental, há responsabilidade civil do Estado quando a omissão de cumprimento adequado do seu dever de fiscalizar for determinante para a concretização ou o agravamento do dano causado. (9) A obrigação de recuperar a degradação ambiental é do titular da propriedade do imóvel, mesmo que não tenha contribuído para a deflagração do dano, tendo em conta sua natureza *propter rem*. (10) A responsabilidade por dano ambiental é objetiva, informada matéria ambiental, notadamente quanto a questões envolvendo competências processuais. O tribunal tem desempenhado um papel muito relevante em matéria ambiental, muito embora com decisões controversas.

O CNJ, no uso de suas atribuições administrativas, emitiu a Recomendação 99, de 21 maio de 2021, no sentido de que os magistrados se utilizem de "dados de sensoriamento remoto e de informações obtidas por satélite em conjunto com os demais elementos do contexto probatório, quando for necessário para a instrução probatória de ações ambientais cíveis e criminais".

O CNJ estabeleceu o Programa do Judiciário pelo Meio Ambiente que "reforça o compromisso com o aperfeiçoamento contínuo dos órgãos judiciários para cumprimento do dever constitucional, dirigido a todo o Poder Público, de defender e preservar o Meio Ambiente ecologicamente equilibrado. Assim, tem por objetivo externar as ações do Conselho Nacional de Justiça em relação à temática ambiental". Foi estabelecido, também, um concurso de decisões judiciais favoráveis ao meio ambiente.[3]

2. O MINISTÉRIO PÚBLICO

A Constituição de 1988 estabeleceu um sistema de atribuições bastante amplo para o Ministério Público em matéria de proteção ambiental. Em linhas gerais, tais atribuições são originárias do regime jurídico que ora se passa a examinar.

2.1 A base constitucional da atuação do Ministério Público

Já se tornou lugar-comum afirmar que a CF de 1988 atribuiu ao Ministério Público papel de grande relevância na proteção dos chamados interesses difusos. De fato, a vigente CF brasileira foi bastante positiva ao atribuir funções ao Ministério Público. Os artigos 127/130 da CF moldaram o perfil do *parquet* como um importante instrumento de expressão da sociedade.

O Ministério Público nacional é constituído pelo (1) Ministério Público da União, que compreende: (a) o Ministério Público Federal; (b) o Ministério Público do Trabalho; (c) o Ministério Público Militar; (d) o Ministério Público do Distrito Federal e Territórios; (2) os Ministérios Públicos dos Estados. Há também o Ministério Público Eleitoral, muito embora não conste explicitamente do Texto Constitucional. A organização e as atribuições constitucionais do Ministério Público no Brasil têm servido de inspiração para a estruturação do MP em outros países da América do Sul.

Sem dúvida alguma, é no artigo 127 da CF que se encontra o cerne das atribuições ministeriais. Em razão de suas atribuições básicas, conforme estatuídas no *caput do* artigo 127, decorrem as funções institucionais estabelecidas ao longo do artigo 129. Estas, em realidade, se constituem em um conjunto de atribuições pelas quais são criados instrumentos para que o Ministério Público possa exercer os misteres ao seu encargo.

---

pela teoria do risco integral, sendo o nexo de causalidade o fator aglutinante que permite que o risco se integre na unidade do ato, sendo descabida a invocação, pela empresa responsável pelo dano ambiental, de excludentes de responsabilidade civil para afastar sua obrigação de indenizar. (Tese julgada sob o rito do artigo 543-C do CPC/1973) (11) Prescreve em cinco anos, contados do término do processo administrativo, a pretensão da Administração Pública de promover a execução da multa por infração ambiental. (Súmula 467/STJ) (Tese julgada sob o rito do artigo 543-C/1973).

[3] Disponível em: https://www.cnj.jus.br/?s=meio+ambiente. Acesso em: 28 maio 2022.

Dentre as diversas *funções institucionais* mencionadas no artigo 129, encontram-se o exercício da ação civil pública e do inquérito civil. As funções institucionais estabelecidas na CF são exercidas na forma da legislação de menor hierarquia, notadamente pelas Resoluções do Conselho Nacional do Ministério Público. Atualmente existe grande número de leis que tratam da ação civil pública e do inquérito civil.

O Ministério Público é, no Brasil, o principal autor de ações civis públicas e desempenha um papel de extraordinária relevância quanto ao particular.

3. DEFENSORIA PÚBLICA

A Defensoria Pública está prevista no artigo 134 da Constituição Federal, tendo por atribuição fundamentalmente a orientação jurídica, a promoção dos direitos humanos e a defesa, em todos os graus, judicial e extrajudicial, dos direitos individuais e coletivos, de forma integral e gratuita, aos necessitados, na forma do inciso LXXIV do artigo 5º desta Constituição Federal.

A Lei 7.347/1985 sofreu alteração para que se incluísse entre os legitimados à propositura da Ação Civil Pública a Defensoria Pública que, desde então, consta no inciso II do artigo 5º como um dos titulares da Ação, inclusive com a possibilidade de celebrar Termo de Ajustamento de Conduta (TAC). Na prática, em termos de ação civil pública, os poderes do MP e da Defensoria Pública são semelhantes.[4]

4. ADVOCACIA-GERAL DA UNIÃO (ADVOCACIA PÚBLICA)

A Advocacia Pública, prevista nos artigos 131 e 132 da CF, desempenha um enorme papel na defesa do meio ambiente. Em primeiro lugar, deve ser anotado que a Lei 7.347/1985 (Ação Civil Pública), expressamente, outorga legitimidade aos entes públicos, da administração direta e da indireta, para a defesa do meio ambiente em juízo, o que é feito por meio da advocacia pública. Em segundo lugar e não menos importante, cabe à advocacia pública o controle interno da legalidade dos atos administrativos, neles incluídas a emissão de licenças ambientais e outras autorizações. Acresce o fato de que a advocacia pública é ouvida previamente à edição de Portarias, Instruções Normativas e outras normas administrativas. Por outro lado, há um crescente número de medidas judiciais cujo objetivo é a anulação de licenças ambientais, suspensão de audiências públicas e impugnações diversas aos licenciamentos ambientais em cujo polo passivo se encontra a administração pública, representada por suas diversas entidades e patrocinadas judicialmente pela advocacia pública. Assim, como se vê, a advocacia pública desempenha múltiplas funções. Todavia, *o fato de que ela defenda atos administrativos em juízo não implica que atue contra o meio ambiente*, pois evidentemente nem sempre o autor da ação postula o melhor para o meio ambiente.

5. PRINCIPAIS MEIOS JUDICIAIS DE PROTEÇÃO AMBIENTAL

5.1 Ação civil pública

A Lei 7.347/1985 tem por finalidade, sem prejuízo da ação popular disciplinada pela Lei 4.717/1965, reger as ações de responsabilidade por danos causados ao meio ambiente, ao consumidor e a bens e direitos de valor artístico, histórico, turístico e paisagístico. Vale notar que, com o advento da Constituição de 1988, o campo de abrangência da lei que ora se examina

---

4   STF, ADI 3.943, Rel. Min. Cármen Lúcia, j. 07.05.2015, *DJe* 06.08.2015. = RE 733.433, Rel. Min. Dias Toffoli, j. 04.11.2015, *DJe* 07.04.2016, Tema 607.

DIREITO AMBIENTAL – *Paulo de Bessa Antunes*

foi bastante ampliado, vez que, por força do artigo 129, III, estabeleceu-se a possibilidade de propositura de ações civis públicas para a defesa de outros interesses difusos.

O objeto da ação civil pública está contido no artigo 1º da Lei 7.347/1985. Muito embora a Lei 7.347/1985 vise a regulamentar uma ação de "responsabilidade", ela não contém qualquer dispositivo acerca da liquidação dos danos, logo os ressarcimentos devem ser buscados mediante a utilização do Código de Processo Civil.

Dentre os bens jurídicos tutelados pela lei, o meio ambiente é um dos que merecem maior destaque.

5.1.1   Competência para o processamento e julgamento das ações civis públicas

Parece-nos que o legislador não foi muito feliz ao tratar do presente assunto, senão vejamos:

(a) a lei determina que a ação seja proposta perante o juízo com jurisdição sobre o local do dano;

(b) a lei determina que o juiz do local terá competência funcional para processar e julgar o feito.

Em nossa opinião há uma contradição nos termos com os quais o legislador quis abordar o tema ora examinado. A hipótese prevista na letra *a* é, a toda evidência, de competência territorial. Como é de conhecimento de todos, é competência relativa, portanto, prorrogável. Quanto à letra *b*, esta não tem qualquer relação com a competência territorial. Juridicamente, há um erro grosseiro de conceituação, pois, de fato, o legislador misturou e confundiu os institutos da competência territorial e da competência funcional. Vale trazer à colação a lição de Humberto Theodoro Junior (1984, p. 176): "Há que se distinguir a competência de foro da competência do juiz. Foro é o local onde o juiz exerce as suas funções. Mas no mesmo local podem funcionar vários juízes com atribuições iguais ou diversas, conforme a organização judiciária. Se tal ocorrer, há que se determinar, para uma mesma causa, primeiro qual o foro competente e, depois, qual o juiz competente. Foro competente, portanto, vem a ser a circunscrição territorial (Seção Judiciária ou Comarca) onde determinada causa deve ser proposta. E juiz competente é aquele, entre os vários existentes na mesma circunscrição, que deve tomar conhecimento da mesma para processá-la e julgá-la".

Longe de pretender doutrinar sobre tema de tão grave indagação, busca-se a lição de Athos Gusmão Carneiro (1983, p. 92): "Diferentes 'funções' ou atribuições dentro de um mesmo processo podem caber a diferentes juízes. No âmbito criminal, temos exemplo expressivo nos processos por crimes de competência do Tribunal do Júri, pois pode caber a um juiz de vara criminal comum instruir o processo, ao juiz da vara privativa do júri proferir a sentença de pronúncia e presidir o júri, aos jurados responderem aos quesitos, ao juiz fixar a pena, e, por fim, ao juiz das execuções criminais apreciar os incidentes surgidos durante a execução da pena. Trata-se, nessa hipótese, de competência funcional 'horizontal' tramitando o processo no mesmo grau de jurisdição. No cível, o critério de competência funcional encontra maior aplicação no plano 'vertical', na também chamada competência 'hierárquica', ou competência recursal. São de ordem pública, e assim interrogáveis – competência absoluta –, os critérios de competência funcional, atributivos da competência a um juiz para praticar determinados atos ou para conhecer de uma causa em primeira instância, e a outras, juízes para conhecê-la em segunda instância".

O Estado brasileiro é organizado sob a forma de República Federativa, com separação de Poderes. Isso implica que os Poderes se organizam de forma independente, devendo manter harmonia em suas relações. A República brasileira, na forma da Constituição de 1988, é constituída pela união dos Estados, dos Municípios e do Distrito Federal. Dessa forma, e em decorrência dos princípios federativos adotados pela CF, o Poder Judiciário, embora seja um dos Poderes nacionais, divide-se em Poder Judiciário Federal e Poder Judiciário Estadual. A propósito, vale frisar que as justiças especializadas (Trabalho, Eleitoral e Militar) são, em geral, federais, à exceção da última, que também pode ser estadual. A Justiça Federal, propriamente dita, é justiça comum. Verifica-se, portanto, que há uma organização dual na Justiça brasileira. A Lei 7.347/1985, como é óbvio, existe para ser aplicada pelo Poder Judiciário, seja federal ou estadual, e não apenas por um de seus "braços".

No âmbito da Justiça dos Estados, o *local do dano* é uma Comarca, salvo nos casos em que o dano possa ter ocorrido em mais de uma Comarca. Caso o dano tenha se verificado em mais de uma Comarca, deverão ser aplicadas as normas do CPC sobre conexão, prevenção etc.

Há que ser considerada a eventualidade da existência de dano que, por suas dimensões excepcionais, ultrapasse os limites de uma única Comarca e que, nesse caso, se reproduza em várias localidades que, juridicamente, podem ser Comarcas diversas. Ora, em minha opinião, deve ser considerado que, em se tratando de matéria de competência relativa, o ajuizamento poderá ocorrer em qualquer uma das Comarcas nas quais o evento danoso tenha produzido consequências. Evidentemente que, se ajuizado mais de um processo visando à reparação do dano, em Comarcas diferentes ou em mais de uma Vara da mesma Comarca, prevalecerá a competência daquela que primeiro tenha tido conhecimento dos fatos (mediante despacho citatório exarado pelo órgão judicial), por força da prevenção. Do ponto de vista estritamente prático, recomenda-se seja o feito ajuizado na Comarca do local onde o dano tenha sido iniciado, onde o evento lesivo se verificou, desconsiderando-se repercussões em outras Comarcas. Tal recomendação tem por objetivo facilitar a produção de provas. Daí poderá haver uma repercussão socialmente mais eficaz para o processo. Galeno de Lacerda (1986, p. 40) e Hugo Nigro Mazzilli (1988a, p. 40) têm entendimento no mesmo sentido.

Quando se tratar de ação civil pública que tenha por finalidade a tutela de bem jurídico cuja titularidade é da União Federal ou de uma de suas autarquias ou empresas públicas, a competência, em nossa opinião, é, evidentemente, federal. Tais casos não demandam maiores indagações, se o dano ocorrer nas capitais ou em cidades que sejam sede de juízo federal.

Importante observar que, com a finalidade de evitar a multiplicação de ações, o legislador determinou que:

> Artigo 2º As ações previstas nesta Lei serão propostas no foro do local onde ocorrer o dano, cujo juízo terá competência funcional para processar e julgar a causa.
>
> Parágrafo único. A propositura da ação prevenirá a jurisdição do juízo para todas as ações posteriormente intentadas que possuam a mesma causa de pedir ou o mesmo objeto.

5.1.2   Legitimidade ativa

O artigo 5º da Lei 7.347/1985 estabelece o rol dos legitimados ativos para a propositura das ações civis públicas, incluindo o (1) Ministério Público, (2) a Defensoria Pública, (3) a União, os Estados, o Distrito Federal e os Municípios, (4) a autarquia, empresa pública, fundação ou sociedade de economia mista e (5) a associação que, concomitantemente: (a) esteja constituída há pelo menos 1 (um) ano nos termos da lei civil; (b) inclua, entre suas finalidades institucionais, a proteção ao meio ambiente, ao consumidor, à ordem econômica, à livre concorrência ou ao patrimônio artístico, estético, histórico, turístico e paisagístico.

O artigo 5º é, provavelmente, aquele que apresenta a mais importante inovação contida na lei da ação civil pública. É aquele que rompe mais formalmente com a tradição individualista que informa o sistema processual civil brasileiro. Queremos nos referir, em especial, à norma contida no artigo 18 do CPC.

A regra contida na *lei de ritos* é que apenas o titular de um direito subjetivo pode pleitear esse mesmo direito perante o Poder Judiciário. Nessas hipóteses, a parte processual se confunde com a parte material. A *legitimatio ad causam* tradicionalmente existente em matéria de processo civil está, destarte, vinculada à relação existente entre o titular do direito dito material e a demanda. A exceção à regra se dá o nome de *substituição processual,* figura essa que não se confunde com a da *representação*, pois, como se sabe, o representante age em nome do representado e não em nome próprio. O CPC de 1973 já contemplava algumas hipóteses nas quais a figura do substituto processual se fazia presente, bem como o próprio CC brasileiro, o Código Comercial e, em matéria de defesa do patrimônio público, em sentido amplo, a Lei de Ação Popular e a legislação de combate à poluição causada por óleo e a própria Lei 6.938/1981.

5.1.3 Ministério Público como parte legítima da ACP

A ação civil pública definida pelas diversas leis que a regulamentam é uma das principais, senão a principal área de atuação do Ministério Público no campo do processo civil; isso não implica que, no âmbito civil, a única ação que pode ser proposta pelo Ministério Público seja a ação civil pública e, muito menos, que a ação civil pública sirva para amparar processualmente toda e qualquer pretensão do Ministério Público. O *parquet,* na ação civil pública, pode ser autor ou fiscal da ordem jurídica. Possui, ainda, o poder de realizar investigações prévias à própria propositura da ação judicial, mediante a instauração de inquérito civil. Tais atribuições fazem com que, *ipso iure,* o Ministério Público seja a presença mais marcante no que se refere à defesa dos interesses difusos. Atualmente, a concepção de que o processo penal é o "reino do Ministério Público" é um pouco menos verdadeira.

As ações civis públicas são o principal instrumento de ação do Ministério Público no âmbito da jurisdição civil. O Ministério Público, apesar das imensas dificuldades de recursos financeiros e materiais, vem propondo diversas ações civis públicas e tem obtido alguns êxitos significativos. É interessante observar que, apesar de a lei conferir uma amplíssima legitimação ativa para a propositura das ações civis públicas, tem sido o Ministério Público o maior ajuizante desse tipo de demandas judiciais. Contam-se em algumas centenas os números de ações civis públicas propostas perante os diversos juízos existentes em nosso País.

A Lei 7.347/1985 teve a grande virtude de ampliar os vínculos entre a sociedade e o Ministério Público. Assim é na medida em que os membros do *parquet, q*ue se têm dedicado à proteção jurídica do meio ambiente e de outros interesses difusos, têm logrado obter o respeito e a consideração da população que, não sem pouca frequência, acorre às curadorias e procuradorias em busca de auxílio.

Como autor, o Ministério Público busca a condenação do poluidor ou degradador do meio ambiente. Há, portanto, um objetivo teleológico. O Ministério Público, nessas hipóteses, não busca, como já foi dito antes, a realização abstrata da Justiça, mas a sua concretização em uma condenação. Para atingir o seu objetivo ele pode valer-se de todos os instrumentos existentes na legislação processual brasileira.

Capítulo 6 · A PROTEÇÃO JUDICIAL E ADMINISTRATIVA DO MEIO AMBIENTE | **199**

Uma importante questão que está colocada na ordem do dia é a da repartição de atribuições entre os ramos federal e estadual do Ministério Público. Pode o Ministério Público dos Estados ajuizar feitos perante a Justiça federal? Muita controvérsia tem surgido sobre o tema. Com o devido respeito, as opiniões que se têm apresentado sobre a matéria não estão alicerçadas no melhor critério técnico, sendo fundamentalmente corporativistas. Felizmente, o STF tem conseguido dar racionalidade à questão.[5] Em relação à possibilidade de litisconsórcio ativo entre os Ministério Público Federal e dos Estados-membros, em nossa opinião, é, evidentemente, *inconstitucional,* perante o artigo 127, § 1º, da CF. Assim é porque, se o MP *é uno e indivisível,* não pode *dividir-se em duas entidades autônomas e* que se unem em determinados momentos para a propositura de uma demanda judicial. A cooperação e integração entre os diversos segmentos do MP são absolutamente desejáveis. Entretanto, a sua realização deve ser administrativa e não judicial.

A hipótese chegou a ser prevista no § 2º do artigo 82 do Código de Defesa do Consumidor, que veio a ser, posteriormente, vetada. Esse parágrafo tratava de um *litisconsórcio facultativo* entre o *parquet* federal e os estaduais. Entretanto, o artigo 113 do Código de Defesa do Consumidor acabou por inserir o § 5º do artigo 5º da Lei 7.347/1985, objeto de veto, prevendo a mesma possibilidade. Assim, pela aplicação subsidiária desta última lei às causas que envolvem os direitos e interesses dos consumidores (artigo 90 do Código de Defesa do Consumidor), a discussão continua atual.

5.2   Mandado de segurança coletivo

O mandado de segurança coletivo é uma inovação processual trazida ao sistema processual brasileiro pela Constituição de 1988. Trata-se de uma ação constitucional prevista nos incisos LXIX e LXX do artigo 5º da CF, regulamentada pela Lei 12.016/2009.

Os pressupostos gerais para a impetração do mandado de segurança coletivo são aqueles que estão contidos no inciso LXIX do artigo 5º da CF, que trata do mandado de segurança. O detalhe é fornecido pela alínea *b* do inciso LXX, que dispõe sobre mandado de segurança impetrado por "organização sindical, entidade de classe ou associação legalmente constituída e em funcionamento há pelo menos um ano, em defesa dos interesses de seus membros e associados".

5.3   Ação popular

A ação popular constitucional está prevista no artigo 5º, LXXIII, da Constituição. Veja-se que a norma constitucional capitulou, expressamente, o meio ambiente dentre os bens jurídicos passíveis de tutela por meio da ação popular. Vale lembrar, contudo, que a lei ordinária já incluía o meio ambiente entre os bens jurídicos protegidos pela referida ação.

A ação popular é um dos mais tradicionais meios de defesa dos interesses difusos do Direito brasileiro. O autor popular, cidadão brasileiro no gozo de seus direitos políticos, age em nome próprio na defesa de um bem da coletividade. A ação popular é um instituto jurídico

---

[5]   "Reclamação – Alegado desrespeito a decisão proferida pelo STF em sede de fiscalização abstrata – Ministério Público do Trabalho – Ilegitimidade para atuar, em sede processual, perante o STF – Princípio da unidade institucional do Ministério Público (CF, artigo 127, § 1º) – Recurso não conhecido. O Ministério Público do Trabalho não dispõe de legitimidade para atuar, em sede processual, perante o STF, eis que a representação institucional do Ministério Público da União, nas causas instauradas na Suprema Corte, inclui-se na esfera de atribuições do Procurador-Geral da República, que é, por definição constitucional (CF, artigo 128, § 1º), o Chefe do Ministério Público da União, em cujo âmbito se acha estruturado o Ministério Público do Trabalho. Precedentes" (STF, Rcl 5.873 AgR/ES, Tribunal Pleno, Rel. Min. Celso de Mello, j. 09.12.2009, *DJe*-027, divulg. 11.02.2010, public. 12.02.2010).

200 DIREITO AMBIENTAL – *Paulo de Bessa Antunes*

constitucional a ser exercitado pelo cidadão e não por associações ou pessoas jurídicas ou, ainda, pelo Ministério Público. Tal circunstância, entretanto, não impede que vários cidadãos litisconsorciem-se para a propositura de um único processo.

5.4 Desapropriação

O artigo 216 da CF estabelece que constituem patrimônio cultural brasileiro os bens de natureza material e imaterial, tomados individualmente ou em conjunto, portadores de referência à identidade, à ação, à memória dos diferentes grupos formadores da sociedade brasileira [...]. *O* inciso V do referido artigo inclui dentre os bens que formam o patrimônio: [...] os conjuntos urbanos e sítios de valor histórico, paisagístico, artístico, arqueológico, paleontológico, ecológico e científico. O § 1º determina que *o Poder Público*, com a colaboração da comunidade, promoverá e protegerá o patrimônio cultural brasileiro, por meio de inventários, registros, vigilância, tombamento e desapropriação, e de outras formas de acautelamento e preservação.

É inegável, portanto, que o meio ambiente está arrolado no interior do conceito de patrimônio cultural brasileiro, inclusão esta que não se choca com o *caput* do artigo 225 da CF. Destarte, razoável e lógico que a desapropriação seja mais um dos vários instrumentos de Direito Ambiental. A desapropriação, *in casu,* não poderá afastar-se do princípio geral estabelecido no inciso XXIV do artigo 5º da Constituição. A desapropriação com finalidade de proteção do meio ambiente, utilidade pública, deverá ser precedida de indenização em dinheiro, conforme preceitua a CF.

5.5 Tombamento

Embora não se trate de uma medida judicial de proteção ao meio ambiente, entendi que seria conveniente a colocação do tema *tombamento* no interior do presente capítulo, tendo em vista que a matéria guarda estreita relação com a defesa judicial do meio ambiente, sobretudo em razão da ampla possibilidade de revisão judicial dos atos administrativos. Após efetuada a declaração da existência dos valores anteriormente referidos, deve ser o bem inscrito em livro próprio – *o livro tombo.* No Brasil, esse instituto jurídico (o tombamento) tem sede constitucional no § 1º do artigo 216. Hely Lopes Meirelles (1989, p. 484-485) sustenta que o tombamento não é uma forma adequada para a proteção do meio ambiente, conforme deixa ver a seguinte passagem: "Ultimamente o tombamento tem sido utilizado para proteger florestas nativas. Há equívoco neste procedimento. O tombamento não é o instrumento adequado para a preservação da flora e da fauna. As florestas são bens de interesse comum e estão sujeitas ao regime legal especial estabelecido pelo Código Florestal (Lei 4.771, de 15.09.1965), que indica o modo de preservação de determinadas áreas florestadas [...]. O mesmo ocorre com a fauna, que é regida pela Lei da Fauna (Lei 5.197, de 03.01.1967), os quais indicam como preservar as espécies silvestres e aquáticas [...]. Portanto, a preservação das florestas e da fauna silvestre há de ser feita com a criação de parques nacionais, estaduais e municipais ou de reservas biológicas, como permite expressamente o Código Florestal (artigo 5º)".

Capítulo 7

DANO AMBIENTAL E RESPONSABILIDADE AMBIENTAL

 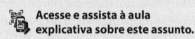

Acesse e assista à aula explicativa sobre este assunto.

> http://uqr.to/1b2hk

O dano e a responsabilidade pela sua reparação são dois conceitos fundamentais do direito ambiental, sendo tratados diretamente pela nossa Constituição Federal (artigo 225, § 1º, I, e §§ 2º e 3º). O estudo da responsabilidade ambiental precisa ser precedido do estudo do conceito de dano, pois a responsabilidade emana do dano.

O dano é o prejuízo injusto causado a terceiro, gerando obrigação de ressarcimento. A ação ou omissão do agente causador do dano é essencial, pois a relação de causa e efeito [causalidade] é fundamental para que o agente possa ser compelido a reparar o malefício causado.[1] Desnecessário dizer que, no conceito, somente se incluem as alterações negativas, pois não há dano sem prejuízo. Ele é a variação, moral ou material, negativa que deve ser, na medida do possível, medida e quantificada com vistas ao ressarcimento.

1. O DANO AMBIENTAL

O dano ambiental é dano causado ao meio ambiente. O conceito de meio ambiente é abstrato não se confundindo com o dos bens materiais que o compõem. Embora uma árvore seja um recurso ambiental, não é o meio ambiente. Dano ambiental, portanto, é a ação ou omissão que prejudique as diversas condições, leis, influências e interações de ordem física, química e biológica que permita, abrigue e reja a vida, em quaisquer de suas formas. O meio ambiente é bem jurídico autônomo e unitário. Ele não é uma simples agregação de flora e fauna, de recursos hídricos, recursos minerais e ar atmosférico. É a resultante de todos os seus componentes, mais a atividade humana. Esse conjunto de bens tem particularidade jurídica derivada da própria integração ecológica de seus elementos componentes. Os múltiplos bens jurídicos autônomos que se agregam e transfiguram para a formação do bem jurídico meio ambiente encontram tutela tanto no direito público, como no direito privado. Veja-se que o

---

[1] "Responsabilidade civil ambiental. Ação indenizatória. Danos extrapatrimoniais. Acidente ambiental. Explosão do navio Vicuña. Porto de Paranaguá. Pescadores profissionais. Proibição temporária de pesca. Empresas adquirentes da carga transportada. Ausência de responsabilidade. Nexo de causalidade não configurado" (STJ, REsp 1.602.106/PR, 2ª Seção, Rel. Min. Ricardo Villas Bôas Cueva, por unanimidade, j. 25.10.2017, *DJe* 22.11.2017).

caput do artigo 225 da CF atribui ao meio ambiente a condição de bem de uso comum do povo essencial à sadia qualidade de vida, sendo, portanto, coletivo em essência.

Meio ambiente é, portanto, uma *res communes omnium, de* natureza imaterial. Uma coisa comum a todos, composta por bens de domínio público e/ou domínio privado. A fruição do bem jurídico meio ambiente é sempre de todos os seres vivos, pois os animais também devem gozar do equilíbrio ecológico, sem o qual não vivem.

Os danos ambientais, assim como as demais espécies de danos, precisam ser provados. Entretanto, há circunstâncias em que o dano é presumido, acarretando a inversão do ônus da prova para o agente. É, por exemplo, a hipótese de retirada de animais silvestres de seus *habitats* naturais, mantendo-os em cativeiro, sobretudo se a espécie estiver catalogada como ameaçada de extinção.[2]

Os danos ambientais podem ser de várias espécies. Um derramamento de óleo no mar, o rompimento de uma barragem, um incêndio florestal e tantos outros acontecimentos podem gerar diferentes consequências, dependendo do ponto de vista do observador. É importante salientar que o Decreto Federal 7.257/2010 [artigo 2º, II], ao estabelecer o conceito normativo de "desastre", claramente, reconhece as repercussões diferentes que podem resultar de: "eventos adversos, naturais ou provocados pelo homem" sobre um ecossistema vulnerável, originando "danos humanos, materiais ou ambientais e consequentes prejuízos econômicos e sociais". A definição foi parcialmente modificada pelo Decreto 10.593/2020 que revogou o artigo 2º do Decreto 7.257/2010, estabelecido que desastre é o resultado de evento adverso decorrente de ação natural ou antrópica sobre cenário vulnerável que cause danos humanos, materiais ou ambientais e prejuízos econômicos e sociais (artigo 2º, VII).

A Lei 14.750/2023, que alterou as Leis 12.608/2012 e 12.340/2010, fez introduzir novos conceitos normativos, definindo desastre como o "resultado de evento adverso, de origem natural ou induzido pela ação humana, sobre ecossistemas e populações vulneráveis que causa significativos danos humanos, materiais ou ambientais e prejuízos econômicos e sociais". O estado de calamidade foi definido como a "situação anormal provocada por desastre causadora de danos e prejuízos que implicam o comprometimento substancial da capacidade de resposta do poder público do ente atingido, de tal forma que a situação somente pode ser superada com o auxílio dos demais entes da Federação".

1.1 Dano ambiental, dano ecológico

Conforme o que foi exposto no item precedente, podemos classificar os danos ambientais em duas grandes categorias: (1) os *danos ambientais próprios* ou *ecológicos*, assim entendidos aqueles sofridos pelo ambiente *em si mesmo* considerado, ou seja, as águas, a vida silvestre, o solo etc.; e (2) os *danos ambientais impróprios*, assim entendidos como consequência dos danos próprios, ou seja: (a) a perda de vidas humanas; (b) a redução da capacidade de trabalho; (c) a saúde humana; (d) as perdas econômicas; (e) a destruição de propriedades etc.

Há, certamente, "uma confusão escusável" (ROMI, 2010, p. 148) entre os *danos ambientais* e os *danos ecológicos*. A reparação dos danos ambientais, no sistema constitucional brasileiro, tem assento diretamente na Constituição Federal, estando regulamentada em diversas leis ordinárias, com destaque para o § 1º do artigo 14 da PNMA. Após 1988, a proteção do meio ambiente no Brasil passou a ter dignidade constitucional, sendo também uma tendência en-

---

[2]   TRF-1, AC 0059707722003401380, 6ª Turma, Rel. Des. Federal Jirair Aram Meguerian, j. 06.05.2019, Publicação: 24.05.2019.

contrável em modernas Constituições, como é o caso das Constituições de Argentina (artigo 41), Colômbia (artigo 79), França (Lei Constitucional), Espanha (artigo 45), Paraguai (artigo 7), Portugal (artigo 66º), dentre outras. Como consectário da proteção ao meio ambiente, estabelecida em tais Constituições, existe um sistema de reparação dos chamados danos ambientais, o qual está centrado na recomposição natural do ambiente danificado, sendo a indenização uma hipótese prevista somente nos casos de impossibilidade da recomposição natural.

O valor econômico dos recursos ambientais, como já foi afirmado, não é facilmente calculável. A metodologia mais utilizada no Brasil é a estabelecida pela CETESB,[3] sendo representada pela seguinte equação:

$$VERA = VUD + VUI + VO + VE$$

VERA = Valor Econômico do Recurso Ambiental
VUD = Valor de Uso Direto
VUI = Valor de Uso Indireto
VO = Valor de Opção
VE = Valor de Existência

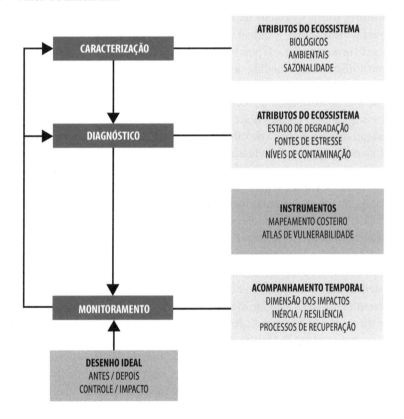

Fonte: CETESB.

---

[3] Disponível em: https://cetesb.sp.gov.br/emergencias-quimicas/tipos-de-acidentes/vazamentos-de--oleo/impactos-ambientais/principios-metodologicos-para-avaliacao-de-impactos/. Acesso em: 16 jun. 2022.

A recomposição natural, entretanto, não é tema simples e o direito nacional é pouco claro sobre a questão. Uma análise da moderna legislação dos países sul-americanos, por exemplo, demonstra que em vários países a lei é expressa em afirmar que a recomposição natural dos bens ambientais lesados precede a qualquer pleito indenizatório, tal como ocorre na União Europeia.

No caso da Argentina, a *Lei Nacional 25.675, de 27 de novembro de 2002*, equivalente à nossa PNMA, estabelece em seu título relativo ao dano ambiental (artigo 28) que quem causar dano ambiental será objetivamente responsável pelo seu restabelecimento ao *estado anterior à sua produção e que, caso a recuperação não seja tecnicamente factível, será responsável pela indenização determinada pela Justiça.* No Chile, a Lei 19.300, de 09 de março de 1994, com nova redação dada em 1º de junho de 2016 (artigo 53), somente admite o ajuizamento de ação reparatória de danos ambientais nas hipóteses nas quais o causador do dano não tenha obedecido às diretrizes do órgão de controle ambiental para a recomposição do ambiente lesado.

Na França, o Código do Ambiente determina que as medidas de reparação dos danos que afetem as águas e as espécies e *habitats* mencionados nos artigos 2º e 3º do artigo L 161-1 visam restituir estes recursos naturais e seus serviços ecológicos aos seus estados iniciais e a eliminar todos os riscos de atentado grave à saúde humana.

Conforme foi visto acima, a indenização por danos ambientais é medida a ser adotada quando a reparação *in natura* não seja possível. No direito brasileiro, muito embora a repristinação integral do dano ambiental seja medida determinada pelos tribunais com grande frequência, o fato é que a CF, no § 2º do artigo 225, expressamente estabelece que, em se tratando de atividade minerária, há a obrigatoriedade de recuperar "o meio ambiente degradado, de acordo com solução técnica exigida pelo órgão público competente, na forma da lei". Há, evidentemente, uma demonstração de força política da mineração, ao definir um modelo próprio de reparação para os danos causados por sua atividade. Assim, a recuperação ambiental – especialmente no caso da atividade minerária – será aquilo que o órgão ambiental considerar como tal. Da mesma forma, a matéria é tratada pela Constituição do Estado de São Paulo, conforme o seu artigo 194 e parágrafo único. No entanto, não se esqueça que o STJ sumulou a matéria, admitindo a cumulação da obrigação de fazer ou não fazer, com a de indenizar (Súmula 629). Ainda em termos indenizatórios, o STJ avançou no sentido de não admitir o acréscimo, ao cômputo indenizatório, das despesas empresariais com a atividade.[4]

Ademais, a Lei 9.985/2000, em harmonia com a CF, estabelece em seu artigo 2º, incisos XIII e XIV, as definições de *recuperação* e de *restauração*, sendo a (1) recuperação, a *restituição de um ecossistema ou de uma população silvestre degradada a uma condição não degradada,* **"que pode ser diferente de sua condição original"**, e a (2) restauração, a *restituição de um ecossistema ou de uma população silvestre degradada* **"o mais próximo possível da sua condição original"**. As normas se justificam em função da *não fungibilidade dos bens ambientais* que, uma vez destruídos, não podem ser substituídos por outros de igual natureza e quantidade, pois uma nova árvore jamais será igual à árvore destruída. Daí fica evidente que a principal missão do direito ambiental é evitar que os danos aconteçam. Veja-se que, no direito português, o Decreto-Lei 147/2008 cuida de três diferentes modalidades de reparação, a saber: (1) reparação primária; (2) reparação complementar; e (3) reparação compensatória.

---

[4]   A indenização de dano ambiental deve abranger a totalidade dos danos causados, não sendo possível ser descontadas em seu cálculo despesas referentes à atividade empresarial (impostos e outras) (REsp 1.923.855-SC, 2ª Turma, Rel. Min. Francisco Falcão, por unanimidade, j. 26.04.2022, *DJe* 28.04.2022).

Reparação		
Primária	**Complementar**	**Compensatória**
qualquer medida de reparação que restitui os recursos naturais e/ou serviços danificados ao estado inicial, ou os aproxima desse estado	qualquer medida de reparação tomada em relação aos recursos naturais e/ou serviços para compensar pelo fato de a reparação primária não resultar no pleno restabelecimento dos recursos naturais e/ou serviços danificados	qualquer ação destinada a compensar perdas transitórias de recursos naturais e/ou de serviços verificadas a partir da data de ocorrência dos danos até a reparação primária ter atingido plenamente os seus efeitos

É relevante ressaltar que as diferentes medidas de reparação são sugeridas e aprovadas pela autoridade ambiental, conforme apontam Eve Truilhé-Marengo (2015) e, também, Philippe Malingrey (2016). Essas questões estão longe de obter uma resposta consensual ou simples. A adoção de um valor arbitrado para representar a espécie destruída tem a desvantagem de estabelecer um macabro sistema pelo qual aqueles que possuem recursos financeiros podem pagar uma soma para compensar a área ou espécie danificada/degradada. Por outro lado, esse mecanismo fixa um critério objetivo a ser imposto ao poluidor.

Há mecanismos econômicos que têm sido utilizados como critérios de valoração ambiental, com vistas a monetarizar as perdas ambientais. Outro critério que vem sendo adotado é o da compensação, com expressa previsão legal na Lei do SNUC. Isto é, à degradação de uma área deve corresponder a recuperação de uma outra, no caso da Lei do SNUC, adota-se um equivalente financeiro a ser aplicado em unidades de conservação. O que se percebe, de fato, é que os critérios de reparação do dano ambiental são sempre discutíveis e falhos, assim, os mecanismos preventivos devem ser privilegiados e os eventuais danos ambientais inevitáveis devem ser admitidos somente após criteriosa análise do tipo custo/benefício que possa assegurar que a intervenção sobre o meio ambiente será globalmente positiva, considerados todos os aspectos envolvidos na questão. A Lei da Mata Atlântica também dispõe de mecanismo de compensação.

1.2   A apuração do dano ambiental

Por muito que se tenha falado sobre o assunto, a realidade é que, até hoje, não existe um critério para a fixação do que, efetivamente, constitui o dano ambiental e como este deve ser reparado. A primeira hipótese a ser considerada é a da *repristinação* do ambiente agredido ao seu *status quo ante*. Esta pode ser conseguida por (i) intervenção humana ou por (ii) regeneração natural. Contudo, nem sempre se pode garantir que a regeneração ocorrerá. É o caso, por exemplo, de extinções de espécies como externalidade de danos ambientais.

Essas questões estão longe de obter uma resposta consensual ou simples. A adoção de um valor arbitrado para significar a espécie destruída tem a desvantagem de estabelecer um macabro sistema pelo qual aqueles que possuem recursos financeiros poderão pagar uma soma para compensar a área ou espécie prejudicada. Por outro lado, esse mecanismo tem como lado positivo a fixação de algum critério objetivo a ser imposto ao poluidor.

Há mecanismos econômicos que têm sido utilizados como critérios de valoração ambiental, com vistas a monetarizar as perdas ambientais.

Outro critério que vem sendo adotado é o da compensação, hoje com expressa previsão legal na Lei do SNUC. Isto é, à degradação de uma área deve corresponder a recuperação de uma outra, no caso da Lei do SNUC, adota-se um equivalente financeiro a ser aplicado em unidades de conservação. O que se percebe, de fato, é que os critérios de reparação do

206 | DIREITO AMBIENTAL – *Paulo de Bessa Antunes*

dano ambiental são sempre discutíveis e falhos, assim, os mecanismos preventivos devem ser privilegiados e os eventuais danos ambientais inevitáveis devem ser admitidos somente após criteriosa análise do tipo custo/benefício que possa assegurar que a intervenção sobre o meio ambiente será globalmente positiva, considerados todos os aspectos envolvidos na questão.

1.3 Dano moral (coletivo e individual) ambiental

Os danos ao meio ambiente têm dado margem à construção de um direito jurisprudencial que reconhece o dano moral ambiental (dano moral em razão de acidentes ambientais) individual e coletivo. Entretanto, há muita controvérsia sobre tal tipo de dano em matéria ambiental devido à forte oscilação da jurisprudência. O STJ tem entendimento de que a existência de danos ambientais, por si só, gera danos morais, pois o "dano moral ambiental ocorre *in re ipsa*", de forma que a parte necessita apenas promover "a demonstração da violação do direito tutelado, ficando dispensada, contudo, a prova da dor, indignação ou repulsa social".[5] O que se vê é que a Corte foi além da inversão do ônus da prova que, na forma da Súmula 618 do STJ, aplica-se às chamadas "ações de degradação ambiental". O Tribunal, simplesmente, dispensou a produção de provas, o que somente seria admissível nas hipóteses de fato notório (Código de Processo Civil, artigo 374, I). A dispensa de prova só ocorre quando se está diante de um fato notório, público, indiscutível.[6] Salvo em situações excepcionais, o dano moral ambiental individual, por ser um abalo íntimo, não se presume. O mesmo STJ já afirmou que:

> 15. Consequência direta do tráfego de veículos com excesso de peso, o dano material ao patrimônio público, associado à redução da longevidade do piso asfáltico rodoviário, independe, pela sua notoriedade, de provas outras, à luz do que dispõe o artigo 334, inciso I, do CPC. Impossível, por outro lado, negar a existência do nexo de causalidade entre o transporte com excesso de carga e a deterioração das rodovias decorrente de tal prática.[7]

O dano ambiental moral coletivo, necessariamente, deve ultrapassar os limites do incômodo, do mero aborrecimento; ele se caracteriza por ser uma afronta à coletividade, aos seus valores, ao seu modo de vida, ao sossego de seus membros, de forma reiterada e constante. Altos níveis de ruído, ultrapassando os limites legais de forma constante caracterizam o dano moral ambiental coletivo.[8] O dano ambiental coletivo não é, portanto, um somatório de danos morais individuais, há hipóteses em que o dano moral ambiental coletivo não gera danos morais ambientais individuais.[9]

Uma grande poluição marinha que atinja praias de uma cidade turística, que seja capaz de abalar a imagem da cidade gravemente é um dano moral ambiental coletivo, pois desgasta o conceito até então desfrutado pela cidade. Não há dúvida de que uma poluição das praias de

---

[5] AgInt no AREsp 1.499.874/SC, 2ª Turma, Rel. Min. Mauro Campbell Marques, j. 19.11.2019, *DJe* 22.11.2019.

[6] TJ-MG, AC 10439070721089001/MG, 15ª Câmara Cível, Rel. Antônio Bispo, j. 13.06.2013, Publicação: 21.06.2013.

[7] STJ, REsp 1.642.723/RS (2016/0308798-1), Rel. Min. Herman Benjamin, 25.05.2020.

[8] STJ, AgRg no AREsp 737.887/SE 2015/0161381-8, 2ª Turma, Rel. Min. Humberto Martins, j. 03.09.2015, *DJe* 14.09.2015.

[9] TJSP, Apelação Cível 1017192-04.2014.8.26.0562, 3ª Câmara de Direito Privado, Foro de Santos – 6ª Vara Cível, Rel. Egidio Giacoia, j. 31.05.2016, Registro: 09.06.2016.

Capítulo 7 · DANO AMBIENTAL E RESPONSABILIDADE AMBIENTAL | 207

uma cidade, ou a poluição das águas de um rio que abastece de água potável uma determinada localidade, são eventos que causam danos patrimoniais e extrapatrimoniais à coletividade.

Não se pode deixar de observar que os danos morais ambientais (individuais ou coletivos) têm a sua configuração "somente em casos nos quais o ato ilícito ofenda diretamente valores sociais e comunitários, de forma grave, justificando a indenização de cunho punitivo".[10] Assim, a jurisprudência, em matéria de responsabilidade ambiental, vem construindo um *standard* jurídico de atribuição de caráter punitivo aos danos morais ambientais (individuais e coletivos), como uma tentativa de conferir um determinado grau de prevenção à responsabilidade ambiental, aumentando os valores indenizatórios que, em geral, são baixos no Brasil. Em relação ao dano moral ambiental individual, a jurisprudência não tem reconhecido grandes particulares que o do dano moral individual tradicionalmente considerado, pois o dano moral ambiental individual se caracteriza por provocar uma dor, um sentimento de perda, um agravo que, ultrapassando os limites do tolerável, do mero aborrecimento atinja efetivamente valores dos indivíduos. Em tal caso, os indivíduos devem buscar a reparação por outros meios.[11] Em matéria ambiental, o primeiro caso que reconheceu o dano moral ambiental foi julgado no Estado do Rio de Janeiro.[12]

1.4 Recuperação natural e proporcionalidade

A recuperação (restauração) natural é a primeira medida quando se trata de compor os danos ambientais (ecológicos). Ela é uma medida administrativa e, portanto, sujeita aos princípios constitucionais que regem a Administração Pública (artigo 37 da CF). Mesmo não sendo um princípio explícito, a proporcionalidade da ação administrativa é um imperativo de ordem constitucional em um Estado Democrático de Direito. Observe-se que, mesmo em tema de recuperação ambiental, a proporcionalidade é essencial, sob pena de que o órgão de controle ambiental exija do causador do dano que este proceda a uma reparação financeiramente impossível; a propósito, veja-se a lição de José de Sousa Cunhal Sendim (1998, p. 218): "O princípio da proporcionalidade parece constituir uma primeira diretriz suscetível de delimitar a margem de discricionariedade do intérprete-aplicador na concretização da restauração natural".

O consagrado jurista português prossegue em relação ao tema:

> Ao recorrer à ideia de proporcionalidade (em sentido estrito) tem-se procurado acentuar a operatividade de tal princípio como *limite* da restauração natural – *i.e.*, como fundamento da exclusão de tal modo de reparação do dano ao património natural (*nota suprimida*). É de resto esse o sentido que assume, no sistema geral de responsabilidade civil, ao fundamentar a *exclusão* da restauração natural quando seja excessivamente onerosa para o devedor (cfr. artigos 566º, nº 1, e 829º, nº 2, ambos do CC) (*nota suprimida*), sendo até de recordar que algumas normas de imputação de danos ambientais – como por exemplo o § 16 da UmUG – regulamentam indiretamente a questão da proporcionalidade das despesas realizadas com a restauração natural, através da remissão para a norma geral do sistema – no caso o § 251/2 do BGB – prevendo, embora, uma ponderação específica adequada aos danos ecológicos (*nota suprimida*) (1998, p. 224).

---

[10] STJ, AREsp 2.024.544/SP 2021/0362169-0, Rel. Min. Maria Isabel Gallotti, *DJ* 04.04.2022.

[11] TJ-PR, APL 00002411420208160046 Arapoti 0000241-14.2020.8.16.0046 (Acórdão), 5ª Câmara Cível, Rel. Leonel Cunha, j. 02.08.2021, Publicação: 05.08.2021.

[12] TJRJ, Apelação Cível 2001.001.14586, 2ª Câmara Cível, Rel. Des. Maria Raimunda T. Azevedo, j. 7.08.2002.

208 DIREITO AMBIENTAL – *Paulo de Bessa Antunes*

Anote-se que há congruência entre o princípio da proporcionalidade e a PNMA, pois ela é explícita em seu artigo 2º ao estabelecer a necessidade da compatibilização entre a proteção ambiental e o desenvolvimento econômico. Logo, o próprio Programa de Recuperação de Áreas Degradadas (PRAD) deve ser concebido com custos não excessivos, sob pena de inviabilizar economicamente o responsável pela recuperação natural da área degradada, o que acarretará, como última consequência, a própria paralisação do processo de recuperação natural. A propósito, veja-se que o Superior Tribunal de Justiça tem, tranquilamente, acolhido a prevalência do princípio da proporcionalidade em matéria de recuperação de danos ambientais (ecológicos).[13]

O já citado Sendim acrescenta que: "Até porque, mesmo nos casos em que a restauração natural como forma de reparação *integral* do dano se revele desproporcional, haverá normalmente alternativas de reintegração natural *parcial* proporcionais (*nota suprimida*)" (p. 225). Veja-se que o STJ segue uma tendência internacional no que se refere à exigência de proporcionalidade em matéria de recuperação de danos ambientais (ecológicos), conforme demonstram Maria Asunción Torres López e Estanislao Arana Garcia (2015) ao comentarem a jurisprudência do Tribunal Superior de Justiça de Madri sobre o tema da proporcionalidade em matéria ambiental.

2. RESPONSABILIDADE AMBIENTAL

A responsabilidade é tema presente desde os primórdios do direito. Em brevíssima síntese, ela é a reparação, pelo causador, do dano injusto causado a terceiros, devendo ser proporcional ao agravo sofrido. A responsabilidade ambiental, como se verá mais adiante neste livro, é a reparação do dano causado ao meio ambiente pelo agente ao qual se possa imputar uma relação de causa e efeito entre ação ou omissão e o dano ambiental.

O risco é fonte de responsabilidade ambiental, conforme estabelecido pelo parágrafo único do artigo 927 do Código Civil. Como nos lembrava a falecida antropóloga Mary Douglas (1994), a palavra *risco* adquiriu nova proeminência. Segundo ela, uma explicação popular é a de que os riscos derivados da tecnologia cresceram grandemente em todo o mundo. Todavia, ela nos adverte que outros riscos decresceram, "pelo menos se as figuras para mortalidade e morbidez significam alguma coisa". A nossa sociedade se considera em risco, por vários motivos, dentre os quais merece destaque a crise ecológica que é uma das bases da construção do direto ambiental.

O risco, na atualidade, é visto como negativo, muito embora já tenha sido considerado positivo (BECK, 2013). Não há uma aversão inata ao risco. Se Cristóvão Colombo e Santos Dumont tivessem aversão ao risco talvez as coisas fossem diferentes. Caso ambos esperassem ter certeza dos resultados de suas ações, *não teriam feito o que fizeram. Parece, portanto, que o risco é inerente à vida humana.* A questão que se coloca é a identificação dos riscos e a escolha dos riscos a serem evitados. A construção de hidrelétricas sem reservatório na Amazônia é uma opção entre dois riscos: (i) perda de diversidade biológica; e (ii) geração de energia. Do ponto de vista do risco da geração de energia – com consequências ambientais graves –, *a opção pelas hidrelétricas a "fio d'água" é a que traz mais riscos para a sociedade* como um todo, pois inclusive contribui para o aumento de térmicas, com o consequente aumento de gases de efeito estufa (GEE). Assim, as excelentes *intenções* de evitar determinados riscos podem

---

[13] STJ, AgRg no REsp 1.489.001/PR, 2ª Turma, Rel. Min. Mauro Campbell Marques, *DJe* 18.05.2015; STJ, AgRg no REsp 1.467.045/RS, 2ª Turma, Rel. Min. Mauro Campbell Marques, *DJe* 20.04.2015; STJ, AgRg no REsp 1.299.423/DF, 2ª Turma, Rel. Min. Herman Benjamin, *DJe* 12.09.2013.

ampliar outros riscos. *Um bom exemplo é o caso do DDT. Rachel Carson, em seu conhecido livro Primavera silenciosa* (2010), fez uma dura crítica da utilização do produto, devido aos graves problemas de saúde humana. Por outro lado, a Organização Mundial da Saúde (2011) se posiciona contra o banimento total do produto.[14]

Logo, o risco não é uma categoria neutra que se aplica a toda e qualquer circunstância. A construção do risco, como ressaltado pioneiramente por Mary Douglas, é, antes de tudo, social, ainda que não só. A dificuldade de lidar com o risco do ponto de vista jurídico, sobretudo em processos judiciais, é que a lógica do processo judicial é casuística e, portanto, restrita ao feito decidido, não observando o contexto social mais amplo. No caso brasileiro, as deficiências judiciais para tratar do tema são agravadas pela inacreditável morosidade do Judiciário que decide questões relativas ao meio ambiente muitos e muitos anos depois dos fatos.

2.1 A responsabilidade ambiental na Constituição Federal

A responsabilidade por danos ambientais é matéria constitucional que, na forma do artigo 225, § 3º, é tripartite. Respondem por danos ambientais as (1) pessoas físicas [pessoa natural] e as (2) pessoas jurídicas [de direito público e de direito privado]. A responsabilidade ambiental pode ser: (a) administrativa; (b) civil e (c) penal. Muito embora a Constituição não defina se o regime de responsabilidade civil ambiental é objetivo ou subjetivo, a Lei da PNMA o definiu como objetivo e, portanto, independente de culpa, como se depreende do artigo 14, § 1º, da Lei 6.938, de 31 de agosto de 1981, situação esta corroborada pelo parágrafo único do artigo 927 do Código Civil.

No âmbito internacional, a Declaração do Rio, em seu Princípio 13, estabelece que:

> Cada Estado deverá estabelecer sua legislação nacional no tocante a responsabilidades e indenizações de vítimas da poluição e de outras formas de agressão ao meio ambiente. Além disso, os Estados deverão cooperar na busca de uma forma expedita e mais determinada de desenvolver a legislação internacional adicional referente a responsabilidades e indenizações por efeitos adversos de dano ambiental causado por atividades dentro de sua jurisdição ou controle a áreas fora de sua jurisdição.

O Código Civil estabelece um regime duplo de responsabilidade que tanto pode ser subjetivo como objetivo. A responsabilidade subjetiva está tipificada no artigo 186, por sua vez, o artigo 927, parágrafo único, estabelece a responsabilidade objetiva nos casos especificados em lei, ou quando a atividade normalmente desenvolvida pelo autor do dano implicar, por sua natureza, risco para os direitos de outrem. Conjugando-se o regime da PNMA com o regime do parágrafo único do artigo 927 do Código Civil, conclui-se que a responsabilidade civil ambiental é objetiva com fundamento no risco da atividade.

---

[14] Espera-se que haverá um papel contínuo para o DDT no controle da malária até que alternativas igualmente econômicas sejam desenvolvidas. Um deslocamento prematuro para alternativas menos eficazes ou mais caras para DDT, sem um reforço das capacidades (humanas, técnicas e financeiras) dos Estados-Membros não será apenas insustentável, mas também terá um impacto negativo sobre a carga da doença em países endêmicos. Esta declaração de posição resume as questões que envolvem o uso de DDT para fins de controle de vetores.

2.2 Responsabilidade ambiental

A primeira ideia associada à de responsabilidade é a da *compensação equivalente* pelo dano injusto sofrido. A forma de compensar a vítima tem variado ao longo dos tempos e dos diferentes regimes jurídicos, por isso, sua evolução não é linear. A primeira forma de compensação às vítimas foi a vingança privada que não guardava qualquer proporção com o agravo sofrido. Ela era aleatória e desproporcional.

José Cretella Jr. (1980) aponta que responsabilidade indica o cognato resposta, ambos alicerçados na raiz *spond* do verbo latino *respondere,* que significa responder. Logo, responsável é aquele responde pela reparação do dano causado a terceiro. Em seus primórdios, a responsabilidade não estava relacionada à ideia de culpa, à subjetividade do agente, sendo objetiva.

O ingresso da culpa no direito moderno foi uma consequência do Cristianismo, pois o antigo direito romano ignorava a noção de culpa. É certo, entretanto, que a chamada Lei Aquiliana [Lex Aquilia] introduziu no direito romano alguns princípios assemelhados à moderna noção de culpa.[15] Na modernidade, com a construção jurídica do sujeito de direito, da vontade livre e soberana, a culpa ganhou relevância, pois um dos alicerces essenciais do direito moderno é a manifestação livre de vontade e, portanto, do subjetivismo psicológico. A ação ou omissão da qual resulta o dano injusto e, portanto, ressarcível, deve ser dolosa ou culposa.

O responsável pelo dano tem o dever de repará-lo o mais amplamente possível, o que significa a entrega de um valor *equivalente* ao agravo sofrido. A doutrina jurídica tem reconhecido que *até mesmo uma pequena inadvertência ou distração obriga o agente a reparar o dano sofrido pela vítima* (GONÇALVES, 1988). Todavia, em muitas circunstâncias a reparação integral não é viável, pois o retorno ao *status quo ante* não é possível, daí a reparação substitutiva em dinheiro, a indenização pecuniária. Este aspecto é da maior importância na responsabilidade ambiental, pois os bens ambientais, como regra, são não fungíveis.[16]

A reparação visa a fazer com que ao lesado seja restituído aquilo que injustamente perdeu. A reparação, portanto, é primariamente a recomposição do bem da vida perdido. A indenização monetária é cabível nas hipóteses em que a restituição se mostre impossível ou extremamente difícil. Essa é uma concepção teórica, pois, muitas vezes, é impossível a reconstrução da realidade anterior: *e.g.,* morte de uma pessoa, destruição de uma obra de valor histórico, artístico ou paisagístico; extinção de uma espécie animal ou vegetal, destruição de uma paisagem etc. Existem bens que são *únicos e*, nessa qualidade, são insubstituíveis. Em termos de reparação de danos ambientais, não raras vezes, questões similares são dramáticas. Veja-se, por exemplo, que a compensação ambiental estabelecida pelo artigo 36 da Lei do SNUC é a criação de um equivalente pecuniário para o dano ambiental. Se examinarmos os *bens ambientais,* veremos, sem muita dificuldade, que eles, desde muito, possuem valor redutível à pecúnia em nosso direito. O velho Código de Águas instituído pelo Decreto 24.643/1934, em diversos de seus artigos previa a quantificação pecuniária do uso das águas. Naquela norma era admissível que, em razão de interesse relevante da agricultura ou da indústria, as águas fossem "inquinadas", cabendo uma indenização em favor dos lesados (artigos 111 e 112). Havia, também, a previsão da possibilidade de desapropriação de águas, o que demonstra a redutibilidade à pecúnia de seu "valor" (artigo 32). A legislação mais moderna sobre recursos hídricos é bastante clara ao definir que a água *é um bem que possui valor econômico (Lei 9.433/1997, artigo 1º), chegando a estabelecer a obrigação de que o usuário da água deve pagar um preço pelo bem considerado em si mesmo.* Há que se observar tais questões de forma cautelosa, de maneira que não se estabeleça

---

15   Danos a propriedade de terceiros. *Danun inuria datum.*

16   Código Civil: artigo 85.

Capítulo 7 · DANO AMBIENTAL E RESPONSABILIDADE AMBIENTAL | **211**

um *preço* pela poluição, o que, dependendo do cálculo econômico, pode ser um incentivo à degradação ambiental.

Tradicionalmente o fundamento da responsabilidade é a culpa. O Código Napoleão,[17] considerado o grande monumento da ordem jurídica liberal, consagra amplamente a culpa como o elemento central da responsabilidade. O Código Civil dos franceses é o reconhecimento e o coroamento de uma nova racionalidade que se afirmou, tendo como seu núcleo o indivíduo e a sua vontade que, desde então, ocupam o papel central na cena jurídica. O consagrado historiador do Direito, Franz Wieacker (1980), *ensina* que o Código expressava a crença racionalista na lei, sendo a *sua estrutura interna e a concepção do direito promovidas pela revolução francesa e pelo brilho da grandeza napoleônica. A codificação francesa ultrapassou o direito do absolutismo esclarecido mas, nos seus primórdios, foi a própria obra de uma ação revolucionária e, mais tarde, do seu grande tribuno, o primeiro cônsul Bonaparte.*

A ordem jurídica do capitalismo liberal se baseia na possibilidade que cada indivíduo goza de participar do mercado na qualidade de vendedor ou de comprador de mercadorias. Em outras palavras, do ponto de vista do direito, cada indivíduo pode contratar com os demais integrantes da sociedade. A economia de mercado necessita, para a sua reprodução, de uma rápida circulação de bens e produtos que devem guardar alguma equivalência entre si, através da fixação dos preços. O direito, mediante as suas normas, cria mecanismos capazes de reduzir todos os bens a um denominador comum, que é a livre expressão da vontade no mercado. Assim, os integrantes da sociedade, independentemente de sua posição social ou econômica, igualam-se quando podem expressar *livremente* suas vontades em um contrato.

A culpa é a violação de um dever jurídico. Tradicionalmente, pode ser dividida em (1) contratual ou (2) extracontratual, esta última também conhecida como aquiliana. A culpa contratual surge da violação de um dever estabelecido em contrato. A sua origem, portanto, é a inobservância de uma regra estabelecida pela própria vontade das partes. A culpa aquiliana é inobservância de um dever legal preexistente a qualquer ato privado, a qualquer manifestação de vontade das partes diretamente envolvidas. Em matéria ambiental, a responsabilidade civil é eminentemente extracontratual, vez que a existência de contratos entre as partes envolvendo matéria de responsabilidade ambiental é *res inter alios acta*, sem qualquer repercussão nessa esfera.

Para que se impute culpa a alguém, é necessário que o seu ato, o ato danoso a outrem, o ato lesivo, tenha sido praticado sem que tenha tomado os necessários cuidados para evitá--los. Trata-se da diligência do "bom pai de família", ou seja, dos cuidados razoavelmente exigíveis. A culpa é a violação de um dever por inexperiência, negligência, sem nenhuma intencionalidade e tampouco por caso fortuito que cause danos a terceiros, obrigando o ressarcimento.

A responsabilidade civil baseada na culpa, do ponto de vista da estrutura econômica, corresponde a uma determinada etapa do desenvolvimento, na qual não existiam as produções em grande escala, a máquina a vapor, as comunicações por telégrafo e as vias férreas que trouxeram uma grande modificação na escala produtiva, pois os acidentes passaram a fazer parte da rotina da atividade industrial. Esse conjunto de fatos implicaram profundas transformações no direito em geral. O risco passou a ser um elemento do dia a dia nas sociedades industriais; esta coexistência com o risco alterou profundamente o modelo tradicional de responsabilidade jurídica que, de sua função reparatória, passou a desempenhar, também, uma função inibitória.

---

[17]   Nome atribuído ao Código Civil Francês.

O Código Napoleão, em sua estrutura fundamental, bem como os demais códigos que seguiram o seu modelo, é incapaz de regular as relações entre as atividades industriais e a sociedade que as contém. A sua concepção é a do capitalismo comercial e de uma grande base agrária. Os seus institutos são orientados para uma realidade produtiva de unidades pequenas e quase sempre familiares. A industrialização ocorrida no século XIX, em suas repercussões jurídicas, levou ao surgimento de toda uma série de setores especializados do direito, não mais submetidos às regras do direito comum (civil), pois como sublinhado por François Ewald (1987) as categorias do direito civil se mostraram insuficientes para resolver os problemas causados pela industrialização.

2.2.1 Responsabilidade por risco

O abandono da culpa como base da responsabilidade não foi linear. Com efeito, a exclusão da subjetividade como base da culpa e do ressarcimento do dano é um abalo à ideia de livre expressão da vontade, e, principalmente, uma inversão no sistema de provas judiciais. Isso porque, no regime jurídico da responsabilidade por culpa cabe à vítima provar a culpa do causador do dano, vez que não há presunção de culpa, pois não se pode presumir a omissão, a negligência ou mesmo a má-fé do causador do dano. Processualmente, cabe àquele que reivindica a reparação fazer a prova para que, finalmente, possa obtê-la. Essa circunstância torna bastante complexo e difícil o trabalho do autor da demanda, beneficiando o réu. Não basta que se prove o fato; é necessário, também, que se prove a ação culposa de seu causador; que se prove que o causador do dano não agiu com a prudência de um *bom pai de família*.

A culpa, como instituto jurídico, não impressiona mais. A redução da importância da culpa é fenômeno que ocorre em todo o mundo industrializado, como consequência da própria industrialização. O estado moderno, diante das repercussões da industrialização, fez algumas opções políticas, visando a mitigação dos efeitos sociais negativos. François Ewald (s.d., p. 49) sustenta que a instituição de um regime de responsabilidade com base no risco realiza uma tríplice liberação: a (1) liberação jurídica, afastando o exame de causalidade subjetiva dos danos; a (2) liberação metafísica, pois a responsabilidade tem base na lei; e uma (3) liberação política, pois a responsabilização não era mais ato caridoso, mas imposição legal, expressando uma vontade social.

2.2.1.1 Teoria do Risco Integral

A Teoria do Risco Integral é antiga, pois construída no fim do século XIX. O CC de 2002, em seu artigo 927, parágrafo único, estabelece que: "[h]averá obrigação de reparar o dano, independentemente de culpa, nos casos especificados em lei, ou quando a *atividade normalmente desenvolvida pelo autor do dano implicar, por sua natureza, risco para os direitos de outrem*". Assim, a jurisprudência predominante passou a considerar a responsabilidade como de risco integral e cláusula geral.[18] No particular, há que se registrar que a responsabilidade por risco integral – sem qualquer exclusão – é uma exceção, dependente de lei que assim o determine. A título de exemplo, deve ser citada a Lei 10.744/2003, relativa à assunção pela União de responsabilidade civil decorrente de atos terroristas.

O direito brasileiro não tem se dedicado ao estudo do risco e de suas repercussões na ordem jurídica, com exceção dos pesquisadores da Universidade Federal de Santa Catarina, cuja influência para o moderno desenvolvimento da matéria tem sido muito relevante (LEITE;

---

[18] STJ, REsp 1.373.788/SP, 3ª Turma, Rel. Min. Paulo de Tarso Sanseverino, *DJe* 20.05.2014.

AYALA; BELCHIOR, 2012). A teoria do risco integral, recuperada pela jurisprudência dominante do STJ, é, em nossa opinião, e como se espera demonstrar, um retrocesso que tem como pano de fundo a concepção de que a sociedade moderna é um mal em si mesmo. "Hoje todos acreditam no mito sugerido da malignidade radical do mundo e da 'sociedade'" (POPPER, 2006). Um bom exemplo do que se fala é a afirmação de José Rubens Morato Leite e Germana Parente Neiva Belchior: "Se lidar com o risco certo e em potencial, utilizando a expressão de Beck, já era difícil no paradigma anterior, imagina gerir riscos imprevisíveis, em abstrato, em virtude das incertezas científicas" (2012, p. 19). Ora, uma das características do racionalismo é que não podemos ter a certeza como meta (POPPER, 2006). Relembre-se, todavia, que os riscos são percebidos diferentemente pela sociedade (ROBBINS et al., 2014, p. 90).

A percepção do risco não é uma função universal do cérebro, mas em vez disso está localizada na cultura, pode estar enraizada em instituições (como as organizações ambientais ou agências do governo), e está ligada às prioridades concorrentes de gestão ambiental. A percepção do risco é política.

Aliás, uma bela alegoria da tentativa de prever o futuro – e do seu fracasso –, como forma de evitar riscos indesejáveis, nos é dada por Philip K. Dick[19] no seu extraordinário conto *Minority Report:*

> "Cada relatório foi diferente", Anderton concluiu. "Cada um era único. Mas dois deles concordaram sobre um ponto. Se eu fosse deixado livre, eu mataria Kaplan. Isso criou a ilusão de um relatório da maioria. Na verdade, isso é tudo o que era – uma ilusão. 'Donna' e 'Mike' previram o mesmo evento – mas em dois caminhos de tempo totalmente diferentes, ocorrendo em situações totalmente diferentes. 'Donna' e 'Jerry', o chamado relatório da minoria e metade do relatório da maioria, estão incorretos. Dos três, 'Mike' estava correta – uma vez que nenhum relatório veio depois dele, para invalidá-lo". Isso resume tudo.

Ao se tentar evitar os riscos de homicídios, com base em certezas, criou-se a falta de liberdade, provando-se ao final que a previsão não dera certo.

A concepção acima exposta tem repercussão na existência ou não das exclusões de responsabilidade. Conforme a jurisprudência majoritária do STJ, a teoria do risco integral não comporta excludentes. Tal orientação é apoiada por Norma Sueli Padilha (2010, p. 284), para quem, "*a mera existência do risco gerado pela atividade deve conduzir à responsabilização e, havendo mais de uma causa para o dano, todas serão consideradas eficientes para produzi-lo (equivalência das condições para aferição do liame causal). Basta que o dano esteja ligado à existência do 'fator de risco', pois este deve ser considerado a causa do dano. O que importa é o fato risco, não uma causa perfeitamente identificada e vinculada a uma atividade perigosa*".

Parece claro que a prestigiada autora raciocina com o conceito de dano e risco como fatores equivalentes. Assim, a existência de um dano ambiental qualquer em área de influência de atividade-risco é equivalente a um dano concreto, resulta daí que o agente da atividade será responsável pelo evento danoso, "o que importa é o fato risco, não uma causa perfeitamente identificada e vinculada a uma atividade perigosa". Assim, dispensa-se até mesmo a relação causa-efeito para que se impute a responsabilidade. Também com posição assemelhada se acha o respeitado Édis Milaré (2009, p. 964), para quem: "*Em outras palavras, com a teoria do risco integral, o poluidor, na perspectiva de uma sociedade solidarista, contribui – nem sempre*

---

[19] Disponível em: http://cwanderson.org/wp-content/uploads/2011/11/Philip-K-Dick-The-Minority--Report.pdf. Acesso em: 6 jan. 2015.

214 DIREITO AMBIENTAL – *Paulo de Bessa Antunes*

de maneira voluntária – para com a reparação do dano ambiental, ainda que presentes quaisquer das clássicas excludentes da responsabilidade ou cláusula de não indenizar. É o poluidor assumindo todo o risco que sua atividade acarreta: o simples fato de existir a atividade produz o dever de reparar, uma vez provada a conexão causal entre dita atividade e o dano dela advindo. Segundo esse sistema, só haverá exoneração de responsabilidade quando: (a) o dano não existir; o dano não guardar relação de causalidade com a atividade da qual emergiu o risco".

Todavia, há concepções mais moderadas sobre a existência de exclusões de responsabilidade, como a do consagrado Professor Paulo Affonso Leme Machado (2012, p. 424), que admite a exclusão de responsabilidade nas hipóteses de caso fortuito e força maior, sendo certo que "[q]uem alegar o caso fortuito e a força maior deve produzir a prova de que era impossível evitar ou impedir os efeitos do fato necessário – terremoto, raio, temporal, enchente". No mesmo diapasão segue Annelise Steigleder: "Finalmente, há uma posição intermediária, que nos parece a mais correta, admite apenas a força maior e o fato de terceiro como causas excludentes, eis que consistem em fatos externos, imprevisíveis e irresistíveis, nada tendo a ver com os riscos intrínsecos ao estabelecimento ou atividade" (STEIGLEDER, 2004, p. 212).

A Professora Maria Luiza Machado Granziera (2009, p. 550) deu um excelente tratamento à questão ao escrever: "*Há que se analisar a questão à luz do risco ao qual a atividade causadora de dano expôs a sociedade e o meio ambiente... Se não ficar claramente evidenciado que o fato ocorrido estava totalmente fora da previsão e do controle do empreendedor e que nenhum ato seu colaborou para a realização do dano, é cabível a sua responsabilização".*

2.3 Exclusão de responsabilidade ambiental

Diferentemente da orientação que vem prevalecendo nas decisões majoritárias do STJ, a exclusão de responsabilidade ambiental em determinados casos é a regra, mesmo nas hipóteses de responsabilidade civil objetiva. Como será visto adiante, a posição adotada pela elevada Corte de justiça brasileira não encontra paralelo nos países que têm demonstrado alto grau de preocupação com o meio ambiente. A União Europeia, mediante a expedição da Diretiva 2004/35/CE[20] do Parlamento Europeu e do Conselho de 21 de abril de 2004 ("Diretiva 2004/35"), estabeleceu normas relativas à responsabilidade ambiental em termos de prevenção e reparação de danos ambientais.

Um dos elementos mais importantes da Diretiva 2004/35 é a definição clara de danos ambientais que, na forma do artigo 2º, 1, são: "(a) Danos causados às espécies e *habitats* naturais protegidos, isto é, quaisquer danos com efeitos significativos adversos para a consecução ou a manutenção do estado de conservação favorável desses *habitats* ou espécies. O significado de tais efeitos deve ser avaliado em relação ao estado inicial, tendo em atenção os critérios do Anexo I. Os danos causados às espécies e *habitats* naturais protegidos não incluem os efeitos adversos previamente identificados que resultem de um acto de um operador expressamente autorizado pelas autoridades competentes nos termos das disposições de execução dos n°s 3 e 4 do artigo 6º ou do artigo 16º da Diretiva 92/43/CEE ou do artigo 9º da Diretiva 79/409/CEE, ou, no caso dos *habitats* e espécies não abrangidos pela legislação comunitária, nos termos das disposições equivalentes da legislação nacional em matéria de conservação da natureza; (*b*) Danos causados à água, isto é, quaisquer danos que afectem adversa e significativamente o estado ecológico, químico e/ou quantitativo e/ou o potencial ecológico das águas em questão,

---

[20] Disponível em: http://eur-lex.europa.eu/legal-content/PT/TXT/HTML/?uri=CELEX:32004L0035&from=PT. Acesso em: 5 jan. 2015.

definidos na Diretiva 2000/60/CE, com exceção dos efeitos adversos aos quais seja aplicável o nº 7 do seu artigo 4º; (c) Danos causados ao solo, isto é, qualquer contaminação do solo que crie um risco significativo de a saúde humana ser afetada adversamente devido à introdução, direta ou indireta, no solo ou à sua superfície, de substâncias, preparações, organismos ou micro-organismos".

É interessante observar que a Diretiva estabelece um regime de responsabilidade bipartido, ou seja, há (i) responsabilidade objetiva e (ii) responsabilidade subjetiva, conforme seja a origem do dano. Assim, o artigo 3º ao definir o âmbito de aplicação determina que: "*1. A presente diretiva é aplicável: (a) Aos danos ambientais causados por qualquer das atividades ocupacionais enumeradas no Anexo III e à ameaça iminente daqueles danos em resultado dessas atividades; (b) Aos danos causados às espécies e habitats naturais protegidos por qualquer atividade ocupacional distinta das enumeradas no Anexo III, e à ameaça iminente daqueles danos em resultado dessas atividades,* sempre que o operador agir com culpa ou negligência".

Tal bipartição é relevantíssima, pois como visto anteriormente, a responsabilidade objetiva – sobretudo na interpretação do STJ: risco integral –, quando aplicada a pequenos empreendimentos e atividades, pode ter o efeito colateral de "jogar fora a criança com a água do banho". Logo, repartir a responsabilidade, conforme a dimensão da atividade e do impacto causado, é medida da mais elementar justiça e proporcionalidade. Merece ser ressaltado que o artigo 4º expressamente prevê as hipóteses de exclusão de responsabilidade: "1. A presente diretiva não abrange danos ambientais nem ameaças iminentes desses danos, causados por: (a) Atos de conflito armado, hostilidades, guerra civil ou insurreição; (b) Fenômenos naturais de caráter excepcional, inevitável e irresistível; 2. A presente diretiva não se aplica aos danos ambientais, nem a ameaças iminentes desses danos, que resultem de incidentes relativamente aos quais a responsabilidade ou compensação seja abrangida pelo âmbito de aplicação de alguma das Convenções Internacionais enumeradas no Anexo IV, incluindo quaisquer posteriores alterações dessas convenções, em vigor no Estado--Membro em questão".

No que diz respeito aos custos de prevenção e reparação de danos ao ambiente, o artigo 8º da Diretiva 2004/35 estipula que: "3. Não é exigido ao operador que suporte o custo de ações de prevenção ou de reparação executadas por força da presente diretiva, se este puder provar que o dano ambiental ou a ameaça iminente desse dano: (a) Foi causado por terceiros e ocorreu apesar de terem sido tomadas as medidas de segurança adequadas; ou (b) Resultou do cumprimento de uma ordem ou instrução emanadas de uma autoridade pública que não sejam uma ordem ou instrução resultantes de uma emissão ou incidente causado pela atividade do operador. Nestes casos, os Estados-Membros devem tomar as medidas adequadas para permitir ao operador recuperar os custos incorridos. 4. Os Estados-Membros podem permitir que o operador não suporte o custo das ações de reparação executadas por força da presente diretiva se ele provar que não houve culpa nem negligência da sua parte e que o dano ambiental foi causado por: (a) Uma emissão ou um acontecimento expressamente permitidos e que respeitem integralmente uma autorização emitida ou conferida nos termos das disposições legislativas e regulamentares nacionais de execução das medidas legislativas adotadas pela Comunidade, especificadas no Anexo III, tal como se aplicam à data da emissão ou do acontecimento; (b) Uma emissão, atividade ou qualquer forma de utilização de um produto no decurso de uma atividade que o operador prove não serem consideradas susceptíveis de causarem danos ambientais de acordo com o estado do conhecimento científico e técnico no momento em que se produziu a emissão ou se realizou a atividade".

Uma das leis mais duras em matéria de responsabilidade civil ambiental é a chamada *CERCLA (Comprehensive Environmental Response, Compensation and Liability Act of*

1980)[21] dos Estados Unidos, que constantemente é emendada e atualizada, a qual estabelece um regime de exclusão de responsabilidade, em seu § 9.607, após definir na alínea (a) a relação dos responsáveis pelas ações de descontaminação, na alínea (b) (defesas) exclui as responsabilidades em caso de "(1) *act of God,* (2) ato de guerra, (3) ação ou omissão de uma terceira parte que não seja empregado ou agente do defendente, ou aquele cuja ação ou omissão ocorra no âmbito de uma relação contratual, direta ou indiretamente existente, com o réu (exceto onde o único acordo contratual surge de uma tarifa publicada e aceitação para o transporte por uma transportadora comum por via férrea), se o réu estabelece por uma preponderância das evidências de que (a) exerceu o devido cuidado em relação à substância perigosa em causa, tendo em consideração as características de tal substância perigosa, à luz de todos os fatos e circunstâncias relevantes, e (b) ele tomou precauções contra previsíveis atos ou omissões de qualquer terceiro e as consequências que poderiam previsivelmente resultar de tais ações ou omissões, ou (4) qualquer combinação dos parágrafos acima".

Na Argentina, também se admite a exclusão da responsabilidade ambiental conforme estabelecido pelo artigo 29 da Política Ambiental Nacional.[22] No Chile,[23] a responsabilidade ambiental é subjetiva, muito embora se admita a presunção de responsabilidade nas hipóteses de infração às normas administrativas de proteção *ao meio ambiente.* No Peru,[24] vigora regime que reconhece uma bipartição da responsabilidade ambiental em (1) objetiva e (2) subjetiva, conforme a natureza do dano e que, evidentemente, reconhece excludentes de responsabilidade dentre as quais merece destaque o caso de que o dano ambiental tenha sido causado por uma ação ou omissão "não contrária à normativa aplicável". Assim, a jurisprudência majoritária do STJ está praticamente solitária na adoção de teoria que, na prática, afasta toda e qualquer excludente de responsabilidade em relação aos danos ambientais.

Fica o registro, na medida em que não se vislumbra modificação da jurisprudência supracomentada.

2.4 Poluidor indireto e responsabilidade objetiva

A PNMA dispõe que poluidor é a pessoa física ou jurídica, de direito público ou privado, responsável, direta ou indiretamente, por atividade causadora de degradação ambiental. Em relação ao poluidor direto não há maiores dificuldades, pois o sistema de responsabilidade vigente determina que, em havendo uma relação de causa e efeito entre a ação ou omissão de um determinado sujeito e o dano, o poluidor está caracterizado. Já o mesmo não acontece com o poluidor indireto. O conceito é complexo e de difícil caracterização. A prova de relações indiretas é sempre complexa e não dispensa a relação causa-efeito. O primeiro ponto a ser examinado é qual a relevância que o "poluidor indireto" teve para a ocorrência do fato danoso. Imagine-se que no *blow out*[25] de uma plataforma de petróleo se identifique que um

---

[21] Disponível em: https://www.epa.gov/superfund/superfund-cercla-overview. Acesso em: 17 jun. 2022.

[22] Disponível em: http://servicios.infoleg.gob.ar/infolegInternet/anexos/75000-79999/79980/norma.htm. Acesso em: 17 jun. 2022.

[23] Disponível em: https://observatoriop10.cepal.org/es/instrumentos/ley-bases-generales-medio--ambiente-ley-19300. Acesso em: 17 jun. 2022.

[24] Disponível em: https://www.minam.gob.pe/wp-content/uploads/2017/04/Ley-N%C2%B0-28611.pdf. Acesso em: 17 jun. 2022.

[25] *Blow Out* ou estouro é a condição de um poço que está descontrolado fazendo com que os fluidos da formação estourem na superfície. As causas mais comuns para esse acidente são falhas no BOP

Capítulo 7 · DANO AMBIENTAL E RESPONSABILIDADE AMBIENTAL | **217**

determinado equipamento de segurança não funcionou adequadamente e que a equipe de segurança não tenha identificado o alarme que denunciava a existência da falha. Além disso, a redundância da segurança estava com a manutenção atrasada e não funcionou adequadamente. No exemplo, o regime de responsabilidade estabelecido pela PNMA determina a responsabilidade solidária. O responsável direto, no exemplo, é o operador da plataforma; por sua vez, também é responsável, ainda que indiretamente, o fabricante do equipamento de segurança – ou mesmo o fabricante da peça que, no equipamento de segurança, falhou –, pois se este tivesse funcionado o dano não teria ocorrido. Do ponto de vista da responsabilidade civil, todos responderão pela integralidade do dano causado a terceiros e ao meio ambiente. Na hipótese, cabe aos autores escolher em face de quem moverão a medida judicial, pois cada um dos responsáveis responderá individualmente ou em conjunto com os demais, em solidariedade passiva.

O exemplo acima, embora envolva uma situação complexa, demonstra uma relação de causa e efeito entre o evento danoso e as falhas ocorridas durante o processo que levou ao *blow out*.

Uma barragem rompeu, causando elevados danos materiais, ambientais e pessoais na chamada zona de autossalvamento [ZAS].[26] Após investigações promovidas pelo órgão de controle ambiental, constatou-se que a (1) zona de autossalvamento foi estabelecida em perímetro inferior ao legalmente exigível, por erro na confecção dos mapas; o (2) nível de segurança da barragem foi atestado erradamente; o (3) órgão de controle ambiental após ter recebido os complexos estudos de segurança (estabilidade) da barragem e os mapas relativos à ZAS, autorizou a operação da atividade no mesmo dia do protocolo da documentação. Aqui, também cabe responsabilizar o (1) operador da barragem, o (2) autor dos estudos de segurança e o (3) órgão de controle ambiental.

Não há, todavia, consenso doutrinário ou jurisprudencial quanto à extensão do conceito de poluidor indireto.[27] A imposição de responsabilidade por danos ambientais, além da evidente função reparatória, tem uma função preventiva decorrente da pressão econômica sobre as atividades de risco, de forma que elas procurem se precaver de acidentes e desastres, mediante o aperfeiçoamento de seus sistemas de segurança. Logo, do ponto de vista econômi-

---

(*blow out preventer*) que é o equipamento utilizado para fechar o poço em caso de ocorrência de um *kick*. Normalmente o *blow out* ocorre por causa de um kick, que nada mais é do que um influxo de fluido não programado para dentro do poço, aumentando a pressão do poço e fazendo um *blow out*. As consequências podem ser as mais trágicas possíveis, tanto para as pessoas que estão por volta da operação do poço quanto para o próprio meio ambiente.

O acidente que ocorreu em 20 de abril de 2010 com a plataforma Deepwater Horizon, no Golfo do México, é um exemplo dos tipos de danos que qualquer erro no processo de perfuração das reservas do óleo podem causar. Disponível em: https://blowoutpetroleo.weebly.com/. Acesso em: 17 jun. 2022.

[26] As Zonas de Autossalvamento (ZAS) são regiões imediatamente a jusante da barragem, em que se considera não haver tempo suficiente para uma adequada intervenção dos serviços e agentes de proteção civil em caso de acidente, como rompimento de barragens. A dimensão da Zona de Autossalvamento é definida pela maior das seguintes distâncias: 10 km ou a extensão que corresponda ao tempo de chegada da onda de inundação igual a trinta minutos (estimativa). Já a Zona de Segurança Secundária (ZSS) consiste na região impactada pela ruptura da barragem fora da ZAS. Disponível em: https://www.brasilferroviario.com.br/zonas-de-autossalvamento-e-zona-de-seguranca-secundaria/. Acesso em: 17 jun. 2022.

[27] Concepções alargadas de poluidor indireto. (1) REsp 604.725/PR, 2ª Turma, Rel. Min. Castro Meira, *DJU* 22.08.2005, p. 202; (2) REsp 467.212/RJ, 1ª Turma, Rel. Min. Luiz Fux, *DJU* 15.12.2003, p. 193; (3) REsp 1.079.713, 2ª Turma, Rel. Min. Herman Benjamin, *DJe* 31.08.2009.

218 | DIREITO AMBIENTAL – *Paulo de Bessa Antunes*

co, é necessário que a reparação de danos causados ao meio ambiente e a terceiros seja mais custosa do que a prevenção. Evidentemente que os danos reputacionais e à imagem causados a empresas responsáveis, direta ou indiretamente, por acidentes ou desastres ambientais também são relevantes, mas nem sempre são quantificáveis, especialmente se a atividade econômica for exercida em regime de monopólio ou oligopólio.

O STJ, em conhecida decisão,[28] define o conceito de poluidor indireto:

> 11. O conceito de poluidor, no Direito Ambiental brasileiro, é amplíssimo, confundindo-se, por expressa disposição legal, com o de degradador da qualidade ambiental, isto é, toda e qualquer "pessoa física ou jurídica, de direito público ou privado, responsável, direta ou indiretamente, por atividade causadora de degradação ambiental" (artigo 3º, IV, da Lei 6.938/1981). 12. *Para o fim de apuração do nexo de causalidade no dano urbanístico-ambiental e de eventual solidariedade passiva, equiparam-se quem faz, quem não faz quando deveria fazer, quem não se importa que façam, quem cala quando lhe cabe denunciar, quem financia para que façam e quem se beneficia quando outros fazem.*

A decisão, proferida em Recurso Especial ao qual *não foi atribuída força de precedente vinculante*, praticamente dispensa a relação de causa e efeito para a identificação do poluidor indireto, pois amplia excessivamente o conceito. Por outro lado, a 2ª Sessão do STJ, na discussão do **Tema Repetitivo 957** no qual se debateu a responsabilidade das empresas adquirentes da carga do Navio Vicuña pelo dano ambiental decorrente da explosão na baía de Paranaguá, firmou a Tese de que:

> As empresas adquirentes da carga transportada pelo navio Vicuña no momento de sua explosão, no Porto de Paranaguá/PR, em 15.11.2004, não respondem pela reparação dos danos alegadamente suportados por pescadores da região atingida, haja vista a ausência de nexo causal a ligar tais prejuízos (decorrentes da proibição temporária da pesca) à conduta por elas perpetrada (mera aquisição pretérita do metanol transportado).

Logo, mesmo na hipótese de identificação do poluidor indireto, não há como se afastar a relação de causa e efeito entre ação ou omissão e dano causado. O simples fato de ser proprietário de uma carga transportada por um navio [benefício para o proprietário da carga] não é suficiente para caracterizá-lo como corresponsável pelo dano, até mesmo poque também sofreu prejuízo com o acidente.

Entretanto, é importante ressaltar que, mediante lei, é impossível imputar responsabilidade ambiental sem relação de causa e efeito, como é a hipótese da Lei 10.977/1989[29] do estado de Goiás, que concedeu pensão vitalícia às vítimas do acidente radioativo com o Césio 137, ocorrido em Goiânia em 1987.

2.5   A inversão do ônus da prova

A inversão do ônus da prova em matéria ambiental é tema que tem dado margem à muita discussão, tendo sido pacificado pela Súmula 618 do Superior Tribunal de Justiça: A inversão do ônus da prova aplica-se às ações de degradação ambiental. Conforme a orientação jurisprudencial, a inversão do ônus da prova em matéria ambiental é automática. A súmula parte

---

[28]   REsp 1.071.741/SP, 2ª Turma, Rel. Min. Herman Benjamin, *DJe* 16.12.2010.
[29]   Ver Capítulo 16 [3.1.3].

da constatação da dificuldade do autor, em matéria ambiental, produzir a prova adequada de seu direito, da relação de causa e efeito, de forma que possa alcançar a procedência do pedido.

O artigo 373 do Código de Processo Civil [CPC] dispõe que o ônus da prova incumbe ao (1) autor, quanto ao fato constitutivo de seu direito; ao (2) réu, quanto à existência de fato impeditivo, modificativo ou extintivo do direito do autor. Essas são regras genéricas que devem ser observadas em todos os feitos judiciais. Entretanto, nos *casos previstos em lei* ou *diante de peculiaridades da causa relacionadas à impossibilidade ou à excessiva dificuldade* de cumprir o encargo nos termos do *caput* do artigo 373 ou à maior facilidade de obtenção da prova do fato contrário, poderá o juiz atribuir o ônus da prova de modo diverso, desde que o faça por decisão fundamentada, caso em que deverá dar à parte a oportunidade de se desincumbir do ônus que lhe foi atribuído. O § 2º do artigo 373 veda a determinação da produção da chamada prova impossível ou excessivamente difícil.

Não haverá necessidade de produção de prova quando se tratar de fatos (1) notórios; (2) afirmados por uma parte e confessados pela parte contrária; (3) admitidos no processo como incontroversos; (4) em cujo favor milita presunção legal de existência ou de veracidade.

A Súmula tem uma formulação pouco clara, pois trata de "ações de degradação ambiental", o que deve ser entendido por ações que buscam reparação de danos ambientais, individuais ou coletivos. Margareth Bilhalva (JACCOUD et al., 2019, p. 123-148) demonstra que os precedentes utilizados pelo STJ para a elaboração da Súmula 618, em sua imensa maioria, foram decididos *antes* da entrada em vigor do Código de Processo Civil vigente. Assim, cabe a discussão sobre a adequação da súmula ao vigente CPC.

O artigo 926 do CPC estabelece que os tribunais "devem uniformizar sua jurisprudência e mantê-la estável, íntegra e coerente". As súmulas representam uma sistematização da jurisprudência predominante e, evidentemente, não são imutáveis, o que se busca com elas é a estabilização das decisões judiciais e não a estagnação. Elas levam em conta precedentes e circunstâncias de fato constatados em várias hipóteses submetidas aos tribunais.

A existência de Súmula não impede que a parte demonstre a distinção entre o caso concreto e a Súmula ou precedente invocado, pois a Súmula não é estagnação da jurisprudência, mas estabilização. A Súmula 618 estabeleceu uma presunção *iuris tantum* de que o Autor da demanda de reparação de danos ao meio ambiente é, do ponto de vista processual, mais frágil do que o réu no que diz respeito à produção da prova. Caso o réu demonstre que não é o caso, a inversão não será admitida. Entretanto, a experiência prática demonstra que a inversão do ônus da prova em matéria de proteção ao meio ambiente é acertada, pois apesar dela, as ações se arrastam por anos e anos diante das cortes de justiça.

3. PRESCRIÇÃO

A prescrição é um dos temas mais controversos e árduos do direito ambiental, confundindo-se de certa forma, como uma possibilidade de deixar escapar o causador do dano. A grande importância do tema está situada na órbita do *direito processual* e não propriamente na do direito qualificado como *"material"*. Ela se constitui em defesa do réu que, se acolhida, importa *julgamento com resolução do mérito,* conforme determinação do CPC (artigo 487. Haverá resolução de mérito quando o juiz: [...] II – decidir, de ofício ou a requerimento, sobre a ocorrência de decadência ou prescrição). Em geral, sustenta-se que, devido aos valores tutelados pelo direito ambiental, não se poderia falar em prescrição, visto que aqueles, por não terem caráter patrimonial, estariam imunes à sua incidência. Aduz--se que a prescrição recai sobre direitos patrimoniais e que, em direito ambiental, apenas parcialmente se pode falar em direitos patrimoniais, visto que os bens tutelados, em sua essência, não possuem valor econômico. A argumentação é razoável quando se trata de danos ambientais impróprios, pois há consenso quanto a eles no sentido da incidência da prescrição: "Em matéria de prescrição cumpre distinguir qual o bem jurídico tutelado: se eminentemente privado seguem-se os prazos normais das ações indenizatórias".[30] Entretanto, é necessário que a questão seja examinada quando se trata de danos ambientais próprios. Édis Milaré (2005) apresenta uma boa síntese das posições negadoras da incidência da prescrição em matéria ambiental ao sustentar que o direito enxerga o dano ambiental sob dois aspectos distintos: (a) o dano ambiental coletivo, dano ambiental em sentido estrito ou dano ambiental propriamente dito, causado ao meio ambiente globalmente considerado, em sua concepção difusa, como patrimônio coletivo, e (b) o dano ambiental individual ou dano ambiental pessoal, sofrido pelas pessoas e seus bens, pois um mesmo evento pode ofender interesses difusos e individuais, como ocorre, por exemplo, com a contaminação de um curso de água por carreamento de produto químico nocivo. Ao lado do dano ecológico puro ou coletivo identificado, poderão coexistir danos individuais em relação aos proprietários ribeirinhos que tenham suportado perda de criações ou se privado do uso comum da água contaminada. Segundo o autor, o estabelecimento de um prazo para o ajuizamento da ação tendente à composição da lesão ambiental resulta por completo inadequado para o sistema de prescrição. A tese, embora respeitável, merece crítica.

As sociedades e os indivíduos não podem viver eternamente presos ao peso de seus passados, seja para lamentá-lo, seja para exaltá-lo.

No mundo do direito, a prescrição é um dos mecanismos que evita que o passado continue a dominar o presente, permitindo que a vida avance sem os pesos do que ficou para trás. Sem a prescrição, as violações de direito praticadas no passado permaneceriam constantemente puníveis e abertas, impedindo a consolidação de situações de fato. Se considerarmos, com Reale, que direito é fato, norma e valor, a não consolidação de situações de fato impede a consolidação do próprio direito. É na interação dos três elementos que se poderão estabelecer os critérios para que situações pretéritas possam ser "esquecidas" pela ordem jurídica. Entretanto, o critério para o esquecimento é, obviamente, axiológico em sua raiz mais profunda. Para que o esquecimento opere efeitos, normalmente, são fixados prazos que resultam de uma valoração social que considera o fato em si, a sua importância no contexto de uma sociedade e a quantidade de tempo que se fixa como necessária para que o esquecimento se manifeste juridicamente. Logo, é estabelecida uma regra de equivalência que seja socialmente aceita e, portanto, assegure padrões de estabilidade social, com força para afastar o "rancor" e o "ressentimento" da vida social, que se perpetuariam caso não houvesse o mecanismo legal do esquecimento [prescrição].

A prescrição é uma das consequências do tempo sobre o direito, possuindo significação jurídica, tal como as manifestações de vontade e dos demais atos aquisitivos de direitos. O tempo é um elemento que se soma aos demais requisitos formadores de um direito. Para San Tiago Dantas (1979) a influência do tempo no direito, pela inércia do titular, serve a vários propósitos, com destaque para o estabelecimento da segurança das relações jurídicas. São poucas as hipóteses de imprescritibilidade de direitos ou mesmo de ações previstas na Constituição Federal que reconhece a imprescritibilidade dos crimes de racismo[31] e terrorismo,

---

[30]   STJ, REsp 1.120.117/AC, 2ª Turma, Rel. Min. Eliana Calmon, j. 10.11.2009, *DJe* 19.11.2009.

[31]   STF – Escrever, editar, divulgar e comerciar livros "fazendo apologia de ideias preconceituosas e discriminatórias" contra a comunidade judaica (Lei 7.716/1989, artigo 20, na redação dada pela Lei 8.081/1990) constitui crime de racismo sujeito às cláusulas de inafiançabilidade e imprescritibilidade (CF, artigo 5º, XLII). Aplicação do princípio da prescritibilidade geral dos crimes: se os judeus não são uma raça, segue-se que contra eles não pode haver discriminação capaz de ensejar a exceção cons-

Capítulo 7 · DANO AMBIENTAL E RESPONSABILIDADE AMBIENTAL | **221**

por exemplo. Um outro exemplo que se poderia considerar de imprescritibilidade é o tratado pelo artigo 231, § 4º, da Constituição,[32] não havendo qualquer menção à prescrição no artigo 225 da Carta Política.

A prescrição pode acarretar a *perda* ou *a aquisição* de determinados direitos, conforme seja a considerada; o seu elemento principal é o tempo. Ela se divide em dois grandes blocos podendo ser: (1) extintiva e/ou (2) aquisitiva. Ambas são relevantes no mundo jurídico. A prescrição *extintiva* determina a perda do direito de ação em face do devedor da obrigação, muito embora o próprio direito não se perca; já na prescrição *aquisitiva*, o sujeito ativo adquire direitos em razão da inércia de terceiros, é o caso do *usucapião*. Tanto em uma, como na outra, o lapso temporal é uma medida de política legislativa e, portanto, poderá sofrer variações de acordo com as opções do legislador em cada caso concreto. Da mesma forma, o legislador poderá determinar as hipóteses excepcionais de imprescritibilidade, visto, que, para nós, vale a regra geral de não haver em nosso sistema direitos imprescritíveis (PEREIRA, 2004).

Efetivamente, a construção do instituto da prescrição extintiva de direitos é uma importante evolução pela qual passou o direito romano, visto que antes da sua institucionalização pelo direito pretoriano as ações eram perpétuas e a parte passiva permanecia indefinidamente sujeita a vir a ostentar a condição de réu em uma ação judicial, não importando a época na qual a "violação" do direito tivesse sido praticada. No direito brasileiro a matéria está regulada, em termos gerais, pelo Código Civil, ainda que leis especiais possam prever prazos e situações particulares de prescrição. A prescrição requer, ainda, a inércia do titular. Isto é, a prescrição se constitui sobre uma base dúplice: (1) decurso de tempo e (2) inércia do titular. Para as questões que estão sendo abordadas neste texto, avulta a inércia do titular.

Entendo que *a prescrição incide nas lesões causadas ao meio ambiente,* visto que o direito ambiental está inserido na ordem jurídica constitucional e a prescrição é um dos pilares do valor segurança jurídica que não pode ser relegado a segundo plano, devendo ser harmonizado com os demais valores constitucionalmente relevantes, como é o caso da proteção ao meio ambiente. Compreende-se que, muitas vezes, situações individuais complexas e graves possam fazer com que o intérprete perca a noção de conjunto do sistema jurídico e da própria aplicação da justiça. Nesses casos, é conveniente relembrar a lição de Mary Douglas: "Justiça não tem nada a ver com casos isolados" (1994, p. 124).

3.1 Prescrição e segurança jurídica

A prescrição dos danos ambientais é tema controverso, pois há legislações omissas e outras que dela tratam diretamente, formando três grupos distintos: há (1) países que não possuem legislação sobre o assunto (Brasil e Argentina); (2) países que reconhecem a prescrição dos danos ambientais (Chile, México e Panamá) e (3) países que expressamente reconhecem a

---

titucional de imprescritibilidade. Inconsistência da premissa (HC 82.424, Rel. p/ o ac. Min. Maurício Corrêa, j. 17.09.2003, *DJ* 19.03.2004).

[32] STF – As terras tradicionalmente ocupadas pelos índios incluem-se no domínio constitucional da União Federal. As áreas por elas abrangidas são inalienáveis, indisponíveis e insuscetíveis de prescrição aquisitiva. A Carta Política, com a outorga dominial atribuída à União, criou, para esta, uma propriedade vinculada ou reservada, que se destina a garantir aos índios o exercício dos direitos que lhes foram reconhecidos constitucionalmente (CF, artigo 231, §§ 2º, 3º e 7º), visando, desse modo, a proporcionar às comunidades indígenas bem-estar e condições necessárias à sua reprodução física e cultural, segundo seus usos, costumes e tradições. [RE 183.188, 1ª Turma, Rel. Min. Celso de Mello, j. 10.12.1996, *DJ* 14.02.1997.]

imprescritibilidade dos danos ambientais [Equador].[33] Na Europa,[34] a prescrição está disciplinada em nível regional e ao nível dos estados.[35]

Nos países nos quais não há previsão legal para a prescrição de danos ao meio ambiente, recorre-se ao Código Civil para solucionar a questão. Na Argentina, *e.g.*, o Código Civil e Comercial unificado[36] estabelece as normas gerais de prescrição e decadência aplicáveis na ausência de disposições específicas, como é o caso da ação de reparação de danos ao meio ambiente, sendo o prazo de 5 (cinco) anos o genérico.[37] As ações indenizatórias de danos derivados de responsabilidade civil prescrevem em 3 (três) anos; já no prazo de 2 (dois) anos prescreve a ação de responsabilidade civil decorrente de danos de natureza extracontratual. No Chile, há a prescrição ambiental,[38] estabelecendo a Lei 19.330 que o início da contagem do prazo prescricional se dá a partir da manifestação evidente do dano. O artigo, como se percebe, determina que é a ciência do dano que dá início a fluência do prazo, no caso dos danos continuados e evidentes, que se renova diariamente (CS, Rol 47890-2016, 02.03.2017).

No Brasil, a prescrição no regime geral do Código Civil se dá em 10 (dez) anos, salvo estipulação legal em contrário. No caso dos danos ambientais impróprios, o prazo prescricional aplicável é o constante do § 3º, V, do artigo 206 do CCB. A doutrina e a jurisprudência[39] brasileiras admitem tranquilamente que a prescrição *somente começa a correr com o conhecimento da lesão do direito*. O importante da manutenção da possibilidade teórica da ocorrência da prescrição é assegurar que o equilíbrio jurídico não seja quebrado, garantindo a existência do preceito de justiça que, ante a existência da responsabilidade objetiva, sofre uma transmutação

---

[33] Constituição do Equador: Artigo 396, 4º Las acciones legales para perseguir y sancionar por daños ambientales serán imprescriptibles. Disponível em: https://www.oas.org/juridico/pdfs/mesicic4_ecu_const.pdf. Acesso em: 20 jun. 2022.

[34] Diretiva 2004/35/CE: Artigo 10º – Prazo de prescrição para a recuperação dos custos – A autoridade competente tem o direito de instaurar, contra o operador ou, se adequado, contra o terceiro que tenha causado o dano ou a ameaça iminente de dano, uma ação de cobrança dos custos relativos às medidas tomadas por força da presente diretiva, dentro de um prazo de cinco anos a contar da data em que as medidas tenham sido completadas ou em que o operador ou o terceiro responsável tenha sido identificado, consoante a que for posterior. Disponível em: https://ec.europa.eu/environment/legal/liability/pdf/eld_brochure/PT.pdf. Acesso em: 20 jun. 2022.

[35] Portugal. DL 147/2008. Artigo 33º Prescrição Consideram-se prescritos os danos causados por quaisquer emissões, acontecimentos ou incidentes que hajam decorrido há mais de 30 anos sobre a efetivação do mesmo.

[36] Artículo 2532. Ámbito de aplicación. En ausencia de disposiciones específicas, las normas de este Capítulo son aplicables a la prescripción adquisitiva y liberatoria. Las legislaciones locales podrán regular esta última en cuanto al plazo de tributos. Disponível em: http://servicios.infoleg.gob.ar/infolegInternet/anexos/235000-239999/235975/norma.htm#48. Acesso em: 20 jun. 2022.

[37] Artículo 2560. Plazo genérico. El plazo de la prescripción es de cinco años, excepto que esté previsto uno diferente en la legislación local.

[38] Artículo 63. La acción ambiental y las acciones civiles emanadas del daño ambiental prescribirán en el plazo de cinco años, contado desde la manifestación evidente del daño. Disponível em: https://www.bcn.cl/leychile/navegar?idNorma=30667&idParte=9705635&idVersion=2021-08-13. Acesso em: 20 jun. 2022.

[39] O prazo prescricional da ação não está sujeito ao arbítrio das partes. A cada ação corresponde uma prescrição, fixada em lei. A prescrição definida no artigo 27 do CDC é especial em relação àquela geral das ações pessoais do artigo 177 do CC/1916. Não houve revogação, simplesmente, a norma especial afasta a incidência da regra geral (LICC, artigo 2º, § 2º). A prescrição da ação de reparação por fato do produto é contada do conhecimento do dano e da autoria, nada importa a renovação da lesão no tempo, pois, ainda que a lesão seja contínua, a fluência da prescrição já se iniciou com o conhecimento do dano e da autoria" (STJ, REsp 304.724/RJ, 3ª Turma, Rel. Min. Humberto Gomes de Barros, *DJU* 22.08.2005, p. 259).

Capítulo 7 · DANO AMBIENTAL E RESPONSABILIDADE AMBIENTAL | **223**

significativa. Romper a barreira prescricional seria, no caso concreto, estabelecer um nível insuportável de falta de isonomia, com graves reflexos para a vida do direito e, reflexamente, para a atividade econômica. E o que é pior: sem ganhos ambientais claros.

Muitos se mostram preocupados com danos que só venham a se manifestar muitos anos após os fatos que lhes tenham dado causa, ou cujo conhecimento não seja contemporâneo à sua ocorrência. O direito tem solução para tais problemas sem a necessidade de uma *jurisprudência criativa*. Com efeito, imaginemos que 10 anos após um grave derramamento de óleo no mar, chega-se à conclusão de que os peixes consumidos pela comunidade local sofreram mutações decorrentes do acidente e não se prestam para consumo, o artigo 189 do Código Civil fixará como *dies a quo* aquele em que a situação foi identificada. Não há, portanto, qualquer prejuízo para a proteção ambiental. Isto é importante nos casos em que os danos não decorrem imediatamente de um fato determinado.

O princípio da *actio nata* também é de grande utilidade para entender como se deve manejar o tema da prescrição em matéria ambiental, enquanto não existir uma lei que expressamente declare imprescritíveis os danos ao meio ambiente. Assim, o conhecimento da lesão do direito pela vítima é que, efetivamente, dará início à contagem do prazo prescricional.[40]

O ideal para a proteção é que se estabeleça um regime de prescrição, com prazo largo.

3.1.1 Regime prescricional aplicável às Terras Indígenas aplicado às questões ambientais

O STF, ao julgar o Recurso Extraordinário 654.833 que se originou do REsp 1.120.117/ AC, de cuja ementa destaca-se: "O direito ao pedido de reparação de danos ambientais, dentro da logicidade hermenêutica, está protegido pelo manto da imprescritibilidade, por se tratar de direito inerente à vida, fundamental e essencial à afirmação dos povos, independentemente de não estar expresso em texto legal". E mais: "O dano ambiental inclui-se dentre os direitos indisponíveis e como tal está dentre os poucos acobertados pelo manto da imprescritibilidade a ação que visa reparar o dano ambiental". Como se pode perceber há (1) o reconhecimento expresso da inexistência de norma legal declarando a imprescritibilidade dos danos ambientais e (2) uma clara confusão entre dano ambiental e direitos indisponíveis, "como tal está dentre os poucos acobertados pelo manto da imprescritibilidade". A argumentação, do ponto de vista jurídico, é modesta. A imprescritibilidade, no caso, não está amparada pelo direito à vida, como, criativamente, a questão é tratada. A resposta jurídica para a questão é muito mais simples: O § 4º do artigo 231 da CF estabelece a imprescritibilidade dos direitos sobre as terras indígenas. *Cuida-se, evidentemente, de um regime jurídico especial que não se confunde com o regime geral aplicável aos danos ambientais fora de terras indígenas.* A argumentação da decisão, no entanto, parte para províncias distantes do caso concreto. Salvo engano, o § 4º do artigo 231 da CF não é citado uma única vez. Trata-se, efetivamente, de uma das poucas hipóteses de imprescritibilidade declaradas formalmente na CF. Ora, sabe-se que exceções são interpretadas restritivamente. O STF, por sua vez, reproduziu a equivocada interpretação – por maioria –, criando direito novo.

O reconhecimento da imprescritibilidade dos danos ambientais serve para aumentar a proteção ambiental? A resposta é, certamente, negativa. Há que se considerar que a vida

---

[40] STJ, AgRg nos EDcl no REsp 1.074.446/GO, 2ª Turma, Rel. Min. Humberto Martins, *DJe* 13.10.2010; AgRg no Ag 1.098.461/SP, 4ª Turma, Rel. Min. Raul Araújo Filho, *DJe* 02.08.2010; AgRg no Ag 1.290.669/ RS, 1ª Turma, Rel. Min. Hamilton Carvalhido, *DJe* 29.06.2010; REsp 1.176.344/MG, 2ª Turma, Rel. Min. Eliana Calmon, *DJe* 14.04.2010.

humana sob todos os aspectos se faz sobre a base da utilização dos recursos ambientais. A partir disto, o conceito de danos ao meio ambiente varia no tempo e no espaço. Caso sejam utilizados conceitos atuais e contemporâneos de danos ambientais ao passado, corre-se o risco de desestabilizar a vida em sociedade, sem qualquer benefício ambiental. Ao contrário, podem ser criados danos ambientais mais amplos.

As diferentes normas jurídicas devem ser aplicadas segundo o princípio da especialização, segundo o qual a norma produzida para regular especificamente uma matéria tem preferência sobre as normas gerais (artigo 2º, § 2º, da Lei de Introdução às Normas do Direito Brasileiro – LINDB). Dessa forma, a discussão sobre a prescritibilidade ou não dos danos ambientais é irrelevante quando se tratar de terras indígenas, pois a Constituição Federal, assim como dispõe de um capítulo especialmente voltado para a proteção do meio ambiente (artigo 225), dispõe de um capítulo próprio destinado à proteção dos indígenas (artigos 231 e 232). Logo, trata-se de uma norma especial de nível constitucional. É com base neste último capítulo, considerando-se a aplicação da norma especial que o julgamento deverá ser proferido pelo STF. Note-se que o § 4º do artigo 231, expressamente, excepciona a prescrição dos direitos sobre as Terras indígenas, "As terras de que trata este artigo são inalienáveis e indisponíveis, e os *direitos sobre elas, imprescritíveis*". Logo, o direito de exigir a recuperação de danos causados às terras indígenas está, claramente, protegido contra os efeitos da prescrição e, portanto, poderá ser exigido a qualquer tempo pelos legalmente legitimados para tal.

A CF, por exemplo, admite o conceito de meio ambiente cultural (artigo 216, V) que, em não poucas oportunidades, é construído com "sacrifício" do meio ambiente natural, *e.g.*, aterro do Flamengo (Rio de Janeiro) ou monumento ao Cristo Redentor (Rio de Janeiro). Do ponto de vista estritamente ecológico, tais obras de arte humana causaram danos indiscutíveis. A tese da imprescritibilidade, seguramente, coloca em risco a existência de tais bens culturais. Certamente, poder-se-ia alegar que não é cabível à argumentação, pois tais obras de arte já se incorporaram ao meio ambiente cultural, pelo decurso do tempo. Ocorre que, por exemplo, o STJ não reconhece o fato consumado em matéria ambiental.[41] Logo, cria-se uma contradição em seus próprios termos. Outra hipótese seria a aplicação da teoria do direito adquirido que também não é aplicável, pois a Corte não admite o direito adquirido de poluir.[42] Diante de tais contradições, parece claro que sem um regime de prescrição definido em lei, a possibilidade de decisões contraditórias e, o que é pior, totalmente ineficazes, é uma hipótese real.

Há cidades inteiras que são construídas às margens de rios (Recife, *v.g.*), ocupando o que atualmente são áreas de preservação permanente. Logo, há equívoco em se proclamar a imprescritibilidade de danos ambientais sem uma previsão legal expressa, não cabendo a extrapolação do § 4º do artigo 231 da CF para toda e qualquer situação relativa a danos ambientais, pois as exceções são interpretadas restritivamente. Temos, portanto, que no direito brasileiro é de 10 anos o prazo prescricional para danos ambientais.

---

[41] Súmula 613: "Não se admite a aplicação da teoria do fato consumado em tema de Direito Ambiental." (Súmula 613, 1ª Seção, j. 09.05.2018, *DJe* 14.05.2018.)

[42] STJ. Tese (3) Não há direito adquirido a poluir ou degradar o meio ambiente, não existindo permissão ao proprietário ou posseiro para a continuidade de práticas vedadas pelo legislador.

2ª PARTE
DIVERSIDADE BIOLÓGICA

Capítulo 8
PROTEÇÃO JURÍDICA DA DIVERSIDADE BIOLÓGICA

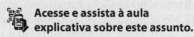

Acesse e assista à aula explicativa sobre este assunto.
> http://uqr.to/1b2hl

1. VISÃO GERAL DO TEMA

A colonização causou enormes danos ambientais e sociais às colônias, pois desde o século XVI, as Américas sofreram grandes modificações ambientais e populacionais, em razão da colonização. As Américas, para os europeus indicavam

> [f]lorestas luxuriantes, animais exóticos, beleza, aventura. A ideia de Paraíso. Assim era vista a região tropical, contida entre os paralelos das constelações de Câncer e Capricórnio, pela Europa culta do [século XVI]. Era o desconhecido, o inesperado, o perigoso e o fascinante; as forças descontroláveis da natureza, a exuberância, o fantástico (COSTA, 2022, p. 13).

O extrativismo provocou profundas mudanças na paisagem americana, cujo exemplo mais saliente é a extração mineral no atual território boliviano. Potosí, fundada em 1º de abril de 1545, foi uma das primeiras grandes cidades do mundo e foi construída em torno da mineração de prata, cujo destino era a Espanha. A exploração econômica da prata em altitude superior a 4.000 metros implicou a construção de uma vasta rede de infraestruturas, aperfeiçoamentos tecnológicos, presença militar e administrativa; isto é, uma complexa rede que alterou inteiramente o ambiente "natural" andino na região de Potosí. Em 1570, estima-se que Potosí tivesse uma população de 120.000 habitantes; já em 1610, a cidade tinha uma população maior do que Amsterdã (80.000), Londres (130.000) e Sevilha (150.000), demonstrando a sua importância e grandiosidade (ARÁOZ, 2017). Estudos, dados e estatísticas demonstram que Potosí foi responsável pela exportação de cerca de metade de toda a prata enviada para a Espanha, por suas colônias, durante todo o período colonial (ARÁOZ, 2020, p. 122). A atividade extrativa se baseava em uma extensa cadeia produtiva que incluía a extração de mercúrio no Peru, utilização intensiva de água, desmatamento etc. Horacio Machado Aráoz afirma que a utilização do mercúrio foi letal, pois eram os próprios indígenas que, sem qualquer proteção adequada, faziam a remoção da prata e do mercúrio, causando muitas mortes por envenenamento e doenças graves no sistema nervoso central. Assim, o "colapso demográfico é, também, o colapso ecológico" (ARÁOZ, 2020, p. 1.312).

No Brasil, os diferentes "ciclos econômicos" levaram a uma rápida depleção da Mata Atlântica, bem como à dizimação de vários povos aborígenes. Já em 1605, a Coroa Portuguesa editava o Regimento do Pau-Brasil, tendo em vista o acelerado consumo da madeira. Uma ampla visão do avanço acelerado sobre a floresta é fornecida por Warren Dean (1996). O Brasil, inicialmente, foi considerado uma colônia com pouco ou nenhum valor econômico, pois não foram encontrados metais preciosos no território. O corte ilegal do pau-brasil era de tal monta que o regimento punia com pena de morte aos que o fizessem sem a devida autorização. Por isso, a floresta e, em especial o pau-brasil, foi o principal objeto de exploração.[1]

Na África, na Ásia e na Oceania, não foram diferentes os resultados humanos e ecológicos do colonialismo. As crises atuais de desertificação e desflorestamento têm raízes históricas no colonialismo e no modelo extrativista-exportador dele derivado que, em boa medida, ainda persiste. No século XIX, por exemplo, os colonizadores franceses proibiram as práticas tradicionais de agricultura na África do norte e ocidental, substituindo as florestas por plantações de algodão. O resultado da transformação ecológica forçada levou à criação do termo "desertificação", buscando dar uma conotação "natural" ao fenômeno; ao mesmo tempo, os povos indígenas e tribais passaram a ser classificados como primitivos e incapazes de fazer um manejo correto das "novas culturas". Na Austrália, o manejo florestal executado pelos aborígenes, com a utilização de fogo de baixa intensidade, foi proibido pelos ingleses. Atualmente, os incêndios florestais são cada vez mais intensos. Vale observar que, nas regiões do país onde não houve a proibição do manejo ancestral praticado pelos aborígenes, os incêndios são menos intensos (VARANASI, 2022).

A evolução científica no século XIX, a teoria evolucionista, a necessidade de diminuição no ritmo alucinante de destruição dos "recursos naturais" nas colônias e a curiosidade por animais exóticos, a caça praticada por parte da aristocracia, dentre outros motivos, fizeram com que as potências coloniais passassem a se preocupar com a proteção da natureza em suas colônias.

A Austrália e a Nova Zelândia foram as regiões do mundo que mais rapidamente sofreram transformações ambientais radicais. Espécies de plantas e animais introduzidos na região acarretam uma rápida extinção de inúmeras espécies nativas. Isso deu margem a reações que se voltavam para a reserva de áreas com objetivos de proporcionar lazer à população, às margens de rios e lagos. Em 1866, foi criada uma reserva em Nova Gales do Sul e um parque nacional real em 1879.

Na África, sob domínio britânico,

> [a]pesar da imposição de uma legislação de proteção da vida selvagem em Natal, na República Sul-africana no Estado Livre de Orange, na segunda metade do século XVIII, o número de animais mortos aumentou. Em 1858, o marfim era a exportação mais valorizada de Natal. Em seu apogeu, no ano de 1877, mais de 19 toneladas deixaram a colônia (produto, *grosso modo*, de 950 elefantes); em 1895, a exportação anual tinha caído para somente 30 kg. Em 1866, uma companhia do Estado Livre de Orange exportou sozinha 152 mil peles de antílopes africanos e de outros animais selvagens. Em 1873 foram exportadas 62 mil peles de zebra e de outros animais (McCORMICK, 1992, p. 28).

---

[1] Verbete Pau-Brasil. Disponível em: http://www.historiacolonial.arquivonacional.gov.br/glossario/index.php/verbetes-de-a-a-z/28-verbetes-iniciados-em-p/584-pau-brasil-caesalpinia-echinata. Acesso em: 20 ago. 2023.

Capítulo 8 · PROTEÇÃO JURÍDICA DA DIVERSIDADE BIOLÓGICA | **229**

A caça profissional se tornou uma atividade amplamente disseminada, com a captura e morte de animais com fins comerciais: obtenção de marfim, penas de avestruzes, chifres de rinoceronte, dentes de hipopótamos, peles, couros e carne.

Em 1898, foi criada a reserva de caça Sabie[2] que, posteriormente (1926), foi expandida e mudou o seu nome para Parque Krueger. A captura de gorilas para finalidades "científicas" deu origem ao Parque Nacional Alberto, no então Congo Belga em 1925.[3] A primeira convenção com vistas à proteção da natureza africana foi a Convenção de Londres de 1900. O objetivo do acordo internacional era a proteção dos "animais úteis", ou os "raros e ameaçados", assim como a redução das espécies nocivas. A Convenção de Londres fracassou em seus objetivos, dando lugar a uma nova convenção em 1933, cuja grande novidade foi o abandono do conceito de "espécies nocivas". Em 1968, no âmbito da Organização da Unidade Africana, foi concluída a Convenção Africana para a Conservação da Natureza e dos Recursos Naturais (Convenção de Argel).

Nas Américas, em 1940, foi firmada a Convenção para a Proteção da Flora, da Fauna e das Belezas Cênicas Naturais dos Países da América, Convenção de Washington de 1940, que, em linhas gerais, seguia o modelo preservacionista dos Estados Unidos. O Brasil, desde a Constituição de 1934, já tinha previsão constitucional para a proteção das "belezas naturais". O primeiro parque nacional da América do Sul foi o parque Nahuel Huapi na Argentina, criado em 8 de abril de 1934; no Brasil, foi o parque nacional de Itatiaia em 1937.

Em 1931, sob os auspícios da Liga das Nações, foi celebrada a Convenção para Regulamentação da Caça à Baleia, que proibia "capturar ou matar os filhotes de baleias ou baleias novas não desmamadas, as baleias não adultas e as baleias fêmeas acompanhadas de filhotes (ou novas não desmamadas)" e assegurava aos aborígenes o direito de captura, desde que eles fizessem "unicamente uso de canoas, pirogas ou de outras embarcações exclusivamente indígenas e movidas a vela ou a remos", sem o emprego de armas de fogo ou prestassem serviços para terceiros.

A proteção da diversidade biológica é um dos principais problemas internacionais da atualidade, sendo objeto de enormes preocupações por parte da comunidade internacional. A Convenção sobre Diversidade Biológica [Convenção, CDB] é o principal acordo multilateral ambiental sobre a matéria. É conhecimento comum que as espécies vivas tendem a se extinguir naturalmente ao longo do tempo, em uma sucessão constante. A CDB, portanto, não objetiva tratar das extinções naturais, pois estão fora do alcance do direito. A CDB estabelece um quadro normativo geral para regular as relações internacionais e nacionais sobre a proteção das espécies, como forma de, minimamente, diminuir ou reverter as ações deletérias de origem antrópica. A CDB cuida, também, da circulação econômica da diversidade biológica e do acesso aos conhecimentos tradicionais associados.

A proteção da diversidade biológica é parte dos Objetivos do Desenvolvimento do Milênio [ODM],[4] estando incluída no ODM 7[5] e nos Objetivos do Desenvolvimento Sustentável [ODS 15], ambos contidos na Agenda 2030.

---

[2]   Disponível em: https://kruger-national-park-guide.com/kruger-park-history. Acesso em: 19 ago. 2023.

[3]   Disponível em: http://www.apncb.be/history/creation-national-park-albert. Acesso em: 19 ago. 2023.

[4]   Os Objetivos de Desenvolvimento do Milênio. Em setembro do ano 2000, líderes de 189 países se encontraram na sede das Nações Unidas em Nova York e aprovaram a Declaração do Milênio, um compromisso para trabalharem juntos na construção de um mundo mais seguro, mais próspero e mais justo. A Declaração foi traduzida para um roteiro que estabeleceu oito metas a serem atingidas até 2015, conhecidas como Objetivos de Desenvolvimento do Milênio (ODM). Disponível em: https://brasil.un.org/pt-br/66851-os-objetivos-de-desenvolvimento-do-milenio. Acesso em: 17 jun. 2022.

[5]   Reduzir a perda da biodiversidade, alcançando, até 2010, uma redução significativa da taxa de perda.

230 | DIREITO AMBIENTAL – *Paulo de Bessa Antunes*

Os estudos de geologia e biologia demonstram que ao longo da existência do planeta Terra já ocorreram várias extinções massivas de espécies, sendo múltiplas as causas de tais fenômenos. Estima-se que mais de 99% de todos os organismos vivos que já existiram sobre a face da Terra estejam extintos. A extinção é um processo constante e que exige adaptação contínua das espécies.[6] Foi no período Cambriano, há cerca de 450 milhões de anos, que a vida animal começou. De acordo com os registros fósseis disponíveis, aconteceram cinco eventos principais de extinção em massa de espécies, sendo importante ressaltar que após um período de extinção em massa, outras espécies passam a ser dominantes e o ciclo prossegue. Exemplificativamente, a evolução da espécie humana se deu dentro da ordem dos mamíferos, entretanto, caso os dinossauros não tivessem sido extintos no (1) Cretáceo, provavelmente os humanos não teriam sobrevivido. No (2) Permiano, há cerca de 250 milhões de anos, ocorreu a maior das extinções em massa, estimando-se que até 95% das espécies tenham desaparecido.

Os cientistas indicam a existência de cinco grandes extinções de espécies ao longo do tempo de existência do planeta, conforme a tabela a seguir:

Fim do Ordoviciano, há 460 milhões de anos	Enorme glaciação e redução dos níveis do mar. 60% das espécies desapareceram.
Fim do Devoniano, há 365 milhões de anos.	Glaciação e redução dos níveis do mar. Possivelmente um meteorito. 70% das espécies desapareceram.
Fim do Permiano, há 225 milhões de anos.	Enormes erupções vulcânicas. Esfriamento da Terra (grande inverno). 90-95% das espécies desapareceram.
Fim do Triássico, há 210 milhões de anos.	Possível queda de cometas. Maioria dos répteis marinhos extintos; muitos anfíbios extintos.
Fim do Cretáceo, conhecida como extinção K-T, há 65 milhões de anos.	Um meteorito atingiu a Terra. Dinossauros, répteis marinhos, amonoides e muitas espécies de plantas desapareceram. Mamíferos, aves primitivas, tartarugas, crocodilos e anfíbios sobreviveram.

Fonte: SACHS, Jeffrey D. *A Era do Desenvolvimento Sustentável* (tradução Jaime Araújo). Lisboa: Actual, 2017. p. 209.

Na atualidade, a principal causa de extinção de espécies é a atividade humana por meio de ações de desmatamento, poluição, emissões de gases de efeito estufa [GEE] e outras intervenções deletérias sobre o meio ambiente. A moderna perda de diversidade biológica gera inúmeros prejuízos para a comunidade internacional tais como a diminuição da atividade econômica, a perda de recursos hídricos, a perda de florestas e consequências negativas para populações humanas que vivem do mar, dos rios e lagoas e das florestas.

---

[6] Disponível em: http://labs.icb.ufmg.br/lbem/aulas/grad/evol/especies/massext.html. Acesso em: 3 out. 2019.

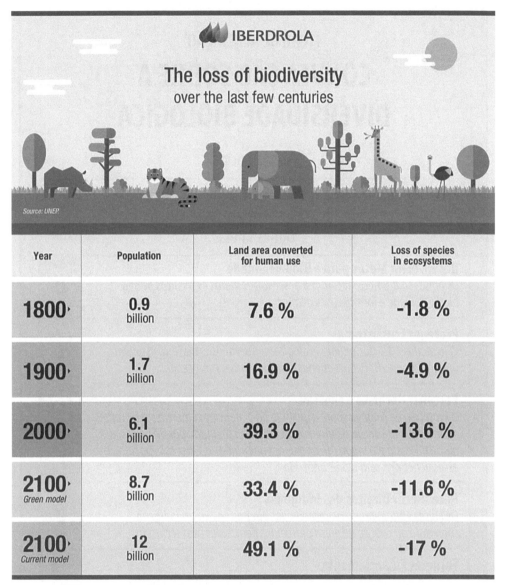

Fonte: UN Environment Program.

A Revista *Nature* fez uma avaliação dos resultados obtidos pela implementação da CDB que demonstra que ainda estamos muito distantes de atingir os objetivos do acordo, conforme se pode ver no quadro a seguir, sendo A o melhor desempenho e F o pior.

FICHA DE AVALIAÇÃO
CONVENÇÃO SOBRE A DIVERSIDADE BIOLÓGICA

Tarefa Principal

Reduzir a Taxa de Perda de Biodiversidade	**F**

Outras Tarefas

Desenvolver Metas para a Biodiversidade *Os países só agora começaram a desenvolver metas específicas para a biodiversidade e formas de as avaliar.*	**D**
Proteger Ecossistemas *Pelo menos 10% das regiões ecologicamente valiosas na Terra estavam protegidas em 2010, mas apenas 1% das regiões nos oceanos.*	**C**
Partilhar Recursos Genéticos *O Protocolo de Nagoya sobre a partilha de benefícios comerciais resultantes da recolha e utilização de material genético foi assinado por 92 países, mas ainda não está em vigor. Até agora, apenas algumas empresas partilham esses benefícios com o país anfitrião.*	**E**
Reconhecer Direitos dos Indígenas *Os países variam muito no respeito dos direitos dos povos indígenas, sobretudo na criação de áreas protegidas dentro dos seus territórios.*	**D**
Fornecer Financiamento *Os países têm feito muitas promessas, mas cumpriram muito poucas.*	**F**
Regulamentar Organismos Geneticamente Modificados *O Protocolo de Cartagena, assinado por 103 países, destina-se a ajudar a regulamentar o movimento de organismos geneticamente modificados entre países e entrou em vigor em 2003.*	**A**

Fonte: SACHS, Jeffrey D. *A Era do Desenvolvimento Sustentável* (tradução Jaime Araújo). Lisboa: Actual, 2017. p. 505.

2. A CONVENÇÃO SOBRE DIVERSIDADE BIOLÓGICA

A *Convenção sobre Diversidade Biológica* (CDB) é o resultado da evolução de negociações internacionais que remontam à década de 80[7] do século XX. Assim como aconteceu com outros acordos multilaterais ambientais [AMA], a participação da Comissão Mundial de Direito Ambiental da IUCN[8] foi decisiva, pois já em 1982 havia realizado o Congresso Mundial sobre Áreas Protegidas e as suas ideias sobre a proteção da diversidade biológica serviram de base para a estratégia conservacionista a ser adotada pelo Programa das Nações Unidas sobre Meio Ambiente [PNUMA]; em 1987, foram convocados vários grupos de especialistas para a discussão do tema.[9] Em novembro de 1988, o Grupo *Ad Hoc* de *experts* em diversidade biológica começou os seus trabalhos. Em 1990, o PNUMA instituiu um Grupo *Ad Hoc* de *experts* jurídicos e técnicos para trabalhar na construção de um documento legal internacional sobre conservação e sustentabilidade da diversidade biológica que preparou o primeiro *draft* de um acordo multilateral que foi adotado como texto final da Convenção em Nairóbi [maio de 1992]. A CDB foi aberta para assinaturas no período de 3 a 14 de junho de 1992 (permanecendo aberta para assinaturas até 4 de junho de 1993), durante a Conferência das Nações Unidas sobre Meio Ambiente e Desenvolvimento [CNUMAD], realizada no Rio de Janeiro, tendo entrado em vigor em 29 de dezembro de 1993, ou seja, 90 dias após a 30ª ratificação.

Dentre os instrumentos legados pela CNUMAD, a CDB é dos mais marcantes. Trata-se de uma convenção complexa que conta com 196 Partes Contratantes (168 assinaturas) e três Protocolos, a saber, (1) Cartagena, (2) Nagoia e (3) Suplementar de Nagoia-Kuala Lumpur.[10] Merece uma nota de destaque o fato de que os Estados Unidos, embora tenham assinado a Convenção em 1993, não a ratificaram, não sendo Parte.

---

[7]   Disponível em: https://www.cbd.int/history/. Acesso em: 3 out. 2019.

[8]   Disponível em: https://www.iucn.org/commissions/world-commission-environmental-law. Acesso em: 29 maio 2022.

[9]   THE SECRETARIAT OF THE CONVENTION ON BIOLOGICAL DIVERSITY. CBD News Special Edition: Biological Diversity from Conception to Implementation – Historical perspectives on the occasion of the 10th anniversary of the entry into force of the Convention on Biological Diversity. p. 4.

[10] Disponível em: https://www.cbd.int/information/parties.shtml. Acesso em: 4 out. 2019.

EARTH'S MOST BIODIVERSE COUNTRIES

COUNTRY	🐦	🐸	🐘	🐟	✈	🌳	BioD Index	Rank
Brazil	17.6%	13.6%	11.8%	7.9%	13.7%	12.7%	0.772	1
Indonesia	16.2%	4.6%	12.2%	7.1%	14.1%	7.1%	0.614	2
Colombia	18.3%	10.2%	8.1%	5.9%	6.2%	8.9%	0.576	3
China	12.5%	5.5%	10.0%	4.7%	10.1%	11.6%	0.543	4
Peru	18.1%	7.6%	8.5%	4.7%	4.7%	7.3%	0.509	5
Mexico	10.9%	5.0%	9.5%	8.9%	7.9%	8.7%	0.508	6
Australia	7.1%	3.2%	6.4%	10.1%	14.7%	7.2%	0.486	7
Ecuador	16.0%	7.2%	6.8%	4.3%	3.3%	6.8%	0.444	8
India	11.9%	5.2%	7.5%	6.7%	7.4%	5.6%	0.442	9
United States	8.5%	4.0%	8.0%	5.2%	9.3%	5.7%	0.406	10
Venezuela	13.7%	4.8%	6.6%	3.9%	5.2%	5.7%	0.399	11
Bolivia	14.3%	3.2%	6.6%	3.0%	1.2%	5.5%	0.338	12
South Africa	7.6%	1.7%	5.4%	4.4%	6.2%	7.9%	0.331	13
DR Congo	10.9%	3.2%	7.8%	2.9%	4.5%	3.3%	0.326	14
Malaysia	7.1%	3.5%	6.1%	4.7%	5.8%	5.2%	0.324	15
Tanzania	10.6%	2.7%	6.5%	3.5%	5.3%	3.7%	0.323	16
Papua New Guinea	7.2%	4.9%	4.9%	2.7%	8.5%	4.1%	0.322	17
Viet Nam	8.3%	3.0%	5.2%	4.5%	7.3%	3.1%	0.314	18
Argentina	10.0%	2.3%	6.8%	4.3%	3.0%	3.8%	0.302	19
Thailand	9.3%	1.9%	5.7%	4.2%	6.4%	2.4%	0.299	20
Myanmar	10.2%	1.2%	5.4%	3.0%	3.1%	5.9%	0.288	21
Kenya	10.4%	1.5%	6.9%	2.7%	3.2%	2.5%	0.271	22
Panama	8.8%	2.8%	4.5%	2.6%	4.2%	3.9%	0.269	23
Philippines	5.7%	1.5%	3.5%	2.0%	9.9%	3.7%	0.264	24
Cameroon	8.8%	2.9%	6.1%	2.8%	3.1%	2.5%	0.262	25
Costa Rica	8.6%	2.7%	4.1%	2.6%	3.3%	4.1%	0.254	26
Japan	4.4%	1.0%	2.6%	1.0%	12.1%	2.1%	0.233	27
Madagascar	2.5%	4.1%	4.2%	4.0%	3.5%	4.4%	0.226	28
Guatemala	7.1%	2.2%	4.0%	2.6%	2.7%	3.2%	0.218	29
Angola	9.1%	1.3%	5.2%	2.4%	2.7%	0.8%	0.215	30
Guyana	7.9%	1.8%	4.3%	1.8%	3.0%	2.6%	0.214	31
Mozambique	6.7%	1.2%	4.3%	2.2%	5.3%	1.5%	0.212	32
Guinea	6.3%	1.0%	4.1%	5.8%	3.0%	0.9%	0.211	33
Uganda	9.9%	0.8%	5.8%	1.7%	0.8%	1.8%	0.209	34
Honduras	7.0%	1.6%	3.9%	2.6%	3.1%	2.7%	0.208	35
Nigeria	8.6%	1.5%	5.2%	1.9%	2.3%	1.3%	0.208	36
Ethiopia	8.1%	0.9%	4.9%	2.3%	0.5%	2.5%	0.192	37
Sudan	9.2%	0.2%	5.1%	1.8%	1.4%	1.2%	0.189	38
French Guiana	7.1%	1.4%	3.8%	1.6%	2.9%	2.0%	0.188	39
Nicaragua	6.8%	0.9%	3.7%	1.9%	3.2%	2.1%	0.187	40
Suriname	7.0%	1.5%	3.8%	0.6%	3.1%	1.8%	0.179	41
Laos	6.9%	1.3%	3.9%	1.7%	1.7%	2.2%	0.177	42
Ghana	6.8%	1.1%	4.7%	1.8%	2.1%	1.1%	0.176	43
Congo	6.1%	1.0%	3.6%	3.3%	2.3%	0.9%	0.172	44
Ivory Coast	6.7%	1.1%	4.6%	1.5%	2.0%	1.4%	0.172	45
Zambia	7.3%	1.2%	4.3%	1.8%	1.2%	1.2%	0.169	46
Russia	2.6%	0.4%	5.5%	0.9%	2.9%	4.6%	0.168	47
Nepal	8.1%	0.6%	3.3%	1.4%	0.9%	2.3%	0.166	48
Iran	4.7%	0.3%	3.4%	3.2%	1.9%	2.8%	0.163	49
Gabon	6.1%	1.3%	3.3%	1.3%	2.3%	1.9%	0.163	50

MONGABAY.COM

A concepção básica que sustenta a CDB é que a diversidade biológica global sofre ameaças globais e para a sua proteção é necessária ação global. A CDB reconhece que a diversidade biológica é um importante ativo econômico compartilhado entre os Estados, sendo que a parcela mais rica da diversidade biológica pertence aos Países mais pobres do mundo, sendo objeto de diferentes ilícitos internacionais mediante os quais os recursos genéticos são exportados ilegalmente. Além da conservação e uso sustentável da diversidade biológica, a CDB busca estabelecer mecanismos para a troca econômica entre as Partes, assegurando a transferência de recursos tecnológicos e o acesso aos recursos genéticos globais. A CDB incorpora, ainda, a obrigação de repartição de benefícios decorrentes da utilização econômica dos recursos genéticos, sobretudo aqueles cuja origem seja a utilização de Conhecimentos Tradicionais associados [CT] de povos indígenas e comunidades locais.

Tecnologia	Recursos Genéticos	Acesso aos Recursos Genéticos	Recursos Financeiros
Norte-Sul	Sul-Norte	Norte-Sul	Norte-Sul

A CDB foi promulgada pelo Decreto 2.519/1998, após a sua aprovação pelo Congresso Nacional, mediante a expedição do Decreto Legislativo 2, de 3 de fevereiro de 1994. O Brasil, como em outros campos do DIMA, vem buscando dar cumprimento aos acordos celebrados, criando normas jurídicas e estruturas administrativas para tal finalidade.

2.1 Objetivos da Convenção

A CDB, conforme disposto em seu artigo 1, tem quatro objetivos principais que são: (a) a conservação da diversidade biológica; (b) a utilização sustentável de seus componentes; (c) a repartição justa e equitativa dos benefícios derivados da utilização dos recursos genéticos, mediante, inclusive, o acesso adequado aos recursos genéticos; e (d) a transferência adequada de tecnologias pertinentes, levando em conta todos os direitos sobre tais recursos e tecnologias, mediante financiamento adequado.

A conservação da diversidade biológica é uma aspiração de todos. Contudo, desde a celebração da CDB, a diversidade biológica vem sofrendo decréscimo, pois a mera entrada em vigência do acordo ambiental não é suficiente para deter processos de desflorestamento, sobrepesca e tantos outros, sem que medidas efetivas na áreas regulatória, fiscalizatória e econômica sejam adotadas.

A CDB é uma convenção-quadro, isto é, demanda a elaboração de protocolos adicionais para que determinados pontos do convencionado entre as Partes Contratantes possam ser aprofundados e esclarecidos para posterior implementação. A adoção dos protocolos se faz nas Conferências das Partes (artigo 28).

A CDB estabelece uma série de medidas a serem adotadas pelas Partes com vistas a alcançar os seus objetivos. Tais medidas, em linhas gerais, são as seguintes: (1) medidas gerais, (2) identificação e monitoramento, (3) conservação *in situ*, (4) conservação *ex situ*, (5) utilização sustentável dos componentes da diversidade biológica, (6) incentivos, (7) pesquisa e treinamento, (8) educação e conscientização pública, (9) avaliação do impacto e minimização do impactos negativos, (10) acesso a recursos genéticos, (11) acesso à tecnologia e transferência de tecnologia, (12) intercâmbio de informações, (13) cooperação técnica e científica, (14) gestão da biotecnologia e repartição de seus benefícios. Como se pode ver, são medidas amplas que ainda estão longe de ser adotadas integralmente pelas Partes, assemelhando-se a uma vasta declaração de intenções.

2.1.1 *Conservação* in situ e ex situ

A Conservação *in situ*, artigo 8, é o objetivo principal da Convenção a ser perseguido pelas Partes, "na medida do possível e conforme o caso", devendo: (a) estabelecer um sistema de áreas protegidas ou áreas onde medidas especiais precisem ser tomadas para conservar a diversidade biológica; (b) desenvolver, se necessário, diretrizes para a seleção, estabelecimento e administração de áreas protegidas ou áreas onde medidas especiais precisem ser tomadas para conservar a diversidade biológica; (c) regulamentar ou administrar recursos biológicos importantes para a conservação da diversidade biológica, dentro ou fora de áreas protegidas, a fim de assegurar sua conservação e utilização sustentável; (d) promover a proteção de ecossistemas, *habitats* naturais e manutenção de populações viáveis de espécies em seu meio natural; (e) promover o desenvolvimento sustentável e ambientalmente sadio em áreas adjacentes às áreas protegidas a fim de reforçar a proteção dessas áreas; (f) recuperar e restaurar ecossistemas degradados e promover a recuperação de espécies ameaçadas, mediante, entre outros meios, a elaboração e implementação de planos e outras estratégias de gestão; (g) estabelecer ou manter meios para regulamentar, administrar ou controlar os riscos associados à utilização e liberação de organismos vivos modificados resultantes da biotecnologia que provavelmente provoquem impacto ambiental negativo que possa afetar a conservação e a utilização sustentável da diversidade biológica, levando também em conta os riscos para a saúde humana; (h) impedir que se introduzam, controlar ou erradicar espécies exóticas que ameacem os ecossistemas, *habitats* ou espécies; (i) procurar proporcionar as condições necessárias para compatibilizar as utilizações atuais com a conservação da diversidade biológica e a utilização sustentável de seus componentes; (j) em conformidade com sua legislação nacional, respeitar, preservar e manter o conhecimento, inovações e práticas das comunidades locais e populações indígenas com estilo de vida tradicionais relevantes à conservação e à utilização sustentável da diversidade biológica, e incentivar sua mais ampla aplicação com a aprovação e a participação dos detentores desse conhecimento, inovações e práticas; (k) elaborar ou manter em vigor a legislação necessária e/ou outras disposições regulamentares para a proteção de espécies e populações ameaçadas; (l) quando se verifique um sensível efeito negativo à diversidade biológica, em conformidade com o artigo 7 da Convenção, regulamentar ou administrar os processos e as categorias de atividades em causal; e (m) cooperar com o aporte de apoio financeiro e de outra natureza para a conservação *in situ* a que se referem as alíneas *a* a *l* do artigo 8 da Convenção, particularmente aos países em desenvolvimento. É a conservação nos próprios locais onde se encontram os elementos da diversidade biológica a serem protegidos. O objetivo da CDB é que o mundo atinja 17% de sua área sob proteção especial.[11] O número de áreas protegidas no mundo vem aumentando desde 2010.

Entretanto, é imperioso observar que a 10ª Conferência das artes realizada em Nagoia (Japão) aprovou o Plano Estratégico de Biodiversidade para o período de 2011 a 2020 que, ainda, não se cumpriu.[12]

---

[11] Disponível em: https://livereport.protectedplanet.net/chapter-1. Acesso em: 29 maio 2022.

[12] ***Objetivo Estratégico A. Tratar das causas fundamentais de perda de biodiversidade fazendo que preocupações com biodiversidade permeiem governo e sociedade*** Meta 1:** Até 2020, no mais tardar, as pessoas terão conhecimento dos valores da biodiversidade e das medidas que poderão tomar para conservá-la e utilizá-la de forma sustentável. **Meta 2:** Até 2020, no mais tardar, os valores da biodiversidade serão integrados em estratégias nacionais e locais de desenvolvimento e redução de pobreza e procedimentos de planejamento e estarão sendo incorporados em contas nacionais, conforme o caso, e sistemas de relatoria. **Meta 3:** Até 2020, no mais tardar, incentivos, inclusive subsídios, lesivos à biodiversidade terão sido eliminados ou reformados, ou estarão em vias de eliminação visando minimizar ou evitar impactos negativos, e incentivos positivos para a conservação e uso sustentável

de biodiversidade terão sido elaborados e aplicados, consistentes e em conformidade com a Convenção e outras obrigações internacionais relevantes, levando em conta condições socioeconômicas nacionais. **Meta 4:** Até 2020, no mais tardar, Governos, o setor privado e grupos de interesse em todos os níveis terão tomado medidas ou implementarão planos para produção e consumo sustentáveis e terão conseguido restringir os impactos da utilização de recursos naturais claramente dentro de limites ecológicos seguros. ***Objetivo Estratégico B. Reduzir as pressões diretas sobre biodiversidade e promover o uso sustentável*** **Meta 5:** Até 2020, a taxa de perda de todos os habitats naturais, inclusive florestas, terá sido reduzida em pelo menos a metade e na medida do possível levada a perto de zero, e a degradação e fragmentação terão sido reduzidas significativamente. **Meta 6:** Até 2020, o manejo e captura de quaisquer estoques de peixes, invertebrados e plantas aquáticas serão sustentáveis, legais e feitas com a aplicação de abordagens ecossistêmicos de modo a evitar a sobre-exploração, colocar em prática planos e medidas de recuperação para espécies exauridas, fazer com que a pesca não tenha impactos adversos significativos sobre espécies ameaçadas e ecossistemas vulneráveis, e fazer com que os impactos da pesca sobre estoques, espécies e ecossistemas permaneçam dentro de limites ecológicos seguros. **Meta 7:** Até 2020, áreas sob agricultura, aquicultura e exploração florestal serão manejadas de forma sustentável, assegurando a conservação de biodiversidade. **Meta 8:** Até 2020, a poluição, inclusive resultante de excesso de nutrientes, terá sido reduzida a níveis não detrimentais ao funcionamento de ecossistemas e da biodiversidade. **Meta 9:** Até 2020, espécies exóticas invasoras e seus vetores terão sido identificadas e priorizadas, espécies prioritárias terão sido controladas ou erradicadas, e medidas de controle de vetores terão sido tomadas para impedir sua introdução e estabelecimento. **Meta 10:** Até 2015, as múltiplas pressões antropogênicas sobre recifes de coral, e demais ecossistemas impactadas por mudança de clima ou acidificação oceânica, terão sido minimizadas para que sua integridade e funcionamento sejam mantidos. ***Objetivo Estratégico C. Melhorar a situação de biodiversidade protegendo ecossistemas, espécies e diversidade genética*** **Meta 11:** Até 2020, pelo menos 17 por cento de áreas terrestres e de águas continentais e 10 por cento de áreas marinhas e costeiras, especialmente áreas de especial importância para biodiversidade e serviços ecossistêmicos, terão sido conservados por meio de sistemas de áreas protegidas geridas de maneira efetiva e equitativa, ecologicamente representativas e satisfatoriamente interligadas e por outras medidas espaciais de conservação, e integradas em paisagens terrestres e marinhas mais amplas. **Meta 12:** Até 2020, a extinção de espécies ameaçadas conhecidas terá sido evitada e sua situação de conservação, em especial daquelas sofrendo um maior declínio, terá sido melhorada e mantida. **Meta 13:** Até 2020, a diversidade genética de plantas cultivadas e de animais criados e domesticados e de variedades silvestres, inclusive de outras espécies de valor socioeconômico e/ou cultural, terá sido mantida e estratégias terão sido elaboradas e implementadas para minimizar a erosão genética e proteger sua diversidade genética. ***Objetivo Estratégico D. Aumentar os benefícios de biodiversidade e serviços ecossistêmicos para todos*** **Meta 14:** Até 2020, ecossistemas provedores de serviços essenciais, inclusive serviços relativos a água e que contribuem à saúde, meios de vida e bem-estar, terão sido restaurados e preservados, levando em conta as necessidades de mulheres, comunidades indígenas e locais, e os pobres e vulneráveis. **Meta 15:** Até 2020, a resiliência de ecossistemas e a contribuição da biodiversidade para estoques de carbono terão sido aumentadas através de ações de conservação e recuperação, inclusive por meio da recuperação de pelo menos 15 por cento dos ecossistemas degradados, contribuindo assim para a mitigação e adaptação à mudança de clima e para o combate à desertificação. **Meta 16:** Até 2015, o Protocolo de Nagoya sobre Acesso a Recursos Genéticos e a Repartição Justa e Equitativa dos Benefícios Derivados de sua Utilização terá entrado em vigor e estará operacionalizado, em conformidade com a legislação nacional. ***Objetivo Estratégico E. Aumentar a implementação por meio de planejamento participativo, gestão de conhecimento e capacitação*** **Meta 17:** Até 2015, cada Parte terá elaborado, adotado como instrumento de política, e começado a implementar uma estratégia nacional de biodiversidade e plano de ação efetiva, participativa e atualizada. **Meta 18:** Até 2020, os conhecimentos tradicionais, inovações e práticas de comunidades indígenas e locais relevantes à conservação e uso sustentável de biodiversidade, e a utilização consuetudinária dessas de recursos biológicos, terão sido respeitados, de acordo com a legislação nacional e as obrigações internacionais relevantes, e plenamente integrados e refletidos na implementação da Convenção com a participação plena e efetiva de comunidades indígenas e locais em todos os níveis relevantes. **Meta 19:** Até 2020, o conhecimento, a base científica e tecnologias ligadas à biodiversidade, seus valores, funcionamento, situação e tendências, e as consequências de sua perda terão sido melhorados, amplamente compartilhados e transferidos, e aplicados. **Meta 20:** Até 2020, no mais tardar, a mobilização de recursos financeiros para

A conservação *ex situ* é uma medida complementar à conservação *in situ*, não a substituindo. Cuida-se de uma obrigação que as Partes devem cumprir, "na medida do possível e conforme o caso": (a) adotar medidas para a conservação *ex situ* de componentes da diversidade biológica, de preferência no país de origem desses componentes; (b) estabelecer e manter instalações para a conservação *ex situ* e pesquisa de vegetais, animais e micro-organismos, de preferência no país de origem dos recursos genéticos; (c) adotar medidas para a recuperação e regeneração de espécies ameaçadas e para sua reintrodução em seu *habitat* natural em condições adequadas; (d) regulamentar e administrar a coleta de recursos biológicos de *habitats* naturais com a finalidade de conservação *ex situ* de maneira a não ameaçar ecossistemas e populações *in situ* de espécies, exceto quando forem necessárias medidas temporárias especiais *ex situ* de acordo com a alínea *c* acima; e (e) cooperar com o aporte de apoio financeiro e de outra natureza para a conservação *ex situ* a que se referem as alíneas *a* a *d* do artigo 9 da Convenção e com o estabelecimento e a manutenção de instalações de conservação *ex situ* em países em desenvolvimento.

Tanto a conservação *in situ*, como a *ex situ* demandam muitos recursos financeiros, técnicos e institucionais, pois podem envolver desapropriações de áreas, implantação de estruturas legais e administrativas, assim como o desenvolvimento de pesquisas, laboratórios etc. Embora o objetivo da Convenção seja a conservação da diversidade biológica, como um todo e não meramente a manutenção de áreas testemunha, ou seja, áreas que guardam características de um ecossistema em vias de extinção ou extinto em outros locais, a conservação *ex situ* é fundamental.

2.1.2   Financiamento das medidas a serem adotadas

Para que a CDB alcance seus objetivos são necessários recursos financeiros, técnicos e científicos. Consciente de tal circunstância, os artigos 20 e 21[13] estabeleceram as diretrizes para o seu adequado financiamento. As Partes, por meio do disposto no artigo 20 (1) se comprometeram a apoiar financeiramente, de acordo com a sua capacidade, e incentivar as iniciativas nacionais relativas à implementação da Convenção, de acordo com os seus planos e prioridades nacionais. Reconhecendo as desigualdades econômicas entre as Partes Contratantes, cabe aos países desenvolvidos transferir novos e adicionais recursos financeiros aos países em desenvolvimento, de forma que possam cobrir integralmente os custos decorrentes do cumprimento da Convenção, assim como para que se beneficiem dos dispositivos do Acordo. Tais custos serão definidos em comum entre cada Parte país em desenvolvimento e o mecanismo institucional previsto no artigo 21, em conformidade com políticas, estratégias, prioridades programáticas e critérios de aceitabilidade, segundo uma lista indicativa de custos adicionais estabelecida pela COP e Outras Partes, entre as quais os países em transição[14] para uma economia de mercado, que podem assumir voluntariamente as obrigações das Partes países desenvolvidos.

---

a implementação efetiva do Plano Estratégico para Biodiversidade 2011-2020 oriundos de todas as fontes e em conformidade com o processo consolidado e acordado na Estratégia de Mobilização de Recurso deverá ter aumentado substancialmente em relação a níveis atuais. Esta meta estará sujeita a alterações decorrentes das avaliações da necessidade de recursos a serem elaboradas e relatadas pelas Partes. Disponível em: https://oeco.org.br/dicionario-ambiental/28727-o-que-sao-as-metas-de-aichi/. Acesso em: 29 maio 2022.

[13]   O mecanismo financeiro teve a sua estrutura reforçada pelo artigo 28 do Protocolo de Cartagena e artigo 25 do Protocolo de Nagoia. Há o *Memorandum* de Entendimento (MOU da sigla em inglês para *Memorandum of Understanding*) firmado com o *Global Environment Facility* (GEF), conforme a Decisão da COP III (III/8). Disponível em: https://www.cbd.int/financial/default.shtml. Acesso em: 17 jun. 2022.

[14]   Ex-países socialistas.

A relação das Partes países em desenvolvimento e outras Partes que voluntariamente assumam as obrigações das Partes países desenvolvidos tem normatividade própria. O cumprimento pelas Partes dos termos da Convenção deverá ser avaliado de acordo com as suas capacidades econômicas, sendo que o adimplemento das obrigações contraídas pelos países em desenvolvimento "dependerá do cumprimento efetivo dos compromissos assumidos sob esta Convenção pelas Partes países desenvolvidos, no que se refere a recursos financeiros e transferência de tecnologia, e levará plenamente em conta o fato de que o desenvolvimento econômico e social e a erradicação da pobreza são as prioridades primordiais e absolutas das Partes países em desenvolvimento" [artigo 20 (4)], ou seja o apoio financeiro dos países desenvolvidos e condição essencial para que os países em desenvolvimento possam cumprir suas obrigações para com a Convenção.

O mecanismo financeiro consta do artigo 21. A sua missão é prover, por meio de doação, ou em bases concessionais, sendo destinatárias as Partes países em desenvolvimento dos recursos financeiros necessários para o atingimento dos objetivos da CDB. Cabe à COP definir os critérios e objetivos para o mecanismo financeiro que a ela deve prestar contas.

O mecanismo financeiro da CDB é o *Global Environment Facility* [GEF],[15] que é um fundo vinculado ao Banco Mundial que também serve como mecanismo financeiro para outras quatro convenções ambientais: (1) Convenção das Nações Unidas sobre Mudanças Climáticas; (2) Convenção de Estocolmo sobre Poluentes Orgânicos Persistentes; (3) Convenção das Nações Unidas sobre Combate à Desertificação; (4) Convenção de Minamata sobre Mercúrio.

O GEF é composto por 184 membros, sendo dirigido por um Conselho composto por representantes de 32 Estados, dos quais 14 são de países desenvolvidos, 16 de países em desenvolvimento e dois de países com economia em transição.[16]

Ciclos de refinanciamento do GEF

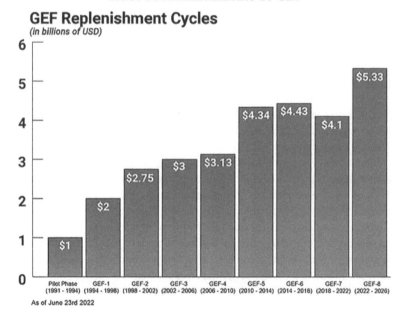

Fonte: https://www.thegef.org/who-we-are/funding.

---

[15] Disponível em: https://www.thegef.org/partners/conventions. Acesso em: 17 jun. 2022.
[16] Disponível em: https://www.thegef.org/partners/countries-participants. Acesso em: 17 jun. 2022.

2.2 Soberania dos Estados sobre a diversidade biológica

O artigo 3 da CDB determina que os Estados, conforme a Carta das Nações Unidas e os princípios de direito internacional, têm o direito soberano de explorar seus próprios recursos segundo suas políticas ambientais, e a responsabilidade de assegurar que atividades sob sua jurisdição ou controle não causem danos ao meio ambiente de outros Estados ou de áreas além dos limites da jurisdição nacional. Há uma soberania solidária e responsável em relação aos demais países da comunidade internacional, na medida em que os Estados têm a obrigação de assegurar que atividades sob sua jurisdição ou controle não causem danos ao meio ambiente de outros Estados ou de áreas além dos limites da sua jurisdição nacional. Dado o fato de que a diversidade biológica é um interesse de toda a humanidade, está claro que o *direito soberano dos Estados* não inclui o de destruí-la. Ela deve ser utilizada à luz do conceito de desenvolvimento sustentável.

A CDB expressamente reconhece que, sendo certo que a diversidade biológica ultrapassa fronteiras nacionais, a sua exploração não pode implicar danos além-fronteira. Está estabelecido, portanto, um princípio de solidariedade e responsabilidade entre as nações para a conservação de uma "preocupação comum" da humanidade e, portanto, dos Estados. O reconhecimento de que os Estados têm direitos soberanos sobre os seus próprios recursos biológicos afasta de plano a ideia de que a diversidade biológica existente em cada um dos Estados é um *patrimônio comum* da Humanidade. Se aceita a tese do patrimônio comum, a consequência lógica seria o estabelecimento de algum mecanismo internacional que se encarregasse de geri-lo. Não há, portanto, uma gestão internacional sobre a diversidade biológica de cada um dos países, mas um esforço para a cooperação entre os Estados. Há, isto sim, uma *responsabilidade comum*, porém diferenciada sobre a conservação da diversidade biológica.

2.3 A Conferência das Partes [COP]

A COP é uma instância deliberativa da CDB que foi instituída pelo seu artigo 23, cuja atribuição definida no artigo 23 (4) é, basicamente, de acompanhar a implementação da CDB. Para o desempenho de tal atividade, a CDB autorizou a COP a: (a) estabelecer a forma e a periodicidade da comunicação das Informações a serem apresentadas em conformidade com o artigo 26, e examinar essas Informações, bem como os relatórios apresentados por qualquer órgão subsidiário; (b) examinar os pareceres científicos, técnicos e tecnológicos apresentados de acordo com o artigo 25; (c) examinar e adotar protocolos, caso necessário, em conformidade com o artigo 28; (d) examinar e adotar, caso necessário, emendas à Convenção e a seus anexos, em conformidade com os artigos 29 e 30; (e) examinar emendas a qualquer protocolo, bem como a quaisquer de seus anexos e, se assim decidir, recomendar sua adoção às partes desses protocolos; (f) examinar e adotar, caso necessário, anexos adicionais à Convenção, em conformidade com o artigo 30; (g) examinar os órgãos subsidiários, especialmente de consultoria científica e técnica, considerados necessários à implementação da Convenção; (h) entrar em contato, por meio do Secretariado, com os órgãos executivos de Convenções que tratem de assuntos objeto da Convenção, para com eles estabelecer formas adequadas de cooperação; e (i) examinar e tomar todas as demais medidas que possam ser necessárias para alcançar os fins da Convenção, à luz da experiência adquirida na sua implementação.

A COP é, portanto, o órgão máximo da CDB, competindo-lhe a direção política da Convenção. A COP pode se reunir ordinária ou extraordinariamente. As sessões extraordinárias são realizadas quando for considerado necessário pela Conferência, ou por solicitação escrita de qualquer Parte, desde que, dentro de seis meses após a solicitação ter sido comunicada às Partes pelo Secretariado, seja apoiada por pelo menos um terço das Partes.

As COPs podem ser acompanhadas por observadores, os quais deverão se submeter às regras procedimentais definidas pela Conferência. Poderão ser admitidos, na condição de observadores, as Nações Unidas, seus organismos especializados e a Agência Internacional de Energia Atômica, bem como qualquer Estado que não seja Parte dessa Convenção [artigo 23 (5)]. Além disso, qualquer outro órgão ou organismo governamental ou não governamental competente, no campo da conservação e da utilização sustentável da diversidade biológica, que informe ao Secretariado o seu desejo de se fazer representar como observador numa sessão da Conferência das Partes, podendo ser admitido, a menos que um terço das Partes apresente objeção.

2.4   Protocolos

A Convenção possui três protocolos: (1) Cartagena, (2) Nagoia e (3) Suplementar de Nagoia-Kuala Lumpur. O objetivo de tais acordos multilaterais é complementar aspectos da Convenção, definindo como as Partes deverão dar cumprimento às obrigações convencionais genericamente estabelecidas.

2.4.1   Protocolo de Cartagena

O Protocolo de Cartagena sobre Biossegurança é um acordo ambiental multilateral que atualmente conta com a adesão de 173 Partes,[17] tendo como objetivo principal garantir o manuseio, transporte e uso seguro dos organismos geneticamente modificados [OGM], resultantes da utilização da moderna biotecnologia, que possam produzir efeitos adversos sobre a diversidade biológica, levando em consideração os riscos à saúde humana. O protocolo foi adotado em 29 de janeiro de 2000 e entrou em vigor em 11 de setembro de 2003.

O Protocolo é composto por 40 artigos e três anexos, tendo sido incorporado ao direito brasileiro pelo Decreto 5.705/2006. Conforme o artigo 4º do Protocolo, ele é aplicável "ao movimento transfronteiriço, ao trânsito, à manipulação e à utilização de todos os organismos vivos modificados que possam ter efeitos adversos na conservação e no uso sustentável da diversidade biológica, levando também em conta os riscos para a saúde humana". Todavia, o artigo 5º excepciona o "movimento transfronteiriço de organismos vivos modificados que sejam fármacos para seres humanos que estejam contemplados por outras organizações ou outros acordos internacionais relevantes".

O artigo 27 definiu que a COP deve estabelecer normas e procedimentos "internacionais no campo da responsabilidade e compensação para danos que resultem dos movimentos transfronteiriços de organismos vivos geneticamente modificados, analisando e levando em consideração os processos em andamento no direito internacional sobre essas matérias".

Os três Anexos tratam de (I) Informações exigidas nas Notificações de acordo com os artigos 8º, 10 e 13; (II) Informações exigidas sobre os organismos vivos modificados destinados ao uso direto como alimento humano ou animal ou ao processamento de acordo com o artigo 11; e (III) Avaliação de risco.

2.4.2   Protocolo Suplementar de Nagoia-Kuala Lumpur

O Protocolo Suplementar de Nagoia-Kuala Lumpur sobre Responsabilidade e Reparação do Protocolo de Cartagena sobre Biossegurança [Protocolo Suplementar] foi adotado em 15 de outubro de 2010, na 5ª COP, que serviu de Encontro das Partes do Protocolo de Cartagena

---

[17]   Disponível em: https://bch.cbd.int/protocol/. Acesso em: 29 maio 2022.

242 | DIREITO AMBIENTAL – *Paulo de Bessa Antunes*

(BS COP MOP 5), mediante a Decisão BS V/11,[18] e entrou em vigor em 5 de março de 2018,[19] com base no artigo 27 da Convenção, sendo composto por 49 Partes.[20]

O Protocolo em seu artigo 2 (2) (b) (i) e (ii) estabeleceu definições importantes, tais como as de dano, que significa um efeito adverso para a conservação e o uso sustentável da diversidade biológica, levando em consideração os riscos causados à saúde humana que sejam mensuráveis ou observáveis levando em conta, sempre que disponível, o conhecimento científico reconhecido por uma autoridade competente que considere qualquer variação induzida pela atividade humana ou uma variação natural e que seja significativa, na forma do artigo 2 (3).

Um efeito significativo adverso deve ser determinado com base em fatores tais como: (a) uma modificação de longa duração ou permanente, e ser entendida como não recuperável por meios naturais em um período razoável de tempo; (b) a extensão das mudanças qualitativas ou quantitativas que afetem adversamente os componentes da diversidade biológica; (c) a redução da habilidade dos componentes da diversidade biológica em prover bens e serviços; e (d) a extensão de qualquer efeito adverso sobre a saúde humana no contexto do Protocolo. O Protocolo Suplementar também estabelece a necessidade de que a relação de causalidade entre o dano e o OGM em questão deve ser comprovada, conforme a legislação doméstica (artigo 4º).

O estabelecimento de regras legais de acesso ao patrimônio e aos conhecimentos tradicionais associados é uma resposta à utilização não autorizada de tais recursos e, sobretudo, uma tentativa de dar às populações tradicionais e aos povos indígenas uma remuneração adequada pelo provimento de tais serviços para uma comunidade mais ampla. Todavia, não se pode dizer que isto tenha sido suficiente para apaziguar os sentimentos de espoliação e desconsideração que, muitas vezes, permeiam tais populações.

A inexistência de quadros legais claros e de adequada remuneração aos provedores de diversidade biológica e conhecimentos tradicionais deu margem ao surgimento do termo *biopirataria,* que é um conceito muito mais político do que jurídico. A *biopirataria* parte da concepção de que há uma exploração dos recursos dos países do "terceiro mundo", de seus povos e de seus conhecimentos tradicionais. O comércio internacional e as suas instituições seriam os responsáveis pela "legalização" de tal modelo de exploração (WHITE, 2010). Paralelamente à questão da biopirataria, o incremento das trocas comerciais internacionais lançou novas luzes sobre a questão da biossegurança, pois a enorme circulação de navios e aviões, bem como de pessoas e produtos faz que seres vivos de outros países e continentes sejam transportados de um lugar para outro e, por isso, possam prejudicar a flora e a fauna do local para os quais tenham sido transferidos, havendo necessidade de medidas protetoras para a diversidade biológica autóctone, seja por questões puramente ecológicas, seja pela repercussão econômica, haja vista que as atividades locais são influenciadas, e mesmo determinadas, por acontecimentos ou organismos distantes (GIDDENS, 2012).

Uma das particularidades do tema é que ele incorpora no mundo jurídico e legal a manifestação de vontade de grupos intermediários – isto é, não são indivíduos e tampouco o estado dos povos indígenas e populações tradicionais (comunidades locais) – que passaram a se organizar a partir do renascimento dos direitos humanos no período após a Segunda Guerra Mundial, com a Declaração Universal dos Direitos Humanos. É importante sublinhar que, no que se refere aos povos indígenas, foi somente no início do século XX que uma

---

[18] Disponível em: http://bch.cbd.int/protocol/decisions/?decisionID=12324. Acesso em: 6 out. 2019.

[19] Disponível em: http://bch.cbd.int/protocol/supplementary/. Acesso em: 6 out. 2019.

[20] Disponível em: https://bch.cbd.int/protocol/supplementary/. Acesso em: 29 maio 2022.

delegação indígena se apresentou autonomamente no cenário internacional, representada por um grupo de iroqueses canadenses (seis nações) solicitando audiência à Liga das Nações, sem sucesso (ANAYA, 2009). Foi principalmente na década de 60 do século XX que os indígenas e as comunidades locais começaram a surgir no cenário internacional como força política. Essa situação foi favorecida por vários fatores, dentre os quais merecem destaque: (1) a descolonização efetivada após a Segunda Guerra Mundial; (2) os conflitos internos nos países originários da descolonização, com predominância de determinados grupos étnicos sobre outros; (3) o movimento de direitos civis nos Estados Unidos com a incorporação de questões étnicas por parte de uma classe média com raízes indígenas. Destaque-se que os movimentos indígenas, não poucas vezes, conflitaram com os defensores do meio ambiente ou ambientalistas. As reivindicações indígenas estão mais próximas do discurso da justiça ambiental, surgido nos Estados Unidos na segunda metade do século XX e que difere fortemente do discurso ambientalista principal (HANNIGAN, 2014).

A Carta da ONU, com seu espírito igualitário, no artigo 55 (a) estabelece que um dos princípios da cooperação entre os Estados é favorecer que se atinjam "níveis mais altos de vida, trabalho efetivo e condições de progresso e desenvolvimento econômico e social"; a cooperação econômica, igualmente, deve favorecer "o respeito universal e efetivo dos direitos humanos e das liberdades fundamentais para todos, sem distinção de raça, sexo, língua ou religião" [artigo 55 (c)], por sua vez, a Declaração Universal dos Direitos Humanos estabelece que "[t]odos os seres humanos nascem livres e iguais em dignidade e em direitos" (artigo 1º), podendo invocá-los "sem distinção alguma" (artigo 2º), destacando-se os direitos "à vida, à liberdade e à segurança pessoal" (artigo 3º), bem como à igualdade ("perante a lei e, sem distinção, têm direito a igual proteção da lei"). Os povos indígenas e populações tradicionais passaram a se compreender como destinatários de tais direitos universais e, desde então, buscam a sua implementação, utilizando-se de todos os diferentes meios disponíveis para tal.

Do ponto de vista normativo, a norma internacional que mais claramente atribui aos povos indígenas e comunidades tradicionais direitos sobre os recursos naturais existentes em suas terras é a Convenção 169 da Organização Internacional do Trabalho, que foi incorporada ao Direito brasileiro pelo Decreto Legislativo 143, de 20 de junho de 2002, e ratificada pelo Decreto 5.051, de 19 de abril de 2004, ainda não devidamente regulamentado. As Convenções da OIT das quais o Brasil é parte foram consolidadas pelo Decreto 10.088/2019.

Uma definição legal de biopirataria pode ser encontrada no direito mexicano[21] que a define como a "apropriação dos recursos genéticos e conhecimentos tradicionais realizada sem o consentimento prévio e autorizado das comunidades e povos indígenas, sem que exista distribuição justa e equitativa dos benefícios derivados de sua utilização, mediante a patente de propriedade intelectual que garanta seu uso monopolístico e com fins de lucro".

O combate à biopirataria é uma das principais preocupações da Convenção sobre Diversidade Biológica.

2.4.3   Protocolo de Nagoia

O Protocolo de Nagoia sobre o Acesso aos Recursos Genéticos e a Repartição Justa e Equitativa dos Benefícios[22] [The Nagoya Protocol on Access to Genetic Resources and the Fair and Equitable Sharing of Benefits Arising from their Utilization (ABS)] é um acordo multilateral suplementar à CDB que propicia um quadro legal claro para a implementação

---

[21]   Ley General de Protección a los Conocimientos Tradicionales de los Pueblos Indígenas, artigo 2, IV.

[22]   Disponível em: https://www.cbd.int/abs/about/default.shtml. Acesso em: 7 out. 2019.

efetiva de um dos três objetivos da Convenção: a repartição justa e equitativa dos benefícios resultantes da utilização dos recursos genéticos.

O Protocolo foi adotado em 20 de outubro de 2010, tendo entrado em vigor no dia 12 de outubro de 2014. O Protocolo conta com 135 Partes (137 ratificações) e 92 assinaturas.[23] O Brasil aderiu ao Protocolo de Nagoia por meio da edição do Decreto Legislativo 136/2020. No texto do Decreto Legislativo ficou expressamente consignado que a aprovação constante do parágrafo único do artigo 1º está condicionada à "formulação, por ocasião da ratificação do Protocolo, de declarações das quais constem os seguintes entendimentos: I – em conformidade com o disposto no artigo 28 da Convenção de Viena sobre o Direito dos Tratados, quanto à aplicação do disposto no parágrafo 2 do artigo 33 do Protocolo, as disposições do Protocolo de Nagoia, para fins de sua implementação, não terão efeitos retroativos; II – em conformidade com o disposto na alínea *c* do artigo 8 do Protocolo, a exploração econômica para fins de atividades agrícolas, de acordo com a definição constante da Lei 13.123, de 20 de maio de 2015, decorrente de material reprodutivo de espécies introduzidas no país pela ação humana até a entrada em vigor do Protocolo não estará sujeita à repartição de benefícios nele prevista; III – em conformidade com o disposto no artigo 2 combinado com o parágrafo 3 do artigo 15, ambos da Convenção sobre Diversidade Biológica, e tendo em vista a aplicação do disposto nos artigos 5 e 6 do Protocolo, consideram-se como encontradas em condições *in situ* as espécies ou variedades que formem populações espontâneas que tenham adquirido características distintivas próprias no país e a variedade tradicional local ou crioula ou a raça localmente adaptada ou crioula, conforme conceituadas na legislação interna, nomeadamente no artigo 2º da Lei 13.123, de 20 de maio de 2015, com enquadramento desse país no conceito de 'país de origem' desses recursos genéticos; IV – considera-se a Lei 13.123, de 20 de maio de 2015, como a lei doméstica para a implementação do Protocolo de Nagoia".

O artigo 1 da CDB estabelece como um de seus objetivos a repartição justa e equitativa dos benefícios relacionados à utilização dos recursos genéticos. Por sua vez, o artigo 15 da Convenção estabelece as linhas gerais para a implementação efetiva do objetivo convencional. Dado que as Partes da Convenção são titulares dos direitos soberanos sobre os seus recursos genéticos, compete-lhes, em conformidade com as suas legislações nacionais, determinar a forma como o acesso aos recursos genéticos será feito, bem como a forma a ser adotada para a justa e equitativa repartição dos benefícios associados. Não se esqueça o importante artigo 8 (j) da Convenção, cujo objetivo é fornecer meios para a repartição justa e equitativa dos benefícios relacionados ao acesso aos recursos genéticos por meio dos TCs fornecidos pelos povos indígenas e comunidades locais. Além disso, a CDB contém normas relacionadas à transferência de tecnologia (artigo 16), à troca de informações (artigo 17), à cooperação técnica e científica (artigo 18), ao manuseio da biotecnologia e à distribuição de seus benefícios (artigo 19), e aos recursos financeiros e seus mecanismos (artigos 20 e 21).

A 4ª Reunião da COP, realizada em 1998, instituiu um Painel de especialistas em ABS para clarificar princípios e conceitos relacionados ao tema. O referido Painel se reuniu por duas vezes, tendo discutido matérias tais como: (a) consentimento prévio, livre e informado (Free, Previous and Informed Consent – FPIC, da sigla em inglês); (b) repartição de benefícios; (c) capacitação; e (d) envolvimento de *stakeholders* no processo ABS. A COP, em sua 5ª Reunião, instituiu um Grupo de Trabalho *Ad Hoc* sobre ABS, como um Comitê Subsidiário da Conferência das Partes, com mandato para desenvolver diretivas e outras abordagens para

---

[23] Disponível em: https://www.cbd.int/abs/nagoya-protocol/signatories/. Acesso em: 29 maio 2022.

assessorar as Partes na implementação das normas relativas ao acesso e à justa e equitativa repartição dos benefícios relativos à utilização dos recursos genéticos.

Em 2002, foram adotadas as Diretivas de Bonn relativas ao ABS; após muitas negociações o Protocolo foi adotado em 2010.[24]

O Protocolo é constituído por 36 artigos e 1 Anexo. O seu ponto fundamental está contido no artigo 5 e seus cinco parágrafos. O artigo 5 (1) estabelece que, de acordo com o artigo 15 (3) e (7) da CDB, os benefícios decorrentes da utilização de recursos genéticos, bem como de aplicações e comercialização subsequentes, serão compartilhados de maneira justa e equitativa com a Parte que fornecer esses recursos, que é o país de origem dos recursos ou de uma Parte que os adquiriu conforme a Convenção. A repartição deve ocorrer com base em termos mutuamente acordados.

Cabe à legislação de cada Parte definir as condições da repartição, observadas as diretrizes estabelecidas pela Convenção e pelo Protocolo. O artigo 5 (5) estabelece disposições análogas às do artigo 5 (1) para o caso do acesso aos recursos genéticos decorrentes da utilização de TCs.

O artigo 6 trata da necessidade da utilização do FPIC. No particular, é relevante realçar as disposições contidas no parágrafo 3, pelas quais o FPIC deve: (a) proporcionar segurança jurídica, clareza e transparência de sua legislação nacional, ou regulatória sobre acesso e repartição de benefícios; (b) estabelecer regras e procedimentos justos e não arbitrários para o acesso aos recursos genéticos; (c) fornecer informações sobre como solicitar um consentimento prévio informado; (d) providenciar uma decisão clara e transparente por escrito de uma autoridade nacional competente, de maneira econômica e dentro de um prazo razoável; (e) a emissão no momento do acesso de uma licença ou equivalente como prova da decisão de conceder consentimento prévio informado e do estabelecimento de termos mutuamente acordados, e notificar a Câmara de Acesso e Compartilhamento de Benefícios em conformidade; (f) onde aplicável, e sujeito à legislação nacional, estabeleça critérios e/ou processos para obter consentimento prévio informado ou aprovação e envolvimento de comunidades indígenas e locais para acesso a recursos genéticos; e (g) estabelecer regras e procedimentos claros para exigir e estabelecer termos mutuamente acordados. Tais termos devem ser estabelecidos por escrito e podem incluir, entre outros: (i) uma cláusula de solução de controvérsias; (ii) termos sobre compartilhamento de benefícios, inclusive em relação aos direitos de propriedade intelectual; (iii) termos sobre uso subsequente de terceiros, se houver; e (iv) termos sobre mudanças de intenção, quando aplicável.

O acesso aos Conhecimentos Tradicionais associados aos recursos genéticos foi tratado pelo artigo 7 da seguinte maneira: "De acordo com a legislação nacional, cada Parte adotará medidas, conforme apropriado, com o objetivo de garantir que o conhecimento tradicional associado aos recursos genéticos mantidos pelas comunidades indígenas e locais seja acessado com o consentimento prévio e informado ou com a aprovação e o envolvimento desses indígenas e comunidades locais e que termos mutuamente acordados foram estabelecidos".

2.5 A Convenção sobre Diversidade Biológica no Brasil: acesso ao conhecimento tradicional associado

O Brasil vem dando cumprimento às suas obrigações como Parte da CDB. Já em 1988, a CF [artigo 225] estabeleceu uma série de comandos para o Poder Público e para o legislador que são perfeitamente compatíveis com os termos da Convenção. Como se verá, o País, na medida de suas possibilidades, tem buscado estabelecer estruturas legais e administrativas aptas a cumprir os seus compromissos perante a comunidade internacional.

---

[24] Disponível em: https://www.cbd.int/abs/background/default.shtml. Acesso em: 7 out. 2019.

De acordo com o que foi visto ao longo do presente capítulo, a diversidade biológica envolve outras questões além daquelas meramente relacionadas à variabilidade das espécies. No caso específico do Brasil, elementos relativos às populações indígenas e comunidades locais são extremamente relevantes, pois inúmeros são os povos indígenas e tradicionais habitantes do Brasil. Assim, a questão da repartição dos benefícios e do acesso aos recursos genéticos é relevante, pois, desde as primeiras discussões sobre a CDB, a questão relativa à justa e equitativa repartição dos benefícios que derivam da exploração econômica da diversidade biológica tem sido candente. Com efeito, povos indígenas, comunidades tradicionais e pequenos agricultores têm sustentado nos diversos *fóruns* internacionais que boa parte dos modernos medicamentos, cosméticos e outros produtos é fruto da aplicação de seus conhecimentos tradicionais associados à diversidade biológica, uma vez que são detentores de conhecimentos ancestrais relativos à utilização de plantas e micro-organismos. Aliás, deve ser acrescentado o fato de que boa parte das florestas ainda existentes no planeta deve o seu bom estado de conservação à presença de comunidades tradicionais e povos indígenas.

Certamente, entre os debates mais importantes relacionados à CDB, estão os relacionados ao desenvolvimento econômico dos países ricos em diversidade biológica, todavia, com baixo nível de renda. O Brasil, em especial, é detentor de uma enorme diversidade biológica, sendo considerado o principal detentor de espécies no mundo. Todavia, não se pode considerar que a megadiversidade biológica ostentada pelo Brasil seja suficiente para fazer com que possamos existir em um regime de "autarquia ambiental", desligados e presunçosamente achando que não dependemos de germoplasma[25] oriundo de outros países. Existe uma troca constante entre plantas e países que, em realidade, é a base de toda a moderna agricultura, assim como de outras atividades que dependem da diversidade biológica. É, portanto, bastante claro que não existe país autossuficiente em termos de diversidade biológica. Merece ser destacado o fato de que, não obstante a condição privilegiadíssima que o Brasil ostenta em tal assunto, isto não o faz menos interdependente dentro do presente contexto. Varella, Fontes e Rocha (1999, p. 31) indicam que a cana-de-açúcar foi importada da Guiné; o café, da Etiópia; o arroz, das Filipinas; a soja, da China; o cacau, do México etc., o mesmo sendo válido para a silvicultura, para os animais de corte, piscicultura e outros elementos.

O tema referente aos conhecimentos tradicionais associados à diversidade biológica, atualmente, ocupa o ponto nodal de toda problemática do acesso à biodiversidade. Tanto a Organização Mundial da Propriedade Intelectual – OMPI quanto a Organização Mundial do Comércio – OMC têm dedicado muita atenção às intensas e nem sempre tranquilas conexões entre o TRIPS[26] e a CDB, especialmente no que concerne à necessária proteção legal do conhecimento tradicional associado à diversidade biológica. O nosso país é um dos principais atores em todas as discussões que foram mencionadas acima, pois, além de ser o maior detentor de diversidade biológica do mundo, possui também um expressivo número de comunidades locais e populações indígenas que são detentoras de imensos conhecimentos tradicionais sobre os seus *habitats*. *Não é excessivo relembrar que* a discussão sobre os conhecimentos tradicionais associados à diversidade biológica e a importância dos povos indígenas e populações tradicionais fazem com que o debate ambiental recupere o seu aspecto humanista, que foi sendo perdido em função da enorme expansão de teses e pontos de vista que tendem a afastar o Ser Humano do centro do debate ambiental, como parece ser o caso das influentes teses de Aldo Leopold (ANTUNES, 2015, p. 90), por exemplo. É preciso estar atento, como

---

[25] Variabilidade genética total disponível para uma espécie.

[26] Trade Related Intellectual Property Rights (Aspectos da Propriedade Intelectual Relacionados ao Comércio).

Capítulo 8 · PROTEÇÃO JURÍDICA DA DIVERSIDADE BIOLÓGICA | **247**

nos adverte Jacqueline Russ, para que, sob o amor à natureza, não se materialize um ódio aos homens, evitando-se "um anti-humanismo presente em numerosos movimentos verdes atuais" (RUSS, 2011, p. 157). Aliás, é candente a denúncia feita pela laureada com o Prêmio Nobel da Paz de 1992, Rigoberta Menchú (1994): "Muitas pessoas têm dito que os povos indígenas são mitos do passado, ruínas que já morreram. Mas a comunidade indígena não é um vestígio do passado, nem é um mito. É cheia de vitalidade e tem história e futuro. Tem muita sabedoria e riqueza a contribuir. Eles não nos mataram e eles não vão nos matar agora. Estamos caminhando adiante para dizer: 'Não, nós estamos aqui. Nós vivemos'".

Logo, é importante ter em conta que a possibilidade de conciliação entre os interesses ambientalistas e os das comunidades locais e populações indígenas depende, em grande parte, da compreensão por parte dos conservacionistas de que as prioridades indígenas, tais como direitos territoriais, direitos de utilização dos recursos naturais, saúde e educação, dentre outros, sejam incluídos na agenda conservacionista.

Note-se, todavia, que a ideia subjacente a todas as normas acima referidas é a garantia de segurança jurídica para a livre circulação dos produtos advindos da diversidade biológica, assegurando-se os direitos de propriedade intelectual e a sua remuneração.

O papel privilegiado que o Brasil ocupa no cenário internacional, no que se refere à diversidade biológica, faz com que o nosso país seja um importante ator em tal contexto. A enorme quantidade de riquezas potenciais presentes em nossa flora e fauna é de tal envergadura que se chega a compará-la, não sem um certo exagero, com o cartel dos países produtores de petróleo. O fato incontroverso, no entanto, é que o nosso País detém 20% de toda a biodiversidade conhecida em nosso planeta, conforme informação do Ministério do Meio Ambiente: "A variedade de biomas reflete a enorme riqueza da flora e da fauna brasileiras: o Brasil abriga a maior biodiversidade do planeta. Esta abundante variedade de vida – que se traduz em mais de 20% do número total de espécies da Terra – eleva o Brasil ao posto de principal nação entre os 17 países megadiversos (ou de maior biodiversidade)".[27]

As florestas cobrem cerca de 1/3 da massa da Terra, fornecendo suporte direto para a vida de aproximadamente 1,6 bilhão de pessoas[28] e abrigam mais da metade das espécies terrestres existentes no mundo. Segundo dados do Programa das Nações Unidas para o Meio Ambiente [PNUMA], anualmente, são destruídos por volta de 12 milhões de hectares de áreas florestadas. Mais ou menos 25% das emissões globais das emissões de gases de efeito estufa [GEE] são oriundas da destruição de florestas, atividades agrícolas e outros usos alternativos do solo florestal. Não é necessário dizer que tal situação gera grande perda de diversidade biológica e, também, perdas econômicas relevantes para aqueles que vivem diretamente das florestas, bem como para a atividade econômica em geral. Especificamente em relação às *florestas tropicais* – a maioria em países em vias de desenvolvimento – é lar para as populações tradicionais e povos[29] indígenas[30] –, cerca de 70% do desflorestamento tem como causa as

---

[27] Disponível em: http://www.mma.gov.br/biodiversidade/biodiversidade-brasileira. Acesso em: 1 jan. 2019.

[28] Disponível em: https://www.unenvironment.org/pt-br/node/18770. Acesso em: 1 jan. 2019.

[29] "A chave para entender 'indígena' e 'tribal' é saber o que é um 'povo'. Um povo é uma sociedade identificável distinta. Usamos a palavra 'povo' com frequência para nos referir a uma nação – os escoceses são um povo assim como os marroquinos. Entretanto, geralmente há muitos povos diferentes existentes dentro de um mesmo país. A população mundial está dividida entre inúmeros povos, cada um com suas próprias características particulares – ou 'marcadores' – que sinalizam pertença. Um dos marcadores mais óbvios é uma língua e uma identidade compartilhada". Disponível em: https://www.survivalbrasil.org/sobrenos/terminologia. Acesso em: 1 jan. 2019.

[30] "O termo 'indígena' vem do latim assim como as palavras 'gênero', 'genitais', 'geração' e 'Gênesis'. Em outras palavras, ela está relacionada com o nascimento, a reprodução e a descendência. Isto significa

atividades relativas à produção de *commodities*[31] agrícolas. O PNUMA estima que um investimento de 30 bilhões de dólares americanos no combate ao desflorestamento pode resultar em retorno de aproximadamente 2,5 trilhões de dólares americanos em produtos e serviços florestais, gerando alguns milhões de empregos novos. Não há certeza quanto ao tamanho da população indígena atualmente existente no mundo. Há uma variação que vai de 150 milhões[32] até 370 milhões de indígenas[33] distribuídos por mais de 60 países.

3. PROTEÇÃO À DIVERSIDADE BIOLÓGICA NO BRASIL

A CF [artigo 225, § 1º, II, e § 4º] define as regras básicas a serem observadas pelo legislador ordinário. As normas constitucionais brasileiras formam o arcabouço jurídico básico que serve de suporte para a adesão brasileira aos termos da CDB que foi incorporada ao nosso direito interno pelo Decreto 2.519/1998. A Lei ampliou e deu mais estabilidade jurídica aos assuntos que eram tratados pela revogada MProv 2.186-16/2001. Assim, o artigo 1º da lei determinava que o seu campo de aplicação é: (i) o acesso ao patrimônio genético do País, bem de uso comum do povo encontrado em condições *in situ,* inclusive as espécies domesticadas e populações espontâneas, ou mantido em condições *ex situ,* desde que encontrado em condições *in situ* no território nacional, na plataforma continental, no mar territorial e na zona econômica exclusiva; (ii) ao conhecimento tradicional associado ao patrimônio genético, relevante à conservação da diversidade biológica, à integridade do patrimônio genético do País e à utilização de seus componentes; (iii) ao acesso à tecnologia e à transferência de tecnologia para a conservação e a utilização da diversidade biológica; (iv) à exploração econômica de produto acabado ou material reprodutivo oriundo de acesso ao patrimônio genético ou ao conhecimento tradicional associado; (v) à repartição justa e equitativa dos benefícios derivados da exploração econômica de produto acabado ou material reprodutivo oriundo de acesso ao patrimônio genético ou ao conhecimento tradicional associado, para conservação e uso sustentável da biodiversidade; (vi) à remessa para o exterior de parte ou do todo de organismos, vivos ou mortos, de espécies animais, vegetais, microbianas ou de outra natureza, que se destine ao acesso ao patrimônio genético; e (vii) à implementação de tratados internacionais sobre o patrimônio genético ou o conhecimento tradicional associado aprovados pelo Congresso Nacional e promulgados.

---

o mesmo que 'nativo', mas em muitos lugares esta palavra não é mais usada porque carrega muitas associações coloniais negativas. Os povos indígenas são os descendentes daqueles que estavam lá antes dos outros, que constituem hoje a sociedade dominante. Eles são definidos em parte por descendência, em parte, pelas características particulares que indicam a sua distinção frente aqueles que chegaram depois, tal como suas línguas e modos de vida, e em parte por sua própria visão de si mesmos. Nenhuma categorização dos povos indígenas é absoluta, exceto, talvez, quando se trata de uma questão de controle. Em geral, o termo 'povo indígena' hoje é usado para descrever um grupo que teve o controle sobre suas terras tomado pelos que chegaram depois; eles estão sujeitos à dominação dos outros. Usado neste sentido, a descendência é menos importante do que a percepção política. Note que nem todos os povos indígenas são tribais: os Quechua e Aymara dos Andes, por exemplo, formam o que poderia ser melhor descrito como um campesinato indígena, sendo a maioria da população rural e agrária no Equador, Peru e Bolívia, e muitas vezes integrados à economia nacional". Disponível em: https://www.survivalbrasil.org/sobrenos/terminologia. Acesso em: 1º jan. 2019.

[31] *Commodities* são produtos que funcionam como matéria-prima, produzidos em escala e que podem ser estocados sem perda de qualidade, como petróleo, suco de laranja congelado, boi gordo, café, soja e ouro. *Commodity* vem do inglês e originalmente tem significado de mercadoria. Disponível em: https://www.tororadar.com.br/blog/commodities-o-que-e-significadoin. Acesso em: 1 jan. 2019.

[32] Disponível em: https://www.survivalbrasil.org/povos. Acesso em: 17 jun. 2022.

[33] Disponível em: https://pib.socioambiental.org/pt/Quantos_s%C3%A3o%3F. Acesso em: 17 jun. 2022.

Capítulo 8 · PROTEÇÃO JURÍDICA DA DIVERSIDADE BIOLÓGICA | **249**

A lei foi criada com vistas a tentar dar solução a diversos problemas criados pela própria MProv 2.186-16/2001 que *não* estabelecia normas referentes ao exercício dos direitos de propriedade material ou imaterial incidentes sobre o componente do patrimônio genético acessado ou sobre o local de sua ocorrência, ou seja, tanto o titular do produto resultante da utilização do patrimônio genético quanto o titular do conhecimento tradicional associado, gerando um clima de instabilidade muito grande na matéria que, diga-se de passagem, ainda não foi totalmente superado.[34]

A questão relativa aos direitos de propriedade intelectual foi expressamente tratada no § 1º do artigo 1º da Lei 13.123/2015 que, expressamente, determina que "o acesso ao patrimônio genético ou ao conhecimento tradicional associado será efetuado sem prejuízo dos direitos de propriedade material ou imaterial que incidam sobre o patrimônio genético ou sobre o conhecimento tradicional associado acessado ou sobre o local de sua ocorrência", quanto ao acesso ao patrimônio genético existente na plataforma continental deverão ser observadas as normas contidas na Lei 8.617/1993.

3.1 Conceitos normativos

A lei estabeleceu uma série de conceitos normativos – a serem utilizados em harmonia com os constantes na CDB (Lei 13.123/2015), sendo os principais os seguintes: (1) patrimônio genético – informação de origem genética de espécies vegetais, animais, microbianas ou espécies de outra natureza, incluindo substâncias oriundas do metabolismo desses seres vivos; (2) conhecimento tradicional associado – informação ou prática de população indígena, comunidade tradicional ou agricultor tradicional sobre as propriedades ou usos diretos ou indiretos associada ao patrimônio genético; (3) conhecimento tradicional associado de origem não identificável – conhecimento tradicional associado em que não há a possibilidade de vincular a sua origem a, pelo menos, uma população indígena, comunidade tradicional ou agricultor tradicional; (4) comunidade tradicional – grupo culturalmente diferenciado que se reconhece como tal, possui forma própria de organização social e ocupa e usa territórios e recursos naturais como condição para a sua reprodução cultural, social, religiosa, ancestral e econômica, utilizando conhecimentos, inovações e práticas geradas e transmitidas pela tradição; (5) provedor de conhecimento tradicional associado – população indígena, comunidade tradicional ou agricultor tradicional que detém e fornece a informação sobre conhecimento tradicional associado para o acesso; (6) consentimento prévio informado – consentimento formal, previamente concedido por população indígena ou comunidade tradicional segundo os seus usos, costumes e tradições ou protocolos comunitários; (7) protocolo comunitário – norma procedimental das populações indígenas, comunidades tradicionais ou agricultores tradicionais que estabelece, segundo seus usos, costumes e tradições, os mecanismos para o acesso ao conhecimento tradicional associado e a repartição de benefícios de que trata esta Lei; (8) acesso ao patrimônio genético – pesquisa ou desenvolvimento tecnológico realizado sobre amostra de patrimônio genético; (9) acesso ao conhecimento tradicional associado – pesquisa ou desenvolvimento tecnológico realizado sobre conhecimento tradicional associado ao patrimônio genético que possibilite ou facilite o acesso ao patrimônio genético, ainda que obtido de fontes secundárias, tais como feiras, publicações, inventários, filmes, artigos científicos, cadastros e outras formas de sistematização e registro de conhecimentos tradicionais associados; (10) agricultor tradicional – pessoa natural que utiliza variedades tradicionais locais ou crioulas ou raças localmente adaptadas ou crioulas e mantém e conserva a diversidade genética, incluído o agricultor familiar; (11) variedade tradicional

---

[34] Ver Lei 13.123/2015.

local ou crioula – variedade proveniente de espécie que ocorre em condição *in situ* ou mantida em condição *ex situ*, composta por grupo de plantas dentro de um táxon no nível mais baixo conhecido, com diversidade genética desenvolvida ou adaptada por população indígena, comunidade tradicional ou agricultor tradicional, incluindo seleção natural combinada com seleção humana no ambiente local, que não seja substancialmente semelhante a cultivares comerciais; e (12) raça localmente adaptada ou crioula – raça proveniente de espécie que ocorre em condição *in situ* ou mantida em condição *ex situ*, representada por grupo de animais com diversidade genética desenvolvida ou adaptada a um determinado nicho ecológico e formada a partir de seleção natural ou seleção realizada adaptada por população indígena, comunidade tradicional ou agricultor tradicional.

O parágrafo único do artigo 2º estende o conceito de patrimônio genético ao "micro-organismo que tenha sido isolado a partir de substratos do território nacional, do mar territorial, da zona econômica exclusiva ou da plataforma continental". A norma legal admite uma multiplicidade de direitos de propriedade incidentes sobre o mesmo bem jurídico. O patrimônio genético, por exemplo, é claramente imaterial e não se confunde com os bens materiais individuais ou coletivos.

O artigo 2º determina a existência do regime de autorização da União para acesso ao patrimônio genético existente no país. A matéria, portanto, está submetida ao poder de polícia da União, logo, o uso, a comercialização e o aproveitamento para quaisquer fins estão submetidos à fiscalização, a restrições e repartição de benefícios nos termos e nas condições estabelecidos na Medida Provisória e no seu regulamento.

O patrimônio genético, mal comparando, é o *software* do meio ambiente, pois mais importante que o próprio *hardware*, embora um não viva sem o outro.

3.2   Patrimônio genético

O patrimônio genético é a informação de origem genética contida em amostras do todo ou de parte de espécime vegetal, fúngico, microbiano ou animal, na forma de moléculas e substâncias provenientes do metabolismo destes seres vivos e de extratos obtidos destes organismos vivos ou mortos, encontrados em condições *in situ*, inclusive domesticados, ou mantidos em coleções *ex situ*, desde que coletados em *condições in situ* no território nacional, na plataforma continental ou na zona econômica exclusiva.

Ele não é um bem material, mas uma informação. A norma estabelece que as informações, mesmo que ainda não tenham sido reveladas, são de propriedade do Estado brasileiro e que, em função de tal regime de titularidade, os benefícios econômicos e outros que possam dele advir devem ser repartidos entre o Estado e os outros intervenientes no processo de seu desvendamento.

Uma questão que ainda não está muito clara é aquela que diz respeito à competência legislativa sobre patrimônio genético, pois, salvo melhor juízo, os artigos da CF não se referem ao tema. É certo, no entanto, que o artigo 225, § 1º, II, determina que compete ao Poder Público *"preservar a diversidade e a integridade do patrimônio genético do País e fiscalizar as entidades dedicadas à pesquisa e à manipulação de material genético"*. O comando contido na norma *supra* tem por finalidade assegurar que todos usufruam de uma sadia qualidade ambiental. Em princípio, o legislador constituinte entendeu que a conservação do patrimônio genético é, reflexamente, uma questão ambiental. Em meu entendimento, esse fato desloca a competência sobre a matéria para o artigo 24 da CF, por se tratar de competência em matéria ambiental, logo, concorrente. Em abonamento a esse entendimento, é possível verificar-se que alguns Estados-Membros da Federação já estão legislando sobre a matéria de forma bastante abrangente. Entretanto, como será visto, a matéria não é tão simples, pois existem assuntos de Direito Comercial, de propriedade intelectual, terras indígenas e outros que se imbricam no tema.

A gestão do patrimônio genético compete ao Conselho de Gestão do Patrimônio Genético – CGEN.[35]

3.2.1   Repartição de benefícios

Os benefícios resultantes da exploração econômica de produto ou processo desenvolvido a partir de amostra de componente do patrimônio genético e de conhecimento tradicional associado, obtidos por instituição nacional ou instituição sediada no exterior, serão repartidos, de forma justa e equitativa, entre as partes contratantes, na forma da Lei 13.123/2015. A lei estabelece direitos e obrigações relacionados ao (1) acesso ao patrimônio genético do País, bem de uso comum do povo encontrado em condições *in situ*, inclusive as espécies domesticadas e populações espontâneas, ou mantido em condições *ex situ*, desde que encontrado em condições *in situ* no território nacional, na plataforma continental, no mar territorial e na zona econômica exclusiva; ao (2) conhecimento tradicional associado ao patrimônio genético, relevante à conservação da diversidade biológica, à integridade do patrimônio genético do País e à utilização de seus componentes; ao (3) acesso à tecnologia e à transferência de tecnologia para a conservação e a utilização da diversidade biológica; à (4) exploração econômica de produto acabado ou material reprodutivo oriundo de acesso ao patrimônio genético ou ao conhecimento tradicional associado; à (5) repartição justa e equitativa dos benefícios derivados da exploração econômica de produto acabado ou material reprodutivo oriundo de acesso ao patrimônio genético ou ao conhecimento tradicional associado, para conservação e uso sustentável da biodiversidade; à (6) remessa para o exterior de parte ou do todo de organismos, vivos ou mortos, de espécies animais, vegetais, microbianas ou de outra natureza, que se destine ao acesso ao patrimônio genético; e (7) à implementação de tratados internacionais sobre o patrimônio genético ou o conhecimento tradicional associado aprovados pelo Congresso Nacional e promulgados. O acesso ao patrimônio genético ou ao conhecimento tradicional associado será efetuado sem prejuízo dos direitos de propriedade material ou imaterial que incidam sobre o patrimônio genético ou sobre o conhecimento tradicional associado acessado ou sobre o local de sua ocorrência. O acesso ao patrimônio genético existente na plataforma continental se dá na forma da Lei 8.617, de 4 de janeiro de 1993.

Como se vê, é matéria submetida à intervenção do estado.

A repartição dos benefícios resultantes da exploração econômica de produto acabado[36] ou de material reprodutivo[37] oriundo de acesso ao patrimônio genético de espécies encontradas em condições *in situ* ou ao conhecimento tradicional associado, ainda que produzido fora do País, serão repartidos, de forma justa e equitativa, sendo que no caso do produto acabado o componente do patrimônio genético ou do conhecimento tradicional associado deve ser

---

[35]   Disponível em: https://www.gov.br/mma/pt-br/assuntos/biodiversidade/patrimonio-genetico/conselho-de-gestao-do-patrimonio-genetico-cgen-1/normas-do-cgen. Acesso em: 18 jun. 2022.

[36]   "Artigo 2º (...) XVI – produto acabado – produto cuja natureza não requer nenhum tipo de processo produtivo adicional, oriundo de acesso ao patrimônio genético ou ao conhecimento tradicional associado, no qual o componente do patrimônio genético ou do conhecimento tradicional associado seja um dos elementos principais de agregação de valor ao produto, estando apto à utilização pelo consumidor final, seja esta pessoa natural ou jurídica."

[37]   "Artigo 2º (...) XXIX – material reprodutivo – material de propagação vegetal ou de reprodução animal de qualquer gênero, espécie ou cultivo proveniente de reprodução sexuada ou assexuada."

um dos elementos principais de agregação de valor, em conformidade ao que estabelece a Lei 13.123/2015.

O sujeito passivo da repartição de benefícios é exclusivamente o fabricante do produto acabado ou o produtor do material reprodutivo, independentemente de quem tenha realizado o acesso anteriormente. Logo, os fabricantes de produtos intermediários[38] e desenvolvedores de processos oriundos de acesso ao patrimônio genético ou ao conhecimento tradicional associado ao longo da cadeia produtiva estarão isentos da obrigação de repartição de benefícios. Na hipótese de que um único produto acabado ou material reprodutivo seja o resultado de acessos distintos, estes não serão considerados cumulativamente para o cálculo da repartição de benefícios.

A norma considera que as operações de licenciamento, transferência ou permissão de utilização de qualquer forma de direito de propriedade intelectual sobre produto acabado, processo ou material reprodutivo oriundo do acesso ao patrimônio genético ou ao conhecimento tradicional associado por terceiros são exploração econômica isenta da obrigação de repartição de benefícios.

São isentos da obrigação de repartição de benefícios, nos termos do regulamento: (1) as microempresas, as empresas de pequeno porte, os microempreendedores individuais, conforme disposto na Lei Complementar 123, de 14 de dezembro de 2006; e (2) os agricultores tradicionais e suas cooperativas, com receita bruta anual igual ou inferior ao limite máximo estabelecido no inciso II do artigo 3º da Lei Complementar 123.

No caso de acesso ao conhecimento tradicional associado por (1) microempresas, (2) empresas de pequeno porte, (3) microempreendedores individuais, conforme disposto na Lei Complementar 123, de 14 de dezembro de 2006; e (2) os agricultores tradicionais e suas cooperativas, com receita bruta anual igual ou inferior ao limite máximo estabelecido no inciso II do artigo 3º da Lei Complementar 123, os detentores desse conhecimento serão beneficiados pelo Programa Nacional de Repartição de Benefícios – PNRB.

Há responsabilidade solidária do importador, subsidiária, controlada, coligada, vinculada ou representante comercial do produtor estrangeiro em território nacional, caso o produto acabado ou o material reprodutivo não tenha sido produzido no Brasil, o mesmo se aplicando aos países com os quais o Brasil mantenha acordo específico para a questão.

Benefícios derivados da exploração econômica de produto originado do acesso ao patrimônio genético ou ao conhecimento tradicional associado para atividades agrícolas serão repartidos sobre o valor da comercialização do material reprodutivo, mesmo que o acesso ou a exploração econômica dê-se por meio de pessoa física ou jurídica subsidiária, controlada, coligada, contratada, terceirizada ou vinculada, respeitado o disposto no § 7º do artigo 17 da Lei 13.123/2015, aplicando-se a repartição ao último elo da cadeia produtiva do material reprodutivo, isentando-se os demais.

Na exploração econômica de material reprodutivo derivado de acesso a patrimônio genético ou a conhecimento tradicional associado com finalidade agrícola e destinado exclusivamente à geração de produtos acabados nas cadeias produtivas que não envolvam atividade agrícola, a repartição de benefícios se dará apenas sobre a exploração econômica do produto acabado. A exploração econômica de produto acabado ou de material reprodutivo oriundo do acesso ao patrimônio genético de espécies introduzidas no território nacional pela ação

---

[38] "Artigo 2º (...) XVII – produto intermediário – produto cuja natureza é a utilização em cadeia produtiva, que o agregará em seu processo produtivo, na condição de insumo, excipiente e matéria-prima, para o desenvolvimento de outro produto intermediário ou de produto acabado."

Capítulo 8 · PROTEÇÃO JURÍDICA DA DIVERSIDADE BIOLÓGICA | 253

humana, ainda que domesticadas, é isenta da repartição de benefícios salvo: (1) as que formem populações espontâneas,[39] que tenham adquirido características distintivas próprias no País; e (2) variedade tradicional local ou crioula[40] ou a raça localmente adaptada ou crioula.[41]

3.2.1.1 Modalidades de repartição de benefícios

A repartição de benefícios resultantes da exploração econômica de produto acabado ou material reprodutivo oriundo de acesso ao patrimônio genético ou ao conhecimento tradicional associado pode ser: (1) monetária;[42] ou (2) não monetária. A lei estabelece uma lista exemplificativa de possibilidades de repartição não monetária dos benefícios que inclui:

---

[39] "Artigo 2º (...) XXVIII – população espontânea – população de espécies introduzidas no território nacional, ainda que domesticadas, capazes de se autoperpetuarem naturalmente nos ecossistemas e *habitats* brasileiros."

[40] "Artigo 20. (...) XXXII – variedade tradicional local ou crioula – variedade proveniente de espécie que ocorre em condição *in situ* ou mantida em condição *ex situ*, composta por grupo de plantas dentro de um táxon no nível mais baixo conhecido, com diversidade genética desenvolvida ou adaptada por população indígena, comunidade tradicional ou agricultor tradicional, incluindo seleção natural combinada com seleção humana no ambiente local, que não seja substancialmente semelhante a cultivares comerciais."

[41] "Artigo 2º (...) XXXIII – raça localmente adaptada ou crioula – raça proveniente de espécie que ocorre em condição *in situ* ou mantida em condição *ex situ*, representada por grupo de animais com diversidade genética desenvolvida ou adaptada a um determinado nicho ecológico e formada a partir de seleção natural ou seleção realizada adaptada por população indígena, comunidade tradicional ou agricultor tradicional."

[42] Decreto 8.772/2016: "Artigo 48. A repartição de benefícios monetária será destinada: I – às populações indígenas, às comunidades tradicionais e aos agricultores tradicionais nos casos de conhecimento tradicional associado de origem identificável, conforme acordo negociado de forma justa e equitativa entre as partes, nos termos do artigo 24 da Lei 13.123, de 2015; e II – ao FNRB, nos casos de exploração econômica de produto acabado ou material reprodutivo oriundo de acesso: a) ao patrimônio genético, no montante de um por cento da receita líquida do produto acabado ou material reprodutivo, salvo na hipótese de celebração de acordo setorial a que se refere o artigo 21 da Lei 13.123, de 2015; b) ao conhecimento tradicional associado de origem não identificável, no montante de um por cento da receita líquida do produto acabado ou material reprodutivo, salvo na hipótese de celebração de acordo setorial a que se refere o artigo 21 da Lei 13.123, de 2015; e c) ao conhecimento tradicional associado de origem identificável referente à parcela de que trata o § 3º do artigo 24 da Lei 13.123, de 2015. Artigo 49. A repartição de benefícios monetária destinada ao FNRB será recolhida independentemente de acordo de repartição de benefícios e será calculada após o encerramento de cada ano fiscal, considerando: I – informações da notificação de produto acabado ou material reprodutivo; II – receita líquida anual obtida a partir da exploração econômica de produto acabado ou material reprodutivo; e III – acordo setorial vigente aplicável ao produto acabado ou material reprodutivo. § 1º O valor referente à repartição de benefícios será recolhido em até trinta dias após prestadas as informações a que se refere o § 2º do artigo 45 enquanto houver exploração econômica do produto acabado ou material reprodutivo. § 2º O primeiro recolhimento do valor referente à repartição de benefícios deverá incluir os benefícios auferidos desde o início da exploração econômica até o encerramento do ano fiscal em que houver: I – apresentação do acordo de repartição de benefícios; ou II – notificação de produto acabado ou material reprodutivo nos casos em que a repartição de benefícios for depositada diretamente no FNRB, incluindo exercícios anteriores, quando houver. § 3º Na hipótese de celebração de acordo setorial, o valor da repartição de benefícios devido a partir do ano de sua entrada em vigor será calculado para todo o ano fiscal, com base na alíquota definida. § 4º Para os efeitos do disposto no § 8º do artigo 17 da Lei 13.123, de 2015, não havendo acesso a informações da receita líquida do fabricante do produto acabado ou material reprodutivo produzido fora do Brasil, a base de cálculo da repartição de benefícios será a receita líquida de importador, subsidiária, controlada, coligada, vinculada ou representante comercial do produtor estrangeiro em território nacional ou no exterior."

(a) projetos para conservação ou uso sustentável de biodiversidade ou para proteção e manutenção de conhecimentos, inovações ou práticas de populações indígenas, de comunidades tradicionais ou de agricultores tradicionais, preferencialmente no local de ocorrência da espécie em condição *in situ* ou de obtenção da amostra quando não se puder especificar o local original; (b) transferência de tecnologias; (c) disponibilização em domínio público de produto, sem proteção por direito de propriedade intelectual ou restrição tecnológica; (d) licenciamento de produtos livre de ônus; (e) capacitação de recursos humanos em temas relacionados à conservação e uso sustentável do patrimônio genético ou do conhecimento tradicional associado; e (f) distribuição gratuita de produtos em programas de interesse social.

Cabe ao usuário, na hipótese de acesso ao patrimônio genético, a opção por uma das modalidades de repartição de benefícios previstas na lei.

A repartição de benefícios não monetária foi regulamentada pela Portaria 81, de 5 de março de 2020, do MMA. A transferência da tecnologia (repartição de benefício não monetária) pode ser mediante a: (1) participação na pesquisa e desenvolvimento tecnológico; (2) intercâmbio de informações; (3) intercâmbio de recursos humanos, materiais ou tecnologia entre instituição nacional de pesquisa científica e tecnológica, pública ou privada, e instituição de pesquisa sediada no exterior; (4) consolidação de infraestrutura de pesquisa e de desenvolvimento tecnológico; e (5) estabelecimento de empreendimento conjunto de base tecnológica.

Na repartição de benefícios monetária decorrente da exploração econômica de produto acabado ou de material reprodutivo oriundo de acesso ao patrimônio genético, é devida uma parcela de 1% da receita líquida anual obtida com a exploração econômica, ressalvada a hipótese de redução para até 0,1 (um décimo) por acordo setorial previsto no artigo 21 da Lei 13.123/2015. Devido a questões econômicas relativas à competitividade do setor, a União poderá, a requerimento da parte interessada, conforme o regulamento, celebrar acordo setorial que permita reduzir o valor da repartição de benefícios monetária para até 0,1% da receita líquida anual obtida com a exploração econômica do produto acabado ou do material reprodutivo oriundo de acesso ao patrimônio genético ou ao conhecimento tradicional associado de origem não identificável. A repartição de benefícios não monetária, nos casos de (1) projetos para conservação ou uso sustentável de biodiversidade ou para proteção e manutenção de conhecimentos, inovações ou práticas de populações indígenas, de comunidades tradicionais ou de agricultores tradicionais, preferencialmente no local de ocorrência da espécie em condição *in situ* ou de obtenção da amostra quando não se puder especificar o local original; (2) capacitação de recursos humanos em temas relacionados à conservação e ao uso sustentável do patrimônio genético ou do conhecimento tradicional associado; e (3) distribuição gratuita de produtos em programas de interesse social, a repartição de benefícios deverá ser equivalente a 75% do previsto para a modalidade monetária, conforme os critérios definidos pelo CGEN.

Observe-se que sempre que o produto acabado ou o material reprodutivo for oriundo de acesso ao conhecimento tradicional associado de origem não identificável,[43] a repartição decorrente do uso desse conhecimento deverá ser feita na modalidade prevista no *caput*, inciso I, do artigo 19[44] e em montante correspondente ao estabelecido nos artigos 20 e 21 da Lei.[45] Se o produto acabado ou o material reprodutivo for oriundo de acesso ao conheci-

---

[43] "Artigo 2º (...) III – conhecimento tradicional associado de origem não identificável – conhecimento tradicional associado em que não há a possibilidade de vincular a sua origem a, pelo menos, uma população indígena, comunidade tradicional ou agricultor tradicional."

[44] Modalidade monetária.

[45] "Artigo 20. Quando a modalidade escolhida for a repartição de benefícios monetária decorrente da exploração econômica de produto acabado ou de material reprodutivo oriundo de acesso ao

mento tradicional associado que seja de origem identificável, o provedor de conhecimento tradicional associado terá direito de receber benefícios mediante acordo de repartição de benefícios [ARB].[46] A repartição entre usuário[47] e provedor será negociada de forma justa e equitativa entre as partes, atendendo a parâmetros de clareza, lealdade e transparência nas cláusulas pactuadas, que deverão indicar condições, obrigações, tipos e duração dos benefícios de curto, médio e longo prazo. Os demais detentores de conhecimento tradicional associado participarão da repartição de benefícios, por meio do Fundo Nacional para a Repartição de Benefícios – FNRB.[48] A parcela devida pelo usuário corresponderá à metade daquela prevista no artigo 20 da Lei 13.123/2015 ou definida em acordo setorial,[49] independentemente do número dos demais detentores do conhecimento tradicional associado acessado. O § 5º do artigo 24 da Lei 13.123/2015 criou uma presunção *iure et de iuris* de "existência de demais detentores do mesmo conhecimento tradicional associado".

O ARB deverá indicar e qualificar com clareza as partes, que serão: (1) no caso de exploração econômica de produto acabado ou de material reprodutivo oriundo de acesso a patrimônio genético ou conhecimento tradicional associado de origem *não identificável*: (a) a União, representada pelo Ministério do Meio Ambiente; e (b) aquele que explora economicamente produto acabado ou material reprodutivo oriundo de acesso ao patrimônio genético ou ao conhecimento tradicional associado de origem não identificável; e (2) no caso de exploração econômica de produto acabado ou de material reprodutivo oriundo de acesso a conhecimento tradicional associado de *origem identificável*: (a) o provedor de conhecimento tradicional associado; e (b) aquele que explora economicamente produto acabado ou material reprodutivo oriundo de acesso ao conhecimento tradicional associado. Em acréscimo ao ARB, o usuário deverá depositar o valor estipulado no § 3º do artigo 24 da Lei 13.123/2015 no Fundo Nacional para a Repartição de Benefícios – FNRB quando explorar economicamente produto acabado ou material reprodutivo oriundo de acesso a conhecimento tradicional associado de origem identificável. Havendo exploração econômica de produto acabado ou de material reprodutivo oriundo de acesso ao patrimônio genético ou ao conhecimento tradicional associado de *origem não identificável*, poderão ser assinados acordos setoriais com a União com objetivo de repartição de benefícios, conforme regulamento. Não incide a repartição de benefícios

---

patrimônio genético, será devida uma parcela de 1% (um por cento) da receita líquida anual obtida com a exploração econômica, ressalvada a hipótese de redução para até 0,1 (um décimo) por acordo setorial previsto no artigo 21. Artigo 21. Com o fim de garantir a competitividade do setor contemplado, a União poderá, a pedido do interessado, conforme o regulamento, celebrar acordo setorial que permita reduzir o valor da repartição de benefícios monetária para até 0,1% (um décimo por cento) da receita líquida anual obtida com a exploração econômica do produto acabado ou do material reprodutivo oriundo de acesso ao patrimônio genético ou ao conhecimento tradicional associado de origem não identificável. Parágrafo único. Para subsidiar a celebração de acordo setorial, os órgãos oficiais de defesa dos direitos de populações indígenas e de comunidades tradicionais poderão ser ouvidos, nos termos do regulamento."

[46] "Artigo 2º (...) XX – acordo de repartição de benefícios – instrumento jurídico que qualifica as partes, o objeto e as condições para repartição de benefícios."

[47] "Artigo 2º (...) XV – usuário – pessoa natural ou jurídica que realiza acesso a patrimônio genético ou conhecimento tradicional associado ou explora economicamente produto acabado ou material reprodutivo oriundo de acesso ao patrimônio genético ou ao conhecimento tradicional associado."

[48] Regulamentado pelo Decreto 8.772/2016.

[49] "Artigo 2º (...) XXI – acordo setorial – ato de natureza contratual firmado entre o poder público e usuários, tendo em vista a repartição justa e equitativa dos benefícios decorrentes da exploração econômica oriunda de acesso ao patrimônio genético ou ao conhecimento tradicional associado de origem não identificável."

relativos ao patrimônio genético, caso já tenha havido a repartição de benefícios decorrente da exploração econômica de produto acabado ou de material reprodutivo oriundo de acesso ao conhecimento tradicional associado. Caso a repartição de benefício se dê na modalidade monetária, o usuário pode quitar a obrigação mediante depósito no FNRB, independentemente da existência de ARB, tal como definido em regulamento.

O ARB é um contrato submetido à intervenção do Estado, que tem como cláusulas essenciais, sem prejuízo de outras que venham a ser estabelecidas em regulamento, as seguintes: (1) produtos objeto de exploração econômica; (2) prazo de duração; (3) modalidade de repartição de benefícios; (4) direitos e responsabilidades das partes; (5) direito de propriedade intelectual; (6) rescisão; (7) penalidades; e (8) foro no Brasil.

3.3 Política Nacional de Biodiversidade

A Política Nacional de Biodiversidade [PNB] foi definida pelo Decreto 4.339/2002, sendo a primeira vez que foi definida uma política nacional de proteção da diversidade biológica por decreto. A PNB tem como objetivo geral a promoção, de forma integrada, da conservação da biodiversidade e da utilização sustentável de seus componentes, com a repartição justa e equitativa dos benefícios derivados da utilização dos recursos genéticos, de componentes do patrimônio genético e dos conhecimentos tradicionais associados a esses recursos. Do conjunto dos objetivos traçados, vê-se que a PNB é conservacionista e não preservacionista, pois visa ao manejo e utilização das espécies existentes no País.

A PNB parte do pressuposto de que "*a diversidade biológica tem valor intrínseco, merecendo respeito independentemente de seu valor para o homem ou potencial para uso humano*" [Princípio I], adotando o conceito presente na Carta da Terra.[50] O Princípio XIV é um dos mais importantes, na medida em que afirma que o valor de uso da biodiversidade é determinado pelos valores culturais e inclui valor de uso direto e indireto, de opção de uso futuro e, ainda, valor intrínseco, incluindo os valores ecológico, genético, social, econômico, científico, educacional, cultural, recreativo e estético. O reconhecimento da biodiversidade é explícito no Princípio XVII, ao afirmar que os ecossistemas devem ser entendidos e manejados em um contexto econômico, objetivando: (a) reduzir distorções de mercado que afetam negativamente a biodiversidade; (b) promover incentivos para a conservação da biodiversidade e sua utilização sustentável; e (c) internalizar custos e benefícios em um dado ecossistema o tanto quanto possível. Há uma evidente acomodação entre os Princípios I e XIV, na medida em que o valor intrínseco da diversidade biológica independe do valor de uso que lhe possa ser atribuído.

O caráter socioambiental da PNB fica evidente no Princípio XV, que estabelece que a conservação e a utilização sustentável da biodiversidade devem contribuir para o desenvolvimento econômico e social e para a erradicação da pobreza.

O Princípio VIII [onde exista evidência científica consistente de risco sério e irreversível à diversidade biológica, o Poder Público determinará medidas eficazes em termos de custo para evitar a degradação ambiental] e o Princípio IX [a internalização dos custos ambientais e a utilização de instrumentos econômicos será promovida tendo em conta o princípio de que o poluidor deverá, em princípio, suportar o custo da poluição, com o devido respeito

---

[50]   1. Respeitar a Terra e a vida em toda sua diversidade. a. Reconhecer que todos os seres são interligados e cada forma de vida tem valor, independentemente de sua utilidade para os seres humanos. Disponível em: https://antigo.mma.gov.br/educacao-ambiental/pol%C3%ADtica-nacional-de--educa%C3%A7%C3%A3o-ambiental/documentos-referenciais/item/8071-carta-da-terra.html. Acesso em: 18 jun. 2022.

Capítulo 8 · PROTEÇÃO JURÍDICA DA DIVERSIDADE BIOLÓGICA | 257

pelo interesse público e sem distorcer o comércio e os investimentos internacionais] indicam a internalização dos princípios da precaução e do poluidor pagador na PNB.

A PNB tem como suas principais diretrizes o (1) estabelecimento de cooperação com outras nações, diretamente ou, quando necessário, mediante acordos e organizações internacionais competentes, no que respeita a áreas além da jurisdição nacional, em particular nas áreas de fronteira, na Antártida, no alto-mar e nos grandes fundos marinhos e em relação a espécies migratórias, e em outros assuntos de mútuo interesse, para a conservação e a utilização sustentável da diversidade biológica; o (2) esforço nacional de conservação e utilização sustentável da diversidade biológica integrados em planos, programas e políticas setoriais ou intersetoriais pertinentes de forma complementar e harmônica; os (3) investimentos substanciais necessários para conservar a diversidade biológica para gerar benefícios ambientais, econômicos e sociais; a (4) prevenção e o combate na origem das causas da redução ou perda da diversidade biológica; a (5) sustentabilidade da utilização de componentes da biodiversidade deve ser determinada do ponto de vista econômico, social e ambiental, especialmente quanto à manutenção da biodiversidade; (7) a gestão descentralizada dos ecossistemas; a (8) criação de condições que permitam o acesso aos recursos genéticos e para a sua utilização ambientalmente saudável por outros países que sejam Partes Contratantes da CDB, evitando-se a imposição de restrições contrárias aos objetivos da CDB.

A PNB se estrutura ao redor de 7 (sete) eixos temáticos [componentes], a saber: Componente 1 – Conhecimento da Biodiversidade: congrega diretrizes voltadas à geração, sistematização e disponibilização de informações que permitam conhecer os componentes da biodiversidade do país e que apoiem a gestão da biodiversidade, bem como diretrizes relacionadas à produção de inventários, à realização de pesquisas ecológicas e à realização de pesquisas sobre conhecimentos tradicionais; Componente 2 – Conservação da Biodiversidade: engloba diretrizes destinadas à conservação *in situ* e *ex situ* de variabilidade genética, de ecossistemas, incluindo os serviços ambientais, e de espécies, particularmente daquelas ameaçadas ou com potencial econômico, bem como diretrizes para implementação de instrumentos econômicos e tecnológicos em prol da conservação da biodiversidade; Componente 3 – Utilização Sustentável dos Componentes da Biodiversidade: reúne diretrizes para a utilização sustentável da biodiversidade e da biotecnologia, incluindo o fortalecimento da gestão pública, o estabelecimento de mecanismos e instrumentos econômicos, e o apoio a práticas e negócios sustentáveis que garantam a manutenção da biodiversidade e da funcionalidade dos ecossistemas, considerando não apenas o valor econômico, mas também os valores sociais e culturais da biodiversidade; Componente 4 – Monitoramento, Avaliação, Prevenção e Mitigação de Impactos sobre a Biodiversidade: engloba diretrizes para fortalecer os sistemas de monitoramento, de avaliação, de prevenção e de mitigação de impactos sobre a biodiversidade, bem como para promover a recuperação de ecossistemas degradados e de componentes da biodiversidade sobre-explotados; Componente 5 – Acesso aos Recursos Genéticos e aos Conhecimentos Tradicionais Associados e Repartição de Benefícios: alinha diretrizes que promovam o acesso controlado, com vistas à agregação de valor mediante pesquisa científica e desenvolvimento tecnológico, e a distribuição dos benefícios gerados pela utilização dos recursos genéticos, dos componentes do patrimônio genético e dos conhecimentos tradicionais associados, de modo que sejam compartilhados, de forma justa e equitativa, com a sociedade brasileira e, inclusive, com os povos indígenas, com os quilombolas e com outras comunidades locais; Componente 6 – Educação, Sensibilização Pública, Informação e Divulgação sobre Biodiversidade: define diretrizes para a educação e sensibilização pública e para a gestão e divulgação de informações sobre biodiversidade, com a promoção da participação da sociedade, inclusive dos povos indígenas, quilombolas e outras comunidades locais, no respeito à conservação da biodiversidade, à utilização sustentável de seus componentes e à repartição justa e equitativa dos benefícios derivados da utilização de recursos genéticos, de componentes do patrimônio genético e de conhecimento tradicional associado à biodiversidade; Componente 7 – Fortalecimento Jurídico e Institucional para a Gestão da Biodiversidade: sintetiza os meios de implementação da Política; apresenta diretrizes para o fortalecimento da infraestrutura, para a formação e fixação de recursos humanos, para o acesso à tecnologia e transferência de tecnologia, para o estímulo à criação de mecanismos de financiamento, para o fortalecimento do marco legal, para a integração de políticas públicas e para a cooperação internacional.

O Programa Nacional da Diversidade Biológica – Pronabio está regulamentado pelo Decreto 4.703/2003, que deu nova estrutura ao PRONABIO, com nova redação dada pelo Decreto 10.235/2020.

3.3.1 Princípios referentes ao acesso aos conhecimentos tradicionais associados

Tendo em vista as peculiaridades referentes ao acesso aos conhecimentos tradicionais associados à diversidade biológica, a PNB definiu um subconjunto de princípios diretamente direcionados para o tema, de forma que reconheceu que a manutenção da diversidade cultural nacional é importante para pluralidade de valores na sociedade em relação à biodiversidade, sendo que os povos indígenas, os quilombolas e as outras comunidades locais desempenham um papel importante na conservação e na utilização sustentável da biodiversidade brasileira [XII] e que as ações relacionadas ao acesso ao conhecimento tradicional associado à biodiversidade deverão transcorrer com consentimento prévio informado dos povos indígenas, dos quilombolas e das outras comunidades locais [XIII].

4. CONVENÇÃO DE RAMSAR

O Brasil possui a maior área (zona) úmida do planeta que é o Pantanal Mato-Grossense que, por força do artigo 225, § 4º, de nossa CF, é considerado "patrimônio nacional", ainda que ele seja compartilhado com a Bolívia e o Paraguai. Também, neste caso, não se pode deixar de reconhecer que, necessariamente, a proteção do Pantanal é matéria de interesse internacional, tendo em vista que os danos ao ecossistema praticados no interior de um Estado podem causar reflexos negativos além-fronteiras. De acordo com o Ministério do Meio Ambiente [MMA], o Pantanal tem área aproximada de 150.355 km², ocupando 1,76% da área total do território brasileiro.[51] Em seu espaço territorial, o bioma, que é formado por uma planície aluvial, é influenciado por rios que drenam a bacia do Alto Paraguai. Ainda segundo o MMA, apenas 4,6% do Pantanal se encontra protegido por unidades de conservação [UC], das quais 2,9% correspondem a UCs de proteção integral e 1,7%, a UCs de uso sustentável. Cerca de 20% do território nacional pode ser considerado como de áreas úmidas, das quais se estima que 60% já tenham desaparecido.[52]

As áreas úmidas são consideradas como ecossistemas de altíssima relevância ecológica e fundamentais para a produção e manutenção dos estoques hídricos, equilíbrio climático e prestação de variados serviços ambientais, sendo muito importantes para, por exemplo, a produção de alimentos. Áreas úmidas são os pântanos, charcos e turfas, várzeas, rios, pantanais,

---

[51] Disponível em: https://www.mma.gov.br/biomas/pantanal.html. Acesso em: 28 set. 2019.

[52] Disponível em: https://uc.socioambiental.org/%C3%A1reas-para-conserva%C3%A7%C3%A3o/s%C3%ADtios-ramsar-zonas-%C3%BAmidas#stios-ramsar-zonas-midas. Acesso em: 28 set. 2019.

estuários, manguezais e até os recifes de coral.[53] Assim, o conceito de zona úmida é bastante amplo, pois busca compreender a maior parcela possível dessas áreas em todo o planeta.

4.1   A Convenção de Ramsar

A Convenção sobre Zonas Úmidas de Importância Internacional, especialmente como *Habitat* de Aves Aquáticas, também conhecida como Convenção (de) Ramsar [Ramsar, Convenção] é considerada por diversos autores como "a primeira Convenção global a tratar de *habitat* específico" (ACCIOLY; NASCIMENTO E SILVA e CASELLA, 2019, p. 742). Cuidar de um *habitat* é, certamente, uma medida ecológica mais efetiva do que a simples preocupação com uma ou outra espécie. O Pantanal Mato-Grossense, por exemplo, abriga cerca de 263 espécies de peixes, 41 espécies de anfíbios, 113 espécies de répteis, 463 espécies de aves e 132 espécies de mamíferos, sendo 2 endêmicas. Segundo a Embrapa Pantanal, quase duas mil espécies de plantas já foram identificadas no bioma e classificadas de acordo com seu potencial, e algumas apresentam vigoroso potencial medicinal, conforme informação do MMA.[54]

A Convenção foi adotada na cidade iraniana de Ramsar, em 2 de fevereiro de 1971, tendo entrado em vigor internacionalmente em 21 de dezembro de 1975; a vigência no Brasil se deu em 24 de setembro de 1993.[55] A Convenção conta atualmente com 170 Partes que designaram 2.400 áreas como sítios Ramsar, os quais cobrem uma área de 2,5 milhões de km².[56] Ela, como se verá, ao proteger as zonas úmidas, confere proteção a diversos outros bens de importância ambiental extremamente relevante. O Brasil, atualmente (abril de 2025) possui 27 sítios Ramsar englobando uma área de 26.794.454 hectares, aproximadamente 10% da área global dos sítios Ramsar.[57]

O texto da Convenção foi adotado em 1971 e emendado em 1982 e 1987; tais emendas, como se verá mais adiante, são coerentes com as estruturas padrão adotadas pelos diversos acordos multilaterais sobre meio ambiente – houve a modernização do texto. A Convenção, por ser pré-Estocolmo, não seguia o modelo que passou a ser predominante após a Conferência das Nações Unidas sobre Meio Ambiente Humano.

Os primeiros sete Estados que dela participaram foram: (1) Austrália; (2) Finlândia; (3) Grécia; (4) Irã; (5) Noruega; (6) África do Sul; e (7) Suécia. O objetivo da referida Convenção é estabelecer mecanismos de cooperação internacional com vistas à proteção de áreas úmidas, bem como de aves aquáticas que tenham importância internacional.

Até que a Convenção Ramsar fosse assinada, um longo caminho foi percorrido. A moderna preocupação com as zonas úmidas de importância internacional começou a se fazer sentir nos fins da década de 50 do século XX quando a IUCN (MATTHEWS, 1993, p. 9) recebeu e aprovou a proposta de organizar um programa internacional de conservação e gestão de pântanos e outras áreas alagadas. O projeto foi denominado MAR, que são as letras iniciais para zonas úmidas em diferentes línguas.[58] Na concepção do projeto MAR, a IUCN foi auxiliada por

---

[53]   Disponível em: https://www.wwf.org.br/natureza_brasileira/areas_prioritarias/pantanal/areas_umidas/. Acesso em: 28 set. 2019.

[54]   Disponível em: https://www.mma.gov.br/biomas/pantanal.html. Acesso em: 02 out. 2019.

[55]   Foi ratificada pelo Congresso Nacional pelo Decreto Legislativo 33, de 1992, tendo sido promulgada pelo Decreto 1.905, de 16 de maio de 1996.

[56]   Disponível em: https://www.ramsar.org/about/wetlands-of-international-importance-ramsar-sites. Acesso em: 16 jul. 2022.

[57]   Disponível em: https://www.ramsar.org/wetland/brazil. Acesso em: 28 set. 2019.

[58]   MARshes (inglês), MARecages (francês) e MARismas (espanhol).

260 DIREITO AMBIENTAL – *Paulo de Bessa Antunes*

outras organizações conservacionistas internacionais tais como a *International Commitee for Bird Protection* [ICBP][59] e a International Waterfowl & Wetlands Research Bureau [IWRB].[60] A conferência MAR realizou-se em Stes-Maries-de-la-Mer, França, entre os dias 12 e 16 de novembro de 1962 (MATTHEWS, 1993, p. 21).

Em 1963, foi realizado o Primeiro Encontro Europeu de Aves Aquáticas em St. Andrews, Reino Unido. Tal Encontro esteve mais voltado para medidas de conservação das aves e não tão preocupado com os *habitats* em si mesmos (MATTHEWS, 1993, p. 13); diversos países europeus compareceram com delegações oficiais. O Segundo Encontro Europeu de Aves Aquáticas foi realizado nos Países Baixos, entre os dias 9 e 14 de maio de 1966, tendo sido organizado pela IWRB e pelo governo Holandês; ao Encontro compareceram 23 países, sendo que 17 com delegações oficiais, inclusive com a presença da então União Soviética que pugnou pela ampliação dos objetivos de proteção. Após o Encontro foi apresentado, pelos Países Baixos, o primeiro *draft* do que viria a ser a Convenção Ramsar. Outros Encontros foram realizados (1) Morges, 1967; (2) Leningrado (São Petersburgo), 1968; (3) Morges, 1968; (4) Viena, 1969; (5) Moscou, 1969; (6) Espoo, 1970; (7) Knokke, 1970 e, finalmente, (8) Ramsar, 1971 quando a Convenção foi firmada.

4.1.1 A Convenção de Ramsar perante a Corte Internacional de Justiça

Em 2018, a Corte Internacional de Justiça [CIJ][61] decidiu questão envolvendo a Costa Rica e a Nicarágua relativa a uma disputa territorial entre os dois Estados, envolvendo também danos às florestas e às zonas úmidas costarriquenses. O caso foi encerrado com a vitória da Costa Rica, muito em função da aplicação da Convenção Ramsar. Os principais aspectos da decisão foram sumariados pela Comissão de Direito Ambiental da IUCN.[62] A reclamação costarriquense teve origem na construção de um canal navegável, o qual demandou a retirada de árvores e vegetação diversa. Em 2011, a Nicarágua impetrou uma medida judicial, alegando violações de sua soberania e, igualmente, grandes danos ambientais decorrentes de obras de construção de estradas pela Costa Rica na região fronteiriça entre ambos os países.

Em 2013, os dois casos foram apensados, sendo certo que, anteriormente, a CIJ havia emitido uma medida cautelar proibindo ambas as partes de praticarem quaisquer atos que pudessem agravar a situação. A medida não foi observada pela Nicarágua, que prosseguiu na execução das atividades, abrindo mais dois canais na área contestada. No ano de 2013, a CIJ, após consulta ao Secretariado da Convenção Ramsar, emitiu nova decisão que permitiu à Costa Rica tomar as medidas necessárias para evitar que novos danos irreparáveis ao meio ambiente fossem praticados pela Nicarágua. Já em 2015, a Corte julgou a questão da soberania sobre o território em disputa favoravelmente à Costa Rica, declarando a ilegalidade das ações nicaraguenses diante do Direito Internacional, acarretando a obrigação de reparar os danos causados. Dado que não houve uma solução consensual entre as Partes sobre a indenização

---

[59] Associação fundada em 1922, sob o nome de *International Committee for Bird Preservation* (ICBP), atualmente denominada Bird Life International. Disponível em: https://www.birdlife.org/worldwide/partnership/our-history. Acesso em: 30 set. 2019.

[60] Organização conservacionista fundada em 1937, como a seção da ICBP, em 1954 mudou o nome para International Waterfowl & Wetlands Research Bureau (IWRB). Atualmente, chama-se Wetlands International. Disponível em: https://www.wetlands.org/about-us/our-history/. Acesso em: 30 set. 2019.

[61] Disponível em: https://www.icj-cij.org/en/case/150. Acesso em: 30 set. 2019.

[62] Disponível em: https://www.iucn.org/news/world-commission-environmental-law/201804/icj--renders-first-environmental-compensation-decision-summary-judgment. Acesso em: 30 set. 2019.

Capítulo 8 · PROTEÇÃO JURÍDICA DA DIVERSIDADE BIOLÓGICA | 261

devida, a Costa Rica reivindicou a indenização perante a Corte, requerendo: (a) indenização por danos ambientais quantificáveis em razão da construção ilegal dos canais (2010 e 2013) e (b) custos e despesas incorridos devido às atividades ilegais da Nicarágua, incluindo despesas para monitorar e remediar os danos ambientais.

Em resposta, a Nicarágua sustentou que a Costa Rica somente fazia jus aos danos materiais que, em suma, são os danos à propriedade ou outros interesses econômicos da Costa Rica, cuja avaliação financeira seja possível.

Em suas razões de decidir, a Corte entendeu comprovada a questão da responsabilidade internacional por danos causados a terceiros, admitindo-se a compensação pelos danos ambientais. Contudo, o reconhecimento se deu de forma ampla, haja vista que a CIJ considerou que os serviços ecossistêmicos, diretos e indiretos, são indenizáveis: "os danos ao meio ambiente e a consequente perda ou perda da capacidade do meio ambiente de fornecer bens e serviços são compensáveis sob o direito internacional" (parágrafo 42 da decisão).

4.2   A Convenção de Ramsar no Brasil

O Brasil, como signatário da Convenção, tem buscado desenvolver políticas públicas aptas a proteger as zonas úmidas de importância internacional. Todavia, como se verá, a instituição de Sítios tem sido feita de acordo com a legislação nacional voltada para a proteção de espaços territoriais que, por suas características ecológicas, *já sejam* merecedores de tutela por nosso direito interno. Como se verá, a seguir, as medidas adotadas têm acarretado a superposição de áreas protegidas, muitas vezes de forma pouco clara. Por outro lado, a Convenção, *em si mesma*, não é capaz de oferecer tutela especial às zonas úmidas.

O Decreto s/n de 23 de outubro de 2003,[63] com nova redação dada pelo Decreto s/n de 5 de novembro de 2008, instituiu o Comitê Nacional de Zonas Úmidas, cuja principal função é a de propor ao Ministério do Meio Ambiente diretrizes e ações de execução, relativas à conservação, ao manejo e ao uso racional dos recursos ambientais, referentes à gestão das áreas incluídas na Lista de Zonas Úmidas de Importância Internacional e, nas demais zonas úmidas brasileiras, quando couber.

O Decreto 9.759, de 11 de abril de 2019, extinguiu todos os colegiados existentes na Administração Pública Federal que não tivessem sido criados por lei. Desse modo, ficou uma dúvida sobre a existência jurídica do Comitê Nacional de Zonas Úmidas que, embora criado por Decreto, tinha sua origem na Convenção de Ramsar que, no regime jurídico brasileiro, é equivalente à lei. Evidentemente que a ação causou profunda estranheza no cenário internacional e foi tida, acertadamente, como um descumprimento do acordo internacional ambiental. Como forma de "consertar" o erro, o Comitê Nacional das Zonas Úmidas foi "reinstituído" pelo Decreto 10.141, de 28 de novembro de 2019.

As competências do Comitê são: (1) propor ao Ministério do Meio Ambiente diretrizes e ações de execução, relativas à conservação, ao manejo e ao uso racional dos recursos ambientais, referentes à gestão das áreas incluídas na Lista de Zonas Úmidas de Importância Internacional e nas demais zonas úmidas brasileiras, quando couber; (2) contribuir para elaboração de plano nacional de conservação e uso sustentável de zonas úmidas; (3) sugerir e avaliar a inclusão de novos sítios na Lista de Zonas Úmidas de Importância Internacional; (4) subsidiar a participação brasileira nas reuniões realizadas no contexto da Convenção sobre

---

[63]   Extinto pelo Decreto 9.759, de 11 de abril de 2019 (inciso I do § 1º do artigo 1º c/c o inciso II do artigo 2º).

Zonas Úmidas de Importância Internacional, especialmente como *Habitat* de Aves Aquáticas, e contribuir na elaboração de informes nacionais encaminhados às Conferências das Partes Contratantes; (5) subsidiar a implementação da Convenção de Ramsar, e das decisões adotadas pela Conferência das Partes Contratantes; (6) divulgar a Convenção de Ramsar e incentivar a participação da sociedade na sua implementação; e (7) apresentar proposta de regimento interno para aprovação do Ministro de Estado do Meio Ambiente.

O Comitê é composto por representantes dos seguintes órgãos: (1) Secretaria de Biodiversidade do Ministério do Meio Ambiente, que o presidirá; (2) Ministério das Relações Exteriores; (3) Ministério da Agricultura, Pecuária e Abastecimento; (4) Agência Nacional de Águas – ANA; (5) Instituto Chico Mendes de Conservação da Biodiversidade – Instituto Chico Mendes; (6) membro da comunidade acadêmica e científica envolvido na conservação e uso sustentável de zonas úmidas continentais, indicado pelo Ministério do Meio Ambiente; (7) membro da comunidade acadêmica e científica envolvido na conservação e uso sustentável de zonas úmidas da área costeira e marinha, indicado pelo Ministério do Meio Ambiente; e (8) representante de entidade ambientalista com atuação na conservação e uso sustentável de zonas úmidas, a ser definido em ato do Presidente do Comitê.

Infelizmente, a Administração "maquiou" a revogação do Decreto s/n de 23 de outubro de 2003 pelo inopinado Decreto 9.759, de 11 de abril de 2019, com a "rerrevogação" pelo artigo 8º do Decreto 10.141, de 28 de novembro de 2019.

4.2.1   Os sítios Ramsar brasileiros

Os sítios Ramsar brasileiros são 27, ostentando o País o primeiro lugar mundial em extensão de sítios Ramsar reconhecidos. O primeiro Sítio brasileiro foi a Área de Proteção Ambiental [APA] das Reentrâncias Maranhenses criado em 30 de novembro de 1993.[64] Dos 27 Sítios, tem-se que cinco são APAs: (1) Reentrâncias Maranhenses, (2) Baixada Maranhense, (3) Lund-Warming Carste da Lagoa Santa, (4) Cananeia – Iguape-Peruíbe e (5) Estadual da Guaratuba. Os Parques Nacionais são em número de nove: (1) Araguaia – Ilha do Bananal, (2) Lagoa do Peixe, (3) Pantanal Mato-Grossense, (4) Marinho de Abrolhos, (5) Cabo Orange, (6) Viruá, (7) Anavilhanas, (8) Ilha Grande e (9) Marinho de Fernando de Noronha. Parques Estaduais [PE] são dois: (1) Marinho do Parcel de Manuel Luiz e Baixios do Mestre Álvaro e Tarol e (2) Rio Doce. As Estações Ecológicas [EE] são em número de três: (1) Taim, (2) Guaraqueçaba e (3) Taimã. As Reservas Biológicas são duas: (1) Atol das Rocas e (2) Guaporé. Reserva de Desenvolvimento Sustentável [RDS], uma: (1) Mamirauá. As Reservas Particulares do Patrimônio Natural [RPPN] são duas: (1) SESC Pantanal e (2) Fazenda Rio Negro. Ainda existem áreas designadas como Sítios Ramsar, que não estão catalogadas como unidades de conservação, tais como: (1) Rio Negro, (2) Estuário do Amazonas e seus Manguezais[65] e (3) Rio Juruá.

---

[64]   Disponível em: https://www.mma.gov.br/areas-protegidas/instrumentos-de-gestao/s%C3%ADtios-ramsar. Acesso em: 1 out. 2019.

[65]   Abrange litorais dos estados do Amapá até o Ceará. Ver Lei 12.045/2024 que Institui o Programa Nacional de Conservação e Uso Sustentável dos Manguezais do Brasil.

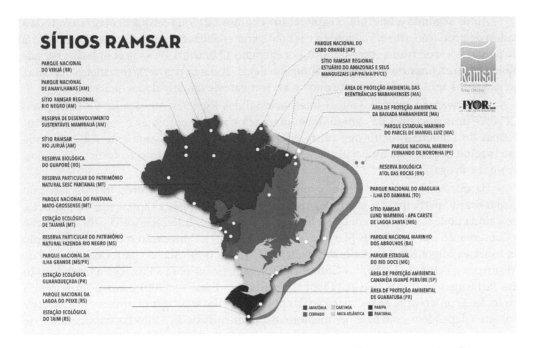

Fonte: https://www.gov.br/mma/pt-br/assuntos/ecossistemas-1/areas-umidas/sitios-ramsar-brasileiros.

A ampla diversidade de unidades de conservação que estão incluídas, inclusive no que tange à aplicação de regimes de propriedade, é um elemento complicador para a definição de um regime jurídico aplicável uniformemente às zonas úmidas protegidas. A título de exemplo, a informação fornecida pelo Governo Brasileiro ao Secretariado da Convenção Ramsar sobre o Rio Juruá[66] indica que o Sítio é internacionalmente reconhecido como Reserva da Biosfera[67] e, em termos da legislação nacional, engloba Terras Indígenas, Reservas Estaduais de Desenvolvimento Sustentável e Reservas Extrativistas Federais.

Assim, como se viu, os Sítios Ramsar englobam diferentes categorias de unidades de conservação e, até mesmo, áreas que não são propriamente UCS.

5. CONVENÇÃO SOBRE O COMÉRCIO INTERNACIONAL DE ESPÉCIES DA FLORA E DA FAUNA SELVAGEM EM PERIGO DE EXTINÇÃO – CITES

O tráfico internacional de espécies da flora e da fauna silvestres é um dos principais crimes internacionais. Dados da Interpol[68] estimam que o comércio ilegal da flora e da fauna silvestre pode alcançar a cifra de 20 bilhões de dólares americanos por ano. Outras estimativas chegam a falar em cifras variando entre 70 e 213 bilhões de dólares americanos anualmente. É significativo ressaltar que o valor anual de ajuda internacional para o desenvolvimento não ultrapassa os 135 bilhões de dólares americanos por ano, o que demonstra o enorme impacto econômico da atividade ilegal que, aliás, se espalha pelo tráfico de drogas, pessoas, armas e pelas mais diferentes formas de lavagem de dinheiro.

---

[66] Disponível em: https://rsis.ramsar.org/ris/2362. Acesso em: 1º jan. 2019.
[67] Disponível em: http://www.rbma.org.br/mab/unesco_03_rb_amazonia.asp. Acesso em: 1º out. 2019.
[68] Disponível em: https://www.interpol.int/Crimes/Environmental-crime/Wildlife-crime. Acesso em: 20 ago. 2019.

Ainda segundo a Interpol, a exploração criminosa da vida selvagem ocorre em toda a cadeia de produção, isto é, vai desde a caça até a comercialização final do próprio animal ou do produto dele derivado, como o couro, por exemplo. O Brasil, dada a sua grande diversidade biológica, é um importante ponto no comércio ilegal. Todavia, o governo brasileiro tem feito, ao longo dos anos, um importante esforço no combate de tais atividades ilícitas.

A Convenção sobre o Tráfico Internacional das Espécies Ameaçadas de Extinção – CITES é uma iniciativa da comunidade internacional para enfrentar os gravíssimos problemas do comércio ilícito que causa enormes danos ao meio ambiente e à economia internacional, pois está associado também à lavagem de dinheiro e ao tráfico de armas, pessoas e drogas.

Há que se observar, entretanto, que a CITES não é o único acordo internacional do qual o Brasil[69] participa que tem o objetivo de proteção das espécies ameaçadas de extinção, pois ainda podem ser acrescentadas à lista: (1) a Convenção Interamericana para a Proteção e Conservação das Tartarugas Marinhas (IAC/CIT);[70] (2) a Convenção sobre a Conservação de Espécies Migratórias de Animais Silvestres (CMS); e o (3) Acordo para Conservação de Albatrozes e Petréis (ACAP).[71] A Convenção Interamericana para a Proteção e Conservação das Tartarugas Marinhas (IAC/CIT) foi ratificada pelo Brasil em 2001 e busca "promover a proteção, a conservação e a recuperação das populações de tartarugas marinhas e dos *habitats* dos quais dependem, com base nos melhores dados científicos disponíveis e considerando-se as características ambientais, socioeconômicas e culturais das Partes".

A Convenção sobre a Conservação de Espécies Migratórias de Animais Silvestres (CMS ou Convenção de Bonn),[72] em vigor desde 1983, atualmente é integrada por 127 Estados-partes. A relação das espécies migratórias ameaçadas de extinção está contida no Anexo I do texto da CMS, sendo que, pelo acordo, os Estados assumem a obrigação de proteger esses animais, preservando seus *habitats* e reduzindo os obstáculos à sua atividade migratória. O Brasil somente se tornou Parte dessa convenção em 2015.

O Brasil é signatário do Acordo para Conservação de Albatrozes e Petréis (ACAP)[73] – Decreto 6.753/2009, instrumento firmado no âmbito da Convenção sobre a Conservação de Espécies Migratórias de Animais Silvestres (CMS ou Convenção de Bonn) – tratado sob o qual são negociados acordos vinculantes e memorandos de entendimento, de caráter global ou regional, com o objetivo de preservar albatrozes e petréis, por meio da coordenação da atividade internacional para mitigar ameaças às populações dessas aves. Atualmente, o ACAP abrange 22 espécies de albatrozes e 9 espécies de petréis, conforme lista do Anexo I do acordo internacional.

O tráfico de animais no Brasil é um problema grave;[74] estima-se que 38 milhões de animais silvestres são retirados da natureza no Brasil todos os anos, dos quais boa parte é

---

[69] Disponível em: http://www.itamaraty.gov.br/pt-BR/politica-externa/desenvolvimento-sustentavel-e-meio-ambiente/175-especies-ameacadas. Acesso em: 14 set. 2019.

[70] Decreto 3.842/2001.

[71] Decreto 6.753/2009.

[72] Decreto 9.080/2017.

[73] Disponível em: http://www.icmbio.gov.br/portal/images/stories/docs-plano-de-acao/pan-albatrozes/sumario-albatrozes.pdf. Acesso em: 31 dez. 2019.

[74] BUCHERONI, Giulia. Panorama do tráfico de animais revela futuro preocupante. Disponível em: https://g1.globo.com/sp/campinas-regiao/terra-da-gente/noticia/2019/06/24/onde-esta-a-fauna-brasileira-panorama-do-trafico-de-animais-revela-futuro-preocupante.ghtml. Acesso em: 18 set. 2019.

devido à caça para subsistência e ao comércio ilegal. Hoje, tal situação é considerada como a segunda maior ameaça à diversidade biológica no Brasil. Dado o fato de que o Brasil é o maior detentor da biodiversidade no mundo, o tráfico ilegal de animais silvestres encontra no país uma enorme fonte de "matéria-prima".[75] O tráfico de animais possui quatro modalidades mais usuais, a saber: (1) animais para colecionadores particulares; (2) animais para fins científicos; (3) animais PET; e (4) produtos derivados da fauna.

5.1   A Convenção CITES

A Convenção CITES não proíbe totalmente o comércio internacional de espécies da fauna e da flora silvestres ameaçadas de extinção. O que a Convenção faz é estabelecer mecanismos que possam controlar o comércio internacional. Todavia, como foi visto na introdução ao capítulo, o tráfico ilícito de animais ameaçados de extinção é crescente e chega a atingir cifras astronômicas, o que demonstra que a convenção, ainda que considerada bem-sucedida, está longe de ter atingido os seus objetivos. Modernamente, o tráfico ilícito de espécies ameaçadas de extinção tem sido denominado como *biopirataria,* quando voltado para a utilização indevida do patrimônio genético e dos conhecimentos tradicionais associados com vistas à obtenção de direitos de propriedade intelectual.

A Convenção sobre o Tráfico Internacional das Espécies da Fauna e Flora Silvestres Ameaçadas de Extinção [CITES, da sigla em inglês], também conhecida como Convenção de Washington (WIJNSTEKERS, 2011, p. 25), é considerada como o acordo ambiental internacional mais exitoso, atribuindo-se tal resultado a diversos fatores, com destaque para (1) a boa qualidade de seu texto pragmático e dirigido para o objetivo final e (2) a forma como as Partes aplicaram-na desde a sua entrada em vigor.

A CITES é o resultado de uma Resolução adotada pela União Internacional para a Conservação da Natureza [IUCN],[76] em 1963. Contudo, a redação de um texto final somente foi alcançada em 3 de março 1973, tendo a convenção entrado em vigor em 1975. Atualmente, a CITES conta com 183 Partes.[77]

O Brasil é Parte da CITES desde 06 de agosto de 1975.[78] A convenção foi aprovada pelo Decreto Legislativo 54/1975, e promulgada pelo Decreto 76.623/1975. O quadro normativo da inserção da CITES no Direito interno brasileiro é complementado, ainda, pelas seguintes disposições legais: (1) Decreto Legislativo 21, de 1985; (2) Decreto Legislativo 35; (3) Decreto 92.446/1986; e (4) Decreto 3.607/2000.

A Convenção CITES é um acordo ambiental multilateral que admite a participação de Estados e de Organizações de Integração Econômica Regional; a adesão à convenção se faz mediante o depósito de uma declaração formal e escrita junto ao governo depositário [Suíça] [artigo XXI c/c XXII (2)] entrando em vigor 90 dias após o mencionado depósito.

A CITES é uma convenção pré-Estocolmo e, por isso, não possui uma relação extensa de princípios, como tem sido o padrão adotado após as grandes conferências de meio ambiente (CALVO, 2005), desde a Conferência das Nações Unidas sobre o Meio Ambiente Humano.

---

[75]   Disponível em: https://veja.abril.com.br/blog/impacto/a-caca-ao-cacador-o-trafico-de-animais-no-brasil/. Acesso em: 18 set. 2019.

[76]   Associação internacional formada por governos e sociedade civil fundada em 1948, conta com cerca de 1.300 organizações filiadas e o auxílio de aproximadamente 1.500 peritos. Disponível em: https://www.iucn.org/about. Acesso em: 18 set. 2019.

[77]   Disponível em: https://www.cites.org/eng/disc/parties/index.php. Acesso em: 21 ago. 2019.

[78]   Disponível em: https://www.cites.org/eng/disc/parties/chronolo.php. Acesso em: 21 ago. 2019.

O artigo II[79] da CITES[80] define os "princípios fundamentais" que são em número de quatro. Esses princípios, na prática, não se confundem com os chamados princípios gerais do Direito Internacional, sendo antes uma orientação geral estabelecendo as diretrizes a serem seguidas pelos anexos à CITES. A fórmula é inteligente, pois impede debates pouco práticos e eficazes sobre princípios que não estão amparados em consensos doutrinários mínimos. O princípio 1 estabelece que o Anexo 1 deverá incluir todas as espécies ameaçadas de extinção que estão ou possam ser afetadas pelo comércio. O comércio das espécies listadas no Anexo I deve ser submetido a regras estritas, de forma a evitar futura ameaça à sobrevivência delas, autorizando-se o comércio somente em casos excepcionais. Já o Anexo II, segundo o princípio estabelecido, (1) inclui todas as espécies que, no momento da assinatura da CITES, não estivessem necessariamente ameaçadas de extinção, possam vir a sê-lo, ao menos que o comércio de tais espécies venha a ser submetido a normas estritas a fim de evitar a sua utilização de forma incompatível com a sobrevivência delas; (2) outras espécies que devam ser submetidas a controle de forma que o comércio de certas espécies referidas no subparágrafo (a) do parágrafo 2 possa ficar sob controle efetivo. De acordo com o princípio 3, o Anexo III deve incluir todas as espécies que uma Parte identifique como sujeitas a controle em sua jurisdição para os propósitos de prevenir ou restringir a exploração e que necessitem da cooperação de outras partes para restringir o comércio. Finalmente, o princípio 4 estabelece que as Partes não permitirão o comércio de espécies incluídas nos Anexos I, II e III, exceto se em conformidade com as provisões da CITES. Na verdade, o termo *princípios* não é o mais adequado, pois eles se resumem a explicitar o conteúdo que deverá ser observado em cada um dos Anexos, sendo diretivas para o futuro e não princípios jurídicos, como estes são rotineiramente entendidos em termos jurídicos. Efetivamente, não se pode falar em princípios, como é o entendimento rotineiro do termo em Direito Internacional.

5.1.1   A regulamentação do Comércio Internacional: as três partes da Convenção (Anexos)

Os Anexos têm por finalidade estabelecer as relações de espécies que serão submetidas à regulação internacional do comércio das espécies ameaçadas de extinção. O Anexo I é integrado pelas espécies que são consideradas ameaçadas de extinção e, portanto, potencialmente afetadas pelo comércio, necessitando que a sua comercialização seja submetida a controle estrito das Autoridades Administrativas, o que se faz mediante a concessão de Licença ou Certificado.

O *artigo III* trata da regulamentação do comércio de espécies incluídas no *Anexo I*. O artigo III (2) estabelece que a exportação de qualquer espécie constante do Anexo I requererá a concessão e apresentação prévia de uma licença de exportação, a qual somente será concedida após terem sido satisfeitos os requisitos seguintes: (a) que uma autoridade científica do Estado de exportação tenha emitido parecer no sentido de que tal exportação não prejudicará a sobrevivência da espécie em questão; que (b) uma autoridade administrativa do Estado de exportação tenha verificado que o espécime não foi obtido em contravenção à legislação vigente desse Estado sobre a proteção de sua fauna e flora; (c) que uma autoridade administrativa do Estado de exportação tenha verificado que todo espécime vivo será acondicionado e transferido de maneira a que se reduza ao mínimo o risco de ferimentos, dano à saúde ou tratamento cruel; (d) que uma autoridade administrativa do Estado de exportação tenha verificado que foi concedida uma licença de importação para o espécime.

---

[79]   O texto da CITES, versão brasileira, é o apensado por cópia ao Decreto 76.623/1975.

[80]   Doravante, a menção a artigo, neste capítulo, significa artigo da CITES, salvo se expressamente afirmado diferentemente.

Conforme o disposto no artigo III (3), a importação de qualquer espécie incluída no Anexo I requererá a concessão e apresentação prévia de uma licença de importação e de uma licença de exportação ou certificado de reexportação. A licença de importação, todavia, somente será concedida se satisfeitos os seguintes requisitos: (a) que uma autoridade científica do Estado de importação tenha emitido parecer no sentido de que os objetivos da importação não são prejudiciais à sobrevivência da espécie em questão; (b) que uma autoridade científica do Estado de importação tenha verificado que, no caso de espécime vivo, o destinatário dispõe de instalações apropriadas para abrigá-lo e dele cuidar adequadamente; e (c) que uma autoridade administrativa do Estado de importação tenha verificado que o espécime não será utilizado para fins principalmente comerciais.

Em conformidade com o artigo III (4), a reexportação de qualquer espécie incluída no Apêndice I somente pode ser feita com a prévia emissão e exibição de um certificado de reexportação, o qual só poderá ser emitido se observadas as seguintes condições: (a) a autoridade administrativa do Estado de reexportação esteja satisfeita de que o espécime tenha sido importado em observância às normas da CITES; (b) a autoridade administrativa do Estado de reexportação esteja satisfeita que qualquer espécime será preparado e embarcado de forma a minimizar os riscos de ferimentos, danos à saúde ou tratamento cruel; e (c) a autoridade administrativa do Estado de reexportação esteja satisfeita que uma licença de importação tenha sido concedida para cada espécime vivo. No que tange à introdução por via marítima de qualquer espécie contida no Apêndice I, essa deverá ser precedida da emissão de um certificado por parte da autoridade administrativa do Estado receptor; tal certificado somente será emitido se atendidas as seguintes condições: (a) a autoridade científica do Estado de introdução ateste que a introdução não será danosa para a sobrevivência das espécies envolvidas, (b) que uma autoridade administrativa do Estado de introdução tenha verificado que a espécie introduzida não será utilizada para fins principalmente comerciais.

O *artigo IV* regulamenta o comércio de espécies incluídas no Anexo II e estabelece que: (1) todo comércio de espécies inseridas no Anexo II será realizado de conformidade com as suas disposições. Assim, (2) a exportação de quaisquer espécies será precedida da concessão e apresentação prévia de licença de exportação, a qual somente será concedida se satisfeitos os seguintes requisitos: que (a) uma autoridade científica do Estado de exportação tenha emitido parecer no sentido de que essa exportação não prejudicará a sobrevivência da espécie em questão; (b) que uma autoridade administrativa do Estado de exportação tenha constatado que o espécime não foi obtido em desrespeito à legislação no referido Estado sobre proteção de sua fauna e flora; (c) que a autoridade administrativa do Estado de exportação tenha constatado que todo espécime vivo será acondicionado e transportado de forma a reduzir ao mínimo o risco de ferimentos, danos à saúde ou tratamento cruel. (3) A importação de qualquer espécie relacionada no Anexo II será precedida da concessão e apresentação de uma licença de importação e de uma licença de exportação ou certificado de reexportação. A licença de importação demanda a satisfação dos seguintes requisitos: (a) que uma autoridade científica do Estado de importação tenha emitido parecer prévio atestando que os objetivos da importação não são prejudiciais à sobrevivência da espécie em questão; (b) que uma autoridade científica do Estado de importação tenha constatado que, em se tratando de espécime vivo, o destinatário dispõe de instalações apropriadas para abrigá-lo e dele cuidá-lo adequadamente; e (c) que uma autoridade administrativa do Estado de importação tenha verificado que o espécime não será utilizado para fins principalmente comerciais. (4) Quanto à reexportação de qualquer espécie constante do Anexo I, será requerida a concessão e a apresentação prévia de certificado de reexportação, o qual somente será concedido se satisfeitos os seguintes critérios: (a) que uma autoridade administrativa do Estado de reexportação tenha constatado que o espécime foi importado no referido Estado em consonância com as disposições da CITES; (b) que uma autoridade administrativa do Estado de reexportação constate que todo espécime vivo será acondicionado e transportado de forma que se reduza ao mínimo o risco de ferimentos, danos à saúde e tratamento cruel; e (c) que uma autoridade administrativa do Estado de reexportação verifique ter sido emitida uma licença de importação para qualquer espécime vivo.

Quanto à (5) reexportação de qualquer espécime de uma espécie incluída no Anexo II será requerida a concessão e a apresentação prévias de um certificado de reexportação, o qual somente será concedido se atendidos os seguintes requisitos: (a) que uma autoridade administrativa do Estado de reexportação tenha verificado que o espécime foi importado nesse Estado, conforme as regras da CITES; (b) que uma autoridade administrativa do Estado de reexportação tenha verificado que todos os espécimes vivos serão acondicionados e transportados de forma segura para a redução, ao mínimo, dos riscos de ferimentos, à saúde ou tratamento cruel. Em relação à (6) introdução procedente do mar de qualquer espécie relacionada no Anexo II, será requerida a concessão prévia de um certificado emitido por uma autoridade administrativa do Estado de introdução, o qual somente será concedido se obedecidos os seguintes requisitos: (a) que uma autoridade administrativa do Estado de introdução tenha emitido parecer no sentido de que a introdução não prejudicará a sobrevivência de tal espécie, que (b) uma autoridade administrativa do Estado de introdução tenha verificado que qualquer espécime vivo será tratado de maneira a reduzir, ao mínimo, o risco de ferimentos, danos à saúde ou tratamento cruel. E, por fim, (7) os certificados previstos em (6) poderão ser expedidos por período não superior a um ano, para quantidades totais de espécimes a serem introduzidos durante o período, com assessoramento prévio de uma autoridade científica, ouvidas outras autoridades científicas nacionais, ou, quando apropriado, ouvidas autoridades científicas internacionais.

O *artigo V* regulamenta (1) o comércio das espécies incluídas no Anexo III, conforme o disposto em (2); a exportação de qualquer espécie incluída no Anexo regulamentado, procedente de um Estado que o tenha incluído em tal Anexo, requererá a concessão e apresentação prévia de uma licença de exportação, a qual para ser concedida deverá atender aos seguintes requisitos: (a) que uma autoridade administrativa do Estado de exportação tenha verificado que o espécime não foi obtido em contravenção à legislação vigente no referido Estado sobre a proteção de sua fauna e flora; que (b) uma autoridade administrativa do Estado de exportação tenha verificado que todo espécime vivo será acondicionado e transportado de maneira a reduzir ao máximo o risco de ferimentos, danos à saúde ou tratamento cruel. A importação (3) de qualquer espécie incluída no Anexo III requererá, salvo nos casos incluídos em (4), a apresentação prévia de um certificado de origem e, quando a importação provenha de um Estado que tenha incluído tal espécie no Anexo III, de uma licença de exportação. No caso (4) de uma reexportação, um certificado conferido por uma autoridade administrativa do Estado de reexportação no sentido de que o espécime foi transformado neste Estado ou está sendo reexportado, será aceito pelo Estado de importação, como prova de que foram cumpridas as disposições da convenção com referência ao espécime de que se tratar.

5.1.2 Relação entre a CITES e outras convenções internacionais e a legislação nacional

A condição de Parte signatária da CITES não impede o direito soberano de adoção de: (1) medidas internas mais rígidas com referência às condições de comércio, captura, posse ou transporte de espécies incluídas nos Anexos I, II e III, ou proibi-los inteiramente; ou (2) medidas internas que restrinjam ou proíbam o comércio, a captura, a posse ou o transporte de espécies não incluídas nos Anexos I, II ou III. Nestes casos, pelo teor das normas informadas, o Estado aplicará a sua legislação mais restritiva ao comércio de espécies da fauna e da flora nativas ameaçadas de extinção.

As disposições da Cites não afetam as disposições de qualquer medida interna ou obrigações das partes derivadas de qualquer tratado, convenção ou acordo internacional referentes a outros aspectos do comércio, da captura, da posse ou do transporte de espécimes que estejam em vigor, ou que entrem em vigor posteriormente para qualquer das partes, incluídas as medidas relativas à alfândega, saúde pública ou quarentenas vegetais ou animais. Da mesma forma, não afetam as disposições ou obrigações emanadas de qualquer tratado, convenção ou acordo internacional celebrados ou que venham a ser celebrados entre Estados e que criem uma união ou acordo comercial regional, que estabeleça ou mantenha um controle aduaneiro comum externo e elimine controles aduaneiros entre as partes respectivas, na medida em que se refiram ao comércio entre os Estados-membros dessa união ou acordo.

Um Estado-parte que seja também parte de outro tratado, convenção ou acordo internacional vigente, quando ela entrar em vigor e em virtude de cujas disposições se protejam as espécies marinhas incluídas no Anexo II, ficará isento das obrigações que lhe impõem as disposições contidas na CITES com referência às espécies incluídas no Anexo II capturadas tanto por barcos matriculados nesse Estado e de conformidade com as disposições desses tratados, convenções ou acordos internacionais. Sem prejuízo das disposições dos artigos III, IV e V, para qualquer exportação de um espécime capturado de conformidade com o § 4º do artigo XIV, somente será necessário um certificado de uma autoridade administrativa do Estado de introdução, assegurando que o espécime foi capturado de acordo com as disposições dos tratados, convenções ou acordos internacionais pertinentes.

Conforme estipulado no artigo XIV (6), nenhum de seus dispositivos pode prejudicar a modificação e o desenvolvimento progressivo do direito do mar pela Conferência das Nações Unidas sobre o Direito do Mar, convocada de acordo com a Resolução 2.750 C (XXV) da Assembleia Geral das Nações Unidas, nem as reivindicações e teses jurídicas presentes ou futuras de qualquer Estado no que se refere ao Direito do Mar e à natureza e extensão da jurisdição costeira e da bandeira do Estado.

5.2   A Convenção CITES no Brasil

O Brasil, na medida de suas possibilidades, vem se dotando de uma legislação apta a dar cumprimento aos compromissos assumidos internacionalmente no sentido de combater o comércio internacional ilegal de espécies ameaçadas de extinção. A tarefa, evidentemente, não é fácil devido à grande extensão territorial do país e, sobretudo, às suas vastas fronteiras e litoral. Há uma grande necessidade de recursos técnicos, financeiros e humanos que nem sempre estão disponíveis. O tráfico internacional de animais é punido criminalmente, embora as penas legalmente previstas sejam baixas e a efetividade pequena. Quanto ao tráfico de espécimes da flora, o legislador não foi mais feliz ao tratar do tema. Neste tópico, far-se-á uma exposição dos principais mecanismos legais existentes no Brasil para implementar a Convenção no país.

Os Anexos da Convenção possuem relações de animais e plantas cujo comércio internacional está submetido a controle; tais relações são conhecidas como listas vermelhas (RedList) que são atualizadas frequentemente. A IUCN estima que cerca de 28.000 espécies estejam sob alguma forma de ameaça de extinção, sendo tal número aproximadamente 27% do total de espécies conhecidas.[81] Em termos gerais, cerca de 40% dos anfíbios, 25% dos mamíferos, 34% das coníferas, 14% dos pássaros, 30% dos tubarões e arraias, 33% dos recifes de corais, 27% dos crustáceos. A lista vermelha da IUCN foi instituída em 1964 e, desde então, é considerada a informação mais abrangente do *status* global de conservação da vida animal, fungos e espécies vegetais. Neste ponto, é importante observar que ainda existem muitas espécies que são desconhecidas e que, portanto, o número pode ser maior do que o atualmente existente. A IUCN tinha como objetivo identificar cerca de 160.000 espécies até o fim de 2020.[82]

A lista vermelha da IUCN é um instrumento de grande relevância no processo decisório de muitos acordos ambientais multilaterais,[83] pois é base para a tomada de decisões no que se refere às revisões dos Anexos, por exemplo, da CITES e da Convenção sobre Espécies Migratórias. O cálculo da RedList Index [RLI] é um dos indicadores da diversidade biológica usados como fonte de informação para o monitoramento dos progressos obtidos na implementação do Plano Estratégico para a Biodiversidade 2011-2020, elaborado pela Convenção sobre Diversidade Biológica [CDB]. Os Objetivos do Desenvolvimento Sustentável das Nações Unidas, em particular o de número 15,[84] também estão baseados na RedList da IUCN; igualmente a Convenção de Ramsar se vale da RedList como instrumento para a indicação de sítios a serem protegidos.

O Brasil também adota o sistema de listas vermelhas. O Instituto Chico Mendes de Conservação da Biodiversidade [ICMBio] editou o Livro Vermelho da Fauna 2018, registrando 1.173 espécies sob risco.[85] O Livro Vermelho da Fauna 2018 está dividido em 7 volumes:[86] Volume I, Volume II (Mamíferos), Volume III (Aves), Volume IV (Répteis), Volume V (Anfíbios), Volume VI (Peixes), Volume VII (Invertebrados).

5.2.1 Categorias de Ameaça da IUCN

A IUCN, ao elaborar as listas vermelhas, adota critérios que têm sido reconhecidos internacionalmente e que são os critérios adotados pelas autoridades científicas brasileiras.[87] São utilizados 11 critérios diferentes para a avaliação, a saber:

(1) Não Avaliado (NE), indicando que o táxon não foi avaliado sob os critérios IUCN.

(2) Não Aplicável (NA). Indica a categoria de um táxon considerado inelegível para ser avaliado em nível regional. Um táxon pode ser NA por não ser uma população selvagem ou não estar dentro da sua distribuição natural, ou por ser um errante na região. Também pode ser NA porque ocorre em números muito baixos na região.

(3) Dados Insuficientes (DD). Indica que um táxon é considerado com Dados Insuficientes quando não há informação adequada para fazer uma avaliação direta ou indireta do

---

[81] Disponível em: https://www.iucnredlist.org/. Acesso em: 18 set. 2019.

[82] Disponível em: https://www.iucnredlist.org/about/background-history. Acesso em: 18 set. 2019.

[83] Disponível em: https://www.iucnredlist.org/about/uses. Acesso em: 18 set. 2019.

[84] 15 – Vida sobre a Terra: Proteger, recuperar e promover o uso sustentável dos ecossistemas terrestres, gerir de forma sustentável as florestas, combater a desertificação, deter e reverter a degradação da terra e deter a perda de biodiversidade. Disponível em: http://www.ipea.gov.br/ods/ods15.html. Acesso em: 21 set. 2019.

[85] Disponível em: http://agenciabrasil.ebc.com.br/geral/noticia/2019-01/livro-vermelho-da-fauna--registra-1173-especies-sob-risco. Acesso em: 18 set. 2019.

[86] Disponível em: http://www.icmbio.gov.br/portal/component/content/article/10187. Acesso em: 18 set. 2019.

[87] INSTITUTO CHICO MENDES DE CONSERVAÇÃO DA BIODIVERSIDADE. Aplicação de Critérios e Categorias da IUCN na Avaliação da Fauna Brasileira. Brasília, 2013.

seu risco de extinção, com base na sua distribuição e/ou estado populacional. Um táxon nesta categoria pode estar bem estudado e a sua biologia ser bem conhecida, mas faltam dados adequados sobre a sua distribuição e/ou abundância. Classificar um táxon nesta categoria indica que é necessário obter mais informações, mas que se reconhece a possibilidade de que ele pode estar ameaçado, e que pesquisas futuras poderão indicar uma categoria de ameaça. É importante que toda informação disponível seja usada. Uma espécie categorizada como DD não deve ser tratada como não ameaçada.

(4) Menos Preocupante (LC). Indica que um táxon é considerado Menos Preocupante quando é avaliado pelos critérios e não se qualifica como Criticamente em Perigo, Em Perigo, Vulnerável ou Quase Ameaçado. Táxons de distribuição ampla e táxons abundantes normalmente são incluídos nesta categoria. Táxons raros e de distribuição restrita também podem ser classificados como LC, desde que não haja ameaças significativas.

(5) Quase Ameaçado (NT). Indica que um táxon é considerado Quase Ameaçado quando, ao ser avaliado pelos critérios, não se qualifica atualmente como Criticamente em Perigo, Em Perigo ou Vulnerável, mas está perto da qualificação (se aproxima dos limiares quantitativos dos critérios) ou é provável que venha a se enquadrar em uma categoria de ameaça num futuro próximo.

(6) Vulnerável (VU). Indica que um táxon está Vulnerável quando as melhores evidências disponíveis indicam que se cumpre qualquer um dos critérios A a E para Vulnerável, e por isso considera-se que está enfrentando um risco alto de extinção na natureza.

(7) Em Perigo (EN). Indica que um táxon é considerado Em Perigo quando as melhores evidências disponíveis indicam que se cumpre qualquer um dos critérios A a E para Em Perigo, e por isso considera-se que está enfrentando um risco muito alto de extinção na natureza.

(8) Criticamente em Perigo (CR). Indica que um táxon é considerado Criticamente em Perigo quando as melhores evidências disponíveis indicam que se cumpre qualquer um dos critérios A a E para Criticamente em Perigo, e por isso considera-se que está enfrentando um risco extremamente alto de extinção na natureza.

(9) Regionalmente Extinto (RE). Equivale a extinto no Brasil. Categoria para um táxon quando não há dúvida de que o último indivíduo potencialmente capaz de se reproduzir na região tenha morrido ou desaparecido da natureza, ou no caso de ser um táxon visitante, o último indivíduo tenha morrido ou desaparecido da natureza, na região. Táxon extinto há mais de 500 anos não precisa mais ser avaliado.

(10) Extinto na Natureza (EW). Indica que um táxon está extinto na natureza quando sua sobrevivência é conhecida apenas em cultivo, cativeiro ou como uma população (ou populações) naturalizada fora da sua área de distribuição natural. Um táxon está Extinto na Natureza quando exaustivos levantamentos no *habitat* conhecido e/ou potencial, em períodos apropriados (do dia, estação e ano), realizados em toda a sua área de distribuição histórica, falharam em registrar a espécie. As prospecções devem ser feitas durante um período de tempo adequado ao ciclo de vida e forma biológica da espécie em questão.

(11) Extinto (EX). Indica que um táxon é considerado extinto quando não restam quaisquer dúvidas de que o último indivíduo tenha morrido. Um táxon está extinto quando exaustivos levantamentos no *habitat* conhecido e/ou potencial, em períodos apropriados (do dia, estação e ano), realizados em toda a sua área de distribuição histórica, falharam em registrar a espécie. As prospecções devem ser feitas durante um período de tempo adequado ao ciclo de vida e forma biológica da espécie em questão.

São consideradas ameaçadas de extinção apenas as espécies classificadas como CR, EN ou VU.

5.2.2   Implementação da CITES pelo Brasil

A implementação da CITES pelo Brasil foi regulamentada pelo Decreto 3.607/2000. Não se pode deixar de registrar que a Convenção somente foi efetivamente incorporada ao direito brasileiro e dotada de estruturas administrativas após o retorno do regime democrático ao País em 1985.

O Instituto Brasileiro do Meio Ambiente e dos Recursos Naturais Renováveis – Ibama, conforme determinação contida nos artigos 4º e 5º do Decreto 3.607/2000, desempenha simultaneamente o papel de Autoridade administrativa e de Autoridade científica, esta última função compartilhada com o Instituto Chico Mendes de Conservação da Biodiversidade – Instituto Chico Mendes e o Instituto de Pesquisas Jardim Botânico do Rio de Janeiro – JBRJ, competindo-lhe, como Autoridade administrativa: (1) manter o registro do comércio das espécies incluídas nos Anexos I, II e III, que deverá conter, no mínimo: (a) nomes e endereços dos exportadores e importadores; (b) número e natureza das Licenças e Certificados emitidos; (c) países com os quais foi realizado o comércio; (d) quantidade e tipos de espécimes; (e) nomes das espécies incluídas nos Anexos I, II e III; e (f) tamanho e sexo dos espécimes, quando for o caso; (2) elaborar e remeter relatórios periódicos à Secretaria, nos termos do artigo VIII da Convenção; (3) fiscalizar as condições de transporte, cuidado e embalagem dos espécimes vivos, objeto de comércio; (4) coordenar as demais autoridades que com ela atuam em conjunto nos temas relacionados à Convenção; (5) apreender os espécimes obtidos em infração à Lei 9.605/1998; (6) devolver ao país de origem ou determinar o destino provisório ou definitivo dos espécimes vivos apreendidos nos termos do inciso V do artigo 4º do Decreto 3.607/2000; (7) organizar e manter atualizado o registro dos infratores; (8) propor emendas, inclusões e transferências aos Anexos I, II e III, conforme estabelecido nos artigos XV e XVI da Convenção; (9) propor a capacitação do pessoal necessário para o cumprimento da Convenção e do Decreto 3.607/2000; (10) designar, em conjunto com a Secretaria da Receita Federal, o Departamento de Polícia Federal e o Ministério da Agricultura e Abastecimento, os portos habilitados para a entrada e saída de espécimes, sujeitos ao comércio internacional; e (11) estabelecer as características das marcas que devem ser utilizadas nos espécimes, produtos e subprodutos, objeto do comércio internacional. Conforme determinação do parágrafo único do artigo 4º, as Licenças ou Certificados CITES com efeito retroativo somente poderão ser emitidos nos casos em que: (i) houver acordo entre a autoridade do país exportador e a autoridade do país importador em seguir esse procedimento; (ii) a irregularidade não seja atribuída a nenhuma das partes envolvidas na transação; e (iii) as espécies objeto da transação não estiverem incluídas no Anexo I.

Às Autoridades científicas, compete: (1) informar à Autoridade Administrativa as variações relevantes do *status* populacional das espécies, incluídas nos Anexos II e III da CITES, com o objetivo de propor a elaboração de planos de manejo; (2) cooperar na realização de programas de conservação e manejo das espécies autóctones incluídas nos Anexos II e III, com o comércio internacional significativo, estabelecido pelo Ibama; e (3) assessorar a Autoridade Administrativa a respeito do destino provisório ou definitivo dos espécimes interditados, apreendidos ou confiscados.

5.2.3   Procedimentos necessários ao comércio internacional de espécies (espécies integrantes dos Anexos I, II e III)

O Anexo I contempla espécies consideradas *ameaçadas de extinção* e, portanto, potencialmente afetadas pelo comércio, necessitando que a sua comercialização seja submetida a

Capítulo 8 · PROTEÇÃO JURÍDICA DA DIVERSIDADE BIOLÓGICA | **273**

controle estrito da Autoridade administrativa, o que se faz mediante a concessão de Licença ou Certificado.

A *exportação* de qualquer espécie incluída no Anexo I somente pode ser autorizada após a expedição e apresentação prévia de Licença de Exportação, que somente será concedida em seguida à (i) emissão de parecer, pela autoridade científica, atestando que a exportação não prejudicará a sobrevivência da espécie; e (ii) verificação, pela autoridade administrativa, se o transporte não causará danos ao espécime, se foi concedida a Licença de Importação e se é legal sua aquisição.

A *importação* de qualquer espécie incluída no Anexo I somente será autorizada mediante a concessão e apresentação prévia de Licença de Exportação ou Certificado de Reexportação e de Licença de Importação, a qual somente será concedida uma única vez, atendidos os seguintes requisitos: (i) emissão de parecer, pela autoridade científica, atestando que a exportação não prejudicará a sobrevivência da espécie; (ii) verificação, pela autoridade administrativa, se o transporte não causará danos ao espécime, se foi concedida a Licença de Importação e se é legal sua aquisição. Deve, ainda, (iii) ser providenciado para que o espécime não seja utilizado para fins comerciais. Igualmente, deve ser assegurado que o importador, o exportador ou re-exportador, conforme o caso, dispõem de instalações adequadas para a recepção do espécime vivo. As atividades comerciais acima mencionadas somente poderão ser praticadas caso não haja ameaça à sobrevivência da espécie.

O Anexo II é composto por espécies que, *embora não se encontrem em perigo de extinção*, necessitam de cuidados especiais para que não sejam extintas. Daí a necessidade de que o comércio de tais espécies esteja sujeito à regulamentação rigorosa, podendo ser autorizada a sua comercialização, pela Autoridade Administrativa, somente mediante a concessão de Licença ou emissão de Certificado. Tanto a importação, a exportação e a reexportação requerem a emissão de licenças e certificados, que deverão atestar as condições sanitárias do receptor de espécies, o não prejuízo para as espécies da comercialização do espécime. A autoridade administrativa certificará a legalidade da atividade e, também, que as condições de transporte não são prejudiciais ao espécime.

A autoridade administrativa poderá estabelecer cotas tanto para importação como para exportação de espécies contempladas no Anexo II. Em relação às espécies listadas no Anexo III, as transações comerciais internacionais somente poderão ser autorizadas mediante a concessão e apresentação prévia de licenças de importação, exportação e/ou reexportação, conforme o caso.

Todas as licenças ou certificados CITES deverão conter requisitos formais que sejam capazes de identificar precisamente a autoridade administrativa que o tenha emitido, a qualificação do importador e do exportador, o número de controle, a natureza e o propósito da operação comercial, o nome científico da espécie ou das espécies, a descrição dos espécimes em um idioma oficial da Convenção, indicação do Anexo da Convenção em que a espécie esteja incluída, data de emissão e validade da licença, assinatura do emitente e selo de segurança da autoridade emitente, assim como a origem dos espécimes objeto da licença. Na hipótese de reexportação, os Certificados deverão se adequar às exigências previstas no artigo 11 do Decreto 3.607/2000.

5.2.4   A tutela penal

Em termos de Direito interno, a Lei 9.605/1998 é dotada de diversos tipos penais capazes de sancionar o comércio internacional ilegal de espécies ameaçadas de extinção, inclusive com a possibilidade de imputação de responsabilidade penal às pessoas jurídicas. Dessa forma, o artigo 29, § 1º, III, da lei pune com penas de detenção de seis meses a um ano e multa "quem vende, expõe à venda, exporta ou adquire, guarda, tem em cativeiro ou depósito, utiliza ou transporta ovos, larvas ou espécimes da fauna silvestre, nativa ou em rota migratória, bem como produtos e objetos dela oriundos, provenientes de criadouros não autorizados ou sem a devida permissão, licença ou autorização da autoridade competente". Há aumento de pena caso a espécie seja considerada ameaçada de extinção, de acordo com o disposto no inciso I do § 4º do artigo 29. Para os efeitos legais são "espécimes da fauna silvestre todos aqueles pertencentes às espécies nativas, migratórias e quaisquer outras, aquáticas ou terrestres, que tenham todo ou parte de seu ciclo de vida ocorrendo dentro dos limites do território brasileiro, ou águas jurisdicionais brasileiras".

A introdução de espécime animal no país, "sem parecer técnico oficial favorável e licença expedida por autoridade competente", é conduta punível com pena de detenção, de três meses a um ano, e multa, em conformidade com as disposições contidas no artigo 31 da Lei de Crimes Ambientais.

A lei penal não prevê a incriminação de importação ou exportação de espécies da flora, sendo uma falha lamentável.

Capítulo 9
A VEGETAÇÃO NATIVA E SUA PROTEÇÃO LEGAL

 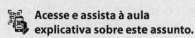

Acesse e assista à aula explicativa sobre este assunto.

> http://uqr.to/1b2hm

    A conservação e a preservação das florestas são questões fundamentais para a humanidade e as demais formas de vida, sendo um tema essencial no direito ambiental. Equivocadamente, há uma articulação entre necessidade de desenvolvimento econômico, inclusão social e desmatamento. A realidade é que a redução drástica das áreas florestadas, sobretudo nos países em vias de desenvolvimento, não trouxe qualquer melhoria para a qualidade de vida das populações locais. O Imazon[1] publicou estudo com o Índice de Progresso Social [IPS] de 772 cidades da Amazônia Legal, demonstrando que os municípios com os piores índices são os que mais desmatam. O aumento do desmatamento na Amazônia acarreta diminuição do emprego, pois entre 2012 e 2019, houve uma queda de 16% no número de postos de trabalho relacionados à agropecuária (agricultura, pecuária, criação de animais e extrativismo florestal), enquanto a área ocupada pelas atividades de cultivo e pastagens cresceu 8,4% no período. As reduções ocorreram tanto entre agricultores sem especialização

---

[1] O IPS Amazônia 2021 revelou que o desmatamento é nocivo para o progresso social. Conforme o estudo, os 20 municípios com as maiores áreas de floresta destruídas nos últimos três anos tiveram IPS médio de 52,38, valor 21% menor que o índice do Brasil, de 63,29, e mais baixo que o da Amazônia, de 54,59.

Entre esses 20 municípios campeões no desmatamento, a situação mais crítica é a de Pacajá (PA), que teve o menor IPS e o segundo pior de toda a Amazônia: 44,34. O município de quase 50 mil habitantes desmatou 690 km² entre 2018 e 2020, segundo o Inpe (Prodes), ficando em sétimo lugar no ranking dos que mais devastaram a floresta no período.

Além de Pacajá, outros seis municípios da lista dos 20 maiores desmatadores não conseguiram atingir 50 pontos no IPS, ficando nas 70 piores colocações entre todos os 772 municípios da Amazônia Legal. São eles: Portel (PA), Apuí (AM), Senador José Porfírio (PA), Novo Repartimento (PA), Uruará (PA) e Anapu (PA). Os dois municípios líderes no ranking do desmatamento, Altamira e São Félix do Xingu, ambos paraenses, tiveram IPS de 52,95 e 52,94, respectivamente, também abaixo das médias da Amazônia Legal e do Brasil.

Outro dado importante na relação entre desmatamento e baixo progresso social é que entre os 15 municípios com os piores IPS da região estão alguns fortemente associados com a destruição da floresta, o garimpo ilegal, a extração ilegal de madeira e conflitos sociais, como Jacareacanga, Nova Ipixuna, Nova Conceição do Piriá e Pau D'Arco, todos no Pará. Disponível em: https://imazon.org.br/imprensa/municipios-que-mais-desmatam-tem-pior-qualidade-de-vida-na-amazonia/. Acesso em: 5 jun. 2022.

(59%) quanto entre os mais qualificados (6,7%), o que indica que o fenômeno não se explica apenas pelo possível aumento do uso de mecanização e de novas tecnologias na lavoura.[2]

Pouca atenção tem sido dada ao desmatamento no cerrado que, em termos percentuais, tem experimentado uma taxa de crescimento duas vezes maior do que o desflorestamento na Amazônia.[3]

Por ocasião da Conferência das Nações Unidas sobre Meio Ambiente e Desenvolvimento, o Banco Mundial alertara que a área ocupada por florestas nos países em desenvolvimento fora reduzida à metade em aproximadamente um século (BANCO MUNDIAL, 1992). Esse quadro, contudo, não é recente. Ao contrário, a pressão humana sobre as florestas e seus recursos têm a idade da civilização.

As florestas contribuem para a redução da pobreza, pois fornecem meios de sustento para cerca de 3,2 bilhões de pessoas,[4] com cerca de 40% das pessoas mais pobres do mundo vivendo em terras classificadas como áreas degradadas que reduzem em cerca de 23% a produtividade do solo.[5] A CNUMAD, Rio 92, dedicou boa parte de seus trabalhos ao exame da situação das florestas mundiais, tendo emitido a Declaração de Princípios sobre Florestas,[6] contendo 15 princípios. As questões florestais estão contempladas no item 9 da agenda 21.[7] A Rio 92 estabeleceu diversos princípios para o manejo das florestas. As florestas são um dos principais temas do direito ambiental, como já foi sublinhado, em razão da importância que têm para a preservação da vida em todas as suas formas. As principais normas federais para a proteção das florestas são: (1) Lei 9.985/2000 [Sistema Nacional de Unidades de Conservação]; (2) Lei 11.284/2006 [concessão de florestas nacionais];[8] (3) Lei 11.428/2006 [Lei da Mata Atlântica]; (4) Lei 12.651/2012 [proteção da vegetação nativa]; e (5) Lei 14.119/2021 [Pagamento por Serviços Ambientais].

O Brasil possui vastas florestas em seus ecossistemas que abrigam riqueza genética e complexidade ecológica. A CF [artigo 225, § 4º] cataloga os biomas Floresta Amazônica brasileira, a Mata Atlântica, a Serra do Mar, o Pantanal Mato-Grossense e a Zona Costeira como patrimônio nacional. Além dos biomas tratados pela Constituição, a Caatinga, o Cerrado e o Pampa são ecossistemas relevantes e merecem proteção. A floresta amazônica é a maior floresta tropical do mundo, estando presente em 9 (nove) países: Bolívia, Brasil, Colômbia, Equador, Guiana, Guiana Francesa, Peru, Venezuela e Suriname, sendo que 60% da floresta está em território brasileiro. De acordo com o Ministério do Meio Ambiente, a Amazônia é o maior bioma do Brasil: em território de 4,196.943 milhões de km^2, crescem 2.500 espécies de árvores (ou um

---

[2] Disponível em: https://exame.com/colunistas/ideias-renovaveis/quem-gera-emprego-bom-na--amazonia/. Acesso em: 5 jun. 2022.

[3] Disponível em: https://www.worldbank.org/en/topic/forests/forests-area#3. Acesso em: 5 jun. 2022.

[4] Em relação às funções econômicas das florestas ver: Decreto 12.087/2024 – Institui o Programa Nacional de Florestas Produtivas.

[5] Disponível em: https://www.worldbank.org/en/topic/forests#1. Acesso em: 5 jun. 2022.

[6] Declaração de Princípios sobre Florestas, ou simplesmente Princípios sobre Florestas, nome informal dado à Declaração oficial de princípios, sem força jurídica obrigatória, para um consenso global quanto à gestão, a conservação e o desenvolvimento sustentável de florestas de todos os tipos. Disponível em: https://cprepmauss.com.br/site/wp-content/uploads/2018/10/7.pdf. Acesso em: 18 jun. 2022.

[7] Disponível em: http://www.educadores.diaadia.pr.gov.br/arquivos/File/pdf/a21_florestas.pdf. Acesso em: 18 jun. 2022.

[8] Regulamento: Decreto 12.046/2024 – Regulamenta, em âmbito federal, a Lei 11.284, de 2 de março de 2006, que dispõe sobre a gestão de florestas públicas para a produção sustentável, e dá outras providências.

terço de toda a madeira tropical do mundo) e 30 mil espécies de plantas (das 100 mil da América do Sul). A bacia amazônica é a maior bacia hidrográfica do mundo: cobre cerca de 6 milhões de km^2 e tem 1.100 afluentes. Seu principal rio, o Amazonas, corta a região para desaguar no Oceano Atlântico, lançando ao mar cerca de 175 milhões de litros d'água a cada segundo.[9] As florestas públicas são geridas conforme as determinações contidas no Decreto 11.957/2024.

Na Amazônia brasileira, a expansão econômica da década de 1970 do século XX, simbolizada pela construção da Transamazônica, acarretou uma acelerada destruição da floresta para a criação de gado e mesmo para áreas de garimpo. É importante observar que os governos de então foram os fundamentais e mais importantes indutores do processo, pois, através de toda uma série de incentivos fiscais, estimularam a destruição ambiental.

O correto manejo da Floresta Amazônica pode ser um importantíssimo fator de desenvolvimento para o Brasil e para os demais países da região amazônica. Necessário se faz que a sociedade brasileira, contudo, tenha um projeto de longo prazo para o manejo amazônico e não se deixe seduzir por ganhos fáceis e imediatos que levarão, inexoravelmente, à destruição daquele que é, provavelmente, o maior tesouro biológico do mundo.

A Caatinga, de acordo com o Ministério do Meio Ambiente, ocupa área de cerca de 844.453 km^2, aproximadamente 11% do território nacional, estando presente nos estados de Alagoas, Bahia, Ceará, Maranhão, Pernambuco, Paraíba, Rio Grande do Norte, Piauí, Sergipe e no norte de Minas Gerais. O bioma abriga 178 espécies de mamíferos, 591 de aves, 177 de répteis, 79 espécies de anfíbios, 241 de peixes e 221 abelhas. Cerca de 27 milhões de pessoas vivem na região, a maioria carente e dependente dos recursos do bioma para sobreviver. A caatinga tem um imenso potencial para a conservação de serviços ambientais, uso sustentável e bioprospecção que, se bem explorado, será decisivo para o desenvolvimento da região e do país. A biodiversidade da caatinga ampara diversas atividades econômicas voltadas para fins agrossilvopastoris e industriais, especialmente nos ramos farmacêutico, de cosméticos, químico e de alimentos. Apesar da sua importância, o bioma tem sido desmatado de forma acelerada, principalmente nos últimos anos, devido principalmente ao consumo de lenha nativa, explorada de forma ilegal e insustentável, para fins domésticos e indústrias, ao sobrepastoreio e a conversão para pastagens e agricultura. Frente ao avançado desmatamento que chega a 46% da área do bioma.[10]

O Cerrado é o segundo maior bioma da América do Sul, ocupando área de 2.036.448 km^2, em torno de 22% do território nacional. A sua área contínua abarca os estados de Goiás, Tocantins, Mato Grosso, Mato Grosso do Sul, Minas Gerais, Bahia, Maranhão, Piauí, Rondônia, Paraná, São Paulo e Distrito Federal, além dos encraves no Amapá, Roraima e Amazonas. Neste espaço territorial encontram-se as nascentes das três maiores bacias hidrográficas da América do Sul (Amazônica/Tocantins, São Francisco e Prata), o que resulta em um elevado potencial aquífero e favorece a sua biodiversidade. Ele é considerado como um *hotspot* mundial de biodiversidade. O Cerrado apresenta extrema abundância de espécies endêmicas e sofre uma excepcional perda de *habitat*. Do ponto de vista da diversidade biológica, o Cerrado brasileiro é reconhecido como a savana mais rica do mundo, abrigando 11.627 espécies de plantas nativas já catalogadas. Existe uma grande diversidade de *habitats*, que determinam uma notável alternância de espécies entre diferentes fitofisionomias. Cerca de 199 espécies de mamíferos são conhecidas, e a rica avifauna compreende cerca de 837 espécies. Os números de peixes (1.200 espécies), répteis (180 espécies) e anfíbios (150 espécies) são elevados. O número de peixes endêmicos não é conhecido, porém os valores são bastante altos para anfíbios

---

[9] Disponível em: https://antigo.mma.gov.br/biomas/amaz%C3%B4nia.html. Acesso em: 5 jun. 2022.

[10] Disponível em: https://antigo.mma.gov.br/biomas/caatinga.html. Acesso em: 5 jun. 2022.

e répteis: 28% e 17%, respectivamente. De acordo com estimativas recentes, o Cerrado é o refúgio de 13% das borboletas, 35% das abelhas e 23% dos cupins dos trópicos.[11]

A Mata Atlântica, de acordo com o Ministério do Meio Ambiente, é composta por formações florestais nativas (Floresta Ombrófila Densa; Floresta Ombrófila Mista, também denominada de Mata de Araucárias; Floresta Ombrófila Aberta; Floresta Estacional Semidecidual; e Floresta Estacional Decidual), e ecossistemas associados (manguezais, vegetações de restingas, campos de altitude, brejos interioranos e encraves florestais do Nordeste). À época do descobrimento do Brasil, o bioma ocupava mais de 1,3 milhão de km² em 17 estados do território brasileiro, estendendo-se por grande parte da costa do país. Porém, devido à ocupação e atividades humanas na região, hoje resta cerca de 29% de sua cobertura original.[12] Mesmo assim, estima-se que existam na Mata Atlântica cerca de 20 mil espécies vegetais (35% das espécies existentes no Brasil, aproximadamente), incluindo diversas espécies endêmicas e ameaçadas de extinção. Em relação à fauna, o bioma abriga, aproximadamente, 850 espécies de aves, 370 de anfíbios, 200 de répteis, 270 de mamíferos e 350 de peixes.[13]

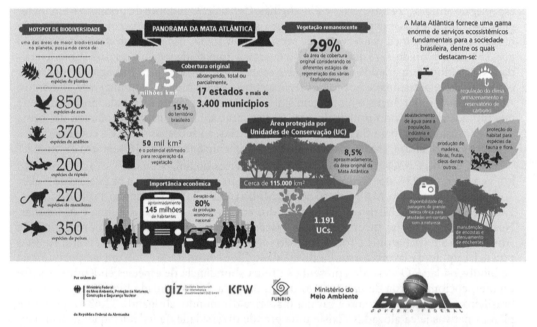

Fonte: Ministério do Meio Ambiente.

---

[11] Disponível em: https://antigo.mma.gov.br/biomas/cerrado.html. Acesso em: 5 jun. 2022.
[12] A organização não governamental WWF fala em 7%. Disponível em: https://www.wwf.org.br/natureza_brasileira/especiais/dia_do_meio_ambiente/mata_atlantica_dia_do_meio_ambiente/. Acesso em: 18 jun. 2022.
[13] Disponível em: https://antigo.mma.gov.br/biomas/mata-atl%C3%A2ntica_emdesenvolvimento.html. Acesso em: 5 jun. 2022.

O Pantanal[14] é uma das maiores extensões úmidas contínuas do planeta. O bioma continental é considerado o de menor extensão territorial no Brasil, entretanto este dado em nada desmerece a exuberante riqueza que abriga. A sua área aproximada é 150.355 km², ocupando 1,76% da área do território brasileiro. O Pantanal sofre influência direta de três importantes biomas brasileiros: Amazônia, Cerrado e Mata Atlântica. Além disso, sofre influência do bioma Chaco (nome dado ao Pantanal localizado no norte do Paraguai e leste da Bolívia). Uma característica interessante desse bioma é que muitas espécies ameaçadas em outras regiões do Brasil persistem em populações avantajadas na região, como é o caso do tuiuiú – ave símbolo do Pantanal. Estudos indicam que o bioma abriga os seguintes números de espécies catalogadas: 263 espécies de peixes, 41 espécies de anfíbios, 113 espécies de répteis, 463 espécies de aves e 132 espécies de mamíferos sendo 2 endêmicas. Segundo a Embrapa Pantanal, quase duas mil espécies de plantas já foram identificadas no bioma e classificadas de acordo com seu potencial, e algumas apresentam vigoroso potencial medicinal.

O Pampa[15] é um bioma restrito ao Rio Grande do Sul, onde ocupa área de 176.496 km², ou seja, 63% do território estadual e 2,07% do território brasileiro. As paisagens naturais do Pampa são variadas, de serras a planícies, de morros rupestres a coxilhas. O bioma exibe um imenso patrimônio cultural associado à biodiversidade. As paisagens naturais do Pampa se caracterizam pelo predomínio dos campos nativos, mas há também a presença de matas ciliares, matas de encosta, matas de pau-ferro, formações arbustivas, butiazais, banhados, afloramentos rochosos etc. Por ser um conjunto de ecossistemas muito antigos, o Pampa apresenta flora e fauna próprias e grande biodiversidade, ainda não completamente descrita pela ciência. Estimativas indicam valores em torno de 3.000 espécies de plantas, com notável diversidade de gramíneas, são mais de 450 espécies (campim-forquilha, grama-tapete, flechilhas, barbas-de-bode, cabelos de-porco, dentre outras). Nas áreas de campo natural, também se destacam as espécies de compostas e de leguminosas (150 espécies) como a babosa-do-campo, o amendoim-nativo e o trevo-nativo. Nas áreas de afloramentos rochosos podem ser encontradas muitas espécies de cactáceas. Entre as várias espécies vegetais típicas do Pampa vale destacar o Algarrobo (*Prosopis algorobilla*) e o Nhandavaí (*Acacia farnesiana*), arbusto cujos remanescentes podem ser encontrados apenas no Parque Estadual do Espinilho, no município de Barra do Quaraí. A fauna é expressiva, com quase 500 espécies de aves, dentre elas a ema (*Rhea americana*), o perdigão (*Rynchotus rufescens*), a perdiz (*Nothura maculosa*), o quero-quero (*Vanellus chilensis*), o caminheiro-de-espora (*Anthus correndera*), o joão-de-barro (*Furnarius rufus*), o sabiá-do-campo (*Mimus saturninus*) e o pica-pau-do-campo (*Colaptes campestres*). Também ocorrem mais de 100 espécies de mamíferos terrestres, incluindo o veado-campeiro (*Ozotoceros bezoarticus*), o graxaim (*Pseudalopex gymnocercus*), o zorrilho (*Conepatus chinga*), o furão (*Galictis cuja*), o tatu-mulita (*Dasypus hybridus*), o preá (*Cavia aperea*) e várias espécies de tuco-tucos (*Ctenomys sp*). O Pampa abriga um ecossistema muito rico, com muitas espécies endêmicas tais como: tuco-tuco (*Ctenomys flamarioni*), o beija-flor-de-barba-azul (*Heliomaster furcifer*); o sapinho-de-barriga-vermelha (*Melanophryniscus atroluteus*) e algumas ameaçadas de extinção tais como: o veado-campeiro (*Ozotocerus bezoarticus*), o cervo-do-pantanal (*Blastocerus dichotomus*), o caboclinho-de-barriga--verde (*Sporophila hypoxantha*) e o picapauzinho-chorão (*Picoides mixtus*).

1. CÓDIGO FLORESTAL

A Lei 12.651/2012 revogou o Código Florestal, mas não é um novo Código Florestal [NCF], muito embora tal qualificação tenha se consolidado nos meios jurídicos e na própria opinião

---

14 Disponível em: https://antigo.mma.gov.br/biomas/pantanal.html. Acesso em: 5 jun. 2022.

15 Disponível em: https://antigo.mma.gov.br/biomas/pampa.html. Acesso em: 5 jun. 2022.

280 | DIREITO AMBIENTAL – *Paulo de Bessa Antunes*

pública. O artigo 2º da Lei 12.651/2012 dispõe que: as florestas existentes no território nacional e as demais formas de vegetação nativa, reconhecidas de utilidade às terras que revestem, são bens de interesse comum a todos os habitantes do País, exercendo-se os direitos de propriedade com as limitações que a legislação em geral e especialmente do próprio NCF.[16] Na utilização e exploração da vegetação, as ações ou omissões contrárias às disposições legais constituem uso irregular da propriedade, aplicando-se o procedimento sumário previsto no inciso II do artigo 275 da Lei 5.869/1973 – CPC (revogada), sem prejuízo da responsabilidade civil, nos termos do § 1º do artigo 14 da Lei 6.938/1981, e das sanções administrativas, civis e penais. E mais: as obrigações previstas na lei têm natureza real [*propter rem*][17] e são transmitidas ao sucessor, de qualquer natureza, no caso de transferência de domínio ou posse do imóvel rural.

O direito revogado utilizava a expressão "uso nocivo da propriedade" que foi substituída por "uso irregular da propriedade" que é o mesmo. Vilson Rodrigues Alves (1992) indica que a nocividade é a lesão, ou a probabilidade da ocorrência – de acordo com a iminência e não com a eventualidade do dano – da lesão à segurança pessoal, à segurança material, ou mesmo ao sossego.

A Lei 12.651/2012 não se limita à proteção das florestas, pois tutela as (1) florestas; as (2) demais formas de vegetação úteis às terras que revestem; as (3) terras propriamente ditas; os (4) recursos hídricos; e a (5) diversidade biológica.

1.1 O conceito jurídico de floresta

O direito brasileiro não possui um conceito normativo de floresta, motivo pelo qual o vocábulo floresta deve ser tomado pelo seu sentido popular ou corriqueiro. A floresta, em princípio, é uma formação arbórea densa; uma grande extensão de terra coberta por árvores e arbustos, uma mata.

Florestas	
FAO – Organização das Nações Unidas para a Agricultura e Alimentação, Termos e definições, utilizados na Avaliação Global dos Recursos Florestais (FRA)	UNFCCC – United Nations Framework Convention on Climate Change, Acordo de Marrakesh e Declaração de Marrakesh
Floresta – área medindo mais de 0,5 ha com árvores maiores que 5 m de altura e cobertura de copa superior a 10%, ou árvores capazes de alcançar estes parâmetros *in situ*. Isso não inclui terra que está predominantemente sob uso agrícola ou urbano.	Floresta é uma área de no mínimo 0,05-1,0 ha com cobertura de copa (ou densidade equivalente) de mais de 10-30%, com árvores com o potencial de atingir a altura mínima de 2-5 metros na maturidade *in situ*. Uma floresta pode consistir tanto de formações florestais fechadas (densas), onde árvores de vários estratos e suprimidas cobrem uma alta proporção do solo, quanto de florestas abertas. Povoamentos naturais jovens e todas as plantações que ainda atingirão densidade de 10-30% e uma altura entre 2 e 5 metros são incluídos como floresta, assim como áreas que normalmente fazem parte da área florestal e que estão temporariamente desflorestadas como resultado da intervenção humana, como a colheita ou causas naturais, mas cuja reversão da floresta é esperada.

Fonte: https://snif.florestal.gov.br/pt-br/florestas-e-recursos-florestais/167-definicao-de-floresta.

---

[16] O mesmo conceito já se encontrava presente no Código Florestal de 1934. Artigo 1º As florestas existentes no território nacional, consideradas em conjunto, constituem bem de interesse comum a todos os habitantes, do país, exercendo-se os direitos de propriedade com as limitações que as leis em geral, e especialmente este código, estabelecem.

[17] STJ, REsp 1.782.692/PB 2018/0268767-7, 2ª Turma, Rel. Min. Herman Benjamin, j. 13.08.2019, *DJe* 05.11.2019.

Na literatura jurídica brasileira, Hely Lopes Meirelles (1993) conceituou floresta como a forma de vegetação, natural ou plantada, constituída por um grande número de árvores, com o mínimo espaçamento entre si. O Direito comparado, tal qual o Direito brasileiro, não fornece muitas definições normativas de floresta, embora sejam inúmeras as leis voltadas para o tema. Michel Prieur (1991), preocupado com o problema da definição jurídica de florestas, afirma que nenhuma definição jurídica de floresta pode ser dada. Logo, o direito deve utilizar conceitos da biologia, da ecologia, da agronomia e de tantas quantas sejam as ciências voltadas para o estudo das florestas. Há que se fazer uma *juridicização* de conceitos científicos. Evidentemente que as ciências naturais não podem trabalhar com uma definição *genérica* de floresta, mas o farão de forma *ad hoc*, para cada floresta. O Cerrado não é definido nos mesmos termos em que é definida a Floresta Amazônica. Enfim, o aplicador da lei florestal deve ter presente qual o tipo de floresta que, no caso concreto, necessita de proteção legal.

Não há, portanto, um conceito jurídico genérico que seja capaz de definir as florestas como um todo.

1.2 Áreas de preservação permanente

As Áreas de preservação permanente [APP], nos termos da Lei 12.651/2012, podem ser de duas espécies: as (1) que decorrem de lei [por força de lei] e as (2) dependentes de ato do poder público.

1.2.1 Áreas de preservação permanente [APP] em decorrência de lei

A APP, conforme o artigo 3º, II, da Lei 12.651/2012, é uma área protegida, coberta ou não por vegetação nativa, com a função ambiental de preservar os recursos hídricos, a paisagem, a estabilidade geológica[18] e a biodiversidade, facilitar o fluxo gênico de fauna e flora, proteger o solo e assegurar o bem-estar das populações humanas. O conceito é uma modificação do conceito original previsto na Lei 4.771/1965, que considerava *as florestas e demais formas de vegetação natural* como de preservação permanente (artigo 2º). A preservação, como conceito normativo, é o "conjunto de métodos, procedimentos e políticas que visem a proteção a longo prazo das espécies, *habitats* e ecossistemas, além da manutenção dos processos ecológicos, prevenindo a simplificação dos sistemas naturais".[19] Assim, as APPs são espaços territoriais cuja finalidade básica é a proteção de espécies e ecossistemas a longo prazo. Para tal, as APPs devem possuir *função ecológica*, conceito que não é de fácil definição, dada a sua natureza central, ubíqua e polissêmica (NUNES NETO, CARMO e EL-HANI, 2013). A ideia é que tais espaços, cobertos ou não por vegetação, possam servir de base para a proteção da diversidade biológica. No caso dos espaços não cobertos por vegetação, há que se observar que a ideia subjacente à norma é que possa haver recuperação da vegetação.[20] É, portanto, uma área livre, um descampado. De forma rasa, poderíamos definir a função ecológica como um conjunto de condições que permitem a vida natural e a sua reprodução.

---

[18] Estabilidade de encosta ou talude: Característica intrínseca de um solo ou talude, ou obtida por um conjunto de medidas adotadas para manter ou melhorar as suas características geotécnicas. É dado pela relação entre o ângulo de talude com a horizontal e o ângulo de atrito interno do material no estado solto ou desagregado. Disponível em: https://www.iat.pr.gov.br/Pagina/Glossario-Geologico. Acesso em: 7 jun. 2022.

[19] Lei 9.985/2000, artigo 2º, V.

[20] Lei 9.985/2000, artigo 2º, XIII.

É amplo o conceito de APP incluindo, por exemplo, a proteção das paisagens[21] que, infelizmente, têm sido pouco lembradas por nosso direito ambiental, muito embora as belezas naturais já merecessem proteção desde a Constituição de 1934.[22] A função ecológica, em sentido amplo, somente desaparece nas áreas edificadas e com forte presença humana. Do ponto de vista jurídico, as APPs, por força de lei, se caracterizam por dois fatores essenciais: (1) a presença da função ecológica e o (2) preenchimento dos requisitos constantes do artigo 4º da Lei de proteção à vegetação nativa.

Área de Preservação Permanente (por força de lei)		
Lei 4.771/1965	Lei 7.803/1989	Lei 12.651/2012
Artigo 2º Consideram-se de preservação permanente, pelo só efeito desta Lei, as florestas e demais formas de vegetação natural situadas:	Artigo 2º Consideram-se de preservação permanente, pelo só efeito desta Lei, as florestas e demais formas de vegetação natural situadas:	Artigo 4º Considera-se Área de Preservação Permanente, em zonas rurais ou urbanas, para os efeitos desta Lei:
a) ao longo dos rios ou de outro qualquer curso d'água, em faixa marginal cuja largura mínima será:	a) ao longo dos rios ou de qualquer curso d'água desde o seu nível mais alto em faixa marginal cuja largura mínima será:	I – as faixas marginais de qualquer curso d'água natural perene e intermitente, excluídos os efêmeros, desde a borda da calha do leito regular, em largura mínima de:
1 – de 5 (cinco) metros para os rios de menos de 10 (dez) metros de largura;	1 – de 30 (trinta) metros para os cursos d'água de menos de 10 (dez) metros de largura;	a) 30 (trinta) metros, para os cursos d'água de menos de 10 (dez) metros de largura;
2 – igual à metade da largura dos cursos que meçam de 10 (dez) a 200 (duzentos) metros de distância entre as margens;	2 – de 50 (cinquenta) metros para os cursos d'água que tenham de 10 (dez) a 50 (cinquenta) metros de largura;	b) 50 (cinquenta) metros, para os cursos d'água que tenham de 10 (dez) a 50 (cinquenta) metros de largura;
3 – de 100 (cem) metros para todos os cursos cuja largura seja superior a 200 (duzentos) metros.	3 – de 100 (cem) metros para os cursos d'água que tenham de 50 (cinquenta) a 200 (duzentos) metros de largura;	c) 100 (cem) metros, para os cursos d'água que tenham de 50 (cinquenta) a 200 (duzentos) metros de largura;
b) ao redor das lagoas, lagos ou reservatórios d'água naturais ou artificiais;	4 – de 200 (duzentos) metros para os cursos d'água que tenham de 200 (duzentos) a 600 (seiscentos) metros de largura;	d) 200 (duzentos) metros, para os cursos d'água que tenham de 200 (duzentos) a 600 (seiscentos) metros de largura;
c) nas nascentes, mesmo nos chamados "olhos d'água", seja qual for a sua situação topográfica;	5 – de 500 (quinhentos) metros para os cursos d'água que tenham largura superior a 600 (seiscentos) metros;	e) 500 (quinhentos) metros, para os cursos d'água que tenham largura superior a 600 (seiscentos) metros;
d) no topo de morros, montes, montanhas e serras;	b) ao redor das lagoas, lagos ou reservatórios d'água naturais ou artificiais;	II – as áreas no entorno dos lagos e lagoas naturais, em faixa com largura mínima de:
e) nas encostas ou partes destas, com declividade superior a 45°, equivalente a 100% na linha de maior declive;	c) nas nascentes, ainda que intermitentes e nos chamados "olhos d'água", qualquer que seja a sua situação topográfica, num raio mínimo de 50 (cinquenta) metros de largura;	a) 100 (cem) metros, em zonas rurais, exceto para o corpo d'água com até 20 (vinte) hectares de superfície, cuja faixa marginal será de 50 (cinquenta) metros;
f) nas restingas, como fixadoras de dunas ou estabilizadoras de mangues;	d) no topo de morros, montes, montanhas e serras;	b) 30 (trinta) metros, em zonas urbanas;
g) nas bordas dos taboleiros ou chapadas;	e) nas encostas ou partes destas, com declividade superior a 45°, equivalente a 100% na linha de maior declive;	III – as áreas no entorno dos reservatórios d'água artificiais, decorrentes de barramento ou represamento de cursos d'água naturais, na faixa definida na licença ambiental do empreendimento;
h) em altitude superior a 1.800 (mil e oitocentos) metros, nos campos naturais ou artificiais, as florestas nativas e as vegetações campestres.	f) nas restingas, como fixadoras de dunas ou estabilizadoras de mangues;	
	g) nas bordas dos taboleiros ou chapadas, a partir da linha de ruptura do relevo, em faixa nunca inferior a 100 (cem) metros em projeções horizontais;	

---

[21] STJ, REsp 1.685.832/RS 2017/0136495-9, Rel. Min. Napoleão Nunes Maia Filho, *DJ* 21.02.2020.
[22] Artigo 10, III.

Área de Preservação Permanente (por força de lei)		
Lei 4.771/1965	Lei 7.803/1989	Lei 12.651/2012
	h) em altitude superior a 1.800 (mil e oitocentos) metros, qualquer que seja a vegetação. i) nas áreas metropolitanas definidas em lei. Parágrafo único. No caso de áreas urbanas, assim entendidas as compreendidas nos perímetros urbanos definidos por lei municipal, e nas regiões metropolitanas e aglomerações urbanas, em todo o território abrangido, observar-se-á o disposto nos respectivos planos diretores e leis de uso do solo, respeitados os princípios e limites a que se refere este artigo.	IV – as áreas no entorno das nascentes e dos olhos d'água perenes, qualquer que seja sua situação topográfica, no raio mínimo de 50 (cinquenta) metros; V – as encostas ou partes destas com declividade superior a 45°, equivalente a 100% (cem por cento) na linha de maior declive; VI – as restingas, como fixadoras de dunas ou estabilizadoras de mangues; VII – os manguezais, em toda a sua extensão; VIII – as bordas dos tabuleiros ou chapadas, até a linha de ruptura do relevo, em faixa nunca inferior a 100 (cem) metros em projeções horizontais; IX – no topo de morros, montes, montanhas e serras, com altura mínima de 100 (cem) metros e inclinação média maior que 25°, as áreas delimitadas a partir da curva de nível correspondente a 2/3 (dois terços) da altura mínima da elevação sempre em relação à base, sendo esta definida pelo plano horizontal determinado por planície ou espelho d'água adjacente ou, nos relevos ondulados, pela cota do ponto de sela mais próximo da elevação; X – as áreas em altitude superior a 1.800 (mil e oitocentos) metros, qualquer que seja a vegetação; XI – em veredas, a faixa marginal, em projeção horizontal, com largura mínima de 50 (cinquenta) metros, a partir do espaço permanentemente brejoso e encharcado.

O quadro acima demonstra que houve uma involução da proteção conferida pela Lei 12.651/2012, em relação às APPs ripárias,[23] pois abandonou-se o critério de medição, "desde o seu nível mais alto em faixa marginal cuja largura mínima" para a adoção do critério de medição "desde a borda da calha do leito regular". A área total de APPs, portanto, diminuiu. Nas nascentes e olhos d'água também houve diminuição da proteção.

---

[23] As matas ripárias (mata ciliar e mata de galeria) que acompanham os cursos d'água na região do Cerrado desempenham funções ecológicas, sociais e econômicas importantes, destacando-se: manutenção dos leitos dos rios, proteção das nascentes, conservação do solo contra erosão e empobrecimento, preservação do patrimônio genético, manutenção de condições favoráveis à fauna, dentre outros. Entretanto, o papel mais importante é a manutenção dos recursos hídricos. AQUINO, F.G.; VILELA, M.F. *Importância das matas ripárias*. 2008. Disponível em: http://www.infobibos.com/Artigos/2008_4/matas/index.htm. Acesso em: 7 jun. 2022.

A Lei 14.285/2021 acrescentou o § 10 ao artigo 4º da Lei 12.651/2012, mediante o qual deu novo tratamento às chamadas APPs urbanas. Conforme o disposto no § 10, em áreas urbanas consolidadas, ouvidos os conselhos estaduais, municipais ou distrital de meio ambiente, lei municipal ou distrital poderá definir faixas marginais distintas daquelas estabelecidas no inciso I do *caput* do artigo 4º, com regras que estabeleçam: a (1) não ocupação de áreas com risco de desastres; a (2) observância das diretrizes do plano de recursos hídricos, do plano de bacia, do plano de drenagem ou do plano de saneamento básico, se houver; e a (3) previsão de que as atividades ou os empreendimentos a serem instalados nas áreas de preservação permanente urbanas devem observar os casos de utilidade pública, de interesse social ou de baixo impacto ambiental fixados na Lei. É importante ressaltar que o § 10 do artigo 4º deve ser interpretado como uma faculdade outorgada ao legislador municipal para que, observados os padrões nacionais, possa estabelecer regras locais que sejam capazes de oferecer proteção maior às suas comunidades.

A lei fala em proteção das florestas e demais formas de vegetação que se encontrem no topo dos morros, montes, montanhas e serras. *Morro* é definido (GUERRA, 1993) como monte pouco elevado, cuja altitude é aproximadamente de 100 a 200 metros. Já monte tem o sentido de grande elevação do terreno, sem se considerar a sua origem. Montanha é a grande elevação natural do terreno com altitude superior a 300 metros e constituída por um grande agrupamento de morros (GUERRA, 1993). O conceito normativo de *morro* ou *monte* é estabelecido pela Resolução Conama 303/2002: "elevação do terreno com cota do topo em relação a base entre cinquenta e trezentos metros e encostas com declividade superior a trinta por cento (aproximadamente dezessete graus) na linha de maior declividade".

O conceito normativo de *montanha* é: "elevação do terreno com cota em relação a base superior a trezentos metros" (Resolução Conama 303/2002).

A proteção legal se estende às encostas com declividade superior a 45°, equivalente a 100% na linha de maior declividade. Aqui, mais uma vez, é necessário que nos socorramos com o vocabulário técnico, indispensável para a compreensão da norma jurídica. Assim sendo, *encosta é o* declive nos flancos de um morro, de uma colina ou de uma serra (GUERRA, *1993)*. São estes declives de quando em vez interrompidos em sua continuidade, apresentando rupturas (rupturas de declives), cuja origem pode estar ligada à erosão diferencial, à estrutura, às diferenciações de meteorização, às variações de níveis de base etc.

Protegidos estão, também, as bordas de chapadas e tabuleiros. *Chapada* é a denominação usada no Brasil para as grandes superfícies, por vezes horizontais, e a mais de 600 metros de altitude que aparecem na Região Centro-Oeste do Brasil (GUERRA, 1993). Tabuleiro é forma topográfica de terreno que se assemelha a planaltos, terminando geralmente de forma abrupta (GUERRA, 1993). O conceito normativo de *tabuleiro* ou *chapada* está contido na alínea *q* do artigo 2º, XI, da Resolução 303/2002 do Conama.

A finalidade do estabelecimento de flora de preservação permanente nos locais acima mencionados é evitar a erosão dos terrenos e a destruição dos solos, preservando a integridade dos acidentes geográficos. Evitam-se, igualmente, as enchentes e inundações nos terrenos mais baixos, uma vez que a vegetação ajuda a fixar a água da chuva no solo e funciona como uma verdadeira barreira natural.

O simples efeito da vigência da Lei 12.651/2012 elevou as restingas, sempre que fixadoras de dunas ou estabilizadoras de mangue, à condição de vegetação de preservação permanente. Restinga é depósito arenoso paralelo à linha da costa, de forma geralmente alongada, produzido por processos de sedimentação, onde se encontram diferentes comunidades que recebem influência marinha, com cobertura vegetal em mosaico, encontrada em praias, cordões arenosos, dunas e depressões, apresentando, de acordo com o estágio sucessional, estrato herbáceo, arbustivo e arbóreo, este último mais interiorizado. Nos termos do artigo

Capítulo 9 · A VEGETAÇÃO NATIVA E SUA PROTEÇÃO LEGAL | **285**

3º, XIII, da Lei 12.651/2012, manguezal é o [e]cossistema litorâneo que ocorre em terrenos baixos, sujeitos à ação das marés, formado por vasas lodosas recentes ou arenosas, às quais se associa, predominantemente, a vegetação natural conhecida como mangue, com influência fluviomarinha, típica de solos limosos de regiões estuarinas e com dispersão descontínua ao longo da costa brasileira, entre os Estados do Amapá e de Santa Catarina.

A definição das restingas como APPs é fundamental, pois os manguezais são essenciais à formação da vida marinha e se constituem em abrigo e fonte de alimentação para os seres marinhos (ODUM, 1988).

1.2.2 Áreas de preservação permanente por ato do Poder Público

O artigo 6º da Lei 12.651/2012 estabelece que o Chefe do poder Executivo, qualquer que seja o nível federativo, poderá declarar áreas de interesse social para os fins de proteção ambiental de: (1) conter a erosão do solo e mitigar riscos de enchentes e deslizamentos de terra e de rocha; (2) proteger as restingas ou veredas; (3) proteger várzeas; (4) abrigar exemplares da fauna ou da flora ameaçados de extinção; (5) proteger sítios de excepcional beleza ou de valor científico, cultural ou histórico; (6) formar faixas de proteção ao longo de rodovias e ferrovias; (7) assegurar condições de bem-estar público; (8) auxiliar a defesa do território nacional, a critério das autoridades militares; (9) proteger áreas úmidas, especialmente as de importância internacional.

1.2.3 Áreas consolidadas em APP (normas de regularização de ilícitos passados)

A Lei 12.651/2012 com o objetivo de regularizar e acomodar situações passadas estabeleceu um conjunto de disposições relativas às APPs que não eram respeitadas pelos proprietários ou possuidores antes de 22 de julho de 2008, data da edição do Decreto 6.514/2008, que definiu as infrações administrativas contra o meio ambiente. De acordo com a norma, admite-se, nas APPs, "exclusivamente, a continuidade das atividades agrossilvipastoris, de ecoturismo e de turismo rural em áreas rurais consolidadas até 22 de julho de 2008, conforme alteração legislativa promovida pela Lei 12.727/2012. O artigo 61-A da Lei definiu uma "escadinha" de recomposição:

Recomposição	
Área do Imóvel Rural	**Recomposição**
Até 1 módulo fiscal	5 (cinco) metros, contados da borda da calha do leito regular, independentemente da largura do curso d'água
1 módulo fiscal até 2 módulos fiscais	8 (oito) metros, contados da borda da calha do leito regular, independente da largura do curso d'água
Maior do que 2 módulos fiscais até 4 módulos fiscais	15 (quinze) metros, contados da borda da calha do leito regular, independentemente da largura do curso d'água
Maiores do que 4 módulos fiscais	20 (vinte) metros, e máximo 100 (cem) metros, contados da borda da calha do leito regular
Nos casos de áreas rurais consolidadas em Áreas de Preservação Permanente no entorno de nascentes e olhos d'água perenes, será admitida a manutenção de atividades agrossilvipastoris, de ecoturismo ou de turismo rural, sendo obrigatória a recomposição do raio mínimo de	5 (cinco) metros, para imóveis rurais com área de até 1 (um) módulo fiscal
	8 (oito) metros, para imóveis rurais com área superior a 1 (um) módulo fiscal e de até 2 (dois) módulos fiscais

Recomposição	
Área do Imóvel Rural	**Recomposição**
Para os imóveis rurais que possuam áreas consolidadas em Áreas de Preservação Permanente no entorno de lagos e lagoas naturais, será admitida a manutenção de atividades agrossilvipastoris, de ecoturismo ou de turismo rural, sendo obrigatória a recomposição de faixa marginal com largura mínima de	5 (cinco) metros, para imóveis rurais com área de até 1 (um) módulo fiscal
	8 (oito) metros, para imóveis rurais com área superior a 1 (um) módulo fiscal e de até 2 (dois) módulos fiscais
	15 (quinze) metros, para imóveis rurais com área superior a 2 (dois) módulos fiscais e de até 4 (quatro) módulos fiscais
	30 (trinta) metros, para imóveis rurais com área superior a 4 (quatro) módulos fiscais
Nos casos de áreas rurais consolidadas em veredas, será obrigatória a recomposição das faixas marginais, em projeção horizontal, delimitadas a partir do espaço brejoso e encharcado, de largura mínima de	30 (trinta) metros, para imóveis rurais com área de até 4 (quatro) módulos fiscais
	50 (cinquenta) metros, para imóveis rurais com área superior a 4 (quatro) módulos fiscais

A recomposição poderá ser feita com a adoção, conjunta ou isolada, dos seguintes métodos: (1) condução de regeneração natural de espécies nativas; (2) plantio de espécies nativas; (3) plantio de espécies nativas conjugado com a condução da regeneração natural de espécies nativas; (4) plantio intercalado de espécies lenhosas, perenes ou de ciclo longo, exóticas com nativas de ocorrência regional, em até 50% (cinquenta por cento) da área total a ser recomposta, no caso dos imóveis a que se refere o inciso V do *caput* do artigo 3º da Lei 12.651/2012. Outra regra de transição é a do artigo 61-B mediante a qual os proprietários e possuidores dos imóveis rurais que, em 22 de julho de 2008, detinham até 10 (dez) módulos fiscais e desenvolviam atividades agrossilvipastoris nas áreas consolidadas em APPs, tiveram assegurado que a exigência de recomposição, nos termos da Lei 12.651/2012, somadas todas as APPs, não ultrapassasse: (i) 10% (dez por cento) da área total do imóvel, para imóveis rurais com área de até 2 (dois) módulos fiscais; e (ii) 20% (vinte por cento) da área total do imóvel, para imóveis rurais com área superior a 2 (dois) e de até 4 (quatro) módulos fiscais. Quanto aos assentamentos do Programa de Reforma Agrária, a recomposição de áreas consolidadas em APPs ao longo ou no entorno de cursos d'água, lagos e lagoas naturais deve observar as exigências estabelecidas no artigo 61-A, respeitados os limites de cada área demarcada individualmente, objeto de contrato de concessão de uso, até a titulação por parte do Incra.

No caso de implantação de reservatório d'água artificial destinado a geração de energia ou abastecimento público, é obrigatória a aquisição, desapropriação ou instituição de servidão administrativa pelo empreendedor das APPs criadas em seu entorno, conforme estabelecido no licenciamento ambiental, observando-se a faixa mínima de 30 (trinta) metros e máxima de 100 (cem) metros em área rural, e a faixa mínima de 15 (quinze) metros e máxima de 30 (trinta) metros em área urbana (artigo 5º do Código Florestal).

Nas áreas rurais consolidadas nos locais constantes dos incisos V, VIII, IX e X do artigo 4º da Lei 12.651/2012 é admitida a manutenção de atividades florestais, culturas de espécies lenhosas, perenes ou de ciclo longo, bem como da infraestrutura física associada ao desenvolvimento de atividades agrossilvipastoris, vedada a conversão de novas áreas para uso alternativo do solo. O pastoreio extensivo, contudo, deverá ficar restrito às áreas de vegetação campestre natural ou já convertidas para vegetação campestre, admitindo-se o consórcio com vegetação lenhosa perene

Capítulo 9 · A VEGETAÇÃO NATIVA E SUA PROTEÇÃO LEGAL | 287

ou de ciclo longo. A manutenção das culturas e da infraestrutura, nas hipóteses mencionadas, condiciona-se à adoção de práticas conservacionistas do solo e da água, conforme definido pelos órgãos de assistência técnica rural. Permite-se, nas APPs, previstas no inciso VIII do artigo 4º da Lei 12.651/2012, dos imóveis rurais de até 4 (quatro) módulos fiscais, no âmbito do PRA, a partir de boas práticas agronômicas e de conservação do solo e da água, mediante deliberação dos Conselhos Estaduais de Meio Ambiente ou órgãos colegiados estaduais equivalentes, a consolidação de outras atividades agrossilvipastoris, ressalvadas as situações de risco de vida.

1.3   Reserva (florestal) legal

A Reserva (Florestal) Legal [RL] é parte integrante da propriedade ou posse rural, sendo constituída por uma área, cujo percentual da propriedade ou posse é definido em lei, variando conforme as peculiares condições ecológicas, em cada uma das regiões geopolíticas do país. O conceito normativo de reserva (florestal) legal [artigo 3º, III, da Lei 12.651/2012] é: a área localizada no interior de uma propriedade ou posse rural, delimitada nos termos do artigo 12 da Lei 12.651/2012, com a função de assegurar o uso econômico de modo sustentável dos recursos naturais do imóvel rural, auxiliar a conservação e a reabilitação dos processos ecológicos e promover a conservação da biodiversidade, bem como o abrigo e a proteção de fauna silvestre e da flora nativa.

A área a ser mantida como RL depende da região geográfica do país e do bioma nos quais esteja inserida a propriedade ou posse rural. A RL não se confunde com as APPs que possuem outra destinação legal e ecológica. Averbe-se que, muito embora não se possa confundir a reserva (florestal) legal com as áreas de preservação permanente, há possibilidade de que o proprietário faça a adição de uma com a outra para fins de cumprimento da norma legal. Há possibilidade legal do cômputo das APPs no cálculo do percentual da RL do imóvel, desde que sejam observadas as seguintes condições: (a) não sejam convertidas novas áreas para o uso alternativo do solo; (b) a área a ser computada esteja conservada ou em processo de recuperação, conforme comprovação do proprietário ou possuidor ao órgão estadual integrante do Sisnama; e (c) o proprietário ou possuidor tenha requerido inclusão do imóvel no Cadastro Ambiental Rural – CAR.

A RL deve ser averbada no Registro de Imóveis para conhecimento de terceiros, a sua não averbação, no entanto, não exonera o proprietário da obrigação de respeitá-la, pois ela não se constitui pela averbação, que é um simples registro que declara a existência da RL. É a lei que institui a RL, não a averbação.

A Lei 12.651/2012 foi minuciosa ao disciplinar a RL, conforme consta do artigo 12 e seguintes. Pelas normas legais, há uma obrigação geral e não onerosa, determinando que em todo imóvel rural seja assegurado que uma parcela da área deve ser retirada da atividade econômica e mantida como *reserva legal*.

A RL é uma obrigação que recai diretamente sobre o proprietário ou possuidor do imóvel, independentemente de sua pessoa ou da forma pela qual tenha adquirido a propriedade; desta forma, ela está umbilicalmente ligada à própria coisa, permanecendo aderida ao bem. O proprietário ou possuidor, para se desonerar da obrigação, necessita, apenas, renunciar à coisa, mediante a utilização de qualquer uma das formas legais aptas para transferir a propriedade. O revogado Código Florestal (Lei 4.771/1965), no particular, não inovou em nosso Direito. Com efeito, o Direito Civil brasileiro desde há muito reconhece obrigações de tal natureza. Um exemplo bastante corriqueiro é aquele presente no antigo artigo 1.197 do CC brasileiro (1916), no CC de 2002 constante do artigo 576; ela também se faz presente em inúmeros institutos jurídicos que regem as relações de vizinhança, conforme bem assinalado por Carlos Alberto Bittar (1990, p. 41), para quem: "Nas obrigações *propter rem* [...] decorre o vínculo da lei em

288 | DIREITO AMBIENTAL – *Paulo de Bessa Antunes*

função de direitos reais, facultando-se a uma pessoa exigir do titular certa prestação, o qual se safa, no entanto, ao despir-se do direito, como nas hipóteses de construção e conservação de marcos divisórios e de tapumes divisórios, em que se impõe aos proprietários a colaboração para a sua edificação ou manutenção; de divisão da coisa comum, em que cada condômino deve colaborar para as despesas de conservação ou de divisão; de pagamento da dívida na hipoteca pelo adquirente do bem, para a sua liberação etc.".

O CTN, igualmente, reconhece a existência de obrigações da mesma natureza, conforme deixam ver os seus artigos 130 e 131. Tanto a obrigação de natureza civil como a de natureza tributária são transmissíveis com o próprio bem (BALEEIRO, 1985).

Efetivamente, a reserva (florestal) legal é uma característica da propriedade florestal que se assemelha a um ônus real que recai sobre o imóvel e que obriga o proprietário e todos aqueles que venham a adquirir tal condição, quaisquer que sejam as circunstâncias. Trata-se de uma obrigação *in rem, ob* ou *propter rem,* ou seja, uma obrigação real ou mista (GOMES, 1998).

A Lei 12.651/2012 estabeleceu um conjunto de normas estruturando um regime normativo de proteção da RL. Definiu-se que a RL deve ser conservada com cobertura de vegetação nativa pelo proprietário do imóvel rural, possuidor ou ocupante a qualquer título, pessoa física ou jurídica, de direito público ou privado. Contudo, não há proibição de sua exploração econômica, desde que mediante a utilização de manejo sustentável, previamente aprovado pelo órgão ambiental que, no caso, em princípio deverá ser o estadual, observadas as condicionantes do artigo 20 da Lei. Conforme o disposto no artigo 18, "a área de Reserva Legal deverá ser registrada no órgão ambiental competente por meio de inscrição no CAR de que trata o artigo 29, sendo vedada a alteração de sua destinação, nos casos de transmissão, a qualquer título, ou de desmembramento, com as exceções previstas nesta Lei". Far-se-á a inscrição da RL no CAR mediante a apresentação de planta e memorial descritivo, contendo a indicação das coordenadas geográficas com pelo menos um ponto de amarração, conforme ato do Chefe do Poder Executivo, no caso deverá ser o Executivo estadual. Quando se tratar de posse, a área de reserva (florestal) legal será assegurada por termo de compromisso firmado pelo possuidor com o órgão ambiental, sendo o documento dotado de força de título executivo extrajudicial, o qual deverá contemplar, no mínimo: (i) a localização da área de reserva (florestal) legal; e (ii) as obrigações assumidas pelo possuidor perante o órgão ambiental. O § 4º em disposição discutível determina que "o *registro da Reserva Legal no CAR desobriga a averbação no Cartório de Registro de Imóveis,* sendo que, no período entre a data da publicação desta Lei e o registro no CAR, o proprietário ou possuidor rural que desejar fazer a averbação terá direito à gratuidade deste ato".

A RL está submetida a regime de utilização controlada e não de intocabilidade, como é o caso das áreas de preservação permanente, como regra. A Lei 12.651/2012 admite o manejo, dito sustentável, conforme se depreende do artigo 20 no "manejo sustentável da vegetação florestal da Reserva Legal, serão adotadas práticas de exploração seletiva nas modalidades de manejo sustentável sem propósito comercial para consumo na propriedade e manejo sustentável para exploração florestal com propósito comercial".

Conforme o disposto no artigo 21, *"é livre a coleta de produtos florestais não madeireiros, tais como frutos, cipós, folhas e sementes",* desde que observados, (i) os períodos de coleta e volumes fixados em regulamentos específicos, quando houver; (ii) a época de maturação dos frutos e sementes; (iii) técnicas que não coloquem em risco a sobrevivência de indivíduos e da espécie coletada no caso de coleta de flores, folhas, cascas, óleos, resinas, cipós, bulbos, bambus e raízes. Observe-se que a administração deverá, o quanto antes, regulamentar a utilização das áreas de reserva (florestal) legal, sob pena de impedir o livre exercício do direito de propriedade.

A Lei 12.651/2012, em seu artigo 22, estabelece os critérios que deverão orientar a atividade regulamentar, quando se tratar de utilização comercial, quais sejam: (i) não descaracterização da cobertura vegetal e inexistência de prejuízo para a conservação da vegetação nativa da área; (ii) garantia de manutenção da diversidade das espécies; (iii) condução do manejo de espécies exóticas com a adoção de medidas que favoreçam a regeneração de espécies nativas. Quando se tratar de manejo sustentável para exploração florestal eventual sem finalidades comerciais, destinado ao consumo no próprio imóvel, é desnecessária a autorização dos órgãos de controle ambiental, devendo apenas ser declarados previamente ao órgão ambiental a motivação da exploração e o volume explorado, limitada a exploração anual a 20 (vinte) metros cúbicos.

Na prática, conforme se percebe do artigo 24, o regime de manejo da RL é idêntico ao das demais áreas fora da reserva: "No manejo florestal nas áreas fora de Reserva Legal, aplica-se igualmente o disposto nos artigos 21, 22 e 23".

Dado que a RL é atributo de *imóvel rural,* a transformação do uso do solo de rural para urbano tem o condão de extingui-la, observadas determinadas condições. Dessa forma, de acordo com o disposto no artigo 19 da Lei 12.651/2012 *a inserção do imóvel rural em perímetro urbano definido mediante lei municipal não desobriga o proprietário ou posseiro da manutenção da área de Reserva Legal, que só será extinta concomitantemente ao registro do parcelamento do solo para fins urbanos aprovado segundo a legislação específica e consoante as diretrizes do plano diretor de que trata o § 1º do artigo 182 da CF.* Isso significa que, enquanto não ocorrer o parcelamento do solo, a área de reserva (florestal) legal deverá ser mantida pelo proprietário ou posseiro, contudo, a obrigação se extingue concomitantemente com o registro do parcelamento do solo para fins urbanos. Haja vista que a lei não estabeleceu restrição, qualquer finalidade urbanística deve ser compreendida como abrangida pelo permissivo legal, desde que observadas as diretrizes do plano diretor do município. A lei não dispôs sobre aqueles municípios que não estejam obrigados a possuir plano diretor, em tais casos, ainda que não exista a obrigação constitucional da existência de plano diretor, é de toda conveniência que o município disponha de lei de uso do solo. Acrescente-se que, na forma do artigo 25, II, as municipalidades estão autorizadas a transformar as áreas de RL em *áreas verdes urbanas.* Considere-se que não há qualquer exigência legal no sentido de que as reservas (florestais) legais transformadas em áreas verdes urbanas tenham as mesmas dimensões que ostentavam quando vinculadas aos antigos imóveis rurais. A disposição contida no inciso II do artigo 25 deve ser combinada com aquela contida no inciso III, de forma que os projetos tenham assegurada a existência de áreas verdes, conforme as necessidades tipicamente urbanas.

Na Amazônia Legal, o percentual de RL foi definido em 80% para as áreas de floresta; nas áreas de cerrado existentes na Amazônia Legal, definiu-se o percentual de 35%. Tal percentual, entretanto, pode ser subdividido em um índice de, no mínimo, 20% na *própria* propriedade e os restantes 15% poderiam ser constituídos por *compensação em outra área* incluída na mesma microbacia e que deveria ser averbada no registro de imóveis. O percentual de 20% era o padrão geral aplicável às demais regiões do País, seja às florestas ou outras formas de vegetação, mesmo nas regiões de campos gerais.

Uma importante inovação introduzida pela Lei 12.651/2012 foi a possibilidade, contemplada pelo artigo 15, do cômputo das áreas de preservação permanente para a integralização do percentual (cálculo) de RL do imóvel, desde que: (i) o benefício previsto no artigo 15 não implique a conversão de novas áreas para o uso alternativo do solo; (ii) a área a ser computada esteja conservada ou em processo de recuperação, conforme comprovação do proprietário ao órgão estadual integrante do Sistema Nacional do Meio Ambiente; e (iii) o proprietário ou possuidor tenha requerido inclusão do imóvel no Cadastro Ambiental Rural – CAR.

É relevante consignar que regime de proteção da área de preservação permanente não se altera. Admite o § 2º do artigo 15 que o proprietário ou possuidor de imóvel com reserva (florestal) legal conservada e inscrita no Cadastro Ambiental Rural – CAR, disciplinado pelo artigo 29 da Lei, cuja área exceda o mínimo exigido pela lei, poderá utilizar a área excedente para fins de constituição de servidão ambiental, Cota de Reserva Ambiental e outros instrumentos congêneres. O cômputo de área tratado pelo artigo 15 é aplicável a todas as modalidades de cumprimento da Reserva Legal, abrangendo a regeneração, a recomposição e a compensação.

Reserva (florestal) legal	
Lei 4.771/1965	Lei 12.651/2012
Área localizada no interior de uma propriedade ou posse rural, excetuada a de preservação permanente, necessária ao uso sustentável dos recursos naturais, à conservação e reabilitação dos processos ecológicos, à conservação da biodiversidade e ao abrigo e proteção de fauna e flora nativas.	Área localizada no interior de uma propriedade ou posse rural, delimitada nos termos do artigo 12, com a função de assegurar o uso econômico de modo sustentável dos recursos naturais do imóvel rural, auxiliar a conservação e a reabilitação dos processos ecológicos e promover a conservação da biodiversidade, bem como o abrigo e a proteção de fauna silvestre e da flora nativa.

1.4   A floresta, os desmatamentos e a utilização de fogo

As queimadas são, certamente, um dos mais graves problemas enfrentados pelas florestas brasileiras, pois, além da diminuição da área florestada, elas causam um enorme aumento da emissão de material particulado, ampliam a poluição atmosférica e contribuem para o aquecimento global. Os incêndios florestais têm várias origens e não se pode, sob pena de odiosa simplificação, atribuir-lhes como causa imediata este ou aquele fator. O tema é extremamente complexo, pois, para que as florestas se queimem, existem causas que vão desde condições culturais, econômicas até condições climáticas mais favoráveis à propagação do fogo. O Brasil, em função de sua grande presença amazônica, da fragilidade dos ecossistemas da Hileia, das características climáticas da região, das dificuldades de acesso à região, das imensas desigualdades sociais e da pobreza reinantes na selva, tem sido alvo frequente de críticas internacionais sobre incêndios florestais na Amazônia. É evidente que todo o esforço deve ser feito no sentido de que não se ampliem as áreas suscetíveis aos incêndios, preservando-se, ao máximo, as imensas riquezas existentes na floresta tropical. Merece ser realçado, entretanto, que as críticas feitas ao país nem sempre são formuladas por aqueles que podem se apresentar como modelos de proteção ambiental. Em realidade, existe todo um jogo de importantes interesses econômicos e políticos que, de forma constante e repetitiva, busca minar as bases da soberania nacional sobre o território amazônico, espalhando a tese – falaciosa – de que o Brasil não é capaz de desempenhar o seu papel na região. Infelizmente, muitos desavisados, ainda que de boa-fé, têm colaborado para o descrédito do país em relação às suas responsabilidades amazônicas.

O revogado Código Florestal (Lei 4.771/1965), em seu artigo 27, proibia a utilização de fogo nas florestas e demais formas de vegetação. A proibição da utilização de fogo somente foi regulamentada em 1998, mediante o Decreto 2.661, de 8 de julho. Tal decreto, por compatível com a Lei 12.651/2012. A Lei 12.651/2012 manteve a tradição do código revogado e proibiu o uso de fogo na vegetação estabelecendo exceções, conforme o artigo 38. As exceções são as seguintes: (i) em locais ou regiões cujas peculiaridades justifiquem o emprego do fogo em práticas agropastoris ou florestais, mediante prévia aprovação do órgão estadual ambiental competente do Sisnama, para cada imóvel rural ou de forma regionalizada, que estabelecerá os critérios de monitoramento e controle; (ii) emprego da queima controlada em Unidades de Conservação, em conformidade com o respectivo plano de manejo e mediante prévia aprovação do órgão gestor da Unidade de Conservação, visando ao manejo conservacionista da vegetação nativa, cujas características ecológicas estejam associadas evolutivamente à ocorrência do fogo; (iii) atividades de pesquisa científica vinculada a projeto de pesquisa devidamente aprovado pelos órgãos competentes e realizada por instituição de pesquisa reconhecida, mediante prévia aprovação do órgão ambiental competente do Sisnama.

Na situação prevista em (i), o órgão de controle ambiental estadual deverá exigir que, no licenciamento ambiental, sejam apresentados estudos específicos que contemplem o emprego do fogo e o controle dos incêndios.

O § 2º isentou da proibição da cabeça do artigo as práticas de prevenção e combate aos incêndios e as de agricultura de subsistência exercidas pelas populações tradicionais e indígenas, ainda que louvável a intenção do legislador, evidente que mesmo as práticas tradicionais devem estar submetidas a algum tipo de controle para que não se multipliquem sem critério.

Conforme o estabelecido pelo § 3º do Decreto, cabe à autoridade competente para fiscalização e autuação, na apuração da responsabilidade pelo uso irregular do fogo em terras públicas ou particulares, comprovar o nexo de causalidade entre a ação ou omissão proprietário ou qualquer preposto e o dano efetivamente causado. Cuida-se de medida lógica, pois, em matéria sancionatória, o ônus da prova cabe à acusação.

O ano de 2019 foi marcado por grandes polêmicas relativas ao desmatamento e aos incêndios na Amazônia. Embora tenha havido aumento no desflorestamento, em se considerando uma série histórica, o volume total ainda é inferior a outros anos.

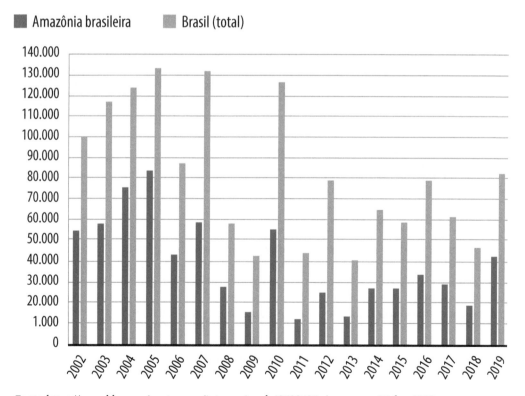

Fonte: https://www.bbc.com/portuguese/internacional-49633696. Acesso em: 26 dez. 2019.

2. MATA ATLÂNTICA

A Lei da Mata Atlântica [LMA] regula a conservação, proteção, regeneração e utilização do bioma[24] Mata Atlântica, sem exclusão das demais normas de proteção ambiental que, no entanto, serão aplicadas de forma subsidiária, tendo em vista o princípio da especialização o direito. A Mata Atlântica é composta por diversas formações florestais nativas e os ecossistemas associados, de acordo com as delimitações estabelecidas em mapa do Instituto Brasileiro de Geografia e Estatística – IBGE, conforme regulamento[25]: Floresta Ombrófila Densa; Floresta Ombrófila Mista, também denominada de Mata de Araucárias; Floresta Ombrófila Aberta; Floresta Estacional Semidecidual; e Floresta Estacional Decidual, bem como os manguezais, as vegetações de restingas, campos de altitude, brejos interioranos e encraves florestais do Nordeste. A lei é aplicável apenas aos remanescentes de vegetação nativa no estágio primário e nos estágios secundário inicial, médio e avançado de regeneração na área de abrangência definida no *caput* do artigo 2º da Lei.

A proteção e a utilização do Bioma Mata Atlântica têm por objetivo geral o desenvolvimento sustentável e, por objetivos específicos, a salvaguarda da biodiversidade, da saúde humana, dos valores paisagísticos, estéticos e turísticos, do regime hídrico e da estabilidade social. O parágrafo único do artigo 6º da Lei determina que na proteção e na utilização do Bioma Mata Atlântica deverão ser observados os princípios da (1) função socioambiental da propriedade, (2) da equidade intergeracional, (3) da prevenção, (4) da precaução, (5) do usuário pagador, da (6) transparência das informações e atos, da (7) gestão democrática, da (8) celeridade procedimental, da (9) gratuidade dos serviços administrativos prestados ao pequeno produtor rural e às populações tradicionais e do (10) respeito ao direito de propriedade.

A utilização do Bioma Mata Atlântica deve ser feita de forma sustentável, com vistas a assegurar a (1) manutenção e a recuperação da biodiversidade, vegetação, fauna e regime hídrico para as presentes e futuras gerações; o (2) estímulo à pesquisa, à difusão de tecnologias de manejo sustentável da vegetação e à formação de uma consciência pública sobre a necessidade de recuperação e manutenção dos ecossistemas; o (3) fomento de atividades públicas e privadas compatíveis com a manutenção do equilíbrio ecológico; o (4) disciplinamento da ocupação rural e urbana, de forma a harmonizar o crescimento econômico com a manutenção do equilíbrio ecológico.

2.1 Regimes jurídicos da Mata Atlântica

A Mata Atlântica está submetida a diferentes regimes jurídicos que estão relacionados ao seu estágio de conservação e/ou regeneração.

2.1.1 Regime Jurídico Geral

O regime jurídico geral estabelece que para o corte, a supressão e a exploração da vegetação do Bioma Mata Atlântica serão adotados critérios que levarão em conta o tipo de vegetação, se primária ou secundária, sendo que para a vegetação secundária deverá ser observado o estágio de regeneração. Quando se trate de exploração eventual, sem objetivo comercial direto ou indireto, de espécies da flora nativa, para consumo nas propriedades ou

---

[24] BIOMA: biossistemas regionais ou subcontinentais caracterizados por um tipo principal de vegetação ou outro aspecto identificador de paisagem (ex.: bioma da floresta decídua temperada). Disponível em: https://www.google.com/url?sa=t&rct=j&q=&esrc=s&source=web&cd=&ved=2 ahUKEwjzr4uMs5v4AhUisJUCHbKLDgAQFnoECAMQAQ&url=https%3A%2F%2Fedisciplinas.usp. br%2Fmod%2Fresource%2Fview.php%3Fid%3D2297331&usg=AOvVaw2ngvG0X4pT3Di5bNWg5 uNc. Acesso em: 7 jun. 2022.

[25] Decreto 6.660/2008.

posses das populações tradicionais[26] ou de pequenos produtores rurais,[27] não há necessidade de autorização dos órgãos competentes, conforme regulamento.

O corte e a supressão de vegetação primária ou nos estágios avançado e médio de regeneração do Bioma Mata Atlântica são proibidos nas hipóteses em que a (1) a vegetação (a) abrigue espécies da flora e da fauna silvestres ameaçadas de extinção, em território nacional ou em âmbito estadual, assim declaradas pela União ou pelos Estados, e a intervenção ou o parcelamento ponham em risco a sobrevivência dessas espécies; (b) exerça a função de proteção de mananciais ou de prevenção e controle de erosão; (c) forme corredores entre remanescentes de vegetação primária ou secundária em estágio avançado de regeneração; (d) proteja o entorno das unidades de conservação; ou (e) possua excepcional valor paisagístico, reconhecido pelos órgãos executivos competentes do Sisnama; (2) o proprietário ou posseiro não cumprir os dispositivos da legislação ambiental, em especial as exigências da Lei 4.771, de 15 de setembro de 1965, no que respeita às Áreas de Preservação Permanente e à Reserva Legal.[28]

A questão relativa às espécies ameaçadas de extinção é complexa, pois a norma fala em risco à sobrevivência das espécies [(1) (a)]. Salvo a hipótese de espécies endêmicas,[29] dificilmente uma intervenção localizada colocará em risco a sobrevivência de uma espécie como um todo. Há, portanto, necessidade de coordenação entre os diferentes órgãos ambientais para que se possa ter um inventário completo do número de espécimes de espécies ameaçadas, de forma que a norma possa ser efetiva. O artigo 12 da LMA (Lei 11.428/2006) estabelece que os "novos empreendimentos que impliquem o corte ou a supressão de vegetação do Bioma Mata Atlântica deverão ser implantados preferencialmente em áreas já substancialmente alteradas ou degradadas". Não há, como se vê, uma proibição de novos empreendimentos que impliquem em supressão de vegetação do bioma, mas uma simples indicação no sentido de que se dê preferência à utilização de áreas "substancialmente alteradas ou degradadas".

O regime geral admite que a supressão de vegetação primária e secundária no estágio avançado de regeneração seja autorizada em caso de utilidade pública, sendo que a vegetação secundária em estágio médio de regeneração poderá ser suprimida nos casos de utilidade pública e interesse social, em todos os casos devidamente caracterizados e motivados em procedimento administrativo próprio, quando inexistir alternativa técnica e locacional ao empreendimento proposto, ressalvado o disposto no inciso I do artigo 30 e nos §§ 1º e 2º do artigo 31 da LMA.

---

[26] Lei 11.428/2006: "Artigo 3º (...) II – população tradicional: população vivendo em estreita relação com o ambiente natural, dependendo de seus recursos naturais para a sua reprodução sociocultural, por meio de atividades de baixo impacto ambiental."

[27] Lei 11.428/2006: "Artigo 3º (...) I – pequeno produtor rural: aquele que, residindo na zona rural, detenha a posse de gleba rural não superior a 50 (cinquenta) hectares, explorando-a mediante o trabalho pessoal e de sua família, admitida a ajuda eventual de terceiros, bem como as posses coletivas de terra considerando-se a fração individual não superior a 50 (cinquenta) hectares, cuja renda bruta seja proveniente de atividades ou usos agrícolas, pecuários ou silviculturais ou do extrativismo rural em 80% (oitenta por cento) no mínimo."

[28] A norma foi revogada pela Lei 12.651/2012. Entende-se que são aplicáveis as normas relativas às áreas de preservação permanente da Lei 12.651/2012.

[29] Uma espécie endêmica é aquela espécie animal ou vegetal que ocorre somente em uma determinada área ou região geográfica. O endemismo é causado por quaisquer barreiras físicas, climáticas e biológicas que delimitem com eficácia a distribuição de uma espécie ou provoquem a sua separação do grupo original. Quando a separação ocorre por um longo período, o grupo isolado sofre uma seleção natural que desenvolve nele uma diferenciação de outros membros da espécie. Disponível em: https://oeco.org.br/dicionario-ambiental/28867-o-que-e-uma-especie-endemica/. Acesso em: 5 jun. 2022.

Supressão de Vegetação	
Primária e Secundária em estágio avançado de regeneração	Utilidade Pública[30]
Secundário em estágio médio de regeneração	Utilidade Pública e Interesse Social[31]

Há que se ressaltar que as circunstâncias que ensejam o reconhecimento de casos de utilidade pública e interesses social são muitas, em especial pela utilização de fórmulas abertas como "interesse nacional" e "demais obras, planos, atividades ou projetos definidos em resolução do Conama".

O § 1º do artigo 14 da Lei 11.428/2006 estipula que a supressão de vegetação depende de autorização do órgão ambiental estadual competente, com anuência prévia, quando couber, do órgão federal ou municipal de meio ambiente, ressalvada a supressão de vegetação no estágio médio de regeneração situada em área urbana que dependerá de autorização do órgão ambiental municipal competente, desde que o município possua conselho de meio ambiente, com caráter deliberativo e plano diretor, mediante anuência prévia do órgão ambiental estadual competente fundamentada em parecer técnico. A anuência não pode ser confundida com poder de veto, mas a possibilidade de que o órgão consultado possa indicar, ao licenciador da atividade, condicionantes para o licenciamento. Isto porque o § 2º do artigo 13 da Lei Complementar 140/2011 estabelece que "a supressão de vegetação decorrente de licenciamentos ambientais é autorizada pelo ente federativo licenciador".

O corte e/ou a supressão de vegetação primária ou secundária nos estágios médio ou avançado de regeneração do Bioma Mata Atlântica dependem de compensação ambiental, na forma da destinação de área equivalente à extensão da área desmatada, com as mesmas características ecológicas, na mesma bacia hidrográfica, sempre que possível na mesma microbacia hidrográfica, e, nos casos previstos nos artigos 30 e 31 da LMA em áreas localizadas no mesmo Município ou região metropolitana. Caso a compensação não seja factível, mediante constatação do órgão ambiental, será exigida a reposição florestal, com espécies nativas, em área equivalente à desmatada,[32] na mesma bacia hidrográfica, sempre que possível na mesma microbacia hidrográfica. É importante observar que, tanto a compensação, quanto a reposição florestal, em extensão equivalente à área suprimida, *são medidas mínimas*, não havendo impedimento para que o órgão ambiental, diante do caso concreto e, fundamentadamente, faça exigência superior.

O corte eventual de vegetação primária ou secundária nos estágios médio e avançado de regeneração do Bioma Mata Atlântica, com finalidade preservacionista e de pesquisa

---

[30] Lei 11.428/2006: "Artigo 3º (...) VII – utilidade pública: a) atividades de segurança nacional e proteção sanitária; b) as obras essenciais de infraestrutura de interesse nacional destinadas aos serviços públicos de transporte, saneamento e energia, declaradas pelo poder público federal ou dos Estados."

[31] Lei 11.428/2006: "Artigo 3º (...) VIII – interesse social: a) as atividades imprescindíveis à proteção da integridade da vegetação nativa, tais como: prevenção, combate e controle do fogo, controle da erosão, erradicação de invasoras e proteção de plantios com espécies nativas, conforme resolução do Conselho Nacional do Meio Ambiente – CONAMA; b) as atividades de manejo agroflorestal sustentável praticadas na pequena propriedade ou posse rural familiar que não descaracterizem a cobertura vegetal e não prejudiquem a função ambiental da área; c) demais obras, planos, atividades ou projetos definidos em resolução do Conselho Nacional do Meio Ambiente".

[32] Decreto 6.660/2008, artigos 26 e 27.

Capítulo 9 · A VEGETAÇÃO NATIVA E SUA PROTEÇÃO LEGAL | 295

científica, é objeto de regulamentação pelo Conselho Nacional do Meio Ambiente e autorizado pelo órgão competente do Sisnama.[33]

2.1.2 Regime jurídico especial

O regime jurídico especial é aplicável de acordo com os estágios de conservação das florestas, conforme quadro a seguir:

Florestas		
Primária	**Secundária**	
A floresta primária, também conhecida como floresta clímax ou mata virgem, é a floresta intocada ou aquela em que a ação humana não provocou significativas alterações das suas características originais de estrutura e de espécies.	As florestas secundárias são aquelas resultantes de um processo natural de regeneração da vegetação, em áreas onde no passado houve corte raso da floresta primária. Nesses casos, quase sempre as terras foram temporariamente usadas para agricultura ou pastagem e a floresta ressurge espontaneamente após o abandono destas atividades. Também são consideradas secundárias as florestas muito descaracterizadas por exploração madeireira irracional ou por causas naturais, mesmo que nunca tenha havido corte raso e que ainda ocorram árvores remanescentes da vegetação primária.	
	Estágio de Regeneração		
	Inicial	**Médio**	**Avançado**
	A capoeirinha surge logo após o abandono de uma área agrícola ou de uma pastagem. Esse estágio geralmente vai até seis anos, podendo em alguns casos durar até dez anos em função do grau de degradação do solo ou da escassez de sementes. Nas capoeirinhas geralmente existem grandes quantidades de capins e samambaias de chão. Predominam também grandes quantidades de exemplares de árvores pioneiras de poucas espécies, a exemplo das vassouras e vassourinhas. A altura média das árvores em geral não passa dos 4 metros e o diâmetro de 8 centímetros.	A vegetação em regeneração natural geralmente alcança o estágio médio depois dos seis anos de idade, durante até os 15 anos. Nesse estágio, as árvores atingem altura média de 12 metros e diâmetro de 15 centímetros. Nas capoeiras a diversidade biológica aumenta, mas ainda há predominância de espécies de árvores pioneiras, como as capororocas, ingás e aroeiras. A presença de capins e samambaias diminui, mas em muitos casos resta grande presença de cipós e taquaras. Nas regiões com altitude inferior a 600 metros do nível do mar os palmiteiros começam a aparecer.	Inicia-se geralmente depois dos 15 anos de regeneração natural da vegetação, podendo levar de 60 a 200 anos para alcançar novamente o estágio semelhante à floresta primária. A diversidade biológica aumenta gradualmente à medida que o tempo passa e desde que existam remanescentes primários para fornecer sementes. A altura média das árvores é superior a 12 metros e o diâmetro médio é superior a 14 centímetros. Nesse estágio os capins e samambaias de chão não são mais característicos. Começam a emergir espécies de árvores nobres, como canelas, cedros, sapucaias e imbuias. Nas regiões abaixo de 600 metros do nível do mar os palmiteiros aparecem com frequência. Os cipós e taquaras passam a crescem em equilíbrio com as árvores.

Fonte: https://apremavi.org.br/mata-atlantica/estagios-da-floresta/.

---

[33] Decreto 6.660/2008, artigos 2º e 3º.

2.2 Proteção da vegetação primária

De acordo com o disposto no artigo 20 da LMA, o corte e a supressão da vegetação primária do Bioma Mata Atlântica somente serão autorizados em caráter excepcional, quando necessários à realização de obras, projetos ou atividades de utilidade pública, pesquisas científicas e práticas preservacionistas.[34] Na hipótese de utilidade pública, o corte e a supressão de vegetação, no caso de utilidade pública, seguirão as disposições do artigo 14 da LMA, com a exigência de Estudo Prévio de Impacto Ambiental/Relatório de Impacto Ambiental – EIA/RIMA.

2.3 Proteção da vegetação secundária em estágio avançado de regeneração

O artigo 21 da LMA determina que o corte, a supressão e a exploração da vegetação secundária em estágio avançado de regeneração do Bioma Mata Atlântica somente serão autorizados: (1) em caráter excepcional, quando necessários à execução de obras, atividades ou projetos de utilidade pública, pesquisa científica e práticas preservacionistas; (2) nos casos previstos no inciso I do artigo 30. O corte e a supressão, em caráter excepcional no caso de utilidade pública, serão realizados na forma do artigo 14 da LMA, além da realização de Estudo Prévio de Impacto Ambiental, bem como na forma do artigo 19 da LMA para os casos de práticas preservacionistas e pesquisas científicas.

2.4 Proteção da vegetação secundária em estágio médio de regeneração

O corte, a supressão e a exploração da vegetação secundária em estágio médio de regeneração do Bioma Mata Atlântica somente serão autorizados: (1) em caráter excepcional, quando necessários à execução de obras, atividades ou projetos de utilidade pública ou de interesse social, pesquisa científica e práticas preservacionistas; (2) quando necessários ao pequeno produtor rural e populações tradicionais para o exercício de atividades ou usos agrícolas, pecuários ou silviculturais imprescindíveis à sua subsistência e de sua família, ressalvadas as áreas de preservação permanente e, quando for o caso, após averbação da reserva legal, nos termos da Lei 4.771, de 15 de setembro de 1965; (3) nos casos previstos nos §§ 1º e 2º do artigo 31 da LMA. Aplica-se o artigo 14 da LMA para os casos previstos no inciso I do artigo 23. Nos casos do inciso III do artigo 23, cabe a autorização ao órgão ambiental que fará comunicação ao Ibama, conforme regulamento.

2.5 Proteção da vegetação secundária em estágio inicial de regeneração

Cabe ao órgão ambiental estadual autorizar o corte, a supressão e a exploração de vegetação secundária em estágio inicial de regeneração do Bioma Mata Atlântica (LMA, artigo 25). Nos estados em que a vegetação primária e secundária remanescente do Bioma Mata Atlântica for inferior a 5% (cinco por cento) da área original, o regime jurídico será o mesmo utilizado para o corte e supressão da vegetação secundária em estágio médio de regeneração, ressalvadas as áreas urbanas e regiões metropolitanas. Admite-se a prática agrícola do pousio[35] nos Estados da Federação onde tal procedimento é utilizado tradicionalmente.

---

[34] "Artigo 3º Consideram-se para os efeitos desta Lei: (...) IV – prática preservacionista: atividade técnica e cientificamente fundamentada, imprescindível à proteção da integridade da vegetação nativa, tal como controle de fogo, erosão, espécies exóticas e invasoras."

[35] "Artigo 3º (...) III – pousio: prática que prevê a interrupção de atividades ou usos agrícolas, pecuários ou silviculturais do solo por até 10 (dez) anos para possibilitar a recuperação de sua fertilidade."

2.6 Exploração seletiva de vegetação secundária em estágio avançado, médio e inicial de regeneração

O corte, a supressão e o manejo de espécies arbóreas pioneiras nativas em fragmentos florestais em estágio médio de regeneração, em que sua presença for superior a 60% em relação às demais espécies, poderão ser autorizados pelo órgão estadual competente, observado o disposto na Lei 4.771, de 15 de setembro de 1965.

2.7 Proteção do bioma Mata Atlântica nas áreas urbanas e regiões metropolitanas

É vedada a supressão de vegetação primária do Bioma Mata Atlântica, para fins de loteamento ou edificação, nas regiões metropolitanas[36] e áreas urbanas[37] consideradas como tal em lei específica, aplicando-se à supressão da vegetação secundária em estágio avançado de regeneração as seguintes restrições: (1) nos perímetros urbanos aprovados até a data de início de vigência desta Lei, a supressão de vegetação secundária em estágio avançado de regeneração dependerá de prévia autorização do órgão estadual competente e somente será admitida, para fins de loteamento ou edificação, no caso de empreendimentos que garantam a preservação de vegetação nativa em estágio avançado de regeneração em no mínimo 50% (cinquenta por cento) da área total coberta por esta vegetação, ressalvado o disposto nos artigos 11, 12 e 17 da LMA e atendido o disposto no Plano Diretor do Município e demais normas urbanísticas e ambientais aplicáveis; (2) nos perímetros urbanos aprovados após a data de início de vigência desta Lei, é vedada a supressão de vegetação secundária em estágio avançado de regeneração do Bioma Mata Atlântica para fins de loteamento ou edificação.

Nas regiões metropolitanas e áreas urbanas, assim consideradas em lei, o parcelamento do solo para fins de loteamento ou qualquer edificação em área de vegetação secundária, em estágio médio de regeneração, do Bioma Mata Atlântica, devem obedecer ao disposto no Plano Diretor do Município e demais normas aplicáveis, e dependerão de prévia autorização do órgão estadual competente, ressalvado o disposto nos artigos 11, 12 e 17 da LMA.

Há um direito transitório que estabelece que (1) nos perímetros urbanos aprovados *até a data de início de vigência da LMA*, a supressão de vegetação secundária em estágio médio de regeneração somente será admitida, para fins de loteamento ou edificação, no caso de empreendimentos que garantam a preservação de vegetação nativa em estágio médio de regeneração em no mínimo 30% da área total coberta por esta vegetação; e (2) nos perímetros urbanos delimitados após a data de início de vigência da LMA, a supressão de vegetação secundária em estágio médio de regeneração fica condicionada à manutenção de vegetação em estágio médio de regeneração em no mínimo 50% da área total coberta por esta vegetação.

2.8 Atividades minerárias em áreas de vegetação secundária em estágio avançado e médio de regeneração

A supressão de vegetação secundária em estágio avançado e médio de regeneração para fins de atividades minerárias somente será admitida mediante: (1) licenciamento ambiental, condicionado à apresentação de Estudo Prévio de Impacto Ambiental/Relatório de Impacto Ambiental – EIA/RIMA, pelo empreendedor, e desde que demonstrada a inexistência de

---

[36]   Estatuto da Metrópole [Lei Federal 13.089, de 12 de janeiro de 2015] e leis complementares estaduais.

[37]   Leis municipais. No caso de municípios com mais de 20 mil habitantes no Plano Diretor municipal ou leis de zoneamento do solo.

DIREITO AMBIENTAL – Paulo de Bessa Antunes

alternativa técnica e locacional ao empreendimento proposto; (2) adoção de medida compensatória que inclua a recuperação de área equivalente à área do empreendimento, com as mesmas características ecológicas, na mesma bacia hidrográfica e sempre que possível na mesma microbacia hidrográfica, independentemente do disposto no artigo 36 da Lei 9.985, de 18 de julho de 2000.

3. POLÍTICA NACIONAL DE PAGAMENTO POR SERVIÇOS AMBIENTAIS – PNPSA (LEI 14.119/2021)

A PNPSA representa a implantação de instrumentos econômicos com vistas a incentivar a proteção do meio ambiente, em especial da flora e dos recursos hídricos, o que resulta em benefícios para todo o sistema ambiental. A PNPSA se alicerça sobre alguns instrumentos essenciais, com destaque para o Cadastro Nacional de Pagamento por Serviços Ambientais (CNPSA) e o Programa Federal de Pagamentos por Serviços Ambientais (PFPSA).

3.1 PNPSA – objetivos e diretrizes

A PNPSA tem como objetivos: (1) orientar a atuação do poder público, das organizações da sociedade civil e dos agentes privados em relação ao pagamento por serviços ambientais, de forma a manter, recuperar ou melhorar os serviços ecossistêmicos em todo o território nacional; (2) estimular a conservação dos ecossistemas, dos recursos hídricos, do solo, da biodiversidade, do patrimônio genético e do conhecimento tradicional associado; (3) valorizar econômica, social e culturalmente os serviços ecossistêmicos; (4) evitar a perda de vegetação nativa, a fragmentação de *habitats*, a desertificação e outros processos de degradação dos ecossistemas nativos e fomentar a conservação sistêmica da paisagem; (5) incentivar medidas para garantir a segurança hídrica em regiões submetidas à escassez de água para consumo humano e a processos de desertificação; (6) contribuir para a regulação do clima e a redução de emissões advindas de desmatamento e degradação florestal; (7) reconhecer as iniciativas individuais ou coletivas que favoreçam a manutenção, a recuperação ou a melhoria dos serviços ecossistêmicos, por meio de retribuição monetária ou não monetária, prestação de serviços ou outra forma de recompensa, como o fornecimento de produtos ou equipamentos; (8) estimular a elaboração e a execução de projetos privados voluntários de provimento e pagamento por serviços ambientais, que envolvam iniciativas de empresas, de Organizações da Sociedade Civil de Interesse Público (Oscip) e de outras organizações não governamentais; (9) estimular a pesquisa científica relativa à valoração dos serviços ecossistêmicos e ao desenvolvimento de metodologias de execução, de monitoramento, de verificação e de certificação de projetos de pagamento por serviços ambientais; (10) assegurar a transparência das informações relativas à prestação de serviços ambientais, permitindo a participação da sociedade; (11) estabelecer mecanismos de gestão de dados e informações necessários à implantação e ao monitoramento de ações para a plena execução dos serviços ambientais; (12) incentivar o setor privado a incorporar a medição das perdas ou ganhos dos serviços ecossistêmicos nas cadeias produtivas vinculadas aos seus negócios; (13) incentivar a criação de um mercado de serviços ambientais; (14) fomentar o desenvolvimento sustentável.

As diretrizes que regem a aplicação da PNPSA são: (1) o atendimento aos princípios do provedor recebedor e do usuário pagador; (2) o reconhecimento de que a manutenção, a recuperação e a melhoria dos serviços ecossistêmicos contribuem para a qualidade de vida da população; (3) a utilização do pagamento por serviços ambientais como instrumento de promoção do desenvolvimento social, ambiental, econômico e cultural das populações em área rural e urbana e dos produtores rurais, em especial das comunidades tradicionais, dos povos

Capítulo 9 · A VEGETAÇÃO NATIVA E SUA PROTEÇÃO LEGAL | 299

indígenas e dos agricultores familiares; (4) a complementaridade do pagamento por serviços ambientais em relação aos instrumentos de comando e controle relacionados à conservação do meio ambiente; (5) a integração e a coordenação das políticas de meio ambiente, de recursos hídricos, de agricultura, de energia, de transporte, de pesca, de aquicultura e de desenvolvimento urbano, entre outras, com vistas à manutenção, à recuperação ou à melhoria dos serviços ecossistêmicos; (6) a complementaridade e a coordenação entre programas e projetos de pagamentos por serviços ambientais implantados pela União, pelos Estados, pelo Distrito Federal, pelos Municípios, pelos Comitês de Bacia Hidrográfica, pela iniciativa privada, por Oscip e por outras organizações não governamentais, consideradas as especificidades ambientais e socioeconômicas dos diferentes biomas, regiões e bacias hidrográficas; (7) o reconhecimento do setor privado, das Oscip e de outras organizações não governamentais como organizadores, financiadores e gestores de projetos de pagamento por serviços ambientais, paralelamente ao setor público, e como indutores de mercados voluntários; (8) a publicidade, a transparência e o controle social nas relações entre o pagador e o provedor dos serviços ambientais prestados; (9) a adequação do imóvel rural e urbano à legislação ambiental; (10) o aprimoramento dos métodos de monitoramento, de verificação, de avaliação e de certificação dos serviços ambientais prestados; (11) o resguardo da proporcionalidade no pagamento por serviços ambientais prestados; (12) a inclusão socioeconômica e a regularização ambiental de populações rurais em situação de vulnerabilidade, em consonância com as disposições da Lei 12.512/2011.

A PNPSA é uma política complementar e integrada às diferentes políticas setoriais e ambientais, em especial à Política Nacional do Meio Ambiente, à Política Nacional da Biodiversidade, à Política Nacional de Recursos Hídricos, à Política Nacional sobre Mudança do Clima, à Política Nacional de Educação Ambiental, às normas sobre acesso ao patrimônio genético, sobre a proteção e o acesso ao conhecimento tradicional associado e sobre a repartição de benefícios para conservação e uso sustentável da biodiversidade e, ainda, ao Sistema Nacional de Unidades de Conservação da Natureza e aos serviços de assistência técnica e extensão rural. A gestão da PNPSA cabe ao MMA.

3.2   Modalidades de pagamentos por serviços ambientais

Os serviços (benefícios gerados em favor do meio ambiente e da comunidade), tal como tratados pela lei, se dividem em (1) ambientais e (2) ecossistêmicos. Os serviços ambientais são as atividades individuais ou coletivas que favorecem a manutenção, a recuperação ou a melhoria dos serviços ecossistêmicos; já os serviços ecossistêmicos são os benefícios relevantes para a sociedade gerados pelos ecossistemas, em termos de manutenção, recuperação ou melhoria das condições ambientais, podendo ser: (a) serviços de provisão: os que fornecem bens ou produtos ambientais utilizados pelo ser humano para consumo ou comercialização, tais como água, alimentos, madeira, fibras e extratos, entre outros; (b) serviços de suporte: os que mantêm a perenidade da vida na Terra, tais como a ciclagem de nutrientes, a decomposição de resíduos, a produção, a manutenção ou a renovação da fertilidade do solo, a polinização, a dispersão de sementes, o controle de populações de potenciais pragas e de vetores potenciais de doenças humanas, a proteção contra a radiação solar ultravioleta e a manutenção da biodiversidade e do patrimônio genético; (c) serviços de regulação: os que concorrem para a manutenção da estabilidade dos processos ecossistêmicos, tais como o sequestro de carbono, a purificação do ar, a moderação de eventos climáticos extremos, a manutenção do equilíbrio do ciclo hidrológico, a minimização de enchentes e secas e o controle dos processos críticos de erosão e de deslizamento de encostas; (d) serviços culturais: os que constituem benefícios não materiais providos pelos ecossistemas, por meio da recreação, do turismo, da identidade cultural, de experiências espirituais e estéticas e do desenvolvimento intelectual, entre outros.

300 | DIREITO AMBIENTAL – *Paulo de Bessa Antunes*

Os pagamentos por serviços ambientais[38] podem se dar das seguintes formas, por exemplo: (1) pagamento direto, monetário ou não monetário; (2) prestação de melhorias sociais a comunidades rurais e urbanas; (3) compensação vinculada a certificado de redução de emissões por desmatamento e degradação; (4) títulos verdes (*green bonds*); (5) comodato; (6) Cota de Reserva Ambiental (CRA), instituída pela Lei 12.651/2012.

3.2.1   Contrato de pagamento por serviços ambientais

O contrato de pagamento por serviços ambientais é formal, com cláusulas essenciais, tendo como obrigatórias as relativas: (1) aos direitos e às obrigações do provedor, incluídas as ações de manutenção, de recuperação e de melhoria ambiental do ecossistema por ele assumidas e os critérios e os indicadores da qualidade dos serviços ambientais prestados; (2) aos direitos e às obrigações do pagador, incluídos as formas, as condições e os prazos de realização da fiscalização e do monitoramento; (3) às condições de acesso, pelo poder público, à área objeto do contrato e aos dados relativos às ações de manutenção, de recuperação e de melhoria ambiental assumidas pelo provedor, em condições previamente pactuadas e respeitados os limites do sigilo legal ou constitucionalmente previsto.

O contrato deve ser levado a registro no Cadastro Nacional de Pagamento por Serviços Ambientais. Os contratos cujos pagamentos dependam de verbas públicas, sujeitam-se ao controle da administração pública.

3.3   Programa Federal de Pagamento por Serviços Ambientais – PFPSA

O PFPSA está estruturado no MMA, com o objetivo de efetivar a PNPSA relativamente ao pagamento desses serviços pela União, nas ações de manutenção, de recuperação ou de melhoria da cobertura vegetal nas áreas prioritárias para a conservação, de combate à fragmentação de *habitats*, de formação de corredores de biodiversidade e de conservação dos recursos hídricos.

A contratação do pagamento por serviços ambientais, no âmbito do PFPSA, observada a importância ecológica da área, deve priorizar os serviços providos por comunidades tradicionais, povos indígenas, agricultores familiares e empreendedores familiares rurais definidos nos termos da Lei 11.326/2006. Esses povos e comunidades deverão, preferencialmente, estar organizados sob a forma de cooperativas, associações civis e outras formas associativas que permitam dar escala às ações a serem implementadas.

A participação no PFPSA necessita que o interessado esteja (1) enquadrado em uma das ações definidas para o Programa; e, (2) no caso de imóveis privados, com exceção das terras indígenas, territórios quilombolas e outras áreas legitimamente ocupadas por populações tradicionais, comprovação de uso ou ocupação regular do imóvel, por meio de inscrição no Cadastro Ambiental Rural (CAR); (3) formalização de contrato específico; (4) outros formatos estabelecidos em regulamento.

O PFPSA se materializa pela promoção de ações de: (1) conservação e recuperação da vegetação nativa, da vida silvestre e do ambiente natural em áreas rurais, notadamente naquelas de elevada diversidade biológica, de importância para a formação de corredores de biodiversidade ou reconhecidas como prioritárias para a conservação da biodiversidade,

---

[38]   Pagamento por serviços ambientais: transação de natureza voluntária, mediante a qual um pagador de serviços ambientais transfere a um provedor desses serviços recursos financeiros ou outra forma de remuneração, nas condições acertadas, respeitadas as disposições legais e regulamentares pertinentes.

assim definidas pelos órgãos do Sisnama; (2) conservação de remanescentes vegetais em áreas urbanas e periurbanas de importância para a manutenção e a melhoria da qualidade do ar, dos recursos hídricos e do bem-estar da população e para a formação de corredores ecológicos; (3) conservação e melhoria da quantidade e da qualidade da água, especialmente em bacias hidrográficas com cobertura vegetal crítica importantes para o abastecimento humano e para a dessedentação animal ou em áreas sujeitas a risco de desastre; (4) conservação de paisagens de grande beleza cênica; (5) recuperação e recomposição da cobertura vegetal nativa de áreas degradadas, por meio do plantio de espécies nativas ou por sistema agroflorestal; (6) manejo sustentável de sistemas agrícolas, agroflorestais e agrossilvopastoris que contribuam para captura e retenção de carbono e conservação do solo, da água e da biodiversidade; (7) manutenção das áreas cobertas por vegetação nativa que seriam passíveis de autorização de supressão para uso alternativo do solo.

O PFPSA pode ter por objeto: (1) áreas cobertas com vegetação nativa; (2) áreas sujeitas a restauração ecossistêmica, a recuperação da cobertura vegetal nativa ou a plantio agroflorestal; (3) unidades de conservação de proteção integral, reservas extrativistas e reservas de desenvolvimento sustentável, nos termos da Lei 9.985/2000.

Os imóveis privados elegíveis para o provimento de serviços ambientais[39] são: (1) os situados em zona rural inscritos no CAR, previsto na Lei 12.651/2012, dispensada essa exigência para aqueles a que se refere o inciso IV do *caput* do artigo 8º da PNPSA; (2) os situados em zona urbana que estejam em conformidade com o plano diretor, de que trata o § 1º do artigo 182 da Constituição Federal, e com a legislação dele decorrente; (3) as Reservas Particulares do Patrimônio Natural (RPPNs) e as áreas das zonas de amortecimento e dos corredores ecológicos cobertas por vegetação nativa, nos termos da Lei 9.985/2000.

As Áreas de Preservação Permanente, Reserva Legal e outras sob limitação administrativa nos termos da legislação ambiental serão elegíveis para pagamento por serviços ambientais com uso de recursos públicos, conforme regulamento, com preferência para aquelas localizadas no entorno de nascentes, localizadas em bacias hidrográficas consideradas críticas para o abastecimento público de água, assim definidas pelo órgão competente, ou em áreas prioritárias para conservação da diversidade biológica em processo de desertificação ou de avançada fragmentação.

3.3.1   Governança

A governança do PFPSA cabe a um órgão colegiado com atribuição de: (1) propor prioridades e critérios de aplicação dos recursos do PFPSA; (2) monitorar a conformidade dos investimentos realizados pelo PFPSA com os objetivos e as diretrizes da PNPSA, bem como propor os ajustes necessários à implementação do Programa; (3) avaliar, a cada 4 (quatro) anos, o PFPSA e sugerir as adequações necessárias ao Programa; (4) manifestar-se, anualmente, sobre o plano de aplicação de recursos do PFPSA e sobre os critérios de métrica de valoração, de validação, de monitoramento, de verificação e de certificação dos serviços ambientais utilizados pelos órgãos competentes. O órgão de governança, quando implantado, deverá ser tripartite e paritário, contando com representação do poder público, do setor produtivo e da sociedade civil, e será presidido pelo titular do órgão central do Sisnama.

---

[39]   Provedor de serviços ambientais: pessoa física ou jurídica, de direito público ou privado, ou grupo familiar ou comunitário que, preenchidos os critérios de elegibilidade, mantém, recupera ou melhora as condições ambientais dos ecossistemas.

3.3.2 Cadastro Nacional de Pagamento por Serviços Ambientais (CNPSA)

O Cadastro Nacional de Pagamento por Serviços Ambientais (CNPSA) é um banco de dados, mantido pelo órgão gestor do PFPSA, que conterá, no mínimo, os contratos de pagamento por serviços ambientais realizados que envolvam agentes públicos e privados, as áreas potenciais e os respectivos serviços ambientais prestados e as metodologias e os dados que fundamentaram a valoração dos ativos ambientais, bem como as informações sobre os planos, programas e projetos que integram o PFPSA.

Capítulo 10

ESPAÇOS TERRITORIAIS (ÁREAS) ESPECIALMENTE PROTEGIDOS E UNIDADES DE CONSERVAÇÃO

 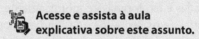

Acesse e assista à aula explicativa sobre este assunto.

> http://uqr.to/1b2hn

As bases constitucionais para a criação de Unidades de Conservação [UC] e dos espaços territoriais especialmente protegidos [ETEP] estão no inciso III do § 1º do artigo 225 da CF, que ordena ao poder público definir, em todas as unidades da Federação, espaços territoriais e seus componentes a serem especialmente protegidos, sendo a alteração[1-2] e a supressão permitidas somente por lei, vedada qualquer utilização que comprometa a integridade dos atributos que justifiquem sua proteção.[3]

A demarcação das áreas protegidas é feita com base direta na Constituição Federal, não havendo uma forma determinada, ainda que, em sua maioria, as UCs sejam criadas por ato do Poder Executivo. Há, contudo, exemplos de UCs criadas por lei.[4] Em sendo assim, a definição de ETEP pode ser feita mediante leis ou decretos. Todavia, o caminho legislativo não é

---

[1] Lei 11.686, de 2 de junho de 2008.

[2] A alteração da categoria de UC não pode implicar redução da proteção legal, sob pena de inconstitucionalidade. STF, ARE 1.339.543/RS 0021329-29.2021.8.21.7000, Rel. Gilmar Mendes, j. 16.09.2021, 20.09.2021.

[3] STF. A dicção do texto constitucional não provoca maiores problemas quanto à definição de ato normativo apto à instituição/criação de espaços territorialmente protegidos, dentre os quais se pode destacar as unidades de conservação regulamentadas pela Lei 9.985/2000. Tendo a Carta se referido à reserva de legislação somente como requisito de modificação ou supressão de unidade de conservação, abriu margem para que outros atos do Poder Público, além de lei em sentido estrito, pudessem ser utilizados como mecanismos de instituição de espaços ambientais protegidos (ADI 3.646, Rel. Min. Dias Tofolli, j. 20.09.2019, *DJe* 02.12.2019).

As medidas provisórias não podem veicular norma que altere espaços territoriais especialmente protegidos, sob pena de ofensa ao artigo 225, inc. III, da Constituição da República. As alterações promovidas pela Lei 12.678/2012 importaram diminuição da proteção dos ecossistemas abrangidos pelas unidades de conservação por ela atingidas, acarretando ofensa ao princípio da proibição de retrocesso socioambiental, pois atingiram o núcleo essencial do direito fundamental ao meio ambiente ecologicamente equilibrado previsto no artigo 225 da Constituição da República (ADI 4.717, Rel. Min. Cármen Lúcia, j. 05.04.2018, *DJe* 15.02.2019).

[4] Espírito Santo. Lei 9.463. Cria o Monumento Natural Estadual de Serra das Torres e estabelece outras providências.

o mais indicado, pois estaríamos falando de *"lei de efeitos concretos"*,[5] as quais materialmente são atos administrativos. Por outro lado, o processo legislativo torna mais difícil a oitiva das comunidades interessadas, audiências públicas, contraditório para a defesa dos direitos dos proprietários etc. O mesmo não ocorre em relação à supressão e à alteração de áreas protegidas que somente poderão ser feitas *por lei. A expressão lei, no caso, é lei* formal. O constituinte atribuiu à Administração o dever de demarcar áreas a serem especialmente protegidas, porém não admitiu que essa mesma Administração pudesse promover alterações ou supressões dessas áreas sem o consentimento do Congresso Nacional. A medida é acertada, pois o Parque Nacional das Sete Quedas foi extinto por Decreto.[6] Mesmo diante da expressa proibição constitucional de extinção de áreas protegidas por decreto, o Estado da Bahia[7] extinguiu o Parque Estadual Morro do Chapéu; posteriormente, o próprio Executivo anulou o decreto que extinguira o parque estadual.

A Constituição não proibiu que todas as áreas merecedoras de especial proteção legal pudessem ser utilizadas e exploradas economicamente; contudo, proibiu utilização que alterasse as características e os atributos que fundamentaram a especial proteção. A questão coloca-se, portanto, na categoria de manejo da unidade de conservação a ser adotada em cada caso concreto.

Em 1995, o Brasil possuía 34 Parques Nacionais, 23 Reservas Biológicas Federais, 30 Estações Ecológicas, 38 Florestas Nacionais, 15 Áreas de Proteção Ambiental, 4 Reservas Extrativistas e 6 Reservas Ecológicas. Somando-se as áreas federais com as municipais e estaduais, o total de áreas protegidas era equivalente a 3,7% da superfície nacional. Entretanto, apesar do aumento significativo de UCs brasileiras, não se esqueça que o Brasil é o quinto maior país do mundo (8.516.000 km^2). Do total, 18% são unidades de conservação, que somam aproximadamente 1,6 milhão de km^2. No entanto, apenas 6% da área em UC estão em unidades de proteção integral, ou seja, aquelas que permitem apenas o uso indireto dos recursos naturais e atividades como

---

[5] "I – A previsão constitucional de proteção do patrimônio histórico-cultural brasileiro possui relevante importância no direcionamento de criação de políticas públicas e de mecanismos infraconstitucionais para a sua concretização (artigo 216, § 1º, da CF). II – A Constituição outorgou a todas as unidades federadas a competência comum de proteger as obras e bens de valor histórico, artístico e cultural, compreendida nela a adoção de quaisquer medidas que se mostrem necessárias para promover e salvaguardar o patrimônio cultural brasileiro, incluindo-se o uso do instrumento do tombamento. III – Ao julgar a ACO 1.208-AgR/MS, de relatoria do Ministro Gilmar Mendes, suplantando entendimento anterior em sentido oposto, o Plenário do Supremo Tribunal Federal, dentre outras deliberações, entendeu possível o tombamento de bem por meio de lei. IV – Assim, ainda que não tenha sido proferido em controle concentrado, entendo que não há razões para superar o entendimento firmado na ACO 1.208-AgR/MS, seja porque não houve discussões recentes a respeito do tema, seja porque transcorridos pouco mais de 3 anos daquele julgamento, cujo elevado score contou com apenas um voto divergente. V – O legislador estadual não invadiu a competência do Poder Executivo para tratar sobre a matéria, mas exerceu atribuição própria de iniciar o procedimento para tombar bens imóveis com a finalidade de proteger e promover o patrimônio cultural amazonense. VI – Com base no entendimento fixado na deliberação da ACO 1.208-AgR/MS, considera-se a Lei 312/2016, do Estado do Amazonas, de efeitos concretos, como o ato acautelatório de tombamento provisório a provocar o Poder Executivo local, o qual deverá perseguir, posteriormente, o procedimento constante do Decreto-Lei 25/1937, sem descurar da garantia da ampla defesa e do contraditório, previstas nos artigos 5º ao 9º do referido ato normativo. VII – O Poder Executivo, ainda que esteja compelido a levar adiante procedimento tendente a culminar no tombamento definitivo, não se vincula à declaração de reconhecimento do valor do bem como patrimônio cultural perfectibilizada pelo Poder Legislativo. VIII – Ação direta de inconstitucionalidade julgada improcedente" (STF, ADI 5.670/AM, Tribunal Pleno, Rel. Min. Ricardo Lewandowski, j. 11.10.2021, Publicação: 26.10.2022).

[6] Decreto 86.071, de 4 de junho de 1981.

[7] Decreto 12.744, de 12 de abril de 2011.

Capítulo 10 · ESPAÇOS TERRITORIAIS (ÁREAS) ESPECIALMENTE PROTEGIDOS | 305

educação, pesquisa científica e turismo. Os demais 12% são unidades de uso sustentável, nas quais são permitidas atividades econômicas, sendo 5,4% em Áreas de Proteção Ambiental (APA), categoria com pouquíssimas restrições de uso da terra, contendo inclusive cidades em seu interior.

A porcentagem de cada bioma em unidades de conservação não é homogênea: Amazônia, 28%; Caatinga, 8,8%; Cerrado, 8,3%; Mata Atlântica, 9,5%, Pampa, 3%; Pantanal, 4,6%. Além disso, o país conta com 963 mil km² de unidades de conservação no mar, totalizando 26,4% de sua área marinha; 22,9% em Áreas de Proteção Ambiental. Em números, são mais de 2.300 unidades de conservação no Brasil.[8] Como se pode ver, em 30 anos, o País aumentou bastante as suas áreas protegidas, muito embora o modelo de proteção não seja rígido, pois as UCs de proteção integral representam pequena parcela do total. Entretanto, merece ser destacado que o percentual de áreas protegidas no Brasil é superior à média mundial, caso as Terras Indígenas que somam o total de 1.179.560 km² (14% do território nacional), o Brasil protege 2.572.575 ou 30,2% do país. Se excluirmos as APAs, muito pouco restritivas, são 25% do território em UC e TI.

Áreas Protegidas	
País	Percentual
Alemanha	38%
Austrália	20%
Bolívia	+ de 40%
Brasil	30,2%
Colômbia	+ de 40%
França	26%
Japão	29%
Peru	+ de 40%
Reino Unido	29%
Média Mundial	29%

Fonte: WWF.

1. OS DIFERENTES ESPAÇOS TERRITORIAIS ESPECIALMENTE PROTEGIDOS [ETEP]

Os ETEP são áreas que, devido às características ambientais especiais que apresentam, merecem tutela especial do Poder Público, sob a forma de UC, ou não. O grau de tutela é variável, considerando-se o tipo de proteção legal específico de cada uma das áreas consideradas individualmente e a classificação jurídica que tenha sido estabelecida para cada uma delas. Os ETEP podem ser (1) diretamente criados por lei, em tal circunstância são genéricos e se aplicam indistintamente sobre todas as regiões que ostentem as características definhadas na lei, ou (2) criados por ato do poder público, como no caso das unidades de conservação estipuladas na Lei do Sistema Nacional de Unidades de Conservação, ou (3) tombamentos[9] e outras formas de proteção especial. Quanto à criação por *ato do Poder Público*, há que se

---

[8]   Disponível em: https://www.google.com/url?sa=t&rct=j&q=&esrc=s&source=web&cd=&ved=2ahU KEwja9_nt7Jv4AhWxD7kGHeIJCGcQFnoECAwQAw&url=https%3A%2F%2Fwwfbr.awsassets.panda. org%2Fdownloads%2Ffactsheet_uc_tema03_v2.pdf&usg=AOvVaw1kcOu03yQ9cTyfhsI4BzOj. Acesso em: 7 jun. 2022.

[9]   TJ-MG, AI 10319180012829001/MG, Rel. Bitencourt Marcondes, j. 20.11.2018, Publicação: 27.11.2018.

observar que não há impedimento legal ou constitucional para que *qualquer um dos três poderes institua* uma UC.[10]

É importante observar que as unidades de conservação instituídas sobre propriedade privada são típicas, não se admitindo a existência de UCs cujo modelo não tenha previsão legal (Lei 9.985/2000, artigo 55). A proteção pode variar desde a intocabilidade até o uso diário e relativamente intenso.

A concepção tradicional de espaços protegidos é a de que tais áreas são formadas, essencialmente, por grandes regiões que devem permanecer isoladas. Tal concepção, contudo, é superada e tem sido alvo de severas críticas, pois as populações tradicionais e os povos indígenas têm demonstrado a sua importância para a proteção da diversidade biológica.

Espaços Territoriais Especialmente Protegidos	
Por força de lei	Por atos do poder público
Lei 12.651/2012 (artigos 4º, 10, 11, 11-A, 12 e 25)	Decreto-Lei 25/1937 (artigo 1º)
	Lei 6.001/1971 (artigo 17)
	Lei 9.985/2000 (artigos 8º e 14)
	Decreto 4.887/2003 (artigo 2º)
	Lei 12.651/2012 (artigos 6º e 70, II)

O primeiro parque nacional brasileiro foi criado em 1937 em Itatiaia [RJ], desde o Decreto 4.421/1921 [artigos 37 e 38], o direito brasileiro já tratava da possibilidade de criação de parques nacionais. O Decreto refletia o pensamento da época que estava voltado para a proteção de "locais caracterizados por acidentes topográficos notáveis, grandiosos e belos e encerrando florestas virgens típicas, que serão perpetuamente conservadas". Diferentemente do regime de criação atual, a norma previa a criação "mediante disposições previamente estabelecidas pelo Congresso Nacional". A concepção de proteção de áreas de notável valor, com vistas à perpetuação, permaneceu no Código de 1934, haja vista os parques eram "monumentos públicos naturais, que perpetuam em sua composição florística primitiva, trechos do país, que, por circunstâncias peculiares, o merecem". O Código Florestal de 1965 não alterou significativamente a concepção das leis anteriores, mantendo a finalidade precípua de "resguardar atributos excepcionais da natureza, conciliando a proteção integral da flora, da fauna e das belezas naturais com a utilização para objetivos educacionais, recreativos e científicos".

A proteção de espaços territoriais em função de suas características especiais de belezas cênicas ou de reserva de caça é antiga e está ligada ao desfrute e lazer da aristocracia. Acredita-se que a primeira área a ser protegida com fins conservacionistas tenha sido a Grande Montanha Burkhan Khaldun na Mongólia em 1206.[11] Estima-se que a área protegida mais antiga no hemisfério ocidental seja a Reserva Florestal Main Ridge em Trinidad-Tobago que foi estabelecida em 13 de abril de 1776.[12] A Reserva Florestal foi instituída com o propósito de atrair chuva para o local, como forma de manter a fertilidade do solo. Na França, em 1853, foi criada uma reserva natural em Fontainebleau, oficializada em decreto de 13 de agosto de 1861. O ato oficial foi consequência de um movimento organizado por um grupo de artistas e intelectuais, cuja finalidade era a de preservação da mencionada área natural. Em 1872, foi

---

[10] STF, MS 26.064, Rel. Min. Eros Grau, j. 17.06.2010, *DJe* 06.08.2010 = RE 417.408 AgR, 1ª Turma, Rel. Min. Dias Toffoli, j. 20.03.2012, *DJe* 26.04.2012.

[11] Disponível em: https://whc.unesco.org/en/list/1440. Acesso em: 18 jun. 2022.

[12] Disponível em: https://whc.unesco.org/en/tentativelists/5646/. Acesso em: 18 jun. 2022.

Capítulo 10 · ESPAÇOS TERRITORIAIS (ÁREAS) ESPECIALMENTE PROTEGIDOS | **307**

criado o Parque Nacional de Yellowstone, nos Estados Unidos. Em 1895 foi criada na atual África do Sul a reserva que daria origem ao Parque Kruger, oficialmente criado em 1926.

Os modelos legais anteriores partiam do conceito de que a proteção da natureza se fazia pela criação de santuários de flora e fauna. Acirradas críticas vêm sendo opostas a tais concepções, pois, não raras vezes, nas áreas destinadas à preservação, existem comunidades tradicionais que são grandemente prejudicadas pelo estabelecimento de áreas nas quais a presença de agrupamentos humanos não deve ser admitida. Essa situação começa a ser modificada com o estabelecimento de uma nova mentalidade que busca, ao mesmo tempo, proteger o meio ambiente e as populações que habitam no interior das áreas protegidas.

A preocupação manifestada teve a oportunidade de ser bem examinada pelo 4º Congresso Mundial de Parques Nacionais e Áreas Protegidas, realizado em Caracas, no ano de 1992. No Brasil, uma das respostas que têm sido dada às questões mencionadas é o estabelecimento das chamadas Reservas Extrativistas e outras unidades de conservação e uso sustentável.

2. AS UNIDADES DE CONSERVAÇÃO

Unidades de conservação são espaços territoriais que, por força de ato do Poder Público, estão destinados ao estudo e preservação de exemplares da flora e da fauna. As UCs podem ser públicas ou privadas. O estabelecimento de unidades de conservação foi o primeiro passo concreto em direção à preservação ambiental.

As UCs no Brasil estão tratadas em lei federal especificamente voltada para o tema e que será o objeto principal deste capítulo.

2.1 Unidades de conservação e direitos de propriedade constitucional

A CF estabelece um complexo relacionamento entre diferentes direitos individuais e o direito de proteção ao ambiente, sobretudo com o direito de propriedade privada, dando a esse último um novo papel na proteção ambiental. A propriedade tem sido considerada como um "direito terrível" (RODOTÁ, 1986), pois direito de exclusão.

O Constitucionalismo brasileiro, desde 1934, tem adotado a fórmula da *propriedade--função,* sem retirar-lhe o caráter de propriedade capitalista (RODOTÁ, 1986, p. 223). A Constituição de 1988 representa uma resposta que a sociedade deu à chamada "crise ambiental" da qual se fez consciente na segunda metade do século XX.

É importante consignar que a chamada função social de propriedade é uma formulação aberta que pode dar margem a múltiplas interpretações que, em não poucas vezes, esvaziam o conteúdo econômico do direito de propriedade, desnaturando-o completamente.

2.1.1 *Princípios constitucionais relativos ao meio ambiente e ao direito de propriedade*

A Constituição da República é aberta por *princípios fundamentais,* cuja finalidade é servir de base para a elaboração, fundamentação e aplicação dos preceitos constitucionais e, sobretudo, como comando ao legislador infraconstitucional e ao Administrador. Destaque-se aqueles que dizem respeito à (i) *dignidade da pessoa humana,* (ii) *aos valores sociais do trabalho e da livre-iniciativa.* Sem esquecer os relativos a (i) garantir uma sociedade livre, justa e solidária, (ii) *promover o desenvolvimento nacional,* (iii) *erradicar a pobreza e promover o bem de todos.*

O Administrador, ao dar cumprimento ao inciso II do § 1º do artigo 225 da CF, deve levar em conta as questões acima mencionadas e, especialmente, fazê-lo em conformidade com os subprincípios constitucionais especialmente voltados para a Administração Pública, tal como estabelecidos pelo *caput* do artigo 37 da CF. Aqui devem ser destacados os da eficiência administrativa, impessoalidade e legalidade. A Administração deve buscar os seus fins de forma a *causar menos prejuízos para o particular, gastar menos recursos públicos e fazê-lo no menor tempo possível.*

A Lei do SNUC (Lei 9.985/2000), de forma expressa, estabelece mecanismos capazes de assegurar a participação cidadã na criação de unidades de conservação, bem como de não onerar o indivíduo excessivamente, impondo-lhe o desapossamento de seus bens sem motivos relevantes. Ela determina seja ouvido o público quando da instituição de UCs por parte do poder público, artigo 22, §§ 2º e 3º. Como afirmam Leite, Ayala e Ferreira (2010, p. 126), "o cidadão deve, nesse sentido, empenhar-se na consecução desse direito fundamental, participando ativamente das ações voltadas para a proteção do meio ambiente".

A atuação do Estado para a implementação de direitos constitucionalmente assegurados, sobretudo quando se trata de direitos que são, simultaneamente, individuais e coletivos – os direitos ao meio ambiente ecologicamente equilibrado são deles um notável exemplo –, deve ser feita de forma equilibrada e, na justa *medida do necessário*, sobretudo quando implicam o desequilíbrio entre as cargas sofridas pela coletividade e pelo indivíduo, fazendo que os ônus recaíam majoritariamente sobre o indivíduo, em benefício da coletividade, ou daquilo *que o Estado entende como coletividade.* No particular, justifica-se a limitação, especialmente, devido ao fato de que, no caso concreto da definição de áreas a serem especialmente protegidas, a atividade estatal se caracteriza por uma *prestação positiva* e não meramente por uma inação. É da própria natureza da prestação positiva que, caso não seja limitada ao mínimo estritamente necessário, que ela se desdobre em arbítrio acobertado pelo manto da *discricionariedade administrativa*, fundada em juízos de conveniência e oportunidade que, em última instância, decorrem de um programa político da maioria, ou na *interpretação* de tal programa pelos encarregados de implementá-lo.

A Lei 9.985/2000 estabeleceu um conjunto de normas *vinculantes juridicamente* que coíbem a prática do excesso ora mencionado e que, se bem observados, impedem que a criação arbitrária de unidades de conservação, em especial aquelas do grupo de proteção integral, possa redundar em danos sociais maiores do que os benefícios de sua criação. Ao nível do atual debate jurídico, o cerne da proibição de excesso tem se limitado ao aspecto pecuniário da questão, com a firme decisão das Cortes judiciais em determinar o pagamento de indenizações quando da criação de algumas modalidades de unidades de conservação do grupo de proteção integral, sem a transferência do domínio, sem a compensação para o particular. Contudo, penso que os limites interpretativos da Constituição de 1988 possam ser alargados de forma significativa, trazendo como resultado uma diminuição no gasto de recursos públicos e privados, bem como aumentando o grau de segurança jurídica, pressuposto fundamental do Estado de Direito, assentado em bases sólidas.

A proteção do meio ambiente é um dos temas constitucionais nos quais se expressa o chamado *princípio da solidariedade* entre os integrantes da sociedade nacional, assegurando-se a todos a possibilidade de contribuir para o bem comum. Contudo, a sociedade humana, e o Estado que expressa a sua forma organizada, é falha, necessitando, pois, de mecanismos que sejam aptos a coibir os abusos que a Administração pratique contra o particular; da mesma forma como se fazem necessários mecanismos capazes de coibir os abusos do particular contra os direitos e interesses da coletividade. Como se sabe, a não utilização da propriedade de forma a garantir o exercício de sua função social pode dar margem à aplicação da chamada

Capítulo 10 · ESPAÇOS TERRITORIAIS (ÁREAS) ESPECIALMENTE PROTEGIDOS | 309

desapropriação – sanção, ou seja, aquela com características de pena imposta pela coletividade sobre quem, ao não utilizar adequadamente a sua propriedade, está onerando excessivamente o todo. Todavia, a desapropriação sanção deve ser feita em observância ao chamado devido processo legal, de forma que se possa assegurar ao cidadão o direito de ampla defesa.[13]

2.2   O Sistema Nacional de Unidades de Conservação – SNUC

A Lei 9.985/2000, que regulamenta o artigo 225, § 1º, I, II, III e IV, da Constituição Federal, instituiu o Sistema Nacional de Unidades de Conservação [SNUC], constituído pelo conjunto das unidades de conservação federais, estaduais e municipais. O conceito normativo de unidade de conservação é "espaço territorial e seus recursos ambientais, incluindo as águas jurisdicionais, com características naturais relevantes, legalmente instituído pelo Poder Público, com objetivos de conservação e limites definidos, sob regime especial de administração, ao qual se aplicam garantias adequadas de proteção".

O SNUC tem como objetivos: (1) contribuir para a manutenção da diversidade biológica e dos recursos genéticos no território nacional e nas águas jurisdicionais; (2) proteger as espécies ameaçadas de extinção no âmbito regional e nacional; (3) contribuir para a preservação e a restauração da diversidade de ecossistemas naturais; (4) promover o desenvolvimento sustentável a partir dos recursos naturais; (5) promover a utilização dos princípios e práticas de conservação da natureza no processo de desenvolvimento; (6) proteger paisagens naturais e pouco alteradas de notável beleza cênica; (7) proteger as características relevantes de natureza geológica, geomorfológica, espeleológica, arqueológica, paleontológica e cultural; (8) proteger e recuperar recursos hídricos e edáficos; (9) recuperar ou restaurar ecossistemas degradados; (10) proporcionar meios e incentivos para atividades de pesquisa científica, estudos e monitoramento ambiental; (11) valorizar econômica e socialmente a diversidade biológica; (12) favorecer condições e promover a educação e interpretação ambiental, a recreação em contato com a natureza e o turismo ecológico; (13) proteger os recursos naturais necessários à subsistência de populações tradicionais, respeitando e valorizando seu conhecimento e sua cultura e promovendo-as social e economicamente.

O SNUC é administrado segundo as diretrizes fixadas na lei de sua instituição, em especial, com as (1) garantias que assegurem que, no conjunto das unidades de conservação, estejam representadas amostras significativas e ecologicamente viáveis das diferentes populações, *habitats* e ecossistemas do território nacional e das águas jurisdicionais, salvaguardando o patrimônio biológico existente; (2) garantias que assegurem os mecanismos e procedimentos necessários ao envolvimento da sociedade no estabelecimento e na revisão da política nacional de unidades de conservação; (3) garantias que assegurem a participação efetiva das populações locais na criação, implantação e gestão das unidades de conservação; (4) busca de apoio e cooperação de organizações não governamentais, de organizações privadas e pessoas físicas para o desenvolvimento de estudos, pesquisas científicas, práticas de educação ambiental, atividades de lazer e de turismo ecológico, monitoramento, manutenção e outras atividades de gestão das unidades de conservação; (5) incentivo às populações locais e às organizações privadas a estabelecerem e administrarem unidades de conservação dentro do sistema nacional; (6) garantia, quando possível, da sustentabilidade econômica das unidades de conservação; (7) permissão de uso das unidades de conserva-

---

[13]   STF, MS 22.164/SP, Tribunal Pleno, j. 30.10.1995, *DJU* 17.11.1995, p. 39.206.

ção para a conservação *in situ de* populações das variantes genéticas selvagens dos animais e plantas domesticados e recursos genéticos silvestres; (8) garantia de que o processo de criação e gestão das unidades de conservação seja feito de forma integrada com as políticas de administração das terras e águas circundantes, considerando as condições e necessidades sociais e econômicas locais; (9) consideração das condições e necessidades das populações locais no desenvolvimento e adaptação de métodos e técnicas de uso sustentável dos recursos naturais; (10) garantia para as populações tradicionais cuja subsistência dependa da utilização de recursos naturais existentes no interior das unidades de conservação de meios de subsistência alternativos ou a justa indenização pelos recursos perdidos; (11) garantia de alocação adequada dos recursos financeiros necessários para que, uma vez criadas, as unidades de conservação possam ser geridas de forma eficaz e atender aos seus objetivos; (12) busquem conferir às unidades de conservação, nos casos possíveis e respeitadas as conveniências da administração, autonomia administrativa e financeira; e (13) proteção de grandes áreas por meio de um conjunto integrado de unidades de conservação de diferentes categorias, próximas ou contíguas, e suas respectivas zonas de amortecimento e corredores ecológicos, integrando as diferentes atividades de preservação da natureza, uso sustentável dos recursos naturais e restauração e recuperação dos ecossistemas.

Biomas	Área de Proteção Integral (ha)	Área de Uso Sustentável (ha)	Área total (ha)	%
Amazônia	42.883.300	77.559.700	120.443.000	47,2
Caatinga	2.036.500	5.717.300	7.753.800	3,0
Cerrado	5.845.900	11.508.900	17.354.800	6,8
Pantanal	440.100	258.400	698.500	0,3
Mata Atlântica	2.909.100	9.103.100	12.012.200	4,7
Pampa	121.800	465.900	587.600	0,2
Marinho Costeiro	12.110.800	84.259.100	96.369.900	37,8
Total	**66.347.500**	**188.872.400**	**255.219.800**	**100**

Fonte: Ministério do Meio Ambiente.

2.3   A criação das unidades de conservação

A Constituição Federal [artigo 225, § 1º, III] não define as condições necessárias para a criação de UCs, limitando-se a estabelecer um comando geral para o Poder Público: "em todas as unidades da Federação, espaços territoriais e seus componentes a serem especialmente protegidos". Cuida-se de obrigação de fazer, cujo destinatário é a Administração Pública, em qualquer um de seus níveis. Ao mesmo tempo, o Constituinte criou uma *reserva de lei* sempre que se cogite de medidas cujo objetivo seja a *"alteração ou supressão"* das Unidades de Conservação regularmente constituídas e implantadas. Do Texto Constitucional podemos extrair os seguintes requisitos para a instituição de uma UC: (1) ato do poder público, (2) espaço territorial e seus componentes [atributos ecológicos], (3) proteção especial. Como foi bem observado por Benjamin (2001), os requisitos são exigíveis cumulativamente, não bastando a presença de um deles para que a unidade de conservação seja criada e, sobretudo, instalada.

O Constituinte *não deixou margem de discricionariedade ao Administrador* que, uma vez identificados os espaços dignos de proteção, deve estabelecer a unidade de conservação capaz de dar a melhor proteção possível ao ambiente, levando em consideração que o bem de valor ambiental pode estar submetido ao regime de direito público ou de direito privado. Note-se que a compatibilização dos regimes jurídicos público e privado não é simples, motivo pelo qual o legislador ordinário, ao editar a Lei 9.985/2000, criou um naipe de variadas unidades de conservação, o qual se divide em dois blocos principais: (1) as do grupo de proteção integral e (2) as do grupo de uso sustentável. Tanto umas, quanto outras, podem estar sujeitas aos regimes de direito privado ou direito público. As UCs incluídas no (1) grupo de proteção integral têm por finalidade a manutenção dos ecossistemas livres de alterações causadas por interferência humana, admitido apenas o uso indireto dos seus atributos naturais; enquanto as incluídas no (2) grupo de uso sustentável objetivam a exploração do ambiente de maneira a garantir a perenidade dos recursos ambientais renováveis e dos processos ecológicos, mantendo a biodiversidade e os demais atributos ecológicos, de forma socialmente justa e economicamente viável.

Parece claro que, após realizar os estudos previstos em lei e concluindo que a área merece proteção especial, ao administrador cabe, única e exclusivamente, decretar o regime especial de proteção consistente na instituição de uma unidade de conservação. Daí surge a candente questão do orçamento capaz de materializar concretamente a determinação do Constituinte; dado que os recursos públicos são escassos e necessitam ser divididos por diferentes setores, a utilização do regime de direito privado[14] [quando possível] para a proteção do meio ambiente pode ser uma fórmula criativa para, ao mesmo tempo, (1) implementar a obrigação de criar áreas especialmente protegidas, (2) possibilitar que o cidadão atue ativamente na proteção ambiental e (3) não criar pressão excessiva sobre os recursos públicos.

Em primeiro lugar, (i) há que se registrar que a relação e UCs postos à disposição do administrador corresponde ao atual nível de compreensão das diferentes modalidades de proteção necessárias para que se possa atingir, simultaneamente, os objetivos de proteção ambiental com o desenvolvimento econômico que, se assim feito, tem-se por sustentável. Em seguida, há que se compatibilizar os direitos da coletividade em usufruir de um meio ambiente equilibrado com os direitos constitucionais dos indivíduos, relativos à propriedade. Assim, sempre que ecologicamente possível garantir a proteção ambiental sem a violação aos direitos de propriedade pública ou privada, tal fórmula deve ser *obrigatoriamente adotada pela Administração*. A administração deve instituir a unidade de conservação que, atingindo os objetivos de proteção identificados nos estudos técnicos, seja *a menos onerosa para o contribuinte, com a menor mobilização de recursos técnicos, econômicos e financeiros possíveis*. Essa é uma determinação da CF, como se pode concluir do *caput* de seu artigo 37. Cuida-se de uma técnica elementar de administração pública que busca a obtenção dos melhores resultados para a aplicação de recursos escassos.

A regulamentação da Lei 9.985/2000 foi feita pelo Decreto 4.340/2002. Tal regulamentação limitou-se aos artigos 15, 17, 18, 20, 22, 24, 25, 26, 27, 29, 30, 33, 36, 41, 42, 47, 48 e 55. O decreto estabeleceu os critérios a serem aplicados para a criação das UCs.

Na forma do artigo 2º do decreto, o ato de criação de uma unidade de conservação deve indicar (1) a denominação, a categoria de manejo, os objetivos, os limites, a área da unidade e

---

[14] Existem cerca de 1.664 Reservas Particulares do Patrimônio Nacional que abrangem mais de 800 mil hectares de áreas naturais. Disponível em: https://www.rppn.org.br/sobre. Acesso em: 19 jun. 2022.

o órgão responsável por sua administração; (2) a população tradicional beneficiária, no caso das Reservas Extrativistas e das Reservas de Desenvolvimento Sustentável; (3) a população tradicional residente, quando couber, no caso das Flonas, Florestas Estaduais ou Florestas Municipais; e (4) as atividades econômicas, de segurança e de defesa nacional envolvidas.

Conforme a jurisprudência do STF,[15] a *mera* existência de decreto criando parque não é suficiente para sua criação, pois, *segundo o julgado, a implantação não se* consuma com o simples decreto de criação, e, muito menos, a desapropriação, com a só declaração de utilidade pública das áreas privadas contidas no perímetro. Não custa, aliás, advertir que a criação dessas unidades pode significar tão só limitações administrativas que não impliquem transferência de domínio, nos casos em que não haja esvaziamento do conteúdo econômico do direito de propriedade. Ainda em relação à criação de UCs, o STF, de forma bastante afirmativa, tem declarado a nulidade da criação de UCs sem a necessária consulta pública[16] e estudos técnicos prévios. Mesmo nos casos de ampliação, a Corte Suprema tem sido firme no sentido de que é exigível a realização prévia de (1) estudos técnicos e (2) consulta pública, sob pena de nulidade do ato de criação ou ampliação.[17]

2.4 Gestão das unidades de conservação

A gestão de uma UC dependerá de sua categoria de manejo, podendo ser pública ou privada. A gestão da UC não se confunde com o poder de polícia sobre os bens tutelados. Em qualquer caso, a gestão das unidades de conservação é colegiada, contando com a participação organizada da sociedade, Administração Pública e populações das áreas diretamente vinculadas à unidade de conservação. A gestão colegiada e plural se faz nos Conselhos Consultivos ou Deliberativos, conforme o caso específico que, seja em um caso, seja em outro, serão presididos pelo chefe da unidade de conservação, o qual designará os demais conselheiros indicados pelos setores representados. O regulamento do SNUC define os critérios a serem observados quanto à participação de cada um dos setores. Como definido no § 1º do artigo 17 do Decreto 4.340, a representação dos órgãos públicos deve contemplar, quando couber, os órgãos ambientais dos três níveis da federação e órgãos de áreas afins, tais como pesquisa científica, educação, defesa nacional, cultura, turismo, paisagem, arquitetura, arqueologia e povos indígenas e assentamentos agrícolas.

Quando se tratar da representação da sociedade civil, ela deverá contemplar, quando couber, a comunidade científica e organizações não governamentais ambientalistas com atuação comprovada na região da unidade, população residente e do entorno, população tradicional, proprietários de imóveis no interior da unidade, trabalhadores e setor privado atuantes na região e representantes dos Comitês de Bacia Hidrográfica. O decreto busca estabelecer uma paridade entre a representação social e a governamental, embora não haja qualquer obrigação para que assim seja. O critério a ser adotado é de conveniência e oportunidade. É importante frisar que a Organização da Sociedade Civil de Interesse Público – OSCIP, com representação no conselho de uma determinada unidade de conservação, não pode candidatar-se à gestão compartilhada tratada no Capítulo VI do decreto. Os integrantes dos Conselhos fazem jus à denominação de conselheiros e têm mandato de dois anos.

Merece destaque a flagrante ilegalidade do § 6º do artigo 17, que determina que *no caso de unidade de conservação municipal, o Conselho Municipal de Defesa do Meio Ambiente, ou*

---

15 MC/DF 27.623, Rel. Min. Cezar Peluso, *DJe*-210, 05.11.2008, Publicação: 06.11.2008.

16 MS 24.184/DF, Tribunal Pleno, Rel. Min. Ellen Gracie, *DJU* 27.02.2004, p. 22.

17 STF, MS 24.665/DF, Rel. Min. Cezar Peluso, *DJU* 06.10.2006, p. 33.

Capítulo 10 · ESPAÇOS TERRITORIAIS (ÁREAS) ESPECIALMENTE PROTEGIDOS | **313**

órgão equivalente, cuja composição obedeça ao disposto neste artigo, e com competências que incluam aquelas especificadas no artigo 20 do Decreto, pode ser designado como conselho da unidade de conservação. A matéria é de natureza administrativa e, portanto, de competência exclusiva dos Municípios.

Ao Conselho de Unidade de Conservação, na forma do artigo 20, compete: (1) *elaborar o seu regimento interno, no prazo de noventa dias, contados da sua instalação; (2) acompanhar a elaboração, implementação e revisão do Plano de Manejo da unidade de conservação, quando couber, garantindo o seu caráter participativo; (3) buscar a integração da unidade de conservação com as demais unidades e espaços territoriais especialmente protegidos e com o seu entorno; (4) esforçar-se para compatibilizar os interesses dos diversos segmentos sociais relacionados com a unidade; (5) avaliar o orçamento da unidade e o relatório financeiro anual elaborado pelo órgão executor em relação aos objetivos da unidade de conservação; (6) opinar, no caso de conselho consultivo, ou ratificar, no caso de conselho deliberativo, a contratação e os dispositivos do termo de parceria com OSCIP, na hipótese de gestão compartilhada da unidade; (7) acompanhar a gestão por OSCIP e recomendar a rescisão do termo de parceria, quando constatada irregularidade; (8) manifestar-se sobre obra ou atividade potencialmente causadora de impacto na unidade de conservação, em sua zona de amortecimento, mosaicos ou corredores ecológicos; e (9) propor diretrizes e ações para compatibilizar, integrar e otimizar a relação com a população do entorno ou do interior da unidade, conforme o caso.*

Um reconhecimento do modelo gerencial participativo é o estabelecimento nos artigos 21 e seguintes do Decreto 4.340/2002, *gestão compartilhada de unidade de* conservação com OSCIP. Tal modalidade de gestão deve ser regulada por termo de parceria firmado com o órgão executor, nos termos da Lei 9.790/1999. A Organização da Sociedade Civil de Interesse Público elegível para a gestão de unidades de conservação é aquela que atenda aos seguintes requisitos: (1) tenha dentre seus objetivos institucionais a proteção do meio ambiente ou a promoção do desenvolvimento sustentável; (2) comprove a realização de atividades de proteção do meio ambiente ou desenvolvimento sustentável, preferencialmente na unidade de conservação ou no mesmo bioma.

A Lei 11.516/2007, em seu artigo 14-C, estabelece a possibilidade de concessão de serviços, áreas ou instalações de unidades de conservação federais para a exploração de atividades de visitação voltadas a educação ambiental, preservação e conservação do meio ambiente, turismo ecológico, interpretação ambiental e recreação em contato com a natureza, precedidos ou não da execução de obras de infraestrutura, mediante procedimento licitatório regido pela Lei 8.987, de 13 de fevereiro de 1995, que trata de concessão de serviços públicos. É um regime mais adequado do que o modelo antigo que se utilizava da Lei 8.666/1993.

A contratação se faz por meio de licitação cujo edital pode prever que o contratado arque com o custeio de ações e serviços de apoio à conservação, à proteção e à gestão da unidade de conservação, além do fornecimento de número predefinido de gratuidades ao Instituto Chico Mendes e de encargos acessórios, desde que os custos decorrentes dos encargos previstos no edital sejam considerados nos estudos elaborados para aferir a viabilidade econômica do modelo de uso público pretendido. Na verdade, o custeio em questão é feito pelos usuários do serviço, pois será incorporado ao preço a ser cobrado dos visitantes da UC. As gratuidades que forem previstas no edital devem ter como objetivo a promoção da universalização do acesso às unidades de conservação, incentivar a educação ambiental e integrar as populações locais à unidade de conservação.

É dispensado o chamamento público para celebração de parcerias (Lei 13.019/2014, com nova redação dada pela Lei 13.204/2015 e Lei 13.800/2019) com associações representativas das populações tradicionais beneficiárias de unidades de conservação para a exploração de

314 | DIREITO AMBIENTAL – *Paulo de Bessa Antunes*

atividades relacionadas ao uso público, cujos recursos auferidos terão sua repartição definida no instrumento de parceria.

O ato autorizativo emitido pelo órgão gestor da unidade de conservação para a instalação e operação das atividades de que trata o *caput* do artigo 14-C, com a anuência do Ibama, outras licenças e autorizações relacionadas ao controle ambiental a cargo de outros órgãos integrantes do Sistema Nacional de Meio Ambiente (Sisnama), exceto quando os impactos ambientais decorrentes dessas atividades forem considerados significativos ou ultrapassarem os limites territoriais da zona de amortecimento.

2.5 Categorias de gestão de unidades de conservação

As UCs são divididas em dois grandes grupos, (1) Proteção Integral e (2) Uso Sustentável. As de Proteção Integral têm por objetivo básico a preservação da natureza, sendo admitido apenas o uso indireto dos seus recursos naturais, com exceção dos casos previstos na própria lei que estabeleceu o SNUC. As de Uso Sustentável destinam-se à compatibilização entre a conservação da natureza e o uso sustentável de parcela dos seus recursos naturais.

Unidades de Conservação	
Proteção integral	**Uso sustentável**
Estação Ecológica	(1) Área de Proteção Ambiental (2) Área de Relevante Interesse Ecológico
Reserva Biológica	Reserva Particular do Patrimônio Natural
Parque Nacional	Floresta Nacional
Monumento Natural	(1) Reserva Extrativista (2) Reserva de Desenvolvimento Sustentável
Refúgio de Vida Silvestre	Reserva de Fauna

2.5.1 Unidades de conservação do grupo de proteção integral

As **Estações Ecológicas** têm como objetivo a preservação da natureza e a realização de pesquisas científicas. São áreas de posse e domínio públicos, no caso de que a sua instituição englobe áreas privadas estas deverão ser desapropriadas, de acordo com o que dispõe a lei. A visitação pública só é autorizada para fins educacionais, de acordo com o que dispuser o Plano de Manejo da unidade ou regulamento específico. A pesquisa científica depende de autorização prévia do órgão responsável pela administração da unidade e está sujeita às condições e restrições por este estabelecidas, bem como àquelas previstas em regulamento.

As alterações dos ecossistemas somente serão admitidas nas hipóteses de (i) medidas que visem a restauração de ecossistemas modificados; (ii) manejo de espécies com o fim de preservar a diversidade biológica; (iii) coleta de componentes dos ecossistemas com finalidades científicas; e (iv) pesquisas científicas cujo impacto sobre o ambiente seja maior do que aquele causado pela simples observação ou pela coleta controlada de componentes dos ecossistemas, em uma área correspondente a no máximo três por cento da extensão total da unidade e até o limite de um mil e quinhentos hectares.

O Conselho Nacional do Meio Ambiente, por intermédio da Resolução 02/1996, estabeleceu que "[p]ara fazer face à reparação dos danos ambientais causados pela destruição de florestas e outros ecossistemas, o licenciamento de empreendimentos de *relevante impacto ambiental,* assim considerado pelo órgão ambiental competente com fundamento do EIA/RIMA, terá como um dos requisitos a serem atendidos pela entidade licenciada, a implantação de uma unidade de conservação de domínio público e uso indireto, preferencialmente uma Estação Ecológica, a critério do órgão licenciador, ouvido o empreendedor".

Elas foram consideradas áreas de relevante interesse turístico pelo inciso II do artigo 1º da Lei 6.513/1977.

A **Reserva Biológica** é uma categoria de unidade de conservação cujo objetivo é a preservação integral da biota e demais atributos naturais existentes em seus limites, sem interferência humana direta ou modificações ambientais, excetuando-se as medidas de recuperação de seus ecossistemas alterados e as ações de manejo necessárias para recuperar e preservar o equilíbrio natural, a diversidade biológica e os processos ecológicos naturais. Assim como a EE, ela é de posse e domínio públicos, sendo que as áreas particulares incluídas em seus limites serão desapropriadas, de acordo com o que dispõe a lei. A visitação pública só é admitida com objetivos educacionais, conforme definição regulamentar. As atividades de pesquisa científica dependem de autorização prévia do órgão responsável pela administração da unidade e está sujeita às condições e restrições por este estabelecidas, bem como àquelas previstas em regulamento.

Os **Parques**, sejam eles nacionais, estaduais ou municipais, constituem-se em um importante segmento das unidades de conservação. A finalidade dos parques é múltipla, pois servem tanto ao estudo científico quanto ao lazer. O parque é o modelo de unidade de conservação mais conhecido pela população em geral. Eles correspondem a um determinado padrão de conservação *in situ*.

O regulamento dos Parques Nacionais determina que eles sejam estabelecidos em áreas relativamente extensas nas quais: (i) haja um ou mais ecossistemas pouco ou não alterados pela ação do homem, onde as espécies vegetais e animais, os sítios geomorfológicos e os *habitats* ofereçam interesses especiais do ponto de vista científico, educativo e recreativo ou onde existam paisagens naturais de grande valor cênico; (ii) tenha o Governo Federal tomado medidas para impedir ou eliminar, o mais breve possível, as causas daquelas alterações e para proteger efetivamente os fatores biológicos, geomorfológicos ou cênicos que determinaram a criação do Parque Nacional; (iii) dependa a visita de restrições específicas, mesmo para propósitos educativos, culturais ou recreativos.

O **Parque Nacional** tem como objetivo básico a preservação de ecossistemas naturais de grande relevância ecológica e beleza cênica, possibilitando a realização de pesquisas científicas e o desenvolvimento de atividades de educação e interpretação ambiental, de recreação em contato com a natureza e de turismo ecológico. É, portanto, uma unidade de conservação aberta à visitação pública, mediante normas previamente estabelecidas. É de se observar, contudo, que o seu regime de visitação é mais amplo e liberal do que o vigente em outras unidades de conservação do grupo de proteção integral. Ele é estabelecido em áreas públicas, sendo que as áreas particulares incluídas em seus limites serão desapropriadas, de acordo com o que dispõe a lei.

Antes da edição da Lei 9.985/2000, os **monumentos naturais** não estavam regulamentados no sistema jurídico nacional de forma bastante clara e incisiva. Limitavam-se a uma previsão feita pela convenção para a proteção da flora, da fauna e das belezas cênicas naturais dos países da América que, em seu artigo 13, definia os Monumentos Naturais como as regiões, os objetos ou as espécies vivas de animais ou plantas, de interesse estético ou valor histórico ou científico, aos quais é dada proteção absoluta, com o fim de conservar um objeto específico ou uma espécie determinada da flora ou fauna, declarando uma região, um objeto ou uma espécie isolada monumento natural inviolável, exceto para a realização de investigações científicas devidamente autorizadas, ou inspeções oficiais.

Os Monumentos Naturais foram declarados sítios de relevância ecológica pela Resolução Conama 11/1987 (atualmente revogada pela Resolução 428/2010), declaração absolutamente inócua, pois a relevância ambiental é evidente, pois não haveria sentido em se declarar um monumento natural sem valor ecológico ou ambiental.

A Lei 9.985/2000, em seu artigo 12, estabeleceu que o Monumento Natural *"tem como objetivo básico preservar sítios naturais raros, singulares ou de grande beleza cênica"*. É importante observar que os Monumentos Naturais, na forma do § 1º do artigo 12, podem ser constituídos *"por áreas particulares, desde que seja possível compatibilizar os objetivos da unidade com a utilização da terra e dos recursos naturais do local pelos proprietários"*. Trata-se, portanto, de uma unidade de conservação que, em tese, pode estar submetida, concomitantemente, ao regime jurídico público e privado. É importante sublinhar, entretanto, que as áreas privadas somente serão consideradas integrantes do Monumento Natural com a aquiescência de seus proprietários; caso esta não exista, a área deverá ser desapropriada, na forma da lei.

O **Refúgio de vida silvestre** tem como objetivo proteger ambientes naturais onde se asseguram condições para a existência ou reprodução de espécies ou comunidades da flora local e da fauna residente ou migratória. Eles podem ser constituídos por áreas particulares, desde que compatíveis os objetivos da unidade com a utilização do solo e dos recursos naturais do local pelos proprietários. No caso da existência de incompatibilidades entre os objetivos da unidade de conservação e as atividades privadas ou, ainda, inexistindo a concordância do proprietário com as condições propostas pelo órgão responsável pela administração da unidade para a coexistência do RVS com o uso da propriedade, a área deve ser desapropriada, na forma da lei. O regime de visitação está sujeito às normas e restrições estabelecidas no plano de manejo de cada unidade e, também, aos regulamentos administrativos.

2.5.2 Unidades do grupo de uso sustentável

As **Áreas de Proteção Ambiental** [APA] foram introduzidas no direito brasileiro pela Lei Federal 6.902/1981, que em seu artigo 8º determinava que o Poder Executivo, quando houvesse relevante interesse público, poderia declarar determinadas áreas do território nacional como de interesse para a proteção ambiental, a fim de assegurar o bem-estar das populações humanas e conservar ou melhorar as condições ecológicas locais. A instituição de uma APA tem como um de seus objetivos principais *assegurar o bem-estar* das populações humanas que nela habitavam, conjugado com o aprimoramento das condições ambientais existentes no interior da APA. A APA é mais uma forma de gestão do território do que, propriamente, uma UC.

As APAs podem ser criadas por decreto ou lei, que, necessariamente, deverá conter sua denominação, limites geográficos, principais objetivos e proibições e restrições de uso de recursos ambientais. *Não há proibição de habitação*, residência e atividades produtivas nas APAs; contudo, estas devem ser orientadas e supervisionadas pela entidade ambiental encarregada de assegurar o atendimento das finalidades da legislação instituidora. Portanto, a criação de uma APA, *de forma alguma, impede o exercício de atividades econômicas*. Ao contrário, se a APA for bem concebida, é possível que o seu estabelecimento se constitua em *estímulo* ao desenvolvimento de atividades econômicas. A única exigência que é feita pelo Poder Público é que as atividades sejam compatíveis com o plano de manejo e que sejam executadas de maneira sustentável. Há que se consignar a existência de uma tendência à criação de APAs mediante a expedição de leis e não meros decretos.

Nas APAs não são permitidas as seguintes atividades, que serão limitadas ou proibidas: (i) a implantação e o funcionamento de indústrias potencialmente poluidoras, capazes de afetar mananciais de água; (ii) a realização de obras de terraplanagem e a abertura de canais, quando essas iniciativas importarem sensível alteração das condições ecológicas locais; (iii) o exercício de atividades capazes de provocar uma acelerada erosão das terras e/ou um acentuado assoreamento das coleções hídricas; (iv) o exercício de atividades que ameacem extinguir na área protegida as espécies raras da biota regional.

Considerando o *status* jurídico especial das APAs, as atividades a serem desenvolvidas em seu interior, necessariamente, devem ser precedidas de estudo de impacto ambiental. Em princípio, não deve haver pagamento de indenização pelo simples estabelecimento de APA. Entretanto, na hipótese em que o estabelecimento de uma APA tenha significado, em concreto, a obrigatoriedade do encerramento de uma determinada atividade econômica, aí, sim, deverá ser paga indenização, tendo em vista a verdadeira desapropriação indireta. Isso, entretanto, é matéria de prova judicial. Há que se evitar a utilização da APA como um pretexto para o encerramento de atividades que já estavam em situação pré-falimentar ou mesmo inviabilizadas por outros motivos que nada têm a ver com a APA.

A Lei 9.985/2000, em seu artigo 15, estabelece que a APA é uma área em geral extensa, com um certo grau de ocupação humana, dotada de atributos abióticos, bióticos, estéticos ou culturais especialmente importantes para a qualidade de vida e o bem-estar das populações humanas, e tem como objetivos básicos proteger a diversidade biológica, disciplinar o processo de ocupação e assegurar a sustentabilidade do uso dos recursos naturais.

A definição é, de certa forma, abstrata, pois se utiliza de termos ambíguos e pouco claros, tais como *"área em geral extensa"* ou *"certo grau de ocupação humana"*. Fato é que a APA tem por finalidade, continuando a tradição do regime legal anterior, a garantia da qualidade de vida humana, por suposto; isso implica que ela deve, necessariamente, ser uma área ocupada por seres humanos. O grau é absolutamente irrelevante, no particular. Da mesma forma, a extensão da área é absolutamente irrelevante. O importante é o que se pretende proteger, não a extensão física da área protegida.

Uma questão complexa que se coloca é aquela que diz respeito à compatibilização do objetivo das APAs em *disciplinar o processo de ocupação* que, evidentemente, é "ocupação do solo", e o artigo 30 da CF, que define as competências municipais quanto à utilização do solo urbano. Penso que estamos em um terreno extremamente delicado, pois, em minha opinião, dificilmente se poderá compatibilizar a existência de APAs federais ou estaduais em áreas urbanas, dados os particulares poderes constitucionais atribuídos aos municípios que, *ipso facto*, teriam as suas competências em disciplinar a utilização do solo usurpadas por outros entes federativos. Essa, obviamente, é uma questão em aberto que somente poderá ser dirimida por uma decisão do STF sobre o tema. É evidente, entretanto, que as leis gozam de presunção de constitucionalidade e não se pode, *tout court*, apregoar a inconstitucionalidade da norma que ora está sendo examinada.

As APAs são constituídas em terras públicas ou privadas. Desde que observados os limites constitucionais, podem ser estabelecidas normas e restrições para a utilização da propriedade privada localizada em uma APA. Esse não é um tema singelo, pois muitas APAs têm sido declaradas como desapropriação indireta, pois, infelizmente, a Administração Pública, não raras vezes, sob o manto de APA, estabelece, na prática, outras unidades de conservação.[18]

---

[18] STJ, REsp 591.948/SP, REsp 2003/0176435-1, 1ª Turma, Rel. Min. Luiz Fux, *DJU* 29.11.2004, p. 237.

318 | DIREITO AMBIENTAL – *Paulo de Bessa Antunes*

É bem verdade que os Tribunais exigem para a caracterização da desapropriação indireta que ocorra um molestamento efetivo dos direitos dos proprietários e não meramente a instituição da Unidade de Conservação.[19]

Nas áreas, integrantes da APA, que se encontrem sob o regime jurídico de direito privado, cabe ao proprietário estabelecer as condições para pesquisa e visitação pelo público, observadas as exigências e restrições legais.

A **Área de Relevante Interesse Ecológico** [ARIL] é uma área em geral de pequena extensão, com pouca ou nenhuma ocupação humana, com características naturais extraordinárias ou que abriga exemplares raros da biota regional, e tem como objetivo manter os ecossistemas naturais de importância regional ou local e regular o uso admissível dessas áreas, de modo a compatibilizá-lo com os objetivos de conservação da natureza. Ela pode ser constituída por terras públicas ou particulares que, observadas as limitações constitucionais ao direito de propriedade, podem sofrer restrições de uso.

Na forma do artigo 16 da Lei 9.985/2000, a ARIL é uma área em geral de pequena extensão, com pouca ou nenhuma ocupação humana, com características naturais extraordinárias ou que abriga exemplares raros da biota regional, e tem como objetivo manter os ecossistemas naturais de importância regional ou local e regular o uso admissível dessas áreas, de modo a compatibilizá-lo com os objetivos de conservação da natureza.

Elas podem ser formadas por terras públicas ou privadas. Uma vez que sejam respeitados os limites constitucionais, podem ser estabelecidas normas e restrições para a utilização de propriedade privada localizada em ARIL. O mesmo comentário feito para as APAs é válido para as ARILs.

A **Floresta Nacional** é uma área com cobertura florestal de espécies predominantemente nativas e tem como objetivo básico o uso múltiplo sustentável dos recursos florestais e a pesquisa científica, com ênfase em métodos para exploração sustentável de florestas nativas, sendo de posse e domínio públicos, devendo ser procedida a desapropriação das áreas particulares incluídas em seus limites. Admite-se a permanência de populações tradicionais que a habitam quando de sua criação, em conformidade com o disposto em regulamento e no Plano de Manejo da unidade.

As **Reservas Extrativistas** constituem-se em uma das diversas modalidades de unidades de conservação que são reconhecidas pelo Direito brasileiro. A característica especial das Reservas Extrativistas é que estas são um produto direto das lutas dos seringueiros da Amazônia pela preservação de seu modo de vida e pela defesa do meio ambiente. O exemplo e símbolo mais marcante dessa luta foi o seringueiro Chico Mendes, que foi assassinado em defesa de suas ideias, relativas à proteção do meio ambiente e das relações de trabalho vigentes na Amazônia Legal.

O Decreto 96.944/1988, em seu artigo 1º, estabeleceu o programa *Nossa Natureza*, com a finalidade de definir condições para a utilização e a preservação do meio ambiente e dos recursos naturais renováveis da Amazônia Legal. O item VI do artigo 1º do referido Decreto estabeleceu a obrigação jurídica de *proteger as comunidades indígenas e as populações envolvidas no processo de extrativismo.*

Pelo Decreto 98.897/1990, foi, finalmente, definido o mecanismo pelo qual seriam criadas unidades de conservação capazes de conciliar a proteção dos ecossistemas amazônicos com o modo e padrão de vida das populações locais. *As reservas extrativistas são espaços territoriais*

---

[19] STJ, REsp 628.588/SP, REsp 2004/0004702-7, 1ª Turma, Rel. Min. Luiz Fux, Rel. p/ acórdão Rel. Min. Teori Albino Zavascki, *DJ* 01.08.2005, p. 327.

Capítulo 10 · ESPAÇOS TERRITORIAIS (ÁREAS) ESPECIALMENTE PROTEGIDOS | 319

destinados à exploração autossustentável e conservação dos recursos naturais renováveis, por população extrativista.

As reservas extrativistas deveriam ser criadas em espaços de interesse ecológico e social, que são áreas que possuam características naturais ou exemplares da biota que possibilitem a sua exploração autossustentável, sem prejuízo da conservação ambiental.

As populações extrativistas, para a exploração autossustentável e a conservação dos recursos naturais renováveis, deverão firmar contrato com o Estado para a concessão do direito real de uso, cuja concessão é feita a título gratuito. O contrato de uso é intransferível, e a degradação do meio ambiente por parte das populações extrativistas implica a rescisão dele.

A visitação pública é admitida, uma vez que compatibilizada com os interesses locais e de acordo com o disposto no Plano de Manejo respectivo. Quanto à pesquisa científica, esta é permitida e incentivada, sujeitando-se, entretanto, à prévia autorização do órgão responsável pela administração da unidade, às condições e restrições por este estabelecidas e às normas previstas em regulamento. Nas reservas extrativistas, são proibidas a exploração de recursos minerais e a caça amadorística ou profissional. A exploração comercial de recursos madeireiros é admitida em bases sustentáveis e em situações especiais e complementares às demais atividades desenvolvidas na Reserva Extrativista, conforme o disposto em regulamento e no próprio Plano de Manejo da unidade de conservação.

A **Reserva de Fauna**, conforme disposto no artigo 19 da Lei 9.985/2000, é uma área natural com populações animais de espécies nativas, terrestres ou aquáticas, residentes ou migratórias, adequadas para estudos técnico-científicos sobre o manejo econômico sustentável de recursos faunísticos. Ela é de posse e domínio públicos, sendo certo que as áreas particulares nela incluídas devem ser desapropriadas de acordo com a lei. A sua visitação pode ser permitida, sempre que compatível com o seu manejo e de acordo com as normas estabelecidas pelo órgão gestor. No seu interior, é proibido o exercício da caça amadorística ou profissional. É possível a comercialização dos produtos e subprodutos resultantes das pesquisas, obedecido o disposto nas leis sobre fauna e respectivos regulamentos.

As **Reservas de Desenvolvimento Sustentável** são áreas naturais que abrigam populações tradicionais, cuja existência se baseia em sistemas sustentáveis de exploração dos recursos naturais, desenvolvidos ao longo de gerações e adaptados às condições ecológicas locais e que desempenham um papel fundamental na proteção da natureza e na manutenção da diversidade biológica. Elas têm como objetivo básico preservar a natureza e, concomitantemente, assegurar as condições e os meios necessários para a reprodução e a melhoria dos modos e da qualidade de vida e exploração dos recursos naturais das populações tradicionais, bem como valorizar, conservar e aperfeiçoar o conhecimento e as técnicas de manejo do ambiente, desenvolvido por tais populações. São unidades de conservação criadas em terras de domínio público, motivo pelo qual as áreas particulares que se encontrem em seu interior devem ser, quando necessário, desapropriadas, de acordo com a lei. A utilização das áreas ocupadas pelas populações tradicionais será feita de acordo com o disposto no artigo 23 da Lei 9.985/2000 e em seu regulamento.

A Reserva de Desenvolvimento Sustentável é gerida por Conselho Deliberativo, presidido pelo órgão responsável por sua administração e constituído por representantes de órgãos públicos, de organizações da sociedade civil e das populações tradicionais residentes na área, conforme se dispuser em regulamento e no ato de criação da unidade de conservação.

Para a prática de atividades econômicas na RDS, devem ser observadas as seguintes condições: (i) a visitação pública é permitida e incentivada desde que compatível com os interesses locais e de acordo com o disposto no Plano de Manejo da área; (ii) a pesquisa científica voltada à conservação da natureza, à melhor relação das populações residentes com seu meio e à educação ambiental, sujeitando-se à prévia autorização do órgão responsável pela administração da unidade, às condições e restrições e às normas previstas em regulamento é incentivada; (iii) deve ser sempre considerado o equilíbrio dinâmico entre o tamanho da população e a conservação; e (iv) admite-se a exploração de componentes dos ecossistemas naturais em regime de manejo sustentável e a substituição da cobertura vegetal por espécies cultiváveis, desde que sujeitas ao zoneamento, às limitações legais e ao Plano de Manejo da área.

Obrigatoriamente, o Plano de Manejo da Reserva de Desenvolvimento Sustentável deverá definir as zonas de proteção integral, de uso sustentável e de amortecimento e corredores ecológicos, e será aprovado pelo Conselho Deliberativo da unidade.

A **Reserva Particular do Patrimônio Natural** [RPPN] é uma área privada, gravada com perpetuidade pelo proprietário, com o objetivo de conservar a diversidade biológica. O gravame deverá constar de termo de compromisso assinado perante o órgão ambiental, que verificará a existência de interesse público, e será averbado à margem da inscrição no Registro Público de Imóveis. Somente são permitidas nas RPPNs as seguintes atividades: (1) pesquisa científica; (2) visitação com objetivos turísticos, recreativos e educacionais.

Os órgãos integrantes do SNUC, sempre que possível e oportuno, prestarão orientação técnica e científica ao proprietário de RPPN para a elaboração de um Plano de Manejo ou de Proteção e de Gestão da unidade.

O artigo 41 da Lei 9.985/2000 incorporou ao Direito interno brasileiro as **Reservas da Biosfera** como unidades de conservação. O texto do mencionado artigo, entretanto, é confuso, pois o legislador definiu a reserva da biosfera como *um modelo* que é "adotado internacionalmente, de gestão integrada, participativa e sustentável dos recursos naturais, com os objetivos básicos de preservação da diversidade biológica, o desenvolvimento de atividades de pesquisa, o monitoramento ambiental, a educação ambiental, o desenvolvimento sustentável e a melhoria da qualidade de vida das populações".

A Reserva da Biosfera, conforme previsto no artigo 41 do Decreto 4.340/2002, *é um modelo de gestão integrada, participativa e sustentável* dos recursos naturais, que tem por objetivos básicos a preservação da biodiversidade e o desenvolvimento das atividades de pesquisa científica, para aprofundar o conhecimento dessa diversidade biológica, o monitoramento ambiental, a educação ambiental, o desenvolvimento sustentável e a melhoria da qualidade de vida das populações. *O gerenciamento das Reservas da Biosfera está submetido à coordenação da Comissão Brasileira para o Programa "O Homem e a Biosfera" – Cobramab, de que trata o Decreto de 21 de setembro de 1999.

2.6   As zonas de amortecimento

As zonas de amortecimento têm previsão legal no artigo 25 da Lei do SNUC e devem ser delimitadas em todas as unidades de conservação, com exceção das áreas das APAs e das RPPNs que não as possuem. Juridicamente, são definidas como "o entorno de uma unidade de conservação, onde as atividades humanas estão sujeitas a normas e restrições específicas, com o propósito de minimizar os impactos negativos sobre a unidade". A definição é clara e autoexplicativa. A expressão *área circundante* apareceu na Resolução 13/1990, do Conama, a qual dispôs que os responsáveis pelas UCs, juntamente com os órgãos licenciadores e os órgãos ambientais, deveriam identificar as atividades que potencialmente pudessem causar impactos negativos às unidades de conservação que estivessem situadas em raio de dez quilômetros no entorno, perímetro dentro do qual seria exigido o licenciamento ambiental de "qualquer atividade que possa afetar a biota". Além disso, foi determinado que o licenciamento ambiental somente fosse concedido pelo órgão competente mediante autorização do órgão responsável pela administração da UC.

A Resolução Conama 13/1990 foi revogada pela Resolução Conama 428/2010 que deu novo tratamento ao tema; entretanto, é necessário considerar que o § 2º do artigo 1º da nova regulamentação estabeleceu a zona de amortecimento em uma faixa de 3 mil metros, a partir do limite da UC, cuja zona de amortecimento não tenha sido estabelecida, "durante o prazo de 5 anos, contados a partir da publicação desta Resolução". Logo, o § 2º do artigo 1º esgotou os seus efeitos jurídicos por "excesso de prazo".

O § 2º do artigo 25 da Lei do SNUC abre a possibilidade para que os limites da zona de amortecimento sejam fixados "no ato da criação da unidade ou posteriormente". Assim, o prazo aplicável para as UCs que não tiveram a zona de amortecimento definida quando de sua criação é de cinco anos [artigo 27, § 3º].

2.7 Mosaico de unidades de conservação

O artigo 26 da Lei 9.985/2000 criou o mosaico de unidades de conservação, que é uma figura jurídica inteiramente nova e sem precedente em nossa legislação sobre unidades de conservação. A ideia do "mosaico" é trazer para o direito brasileiro a experiência de gestão de unidades de conservação que já é aplicada em diversos países, com destaque para o modelo francês. A condição de mosaico de unidades de conservação depende do reconhecimento do MMA,[20] mediante a expedição de ato próprio, em resposta a requerimento dos órgãos gestores das unidades de conservação interessadas em compatibilizarem as suas formas de gestão. Uma vez reconhecido o mosaico, é constituído um conselho de gestão que deverá ser criado segundo os critérios estabelecidos no Capítulo V do decreto regulamentar do SNUC.

A competência do Conselho de Mosaico é a seguinte: (i) elaborar seu regimento interno, no prazo de 90 dias, contados da sua instituição; (ii) propor diretrizes e ações para compatibilizar, integrar e otimizar: (a) as atividades desenvolvidas em cada unidade de conservação, tendo em vista, especialmente: (1) os usos na fronteira entre unidades; (2) o acesso às unidades; (3) a fiscalização; (4) o monitoramento e avaliação dos Planos de Manejo; (5) a pesquisa científica; e (6) a alocação de recursos advindos da compensação referente ao licenciamento ambiental de empreendimentos com significativo impacto ambiental; (b) a relação com a população residente na área do mosaico; (iii) manifestar-se sobre propostas de solução para a sobreposição de unidades; e (iv) manifestar-se, quando provocado por órgão executor, por conselho de unidade de conservação ou por outro órgão do Sisnama, sobre assunto de interesse para a gestão do mosaico.

Por fim, vale ressaltar que, na forma do disposto no artigo 11, os corredores ecológicos, reconhecidos em ato do MMA, integram os mosaicos para fins de sua gestão, sendo certo que, na ausência de mosaico, o corredor ecológico que interliga unidades de conservação terá o mesmo tratamento da sua zona de amortecimento.

2.8 Plano de Manejo

A cada unidade de conservação deve corresponder um Plano de Manejo, que deverá conter as seguintes características mínimas: (1) abranger a área da unidade de conservação, sua zona de amortecimento e os corredores ecológicos, incluindo medidas com o fim de promover sua integração à vida econômica e social das comunidades vizinhas; (2) a ampla participação da população residente; (3) deve ser elaborado no prazo de cinco anos a partir da data de sua criação.

---

[20] Portaria MMA 150/2006.

O Plano de Manejo das unidades de conservação mereceu regulamentação pelos artigos 12/16 do Decreto 4.340/2002. Cada unidade de conservação deve ter o seu próprio Plano de Manejo, que será elaborado pelo seu gestor ou proprietário, conforme o caso. Uma vez elaborado, o Plano de Manejo deve ser aprovado por órgão específico: (1) em portaria do órgão executor, no caso de Estação Ecológica, Reserva Biológica, Parque Nacional, Monumento Natural, Reserva da Vida Silvestre, Área de Proteção Ambiental, Área de Relevante Interesse Ecológico, Floresta Nacional, Reserva de Fauna e Reserva Particular do Patrimônio Natural; (2) em resolução do conselho deliberativo, no caso de Reserva Extrativista e Reserva de Desenvolvimento Sustentável, após prévia aprovação do órgão executor.

Em se tratando de Reservas Extrativistas e Reservas de Uso Sustentável, o contrato de concessão de direito real de uso e o termo de compromisso firmados com populações tradicionais deve estar de acordo com o Plano de Manejo, *devendo ser revistos, se necessário.*

É importante observar que o Plano de Manejo é a materialização concreta das unidades de conservação que, sem a sua existência, não passam de meras abstrações. Tal assertiva é especialmente válida para aqueles modelos de unidades de conservação que, sem se apossarem de bens de terceiros, estabelecem restrições para o gozo do direito de propriedade.

Nas UCs são proibidas as: (1) alterações, atividades ou modalidades de utilização em desacordo com os seus objetivos, o seu Plano de Manejo e seus regulamentos. Na inexistência de Plano de manejo e até a sua elaboração, todas as atividades e obras desenvolvidas nas UCs de proteção integral devem se limitar àquelas destinadas a garantir a integridade dos recursos que a unidade objetiva proteger, assegurando-se às populações tradicionais porventura residentes na área as condições e os meios necessários para a satisfação de suas necessidades materiais, sociais e culturais; (2) introdução nas unidades de conservação de espécies não autóctones, com exceção: (a) em se tratando de Áreas de Proteção Ambiental, Florestas Nacionais, Reservas Extrativistas e Reservas de Desenvolvimento Sustentável, de animais e plantas necessários à administração e às atividades das demais categorias de unidades de conservação, de acordo com o que se dispuser em regulamento e no Plano de Manejo da unidade; (b) nas áreas particulares localizadas em Refúgios de Vida Silvestre e Monumentos Naturais podem ser criados animais domésticos e cultivadas plantas, considerados compatíveis com as finalidades da unidade, de acordo com o que dispuser o seu Plano de Manejo.

3. A EXIGIBILIDADE LEGAL DA COMPENSAÇÃO AMBIENTAL: DELIMITAÇÃO DOS DANOS

3.1 As intervenções aptas a gerar a compensação ambiental

A primeira questão a ser enfrentada quando se fala de compensação ambiental é a definição do tipo de intervenção sobre o meio ambiente e os recursos ambientais que podem dar margem ao surgimento da imposição da medida de compensação ambiental tratada pelo artigo 36 e seus parágrafos da Lei 9.985/2000, que instituiu o SNUC.

A CF, ao tratar do EIA, conforme a disciplina contida no inciso IV do § 1º do artigo 225, determinou a sua exigibilidade, *na forma da lei,* para *instalação de obra ou atividade* potencialmente causadora de significativa degradação do meio ambiente. Assim, à lei ficou *reservada* a possibilidade de disposição sobre os EIA, ainda que boa parte da doutrina considere que a Constituição possa ser regulada por simples Resolução administrativa (MACHADO, 2005, p. 217). O fato é que, no que tange à compensação ambiental, a *CF sobre ela não dispôs expressamente e*, portanto, os seus limites são os legais, haja vista que não se lhe aplica diretamente nenhuma norma constitucional. Pois bem, a Lei 9.985/2000 *não incluiu* entre as hipóteses de cabimento da compensação ambiental as chamadas *atividades,* limitando-se a mencionar os *empreendimentos.*

Inicialmente, há que se consignar que a Constituição se utiliza de dois vocábulos distintos, a saber: (i) *obra e* (ii) *atividade.* Parece-me que os seus significados não são idênticos, pois do contrário não teria qualquer sentido o Constituinte se utilizar de tais sinônimos. Na verdade, *os termos são distintos e* tal condição tem sido reconhecida pelo poder regulamentar. A lei, como se pode ver, se utilizou do vocábulo *empreendimento* que, no contexto do artigo, tem o inequívoco significado de *obra.* Vejamos:

> Artigo 36. Nos casos de licenciamento ambiental de empreendimentos de significativo impacto ambiental, assim considerado pelo órgão ambiental competente, com fundamento em estudo de impacto ambiental e respectivo relatório – EIA/RIMA, o empreendedor é obrigado a apoiar a implantação e manutenção de unidade de conservação do Grupo de Proteção Integral, de acordo com o disposto neste artigo e no regulamento desta Lei.
> § 1º O montante de recursos a ser destinado pelo empreendedor para esta finalidade não pode ser inferior a meio por cento dos custos totais previstos para a implantação do empreendimento, sendo o percentual fixado pelo órgão ambiental licenciador, de acordo com o grau de impacto ambiental causado pelo empreendimento.

A *obra* tem sido reconhecida como a implantação física de um empreendimento com caráter de permanência, sendo que a atividade é algo passageiro e que se esgota em si próprio. Admite-se, contudo, que tem havido uma certa mistura dos conceitos em inúmeras Resoluções do Conama. No caso específico da indústria do petróleo, por exemplo, o levantamento de dados sísmicos não pode ser confundido com obra, haja vista que, uma vez feita a atividade, esta não deixará qualquer marca no ambiente, notadamente nos casos da chamada sísmica *off-shore.* Já a implantação de uma refinaria, seguramente, é um conjunto de obras que, certamente, foi precedido de inúmeras atividades, tais como levantamento de dados de flora e fauna, da geologia e tantos outros.

As atividades não são suscetíveis de dar azo à compensação ambiental. No caso específico da indústria do petróleo, existe uma definição legal de pesquisa que nos é dada pelo inciso XV do artigo 6º da chamada Lei do Petróleo; nos termos da lei, Pesquisa ou Exploração é o *"conjunto de operações ou atividades destinadas a avaliar áreas, objetivando a descoberta e a identificação de jazidas de petróleo ou gás natural".* Não me parece que, à luz da Lei do SNUC, a Pesquisa ou a Exploração possa ser compreendida no conceito de "empreendimento". Empreendimento, no caso, vincula-se mais aos aspectos da produção, tal como definida em lei: *"Lavra ou Produção: conjunto de operações coordenadas de extração de petróleo ou gás natural de uma jazida e de preparo para sua movimentação".* Penso que o legislador deixou de fora da exigência da compensação ambiental as meras atividades, limitando-se a torná-la obrigatória para as hipóteses de empreendimentos (*rectius:* obras na linguagem constitucional).

3.2 A natureza dos danos capazes de gerar compensação ambiental

A Compensação Ambiental é um instrumento legal que se encontra previsto na Lei que instituiu o SNUC, conforme as disposições contidas nos artigos 36 e seus parágrafos. Entretanto, antes de sua instituição *por lei,* o Conama havia baixado a Resolução 2/1996, que em seu artigo 2º estabelecia que o valor da compensação não poderia ser inferior a 0,5% (meio por cento) dos custos totais relativos à implantação do empreendimento. Evidentemente que a anterior normação do tema não encontrava amparo em nosso sistema constitucional e legal, motivo pelo qual novo tratamento foi dado ao assunto.

É importante observar que a Lei 9.985/2000, em seu artigo 36, determina um dever geral de *"apoiar a implantação e manutenção de unidade de conservação do Grupo de Proteção Integral"*, nos casos de licenciamento ambiental de empreendimentos de significativo impacto ambiental. Penso que, no caso, o legislador estabeleceu uma presunção de que apoiar a implantação de unidade de conservação do grupo de proteção integral é medida apta a compensar determinados danos ambientais, como será visto adiante.

A compensação ambiental é instituto que se liga diretamente à questão referente à possibilidade ou não de *recuperação dos danos ao meio ambiente*. A CF, em seu artigo 225, § 3º, estabelece uma obrigação geral de reparação do dano causado ao meio ambiente. Entretanto, as realidades da vida prática, em não poucas vezes, impedem que haja uma recuperação do dano causado ao meio ambiente. Nas hipóteses em que tal dano é causado por uma atividade lícita, existe uma dificuldade, que é o estabelecimento de um balanço entre as suas diferentes consequências, sejam elas positivas ou negativas. A *compensação* surge quando se verifica que, em um balanço amplo dos diferentes resultados de uma intervenção humana no meio ambiente, a existência de dano ambiental é compensável e socialmente tolerável. Para que o nosso ponto de vista possa ser mais bem explicitado, passo a classificar os danos ambientais.

Os **danos ambientais**, como se sabe, podem ser: (i) **reparáveis**, (ii) **mitigáveis** ou (iii) **compensáveis**.

Reparáveis são aqueles danos que, dadas as suas dimensões, não ostentam um caráter de irreversibilidade; já os **mitigáveis** são aqueles que, mediante a intervenção humana, podem ser reduzidos a níveis desprezíveis, haja vista que intervenções técnicas adequadas são suficientes para mantê-los sob adequado controle. **Compensáveis** são os danos ambientais que, consideradas suas dimensões e características peculiares, **não podem ser reparados ou mitigados**, muito embora, quando sopesados com os *benefícios* que a intervenção venha a ocasionar, se justifiquem ante os termos do artigo 2º da Lei da PNMA. Assim, do ponto de vista teórico, a *compensação ambiental* somente tem sentido quando se está diante de um dano não recuperável ou não mitigável. A compensação não se presta para todo e qualquer dano ambiental. Não há que se falar em compensação ambiental para danos recuperáveis ou para danos mitigáveis.

É importante observar que a definição de grau de impacto é uma definição técnica e não jurídica. Não obstante tal fato, a definição técnica deve se balizar por alguns fatores legais, dentre os quais devem se destacar: (i) somente devem ser considerados os impactos não mitigáveis e não recuperáveis; (ii) tais impactos devem ser cotejados com os benefícios advindos do empreendimento; (iii) a extensão do dano é o elemento central do cálculo do grau de impacto e não os recursos investidos no projeto, como será visto adiante.

A Lei do SNUC, em seu artigo 36, estabeleceu uma *presunção legal de dano compensável* nos casos de *"licenciamento ambiental de empreendimentos de significativo impacto ambiental"*, com fundamento em EIA, obrigando o empreendedor a *"apoiar a implantação e manutenção de unidade de conservação do grupo de proteção integral"*. Parece-me evidente que o legislador, ao determinar o apoio a UC do grupo proteção integral, o fez por entender que **compensáveis** *são apenas* os danos causados aos chamados recursos ambientais, *verbi gratia,* flora, fauna, recursos hídricos etc.

Chamo a atenção para o fato de que a Lei do SNUC não faz qualquer referência às chamadas compensações sociais, ou socioambientais. No caso de um determinado empreendimento gerar externalidades negativas para terceiros, a hipótese é de ressarcimento de prejuízos causados ou de lucros cessantes, conforme o caso. Não se cuida da compensação estabelecida pelo artigo 36 da Lei 9.985/2000.

Capítulo 10 · ESPAÇOS TERRITORIAIS (ÁREAS) ESPECIALMENTE PROTEGIDOS | **325**

Observe-se que a aplicação da medida de compensação ambiental ao empreendedor de determinado projeto é um ato administrativo *vinculado às conclusões do EIA*. É o EIA que dirá da existência dos danos, das suas dimensões, da *recuperabilidade, mitigabilidade* ou *compensabilidade*. Daí a relevância dos EIAs bem compostos, apurados e tecnicamente bem construídos. A compensação ambiental, penso, não existe como uma medida autônoma cuja única condição de incidência seja a existência de um projeto precedido de EIA. Em nosso ponto de vista, a compensação ambiental se afirma como uma presunção legal *iuris tantum de dano ambiental não recuperável ou mitigável em empreendimento de elevado porte*. Isto é, cuida-se de uma presunção que *admite prova em contrário*. Importante observar que, aqui, *houve a inversão do ônus da prova para o empreendedor, que deverá comprovar que a hipótese de compensação ambiental não se faz presente no projeto proposto*. Na verdade, parece-me evidente que o legislador determinou ao administrador que todos os empreendimentos que necessitem de estudo prévio de impacto ambiental devem ser examinados como se, *em princípio*, tivessem a capacidade de gerar impactos ambientais ditos compensáveis e não meramente aqueles recuperáveis ou mitigáveis. O que me parece lógico, pois empreendimentos que demandam EIA são, como regra, de grande porte.

Ressalte-se que, em homenagem ao princípio constitucional da ampla defesa e do contraditório, caso o empreendedor queira produzir prova perante a Administração Ambiental no sentido de que os impactos gerados pelo seu empreendimento são *mitigáveis* ou *recuperáveis*, tal oportunidade não lhe poderá ser sonegada, sob pena de ilegalidade da medida compensatória que venha a ser estabelecida.

Determinou o legislador que o administrador se preocupe com o meio ambiente e com a sua higidez de forma criteriosa. Como sabemos, o papel das presunções jurídicas é o de estabelecer determinadas premissas normativas que podem ser absolutas (*iuris et de jure*) e, portanto, não se derrogam de forma alguma, ou podem ser relativas (*juris tantum*) e podem ser desconstituídas no caso concreto.

É importante ressaltar que, por se tratar de *presunção relativa*, repita-se, cabe ao empreendedor fazer a prova no sentido de que, no caso concreto, não há dano ambiental compensável no processo de licenciamento ambiental. Como nos recorda Venosa (2005, p. 652), "a presunção faz reverter o ônus da prova".

É necessário que se esclareça qual a racionalidade que informa a redação do artigo 225 da CF e a sua inserção no conjunto das normas constitucionais. É indiscutível que o artigo 225 da Constituição estabelece um conjunto de mandamentos constitucionais cuja finalidade última é a adequada utilização dos recursos ambientais, com vistas a assegurar-lhes a sustentabilidade e o correspectivo desenvolvimento humano. Daí o constituinte ter tido o cuidado de determinar a elaboração de estudos de impacto ambiental previamente à implantação de *obra* ou *atividade* potencialmente ou efetivamente causadora de significativa degradação ambiental, conforme dispõe o inciso IV do § 1º do artigo 225 de nossa CF. Na verdade, partiu o Constituinte do raciocínio de que *a regra geral é a utilização econômica dos bens ambientais*, decorrendo daí a necessidade de que tal utilização se faça com a observância de cautelas constitucionalmente estabelecidas, dentre as quais alcança maior relevo o EIA. O EIA é, em princípio, o instrumento constitucionalmente adequado para prever os danos a serem produzidos por determinado empreendimento, indicar os meios de recuperação ou mitigação e, não havendo tais possibilidades, indicar a necessidade de compensação. Admitem-se os danos compensáveis na medida em que em análise de custo-benefício se julgue conveniente suportar danos ao ambiente em troca de benefícios de outra natureza. Veja-se, contudo, que os danos compensáveis são limitados e não podem ultrapassar um limite razoável, sob pena de, em análise custo/benefício, ser mais conveniente não implantar o empreendimento.

326 | DIREITO AMBIENTAL – *Paulo de Bessa Antunes*

3.3 O impacto significativo e não mitigável

A matéria é relevante e, na prática, nela reside toda a dificuldade contida na complexa questão da compensação ambiental. Do ponto de vista estritamente legal, há que se considerar que significativo impacto ambiental é um **conceito indeterminado** e, portanto, preenchido em bases casuísticas. Uma possível resposta à questão está relacionada ao conceito de meio ambiente que adotamos. Particularmente, filio-me à corrente que entende que *meio ambiente* é um conceito mais amplo do que ecologia ou recursos naturais. Penso que *meio ambiente* é conceito que tem como centro o indivíduo humano e que tudo aquilo que circunda o indivíduo deve ser tido como meio ambiente; parto do pressuposto de que, em muitas hipóteses, um dano ecológico pode ser um benefício ambiental. Aliás, no regime constitucional brasileiro não é possível outra conclusão, haja vista que o princípio da dignidade da pessoa humana é um dos princípios fundamentais da República. Diante de tal princípio, só tem trânsito constitucional o conceito de proteção do meio ambiente que se funde no Ser Humano como fundamento último de sua proteção. Protege-se o meio ambiente, como forma mediata de proteção da vida humana e de uma vida vivida dignamente.

Os órgãos ambientais, como nos dá exemplo a Fundação Estadual de Engenharia do Meio Ambiente – FEEMA,[21] buscam estabelecer alguns critérios que sirvam de orientação para suas equipes técnicas quando se faz necessária a avaliação dos impactos ambientais.

3.3.1 Interpretação e valoração dos impactos

Ligada à definição da importância dos impactos, esta atividade consiste em duas operações distintas. A primeira, chamada interpretação dos impactos, dedica-se a estabelecer a importância de cada um dos impactos em relação aos fatores ambientais afetados, o que vai depender do projeto que se analisa e de sua localização. A segunda, denominada valoração dos impactos, refere-se à determinação da importância relativa de cada impacto, quando comparada aos demais. A importância de um impacto significa sua resposta social, isto é, o quanto é importante esse impacto para a qualidade de vida do grupo social afetado e para os demais, e depende de um julgamento do valor. O grau de importância determinado pelos técnicos que executam o estudo será certamente diferente dos atribuídos pelos decisores e pelos representantes da comunidade. Daí a necessidade de se criarem condições para o envolvimento, nesta atividade, de todos os participantes do processo de AIA, em especial, dos grupos sociais afetados pelo projeto. Existem inúmeros métodos que permitem o envolvimento do público nas tarefas destinadas a definir graus de importância dos impactos confiáveis e representativos, evitando-se assim que o estudo apresente resultados insatisfatórios para um ou para outro ator do processo de AIA.

Diante do que foi anteriormente exposto, é fácil constatar que não é possível, *a priori,* definir o grau de significância do impacto ambiental apenas e tão somente pelas suas repercussões no *meio natural,* mas, necessariamente, devem ser consideradas as suas repercussões no *ambiente, que é um conceito bem mais amplo.*

3.4 Definição das medidas mitigadoras e do programa de monitoragem dos impactos

As medidas mitigadoras são aquelas destinadas a corrigir impactos negativos ou a reduzir sua magnitude. Identificados esses impactos, devem-se pesquisar quais os mecanismos capazes de cumprir esta função, avaliando-se sua eficiência. Os equipamentos para tratamento

---

[21] RT – 040-R-2 – Avaliação de Impacto Ambiental – AIA.

de despejos e emissões para a atmosfera incluem-se no elenco das medidas mitigadoras das diversas formas de degradação ambiental. Existe, na literatura especializada, uma vasta gama de medidas mitigadoras já utilizadas, o que pode auxiliar a execução desta atividade.

O programa de monitoragem dos impactos deve ser estabelecido como parte do estudo de AIA, de modo que se possam comparar, durante a implantação e operação da proposta, os impactos previstos com os que efetivamente vierem a ocorrer. Deve ser realizado, sempre que possível, para verificar a aplicação e a eficácia das medidas mitigadoras, assegurar que os padrões de qualidade ambiental não sejam ultrapassados, detectar impactos não previstos a tempo de corrigi-los e, também, contribuir para o aperfeiçoamento técnico dos métodos de AIA e das técnicas de previsão e medição dos impactos, no sentido de melhorar o grau de precisão dos estudos futuros.

Impacto não mitigável, portanto, é aquele que não é passível de adoção de medidas técnicas para que as suas repercussões sobre o meio biótico sejam reduzidas a dimensões desprezíveis.

Capítulo 11
BIOSSEGURANÇA

 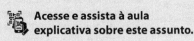

Acesse e assista à aula explicativa sobre este assunto.

> http://uqr.to/1b2ho

A produção e a utilização de Organismos Geneticamente Modificados [OGM] é tema de muita controvérsia e polêmica, em parte devido às (1) dúvidas e incertezas em relação às suas repercussões sobre o meio ambiente e, também, em (2) função dos direitos de propriedade intelectual. Dentro do contexto dos Objetivos do Desenvolvimento Sustentável [ODS], os OGM suscitam discussão em dois de tais ODS, os de números 2 e 12.

Objetivo 2. Acabar com a fome, alcançar a segurança alimentar e melhoria da nutrição e promover a agricultura sustentável	
2.1	Até 2030, acabar com a fome e garantir o acesso de todas as pessoas, em particular os pobres e pessoas em situações vulneráveis, incluindo crianças, a alimentos seguros, nutritivos e suficientes durante todo o ano
2.2	Até 2030, acabar com todas as formas de desnutrição, incluindo atingir, até 2025, as metas acordadas internacionalmente sobre nanismo e caquexia em crianças menores de cinco anos de idade, e atender às necessidades nutricionais dos adolescentes, mulheres grávidas e lactantes e pessoas idosas
2.3	Até 2030, dobrar a produtividade agrícola e a renda dos pequenos produtores de alimentos, particularmente das mulheres, povos indígenas, agricultores familiares, pastores e pescadores, inclusive por meio de acesso seguro e igual à terra, outros recursos produtivos e insumos, conhecimento, serviços financeiros, mercados e oportunidades de agregação de valor e de emprego não agrícola
2.4	Até 2030, garantir sistemas sustentáveis de produção de alimentos e implementar práticas agrícolas resilientes, que aumentem a produtividade e a produção, que ajudem a manter os ecossistemas, que fortaleçam a capacidade de adaptação às mudanças climáticas, às condições meteorológicas extremas, secas, inundações e outros desastres, e que melhorem progressivamente a qualidade da terra e do solo

330 | DIREITO AMBIENTAL – *Paulo de Bessa Antunes*

Objetivo 2. Acabar com a fome, alcançar a segurança alimentar e melhoria da nutrição e promover a agricultura sustentável	
2.5	Até 2020, manter a diversidade genética de sementes, plantas cultivadas, animais de criação e domesticados e suas respectivas espécies selvagens, inclusive por meio de bancos de sementes e plantas diversificados e bem geridos em nível nacional, regional e internacional, e garantir o acesso e a repartição justa e equitativa dos benefícios decorrentes da utilização dos recursos genéticos e conhecimentos tradicionais associados, como acordado internacionalmente

2.a Aumentar o investimento, inclusive via o reforço da cooperação internacional, em infraestrutura rural, pesquisa e extensão de serviços agrícolas, desenvolvimento de tecnologia, e os bancos de genes de plantas e animais, para aumentar a capacidade de produção agrícola nos países em desenvolvimento, em particular nos países menos desenvolvidos	**2.b** Corrigir e prevenir as restrições ao comércio e distorções nos mercados agrícolas mundiais, incluindo a eliminação paralela de todas as formas de subsídios à exportação e todas as medidas de exportação com efeito equivalente, de acordo com o mandato da Rodada de Desenvolvimento de Doha	**2.c** Adotar medidas para garantir o funcionamento adequado dos mercados de *commodities* de alimentos e seus derivados, e facilitar o acesso oportuno à informação de mercado, inclusive sobre as reservas de alimentos, a fim de ajudar a limitar a volatilidade extrema dos preços dos alimentos

Objetivo 12. Assegurar padrões de produção e de consumo sustentáveis
12.1 Implementar o Plano Decenal de Programas sobre Produção e Consumo Sustentáveis, com todos os países tomando medidas, e os países desenvolvidos assumindo a liderança, tendo em conta o desenvolvimento e as capacidades dos países em desenvolvimento
12.2 Até 2030, alcançar a gestão sustentável e o uso eficiente dos recursos naturais
12.3 Até 2030, reduzir pela metade o desperdício de alimentos *per capita* mundial, nos níveis de varejo e do consumidor, e reduzir as perdas de alimentos ao longo das cadeias de produção e abastecimento, incluindo as perdas pós-colheita
12.4 Até 2020, alcançar o manejo ambientalmente saudável dos produtos químicos e todos os resíduos, ao longo de todo o ciclo de vida destes, de acordo com os marcos internacionais acordados, e reduzir significativamente a liberação destes para o ar, água e solo, para minimizar seus impactos negativos sobre a saúde humana e o meio ambiente
12.5 Até 2030, reduzir substancialmente a geração de resíduos por meio da prevenção, redução, reciclagem e reúso
12.6 Incentivar as empresas, especialmente as empresas grandes e transnacionais, a adotar práticas sustentáveis e a integrar informações de sustentabilidade em seu ciclo de relatórios
12.7 Promover práticas de compras públicas sustentáveis, de acordo com as políticas e prioridades nacionais
12.8 Até 2030, garantir que as pessoas, em todos os lugares, tenham informação relevante e conscientização para o desenvolvimento sustentável e estilos de vida em harmonia com a natureza
12.a Apoiar países em desenvolvimento a fortalecer suas capacidades científicas e tecnológicas para mudar para padrões mais sustentáveis de produção e consumo
12.b Desenvolver e implementar ferramentas para monitorar os impactos do desenvolvimento sustentável para o turismo sustentável, que gera empregos, promove a cultura e os produtos locais

Objetivo 12. Assegurar padrões de produção e de consumo sustentáveis
12.c Racionalizar subsídios ineficientes aos combustíveis fósseis, que encorajam o consumo exagerado, eliminando as distorções de mercado, de acordo com as circunstâncias nacionais, inclusive por meio da reestruturação fiscal e a eliminação gradual desses subsídios prejudiciais, caso existam, para refletir os seus impactos ambientais, tendo plenamente em conta as necessidades específicas e condições dos países em desenvolvimento e minimizando os possíveis impactos adversos sobre o seu desenvolvimento de uma forma que proteja os pobres e as comunidades afetadas

Os organismos geneticamente modificados [OGM], como toda tecnologia, possui pontos favoráveis e pontos desfavoráveis à sua utilização. A utilização de plantas para a alimentação humana é muito pequena e a variação alimentar é muito restrita. A humanidade usa para a sua alimentação cerca de 120 plantas, sendo que o arroz, o trigo, o milho e a batata respondem por cerca de 80% da produção e consumo mundial de alimentos.[1] Argumenta-se que a biotecnologia pode reduzir a utilização de agrotóxicos na agricultura e aumentar a produtividade agrícola. Sustenta-se, também, em favor da biotecnologia nos alimentos a possibilidade de enriquecimento com vitaminas etc. Negativamente há a possibilidade de diminuição da diversidade biológica, eliminação de insetos, concentração da tecnologia na mão de poucas empresas, diminuição da cesta de alimentos etc. A produção e utilização dos OGMs no Brasil são regidas pela Lei 11.105/2005, regulamentada pelo Decreto 5.591/2005 e por normas da Comissão Técnica Nacional de Biossegurança [CTNBio].

1. OBJETIVOS, CONCEITOS E PROIBIÇÕES DA LEI DE BIOSSEGURANÇA

A Lei 11.105/2005 dispõe sobre as normas de segurança e mecanismos de fiscalização relativos à construção, cultivo, produção, manipulação, transporte, transferência, importação, exportação, armazenamento, pesquisa, comercialização, consumo, liberação no meio ambiente e o descarte de OGMs e seus derivados. É, ainda, objetivo da norma estimular o avanço científico na área de biossegurança e biotecnologia, à proteção à vida e à saúde humana, animal e vegetal, e à observância do princípio da precaução para a proteção do meio ambiente.

A atividade de pesquisa tratada pela Lei é a realizada em laboratório, regime de contenção ou campo, como parte do processo de obtenção de OGM e seus derivados ou de avaliação da biossegurança de OGM e seus derivados. Estão compreendidos em tais atividades, no âmbito experimental, a construção, o cultivo, a manipulação, o transporte, a transferência, a importação, a exportação, o armazenamento, a liberação no meio ambiente e o descarte de OGM e seus derivados.

A Lei considera comercial aquela atividade que não se enquadra como de pesquisa e que trata do cultivo, da produção, da manipulação, do transporte, da transferência, da comercialização, da importação, da exportação, do armazenamento, do consumo, da liberação e do descarte de OGM e seus derivados para fins comerciais.

Os agentes das atividades e projetos que envolvam OGM e seus derivados, relacionados ao ensino com manipulação de organismos vivos, à pesquisa científica, ao desenvolvimento tecnológico e à produção industrial, somente podem ser pessoas jurídicas de direito público ou privado, devidamente registradas perante a CTNBio, que serão responsáveis pela obediência aos preceitos da Lei e de sua regulamentação e responderão em caso de sua inobservância.

---

[1] Disponível em: https://www.ecodebate.com.br/2010/07/21/saiba-mais-vantagens-e-desvantagens--de-ogms-artigo-de-roberto-naime/. Acesso em: 9 jun. 2022.

Conceitos da lei: (1) organismo: toda entidade biológica capaz de reproduzir ou transferir material genético, inclusive vírus e outras classes que venham a ser conhecidas; (2) ácido desoxirribonucleico – ADN, ácido ribonucleico – ARN: material genético que contém informações determinantes dos caracteres hereditários transmissíveis à descendência; (3) moléculas de ADN/ARN recombinante: as moléculas manipuladas fora das células vivas mediante a modificação de segmentos de ADN/ARN natural ou sintético e que possam multiplicar-se em uma célula viva, ou ainda as moléculas de ADN/ARN resultantes dessa multiplicação; consideram-se também os segmentos de ADN/ARN sintéticos equivalentes aos de ADN/ARN natural; (4) engenharia genética: atividade de produção e manipulação de moléculas de ADN/ARN recombinante; (5) organismo geneticamente modificado – OGM: organismo cujo material genético – ADN/ARN tenha sido modificado por qualquer técnica de engenharia genética; (6) derivado de OGM: produto obtido de OGM e que não possua capacidade autônoma de replicação ou que não contenha forma viável de OGM.

A utilização de OGMs está proibida (artigo 6º) para: (1) implementação de projeto relativo a OGM sem a manutenção de registro de seu acompanhamento individual; (2) engenharia genética em organismo vivo ou o manejo *in vitro* de ADN/ARN natural ou recombinante, realizado em desacordo com as normas previstas na lei; (3) destruição ou descarte no meio ambiente de OGM e seus derivados em desacordo com as normas estabelecidas pela CTNBio, pelos órgãos e entidades de registro e fiscalização, referidos no artigo 16 e demais da Lei e de sua regulamentação; (4) liberação no meio ambiente de OGM ou seus derivados, no âmbito de atividades de pesquisa, sem a decisão técnica favorável da CTNBio e, nos casos de liberação comercial, sem o parecer técnico favorável da CTNBio, ou sem o licenciamento do órgão ou entidade ambiental responsável, quando a *CTNBio considerar a atividade como potencialmente causadora de degradação ambiental,* ou sem a aprovação do Conselho Nacional de Biossegurança – CNBS, quando o processo tenha sido por ele avocado, na forma da lei e de sua regulamentação; (5) a utilização, a comercialização, o registro, o patenteamento e o licenciamento de tecnologias genéticas de restrição do uso.

O artigo 7º determina que são obrigatórias: (1) a investigação de acidentes ocorridos no curso de pesquisas e projetos na área de engenharia genética e o envio de relatório respectivo à autoridade competente no prazo máximo de 5 (cinco) dias a contar da data do evento; (2) a notificação imediata à CTNBio e às autoridades da saúde pública, da defesa agropecuária e do meio ambiente sobre acidente que possa provocar a disseminação de OGM e seus derivados; (3) a adoção de meios necessários para plenamente informar à CTNBio, às autoridades da saúde pública, do meio ambiente, da defesa agropecuária, à coletividade e aos demais empregados da instituição ou empresa sobre os riscos a que possam estar submetidos, bem como os procedimentos a serem tomados no caso de acidentes com OGM.

2. ESTRUTURA ADMINISTRATIVA DE BIOSSEGURANÇA

O sistema de Biossegurança no Brasil é estruturado de forma hierárquica, sendo encimada pelo Comitê Nacional de Biossegurança – CNBS, vinculado organicamente à Presidência da República, órgão de assessoramento superior do Presidente da República para a formulação e implementação da Política Nacional de Biossegurança – PNBs. É órgão de natureza política e não técnica. As suas decisões, ainda que levando em consideração as questões técnicas decididas pela CTNBio, não estão subordinadas ao parecer técnico emitido pela Comissão. O juízo formulado pelo CNBS é essencialmente de conveniência e oportunidade. Averbe-se, contudo, que o juízo discricionário não se afasta do balizamento legal. Logo, uma decisão fundada em juízo de conveniência e oportunidade não significa que os aspectos de legalidade tenham sido desprezados pelo administrador, haja vista que este último está jungido à observância do princípio da legalidade. As suas competências são: (1) fixar princípios e diretrizes para a ação administrativa dos órgãos e entidades federais com competência sobre a matéria; (2) analisar, a pedido da CTNBio, quanto aos aspectos da conveniência e oportunidade socioeconômicas e do interesse nacional, os pedidos de liberação para uso comercial de OGM e seus derivados; (3) avocar e decidir, em última e definitiva instância, com base em manifestação da CTNBio e, quando julgar necessário, dos órgãos e entidades referidos no artigo 16 da lei, no âmbito de suas competências, sobre os processos relativos a atividades que envolvam o uso comercial de OGM e seus derivados.

O CNBS é formado por integrantes de alto nível governamental: (1) Ministro de Estado Chefe da Casa Civil da Presidência da República, que o presidirá; (ii) Ministro de Estado da Ciência e Tecnologia; (2) Ministro de Estado do Desenvolvimento Agrário; (4) Ministro de Estado da Agricultura, Pecuária e Abastecimento; (5) Ministro de Estado da Justiça; (6) Ministro de Estado da Saúde; (7) Ministro de Estado do Meio Ambiente; (8) Ministro de Estado do Desenvolvimento, Indústria e Comércio Exterior; (9) Ministro de Estado das Relações Exteriores; (10) Ministro de Estado da Defesa; (11) Secretário Especial de Aquicultura e Pesca da Presidência da República.

A CTNBio é a base do sistema de biossegurança e dela partem as principais decisões sobre o tema. Ela é um órgão que integra a estrutura do Ministério da Ciência e Tecnologia, sendo uma instância colegiada multidisciplinar de caráter consultivo e deliberativo cuja finalidade é prestar apoio técnico e de assessoramento ao Governo Federal na formulação, atualização e implementação da Política Nacional de Biossegurança de OGM e seus derivados, assim como estabelecer normas técnicas de segurança e oferecer pareceres técnicos referentes à autorização para atividades que envolvam pesquisa e uso comercial de OGM e seus derivados, com base na avaliação de seu risco zoofitossanitário, à saúde humana e ao meio ambiente. Assim, toda e qualquer questão referente à Biossegurança é decidida administrativamente pela CTNBio, cuja decisão prevalecerá sobre a de qualquer outro órgão administrativo, à exceção do Conselho Nacional de Biossegurança, que lhe é hierarquicamente superior.

A CTNBio é composta por 27 cidadãos brasileiros de reconhecida competência técnica, de notória atuação e saber científicos, com grau acadêmico de doutor e com destacada atividade profissional nas áreas de biossegurança, biotecnologia, biologia, saúde humana e animal ou meio ambiente. Assim, como se vê de sua composição, em princípio, a principal característica é que ela é técnica. Observe-se que a CTNBio é uma Comissão e não um Conselho.

O legislador adotou um sistema que garante uma participação moderada da sociedade na composição da CTNBio, haja vista que determina que os integrantes externos à Administração sejam selecionados a partir de listas tríplices encaminhadas ao Executivo para que seja escolhido o membro da Comissão. Os conselheiros serão indicados para mandatos de dois anos que, no entanto, não lhes assegura direito ao exercício do tempo integral, pois na realidade os mandatos são meras delegações administrativas, não podendo impedir que o Executivo substitua o conselheiro que não esteja atuando conforme as expectativas da Administração. Na verdade, portanto, os dois anos devem ser entendidos como um período máximo de exercício da função de conselheiro, permitida a recondução por igual período.

O funcionamento da CTNBio tem sido motivo de muita controvérsia e polêmica. Não há a menor dúvida de que a CTNBio, como uma comissão governamental, está plenamente adstrita à observância dos elementos e princípios que regem todo e qualquer órgão da Administração Pública, principalmente os princípios da legalidade e da publicidade dos atos administrativos. Assim, salvo justificativa fundamentada e levada ao conhecimento público, as reuniões da CTNBio devem ser públicas e abertas ao público em geral.

Dentro das normas de publicidade que devem reger as reuniões da CTNBio, órgãos da Administração poderão participar das reuniões para tratar de assuntos de seu interesse, sem direito a voto. Por medida de isonomia e, em observância da proibição de tratamento desigual entre os administrados, nada impede que os interessados em determinado processo sejam chamados à CTNBio para que exponham as suas razões e sustentem suas posições quanto a determinado processo. No caso, é plenamente aplicável o artigo 38 da Lei 9.784/1999. Admite--se, também, que a CTNBio convide para suas reuniões quaisquer interessados, o que aliás é desnecessário, haja vista que as reuniões são públicas.

A instalação das reuniões da CTNBio somente ocorrerá com a presença de 14 membros que, no entanto, deverá refletir a presença de pelo menos um membro de cada uma das diferentes áreas técnicas que compõem o colegiado deliberativo. As deliberações deverão ser tomadas por maioria absoluta. A lei não fala em membros presentes, o que significa que o quórum mínimo de instalação deverá ser exigido para a deliberação, sob pena de nulidade das decisões.

O Decreto 5.591/2005, que regulamentou a Lei 11.105/2005, sanciona com nulidade a *decisão técnica* que tenha sido proferida com voto decisivo de membro declarado impedido. Há uma certa contradição no dispositivo do § 5º do artigo 14 do decreto. Ora, se o membro foi declarado impedido, não há como ele possa vir a participar do julgamento, haja vista que a declaração de impedimento é uma preliminar ao próprio julgamento. A hipótese é, evidentemente, de declaração superveniente de impedimento. O conceito de voto decisivo, em meu ponto de vista, só pode ser juridicamente válido se ele compuser a maioria absoluta (metade mais 1), pois do contrário estaria sendo posta em julgamento a autonomia dos demais votos que teriam sido contaminados pelo voto impedido. Se o voto do conselheiro impedido estiver na minoria, não há sentido em se falar em anulação, pois não se registrou prejuízo para as partes.

O artigo 15 estabelece a possibilidade de convocação de audiência pública por parte da CTNBio, como forma de obtenção de informações e opiniões da comunidade sobre a matéria em debate. É relevante observar que a audiência não se restringe à comunidade científica, mas está "garantida a participação da sociedade civil", na forma do regulamento.

À CTNBio foram atribuídas as seguintes competências: (1) estabelecer normas para as pesquisas com OGM e derivados de OGM; (2) estabelecer normas relativamente às atividades e aos projetos relacionados a OGM e seus derivados; (3) estabelecer, no âmbito de suas competências, critérios de avaliação e monitoramento de risco de OGM e seus derivados; (4) proceder à análise da avaliação de risco, caso a caso, relativamente a atividades e projetos que envolvam OGM e seus derivados; (5) estabelecer os mecanismos de funcionamento das Comissões Internas de Biossegurança – CIBio, no âmbito de cada instituição que se dedique ao ensino, à pesquisa científica, ao desenvolvimento tecnológico e à produção industrial que envolvam OGM ou seus derivados; (6) estabelecer requisitos relativos à biossegurança para autorização de funcionamento de laboratório, instituição ou empresa que desenvolverá atividades relacionadas a OGM e seus derivados; (7) relacionar-se com instituições voltadas para a biossegurança de OGM e seus derivados, em âmbito nacional e internacional; (8) autorizar, cadastrar e acompanhar as atividades de pesquisa com OGM ou derivado de OGM, nos termos da legislação em vigor; (9) autorizar a importação de OGM e seus derivados para atividade de pesquisa; (10) prestar apoio técnico consultivo e de assessoramento ao CNBS na formulação da PNB de OGM e seus derivados; (11) emitir Certificado de Qualidade em Biossegurança – CQB para o desenvolvimento de atividades com OGM e seus derivados em laboratório, instituição ou empresa e enviar cópia do processo aos órgãos de registro e fiscalização referidos no artigo 16 da lei; (12) emitir decisão técnica, caso a caso, sobre a biossegurança de OGM e seus derivados no âmbito das atividades de pesquisa e de uso comercial de OGM e seus derivados, inclusive a classificação quanto ao grau de risco e nível de biossegurança exigido, bem como medidas de segurança exigidas e restrições ao uso; (13) definir o nível de biossegurança a ser aplicado ao OGM e seus usos, e os respectivos procedimentos e medidas de segurança quanto ao seu uso, conforme as normas estabelecidas na regulamentação da lei, bem como quanto aos seus derivados; (14) classificar os OGM segundo a classe de risco, observados os critérios estabelecidos no regulamento da lei; (15) acompanhar o desenvolvimento e o progresso técnico-científico na biossegurança de OGM e seus derivados; (16) emitir resoluções, de natureza normativa, sobre as matérias de sua competência; (17) apoiar tecnicamente os órgãos competentes no processo de prevenção e investigação de acidentes e de enfermidades, verificados no curso dos projetos e das atividades com técnicas de ADN/ARN recombinante; (18) apoiar tecnicamente os órgãos e entidades de registro e fiscalização, referidos no artigo 16 da Lei, no exercício de suas atividades relacionadas a OGM e seus derivados; (19) divulgar no *Diário Oficial da União,* previamente à análise, os extratos dos pleitos e, posteriormente, dos pareceres dos processos que lhe forem submetidos, bem como dar ampla publicidade no Sistema de Informações em Biossegurança – SIB a sua agenda, processos em trâmite, relatórios anuais, atas das reuniões e demais informações sobre suas atividades, excluídas as informações sigilosas, de interesse comercial, apontadas pelo proponente e assim considera-das pela CTNBio; (20) identificar atividades e produtos decorrentes do uso de OGM e seus derivados potencialmente causadores de degradação do meio ambiente ou que possam causar riscos à saúde humana; (21) reavaliar suas decisões técnicas por solicitação de seus membros ou por recurso dos órgãos e entidades de registro e fiscalização, fundamentado em fatos ou conhecimentos científicos novos, que sejam relevantes quanto à biossegurança do OGM ou derivado, na forma da Lei e seu regulamento; (22) propor a realização de pesquisas e estudos científicos no campo da biossegurança de OGM e seus derivados; (23) apresentar proposta de regimento interno ao Ministro da Ciência e Tecnologia.

É importante frisar que, quanto aos aspectos de biossegurança do OGM e seus derivados, a decisão técnica da CTNBio vincula os demais órgãos e entidades da administração. Isso significa que a decisão da CTNBio se sobrepõe e prevalece sobre a decisão de qualquer órgão administrativo sobre o tema.[2] Uma questão bastante complexa tem sido a relação da CTNBio com os órgãos de controle ambiental, sobretudo no que se refere ao licenciamento ambiental. A Resolução Conama 237/1997, em seu anexo 1, determina ser necessário o licenciamento ambiental dos organismos geneticamente modificados. Contudo, tal determinação só tem validade legal nas hipóteses nas quais a CTNBio reconheça que os OGMs, em cada caso con-creto, são "efetiva ou potencialmente poluidores", que é a hipótese legal prevista no artigo 10 da PNMA. Tal declaração não é da alçada dos órgãos ambientais, conforme se pode perceber do § 1º do artigo 14 da Lei 11.105/2005. Ainda na vigência da Lei 8.974/1995, a matéria já estava regulada da mesma forma, tendo obtido reconhecimento judicial.[3]

2.1 A CTNBio e o licenciamento ambiental

Na forma do artigo 16, § 3º, da lei, a CTNBio delibera, em última e definitiva instância, sobre os casos em que a atividade é potencial ou efetivamente causadora de degradação ambiental, bem como sobre a necessidade do licenciamento ambiental. Caberá ao Ibama o licenciamento ambiental, sempre que a CTNBio entender seja o caso. Por fim, é de se ressaltar que somente se aplicam as disposições dos incisos I e II do artigo 8º e do *caput* do artigo 10 da Lei 6.938/1981, nos casos em que a CTNBio deliberar que o OGM é potencialmente causador de significativa degradação do meio ambiente.

Como em todo órgão da Administração Pública, as decisões da CTNBio devem ser públi-cas e fundamentadas, com vistas a poder assegurar a qualquer interessado o direito de revisão, seja judicial, seja administrativa. As decisões técnicas proferidas pela CTNBio devem conter resumo de sua fundamentação técnica, explicitando as medidas de segurança e restrições ao

---

[2] TRF-1, AC 00094701220134013500, 5ª Turma, Rel. Des. Federal Souza Prudente, j. 16.06.2021, *DJe* 25.06.2021.

[3] TRF 1, AC 1998.34.00.027682-0/DF, 5ª Turma, Rel. Des. Federal Selene Maria de Almeida, *DJU* 01.09.2004, p. 14.

336 | DIREITO AMBIENTAL – *Paulo de Bessa Antunes*

uso do OGM e seus derivados e, ainda, considerar as particularidades das diferentes regiões do país, com o objetivo de orientar e subsidiar os órgãos e entidades de registro e fiscalização, referidos no artigo 16 da Lei, no exercício de suas atribuições.

3. REGISTRO DE OGM

Conforme está definido no artigo 16 da Lei 11.105/2005, o registro de OGMs é múltiplo, realizando-se em diferentes órgãos administrativos, dependendo do aspecto que se pretenda registrar. Observe-se, contudo, que cabe à CTNBio definir os aspectos referentes à biossegurança, o que na minha opinião quer dizer que os diferentes ministérios e órgãos administrativos devem, apenas e tão somente, exercer a função registrária, sem questionar o mérito do produto licenciando. Quanto ao particular, deve ser relembrado que na composição da CTNBio estão presentes representantes de diferentes ministérios e órgãos públicos que, dessa forma, já tomaram conhecimento dos aspectos relevantes do produto a ser licenciado. Admitir-se um exame de mérito quanto ao produto a ser registrado é, *ipso iure,* subtrair atribuições da CTNBio.

Assim, na forma do artigo 16 cabe aos órgãos e entidades de registro e fiscalização do Ministério da Saúde, do Ministério da Agricultura, Pecuária e Abastecimento e do MMA e da Secretaria Especial de Aquicultura e Pesca da Presidência da República, entre outras atribuições, no campo de suas competências, *observadas a decisão técnica da CTNBio, as deliberações do CNBS e os mecanismos estabelecidos* na Lei e em seu regulamento. Tais atribuições são: (i) fiscalizar as atividades de pesquisa de OGM e seus derivados; (ii) registrar e fiscalizar a liberação comercial de OGM e seus derivados; (iii) emitir autorização para a importação de OGM e seus derivados para uso comercial; (iv) manter atualizado no SIB o cadastro das instituições e responsáveis técnicos que realizam atividades e projetos relacionados a OGM e seus derivados; (v) tornar públicos, inclusive no SIB, os registros e autorizações concedidas; (vi) aplicar as penalidades de que trata a lei; (vii) subsidiar a CTNBio na definição de quesitos de avaliação de biossegurança de OGM e seus derivados.

Assim, é importante que se frise, a atribuição dos órgãos externos à CTNBio é meramente registrária e fiscalizatória e, jamais, autorizativa. Observe-se que a lei expressamente afirma que as autorizações e registros *"estarão vinculados à decisão técnica da CTNBio correspondente, sendo vedadas exigências técnicas que extrapolem as condições estabelecidas naquela decisão, nos aspectos relacionados à biossegurança",* cabendo ao CNBS dirimir quaisquer divergências quanto à decisão técnica da CTNBio sobre a liberação comercial de OGM e derivados, os órgãos e entidades de registro e fiscalização, no âmbito de suas competências.

Competência registrária e fiscalizatória

Ministério da Agricultura, Pecuária e Abastecimento	Ministério da Saúde	Ministério do Meio Ambiente	Secretaria Especial de Aquicultura e Pesca
Emitir as autorizações e registros e fiscalizar produtos e atividades que utilizem OGM e seus derivados destinados a uso animal, na agricultura, pecuária, agroindústria e áreas afins.	Emitir as autorizações e registros e fiscalizar produtos e atividades com OGM e seus derivados destinados a uso humano, farmacológico, domissanitário e áreas afins.	Emitir as autorizações e registros e fiscalizar produtos e atividades que envolvam OGM e seus derivados destinados a serem liberados nos ecossistemas naturais, bem como o licenciamento, nos casos em que a CTNBio deliberar que o OGM é potencialmente causador de significativa degradação do meio ambiente.	Emitir as autorizações e registros de produtos e atividades com OGM e seus derivados destinados ao uso na pesca e aquicultura.

4. RESPONSABILIDADE CIVIL, ADMINISTRATIVA E PENAL

A lei estabeleceu um amplo sistema de responsabilidade civil e administrativa em seus artigos 20 e seguintes. Em primeiro lugar, há que se observar que a lei seguiu o caminho que tem sido o prevalente nas modernas leis que tratam de proteção ao meio ambiente, que é o de se fundar na responsabilidade sem culpa ou objetiva. Também foi estabelecida uma responsabilidade solidária entre aqueles que tenham dado origem ao dano e, diferentemente da PNMA, foi definido que a reparação do dano deve ser integral, não se admitindo, no caso específico, qualquer possibilidade de tarifação. Contudo, há que se observar que o artigo 21 repetiu tendência já encontrada na Lei 9.605/1998, que é o estabelecimento de tipos administrativos abertos, o que é péssimo. Permito-me relembrar a fórmula geral do artigo 21 da Lei 11.105/2005: "Considera-se infração administrativa toda ação ou omissão que viole as normas previstas nesta Lei e demais disposições legais pertinentes". A punição para a infração administrativa se divide em: (i) advertência; (ii) multa; (iii) apreensão de OGM e seus derivados; (iv) suspensão da venda de OGM e seus derivados; (v) embargo da atividade; (vi) interdição parcial ou total do estabelecimento, atividade ou empreendimento; (vii) suspensão de registro, licença ou autorização; (viii) cancelamento de registro, licença ou autorização; (ix) perda ou restrição de incentivo e benefício fiscal concedidos pelo governo; (x) perda ou suspensão da participação em linha de financiamento em estabelecimento oficial de crédito; (xi) intervenção no estabelecimento; (xii) proibição de contratar com a administração pública, por período de até cinco anos.

As multas, na forma do artigo 22, podem oscilar entre R$ 2.000,00 (dois mil reais) e R$ 1.500.000,00 (um milhão e quinhentos mil reais), proporcionalmente à gravidade da infração, podendo ser aplicadas cumulativamente e dobradas em caso de reincidência. Na ocorrência de infração continuada, que se caracteriza pela permanência da ação ou omissão inicialmente punida, será a respectiva penalidade aplicada diariamente até cessar sua causa, sem prejuízo da paralisação imediata da atividade ou da interdição do laboratório ou da instituição ou empresa responsável.

A competência para a aplicação das multas é dos órgãos e entidades de registro e fiscalização dos Ministérios da Agricultura, Pecuária e Abastecimento, da Saúde, do Meio Ambiente e da Secretaria Especial de Aquicultura e Pesca da Presidência da República, referidos no artigo 16 da Lei, de acordo com suas respectivas competências.

Uma importante inovação da lei é que ela estabeleceu uma solidariedade entre os agentes financeiros e os eventuais infratores da lei, sempre que o financiador deixe de exigir o Certificado de Qualidade em Biossegurança (artigo 27).

Capítulo 12
TERRAS INDÍGENAS E REMANESCENTES DE QUILOMBOS

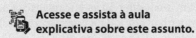

Acesse e assista à aula explicativa sobre este assunto.

> *http://uqr.to/1b2hp*

A existência de um capítulo constitucional [CF, artigos 231 e 232] sobre os indígenas e os seus direitos abriu uma nova perspectiva em nosso sistema jurídico para a garantia do respeito aos povos originários. São poucos os estudos jurídicos dedicados aos índios e seus direitos constitucionais, muito embora haja uma saudável tendência à constituição de grupos de advogados e associações indígenas com o objetivo de defesa judicial e extrajudicial dos direitos das primeiras nações.[1] Ainda são raras as obras jurídicas dedicadas às questões indigenistas. O ensino do direito indigenista[2] ainda é pouco frequente em nossos cursos jurídicos. Entretanto, é necessário observar que o direito indigenista é cada dia mais importante, seja do ponto de vista dos direitos humanos, seja do ponto de vista econômico. Atividades como a mineração, a geração de energia hidrelétrica e a agricultura estão constantemente em contato com povos indígenas e sem um conhecimento adequado da legislação aplicável as próprias atividades econômicas podem sofrer danos irreparáveis, por violarem direitos dos povos indígenas que são amplamente reconhecidos e cada vez mais exercitados.

Uma das primeiras questões a ser levada em consideração, quando se fala dos direitos dos povos indígenas é o reconhecimento à diferença e à identidade cultural (CF, artigos 216 e 231).[3] Os obstáculos ao exercício do direito à diferença têm diversas origens, havendo os ideológicos que têm, inclusive, um forte componente racista. Existem os de natureza econômica, pois boa parte da localização geográfica e espacial dos povos indígenas está em áreas potencialmente ricas em minérios e potenciais hidrelétricos, fazendo que os povos indígenas sejam acusados de atrasar o progresso da nação.[4] Fato é que boa parte dos problemas fundiários do Brasil, em especial nas zonas de fronteira agrícola, não serão solucionados sem que se resolvam as demarcações das terras indígenas. Veja-se que a expansão da agricultura na década de 70 do século XX e a cons-

---

[1] Dentre outras veja: https://apiboficial.org/advocaciaindigena/. Acesso em: 25 maio 2022.
[2] Direito indigenista é o direito nacional aplicável aos índios. Os artigos 231 e 232 da Constituição Federal são os núcleos de tais direitos. O direito indígena é o direito costumeiro de cada povo indígena em particular. O artigo 231 reconhece tais direitos.
[3] STF, Pet 3.388, Rel. Min. Ayres Britto, j. 19.03.2009, *DJe* 1º.07.2010.
[4] Reservas indígenas atrapalham desenvolvimento do país, diz Bolsonaro. Disponível em: https://www.gazetadopovo.com.br/republica/breves/reservas-indigenas-atrapalham-desenvolvimento--diz-bolsonaro. Acesso em: 25 maio 2022.

trução de diversas rodovias, tais como a Transamazônica, implicaram o deslocamento forçado de inúmeros povos indígenas das terras que tradicionalmente ocupavam e constitucionalmente garantidas desde 1934. Por outro lado, o agravamento das questões ambientais globais, em especial as mudanças climáticas, têm valorizado as terras indígenas, pois já está comprovado o valor que elas têm para a estabilidade do sistema climático e proteção ambiental.[5]

Outro aspecto extremamente importante a ser observado é o da íntima relação entre os povos indígenas e a conservação do meio ambiente e a ecologia. A conservação do meio ambiente é uma condição fundamental para a reprodução da vida, nos moldes tradicionais, nas comunidades indígenas. Em um país como o Brasil, no qual a presença de imensas áreas florestais é significativa, não se pode deixar de examinar a repercussão que o direito possui na vida dos povos e gentes que encontram na floresta o seu *habitat*.

Os povos indígenas e os demais povos que habitam as florestas brasileiras, desde que compreendidos em suas diferenças em relação à sociedade envolvente, têm um papel fundamental a desempenhar em toda a complexa marcha para o perfeito conhecimento da biodiversidade existente nas florestas, em especial na Floresta Amazônica. É de se observar que a própria Lei Fundamental reconhece a importância dos indígenas para a conservação do meio ambiente, assim como reconhece a importância do meio ambiente para a conservação e sobrevivência dos povos originários (artigo 231, § 1º). Há uma nova compreensão do papel a ser desempenhado pelos povos aborígines na conservação ambiental. Lentamente, está sendo modificada a antiga, e errônea, compreensão de que a proteção ambiental deveria ser feita mediante a adoção de políticas que implicassem o isolamento da área a ser protegida.

É necessário que os povos indígenas conservem suas identidades e peculiaridades como parte integrante que são da riqueza e diversidade cultural brasileira. É de se observar que a República Federativa do Brasil é signatária da Convenção 169 da Organização Internacional do Trabalho – OIT – Convenção relativa aos povos indígenas e tribais em países independentes. O artigo 4(1) da Convenção determina a adoção de medidas especiais necessárias para salvaguardar as pessoas, as instituições, os bens, as culturas e o meio ambiente dos povos interessados.

O Censo Indígena de 2022 demonstrou que o Brasil tem 1.693.535 pessoas indígenas, o que corresponde a 0,83% da população total do país. Os dados apresentados comparam a evolução entre 2010 e 2022 em diversos cenários. Segundo o IBGE, houve um aumento da população vivendo em Terras Indígenas (TI), passando de 567.582 em 2010 para 689.532 em 2022 (+ 21%).

O Censo também mostrou um aumento na alfabetização de pessoas indígenas. Em 2022, 84,9% (1,0 milhão) das 1,2 milhão de pessoas indígenas de 15 anos ou mais eram alfabetizadas, quando em 2010 eram 76,6%. Porém, esse número é abaixo da média nacional, que foi de 93,0% em 2022. Indígenas mulheres e os mais idosos são os que mais sofrem com o analfabetismo.

Dentro das Terras Indígenas, a taxa de analfabetismo também diminuiu, caindo de 32,3% em 2010 para 20,8% em 2022, fato ressaltado pelos técnicos responsáveis pela aplicação do Censo. "A queda do analfabetismo foi ainda mais significativa dentro das Terras Indígenas (TIs). A redução do analfabetismo dos jovens demonstra maior acesso a oportunidades educacionais das gerações mais novas em relação às mais idosas. Essa queda no analfabetismo entre as pessoas indígenas se deve à expansão do acesso à educação em décadas recentes", diz Marta Antunes, coordenadora do Censo de Povos e Comunidades Tradicionais.[6]

---

[5] Terras Indígenas combatem o desmatamento e a emissão de gases de efeito estufa. Disponível em: https://www.bndes.gov.br/wps/portal/site/home/conhecimento/noticias/noticia/terras-indigenas--combatem-desmatamento. Acesso em: 25 maio 2022.

[6] Disponível em: https://www.gov.br/povosindigenas/pt-br/assuntos/noticias/2024/10/ibge-divulga--novos-dados-do-censo-indigena-de-2022. Acesso em: 10 jan. 2025.

O Instituto Socioambiental lista 279 povos indígenas no Brasil, parte dos quais tem parcela de sua população vivendo no estrangeiro.[7]Aos indígenas, por força da Constituição Brasileira e da legislação ordinária, são reconhecidos os direitos sobre as Terras Indígenas[8] e as Reservas Indígenas.[9] Segundo dados da Fundação Nacional dos Povos Indígenas [FUNAI], as áreas indígenas estão distribuídas conforme os quadros a seguir.

Terras Indígenas

Fase do Processo	Quantidade	Superfície (ha)
DELIMITADA	37	1.649.193,9225
DECLARADA	70	7.663.761,9471
HOMOLOGADA	13	911.573,7289
REGULARIZADA	451	107.136.534,9094
TOTAL	571	117.361.064,5079
EM ESTUDO	156	30,5365
PORTARIA DE INTERDIÇÃO	6	1.080.740,0000
Reserva Indígena	Quantidade	Superfície (ha)
REGULARIZADA	37	78.902,6443
ENCAMINHADA RI	23	199.381,9370
TOTAL	60	278.284,5813

Fonte: https://www.gov.br/funai/pt-br/atuacao/terras-indigenas/geoprocessamento-e-mapas/painel-terras-indigenas.

Como se vê, cerca de 14% das terras do país estão destinadas aos povos indígenas. Na Amazônia, está concentrada a maioria das áreas indígenas, ocupando aproximadamente 23% do território amazônico.

---

[7] Disponível em: https://pib.socioambiental.org/pt/Quantos_s%C3%A3o%3F. Acesso em: 10 jan. 2025.

[8] Terras Indígenas tradicionalmente ocupadas: são as terras indígenas de que trata o artigo 231 da Constituição Federal de 1988, direito originário dos povos indígenas, cujo processo de demarcação é disciplinado pelo Decreto 1.775/1996. Disponível em: http://www.funai.gov.br/index.php/indios--no-brasil/terras-indigenas. Acesso em: 1 jan. 2019.

[9] Reservas Indígenas: São terras doadas por terceiros, adquiridas ou desapropriadas pela União, que se destinam à posse permanente dos povos indígenas. São terras que também pertencem ao patrimônio da União, mas não se confundem com as terras de ocupação tradicional. Existem terras indígenas, no entanto, que foram reservadas pelos Estados-membros, principalmente durante a primeira metade do século XX, que são reconhecidas como de ocupação tradicional. Disponível em: http://www.funai.gov.br/index.php/indios-no-brasil/terras-indigenas. Acesso em: 1º jan. 2019.

Além dos povos indígenas, existem, no Brasil, inúmeras comunidades tradicionais, com destaque para os remanescentes de quilombos, que gozam de expressa tutela constitucional. A Comissão Nacional de Desenvolvimento Sustentável das Comunidades Tradicionais[10] reconhece a existência de diversos povos e comunidades tradicionais, a saber: (1) andirobeiras; (2) apanhadores de sempre-vivas; (3) catingueiros; (4) caiçaras; (5) castanheiras; (6) catadores de mangaba; (7) ciganos; (8) cipozeiros; (9) extrativistas; (10) faxinalenses; (11) fundo e fecho de pasto; (12) geraizeiros; (13) Ilhéus; (14) indígenas; (15) isqueiros; (16) morroquianos; (17) pantaneiros; (18) pescadores artesanais; (19) piaçaveiros; (20) pomeranos; (21) povos de terreiro; (22) quebradeiras de coco de babaçu; (23) quilombolas; (24) retireiros; (25) ribeirinhos; (26) seringueiros; (27) vazanteiros; (28) veredeiros.

Conforme o disposto no artigo 1º (1) (a) da Convenção 169 da Organização Internacional do Trabalho, o reconhecimento "por legislação especial" é suficiente para que a população tradicional se inclua entre os possíveis beneficiários de seus termos. A natureza federativa do Brasil permite que, em muitos casos, Estados-membros da federação reconheçam populações tradicionais que, eventualmente, não tenham obtido reconhecimento federal.

As comunidades tradicionais oficialmente reconhecidas pelo Estado brasileiro, certamente, não esgotam o universo específico que pode ser muito mais vasto, pois é crescente o número de pequenas comunidades rurais que reivindicam o reconhecimento de seu *status* de comunidade tradicional. Este é um fenômeno que tem origens diversas e que, certamente, tende a se expandir, haja vista um longo processo de afirmação social de comunidades que passaram longos períodos marginalizadas e que ao se autor reconhecerem como grupo singular ganham em autoestima e respeito próprio. Todavia, não se pode deixar passar em branco o fato de que tais comunidades são muito diversas entre si e, dificilmente, se pode encontrar um ponto comum entre todas elas.

É possível, entretanto, constatar um vetor que tende a incluir no rol de comunidades tradicionais diversas comunidades urbanas e agrárias pobres, independentemente do fato de elas preencherem ou não os requisitos objetivos da Convenção 169 da OIT [Convenção 169] para que sejam reconhecidas como tais. Por outro lado, não se pode deixar de reconhecer que, nos exatos termos da Convenção 169, o reconhecimento legal pelo Estado é gerador de tutela, de modo que as discussões sobre a natureza sociológica ou antropológica das referidas comunidades é irrelevante para fins de amparo pela tutela legal.

Todas as populações acima mencionadas, em tese, têm vida rural e dependem das florestas e de seus recursos para a reprodução de seus modos de vida e expressões culturais. Estão, portanto, contempladas pelas disposições da CDB e da Convenção 169 da OIT.

1. OS POVOS ORIGINÁRIOS E AS CONSTITUIÇÕES BRASILEIRAS

Conforme José Afonso da Silva (2004), a Constituição de 1988 é fruto de um grande esforço no sentido de preordenar um sistema de normas que efetivamente protegesse os direitos e interesses dos indígenas. Foi ela que, com maior profundidade, tratou dos temas indígenas. O tratamento foi abrangente, mas é preciso dizer que a simples presença, ainda que ampla, das questões indígenas em nossa Lei Fundamental não é suficiente para equacionar os gravíssimos problemas enfrentados pelos diversos povos nativos no Brasil.

As Cartas de Doação e Forais expedidas pelos Reis de Portugal e os Regulamentos dos Governos Gerais foram os primeiros textos legais vigentes no Brasil. Neles constavam normas

---

[10] Disponível em: http://portalypade.mma.gov.br/. Acesso em: 9 out. 2019.

Capítulo 12 · TERRAS INDÍGENAS E REMANESCENTES DE QUILOMBOS | 343

acerca dos indígenas, com o principal objetivo de "pacificá-los", determinavam a conduta a ser seguida pelos portugueses em relação aos primeiros ocupantes de nossas terras.

A Constituição Brasileira de 1824 não cuidou dos indígenas ou das terras indígenas, muito embora os tenha atribuído a nacionalidade brasileira.[11] É digno de nota que a Assembleia Constituinte não deixou de debater os assuntos indígenas, muito embora o resultado dos debates tenha sido classificado por Manuela Carneiro da Cunha (1987) como "decepcionante".

A Carta Republicana de 1891 não cuidou dos assuntos indígenas, apesar de que a Assembleia Constituinte tenha debatido a matéria, sendo certo que o Apostolado Positivista, na sua proposta constitucional, tenha elaborado um texto que reconhecia os indígenas e seus direitos originários. A professora Manuela Carneiro da Cunha (1987) informa que em 1890, o Apostolado Positivista apresentou à Constituinte uma proposta contendo o mais explícito reconhecimento da soberania indígena, pois em seu artigo 1º estabelecia que a República dos Estados Unidos do Brasil era constituída pela livre federação dos povos circunscritos dentro dos limites do extinto Império do Brasil, compondo-se de duas sortes de estados confederados, cujas autonomias são igualmente reconhecidas e respeitadas segundo as fórmulas convenientes a cada caso: (1) os Estados Ocidentais brasileiros sistematicamente confederados e que provêm da fusão do elemento europeu com o elemento africano e o elemento aborígine; e (2) os Estados Americanos brasileiros empiricamente confederados, constituídos pelas hordas fetichistas esparsas pelo território de toda a República. A federação deles limita-se à manutenção das relações amistosas hoje reconhecidas como um dever entre nações distintas e simpáticas, por um lado; e, por outro lado, em garantir-lhes a proteção do Governo Federal contra qualquer violência, quer em suas pessoas, quer em seus territórios. Estes não poderão jamais ser atravessados sem o seu prévio consentimento pacificamente solicitado e só pacificamente obtido.

A primeira Constituição brasileira a dispor sobre a situação jurídica dos indígenas foi a de 1934, que dedicou dois tópicos ao tema. A menção inicial foi feita no artigo 5º, inciso XIX, alínea *m* (competência legislativa privativa da União para legislar sobre *incorporação dos silvícolas à comunhão nacional*), do artigo 129 determinava o respeito à posse de terra dos "silvícolas" que nelas se achassem permanentemente localizados, sendo-lhes, no entanto, vedada a alienação das terras. A Carta ditatorial de 1937 manteve a disposição.

O fim da Ditadura Vargas foi consolidado pela Constituição de 1946, que, também, fez menção aos povos originários e suas terras. O artigo 5º, ao tratar das competências legislativas da União, determinou ser de sua competência legislar sobre a *incorporação dos silvícolas à comunhão nacional*. Já o artigo 216 manteve o respeito a posse das terras onde os indígenas se encontrassem permanentemente localizados, com a condição de não a transferirem. Veja-se que as Constituições de 1934, 1937 e 1946 ao mencionarem as terras nas quais os povos indígenas estivessem permanentemente localizados, não asseguravam o direito dos aborígenes às terras das quais tivessem sido desapossados violentamente.

A Constituição de 1967 incluiu entre os bens da União *as terras ocupadas pelos silvícolas* (artigo 4º, IV). O artigo 8º daquela Constituição, em seu inciso XVII, atribuiu competência à União para legislar sobre *incorporação dos silvícolas à comunhão nacional*. O regime jurídico

---

[11] Artigo 6. São Cidadãos Brasileiros: I. Os que no Brasil tiverem nascido, quer sejam ingênuos, ou libertos, ainda que o pai seja estrangeiro, uma vez que este não resida por serviço de sua Nação.

344 | DIREITO AMBIENTAL – *Paulo de Bessa Antunes*

constitucional das terras ocupadas pelos indígenas, em suas linhas básicas, foi estabelecido pelo artigo 186, que manteve as disposições das Constituições antecedentes, acrescentando o direito dos indígenas ao usufruto exclusivo dos recursos naturais e a todas as utilidades existentes nas terras ocupadas pelos povos indígenas. A Emenda Constitucional 1, de 17 de outubro de 1969, estabeleceu a competência legislativa da União no que se refere à *incorporação dos silvícolas à comunhão nacional (artigo 8º, XVII, alínea o)*. A mesma Emenda, por seu artigo 198, dispôs sobre as terras indígenas. De todas as Constituições que o país tivera até aquele momento, foi a EC 1 a que dedicou maior espaço à questão, havendo estabelecido a inalienabilidade das terras habitadas pelos "silvícolas", a posse permanente das terras por eles habitadas e reconhecendo o direito ao usufruto exclusivo das riquezas naturais e de todas as utilidades existentes nas suas terras. Por força do mandamento constitucional, foram declarados nulos e extintos todos os efeitos jurídicos, quaisquer que fossem as suas naturezas, de atos que tivessem por objeto o domínio, a posse ou a ocupação de terras habitadas pelos silvícolas (artigo 198, § 1º). A declaração de nulidade constitucionalmente estabelecida foi determinada sem que o usurpador das terras indígenas tivesse direito a qualquer indenização (artigo 198, § 2º).

O traço comum entre as diversas Cartas Políticas anteriores à atual é o de buscar "integrar" o indígena à comunidade nacional. A integração se faria mediante a dissolução do elemento cultural e existencial dos povos indígenas nos elementos da "comunhão nacional".

1.1 A Constituição de 1988

A Constituição Federal de 1988 contém diversas menções implícitas e explícitas aos índios. Os artigos constitucionais voltados para os povos indígenas são os seguintes: artigos 20, XI; 22, XIV; 109, XI; 129, V; 210, § 2º; 215, § 1º; 231; e 232. As terras tradicionalmente ocupadas pelos indígenas integram o conjunto de bens da União (artigo 20, XI), sendo sua competência legislar sobre as populações indígenas (artigo 22, XIV). Ao Congresso Nacional compete dispor sobre a autorização, a exploração e o aproveitamento dos recursos hídricos e a lavra de riquezas minerais nas terras indígenas (artigo 49, XVI). É importante observar que, no caso, o Congresso Nacional exerce a atribuição sem a sanção do Presidente da República (artigo 48).

O processamento e o julgamento de ações judiciais versando sobre direitos indígenas cabe à Justiça Federal (artigo 109, XI), sendo atribuição do Ministério Público Federal a tutela judicial dos interesses e direitos das populações indígenas (artigo 129, V).

A educação dos povos indígenas também foi motivo de preocupação da Assembleia Nacional Constituinte. O artigo 210, em seu § 2º, determinou fossem asseguradas às comunidades indígenas a utilização de suas línguas maternas e processos próprios de aprendizagem. Garantiu a Lei Fundamental que os povos indígenas possam se desenvolver em seus próprios idiomas e, mais que isso, possam garantir a perpetuação de um dos elementos mais fundamentais para a construção de uma identidade, que é a língua.

Ainda no campo cultural, o constituinte desejou fossem garantidas as peculiaridades da cultura indígena. Em assim sendo, foi assegurada aos índios a proteção de seus valores e manifestações culturais (artigo 215 e parágrafos). Não se pode deixar de anotar que as tradições, modos e maneiras de viver, pensar e produzir, indígenas, por força da norma contida no artigo 216, são parte integrante do patrimônio cultural brasileiro.

Existem, ademais, artigos constitucionais que, mediatamente, dizem respeito à problemática vivenciada pelos povos pré-colombianos. Tais artigos podem ser encontrados nos capítulos destinados aos direitos e garantias individuais, aos direitos sociais e coletivos, à ordem econômica e social etc. Por questões óbvias por si mesmas, deve ser ressaltado que os tópicos constitucionais voltados para a atividade garimpeira e para a extração de riquezas minerais e naturais têm grande relevância para os povos indígenas.

A Constituição de 1988, como já foi visto, foi a que dedicou maior atenção aos indígenas. Os indígenas e o seu modo de ser foram cabalmente reconhecidos pela Constituição Federal, tendo sido imposta à União a obrigação de protegê-los, bem como a obrigação de defender suas terras, sua cultura, suas línguas, seus bens etc. É importante frisar que os direitos dos indígenas sobre suas terras são *direitos originários*. A reconhecida especialista Manuela Carneiro da Cunha (CEDI, 1991) afirma que a categoria direitos originários é importante, pois eles derivam *de um fato histórico – o de terem sido os indígenas os primeiros ocupantes do Brasil e não de uma situação de "fragilidade e desproteção" em que se encontram*. Os direitos originários dos indígenas sobre as suas terras são preexistentes a qualquer um outro, de quem quer que seja. São, portanto, oponíveis *erga omnes*.

A própria Lei Fundamental definiu o conceito de *terras tradicionalmente ocupadas pelos índios*. Tais terras são aquelas por eles habitadas em caráter permanente, as utilizadas com vistas às suas atividades produtivas, culturais, religiosas etc. É nos artigos 231 e 232 que se encontram os elementos essenciais para a definição jurídico-constitucional de tudo aquilo que diz respeito aos indígenas e seus direitos coletivos e individuais.

1.2   Política Indigenista do Brasil

1.2.1   Política Indigenista de 2019 a 2023

No ano de 2019, foi inaugurada uma nova política indigenista no Brasil, cujo conteúdo é francamente contra os indígenas e a proteção de suas terras. A Medida Provisória 870, de 1º de janeiro de 2019 (convertida na Lei 13.844/2019), que reorganizou a estrutura básica da Presidência da República, deu um "cavalo de pau" na política indigenista do Brasil. Nem os governos do regime militar foram tão claramente avessos aos direitos dos povos originários como a Administração inaugurada em 2019. Pelo artigo 21 da Lei 13.844/2019, foram atribuídas ao Ministério da Agricultura, Pecuária e Abastecimento as competências para a regularização fundiária de Terras Indígenas e Quilombolas, ficando evidente o conflito de interesses entre a proteção dos direitos indígenas e os da agricultura. A norma foi revogada pela Lei 14.600/2023, que devolveu a regularização fundiária das terras indígenas para o Ministério da Justiça e Segurança Pública (artigo 35, XXV).

1.2.2   O Ministério dos Povos Indígenas

A Medida Provisória 1.154/2023, convertida na Lei 14.600/2023, fez uma ampla reformulação da administração pública federal, com a instituição de dois ministérios muito relevantes no que se refere às populações indígenas e tradicionais (especialmente a quilombola), a saber: (1) o Ministério da Igualdade Racial (MIR) e o Ministério dos Povos Indígenas (MPI). Juntamente com a criação do MPI, a FUNAI teve o seu nome alterado para Fundação Nacional dos Povos Indígenas, o que representa uma revalorização da instituição e, principalmente, dos próprios indígenas.

A estrutura do MPI é a seguinte:

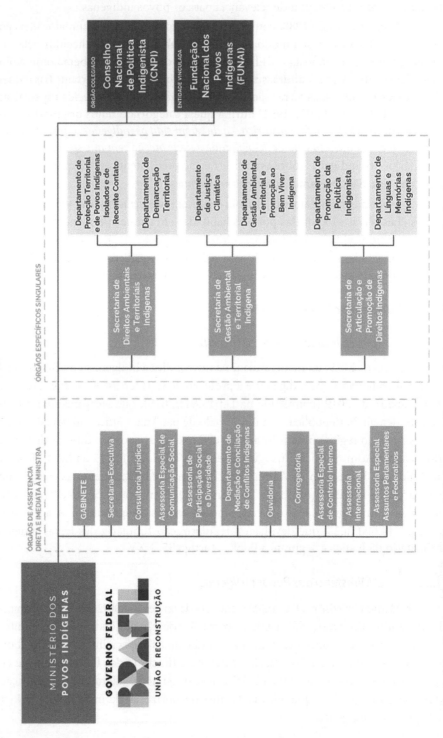

Fonte: https://www.gov.br/povosindigenas/pt-br/acesso-a-informacao/institucional/estrutura-organizacional.

Capítulo 12 · TERRAS INDÍGENAS E REMANESCENTES DE QUILOMBOS | 347

Pela 1ª vez na história do Brasil, foram nomeadas duas mulheres indígenas para os cargos de Ministra de Estado e Presidente da FUNAI. Espera-se que os órgãos sejam dotados das verbas e pessoal necessário para o bom desempenho de suas tarefas.

1.3 As Terras Indígenas [TI], os recursos naturais e o consentimento prévio, livre e informado

1.3.1 Terras indígenas

O principal problema dos indígenas é o que diz respeito à preservação e manutenção de suas terras. A própria inserção da matéria em diversos textos constitucionais, desde 1934, é prova evidente da importância do assunto. A questão, efetivamente, é a mais importante dentre todas vinculadas ao direito Indigenista. A terra tem outras funções importantes. A terra é o local no qual se desenvolvem as relações culturais, religiosas e econômicas. Entre os indígenas nunca houve uma fronteira rígida entre os territórios pertencentes a cada uma das diversas sociedades. Havia uma certa tolerância que grupos diferentes utilizassem um mesmo território. As limitações estabelecidas tinham por base uma ética peculiar entre os aborígines. Os conceitos de casa ou até mesmo de aldeia não possuem maior importância para os indígenas. O elemento fundamental é o seu território, o seu mundo. É dentro desse universo que todas as suas principais relações são desenvolvidas, e fora dele, dificilmente, a sociedade consegue sobreviver e prosperar.

Logo no início do século XVII a legislação colonial reconhecia a existência de terras indígenas, isto é, de terras de posse e domínio exclusivamente indígenas. Manuela Carneiro da Cunha (1987) nos informa que as Cartas Régias de 30 de julho de 1609, bem como a de 10 de setembro de 1611, expedidas por Felipe III, reconheciam o *pleno domínio dos índios sobre seus territórios e sobre as terras que lhes são alocadas nos aldeamentos*. Ainda no século XVII, surgiram outros alvarás e atos governamentais que dispunham sobre o direito dos aborígenes às suas terras. Esse tipo de legislação, indiscutivelmente, pressupunha que as terras do Brasil não eram dos índios e que, ao contrário, dentro do território nacional, deveriam ser reservadas áreas específicas para os índios; reconheciam, igualmente, a existência de um estado de beligerância entre as nações. Nesse sentido, é interessante observar a própria redação do Alvará Régio de 1º de abril de 1680, pelo qual foi estabelecido que os povos indígenas *foram os primeiros ocupantes e donos naturais destas terras*. Em razão desse reconhecimento, o Estado passa a estabelecer áreas exclusivas para os índios, buscando compensar as enormes perdas sofridas pelos índios e manter sobre um determinado grau de controle a expansão da colonização. A principal dessas compensações é a indicação e o reconhecimento de áreas que serão dedicadas à posse exclusiva dos indígenas.

O Alvará de 1º de abril de 1680 que foi destinado aos povos indígenas do Grão-Pará é um marco na legislação colonial. Pois, pelo Alvará de 8 de maio de 1758, foi determinada sua extensão para todos os povos indígenas do Brasil. O § 4º do Alvará de 1680 determinou fossem destinadas terras aos índios que descessem do sertão. Havia a proibição explícita de que os silvícolas fossem mudados das terras a eles destinadas, sem que assim o consentissem. Aqui temos a origem da inamovibilidade dos povos originários de suas terras.

Evidentemente que a distância entre a norma legal e a sua aplicação concreta sempre foi muito grande em nosso país. Imagine-se quão descumpridas deveriam ser as regras citadas na época colonial. Fato é que a legislação colonial reconhecia aos índios o direito exclusivo das terras necessárias à sua sobrevivência. Observe-se que a Carta Régia de 9 de março de 1718

348 | DIREITO AMBIENTAL – *Paulo de Bessa Antunes*

reconheceu que os índios *são livres, e isentos de minha jurisdição que os não podem obrigar a saírem de suas terras, para tomarem um modo de vida que se não agradarão.*

A *"guerra justa"*, movida contra os povos indígenas, permitia que as suas terras fossem subtraídas de seu domínio, passando à condição de terras devolutas. Todavia, a definição legal de terras devolutas somente foi estabelecida de forma definitiva pela Lei 601, de 18 de setembro de 1850. As terras devolutas, dentre outras destinações, podiam ser afetadas à colonização dos indígenas. Elas eram concedidas a sesmeiros que, por caírem em comisso, retornavam ao domínio do Poder Público. Veja-se, no entanto, que as terras que permanecessem em posse dos indígenas não eram devolutas.[12] As posses indígenas, na forma da Lei 601/1850, eram perfeitamente legitimáveis, pois havidas por "ocupação primeira".[13]

Somente com o Estatuto do Índio é que as peculiaridades da posse indígena sobre as suas terras foram reconhecidas como a ocupação efetiva da terra por índio ou silvícola que, de acordo com os usos, costumes e tradições tribais, detêm e onde habita ou exerce atividade indispensável à sua subsistência ou economicamente útil. (Lei 6.001/1973, artigo 23).

1.3.1.1 Direitos adquiridos sobre as terras indígenas

Um problema importante é o que diz respeito a pretensos direitos adquiridos por terceiros sobre as terras indígenas. Como estabelecido pelo § 6º do artigo 231 da Lei Fundamental, não é devida qualquer indenização em razão de atos ou negócios jurídicos praticados por terceiros envolvendo terras indígenas. A única exceção é para as benfeitorias feitas por terceiros de boa-fé. A Constituição de 1988 *não criou áreas indígenas.* Ao contrário, limitou-se a reconhecer as já existentes. Tal reconhecimento, contudo, não se limita às terras indígenas já demarcadas. As áreas demarcadas, evidentemente, não necessitavam do reconhecimento constitucional, pois, em nível da legislação infraconstitucional, já se encontravam afetadas aos

---

[12] Lei 601/1850: "Artigo 3º São terras devolutas: § 1º As que não se acharem aplicadas a algum uso público nacional, provincial ou municipal. § 2º As que não se acharem no domínio particular por qualquer título legítimo, nem forem havidas por sesmarias e outras concessões do Governo Geral ou Provincial, não incursas em comisso por falta do cumprimento das condições de medição, confirmação e cultura. § 3º As que não se acharem dadas por sesmarias, ou outras concessões do Governo, que, apesar de incursas em comisso, forem revalidadas por esta Lei. § 4º As que não se acharem ocupadas por posses, que, apesar de não se fundarem em título legal, forem legitimadas por esta Lei".

[13] "Artigo 5º Serão legitimadas as posses mansas e pacíficas, adquiridas por ocupação primária, ou havidas do primeiro ocupante, que se acharem cultivadas, ou com princípio de cultura, e morada, habitual do respectivo posseiro, ou de quem o represente, guardadas as regras seguintes: § 1º Cada posse em terras de cultura, ou em campos de criação, compreenderá, além do terreno aproveitado ou do necessário para pastagem dos animais que tiver o posseiro, outro tanto mais de terreno devoluto que houver contíguo, contanto que em nenhum caso a extensão total da posse exceda a de uma sesmaria para cultura ou criação, igual às últimas concedidas na mesma comarca ou na mais vizinha. § 2º As posses em circunstâncias de serem legitimadas, que se acharem em sesmarias ou outras concessões do Governo, não incursas em comisso ou revalidadas por esta Lei, só darão direito à indenização pelas benfeitorias. Excetua-se desta regra o caso do verificar-se a favor da posse qualquer das seguintes hipóteses: 1ª, o ter sido declarada boa por sentença passada em julgado entre os sesmeiros ou concessionários e os posseiros; 2ª, ter sido estabelecida antes da medição da sesmaria ou concessão, e não perturbada por cinco anos; 3ª, ter sido estabelecida depois da dita medição, e não perturbada por 10 anos. § 3º Dada a excepção do parágrafo antecedente, os posseiros gozarão do favor que lhes assegura o § 1º, competindo ao respectivo sesmeiro ou concessionário ficar com o terreno que sobrar da divisão feita entre os ditos posseiros, ou considerar-se também posseiro para entrar em rateio igual com eles. § 4º Os campos de uso comum dos moradores de uma ou mais freguesias, municípios ou comarcas serão conservados em toda a extensão de suas divisas, e continuarão a prestar o mesmo uso, conforme a prática atual, enquanto por Lei não se dispuser o contrário."

Capítulo 12 · TERRAS INDÍGENAS E REMANESCENTES DE QUILOMBOS | 349

povos indígenas. O que foi feito pela Constituição foi o reconhecimento de situações fáticas, isto é, a Lei Fundamental, independentemente de qualquer norma de menor hierarquia, fixou critérios capazes de possibilitar o reconhecimento jurídico das terras indígenas.

É preciso estar atento ao fato de que as terras indígenas foram reconhecidas como afetadas aos diversos grupos étnicos de origem pré-colombiana, em razão do expresso reconhecimento da incidência de *direito originário*, isto é, direito precedente e superior a qualquer outro que, eventualmente, se possa ter constituído sobre o território dos indígenas. A demarcação das terras tem única e exclusivamente a função de criar uma delimitação espacial da titularidade indígena e de opô-la a terceiros. A demarcação não é constitutiva. Ora, qualquer construção, qualquer empreendimento encontrado no interior das áreas indígenas, sem expressa previsão legal ou, ainda, por autorização contratual firmada entre as partes, deve ser tido, a partir da Constituição de 1988, como violador dos direitos originários dos indígenas sobre as suas terras. É não indenizável, a menos que o terceiro interessado comprove, judicialmente, desconhecer o caráter indígena do território no qual tenha realizado o empreendimento em tela. Observe-se que, aqui, o terceiro não poderá invocar em sua defesa a norma contida no artigo 5º, inciso XXXVI, da Constituição, pois houve *expressa exclusão de quaisquer direitos adquiridos*. A única exceção é em relação às benfeitorias de boa-fé.

O Estatuto do Índio, como não poderia deixar de ser, possui uma lista de artigos voltados unicamente para o trato das questões referentes às terras indígenas. Em qualquer parte do território nacional, a União pode demarcar e destinar áreas para a utilização exclusiva dos povos indígenas. Tais áreas podem ser adquiridas por compra, por desapropriação ou por qualquer outro modo de transmissão de domínio.

Nos termos do Estatuto, as terras indígenas podem ser classificadas em: (1) *reserva indígena* – área destinada a servir de *habitat a* grupo indígena, com os meios suficientes à sua subsistência; (2) *parque indígena* – área contida em terra na posse dos índios, cujo grau de integração permita assistência econômica, educacional e sanitária dos órgãos da União, em que se preservem as reservas de flora e fauna e as belezas naturais da região; (3) *colônia agrícola indígena* – área destinada à exploração agropecuária, administrada pelo órgão de assistência ao índio, onde convivam tribos aculturadas e membros da comunidade nacional;[14] (4) *território federal indígena* – é a unidade administrativa subordinada à União, instituída em região na qual pelo menos um terço da população seja formado por índios.

1.4 A demarcação das terras indígenas

A Constituição Federal determina, em seu artigo 67, do Ato das Disposições Constitucionais Transitórias, que: "a União concluirá a demarcação das terras indígenas no prazo de cinco anos a partir da promulgação da Constituição". A norma jurídica, em si, não constitui novidade em nosso Direito Positivo, pois representa repetição e elevação em nível constitucional de norma existente no artigo 65 da Lei 6.001, de 19 de dezembro de 1973. Portanto, há mais de 40 anos, existe um prazo legal para que as terras indígenas fossem demarcadas *dentro de cinco anos*. Tanto a norma legal como a constitucional restaram letras mortas.

As *terras tradicionalmente ocupadas* pelos indígenas são bens de propriedade da União (CF, artigo 20, XI). Tais terras são destinadas à posse permanente dos indígenas e a eles cabe o usufruto exclusivo das riquezas do solo, dos rios e dos lagos existentes em seu interior (CF, artigo 231, § 2º). À União compete demarcar, proteger e fazer respeitar as terras indígenas

---

[14] Pela redação do Estatuto, verifica-se que o índio não é considerado membro da comunidade nacional.

(CF, artigo 231, *caput*). Terras tradicionalmente ocupadas pelos indígenas são aquelas *por eles habitadas em caráter permanente, as utilizadas para suas atividades produtivas, as imprescindíveis à preservação dos recursos ambientais necessários ao seu bem-estar e as necessárias à sua reprodução física e cultural, segundo seus usos, costumes e tradições (CF, artigo 231, § 1º).*

A demarcação das TIs é regulada pelo Decreto 1.775, de 8 de janeiro de 1996, que estabeleceu, de forma clara, os princípios de índole constitucional que já se encontravam presentes na norma anterior [Decreto 22/1991]. O contraditório, já existente, por força de mandamento constitucional, tornou-se mais meridiano, mais límpido. Foi expressamente estabelecido que todos aqueles que se julgassem prejudicados com o reconhecimento administrativo de terras indígenas teriam um prazo para impugnar o reconhecimento.

O Decreto 1.775/1996 busca fazer com que a caracterização das terras indígenas seja feita, única e exclusivamente, dentro das determinações constitucionais; isto é, que a Fundação Nacional do Índio – Funai, ao declarar uma área como terra indígena, verifique, efetivamente, se as terras cumprem as funções determinadas pelo artigo 231 da Lei Fundamental da República. O que se pode constatar é que o Decreto 1.775/1996 criou uma obrigação técnico-profissional extremamente complexa e que deve ser bem desempenhada pelo órgão de proteção aos índios. Por outro lado, não se pode olvidar de que o maior rigor técnico exigido para a demarcação fará com que os procedimentos sejam mais seguros, gerando maior tranquilidade para a sociedade e para os próprios indígenas.

1.5 O Marco Temporal e o renitente esbulho como obstáculos aos direitos indígenas

A jurisprudência do Supremo Tribunal Federal [STF], em especial o caso Raposa Serra do Sol,[15] estreitou o alcance do artigo 231 da Constituição Federal, estabelecendo que somente seriam reconhecidas como de ocupação tradicional as terras que estivessem ocupadas por indígenas aos 5 de outubro de 1988. A rediscussão do chamado Marco Temporal começou a ser reexaminada pelo STF, na Repercussão Geral no Recurso Extraordinário (RE) 1.017.365,[16] que trata da definição do estatuto jurídico-constitucional das relações de posse das áreas de tradicional ocupação indígena com base nas regras estabelecidas no artigo 231 da Constituição Federal [CF]. O caso diz respeito à ocupação tradicional dos índios Xokleng, localizada em parte da Reserva Biológica do Sassafrás,[17] no Estado de Santa Catarina.[18]

Aos 11 de dezembro de 1998, o Ministro da Justiça baixou a Portaria 820, declarando os limites da terra indígena Raposa Serra do Sol, determinando a demarcação, nos termos do artigo 2º, § 10, inciso I, do Decreto 1.775, de 8 de janeiro de 1996. A mencionada Portaria foi substituída pela de nº 534, de 13 de abril de 2005, posteriormente homologada por Decreto de 15 de abril de 2005. A principal medida judicial contestando a demarcação foi a Ação Popular

---

15 Disponível em: https://especiais.socioambiental.org/inst/esp/raposa/. Acesso em: 2 maio 2020.

16 Disponível em: http://www.stf.jus.br/portal/jurisprudenciaRepercussao/listarProcesso.asp?Pesquis aEm=tema&PesquisaEm=controversia&PesquisaEm=ambos&situacaoRG=TODAS&situacaoAtual=S &txtTituloTema=&numeroTemaInicial=1031++++++&numeroTemaFinal=1031++++++&acao=pes quisarProcesso&dataInicialJulgPV=&dataFinalJulgPV=&classeProcesso=&numeroProcesso=&minis tro=&txtRamoDireito=&ordenacao=asc&botao=. Acesso em: 22 maio 2020.

17 Disponível em: http://www.ima.sc.gov.br/index.php/ecosistemas/unidades-de-conservacao/reserva- -biologica-estadual-do-sassafras. Acesso em: 1 maio 2020.

18 Disponível em: http://www.stf.jus.br/portal/cms/verNoticiaDetalhe.asp?idConteudo=404272&caix aBusca=N. Acesso em: 1 abr. 2020.

Capítulo 12 · TERRAS INDÍGENAS E REMANESCENTES DE QUILOMBOS | **351**

ajuizada pelo Senador Augusto Affonso Botelho Neto, pleiteando a declaração de nulidade da Portaria 534/2005. Foi na Petição 3.388/RR, protocolizada nos autos da Ação Popular mencionada, que o STF dirimiu a questão fixando o *leading case* para o tema. Na decisão[19] o Relator sustentou que "O marco temporal de ocupação. A Constituição Federal trabalhou com data certa – a data da promulgação dela própria (5 de outubro de 1988) – como insubstituível referencial para o dado da ocupação de um determinado espaço geográfico por essa ou aquela etnia aborígene; ou seja, para o reconhecimento, aos índios, dos direitos originários sobre as terras que tradicionalmente ocupam. 11.2. A tradicionalidade da posse nativa, no entanto, não se perde onde, ao tempo da promulgação da Lei Maior de 1988, a reocupação apenas não ocorreu por efeito de renitente esbulho por parte de não índios...". O resultado concreto da aplicação de tais conceitos é que somente os territórios que estivessem tradicionalmente ocupados por povos indígenas aos 5 de outubro de 1988 poderiam ser reconhecidos como TI.

Em outro caso, AgReg no Recurso Extraordinário com Agravo 803.462-MS, a 2ª Turma do STF decidiu que

> Dessa forma, sendo incontroverso que as últimas ocupações indígenas na Fazenda Santa Bárbara ocorreram em 1953 e não se constatando, nas décadas seguintes, situação de disputa possessória, fática ou judicializada, ou de outra espécie de inconformismo que pudesse caracterizar a presença de não índios como efetivo "esbulho renitente", a conclusão que se impõe é a de que o indispensável requisito do marco temporal da ocupação indígena, fixado por esta Corte no julgamento da Pet 3.388 não foi cumprido no presente caso.

Os *direitos originários* previstos no *caput* do artigo 231 da CF foram inicialmente identificados como Indigenato, instituto jurídico que, em contraposição ao "marco temporal" e ao "renitente esbulho", serve de alicerce a respaldar as legítimas reivindicações dos povos indígenas "sobre as terras que tradicionalmente ocupam". João Mendes Jr. (1912) demonstra que a legislação colonial, em alguma medida, reconhecia a primariedade da posse indígena, do direito surgido da simples presença, com desejo de permanência, em determinadas terras antes da presença dos colonizadores:

> [O] indígena primariamente estabelecido, tem a *sedun positio*, que constitui o fundamento da posse, segundo o conhecido texto do jurisconsulto PAULO (...); mas o indígena, além desse *jus possessionis*, tem o *jus possidendi*, que já lhe é reconhecido e preliminarmente legitimado, desde o Alvará de 1º de Abril de 1680, como direito congênito. Ao indigenato, é que melhor se aplica o texto do jurisconsulto Paulo: – *quia naturaliter tenetur ab eo qui isistit*. (1912, p. 58-59)
>
> [...] E para que os ditos Gentios, que assim descerem, e os mais, que há de presente, melhor se conservem nas Aldeias: hei por bem que senhores de suas fazendas, como o são no Sertão, sem lhe poderem ser tomadas, nem sobre elas se lhe fazer moléstia. E o Governador com parecer dos ditos Religiosos assinará aos que descerem do Sertão, lugares convenientes para neles lavrarem, e cultivarem, e não poderão ser mudados dos ditos lugares contra sua vontade, nem serão obrigados a pagar foro, ou tributo algum das ditas terras, que ainda estejam dados em Sesmarias e pessoas particulares, porque na concessão destas se reserva sempre o prejuízo de terceiro, e muito mais se entende, e quero que se entenda ser reservado o prejuízo, e direito os Índios, primários e naturais senhores delas.

---

[19] Disponível em: http://redir.stf.jus.br/paginadorpub/paginador.jsp?docTP=AC&docID=630133. Acesso em: 1 maio 2020.

DIREITO AMBIENTAL – Paulo de Bessa Antunes

Sabemos que a legislação colonial foi contraditória, parcial e, em essência, voltada para suprimir direitos dos povos autóctones. Fato é que a norma foi positivada e, como declarado por João Mendes Jr., não se tem notícia de sua revogação. Segundo João Mendes Jr., o primeiro ocupante somente poderia ser o indígena que tinha como título o Indigenato, a posse aborígene, expressão de um direito congênito que nasce com a primeira ocupação. Segundo Mendes Jr., o regulamento de 1854, no particular, limitou-se a reproduzir o Alvará de 1º de abril de 1680. Acrescenta, ainda, que a Lei 601/1850 traz outras reservas que não "supõem posse originária ou congênita" que seriam as terras devolutas destinadas à (1) colonização, (2) abertura de estradas, (3) fundação de povoações e quaisquer outras servidões púbicas. E mais: para Mendes Jr., "A colonização de indígenas, como já ficou explicado, supõe, como qualquer outra colonização, uma emigração para imigração; e o próprio regulamento 1.318, de 30 de janeiro de 1854, no artigo 72, declara reservadas as terras devolutas, não só as terras destinadas à colonização dos indígenas, como as terras dos aldeamentos onde existem hordas selvagens. Em suma, quer da letra, quer do espírito da Lei de 1850, se verifica que essa Lei nem mesmo considera devolutas as terras possuídas por hordas selvagens estáveis: essas terras são tão particulares como as possuídas por ocupação, legitimável, isto é, são originariamente reservadas da devolução, nos expressos termos do Alvará de 1º de Abril de 1680, que as reserva até na concessão de sesmaria" (1912, p. 60). O Indigenato, como instituto jurídico, foi reconhecido pelo STF, *e.g.*, ACO 312.[20]

1.5.1   Lei 14.701/2023 – Lei do Marco Temporal

O Congresso Nacional aprovou a Lei 14.701/2023, que "Regulamenta o art. 231 da Constituição Federal, para dispor sobre o reconhecimento, a demarcação, o uso e a gestão de terras indígenas; e altera as Leis 11.460, de 21 de março de 2007, 4.132, de 10 de setembro de 1962, e 6.001, de 19 de dezembro de 1973". A aprovação da lei foi uma reação aos direitos indígenas consagrados na Constituição.

O artigo 4º, *caput*, dispõe que:

Artigo 4º São terras tradicionalmente ocupadas pelos indígenas brasileiros aquelas que, na data da promulgação da Constituição Federal, eram, simultaneamente:

Ora, o artigo 231, *caput* e § 1º, da Constituição Federal dispõe que:

Artigo 231. São reconhecidos aos índios sua organização social, costumes, línguas, crenças e tradições, e os direitos originários sobre as terras que tradicionalmente ocupam, competindo à União demarcá-las, proteger e fazer respeitar todos os seus bens.

§ 1º São terras tradicionalmente ocupadas pelos índios as por eles habitadas em caráter permanente, as utilizadas para suas atividades produtivas, as imprescindíveis à preservação dos recursos ambientais necessários a seu bem-estar e as necessárias a sua reprodução física e cultural, segundo seus usos, costumes e tradições.

---

[20]   "A posse indígena sobre a terra, fundada no indigenato, diz com o *ius possessionis* e o *ius possidendi*. Abrange a relação material do sujeito com a coisa e o direito de seus titulares a possuírem-na como seu habitat. 26. Nessa linha decidiu esta Corte, sob a Constituição de 1946, voto do Ministro Victor Nunes Leal no RE 44.585 [*DJ* 11.10.1961]: 'O objetivo da Constituição Federal é que ali permaneçam os traços culturais dos antigos habitantes, não só para sobrevivência dessa tribo, como para estudo dos etnólogos e para outros efeitos de natureza cultural e intelectual. Não está em jogo, propriamente, um conceito de posse, nem de domínio, no sentido civilista dos silvícolas, trata-se de habitat de um povo'" (STF, ACO 312/BA, Tribunal Pleno, Rel. Min. Eros Grau, j. 02.05.2012, *DJe*-054).

Capítulo 12 · TERRAS INDÍGENAS E REMANESCENTES DE QUILOMBOS | 353

Como se vê, a norma constitucional não faz qualquer delimitação temporal para o reconhecimento de uma terra indígena. A Lei é objeto de duas ações diretas de inconstitucionalidade: ADI 7.582 e 7.583; bem como de uma ação direta de constitucionalidade: ADC 87, pedindo a validação da lei, e a ADI 7.582, questionando sua validade. As medidas judiciais aguardam julgamento.

1.6 A Exploração de Recursos Naturais em Terras Indígenas: Consentimento Livre, Prévio e Informado [CLPI]

O artigo 231, § 2º, da Constituição Federal assegura aos indígenas o usufruto exclusivo das riquezas do solo, dos rios e dos lagos das terras por eles tradicionalmente ocupadas e em sua posse permanente.[21] O § 3º do mesmo artigo estabelece salvaguardas para a utilização das TIs e para o próprio exercício do usufruto indígena. Ao estabelecer que "[o] aproveitamento dos recursos hídricos, incluídos os potenciais energéticos, a pesquisa e a lavra das riquezas minerais em terras indígenas só podem ser efetivados com autorização do Congresso Nacional, ouvidas as comunidades afetadas, ficando-lhes assegurada participação nos resultados da lavra, na forma da lei. Dessa forma, há duas condições constitucionais insuperáveis para o aproveitamento de (1) recursos hídricos, (2) potenciais energéticos e (3) riquezas minerais que são a (a) autorização do Congresso Nacional [Câmara + Senado em sessão conjunto] mediante a edição de ato próprio e específico de autorização; a (b) participação nos resultados econômicos, tal como definido em lei; e (c) a oitiva das comunidades afetadas que, no caso concreto, deve ser feita pelo processo estabelecido na Convenção 169 da Organização Internacional do Trabalho.

A crescente preocupação com a proteção dos direitos humanos, com a proteção das florestas, assim como os movimentos reivindicatórios dos povos indígenas e tradicionais fizeram com que se estabelecesse um novo quadro legal para apropriação dos recursos naturais existentes nas florestas tropicais e nas demais áreas habitadas por povos indígenas e populações tradicionais. A principal novidade jurídica é um marco legal, tanto a nível local como internacional, o qual determina que as intervenções com vistas à utilização econômica dos recursos naturais, bem como dos conhecimentos tradicionais associados à diversidade biológica, sejam feitas *após* a obtenção do consentimento prévio, livre e informado das populações que habitam as áreas potencial ou efetivamente impactadas e provedoras dos recursos naturais. Trata-se de uma realidade legal complexa, com diferentes origens econômicas, sociais, éticas e morais e, sobretudo, porque reintroduz, de alguma forma, a questão do pluralismo jurídico no direito contemporâneo, vez que o CLPI deve ser manifestado conforme os costumes dos povos tradicionais. Do ponto de vista econômico das empresas parece mais do que evidente que a ampliação dos protestos e demandas judiciais feitos pelos povos indígenas e comunidades tradicionais não raras vezes implica paralisações de atividades, intensa publicidade negativa e tantos outros abalos econômicos e de imagem que demonstram que intervenções feitas à revelia dos detentores de direitos territoriais são altamente arriscadas e com grande grau de

---

21 STF. A exclusividade de usufruto das riquezas do solo, dos rios e dos lagos nas terras indígenas é conciliável com a eventual presença de não índios, bem assim com a instalação de equipamentos públicos, a abertura de estradas e outras vias de comunicação, a montagem ou construção de bases físicas para a prestação de serviços públicos ou de relevância pública, desde que tudo se processe sob a liderança institucional da União, controle do Ministério Público e atuação coadjuvante de entidades tanto da administração federal quanto representativas dos próprios indígenas. O que já impede os próprios índios e suas comunidades, por exemplo, de interditar ou bloquear estradas, cobrar pedágio pelo uso delas e inibir o regular funcionamento das repartições públicas. [Pet 3.388, Rel. Min. Ayres Britto, j. 19.03.2009, *DJe* 1º.07.2010.]

insegurança jurídica, gerando custos indesejáveis e até mesmo insuportáveis. Do ponto de vista legal, há uma crescente legislação garantidora dos direitos de participação das populações indígenas e tradicionais na gestão de seus territórios, bem como de uma remuneração "justa e equitativa" pelos rendimentos auferidos por terceiros a partir da utilização dos recursos naturais existentes nesses territórios.

Assim, o CLPI expressa uma forma inteiramente nova de relacionamento entre os agentes econômicos – muitas vezes internacionais – e comunidades que ao longo de séculos têm visto os seus locais de vida, trabalho e identificação serem somados ao processo econômico mundial, sem que elas tenham qualquer possibilidade de interferência ou obtenham remuneração, direta ou indireta, pela utilização dos recursos naturais.

A incorporação das comunidades locais e das populações indígenas no processo decisório relativo à extração dos recursos naturais tem sua origem jurídica mais imediata na Carta das Nações Unidas, que estabeleceu a prevalência dos Direitos Humanos e da autodeterminação dos povos, dando base ao posterior desenvolvimento de normas jurídicas criando mecanismos de consultas às comunidades afetadas por projetos de grande impacto social e ambiental. Em relação ao hemisfério, não se pode esquecer a Carta da Organização dos Estados Americanos, a Declaração Americana dos Direitos e Deveres do Homem, a Convenção Americana de Direitos Humanos (Pacto de San José da Costa Rica) e o Protocolo Adicional à Convenção sobre Direitos Humanos em matéria de Direitos Econômicos, Sociais e Culturais (Protocolo de San Salvador).

No âmbito do sistema das Nações Unidas existe a Convenção 169 da Organização Internacional do Trabalho [OIT] sobre povos indígenas e tribais que tem sido considerada como o mais abrangente instrumento vinculante de direito internacional relativo aos povos indígenas e tribais, a qual claramente reconhece o direito dos povos indígenas a serem ouvidos, de forma adequada, sobre todos os projetos capazes de impactar negativamente os seus territórios, o modo de vida e que acarretem o deslocamento de suas terras. Posteriormente, a Convenção sobre Diversidade Biológica dispôs que a utilização dos conhecimentos tradicionais associados à biodiversidade só fosse permitida mediante concessão de consentimento prévio, livre e informado por parte das populações detentoras de tais conhecimentos, assegurada a repartição justa e equitativa dos benefícios. À lista acima deve ser acrescentada a Declaração das Nações Unidas sobre o Direito dos Povos Indígenas aprovada na 107ª Sessão Plenária da Assembleia Geral realizada aos 13 de setembro de 2007 que, assim como as Convenções mencionadas, dispõe sobre o CLPI.

A necessidade de concessão de consentimento prévio para o desempenho de certas atividades tem sido adotada para além do acesso aos recursos naturais. No Brasil, por exemplo, vigem a (1) Convenção sobre o Controle de Movimentos Transfronteiriços de Resíduos Perigosos e seu Depósito [Convenção de Basileia], a (2) Convenção de Roterdã sobre o Procedimento de Consentimento Prévio Informado Aplicado a Certos Agrotóxicos e Substâncias Químicas Perigosas Objeto de Comércio Internacional – CPI e (3) a Convenção de Estocolmo sobre Poluentes Orgânicos Persistentes, por exemplo.

É importante observar que as principais instituições financeiras internacionais tais como o Fundo Monetário Internacional e o grupo Banco Mundial têm estabelecido em seus programas de financiamento para grandes empreendimentos de infraestrutura a necessidade da concessão do CLPI. Da mesma forma têm agido as instituições bancárias privadas, mediante a adoção dos Princípios do Equador.[22] Dessa forma, está claro que o CLPI é uma realidade que veio para ficar e que a extração de recursos naturais está merecendo uma nova abordagem

---

[22]   Disponível em: https://equator-principles.com/app/uploads/EP4_Portuguese.pdf. Acesso em: 20 jun. 2022.

Capítulo 12 · TERRAS INDÍGENAS E REMANESCENTES DE QUILOMBOS | 355

a qual, necessariamente, deve incluir aqueles que são mais diretamente impactados como elementos fundamentais do processo.

1.6.1   Bases legais do consentimento prévio, livre e informado

Até a imposição do CLPI como uma exigência legal para projetos de exploração de recursos naturais uma longa rota foi percorrida. Após vários séculos de conflitos e disputas foi somente no início do século XX que uma delegação indígena se apresentou autonomamente no cenário internacional, representada por um grupo de iroqueses canadenses (seis nações) solicitando audiência à Liga das Nações, sem sucesso (ANAYA, 2009). Foi especialmente na década de 60 do século XX que os indígenas e as comunidades tradicionais começaram a surgir no cenário internacional como força política. Essa situação foi favorecida por vários fatores entre os quais merecem destaque (1) a descolonização efetivada após a 2ª Guerra Mundial; os (2) conflitos internos nos países originários da descolonização, com predominância de determinados grupos étnicos sobre outros; (3) o movimento de direitos civis nos Estados Unidos com a incorporação de questões étnicas por parte de uma classe média com raízes indígenas. É importante ressaltar que os movimentos indígenas, não poucas vezes, conflitaram com o ambientalismo. As reivindicações indígenas estão mais próximas do discurso da justiça ambiental, *environmental justice,* que surgiu nos Estados Unidos na segunda metade do século XX e, como ressaltado por John Hannigan (2014), que diferia inteiramente das interpretações prevalecentes sobre os principais problemas e prioridades ambientais. Segundo Acselrad, Mello e Bezerra (2009), o Movimento de Justiça Ambiental tem origem nos EUA na década de 1980, a partir de uma articulação entre lutas sociais, territoriais, ambientais e de direitos civis que desde os anos 1960 começaram a incluir as questões relativas às más condições de saneamento, a contaminação química de bairros residenciais e outras questões assemelhadas. Como se sabe, as principais questões ambientais naquela época, e de certa forma ainda hoje, estavam relacionadas aos temas de conservação da vida silvestre e planejamento rural. Todavia, deve ser ressaltado que, no Brasil, já na década de 70 do século XX, havia o movimento liderado por Chico Mendes que tinha como um dos seus principais focos a compatibilização entre a proteção do meio ambiente e o respeito ao estilo de vida dos povos tradicionais, custando a vida do líder seringueiro. Anote-se que a maioria das questões suscitadas pelas populações indígenas e tradicionais eram relativas à posse e uso dos recursos naturais existentes em seus territórios, bem como relativas ao seu reconhecimento como grupo étnico e respeito humano e cultural, pois "para um povo colonizado o valor mais essencial, porque mais concreto, é primeiro e principalmente a terra: a terra que lhes trará pão e, sobretudo, dignidade" (FANON, 1963, p. 80). A Carta das Nações Unidas, com seu espírito igualitário, em seu artigo 55 (a) estabelece que um dos princípios da cooperação entre os estados é favorecer que se atinja "níveis mais altos de vida, trabalho efetivo e condições de progresso e desenvolvimento econômico e social", a cooperação econômica, igualmente, deve favorecer "o respeito universal e efetivo dos direitos humanos e das liberdades fundamentais para todos, sem distinção de raça, sexo, língua ou religião" [artigo 55 (c)], por sua vez, a Declaração Universal dos Direitos Humanos estabelece que "[t]odos os seres humanos nascem livres e iguais em dignidade e em direitos" (artigo 1º), podendo invocá-los "sem distinção alguma" (artigo 2º), destacando-se os direitos "à vida, à liberdade e à segurança pessoal" (artigo 3º), bem como a igualdade "perante a lei e, sem distinção, têm direito a igual proteção da lei". Os povos indígenas e populações tradicionais passaram a se compreenderem como destinatários de tais direitos universais e, desde então, buscam a sua implementação, utilizando-se de todos os diferentes meios disponíveis para tal.

1.6.1.1 Convenção 169 da Organização Internacional do Trabalho

A Organização Internacional do Trabalho [OIT], em sua 79ª Conferência aprovou a Convenção 169 sobre Povos Indígenas e Tribais em Países Independentes [C 169] que é um dos principais, senão o principal, instrumentos obrigatórios em nível internacional que trata dos direitos dos povos indígenas e tribais no mundo. A Convenção foi incorporada ao Direito Brasileiro pelo Decreto 5.051, de 19 de abril de 2004.[23] Conforme o disposto no artigo 1º (a) e (b), ela se aplica "aos povos tribais em países independentes, cujas condições sociais, culturais e econômicas os distingam de outros setores da coletividade nacional, e que estejam regidos, total ou parcialmente, por seus próprios costumes ou tradições ou por legislação especial", bem como "aos povos em países independentes, considerados indígenas pelo fato de descenderem de populações que habitavam o país ou uma região geográfica pertencente ao país na época da conquista ou da colonização ou do estabelecimento das atuais fronteiras estatais e que, seja qual for sua situação jurídica, conservam todas as suas próprias instituições sociais, econômicas, culturais e políticas, ou parte delas".

Já o artigo 1º (2) estabelece que "[a] consciência de sua identidade indígena ou tribal deverá ser considerada como critério fundamental para determinar os grupos aos que se aplicam as disposições da presente Convenção". Do ponto de vista normativo, parece claro que a C 169 tutela as (1) populações tribais que devido às suas condições sociais, culturais e econômicas se distingam de outros setores da comunidade de um determinado país ou nação e que se (2) autogovernem em sua vida cotidiana por costumes e tradições próprias ou (3) sejam destinatárias de legislação especial em função de suas peculiaridades étnicas. Em relação aos povos indígenas a C 169 estabelece o critério de (1) "descenderem de populações que habitavam o país ou uma região geográfica pertencente ao país na época da conquista ou da colonização ou do estabelecimento das atuais fronteiras estatais" e que, (2) "seja qual for sua situação jurídica, conservam todas as suas próprias instituições sociais, econômicas, culturais e políticas, ou parte delas". A norma estabelece critérios complexos para a identificação de populações tradicionais e indígenas, sendo que a aplicação concreta da norma, em diversas vezes, tem priorizado a "consciência de sua origem indígena ou tribal" para a caracterização de uma população como beneficiária da Convenção, o que não parece ser o objetivo do texto legal. No Brasil, por exemplo, a Fundação Nacional do Índio – FUNAI[24] tem se posicionado no sentido de que a "consciência" é o elemento determinante, "[d]essa forma, os critérios utilizados consistem: (a) na autodeclaração e consciência de sua identidade indígena; (b) no reconhecimento dessa identidade por parte do grupo de origem". Parece claro que a forma como a FUNAI vem interpretando a C 169 implica a extensão da proteção concedida pela Convenção a setores populacionais que, rigorosamente, nela não se enquadram. A "consciência de sua origem indígena ou tribal" é um "critério fundamental, mas não único, como parece fazer crer a declaração da FUNAI. Logo, a Convenção estipulou algumas condições objetivas para o reconhecimento dos povos indígenas ou tribais – com vistas à atribuição de direitos específicos – e, igualmente, estipulou alguns critérios interpretativos para a aplicação dos critérios objetivos, ou seja, havendo dúvidas no que se refere à aplicação ou não da Convenção a uma determinada situação concreta, o intérprete se socorrerá do disposto no número 2 do artigo 1º, "[a] consciência de sua identidade indígena ou tribal deverá ser considerada como critério fundamental para determinar os grupos aos que se aplicam as disposições da presente Convenção". Veja-se que a Convenção fala em *critério fundamental, mas não em critério*

---

[23] Consolidadas as Convenções da Organização Internacional do Trabalho pelo Decreto 10.088/2019.
[24] Disponível em: http://www.funai.gov.br/index.php/todos-ouvidoria/23-perguntas-frequentes/97--pergunta-3. Acesso em: 27 fev. 2015.

Capítulo 12 · TERRAS INDÍGENAS E REMANESCENTES DE QUILOMBOS | **357**

único, o mero autorreconhecimento de um indivíduo ou de uma comunidade como indígena não é suficiente para que ela passe a fazer jus aos benefícios da Convenção, ou de um tratamento legalmente privilegiado se ele ou ela não ostentarem "condições sociais, culturais e econômicas [que] os distingam de outros setores da coletividade nacional" ou estiverem "regidos, total ou parcialmente, por seus próprios costumes ou tradições ou por legislação especial", ou mesmo que conservem "todas as suas próprias instituições sociais, econômicas, culturais e políticas, ou parte delas". A norma estabelece critérios complexos para a identificação de populações tradicionais e indígenas, sendo que a eles devem ser somados ao autorreconhecimento de uma identidade própria. Mesmo uma interpretação liberal não pode dispensar a caracterização de peculiaridades culturais e étnicas, capazes de destacar a comunidade examinada dentro de uma determinada sociedade nacional, sob pena de uma ampliação excessiva dos destinatários o que, certamente, não é o objetivo da C 169.

O CLPI de acordo com a C 169 se molda em um conjunto de regras legais – cogentes – explícitas e implícitas. O artigo 2º (2) assegura aos povos indígenas e às comunidades tradicionais "o gozo, em condições de igualdade, dos direitos e oportunidades que a legislação nacional outorga aos demais membros da população", portanto os direitos conferidos pela Convenção são complementares aos direitos assegurados a todo e qualquer cidadão. A manifestação do consentimento das populações indígenas e tradicionais começa a se concretizar no artigo 4º (1) e (2), que estabelecem que mesmo as medidas adotadas com vistas a salvaguardar pessoas, instituições, bens, cultura e meio ambiente das populações beneficiárias da C 169 não "deverão ser contrárias aos desejos expressos livremente pelos povos interessados", ou seja, só devem ser precedidas do Consentimento Prévio, Livre e Informado. O artigo 6º (a) determina uma obrigação de consulta aos "povos interessados, mediante a utilização de mecanismos apropriados", em especial por intermédio das instituições representativas e legítimas de tais povos, "cada vez que sejam previstas medidas legislativas ou administrativas suscetíveis de afetá-los diretamente". Em conformidade com o artigo 6º (b), cabe aos estados estabelecer "os meios através dos quais os povos interessados possam participar livremente, pelo menos na mesma medida que outros setores da população e em todos os níveis, na adoção de decisões em instituições efetivas ou organismos administrativos e de outra natureza responsáveis pelas políticas e programas que lhes sejam concernentes". Logo, cabe aos Estados estabelecerem os mecanismos de consulta – o procedimento – levando em conta as peculiaridades culturais dos povos a serem consultados. Em países como o Brasil, por exemplo, dado o grande número de comunidades, não haverá um modelo único, ou se existente, ele deverá ser dotado de flexibilidade suficiente para acomodar múltiplas culturas.

As consultas a serem realizadas deverão ser efetuadas "com boa-fé e de maneira apropriada às circunstâncias, com o objetivo de se chegar a um acordo e conseguir o consentimento acerca das medidas propostas". Logo, o Consentimento Prévio ,Livre e Informado não se confunde com um poder de veto, mas com uma obrigação de acomodação de interesses. Em complemento, o artigo 7º (1) reconhece que os destinatários da C 169 têm o "direito de escolher suas próprias prioridades no que diz respeito ao processo de desenvolvimento, na medida em que ele afete as suas vidas, crenças, instituições e bem-estar espiritual, bem como as terras que ocupam ou utilizam de alguma forma, e de controlar, na medida do possível, o seu próprio desenvolvimento econômico, social e cultural".

1.6.1.2 Declaração das Nações Unidas sobre o Direito dos Povos Indígenas

A Assembleia Geral da Organização das Nações Unidas aprovou aos 7 de setembro de 2007 a Declaração das Nações Unidas sobre os direitos dos povos indígenas, que dispõe amplamente sobre o Consentimento Prévio, Livre e Informado. O seu artigo 3 determina que os "povos indígenas têm direito à livre determinação" e, em consequência de tal direito, "determinam livremente sua condição política e perseguem livremente seu desenvolvimento econômico, social e cultural". Especificamente no que se refere ao deslocamento dos povos indígenas de seus territórios, a Declaração estipula, no artigo 10, que "[n]ão se procederá a nenhuma mudança de local sem o consentimento livre, prévio e informado dos povos indígenas interessados, nem sem um acordo prévio sobre uma indenização justa e equitativa e, sempre que seja possível, a opção de regresso".

A Declaração segue a mesma linha da C 169 no que diz respeito ao dever de colaboração entre o Estado e os povos indígenas e as comunidades tradicionais, estabelecendo que a adoção, por parte dos Estados, de medidas administrativas e legislativas que afetem os povos indígenas deverão ser efetivas mediante consultas e cooperação "de boa-fé com os povos indígenas interessados por meio de suas instituições representativas" com vistas à obtenção de "seu consentimento livre, prévio e informado" (artigo 19). Os projetos que possam afetar as terras indígenas deverão ser submetidos à consulta de boa-fé às instituições indígenas, com o objetivo de obter o Consentimento Prévio, Livre e Informado (artigo 32).

1.7 O Sistema Interamericano de Proteção aos Direitos Humanos

O Sistema Interamericano de Proteção aos Direitos Humanos tem como suas principais bases (1) uma estrutura legal e (2) uma estrutura administrativa. A estrutura legal é formada, segundo Fergus Mackay (MACKAY, 2002), por dois quadros legais inter-relacionados, o primeiro constituído pela (1) Carta da Organização dos Estados Americanos [OEA] de 1948 e pela (2) Declaração Americana dos Direitos e Deveres do Homem, aplicáveis a todos os membros da OEA, e o segundo grupo é composto pela (1) Convenção Americana dos Direitos Humanos (Pacto de San José da Costa Rica) e pelo (2) Protocolo Adicional à Convenção sobre Direitos Humanos em matéria de Direitos Econômicos, Sociais e Culturais (Protocolo de San Salvador),[25] cuja obrigatoriedade se restringe aos signatários.

A estrutura encarregada da implementação da proteção aos direitos humanos é formada pela (1) Comissão Interamericana de Direitos Humanos e (2) pela Corte Interamericana de Direitos Humanos. Cada uma delas desempenhando funções próprias. A Comissão é um órgão da OEA, conforme estabelecido no artigo 53 (e) de sua Carta de criação, com atividades administrativas com vistas a "promover o respeito e a defesa dos direitos humanos e servir como órgão consultivo da Organização em tal matéria" (artigo 106). Conforme disposto no Pacto de San José da Costa Rica, a Comissão dentre suas funções e atribuições, entre outras, "atuar com respeito às petições e outras comunicações, no exercício de sua autoridade, de conformidade com o disposto nos artigos 44 a 51 (41 f)". O acesso à Comissão, para a apresentação de denúncias, é simplificado, sendo amplamente facilitado para indivíduos, grupo de indivíduos ou organizações não governamentais regularmente constituídas de acordo com as leis de seus países de origem.

Por sua vez, a Corte, estabelecida pelo Pacto de San José da Costa Rica, é um dos órgãos competentes para conhecer dos temas relacionados com o cumprimento dos compromissos assumidos pelos Estados-Partes relacionados ao Pacto de San José, artigo 33(b). O acesso à Corte só é permitido aos Estados-Partes ou à Comissão, artigo 61 (1). Após esgotados os procedimentos estipulados pelos artigos 48/50, ou seja, as instâncias nacionais. Uma vez que

---

[25] Ver relação dos signatários disponível em: http://www.cidh.oas.org/basicos/portugues/f.Protocolo_de_San_Salvador_Ratif..htm. Acesso em: 7 ago. 2015.

Capítulo 12 · TERRAS INDÍGENAS E REMANESCENTES DE QUILOMBOS | 359

ela considere violados direitos ou liberdades protegidos pelo Pacto de San José, cabe-lhe determinar que o Estado adote as medidas necessárias para o restabelecimento do direito violado, ou quando for o caso, que sejam adotadas medidas reparatórias adequadas, inclusive mediante o pagamento de indenização justa [artigo 63(1)]. A Corte possui, ainda, uma importante função consultiva relativa à interpretação do Pacto de San José e/ou outros tratados sobre direitos humanos adotados no sistema interamericano. As sentenças emitidas pela Corte são definitivas e inapeláveis, sedo de observância obrigatórias para os Estados-partes, podendo a execução financeira ser efetivada no país no qual se originou a demanda, sob as leis próprias para execução judicial do Estado, artigo 68 (1) e (2). Como se verá mais à frente, a Corte tem desempenhado papel bastante ativo e significativo na matéria.

A Corte tem decidido vários casos sobre o tema de direitos indígenas e de populações tradicionais.[26] Dada amplitude e profundidade com que lidou com a matéria, optamos por apresentar o chamado caso Saramaka que nos fornece um excelente panorama da atuação do tribunal.

O Caso Saramaka *vs.* Suriname tem origem em demanda submetida pela Comissão Interamericana de Direitos Humanos – 23.06.2006 – a partir da denúncia 12.338 (27.10.2000) apresentada pela Associação de Autoridades Saramaka [AAS] e doze capitães Saramaka em seus nomes pessoais e, também, em nome do povo Saramaka. Aos 2 de março de 2006, a Comissão aprovou os Relatórios de Admissibilidade e de Mérito (nº 9/2006) com recomendações para o Suriname. Aos 19 de junho de 2006, entendendo que a questão permanecia insolúvel, ante a inércia do Suriname, a Comissão submeteu a questão à Corte Interamericana que a decidiu.

A Comissão requereu que a Corte declarasse a responsabilidade do Suriname pela violação aos artigos 21 (Direito à Propriedade) e 25 (Direito à Proteção Judicial) do Pacto de San José. O primeiro aspecto que merece destaque na decisão foi o reconhecimento do Povo Saramaka como uma comunidade tribal passível de proteção pela C 169, aplicável ao caso. A Corte[27] assim dispôs sobre o tema do reconhecimento de "sociedades tribais" e de sua elegibilidade para a proteção internacional de direitos humanos: "78. A Comissão e os representantes alegaram que o povo Saramaka constitui uma unidade tribal e que o Direito Internacional dos Direitos Humanos impõe ao Estado a obrigação de adotar medidas especiais para garantir o reconhecimento dos direitos dos povos tribais, incluindo o direito à posse coletiva da propriedade. [...] 79. [...] Portanto, estão fazendo valer seus direitos na qualidade de suposto povo tribal, isto é, um povo que não é nativo da região, mas que compartilha características similares com os povos indígenas, como ter tradições sociais, culturais e econômicas diferentes de outras partes da comunidade nacional, identificar-se com seus territórios ancestrais e estar regulados, ao menos de forma parcial, por suas próprias normas, costumes ou tradições".

A Corte entendeu necessário que as peculiaridades do Povo Saramaka, isto é, a sua diferenciação em relação à comunidade nacional do Suriname estavam comprovadas: "80. De acordo com as evidências apresentadas pelas partes, o povo Saramaka é um dos seis distintos grupos marrons do Suriname, cujos ancestrais foram escravos africanos levados à força ao Suriname durante a colonização europeia no século XVII. Seus ancestrais escaparam para as regiões do interior do país onde estabeleceram comunidades autônomas. O povo Saramaka

---

[26] Disponível em: http://www.corteidh.or.cr/sitios/libros/todos/docs/por7.pdf. Acesso em: 10 ago. 2015.

[27] Corte Interamericana de Direitos Humanos, Caso do Povo Saramaka vs. Suriname, sentença de 28 de novembro de 2007 **(Exceções Preliminares, Mérito, Reparações e Custas)**, Jurisprudência da Corte Interamericana de Direitos Humanos/Secretaria Nacional de Justiça, Comissão de Anistia, Corte Interamericana de Direitos Humanos. Tradução da Corte Interamericana de Direitos Humanos. Brasília: Ministério da Justiça, 2014, p. 273-274. Notas suprimidas.

está organizado em doze clãs de linhagem materna (lös) e se estima que o número atual da população Saramaka seja de 25.000 a 34.000 membros, que se dividem em 63 comunidades situadas na região superior do Rio Suriname e em algumas comunidades deslocadas que estão localizadas ao norte e ao oeste desta região. 81. Sua estrutura social é diferente à de outros setores da sociedade, pois o povo Saramaka está organizado em clãs de linhagem materna (lös) e se regem, ao menos de forma parcial, por seus próprios costumes e tradições. Cada clã (lö) reconhece a autoridade política de vários líderes locais, incluindo os que eles chamam de Capitães e Capitães Chefes, assim como um Gaa'man, que é o oficial de mais alta posição dentro da comunidade. 82. Sua cultura é também muito parecida com a dos povos tribais, já que os integrantes do povo Saramaka mantêm uma forte relação espiritual com o território ancestral que tradicionalmente usaram e ocuparam. A terra significa mais do que meramente uma fonte de subsistência para eles; também é uma fonte necessária para a continuidade da vida e da identidade cultural dos membros do povo Saramaka. As terras e os recursos do povo Saramaka formam parte de sua essência social, ancestral e espiritual. Neste território, o povo Saramaka caça, pesca e colhe, e coleta água, plantas para fins medicinais, óleos, minerais e madeira. Os sítios sagrados estão distribuídos em todo o território, toda vez que o território em si tem um valor sagrado para eles. Em especial, a identidade dos integrantes do povo com a terra está intrinsecamente relacionada à luta histórica pela liberdade contra a escravidão, chamada a sagrada 'primeira vez'. 84. Por isso, de acordo com o exposto, a Corte considera que os membros do povo Saramaka constituem uma comunidade tribal cujas características sociais, culturais e econômicas são diferentes de outras partes da comunidade nacional, particularmente graças à relação especial existente com seus territórios ancestrais, e porque se regulam eles mesmos, ao menos de forma parcial, através de suas próprias normas, costumes e tradições [...]".

2.   QUILOMBOLAS E COMUNIDADES TRADICIONAIS

O direito brasileiro reconhece e concede ampla proteção aos povos e comunidades tradicionais. O Decreto Federal 6.040/2007, em seu artigo 3º, I, define povos e comunidades tradicionais como:

> grupos culturalmente diferenciados e que se reconhecem como tais, que possuem formas próprias de organização social, que ocupam e usam territórios e recursos naturais como condição para sua reprodução cultural, social, religiosa, ancestral e econômica, utilizando conhecimentos, inovações e práticas gerados e transmitidos pela tradição.

A Constituição Federal, em reconhecimento histórico das agruras passadas pelas comunidades remanescentes de quilombo, em dois momentos específicos, atribuiu a tais comunidades proteção especial, *e.g.*, artigo 216, § 5º; e ADCT, artigo 68. O quilombo (mocambo) corresponde a um fenômeno social que se produziu em todas as américas no período colonial e escravista, a diversidade foi assim resumida por Flávio dos Santos Gomes:

> [o]utras experiências tiveram aqueles que escaparam (muitos coletivamente) e formaram comunidades, procurando se estabelecer com base econômica e estrutura social própria. Nas Américas se desenvolveram pequenas, médias, grandes improvisadas, solidificadas, temporárias ou permanentes comunidades de fugitivos que receberam diversos nomes, como *cumbes* na Venezuela ou *palenques* na Colômbia. Na Jamaica, no restante do Caribe inglês e no sul dos Estados Unidos foram denominados *marrons*. Na Guiana holandesa – depois Suriname – ficaram também conhecidos como *bush*

Capítulo 12 · TERRAS INDÍGENAS E REMANESCENTES DE QUILOMBOS | **361**

negroes. No Caribe francês, o fenômeno era conhecido como *maronage*; enquanto em partes do Caribe espanhol – principalmente Cuba e Porto Rico – se chamava *cimaronaje* (GOMES, 2015, p. 9-10).

O § 5º do artigo 216 da CF é claro ao utilizar a expressão "reminiscências históricas dos antigos quilombos" que, no caso, não serve apenas para a finalidade de tombamento, devendo ser utilizada igualmente para a concessão dos títulos tratados no artigo 68 do ADCT. Nem toda comunidade majoritariamente formada por negros se enquadra nos pressupostos constitucionais. O vínculo histórico é um fator objetivo estabelecido pela Lei Fundamental da República.

A Constituição Federal, em seu artigo 5º, § 2º, dispõe que os direitos nela expressos não excluem outros decorrentes do regime e dos princípios por ela adotados, ou dos tratados internacionais em que o Brasil seja parte. A Convenção 169 da OIT, artigo 1, estipula que:

> Artigo 1º
>
> 1. A presente convenção aplica-se:
>
> a) aos povos tribais em países independentes, **cujas condições sociais, culturais e econômicas os distingam de outros setores da coletividade nacional, e que estejam regidos, total ou parcialmente, por seus próprios costumes ou tradições ou por legislação especial**; (...)
>
> 2. **A consciência de sua identidade indígena ou tribal deverá ser considerada como critério fundamental** para determinar os grupos aos que se aplicam as disposições da presente Convenção.

Do ponto de vista jurídico, a comunidade tradicional (tribal) se caracteriza por duas condições: uma de (1) natureza subjetiva, que se expressa no autorreconhecimento como grupo culturalmente diferenciado; e outra de (2) natureza objetiva, que se expressa nas formas próprias de organização social, "ocupando territórios e utilizando recursos naturais como condição para sua reprodução cultural, social, religiosa, ancestral e econômica e aplicando conhecimentos, inovações e práticas gerados e transmitidos pela tradição".

Além da tutela constitucional conferida aos remanescentes de quilombo, há que se registar que tais populações se enquadram no conceito de povo tribal. A Comissão Interamericana de Direitos Humanos define povo tribal como um povo que não é indígena à região que habita, mas que compartilha características similares aos povos indígenas, como possuir tradições sociais, culturais e econômicas diferentes de outros setores da comunidade nacional, identificação com seus territórios ancestrais e ser regido, ainda que parcialmente, por normas próprias, costumes e tradições. A definição de um povo como "tribal" depende de uma combinação de fatores objetivos e subjetivos.

> 33. Al igual que con los pueblos indígenas, la determinación de cuándo un grupo en particular se puede considerar como "tribal" **depende de una combinación de factores objetivos y subjetivos**. Según ha explicado la OIT, los elementos objetivos de los pueblos tribales incluyen (i) una cultura, organización social, condiciones económicas y forma de vida distintos a los de otros segmentos de la población nacional, por ejemplo, en sus formas de sustento, lengua, etc.; y (ii) tradiciones y costumbres propias, y/o un reconocimiento jurídico especial. El elemento subjetivo consiste en la identificación propia de estos grupos y de sus miembros como tribales. Así, un elemento fundamental para la determinación de un pueblo tribal es la autoidentificación colectiva e individual en tanto

tal. El criterio fundamental de autoidentificación, según el artículo 1.2 del Convenio 169 de la OIT, es igualmente aplicable a los pueblos tribales.

34. *Los pueblos tribales y sus miembros son titulares de los mismos derechos que los pueblos indígenas y sus miembros.* Para la CIDH, "el derecho internacional de los derechos humanos le impone al Estado la obligación de adoptar medidas especiales para garantizar el reconocimiento de los derechos de los pueblos tribales, incluso el derecho a la posesión colectiva de la propiedad". La jurisprudencia de la Corte Interamericana en relación con el derecho de propiedad colectiva se aplica no sólo en relación con los pueblos indígenas, sino también en relación con los pueblos tribales, que mantienen sus formas de vida tradicionales basadas en un vínculo especial con sus tierras y territorios. Así, en los casos Aleoboetoe, Comunidad Moiwana, y Saramaka, las víctimas pertenecían a diversas comunidades o pueblos que forman parte de la población *Maroon* de Surinam, descendientes de esclavos autoemancipados que se asentaron en sus territorios desde el período colonial, y que por tanto no se consideran, en sentido estricto, "indígenas". La Corte consideró que los *Maroon* constituyen pueblos y comunidades "tribales" (CIDH, 2010, p. 11-12).

2.1 Condições constitucionais e legais para o reconhecimento de comunidades remanescentes de quilombos

A comunidade remanescente de quilombo teve a sua primeira definição normativa no Decreto 3.912/2001, que estabeleceu a competência da Fundação Cultural Palmares para "iniciar, dar seguimento e concluir o processo administrativo de identificação dos remanescentes das comunidades dos quilombos, bem como de reconhecimento, delimitação, demarcação, titulação e registro imobiliário das terras por eles ocupadas". Segundo o texto dos incisos I e II do parágrafo único do artigo 1º, somente poderia ser reconhecida a propriedade sobre terras que (1) eram ocupadas por quilombos em 1888; e (2) que estavam ocupadas por remanescentes das comunidades dos quilombos em 5 de outubro de 1988.

O Decreto 3.912/2001 foi revogado pelo Decreto 4.887/2003, que, em seu artigo 2º, *caput*, considera como "remanescentes das comunidades dos quilombos, (...), os grupos étnico-raciais, segundo critérios de autoatribuição, com trajetória histórica própria, dotados de relações territoriais específicas, com presunção de ancestralidade negra relacionada com a resistência à opressão histórica sofrida". O § 1º do artigo 2º dispõe que: "a caracterização dos remanescentes das comunidades dos quilombos será atestada mediante autodefinição da própria comunidade". As terras ocupadas por remanescentes das comunidades dos quilombos são "as utilizadas para a garantia de sua reprodução física, social, econômica e cultural" (artigo 2º, § 2º). A norma viola a Convenção 169, pois, muito embora o autorreconhecimento seja uma condição fundamental, não é a única. O elemento objetivo, ou seja, a existência de uma forma própria de organização social, é essencial para a constituição do direito.

É relevante anotar que a autoatribuição da comunidade como remanescente de quilombos não acarreta automaticamente a identificação e delimitação de um território para a comunidade que se autodefiniu como remanescente de quilombo. A autoatribuição não é uma tomada de decisão arbitrária, pois o texto normativo condiciona os efeitos jurídicos da autoatribuição à existência de "trajetória histórica própria" e que os grupos étnico-raciais sejam "dotados de relações territoriais específicas, com presunção de ancestralidade negra relacionada com a resistência à opressão histórica sofrida". Há que se observar que o texto normativo é contraditório, pois se a autoatribuição é o elemento que atesta a caracterização de remanescente de quilombo, a presunção só pode ser absoluta. Logo, qualquer comunidade que se autodefinisse

Capítulo 12 • TERRAS INDÍGENAS E REMANESCENTES DE QUILOMBOS | **363**

como remanescente de quilombo estaria habilitada para usufruir o direito estabelecido no art. 68 do ADCT, extinguindo o § 5º do artigo 216, no que se refere às "reminiscências históricas dos antigos quilombos".

A delimitação do território pressupõe a presença de requisitos objetivos: (1) que "estejam ocupando suas terras" (ADCT, artigo 68) e que (2) as terras ocupadas por remanescentes das comunidades dos quilombos sejam utilizadas para a garantia de sua reprodução física, social, econômica e cultural. Isto é matéria de prova. No caso, a prova se faz pelo Laudo Antropológico que deve responder a duas ordens de questões:

> Em primeiro lugar deverá comprovar a ascendência destas comunidades, uma vez que o direito à terra advém da condição de "remanescente de quilombo". Em segundo lugar, o laudo deverá determinar a área de ocupação dessas comunidades, ou seja, aquelas terras que deverão ser tituladas pela União (ANDRADE, 1994, p. 90).

É importante consignar que o § 3º do artigo 2º do Decreto 4.887/2003 é claro ao estabelecer que para a medição e demarcação das terras "serão levados em consideração" os critérios de territorialidade indicados pelos remanescentes das comunidades dos quilombos, sendo facultado à comunidade interessada apresentar as peças técnicas para a instrução procedimental. Isto é, a comunidade remanescente de quilombo indica um perímetro que será confirmado, ou não, pela autoridade administrativa, de acordo com a prova produzida. Como se vê, a delimitação do território está submetida a critérios objetivos que não podem ser desprezados.[28] No particular, veja-se que a Instrução Normativa INCRA 56/2009, que regulamenta o procedimento para identificação, reconhecimento, delimitação, demarcação, desintrusão, titulação e registro das terras ocupadas por remanescentes das comunidades quilombolas de que tratam o artigo 68 da Constituição Federal de 1988 e o Decreto 4.887/2003, em seu artigo 10 define os elementos que deverão constar do RTDI, dentre os quais está o relatório antropológico (laudo antropológico), "de caracterização histórica, econômica, ambiental e sociocultural da área quilombola identificada, devendo conter as seguintes descrições e informações sobre a comunidade pesquisada: (1) informações gerais e dados disponíveis; (2) sua historicidade; (3) sua etnicidade e organização social; (4) sua forma de produção e relação com o meio ambiente; e (5) a proposta de território a ser titulado.

---

[28]   O Supremo Tribunal Federal concluiu o julgamento da ADI 3.239 ajuizada pelo Partido Democratas, julgando-a improcedente. Ou seja, a Corte Suprema, pela maioria dos seus ministros, afirmou a constitucionalidade do Decreto 4.887/2003. 2. Com a promulgação da Constituição Federal de 1988, estabeleceu-se, no artigo 68 do ADCT, o direito de propriedade aos territórios tradicionais pertencentes às comunidades quilombolas: "Aos remanescentes das comunidades dos quilombos que estejam ocupando suas terras é reconhecida a propriedade definitiva, devendo o Estado emitir-lhes os títulos respectivos". O Decreto 4.887/2003, no seu artigo 2º, § 2º, estabelece que "São terras ocupadas por remanescentes das comunidades dos quilombos as utilizadas para a garantia de sua reprodução física, social, econômica e cultural". O artigo 11 do mesmo Decreto enfatiza que, mesmo havendo sobreposição do território ocupado com áreas de conservação, segurança nacional, fronteira ou territórios indígenas, cabe ao INCRA, ao Ibama, à Secretaria-Executiva do Conselho de Defesa Nacional, à FUNAI e à Fundação Cultural Palmares tomar as medidas cabíveis visando a garantir a sustentabilidade destas comunidades, conciliando o interesse do Estado. Ou seja, é imperioso "garantir a sustentabilidade destas comunidades". Não há, entretanto, previsão de que a demarcação deva abarcar área para exploração comercial de área rural. 3. É nulo o Levantamento Ambiental, Agronômico e de Sustentabilidade que amplia a área efetivamente ocupada pela comunidade quilombola quando da publicação da CRFB/88 para fins de exploração comercial. [TRF-4, APL 50005597520154047119 RS 5000559-75.2015.4.04.7119, 3ª Turma, Rel. Vânia Hack de Almeida, j. 29.01.2019.]

364 | DIREITO AMBIENTAL – *Paulo de Bessa Antunes*

Por fim, há que se observar que os estudos antropológicos reconhecem a necessidade de uma subjetividade específica, no caso concreto da identificação de remanescentes das comunidades de quilombos que ultrapassa a mera questão territorial.

> Com efeito, o atual debate entre a antropologia e o direito indica que tratar a questão do direito dos "remanescentes das comunidades de quilombos", como um assunto exclusivamente fundiário pode levar a certo reducionismo específico da cidadania dos negros no Brasil. A Constituição de 1988, em seu artigo 68 (*sic*), definiu uma subjetividade específica, e a antropologia, em sua interlocução com o direito tem reafirmado a necessidade de compreender a subjetividade diferenciada reconhecida no texto constitucional (...). (LEITE; AYALA; BELCHIOR, 2012, p. 365).

A caracterização antropológica de populações e a sua incorporação ao universo do direito é um dos "enigmas do direito positivo". Com efeito, conforme observado por Stéphane Pierré-Caps e Jacque Poumarède (2004, p. 457):

> [a] determinação sociológica de um grupo humano e sua qualificação jurídica são dois processos de natureza diferente. Um procede de sua identificação a partir de um certo número de dados. O outro leva a lhe atribuir, reconhecer, negar ou lhe retirar um certo número de atributos – direitos e deveres – a partir de hipóteses sobre sua natureza, cuja validação determina a viabilidade jurídica.

Cabe, nesta altura, destacar trecho do voto da Ministra Rosa Weber, na ADI 3.239 (STF), que ressalta a importância dos critérios objetivos para a identificação dos remanescentes das comunidades de quilombo:

> Assim, ao mesmo tempo em que não é possível chegar a um significado de quilombo dotado de rigidez absoluta, tampouco se pode afirmar que o conceito vertido no artigo 68 do ADCT alcança toda e qualquer comunidade rural predominantemente afrodescendente sem qualquer vinculação histórica ao uso linguístico desse vocábulo. Quilombo, afinal, descreve um fenômeno objetivo (...).

A grande dificuldade é, sem dúvida, dar tratamento jurídico à matéria, de forma que as decisões que venham a ser tomadas nos casos concretos não sejam contraditórias com os fundamentos do Estado de Direito Democrático que precisa ser capaz de acomodar todos os interesses.

2.1.1 Regime de propriedade das terras quilombolas

O Brasil é um país com enorme variedade étnica, que é reconhecida e tutelada constitucionalmente, conforme o disposto nos artigos 215, § 1º, e 216 da Constituição Federal. O advento da Constituição de 1988 reconheceu uma realidade que, desde longa data, estava invisibilizada: a diversidade étnica e cultural do Brasil. O texto constitucional, ao se referir aos "diferentes grupos formadores da sociedade brasileira", abriu espaço para um regime especial de proteção para as minorias étnicas, sobretudo no que se refere aos seus particularismos culturais. Luiz Fernando Villares afirma que os "grupos étnicos são reconhecidos como tais pelo direito e deverão ter suas culturas protegidas e seus direitos assegurados" (VILLARES, 2009, p. 17). Em relação aos remanescentes das comunidades dos quilombos, a Constituição

Federal dedica atenção especial ao tema, como se percebe do artigo 68 do Ato das Disposições Constitucionais Transitórias.

A interpretação constitucional tem consagrado o relevante papel desempenhado pelas terras tradicionalmente ocupadas na configuração dos direitos culturais e de sobrevivência física das comunidades tradicionais, inclusive dos remanescentes de comunidades de quilombo.

> Dada a íntima relação entre a posse das terras coletivas e a reprodução física e cultural das comunidades tradicionais, os direitos territoriais resultam abrangidos pelo direito fundamental à cultura (artigo 215, CF), em particular no que diz com a proteção dos grupos participantes do processo civilizatório nacional (§ 1º). Suas diferentes formas de expressão e modos de criar, fazer e viver integram o patrimônio cultural brasileiro (artigo 216, I e II, CF) e devem ser objeto de tutela legislativa, administrativa e jurisdicional efetiva e adequada. (...) Negar a garantia às terras tradicionalmente ocupadas é negar a própria identidade, o reconhecimento da comunidade tradicional na sua singularidade cultural. É condenar o grupo culturalmente diferenciado, centrado na particular relação com o local que estrutura as suas formas de criar, fazer e viver, ao desaparecimento. É impor-lhe a assimilação à sociedade envolvente e violar a dignidade da pessoa humana em sua expressão comunitária (artigo 1º, III, CF), com a anulação cultural e até mesmo física da comunidade. [ADI 5.783, Rel. Min. Rosa Weber, j. 06.09.2023, *DJE* 14.11.2023.]

É importante observar que, assim como para as demais populações tradicionais, os quilombolas têm como muito importante a noção de territorialidade, haja vista que a "propriedade" da terra é coletiva (BANDEIRA, 1991, p. 8).

As terras quilombolas, portanto, não são terras públicas federais. Elas são de propriedade coletiva, conforme estipulado no artigo 17 do Decreto 4.887/2003, devendo o seu registro imobiliário obrigatoriamente conter cláusula de inalienabilidade, imprescritibilidade e de impenhorabilidade.

3. COMUNIDADES BRASILEIRAS TUTELADAS PELA CONVENÇÃO 169

Nesta altura, cumpre apresentar as comunidades brasileiras, enquadradas como povos indígenas e tribais para os fins específicos da aplicação da Convenção 169 e da legislação correlata. Como se sabe, o Brasil é um país de dimensões continentais e, como é expressamente reconhecido pela Constituição Federal, composto por diferentes etnias que, em conjunto, constituem o seu povo. Conforme o disposto no § 1º do artigo 215 da Constituição Federal, cabe ao Estado proteger as manifestações das culturas populares, indígenas e afro-brasileiras e, ainda, de "outros grupos participantes do processo civilizatório nacional", o que explicitamente admite uma pluralidade cultural e étnica na formação cultural de nosso País. A Constituição, igualmente, em seu artigo 216, integrou ao patrimônio cultural brasileiro "os bens de natureza material e imaterial, tomados individualmente ou em conjunto, portadores de referência à identidade, à ação, à memória dos diferentes grupos formadores da sociedade brasileira", nele incluindo (1) as formas de expressão e (2) os modos de criar, fazer e viver, dentre outros bens.

A população quilombola brasileira, segundo dados do Censo de 2022, é de 1,32 milhão de pessoas, ou 0,65% do total de habitantes do país, residindo em 169 municípios.[29] O Brasil

---

[29] Disponível em: https://www.gov.br/pt-br/noticias/assistencia-social/2023/07/populacao-quilombola--e-de-1-3-milhao-indica-recorte-inedito-do-censo. Acesso em: 25 out. 2024.

reconhece 28 diferentes comunidades tradicionais. Dados de 2017 indicavam que as populações tradicionais formavam um contingente populacional de cerca de 5 milhões de pessoas.

Com exceção dos povos indígenas, as demais comunidades tradicionais estão incluídas no abrangente conceito de povos tribais. Observe-se que, com vistas a dar cumprimento aos ditames constitucionais, o Executivo editou uma série de Decretos sobre o tema, sendo o último deles o Decreto 6.040/2007, que institui a Política Nacional de Desenvolvimento Sustentável dos Povos e Comunidades Tradicionais, conforme o estipulado no Decreto, "[p]ovos e Comunidades Tradicionais" são os grupos culturalmente diferenciados e que se reconhecem como tais, possuindo formas próprias de organização social, que ocupam e usam territórios e recursos naturais como condição para sua reprodução cultural, social, religiosa, ancestral e econômica, utilizando conhecimentos, inovações e práticas que são gerados e transmitidos pela tradição.

É importante observar que a definição jurídica está alicerçada sobre um (1) conceito subjetivo: autorreconhecimento de pertencimento a uma cultura diferente; e (2) outros objetivos, tais como formas próprias de organização social, ocupação tradicional de territórios e utilização de recursos naturais como condição para reprodução cultural, social, religiosa, ancestral (sic) e econômica, utilizando conhecimentos, inovações e práticas gerados e transmitidos pela tradição. Ambos os fundamentos são essenciais para a caracterização cultural de tais populações, sob pena de extensão indevida da tutela conferida, subvertendo os conceitos ao banalizá-los.

Os povos e comunidades tradicionais podem ocupar territórios tradicionais que são, nos termos da norma aplicável, os espaços necessários à reprodução cultural, social e econômica dos povos e comunidades tradicionais, sejam eles utilizados de forma permanente ou temporária, observado, no que diz respeito aos povos indígenas e quilombolas, respectivamente, o que dispõem os artigos 231 da Constituição e 68 do Ato das Disposições Constitucionais Transitórias e demais regulamentações.

Para fins de aplicação da política, o desenvolvimento sustentável foi definido como o uso equilibrado dos recursos naturais, voltado para a melhoria da qualidade de vida da presente geração, garantindo as mesmas possibilidades para as gerações futuras.

3.1 Comunidades Tradicionais brasileiras reconhecidas

O Estado Brasileiro, por meio do Decreto de 27 de dezembro de 2004, criou a Comissão Nacional de Desenvolvimento Sustentável das Comunidades Tradicionais, com as finalidades de (1) estabelecer a Política Nacional de Desenvolvimento Sustentável das Comunidades Tradicionais; (2) apoiar, propor, avaliar e harmonizar os princípios e diretrizes da política pública relacionada ao desenvolvimento sustentável das comunidades tradicionais no âmbito do Governo Federal; (3) propor as ações de políticas públicas para a implementação da Política Nacional de Desenvolvimento Sustentável das Comunidades Tradicionais, considerando as dimensões sociais e econômicas e assegurando o uso sustentável dos recursos naturais; (4) propor medidas de articulação e harmonização das políticas públicas setoriais, estaduais e municipais, bem como atividades de implementação dos objetivos da Política Nacional de Desenvolvimento Sustentável das Comunidades Tradicionais, estimulando a descentralização da execução das ações; (5) articular e propor ações para a implementação dessas políticas, de forma a atender a situações que exijam providências especiais ou de caráter emergencial; (6) acompanhar a implementação da Política Nacional de Desenvolvimento Sustentável das Comunidades Tradicionais no âmbito do Governo Federal; (7) sugerir critérios para a regulamentação das atividades de agroextrativismo; e (8) propor, apoiar e acompanhar a execução, pelo Governo Federal, de estratégias voltadas ao desenvolvimento do agroextrativismo. O referido Decreto foi derrogado pelo Decreto de 13 de julho de 2006, que alterou a denominação, composição e competência da Comissão Nacional de Desenvolvimento das Comunidades Tradicionais.

A Comissão Nacional de Desenvolvimento Sustentável das Comunidades Tradicionais reconhece a existência de diversos povos e comunidades tradicionais, a saber: (1) andirobeiras:[30] mulheres que coletam e beneficiam as sementes da andiroba, uma árvore da Amazônia, para produzir óleo medicinal e cosméticos; (2) apanhadores de sempre-vivas: comunidades que vivem na Serra do Espinhaço, em Minas Gerais e Bahia, que colhem as flores sempre-vivas, usadas na confecção de artesanato e arranjos florais; (3) catingueiros: povos que habitam a região semiárida do Nordeste e que desenvolvem atividades como agricultura familiar, criação de animais, extrativismo vegetal e artesanato; (4) caiçaras: comunidades litorâneas que vivem no Sudeste e Sul do Brasil, que praticam a pesca artesanal, a agricultura de subsistência e o manejo da mata atlântica; (5) castanheiras: mulheres que coletam e beneficiam as castanhas-do-pará, uma das principais fontes de renda e alimento das populações da Amazônia; (6) catadores de mangaba: comunidades que vivem nas áreas de ocorrência da mangabeira, uma árvore frutífera típica do Cerrado, da Caatinga e da Mata Atlântica, e que dependem da coleta e do processamento da mangaba para sua sobrevivência; (7) ciganos: povos de origem indiana, europeia e africana que se caracterizam pela mobilidade territorial, pela diversidade cultural e pela resistência à discriminação; (8) cipozeiros: comunidades que vivem na Chapada Diamantina, na Bahia, e que extraem e trançam os cipós, uma fibra vegetal usada na produção de artesanato e utensílios domésticos; (9) extrativistas: povos vivendo em diferentes biomas do Brasil e que exploram os recursos naturais de forma sustentável, como frutos, sementes, óleos, fibras, látex, mel, entre outros; (10) faxinalenses: comunidades que vivem no Paraná e que praticam um sistema agroflorestal coletivo, baseado na criação de animais soltos nos faxinais, áreas de mata comunitária; (11) fundo e fecho de pasto: comunidades que vivem no semiárido baiano e que praticam um sistema de criação de animais em áreas de pastagem comum, respeitando os ciclos naturais e a biodiversidade; (12) geraizeiros: povos que vivem no norte de Minas Gerais, em uma região de transição entre o Cerrado e a Caatinga, chamada gerais, que desenvolvem atividades como agricultura, pecuária, extrativismo e artesanato; (13) ilhéus: comunidades vivendo em ilhas fluviais e costeiras do Brasil e que mantêm uma relação de identidade e pertencimento com esses territórios, onde realizam atividades como pesca, agricultura, extrativismo e turismo; (14) indígenas: povos originários do Brasil, que possuem uma grande diversidade de línguas, culturas, organizações sociais e formas de relação com a natureza; (15) isqueiros: comunidades que vivem no litoral do Piauí e que praticam a pesca artesanal usando iscas vivas, chamadas iscas, capturadas nos manguezais; (16) morroquianos: comunidades que vivem no Morro do Querosene, em São Paulo, e que preservam as tradições culturais e religiosas de matriz africana, como o candomblé, a capoeira, o samba e o jongo; (17) pantaneiros: povos que vivem no Pantanal, um dos maiores ecossistemas do mundo, e que desenvolvem atividades como pecuária, pesca, turismo e artesanato; (18) pescadores artesanais: comunidades vivendo em diferentes regiões do Brasil e que praticam a pesca como meio de vida, usando técnicas, saberes e instrumentos tradicionais; (19) piaçaveiros: comunidades que vivem na região da Costa do Dendê, na Bahia, e que extraem e beneficiam as fibras da piaçava, uma palmeira usada na fabricação de vassouras, escovas, chapéus e outros produtos; (20) pomeranos: comunidades de origem alemã que vivem no Espírito Santo e em outros estados do Brasil, que mantêm a língua, a religião, a culinária, a música e o artesanato de seus antepassados; (21) povos de terreiro: comunidades que professam religiões de matriz africana, como o candomblé, a umbanda, o tambor de mina, entre outras,

---

[30] Definições simplificadas para efeitos puramente demonstrativos e didáticos. Disponível em: https://habitatbrasil.org.br/povos-e-comunidades-tradicionais/. Acesso em: 25 out. 2024.

e que têm nos terreiros, espaços sagrados de culto, seus territórios de identidade e resistência; (22) quebradeiras de coco de babaçu: mulheres que vivem na região do babaçual, que abrange os estados do Maranhão, Piauí, Tocantins e Pará, que coletam e quebram os cocos do babaçu, uma palmeira que fornece alimento, óleo, carvão, artesanato e outros produtos; (23) quilombolas: comunidades descendentes de africanos escravizados que se rebelaram ou fugiram do cativeiro e formaram seus próprios territórios, chamados quilombos, onde mantêm suas tradições culturais, religiosas e econômicas; (24) retireiros: comunidades que vivem no Araguaia, um dos principais rios do Brasil, e que praticam a pesca, a agricultura e a criação de animais, adaptando-se às variações do nível da água ao longo do ano; (25) ribeirinhos: comunidades vivendo às margens dos rios da Amazônia, dependentes da pesca, da agricultura, do extrativismo e do transporte fluvial para sua sobrevivência; (26) seringueiros: comunidades vivendo na Amazônia, que extraem o látex das seringueiras, uma árvore nativa da região, para produzir borracha e outros derivados; (27) vazanteiros: comunidades que vivem no vale do rio São Francisco, em Minas Gerais, e que praticam a agricultura nas vazantes, áreas que ficam expostas após a baixa do nível do rio; (28) veredeiros: comunidades que vivem no sudoeste de Goiás e que praticam um sistema agropecuário baseado na preservação das veredas, áreas úmidas do Cerrado que abrigam nascentes de água e uma rica biodiversidade.

Conforme o disposto no artigo 1º, 1 (a), da Convenção 169, o reconhecimento "por legislação especial" é suficiente para que a população tradicional se inclua entre os possíveis beneficiários de seus termos. A natureza federativa do Brasil permite que, em muitos casos, estados-membros da federação reconheçam populações tradicionais que, eventualmente, poderão não ter reconhecimento federal. Entretanto, isso não as exclui dos benefícios da Convenção 169, desde que preencham os requisitos convencionais específicos.

As comunidades tradicionais oficialmente reconhecidas pelo Estado brasileiro, certamente, não esgotam o universo específico que pode ser muito mais vasto, pois é crescente o número de pequenas comunidades rurais que reivindicam o reconhecimento de seu *status* de comunidade tradicional. Este é um fenômeno que tem origens diversas e que, certamente, tende a se expandir, haja vista o processo de afirmação social de comunidades que passaram longos períodos marginalizadas e que, ao se autorreconhecerem como grupo singular, ganham em autoestima e respeito próprio. Todavia, não se pode deixar passar em branco o fato de que tais comunidades são muito diversas entre si e dificilmente se pode encontrar um ponto comum entre todas elas. A inclusão dos indígenas, por exemplo, em tal rol é despropositada, pois os indígenas são titulares de direitos próprios e originários tanto na Convenção 169 da OIT, quanto na Constituição Federal brasileira e, inclusive, dispõem de uma agência protetora própria que é a FUNAI. O mesmo se diga em relação aos quilombolas que, igualmente, foram contemplados por normas próprias na Constituição Federal e com a Fundação Palmares.

É possível, entretanto, constatar um vetor que tende a incluir no rol de comunidades tradicionais diversas comunidades urbanas e agrárias pobres, independentemente do fato de que elas preencham ou não os requisitos objetivos da Convenção 169, para que sejam reconhecidas como tais. Por outro lado, não se pode deixar de reconhecer que, nos exatos termos da Convenção 169, o reconhecimento legal pelo estado e gerador de tutela, de modo que as discussões sobre a natureza sociológica ou antropológica das referidas comunidades é irrelevante para fins de amparo legal.

Os povos ciganos são de origem desconhecida, contudo, acredita-se que sejam originários da Índia e, há cerca de 1.000 anos, tenham se espalhado pelo mundo todo. Consta que os primeiros ciganos a desembarcar no Brasil foram um casal condenado a 5 (cinco) nos de degredo em terras brasileiras. A Secretaria Nacional de Políticas de Promoção da Igualdade

Racial do Governo Federal reconhece a existência de 3 (três) etnias ciganas no Brasil, (i) Calon, (ii) Rom e (iii) Sinti, cada uma possuindo línguas e costumes próprios.

Estima-se que a população cigana esteja presente em cerca de 291 municípios brasileiros, chegando a atingir 21 estados da federação. A maior parte da população cigana se agrupa em Minas Gerais, Bahia e Goiás em vários acampamentos. A população cigana brasileira é estimada em cerca de 500.000 pessoas.

4. CRÉDITOS DE CARBONO EM TERRAS INDÍGENAS E DE COMUNIDADES TRADICIONAIS

A Lei 15.042/2024, em seus artigos 47/49, dispôs sobre os certificados de Redução ou Remoção Verificada de Emissões e Créditos de Carbono em Áreas Tradicionalmente ocupadas por Povos Indígenas e Comunidades Tradicionais. A medida é excelente, pois é amplamente reconhecido o papel que tais povos e comunidades desempenham na proteção das florestas e matas e, consequentemente, na proteção do sistema climático.

O artigo 47 assegura aos povos indígenas e aos povos e comunidades tradicionais, por meio das suas entidades representativas no respectivo território, e aos assentados em projetos de reforma agrária o direito à comercialização de CRVEs e de créditos de carbono gerados com base no desenvolvimento de projetos nos territórios que tradicionalmente ocupam, condicionado ao cumprimento das salvaguardas socioambientais, nos termos das respectivas metodologias de certificação, observadas as seguintes condições: (1) no caso de comunidades de povos indígenas e de povos e comunidades tradicionais: (a) o consentimento resultante de consulta livre, prévia e informada, prevista na Convenção 169 da Organização Internacional do Trabalho (OIT) sobre Povos Indígenas e Tribais, nos termos do protocolo ou plano de consulta, quando houver, da comunidade consultada, não podendo a comunidade arcar com os custos do processo, sendo todo o processo de consulta custeado pelo desenvolvedor interessado, garantidas a participação e a supervisão do Ministério dos Povos Indígenas, da Fundação Nacional dos Povos Indígenas (Funai) e da Câmara Temática Populações Indígenas e Comunidades Tradicionais (6ª Câmara de Coordenação e Revisão) do Ministério Público Federal, órgãos responsáveis pela política indigenista e pela garantia dos direitos dos povos indígenas; (b) a inclusão de cláusula contratual que garanta a repartição justa e equitativa e a gestão participativa dos benefícios monetários derivados da comercialização dos créditos de carbono e de CRVEs provenientes do desenvolvimento de projetos nas terras que tradicionalmente ocupam, depositados em conta específica, assegurados o direito sobre pelo menos 50% (cinquenta por cento) dos créditos de carbono ou CRVEs decorrentes de projetos de remoção de GEE e o direito sobre pelo menos 70% (setenta por cento) dos créditos de carbono ou CRVEs decorrentes de projetos de "REDD+ abordagem de mercado"; (2) no caso de comunidades de povos indígenas, de povos e comunidades tradicionais e de assentados da reforma agrária: (a) o apoio às atividades produtivas sustentáveis, à proteção social, à valorização da cultura e à gestão territorial e ambiental, nos termos da Política Nacional de Gestão Territorial e Ambiental de Terras Indígenas, da Política Nacional de Desenvolvimento Sustentável dos Povos e Comunidades Tradicionais e da Política Nacional de Reforma Agrária; (b) a inclusão de cláusula contratual que preveja indenização a comunidades de povos indígenas, a povos e comunidades tradicionais e aos assentados em projetos de reforma agrária, por danos coletivos, materiais e imateriais, decorrentes de projetos e programas de geração de CRVEs e de créditos de carbono.

O artigo 48 considera como áreas aptas ao desenvolvimento de projetos e programas de geração de créditos de carbono e de CRVE: (1) as terras indígenas, os territórios quilombolas e outras áreas tradicionalmente ocupadas por povos e comunidades tradicionais; (2) as unidades de conservação previstas nos artigos 8° e 14 da Lei 9.985/2000 desde que não vedado pelo plano de manejo da unidade; (3) os projetos de assentamentos; (4) as florestas públicas não destinadas; (5) outras áreas, desde que não haja expressa vedação legal.

Capítulo 13
A PROTEÇÃO DOS ANIMAIS NO DIREITO BRASILEIRO

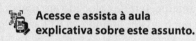

Acesse e assista à aula explicativa sobre este assunto.

> *http://uqr.to/1b2hq*

A proteção jurídica dos animais é tema cada vez mais presente nas cortes judiciais, despertando paixões e que, também, é matéria de debates acadêmicos e controvérsias as mais diversas. Neste capítulo se pretende demonstrar, mediante a exposição de um breve panorama, que o direito brasileiro é dotado de elementos que conferem aos animais a necessária proteção, com base constitucional.

A proteção jurídica dos animais pode ser dividida em três aspectos básicos: (1) *proteção dos animais silvestres*, (2) *proteção dos animais domésticos* e (3) *regulamentação da utilização dos animais destinados à pesquisa científica*. Isso não quer dizer que determinados animais mereçam mais ou menos proteção do que outros. A vivissecção e a experimentação científica, todavia, colocam em xeque a tradicional relação entre o Ser Humano e os animais.

> Não pode ser autêntico um sentimento de união íntima com os outros seres da natureza, se ao mesmo tempo não houver no coração ternura, compaixão e preocupação pelos seres humanos. É evidente a incoerência de quem luta contra o tráfico de animais em risco de extinção, mas fica completamente indiferente perante o tráfico de pessoas, desinteressa-se dos pobres ou procura destruir outro ser humano de que não gosta.[1]

Como se sabe, a proteção jurídica dos animais depende do *status jurídico* que eles ostentem, nesse sentido, um importante documento em nível internacional é a Declaração Universal dos Direitos dos Animais[2] aprovada pela Unesco em 1978, com uma clara inspiração na Declaração Universal dos Direitos do Homem. As declarações de direito têm sido recebidas no direito internacional como direito costumeiro.[3] Muito embora as declarações

---

[1] Carta Encíclica Laudato Si' do Santo Padre Francisco sobre o cuidado da casa comum. Disponível em: http://w2.vatican.va/content/dam/francesco/pdf/encyclicals/documents/papa-francesco_20150524_enciclica-laudato-si_po.pdf. Acesso em: 5 mar. 2016.

[2] Disponível em: http://www.la.utexas.edu/users/bump/Universal%20Declaration%20of%20Animal%20Rights.htm. Acesso em: 29 jun. 2022.

[3] O direito internacional consuetudinário é composto por normas que partem de "uma prática geral aceita como lei" e que existem independentemente do direito convencional. Disponível em: https://

não tenham força obrigatória, parece evidente que o compromisso político assumido pelos signatários deve ser respeitado, ainda que voluntariamente.

No âmbito do direito interno brasileiro, o núcleo da proteção jurídica dos animais está centrado no inciso VII do § 1º do artigo 225 da CF que além de vedar as práticas que coloquem em risco a fauna, na forma da lei, expressamente proíbe a crueldade contra os animais. Todavia, há que se registrar a inclusão do parágrafo 7º no artigo 225, por força da Emenda Constitucional 96, de 2017, mediante o qual "[p]ara fins do disposto na parte final do inciso VII do § 1º deste artigo, não se consideram cruéis as práticas desportivas que utilizem animais, desde que sejam manifestações culturais, conforme o § 1º do artigo 215 desta Constituição Federal, registradas como bem de natureza imaterial integrante do patrimônio cultural brasileiro, devendo ser regulamentadas por lei específica que assegure o bem-estar dos animais envolvidos". O § 7º é uma reação às decisões do Supremo Tribunal Federal que, rotineiramente, tem se colocado em oposição à crueldade contra os animais. A inclusão do § 7º ocorreu logo em seguida ao STF ter julgado inconstitucional a vaquejada.[4]

Observe-se, contudo, que a proteção dos animais deve ser harmonizada com o princípio constitucional da dignidade humana o qual aponta claramente que o constituinte, muito embora tenha dotado os animais de um elevadíssimo nível de proteção, não os igualou aos seres humanos. Todavia, registre-se que, dentre as inúmeras novidades trazidas pelo capítulo constitucional de proteção ao meio ambiente, não se encontra a defesa dos animais que, em nosso direito, já existe desde longa data. Fato é que o Decreto 4.645, de 10 de junho de 1934 (artigo 2º), já estipulava diversas normas de proteção aos animais, com a importante e esquecida inovação de atribuir ao Ministério Público a defesa dos animais. Atualmente, os maus-tratos aos animais são coibidos pelo artigo 32 da Lei 9.605/1998. Por sua vez, o Código Civil atribui aos animais a condição jurídica de bem móvel. A legislação Brasileira, no particular, é ambígua, pois permite uma proteção penal do *bem móvel*, mesmo contra o proprietário; diante da possível punição por maus-tratos, oponível a qualquer um. Assim, o animal ostenta uma posição jurídica *sui generis*, pois embora possa ser objeto do direito de propriedade, é dotado de prerrogativas legais que limitam o próprio direito do proprietário em níveis superiores a quaisquer outras limitações aos direitos reais conhecidas em nosso direito, sendo protegido por leis específicas. Há uma tendência internacional crescente pela adoção de leis que tratem especificamente do bem-estar animal.[5]

No direito alemão,[6] os animais gozam de uma classificação específica que os colocam em uma posição intermediária entre os seres humanos e as coisas.[7] É interessante observar que, na Alemanha, foi proibida a tatuagem de um pônei,[8] sob o argumento de que:

---

www.icrc.org/pt/doc/war-and-law/treaties-customary-law/customary-law/overview-customary-law. htm. Acesso em: 29 maio 2022.

[4] STF, ADI 4.983, Rel. Min. Marco Aurélio, j. 06.10.2016, *DJe* 27.04.2017.

[5] Disponível em: https://www.globalanimallaw.org/database/national/index.html. Acesso em: 29 maio 2022.

[6] Para uma análise mais abrangente, ver: TOLEDO, Maria Izabel Vasco, A tutela jurídica dos animais no Brasil e no direito comparado, *Revista Brasileira de Direito Animal*, Salvador, ano 7, vol. 11, jul.-dez. 2012, p. 197-223.

[7] Código Civil alemão – Seção 90 A – Animais *"Animais não são coisas. Eles são protegidos por legislação especial. Eles são regidos pelas disposições que se aplicam às coisas, com as necessárias adaptações, exceto disposição em contrário."*

[8] Disponível em: http://www.anda.jor.br/19/11/2010/tribunal-alemao-proibe-tatuagem-em-ponei. Acesso em: 5 mar. 2016.

"Mesmo tendo em conta que são permitidas as tatuagens sem recurso a anestesia nos seres humanos, isso não significa que seja autorizado esse tipo de intervenções na pele dos animais", justificou o tribunal, acrescentando que teve em conta "as características próprias do medo no animal e a sua incapacidade para compreender a dor e avaliar a sua duração".

A revogação da condição de *res* (coisa) ostentada pelos animais no direito brasileiro tem sido discutida no Congresso Nacional há longa data. O Projeto de Lei 6.799/2013 de autoria do Deputado Federal Ricardo Izar acrescenta parágrafo único ao artigo 82 do Código Civil para dispor sobre a natureza jurídica dos animais domésticos e silvestres com a seguinte redação: "Parágrafo único. O disposto no *caput* não se aplica aos animais domésticos e silvestres".[9] O projeto foi posteriormente aprovado com modificações pelo Senado Federal, tendo retornado à Câmara dos Deputados. Caso o PL 6.799/2013 seja convertido em lei, os animais perderão a condição jurídica de coisa, passando a ostentar uma natureza jurídica *sui generis*.

Diversos países da América do Sul têm adotado lei que modifica o *status* legal dos animais, tais como: Colômbia, onde a Lei 1.774/2016 modificou o Código Civil, o Código Penal e o Código de Processo Penal, em seu artigo 1º estabelece que os "animais como seres sencientes não são coisas" e devem receber proteção especial contra o sofrimento e a dor, em especial causados direta ou indiretamente pelos humanos. No Uruguai existe a lei de proteção, bem-estar e detenção dos animais [Lei 18.471/2009] que, em seu capítulo segundo [artigo 12], estabelece as obrigações e direitos dos detentores de animais. A lei proíbe expressamente lesionar os animais, definindo maus-tratos como toda ação injustificada que cause danos ou estresse excessivo em um animal e define lesão a ação que provoque dano ou diminuição de sua integridade física. A lei não considera lesão ou maus-tratos as manipulações, tratamentos ou intervenções cirúrgicas, cujo objetivo seja melhorar a qualidade de vida do animal ou o controle da população da espécie de que se trata, realizadas sob a supervisão de médico veterinário ou por ordem da autoridade competente, mediante decisão fundamentada. A lei não considera maus-tratos o tratamento ou intervenção cirúrgica realizada como consequência das práticas habituais do rodeio com fins produtivos. A lei proíbe, ainda, a prática de lutas de animais. Com exceção de touradas nas quais os animais não sejam mortos.

1. ANIMAIS SILVESTRES

Os animais silvestres, do ponto de vista do direito interno, são de propriedade do Estado, conforme determinação legal contida na "Lei de Proteção da Fauna".[10] Na verdade, a lei de proteção à fauna, muito embora proíba a caça profissional, é uma norma que define, amplamente, as condições de prática da caça amadora, inclusive com o estímulo às associações de caça. O Estado, nos termos da lei, deve ser compreendido como União Federal e não como Estado-membro, município, ou Distrito Federal. Todavia, a proteção dos animais compete a qualquer das entidades federativas, por força do artigo 23 da Constituição Federal, os quais podem se utilizar de meios próprios, inclusive legislativos, por ser tema de competência con-

---

[9] Disponível em: https://www.camara.leg.br/proposicoesWeb/prop_mostrarintegra;jsessionid=420 3EEF8EBD0438B3AE4FD293981D62E.proposicoesWebExterno2?codteor=1198509&filename=PL+ 6054/2019+%28N%C2%BA+Anterior:+PL+6799/2013%29. Acesso em: 1º jun. 2020.

[10] "Artigo 1º Os animais de quaisquer espécies, em qualquer fase do seu desenvolvimento e que vivem naturalmente fora do cativeiro, constituindo a fauna silvestre, bem como seus ninhos, abrigos e criadouros naturais são propriedades do Estado, sendo proibida a sua utilização, perseguição, destruição, caça ou apanha."

corrente, no que diz respeito à proteção da diversidade biológica. A fauna silvestre, brasileira ou exótica, normativamente (Portaria 98, de 07 de julho de 1998, do Instituto Brasileiro do Meio Ambiente e dos Recursos Naturais Renováveis), pode ser entendida como:

> Fauna Silvestre Brasileira: são todos aqueles animais pertencentes às espécies nativas, migratórias e quaisquer outras, aquáticas ou terrestres, que tenham seu ciclo de vida ocorrendo dentro dos limites do Território Brasileiro ou águas jurisdicionais brasileiras.
>
> Fauna Silvestre Exótica: são todos aqueles animais pertencentes às espécies ou subespécies cuja distribuição geográfica não inclui o Território Brasileiro e as espécies ou subespécies introduzidas pelo homem, inclusive domésticas em estado asselvajado ou alçado. Também são consideradas exóticas as espécies ou subespécies que tenham sido introduzidas fora das fronteiras brasileiras e suas águas jurisdicionais e que tenham entrado em Território Brasileiro.

Do ponto de vista do direito internacional, um dos principais documentos internacionais para a proteção dos animais silvestres é a *Convenção sobre o Comércio Internacional das Espécies da Flora e Fauna Selvagens em Perigo de Extinção – CITES*, da qual o Brasil é signatário.[11] Não esqueça, também, as Convenções de Ramsar, proteção à baleia e tantas outras.

2. ANIMAIS DOMÉSTICOS

Os animais domésticos são foco de grande atenção, pois a vida prática nos tem demonstrado que eles estão presentes em todas as sociedades humanas, sendo motivo de grande afeto pela amizade que são capazes de destinar aos Humanos, bem como pela grande utilidade que têm para todos. A domesticação dos animais tem cerca de 10.000 anos de idade, confundindo--se com a própria História da humanidade. É em relação aos animais domésticos que se faz mais presente o fenômeno da "humanização" dos animais que, por diversos motivos, passam a ser vistos como efetivos membros de famílias humanas, dado o elevado grau de integração com contextos familiares. E, com frequência cada vez maior, os animais são objeto de disputas familiares em casos de divórcio e dissolução de uniões estáveis.[12]

A presença de animais domésticos em condomínios residenciais é tema polêmico que suscita diversas paixões. Em primeiro lugar, há que se observar a própria inconsistência do termo doméstico, pois não há consenso sobre quais animais podem ser enquadrados no conceito de doméstico. Do ponto de vista normativo, os animais domésticos (fauna doméstica), conforme a Portaria 98/1998 do Ibama.

> Todos aqueles animais que através de processos tradicionais e sistematizados de manejo e/ou melhoramento zootécnico tornaram-se domésticos, apresentando características biológicas e comportamentais em estreita dependência do homem, podendo apresentar fenótipo variável, diferente da espécie silvestre que os originou.

---

[11] TRF-2, REEX 200950010000536, 8ª Turma especializada, Rel. Des. Federal Poul Erik Dyrlund, j. 15.06.2011, Publicação: 22.06.2011.
Elefante de circo: TRF-4, APELREEX 9.156/SC 2007.72.00.009156-0, 3ª Turma, Rel. João Pedro Gebran Neto, j. 03.08.2010, *DE* 12.08.2010.

[12] O STJ admitiu Recurso Especial que trata de pensão alimentícia para animal doméstico. STJ, AREsp 1.860.806/SP 2021/0082785-0, Rel. Min. Ricardo Villas Bôas Cueva, *DJ* 18.06.2021.

Nos condomínios residenciais tem havido muita disputa em relação à permissão de animais domésticos em apartamentos, sobretudo no que se refere a quantidade, porte e tipo de animal. Neste particular, cabe registrar que a Comissão de Meio Ambiente e Desenvolvimento Sustentável da Câmara de Deputados aprovou proposta que proíbe aos condomínios a adoção de regras que impeçam a permanência de animal doméstico em suas unidades autônomas (casas e apartamentos).[13] A matéria aprovada na Comissão amolda-se à jurisprudência que vem sendo construída no sentido de permitir a permanência em condomínios de animais de pequeno porte que não causem incômodos nem sejam agressivos ou perigosos.[14]

O conceito de família tem sofrido enormes transformações no direito brasileiro e, certamente, dentre tais transformações está a inserção dos animais domésticos como "membros" especiais das unidades familiares. As disputas familiares, com frequência cada vez maior, demonstram o peculiar papel adquirido pelos pets. A jurisprudência do STJ e dos Tribunais de Justiça dos estados tem registrado tal circunstância, com crescente número de decisões sobre a questão. Temas como guarda compartilhada são cada vez mais utilizados na jurisprudência.[15] O STJ tem entendido que os animais de companhia possuem valor subjetivo único e peculiar, aflorando sentimentos bastante íntimos em seus donos, totalmente diversos de qualquer outro tipo de propriedade privada.[16]

3. ANIMAIS UTILIZADOS EM PESQUISAS CIENTÍFICAS

A utilização de animais em pesquisas científicas é tema polêmico, havendo disputa entre os que entendem essencial o recurso à experimentação com animais e os que são terminantemente contra tais práticas. O Brasil adotou a postura de autorizar a experimentação científica com animais, observados os preceitos estabelecidos pela Lei 11.794, de 8 de outubro de 2008. Assim, a criação e a utilização de animais em atividades de ensino e pesquisa científica, em todo o território nacional, obedece aos critérios estabelecidos na lei; sendo certo que a utilização de animais em atividades educacionais restringe-se a (1) estabelecimentos de ensino superior e (2) estabelecimentos de educação profissional técnica de nível médio da área biomédica. Legalmente, as atividades de pesquisa científica são "todas aquelas relacionadas com ciência básica, ciência aplicada, desenvolvimento tecnológico, produção e controle da qualidade de drogas, medicamentos, alimentos, imunobiológicos, instrumentos, ou quaisquer outros testados em animais, conforme definido em regulamento próprio". A lei exclui expressamente do conceito de atividades de pesquisa as *práticas zootécnicas relacionadas à agropecuária*".

Estão sujeitos às normas da Lei 11.794/2008 os animais das espécies classificadas como filo Chordata, subfilo Vertebrata, observada a legislação ambiental. A lei estabeleceu um Conselho Nacional de Controle de Experimentação Animal – CONCEA com competência para (1) formular e zelar pelo cumprimento das normas relativas à utilização humanitária de animais com finalidade de ensino e pesquisa científica; (2) credenciar instituições para criação

---

[13] Disponível em: https://www.camara.leg.br/noticias/622471-aprovada-proposta-que-proibe-restricoes-a-animais-de-estimacao-em-condominios/. Acesso em: 2 jun. 2020.

[14] TJ-MG, AC 10637090661579001/MG, Rel. Saldanha da Fonseca, j. 27.04.2015, Publicação: 28.04.2015; TJ-SP, APL 00326266320108260506/SP 0032626-63.2010.8.26.0506, 2ª Câmara de Direito Privado, Rel. Neves Amorim, j. 05.08.2014, Publicação: 07.08.2014.

[15] TJ-DF, 2016002047457 0 0050135-88.2016.8.07.0000, 8ª Turma Cível, Rel. Luís Gustavo B. de Oliveira, j. 04.05.2017, *DJe* 12.05.2017, p. 491-501.

[16] STJ, REsp 1.713.167/SP 2017/0239804-9, 4ª Turma, Rel. Min. Luis Felipe Salomão, j. 19.06.2018, *DJe* 09.10.2018.

ou utilização de animais em ensino e pesquisa científica; (3) monitorar e avaliar a introdução de técnicas alternativas que substituam a utilização de animais em ensino e pesquisa; (4) estabelecer e rever, periodicamente, as normas para uso e cuidados com animais para ensino e pesquisa, em consonância com as convenções internacionais das quais o Brasil seja signatário; (5) estabelecer e rever, periodicamente, normas técnicas para instalação e funcionamento de centros de criação, de biotérios e de laboratórios de experimentação animal, bem como sobre as condições de trabalho em tais instalações; (6) estabelecer e rever, periodicamente, normas para credenciamento de instituições que criem ou utilizem animais para ensino e pesquisa; (7) manter cadastro atualizado dos procedimentos de ensino e pesquisa realizados ou em andamento no País, assim como dos pesquisadores, a partir de informações remetidas pelas Comissões de Ética no Uso de Animais – CEUAs, de que trata o artigo 8º da lei; (8) apreciar e decidir recursos interpostos contra decisões das CEUAs; (9) elaborar e submeter ao Ministro de Estado da Ciência e Tecnologia, para aprovação, o seu regimento interno; (10) assessorar o Poder Executivo a respeito das atividades de ensino e pesquisa tratadas na lei.

A lei estabelece, também, as condições de criação e uso de animais para ensino e pesquisa científica, devendo haver o licenciamento das atividades de criação de animais para fins científicos junto ao Ministério da Ciência e Tecnologia. Já as condições para a experimentação com animais são as seguintes: (1) O animal só poderá ser submetido às intervenções recomendadas nos protocolos dos experimentos que constituem a pesquisa ou programa de aprendizado quando, antes, durante e após o experimento, receber cuidados especiais, conforme estabelecido pelo CONCEA. (2) O animal será submetido a eutanásia, sob estrita obediência às prescrições pertinentes a cada espécie, conforme as diretrizes do Ministério da Ciência e Tecnologia, sempre que, encerrado o experimento ou em qualquer de suas fases, for tecnicamente recomendado aquele procedimento ou quando ocorrer intenso sofrimento. (3) Excepcionalmente, quando os animais utilizados em experiências ou demonstrações não forem submetidos a eutanásia, poderão sair do biotério após a intervenção, ouvida a respectiva CEUA quanto aos critérios vigentes de segurança, desde que destinados a pessoas idôneas ou entidades protetoras de animais devidamente legalizadas, que por eles queiram responsabilizar-se. (4) Sempre que possível, as práticas de ensino deverão ser fotografadas, filmadas ou gravadas, de forma a permitir sua reprodução para ilustração de práticas futuras, evitando-se a repetição desnecessária de procedimentos didáticos com animais. (5) O número de animais a serem utilizados para a execução de um projeto e o tempo de duração de cada experimento será o mínimo indispensável para produzir o resultado conclusivo, poupando-se, ao máximo, o animal de sofrimento. (6) Experimentos que possam causar dor ou angústia desenvolver-se-ão sob sedação, analgesia ou anestesia adequadas. (7) Experimentos cujo objetivo seja o estudo dos processos relacionados à dor e à angústia exigem autorização específica da CEUA, em obediência a normas estabelecidas pelo CONCEA. (8) É vedado o uso de bloqueadores neuromusculares ou de relaxantes musculares em substituição a substâncias sedativas, analgésicas ou anestésicas. (9) É vedada a reutilização do mesmo animal depois de alcançado o objetivo principal do projeto de pesquisa. (10) Em programa de ensino, sempre que forem empregados procedimentos traumáticos, vários procedimentos poderão ser realizados num mesmo animal, desde que todos sejam executados durante a vigência de um único anestésico e que o animal seja sacrificado antes de recobrar a consciência. (11) Para a realização de trabalhos de criação e experimentação de animais em sistemas fechados, serão consideradas as condições e normas de segurança recomendadas pelos organismos internacionais aos quais o Brasil se vincula.

Capítulo 13 · A PROTEÇÃO DOS ANIMAIS NO DIREITO BRASILEIRO | **377**

A lei estabelece uma série de infrações administrativas para o descumprimento de suas determinações em relação à utilização de animais para fins científicos, conforme os artigos 17/21. Aqui vale uma observação, ainda que as penalidades administrativas sejam bastante inferiores às estabelecidas no Decreto 6.514/2008, estas últimas não se aplicam pelo princípio da especialização do direito. Ademais, diferentemente do conceito genérico adotado pela Lei 9.605/1998, em seu artigo 70, a Lei 11.794/2008 adotou, corretamente, os modernos princípios do direito administrativo sancionador que exige lei formal para a fixação de sanções administrativas.

O Supremo Tribunal Federal ainda não chegou a se pronunciar no mérito sobre a complexa questão relativa à vivissecção.[17]

A ampliação do interesse pela proteção aos animais tem uma repercussão judicial interessante que é a objeção de consciência que tem sido apresentada por alguns alunos de cursos de ciências biológicas que se recusam a participar de aulas com experimentação animal, sob o argumento da desnecessidade de utilização de animais para pesquisas científicas e outros argumentos de natureza filosófica. Não se pretende aqui entrar em debate complexo que, certamente, ultrapassa os limites e propósitos deste livro. Entretanto, deve ser registrado que a colocação em debate perante o Judiciário do tema é um relevante instrumento de polêmica que demonstra a urgência do tema para uma parcela considerável da opinião pública. As Cortes judiciais, entretanto, têm rejeitado a objeção de consciência, sob o argumento de que o ensino universitário é matéria de competência das universidades e que não cabe ao Judiciário nela se imiscuir. Ainda que não se discorde do argumento básico e da concepção da separação das esferas de atribuição dos poderes, fato é que, em muitas oportunidades, há um excesso de experimentação animal desnecessária e descuidado no controle dos animais. Ao apreciar o tema, o Tribunal Regional Federal da 4ª Região[18] rejeitou a objeção de consciência, tal como o TRF da 2ª Região.[19]

O tema é complexo e, efetivamente, é matéria de discricionariedade administrativa determinar as formas e os conteúdos dos currículos universitários que compõem parte essencial da autonomia universitária. Entretanto, parece evidente que as vivissecções sempre deverão ser adotadas nas hipóteses para as quais, comprovadamente, não existam alternativas técnicas de substituição, dentro da realidade financeira e orçamentária do ensino superior, sobretudo o público, quando a pesquisa envolver doenças realmente letais para o ser humano.

---

[17] Não se pode impor à instituição de ensino métodos alternativos, incumbindo somente à UFRRJ definir sua grade curricular, observadas as diretrizes e bases da educação superior, de modo a melhor transmitir aos alunos profundo conhecimento das disciplinas, inexistindo óbice legal à utilização de animais para fins didáticos ou científicos, em todo o território nacional, desde que observadas as leis de regência, que vedam a prática de infligir aos animais, desnecessariamente, elevado grau de agressão, dor e angústia. 4. Não há cerceamento de defesa na reconsideração do deferimento de perícia técnica na área de medicina veterinária, fundada na suficiência da mera diligência de constatação, a cargo de oficial de justiça, das condições de tratamento dos animais da instituição de ensino. Além de a decisão não ter sido agravada, cabe ao juiz, destinatário da prova, em sintonia com o sistema da persuasão racional, avaliar a conveniência da sua produção. Exegese do CPC, artigos 130, 131 e 330, I. 5. As constatações feitas por oficial de justiça, de inexistência de maus-tratos ou adoção da prática da vivissecção pela UFRRJ, foram corroboradas por procedimento administrativo do MPF, que contou com vistoria a cargo de comissão de profissionais de medicina veterinária e testemunhos. STF, ARE 925.553/RJ, 0003777-87.2001.4.02.5101, Rel. Min. Edson Fachin, j. 30.11.2016, *DJe*-257 02.12.2016.

[18] Agravo de Instrumento 2007.04.00.020715-4/RS, Des. Federal Edgard Lippmann Jr.

[19] TRF-2, AG 200902010098615/RJ 2009.02.01.009861-5, Turma Especializada, Rel. Des. Federal Guilherme Calmon Nogueira da Gama, j. 09.12.2009, *DJU* 14.01.2010, p. 88.

No entanto, embora o ser humano possa intervir no mundo vegetal e animal e fazer uso dele quando é necessário para a sua vida, o Catecismo ensina que as experimentações sobre os animais só são legítimas "desde que não ultrapassem os limites do razoável e contribuam para curar ou poupar vidas humanas".[20]

É evidente que as universidades devem possuir, e efetivamente possuem, as comissões de ética para a experimentação científica com animais. Discute-se, por exemplo, a necessidade de utilização de cães Beagle para o ensino prático de odontologia. Em tal hipótese, o Tribunal de Justiça do Paraná entendeu conveniente suspendê-la, pois aparentemente, é factível o ensino com outros métodos.[21] Sobre a experimentação com animais e, em especial a vivissecção, não se pode deixar de mencionar a relevante decisão monocrática proferida pelo Ministro Herman Benjamin, no AREsp 632.281, no qual foi Agravada a Universidade Federal do Rio de Janeiro – UFRJ, discutiu-se, na oportunidade, a possibilidade de que o Poder Judiciário pudesse determinar que a Universidade se abstivesse de ministrar cursos nos quais se praticasse a vivissecção. Entendeu o Ministro Benjamim em não conhecer dos agravos, tendo em vista que o TRF 2 havia decidido com base em que "Outrossim, verifica-se que o órgão julgador decidiu após profunda análise dos fatos e das provas relacionados à causa, sendo que, para se chegar à conclusão diversa acerca da condenação dos réus, tomar-se-ia imprescindível reexaminar o conjunto fático-probatório dos autos, o que é vedado em sede de recurso especial, a teor do Enunciado 7 da Súmula do STJ. Por fim, o Verbete 283 da Súmula do Supremo Tribunal Federal também determina a inadmissibilidade do Recurso Especial, quando o acórdão recorrido assenta em mais de um fundamento suficiente, por si só, para mantê-lo".

Penso, entretanto, que a objeção de consciência deve ser tida como viável desde que o aluno, por outros métodos, seja capaz de adquirir a competência necessária para a aprovação na matéria. Atualmente, com as impressoras em 3D, parece evidente que a produção de modelos para estudo é algo muito mais factível do que foi no passado.

No campo da experimentação em animais, há uma importante decisão do Supremo Tribunal Federal na ADI 5.996-AM, Relator o Ministro Alexandre de Moraes, na qual a Lei 289/2015 do Estado do Amazonas que proibiu "a utilização de animais para desenvolvimento, experimentos e testes de produtos cosméticos, de higiene pessoal, perfumes e seus componentes" foi julgada constitucional. A decisão é relevante, inclusive porque confirma normas existentes em outros estados da federação como Minas Gerais,[22] Rio de Janeiro[23] e São Paulo,[24] por exemplo.

O Ministério da Ciência, Tecnologia e Inovação baixou a Resolução 58/2023, que assim dispõe:

> Artigo 1° Fica proibido no País o uso de animais vertebrados, exceto seres humanos, em pesquisa científica e no desenvolvimento e controle da qualidade de produtos de higiene pessoal, cosméticos e perfumes que utilizem em suas formulações ingredientes ou compostos com segurança e eficácia já comprovadas cientificamente.

---

[20]   Carta Encíclica Laudato Si' do Santo Padre Francisco sobre o cuidado da casa comum. Disponível em: http://www.vatican.va/content/francesco/pt/encyclicals/documents/papa-francesco_20150524_enciclica-laudato-si.html. Acesso em: 2 jun. 2020.

[21]   TJ-PR, 8.626.108/PR 862610-8 (Acórdão), 4ª Câmara Cível, Rel. Maria Aparecida Blanco de Lima, j. 03.07.2012.

[22]   Lei 23.050, de 25 de julho de 2018.

[23]   Lei 7.814, de 15 de dezembro de 2018.

[24]   Lei 15.316, de 23 de janeiro de 2014.

Artigo 2º É obrigatório no País o uso de métodos alternativos reconhecidos pelo Conselho Nacional de Controle de Experimentação Animal em pesquisa científica, no desenvolvimento e controle da qualidade de produtos de higiene pessoal, cosméticos ou perfumes que utilizem em suas formulações ingredientes ou compostos cuja segurança ou eficácia não tenham sido comprovadas cientificamente, ressalvadas as competências de outros entes e órgãos públicos com função regulatória.

§ 1º Os métodos alternativos validados nacional ou internacionalmente, porém ainda não reconhecidos pelo Conselho Nacional de Controle de Experimentação Animal, poderão ser utilizados em pesquisa científica, no desenvolvimento e controle da qualidade de produtos de higiene pessoal, cosméticos ou perfumes que utilizem em suas formulações ingredientes ou compostos cuja segurança ou eficácia não tenham sido comprovadas cientificamente, sem prejuízo da competência prevista no inciso III do artigo 5º da Lei 11.794, de 8 de outubro de 2008.

§ 2º A possibilidade prevista no § 1º deste artigo não dispensa a necessidade de observância de normas especiais editadas por outros entes e órgãos públicos com competência regulatória.

4. ANIMAIS E MANIFESTAÇÕES CULTURAIS E RELIGIOSAS E A PROIBIÇÃO DE CRUELDADE CONTRA OS ANIMAIS

Os animais desempenham papel de destaque nas diferentes religiões de tradição judaico-cristã. A Bíblia tem diversas passagens sobre animais, a começar pelo Livro do Gênesis:

> Disse também Deus: "Encham-se as águas de seres vivos, e voem as aves sobre a terra, sob o firmamento do céu". Assim Deus criou os grandes animais aquáticos e os demais seres vivos que povoam as águas, de acordo com as suas espécies; e todas as aves, de acordo com as suas espécies. E Deus viu que ficou bom. Então Deus os abençoou, dizendo: "Sejam férteis e multipliquem-se! Encham as águas dos mares! E multipliquem-se as aves na terra".[25]

Assim, desde os seus primórdios, a tradição religiosa judaico-cristã tem nos animais um elemento fundamental. Quanto à questão do sacrifício animal que, sabidamente, é um dos temas mais complexos, a tradição judaico-cristã, no Velho Testamento, traz a importante passagem de Abraão e Isaque e do sacrifício de um carneiro:

> 9 E vieram ao lugar que Deus lhes dissera, e edificou Abraão ali um altar, e pôs em ordem a lenha, e amarrou a Isaque, seu filho, e deitou-o sobre o altar em cima da lenha. 10 E estendeu Abraão a sua mão e tomou o cutelo para imolar o seu filho. 11 Mas o Anjo do Senhor lhe bradou desde os céus e disse: Abraão, Abraão! E ele disse: Eis-me *aqui*. 12 Então, disse: Não estendas a tua mão sobre o moço e não lhe faças nada; porquanto agora sei que temes a Deus e não me negaste o teu filho, o teu único. 13 Então, levantou Abraão os seus olhos e olhou, e eis um carneiro detrás *dele,* travado pelas suas pontas num mato; e foi Abraão, e tomou o carneiro, e ofereceu-o em holocausto, em lugar de seu filho. 14 E chamou Abraão o nome daquele lugar o Senhor proverá; donde se diz *até* ao dia de hoje: No monte do Senhor se proverá.[26]

---

[25] Disponível em: https://www.bibliaon.com/animais/. Acesso em: 20 maio 2020.
[26] Disponível em: https://www.biblegateway.com/passage/?search=G%C3%AAnesis+22&version=ARC. Acesso em: 20 maio 2020.

380 | DIREITO AMBIENTAL – *Paulo de Bessa Antunes*

Os sacrifícios animais, entretanto, não são mais praticados nas religiões de tradição judaico-cristã. Muito embora, como regra geral, tais religiões não proíbam a utilização de animais para a alimentação humana:

> 3 Não comam nada que seja impuro. 4 Vocês podem comer a carne dos seguintes animais: vacas, carneiros, cabritos, 5 veados, gazelas, corços, cabritos selvagens, antílopes, carneiros selvagens e gamos. 6 Todos esses animais têm o casco dividido em dois, e ruminam, e podem ser comidos. 7 Mas nenhum animal deve ser comido, a não ser que tenha o casco dividido e que rumine. Portanto, não comam camelos, lebres ou coelhos selvagens, pois ruminam, mas não têm o casco dividido. Para vocês esses animais são impuros. 8 Não comam carne de porco. Para vocês os porcos são impuros porque têm o casco dividido, mas não ruminam. Não comam nenhum desses animais, nem toquem neles quando estiverem mortos.
> 9 Vocês podem comer qualquer peixe que tenha barbatanas e escamas, 10 mas não podem comer peixes que não tenham barbatanas nem escamas. Para vocês esses peixes são impuros.
> 11 Vocês podem comer qualquer ave pura, 12 porém não comam as seguintes aves: águias, urubus, águias marinhas, 13 açores, falcões, 14 corvos, 15 avestruzes, corujas, gaivotas, gaviões, 16 mochos, íbis, gralhas, 17 pelicanos, abutres, corvos marinhos, 18 cegonhas, garças e poupas; e também morcegos.
> 19 Todos os insetos que voam são impuros; vocês não podem comê-los. 20 Mas podem comer todos os insetos puros.[27]

As religiões que se filiam à tradição judaico-cristã não praticam mais o sacrifício animal, o qual, no entanto, ainda é praticado por religiões de diversas outras matrizes. Não cabe, evidentemente, neste espaço uma discussão em profundidade sobre liberdade religiosa e crueldade contra os animais, apenas o registro.[28] Fato é que o Supremo Tribunal Federal, ao examinar o RE 494.601, Rel. p/ o ac. Min. Edson Fachin, j. 28.03.2019, *DJe* 19.11.2019, decidiu que a prática e os rituais relacionados ao sacrifício animal são patrimônio cultural.

No caso em questão, a ponderação dos diferentes direitos constitucionais em cotejo deu prevalência à liberdade de culto. Parece-nos que, no particular, houve uma certa mudança na orientação na jurisprudência sobre os "direitos" dos animais. De fato, se considerarmos que as religiões são, em sentido amplo, manifestações culturais, veremos que a "farra do boi", rodeios, brigas de galo e outras tantas têm sido submetidas ao crivo do Judiciário que, quase que à unanimidade, as tem rejeitado com o correto entendimento de que elas violam o preceito constitucional de proibição de prática de crueldade contra os animais.

O STF enfrentou complexa questão relativa a uma possível colisão de normas constitucionais relativas à proteção da cultura e dos animais, no caso da chamada "Farra do Boi". Na oportunidade a Corte entendeu que a prática expressa crueldade.[29] A decisão é muito importante e acertada, pois atenta contra a dignidade constitucional a verdadeira barbaridade que era cometida contra os animais, em manifestação de sadismo que não pode ser tutelada por uma Constituição voltada para o aperfeiçoamento e elevação da vida humana, eis que tem

---

[27] Disponível em: https://www.biblegateway.com/passage/?search=Deuteron%C3%B4mio%20 14%3A3-20&version=NTLH. Acesso em: 20 maio 2020.

[28] LEITE, Fábio Carvalho. A liberdade de crença e o sacrifício de animais em cultos religiosos. *Veredas do Direito*, Belo Horizonte, v. 10, n. 20, p. 163-177, jul.-dez. 2013.

[29] Recurso Extraordinário 153.531, *Diário da Justiça* 13.03.1998.

a dignidade humana como um de seus principais vetores, pois crueldade contra os animais é um dos primeiros passos em direção à crueldade contra os humanos. "Todo o encarniçamento contra qualquer criatura 'é contrário à dignidade humana'".[30] Na mesma linha, outras manifestações "culturais" como a briga de galo foram firmemente repudiadas pelo Supremo Tribunal Federal.[31]

Mais recentemente, a discussão sobre a Vaquejada,[32] ADI 4.983/CE, julgada procedente, deu margem à Emenda Constitucional 96/2017 que, como já foi visto, acrescentou o § 7º ao artigo 225, excluindo do conceito de crueldade contra os animais as "práticas desportivas que utilizem animais, desde que sejam manifestações culturais" que estejam "registradas como bem de natureza imaterial integrante do patrimônio cultural brasileiro, devendo ser regulamentadas por lei específica que assegure o bem-estar dos animais envolvidos". A decisão do STF na ADI veio na esteira de inúmeras outras decisões de Cortes Estaduais que haviam decidido no mesmo sentido, em relação a várias normas estaduais sobre o tema. As decisões acima indicadas demonstram de forma objetiva e incontestável que o Judiciário, quando chamado a intervir, tem dado interpretação muito definida sobre a abrangência do conceito e maus-tratos aos animais, não admitindo que práticas "culturais" sirvam de pretexto para a flexibilização para a aplicação da norma constitucional.

Em relação ao maus-tratos aos animais (artigo 32 da Lei 9.605/1998), deve ser observado que os animais de companhia (cães e gatos) mereceram uma proteção penal especial e agravada, conforme o § 1º-A: "Quando se tratar de cão ou gato, a pena para as condutas descritas no *caput* deste artigo será de reclusão, de 2 (dois) a 5 (cinco) anos, multa e proibição da guarda", nova redação dada pela Lei 14.064/2020.

---

[30] Carta Encíclica Laudato Si' do Santo Padre Francisco sobre o cuidado da casa comum. Disponível em: http://www.vatican.va/content/francesco/pt/encyclicals/documents/papa-francesco_20150524_enciclica-laudato-si.html. Acesso em: 2 jun. 2020.

[31] STF, ADI 1.856/RJ, Tribunal Pleno, Rel. Min. Celso de Mello, j. 26.05.2011, *DJe*-198 13.10.2011, Publicação: 14.10.2011.

[32] A Lei 13.364/2016 considerou a Vaquejada como patrimônio cultural.

3ª PARTE
POLÍTICA ENERGÉTICA E MEIO AMBIENTE

Capítulo 14
MUDANÇAS CLIMÁTICAS

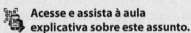

Acesse e assista à aula explicativa sobre este assunto.

> http://uqr.to/1b2hr

As mudanças climáticas globais estão na ordem do dia das discussões internacionais sobre meio ambiente, sendo a principal questão na agenda ambiental global. Como todo tema polêmico, há grupos políticos que, sem nenhuma base científica sólida, negam-nas como forma de afirmação de projeto político ultranacionalista, partindo do errôneo pressuposto de que existe uma conspiração internacional para dominar os países por meio da agenda climática.[1]

Para que se entenda a questão das mudanças climáticas globais, é necessário partir de algumas definições tais como: (1) Tempo, que é o que está acontecendo na atmosfera em qualquer momento. É o estado da atmosfera em um determinado local e momento. A caracterização do tempo se faz por meio de monitoramento das chamadas variáveis meteorológicas, tais como temperatura, a precipitação, a umidade, ou a direção e velocidade dos ventos; e (2) Clima, que é a condição média do tempo em uma determinada região; para a avaliação da média, são realizadas análises estatísticas. Essa condição média é caracterizada a partir de análises estatísticas dos dados meteorológicos observados na região de estudo. Inclui o cálculo de médias – como temperatura ou chuva média – e a caracterização da variabilidade – temperaturas ou chuvas máximas e mínimas, ou diferenças entre as estações do ano. A Organização Meteorológica Mundial sugere que a média seja apurada em um período de 30 anos.

O Sistema Climático é o grupo de elementos presentes na superfície da Terra, sendo composto pela atmosfera, pela hidrosfera, pela criosfera, pela litosfera e pela biosfera, incluindo as inúmeras interações entre cada um desses elementos.

O Sistema Climático evolui ao longo do tempo sob a influência de suas dinâmicas internas e de fatores externos. Entre os últimos, listam-se as erupções vulcânicas, as variações da radiação solar, ou os impactos humanos sobre o uso e ocupação da terra e sobre a concentração de gases da atmosfera.

O Painel Intergovernamental de Mudanças Climáticas – IPCC, na sigla em inglês – considera que *clima* pode ter dois sentidos, um restrito e outro amplo. Clima, no sentido restrito, diz respeito à definição proposta pela Organização Meteorológica Mundial; é a descrição da condição média do Tempo. No sentido amplo, Clima seria uma referência ao sistema

---

[1] Araújo nega aquecimento global e diz que "ditadura climática" é usada para atacar Brasil. Disponível em: https://www.reuters.com/article/politica-araujo-clima-idLTAKCN1VW2XB. Acesso em: 27 maio 2022.

climático. O problema é que Clima não corresponde a Sistema Climático. O Clima é apenas um atributo geográfico, uma descrição das condições gerais do Tempo em uma determinada região. Uma vez que é formado a partir de uma série histórica de dados, o Clima sempre se baseia no passado.

Já o Sistema Climático consiste em um conjunto de elementos reais. Eles podem ser experimentados diretamente pelos nossos sentidos, e medidos por instrumentos. Por exemplo, é possível medir a concentração de gases de efeito estufa [GEE] da atmosfera; medir a extensão, o volume e a massa de geleiras e calotas polares, ou a quantidade de calor e o pH do oceano. Em geral, os dados e observações dos componentes do Sistema Climático dizem respeito ao seu estado e características atuais. Somente por meio de outras técnicas, como a análise de fósseis ou núcleos de gelo, é possível estudar variações no passado. Finalmente, a evolução do Sistema Climático e seus componentes condiciona e influencia os fenômenos meteorológicos. Dessa forma, o Sistema Climático está associado ao Tempo. O aquecimento global e as mudanças climáticas são fenômenos ligados diretamente ao Sistema Climático e ao Tempo.

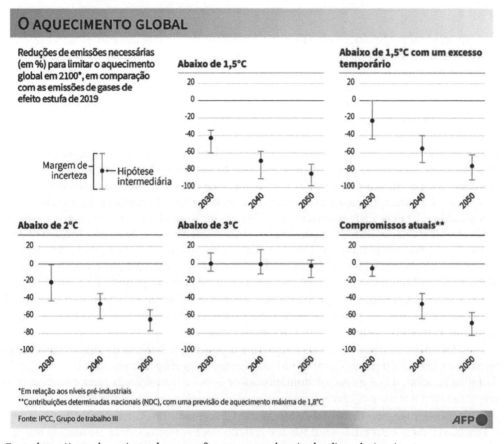

Fonte: https://metsul.com/entenda-em-graficos-o-novo-relatorio-do-clima-do-ipcc/.

As mudanças climáticas, necessariamente, demandam uma política nacional, pois as condições atmosféricas gerais não dizem respeito a uma única localidade ou mesmo Estado da Federação, requerendo medidas mais abrangentes que, em grande parte das vezes, devem ser adotadas pela comunidade internacional.

No caso específico das emissões de GEE, podemos verificar que, há cerca de três ou quatro décadas, teve início um processo muito forte de transferência de atividades emissoras de carbono para os países emergentes, com destaque para a China. O processo de transferência da base industrial emissora de GEE para a periferia do sistema econômico internacional foi enormemente facilitado com o enrijecimento das leis de proteção de propriedade intelectual que, sem emissão de uma única molécula de carbono, asseguram a supremacia econômica dos detentores dos direitos de propriedade intelectual. A criação da Organização Mundial de Comércio (OMC) e o tratado TRIPS (Tratado de direitos de propriedade intelectual relacionados ao comércio) impulsionaram a tendência.

O Brasil é um importante emissor de GEE na atualidade, tendo emitido 2,16 bilhões de toneladas de CO_2 equivalente ($GtCO_2e$), em 2020. No ano anterior, a quantidade de emissões chegou a 1,97 bilhão de tonelada, sendo o maior volume desde 2006. Na Amazônia, foram emitidas 782 toneladas de CO_2. Com esse volume, a floresta se torna uma das maiores fontes de emissão do planeta. No cerrado, foram 113 milhões de toneladas de CO_2. Se os dois biomas juntos formassem um país, seria o oitavo maior emissor de GEE do mundo. Atualmente, o Brasil só é superado por China, Estados Unidos, Rússia e Índia. A média mundial de emissões foi de 6,7 toneladas brutas, enquanto a do Brasil foi de 10,2 toneladas. É curioso observar que, em 2020, muito embora as emissões mundiais de GEE tenham diminuído, no Brasil elas aumentaram em relação ao ano de 2019, em função de desmatamento principalmente.[2] Acrescente-se que as emissões oriundas do setor de energia diminuíram 4,5% em 2020. A emissão de GEE no Brasil, portanto, pode ser fortemente reduzida, colocando o Brasil em importante posição de liderança na questão, desde que combata efetivamente o desmatamento. Veja-se que a Amazônia é, no momento, emissora de GEE, assim como diversas outras florestas que estão sendo desmatadas pelo mundo afora. Os 10 maiores emissores de GEE no Brasil são: (1) Altamira – 35,2; (2) São Félix do Xingu – 28,9; (3) Porto Velho – 23,3; (4) Lábrea – 23,2; (5) São Paulo – 16,6; (6) Pacajá – 16,2; (7) Novo Progresso – 14,9; (8) Rio de Janeiro – 13,8; (9) Colniza – 13,5; e (10) Apuí – 12,5. Entre as 35,2 milhões toneladas de CO_2e (unidade de medida que reúne todos os gases, do carbônico ao metano) emitidas por Altamira, 33,4 milhões estavam relacionadas com o desmatamento. A cidade paraense tem população estimada em 117 mil habitantes, ou seja, é quase 100 vezes menos populosa do que a cidade de São Paulo, mas contabiliza o dobro das emissões.[3]

Há vários projetos de lei em tramitação no Congresso Nacional cuja principal característica é a modificação da legislação ambiental com vistas a diminuir o padrão de proteção atualmente vigente. A meta que o Brasil assumiu, em Glasgow, de desmatamento ilegal zero em 2030 é, diante da tramitação legislativa, falaciosa, pois, com a legalização do que hoje é ilegal, haverá aumento de desmatamento legal. É evidente que medidas de transição energética para uma matriz mais limpa, redução de lixões e outras são importantíssimas e devem ser perseguidas pela sociedade brasileira, pelo governo federal e pelos subnacionais. Entretanto, nenhuma delas terá o efeito que o combate firme ao desmatamento terá. Por outro lado, impedir o desmatamento é a medida mais barata a ser tomada, pois há meios disponíveis. No litoral brasileiro já são necessárias obras de contenção do mar, em função de construções

---

[2] Disponível em: https://www.bbc.com/portuguese/brasil-59138347. Acesso em: 6 nov. 2021.

[3] Disponível em: https://extra.globo.com/noticias/brasil/8-dos-10-municipios-que-mais-emitem-gases-do-aquecimento-global-no-brasil-estao-na-amazonia-25527010.html. Acesso em: 20 jun. 2022.

388 | DIREITO AMBIENTAL – *Paulo de Bessa Antunes*

feitas sem consideração das mudanças climáticas,[4] as consequências de cheias, secas e outros fenômenos naturais são cada vez mais graves.

O combate às mudanças climáticas corresponde ao ODS 13:

> **Objetivo 13. Tomar medidas urgentes para combater a mudança climática e seus impactos (*)**
>
> **13.1** Reforçar a resiliência e a capacidade de adaptação a riscos relacionados ao clima e às catástrofes naturais em todos os países
>
> **13.2** Integrar medidas da mudança do clima nas políticas, estratégias e planejamentos nacionais
>
> **13.3** Melhorar a educação, aumentar a conscientização e a capacidade humana e institucional sobre mitigação, adaptação, redução de impacto e alerta precoce da mudança do clima
>
> **13.a** Implementar o compromisso assumido pelos países desenvolvidos partes da Convenção Quadro das Nações Unidas sobre Mudança do Clima [UNFCCC] para a meta de mobilizar conjuntamente US$ 100 bilhões por ano a partir de 2020, de todas as fontes, para atender às necessidades dos países em desenvolvimento, no contexto das ações de mitigação significativas e transparência na implementação; e operacionalizar plenamente o Fundo Verde para o Clima por meio de sua capitalização o mais cedo possível
>
> **13.b** Promover mecanismos para a criação de capacidades para o planejamento relacionado à mudança do clima e à gestão eficaz, nos países menos desenvolvidos, inclusive com foco em mulheres, jovens, comunidades locais e marginalizadas

1. ESFORÇOS INTERNACIONAIS PARA O ENFRENTAMENTO DAS MUDANÇAS DO CLIMA

O primeiro grande esforço internacional para o enfrentamento das mudanças climáticas globais é a Convenção-Quadro das Nações Unidas sobre Mudanças Climáticas [Convenção (Decreto 2.652/1998)], que foi adotada em 1992, no Rio de Janeiro. A Convenção, em seu artigo 2, tem por objetivo final alcançar a estabilização das concentrações de gases de efeito estufa na atmosfera num nível que impeça uma interferência antrópica perigosa no sistema climático. A Convenção determina diversos compromissos para as Partes e, considerando o *princípio das responsabilidades comuns, porém diferenciadas*, foram estabelecidos compromissos específicos para as nações desenvolvidas. Os países signatários comprometeram-se a elaborar uma estratégia global *"para proteger o sistema climático para gerações presentes e futuras"*.

1.1 Protocolo de Kyoto

Em 1997 foi adotado o Protocolo de Kyoto, estabelecendo *metas obrigatórias* para os países desenvolvidos, de redução de 5% de suas emissões de GEE).[5] O Protocolo de Kyoto, em

---

[4] Disponível em: https://oglobo.globo.com/brasil/obras-reinventam-orlas-tentam-salvar-praias-ameacadas-por-urbanizacao-mudancas-climaticas-no-brasil-25258856. Acesso em: 6 nov. 2021.

[5] Os gases de efeito estufa que são considerados no Protocolo são o dióxido de carbono (CO_2), metano (CH_4), óxido nitroso (N_2O), hexafluoreto de enxofre (SF_6) e as famílias dos perfluorcarbonos (compostos completamente fluorados, em especial perfluormetano CF_4 e perfluoretano C_2F_6) e hidrofluorcarbonos (HFCs).

vigor a partir de 2005, foi um fracasso, pois houve muita resistência dos países desenvolvidos em cumprirem as metas estabelecidas, sob o argumento de que países como China, Brasil e Índia eram emissores relevantes e não tinham metas de redução definidas, por não estarem incluídos no Anexo dadas as suas condições de países em desenvolvimento.

O Protocolo de Kyoto, buscando estabelecer incentivos econômicos para a redução da emissão de GEE,[6] em seu artigo 3 (1) determina que as Partes incluídas no Anexo I devem, individual ou conjuntamente, assegurar que suas emissões antrópicas agregadas, expressas em dióxido de carbono equivalente, dos gases de efeito estufa listados no Anexo A[7] não excedam suas quantidades atribuídas, calculadas em conformidade com seus compromissos quantificados de limitação e redução de emissões descritos no Anexo B, com vistas a reduzir suas emissões totais desses gases em pelo menos 5% abaixo dos níveis de 1990 no período de compromisso de 2008 a 2012. O artigo 3(2) estabelece que até 2005, as Partes do Anexo I deveriam ter comprovado a realização de progresso para o alcance dos objetivos do Protocolo.

Acreditava-se que um mecanismo de comércio de emissões, tal como estabelecido pelo artigo 17 de Kyoto,[8] pudesse ter um efeito relevante para a redução ou estabilização da emissão de GEE, atuando como um mecanismo suplementar à redução das emissões. O mercado de carbono gerou expectativas que não conseguiu atender e, na verdade, tem mais a característica de negócio do que propriamente de combate à poluição. O mercado funcionou perfeitamente para gerar poluição, ainda não conseguiu demonstrar a mesma eficiência para evitar poluição.

O fato é que o Protocolo de Kyoto não alcançou os seus objetivos e, efetivamente, desde a 1ª Conferência das Partes da Convenção Quadro das Nações Unidas sobre Mudanças do Clima,[9] realizada em Berlim, em 1995, o volume total de emissão de GEE pelo setor energético, de 1990 até 2021, variou de pouco mais de 20 $GtCO_2$, até um volume projetado de 31 $GtCO_2$. Ou seja, os acordos globais em relação às necessidades de mudança da matriz energética falharam, pois as emissões praticamente dobraram no período. Ressalte-se que, em 2020, as emissões foram reduzidas em cerca de 5,8% em razão da pandemia da Covid-19 e da consequente diminuição das atividades industriais. Segundo a Agência Internacional de Energia, essa foi a maior redução de emissões desde a crise financeira de 2008. Apesar disso, o volume de GEE na atmosfera é o dobro do existente no início da revolução industrial. A retomada do crescimento econômico, pós-pandemia, deve implicar um aumento de 4,8% na demanda de carvão, óleo e gás.

1.1.1   Mecanismo de Desenvolvimento Limpo – MDL

O artigo 12 do Protocolo de Kyoto criou o Mecanismo de Desenvolvimento Limpo – MDL,[10] com o objetivo de assistir as Partes não incluídas no Anexo I a atingirem o desenvol-

---

[6]   Disponível em: https://unfccc.int/process/the-kyoto-protocol/mechanisms/emissions-trading. Acesso em: 27 maio 2022.

[7]   Dióxido de carbono (CO_2), Metano (CH_4), Óxido nitroso (N_2O), Hidrofluorcarbonos (HFCs), Perfluorcarbonos (PFCs), Hexafluoreto de enxofre (SF_6).

[8]   Artigo 17 – A Conferência das Partes deve definir os princípios, as modalidades, regras e diretrizes apropriados, em particular para verificação, elaboração de relatórios e prestação de contas do comércio de emissões. As Partes incluídas no Anexo B podem participar do comércio de emissões com o objetivo de cumprir os compromissos assumidos sob o Artigo 3. Tal comércio deve ser suplementar às ações domésticas com vistas a atender os compromissos quantificados de limitação e redução de emissões, assumidos sob esse Artigo.

[9]   Disponível em: https://www.iea.org/reports/global-energy-review-2021/co2-emissions. Acesso em: 6 nov. 2021.

[10]   Disponível em: https://unfccc.int/process-and-meetings/the-kyoto-protocol/mechanisms-under--the-kyoto-protocol/the-clean-development-mechanism. Acesso em: 27 maio 2022.

vimento sustentável e contribuir para o objetivo final da Convenção, ainda, assistir as Partes incluídas no Anexo I para que cumpram seus compromissos quantificados de limitação e redução de emissões, assumidos no artigo 3.

Conforme o disposto no artigo 12 (3), sob o mecanismo de desenvolvimento limpo: (a) As Partes não incluídas no Anexo I beneficiar-se-ão de atividades de projetos que resultem em reduções certificadas de emissões; e (b) As Partes incluídas no Anexo I podem utilizar as reduções certificadas de emissões, resultantes de tais atividades de projetos, para contribuir com o cumprimento de parte de seus compromissos quantificados de limitação e redução de emissões, assumidos no artigo 3, como determinado pela Conferência das Partes na qualidade de reunião das Partes do Protocolo.

As reduções de emissões resultantes de cada atividade de projeto devem ser certificadas por entidades operacionais a serem designadas pela Conferência das Partes na qualidade de reunião das Partes deste Protocolo, com base em: (a) Participação voluntária aprovada por cada Parte envolvida; (b) Benefícios reais, mensuráveis e de longo prazo relacionados com a mitigação da mudança do clima, e (c) Reduções de emissões que sejam adicionais às que ocorreriam na ausência da atividade certificada de projeto.

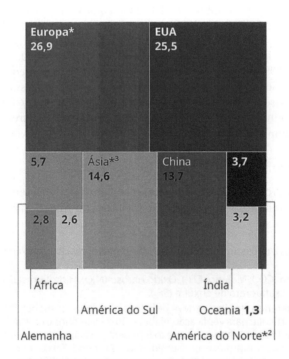

1.2 Acordo de Paris

Em 2015 foi firmado o Acordo de Paris (Decreto 9.073/2017) que visa reforçar a implementação da Convenção, incluindo seu objetivo, fortalecendo a resposta global à ameaça da mudança do clima, no contexto do desenvolvimento sustentável e dos esforços de erradicação da pobreza (artigo 2º), incluindo: (a) Manter o aumento da temperatura média global bem abaixo de 2°C em relação aos níveis pré-industriais, e envidar esforços para limitar esse aumento da temperatura a 1,5°C em relação aos níveis pré-industriais, reconhecendo que isso reduziria significativamente os riscos e os impactos da mudança do clima; (b) Aumentar a capacidade de adaptação aos impactos negativos da mudança do clima e promover a resiliência à mudança do clima e um desenvolvimento de baixa emissão de gases de efeito estufa, de uma maneira que não ameace a produção de alimentos; e (c) Tornar os fluxos financeiros compatíveis com uma trajetória rumo a um desenvolvimento de baixa emissão de gases de efeito estufa e resiliente à mudança do clima. A implementação do Acordo deve ser de modo a refletir equidade e o princípio das responsabilidades comuns porém diferenciadas e respectivas capacidades, à luz das diferentes circunstâncias nacionais.

O artigo 2º, do ponto de vista da redução de emissões de GEE, é mais relevante, pois fixa uma meta de aumento da temperatura média global. O artigo 4º(1) estabelece que a fim de atingir a meta de longo prazo de temperatura definida no artigo 2º, as Partes visam a que as emissões globais de gases de efeito de estufa atinjam o ponto máximo o quanto antes, reconhecendo que as Partes países em desenvolvimento levarão mais tempo para alcançá-lo, e a partir de então realizar reduções rápidas das emissões de gases de efeito estufa, de acordo com o melhor conhecimento científico disponível, de modo a alcançar um equilíbrio entre as emissões antrópicas por fontes e remoções por sumidouros de gases de efeito estufa na segunda metade deste século, com base na equidade, e no contexto do desenvolvimento sustentável e dos esforços de erradicação da pobreza. Assim, cada Parte deverá preparar, comunicar e manter sucessivas contribuições nacionalmente determinadas[11] que pretende alcançar. As Partes devem adotar medidas de mitigação domésticas, com o fim de alcançar os objetivos daquelas contribuições. A NDC sucessiva de cada Parte deve representar uma progressão em relação à NDC então vigente, refletindo a "maior ambição possível", tendo em conta as suas responsabilidades comuns porém diferenciadas e respectivas capacidades, à luz das diferentes circunstâncias nacionais.

O artigo 5º (1) do Acordo de Paris estabelece que as Partes deverão adotar medidas para conservar e fortalecer, conforme o caso, sumidouros e reservatórios de gases de efeito estufa, como referido no artigo 4º, parágrafo 1º(d),[12] da Convenção, incluindo florestas. O Acordo, no artigo 5º (2), encoraja as Partes a adotar medidas para implementar e apoiar, inclusive por meio de pagamentos por resultados, o marco existente conforme estipu-

---

[11] NDC (Contribuição Nacionalmente Determinada): A Contribuição Nacionalmente Determinada (iNDC, na sigla em inglês) é o compromisso das Partes da Convenção de Clima da ONU que oficializa o comprometimento de cada governo com ações capazes de limitar o aumento da temperatura média global a até 2°C.

[12] Artigo 4 – Obrigações 1. Todas as Partes, levando em conta suas responsabilidades comuns mas diferenciadas e suas prioridades de desenvolvimento, objetivos e circunstâncias específicos, nacionais e regionais, devem: (...) d) Promover a gestão sustentável, bem como promover e cooperar na conservação e fortalecimento, conforme o caso, de sumidouros e reservatórios de todos os gases de efeito estufa não controlados pelo Protocolo de Montreal, incluindo a biomassa, as florestas e os oceanos como também outros ecossistemas terrestres, costeiros e marinhos.

DIREITO AMBIENTAL – *Paulo de Bessa Antunes*

lado em orientações e decisões afins já acordadas sob a Convenção para: abordagens de políticas e incentivos positivos para atividades relacionadas a redução de emissões por desmatamento e degradação florestal, e o papel da conservação, do manejo sustentável de florestas e aumento dos estoques de carbono florestal nos países em desenvolvimento; e abordagens de políticas alternativas, tais como abordagens conjuntas de mitigação e adaptação para o manejo integral e sustentável.

1.2.1 Planos Setoriais de Mitigação das Mudanças Climáticas

É da competência do Ministério do Meio Ambiente, do Ministério da Economia e dos Ministérios setoriais relacionados, quando houver, propor os Planos Setoriais de Mitigação das Mudanças Climáticas [PSMMC], cabendo a sua aprovação ao Comitê Interministerial sobre a Mudança do Clima e o Crescimento Verde. Os PSMMCs devem estabelecer metas gradativas de redução de emissões antrópicas e remoções por sumidouros de gases de efeito estufa, mensuráveis e verificáveis, consideradas as especificidades dos agentes setoriais. As metas a serem estabelecias nos PSMMC devem ser compatíveis com os objetivos de longo prazo de *neutralidade climática*[13] constante da NDC, sendo monitorados por meio da apresentação de inventário de gases de efeito estufa periódicos dos agentes setoriais, definidos nos respectivos Planos.

1.3 Pacto de Glasgow

O documento aprovado em Glasgow durante a realização da COP 26 (novembro de 2021) introduziu uma nova palavra no léxico da Convenção-Quadro das Nações Unidas sobre Mudanças Climáticas [CQNUMC], haja vista que anteriormente houve o *Protocolo* de Kyoto, o *Acordo* de Paris e a agora o *Pacto* de Glasgow[14] [Pacto]. Assim, de documento em documento, a temperatura média global vai aumentando. Não se esqueça que ao longo da existência da CQNUMC o volume global de emissão de gases de efeito estufa [GEE] praticamente dobrou,[15] o que nos leva a crer que a *indústria turística*, até aqui, foi a grande beneficiária da Convenção, tendo em vista a enorme movimentação de pessoas pelo mundo todo, em função das COPs. Aliás, a aviação emite cerca de 3,5% dos GEE globais[16] e a indústria turística como um todo, segundo dados da Organização Mundial do Turismo, a emissão de GEE da indústria turística poderá representar 5,3% das emissões globais em 2030[17]. O turismo se comprometeu em Glasgow a reduzir suas emissões.

---

[13] "Neutralidade climática" é um termo usado para se referir a um estado em que as emissões líquidas de CO_2 derivadas de atividades antrópicas são iguais a zero. Isto ocorre quando as emissões de CO_2 na atmosfera são iguais à quantidade de CO_2 removida da atmosfera durante um período de tempo especificado. Para se referirem a suas metas e compromissos climáticos, cada vez mais as empresas têm usado expressões como "carbono neutro", "neutralidade de emissões", "neutralidade de GEE", "emissões líquidas zero" – termos que muitas vezes são adotados como tendo o mesmo sentido. No entanto, elas apresentam diferenças e nuances que serão apresentadas neste relatório. Resumidamente, "carbono neutro" é um termo que tem sido usado pelas empresas para explicar que os volumes de CO_2 liberados na atmosfera em decorrência das atividades da empresa são compensados por uma quantidade igual que é removida da atmosfera. [CEBDS. Como as empresas vêm contribuindo para a neutralidade climática.]

[14] Disponível em: https://unfccc.int/documents/310475. Acesso em: 28 maio 2022.

[15] Disponível em: https://www.bbc.com/portuguese/geral-59013520. Acesso em: 15 nov. 2021.

[16] Disponível em: https://climainfo.org.br/2020/09/22/pesquisa-aponta-impacto-efetivo-das-emissoes--da-aviacao-sobre-o-clima/. Acesso em: 15 nov. 2021.

[17] Disponível em: https://umsoplaneta.globo.com/clima/noticia/2021/11/05/na-cop26-setor-do-turismo-promete-cortar-emissoes-pela-metade-ate-2030.ghtml. Acesso em: 15 nov. 2021.

O objetivo da COP 26 foi criar mecanismos institucionais capazes para manter em 1,5°C o aumento médio da temperatura na Terra até o ano de 2050. Acredita-se que as discussões e os compromissos firmados em Glasgow sejam capazes de alcançar tal objetivo.[18] A mesma expectativa otimista se deu com o Acordo de Paris e as emissões continuaram subindo.

O Pacto de Glasgow, assim como todo documento internacional aprovado por unanimidade e consenso, é ambíguo.[19] Apesar de suas ambiguidades, ele precisou reconhecer a *enorme pressão da sociedade civil internacional* em relação à crise/emergência climática. Nas considerações iniciais o texto "anota a importância para alguns do conceito de justiça climática" que é a expressão do clamor da sociedade civil internacional por medidas rápidas e enérgicas, com vistas a reduzir as emissões de GEE.

Na seção voltada para a adaptação o Pacto afirma a insuficiência dos financiamentos para que os países pobres possam enfrentar adequadamente o desafio das mudanças climáticas, registrando os impactos crescentes em tais nações. Em tal aspecto surge o chamado mercado de carbono, mediante o qual, as Partes que tenham dificuldade para cumprir metas podem trocar créditos.

Segundo o *Portal Exame*, "[a] questão do financiamento da transição nos países em desenvolvimento, ponto crítico para o Brasil, terminou com uma vitória do grupo dos mais pobres. Os países ricos concordaram em pelo menos dobrar o repasse de recursos".[20] Entretanto, não deve passar sem registro o fato de que China e Índia, dois grandes consumidores de carvão, se opuseram firmemente que o Pacto de Glasgow se manifestasse pelo banimento do carvão como combustível, em relação aos demais combustíveis fósseis, o Pacto é totalmente omisso.

Muitas fichas são apostadas no mercado de carbono. A União Europeia, com o sistema de comércio de emissões de carbono [EU ETS], implantado em 2005, conseguiu uma redução de 42,8% nos principais setores envolvidos no sistema, sem que isto tenha impactado negativamente a atividade econômica.[21] Entretanto, a Europa é um caso isolado, pois as emissões mundiais vêm aumentando.

Fato é que ainda é muito cedo para que se possa tirar qualquer conclusão a respeito do Pacto de Glasgow, salvo a de que a pressão da sociedade civil internacional é a melhor forma de fazer com que a grande burocracia internacional e as nacionais assumam o sentido de urgência que a situação exige.

2.   A POLÍTICA NACIONAL DE MUDANÇAS CLIMÁTICAS – PNMC

O governo federal, mediante a edição da Lei 12.187/2009, instituiu a Política Nacional de Mudanças Climáticas – PNMC, estabelecendo-lhe os princípios, objetivos, diretrizes e instrumentos e adotando o seguinte glossário, para os fins específicos da norma: (1) *adaptação:* iniciativas e medidas para reduzir a vulnerabilidade dos sistemas naturais e humanos frente aos efeitos atuais e esperados da mudança do clima; (2) *efeitos adversos da mudança do clima:* mudanças no meio físico ou biota resultantes da mudança do clima que tenham efeitos deletérios significativos sobre a composição, resiliência ou produtividade de ecossistemas naturais e manejados, sobre o funcionamento de sistemas socioeconômicos ou sobre a saúde

---

[18]   Disponível em: https://exame.com/negocios/mercado-de-carbono-criado-cop26-tem-documento-final/. Acesso em: 15 nov. 2021.

[19]   Disponível em: https://www.washingtonpost.com/climate-environment/interactive/2021/glasgow-climate-pact-full-text-cop26/. Acesso em: 15 nov. 2021.

[20]   Disponível em: https://exame.com/negocios/mercado-de-carbono-criado-cop26-tem-documento-final/. Acesso em: 15 nov. 2021.

[21]   Disponível em: https://edificioseenergia.pt/noticias/emissoes-gee-0212/. Acesso em: 15 nov. 2021.

e o bem-estar humanos; (3) *emissões:* liberação de gases de efeito estufa ou seus precursores na atmosfera numa área específica e num período determinado; (4) *fonte:* processo ou atividade que libere na atmosfera gás de efeito estufa, aerossol ou precursor de gás de efeito estufa; (5) *gases de efeito estufa:* constituintes gasosos, naturais ou antrópicos, que, na atmosfera, absorvem e reemitem radiação infravermelha; (6) *impacto:* os efeitos da mudança do clima nos sistemas humanos e naturais; (7) *mitigação:* mudanças e substituições tecnológicas que reduzam o uso de recursos e as emissões por unidade de produção, bem como a implementação de medidas que reduzam as emissões de gases de efeito estufa e aumentem os sumidouros; (8) *mudança do clima:* mudança de clima que possa ser direta ou indiretamente atribuída à atividade humana que altere a composição da atmosfera mundial e que se some àquela provocada pela variabilidade climática natural observada ao longo de períodos comparáveis; (9) *sumidouro:* processo, atividade ou mecanismo que remova da atmosfera gás de efeito estufa, aerossol ou precursor de gás de efeito estufa; e (10) *vulnerabilidade:* grau de suscetibilidade e incapacidade de um sistema, em função de sua sensibilidade, capacidade de adaptação, e do caráter, magnitude e taxa de mudança e variação do clima a que está exposto, de lidar com os efeitos adversos da mudança do clima, entre os quais a variabilidade climática e os eventos extremos.

O artigo 3º da PNMC estabelece que a "PNMC e as ações dela decorrentes, executadas sob a responsabilidade dos entes políticos e dos órgãos da administração pública, observarão os princípios da precaução, da prevenção, da participação cidadã, do desenvolvimento sustentável e o das responsabilidades comuns, porém diferenciadas, este último no âmbito internacional, e, quanto às medidas a serem adotadas na sua execução".

A aplicação da PNMC é feita, segundo os termos da própria lei, considerando o seguinte: (1) todos têm o dever de atuar, em benefício das presentes e futuras gerações, para a redução dos impactos decorrentes das interferências antrópicas sobre o sistema climático; (2) serão tomadas medidas para prever, evitar ou minimizar as causas identificadas da mudança climática com origem antrópica no território nacional, *sobre as quais haja razoável consenso* por parte dos meios científicos e técnicos ocupados no estudo dos fenômenos envolvidos; (3) as medidas tomadas devem levar em consideração os diferentes contextos socioeconômicos de sua aplicação, distribuir os ônus e encargos decorrentes entre os setores econômicos e as populações e comunidades interessadas de modo equitativo e equilibrado e sopesar as responsabilidades individuais quanto à origem das fontes emissoras e dos efeitos ocasionados sobre o clima; (4) o desenvolvimento sustentável é a condição para enfrentar as alterações climáticas e conciliar o atendimento às necessidades comuns e particulares das populações e comunidades que vivem no território nacional; (5) as ações de âmbito nacional para o enfrentamento das alterações climáticas, atuais, presentes e futuras, devem considerar e integrar as ações promovidas no âmbito estadual e municipal por entidades públicas e privadas.

A PNMC é implementada com base nas seguintes diretrizes: (1) compromissos assumidos pelo Brasil na Convenção-Quadro das Nações Unidas sobre Mudança do Clima, no Protocolo de Kyoto e nos demais documentos sobre mudança do clima dos quais vier a ser signatário; (2) ações de mitigação da mudança do clima em consonância com o desenvolvimento sustentável, que sejam, sempre que possível, mensuráveis para sua adequada quantificação e verificação *a posteriori;* (3) medidas de adaptação para reduzir os efeitos adversos da mudança do clima e a vulnerabilidade dos sistemas ambiental, social e econômico; (4) estratégias integradas de mitigação e adaptação à mudança do clima nos âmbitos local, regional e nacional; (5) estímulo e apoio à participação dos governos federal, estadual, distrital e municipal, assim como do setor produtivo, do meio acadêmico e da sociedade civil organizada, no desenvolvimento e na execução de políticas, planos, programas e ações relacionados à mudança do clima; (6) promoção e desenvolvimento de pesquisas científico-

-tecnológicas e a difusão de tecnologias, processos e práticas orientados a: (a) mitigar a mudança do clima por meio da redução de emissões antrópicas por fontes e do fortalecimento das remoções antrópicas por sumidouros de gases de efeito estufa; (b) reduzir as incertezas nas projeções nacionais e regionais futuras da mudança do clima; (c) identificar vulnerabilidades e adotar medidas de adaptação adequadas; (7) utilização de instrumentos financeiros e econômicos para promover ações de mitigação e adaptação à mudança do clima, observado o disposto no artigo 6º da PNMC; (8) identificação, e sua articulação, com a PNMC, de instrumentos de ação governamental já estabelecidos aptos a contribuir para proteger o sistema climático; (9) apoio e o fomento às atividades que efetivamente reduzam as emissões ou promovam as remoções por sumidouros de gases de efeito estufa; (10) promoção da cooperação internacional no âmbito bilateral, regional e multilateral para o financiamento, a capacitação, o desenvolvimento, a transferência e a difusão de tecnologias e processos para a implementação de ações de mitigação e adaptação, incluindo a pesquisa científica, a observação sistemática e o intercâmbio de informações; (11) aperfeiçoamento da observação sistemática e precisa do clima e suas manifestações no território nacional e nas áreas oceânicas contíguas; (12) promoção da disseminação de informações, a educação, a capacitação e a conscientização pública sobre mudança do clima; (13) estímulo e apoio à manutenção e à promoção: (a) de práticas, atividades e tecnologias de baixas emissões de gases de efeito estufa; (b) de padrões sustentáveis de produção e consumo.

Os instrumentos da PNMC são os seguintes: (1) Plano Nacional sobre Mudança do Clima; (2) Fundo Nacional sobre Mudança do Clima; (3) Planos de Ação para a Prevenção e Controle do Desmatamento nos biomas; (4) Comunicação Nacional do Brasil à Convenção-Quadro das Nações Unidas sobre Mudança do Clima, de acordo com os critérios estabelecidos por essa Convenção e por suas Conferências das Partes; (5) resoluções da Comissão Interministerial de Mudança Global do Clima; (6) medidas fiscais e tributárias destinadas a estimular a redução das emissões e remoção de gases de efeito estufa, incluindo alíquotas diferenciadas, isenções, compensações e incentivos, a serem estabelecidos em lei específica; (7) linhas de crédito e financiamento específicas de agentes financeiros públicos e privados; (8) desenvolvimento de linhas de pesquisa por agências de fomento; (9) dotações específicas para ações em mudança do clima no orçamento da União; (10) mecanismos financeiros e econômicos referentes à mitigação da mudança do clima e à adaptação aos efeitos da mudança do clima que existam no âmbito da Convenção-Quadro das Nações Unidas sobre Mudança do Clima e do Protocolo de Kyoto; (11) mecanismos financeiros e econômicos, no âmbito nacional, referentes à mitigação e à adaptação à mudança do clima; (12) medidas existentes, ou a serem criadas, que estimulem o desenvolvimento de processos e tecnologias, que contribuam para a redução de emissões e remoções de gases de efeito estufa, bem como para a adaptação, dentre as quais o estabelecimento de critérios de preferência nas licitações e concorrências públicas, compreendidas aí as parcerias público-privadas e a autorização, permissão, outorga e concessão para exploração de serviços públicos e recursos naturais, para as propostas que propiciem maior economia de energia, água e outros recursos naturais e redução da emissão de gases de efeito estufa e de resíduos; (13) os registros, inventários, estimativas, avaliações e quaisquer outros estudos de emissões de gases de efeito estufa e de suas fontes, elaborados com base em informações e dados fornecidos por entidades públicas e privadas; (14) medidas de divulgação, educação e conscientização; (15) monitoramento climático nacional; (16) indicadores de sustentabilidade; (17) estabelecimento de padrões ambientais e de metas, quantificáveis e verificáveis, para a redução de emissões antrópicas por fontes e para as remoções antrópicas por sumidouros de gases de efeito estufa; (18) avaliação de impactos ambientais sobre o microclima e o macroclima.

Os instrumentos institucionais para a atuação da Política Nacional de Mudança do Clima incluem: (1) o Comitê Interministerial sobre Mudança do Clima; (2) a Comissão Interministerial de Mudança Global do Clima; (3) o Fórum Brasileiro de Mudança do Clima; (4) a Rede Brasileira de Pesquisas sobre Mudanças Climáticas Globais – Rede Clima; (5) a Comissão de Coordenação das Atividades de Meteorologia, Climatologia e Hidrologia.

Os princípios, objetivos, diretrizes e instrumentos das políticas públicas e programas governamentais deverão compatibilizar-se com os princípios, objetivos, diretrizes e instrumentos da PNMC. O Poder Executivo, mediante a edição de Decreto, deverá estabelecer, em conformidade com a Política Nacional sobre Mudança do Clima, os Planos setoriais de mitigação e de adaptação às mudanças climáticas visando à consolidação de uma economia de baixo consumo de carbono, na geração e distribuição de energia elétrica, no transporte público urbano e nos sistemas modais de transporte interestadual de cargas e passageiros, na indústria de transformação e na de bens de consumo duráveis, nas indústrias químicas fina e de base, na indústria de papel e celulose, na mineração, na indústria da construção civil, nos serviços de saúde e na agropecuária, com vistas em atender metas gradativas de redução de emissões antrópicas quantificáveis e verificáveis, considerando as especificidades de cada setor, inclusive por meio do Mecanismo de Desenvolvimento Limpo – MDL e das Ações de Mitigação Nacionalmente Apropriadas – NAMAs.

Mecanismos financeiros: As instituições financeiras oficiais instituirão linhas de crédito e financiamento específicas para desenvolver ações e atividades que atendam aos objetivos da PNMC e voltadas para induzir a conduta dos agentes privados à observância e execução da PNMC, no âmbito de suas ações e responsabilidades sociais.

O *Mercado Brasileiro de Redução de Emissões – MBRE* deverá ser operacionalizado em bolsas de mercadorias e futuros, bolsas de valores e entidades de balcão organizado, autorizadas pela Comissão de Valores Mobiliários – CVM, onde se dará a negociação de títulos mobiliários representativos de emissões de GEE.

2.1 Comitê Interministerial sobre a Mudança do Clima (CIM)

O Decreto 10.845/2021 instituiu o Comitê Interministerial sobre a Mudança do Clima e o Crescimento Verde – CIMV, tendo sido posteriormente alterado pelos Decretos 10.846/2021, 11.075/2022, 11.550/2023 e 12.040/2024, tendo o seu nome alterado para Comitê Interministerial sobre Mudança do Clima – CIM. Trata-se de um órgão de caráter permanente, com a finalidade de monitorar e promover a implementação das ações e das políticas públicas no âmbito do Poder Executivo federal relativas à Política Nacional sobre Mudança do Clima – PNMC. O CIM é o articulador das ações governamentais relacionadas à Convenção-Quadro das Nações Unidas sobre Mudança do Clima – CQNUMC, incluídos o objetivo da neutralidade climática e os instrumentos subsidiários dos quais o País venha a ser parte.

As políticas públicas relacionadas às mudanças climáticas, os planos e os programas do Poder Executivo devem ser compatíveis com as diretrizes e as recomendações estabelecidas por meio de resoluções do CIM.

Compete ao CIM: (1) articular e definir linhas de ação, no âmbito federal, referentes aos objetivos, às diretrizes e aos instrumentos previstos nos artigos 4º a 6º da Lei 12.187/2009; (2) definir as diretrizes para a ação do Governo brasileiro nas políticas relacionadas à mudança do clima, incluída a atuação do Governo brasileiro na CQNUMC, e nos instrumentos

Capítulo 14 · MUDANÇAS CLIMÁTICAS | **397**

a ela relacionados; (3) orientar a elaboração das políticas dos órgãos e das entidades da administração pública federal que tenham impacto, direta ou indiretamente, na emissão e na absorção de gases de efeito estufa e na capacidade do País de se adaptar aos efeitos da mudança do clima, resguardadas as suas competências; (4) deliberar sobre as estratégias do País para a elaboração, a implementação, o financiamento, o monitoramento, a avaliação e a atualização das políticas, dos planos e das ações relativos à mudança do clima, dentre os quais a definição das sucessivas contribuições nacionalmente determinadas do País, no âmbito do Acordo de Paris sob a Convenção-Quadro das Nações Unidas sobre Mudança do Clima, e as suas atualizações; (5) propor atualizações da PNMC que contemplem, dentre outras medidas: (a) os planos setoriais de mitigação e de adaptação à mudança do clima; (b) os instrumentos institucionais; (c) o fomento a uma economia nacional de baixa emissão de gases do efeito estufa e adaptada à mudança do clima; e (d) a promoção de maior articulação entre a governança da PNMC e das políticas sobre mudança do clima dos entes subnacionais; (6) aprovar o Plano Nacional sobre Mudança do Clima, incluídos os planos setoriais de mitigação e de adaptação à mudança do clima, as contribuições nacionalmente determinadas, incluídas as respectivas metas, os meios de implementação e os instrumentos de monitoramento, de relato e de verificação; (7) estabelecer diretrizes e elaborar propostas para mecanismos econômicos e financeiros a serem adotados para viabilizar a implementação das estratégias integrantes das políticas relativas à mudança do clima; (8) harmonizar a PNMC com as ações, as medidas e as políticas de outras entidades, públicas e privadas, que tenham impacto, direta ou indiretamente, na emissão e na absorção de gases de efeito estufa, e na capacidade do País de se adaptar aos efeitos da mudança do clima, sem prejuízo das respectivas competências institucionais; e (9) promover a integração dos objetivos da PNMC e do Plano Nacional sobre Mudança do Clima em políticas, planos e ações no âmbito da administração pública federal e da sociedade brasileira.

2.1.1 Composição do CIM

O CIM é composto pelos seguintes Ministros de Estado: (1) Casa Civil da Presidência da República, que o presidirá; (2) Advocacia-Geral da União; (3) Ministério da Agricultura e Pecuária; (4) Ministério das Cidades; (5) Ministério da Ciência, Tecnologia e Inovação; (6) Ministério do Desenvolvimento Agrário e Agricultura Familiar; (7) Ministério do Desenvolvimento e Assistência Social, Família e Combate à Fome; (8) Ministério do Desenvolvimento, Indústria, Comércio e Serviços; (9) Ministério da Educação; (10) Ministério da Fazenda; (11) Ministério da Igualdade Racial; (12) Ministério da Integração e do Desenvolvimento Regional; (13) Ministério do Meio Ambiente e Mudança do Clima; (14) Ministério de Minas e Energia; (15) Ministério das Mulheres; (16) Ministério do Planejamento e Orçamento; (17) Ministério dos Povos Indígenas; (18) Ministério das Relações Exteriores; (19) Ministério da Saúde; (20) Ministério do Trabalho e Emprego; (21) Ministério dos Transportes; (22) Secretaria-Geral da Presidência da República; e (23) Secretaria de Relações Institucionais da Presidência da República. Esses integrantes têm direito a voz e voto.

Há, ainda, os seguintes membros permanentes, sem direito a voto: (1) dois pela Câmara de Participação Social, dos quais um deles será o Coordenador-Executivo do Fórum Brasileiro de Mudança do Clima – FBMC; (2) dois pela Câmara de Articulação Interfederativa; e (3) dois pela Câmara de Assessoramento Científico, dos quais um deles será o Coordenador-Científico da Rede Brasileira de Pesquisas sobre Mudanças Climáticas Globais – Rede Clima.

Estrutura do CIM

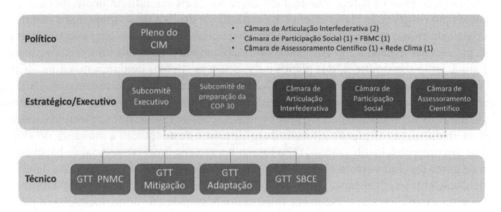

Fonte: https://www.gov.br/mma/pt-br/composicao/smc/dcol/cim.

No contexto do CIM, existem algumas competências especiais do Ministério das Relações Exteriores, do Ministério da Fazenda e do Ministério do Meio Ambiente e Mudança do Clima e do Ministério da Ciência, Tecnologia e Inovação.

Compete ao Ministério das Relações Exteriores, em coordenação com a Secretaria-Executiva do CIM: (1) propor as diretrizes de política exterior sobre mudança do clima; (2) coordenar a elaboração de subsídios e de instruções, além da participação e da representação do Governo federal em foros internacionais que tratem do tema; e (3) desempenhar as funções de ponto focal do País junto à Convenção-Quadro das Nações Unidas sobre Mudanças do Clima e ao Painel Intergovernamental sobre Mudanças Climáticas – IPCC. Compete, ainda, ao MRE encaminhar ao CIM, anualmente, relatório de informações das negociações internacionais sobre mudança do clima.

Ao Ministério da Fazenda compete exercer a função de Autoridade Nacional Designada para o Fundo Verde para o Clima, de Ponto Focal Operacional do Fundo Global para o Meio Ambiente e de Membro Designado para os Comitês dos Fundos de Investimento Climático – CIF.

Ao Ministério do Meio Ambiente e Mudança do Clima compete exercer a função de Autoridade Nacional Designada e outras funções atinentes aos instrumentos estabelecidos no artigo 6º do Acordo de Paris sob a Convenção-Quadro das Nações Unidas sobre Mudança do Clima, em coordenação com o Ministério das Relações Exteriores.

Ao Ministério da Ciência, Tecnologia e Inovação, em coordenação com o CIM, compete: (1) desempenhar as funções de Entidade Nacional Designada para o mecanismo de tecnologia da Convenção-Quadro das Nações Unidas sobre Mudança do Clima e para o Mecanismo de Desenvolvimento Limpo; e (2) coordenar a elaboração, em consulta aos demais Ministérios e órgãos competentes, das comunicações nacionais da República Federativa do Brasil e do inventário nacional de emissões antrópicas por fontes e remoções por sumidouros de gases de efeito estufa.

2.2 REDD+

A Comissão Nacional para Redução das Emissões de Gases de Efeitos Estufa Provenientes do Desmatamento e da Degradação Florestal foi instituída pelo Decreto 10.144/2019 e foi substituída pela Comissão Nacional para Redução das Emissões de Gases de Efeito Estufa

Provenientes do Desmatamento e da Degradação Florestal, Conservação dos Estoques de Carbono Florestal, Manejo Sustentável de Florestas e Aumento de Estoques de Carbono Florestal – REDD+, tendo em vista que o Decreto 11.548/2023 revogou o Decreto 10.144/2019. A Comissão Nacional para REDD+ tem como objetivos coordenar, acompanhar, monitorar e revisar a Estratégia Nacional para REDD+ – ENREDD+ e coordenar a elaboração dos requisitos para o acesso a pagamentos por resultados de REDD+ no País, reconhecidos pela Convenção-Quadro das Nações Unidas sobre Mudança do Clima.

Os pagamentos por resultados de REDD+ são aqueles provenientes de múltiplas fontes, em reconhecimento a emissões reduzidas mensuradas, relatadas e verificadas de políticas, programas, projetos e ações realizados em múltiplas escalas. As emissões reduzidas e os pagamentos devem ser compatibilizados em contabilidade única e apresentados à Convenção-Quadro das Nações Unidas sobre Mudança do Clima para fins de cumprimento do disposto no Marco de Varsóvia para REDD+ e no Acordo de Paris da Convenção-Quadro das Nações Unidas sobre Mudança do Clima.

2.2.1 Comissão Nacional para REDD+

A Comissão Nacional para REDD+ é o órgão de execução e assessoramento aos Estados, ao Distrito Federal e ao Ministério do Meio Ambiente e Mudança do Clima, destinado a formular diretrizes e emitir resoluções sobre: (1) implementação da ENREDD+; (2) estabelecimento e o cumprimento das salvaguardas de REDD+; (3) pagamentos por resultados de REDD+ no País, reconhecidos pela Convenção-Quadro das Nações Unidas sobre Mudança do Clima; (4) alocação de emissões reduzidas de gases de efeito estufa, incluída a definição de percentual destinado aos entes federativos, no âmbito de sua competência, e aos programas e aos projetos de iniciativa privada de carbono florestal; (5) elegibilidade para acesso a pagamentos por resultados de REDD+ no País; (6) captação, por entidades elegíveis, de recursos de pagamentos por resultados de REDD+; (7) uso de recursos de pagamentos por resultados de REDD+ captados pelas entidades elegíveis; (8) regulação de padrões e metodologias técnicas para o desenvolvimento de projetos e ações de REDD+; (9) formulação, regulação e estruturação de mecanismos financeiros e de mercado para fomento e incentivo à REDD+, conforme o disposto nos artigos 5º, 6º, 8º e 9º da Lei 12.187/2009; e (10) referências técnicas para a contabilidade das emissões reduzidas das iniciativas de REDD+, em conformidade com o Inventário Brasileiro de Emissões Antrópicas por Fontes e Remoções por Sumidouros de Gases de Efeito Estufa não Controlados pelo Protocolo de Montreal.

A Comissão Nacional para REDD+ tem como prazo de duração o prazo de vigência dos compromissos do País no âmbito da Convenção-Quadro das Nações Unidas sobre Mudança do Clima e de seu Acordo de Paris, incluídas as Contribuições Nacionalmente Determinadas.

A Comissão Nacional para REDD+ é composta por um representante dos seguintes ministérios: (1) Meio Ambiente e Mudança do Clima, que a presidirá; (2) Casa Civil da Presidência da República; (3) Ministério da Agricultura e Pecuária; (4) Ciência, Tecnologia e Inovação; (5) Desenvolvimento Agrário e Agricultura Familiar; (6) Desenvolvimento, Indústria, Comércio e Serviços; (7) Fazenda; (8) Planejamento e Orçamento; (9) Povos Indígenas; (10) Relações Exteriores. E mais: (a) quatro representantes de entidades estaduais ou distrital de meio ambiente dedicados ao controle das emissões provenientes do desmatamento e da degradação florestal, indicados pela Associação Brasileira de Entidades Estaduais de Meio Ambiente – Abema; (b) um representante de povos indígenas, indicado pela Articulação dos Povos Indígenas do Brasil; (c) um representante de povos e comunidades tradicionais, indicado pelo Conselho Nacional dos Povos e Comunidades Tradicionais; (d) dois representantes de organizações não governamentais com atuação na área socioambiental, indicado pela sociedade civil em processo disciplinado por ato do Ministro de Estado do Meio Ambiente e Mudança do Clima; (e) um representante de instituição de ensino superior ou de pesquisa com excelência técnica e acadêmica na área socioambiental, indicado pela Sociedade Brasileira para o Progresso da Ciência; e (f) um representante do setor privado, com atuação na área socioambiental, indicado pelo setor privado em processo disciplinado por ato do Ministro de Estado do Meio Ambiente e Mudança do Clima.

3. PROTEÇÃO DA CAMADA DE OZÔNIO

O Brasil promulgou a Convenção de Viena para a Proteção de Camada de Ozônio e o Protocolo de Montreal sobre substâncias que destroem a Camada de Ozônio pelo Decreto 99.280/1990.

O Protocolo de Montréal é, provavelmente, o melhor exemplo de relação entre o conhecimento científico, adoção de medidas legais em nível internacional para a solução de um problema ambiental grave (depleção da camada de ozônio[22]). O Protocolo de Montreal sobre substâncias que destroem a Camada de Ozônio foi adotado em 16 de setembro de 1987. Na década de 70 do século XX, vários cientistas chegaram à conclusão de que produtos químicos fabricados pelo ser humano em produtos do cotidiano como aerossóis, espumas, refrigeradores e aparelhos de ar-condicionado estavam danificando a camada de ozônio,[23] causando buracos. No ano de 1985 foi identificado um enorme buraco na camada de ozônio sobre a Antártica. Isto propiciava um aumento muito prejudicial de raios violetas sobre a Terra, potencialmente causando doenças como câncer de pele e catarata, por exemplo. Diante da descoberta científica, rapidamente foi adotada a Convenção de Viena para a Proteção da Camada de Ozônio[24] que serviu de marco legal para a adoção do Protocolo de Montreal, cuja finalidade é a eliminação gradual das substâncias que danificam a camada de ozônio, incluindo os clorofluorcarbonos (CFC). O Protocolo entrou em vigor em 1989 e, em 2008, foi o primeiro e único acordo ambiental da ONU a ser ratificado por todos os países do mundo.

As ações adotadas pela comunidade internacional em relação ao problema têm sido muito positivas, pois aproximadamente 99% das substâncias químicas que destroem a camada de ozônio foram gradualmente eliminadas e a camada protetora sobre a Terra está sendo restaurada. Estima-se que o buraco da camada de ozônio sobre a Antártida estará fechado em 2060, enquanto outras regiões terão recuperados os valores anteriores aos anos 80 do século XX. É importante frisar que boa parte dos gases que danificam a camada de ozônio são gases de efeito estufa e, portanto, aumentam a temperatura do planeta.

---

[22] Em volta da Terra há uma frágil camada de um gás chamado ozônio (O_3), que protege animais, plantas e seres humanos dos raios ultravioletas emitidos pelo Sol. Na superfície terrestre, o ozônio contribui para agravar a poluição do ar das cidades e a chuva ácida. Mas, nas alturas da estratosfera (entre 25 e 30 km acima da superfície), é um filtro a favor da vida. Sem ele, os raios ultravioletas poderiam aniquilar todas as formas de vida no planeta. Disponível em: https://www.wwf.org.br/natureza_brasileira/questoes_ambientais/camada_ozonio/. Acesso em: 16 jul. 2022.

[23] Disponível em: https://www.unep.org/pt-br/noticias-e-reportagens/reportagem/como-o-mundo--se-uniu-para-reconstruir-camada-de-ozonio. Acesso em: 16 jul. 2022.

[24] Disponível em: The Vienna Convention for the Protection of the Ozone Layer | Ozone Secretariat (unep.org). Acesso em: 16 jul. 2022.

No ano de 2016 o Protocolo de Montreal foi atualizado pela Emenda Kigali[25] com o objetivo de reduzir os hidrofluorcarbonos (HFC), gases de efeito estufa potentes frequentemente usados como substitutos para substâncias destruidoras da camada de ozônio proibidas em refrigeradores e aparelhos de ar-condicionado. A Emenda Kigali entrou em vigor em 2019. A Emenda de Kigali foi promulgada pelo Decreto 11.666/2023.

A Instrução Normativa Ibama 20/2022 dispõe sobre as exigências e os procedimentos relacionados ao controle de importação de Hidroclorofluorcarbonos – HCFC e misturas contendo HCFC, bem como estabelece os seus respectivos limites anuais máximos de importação em toneladas PDO (potencial de destruição de ozônio), em atendimento à Decisão XIX/6 do Protocolo de Montreal sobre substâncias que Destroem a Camada de Ozônio, ao artigo 4º-B do Decreto 5.280/2004 e ao Programa Brasileiro de Eliminação de HCFC instituído pela Portaria MMA 212/2012.

A Instrução Normativa Ibama 29/2023 regulamenta as exigências e os procedimentos relacionados ao controle de importação de Hidrofluorcarbonos – HFC e misturas contendo HFC, em atenção à emenda de Kigali do Protocolo de Montreal sobre Substâncias que Destroem a Camada de Ozônio, promulgada por meio do Decreto 11.666/2023.

4. SISTEMA BRASILEIRO DE COMÉRCIO DE EMISSÕES DE GASES DE EFEITO ESTUFA – SBCE (LEI 15.042/2024)

A Lei 15.042/2024 instituiu o Sistema Brasileiro de Comércio de Emissões de Gases de Efeito Estufa (SBCE), que é um ambiente regulado e submetido ao regime de limitação das emissões de GEE e de comercialização de ativos representativos de emissão, redução de emissão ou remoção de GEE no País. Em outras palavras, a lei estabelece um mercado de compra e venda de créditos de carbono, de forma que as empresas dos setores que, obrigatoriamente, tenham que reduzir suas emissões de GEE e não consigam, possam comprar títulos representativos de reduções produzidas por terceiras partes. O objetivo do SBCE é atender às diretrizes da PNMC e dos compromissos internacionais assumidos no contexto da Convenção-Quadro das Nações Unidas sobre Mudança do Clima, mediante definição de compromissos ambientais e disciplina financeira de negociação de ativos.

4.1 Âmbito de aplicação

A Lei 15.042/2024 é aplicável às atividades, às fontes e às instalações localizadas no território nacional que emitam ou possam emitir GEE sob responsabilidade de operadores, pessoas físicas ou jurídicas.

Atividade é qualquer ação, processo de transformação ou operação que emita ou possa emitir GEE; fontes são os processos ou atividades, móveis ou estacionários, de propriedade direta ou cedidos por meio de instrumento jurídico ao operador, cuja operação libere na atmosfera GEE, aerossol ou precursor de GEE; instalação é qualquer propriedade física ou área onde se localiza uma ou mais fontes estacionárias associadas a alguma atividade emissora de GEE.

Os gases de efeito estufa são os constituintes gasosos, naturais ou antrópicos, que, na atmosfera, absorvem e reemitem radiação infravermelha, incluindo dióxido de carbono (CO_2), metano (CH_4), óxido nitroso (N_2O), hexafluoreto de enxofre (SF_6), hidrofluorcarbonos

---

[25] Disponível em: World takes a stand against powerful greenhouse gases with implementation of Kigali Amendment (unep.org). Acesso em: 16 jul. 2022.

(HFCs) e perfluorcarbonetos (PFCs), sem prejuízo de outros que venham a ser incluídos nessa categoria pela Convenção-Quadro das Nações Unidas sobre Mudança do Clima.

O § 2º do artigo 1º da lei estabelece que "a produção primária agropecuária, bem como os bens, as benfeitorias e a infraestrutura no interior de imóveis rurais a ela diretamente associados, não são considerados atividades, fontes ou instalações reguladas e não se submetem a obrigações impostas no âmbito do SBCE". A norma é contraditória com a própria lei, vez que a agricultura e a agropecuária são, de longe, os setores que mais emitem GEE no Brasil. Também vale ressaltar que as emissões indiretas não são computáveis. Na imposição de obrigações no âmbito do SBCE, não serão consideradas emissões indiretas as decorrentes da produção de insumos ou de matérias-primas agropecuárias.

As emissões podem ser (1) criadas diretamente por uma empresa; (2) criadas indiretamente pela energia utilizada na atividade, *e.g.*, a geração de GEE proveniente da usina termelétrica que vende energia para uma fábrica; e (3) as que ocorrem na cadeia de valor de um produto; *e.g.*, as emissões produzidas pelos fornecedores e prestadores de serviço para uma determinada empresa. A redução dessas emissões corresponde aos escopos 1, 2 e 3 respectivamente.

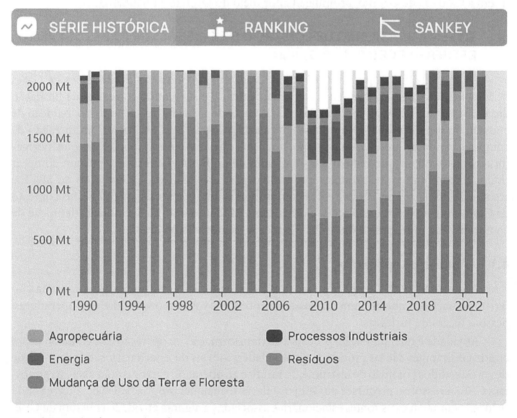

Fonte: https://plataforma.seeg.eco.br/.

4.2 Princípios e características do SBCE

Os artigos 4º e 5º da Lei 15.042/2024 estabelecem os princípios e características do SBCE. Os princípios são os seguintes: (1) harmonização e coordenação entre os instrumentos disponíveis para alcançar os objetivos e as metas da PNMC, inclusive mecanismos de precificação setoriais de carbono; (2) compatibilidade e articulação entre o SBCE e a Convenção-Quadro das Nações Unidas sobre Mudança do Clima e seus instrumentos, com particular atenção aos compromissos assumidos pelo Brasil nos regimes multilaterais sobre mudança do clima; (3) participação e cooperação entre a União, os Estados, os Municípios, o Distrito Federal, os setores regulados, outros setores da iniciativa privada e a sociedade civil; (4) transparência, previsibilidade e segurança jurídica; (5) promoção da competitividade da economia brasileira; (6) redução de emissões e remoção de GEE nacionais de forma justa e custo-efetiva, com vistas a promover o desenvolvimento sustentável e a equidade climática; (7) promoção da conservação e da restauração da vegetação nativa e dos ecossistemas aquáticos como meio de fortalecimento dos sumidouros naturais de carbono; (8) respeito e garantia dos direitos e da autonomia dos povos indígenas e dos povos e comunidades tradicionais; (9) respeito ao direito de propriedade privada e de usufruto dos povos indígenas e dos povos e comunidades tradicionais.

O que se pode perceber da principiologia é que ela tem como alicerce uma concepção cooperativa, que parte do nível internacional até os níveis subnacionais de estados e municípios, incluindo a iniciativa privada (setores regulados ou não) e a sociedade civil.

O crédito de carbono é um ativo transacionável, autônomo, com natureza jurídica de fruto civil, no caso de créditos de carbono florestais de preservação ou de reflorestamento – exceto os oriundos de programas jurisdicionais, desde que respeitadas todas as limitações impostas a tais programas pela Lei 15.042/2024 –, representativo de efetiva retenção, redução de emissões ou remoção, nos termos dos incisos XXX e XXXI do artigo 2º, de 1 tCO_2e (uma tonelada de dióxido de carbono equivalente), obtido a partir de projetos ou programas de retenção, redução ou remoção de GEE, realizados por entidade pública ou privada, submetidos a metodologias nacionais ou internacionais que adotem critérios e regras para mensuração, relato e verificação de emissões, externos ao SBCE. Trata-se, portanto, de um instrumento econômico; por isso, os princípios estabelecem que transparência, previsibilidade e segurança jurídica devem ser observadas, pois os ambientes de negócio, em princípio, são refratários à instabilidade e às surpresas regulatórias que, infelizmente, são muito comuns no Brasil.

A redução de emissões e a remoção de GEE devem ser feitas de forma justa e economicamente viável.

A redução de GEE se dá em duas modalidades: (1) redução das emissões de GEE provenientes do desmatamento e da degradação florestal, conservação dos estoques de carbono florestal, manejo sustentável de florestas e aumento de estoques de carbono Florestal (REDD+): abordagens de políticas, incentivos positivos, projetos ou programas direcionados à redução de emissões por desmatamento e degradação florestal e ao papel da conservação, do manejo sustentável de florestas e do aumento dos estoques de carbono florestal; e (2) redução das emissões de GEE: diminuição mensurável da quantidade de GEE lançados na atmosfera por atividades em determinado período de tempo, em relação a um nível de referência, por meio de intervenções direcionadas à eficiência energética, a energias renováveis, a sistemas agrícolas e pecuários mais eficientes, à preservação florestal, ao manejo sustentável de florestas, à mobilidade sustentável, ao tratamento e à destinação final ambientalmente adequada de resíduos e à reciclagem, entre outros.

A remoção é absorção ou sequestro de GEE da atmosfera por meio de recuperação da vegetação nativa, restauração ecológica, reflorestamento, incremento de estoques de carbono em solos agrícolas e pastagens ou tecnologias de captura direta e armazenamento de GEE, entre outras atividades e tecnologias, conforme metodologias aplicáveis.

A promoção da competitividade da economia brasileira significa que a PNMC e o SBCE devem ser implantados de forma que permitam aumento de produtividade da economia nacional e a ampliação de seu papel no contexto internacional; decorre daí a necessidade de observância de uma forma justa que seja economicamente viável e que assegure a equidade climática. Aqui, há que se considerar o papel histórico do país no contexto das mudanças climáticas, o volume de emissões *per capita*, bem como as necessidades atuais de desenvolvimento econômico.

Merece destaque, na principiologia, o papel de relevância atribuído à promoção da conservação e da restauração da vegetação nativa e dos ecossistemas aquáticos como meio de fortalecimento dos sumidouros naturais de carbono. Pois como se sabe, o investimento na recuperação de áreas degradadas e conservação de vegetação nativa é infinitamente mais barato do que mudanças de tecnologias industriais repentinas. Ênfase especial é atribuída aos povos indígenas e populações tradicionais, devido ao relevante papel que desempenham na proteção da diversidade biológica nacional e, consequentemente, na proteção do sistema climático.

As "características", na prática, são diretrizes que acabam se confundindo com os princípios estabelecidos pelo artigo 5º. Elas são as seguintes: (1) promoção da redução dos custos de mitigação de GEE para o conjunto da sociedade; (2) estabelecimento de critérios transparentes para definição das atividades emissoras de GEE associadas a fontes reguladas; (3) conciliação periódica de obrigações entre as quantidades de CBEs e de CRVEs entregues e o nível de emissões líquidas relatado pelos operadores; (4) implementação gradual do Sistema, com o estabelecimento de períodos de compromisso sequenciais e de limites máximos de emissões em conformidade com as metas definidas na PNMC; (5) estrutura confiável, consistente e transparente para mensuração, relato e verificação de emissões e remoções de GEE das fontes ou das instalações reguladas, de forma a garantir a integridade e a comparabilidade das informações geradas; (6) abrangência geográfica nacional, com possibilidade de interoperabilidade com outros sistemas internacionais de comércio de emissões compatíveis com o SBCE; (7) incentivo econômico à redução ou remoção das emissões de GEE; (8) garantia da rastreabilidade eletrônica da emissão, da detenção, da transferência e do cancelamento das CBEs e dos CRVEs.

O que se percebe como peculiaridade das "características" é uma preocupação com a progressividade de implantação do SBCE; com a não onerosidade excessiva sobre os agentes econômicos; verificação confiável dos índices de redução e/ou remoção; tendência à interoperabilidade com outros sistemas etc.

4.3 Governança e competências do SBCE

A governança do SBCE cabe a três órgãos: (1) ao Comitê Interministerial sobre Mudança do Clima (CIM); (2) ao órgão gestor; e (3) ao Comitê Técnico Consultivo Permanente, conforme definido em regulamento. O CIM é órgão deliberativo do SBCE, competindo-lhe: (1) estabelecer as diretrizes gerais do SBCE; (2) aprovar o Plano Nacional de Alocação; (3) instituir grupos técnicos para fornecimento de subsídios e apresentação de recomendações para aprimoramento do SBCE; (4) aprovar o plano anual de aplicação dos recursos oriundos da arrecadação do SBCE, conforme prioridades estabelecidas na Lei 15.042/2024.

O órgão gestor é a instância executora do SBCE, de caráter normativo, regulatório, executivo, sancionatório e recursal, competindo-lhe: (1) regular o mercado de ativos do SBCE e a implementação de seus instrumentos, observado o disposto na Lei 15.042/2024 e nas diretrizes do CIM; (2) definir as metodologias de monitoramento e regular a apresentação de informações sobre emissões, redução de emissões e remoção de GEE, observado o disposto na Lei 15.042/2024 e nas diretrizes do CIM; (3) definir as atividades, as instalações, as fontes e os gases a serem regulados no âmbito do SBCE a cada período de compromisso; (4) estabelecer, observadas as regras definidas no artigo 30 da Lei 15.042/2024, os patamares anuais de emissão de GEE acima dos quais os operadores das respectivas instalações ou fontes passam a sujeitar-se ao dever de submeter plano de monitoramento e ao de apresentar relato de emissões e remoções de GEE; (5) definir, observadas as regras constantes do artigo 30 desta Lei, o patamar anual de emissão de GEE acima do qual os operadores das respectivas instalações ou fontes passam a submeter-se ao dever de conciliação periódica de obrigações; (6) definir os requisitos e os procedimentos de mensuração, relato e verificação das emissões das fontes e das instalações reguladas; (7) estabelecer os requisitos e os procedimentos para conciliação periódica de obrigações; (8) elaborar e submeter ao CIM proposta de Plano Nacional de Alocação; (9) implementar o Plano Nacional de Alocação em cada período de compromisso; (10) criar, manter e gerir o Registro Central do SBCE; (11) emitir as CBEs; (12) realizar os leilões e gerir a plataforma de leilões de CBEs; (13) avaliar os planos de monitoramento apresentados pelos operadores; (14) receber e avaliar os relatos de emissões e remoções de GEE; (15) receber os relatos e realizar a conciliação periódica de obrigações; (16) definir e implementar os mecanismos de estabilização de preços de CBEs; (17) estabelecer os requisitos e os procedimentos de credenciamento e descredenciamento de metodologias de geração de CRVE; (18) credenciar e descredenciar metodologias de geração de CRVE, ouvida a Câmara de Assuntos Regulatórios; (19) estabelecer as metodologias para definição dos valores de referência para os leilões de ativos do SBCE; (20) disponibilizar, de forma acessível e interoperável, em ambiente digital, informações sobre as metodologias credenciadas e sobre os projetos validados nos respectivos padrões de certificação; (21) estabelecer regras e gerir eventuais processos para interligação do SBCE com sistemas de comércio de emissões de outros países ou organismos internacionais, garantidos o funcionamento, o custo-efetividade e a integridade ambiental; (22) apurar infrações e aplicar sanções decorrentes do descumprimento das regras aplicáveis ao SBCE, garantido o direito à ampla defesa e ao contraditório, bem como ao duplo grau recursal, nos termos do artigo 35 da Lei 15.042/2024; (23) julgar os recursos apresentados nos termos do § 1º do artigo 56 da Lei 9.784/1999, com recursos das decisões à autoridade superior do órgão gestor, conforme regulamento; (24) estabelecer as regras e os parâmetros para a definição dos limites de CRVEs a serem aceitos para fins do processo de conciliação periódica de obrigações; (25) estabelecer as regras, os limites e os parâmetros para a outorga onerosa de CBEs associadas aos limites estabelecidos no Plano Nacional de Alocação; (26) propor, no seu escopo de atuação, medidas para a defesa da competitividade dos setores regulados em face da competição externa, inclusive, por meio de mecanismo de ajuste de carbono nas fronteiras; e (27) elaborar e editar as normas associadas ao exercício das competências normativas do órgão gestor, que, nos casos dos incisos VIII e XVIII do artigo 8º, serão precedidas de oitivas formais à Câmara de Assuntos Regulatórios do SBCE e, nos demais, poderão ser precedidas dessas oitivas.

As propostas de atos normativos e parâmetros técnicos relativos aos incisos VI, VII e VIII deverão ser submetidas à consulta pública e estudo de impacto regulatório. O regulamento deverá observar os critérios estipulados pelo Capítulo I da Lei 13.848/2019, quanto aos mecanismos de governança, transparência e tomada de decisões do órgão gestor.

4.4   Ativos do SBCE

Os ativos instituídos e negociados no âmbito do SBCE, mediante inscrição no registro central do SBCE, são: (1) Cota Brasileira de Emissões (CBE): ativo fungível, transacionável, representativo do direito de emissão de 1 tCO_2e (uma tonelada de dióxido de carbono equivalente), outorgado pelo órgão gestor do SBCE, de forma gratuita ou onerosa, para as instalações ou as fontes reguladas, e (2) Certificado de Redução ou Remoção Verificada de Emissões (CRVE): ativo fungível, transacionável, representativo da efetiva redução de emissões ou remoção de GEE de 1 tCO_2e (uma tonelada de dióxido de carbono equivalente), seguindo metodologia credenciada e com registro efetuado no âmbito do SBCE, nos termos de ato específico do órgão gestor do SBCE.

A CBE será distribuída pelo órgão gestor do SBCE ao operador[26] sujeito ao dever de conciliação periódica de obrigações,[27] considerado o limite máximo de emissões definido no âmbito do SBCE.

A outorga da CBE pode ser (1) gratuita ou (2) a título oneroso, mediante leilão ou outro instrumento administrativo, na forma de regulamento. A CBE gerada em determinado período de compromisso[28] poderá ser usada para conciliação periódica de obrigações: (1) no mesmo período de compromisso; ou (2) em períodos de compromisso distintos, nos termos da regulamentação do órgão gestor do SBCE e desde que autorizado pelo Plano Nacional de Alocação. No caso da outorga onerosa, o início da cobrança seguirá as fases de implementação do SBCE, definidas no artigo 50 da Lei 15.042/2024.[29] A distribuição de CBEs a título oneroso terá limite máximo definido no Plano Nacional de Alocação, observado o princípio da gradualidade de que trata o inciso I do § 1º do artigo 21 desta Lei.

Serão reconhecidos como CRVEs, no âmbito do SBCE, os resultados verificados que observem metodologia credenciada, nos termos do ato específico do órgão gestor, para realizar: (1) a conciliação periódica de obrigações pelos operadores, observado o percentual máximo admitido no âmbito do Plano Nacional de Alocação; ou (2) a transferência internacional de resultados de mitigação, condicionada à autorização prévia pela autoridade nacional designada para fins do disposto no artigo 6º do Acordo de Paris[30] sob

---

[26] Operador: agente regulado no SBCE, pessoa física ou jurídica, brasileira ou constituída de acordo com as leis do País, detentora direta, ou por meio de algum instrumento jurídico, de instalação ou fonte associada a alguma atividade emissora de GEE.

[27] Conciliação periódica de obrigações: verificação do cumprimento dos compromissos ambientais definidos por operador no Plano Nacional de Alocação, por meio da titularidade de ativos integrantes do SBCE em quantidade igual às emissões líquidas incorridas.

[28] Período de compromisso: período estabelecido no Plano Nacional de Alocação para o cumprimento de metas de redução de emissões de GEE definidas de acordo com o teto máximo de emissões.

[29] Artigo 50. O SBCE será implementado nas seguintes fases: I – fase I: período de 12 (doze) meses, prorrogável por mais 12 (doze) meses, para a edição da regulamentação desta Lei, contado de sua entrada em vigor; II – fase II: período de 1 (um) ano para operacionalização, pelos operadores, dos instrumentos para relato de emissões; III – fase III: período de 2 (dois) anos, no qual os operadores estarão sujeitos somente ao dever de submissão de plano de monitoramento e de apresentação de relato de emissões e remoções de GEE ao órgão gestor do SBCE; IV – fase IV: vigência do primeiro Plano Nacional de Alocação, com distribuição não onerosa de CBEs e implementação do mercado de ativos do SBCE; V – fase V: implementação plena do SBCE, ao fim da vigência do primeiro Plano Nacional de Alocação.

[30] Artigo 6º; 1. As Partes reconhecem que algumas Partes poderão optar por cooperar de maneira voluntária na implementação de suas contribuições nacionalmente determinadas, a fim de permitir maior ambição em suas medidas de mitigação e adaptação e de promover o desenvolvimento sustentável e a integridade ambiental. 2. Ao participar voluntariamente de abordagens cooperativas que impliquem o uso de resultados de mitigação internacionalmente transferidos para fins de cumprimento das contribuições nacionalmente determinadas, as Partes devem promover o desenvolvimento sustentável e assegurar a integridade ambiental e a transparência, inclusive na governança, e aplicar contabilidade robusta para assegurar, inter alia, que não haja dupla contagem, em conformidade com orientação adotada pela Conferência das Partes na qualidade de reunião das Partes deste Acordo. 3. O uso de resultados de mitigação internacionalmente transferidos para o cumprimento de contribuições nacionalmente determinadas sob este Acordo será voluntário e autorizado pelas Partes participantes. 4. Fica estabelecido um mecanismo para contribuir para a mitigação de emissões de gases de efeito estufa e apoiar o desenvolvimento sustentável, que funcionará sob a autoridade e orientação da Conferência das Partes na qualidade de reunião das Partes deste Acordo, que poderá ser utilizado pelas Partes a título voluntário. O mecanismo será supervisionado por um órgão designado pela Conferência das Partes na qualidade de reunião das Partes deste Acordo e terá como objetivos: (a) Promover a mitigação de emissões de gases de efeito estufa, fomentando ao mesmo tempo o desenvolvimento sustentável; (b) Incentivar e facilitar a participação na mitigação de emissões de gases de efeito de estufa de entidades públicas e privadas autorizadas por uma Parte; (c) Contribuir para a redução dos níveis de emissões na Parte anfitriã, que se beneficiará das

a Convenção-Quadro das Nações Unidas sobre Mudança do Clima, nos termos do artigo 51 da Lei 15.042/2024.[31]

O reconhecimento de CRVEs a partir de créditos de carbono baseados em ações, atividades, projetos e programas jurisdicionais REDD+ de mercado,[32] os quais respeitarão os direitos dos concessionários, dos proprietários e dos usufrutuários legítimos alheios aos entes estatais, nos termos do artigo 43 desta Lei, observará, adicionalmente ao previsto no *caput* do artigo 12: (1) os limites estabelecidos pelos resultados de mitigação reconhecidos no âmbito da Convenção-Quadro das Nações Unidas sobre Mudança do Clima, respeitada a parte de resultados de mitigação correspondente à área de imóveis objeto de concessão e aos imóveis

---

atividades de mitigação pelas quais se atingirão resultados de reduções de emissões que poderão também ser utilizadas por outra Parte para cumprir sua contribuição nacionalmente determinada; e (d) Alcançar uma mitigação geral das emissões globais. 5. Reduções de emissões resultantes do mecanismo a que se refere o parágrafo 4º deste Artigo não deverão ser utilizadas para demonstrar o cumprimento da contribuição nacionalmente determinada da Parte anfitriã, se utilizadas por outra Parte para demonstrar o cumprimento de sua contribuição nacionalmente determinada. 6. A Conferência das Partes na qualidade de reunião das Partes deste Acordo deve assegurar que uma fração dos fundos advindos de atividades no âmbito do mecanismo a que se refere o parágrafo 4º deste Artigo seja utilizada para custear despesas administrativas, assim como para auxiliar Partes países em desenvolvimento particularmente vulneráveis aos efeitos negativos da mudança do clima para financiar os custos de adaptação. 7. A Conferência das Partes na qualidade de reunião das Partes deste Acordo adotará regras, modalidades e procedimentos para o mecanismo a que se refere o parágrafo 4º deste Artigo em sua primeira sessão. 8. As Partes reconhecem a importância de dispor de abordagens não relacionados com o mercado que sejam integradas, holísticas e equilibradas e que lhes auxiliem na implementação de suas contribuições nacionalmente determinadas, no contexto do desenvolvimento sustentável e da erradicação da pobreza, de maneira coordenada e eficaz, inclusive por meio, inter alia, de mitigação, adaptação, financiamento, transferência de tecnologia e capacitação, conforme o caso. Essas abordagens devem ter como objetivos: (a) Promover ambição em mitigação e adaptação; (b) Reforçar a participação dos setores público e privado na implementação de contribuições nacionalmente determinadas; e (c) Propiciar oportunidades de coordenação entre instrumentos e arranjos institucionais relevantes. 9. Fica definido um marco para abordagens de desenvolvimento sustentável não relacionadas com o mercado, a fim de promover as abordagens não relacionadas com o mercado a que refere o parágrafo 8º deste Artigo.

[31] Artigo 51. Ato do CIM estabelecerá as condições para autorização de transferência internacional de resultados de mitigação, observados: I – o regime multilateral sobre mudanças do clima; II – os compromissos internacionais assumidos pelo Brasil. § 1º O ato referido no caput deste artigo estabelecerá os trâmites e os limites para transferência internacional de resultados de mitigação com base nas Estimativas Anuais de Emissões de Gases de Efeito Estufa no Brasil, definidas pelo Ministério da Ciência, Tecnologia e Inovação, de forma a assegurar que eventuais ajustes correspondentes sejam coerentes com os compromissos internacionais do País. § 2º A criação, a emissão, o registro ou a aprovação de CBE e de CRVE, bem como de créditos de carbono ou de quaisquer unidades equivalentes, não ensejarão direito de autorização para transferência internacional de resultados de mitigação. § 3º A transferência internacional de resultados de mitigação sujeitar-se-á à autorização formal e expressa, que especificará volumes, prazos e outras condições aplicáveis, dos órgãos ou autoridades competentes designados pelo governo federal perante a Convenção-Quadro das Nações Unidas sobre Mudança do Clima.

[32] Programas jurisdicionais "REDD+ abordagem de mercado": políticas e incentivos positivos para atividades relacionadas à redução de emissões por desmatamento e degradação florestal e ao aumento de estoques de carbono por regeneração natural da vegetação nativa, em escala nacional ou estadual, amplamente divulgados, passíveis de recebimento de pagamentos por meio de abordagem de mercado, incluindo captação no mercado voluntário, observada a alocação de resultados entre a União e as unidades da Federação de acordo com norma nacional pertinente, resguardado o direito dos proprietários, usufrutuários legítimos e concessionários de requerer, a qualquer tempo e de maneira incondicionada, a exclusão de suas áreas de tais programas para evitar dupla contagem na geração de créditos de carbono com base em projetos, nos termos do artigo 43 da Lei 15.042/2024, proibida, em qualquer caso, para evitar a dupla contagem, qualquer espécie de venda antecipada referente a período futuro.

que não sejam de propriedade e de usufruto dos entes públicos, que pertencem aos titulares dos direitos, nos termos do artigo 43 da Lei 15.042/2024; (2) as metodologias credenciadas para REDD+ pelo SBCE, cabendo à Comissão Nacional para REDD+ (CONAREDD+): (a) ser ouvida pelo SBCE, no processo de credenciamento de metodologias referido no artigo 25, sobre o respeito de tais metodologias às salvaguardas, aplicada também à CONAREDD+ a vedação prevista no § 1º do artigo 26 da Lei 15.042/2024; (b) manter registro nacional sobre programas estatais de não mercado e jurisdicionais de crédito de carbono, de forma a poder identificar o ente público responsável pela implementação das atividades de REDD+ e informá-lo da obrigação de retirar a área de determinado imóvel de concessionários, ou de propriedade ou usufruto legítimo de terceiros que requererem a exclusão, conforme previsto no artigo 43 da Lei 15.042/2024, da sua contabilidade para a estimativa de resultados de REDD+, nos termos das alíneas *c* e *d* do inciso II, a fim de evitar dupla contagem;[33] (c) receber informação dos geradores de projetos de crédito de carbono sobre os projetos de REDD+ certificados em curso no País, ou ainda de potencial gerador de projeto de crédito de carbono que deseje ter a área do seu imóvel excluída de programas estatais de não mercado ou jurisdicionais de resultado de REDD+, mediante comunicação, a qualquer tempo, por meio de documento escrito, protocolado perante a CONAREDD+, do qual constem nome completo do requerente, número de inscrição no Cadastro de Pessoas Físicas (CPF) ou no Cadastro Nacional da Pessoa Jurídica (CNPJ), localização, área do imóvel e metodologia utilizada ou que se pretenda utilizar, com reconhecimento de firma em tabelionato de notas ou nos termos do artigo 7º da Lei 14.129/2021; (d) realizar, respeitada a obrigação de excluir a área dos imóveis privados do cálculo do resultado total de mitigação do País, tão logo tenha sido comunicada a exclusão prevista na alínea *c* deste inciso, a alocação do restante dos resultados de mitigação, devendo informar ao ente público que desenvolve programa jurisdicional ou programa estatal de não mercado sua obrigação de retirar determinado imóvel de seu programa, a fim de evitar dupla contagem, podendo os entes, órgãos ou agentes públicos responder por seus atos, caso a obrigação não seja cumprida.

4.5 Negociação de Ativos Integrantes do SBCE e de Créditos de Carbono no Mercado Financeiro e de Capitais

Os ativos integrantes do SBCE e os créditos de carbono, quando negociados no mercado financeiro e de capitais, são valores mobiliários sujeitos ao regime da Lei 6.385/1976. Entretanto, é possível a sua colocação fora do mercado financeiro e de capitais, neste caso, sem a regulamentação da Comissão de Valores Mobiliários. Cabe à CVM determinar que, com vistas à negociação no mercado de valores mobiliários, os ativos integrantes do SBCE e os créditos de carbono sejam escriturados em instituições financeiras registradas, nos termos do § 2º do artigo 34 da Lei 6.404/1976.

À Comissão de Valores Mobiliários, sem prejuízo das competências atribuídas ao Conselho Monetário Nacional, compete: (1) exigir que os ativos integrantes do SBCE e os créditos de carbono negociados em mercado organizado sejam custodiados em depositário central, nos termos do artigo 23 da Lei 12.810/2013; (2) dispensar os registros de que tratam os artigos 19 e 21 da Lei 6.385/1976; (3) estabelecer registros e requisitos especiais para admissão no mercado de valores mobiliários dos ativos integrantes do SBCE quando negociados no mercado financeiro e de capitais; (4) prever regras informacionais específicas aplicáveis

---

[33] Dupla contagem: utilização da mesma CBE ou CRVE ou crédito de carbono para fins de cumprimento de mais de um compromisso de mitigação.

aos ativos integrantes do SBCE quando negociados no mercado financeiro e de capitais; (5) regular a negociação dos ativos integrantes do SBCE e dos créditos de carbono no âmbito do mercado financeiro e de capitais.

4.6   Plano Nacional de Alocação (PNA)

O Plano Nacional de Alocação (PNA) é um dos principais instrumentos no contexto do mercado regulado de carbono, pois ele define os critérios a serem adotados para a distribuição das permissões de emissão de gases de efeito estufa (*allowances*) entre os diferentes setores econômicos vinculados ao sistema. O PNA brasileiro tem inspiração no modelo adotado na União Europeia.

O objetivo do plano é a redução de emissões de GEE de forma planejada, alinhando os setores da economia às metas nacionais de redução de emissões (NDC). O PNA define para cada período: (1) o limite máximo de emissões; (2) a quantidade de CBEs a ser alocada entre os operadores; (3) as formas de alocação das CBEs, gratuita ou onerosa, para as instalações e as fontes reguladas; (4) o percentual máximo de CRVEs admitido na conciliação periódica de obrigações; (5) a gestão e a operacionalização dos mecanismos de estabilização de preços dos ativos integrantes do SBCE, garantindo o incentivo econômico à redução de emissões ou à remoção de GEE; (6) os critérios para transações de remoções líquidas de emissões de GEE; (7) outros dispositivos relevantes para implementação do SBCE, conforme definido em ato específico do órgão gestor do SBCE e nas diretrizes gerais estabelecidas pelo CIM.

O PNA deve ser elaborado levando em consideração a (1) necessidade de uma abordagem gradual entre os consecutivos períodos de compromisso, assegurada a previsibilidade para os operadores; (2) ser aprovado com antecedência de pelo menos 12 (doze) meses do seu período de vigência; (3) estimar a trajetória dos limites de emissão de GEE para os 2 (dois) períodos de compromisso subsequentes; (4) considerar a necessidade de garantir CBEs adicionais para eventuais novos operadores sujeitos à regulação no âmbito do SBCE; (5) dispor de mecanismos de proteção contra os riscos de reversão de remoções de GEE e de vazamento de emissões; (6) observar, na definição do limite de que trata o inciso I do *caput* do artigo 21, a proporcionalidade entre as emissões de GEE dos operadores regulados e as emissões totais do País; (7) observar facultativamente, na definição de alocação da quantidade de CBEs de que trata o inciso II do *caput* do artigo 21, a relação entre as emissões e a produção, assim como as variações das emissões em razão do aumento da produção motivada por aspectos mercadológicos ou pela ampliação da capacidade instalada da fonte ou da instalação.

A alocação de CBEs no PNA é feita tomando por base os seguintes critérios: (1) desenvolvimento tecnológico; (2) custos marginais de abatimento; (3) reduções de emissões, das remoções de GEE e dos ganhos históricos de eficiência; (4) outros parâmetros definidos em ato específico do órgão gestor do SBCE.

O artigo 22 da Lei 15.042/2024 estabelece que, respeitadas as competências federativas previstas na Lei Complementar 140/2011, é competência exclusiva da União o estabelecimento de limites de emissão aos setores regulados, de acordo com o Plano Nacional de Alocação e com os parâmetros definidos nesta Lei, vedadas a dupla regulação institucional e qualquer tributação sobre emissões de GEE por atividades, por instalações ou por fontes reguladas pelo SBCE. Parece ser claro que a definição de competência exclusiva da União sobre determinada matéria é matéria constitucional e não legal. A Constituição Federal não trata do tema. Entende-se que a União, até mesmo por necessidade prática de ter um critério nacional, seja a responsável pela determinação do NDC; entretanto, do ponto de vista jurídico, não parece haver proibição para que estados e municípios definam objetivos de redução de emissões de GEE.

410 DIREITO AMBIENTAL – *Paulo de Bessa Antunes*

O PNA poderia prever, inclusive, a possibilidade de que os Estados e Municípios pudessem negociar metas entre si.

4.7 Infrações e penalidades

O artigo 35 da Lei 15.042/2024 dispõe que o duplo grau recursal previsto no § 1º do artigo 56 da Lei 15.042/2024 "será garantido", de forma que os interessados possam recorrer das decisões proferidas pelo órgão gestor para a autoridade superior. A norma é desnecessária e redundante, pois a Lei de processos administrativos federais é aplicável, salvo se houver outra legislação específica para a matéria. Por outro lado, o artigo reproduz a condenável prática de atribuir ao Executivo a faculdade de definir ilícitos administrativos. A lei deveria tê-lo feito. O artigo 36, da mesma forma, é redundante, pois ao afirmar que a ação fiscalizatória e sancionatória "observará os direitos e deveres" estabelecidos na Lei 13.874/2019, nada mais faz do que dizer que as leis devem ser aplicadas. O artigo revela, também, uma forte desconfiança em relação à fiscalização, o que, de certa maneira, indica uma forte necessidade de legitimação dos agentes de fiscalização.

Ainda que não tenha definido os ilícitos administrativos, a Lei 15.042/2024 estabeleceu as penas aplicáveis às infrações a serem criadas. As penalidades são: (1) advertência; (2) multa; (3) publicação, a expensas do infrator, de extrato da decisão condenatória por 2 (dois) dias seguidos, de 1 (uma) a 3 (três) semanas consecutivas, em meio de comunicação indicado na decisão, nos casos de reincidência de infrações graves; (4) embargo de atividade, de fonte ou de instalação; (5) suspensão parcial ou total de atividade, de instalação e de fonte; (6) restritiva de direitos, que poderá consistir em: (a) suspensão de registro, de licença ou de autorização; (b) cancelamento de registro, de licença ou de autorização; (c) perda ou restrição de incentivos e de benefícios fiscais; (d) perda ou suspensão da participação em linhas de financiamento em estabelecimentos oficiais de crédito; (e) proibição de contratar com a administração pública, pelo período de até 3 (três) anos.

A lei fixou a multa dentro dos seguintes critérios: (1) em valor não inferior ao custo das obrigações descumpridas, no caso de pessoa jurídica, desde que não supere o limite de 3% (três por cento) do faturamento bruto da pessoa jurídica, do grupo ou do conglomerado obtido no ano anterior à instauração do processo administrativo, atualizado pela taxa do Sistema Especial de Liquidação e de Custódia (Selic), publicada pelo Banco Central do Brasil, e poderá, em caso de reincidência, ser progressivamente maior que esse limite percentual, até o limite de 4% (quatro por cento); (2) de R$ 50.000,00 (cinquenta mil reais) a R$ 20.000.000,00 (vinte milhões de reais), no caso das demais pessoas físicas, bem como demais entidades ou pessoas constituídas de fato ou de direito, ainda que temporariamente, com ou sem personalidade jurídica, que não possuam faturamento, vedada a aplicação do critério do faturamento bruto.

O § 2º do artigo 38 determina que para "fins de aplicação da multa de que trata o inciso I do § 1º" do artigo 38, "a empresa, o grupo ou o conglomerado são obrigados a informar o faturamento bruto obtido no ano anterior à instauração do processo administrativo e, caso não o façam no prazo devido, o órgão gestor do SBCE passa a ter a prerrogativa de estimar o faturamento".

O faturamento bruto é a soma total das receitas geradas pela venda de produtos ou prestação de serviços antes de qualquer dedução, como impostos, devoluções ou descontos.

A obrigatoriedade de apresentação de faturamento bruto por parte de empresas está prevista em diversas normas, *e.g.*, Código Tributário Nacional (artigos 148, 149); Lei 9.430/1996 (artigo 42); Lei Complementar 123/2006 (artigo 33).

Capítulo 14 · MUDANÇAS CLIMÁTICAS | 411

As sanções de restrições de direitos somente serão aplicadas após esgotadas todas as instâncias recursais administrativas, apenas nos casos de infrações consideradas gravíssimas, conforme definidas em regulamento.

A apuração das infrações se faz na forma dos artigos 38/41 da Lei 15.042/2024.

4.8 A Comissão de Valores Mobiliários (CVM) e o mercado de créditos de carbono

A Comissão de Valores Mobiliários (CVM) baixou a Resolução CVM 223/2024, que aprovou a *Orientação Técnica OCPC 10 – Créditos de Carbono, Permissões de Emissões (allowances) e Créditos de Descarbonização (CBIO)*.

> Artigo 1º Torna obrigatória para as companhias abertas a Orientação Técnica OCPC 10 – Créditos de Carbono, Permissões de Emissões (*allowances*) e Créditos de Descarbonização (CBIO), emitida pelo Comitê de Pronunciamentos Contábeis – CPC, conforme anexo "A" à presente Resolução.

O objetivo da OCPC 10 é tratar dos requisitos básicos de reconhecimento, mensuração e evidenciação de créditos de carbono (tCO_2e),[34] Permissões de emissão (*allowances*)[35] e créditos de descarbonização (CBIO) a serem observados pelas entidades na originação e aquisição para cumprimento de metas de descarbonização (aposentadoria) ou negociação, bem como dispor sobre os passivos associados, sejam eles decorrentes de obrigações legais ou não formalizadas, conforme definido no CPC 25 – Provisões, Passivos Contingentes e Ativos Contingentes.

A matéria é eminentemente contábil e, portanto, ultrapassa os limites deste trabalho e dos conhecimentos do seu autor, motivo pelo qual se faz mera referência à norma de modo que o leitor que se interesse em aprofundar a matéria tenha conhecimento da Resolução.

O contrato entre gerador e desenvolvedor de projeto de crédito de carbono, quando cabível, deverá ser registrado no Registro de Imóveis.

5. POLÍTICA NACIONAL DE QUALIDADE DO AR (LEI 14.850/2024)

A boa qualidade do ar é um dos elementos fundamentais para que o meio ambiente possa ser considerado saudável e capaz de propiciar à população uma boa qualdidade de vida, de forma que o direito estabelecido pelo artigo 225 da CF possa ser plenamente exercido. Muito embora o direito brasileiro, há longa data, tenha um conjunto de normas relacionadas à proteção da salubridade do ar, é fato que uma legislação de abrangência nacional, que exprimisse uma política consistente, fazia falta.

Como já foi visto ao longo deste livro, as normas de proteção ao meio ambiente, em geral, têm início com a proteção do ar respirável. A Lei 14.850/2024, em boa hora, veio preencher a lacuna evidente que havia no direito ambiental brasileiro.

---

[34] Para os fins desta Orientação, o significado do termo "crédito de carbono" abrange o Certificado de Remoção ou Redução Verificada de Emissões – CRVE e o crédito de carbono externo ao Sistema Brasileiro de Comércio de Emissões de Gases de Efeito Estufa – SBCE, conforme aprovado pela Câmara dos Deputados em 22.11.2024 e enviado para sanção presidencial.

[35] Para os fins desta Orientação, o significado do termo "permissão de emissão" abrange a Cota Brasileira de Emissões (CBE), conforme aprovado pela Câmara dos Deputados em 22.11.2024 e enviado para sanção presidencial.

5.1 Princípios e objetivos

A Política Nacional de Qualidade do Ar (PNQA) estabelece as diretrizes para a gestão da qualidade do ar em todo o território nacional; isto é, os entes federados podem estabelecer as suas políticas regionais e locais, desde que consistentes com a nacional. A lei é aplicável às "pessoas físicas ou jurídicas, de direito público ou privado, responsáveis pela emissão de poluentes atmosféricos, pela gestão da qualidade do ar e pelo controle da poluição".

A gestão da qualidade do ar é o conjunto de ações e de procedimentos realizados por entidades públicas e privadas, com vistas à manutenção ou à recuperação da qualidade do ar em determinada região; não há um conceito normativo de qualidade do ar, muito embora seja possível concluir que ela varia conforme atenda, ou não, aos padrões de qualidade que são instrumentos de gestão que determinam os valores de concentração de um poluente específico na atmosfera, associado a um intervalo de tempo de exposição, para que o meio ambiente e a saúde da população sejam preservados em relação aos riscos de danos causados pela poluição atmosférica.

Os poluentes são os elementos (parâmetros) capazes de alterar negativamente a qualidade do ar. Eles podem se apresentar sob qualquer forma de matéria em quantidade, concentração, tempo ou outras características que tornem ou possam tornar o ar impróprio ou nocivo à saúde, inconveniente ao bem-estar público, danoso aos materiais, à fauna e à flora ou prejudicial à segurança, ao uso e gozo da propriedade ou às atividades normais da comunidade. Eles podem se classificar em (1) primários, que são os diretamente emitidos pelas fontes de poluição atmosférica; e (2) secundários, que são os formados a partir de reações químicas na atmosfera entre os poluentes atmosféricos. Um exemplo típico de poluente secundário é o ozônio.

> Ozônio (O_3) – é um poluente secundário, ou seja, não é emitido diretamente, mas formado a partir de outros poluentes atmosféricos, e altamente oxidante na troposfera (camada inferior da atmosfera). O ozônio é encontrado naturalmente na estratosfera (camada situada entre 15 e 50 km de altitude), onde tem a função positiva de absorver radiação solar, impedindo que grande parte dos raios ultravioletas cheguem à superfície terrestre.[36]

A PNQA se estrutura sobre os seguintes princípios: (1) prevenção e a precaução; (2) poluidor pagador e protetor recebedor; (3) desenvolvimento sustentável; (4) o respeito às diversidades locais e regionais; (5) direito da sociedade à informação e ao controle social;[37] (6) razoabilidade e proporcionalidade; (7) cuidado com as populações mais vulneráveis, especialmente os grupos sensíveis; e (8) visão sistêmica, na gestão da qualidade do ar, que considere as diferentes fontes de emissões e as variáveis ambiental, social, cultural, econômica, tecnológica e de saúde pública.

Os objetivos da PNQA são: (1) assegurar a preservação da saúde pública, do bem-estar e da qualidade ambiental para as presentes e futuras gerações; (2) assegurar o adequado monitoramento da qualidade do ar; (3) fomentar a pesquisa científica aplicada à tecnologia e à inovação; (4) reduzir progressivamente as emissões e as concentrações de poluentes atmosféricos; (5) propor e estimular a adoção, o desenvolvimento e o aprimoramento de tecnologias limpas, com vistas à proteção da saúde e à melhoria da qualidade do ar; (6) alinhar-se com as

---

[36] Disponível em: https://antigo.mma.gov.br/cidades-sustentaveis/qualidade-do-ar/poluentes--atmosf%C3%A9ricos.html. Acesso em: 15 jan. 2025.

[37] Controle social: condições que garantam aos cidadãos acesso a informações sobre a qualidade do ar, com vistas à melhoria da sua gestão.

Capítulo 14 · MUDANÇAS CLIMÁTICAS | **413**

políticas de combate à mudança do clima; (7) assegurar o acesso amplo a dados e informações públicas atualizadas de monitoramento e de gestão da qualidade do ar; e (8) fortalecer a gestão da qualidade do ar nos órgãos e nas entidades que integram o Sistema Nacional do Meio Ambiente (Sisnama).

5.2 Instrumentos da PNQA

A implementação e a gestão da PNQA são feitas mediante a utilização dos seguintes instrumentos: (1) os limites máximos de emissão atmosférica;[38] (2) os padrões de qualidade do ar; (3) o monitoramento da qualidade do ar;[39] (4) o inventário de emissões atmosféricas;[40] (5) os planos, os programas e os projetos setoriais de gestão da qualidade do ar e de controle da poluição por fontes de emissão; (6) os modelos de qualidade do ar,[41] os estudos de custo-efetividade e a proposição de cenários; (7) os conselhos de meio ambiente e, no que couber, os de saúde, bem como os órgãos colegiados estaduais e municipais destinados ao controle social; (8) o Sistema Nacional de Gestão da Qualidade do Ar (MonitorAr); (9) os incentivos fiscais, financeiros e creditícios; e (10) o Fundo Nacional do Meio Ambiente, o Fundo Nacional sobre Mudança do Clima e o Fundo Nacional de Desenvolvimento Científico e Tecnológico.

5.2.1 *Padrões da qualidade do ar, monitoramento e controle das fontes poluidoras*

Os padrões nacionais de qualidade do ar são fixados pelo Conselho Nacional do Meio Ambiente e integram o Programa Nacional de Controle da Qualidade do Ar (Pronar). O monitoramento da qualidade do ar compete aos órgãos e instituições integrantes do Sisnama, que deverão criar uma Rede Nacional de Monitoramento da Qualidade do Ar.

À União, por meio do Ministério do Meio Ambiente e Mudança do Clima, compete: (1) apoiar e fomentar supletivamente a capacitação técnica para a operação, a integração e a consolidação dos dados de monitoramento; e (2) elaborar e manter atualizado, em conjunto com os órgãos ambientais estaduais e distrital, o Guia Técnico para o Monitoramento e a Avaliação da Qualidade do Ar.

Aos Estados e ao Distrito Federal corresponde: (1) coordenar e supervisionar as ações do Programa de Inspeção e Manutenção de Veículos em Uso (I/M) no âmbito do Programa de Controle da Poluição do Ar por Veículos Automotores (Proconve), observado o disposto no artigo 15 da Lei 14.850/2024; (2) assegurar perante o MonitorAr a integração dos dados de medição cujo monitoramento seja de sua competência e jurisdição, observados os critérios e as diretrizes estabelecidos no Guia Técnico para o Monitoramento e a Avaliação da Qualidade do Ar; (3) elaborar o Relatório de Avaliação da Qualidade do Ar anualmente, que deve conter os dados de monitoramento, a evolução da qualidade do ar e o resumo executivo, de forma objetiva e didática, com informações redigidas em linguagem acessível, garantindo

---

[38] Limite máximo de emissão: quantidade de poluentes atmosféricos permissível de ser lançada por fontes de emissão atmosférica antropogênicas.

[39] Monitoramento da qualidade do ar: monitoramento da concentração de poluentes no ambiente e dos parâmetros auxiliares.

[40] Inventário de emissões de poluentes atmosféricos: conjunto de informações sobre as emissões atmosféricas geradas por fontes ou grupo de fontes localizadas em uma área geográfica específica, em um intervalo de tempo definido.

[41] Modelagem atmosférica: simulação numérica da dispersão e das reações químicas dos poluentes atmosféricos, para determinar a variação temporal e espacial dos poluentes na atmosfera.

DIREITO AMBIENTAL – *Paulo de Bessa Antunes*

sua publicidade; (4) divulgar os dados de monitoramento e as informações relacionados à gestão da qualidade do ar, em linguagem acessível, de acordo com o definido no Guia Técnico para o Monitoramento e a Avaliação da Qualidade do Ar; e (5) seguir o Guia Técnico para o Monitoramento e a Avaliação da Qualidade do Ar atualizado.

O monitoramento realizado nas fontes fixas[42] emissoras deve atender aos termos estabelecidos em licenciamento ambiental respectivo, em conformidade com os regulamentos vigentes. As estações de monitoramento da qualidade do ar que operam em atendimento à condição de validade estabelecida em licenciamento ambiental deverão ter seus dados integrados ao MonitorAr.

Para a fixação dos limites máximos de emissão, levará em conta, concomitantemente: (1) as melhores práticas e tecnologias disponíveis, acessíveis e já desenvolvidas em escala que permita sua aplicação prática; (2) a viabilidade técnica, econômica e financeira das práticas e das tecnologias disponíveis; (3) o impacto ambiental decorrente da manutenção ou da substituição de equipamentos, quando couber; e (4) as informações técnicas fornecidas por fabricantes de equipamentos de controle de poluição do ar e as mensurações de emissões efetuadas no País. Veja-se que, no caso, os limites fixados são por fonte fixa.

A identificação do *status* da qualidade do ar se faz mediante a elaboração do inventário de emissões, o qual deverá conter: (1) as fontes de emissão atmosférica;[43] (2) os poluentes inventariados; (3) a distribuição geográfica das emissões por regiões definidas pelo órgão ambiental competente, consideradas as principais fontes de emissão; (4) a metodologia de estimativa das emissões; e (5) as lacunas de informações identificadas no inventário e respectivas providências para sua correção. É somente a partir de tais informações que se pode programar uma política pública adequada para o enfrentamento do problema.

5.3 Planos de Gestão da Qualidade do Ar

Os Planos de Gestão da Qualidade do Ar são: (1) o Plano Nacional de Gestão da Qualidade do Ar; (2) os Planos Estaduais e Distrital de Gestão da Qualidade do Ar; e (3) o Plano para Episódios Críticos de Poluição do Ar. Cabe aos Estados e ao Distrito Federal elaborar os Planos de sua competência, por intermédio de seus órgãos ambientais, mediante aprovação dos respectivos conselhos de meio ambiente. Os Planos deverão ser amplamente divulgados para a população.

5.3.1 Plano Nacional de Gestão da Qualidade do Ar

Corresponde à União, por meio do Ministério do Meio Ambiente e Mudança do Clima, elaborar o Plano Nacional de Gestão da Qualidade do Ar, com vigência por prazo indeterminado e perspectiva de duração de 20 (vinte) anos, a ser atualizado a cada 4 (quatro) anos, que deverá ter como conteúdo mínimo: (1) diagnóstico, incluídos a identificação das principais fontes de emissões atmosféricas e os seus impactos para o meio ambiente e a saúde; (2) proposição de cenários; e (3) metas e prazos para a execução dos programas, dos

---

[42]   Fonte fixa: instalação ou equipamento, situado em local fixo, que emite poluentes atmosféricos de forma pontual ou fugitiva.

[43]   Fontes de emissão atmosférica: quaisquer atividades ou processos oriundos de causa natural ou antropogênica, por fontes fixas, móveis ou difusas, que resultem na liberação na atmosfera de substâncias nas formas particulada, gasosa ou aerossol, acompanhadas ou não de energia, capazes de causar alterações no ambiente atmosférico.

projetos e das ações, com vistas ao atingimento dos padrões de qualidade do ar, de acordo com as diretrizes definidas pelo Conama, que servirão como referências para os demais entes federados.

O Plano Nacional de Gestão da Qualidade do Ar deverá ser elaborado no prazo máximo de 2 (dois) anos após a publicação do Inventário Nacional de Emissões Atmosféricas. A gestão da qualidade do ar se faz pela adoção de programas específicos, como: (1) o Programa Nacional de Controle da Qualidade do Ar (Pronar); (2) o Programa de Controle da Poluição do Ar por Veículos Automotores (Proconve); (3) o Programa de Controle da Poluição do Ar por Motociclos e Veículos Similares (Promot); (4) o programa de sucateamento e de reciclagem de veículos e de renovação de frotas de veículos automotores; e (5) o Programa de Inspeção e Manutenção de Veículos em Uso (I/M).

5.3.2   Plano Estadual ou Distrital de Gestão da Qualidade do Ar

Os órgãos ambientais estaduais e distrital deverão elaborar, no prazo máximo de 2 (dois) anos após a publicação do inventário estadual ou distrital de emissões de poluentes atmosféricos, o Plano Estadual ou Distrital de Gestão da Qualidade do Ar, que deverá ter como conteúdo mínimo: (1) diagnóstico, incluídos a identificação das principais fontes de emissões, os respectivos poluentes atmosféricos e os seus impactos para o meio ambiente e a saúde; (2) abrangência geográfica e regiões a serem priorizadas; (3) proposição de cenários; (4) indicação de padrões nacionais de qualidade do ar e, quando houver, padrões estabelecidos em âmbito estadual ou distrital; (5) programas, projetos e ações, com as respectivas metas e prazos, com vistas ao atingimento dos padrões de qualidade do ar; (6) diretrizes para o planejamento e as demais atividades de gestão da qualidade do ar, observadas as disposições estabelecidas em âmbito nacional e a legislação vigente; (7) planejamento da implementação e da expansão da rede de monitoramento de qualidade do ar com base na dispersão de poluentes atmosféricos e na escala pretendida para as estações; e (8) convergência com planos, programas, ações e metas definidos nos âmbitos nacional e estadual ou distrital para o atendimento das políticas de mudanças climáticas.

5.4   Sistema Nacional de Gestão da Qualidade do Ar

O Sistema Nacional de Gestão da Qualidade do Ar (MonitorAr) integra e divulga os dados gerados pelas estações estaduais e distrital de monitoramento da qualidade do ar. Para a divulgação dos dados de monitoramento em tempo real, horário ou diário, os órgãos ambientais estaduais deverão utilizar o IQAr. O cálculo do IQAr se faz utilizando a metodologia, as faixas e os valores de concentração constantes do Guia Técnico para o Monitoramento e a Avaliação da Qualidade do Ar, publicado pelo Ministério do Meio Ambiente e Mudança do Clima.

5.5   Incentivos fiscais, financeiros e creditícios

A lei determina que o poder público institua medidas indutoras e linhas de financiamento para atender, prioritariamente, às iniciativas de: (1) prevenção e redução de emissões de poluentes atmosféricos; (2) capacitação, pesquisa e desenvolvimento tecnológico de produtos ou processos com menores impactos à saúde e à qualidade ambiental; (3) desenvolvimento de sistemas de gestão ambiental e empresarial direcionados à redução de emissões e ao monitoramento de poluentes atmosféricos; e (4) fomento à implementação dos programas previstos no artigo 15 desta Lei.

6. CLIMA E LITÍGIOS JUDICIAIS E ADMINISTRATIVOS

O amplo quadro normativo internacional relacionado às mudanças climáticas de origem antrópica tem dado margem ao surgimento de um grande contencioso judicial e administrativo (nacional e internacional) que se estrutura ao redor das questões climáticas. Não sem um certo exagero, tal contencioso tem sido denominado como "litigância climática". Não há, todavia, um padrão definido do tipo de demanda que pode ser classificada como "climática". Joana Setzer, Kamyla Cunha e Amália Botter Fabbri (2019) afirmam que a litigância climática é termo que engloba questões relacionadas à redução das emissões de GEE, à redução da vulnerabilidade aos efeitos das mudanças climáticas, assim como à reparação dos danos sofridos em decorrência das mudanças climáticas e à gestão dos riscos climáticos. Cuida-se, portanto, de um conceito muito amplo que abarca situações diversas que, no entanto, têm como vínculo as mudanças climáticas causadas pelas atividades antrópicas.

As autoras citadas identificam algumas situações que têm levado ao ajuizamento de "ações climáticas", a saber: a (1) mitigação dos efeitos negativos das mudanças climáticas; a (2) adaptação às mudanças climáticas; e as (3) ações indenizatórias e de responsabilidade pelos efeitos negativos das mudanças climáticas. Não se pode, contudo, estabelecer uma barreira muito rígida entre os três tipos de ações, bem como não se pode traçar uma linha divisória absoluta em relação às medidas judiciais cujo objetivo é a proteção ambiental em sentido lato.

No Brasil, há uma interessante inciativa sediada na Pontifícia Universidade Católica do Rio de Janeiro denominada JUMA – Direito, ambiente e justiça no antropoceno,[44] que tem como um de seus objetivos estabelecer um banco de dados das ações judiciais brasileiras relacionadas às questões climáticas. A base de dados indica dezenas de casos judiciais listados e em tramitação no Brasil.[45]

No Brasil, foram ajuizadas algumas medidas judiciais – envelopadas sob diferentes formas – que, direta ou indiretamente, guardam relação com questões climáticas. Não se pretende, neste tópico, apresentar uma relação completa e minuciosa das demandas judiciais envolvendo matéria climática. O texto limitar-se-á a algumas ações que tramitam/tramitaram perante o Supremo Tribunal Federal (STF).

A ação que mais diretamente está relacionada à questão da proteção climática é a ADPF 708, cujo Relator foi o Ministro Roberto Barroso. O julgamento foi precedido por uma audiência pública que foi considerada como "um marco na história da litigância climática no Brasil" (BORGES e VASQUES, 2021, p. 9). A ADPF 708 resultou da conversão da ADO 60 que fora recebida como ADPF. É interessante observar que, além das considerações relativas aos direitos fundamentais relacionados à fruição do meio ambiente ecologicamente equilibrado, a ementa da decisão aponta para uma relevante questão econômica e de imagem, *in verbis*:

> 5. São graves as consequências econômicas e sociais advindas de políticas ambientais que descumprem compromissos internacionais assumidos pelo Brasil. A União Europeia e diversos países que importam produtos ligados ao agronegócio brasileiro ameaçam denunciar acordos e deixar de adquirir produtos nacionais. Há uma percepção mundial negativa do país nessa matéria.

---

[44] Disponível em: https://www.juma.nima.puc-rio.br/. Acesso em: 20 abr. 2024.

[45] Disponível em: https://www.litiganciaclimatica.juma.nima.puc-rio.br/listagem/visualizar. Acesso em: 20 abr. 2024.

A ADPF foi manejada em função da paralisação das atividades do Fundo Clima e do expressivo aumento do desmatamento, sobretudo na Amazônia. A ADPF foi julgada procedente, tendo sido fixada a seguinte tese:

> O Poder Executivo tem o dever constitucional de fazer funcionar e alocar anualmente os recursos do Fundo Clima, para fins de mitigação das mudanças climáticas, estando vedado seu contingenciamento, em razão do dever constitucional de tutela ao meio ambiente (CF, artigo 225), de direitos e compromissos internacionais assumidos pelo Brasil (CF, artigo 5º, § 2º), bem como do princípio constitucional da separação dos poderes (CF, artigo 2º c/c o artigo 9º, § 2º, da LRF).

É importante observar que na fundamentação da decisão foi estabelecido que "a questão pertinente às mudanças climáticas constitui matéria constitucional" e, portanto, não está inserida "em juízo político, de conveniência e oportunidade, do Chefe do Executivo". Especificamente em relação ao FNMC, a decisão ressaltou que ele é o "principal instrumento federal voltado ao custeio do combate às mudanças climáticas e ao cumprimento das metas de redução de emissão de gases de efeito estufa" e que, apesar de tal circunstância, "o Fundo Clima realmente permaneceu inoperante durante todo o ano de 2019 e parte do ano de 2020".

A decisão é de grande importância, pois estabelece que as políticas ambientais e, no caso, as voltadas à mitigação e adaptação às mudanças climáticas, devem observar um fluxo contínuo, com utilização dos recursos disponíveis, vedado o contingenciamento.

Ainda no campo do controle concentrado de constitucionalidade, pode ser incluída a ADO 59, Relatora Ministra Rosa Weber, que tratou da paralisação do Fundo Amazônia durante o período 2019-2022, administração Bolsonaro. Conforme se sabe, as queimadas e o desflorestamento são importantes fontes de emissão de GEE e, portanto, impactam diretamente nas mudanças climáticas de origem antrópica. Assim, a ADO 59 pode ser incluída no abrangente conceito de litigância climática. No particular, vale ressaltar que a decisão explicitamente faz referência às normas de proteção climática internacionais e nacionais adotadas pelo Brasil. Também é enfatizada a situação da Amazônia, "o retrato contemporâneo da Amazônia Legal não responde aos deveres de tutela assumidos pelo Estado constitucional brasileiro". Assim, a Corte reconhece uma "inconstitucionalidade fática" decorrente do não cumprimento contumaz das normas aplicáveis. A Ministra Weber acrescentou que a situação

> [t]ampouco responde à normativa internacional, devidamente ratificada e promulgada pelo Estado brasileiro, a demonstrar seu comprometimento político e jurídico com a centralidade e importância da tutela do meio ambiente, em particular a proteção contra o desmatamento e as mudanças climáticas, a saber a Convenção-Quadro sobre Mudanças Climáticas de 1992 (Decreto 2.652, de 01 de julho de 1998); o Protocolo de Kyoto, de 2005 (Decreto 5.445, de 12 de maio de 2015); e o Acordo de Paris, aprovado no final de 2015 e em vigor desde 2016 (Decreto 9.073, de 05 de junho de 2017).

O Fundo Amazônia teve as suas ações paralisadas pela desestruturação de seus instrumentos, com o consequente bloqueio de valores correspondentes a R$ 3.000.000.000,00 (três bilhões de reais). Tais valores ao serem subtraídos dos projetos financiados e dos a financiar pelo Fundo Amazônia, certamente, geraram impactos negativos sobre a proteção da Amazônia. Aliás, o STF, no caso concreto, reconheceu a "importância e a centralidade do Fundo Amazônia, como principal política pública financeira em vigor de apoio às ações de prevenção, controle e combate ao desmatamento".

Em função da situação acima descrita, o STF julgou parcialmente procedente a ADO 59, para determinar que a União Federal, no prazo de sessenta dias, tomasse as providências administrativas necessárias para a reativação do Fundo Amazônia, dentro e nos limites das suas competências, com o formato de governança estabelecido no Decreto 6.527/2008.

Em relação ao Fundo Amazônia, há também a ADPF 651,[46] tendo como Relatora a Ministra Cármen Lúcia, que foi ajuizada tendo em vista o artigo 5º do Decreto Federal 10.224/2020 com posterior aditamento à inicial para impugnar o Decreto Federal 10.239/2020, revogado pelo Decreto 11.367/2023, que afastou a participação de governadores no Conselho Nacional da Amazônia Legal e o Decreto 10.224/2020, que extinguiu o Comitê Orientador do Fundo Amazônia. O tema de fundo é a organização administrativa e a participação nas estruturas do Fundo. A matéria climática é reflexa. O STF julgou procedente a ADPF, tendo por base que

> [a] organização administrativa em matéria ambiental está protegida pelo princípio de proibição do retrocesso ambiental, o que restringe a atuação do administrador público, de forma a autorizar apenas o aperfeiçoamento das instituições e órgãos de proteção ao meio ambiente.

A abrangência das questões relativas aos impactos na atmosfera e, por consequência, nas chamadas mudanças climáticas de origem antrópica é de tal monta que praticamente todos os assuntos ambientais poderiam ser englobados sob a rubrica "mudanças climáticas".

O STF, ao decidir o Recurso Extraordinário 586.224/SP, julgou inconstitucional a Lei 1.952/1995 do município de Paulínia/SP que, dentre outras coisas, proibia, sob qualquer forma, o emprego de fogo para fins de limpeza e preparo do solo no Município de Paulínia, inclusive para o preparo do plantio e para a colheita de cana-de-açúcar e de outras culturas. A norma municipal foi impugnada perante o Tribunal de Justiça do Estado de São Paulo, que julgou procedente a demanda.

---

[46] STF, ADPF 651 DF, Tribunal Pleno, Rel. Min. Cármen Lúcia, j. 28.04.2022, DJe-171, 29.08.2022.

Capítulo 15
POLÍTICA ENERGÉTICA

Acesse e assista à aula explicativa sobre este assunto.
> http://uqr.to/1b2hs

A Política Energética Nacional [PEN] consta da Lei 9.478/1997, que era basicamente uma norma voltada para a regulamentação das atividades relacionadas à produção de óleo e gás no Brasil, e tem sofrido modificações e incorporado, de forma consistente, outras fontes. Abaixo veja-se gráfico da matriz energética nacional. No contexto, é também relevante considerar a Lei 15.103/2025, que instituiu o Programa de Aceleração da Transição Energética.

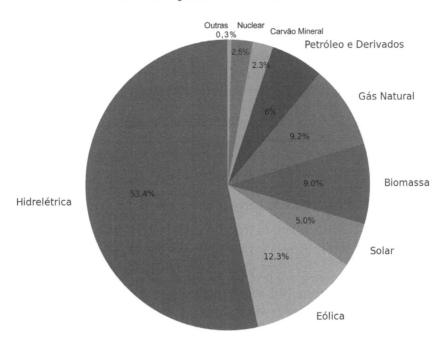

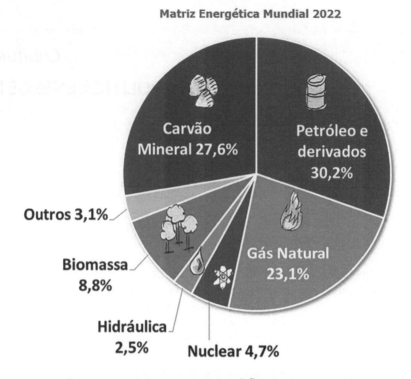

(IEA, 2023; *total em 2022: 622 milhões de TJ - terajoule*)

Um dos principais problemas ambientais globais da atualidade, as mudanças climáticas, está diretamente relacionado com a utilização dos combustíveis fósseis (carvão, gás natural e petróleo) que são os combustíveis não renováveis e que foram formados há milhares de anos, a partir de restos de animais e vegetais submetidos à enorme pressão. Este tipo de combustível é responsável por aproximadamente 77% da matriz energética mundial. O Brasil tem uma excelente utilização de energia gerada por fontes renováveis se comparada com a situação mundial. Logicamente, diante do quadro de mudanças climáticas, o grande desafio é ampliar a participação das energias renováveis na matriz energética.

Este capítulo tratará apenas dos aspectos ambientais das políticas energéticas.

1. POLÍTICA ENERGÉTICA NACIONAL

A Lei 9.478/1997 estabelece em seu artigo 1º que as políticas nacionais para o aproveitamento racional das fontes de energia devem atender os objetivos de (1) preservar o interesse nacional; (2) promover o desenvolvimento, ampliar o mercado de trabalho e valorizar os recursos energéticos; (3) proteger os interesses do consumidor quanto a preço, qualidade e oferta dos produtos; (4) proteger o meio ambiente e promover a conservação de energia; (5) garantir o fornecimento de derivados de petróleo em todo o território nacional, nos termos do § 2º do artigo 177 da Constituição Federal; (6) incrementar, em bases econômicas, a utilização do gás natural; (7) identificar as soluções mais adequadas para o suprimento de energia elétrica nas diversas regiões do país; (8) utilizar fontes alternativas de energia, mediante o aproveitamento econômico dos insumos disponíveis e das tecnologias aplicáveis; (9) promover a livre concorrência; (10) atrair investimentos na produção de energia; (11) ampliar a competitividade do país no mercado internacional; (12) incrementar, em bases econômicas, sociais e ambientais, a participação dos biocombustíveis na matriz energética nacional; (13) garantir o fornecimento de biocombustíveis em todo o território nacional; (14) incentivar a geração de energia elétrica a partir da biomassa e de subprodutos da produção de biocombustíveis, em razão do seu caráter limpo, renovável e complementar à fonte hidráulica; (15) promover a competitividade do País no mercado internacional de biocombustíveis; (16) atrair investimentos em infraestrutura para transporte e estocagem de biocombustíveis; (17) fomentar a pesquisa e o desenvolvimento relacionados à energia renovável; (18) mitigar as emissões de gases causadores de efeito estufa e de poluentes nos setores de energia e de transportes, inclusive com o uso de biocombustíveis e da captura e da estocagem geológica de dióxido de carbono; (19) incentivar a produção e promover a competitividade no País e no mercado internacional, bem como atrair investimentos em infraestrutura ligada à indústria do hidrogênio de baixa emissão de carbono e seus derivados; (20) promover o aproveitamento econômico racional e sustentável do potencial para geração de energia elétrica no mar territorial, na plataforma continental, na zona econômica exclusiva ou em outros corpos hídricos sob domínio da União; (21) incentivar a geração de energia elétrica a partir do aproveitamento de potencial energético *offshore.*

O Conselho Nacional de Política Energética – CNPE é órgão vinculado à Presidência da República e presidido pelo Ministro de Estado de Minas e Energia, com a atribuição de propor ao Presidente da República políticas nacionais e medidas específicas destinadas a: (1) promover o aproveitamento racional dos recursos energéticos do país, em conformidade com os princípios da PEN e com o disposto na legislação aplicável; (2) assegurar, em função das características regionais, o suprimento de insumos energéticos às áreas mais remotas ou de difícil acesso do país, submetendo as medidas específicas ao Congresso Nacional, quando implicarem criação de subsídios; (3) rever periodicamente as matrizes energéticas aplicadas às diversas regiões do país, considerando as fontes convencionais e alternativas e as tecnologias disponíveis; (4) estabelecer diretrizes e metas, quando aplicáveis, para programas específicos, como os de uso do gás natural, do carvão, da energia termonuclear, dos biocombustíveis, da energia solar, da energia eólica, do biogás, do biometano e da energia proveniente de outras fontes alternativas; (5) estabelecer diretrizes para a importação e exportação, de maneira a atender às necessidades de consumo interno de petróleo e seus derivados, gás natural e condensado, e assegurar o adequado funcionamento do Sistema Nacional de Estoques de Combustíveis e o cumprimento do Plano Anual de Estoques Estratégicos de Combustíveis, de que trata o artigo 4º da Lei 8.176, de 8 de fevereiro de 1991; (6) incrementar, em bases econômicas, a utilização do gás natural; (7) identificar as soluções mais adequadas para o suprimento de energia elétrica nas diversas regiões do País; (8) utilizar fontes alternativas de energia, mediante o aproveitamento econômico dos insumos disponíveis e das tecnologias aplicáveis; (9) promover a livre concorrência; (10) atrair investimentos na produção de energia; (11) ampliar a competitividade do País no mercado internacional; (12) estabelecer os parâmetros técnicos e econômicos das licitações de concessões de geração, transmissão e distribuição de energia elétrica de que trata o artigo 8º da Lei 12.783/2013; (13) definir a estratégia e a política de desenvolvimento tecnológico do setor de energia elétrica; (14) estabelecer diretrizes para o suprimento de gás natural nas situações caracterizadas como de contingência, nos termos previstos em lei; (15) estabelecer diretrizes para a regulação e a fiscalização da captura e da estocagem geológica de dióxido de carbono; e (16) definir índices mínimos de conteúdo local em navios-tanque novos produzidos no Brasil destinados ao ativo imobilizado e empregados,

DIREITO AMBIENTAL – Paulo de Bessa Antunes

exclusivamente, em atividade de cabotagem de petróleo e seus derivados, a serem beneficiados por quotas diferenciadas de depreciação acelerada de que trata a Lei 14.871/2024.

1.1 O petróleo na política energética nacional

A atividade de exploração e produção de petróleo no Brasil passou por diversas fases que foram da livre-iniciativa ao monopólio estatal. Até 1938, as explorações eram realizadas no regime de livre-inciativa. A Constituição de 1934 atribuiu a propriedade do subsolo à União, acarretando, em 1938, a criação do Conselho Nacional do Petróleo. Em 1953 foi criada a Petrobras. Após 1997 houve a flexibilização do monopólio estatal do petróleo.

No ano de 1931, o escritor nacionalista Monteiro Lobato fundou a Companhia de Petróleo do Brasil e passou a se dedicar a uma campanha para extração do produto. A primeira descoberta de petróleo no Brasil ocorreu no Estado da Bahia, na localidade de Lobato, no ano de 1953. A primeira tentativa de atração de investimentos estrangeiros para a indústria nacional de petróleo foi feita em 1975, com os contratos de risco que, no entanto, não obtiveram sucesso.

A exploração comercial do petróleo na Bacia de Campos (RJ) começou no ano de 1977. Em 1985, tem início a produção em águas profundas. No ano de 1997, foi atingida a produção de mais de 1 milhão de barris por dia, meta só alcançada por 16 países.

A Constituição Federal de 1988, conforme a redação que lhe foi dada pela Emenda Constitucional 9, de 9 de novembro de 1995, modificou inteiramente o regime do monopólio do petróleo que, por muitos anos, prevaleceu no Brasil. O monopólio da atividade de exploração e produção de petróleo continua a existir, porém, é exercido pelo regime de concessão do serviço. Estabeleceu a norma constitucional a abertura do mercado para a iniciativa privada que, desde então, passa a competir com a Petrobras, que é a empresa de economia mista, organizada sob o regime jurídico de sociedade anônima, que, até então, era a única responsável pela exploração e a produção de petróleo no Brasil. A realidade, entretanto, é que a Petrobras, por tamanho, na prática, continua exercendo um monopólio de fato.

Na forma do artigo 177 da CF, o monopólio da União abrange as seguintes atividades: (1) a pesquisa e a lavra das jazidas de petróleo e gás natural e outros hidrocarbonetos fluidos; (2) a refinação do petróleo nacional ou estrangeiro; (3) a importação e exportação dos produtos e derivados básicos resultantes das atividades previstas nos incisos anteriores; (4) o transporte marítimo do petróleo bruto de origem nacional ou de derivados básicos de petróleo produzidos no país, bem assim o transporte, por meio de conduto, de petróleo bruto, seus derivados e gás natural de qualquer origem; (5) a pesquisa, a lavra, o enriquecimento, o reprocessamento, a industrialização e o comércio de minérios e minerais nucleares e seus derivados, com exceção dos radioisótopos cuja produção, comercialização e utilização poderão ser autorizadas sob regime de permissão, conforme as alíneas *b* e *c* do inciso XXIII do *caput* do artigo 21 da Constituição Federal.

A União pode contratar com empresas estatais ou privadas a realização das atividades previstas nos incisos I a IV do artigo 177, observadas as condições estabelecidas em lei que deve assegurar a garantia do fornecimento dos derivados de petróleo em todo o território nacional, as condições de contratação e a estrutura e atribuições do órgão regulador do monopólio da União.

1.2 Agência Nacional do Petróleo, Gás Natural e Biocombustíveis

A Agência Nacional do Petróleo, Gás Natural e Biocombustíveis (ANP) tem origem na própria Constituição Federal, que, no artigo 177, § 2º, III, determinou a criação de um órgão

Capítulo 15 · POLÍTICA ENERGÉTICA | 423

regulador para as atividades da indústria petrolífera. A ANP foi instituída pelo artigo 7º da Lei 9.478, de 6 de agosto de 1997, como integrante da Administração Federal indireta, submetida ao regime autárquico especial, como órgão regulador da indústria do petróleo, vinculada ao Ministério de Minas e Energia.

A ANP tem como finalidade promover a regulação, a contratação e a fiscalização das atividades econômicas integrantes da indústria do petróleo, do gás natural, dos combustíveis sintéticos, dos biocombustíveis e da captura e da estocagem geológica de dióxido de carbono e lhe cabendo: (1) implementar, em sua esfera de atribuições, a política nacional de petróleo, de gás natural, de combustíveis e de biocombustíveis, contida na política energética nacional, nos termos do Capítulo I da Lei 9.478/1997, com ênfase na garantia do suprimento de derivados de petróleo, de gás natural e seus derivados, de combustíveis sintéticos e de biocombustíveis, em todo o território nacional, e na proteção dos interesses dos consumidores quanto a preço, a qualidade e a oferta dos produtos; (2) promover estudos visando à delimitação de blocos, para efeito de concessão ou contratação sob o regime de partilha de produção das atividades de exploração, desenvolvimento e produção; (3) regular a execução de serviços de geologia e geofísica aplicados à prospecção petrolífera, visando ao levantamento de dados técnicos, destinados à comercialização, em bases não exclusivas; (4) elaborar os editais e promover as licitações para a concessão de exploração, desenvolvimento e produção, celebrando os contratos delas decorrentes; (5) fiscalizar diretamente e de forma concorrente nos termos da Lei 8.078/1990, ou mediante convênios com órgãos dos Estados e do Distrito Federal as atividades integrantes da indústria do petróleo, do gás natural e dos biocombustíveis, bem como aplicar as sanções administrativas e pecuniárias previstas em lei, regulamento ou contrato; (6) instruir processo com vistas à declaração de utilidade pública, para fins de desapropriação e instituição de servidão administrativa, das áreas necessárias à exploração, desenvolvimento e produção de petróleo e gás natural, construção de refinarias, de dutos e de terminais; (7) fiscalizar diretamente e de forma concorrente, nos termos da Lei 8.078/1990, ou mediante convênios com órgãos dos Estados e do Distrito Federal, as atividades integrantes da indústria do petróleo, do gás natural, dos combustíveis sintéticos, dos biocombustíveis e da captura e da estocagem geológica de dióxido de carbono e aplicar as sanções administrativas e pecuniárias previstas em lei, regulamento ou contrato; (8) declarar a utilidade pública, para fins de desapropriação e instituição de servidão administrativa, das áreas necessárias à exploração, ao desenvolvimento e à produção de petróleo e gás natural, à construção de refinarias, de unidades de processamento de gás natural, de instalações de estocagem subterrânea, de dutos e de terminais, bem como à construção de infraestrutura necessária à produção de hidrogênio; (9) fazer cumprir as boas práticas de conservação e de uso racional do petróleo, do gás natural, dos seus derivados, dos combustíveis sintéticos e dos biocombustíveis e de preservação do meio ambiente; (10) consolidar anualmente as informações sobre as reservas nacionais de petróleo e gás natural transmitidas pelas empresas, responsabilizando-se por sua divulgação; (11) fiscalizar o adequado funcionamento do Sistema Nacional de Estoques de Combustíveis e o cumprimento do Plano Anual de Estoques Estratégicos de Combustíveis, de que trata o artigo 4º da Lei 8.176/1991; (12) articular-se com os outros órgãos reguladores do setor energético sobre matérias de interesse comum, inclusive para efeito de apoio técnico ao CNPE; (13) regular e autorizar as atividades relacionadas com o abastecimento nacional de combustíveis, fiscalizando-as diretamente ou mediante convênios com outros órgãos da União, Estados, Distrito Federal ou Municípios; (14) regular e autorizar as atividades relacionadas à produção, à importação, à exportação, à armazenagem, à estocagem, ao transporte, à transferência, à distribuição, à revenda e à comercialização de biocombustíveis, assim como avaliação de conformidade e certificação de sua qualidade, fiscalizando-as diretamente ou mediante convênios com outros órgãos da União, Estados, Distrito Federal ou Municípios; (15) exigir dos agentes regulados o envio de informações relativas às operações de produção, importação, exportação, refino, beneficiamento, tratamento, processamento, transporte, transferência, armazenagem, estocagem, distribuição, revenda, destinação e comercialização de produtos sujeitos à sua regulação; (16) especificar a qualidade dos derivados de petróleo, gás natural e seus derivados e dos biocombustíveis; (17) regular e fiscalizar o acesso à capacidade dos gasodutos; (18) especificar a qualidade dos derivados de petróleo, do gás natural e seus derivados, dos combustíveis sintéticos e dos biocombustíveis; (19) autorizar e fiscalizar a prática da atividade de comercialização de gás natural; (20) estabelecer critérios para a aferição da capacidade dos gasodutos de transporte e de transferência; (21) articular-se com órgãos reguladores estaduais e ambientais, objetivando compatibilizar e uniformizar as normas aplicáveis à indústria e aos mercados de gás natural; (22) promover medidas para ampliar a concorrência no mercado de gás natural; (23) regular, autorizar e fiscalizar o autoprodutor e o autoimportador de gás natural; (24) estabelecer os procedimentos para as situações caracterizadas como de contingência no suprimento de gás natural e supervisionar a execução dos planos de contingência; (25) certificar transportadores quanto ao enquadramento em critérios de independência e autonomia estabelecidos em regulação; (26) regular e aprovar os planos coordenados de desenvolvimento do sistema de transporte de gás natural, bem como fiscalizar a sua execução; (27) regular, autorizar e fiscalizar o exercício da atividade de transporte de gás natural com vistas ao acesso não discriminatório à capacidade de transporte e à eficiência operacional e de investimentos; (28) estabelecer princípios básicos para a elaboração dos códigos de condutas e práticas de acesso aos terminais de Gás Natural Liquefeito (GNL) e às infraestruturas de escoamento, de tratamento e de processamento de gás natural; e (29) regular e autorizar as atividades relacionadas à produção, ao carregamento, ao processamento, ao tratamento, à importação, à exportação, à armazenagem, à estocagem, ao acondicionamento, ao transporte, à transferência, à distribuição, à revenda e à comercialização de hidrogênio, bem como avaliação de conformidade e certificação de sua qualidade, e fiscalizá-las diretamente ou mediante convênios com outros órgãos da União, dos Estados, do Distrito Federal ou dos Municípios; (30) regular e autorizar, no âmbito de suas competências, as atividades relacionadas à produção de hidrogênio renovável e de baixa emissão de carbono a partir do uso de energia elétrica, na forma de regulamento; (31) regular e autorizar, em conjunto com outras agências reguladoras, as atividades relacionadas à produção de hidrogênio renovável e de baixa emissão de carbono que utilizem em seus processos produtivos insumos regulados por essas agências, na forma de regulamento.

Para o fiel cumprimento das disposições acima, a ANP, com ênfase na garantia do abastecimento nacional de combustíveis, desde que em bases econômicas sustentáveis, poderá exigir dos agentes regulados, conforme disposto em regulamento: (1) a manutenção de estoques mínimos de combustíveis e de biocombustíveis, em instalação própria ou de terceiro; (2) garantias e comprovação de capacidade para atendimento ao mercado de combustíveis e biocombustíveis, mediante a apresentação de, entre outros mecanismos, contratos de fornecimento entre os agentes regulados.

Cabe, ainda, à ANP supervisionar a movimentação de gás natural na rede de transporte e coordená-la em situações caracterizadas como de contingência. Para tanto, deve ser constituído um Comitê de Contingenciamento ao qual caberá: (1) definir as diretrizes para a coordenação das operações da rede de movimentação de gás natural em situações caracterizadas como de contingência, reconhecidas pelo Presidente da República, por meio de decreto. Em situações de contingenciamento a ANP, sem prejuízo de outras funções que lhe forem atribuídas na regulamentação, deverá: (1) supervisionar os dados e as informações dos centros de controle

Capítulo 15 · POLÍTICA ENERGÉTICA | **425**

dos gasodutos de transporte; (2) manter banco de informações relativo ao sistema de movimentação de gás natural permanentemente atualizado, subsidiando o Ministério de Minas e Energia com as informações sobre necessidades de reforço ao sistema; (3) monitorar as entradas e saídas de gás natural das redes de transporte, confrontando os volumes movimentados com os contratos de transporte vigentes; (4) dar publicidade às capacidades de movimentação existentes que não estejam sendo utilizadas e às modalidades possíveis para sua contratação; e (5) estabelecer padrões e parâmetros para a operação e manutenção eficientes do sistema de transporte e estocagem de gás natural.

O conjunto de atribuições da ANP, *embora relacionado diretamente com a qualidade da operação das atividades de petróleo,* indiscutivelmente, guarda muita proximidade com o controle ambiental. Efetivamente, a má operação quase sempre implica o lançamento de petróleo no ambiente. Observa-se, portanto, que um derramamento de óleo com efeitos negativos sobre o ambiente repercute, do ponto de vista jurídico, na esfera administrativa própria da atividade de petróleo, bem como nas diferentes esferas tuteladas pelo direito ambiental. É importante, portanto, que a ANP, o Ibama e as Agências Ambientais dos Estados estabeleçam um mecanismo de colaboração e consulta, a fim de que a proteção ambiental seja considerada de forma concreta e razoável.

1.2.1   Processo sancionatório perante a ANP

O processo sancionatório (apuração de infrações administrativas) perante a ANP é regido pelo Decreto 2.953, de 28 de janeiro de 1999. Conforme disposto no artigo 1º do Decreto, a fiscalização das atividades relativas à indústria do petróleo e ao abastecimento nacional de combustíveis, bem como do funcionamento do Sistema Nacional de Estoques de Combustíveis e do Plano Anual de Estoques Estratégicos de Combustíveis, é incumbência da ANP e poderá incluir a construção e operação de instalações e equipamentos utilizados para o exercício de qualquer atividade vinculada à indústria do petróleo e ao abastecimento nacional de combustíveis.

A fiscalização pode ser exercida pela ANP diretamente ou por órgãos da Administração Pública, direta ou autárquica, da União, dos Estados, do Distrito Federal e dos Municípios, mediante convênios em que sejam definidas as condições de desempenho da função, com a delegação de poderes para apuração das infrações, instrução e julgamento das autuações e aplicação das penalidades correspondentes. Os autos de infração resultantes das ações fiscalizatórias, bem como a instauração do procedimento administrativo cabível, podem ser lavrados/instaurados pelos servidores da ANP e os dos órgãos públicos conveniados, incumbidos da ação fiscalizadora.

À fiscalização e aos seus agentes é assegurado o livre acesso aos estabelecimentos e instalações das empresas que exerçam atividade vinculada à indústria do petróleo e ao abastecimento nacional de combustíveis, podendo requisitar as informações e dados necessários ao desempenho da função, inclusive a exibição de livros e documentos comprobatórios de exploração, produção, importação, exportação, refino, beneficiamento, tratamento, processamento, transporte, transferência, armazenamento, estocagem, distribuição, revenda, destinação e comercialização de petróleo, seus derivados básicos e produtos, gás natural e condensado, bem como da aquisição, distribuição, revenda e comercialização de álcool etílico combustível. As pessoas (naturais ou jurídicas) que exerçam atividade sujeita à fiscalização da ANP estão obrigadas a fornecer aos prepostos da ANP e dos órgãos públicos conveniados todas as informações necessárias ao desempenho de suas funções.

426 | DIREITO AMBIENTAL – *Paulo de Bessa Antunes*

1.2.1.1 Procedimento administrativo

O procedimento administrativo (processo) é instaurado por ato da autoridade competente da ANP ou das entidades que com ela mantenham convênio específico de fiscalização.

A infração a ser apurada deve ser lavrada em auto próprio do qual necessariamente deve constar: (1) a qualificação do autuado; (2) o local, a data e a hora da lavratura do auto; (3) a descrição do fato infracional; (4) a disposição legal infringida; (5) a indicação dos elementos materiais de prova da infração; (6) quando for o caso, o local onde o produto ou bem apreendido ficará guardado ou armazenado, bem como a nomeação e identificação do fiel depositário, que poderá ser preposto ou empregado do infrator que responda pelo gerenciamento do negócio; (7) a advertência ao fiel depositário, que assinará o termo próprio, de que é vedada, salvo com prévia autorização da ANP, a substituição ou remoção, total ou parcial, do bem apreendido, que ficará sob sua guarda e responsabilidade; (8) a assinatura do autuado e do autuante, com a indicação do órgão de origem, cargo, função e o número de sua matrícula; (9) a qualificação das testemunhas, se houver; (10) a indicação do prazo para apresentação da defesa e o local onde deverá ser entregue. Não será decretada a nulidade do auto se as incorreções ou omissões deles constantes não impedirem a caracterização da infração, nem inviabilizarem a defesa do autuado.

Excepcionalmente, o auto de infração poderá ser lavrado fora do local em que a infração foi cometida. Nas hipóteses de infração denunciada ou comunicada à ANP ou ao órgão público conveniado, o agente da fiscalização poderá lavrar auto de infração correspondente nas dependências do próprio órgão, se as circunstâncias de fato não recomendarem a sua lavratura no local da ocorrência, salvo em situação ensejadora de interdição ou apreensão, hipótese em que o respectivo auto será lavrado no próprio local da ocorrência denunciada ou comunicada.

(a) Assinatura do autuado. A assinatura do autuado não significa confissão, nem a sua recusa importa em agravamento da infração apurada. Caso o autuado se recuse a assinar o auto, tal circunstância será nele referida e atestada por duas testemunhas, que o assinarão.

(b) Apreensão de documentos. A apreensão de documentos, amostras e demais elementos de prova deve ser reduzida a termo, sob assinatura do agente de fiscalização e do autuado ou seu preposto, e das testemunhas, se houver. Quando a infração for verificada em livro, não se fará a apreensão deste, mas a falta deverá constar circunstanciadamente do auto, exarando-se no livro termo do ocorrido.

1.2.1.2 Citação e intimação

No prazo de 15 dias corridos, a contar da citação, o autuado poderá, querendo, apresentar defesa escrita. A citação é ato formal que poderá ser feito: (1) pessoalmente, ao próprio autuado ou ao seu representante legal ou preposto que responda pelo gerenciamento do negócio, quando lavrado o auto no local da ocorrência; (2) por carta registrada com Aviso de Recebimento – AR, quando o auto for lavrado em local diverso daquele em que foi constatada a infração. A carta de citação deverá ser acompanhada da contrafé do auto de infração, quando não tiver sido entregue diretamente ao autuado.

Quando a citação for feita em pessoa diversa (terceiro) do autuado, o agente de fiscalização indicará o nome e a qualificação do representante ou preposto e certificará, por fé, no auto, essa circunstância, sempre que possível na presença de duas testemunhas, as quais também assinarão a certidão, a qual deverá conter: (1) indicação do lugar e a qualificação completa da pessoa que receber a citação em nome do autuado; (2) declaração da entrega da contrafé do

Capítulo 15 · POLÍTICA ENERGÉTICA | **427**

auto; (3) a informação de que o autuado, ou seu representante ou preposto, recebeu e assinou a contrafé, ou que recusou o recebimento e a assinatura.

Ocorrendo o caso em que o auto tenha sido lavrado em local diverso daquele onde verificada a infração, a citação será feita por carta registrada, endereçada ao estabelecimento do autuado onde ocorreu o fato e considerar-se-á efetuada na data indicada no AR, que deverá ser juntado ao processo respectivo.

É importante observar que o prazo para defesa é contado em dias corridos, a partir do recebimento da citação, excluindo-se o dia do início e incluindo-se o do vencimento. Vencendo o prazo em dia feriado, dia santificado ou em que não haja expediente integral na ANP ou no órgão público autuante, o prazo da defesa prorrogar-se-á, automaticamente, para o primeiro dia útil seguinte. As intimações de atos processuais são feitas por publicação no Diário Oficial, ou mediante carta registrada com Aviso de Recebimento.

1.2.1.3   Defesa do autuado

Na sua defesa, o autuado deverá apresentar as alegações de fato e de direito que entender cabíveis, indicando os meios de prova, inclusive testemunhal, que julgar necessárias. Todavia, as provas documentais deverão acompanhar as razões de defesa. Em relação às testemunhas indicadas, no máximo de três, vale notar que elas deverão se fazer presentes à audiência de instrução, independentemente de intimação. Caso o autuado requisite a produção de diligências e provas periciais, os custos de tais atos correrão por sua conta.

1.2.1.4   Instrução e julgamento

A instrução dos processos administrativos é de competência de órgão técnico da ANP, ou do órgão público conveniado, cabendo-lhe inclusive requisitar as diligências que julgue necessárias para a elucidação dos fatos, intimando-se o autuado para acompanhá-las com antecedência de cinco dias. Caso as diligências levem à alteração do auto de infração, o prazo de defesa será devolvido ao autuado. Encerrada a instrução é aberto o prazo de cinco dias para apresentação de alegações finais. Em seguida, o processo será julgado pela autoridade competente.

A decisão deverá conter (1) o relatório resumido da autuação e da defesa; (2) a indicação e os fundamentos da penalidade imposta, ou da nulidade ou improcedência da autuação. A decisão deverá ser emitida em 30 dias contados a partir da data do recebimento do processo e será comunicada ao interessado.

1.2.1.5   Recursos

As decisões proferidas nos processos administrativos são recorríveis para a Diretoria da ANP. Os recursos são interpostos sem preparo ou garantia de instância, mediante simples petição, observado o prazo de dez dias da ciência da decisão. O recurso será encaminhado à autoridade que proferiu a decisão recorrida e que poderá revê-la.

Recebida a petição de recurso, a autoridade responsável pelo julgamento poderá, no prazo de cinco dias e em despacho fundamentado, rever sua decisão, caso em que determinará o arquivamento do processo. Caso a decisão seja mantida, o recurso será encaminhado à Diretoria da ANP, que terá 30 dias após o recebimento para decidi-lo.

1.2.1.6   Penalidades

As penalidades aplicáveis são as seguintes: (1) multa; (2) cancelamento do registro do produto junto à ANP; (3) suspensão de fornecimento de produtos; (4) suspensão temporária,

428 | DIREITO AMBIENTAL – *Paulo de Bessa Antunes*

total ou parcial, de funcionamento de estabelecimento ou instalação; (5) cancelamento de registro de estabelecimento ou instalação; (6) revogação de autorização para o exercício de atividade. Não há vedação legal para a aplicação cumulativa das sanções.

O prazo prescricional aplicável é de cinco anos, o qual será interrompido pela citação do infrator ou por qualquer ato inequívoco que importe apuração da irregularidade.

A personalidade jurídica da sociedade poderá ser desconsiderada sempre que esta constituir obstáculo ao ressarcimento de prejuízos causados à indústria do petróleo, ao abastecimento nacional de combustíveis, ao Sistema Nacional de Estoques de Combustíveis ou ao Plano Anual de Estoques Estratégicos de Combustíveis. Todavia, a desconsideração da personalidade jurídica não é a regra e deverá ser feita mediante procedimento próprio.

1.2.1.7 Multa

Multa, como se sabe, é a penalidade consistente na obrigação de pagar a quantia em dinheiro fixada na decisão final proferida no processo administrativo sancionatório correspondente à apuração de uma ou mais infrações administrativas que tenham sido cometidas por um ou mais agentes. Na sua fixação, a autoridade responsável pelo julgamento levará em conta, fundamentalmente, a gravidade da infração, as consequências dela decorrentes para o abastecimento de combustíveis e para os consumidores, a vantagem indevidamente auferida pelo infrator, os seus antecedentes no exercício da atividade e sua condição econômica.

A multa é aplicável aos seguintes casos, com os seguintes valores (artigo 3º da Lei 9.847/1999): (1) exercer atividade relativa à indústria do petróleo, ao abastecimento nacional de combustíveis, ao Sistema Nacional de Estoques de Combustíveis e ao Plano Anual de Estoques Estratégicos de Combustíveis, sem prévio registro ou autorização exigidos na legislação aplicável: Multa – de R$ 50.000,00 (cinquenta mil reais) a R$ 200.000,00 (duzentos mil reais); (2) importar, exportar, revender ou comercializar petróleo, seus derivados básicos e produtos, gás natural e condensado e álcool etílico combustível, em quantidade ou especificação diversa da autorizada, bem como dar ao produto destinação não permitida ou diversa da autorizada, na forma prevista na legislação aplicável: Multa – de R$ 500.000,00 (quinhentos mil reais) a R$ 5.000.000,00 (cinco milhões de reais); (3) inobservar preços fixados na legislação aplicável para a venda de petróleo, seus derivados básicos e produtos, gás natural e condensado, e álcool etílico combustível: Multa – de R$ 5.000,00 (cinco mil reais) a R$ 1.000.000,00 (um milhão de reais); (4) deixar de registrar ou escriturar livros e outros documentos de acordo com a legislação aplicável ou não apresentá-los quando solicitados: Multa – de R$ 5.000,00 (cinco mil reais) a R$ 10.000,00 (dez mil reais); (5) prestar declarações ou informações inverídicas, falsificar, adulterar, inutilizar, simular ou alterar registros e escrituração de livros e outros documentos exigidos na legislação aplicável: Multa – de R$ 100.000,00 (cem mil reais) a R$ 1.000.000,00 (um milhão de reais); (6) não apresentar, na forma e no prazo estabelecidos na legislação aplicável, os documentos comprobatórios de produção, importação, exportação, refino, beneficiamento, tratamento, processamento, transporte, transferência, armazenagem, estocagem, distribuição, revenda, destinação e comercialização de petróleo, seus derivados básicos e produtos, gás natural e condensado, e álcool etílico combustível: Multa – de R$ 100.000,00 (cem mil reais) a R$ 1.000.000,00 (um milhão de reais); (7) prestar declarações ou informações inverídicas, falsificar, adulterar, inutilizar, simular ou alterar registros e escrituração de livros e outros documentos exigidos na legislação aplicável, para o fim de receber indevidamente valores a título de subsídio, ressarcimento de frete, despesas de transferência, estocagem e comercialização: Multa – de R$ 500.000,00 (quinhentos mil reais) a R$ 5.000.000,00 (cinco milhões de reais); (8) deixar de atender às normas de segurança previstas para o comércio ou estocagem de combustíveis, colocando em perigo direto e iminente a vida, a integridade física ou a saúde, o patrimônio público ou privado, a ordem pública ou o regular abastecimento nacional de combustíveis: Multa – de R$ 100.000,00 (cem mil reais) a R$ 1.000.000,00 (um milhão de reais); (9) construir ou operar instalações e equipamentos necessários ao exercício das atividades a que se refere este Decreto, em desacordo com a legislação aplicável: Multa – de R$ 200.000,00 (duzentos mil reais) a R$ 2.000.000,00 (dois milhões de reais); (10) sonegar produtos: Multa – de R$ 50.000,00 (cinquenta mil reais) a R$ 1.000.000,00 (um milhão de reais); (11) comercializar petróleo, seus derivados básicos e produtos, gás natural e condensado, e álcool etílico combustível com vícios de qualidade ou quantidade, inclusive aqueles decorrentes da disparidade com as indicações constantes do recipiente, da embalagem ou rotulagem, que os tornem impróprios ou inadequados ao consumo a que se destinam ou lhes diminuam o valor: Multa – de R$ 5.000,00 (cinco mil reais) a R$ 2.000.000,00 (dois milhões de reais); (12) deixar de comunicar alterações de informações já cadastradas no órgão, alteração de razão social ou nome de fantasia, e endereço, nas condições estabelecidas: Multa – de R$ 5.000,00 (cinco mil reais) a R$ 10.000,00 (dez mil reais); (13) violar ou inutilizar lacre, selo ou sinal, empregado por ordem da fiscalização, para identificar ou cerrar estabelecimento, instalação, equipamento ou obra: Multa – de R$ 100.000,00 (cem mil reais) a R$ 1.000.000,00 (um milhão de reais); (14) extraviar, remover, alterar ou vender produto depositado em estabelecimento ou instalação suspensa ou interditada pela ANP ou órgão conveniado: Multa – de R$ 500.000,00 (quinhentos mil reais) a R$ 2.000.000,00 (dois milhões de reais).

1.2.1.8 Cancelamento do registro, da apreensão, da inutilização e da suspensão do fornecimento de bens e produtos

Cabe à ANP determinar o cancelamento do registro, a apreensão, a inutilização e a suspensão do fornecimento de bens e produtos relativos à indústria do petróleo e ao abastecimento nacional de combustíveis, sempre que forem constatados vícios de quantidade ou de qualidade por inadequação ou falta de segurança, que impliquem danos aos consumidores. A pena ora examinada tem aplicação imediata, devendo a ANP encaminhar cópias do processo administrativo respectivo aos órgãos públicos competentes, para adoção das providências cabíveis, inclusive de ordem criminal, se for o caso.

1.2.1.9 Suspensão temporária de funcionamento de estabelecimento ou instalação

Aplica-se a pena de suspensão temporária, total ou parcial, de funcionamento de estabelecimento ou instalação: (1) quando a multa, em seu valor máximo, não corresponder, em razão da gravidade da infração, à vantagem auferida em decorrência da prática infracional; (2) for o caso de reincidência. A reincidência se configura quando o infrator pratica uma infração depois da decisão administrativa definitiva que o tenha apenado por qualquer infração prevista no Decreto 2.953, de 28 de janeiro de 1999.

A pena de suspensão temporária tem duração mínima de dez dias e máxima de 15. Na hipótese de que o infrator seja reincidente em infração punida com suspensão temporária, a pena aplicada será de 30 dias.

1.2.1.10 Cancelamento de registro de estabelecimento ou instalação

A pena de cancelamento de registro de estabelecimento ou instalação é aplicável, sem prejuízo de outras sanções administrativas, civis e penais que couberem, a empresa ou titular

430 | DIREITO AMBIENTAL – *Paulo de Bessa Antunes*

de autorização que já tenha sofrido pena de suspensão de estabelecimento ou instalação, nos termos do artigo 30 do Decreto 2.953/1999. A pena de cancelamento de registro de estabelecimento ou instalação acarreta a proibição do exercício de qualquer atividade vinculada à indústria do petróleo ou ao abastecimento nacional de combustíveis, em todo o território nacional. A proibição tornar-se-á efetiva na data em que transitar em julgado a decisão administrativa de cancelamento do registro ou da autorização. A decisão que aplicar a pena de Cancelamento do Registro fixará o prazo de sua duração e as condições a serem atendidas para a reabilitação do infrator.

1.2.1.11 Revogação da autorização para o exercício de atividade

A penalidade de revogação da autorização para o exercício de atividade é aplicável quando a empresa ou pessoa física: (1) praticar fraude com o objetivo de receber indevidamente valores a título de ressarcimento de frete, subsídios ou despesas de transferência, estocagem ou comercialização; (2) já tiver sido punida com a pena de suspensão temporária, total ou parcial, de funcionamento de estabelecimento ou instalação; (3) reincidir nas infrações previstas nos incisos VIII e XI do artigo 28 do Decreto 2.953/1999; (4) descumprir a pena de suspensão temporária, total ou parcial, ou a pena de cancelamento de registro de estabelecimento ou instalação.

Uma vez aplicada a pena prevista no artigo 32 do Decreto 2.953/1999, os responsáveis pela pessoa jurídica ficarão impedidos, pelo prazo de cinco anos, de exercer atividade vinculada à indústria do petróleo ou ao abastecimento nacional de combustíveis.

1.2.1.12 Medidas cautelares

Nas hipóteses contempladas nos incisos I, VII, VIII e XI do artigo 28 do Decreto 2.953/1999, sem prejuízo da aplicação de outras sanções administrativas e, quando for o caso, das de natureza civil ou penal, os agentes da fiscalização da ANP, ou dos órgãos públicos conveniados, poderão adotar as seguintes medidas cautelares, antecedentes ou incidentes do processo administrativo: (1) interdição, total ou parcial, do estabelecimento, instalação, equipamento ou obra, pelo tempo em que perdurarem os motivos que deram ensejo à medida; (2) apreensão de bens e produtos. Tais medidas são de execução imediata, mediante lavratura do auto correspondente, que será assinado pelo agente de fiscalização e pelo proprietário ou responsável pelo estabelecimento, instalação, equipamento ou obra, ou pelos bens ou produtos apreendidos, e, quando ausentes aqueles, por duas testemunhas.

A medida cautelar de interdição limita-se à parte do estabelecimento, instalação, obra ou equipamento necessária à eliminação do risco ou da ação danosa verificada. Todavia, a interdição total ou parcial de estabelecimento, instalação, obra ou equipamento não será aplicada, quando as circunstâncias de fato recomendarem a simples apreensão de bens ou produtos. Sempre que for efetivada a interdição ou a apreensão de bens ou produtos, o agente da fiscalização, no prazo de 24 horas e sob pena de responsabilidade, comunicará a ocorrência à autoridade competente da ANP, encaminhando-lhe cópia do auto correspondente e da documentação que o instrui, se houver.

Quando a medida cautelar aplicada for antecedente ao procedimento administrativo sancionatório, a autoridade competente determinará a imediata instauração deste e mandará notificar o responsável pelo estabelecimento, instalação, equipamento, obra, bem ou produto interdito ou apreendido para apresentar defesa no prazo de quinze dias.

Uma vez seja comprovada a cessação das causas determinantes da medida, a autoridade competente da ANP, em despacho fundamentado, determinará a imediata desinterdição

Capítulo 15 · POLÍTICA ENERGÉTICA | 431

ou devolução dos bens ou produtos apreendidos. O procedimento administrativo relativo à interdição e à apreensão de bens ou produtos deverá ser concluído no prazo de 90 dias, após o que perderá eficácia a medida.

1.3 Exploração e produção (aspectos ambientais)

As atividades de exploração e produção de petróleo estão submetidas ao poder de polícia ambiental exercido na forma da lei pelos órgãos competentes. Em primeiro lugar, há que se considerar que *todos os direitos de exploração e produção de petróleo e gás natural em território nacional, nele compreendidos a parte terrestre, o mar territorial, a plataforma continental e a zona econômica exclusiva, pertencem à União, cabendo sua administração à ANP.* Isso implica que a União e a ANP, tendo em vista a titularidade dos recursos minerais relacionados ao petróleo e ao gás natural, na condição de poder concedente, são solidariamente responsáveis pelos danos, embora a execução seja *subsidiária;*[1] ou seja, o Estado somente poderá ser acionado por danos ambientais advindos da atividade de exploração e produção de petróleo se, e somente se, o capital das empresas diretamente responsáveis pelo dano tiver se esgotado e a concessão tiver retornado ao Poder concedente, sem a reparação dos danos causados. A responsabilidade do Estado é uma matéria que, em direito ambiental, deve ser aplicada com parcimônia, pois, ante a vigência do princípio poluidor pagador, não é razoável que se impute à coletividade os custos com a reparação de danos ambientais que foram causados por atividades privadas e com lucros privados.

O descomissionamento é o abandono organizado de uma atividade de exploração e produção de petróleo e gás natural. Trata-se de atividade com grande repercussão ambiental, pois como a E&P é feita com impacto ambiental, sendo necessário que o encerramento de tais processos seja feito dentro de normas ambientais que assegurem o máximo de recuperação da área degradada, bem como dos aparelhos e equipamentos utilizados. Daí a relevância do § 2º do artigo 28 da Lei 9.478/1997, que determina: "em qualquer caso de extinção da concessão, o concessionário fará, por sua conta exclusiva, a remoção dos equipamentos e bens que não sejam objeto de reversão, ficando obrigado a reparar ou indenizar os danos decorrentes de suas atividades e praticar os atos de recuperação ambiental determinados pelos órgãos competentes".

Ainda que exista uma previsão legal para o descomissionamento e a recuperação ambiental, com a remoção de equipamentos e bens que não sejam revertidos para o poder concedente, *verbi gratia,* plataformas de produção, armazenamento etc., persiste uma necessidade muito grande de aprofundamento do quadro regulatório da matéria.

A ANP, mediante a edição da Resolução 817/2020, regulamentou o descomissionamento de instalações de exploração e de produção de petróleo e gás natural, a inclusão de área terrestre sob contrato em processo de licitação, a alienação e a reversão de bens, o cumprimento de obrigações remanescentes, a devolução de áreas. Conforme o inciso VII do artigo 2º da Resolução 817/2020, descomissionamento de instalações é o conjunto de atividades associadas à interrupção definitiva da operação das instalações, ao abandono permanente e arrasamento de poços, à remoção de instalações, à destinação adequada de materiais, resíduos e rejeitos e à recuperação ambiental da área.

O descomissionamento é feito mediante a adoção de um Programa de Descomissionamento de Instalações (PDI) que é o documento apresentado pelo contratado cujo conteúdo

---

[1] STJ, Súmula 652: "A responsabilidade civil da Administração Pública por dano ao meio ambiente, decorrente de sua omissão no dever de fiscalização é de caráter solidário, mas de execução subsidiária".

DIREITO AMBIENTAL – Paulo de Bessa Antunes

deve incorporar as informações, os projetos e os estudos necessários ao planejamento e à execução do descomissionamento de instalações.[2]

A ANP, no âmbito de suas competências, estabeleceu um marco regulatório para as diferentes atividades referentes ao descomissionamento das fases da E&P de petróleo. A Resolução ANP 46/2016 define o regulamento técnico do Sistema de Gerenciamento de Integridade de Poços – SGIP. O item 10.5 do SGIP define os critérios para o abandono dos poços de petróleo e gás. O abandono pode ser (1) permanente ou (2) temporário.

A Resolução ANP 46/2016 estabelece a Prática de Gestão 17 – Preservação ambiental com o objetivo de garantir que a execução das atividades associadas ao ciclo de vida do poço ocorra de acordo com a legislação ambiental e as melhores práticas da indústria, visando prevenir e minimizar os impactos ao meio ambiente e os riscos à integridade do poço.

O objetivo do regulamento em questão é estabelecer procedimentos a serem adotados no abandono de poços de petróleo e/ou gás, de maneira a assegurar o perfeito isolamento das zonas de petróleo e/ou gás e dos aquíferos existentes, prevenindo: (1) a migração dos fluidos entre as formações, quer pelo poço, quer pelo espaço anular entre o poço e o revestimento; e (2) a migração de fluidos até a superfície do terreno ou o fundo do mar.

O abandono do poço, no transcorrer da fase de exploração, poderá ser feito, desde que de acordo com o disposto no Regulamento próprio e mediante notificação prévia à ANP. Quando se tratar da fase de produção, excetuando-se a etapa de desenvolvimento, todo poço produtor de petróleo e/ou gás, ou injetor, somente poderá ser abandonado mediante autorização da ANP. Na primeira etapa, é necessária uma mera notificação ao Órgão Regulador; já na fase de Produção faz-se necessária a autorização da ANP, ou seja, o seu consentimento formal.

É proibido o abandono de poço enquanto as operações de abandono puderem causar prejuízo de alguma forma a quaisquer operações em poços vizinhos, salvo se o poço em questão, por algum motivo, representar ameaça de dano à segurança e/ou ao meio ambiente.

1.4 Contratos de concessão

As atividades de exploração, desenvolvimento e produção de petróleo e de gás natural somente podem ser exercidas mediante contratos de concessão, precedidos de licitação, cujos termos essenciais são definidos na Lei 9.478, de 6 de agosto de 1997. Os blocos a serem concedidos são definidos pela ANP, mediante a adoção de procedimento próprio, e obrigatoriamente deverão contemplar duas fases: (i) exploração e (ii) produção.

Na fase de exploração, estão compreendidas as atividades de avaliação de eventual descoberta de petróleo ou gás natural, para determinação de seu nível potencial de comercialização. Na fase de produção, devem estar incluídas, também, as atividades de desenvolvimento. Somente podem se candidatar à concessão para a exploração e produção de petróleo ou gás natural as empresas que atendam aos requisitos técnicos, econômicos e jurídicos estabelecidos pela ANP.

O contrato de concessão, como qualquer contrato de concessão, deve reproduzir as condições do edital e da proposta vencedora, tendo as seguintes cláusulas essenciais: (1) definição do bloco objeto da concessão; (2) prazo de duração da fase de exploração e as condições para sua prorrogação; (3) programa de trabalho e o volume do investimento previsto; (4) obrigações do concessionário quanto às participações, conforme o disposto na Seção VI da

---

[2] Ver análise do Tribunal de Contas da União – TCU sobre o descomissionamento em: https://portal.tcu.gov.br/data/files/AF/C0/12/D7/5DF2D7101AE842D7F18818A8/Descomissionamento_instalacoes_petroleo_gas_natural_offshore.pdf. Acesso em: 20 jun. 2022.

Lei do Petróleo; (5) indicação das garantias a serem prestadas pelo concessionário quanto ao cumprimento do contrato, inclusive quanto à realização dos investimentos ajustados para cada fase; (6) especificação das regras sobre devolução e desocupação de áreas, inclusive retirada de equipamentos e instalações, e reversão de bens; (7) procedimentos para acompanhamento e fiscalização das atividades de exploração, desenvolvimento e produção, e para auditoria do contrato; (8) obrigatoriedade de o concessionário fornecer à ANP relatórios, dados e informações relativos às atividades desenvolvidas; (9) procedimentos relacionados com a transferência do contrato, conforme o disposto no artigo 29 da Lei do Petróleo; (10) regras sobre solução de controvérsias, relacionadas com o contrato e sua execução, inclusive a conciliação e a arbitragem internacional; (11) casos de rescisão e extinção do contrato; (12) penalidades aplicáveis na hipótese de descumprimento, pelo concessionário, das obrigações contratuais.

O contrato deve estabelecer, ainda, as seguintes obrigações para o concessionário: (1) adotar, em todas as suas operações, as medidas necessárias para a conservação dos reservatórios e de outros recursos naturais, para a segurança das pessoas e dos equipamentos e para a proteção do meio ambiente; (2) comunicar à ANP, imediatamente, a descoberta de qualquer jazida de petróleo, gás natural ou outros hidrocarbonetos ou de outros minerais; (3) realizar a avaliação da descoberta nos termos do programa submetido à ANP, apresentando relatório de comercialidade e declarando seu interesse no desenvolvimento do campo; (4) submeter à ANP o plano de desenvolvimento de campo declarado comercial, contendo o cronograma e a estimativa de investimento; (5) responsabilizar-se civilmente pelos atos de seus prepostos e indenizar todos e quaisquer danos decorrentes das atividades de exploração, desenvolvimento e produção contratadas, devendo ressarcir à ANP ou à União os ônus que venham a suportar em consequência de eventuais demandas motivadas por atos de responsabilidade do concessionário; (6) adotar as melhores práticas da indústria internacional do petróleo e obedecer às normas e aos procedimentos técnicos e científicos pertinentes, inclusive quanto às técnicas apropriadas de recuperação, objetivando a racionalização da produção e o controle do declínio das reservas.

Não é ocioso observar que o contrato de concessão pode ser um poderoso instrumento de proteção e conservação ambiental, pois, por cláusulas bem definidas e claras, é possível determinar medidas concretas de defesa do meio ambiente. Esse é um mecanismo que, parece-me, tem sido pouco explorado e desenvolvido. Se considerarmos as dificuldades inerentes aos processos legislativo e regulamentar, torna-se bastante simples perceber que há uma enorme margem de manobra para que o controle ambiental possa ser parcialmente exercido por cláusulas do próprio contrato de concessão.

A concessão é exercida pelo concessionário, às suas próprias expensas, com a obrigação de explorar e, na hipótese de obter sucesso, produzir petróleo ou gás natural em determinado bloco, cabendo-lhe a propriedade do produto de sua atividade, sobre eles incidindo os encargos relativos ao pagamento dos tributos aplicáveis e das participações legais ou contratuais correspondentes. Caracterizado o sucesso da exploração, cabe à ANP aprovar os planos e projetos de desenvolvimento e produção. O órgão regulador tem o prazo legal de 180 dias para aprovar ou não os planos. Em minha opinião, sendo a produção viável, ambiental e economicamente, à ANP só resta aprová-lo. Se assim não o fizer, penso que o concessionário pode exigir judicialmente tal aprovação.

O artigo 44 da Lei 9.478 estabelece algumas regras de responsabilidade e cuidados ambientais que merecem menção. Assim, o concessionário está obrigado a (i) adotar, em todas as suas operações, as medidas necessárias para a conservação dos reservatórios e de outros recursos naturais, para a segurança das pessoas e dos equipamentos e para a proteção do meio ambiente; (ii) responsabilizar-se civilmente pelos atos de seus prepostos e indenizar todos e quaisquer danos decorrentes das atividades de exploração, desenvolvimento e produção contratadas, devendo ressarcir à ANP ou à União os ônus que venham a suportar em consequência de eventuais demandas motivadas por atos de responsabilidade do concessionário; (iii) adotar as melhores práticas da indústria internacional do petróleo e obedecer às normas e procedimentos técnicos e científicos pertinentes, inclusive quanto às técnicas apropriadas de recuperação, objetivando a racionalização da produção e o controle do declínio das reservas.

São causas de extinção das concessões: (1) vencimento do prazo contratual; (2) acordo entre as partes; (3) motivos de rescisão previstos em contrato; (4) término da fase de exploração, sem que tenha sido feita qualquer descoberta comercial, conforme definido no contrato; (5) na fase de exploração, se o concessionário exercer a opção de desistência e de devolução das áreas que, a seu critério, não justifiquem investimentos em desenvolvimento.

c.1) Descomissionamento

O descomissionamento é o abandono organizado de uma atividade de exploração e produção de petróleo e gás natural. Trata-se de uma atividade cuja repercussão ambiental é de transcendental importância, pois como a E&P é feita com significativo impacto ambiental, necessário se faz que o encerramento de tais processos seja feito dentro de normas ambientais que assegurem o máximo de recuperação da área degradada, bem como dos aparelhos e equipamentos utilizados.

Ainda que exista uma previsão legal para o descomissionamento e a recuperação ambiental, com a remoção de equipamentos e bens que não sejam revertidos para o poder concedente, *verbi gratia,* plataformas de produção, armazenamento etc., persiste uma necessidade muito grande de aprofundamento do quadro regulatório da matéria.

A ANP, mediante a edição da Resolução 817, de 24 de abril de 2020, regulamentou o descomissionamento de instalações de exploração e de produção de petróleo e gás natural, a inclusão de área terrestre sob contrato em processo de licitação, a alienação e a reversão de bens, o cumprimento de obrigações remanescentes, a devolução de áreas. Conforme o inciso VII do artigo 2º da Resolução ANP 817/2020, descomissionamento de instalações é o conjunto de atividades associadas à interrupção definitiva da operação das instalações, ao abandono permanente e arrasamento de poços, à remoção de instalações, à destinação adequada de materiais, resíduos e rejeitos e à recuperação ambiental da área.

O descomissionamento é feito mediante a adoção de um Programa de Descomissionamento de Instalações (PDI), que é o documento apresentado pelo contratado cujo conteúdo deve incorporar as informações, os projetos e os estudos necessários ao planejamento e à execução do descomissionamento de instalações.

c.2) Abandono de poço

A ANP vem buscando, no âmbito de suas competências, estabelecer um marco regulatório para as diferentes atividades referentes ao descomissionamento das variadas fases da E&P de petróleo. Exemplo disso é a Portaria 25, de 06 de março de 2002,[3] que *aprova o Regulamento de Abandono de Poços perfurados com vistas à exploração ou produção de petróleo e/ou gás.*

O objetivo do regulamento em questão é estabelecer procedimentos a serem adotados no abandono de poços de petróleo e/ou gás, de maneira a assegurar o perfeito isolamento das zonas de petróleo e/ou gás e também dos aquíferos existentes, prevenindo: (1) a migra-

---

[3] Disponível em: http://legislacao.anp.gov.br/?path=legislacao-anp/portarias-anp/tecnicas/2002, / marco&item=panp-25-2002. Acesso em: 17 nov. 2018.

ção dos fluidos entre as formações, quer pelo poço, quer pelo espaço anular entre o poço e o revestimento; e (2) a migração de fluidos até a superfície do terreno ou o fundo do mar.

O abandono do poço, no transcorrer da Fase de Exploração, poderá ser feito, desde que de acordo com o disposto no Regulamento próprio e mediante notificação prévia à ANP. Quando se tratar da Fase de Produção, excetuando-se a Etapa de Desenvolvimento, todo poço produtor de petróleo e/ou gás, ou injetor, somente poderá ser abandonado mediante autorização da ANP. Na primeira etapa, é necessária uma mera notificação ao Órgão Regulador; já na fase de Produção faz-se necessária a autorização da ANP, ou seja, o seu consentimento formal.

É proibido o abandono de poço enquanto as operações de abandono puderem causar prejuízo de alguma forma a quaisquer operações em poços vizinhos, salvo se o poço em questão, por algum motivo, representar ameaça de dano à segurança e/ou ao meio ambiente. O Regulamento estabelece os mecanismos para a cimentação do poço que, por seu caráter extremamente técnico, não vejo necessidade de mencionar.

O abandono pode ser dividido em: (i) permanente e (ii) temporário e deve ser realizado conforme determinado pelos capítulos II e III do Regulamento.

2.   POLÍTICA NACIONAL DE CONSERVAÇÃO DE ENERGIA

Uma norma diretamente advinda da crise energética e da ameaça de apagão é a Lei 10.295/2001, que "Dispõe sobre a Política Nacional de Conservação e Uso Racional de Energia e dá outras providências". *As* repercussões ambientais da norma são evidentes, pois pela conservação e uso racional de energia, se diminui a pressão sobre os recursos ambientais, em especial, sobre o sistema climático.

É relevante assinalar que o artigo 1º da lei dispõe, expressamente, que a Política Nacional de Conservação e Uso Racional de Energia (PNCURE) *visa à alocação eficiente de recursos energéticos e à preservação do meio ambiente.* Esse é um reconhecimento formal de que o desperdício de energia é um fator de degradação ambiental.

O principal ponto enfocado pela PNCURE é o estabelecimento de níveis máximos de consumo específico de energia, ou mínimos de eficiência energética, de máquinas e aparelhos consumidores de energia fabricados ou comercializados no país, com base em indicadores técnicos pertinentes. A lei, portanto, busca alcançar a eficiência energética com aparelhos menos intensivos na utilização de energia. Isso implicará, sem dúvida, uma modernização dos aparelhos utilizados no país, com uma repercussão ambiental imediata.

A fixação de parâmetros racionais de consumo de energia e eficiência energética deve ser feita de forma que utilize valores técnica e economicamente viáveis, considerando a vida útil das máquinas e aparelhos consumidores de energia. A implantação será feita de maneira gradual, tendo início em até um ano a partir da publicação dos referidos níveis, conforme um Programa de Metas para sua progressiva evolução.

Os níveis máximos de consumo de energia e mínimo de eficiência energética, conforme forem definidos pelas autoridades públicas, são obrigatórios para os fabricantes e os importadores de máquinas e aparelhos consumidores de energia que, para alcançá-los, devem adotar as medidas necessárias. É importante observar que, diferentemente de diversos padrões, proibições e limites ambientais, no caso da PNCURE, eles têm base diretamente legal e não em resoluções ou outros atos administrativos de menor hierarquia.

Compete aos importadores comprovar o atendimento aos níveis máximos de consumo específico de energia, ou mínimos de eficiência energética, durante o processo de importação.

A Política Nacional de Conservação de Energia está regulamentada pelo Decreto 9.864/2019.

2.1 Penalidades

Os aparelhos consumidores de energia encontrados no mercado sem atender às especificações legais, quando da vigência da regulamentação específica, serão recolhidos, no prazo máximo de 30 dias, pelos respectivos fabricantes e importadores. Uma vez ultrapassado o prazo anteriormente mencionado (artigo 3º, § 2º), os fabricantes e importadores estarão sujeitos às multas por unidade, a serem estabelecidas em regulamento, de até 100% do preço de venda por eles praticados.

A lei buscou aplicar um mecanismo democrático para a fixação dos limites máximos de consumo de energia e mínimo de eficiência energética, por mais de um mecanismo de consultas prévias realizado mediante audiências públicas, com divulgação antecipada das propostas formuladas pelo Governo, nas quais deverão participar entidades representativas de fabricantes e importadores de máquinas e aparelhos consumidores de energia, projetistas e construtores de edificações, consumidores, instituições de ensino e pesquisa e demais entidades interessadas.

2.2 Energia renovável: iniciativa energética

Uma importante medida em favor da proteção ambiental e da maior sustentabilidade da matriz energética nacional é a representada pela Lei 10.438/2002, com nova redação dada pela Lei 12.212/2010, que *"dispõe sobre a expansão da oferta de energia elétrica emergencial, recomposição tarifária extraordinária, cria o Programa de Incentivo às Fontes Alternativas de Energia Elétrica (Proinfa), a Conta de Desenvolvimento Energético (CDE), dispõe sobre a universalização do serviço público de energia elétrica, dá nova redação às Leis 9.427, de 26 de dezembro de 1996, 9.648, de 27 de maio de 1998, 3.890-A, de 25 de abril de 1961, 5.655, de 20 de maio de 1971, 5.899, de 5 de julho de 1973, 9.991, de 24 de julho de 2000, e dá outras providências"*.

Tal lei, em seu artigo 3º, institui o *Programa de Incentivo às Fontes Alternativas de Energia Elétrica – Proinfa,* cujo objetivo é aumentar a participação da energia elétrica produzida por empreendimentos de *Produtores Independentes Autônomos,* cuja concepção seja baseada em fontes eólicas, pequenas centrais hidrelétricas e biomassa, no *Sistema Elétrico Interligado Nacional.*

O gás natural tem sido especulado como uma fonte de energia que pode contribuir na transição energética, pois muito embora seja um combustível fóssil,[4] o seu potencial poluidor tem sido considerado bem menor. Entretanto, estudos recentes demonstram que o potencial poluidor do gás natural foi subestimado.

Anteriormente, acreditava-se que fontes geológicas como emanações vulcânicas e poços vulcânicos de lama cheios de gás emitiam cerca de 10% do metano que acaba na atmosfera todos os anos. Porém, novas pesquisas, publicadas na revista científica *Nature,* sugerem que fontes geológicas naturais compõem uma fração muito menor de metano na atmosfera atual. Contudo, os pesquisadores afirmam que o metano existente na atmosfera provavelmente provém da indústria. Em conjunto, os resultados indicam que o impacto do metano oriundo da extração de combustíveis fósseis foi subestimado em até 40%.[5]

---

[4] Os combustíveis fósseis são o carvão mineral, os derivados de petróleo (como a gasolina e o óleo diesel) e o gás natural. Os principais **GEE emitidos** na queima desses combustíveis são o **dióxido de carbono (CO_2)**, o **metano (CH_4)**, o **óxido nitroso (N_2O)** e o **vapor de água (H_2O)**. O CO_2, também chamado de **gás carbônico**, é o **GEE** mais relevante, por estar em maior volume nessas emissões. Disponível em: https://www.epe.gov.br/pt/abcdenergia/clima-e-energia. Acesso em: 14 set. 2021.

[5] Disponível em: https://www.nationalgeographicbrasil.com/ciencia/2020/03/o-gas-natural-e-uma--fonte-de-energia-muito-mais-suja-do-que-se-acreditava. Acesso em: 14 set. 2021.

Capítulo 15 · POLÍTICA ENERGÉTICA | **437**

A Lei 14.134, de 8 de abril de 2021,[6] que dispõe sobre o transporte do gás natural, em seu artigo 4º, § 1º, determinou que a ANP regule a habilitação *dos interessados em exercer a atividade de transporte de gás natural e as condições para* a autorização e a transferência de titularidade, observados os requisitos técnicos, econômicos, *de proteção ambiental* e segurança.

Um importante passo em direção à ampliação da utilização das fontes renováveis foi dado com a edição da Lei 14.300/2022, que instituiu o marco legal da microgeração e minigeração distribuída de energia elétrica e o Sistema de Compensação de Energia Elétrica. Pelo mecanismo estabelecido pela lei, é possível que um indivíduo ou uma pequena empresa possa gerar energia e colocá-la na rede recebendo uma remuneração, o que é um excelente incentivo para a produção de energia renovável.[7]

---

[6]   Regulamentada pelo Decreto 10.712/2021.

[7]   "Artigo 1º Para fins e efeitos desta Lei, são adotadas as seguintes definições: I – autoconsumo local: modalidade de microgeração ou minigeração distribuída eletricamente junto à carga, participante do Sistema de Compensação de Energia Elétrica (SCEE), no qual o excedente de energia elétrica gerado por unidade consumidora de titularidade de um consumidor-gerador, pessoa física ou jurídica, é compensado ou creditado pela mesma unidade consumidora; II – autoconsumo remoto: modalidade caracterizada por unidades consumidoras de titularidade de uma mesma pessoa jurídica, incluídas matriz e filial, ou pessoa física que possua unidade consumidora com microgeração ou minigeração distribuída, com atendimento de todas as unidades consumidoras pela mesma distribuidora; III – consórcio de consumidores de energia elétrica: reunião de pessoas físicas e/ou jurídicas consumidoras de energia elétrica instituído para a geração de energia destinada a consumo próprio, com atendimento de todas as unidades consumidoras pela mesma distribuidora; IV – Conta de Desenvolvimento Energético (CDE): encargo setorial estabelecido pela Lei 10.438, de 26 de abril de 2002; V – consumidor-gerador: titular de unidade consumidora com microgeração ou minigeração distribuída; VI – crédito de energia elétrica: excedente de energia elétrica não compensado por unidade consumidora participante do SCEE no ciclo de faturamento em que foi gerado, que será registrado e alocado para uso em ciclos de faturamento subsequentes, ou vendido para a concessionária ou permissionária em que está conectada a central consumidora-geradora; VII – empreendimento com múltiplas unidades consumidoras: conjunto de unidades consumidoras localizadas em uma mesma propriedade ou em propriedades contíguas, sem separação por vias públicas, passagem aérea ou subterrânea ou por propriedades de terceiros não integrantes do empreendimento, em que as instalações para atendimento das áreas de uso comum, por meio das quais se conecta a microgeração ou minigeração distribuída, constituam uma unidade consumidora distinta, com a utilização da energia elétrica de forma independente, de responsabilidade do condomínio, da administração ou do proprietário do empreendimento; VIII – excedente de energia elétrica: diferença positiva entre a energia elétrica injetada e a energia elétrica consumida por unidade consumidora com microgeração ou minigeração distribuída de titularidade de consumidor-gerador, apurada por posto tarifário a cada ciclo de faturamento, exceto para o caso de empreendimento com múltiplas unidades consumidoras ou geração compartilhada, em que o excedente de energia elétrica pode ser toda a energia gerada ou a injetada na rede de distribuição pela unidade geradora, a critério do consumidor-gerador titular da unidade consumidora com microgeração ou minigeração distribuída; IX – fontes despacháveis: as hidrelétricas, incluídas aquelas a fio d'água que possuam viabilidade de controle variável de sua geração de energia, cogeração qualificada, biomassa, biogás e fontes de geração fotovoltaica, limitadas, nesse caso, a 3 MW (três megawatts) de potência instalada, com baterias cujos montantes de energia despachada aos consumidores finais apresentam capacidade de modulação de geração por meio do armazenamento de energia em baterias, em quantidade de, pelo menos, 20% (vinte por cento) da capacidade de geração mensal da central geradora que podem ser despachados por meio de um controlador local ou remoto; X – geração compartilhada: modalidade caracterizada pela reunião de consumidores, por meio de consórcio, cooperativa, condomínio civil voluntário ou edilício ou qualquer outra forma de associação civil, instituída para esse fim, composta por pessoas físicas ou jurídicas que possuam unidade consumidora com microgeração ou minigeração distribuída, com atendimento de todas as unidades consumidoras pela mesma distribuidora; XI – microgeração distribuída: central geradora de energia elétrica, com potência instalada, em corrente alternada, menor ou igual a 75 kW (setenta e cinco quilowatts) e que utilize

3. POLÍTICA NACIONAL DE BIOCOMBUSTÍVEIS (RENOVABIO)

A Política Nacional de Biocombustíveis [RenovaBio] foi instituída pela Lei 13.576/2017. O RenovaBio é a "regulamentação" do artigo 1º da Lei 9.478/1997. Os seus objetivos são: (1) contribuir para o atendimento aos compromissos do País no âmbito do Acordo de Paris sob a Convenção-Quadro das Nações Unidas sobre Mudança do Clima; (2) contribuir com a adequada relação de eficiência energética e de redução de emissões de gases causadores do efeito estufa na produção, na comercialização e no uso de biocombustíveis, inclusive com mecanismos de avaliação de ciclo de vida; (3) promover a adequada expansão da produção e do uso de biocombustíveis na matriz energética nacional, com ênfase na regularidade do abastecimento de combustíveis; e (4) contribuir com previsibilidade para a participação competitiva dos diversos biocombustíveis no mercado nacional de combustíveis.

Os fundamentos do RenovaBio são: (1) a contribuição dos biocombustíveis para a segurança do abastecimento nacional de combustíveis, da preservação ambiental e para a promoção do desenvolvimento e da inclusão econômica e social; (2) a promoção da livre concorrência no mercado de biocombustíveis; (3) a importância da agregação de valor à biomassa brasileira; e (4) o papel estratégico dos biocombustíveis na matriz energética nacional. A nova política está alicerçada em ações, atividades, projetos e programas, e deverá viabilizar oferta de energia cada vez mais sustentável, competitiva e segura, observados os seguintes princípios: (1) previsibilidade para a participação dos biocombustíveis, com ênfase na sustentabilidade da indústria de biocombustíveis e na segurança do abastecimento; (2) proteção dos interesses do consumidor quanto a preço, qualidade e oferta de produtos; (3) eficácia dos biocombustíveis em contribuir para a mitigação efetiva de emissões de gases causadores do efeito estufa e de poluentes locais; (4) potencial de contribuição do mercado de biocombustíveis para a geração de emprego e de renda e para o desenvolvimento regional, bem como para a promoção de cadeias de valor relacionadas à bioeconomia sustentável; (5) avanço da eficiência energética, com o uso de biocombustíveis em veículos, em máquinas e em equipamentos; e (6) impulso ao desenvolvimento tecnológico e à inovação, visando a consolidar a base tecnológica, a aumentar a competitividade dos biocombustíveis na matriz energética nacional e a acelerar o desenvolvimento e a inserção comercial de biocombustíveis avançados e de novos biocombustíveis.

---

cogeração qualificada, conforme regulamentação da Agência Nacional de Energia Elétrica (Aneel), ou fontes renováveis de energia elétrica, conectada na rede de distribuição de energia elétrica por meio de instalações de unidades consumidoras; XII – microrrede: integração de vários recursos de geração distribuída, armazenamento de energia elétrica e cargas em sistema de distribuição secundário capaz de operar conectado a uma rede principal de distribuição de energia elétrica e também de forma isolada, controlando os parâmetros de eletricidade e provendo condições para ações de recomposição e de autorrestabelecimento; XIII – minigeração distribuída: central geradora de energia elétrica renovável ou de cogeração qualificada que não se classifica como microgeração distribuída e que possua potência instalada, em corrente alternada, maior que 75 kW (setenta e cinco quilowatts), menor ou igual a 5 MW (cinco megawatts) para as fontes despacháveis e menor ou igual a 3 MW (três megawatts) para as fontes não despacháveis, conforme regulamentação da Aneel, conectada na rede de distribuição de energia elétrica por meio de instalações de unidades consumidoras; XIV – Sistema de Compensação de Energia Elétrica (SCEE): sistema no qual a energia ativa é injetada por unidade consumidora com microgeração ou minigeração distribuída na rede da distribuidora local, cedida a título de empréstimo gratuito e posteriormente compensada com o consumo de energia elétrica ativa ou contabilizada como crédito de energia de unidades consumidoras participantes do sistema. Parágrafo único. Para todas as unidades referidas no *caput* do artigo 26 desta Lei, o limite de potência instalada de que trata o inciso XIII do *caput* deste artigo é de 5 MW (cinco megawatts) até 31 de dezembro de 2045."

Como forma de viabilizar a implantação do RenovaBio, foram definidos, dentre outros, os seguintes instrumentos: (1) as metas de redução de emissões de gases causadores do efeito estufa na matriz de combustíveis de que trata o Capítulo III da Lei 13.576/2017; (2) os Créditos de Descarbonização de que trata o Capítulo V da Lei 13.576/2017; (3) a Certificação de Biocombustíveis de que trata o Capítulo VI da Lei 13.576/2017; (4) as adições compulsórias de biocombustíveis aos combustíveis fósseis; (5) os incentivos fiscais, financeiros e creditícios; e (6) as ações no âmbito do Acordo de Paris sob a Convenção-Quadro das Nações Unidas sobre Mudança do Clima. A utilização dos instrumentos, no que tange às metas de redução das emissões mencionadas aos Créditos de Descarbonização, deve ser compatibilizada com as metas previstas para os demais setores.

Para os fins de aplicação do RenovaBio, o artigo 5º da lei estabeleceu os seguintes conceitos normativos: (1) Certificação de Biocombustíveis: conjunto de procedimentos e critérios em um processo, no qual a firma inspetora avalia a conformidade da mensuração de aspectos relativos à produção ou à importação de biocombustíveis, em função da eficiência energética e das emissões de gases do efeito estufa, com base em avaliação do ciclo de vida; (2) Certificado da Produção Eficiente de Biocombustíveis: documento emitido exclusivamente por firma inspetora como resultado do processo de Certificação de Biocombustíveis; (3) ciclo de vida: estágios consecutivos e encadeados de um sistema de produto, desde a matéria-prima ou de sua geração a partir de recursos naturais até a disposição final, conforme definido em regulamento; (4) credenciamento: procedimento pelo qual se avalia, qualifica, credencia e registra a habilitação de uma firma inspetora para realizar a certificação e emitir o Certificado da Produção Eficiente de Biocombustíveis; (5) Crédito de Descarbonização (CBIO): instrumento registrado sob a forma escritural, para fins de comprovação da meta individual do distribuidor de combustíveis de que trata o artigo 7º da Lei 13.576/2017; (6) distribuidor de combustíveis: agente econômico autorizado pela ANP a exercer a atividade de distribuição de combustíveis, nos termos do regulamento próprio da ANP; (7) emissor primário: produtor ou importador de biocombustível, autorizado pela ANP, habilitado a solicitar a emissão de Crédito de Descarbonização em quantidade proporcional ao volume de biocombustível produzido ou importado e comercializado, relativamente à Nota de Eficiência Energético-Ambiental constante do Certificado da Produção Eficiente de Biocombustíveis, nos termos definidos em regulamento; (8) escriturador: banco ou instituição financeira contratada pelo produtor ou pelo importador de biocombustível responsável pela emissão de Créditos de Descarbonização escriturais em nome do emissor primário; (9) firma inspetora: organismo credenciado para realizar a Certificação de Biocombustíveis e emitir o Certificado da Produção Eficiente de Biocombustíveis e a Nota de Eficiência Energético-Ambiental; (10) importador de biocombustível: agente econômico autorizado pela ANP a exercer a atividade de importação de biocombustível, nos termos do regulamento; (11) intensidade de carbono: relação da emissão de gases causadores do efeito estufa, com base em avaliação do ciclo de vida, computada no processo produtivo do combustível, por unidade de energia; (12) meta de descarbonização: meta fixada para assegurar menor intensidade de carbono na matriz nacional de combustíveis; (13) Nota de Eficiência Energético-Ambiental: valor atribuído no Certificado da Produção Eficiente de Biocombustíveis, individualmente, por emissor primário, que representa a diferença entre a intensidade de carbono de seu combustível fóssil substituto e sua intensidade de carbono estabelecida no processo de certificação; (14) produtor de biocombustível: agente econômico, nos termos do artigo 68-A da Lei 9.478/1997, autorizado pela ANP a exercer a atividade de produção de biocombustível, conforme o regulamento próprio da ANP; e (15) sistema de produto: coleção de processos unitários, com fluxos elementares e de produtos, que realizam uma ou mais funções definidas e que modelam o ciclo de vida de um produto.

3.1 As metas de redução de emissões na matriz de combustíveis

A Lei 13.576/2017 estabelece metas compulsórias anuais para a redução de emissões de GEE para a comercialização de combustíveis e que serão definidas em regulamento, considerada a melhoria da intensidade de carbono da matriz brasileira de combustíveis ao longo do tempo, para um período mínimo de dez anos, observados: (1) a proteção dos interesses do consumidor quanto a preço, qualidade e oferta de combustíveis; (2) a disponibilidade de oferta de biocombustíveis por produtores e por importadores detentores do Certificado da Produção Eficiente de Biocombustíveis; (3) a valorização dos recursos energéticos; (4) a evolução do consumo nacional de combustíveis e das importações; (5) os compromissos internacionais de redução de emissões de gases causadores do efeito estufa assumidos pelo Brasil e ações setoriais no âmbito desses compromissos; e (6) o impacto de preços de combustíveis em índices de inflação. Como se vê, as metas são fixadas de forma a que se leve em consideração fatores de natureza econômica, de modo a não gerarem impactos negativos sobre a economia.

As metas anuais compulsórias são desdobradas, para cada ano corrente, em metas individuais, aplicadas a todos os distribuidores de combustíveis, proporcionais à respectiva participação de mercado na comercialização de combustíveis fósseis no ano anterior. Deverá ser dada publicidade às metas individuais de cada distribuidor de combustíveis, preferencialmente por meio eletrônico. A regulamentação da lei estabelecerá os mecanismos capazes de comprovar o atendimento das metas individuais por todo distribuidor de combustíveis, a partir da quantidade de Créditos de Descarbonização em sua propriedade, na data definida em regulamento.

Cada distribuidor de combustíveis comprovará ter alcançado sua meta individual de acordo com sua estratégia, sem prejuízo às adições volumétricas previstas em lei específica, como de etanol à gasolina e de biodiesel ao óleo diesel. Admite-se que até 15% da meta individual de um ano poderá ser comprovada pelo distribuidor de combustíveis no ano subsequente, desde que tenha comprovado cumprimento integral da meta no ano anterior.

O artigo 8º da Lei admite que a regulamentação poderá autorizar a redução da meta individual do distribuidor de combustíveis nos casos de (1) aquisição de biocombustíveis mediante: contratos de fornecimento com prazo superior a um ano, firmados com produtor de biocombustível detentor do Certificado da Produção Eficiente de Biocombustíveis.

Conforme estipulado pelo artigo 9º e, coerentemente com o fato de que as metas de redução de emissões são compulsórias, o não atendimento à meta individual sujeita o distribuidor de combustíveis à multa, proporcional à quantidade de Crédito de Descarbonização que deixou de ser comprovada, sem prejuízo das demais sanções administrativas e pecuniárias previstas na Lei 13.576/2017 e na Lei 9.847/2017, e de outras de natureza civil e penal cabíveis. A multa em questão, conforme definido em regulamento, poderá variar entre R$ 100.000,00 (cem mil reais) e R$ 50.000.000,00 (cinquenta milhões de reais).

A regulamentação das metas compulsórias anuais para a redução de emissão de gases causadores de efeito estufa para a comercialização de combustíveis é matéria complexa, estando, portanto, submetida a um quadro regulatório igualmente complexo. A cúpula do sistema é o Conselho Nacional de Política Energética cuja atribuição, no particular, é defini-las, de acordo com o estabelecido no Decreto 9.888/2019, observando que deverão enfatizar a melhoria da intensidade de carbono (redução da intensidade) da matriz brasileira de combustíveis; e levando em consideração (1) os compromissos internacionais de redução de emissões de gases causadores do efeito estufa assumidos pelo País e as ações setoriais no âmbito desses compromissos; (2) a disponibilidade de oferta de biocombustíveis por produtores e por importadores detentores do Certificado da Produção Eficiente de Biocombustíveis;

(3) a valorização dos recursos energéticos; (4) a evolução do consumo nacional de combustíveis e das importações; (5) a proteção dos interesses do consumidor em relação ao preço, à qualidade e à oferta de combustíveis; e (6) o impacto de preços de combustíveis em índices de inflação. Todas as metas estabelecidas deverão ser consistentes com as diretrizes contidas na Política Nacional sobre Mudança do Clima (Lei 12.187/2009), inclusive no que se refere à proporcionalidade do esforço de redução de emissões de gases causadores do efeito estufa nos diferentes setores econômicos.

As metas e os respectivos intervalos de tolerância serão fixados tendo por base unidades de Créditos de Descarbonização, cujos valores serão estabelecidos anualmente a partir da intensidade de carbono do mercado de combustíveis projetada para o período de dez anos subsequentes e recomendados ao CNPE pelo Comitê RenovaBio. A unidade de Crédito de Descarbonização corresponde a uma tonelada de gás carbônico equivalente, calculada a partir da diferença entre as emissões de gases de efeito estufa no ciclo de vida de um biocombustível e as emissões de seu combustível fóssil substituto, estabelecida conforme regulamentação.

Compete à ANP detalhar, para cada ano corrente, em metas individuais, aplicadas aos distribuidores de combustíveis, proporcionalmente à sua participação de mercado na comercialização de combustíveis fósseis no ano anterior. É também competência da ANP receber as comprovações anuais, por parte do distribuidor de combustíveis, do atendimento de sua meta individual. O não atendimento, ainda que parcial, da meta individual estabelecida é infração administrativa passível de aplicação de multa pela ANP, observada a proporcionalidade entre a meta fixada e o seu descumprimento, independentemente de outras sanções que eventualmente sejam cabíveis.

As multas a serem aplicadas serão equivalentes ao valor dos Créditos de Descarbonização não adquiridos, considerada a maior média mensal das cotações do Crédito de Descarbonização no exercício do descumprimento. Serão observados os seguintes critérios na hipótese de o valor obtido ser: (1) inferior a R$ 100.000,00 (cem mil reais), aplica-se este valor como multa; e (2) superior a R$ 50.000.000,00 (cinquenta milhões de reais), aplica-se este valor como multa. Todavia, necessário se faz estar atento para o fato de que a multa de cada distribuidor não poderá superar 5% de seu faturamento anual registrado no balanço dos dois exercícios anteriores, ressalvada a hipótese do inciso I do § 2º do artigo 6º do Decreto 9.888/2019.

Compete, ainda, à ANP, (1) publicar anualmente o percentual de atendimento à meta individual por distribuidor de combustíveis e as sanções administrativas e pecuniárias aplicadas e, também, (2) estabelecer os critérios, os procedimentos e as responsabilidades para regulação e fiscalização da Certificação de Biocombustíveis e do lastro do Crédito de Descarbonização, que abrangerão, dentre outros: (a) credenciamento, suspensão e cancelamento do registro de firma inspetora; (b) concessão, renovação, suspensão e cancelamento do Certificado da Produção Eficiente de Biocombustíveis; (c) emissão da Nota de Eficiência Energético-Ambiental; e (d) definição, registro e controle das operações de venda de biocombustíveis que possam servir de lastro à emissão primária dos Créditos de Descarbonização. O lastro refere-se ao conjunto de informações necessárias à garantia da fiel emissão dos Créditos de Descarbonização relativo aos volumes comercializados de biocombustíveis produzidos ou importados e notas fiscais correspondentes e aos Certificados da Produção Eficiente de Biocombustíveis concedidos, renovados, suspensos, cancelados ou expirados, com dados do produtor ou do importador de biocombustíveis, da Nota de Eficiência Energético-Ambiental, da validade do certificado, dentre outros.

O artigo 7º do Decreto permite que o CNPE autorize a redução da meta individual do distribuidor de combustíveis prevista no art. 8º da Lei 13.576, de 2017, mediante a comprovação da aquisição de biocombustíveis por meio de contrato de fornecimento de longo prazo, desde que a redução não seja superior a 20%.

3.2 Créditos de Descarbonização (CBIO)

A emissão primária de Créditos de Descarbonização é escritural, nos livros ou registros do escriturador, mediante solicitação do emissor primário, em quantidade proporcional ao volume de biocombustível produzido, importado e comercializado. A quantidade de Créditos de Descarbonização a serem emitidos considerará o volume de biocombustível produzido, importado e comercializado pelo emissor primário, observada a respectiva Nota de Eficiência Energético-Ambiental constante do Certificado da Produção Eficiente de Biocombustíveis do emissor primário. Em até 60 dias, o emissor primário da nota fiscal de compra e venda do biocombustível deverá requerer a emissão do Crédito de Descarbonização, sob pena de extinção, para todos os efeitos, do seu direito de emissão de Crédito de Descarbonização após esse período.

O Crédito de Descarbonização é documento formal que deve conter as seguintes informações: (1) denominação "Crédito de Descarbonização – CBIO"; (2) número de controle; (3) data de emissão do Crédito de Descarbonização; (4) identificação, qualificação e endereços das empresas destacadas na nota fiscal de compra e venda do biocombustível que servirão de lastro ao Crédito de Descarbonização; (5) data de emissão da nota fiscal que servirá de lastro ao Crédito de Descarbonização; (6) descrição e código do produto constantes da nota fiscal que servirão de lastro ao Crédito de Descarbonização; e (7) peso bruto e volume comercializado constantes da nota fiscal que servirão de lastro ao Crédito de Descarbonização.

3.2.1 Negociação de Créditos de Descarbonização

Os Créditos de Descarbonização devem ser negociados em mercados organizados, inclusive em leilões. Cabe ao escriturador zelar pela manutenção do registro da cadeia de negócios ocorridos no período em que os títulos estiverem registrados. Regulamento disporá sobre a emissão, o vencimento, a distribuição, a intermediação, a custódia, a negociação e os demais aspectos relacionados aos Créditos de Descarbonização.

O tema está regulamentado pela Lei 15.042/2024 e pela Resolução CVM 223, em vigor desde 1º de janeiro de 2025, que tornou obrigatória a orientação técnica acerca do tratamento contábil de créditos de carbono, permissões de emissão e créditos de descarbonização.

3.3 Certificação de Biocombustíveis

A produção ou importação eficiente de biocombustíveis, para fins legais, deve ser certificada, tendo como prioridade o aumento da eficiência, baseada em avaliação do ciclo de vida, em termos de conteúdo energético com menor emissão de gases causadores do efeito estufa em comparação às emissões auferidas pelo combustível fóssil. Os critérios, procedimentos e as responsabilidades para concessão, renovação, suspensão e cancelamento do Certificado da Produção Eficiente de Biocombustíveis serão estabelecidos em regulamento próprio. A concessão do Certificado de Produção Eficiente de Biocombustíveis será feita, na forma de regulamento específico, ao produtor ou ao importador de biocombustível que atender individualmente aos parâmetros regulamentares, assegurada a validade de até quatro anos, renovável sucessivamente por igual período.

O artigo 20 da Lei 13.576/2017 admite a possibilidade de exigência de garantia para a emissão do Certificado da Produção Eficiente de Biocombustíveis, assim como poderão ser exigidos seguro e capital mínimo integralizado, para o fiel cumprimento de suas obrigações. No Certificado será incluída a Nota de Eficiência Energético-Ambiental do emissor primário.

Capítulo 15 · POLÍTICA ENERGÉTICA | **443**

A autoridade competente deverá estabelecer os critérios e responsabilidades relativas ao credenciamento das firmas inspetoras, devendo: (1) proceder ao credenciamento, por ato administrativo próprio ou mediante instrumento específico, com órgãos da Administração Pública direta e indireta da União; (2) manter atualizada na internet a relação das Firmas Inspetoras credenciadas; (3) fiscalizar as firmas inspetoras credenciadas e aplicar as sanções administrativas e pecuniárias, quanto ao cumprimento dos requisitos previstos nesta Lei e em atos relacionados; (4) solicitar dados e informações das firmas inspetoras e estabelecer prazos de atendimento, para fins de avaliação, monitoramento e fiscalização; e (5) auditar o processo de emissão ou de renovação do Certificado da Produção Eficiente de Biocombustíveis.

3.4 Adicionalidade e eficiência energética dos CCBios

A *adicionalidade*[8] é o coração de toda política de descarbonização, pois é ela que permite identificar a diferença na emissão de GEE, caso uma determinada política pública não fosse implementada. A adição de álcool aos combustíveis, em tese, é um fator de diminuição da emissão de GEE. É, também, possível agregar aos esforços para a redução de GEE os diferentes mecanismos de controle das fontes de emissões de particulados (fixas ou móveis) para a atmosfera.

O Brasil, desde longa data, adota medidas e políticas públicas que reduzem a emissão de GEE. A adição do álcool à gasolina é procedimento antigo em nosso País. Em 1933[9] teve início a adição do álcool à gasolina como parte de uma política de "defesa da produção do açúcar", considerando que "a produção de açúcar no território nacional excede às necessidades do consumo interno e que o fenômeno da superprodução açucareira é mundial, tendo levado os países grandes produtores a limitar, por acordos internacionais, a respectiva produção".

O Instituto do Açúcar e do Álcool (IAA), criado pelo Decreto 22.789/1933, tinha poderes para "estipular a produção de álcool anidro que os importadores de gasolina deverão comprar por seu intermédio, para obter despacho alfandegário das partidas de gasolina recebidas", assim como adquirir, para fornecimento às companhias importadoras de gasolina, todo álcool necessário para atender à compra compulsória por parte dos importadores de gasolina. Competia, também, ao IAA a fixação dos preços de venda do álcool anidro destinado às misturas carburantes, assim como "o preço de venda destas aos consumidores".

O Programa Nacional do Álcool criado pelo Decreto 76.593/1975 foi uma resposta à crise do petróleo de então. Ele foi um programa exitoso com resultados positivos para o país, sendo um dos principais o relevante papel que o etanol desempenha na redução da emissão de GEE, assim como a produção de tecnologia brasileira, em especial o carro *flex-fuel*.

A Lei 8.723/1993, que dispôs sobre a redução da emissão de poluentes por veículos automotores, "[c]omo parte integrante da Política Nacional de Meio Ambiente, os fabricantes de motores e veículos automotores e os fabricantes de combustíveis ficam obrigados a tomar as providências necessárias para reduzir os níveis de emissão de monóxido de carbono, óxido de nitrogênio, hidrocarbonetos, álcoois, aldeídos, fuligem, material particulado e outros compostos poluentes nos veículos comercializados no País, enquadrando-se aos limites fixados nesta lei e respeitando, ainda, os prazos nela estabelecidos" (artigo 1º), determinou (artigo 9º) a adição de álcool etílico anidro combustível à gasolina, no percentual de 22%.

---

[8]   Protocolo de Kyoto. Artigo 12 (...) 5. As reduções de emissões resultantes de cada atividade de projeto devem ser certificadas por entidades operacionais a serem designadas pela Conferência das Partes na qualidade de reunião das Partes deste Protocolo, com base em: (...) (c) Reduções de emissões que sejam adicionais às que ocorreriam na ausência da atividade certificada de projeto.

[9]   Decreto 22.789/1933.

444 DIREITO AMBIENTAL – *Paulo de Bessa Antunes*

Em 2005, a Lei 11.097 dispôs sobre a introdução do biodiesel na matriz energética nacional, definindo o biocombustível como o combustível derivado de biomassa renovável para uso em motores à combustão interna ou, conforme regulamento, para outro tipo de geração de energia, que possa substituir parcial ou totalmente combustíveis de origem fóssil. Posteriormente, a Lei 13.033/2014 determinou a adição compulsória de biodiesel ao óleo diesel.

Ora, como se pode ver, o Renovabio tem pouca capacidade adicional de redução de emissão de GEE, pois muito antes de sua instituição o País já adicionava o álcool à gasolina. É importante frisar que a adição de álcool à gasolina é feita conforme determinação governamental que fixa o percentual a ser acrescido. Há, portanto, uma norma legal que disciplina a matéria e que deve ser cumprida pelas partes envolvidas.

É de se registar que a Lei 8.723/1993, voltada para o controle da poluição do ar por veículo automotores, "como parte integrante da Política Nacional do Meio Ambiente (artigo 1º), determinou que "os fabricantes de motores e veículos automotores e os fabricantes de combustíveis ficam obrigados a tomar as providências necessárias para reduzir os níveis de emissão de monóxido de carbono, óxido de nitrogênio, hidrocarbonetos, álcoois, aldeídos, fuligem, material particulado e outros compostos poluentes nos veículos comercializados no País, enquadrando-se aos limites fixados nesta lei e respeitando, ainda, os prazos nela estabelecidos". Estes gases são GEE.[10]

O controle da poluição causada por veículos automotores é fruto das discussões sobre o aumento da poluição nas cidades brasileiras que se deu na década de 1970 do século passado.[11] É também no período que tem início a utilização do etanol como combustível para veículos automotores, acarretando a redução de emissão de monóxido de carbono. Em função de vários esforços, o Conama baixou a Resolução 18/1986, que criou o Proconve – Programa de Controle da Poluição do Ar por Veículos Automotores – e definiu uma política de longo prazo e estável, dividida em fases progressivas, de forma que os setores públicos e privados se adaptassem para a mudanças programadas para cada uma das fases.

O Proconve é um programa amplo que concilia a redução da emissão de poluentes com o incentivo ao desenvolvimento tecnológico e a melhoria da qualidade dos combustíveis utilizados no País, objetivando reduzir os níveis de emissão de poluentes por veículos automotores, buscando o atendimento aos Padrões de Qualidade do Ar, especialmente nos centros urbanos.

Com vistas a alcançar os seus objetivos de redução de níveis de poluição, estabeleceram-se padrões de emissão para os tipos diferentes de veículos comercializados no mercado brasileiro, basicamente veículos leves [(L) automóveis de passageiros e veículos leves comerciais] e veículos pesados [(P) caminhões e ônibus]. Os padrões foram progressivamente se tonando mais restritivos, conforme as diferentes fases do Proconve.

Conforme consta do *Relatório Técnico sobre a Instrução Normativa 21/2022 elaborado pela Associação Brasileira de Engenharia Automotiva,*

> O PROCONVE, nas suas várias etapas, tem se pautado pelo cuidado com o meio ambiente objetivando em cada fase o encaminhamento de pontos específicos do controle ambiental. É importante que não se perca a visão da evolução histórica do programa,

---

[10] Os gases internacionalmente reconhecidos como gases de efeito estufa, regulados pelo Protocolo de Kyoto, são: Dióxido de Carbono (CO_2), Metano (CH_4), Óxido Nitroso (N_2O), Hexafluoreto de Enxofre (SF_6) e duas famílias de gases, Hidrofluorcarbono (HFC) e Perfluorcarbono (PFC). ABNT. Disponível em: https://www.abntonline.com.br/sustentabilidade/GHG/O_que_%C3%A9_gee. Acesso em: 15 maio 2024.

[11] Disponível em: https://cetesb.sp.gov.br/veicular/proconve/. Acesso em: 07 maio 2024.

assim como o seu relacionamento com as questões ambientais globais e da sustentabilidade nos seus outros dois aspectos, o social e econômico.

O Proconve é um programa exitoso que tem alcançado importantes resultados, seja na melhoria da qualidade do ar, seja na introdução de novas tecnologias. A Cetesb,[12] em relação ao Proconve, faz a seguinte avaliação:

> Para atender os limites de emissão em consonância com a evolução das fases de controle estabelecidas pelo Proconve, os veículos incorporaram uma série de itens tecnológicos.
>
> Podemos destacar a substituição do uso do carburador, dispositivo utilizado para a formação da mistura carburante (ar e combustível) nos veículos leves equipados com motores do ciclo Otto.
>
> Em meados da década de 1990, para atender as fases L2 e L3 do Proconve, o carburador foi substituído pela injeção eletrônica, que proporciona uma dosagem mais precisa do volume de combustível disponibilizado na câmara de combustão do motor e em conjunto com a ignição eletrônica, um controle maior da queima da mistura e redução significativa das emissões. Esse controle permite o uso do catalisador, equipamento de tratamento dos gases da exaustão de alta eficiência e que reduziu de forma significativa a emissão dos veículos.
>
> Tecnologia similar foi adotada nos veículos pesados somente em meados dos anos 2000 (injeção de diesel com controle eletrônico) e em 2012, adotou-se de forma generalizada o catalisador nessa categoria, com a utilização da tecnologia SCR (Selective Catalyst Reduction), responsável pela redução do principal poluente dos veículos diesel, o NOx.

Os combustíveis automotivos

Os combustíveis de aplicação veicular no Brasil são a gasolina, o diesel, o etanol e o gás natural (GNV). Eles sofreram uma série de alterações nas especificações nos últimos 30 anos, em especial por suas implicações na emissão veicular ou na tecnologia de controle das emissões.

As alterações começaram com a incorporação do etanol anidro na gasolina, a partir dos anos 1970, motivada principalmente pela crise do petróleo, que elevou de forma significativa os preços dos derivados. Foi criado em 1975 o Proálcool, que visava inicialmente promover o desenvolvimento da tecnologia de produção do combustível. Nesse período, surgiu a mistura de etanol anidro na gasolina, que variou desde 5% até a taxa atualmente em vigor, de 27%, passando por períodos de menor percentual. Em 1978, os primeiros veículos a etanol hidratado. Atualmente não são fabricados veículos a etanol, mas os chamados *flex-fuel*, que podem utilizar gasolina, etanol ou qualquer mistura dos combustíveis.

No início da década de 1990, o Brasil eliminou o composto chumbo tetraetila ou tetraetilchumbo ($C_8H_{20}Pb$) misturado à gasolina. Esse composto era aditivado ao combustível para aumentar a octanagem do combustível evitar o fenômeno de detonação do motor. O chumbo liberado na combustão do aditivo provoca o recobrimento das superfícies dos catalisadores, reduzindo sua eficiência. Na época os catalisadores ainda não eram utilizados no Brasil, mas já se previa que seriam necessários para novas etapas de controle da emissão, conforme já ocorria em países com a legislação mais

---

[12] Disponível em: https://cetesb.sp.gov.br/veicular/proconve/. Acesso em: 11 jan. 2025.

avançada, como nos EUA. Além disso, a própria emissão do chumbo na atmosfera após a combustão da gasolina nos motores provocava um grave risco de contaminação pela toxicidade à saúde humana.

Em substituição ao aditivo composto de chumbo foi introduzida uma parcela de 20% de etanol (C_2H_6O) anidro à gasolina. O uso dessa parcela de combustível oxigenado permitiu um ganho nas emissões, em especial a redução das emissões de monóxido de carbono (CO) nas primeiras fases do Proconve.

Em 2014, a especificação da gasolina sofre novas alterações, com destaque para a redução do teor máximo de enxofre para 50 mg/kg e reduções no teor de compostos olefínicos e aromáticos.

Estima-se que o PROCONVE, em sua existência, tenha reduzido em 98% a emissão de GEE, por fontes móveis.[13]

O Renovabio, como se pode perceber, tem pouco a contribuir com a adicionalidade, pois independentemente de sua existência, a política de adição de álcool aos combustíveis já se mostrara exitosa.

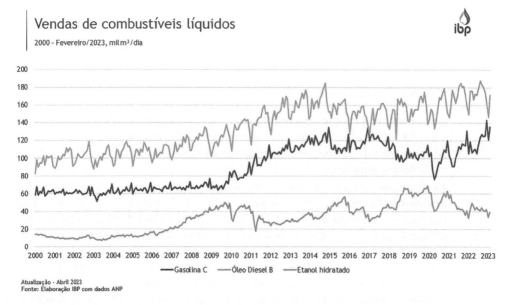

Fonte: IBP.[14]

---

[13] As mudanças são acordadas com anos de antecedência e seguem um padrão internacional de redução de emissões de gases do efeito estufa, segundo o Ibama. A coordenadora-geral de Gestão da Qualidade Ambiental do Instituto, Rosângela Maria Ribeiro Muniz, ressalta que as novas fases impactam toda a indústria. A coordenadora do Ibama destacou ainda que o Proconve, ao longo dos 36 anos de existência, já reduziu em 98% a emissão de monóxido de carbono dos automóveis, um dos gases do efeito estufa. Disponível em: https://agenciabrasil.ebc.com.br/radioagencia-nacional/meio-ambiente/audio/2022-01/novos-carros-partir-de-2022-vao-ter-que-reduzir-emissao-de-poluentes. Acesso em: 11 jan. 2025.

[14] Disponível em: https://www.ibp.org.br/observatorio-do-setor/snapshots/evolucao-das-vendas-de-combustiveis-liquidos/. Acesso em: 11 jan. 2025.

Observe-se, contudo, que apesar dos claros incentivos ao consumo de etanol, a queda é evidente, conforme demonstra o gráfico acima produzido pelo Instituto Brasileiro do Petróleo e Gás Natural – IBP.

3.5 Eficiência energética

A eficiência energética é um dos pilares do Renovabio e importante elemento de contribuição para a redução das emissões de GEE. Em função disso, a lei estabelece que a *firma inspetora* emita o Certificado da Produção Eficiente.[15] Os biocombustíveis são certificados pelas firmas inspetoras que emitem o Certificado de Produção Eficiente ao qual é atribuída a Nota de Eficiência Energético-ambiental, representando a diferença entre a intensidade de carbono de seu combustível fóssil substituto e sua intensidade de carbono estabelecida no processo de certificação.

Painel Dinâmico RenovaBio
Nota Eficiência Energética

Filtros:
Certificação Ano Base: 2018, 2019 e 2020 (Renova...)
Estado: Todos

Média da Nota Efic. Energética (gCO2Eq/MJ) por Biocombustível

Média da NEEA ● Biodiesel ● Biometano ● Etanol Anidro ● Etanol Hidratado

- Biodiesel: 62,22
- Etanol Anidro: 68,04
- Etanol Anidro e Hidratado: 60,76 / 60,45
- Etanol Hidratado: 60,22

---

[15] "Artigo 5º Ficam estabelecidas as seguintes definições: (...) IX – firma inspetora: organismo credenciado para realizar a Certificação de Biocombustíveis e emitir o Certificado da Produção Eficiente de Biocombustíveis e a Nota de Eficiência Energético-Ambiental".

Painel Dinâmico RenovaBio
Nota Eficiência Energética

Filtros:

Certificação Ano Base: 2020, 2021 e 2022 (Renova... ∨

Estado: Todos ∨

Média da Nota Efic. Energética (gCO2Eq/MJ) por Biocombustível

Média da NEEA ● Biodiesel ● Biometano ● Etanol Anidro ● Etanol Hidratado

- Biodiesel: 68,69
- Biometano: 80,77
- Etanol Anidro: 57,66
- Etanol Anidro e Hidratado: 58,42 / 58,04
- Etanol Hidratado: 57,45

Fonte: https://www.gov.br/anp/pt-br/centrais-de-conteudo/paineis-dinamicos-da-anp/paineis-dinamicos-do-renovabio/painel-dinamico-de-certificacoes-de-biocombustiveis-renovabio.

As duas imagens acima demonstram que *houve queda da eficiência do Etanos Anidro e do Etanol Anidro e Hidratado*. Logicamente, tal fato se deu na medida em que os emitentes de CBIO não possuem obrigações regulatórias para melhorar a eficiência energética.

O caso concreto, que nos foi submetido, resulta de interpretação e aplicação equivocadas da legislação relativa à redução das emissões de GEE. De fato, a Lei 13.576/2017, em seu artigo 6º, estabelece que as "metas compulsórias anuais de redução de emissões de gases causadores do efeito estufa para a comercialização de combustíveis serão definidas em regulamento, considerada a melhoria da intensidade de carbono da matriz brasileira de combustíveis ao longo do tempo, para um período mínimo de dez anos". Por sua vez, o artigo 7º da mesma lei determina que:

> Artigo 7º **A meta compulsória anual** de que trata o artigo 6º desta Lei **será desdobrada**, para cada ano corrente, **em metas individuais**, aplicadas a todos os distribuidores de combustíveis, proporcionais à respectiva participação de mercado na comercialização de combustíveis fósseis no ano anterior.

O critério adotado para a individualização é simplesmente a participação da empresa distribuidora no mercado, devendo a meta ser fixada proporcionalmente a aludida participação. Além disso, devemos levar em consideração a *efetiva* participação da distribuidora nas emissões totais de GEE, bem como os parâmetros de eficiência da medida, dado que as emissões nacionais são lideradas por outros setores econômicos, *como ficou demonstrado no item 2 deste parecer jurídico.*

Relembre-se que há expressa disposição constitucional (artigo 170, VI) que determina seja observada a dimensão dos impactos ambientais da atividade econômica. Os dados apresentados no item 2 demonstram que, concretamente, a participação da Consulente no contexto de emissões nacionais de GEE é desprezível, insignificante.

O critério adotado é inconstitucional, na medida em que despreza os impactos ambientais efetivamente causados que, como se sabe, é o parâmetro adotado por nossa Constituição.

As metas compulsórias expressam um mecanismo de compensação pelos impactos ambientais e devem ser fixadas em função destes últimos. O que a norma ora questionada pretende é estabelecer a chamada *"responsabilidade segundo a participação no mercado,* também conhecida como responsabilidade empresarial ou industrial" (ANTUNES, 2024, p. 77). Esse modelo de responsabilidade tem origem no direito norte-americano, não tendo prosperado devido ao fato de que a poluição produzida, dificilmente guarda relação com participação no mercado e, principalmente, devido ao fato de que não se pode estabelecer com segurança a relação de causa e efeito.

> Esta teoria se aplica a todos os fabricantes de um mesmo produto que, em tese, deu causa a um determinado dano ambiental, nas hipóteses em que todos são demandados em uma ação judicial (ANTUNES, 2024, p. 78).

É uma teoria com valor histórico e que não se aplica ao direito brasileiro.

O Supremo Tribunal Federal, ao decidir a ADI 3.378, na qual se discutia a constitucionalidade do artigo 36 e de seus §§ 1º, 2º e 3º, da Lei 9.985/2000, assentou que:

> Compete ao órgão licenciador fixar o *quantum* da *compensação, de acordo com* a compostura do *impacto ambiental* a ser dimensionado no relatório – EIA/RIMA. 3. O artigo 36 da Lei 9.985/2000 densifica o princípio usuário-pagador, este a significar um mecanismo de assunção partilhada da responsabilidade social pelos custos *ambientais* derivados da atividade econômica (ANTUNES, 2024, p. 78).

3.5.1 Ilegalidade da Portaria Normativa 56/GM/MME/2022 e ausência de análise de impacto regulatório

A Portaria Normativa 56/GM/MME/2022 é ilegal, na medida em que inovou no mundo jurídico, haja vista que criou conceitos normativos inexistentes na Lei 13.576/2017 e no seu Regulamento. Aqui a referência é essencialmente aos conceitos normativos contidos no artigo 8º do ato administrativo. A Lei, em seu artigo 5º, não dispõe sobre a figura da "Parte Não Obrigada".

A Portaria Normativa 56/GM/MME, de 21 de dezembro de 2022, regulamentou diversos aspectos dos créditos de descarbonização (CBIO), o que, naturalmente, teve repercussão nos diferentes aspectos da comercialização dos CBIOs. Dentre as normas administrativas, merece destaque o inciso III do artigo 8º que cuida da **Parte Não Obrigada**, isto é, terceiro estranho ao processo de produção e comercialização de créditos de descarbonização, que pode adquirir títulos no mercado.

> Artigo 8º Os detentores de Crédito de Descarbonização devem ser classificados em todos os sistemas eletrônicos de escrituração, negociação e registro dentro das seguintes categorias:

[...]

III – Parte Não Obrigada: demais detentores de Crédito de Descarbonização, residentes e não residentes, previamente cadastrados a operar em ambiente de negociação.

As distribuidoras de combustível são classificadas como Partes Obrigadas que devem comprovar o atendimento de metas individuais compulsórias de redução de emissões de gases causadores do efeito estufa nos termos do artigo 7º, § 2º, da Lei 13.576/2017, e do artigo 5º do Decreto 9.888/2019.

Nos termos da legislação aplicável, a Portaria Normativa 56/GM/MME deveria ter sido submetida a Estudo de Impacto Regulatório, o que aparentemente não foi, conforme consta do sítio eletrônico do Ministério das Minas e Energia.[16] O Ministério das Minas e Energia, no caso concreto, exerceu poder normativo sobre a atividade econômica desempenhada, nesta medida, a autoridade governamental está sujeita à observância das normas contidas no Decreto-Lei 4.657/1942 e na Lei 13.874/ 2019. O artigo 21 da LINDB estabelece que a decisão, "nas esferas administrativa, controladora ou judicial, decretar a invalidação de ato, contrato, ajuste, processo ou norma administrativa deverá indicar de modo expresso suas consequências jurídicas e administrativas".

O Manual de Redação da Presidência da República define Portaria como:

> É o instrumento pelo qual Ministros ou outras autoridades expedem instruções sobre a organização e o funcionamento de serviço, sobre questões de pessoal e outros atos de sua competência.[17]

É indiscutível que a Portaria Normativa mencionada é ato administrativo que impacta a esfera dos direitos de diferentes agentes econômicos do mercado específico. Logo, o artigo 5º da Lei de Liberdade Econômica – LLE é aplicável:

> As propostas de edição e de alteração de atos normativos de interesse geral de agentes econômicos ou de usuários dos serviços prestados, editadas por órgão ou entidade da administração pública federal, incluídas as autarquias e as fundações públicas, serão precedidas da realização de análise de impacto regulatório, que conterá informações e dados sobre os possíveis efeitos do ato normativo para verificar a razoabilidade do seu impacto econômico.

O Decreto 10.411/2020, em seu artigo 1º, §§ 1º e 2º, de forma cristalina determina que a análise de impacto regulatório é procedimento obrigatório para o Ministério das Minas e Energia:

> Artigo 1º Este Decreto regulamenta a análise de impacto regulatório, de que tratam o artigo 5º da Lei 13.874, de 20 de setembro de 2019, e o artigo 6º da Lei 13.848, de 25 de junho de 2019, e dispõe sobre o seu conteúdo, os quesitos mínimos a serem objeto de exame, as hipóteses em que será obrigatória e as hipóteses em que poderá ser dispensada.

---

[16] Disponível em: https://www.gov.br/mme/pt-br/assuntos/noticias/mme-publica-portaria-que-aprimora-a-regulamentacao-dos-creditos-de-descarbonizacao-do-renovabio. Acesso em: 07 maio 2024.

[17] Disponível em: https://www4.planalto.gov.br/centrodeestudos/assuntos/manual-de-redacao-da-presidencia-da-republica/manual-de-redacao.pdf. Acesso em: 07 maio 2024.

§ 1º O disposto neste Decreto se aplica aos órgãos e às entidades da administração pública federal direta, autárquica e fundacional, quando da proposição de atos normativos de interesse geral de agentes econômicos ou de usuários dos serviços prestados, no âmbito de suas competências.

§ 2º O disposto neste Decreto aplica-se às propostas de atos normativos formuladas por colegiados por meio do órgão ou da entidade encarregado de lhe prestar apoio administrativo.

Ora, o Decreto 10.411/2020, em seu artigo 2º, I, define como Análise de Impacto Regulatório [AIR] o procedimento, a partir da definição de problema regulatório, de avaliação prévia à edição dos atos normativos, que conterá informações e dados sobre os seus prováveis efeitos, para verificar a razoabilidade do impacto e subsidiar a tomada de decisão. E mais: o artigo 3º do Decreto 10.411/2020 estabelece que "[a] edição, a alteração ou a *revogação* de atos normativos de interesse geral de agentes econômicos ou de usuários dos serviços prestados, por órgãos e entidades da administração pública federal direta, autárquica e fundacional será precedida de AIR".

Mesmo que a Administração entendesse que a hipótese era de dispensa de AIR, o artigo 4º do Decreto 10.411/2020 exige a elaboração de nota técnica sobre a matéria, o que não foi o caso. Ressalte-se que o Decreto 10.411/2020 traz normas de direito transitório que merecem ser observadas no caso concreto.

Veja-se que o artigo 24 do Decreto 10.411/2020 determina:

> Artigo 24. Este Decreto entra em vigor na data de sua publicação e produz efeitos em:
> I – 15 de abril de 2021, para:
> a) o Ministério da Economia;
> b) as agências reguladoras de que trata a Lei 13.848, de 2019; e
> c) o Instituto Nacional de Metrologia, Qualidade e Tecnologia – Inmetro; e
> **II – 14 de outubro de 2021, para os demais órgãos e entidades da administração pública federal direta, autárquica e fundacional.**

3.5.2   A Resolução 791/2019 da ANP

A Resolução 791/2019, que deu margem à prolação do Despacho 797, de 24 de setembro de 2020, da ANP, mediante o qual foram determinadas metas individuais para as distribuidoras de combustíveis, em seu artigo 2º estabelece que a meta anual individual será calculada da seguinte forma:

> Artigo 2º A meta anual individual de redução de gases geradores de efeito estufa do distribuidor de combustíveis será um número inteiro maior do que zero, calculado a partir da multiplicação **da participação de mercado do distribuidor nas emissões totais oriundas de combustíveis fósseis** (em fração percentual) pela meta anual estabelecida pelo Conselho Nacional de Política Energética – CNPE. (Redação dada pela Resolução 843/2021.)

O motivo determinante para o cálculo é "a participação de mercado do distribuidor nas emissões totais oriundas de combustíveis fósseis", ou seja, é necessário que previamente se tenha um inventário geral das emissões de combustíveis fósseis e, posteriormente, que se faça um inventário individual das emissões para fins de fixação da meta individual.

É de conhecimento comum que o único setor econômico que possui metas legalmente aprovadas e definidas para a redução de GEE é o da distribuição de combustíveis. Tal setor, evidentemente, sofre um impacto econômico desproporcional relativamente aos demais setores econômicos.

Há que se ver, por exemplo, que o mercado de venda de etanol hidratado é altamente concentrado, deixando as pequenas distribuidoras à mercê de preços inflados dado curso forçado dos CBIOs. O Conselho Administrativo de Defesa Econômica – CADE[18] indica que apenas 3 distribuidoras detêm 52,5% do mercado.

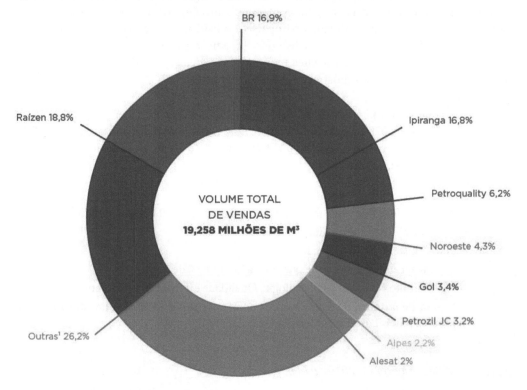

Fonte: ANP/SDL. Extraído da ANP (2021).
Nota: (1) inclui outras 122 distribuidoras.

É relevante considerar que há distribuidores que são produtores de etanol e, portanto, atuam nas duas pontas da exigência de aquisição de CBIOs.

O agir proporcionalmente, no caso concreto, é, segundo Lúcia Valle Figueiredo:

---

[18] Cadernos do Cade: Mercados de Distribuição e Varejo de Combustíveis Líquidos. Brasília: Departamento de Estudos Econômicos (DEE), 2022. Disponível em: https://cdn.cade.gov.br/Portal/centrais-de-conteudo/publicacoes/estudos-economicos/cadernos-do-cade/Caderno_Mercados-de-distribuicao-e-varejo-de-combustiveis-liquidos.pdf. Acesso em: 13 maio 2024.

relação de fato deve necessariamente ser levada em consideração quando se pretende verificar se não houve excesso da Administração Pública. Os fatos, portanto, precisam ser interpretados dentro do contexto sistemático (FIGUEIREDO, 2008, p. 51).

Diante da forte concentração econômica no setor e, diante do elevado potencial de emissão de GEE, é desproporcional e irrazoável impor ônus pesado à pequena distribuidora, cuja participação é ínfima no mercado e, segundo critérios da própria administração, com pequeno potencial de causar danos ambientais. Razoabilidade é adequar os meios à finalidade da ação administrativa. Em relação ao tema, Diogo de Figueiredo Moreira Neto afirma que:

> Por certo, a atividade estatal quase sempre demandará ou *prestações* ou *restrições* por parte de algum segmento da população em benefício geral ou de algum outro segmento, conforme disponha a lei instituidora e exija *a ação administrativa* que as imponham em concreto; porém, quaisquer *prejuízos* de fato, que vierem a ser infligidos no processo, deverão estar sempre *limitados* pela justa (ou razoável) *compensaçã*o entre a redução exigida, para uns, e a vantagem decorrente, para outros.
>
> Quando esta relação for *desequilibrada*, para esse desajuste da própria *formulação* da lei (*desproporcionalidade legislativa*), ou da sua aplicação concreta (*desproporcionalidade administrativa*), a ponto de tornar demasiadamente onerosa a carga imposta ao administrado, em confronto com o reduzido ou nenhum proveito para a sociedade, *fica caracterizada a agressão a este princípio*, que se apresenta, destarte, como uma específica derivação do princípio maior da *justiça distributiva* e da própria *legitimidade* (MOREIRA NETO, 2009, p. 111).

Há necessidade de que o sistema de CBios seja repensado de maneira a não onerar um único setor econômico, como tem sido o caso até agora.

4. POLÍTICA NACIONAL DO HIDROGÊNIO DE BAIXA EMISSÃO DE CARBONO (REHIDRO)

4.1 A Lei 14.948/2024

4.1.1 Princípios e objetivos

A Lei 14.948/2024 instituiu o marco legal do hidrogênio de baixa emissão de carbono e dispôs sobre a Política Nacional do Hidrogênio de Baixa Emissão de Carbono (PNHBEC), regulando todos os aspectos da matéria. A PNHBEC se articula ao redor dos seguintes princípios: (1) respeito à neutralidade tecnológica na definição de incentivos para produção e usos do hidrogênio de baixa emissão de carbono; (2) inserção competitiva do hidrogênio de baixa emissão de carbono na matriz energética brasileira para sua descarbonização; (3) previsibilidade na formulação de regulamentos e na concessão de incentivos para expansão do mercado; (4) aproveitamento racional da infraestrutura existente dedicada ao suprimento de energéticos; e (5) fomento à pesquisa e desenvolvimento do uso do hidrogênio de baixa emissão de carbono.

A neutralidade tecnológica significa que a implementação a PNHBEC não deve favorecer ou desfavorecer determinadas opções de tecnologias em detrimento de outras. O princípio é importante porque permite que a inovação floresça e que as melhores tecnologias com melhor custo/benefício possam prevalecer. A neutralidade da tecnologia é importante para

454 | DIREITO AMBIENTAL – *Paulo de Bessa Antunes*

que o hidrogênio de baixa emissão de carbono possa ser competitivo; a política objetiva a produção do HBEC, a tecnologia é da escolha do produtor.[19]

Os objetivos da PNHBEC são: (1) preservar o interesse nacional; (2) incentivar as diversas rotas de produção de hidrogênio de baixa emissão de carbono e seus derivados, de forma a valorizar as múltiplas vocações econômicas nacionais; (3) promover o desenvolvimento sustentável e ampliar o mercado de trabalho das cadeias produtivas do hidrogênio de baixa emissão de carbono e seus derivados; (4) promover as aplicações energéticas do hidrogênio de baixa emissão de carbono e seus derivados e valorizar seu papel como vetor da transição energética em diversos setores da economia nacional; (5) valorizar o uso do hidrogênio de baixa emissão de carbono e seus derivados para suprimento do mercado interno e para fins de exportação; (6) proteger os interesses do consumidor quanto a preço, qualidade e oferta estável e perene do hidrogênio de baixa emissão de carbono e seus derivados; (7) proteger o meio ambiente, promover a conservação de energia e mitigar as emissões de GEE e de poluentes nos consumos energético e industrial; (8) incentivar o fornecimento de hidrogênio de baixa emissão de carbono e seus derivados em todo o território nacional; (9) promover a livre-concorrência; (10) atrair e incentivar investimentos nacionais e estrangeiros para a produção de hidrogênio de baixa emissão de carbono e seus derivados; (11) ampliar a competitividade do País no mercado internacional; (12) promover, em bases econômicas, sociais e ambientais, a participação do hidrogênio de baixa emissão de carbono e seus derivados na matriz energética nacional; (13) fomentar iniciativas de produção de hidrogênio de baixa emissão de carbono e seus derivados para exportação ou uso em cadeias produtivas diversas com vistas a agregar valor a produtos nacionais; (14) atrair investimentos em infraestrutura para transporte e estocagem do hidrogênio de baixa emissão de carbono e seus derivados; (15) fomentar a pesquisa e o desenvolvimento relacionados aos usos do hidrogênio de baixa emissão de carbono e seus derivados para fins energéticos e industriais; (16) fomentar a transição energética com vistas ao cumprimento das metas do Acordo de Paris sob a Convenção-Quadro das Nações Unidas sobre Mudança do Clima e demais tratados internacionais congêneres; (17) promover a cooperação nacional e internacional para implementação de ações com vistas ao cumprimento dos compromissos e das metas de mitigação das mudanças climáticas globais; (18) fomentar a cadeia nacional de suprimento de insumos e de equipamentos para fabricação do hidrogênio de baixa emissão de carbono; (19) estimular a celebração de parcerias público-privadas para desenvolvimento de projetos de hidrogênio de baixa emissão de carbono; e (20) fomentar o desenvolvimento da produção nacional de fertilizantes nitrogenados provenientes do hidrogênio de baixa emissão de carbono com o objetivo de reduzir a dependência externa e de garantir a segurança alimentar.

4.2   Instrumentos da PNHBEC

A PNHBEC é dotada dos seguintes instrumentos: (1) Programa Nacional do Hidrogênio (PNH2); (2) Programa de Desenvolvimento do Hidrogênio de Baixa Emissão de Carbono (PHBC); (3) certificação do hidrogênio de baixa emissão de carbono;[20] (4) Regime Especial

---

[19] Produtor: agente econômico autorizado a exercer a atividade de produção de hidrogênio no território nacional.

[20] Certificação: conjunto de procedimentos e de critérios por meio do qual a empresa certificadora avalia a conformidade da mensuração dos aspectos relativos à produção de hidrogênio com base em análises do ciclo de vida.
Certificado de hidrogênio: documento emitido exclusivamente por empresa certificadora credenciada, como resultado do processo de certificação de hidrogênio, que deve incluir, pelo menos, as

de Incentivos para a Produção de Hidrogênio de Baixa Emissão de Carbono (Rehidro); (5) cooperação técnica e financeira entre os setores público e privado para o desenvolvimento de pesquisas de novos produtos, métodos, processos e tecnologias para produção de hidrogênio de baixa emissão de carbono; (6) incentivos fiscais, financeiros, creditícios e regulatórios legalmente instituídos.

O artigo 6º da Lei, ao definir os órgãos responsáveis pela implantação da PNHBEC é confuso, pois dispõe que "[s]ão agentes responsáveis pela implantação da Política Nacional do Hidrogênio de Baixa Emissão de Carbono os órgãos públicos da União, dos Estados, do Distrito Federal e dos Municípios que tenham competências relacionadas à consecução de seus objetivos, além dos órgãos previstos nesta Lei. O parágrafo único dispõe : "[c]aberá ao órgão da administração pública federal direta responsável pela condução da política energética, entre outras competências, propor ao Conselho Nacional de Políticas Energéticas (CNPE)": (1) os parâmetros técnicos e econômicos para a elaboração dos fundamentos da Política Nacional do Hidrogênio de Baixa Emissão de Carbono; e (2) o plano de trabalho destinado à implementação, ao monitoramento e à avaliação dos instrumentos de que trata o artigo 5º desta Lei.

4.2.1   *Programa Nacional do Hidrogênio*

O Programa Nacional do Hidrogênio (PNH2) terá competências, diretrizes e atribuições instituídas em regulamento e em diretrizes do CNPE,[21] que deverão incluir a execução da Política Nacional do Hidrogênio de Baixa Emissão de Carbono. Ao Comitê Gestor do Programa Nacional do Hidrogênio (Coges-PNH2),[22] além das competências, diretrizes e atribuições instituídas em regulamento e em resoluções do CNPE, compete: (1) estabelecer as diretrizes para execução da Política Nacional do Hidrogênio de Baixa Emissão de Carbono, observado o que for estabelecido pelo CNPE e por esta Lei; (2) participar e coordenar ações e políticas públicas de incentivo ao desenvolvimento da indústria do hidrogênio de baixa emissão de carbono; (3) expedir a orientação superior das políticas de produção e usos e aplicações do hidrogênio de baixa emissão de carbono e seus derivados. O Coges-PNH2 é formado por até 15 (quinze) representantes de órgãos do Poder Executivo, na forma de regulamento, além de: (1) 1 (um) representante dos Estados e do Distrito Federal; (2) 1 (um) representante da comunidade científica; e (3) 3 (três) representantes do setor produtivo.

4.2.2   *Gestão de riscos*

Os empreendimentos e as atividades deverão adotar medidas para gestão de risco de acidentes ou desastres, utilizando-se dos seguintes instrumentos: (1) EAR;[23] (2) PGR;[24] e (3) PAE.[25] A definição do conteúdo dos instrumentos deverá constar de regulamento a ser baixado

---

características contratuais dos insumos empregados, a localização da produção, as informações sobre o ciclo de vida e a quantidade de dióxido de carbono equivalente emitida.

[21]   Resolução CNPE 6/2022.

[22]   Portaria 389-P/GM/MME/2023.

[23]   Estudo de Análise de Risco (EAR): parte integrante do estudo ambiental que contempla a avaliação da vulnerabilidade do empreendimento e da região em que está localizado, incluídos técnicas de identificação de perigos, estimativas de frequência de ocorrências anormais e gerenciamento de riscos.

[24]   Plano de Gerenciamento de Risco (PGR): documento que descreve como o gerenciamento de risco do empreendimento será executado, monitorado e controlado.

[25]   Plano de Ação de Emergência (PAE): documento integrante do Plano de Gerenciamento de Risco do empreendimento que estabelece as ações a serem executadas pelo empreendedor em caso de situação de emergência e que identifica os agentes a serem dela notificados.

456 | DIREITO AMBIENTAL – *Paulo de Bessa Antunes*

pelo órgão regulador das atividades de produção e de usos e aplicações do hidrogênio e pelos órgãos responsáveis pelo licenciamento ambiental.

5. POTENCIAL ENERGÉTICO *OFFSHORE* (LEI 15.097/2025)

O Brasil tem feito um enorme esforço para ampliar a participação das energias renováveis em sua matriz energética. Um importante passo nessa direção é a Lei 15.097/2025, que disciplina o "aproveitamento de bens da União para a geração de energia elétrica a partir de empreendimento *offshore*".[26] A menção ao aproveitamento de bens da União se justifica, na medida em que o mar territorial e os recursos da plataforma continental e da zona econômica exclusiva são de propriedade da União. Por isso, o direito de uso de bens da União para aproveitamento de potencial para geração de energia elétrica a partir de empreendimento *offshore* é outorgado pela União, mediante autorização ou concessão.

5.1 Princípios e fundamentos

O artigo 4º da Lei 15.097/2025 define os seguintes princípios: (1) desenvolvimento sustentável; (2) geração de emprego e renda no País; (3) racionalidade no uso dos recursos naturais com vistas ao fortalecimento da segurança energética; (4) estudo e desenvolvimento de novas tecnologias de energia renovável a partir do aproveitamento da área *offshore*, incluído seu uso de modo a viabilizar a redução de emissões de carbono durante a produção de energia, como na extração de hidrogênio resultante da utilização de energia elétrica produzida de empreendimento *offshore*; (5) desenvolvimento local e regional, preferencialmente com investimento em infraestrutura e na indústria nacional, bem como com ações que reduzam a desigualdade e promovam a inclusão social, a diversidade, a evolução tecnológica e o melhor aproveitamento das matrizes energéticas e sua exploração; (6) harmonização do conhecimento, da mentalidade, da rotina, dos modos de vida e usos tradicionais e das práticas marítimas com o respeito às atividades que tenham o mar e o solo marinho como meio ou objeto de afetação, bem como demais corpos hídricos sob domínio da União; (7) proteção e defesa do meio ambiente e da cultura oceânica; (8) harmonização do desenvolvimento do empreendimento *offshore* com a paisagem cultural e natural nos sítios turísticos do País; (9) transparência; e (10) consulta livre, prévia e informada aos povos e comunidades afetados pelo empreendimento *offshore*.

Os "princípios" estabelecidos pelo artigo 4º da Lei 15.097/2025 são, efetivamente, instrumentos de gestão a serem empregados pela União quando da autorização ou concessão do aproveitamento do potencial *offshore* para geração de energia elétrica. Neles, estão expressas algumas preocupações relevantes que precisam ser tratadas com cuidado, pois expressam um alto potencial de risco para a atividade em função de interferência sobre atividades de terceiros.

Há uma convivência complexa entre pescadores e plataformas de petróleo, acarretando demandas judiciais relativas a danos decorrentes de vazamento de óleo no mar. Há também discussões e queixas relacionadas com a poluição visual das praias com a presença de plataformas e sondas no horizonte. Há, também, a questão relacionada às zonas de exclusão de pesca. Estes impactos, reais ou imaginários, devem ser levados em consideração quando do licenciamento da atividade, de forma a possibilitar uma convivência. As críticas podem ser assim resumidas:

---

[26] *Offshore*: ambiente marinho localizado em águas interiores de domínio da União, no mar territorial, na zona econômica exclusiva e na plataforma continental.

A pesca artesanal depende de ecossistemas marinhos saudáveis, livres e acessíveis para garantir a segurança alimentar e o sustento das comunidades pesqueiras. A introdução de projetos como as usinas eólicas *offshore*, defendem as organizações, pode prejudicar esses ambientes e afetar diretamente as condições de vida das populações locais.

Além disso, a instalação de turbinas eólicas, explicam as organizações, pode gerar a exclusão de áreas de pesca em um raio de até 500 metros de cada estrutura, o que impactaria especialmente a pesca artesanal, como as embarcações à vela do litoral nordestino. A alteração das rotas de pesca e a criação de barreiras físicas são outros efeitos que restringem o acesso dessas comunidades ao mar.[27]

A principiologia representa uma solução de compromisso entre os vários *stakeholders*.

5.2   Outorga de prismas

De acordo com o disposto no artigo 5º, a cessão de uso[28] de bens da União para geração de energia elétrica a partir de empreendimento *offshore* nos pode ser ofertada sob a forma de: (1) oferta permanente: procedimento no qual o poder concedente delimita prismas para exploração a partir da solicitação de interessados, na modalidade de autorização; e (2) oferta planejada: procedimento no qual o poder concedente oferece prismas[29] pré-delimitados para exploração conforme planejamento espacial do órgão competente, na modalidade de concessão, mediante procedimento licitatório. A matéria pende de regulamentação que deverá dispor sobre a (1) definição locacional prévia de prismas a partir de sugestão de interessados ou por delimitação planejada própria; o (2) procedimento para apresentação, pelos interessados, a qualquer tempo, de sugestões de prospectos de prismas, exigida a apresentação de estudo preliminar da área, com definição locacional, análise do potencial energético e avaliação preliminar do grau de impacto socioambiental; o (3) procedimento de solicitação de DIP[30] relativa a cada prospecto de prisma sugerido, incluídos taxas e prazos pertinentes; as (4) sanções e as penalidades aplicáveis em caso de não cumprimento das obrigações da outorga.

A definição dos prismas, a serem ofertados, pelo poder público deverá observar a "harmonização das políticas públicas dos órgãos da União, de forma a evitar ou a mitigar potenciais conflitos no uso dessas áreas". O § 1º do artigo 6º veda a constituição de prismas em áreas coincidentes com (1) blocos licitados no regime de concessão ou de partilha de produção de petróleo, de gás natural e de outros hidrocarbonetos fluidos, ou sob regime de cessão onerosa, no período de vigência dos contratos e respectivas prorrogações; (2) rotas de navegação marítima, fluvial, lacustre ou aérea; (3) áreas protegidas pela legislação ambiental; (4) áreas tombadas como paisagem cultural e natural nos sítios turísticos do País; (5) áreas

---

[27]   Disponível em: https://marcozero.org/pl-das-eolicas-no-mar-tem-jabutis-e-impacta-pescadores--denunciam-organizacoes/. Acesso em: 12 jan. 2025.

[28]   Cessão de uso: contrato administrativo, por prazo determinado, firmado entre a União e o interessado no uso de área offshore para exploração de geração de energia elétrica.

[29]   Prisma: prisma vertical de profundidade coincidente com o leito subaquático, com superfície poligonal definida pelas coordenadas geográficas de seus vértices, onde poderão ser desenvolvidas atividades de geração de energia.

[30]   Declaração de Interferência Prévia (DIP): declaração emitida pelo Poder Executivo com vistas a identificar a existência de interferência do prisma em outras instalações ou atividades.

458 | DIREITO AMBIENTAL – *Paulo de Bessa Antunes*

reservadas para a realização de exercícios pelas Forças Armadas; (6) áreas designadas como Termo de Autorização de Uso Sustentável (Taus) no mar territorial.[31]

Admitem-se prismas coincidentes com blocos licitados no regime de concessão ou de partilha de produção de petróleo, de gás natural e de outros hidrocarbonetos fluidos, ou sob regime de cessão onerosa, desde que haja compatibilidade entre as atividades, nos termos do regulamento. Havendo compatibilidade, o prisma poderá ser outorgado para outra atividade, assegurando o seu uso múltiplo, atendidos os requisitos e condicionantes técnicos, de segurança e ambientais para as atividades pretendidas. A outorga poderá contemplar o direito à comercialização de créditos de carbono, ou ativos semelhantes que sejam reconhecidos no âmbito de instrumentos de mitigação de emissões de GEE, oriundos da área outorgada.

5.2.1 Licenciamento ambiental e descomissionamento

Do ponto de vista ambiental, vale observar que a oferta planejada incumbe ao poder concedente a realização dos estudos ambientais pertinentes para definição e delimitação dos prismas e observará os instrumentos de planejamento e de políticas, planos e programas ambientais aplicáveis. Cabe ao Regulamento definir a responsabilidade pelo licenciamento ambiental, pois há decisão do STF no sentido de que

> [a] viabilidade ambiental de certo empreendimento é atestada não pela apresentação de estudos ambientais e da Avaliação Ambiental de Área Sedimentar (AAAS), mas pelo procedimento de licenciamento ambiental, no qual se aferem, de forma específica, aprofundada e minuciosa, a partir da Lei 6.938/1991, os impactos e riscos ambientais da atividade a ser desenvolvida. 3. Pedido julgado improcedente (STF, ADPF 825 DF, Tribunal Pleno, Rel. Min. Marco Aurélio, j. 03.08.2021, Publicação: 26.11.2021).

Logo, os "estudos ambientais pertinentes" não se confundem com o licenciamento ambiental que, salvo norma expressa em sentido contrário, são de responsabilidade do outorgado. Aliás, a atividade é considerada, *ex-vi lege*, como capaz de causar significativa degradação ambiental, haja vista que o artigo 11, § 1º, II, estabelece que na fase de avaliação do contrato de concessão, a viabilidade ambiental deverá ser atestada pelo estudo prévio de impacto ambiental a ser apresentado no processo de licenciamento ambiental.

O contrato de concessão se desdobra em duas fases: a (1) de avaliação e a de (2) execução. A fase de avaliação inclui o estudo da (1) viabilidade econômica; da (3) viabilidade

---

[31] Lei 9.636/1998: Artigo 10-A. A autorização de uso sustentável, de incumbência da Secretaria do Patrimônio da União (SPU), ato administrativo excepcional, transitório e precário, é outorgada às comunidades tradicionais, mediante termo, quando houver necessidade de reconhecimento de ocupação em área da União, conforme procedimento estabelecido em ato da referida Secretaria. Parágrafo único. A autorização a que se refere o *caput* deste artigo visa a possibilitar a ordenação do uso racional e sustentável dos recursos naturais disponíveis na orla marítima e fluvial, destinados à subsistência da população tradicional, de maneira a possibilitar o início do processo de regularização fundiária que culminará na concessão de título definitivo, quando cabível.
Portaria SPU 89/2010: Artigo 2º O Termo de Autorização de Uso Sustentável ⊠ TAUS poderá ser outorgado a comunidades tradicionais que ocupem ou utilizem as seguintes áreas da União: I – áreas de várzeas e mangues enquanto leito de corpos de água federais; II – mar territorial, III – áreas de praia marítima ou fluvial federais; IV – ilhas situadas em faixa de fronteira; V – acrescidos de marinha e marginais de rio federais; VI – terrenos de marinha e marginais presumidos. § 1º As áreas da União elencadas nos incisos I a V deste artigo são consideradas indubitavelmente da União, por força constitucional, e sobre elas qualquer título privado é nulo.

Capítulo 15 · POLÍTICA ENERGÉTICA | **459**

ambiental; das (3) externalidades causadas pela implantação do empreendimento, "bem como de sua compatibilidade e integração com as demais atividades locais, inclusive quanto à segurança marítima, fluvial, lacustre e aeronáutica"; e (4) informações georreferenciadas sobre o potencial energético do prisma, incluídos dados sobre velocidade dos ventos, amplitude das ondas, correntes marítimas e outras informações de natureza climática e geológica, conforme o regulamento.

Há uma importante inovação trazida pelo § 2º do artigo 11 da Lei 15.097/2025, que é a criação do "banco de dados do inventário brasileiro de energia *offshore*", cujo acesso é público, admitida a definição de prazo de confidencialidade para sua divulgação, conforme o regulamento".

O contrato de outorga deve ter cláusulas legais de natureza ambiental, dentre as quais estão: o (1) direito de o outorgado assentar ou alicerçar as estruturas destinadas à geração e à transmissão de energia elétrica no leito subaquático, desde que atendidas as normas da autoridade marítima e emitida a licença ambiental pelo órgão competente, observadas as disposições regulamentares; a (2) obrigação de o outorgado adotar as medidas necessárias para a conservação do mar territorial, da plataforma continental e da zona econômica exclusiva, com destaque para o objeto da outorga e dos respectivos recursos naturais, para a segurança da navegação, das pessoas e dos equipamentos e para a proteção do meio ambiente; a obrigação de o outorgado (3) implantar projeto de monitoramento ambiental do empreendimento em todas as suas fases, conforme o regulamento; obrigação de o outorgado (4) garantir o descomissionamento[32] de todas as instalações; a (5) obrigação de o outorgado comunicar ao Instituto do Patrimônio Histórico e Artístico Nacional (Iphan) a descoberta de bem considerado patrimônio histórico, artístico ou cultural, material ou imaterial; e por fim, que o outorgado (6) adote as melhores práticas internacionais do setor elétrico e das operações *offshore*, bem como obedeça às normas e aos procedimentos ambientais, técnicos e científicos pertinentes.

O descomissionamento é uma cláusula obrigatória em todos os atos de outorga dos projetos de geração *offshore* e deverão ser executados, como disposto em regulamento. A caducidade ou o abandono não desoneram o outorgado das obrigações relativas ao descomissionamento, que deverá ser executado conforme licença ambiental específica. A lei determina que no descomissionamento, a remoção das estruturas do empreendimento considerará o impacto ambiental na formação e na manutenção de recifes artificiais, conforme o regulamento.

---

[32] Descomissionamento: medidas executadas para promover o retorno de um sítio ao estado mais próximo possível de seu estado original, após o fim do ciclo de vida do empreendimento.

Capítulo 16
ENERGIA NUCLEAR

1. A ENERGIA NUCLEAR NA CONSTITUIÇÃO FEDERAL

A Constituição Federal de 1988 contém inúmeros dispositivos relativos à matéria nuclear, em especial com a utilização da energia nuclear, demonstrando a relevância do tema. Este capítulo está, fundamentalmente, voltado para a utilização de energia de geração nuclear, ainda que não se limite a este tema. A energia nuclear é altamente regulada, assim como a utilização de radiação ionizante para qualquer finalidade.

A energia nuclear suscita diversas dúvidas e polêmicas em função de acidentes nucleares que ocorreram no passado. Entretanto, as mudanças climáticas globais têm propiciado uma nova discussão sobre o seu papel no contexto das mudanças climáticas. O Partido Verde da Finlândia, por exemplo, entende que a energia nuclear é sustentável[1]. A discussão está aberta, pois a emergência climática exige mudanças rápidas. A União Europeia também vem discutindo se a energia nuclear pode ser qualificada como sustentável[2]. Ainda estamos longe de um consenso quanto ao tema que, no entanto, deve ser debatido com seriedade.

A Agência Internacional de Energia vem desenvolvendo trabalho de estímulo à produção do direito nuclear, o qual vem incorporando cada vez mais diretrizes de proteção ao meio ambiente em face das radiações ionizantes e dos danos que podem por elas serem causados. O direito nuclear admite os seguintes princípios:[3] (1) princípio da segurança, (a) das instalações e das pessoas, bens e ambiente, (b) segurança internacional; (2) princípio da responsabilidade; (3) princípio da atividade permitida; (4) princípio do controle contínuo; (5) princípio da compensação; (6) princípio do desenvolvimento sustentado; (7) princípio da obediência; (8) princípio da independência; (9) princípio da transparência; (10) princípio da cooperação internacional. Muitos dos princípios aqui mencionados foram incorporados ao texto da Constituição Federal de 1988.

---

[1] Disponível em: https://www.forbes.com/sites/jamesconca/2017/04/17/finlands-green-party-and-nuclear-power-really/?sh=54fd34595ec4. Acesso em: 26 maio 2022.

[2] Disponível em: https://www.bbc.com/news/world-europe-60229199. Acesso em: 26 maio 2022.

[3] Disponível em: http://www-pub.iaea.org/MTCD/publications/PDF/Pub1160_web.pdf. Acesso em: 26 maio 2022.

462 | DIREITO AMBIENTAL – *Paulo de Bessa Antunes*

No regime constitucional brasileiro, a matéria nuclear diz respeito, simultaneamente, à organização administrativa (artigos 21, XXIII, e 22, XXVI), à organização dos Poderes (artigos 48 e 49, XIV) e à ordem econômica e financeira (artigos 177, V, e 225, § 6º). Vale ressaltar que, no título da Ordem Econômica e Financeira, inclui-se a defesa do meio ambiente (artigo 170, VI).

A energia nuclear, independentemente do juízo de valor que se possa fazer de sua utilização, tem evidentes implicações ambientais, motivo pelo qual consta deste livro.

1.1 Competências da União

Estão no artigo 21, inciso XXIII, da CF as primeiras referências constitucionais à energia nuclear. Ao longo das três alíneas do inciso XXIII, o constituinte definiu princípios a serem observados pela Administração Pública quando exercitando as suas atribuições relativas à energia nuclear. Determina o artigo 21, inciso XXIII, da Lei Fundamental da República competir à União *explorar os serviços e instalações nucleares de qualquer natureza e exercer monopólio estatal sobre a pesquisa, a lavra, o enriquecimento e reprocessamento, a industrialização e o comércio de minérios nucleares e seus derivados, mediante a implementação dos* princípios seguintes: (1) toda atividade nuclear em território nacional somente será admitida para fins pacíficos e mediante aprovação do Congresso Nacional; (2) sob o regime de concessão ou permissão, é autorizada a utilização de radioisótopos para pesquisa e usos medicinais, agrícolas, industriais e atividades análogas; (3) a responsabilidade civil por danos nucleares independe de culpa.

A competência legislativa da União em matéria nuclear é privativa, podendo *lei complementar autorizar os Estados a legislar sobre questões específicas (CF artigo 22, parágrafo único)*. O Congresso Nacional tem competência exclusiva para *aprovar iniciativas do Executivo referentes a atividades nucleares* (CF, artigo 49, inciso XIV), independentemente de sanção do Chefe do Poder Executivo (CF, artigo 48, *caput*).

A regulação da atividade nuclear no Brasil é complexa. A Lei 6.189/1974 estabelece que o monopólio da União sobre energia nuclear é exercido por meio da (1) Comissão Nacional de Energia Nuclear (CNEN) e (2) das Indústrias Nucleares do Brasil S.A. (INB). À CNEN compete: (1) colaborar com o Ministério da Ciência, Tecnologia e Inovações na formulação da política nuclear; (2) estabelecer diretrizes específicas para as atividades de pesquisa, de ciência, de desenvolvimento e de inovação tecnológicas no campo da energia nuclear; (3) elaborar e propor ao Ministério da Ciência, Tecnologia e Inovações programas e projetos no âmbito da política nuclear; (4) promover e incentivar: (a) a utilização da energia nuclear para fins pacíficos, nos diversos setores do desenvolvimento nacional; (b) a formação de cientistas, técnicos e especialistas nos setores relativos à energia nuclear; (c) a pesquisa científica e tecnológica no campo da energia nuclear; (d) o tratamento de minérios nucleares, seus associados e derivados; (e) a produção e o comércio de materiais nucleares e radioativos, equipamentos e serviços de interesse da energia nuclear; (f) a transferência de tecnologia nuclear a empresas industriais de capital nacional, mediante consórcio ou acordo comercial; (5) negociar nos mercados interno e externo, bens e serviços de interesse nuclear; (6) receber e depositar rejeitos radioativos; (7) prestar serviços no campo dos usos pacíficos da energia nuclear.

A Lei 14.222/2021 criou a Autoridade Nacional de Segurança Nuclear (ANSN) com as seguintes competências: (1) estabelecer normas e requisitos específicos sobre: (a) a segurança nuclear; (b) a proteção radiológica; e (c) a segurança física das atividades e das instalações nucleares; (2) regular, estabelecer e controlar, para fins de cumprimento da Política Nuclear Brasileira: (a) os estoques de compostos químicos de elementos nucleares; (b) o material nuclear; e (c) os estoques de materiais férteis e físseis especiais; (3) editar normas e conceder licenças e autorizações para a transferência e o comércio interno e externo de minerais, de minérios e de seus concentrados e escórias metalúrgicas, com urânio ou tório associados; (4) editar normas sobre segurança nuclear e física e proteção radiológica; (5) avaliar a segurança, fiscalizar e expedir, conforme o caso, licenças, autorizações, aprovações e certificações para: (a) seleção e aprovação de local, de construção, de comissionamento, de operação, de modificação e de descomissionamento de instalações nucleares, radioativas e mínero-industriais que contenham materiais radioativos e depósitos de rejeitos radioativos; (b) posse, produção, utilização, processamento, armazenamento, transporte, transferência, comércio, importação e exportação de minérios, de minerais e de materiais nucleares, inclusive de forma associada a outros minérios e minerais, observadas as competências de outros órgãos ou entidades da administração pública federal; (c) posse, produção, utilização, processamento, armazenamento, transporte, transferência, comércio, importação e exportação de fontes e materiais radioativos e equipamentos geradores de radiação ionizante, exceto dos equipamentos emissores de raios--X utilizados para fins de diagnósticos na medicina e na odontologia; (d) gerência de rejeitos radioativos; (e) gestão de resíduos sólidos radioativos; e (f) planos de emergência nuclear e radiológica; (6) especificar: (a) os elementos considerados nucleares, além de urânio, tório e plutônio; (b) os elementos considerados material fértil e físsil especial; (c) as instalações consideradas nucleares; (d) as atividades relativas a instalações, a equipamentos ou a materiais nucleares ou radioativos que requeiram certificação da qualificação ou registro de pessoas físicas relacionados à segurança nuclear ou radiológica; (7) licenciar operadores de reatores nucleares; (8) licenciar o enriquecimento, o processamento, a industrialização e o comércio de minérios e de minerais nucleares e seus derivados; (9) monitorar diretamente as emissões radioativas em diversos pontos, externamente e internamente às usinas nucleares; (10) orientar, quanto à segurança nuclear, à proteção radiológica e à segurança física das atividades e das instalações nucleares, a atuação dos entes públicos federais, estaduais, distritais e municipais; (11) orientar e colaborar tecnicamente com os entes públicos federais, estaduais, distritais e municipais encarregados da execução dos planos de emergência nuclear e radiológica; (12) informar a população, conforme a necessidade, quanto à segurança nuclear, à proteção radiológica e à segurança física das atividades e das instalações nucleares; (13) determinar medidas corretivas e cautelares, autuar, instaurar processo administrativo, julgar e aplicar sanções administrativas; (14) zelar pelo cumprimento dos acordos internacionais de salvaguardas; (15) opinar, mediante solicitação, sobre projetos de lei, tratados, acordos, convênios ou compromissos internacionais de qualquer espécie relativos à segurança nuclear, à proteção radiológica, à segurança física e ao controle de materiais nucleares; (16) colaborar com organismos nacionais e internacionais e com órgãos reguladores estrangeiros nas áreas de segurança nuclear, de proteção radiológica, de segurança física e de controle de materiais nucleares; (17) criar e manter cadastro nacional do histórico de doses de radiação dos indivíduos ocupacionalmente expostos nas atividades reguladas; (18) criar e manter cadastro nacional do histórico de doses de radiação dos indivíduos ocupacionalmente expostos nas atividades reguladas; (19) atuar, em conjunto com outros órgãos e entidades, na segurança nuclear, física e radiológica de grandes eventos realizados no País; (20) regular, normatizar, licenciar, autorizar e fiscalizar a segurança nuclear e a proteção radiológica da atividade de lavra de minério nuclear, além dos depósitos de rejeitos e dos locais de armazenamento de resíduos; e (21) fiscalizar os titulares de concessões de lavra quanto à proteção radiológica da lavra de minério que contenha elementos nucleares.

Ao Comando da Marinha compete privativamente regular, licenciar, fiscalizar e controlar os meios navais com plantas nucleares embarcadas, quanto: (1) às atividades nucleares, aos materiais nucleares e às fontes de radiação relativos a: (a) segurança nuclear; (b) proteção radiológica; e (c) segurança física; e (2) ao transporte do combustível nuclear utilizado nos meios navais.

DIREITO AMBIENTAL – *Paulo de Bessa Antunes*

1.2 As competências dos estados e dos municípios em matéria nuclear

A competência do artigo 21 da CF dá à União um amplo campo de atuação em matéria nuclear. Já o artigo 23 da Constituição, que trata da competência comum entre a União, os Estados, o Distrito Federal e os Municípios, dispõe em seu inciso VI que aos referidos entes políticos compete *"proteger o meio ambiente e combater a poluição em qualquer de suas formas"*. É certo, ainda, que, no campo legislativo, o artigo 24 determina: *"Compete à União, aos Estados e ao Distrito Federal legislar concorrentemente sobre: [...] VI – florestas, caça, pesca, fauna, conservação da natureza, defesa do solo e dos recursos naturais, proteção do meio ambiente e controle da poluição"*. Ademais, o inciso VIII do mesmo artigo constitucional determina que aos mesmos entes políticos cabe a competência legislativa concorrente em matéria relativa a danos ao meio ambiente.

Por derradeiro, registre-se que os quatro parágrafos do artigo 24 determinam que, em se tratando de *legislação* concorrente, a competência da *União limita-se a estabelecer normas gerais*. Ocorre que a competência da União para legislar sobre as normas gerais não exclui a competência suplementar dos Estados. Na inexistência de lei federal que disponha sobre as normas gerais, os Estados exercerão a competência legislativa plena, para atender às suas peculiaridades regionais. Na hipótese de superveniência de lei federal disciplinadora daquilo que deve ser entendido como norma geral em cada uma das hipóteses definidas constitucionalmente, suspender-se-á a eficácia da lei estadual, naquilo que implique violação das normas gerais estabelecidas pelo Poder Legislativo da federação.

Quanto aos municípios, é de se observar que as suas competências constitucionais foram estabelecidas pelo artigo 30 da Lei Fundamental da República. Em assim sendo, aos municípios, por força do artigo 30, VIII, compete: *"promover, no que couber, adequado ordenamento territorial, mediante planejamento e controle do uso, do parcelamento e da ocupação do solo urbano"*.

1.3 Análise da estrutura de competências

Como já foi dito, é indiscutível a repercussão da utilização da energia nuclear sobre o meio ambiente. Tal repercussão encontra reconhecimento nas próprias normas constitucionais. A questão que se coloca ante o analista é a de saber se é possível aos Estados-Membros e aos Municípios legislar sobre meio ambiente quando se tratar das repercussões ambientais da utilização de material radioativo. É importante observar que, ao se falar em repercussões ambientais da energia nuclear, a situação vem se alterando dramaticamente e, sem dúvida alguma, é crescente o número de cientistas altamente respeitados que entendem que a energia nuclear pode desempenhar relevante papel no combate às mudanças climáticas globais.

> Todas as pesquisas detalhadas concordam, entretanto, que a energia nuclear é uma fonte de baixo carbono e, portanto, um bom candidato para o novo mix energético. Em especial trata-se de uma das poucas tecnologias que estão prontas para serem utilizadas. Não é renovável, já que o minério de urânio tem de ser escavado e um dia vai se esgotar. Mas as reservas atuais devem durar várias décadas, até mesmo se a indústria se expandir significativamente – e desenvolvimento tecnológico na área da reciclagem de combustível nuclear poderiam estender isso a vários milhares de anos. [...] Em parte a hostilidade à energia nuclear é um resquício de projetos antigos que refletiam uma menor consciência quanto à necessidade de segurança e que geravam mais lixo radioativo do que os modelos agora disponíveis (WALKER e KING, 2008, p. 134).

James Lovelock é categórico ao afirmar: "Acho que não consideramos a energia nuclear uma fonte boa e confiável de energia porque fomos cruelmente induzidos ao erro por um conjunto de mentiras. O erro foi erguido sobre um erro e repetido pela mídia de forma insensata até que a crença no mal essencial de todas as coisas nucleares se tornou parte de uma resposta instintiva" (LOVELOCK, 2010, p. 106).

As posições são respeitáveis, assim como são respeitáveis as críticas à energia nuclear que ainda não conseguiu convencer a coletividade quanto ao seu nível de segurança. Deve ser observado que a energia nuclear e os elementos radioativos estão tratados nos itens que definem a competência legislativa *privativa* da União (CF, artigo 22, XXVI). Relembre-se que o texto Constitucional fala em *"atividades nucleares de qualquer natureza"*. Parece-me que o inciso diz respeito não só à produção de radiação mas, também, a toda e qualquer repercussão que a *"atividade nuclear"* possa vir a causar nos diversos aspectos da vida humana. É de se verificar que a matéria nuclear não pode ser considerada como uma exceção à incidência da legislação de proteção ao meio ambiente, até mesmo porque o artigo 225 da Constituição Federal não excepcionou o nuclear em relação aos seus dispositivos. Se a energia nuclear se pretende sustentável ela precisa estar sujeita às regras ambientais, pois são estas que definem os padrões de sustentabilidade vigentes no País.

Ao atribuir competência privativa da União em matéria nuclear, a CF não impediu, nem proibiu, a incidência da legislação ambiental sobre as instalações nucleares. Ademais, não se pode deixar de considerar que o objetivo da norma contida no inciso XXVI do artigo 22 da Constituição Federal diz respeito à atividade nuclear-fim, ou seja, a geração de energia. Veja-se que, na Constituição de 1969 (artigo 8º, XV, *b*, e XVII, *i*), já havia norma semelhante àquelas que hoje se contêm nos artigos 21, inciso XXIII, e 22, inciso XXVI, da Constituição de 1988. Aqui, não se pode deixar de consignar que o Constituinte reproduziu normas que encontravam justificativa no contexto da ditadura militar que considerava a geração de energia por fonte nuclear como fator de segurança nacional. Neste ponto, a Constituição Cidadã não evoluiu em relação ao regime anterior.

Ocorre que o quadro normativo da Constituição de 1988 é muito mais complexo do que aquele existente nas duas Constituições anteriores, devido ao fato de que, diferentemente das cartas anteriores, o poder constituinte democrático exprimiu-se de maneira mais ambígua, em razão do conflito de interesses e do peso das diversas forças políticas que integraram a Assembleia Nacional Constituinte. Diante das circunstâncias apontadas, como é possível que, constitucionalmente, os Estados-Membros da Federação possam atuar em matéria nuclear? O tema é relevante, pois os Estados dispuseram, amplamente, sobre energia nuclear em suas Constituições.

Sabemos que o objeto do direito ambiental é vasto e que o conceito de meio ambiente é suficientemente largo para que, em seu interior, possam ser incluídas matérias muito distantes umas das outras. A princípio, não se pode confundir energia nuclear ou qualquer outra atividade que implique a utilização de radioisótopos radioativos com meio ambiente. A relação necessária entre o nuclear e o meio ambiente é que o nuclear, potencialmente, pode causar graves danos ambientais, seja no momento da mineração do mineral radioativo, seja no momento da utilização do radioisótopo ou, finalmente, quando se deva dar um destino aos rejeitos radioativos. Portanto, embora mantenham relações fundamentais, não se pode confundir meio ambiente e nuclear. Evidentemente que, em uma conceituação lata de Direito Ambiental e de proteção da natureza, as atividades nucleares, em geral, estão compreendidas entre aquelas que podem e devem ser normatizadas por regras de Direito Ambiental. A competência privativa, no caso, não pode se estender além da regulamentação da atividade nuclear em si e ultrapassar tais limites. As repercussões de eventos nucleares negativos sobre terceiros estão sujeitas a múltiplas regras jurídicas e não apenas às regras do direito nuclear

466 DIREITO AMBIENTAL – *Paulo de Bessa Antunes*

que, em geral, é um conjunto de normas produzidas em benefício da atividade nuclear e com vistas a viabilizá-la economicamente.

É relevante observar que o § 6º do artigo 225 da CF estabeleceu a obrigatoriedade de lei para a localização de instalações nucleares. Assim, a energia nucelar não está imune à incidência do artigo 225 da CF e da legislação ordinária que dele deriva. Ao contrário, a geração de energia nuclear é a única atividade que tem a expressa determinação constitucional de lei própria para a sua localização. O reconhecimento explícito de que o nuclear tem repercussões ambientais – daí a sua inserção parcial no capítulo constitucional referente ao meio ambiente – implica delegação de determinadas competências, tanto aos Estados quanto aos Municípios; definir os limites de tal competência é que é o problema.

A Constituição Federal de 1988 possui elementos capazes de alterar a jurisprudência do STF sobre o assunto? Penso que sim. Em primeiro lugar, deve ser observado que a Constituição de 1988 é muito mais abrangente em relação à utilização da energia nuclear e às disposições sobre o meio ambiente. Em segundo lugar, ainda que buscando afastar o tema nuclear do tema meio ambiente, estabelecendo a norma *excepcional* quanto à energia nuclear e meio ambiente, a Constituição, em seu artigo 225, § 6º, assume, claramente, a forte vinculação entre ambos. Pelo menos no que diz respeito às instalações nucleares, a Lei Fundamental entende que a matéria é relativa ao meio ambiente.

Observe-se, ainda, que a grande maioria dos Estados fez introduzir em suas Constituições normas que limitam as atividades nucleares. Tais limitações têm por essência a preocupação com a segurança das instalações e com o destino das diversas formas de rejeitos radioativos. Alguns Estados, inclusive, chegaram a determinar uma proibição pura e simples da energia nuclear em seus territórios.

O Supremo Tribunal Federal[4], embora reafirmando a sua tradicional jurisprudência em matéria nuclear, acrescentou, no voto do Ministro Joaquim Barbosa, que

> Tem nítido caráter de proteção da comunidade, tanto no que concerne à população como no que tange ao meio ambiente. Trata-se de norma elaborada com o intuito de impedir eventual exercício irregular ou perigoso de atividades nucleares que possam vir a causar danos à sociedade. Noto que houve preocupação do legislador estadual com a realização da pesquisa e outras atividades relacionadas com o setor nuclear no Estado de São Paulo.
>
> Contudo, não obstante a justa preocupação do legislador estadual, o fato é que a Constituição de 1988 determina expressamente, no artigo 22, XXVI, que compete privativamente à União legislar sobre atividades nucleares de qualquer natureza.

No caso concreto, vale mencionar que a ADI foi ajuizada pelo Sr. Governador do Estado de São Paulo, o que indica que os Executivos estaduais não têm interesse em aprofundar, no particular, a discussão sobre os limites de sua competência. A jurisprudência mais recente do STF pode abrir novos caminhos interpretativos para a matéria.[5]

1.4 Tratamento democrático do problema nuclear na Constituição de 1988

O tratamento democrático conferido pela Constituição Federal de 1988 ao complexo problema nuclear está nos artigos 49, XIV, 177, § 2º, e 225, § 6º. Por tais disposições consti-

---

[4] STF, ADI 1.575/SP, j. 07.04.2010, Tribunal Pleno, *DJe*-105, Divulg. 10.06.2010, Public. 11.06.2010.

[5] ADI 2.435, Rel. Min. Cármen Lúcia, j. 21.12.2020, P, *DJe* 26.03.2021 e RE 194.704, Rel. p/ o ac. Min. Edson Fachin, j. 29.06.2017, P, *DJe* 17.11.2017.

tucionais, o Congresso Nacional e a lei são os dois pilares fundamentais sobre os quais deve se alicerçar a atividade nuclear no Brasil. Há uma evidente mudança em relação ao sistema de 1969. Veja-se que, embora mantendo a competência federal para legislar sobre atividades nucleares de qualquer natureza, o que a nosso ver está correto, a Lei Fundamental determinou que tal competência é restrita a setores da atividade nuclear e que é o povo que deve definir os rumos de tal legislação. O artigo 49, XIV, estabelece que compete ao Poder Legislativo *aprovar iniciativas do Executivo referentes a atividades nucleares,* sendo certo que, por força do artigo 48, a aprovação congressual não depende de sanção do Chefe do Executivo. Quais seriam tais iniciativas? Seriam os projetos de lei originados do Executivo? O termo utilizado pela Constituição não é técnico. Aliás, a Constituição não tem obrigação de ser técnica, pois não é feita por técnicos nem para técnicos. Cabe ao jurista encontrar o sentido técnico-jurídico dos termos utilizados na Constituição, em harmonia com os princípios fundamentais que dão fisionomia e caráter à Lei Fundamental.

Pelo artigo 84, III, da Constituição Federal, cabe ao Chefe do Poder Executivo iniciar o processo legislativo nos casos e na forma previstos na própria Constituição. O inciso III do mesmo artigo atribui ao Presidente da República prerrogativas para sancionar, promulgar e fazer publicar as leis, bem como expedir decretos e regulamentos para sua fiel execução. Ora, não se pode perder de vista que o artigo 21, inciso XXIII, alínea *a,* determina que "toda atividade nuclear em território nacional somente será admitida para fins pacíficos e mediante aprovação do Congresso Nacional". Ao que nos é dado compreender, a Constituição Federal não autorizou o Presidente da República a expedir decretos e regulamentos em matéria nuclear sem que estes sejam aprovados pelo próprio Congresso; dito de outra maneira, o Presidente pode dispor sobre matéria nuclear, mas, nos estritos termos da Lei Fundamental da República, *as iniciativas do Executivo somente poderão produzir efeitos jurídicos após a aprovação pelo Congresso Nacional.* Trata-se de uma restrição imposta pelo Constituinte ao Executivo. Para nós, trata-se de uma situação peculiar, porém real: o Congresso aprova uma lei, sem sanção presidencial, e o Presidente a regulamenta; tal regulamento, contudo, só entra em vigor após a aprovação pelo próprio Congresso. É um duplo controle exercido pelo Legislativo sobre o Executivo: inicial e final.

O parágrafo único do artigo 22 admite: "lei complementar poderá autorizar os Estados a legislar sobre questões específicas das matérias relacionadas neste artigo". É preciso que se harmonize a competência da União definida no artigo 21 com aquela prevista no artigo 22. Tal harmonização só pode ser analisada à luz daquilo que dispõe o artigo 49, XIV, da Constituição. As *"questões específicas"* tratadas no parágrafo se referem a incisos que não encontrem, em outros locais da Lei Fundamental da República, obstáculos à delegação. Ora, em sendo competência exclusiva do Congresso Nacional *aprovar iniciativas do Poder Executivo relativas a atividades nucleares,* essa competência não pode ser delegada, por força do § 1º do artigo 68. A matéria nuclear é indelegável, por via de lei complementar, para os Estados. Em verdade, o inciso XXVI do artigo 22 da Constituição de 1988 cuida de competência exclusiva e não privativa.

1.5   O Brasil na comunidade nuclear internacional

O Brasil, como país-membro da comunidade internacional, participa de diversos acordos multilaterais sobre energia nuclear, sendo que diversos foram ratificados. Os documentos internacionais de que o Brasil é signatário são os seguintes: (1) Estatuto da Agência Internacional de Energia Atômica, ratificado aos 25 de julho de 1957; (2) Emenda aos artigos VI (13.10.1971), VI A I (19.02.1985 aceitação) e VI A 3 (13.02.1985) da Agência Internacional de Energia Atômica (AIEA); (3) Tratado para a proscrição das armas nucleares na América

468 DIREITO AMBIENTAL – *Paulo de Bessa Antunes*

Latina e no Caribe – Tratado de Tlateloco (29.01.1968); (4) Tratado para a proscrição das experiências com armas nucleares na atmosfera, no espaço cósmico e sob a água (04.03.1965); (5) Tratado sobre a proibição da colocação de armas nucleares e outras armas de destruição em massa do leito do mar, no fundo do oceano e em seu subsolo (15.03.1988); (6) Convenção sobre a proteção física de materiais nucleares (17.10.1985);[6] (7) Convenção sobre a pronta notificação de acidente nuclear (05.12.1990); (8) Convenção sobre assistência no caso de acidente nuclear ou emergência radiológica (05.12.1990)

2. OS IMPACTOS SOCIAIS DA ENERGIA NUCLEAR

A utilização da energia nuclear para fins pacíficos causou e causa muitos traumas e problemas. As fontes de energia de baixo carbono são responsáveis por cerca de 16% da energia mundial (2019), cabendo à energia nuclear o percentual de 4,3% do total.[7]

2.1 Acidentes nucleares na utilização pacífica da energia nuclear

2.1.1 Three Mile Island

O "acidente" nuclear de Three Mile Island [TMI] foi o maior acidente nuclear em instalações civis e não submetidas ao regime de segredo até os acontecimentos de Chernobyl e Fukushima. Aos 28 de março de 1979, ocorreu vazamento em uma das válvulas do sistema de resfriamento do reator nº 2 da central nuclear de *Three Mile Island,* localizada no Estado da Pensilvânia, EUA. O acidente obrigou a evacuação de 3.170 famílias da região e acarretou a perda do emprego de 636 pessoas. Foi paga uma indenização de 33 milhões de dólares àqueles que foram prejudicados pelo vazamento. Na ocasião do vazamento, não se registrou nenhuma vítima fatal.

Após o acidente foram ajuizadas inúmeras ações com vistas à obtenção de reparação dos danos sofridos pelos particulares e, em especial, danos à saúde. As 2.000 (duas mil) ações judiciais foram consolidadas em um único caso que, em 1997 foi inadmitido pela Juíza Sylvia H. Rambo Friday, da Corte Distrital Federal (U.S. District Court) de Harrisburg, Filadélfia que, em sua decisão lamentou que os autores não tivessem apresentado evidências suficientemente fortes relativas à exposição à dose de 10-rem de radiação que fora admitida por ambas as partes como capaz de causar danos à saúde, não possibilitando, portanto, a instauração do júri para examinar o mérito do caso.[8] A planta nuclear de TMI está em operação atualmente.

2.1.2 Chernobyl

A central nuclear de Chernobyl foi a causadora do acidente nuclear mais grave jamais verificado na história humana. O volume total dos custos financeiros decorrentes do acidente ainda não pode ser completamente contabilizado. O número total de vítimas, igualmente, ainda não pode ser avaliado. A 25 de abril de 1986, incendiou-se o reator nº 4 da central nuclear. O incêndio foi devido ao resultado negativo de uma experiência que estava sendo realizada. O número inicial de mortos foi de 32, sendo certo que o número de pessoas hospitalizadas

---

[6]   O Decreto 11.188/2022 promulgou Emenda à Convenção sobre a Proteção Física do Material Nuclear, adotada pela República Federativa o Brasil, em Viena, 2005.

[7]   Disponível em: https://ourworldindata.org/energy-mix. Acesso em: 26 maio 2022.

[8]   Disponível em: https://apnews.com/article/c24efcb5a4d1b61f83ad1142cd0b2464. Acesso em: 22 ago. 2021.

chegou a 299. Inicialmente, foram evacuadas 12.000 pessoas. Um total de 20.000 pessoas foi submetido a processos de descontaminação. Os resultados se espalharam pelo mundo inteiro (RÉMOND-GOUILLOUD, 1989, p. 79).

O Comitê científico da Organização das Nações Unidas[9], analisando os dados disponíveis sobre o acidente, conclui que o "evento foi trágico para suas vítimas" que tiveram entre os maiores afetados aqueles profissionais e voluntários que atuaram na resposta à emergência, com várias mortes. Todavia, a maior parte das pessoas residentes na região foram "expostos a níveis de radiação comparáveis ou algumas vezes mais altos do que os níveis naturais anuais, e as exposições futuras continuam a diminuir lentamente à medida que os radionuclídeos decaem. Vidas foram seriamente afetadas pelo acidente de Chernobyl, mas do ponto de vista radiológico, perspectivas geralmente positivas para a saúde futura da maioria das pessoas devem prevalecer."

2.1.3   Césio 137

No Brasil houve um *acidente radiológico* muito relevante, em Goiânia, no ano de 1987, cujas consequências negativas somente foram superadas pelas decorrentes dos *acidentes nucleares* de Chernobyl e Fukushima. Um grupo de apanhadores de papel/lixo encontrou um objeto metálico em um depósito de lixo e resolveu abri-lo para verificar o que havia dentro. Foi encontrada uma estranha pedra azul brilhante que encantou os seus desafortunados descobridores. A pedra era o mineral radioativo Césio 137. Além da pedra, havia um pó azul que foi espalhado pelos dois apanhadores (Wagner Pereira e Roberto Alves) em seus corpos. A pedra e o pó foram retirados do local e exibidos pelos seus descobridores a diversos amigos e vizinhos.

A primeira vítima fatal do acidente radiológico foi a menina Leide das Neves Ferreira, seguindo-se outras. Todavia, incrivelmente, os catadores sobreviveram, bem como o proprietário do ferro-velho[10]. A Associação das Vítimas do Césio 137 afirma que até 2012 (25 anos do acidente radiológico), cerca de 104 pessoas morreram nos anos seguintes pela contaminação, decorrente de câncer e outros problemas, e cerca de 1.600 tenham sido afetadas diretamente. Várias pessoas sobreviveram, apesar das altas doses de radiação. Isto pode ter acontecido, em alguns casos, porque receberam doses fracionadas. Com o tempo, os mecanismos de reparo do corpo poderão reverter o dano celular causado pela radiação[11].

A Comissão Nacional de Energia Nuclear fez monitoramento em aproximadamente 112 mil pessoas, tendo encontrado 249 contaminadas. A experiência com outros acidentes nucleares demonstra que não se pode ter certeza de que o número de vítimas permanecerá aquele atualmente conhecido.

Após longas batalhas judiciais, o Supremo Tribunal Federal tem reconhecido o direito das vítimas à indenização pelos danos sofridos[12]. No campo penal, houve a condenação por homicídio culposo dos donos da clínica que, criminosamente, deixaram abandonado o aparelho que utilizava o césio 137. A pena aplicada pela Justiça foi de três anos de detenção,

---

[9]   Disponível em: https://www.unscear.org/unscear/en/chernobyl.html?print. Acesso em: 22 ago. 2021.

[10]   Devair Alves Ferreira, o dono do ferro-velho sobreviveu em primeira mão à exposição, apesar de ter recebido 7 Gy de radiação. Veio a falecer em 1994, vítima de câncer.

[11]   Disponível em: https://pt.wikipedia.org/wiki/Acidente_radiol%C3%B3gico_de_Goi%C3%A2nia. Acesso em: 22 ago. 2021.

[12]   STF, ARE 1.069.071/GO, 0311404-49.2007.8.09.0051, Rel. Min. Gilmar Mendes, j. 01.08.2018, *DJe*-162 10.08.2018.

passível de conversão em prestação de serviços à comunidade. A pena foi rigorosa, dentro da fragilidade da legislação vigente. A condenação, no entanto, somente ocorreu em 1992.

A Lei 14.226/2002 do Estado de Goiás reconheceu a responsabilidade do estado, sem a existência de relação de causa e efeito em relação com o acidente radiológico aos (1) servidores públicos e aos agentes requisitados da administração indireta, irradiados ou contaminados no trabalho da descontaminação da área acidentada com a substância radiativa Césio 137, ocorrida no ano de 1987, na vigilância do Depósito Provisório em Abadia de Goiás e no atendimento de saúde prestado às vítimas diretas do acidente radiológico, e aos (2) descendentes, até a Segunda geração, de pessoas irradiadas e/ou contaminadas no desempenho da atividade laboral, nascidos após o acidente radiológico, desde que portadores de moléstia considerada grave ou crônica e aos (3) descendentes até a segunda geração, nascidos após o acidente de 1987, das vítimas falecidas e ainda não reconhecidas pelo Estado de Goiás como irradiadas ou contaminadas, portadores de moléstia grave ou crônica, desde que comprovem, através de regular procedimento administrativo junto à AGANP, com intervenção obrigatória da SULEIDE, o efetivo trabalho do ascendente na descontaminação da área acidentada com o Césio 137, na vigilância do Depósito Provisório em Abadia de Goiás e no atendimento de saúde prestado às vítimas diretas.

2.1.4   Fukushima

Aos 11 de março de 2011[13], houve um grande terremoto acompanhado de tsunami no Japão, os quais alcançaram 9,0 na escala Richter em profundidade de aproximadamente 25 quilômetros. Tal terremoto obrigou ao imediato fechamento de 11 reatores nucleares japoneses (Onagawa 1, 2 e 3; Fukushima Dai-ichi 1, 2 e 3; Fukushima Dai-ni 1, 2, 3 e 4; e Tokai 2). O tsunami gerou ondas de mais de 14 metros de altura na planta nuclear de Dai-ichi. O terremoto e o tsunami produziram devastação que se espalhou pelo nordeste japonês, resultando em aproximadamente 25.000 pessoas mortas ou desaparecidas, desalojando dezenas de milhares de pessoas, e impactou significativamente na infraestrutura e a indústria costeiras do Japão.[14]

3.   RESPONSABILIDADE CIVIL POR DANOS NUCLEARES

A responsabilidade civil por danos nucleares, diferentemente da responsabilidade civil por danos ao meio ambiente é constitucionalmente objetiva. A matéria é regulada pela Lei 6.453/1977 que dispõe sobre responsabilidade civil e penal em matéria nuclear. A lei aplica--se, apenas ao *dano nuclear* que é *o dano pessoal ou material produzido como resultado direto ou indireto das propriedades radioativas, da sua combinação com as propriedades tóxicas ou com outras características dos materiais nucleares, que se encontrem em instalação nuclear, ou dela procedentes ou a ela enviados* (artigo 1º, VII). O dispositivo legal não menciona o meio ambiente, ou os seus componentes, como parte potencialmente afetada pelos danos nucleares. Entretanto, é evidente que no regime constitucional de 1988, a matéria está incluída.

A responsabilidade civil por danos nucleares possui características próprias, tais como a (1) canalização, a (2) limitação e a (3) exclusão de responsabilidade em relação à vítima que tenha dado causa ao dano nuclear.

A responsabilidade canalizada é exclusiva do operador da instalação nuclear, sendo objetiva. Logo, ocorrendo acidente nuclear, isto é, o fato ou sucessão de fatos da mesma

---

[13]   Disponível em: http://pbadupws.nrc.gov/docs/ML1118/ML111861807.pdf. Acesso em: 26 maio 2022.

[14]   Disponível em: http://www.nrc.gov/japan/japan-info.html. Acesso em: 26 maio 2022.

origem, que cause dano nuclear, não há que se indagar sobre autoria ou culpa. Os danos nucleares que dão margem à aplicação da responsabilidade específica são: (1) o corrido na instalação nuclear; o (2) provocado por material nuclear procedente de instalação nuclear, quando o acidente ocorrer: a) antes que o operador da instalação nuclear a que se destina tenha assumido, por contrato escrito, a responsabilidade por acidentes nucleares causados pelo material; b) na falta de contrato, antes que o operador da outra instalação nuclear haja assumido efetivamente o encargo do material; o (3) provocado por material nuclear enviado à instalação nuclear, quando o acidente ocorrer: a) depois que a responsabilidade por acidente provocado pelo material lhe houver sido transferida, por contrato escrito, pelo operador da outra instalação nuclear; b) na falta de contrato, depois que o operador da instalação nuclear houver assumido efetivamente o encargo do material a ele enviado.

Há solidariedade quando o dano nuclear é da responsabilidade de mais de um operador, sendo impossível apurar a responsabilidade individual de cada um deles, observado o que consta dos artigos 9º/13 da Lei 6.453/1977 que estabelecem limites ou tarifas para a responsabilidade. O artigo 9º da lei de responsabilidade civil por danos nucleares estabelece um limite para a responsabilidade do operador, em cada acidente, equivalente a um milhão e quinhentas mil Obrigações Reajustáveis do Tesouro Nacional que, sendo que no mês de setembro de 2022 cada ORTN correspondia a R$ 1,6738, chegando-se a um total de R$ 2.510.700,000 (dois milhões, quinhentos de dez mil e setecentos reais. O valor é claramente insuficiente para a eventualidade de um acidente nuclear. O valor insuficiente gera uma perplexidade quando cotejado com o teor do artigo 10 da Lei 6.453/1977 que estabelece a utilização do rateio entre os credores, na proporção de seus direitos, caso a "indenização relativa a danos causados por determinado acidente nuclear exceder ao limite fixado" no artigo 9º. Os acidentes nucleares de Chernobyl e Fukushima demonstraram a insuficiência dos valores adotados pela lei brasileira. Em relação a Chernobyl os valores de perdas econômicas são estimados em U$ 235 bilhões[15], no caso do acidente de Fukushima, a empresa Tokyo Electric Power Company já pagou cerca de 9,7 trilhões de ienes (aproximadamente U$ 92 bilhões)[16]. Diante desses valores, o teto indenizatório estabelecido na legislação nacional é risível.

O § 1º do artigo 10 estabelece ordem de preferência no rateio dos débitos, sendo certo que "os débitos referentes a danos pessoais serão executados separada e preferentemente aos relativos a danos materiais". Os danos materiais somente serão pagos, com o saldo existente, a ser rateado "entre os credores por danos materiais". O direito à indenização prescreve no prazo de 10 (dez) anos, contados da data do acidente nuclear (artigo 12). Na hipótese de que o acidente nuclear tenha sido causado por material subtraído, perdido ou abandonado, a prescrição, contar-se-á do acidente, mas não excederá a 20 (vinte) anos contados da data da subtração, perda ou abandono. É evidente que os prazos prescricionais começam a correr com a ciência do dano, motivo pelo qual eventuais danos futuros, terão como início do prazo prescricional o dia em que o dano for do conhecimento da vítima, notadamente em casos de saúde[17]. Em relação aos acidentes de trabalho, registre-se a existência da Súmula 278 do STJ[18].

---

[15]   Disponível em: https://www.nationalgeographicbrasil.com/2019/06/o-que-aconteceu-desastre-chernobyl-uniao-sovietica-ucrania-energia-nuclear. Acesso em: 23 ago. 2021

[16]   Disponível em: https://thebulletin.org/2021/03/a-fukushima-lesson-victim-compensation-schemes-need-updating/. Acesso em: 23 ago. 2021.

[17]   STJ, REsp 1.346.489/RS, Rel. Min. Ricardo Villas Bôas Cueva, 3ª Turma, j. 11.06.2013, *DJe* 26.08.2013.

[18]   Súmula 278: "O termo inicial do prazo prescricional, na ação de indenização, é a data em que o segurado teve ciência inequívoca da incapacidade laboral".

472 | DIREITO AMBIENTAL – *Paulo de Bessa Antunes*

4. REJEITOS RADIOATIVOS

Rejeito nuclear ou lixo nuclear é todo material contaminado cuja produção seja resultado da atividade desenvolvida em uma instalação nuclear. Atualmente, o rejeito produzido pelos reatores nucleares em atividade em todo o mundo é equivalente a algumas centenas de toneladas e cresce constantemente, sendo o seu armazenamento e descarte extremamente problemáticos. Os rejeitos nucleares podem se revestir de várias formas e cada uma delas possui características bastante diversas das demais modalidades. Os rejeitos radioativos podem ser classificados como de radioatividade: (1) baixa; (2) média; ou (3) alta No Brasil, atualmente, somente a Central Nuclear Almirante Álvaro Alberto produz rejeitos de alta radioatividade, a matéria está regulada pela Lei 10.308/2001.

A energia nuclear, independentemente do juízo de valor que dela se faça, traz consigo um inequívoco problema, que é o gerado pelo rejeito radioativo que se alastra diariamente em grande proporção. Esse é um problema que acompanha todos os equipamentos que utilizam a radiação ionizante em qualquer de suas formas conhecidas até hoje.

Os problemas mais significativos existentes no Brasil referentes aos rejeitos radioativos são aqueles causados pelo Césio 137, na cidade de Goiânia, capital do Estado de Goiás; pelos rejeitos da usina nuclear de Angra dos Reis e por mineradoras que trabalham com material radioativo na extração mineral e, simplesmente, deixam o rejeito decorrente de sua atividade para que a sociedade e o Poder Público o tratem.[19]

O rejeito nuclear não pode ser examinado apenas em relação às instalações nucleares; o problema é muito mais grave. Fato é que existem centenas, senão milhares, de equipamentos que utilizam material radioativo em nosso país e não há uma lei federal regulamentando a disposição final desses rejeitos. O acidente com o Césio 137, que é o maior acidente radiológico brasileiro, muito embora não tenha sido causado por uma instalação nuclear, é um caso exemplar. No ano de 1987, o Poder Executivo encaminhou ao Congresso Nacional mensagem contendo projeto de lei sobre depósito intermediário de rejeitos radioativos. Aos 19 de novembro de 1987, foi aprovada a urgência para a tramitação de tal mensagem. A urgência foi retirada aos 16 de maio de 1990.[20] Em abril de 1992, foi anunciada a abertura de uma concorrência para a realização do Estudo de Impacto Ambiental que deveria anteceder à construção do depósito definitivo do lixo nuclear resultante do acidente acontecido em Goiânia. O depósito foi previsto para armazenar cinco mil toneladas de rejeito radioativo e somente ficou pronto em 1994, isto é, sete anos após o acidente.[21]

Finalmente, o Congresso Nacional saiu de sua inércia e aprovou a Lei 10.308/2001, que "dispõe sobre a seleção de locais, a construção, o licenciamento, a operação, a fiscalização, os custos, a indenização, a responsabilidade civil e as garantias referentes aos depósitos de rejeitos radioativos, e dá outras providências".

O objetivo da lei é estabelecer normas para o destino final dos rejeitos radioativos produzidos no território nacional, bem para a seleção de locais, a construção, o licenciamento, a operação, a fiscalização, os custos, a indenização, a responsabilidade civil e as garantias referentes aos depósitos radioativos. Ou seja, buscou-se cobrir todo o espectro do problema. Conforme foi definido pelo parágrafo único do artigo 1º da lei em questão, a nomenclatura a ser adotada para a implementação da norma legal é aquela estabelecida nas normas da Autoridade Nacional de Segurança Nuclear – ANSN.

---

[19] PASCHOA, Anselmo. *Jornal do Brasil*, 04.04.1992.
[20] *Ecologia e Desenvolvimento*, nº 9, ano 1, p. 41.
[21] *O Estado de S. Paulo*, 13.04.1992.

4.1 Responsabilidade pelos rejeitos radioativos

Os rejeitos radiativos são regulados pela Lei 10.308/2001 que estabelece as normas para o destino final dos rejeitos radioativos produzidos em território nacional, incluídos a seleção de locais, a construção, o licenciamento, a operação, a fiscalização, os custos, a indenização, a responsabilidade civil e as garantias referentes aos depósitos radioativos. Cabe à União, com base nos artigos 21, inciso XXIII, e 22, inciso XXVI, da Constituição Federal, por intermédio da Comissão Nacional de Energia Nuclear – CNEN, no exercício das competências que lhe são atribuídas pela Lei 6.189, de 16 de dezembro de 1974, modificada pelas Leis 7.781/1989 e 14.222/2021, a responsabilidade pelo destino final dos rejeitos radioativos produzidos em território nacional, que serão armazenados em (1) depósitos iniciais; (2) depósitos intermediários; (3) depósitos finais.

A construção, licenciamento, administração e operação dos depósitos deve ser feita conforme os critérios, procedimentos e normas definidos pela Agência Nacional dê Segurança Nuclear – ANSN. Os locais para os depósitos iniciais serão definidos pela ANSN, de acordo com os mesmos critérios adotados para a para a localização das atividades produtoras de rejeitos radioativos. Já seleção dos locais para a instalação de depósitos intermediários e finais obedecerá aos critérios, procedimentos e normas estabelecidos pela ANSN. No caso dos depósitos finais, os terrenos escolhidos serão declarados de utilidade pública e desapropriados, caso sejam de domínio privado. Há proibição legal de instalação de depósito de rejeitos de quaisquer naturezas nas ilhas oceânicas, na plataforma continental e nas águas territoriais brasileiras.

Quando se tratar de depósitos iniciais de rejeitos radiativos, o projeto, a construção e a instalação são de responsabilidade do titular da autorização concedida pela ANSN para operação da instalação onde são gerados os rejeitos. No caso de depósitos intermediários e finais, cabe à CNEN projetá-los, construí-los e instalá-los. Os serviços poderão ser delegados, mantida responsabilidade integral da CNEN. da CNEN. O licenciamento dos depósitos se divide entre a ANSN e os órgãos de controle ambiental, competindo à ANSN o licenciamento relativo ao transporte, manuseio e armazenamento de rejeitos radioativos e à segurança e à proteção radiológicas das instalações.

4.1.1 Responsabilidade civil

Em se tratando de depósitos iniciais, a responsabilidade por danos radiológicos pessoais, patrimoniais e ambientais causados por rejeitos radioativos neles depositados, independentemente de culpa ou dolo, é do titular da autorização para operação da instalação; já nos depósitos intermediários e finais, a responsabilidade civil por danos radiológicos pessoais, patrimoniais e ambientais causados por rejeitos radioativos neles depositados, independentemente de culpa ou dolo, é da Comissão Nacional de Energia Nuclear – CNEN.

Quando se tratar do transporte de rejeitos dos depósitos iniciais para os depósitos intermediários ou de depósitos iniciais para os depósitos finais, a responsabilidade civil por danos radiológicos pessoais, patrimoniais e ambientais causados por rejeitos radioativos é do titular da autorização para operação da instalação que contém o depósito inicial. Já no transporte de rejeitos dos depósitos intermediários para os depósitos finais, a responsabilidade civil por danos radiológicos pessoais, patrimoniais e ambientais causados por rejeitos radioativos é da CNEN. Ainda que exista a possibilidade de delegação, a terceiros, da atividade de transporte do material dos depósitos intermediários para os depósitos finais, a responsabilidade civil remanesce afetada à Comissão Nacional de Energia Nuclear – CNEN.

474 | DIREITO AMBIENTAL – *Paulo de Bessa Antunes*

Somente mediante a prestação de garantias, previstas no artigo 13 da Lei 6.453, de 17 de outubro de 1977, serão concedidas autorizações para a operação de depósitos iniciais, intermediários ou finais. O titular da autorização para a operação da instalação, quando se tratar de operação ou descomissionamento de depósitos iniciais e de intermediários ou finais, na hipótese de estarem sendo operados por terceiros, deverá apresentar garantia suficiente para fazer frente às indenizações por danos radiológicos causados por rejeitos radioativos. Na forma do artigo 25 da Lei 10.308/2001, "nos depósitos intermediários e finais, caso sejam operados por terceiros, consoante o artigo 13 desta Lei, o prestador de serviços deverá oferecer garantia para cobrir as indenizações por danos radiológicos".

Os direitos eventualmente existentes sobre os rejeitos radiativos são transferidos para a Comissão Nacional de Energia Nuclear – CNEN, mediante a sua simples entrega para armazenamento nos depósitos intermediários ou finais.

5. A RESPONSABILIDADE PENAL EM MATÉRIA NUCLEAR

A responsabilidade criminal em matéria nuclear está prevista na Lei 6.453, de 17 de outubro de 1977, embora a lei não esgote todas as hipóteses de crimes que possam ser praticados com a utilização de material nuclear ou relacionados com a atividade nuclear em todas as suas múltiplas possibilidades. O potencial de agressão dos delitos nucleares é imenso e, no entanto, eles não mereceram até hoje uma legislação que não diga respeito, apenas, às instalações nucleares. O que acontece é que crimes de imensas repercussões sociais são punidos pela legislação penal comum que, como se sabe, não é vocacionada para a delinquência tecnológica. No Brasil, infelizmente, existe um exemplo claro dessa situação que nos é dado pelo processo criminal contra os causadores da catástrofe de Goiânia, afinal condenados por homicídio culposo (artigo 121, § 3º, do Código Penal).

5.1 Os crimes previstos na Lei 6.453/1977

Os *crimes nucleares* estão relacionados nos artigos 20/27 da Lei 6.453/1977, sendo que o artigo 19 limita-se a fazer uma exposição genérica dos preceitos nos quais estão previstos os crimes cometidos na exploração e utilização da energia nuclear.

A primeira constatação a ser feita é que, ao longo dos artigos 20/27, encontra-se, apenas, um crime de exposição da vida, da saúde e do patrimônio a perigo causado pela não observação de regras de segurança ou proteção relativas à instalação nuclear ou ao uso, transporte, posse e guarda de material nuclear, que é o descrito no artigo 26.

O dano propriamente dito não foi objeto de tutela específica, pois a lei optou por permanecer no mero perigo. Qualquer ato ou omissão que implique dano efetivo causado contra a pessoa humana, contra a vida humana, contra a saúde pública, contra o meio ambiente, ou mesmo contra o patrimônio público ou privado, deverá ser punido pela legislação penal comum. Tanto o Código Penal como a legislação extravagante poderão vir a ser utilizados, conforme o caso concreto.

Os crimes previstos na lei de responsabilidade pela utilização de energia nuclear dizem respeito, muito mais, a atos praticados contra as instalações nucleares ou contra a Administração Pública, pela inobservância de normas técnicas, do que a atos ilícitos praticados durante a operação da instalação nuclear e que possam ter atingido a vida humana ou o patrimônio dos indivíduos, ou mesmo o meio ambiente.

O artigo 19 é bem demonstrativo da filosofia adotada pela lei em tela, *in verbis:*

Capítulo 16 · ENERGIA NUCLEAR | **475**

> *Constituem crimes na exploração e utilização da energia nuclear os descritos neste capí-tulo, além dos tipificados na legislação de segurança nacional [...]*
>
> *a) Artigo 20. Produzir, processar, fornecer ou usar material nuclear sem a necessária au-torização ou para fim diverso do permitido em lei: Pena: reclusão, de quatro a dez anos.*

O crime é praticado por qualquer pessoa física ou jurídica que se destine a produzir, processar, fornecer ou usar material nuclear sem a autorização do Poder Público. O objeto jurídico tutelado é o poder de polícia da Administração Pública. A utilização de material nuclear, a sua produção, processamento e comércio somente podem ser feitos mediante autorização específica de órgão do Poder Público, no caso, a Comissão Nacional de Energia Nuclear – CNEN. A autorização vencida é equiparável à autorização inexistente.

> *b) Artigo 21. Permitir o responsável pela instalação nuclear sua operação sem a necessária autorização. Pena: reclusão, de dois a seis anos.*

É a primeira vez que a lei utiliza o termo *responsável* e não o termo *operador*. Parece-me que a norma se destina à direção da empresa ou instituição operadora da instalação nuclear. O *operador* da instalação nuclear, nos termos da lei, é sempre a "pessoa jurídica devidamente autorizada para operar instalação nuclear". Trata-se de uma responsabilidade pessoal.

O objeto jurídico tutelado é o poder de polícia da Administração Pública.

> *c) Artigo 22. Possuir, adquirir, transferir, transportar, guardar ou trazer consigo material nuclear, sem a necessária autorização. Pena: reclusão, de dois a seis anos.*

A definição de material nuclear é a constante da própria lei (artigo 1º, inciso IV). O sujeito ativo pode ser qualquer pessoa. O objeto jurídico tutelado é o poder de polícia da Administração Pública.

> *d) Artigo 23. Transmitir ilicitamente informações sigilosas, concernentes à energia nuclear. Pena: reclusão, de quatro a oito anos.*

Trata-se de um artigo curioso. As informações referentes ao ciclo nuclear estão ampla-mente disseminadas pelo mundo, seja na comunidade científica, seja na sociedade em geral. Diversas centrais nucleares são negociadas entre empresas e governos e, de fato, a utilização civil da energia nuclear não conhece mais segredos. Eventualmente podem existir segredos *industriais e não nucleares,* como pretende a lei. O segredo nuclear, tal como está estipulado no tipo, parece-me ser de natureza militar e, portanto, incabível em lei destinada às atividades civis.

O próprio plano de evacuação em caso de acidente nuclear em Angra dos Reis perma-neceu sigiloso durante muitos anos. Observe-se a contradição, pois, se a população tiver que ser retirada da região, *necessariamente,* terá que ter conhecimento do plano de evacuação. A finalidade do artigo ora examinado é obscura. O objeto jurídico tutelado é o sigilo das informações sobre energia nuclear. Ora, em sendo a energia nuclear um monopólio federal, o princípio da publicidade da Administração Pública (CF, artigo 37) impede a existência de sigilo, salvo expressa previsão legal.

Uma questão bastante interessante que é suscitada pelo artigo é a referente ao sigilo em relação a uma atividade que se encontra sob regime de monopólio. Como se sabe, o sigilo industrial tem por finalidade impedir que uma empresa se aproprie de técnicas e pesquisas de outra e passe a fazer uma concorrência desleal. No regime de monopólio, a referida situa-ção não existe, pois não há concorrência entre empresas. Ademais, as instalações nucleares

476 DIREITO AMBIENTAL – *Paulo de Bessa Antunes*

brasileiras foram adquiridas no exterior e, portanto, não há qualquer segredo industrial em relação a elas, pois são produzidas em série e com tecnologia conhecida.

> *e) Artigo 24. Extrair, beneficiar ou comerciar ilegalmente minério nuclear. Pena: reclusão, de dois a seis anos.*

O objeto jurídico tutelado é a Administração Pública e o seu interesse em controlar a circulação econômica dos minérios nucleares. O sujeito ativo pode ser qualquer pessoa. O crime só admite a forma dolosa.

> *f) Artigo 25. Exportar ou importar, sem a necessária licença, material nuclear, minérios nucleares e seus concentrados, minérios de interesse para a energia nuclear e minérios e concentrados que contenham elementos nucleares. Pena: reclusão, de dois a oito anos.*

O objeto jurídico tutelado é o poder de polícia da Administração Pública e, em especial, o seu interesse em manter o controle da entrada e saída de material radioativo do território nacional. O sujeito ativo do crime é qualquer indivíduo. Ante a natureza do presente tipo, as questões suscitadas em relação ao artigo 334 do Código Penal guardam uma relevante pertinência. Observe-se que a pena cominada para o artigo da lei penal comum é inferior àquelas da lei de responsabilidade nuclear.

> *g) Artigo 26. Deixar de observar as normas de segurança ou de proteção relativas à instalação nuclear ou ao uso, transporte, posse e guarda de material nuclear, expondo a perigo a vida, a integridade física ou o patrimônio de outrem. Pena: reclusão, de dois a oito anos.*

É o único crime, previsto na legislação nuclear, que não diz respeito à Administração Pública ou a circunstâncias inerentes ao próprio processo de produção nuclear. É um tipo penal bastante insuficiente para penalizar qualquer dano gerado por qualquer falha, ação ou omissão, culposa ou dolosa cuja fonte seja a instalação nuclear.

O tipo limita-se a falar em um genérico *outrem,* tal qual os tipos penais voltados para a repressão de delitos individuais praticados contra indivíduos. O dano nuclear é *sempre coletivo,* a história não registra um único caso em que um dano nuclear tenha sido sofrido por um único indivíduo.

A exposição a perigo causada por instalação nuclear será sempre coletiva e a lei deveria contemplar essa hipótese. Em verdade, o tipo do artigo 26 é uma deliberada redução, para efeitos penais, das consequências do perigo nuclear. Tendo em vista o monopólio da energia nuclear existente no Brasil, percebe-se que está voltado para a proteção da camada tecnoburocrática responsável pela operação das instalações nucleares.

O tipo não contempla, ainda, o dano ambiental que somente poderá ser punido como crime de poluição, previsto na Lei 6.938/1981. O tipo não contempla casos de morte em decorrência de ilícitos nucleares que, dessa forma, deverão ser enquadrados no Código Penal como homicídio; a qualificação de culposo ou doloso deverá ser feita diante do caso concreto, não sendo aceitável que se adote a posição de considerá-los culposos *a priori.*

> *h) Artigo 27. Impedir ou dificultar o funcionamento de instalação nuclear ou o transporte de material nuclear. Pena: reclusão, de quatro a dez anos.*

É interessante constatar que o crime apenado com maior rigor é o tipificado no artigo 27. A sua pena supera, inclusive, a prevista no artigo 26 que, como se viu, é o único que guarda alguma relação com a vida dos cidadãos. O artigo é aquele que mais profundamente assume o caráter de defesa das instalações nucleares e não da comunidade, contido na lei que está sob exame. Tanto do ponto de vista penal como do ponto de vista civil, a Lei 6.453 é muito mais uma lei de defesa da energia nuclear do que uma lei de defesa dos cidadãos contra a energia nuclear.

4ª PARTE
RECURSOS HÍDRICOS

Capítulo 17
ÁGUA POTÁVEL E SANEAMENTO

O acesso à água potável e ao saneamento é o ODS 6. A situação do acesso à água potável e ao saneamento no Brasil, ainda está distante do desejável. Aproximadamente 35 milhões de brasileiros não têm acesso à água potável e cerca de 100 milhões não têm serviço de coleta de esgotos. Desses, 5 milhões e meio estão nas 100 maiores cidades brasileiras. O País não trata metade dos esgotos que produz, lançando na natureza, diariamente, mais de cinco mil piscinas olímpicas de esgotos sem tratamento. A desigualdade nos índices de acesso ao saneamento é enorme: as 20 cidades mais bem colocadas no ranking nacional de saneamento, tratam 97% de seu esgoto; já as 20 cidades com as piores colocações tratam apenas 25%.[1]

Objetivo 6. Assegurar a disponibilidade e gestão sustentável da água e saneamento para todas e todos

6.1 Até 2030, alcançar o acesso universal e equitativo a água potável e segura para todos

6.2 Até 2030, alcançar o acesso a saneamento e higiene adequados e equitativos para todos, e acabar com a defecação a céu aberto, com especial atenção para as necessidades das mulheres e meninas e daqueles em situação de vulnerabilidade

6.3 Até 2030, melhorar a qualidade da água, reduzindo a poluição, eliminando despejo e minimizando a liberação de produtos químicos e materiais perigosos, reduzindo à metade a proporção de águas residuais não tratadas e aumentando substancialmente a reciclagem e reutilização segura globalmente

6.4 Até 2030, aumentar substancialmente a eficiência do uso da água em todos os setores e assegurar retiradas sustentáveis e o abastecimento de água doce para enfrentar a escassez de água, e reduzir substancialmente o número de pessoas que sofrem com a escassez de água

---

[1] Disponível em: https://agenciabrasil.ebc.com.br/radioagencia-nacional/saude/audio/2021-03/saneamento-basico. Acesso em: 8 jun. 2022.

6.5 Até 2030, implementar a gestão integrada dos recursos hídricos em todos os níveis, inclusive via cooperação transfronteiriça, conforme apropriado

6.6 Até 2020, proteger e restaurar ecossistemas relacionados com a água, incluindo montanhas, florestas, zonas úmidas, rios, aquíferos e lagos

6.a Até 2030, ampliar a cooperação internacional e o apoio à capacitação para os países em desenvolvimento em atividades e programas relacionados à água e saneamento, incluindo a coleta de água, a dessalinização, a eficiência no uso da água, o tratamento de efluentes, a reciclagem e as tecnologias de reuso

6.b Apoiar e fortalecer a participação das comunidades locais, para melhorar a gestão da água e do saneamento

1. ÁGUA

A água é elemento indispensável à vida, no entanto, há muita pouca consciência em relação à proteção das águas que, rotineiramente, são consideradas como um recurso inesgotável. Aproximadamente 12% das reservas de água doce da Terra e 53% dos recursos hídricos da América do Sul estão localizados no Brasil. O Bioma brasileiro que possui a maior quantidade de água é a Amazônia, com mais de 10,6 milhões de hectares de área média, seguida pela Mata Atlântica (mais de 2,1 milhões de hectares) e pelo Pampa (1,8 milhão de hectares). O Pantanal ocupa a quinta posição, com pouco mais de 1 milhão de hectares de área média, atrás do Cerrado (1,4 milhão de hectares)[2]. Muito embora o Brasil seja um País com abundância de recursos hídricos, pesquisas demonstram que aproximadamente 15,7% de superfície de água foi perdida nos últimos 30 anos, o equivalente a 3,1 milhões de hectares de superfície hídrica. Em 1991, a superfície hídrica nacional era de cerca de 19 milhões de hectares. Em 2020, a área foi reduzida para 16,6 milhões de hectares, redução equivalente a mais de uma vez e meia a superfície de água de toda região Nordeste em 2020. Ainda segundo os levantamentos, as maiores reduções da superfície hídrica ocorreram nas proximidades das fronteiras agrícolas, o que sugere que o aumento do consumo, construção de pequenas represas em fazendas, provocando assoreamento e fragmentação da rede de drenagem, vem junto com o desmatamento e aumento de temperatura e são fatores que podem explicar as da diminuição da superfície da água no Brasil. Estima-se que o Rio Negro tenha perdido 22% de sua superfície desde a década de 90 do século passado. O Rio São Francisco perdeu, aproximadamente, 50% da superfície de água natural entre 1985 e 2020[3].

Em relação ao consumo de água, é importante ressaltar que a maior parte cabe à agricultura, pois aproximadamente 70% de toda a água doce é utilizada em irrigação de plantações e, a maior parte dessa água não pode ser reaproveitada, devido à contaminação por agrotóxicos. Dos 30% restantes, 20% são utilizados pela indústria; os demais 10% são utilizados pela população mundial para uso doméstico diverso.

---

[2]   Disponível em: https://g1.globo.com/natureza/noticia/2021/08/23/brasil-perdeu-15percent-dos-seus-recursos-hidricos-nos-ultimos-30-anos-uma-perda-quase-o-dobro-da-superficie-de-agua-de-todo-o-nordeste.ghtml. Acesso em: 8 jun. 2022.

[3]   Disponível em: https://epbr.com.br/rio-sao-francisco-perdeu-50-da-superficie-de-agua-em-35-anos/. Acesso em: 8 jun. 2022.

O perfil do consumo de água no Brasil, segundo a Agência Nacional de Águas [ANA], indica que a agricultura irrigada, o abastecimento urbano e a indústria de transformação são responsáveis por 85% das retiradas de água em corpos hídricos: 2,083 milhões de litros por segundo. Todos os usos continuarão se expandindo nos próximos anos, com exceção do abastecimento humano rural, que deverá cair com a redução da população rural.

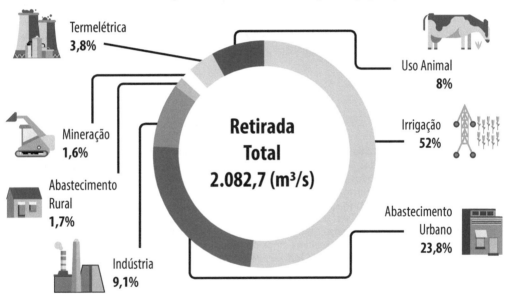

Fonte: Agência Nacional de Água.

O acesso à água já começa a ser uma das principais fontes de conflitos internacionais, sobretudo nas regiões semiáridas e áridas. A World Water, em sua cronologia de conflitos por recursos hídricos indica que, desde 2500 AC, foram contabilizados 1298 conflitos decorrentes do uso de recursos hídricos. Existem 263 lagos e bacias hidrográficas transfronteiriças no mundo, cobrindo quase que a metade da superfície da Terra. 145 países possuem territórios nessas bacias e 30 estados estão inteiramente dentro delas. Há, também, cerca de 300 aquíferos transfronteiriços, abastecendo em torno de 2 bilhões de pessoas. Desde 1948 foram registrados 37 incidentes relacionados a conflitos graves pela utilização dos recursos hídricos.[4]

---

[4] Disponível em: https://www.unwater.org/water-facts/transboundary-waters/. Acesso em: 8 jun. 2022.

Fonte: https://www.wwf.org.br/.

Os graves problemas que afetam as águas em todo o mundo levaram a comunidade internacional a afirmar alguns princípios fundamentais para o uso sustentável das águas e sua conservação para as futuras gerações[5]: a) a água é um recurso finito e vulnerável, essencial para a manutenção da vida, do desenvolvimento e do meio ambiente; b) o desenvolvimento e a administração da água devem estar baseados em uma abordagem participativa, envolvendo os usuários, planejadores e elaboradores de políticas públicas, em todos os níveis; c) a mulher desempenha um papel central na administração, na proteção e na provisão da água; d) a água tem valor econômico em todos os seus usos e deve ser reconhecida como um bem econômico.

---

[5] **Declaração Universal dos Direitos da Água – 1992** *Rio de Janeiro, 22 de março de 1992* A presente Declaração Universal dos Direitos da Água foi proclamada tendo como objetivo atingir todos os indivíduos, todos os povos e todas as nações, para que todos os homens, tendo esta Declaração constantemente no espírito, se esforcem, através da educação e do ensino, em desenvolver o respeito aos direitos e obrigações anunciados e assomam, com medidas progressivas de ordem nacional e internacional, o seu reconhecimento e a sua aplicação efetiva. **Art. 1º** A água faz parte do patrimônio do planeta. Cada continente, cada povo, cada nação, cada região, cada cidade, cada cidadão é plenamente responsável aos olhos de todos. **Art. 2º** A água é a seiva do nosso planeta. Ela é a condição essencial de vida de todo ser vegetal, animal ou humano. Sem ela não poderíamos conceber como são a atmosfera, o clima, a vegetação, a cultura ou a agricultura. **Art. 3º** Os recursos naturais de transformação da água em água potável são lentos, frágeis e muito limitados. Assim sendo, a água deve ser manipulada com racionalidade, precaução e parcimônia. **Art. 4º** O equilíbrio e o futuro do nosso planeta dependem da preservação da água e de seus ciclos. Estes devem permanecer intactos e funcionando normalmente para garantir a continuidade da vida sobre a Terra. Este equilíbrio depende, em particular, da preservação dos mares e oceanos, por onde os ciclos começam. **Art. 5º** A água não é somente uma herança dos nossos predecessores; ela é, sobretudo, um empréstimo aos nossos sucessores. Sua proteção constitui uma necessidade vital, assim como uma obrigação moral do homem para com as gerações presentes e futuras. **Art. 6º** A água não é uma doação gratuita da natureza; ela tem um valor econômico: precisa-se saber que ela é, algumas vezes, rara e dispendiosa e que pode muito bem escassear em qualquer região do mundo. **Art. 7º** A água não deve ser desperdiçada, nem poluída, nem envenenada. De maneira geral, sua utilização deve ser feita com consciência e discernimento para que não se chegue a uma situação de esgotamento ou de deterioração da qualidade das reservas atualmente disponíveis. **Art. 8º** A utilização da água implica no respeito à lei. Sua proteção constitui uma obrigação jurídica para todo homem ou grupo social que a utiliza. Esta questão não deve ser ignorada nem pelo homem nem pelo Estado. **Art. 9º** A gestão da água impõe um equilíbrio entre os imperativos de sua proteção e as necessidades de ordem econômica, sanitária e social. **Art. 10º** O planejamento da gestão da água deve levar em conta a solidariedade e o consenso em razão de sua distribuição desigual sobre a Terra.

1.1 A Água nas Constituições brasileiras

A Constituição de 1824 não cuidou do tema. Entretanto, a Lei de 1º de outubro de 1828, que disciplinou as obrigações das Câmaras Municipais, atribuiu-lhes competência legislativa sobre as águas, conforme disposto no artigo 66, o qual dotava os vereadores de competência para deliberar sobre: a) aquedutos, chafarizes, poços, tanques; b) esgotamento de pântanos e qualquer estagnação de águas infectas. Ainda sob o regime político imperial foi promulgado o Ato Adicional, Lei 16/1834, que estabeleceu a competência das Assembleias Legislativas provinciais para legislar sobre obras públicas, estradas e navegação no interior de seus respectivos territórios, o que, evidentemente, tinha reflexos claros sobre a política a ser adotada quanto às águas.

A Constituição Federal de 1891 foi omissa, limitando-se a definir a competência federal para legislar sobre direito civil, no qual se podem incluir as águas. O Código Civil brasileiro de 1916 possuía um vasto número de artigos dedicados às águas. A Constituição de 1934 foi a primeira a enfrentar o tema de forma clara e considerando os aspectos econômicos e de desenvolvimento. Acrescente-se que o artigo 20, II, da Constituição de 1934 determinava ser de domínio da União os lagos e quaisquer correntes em terrenos do seu domínio, ou que banhem mais de um Estado, sirvam de limites com outros países ou se estendam a território estrangeiro. Em razão do cunho intervencionista que marcava a Carta de 1934, foi incluído um título referente à ordem econômica e social. Os artigos 118 e 119 da CF de 1934 determinavam que as minas e demais riquezas do subsolo, bem como as quedas d'água, eram propriedade distinta da do solo para efeito de exploração ou aproveitamento industrial e que o aproveitamento industrial das minas e das jazidas minerais, bem como das águas e da energia hidráulica, ainda que de propriedade privada, dependia de autorização ou concessão federal, na forma da lei. E mais: o aproveitamento de energia hidráulica, de potência reduzida e para uso exclusivo do proprietário, independe de autorização ou concessão, sendo que a lei deveria regular a nacionalização progressiva das minas, jazidas minerais e quedas d'água ou outras fontes de energia hidráulica, julgadas básicas ou essenciais à defesa econômica ou militar do país. A Constituição de 1937, em seu artigo 16, XIV, atribuiu competência privativa à União para legislar sobre os bens de domínio *federal*, águas e energia hidráulica. Acrescente-se que o artigo 143 determinava que as minas e demais riquezas do subsolo, bem como as quedas d'água, constituem propriedade distinta da propriedade do solo para o efeito de exploração ou aproveitamento industrial. O aproveitamento industrial de minas e jazidas minerais, das águas e da energia hidráulica, ainda que de propriedade privada, depende de autorização federal.

A Constituição de 1946, em seu artigo 5º, inciso XV, alínea *l*, determinava ser da competência da União legislar sobre riquezas do solo, mineração, metalurgia, águas, energia elétrica, florestas, caça e pesca. Tal competência, nos termos do artigo 6º, não excluía a legislação estadual supletiva ou complementar. Dentre os bens pertencentes à União, conforme estabelecido pelo artigo 34 da Constituição de 1946, *"os lagos e quaisquer correntes de água em terrenos do seu domínio ou que banhem mais de um Estado, sirvam de limite com outros países ou se estendam a território estrangeiro, e bem assim as ilhas fluviais e lacustres nas zonas limítrofes com outros países"*. Na relação dos bens pertencentes aos Estados, incluíam-se os lagos e rios em terrenos de seu domínio e os que têm nascente e foz no território estadual.

A Constituição de 1946 manteve a existência de um título voltado para a disciplina da ordem econômica e social. Em tal capítulo, o constituinte não deixou de tratar das águas e o fez nos artigos 152 e 153. O artigo 152 manteve as quedas d'água sob o regime de propriedade distinta da do solo para o efeito de aproveitamento industrial ou de exploração. O artigo 153 determinava que o aproveitamento de recursos minerais e de energia hidráulica dependia de autorização ou concessão, conforme definido em lei. O aproveitamento de energia hidráulica de potência reduzida não dependia de autorização ou concessão. As concessões ou autorizações de que tratava o artigo 153 somente poderiam ser dadas a brasileiros ou a empresas organizadas no país.

As Constituições de 1967 e de 1969 não possuem grandes diferenças sobre o tema. Assim sendo, dentre os bens pertencentes à União estavam incluídos *os lagos e quaisquer correntes de água em terrenos de seu domínio, ou que banhem mais de um Estado, constituam limite com outros países ou se estendam a território estrangeiro; as ilhas oceânicas, assim como as ilhas fluviais e lacustres nas zonas limítrofes com outros países.* Dentre os bens dos Estados e Territórios estavam incluídos os lagos em território de seu domínio, bem como os rios que neles têm nascentes e foz, as ilhas fluviais e lacustres e as terras devolutas não compreendidas no domínio federal.

A competência legislativa federal sobre águas foi mantida, afastando-se a competência supletiva dos Estados quanto ao particular. A Constituição de 1969, em seu artigo 168, determinava que: as jazidas, minas e os demais recursos minerais e os potenciais de energia hidráulica constituem propriedade distinta da do solo, para o efeito de exploração e aproveitamento industrial

A CF de 1988, no artigo 20, III, determina pertencem a União os lagos, rios e quaisquer correntes de água em terrenos de seu domínio, ou que banhem mais de um Estado, sirvam de limites com outros países, ou se estendam a território estrangeiro ou dele provenham, bem como os terrenos marginais e as praias fluviais. Por outro lado, no domínio da União também se incluem as Ilhas fluviais e lacustres nas zonas limítrofes com outros países; as praias marítimas; as ilhas oceânicas e as costeiras, excluídas, destas, as áreas referidas no artigo 26, II; os recursos naturais da plataforma continental e da zona econômica exclusiva e, ainda, o mar territorial, terrenos de marinha e seus acrescidos, bem como os potenciais de energia hidráulica.

O artigo 176 da CF determina que as jazidas, em lavra ou não, e demais recursos minerais e os potenciais de energia hidráulica constituem propriedade distinta da do solo, para efeito de exploração ou aproveitamento, e pertencem à União, garantida ao concessionário a propriedade do produto da lavra. Conforme o § 4º não dependem de autorização ou concessão o aproveitamento do potencial de energia renovável de capacidade reduzida.

O artigo 26 arrola entre os bens pertencentes aos estados: (1) as águas superficiais ou subterrâneas, fluentes, emergentes e em depósito, ressalvadas, neste caso, na forma da lei, as decorrentes de obras da União; (2) as áreas, nas ilhas oceânicas e costeiras, que estiverem no seu domínio, excluídas aquelas sob domínio da União, Municípios ou terceiros; (3) as ilhas fluviais e lacustres não pertencentes à União.

A competência legislativa sobre águas é exercida privativamente pela União; conforme determinado pelo artigo 22, IV, da CF, tal competência se conjuga com a competência federal para legislar sobre energia. Observe-se, contudo, que o parágrafo único do artigo 22 prevê a possibilidade de que Lei Complementar autorize os estados a legislar sobre questões específicas relacionadas no artigo 22. Quanto às competências administrativas, o artigo 23 da Constituição determina que o combate à poluição, em qualquer de suas formas, e a defesa do meio ambiente integram a competência comum da União, dos Estados, do Distrito Federal e dos Municípios. Ora, é evidente que, para exercitar tais atribuições, existe a necessidade de que sejam elaboradas normas e regulamentos. Portanto, cabe, sem dúvida, uma produção legislativa dos estados, do Distrito Federal e dos municípios sobre as águas[6].

---

[6]   "(...) 2. Existência de conflito de índole constitucional. A apreciação da compatibilidade entre a legislação geral federal e as normas estaduais editadas sob o pálio da competência concorrente reflete nítida situação de conflito legislativo de índole constitucional, ensejando a análise eventual

ofensa direta às regras constitucionais de repartição da competência legislativa. (...) 4. Política de cobrança pelo uso dos recursos hídricos. Sistema estadual de gerenciamento de recursos hídricos e suposta violação da lei geral federal. Constitucionalidade dos artigos 1º, 3º, 5º, 7º, 11, II, 18, da Lei fluminense 4.247/03. Embora a União detenha a competência exclusiva para 'instituir sistema nacional de gerenciamento de recursos hídricos e definir critérios de outorga de direitos de seu uso' (artigo 21, XIX, da CF/1988), além de competência privativa para legislar sobre águas (artigo 22, IV, da CF/1988), não se há de olvidar que aos estados-membros compete, de forma concorrente, legislar sobre proteção ao meio ambiente (artigo 24, VI e VIII, CF), o que inclui, evidentemente, a proteção dos recursos hídricos. Esse entendimento mostra-se consentâneo, inclusive, com a previsão constitucional que defere aos estados-membros o domínio das águas superficiais ou subterrâneas. A legislação impugnada está em conformidade com a Constituição Federal, na medida em que regulamentou, em nível estadual, a cobrança pelo uso da água, sem incorrer em violação do texto constitucional ou em invasão de competência legislativa própria da União. Embora a União detenha a competência para definir as normas gerais sobre a utilização dos recursos hídricos e a Lei Federal 9.433/1997 tenha estabelecido o arcabouço institucional da Política Nacional de Recursos Hídricos, o arranjo institucional e as competências dos órgãos estaduais integrantes do Sistema Estadual de Gerenciamento de Recursos Hídricos deve obedecer aos ditames das leis estaduais, pois os estados-membros têm autonomia constitucional para formular suas leis de organização administrativa, inclusive para o setor de recursos hídricos. Pela análise da Lei Federal 9.433/1997, verifica-se que essa não detalha – como não poderia fazer, sob pena de extrapolar a competência legislativa da União para editar normas gerais – as competências dos órgãos estaduais responsáveis pela implementação da Política Nacional de Recursos Hídricos. O Conselho Estadual de Recursos Hídricos (CERHI), em consonância com as competências definidas pela Lei Federal 9.433/1997 para o Conselho Nacional de Recursos Hídricos (artigo 35), possui atribuições de natureza normativa, consultiva e deliberativa (artigos 44 e 45 da Lei estadual 3.239/1999), o que não impede que os estados-membros disponham de um órgão específico responsável pela gestão e pela execução da política em questão, atuando em consonância com as normas e as deliberações do conselho, o qual também fará parte do Sistema Nacional de Gerenciamento de Recursos Hídricos, a teor do inciso IV do artigo 33 da Lei Federal 9.433/1997. Da mesma forma, os comitês de bacia hidrográfica, conforme explicita o artigo 52 da Lei estadual 3.239/1999, 'são entidades colegiadas, com atribuições normativa, deliberativa e consultiva, reconhecidos e qualificados por ato do Poder Executivo, mediante proposta do Conselho Estadual de Recursos Hídricos (CERHI)', o que está em consonância com as atribuições definidas na Lei Federal 9.433/1997. A Fundação Superintendência Estadual de Rios e Lagoas (SERLA), entidade da administração indireta, foi criada para exercer as funções de entidade administrativa executora da política pública, possuindo atribuições administrativas de arrecadação, cobrança e aplicação dos recursos, a teor dos artigos 1º e 3º da lei estadual. Por se tratar de órgão técnico, com atribuições executivas, deve atuar de acordo com as orientações e diretrizes fixadas pelos órgãos colegiados (Conselho Estadual dos Recursos Hídricos e Comitês de Bacia Hidrográfica). Não há disposição na Lei Federal 9.433/1997 que atribua aos conselhos estaduais a competência para conceder as respectivas outorgas, restringindo-se a dispor no artigo 14 que 'a outorga efetivar-se-á por ato da autoridade competente do Poder Executivo Federal, dos Estados ou do Distrito Federal'. A lei estadual priorizou a aplicação dos valores arrecadados com a cobrança pelo uso de recursos hídricos na bacia hidrográfica respectiva, reservando a ela noventa por cento da arrecadação. Por sua vez, o inciso II do artigo 49, na parte que limita o uso dos recursos com a máquina administrativa e as despesas de pagamento de perícias a dez por cento do total arrecadado está em consonância com a autonomia financeira de que goza o Estado, em que pese a previsão contida no artigo 22, § 1º, da Lei Federal 9.433/1997, a qual limita esse tipo de aplicação a sete e meio por cento do arrecadado. Embora detenha a União a competência para legislar sobre recursos hídricos, a legislação federal deve ficar restrita às normas gerais, não podendo pormenorizar ao ponto de determinar como os estados-membros devem gerir seus próprios bens e aplicar seus recursos. 8. Regime de cobrança e de sanções administrativas relativas ao uso da água. Constitucionalidade dos artigos 15; 16, inciso II; e 17 da Lei estadual 4.247/03. Ausência de afronta do princípio da legalidade. Não se tem, no caso, exercício do poder de polícia administrativa a ensejar, em consequência, a cobrança de taxa (exação de natureza tributária) –, mas sim uma relação de natureza negocial entre o concedente e o

488 | DIREITO AMBIENTAL – *Paulo de Bessa Antunes*

1.2 Conceitos básicos do Código de Águas

O Código de Águas instituído pelo Decreto 24.643/1934 – em grande parte revogado –, significou uma profunda alteração nos dispositivos legais do CC brasileiro, que se destinavam à regulamentação do regime dominial e de uso das águas no Brasil. Explica-se o fato na medida em que o CC se limitava a uma regulamentação cujo fundamento básico era o direito de vizinhança e a utilização das águas como bem essencialmente privado e de valor econômico limitado. O Código de Águas foi construído a partir de uma concepção inteiramente diversa. Para o Código de Águas, as águas são um dos elementos básicos do desenvolvimento, pois a eletricidade é um subproduto essencial para a industrialização do país. Ao mesmo tempo, a lei das águas estabelece um mecanismo de intervenção governamental com vistas a garantir a qualidade e a salubridade dos recursos hídricos. Aliás, a diferença fundamental entre a normatividade estabelecida pelo CC brasileiro e pelo Código de Águas está, exatamente, no fato de que o Código de Águas enfoca as águas como *recursos* dotados de valor econômico para a coletividade e, por isso, merecedores de atenção especial do Estado.

Observe-se que as *considerandas* do Código de Águas são bastante explícitas.

> Considerando que o uso das águas no Brasil tem-se regido até hoje por uma legislação obsoleta, em desacordo com as necessidades e interesses da coletividade nacional; considerando que se torna necessário modificar este estado de coisas, dotando o País de uma legislação adequada que, de acordo com a tendência atual, permita ao Poder Público controlar e incentivar o aproveitamento industrial das águas; considerando que, em particular, a energia hidráulica exige medidas que facilitem e garantam seu aproveitamento racional [...].

Merecem destaque, também, os artigos 32 e 33 do Código de Águas, que estabelecem a possibilidade de desapropriação das águas em razão de necessidade ou utilidade pública.

Dignas de destaque, igualmente, são as disposições contidas nos artigos 109/116, que tratam das águas nocivas, e que são bastante atualizadas, ainda hoje.

É, portanto, a partir de uma ótica intervencionista que devem ser compreendidos os institutos jurídicos estabelecidos pelo Código de Águas.

O Código de Águas define uma série de conceitos jurídicos que são fundamentais para o estudo do Direito e, em especial, para o Direito Ambiental. A importância dos mencionados

---

usuário, a qual enseja a cobrança de preço público e a imposição de sanções contratuais decorrentes do não cumprimento das obrigações impostas no ato de outorga. As disposições da lei fluminense, além de terem delimitado os elementos essenciais das sanções, deixando para a regulamentação somente questões secundárias, estão ainda em consonância com a Lei Federal 9.433/1997. Ademais, a vinculação da multa aos preceitos da Lei Federal 9.605/1998 (artigo 13, Lei 4.247/03) não ofende o princípio da autonomia federativa. Consistindo a multa, no caso, em sanção contratual decorrente do descumprimento das regras referentes ao ato de outorga, a legislação estadual estabeleceu somente um parâmetro para a aplicação da sanção pela entidade governamental competente. No mais, a remissão à previsão contida na lei nacional de sanções penais e administrativas de condutas lesivas ao meio ambiente não contrasta com a Lei Fundamental, já que a água também é considerada bem ambiental, cuja tutela geral é estabelecida na legislação federal em comento. 9. Ação direta de inconstitucionalidade prejudicada em relação aos artigos 11, incisos I, III, IV e V; e 24 da Lei 4.247, de 16 de dezembro de 2003, do Estado do Rio de Janeiro. Quanto à parte de que se conhece, a ação é julgada improcedente" (STF, ADI 3.336/RJ, Rel. Dias Toffoli, j. 14.02.2020, Tribunal Pleno, Data de Publicação: 06.03.2020).

conceitos decorre do fato de que toda a regulamentação administrativa referente à qualidade dos recursos hídricos deverá levar em consideração o regime dominial ao qual estão submetidas as águas.

Inicialmente, cumpre considerar que o Código de Águas divide as águas em três categorias básicas, a saber: a) públicas; b) comuns; e c) particulares.

As águas públicas foram divididas pelo Código em duas categorias, que são: a) de uso comum; e b) dominicais. Vale observar que para que as águas ostentem a condição jurídica de águas públicas é indispensável que as mesmas sejam perenes. As águas públicas de uso comum (artigo 2º do Decreto 24.643/1934 – Código de Águas) são as seguintes: a) mar territorial, nos mesmos incluídos os golfos, baías, enseadas e portos; b) correntes, canais, lagos e lagoas navegáveis ou flutuáveis; c) as correntes de que se façam estas águas; d) as fontes e reservatórios públicos; e) as nascentes, quando forem de tal modo consideráveis que, por si só, constituam o *caput fluminis*; f) os braços de quaisquer correntes públicas, desde que os mesmos influam na navegabilidade ou flutuabilidade; g) as situadas em zonas periodicamente assoladas pela seca, nos termos e de acordo com a legislação especial sobre a matéria.

As *águas públicas dominicais* são todas aquelas situadas em terrenos que ostentem a condição de domínio público dominical, quando não forem do domínio público de uso comum, ou não forem comuns. São *particulares* as nascentes e todas as águas situadas em terrenos que também o sejam, quando as mesmas não estiverem classificadas entre as águas comuns de todos, as águas públicas ou as águas comuns.

Em relação aos seus proprietários, águas públicas podem se classificar em federais, estaduais e municipais. São águas públicas federais quando: a) sejam marítimas; b) estejam situadas em territórios federais; c) sirvam de limites da República com as nações vizinhas ou se estendam a território estrangeiro; d) quando situadas na zona de 100 km contígua aos limites da República; e) quando sirvam de limites entre dois ou mais Estados; f) quando percorrerem parte do território de dois ou mais Estados (artigo 29, I).

São estaduais quando: a) sirvam de limites a dois ou mais municípios; e b) quando percorram parte dos territórios de dois ou mais municípios. As águas públicas são municipais quando exclusivamente situadas em seu território, respeitadas as restrições que possam legalmente ser impostas.

Águas comuns são as correntes não navegáveis ou flutuáveis.

Álveo é a superfície que as águas cobrem sem transbordar para o solo natural e ordinariamente enxuto (artigo 9º). Em sentido comum, o álveo é o leito do rio, conforme a definição que nos é fornecida pelo Dicionário Aurélio Eletrônico: *Verbete: álveo [Do lat. alveu.] S. m. 1. Leito (5). 2. Sulco, escavação.* O álveo poderá ser público, de uso comum ou dominical, conforme a propriedade respectiva das águas. Será particular no caso das águas comuns ou das águas particulares (artigo 10).

Nascentes são as águas que surgem naturalmente ou por indústria humana e que correm dentro de um mesmo prédio particular e, ainda que o transponham, quando elas não tenham sido abandonadas pelo proprietário do mesmo (artigo 89).

Águas pluviais são aquelas que procedem diretamente das chuvas (artigo 102).

1.2.1   Outros conceitos importantes

Alguns conceitos são importantes para a compreensão do âmbito de aplicação do Código de Águas, embora o próprio Código de Águas não nos forneça a sua definição normativa. Doravante, passarei a apresentar aqueles que julgo serem essenciais.

1.2.1.1 Rio

Rio é um conceito essencial no que diz respeito à aplicação do Código de Águas. O rio é uma das classificações em que se dividem as águas correntes naturais. Na sua acepção semântica, rio tem o seguinte significado:[7]

> Verbete: rio [Do lat. *rivu* (riu no lat. vulg.).] S. m. 1. Curso de água natural, de extensão mais ou menos considerável, que se desloca de um nível mais elevado para outro mais baixo, aumentando progressivamente seu volume até desaguar no mar, num lago, ou noutro rio, e cujas características dependem do relevo, do regime de águas etc. [V. afluente (4), curso (3), foz, leito (5), margem (3) e nascente (5)].

Juridicamente, conforme observa Antônio de Pádua Nunes (s.d., p. 3), o conceito difere daquele que é fornecido pela linguagem comum:

> Podemos considerar rio o curso de água que é apto para navegação ou flutuação, bastando que essa aptidão exista em algum trecho nos termos do artigo 6º do Decreto-lei 2.281, de 5.09.1940. Se assim não for, a corrente deverá denominar-se córrego, ribeirão, riacho, arroio etc.

Afrânio de Carvalho (1986, p. 121) ensina-nos que:

> O rio, no seu todo, compõe-se de três elementos, água, leito e margem, dos quais a água é o principal, servindo o leito e a margem para contê-la. Ao passo que a água é um elemento autônomo, o leito e a margem se completam e solidarizam na função de continente dela. A margem, como prolongamento lateral ascendente do leito ou álveo, chega até a orla saliente da calha do rio, onde serve para lindar a contenção da água no seu curso normal. Na parte mais baixa, também é chamada de praia, e na mais alta, de ribanceira, ou barranca, pois costuma haver uma gradação, maior ou menor, de uma para outra, embora seja por vezes quase repentina a mudança, como nos "canhões" do rio. Assim como o leito, a margem é parte integrante do rio, mas, ao mesmo tempo, ambos não passam realmente de extremidades do solo ribeirinho, dada a homogeneidade de sua composição.

Bacia hidrográfica – o Vocabulário Básico de Meio Ambiente apresenta os seguintes significados para o conceito de bacia hidrográfica:

> Área cujo escoamento das águas superficiais contribui para um único exutório [...] Área de drenagem de um curso d'água ou lago [...] Área total drenada por um rio e seus afluentes [...] Conjunto de terras drenadas por um rio principal e seus afluentes [...] São grandes superfícies limitadas por divisores de águas e drenadas por um rio e seus tributários [...] (MOREIRA, 1992, p. 35).

1.2.1.2 Lago e lagoa

Lago e lagoa são duas definições extremamente importantes para a legislação protetora dos recursos hídricos. Em sua acepção comum, o vocábulo *lago,* originado do latim *lacun, é* sinônimo de *extensão de água cercada de terras.* Já *lagoa* é vocábulo que também tem a sua

---

[7]   *Dicionário Aurélio Eletrônico.* Rio de Janeiro: Nova Fronteira.

Capítulo 17 · ÁGUA POTÁVEL E SANEAMENTO | **491**

origem no latim, provindo de *lacona,* segundo o Dicionário Aurélio Eletrônico, é um *lago pouco extenso. No Brasil, é corrente chamar lagoa a qualquer lago.*

1.2.1.3 Corrente

Corrente é vocábulo cujos significados dicionarizados por Aurélio Buarque são extremamente amplos, em sendo assim, passarei a apresentar, apenas, aqueles que guardam referência direta com o nosso tema:

> Corrente [Do lat. *currente.* [...] Diz-se das águas que correm, que não se acham estagnadas; corrediço, corredio [...] O curso das águas de um rio, de um ribeiro, de um regato; correnteza [...].

1.3 Política Nacional de Recursos Hídricos – PNRH

A PNRH foi instituída pela Lei 9.433/1997 e está apoiada nos seguintes princípios: (1) a água é um bem de domínio público; (2) a água é um recurso natural limitado, dotado de valor econômico; (3) em situações de escassez, o uso prioritário dos recursos hídricos é o consumo humano e a dessedentação dos animais; (4) a gestão dos recursos hídricos deve proporcionar o uso múltiplo das águas; (5) a bacia hidrográfica é a unidade territorial para implementação da PNRH e atuação do Sistema Nacional de Gerenciamento dos Recursos Hídricos; (6) a gestão dos recursos hídricos deve ser descentralizada e contar com a participação do Poder Público, dos usuários e das comunidades.

Como objetivos, a PNRH, arrola: (1) assegurar à atual e às futuras gerações a necessária disponibilidade de água, em padrões de qualidade adequados aos respectivos usos; (2) a utilização racional e integrada dos recursos hídricos, incluindo o transporte aquaviário, com vistas ao desenvolvimento sustentável; (3) a prevenção e a defesa contra eventos hidrológicos críticos de origem natural ou decorrentes do uso inadequado dos recursos naturais; e d) incentivar e promover a captação, a preservação e o aproveitamento de águas pluviais. Os seus instrumentos são: (1) os planos de recursos hídricos; (2) o enquadramento dos corpos de água em classes, segundo os usos preponderantes da água; (3) a outorga de direitos de uso de recursos hídricos; (4) a cobrança pelo uso dos recursos hídricos; (5) a compensação a municípios; (6) o sistema de informação sobre os recursos hídricos.

Os Planos de Recursos Hídricos são planos diretores para fundamentar e orientar a implantação da PNRH, bem como o gerenciamento dos recursos hídricos. Eles são panos de longo prazo que devem observar o seguinte conteúdo mínimo: (1) diagnóstico da situação atual dos recursos hídricos; (b) análise das alternativas de crescimento demográfico, de evolução das atividades produtivas e da modificação dos padrões de ocupação do solo; (3) balanço entre disponibilidades e demandas futuras dos recursos hídricos, em quantidade e qualidade, com identificação de conflitos potenciais; (4) metas de racionalização de uso, aumento da quantidade e melhoria da qualidade dos recursos hídricos disponíveis; (5) medidas a serem tomadas, programas a serem desenvolvidos e projetos a serem implantados para o atendimento de metas previstas; (6) prioridades para outorga de direitos de uso de recursos hídricos; (7) diretrizes e critérios para a cobrança pelo uso dos recursos hídricos; (8) propostas para a criação de áreas sujeitas à restrição de uso com vistas à proteção dos recursos hídricos. Os planos podem ser de nível local, regional ou nacional. *O enquadramento dos corpos de água em classes* objetiva (1) assegurar às águas qualidade compatível com os usos mais exigentes a que forem destinadas; (2) diminuir os custos do combate à poluição das águas, mediante ações preventivas permanentes.

1.3.1 Outorga de direito de uso de recursos hídricos e cobrança pelo uso

A outorga de direito de uso dos recursos hídricos, juntamente com a cobrança pela utilização dos recursos hídricos, é um dos mais importantes nas modificações trazidas pela nova legislação. Com efeito, através da outorga, o estado tem a possibilidade de controlar a captação e o lançamento de efluentes nos corpos de água. Antes da PNRH, o bem público água era apropriado privadamente, gerando lucro e riqueza para os seus usuários e transferindo os ônus da manutenção de sua qualidade para a sociedade como um todo. O artigo 11 da Lei 9.433/1997, estabelece que o regime de outorga de direitos de uso de recursos hídricos tem como objetivos assegurar o controle quantitativo e qualitativo dos usos da água e o efetivo exercício dos direitos de acesso à água.

A própria lei estabeleceu, em seu artigo 12, quais são os direitos que se encontram submetidos ao regime de outorga: a (1) derivação ou captação de parcela de água existente em corpo de água para consumo final, inclusive abastecimento público, ou insumo de processo produtivo; (2) extração de água de aquífero subterrâneo para consumo final ou insumo de processo produtivo;(3) lançamento, em corpo de água, de esgotos e demais resíduos líquidos ou gasosos, tratados ou não, com o fim de sua diluição, transporte ou disposição final; (4) aproveitamento de potenciais hidrelétricos; (5) outros usos que alteram o regime, a quantidade ou a qualidade da água existente em um corpo de água.

A outorga é um instituto jurídico administrativo intermediário entre a autorização e a licença administrativa. Embora não seja concedida em caráter precário, também não o é, de forma definitiva. Nesse aspecto se assemelha às licenças ambientais. O artigo 15 da PNRH tem expressa previsão legal das hipóteses de suspensão da outorga. A suspensão da outorga de recursos hídricos poderá ser: (a) parcial e (b) total. Ou ainda: (a) definitiva ou (b) por tempo limitado. Os motivos legais que podem acarretar a suspensão da outorga são os seguintes: a) não cumprimento, pelo outorgado, dos termos da outorga; b) ausência de uso por três anos consecutivos; c) necessidade premente de água para atender a situações de calamidade, inclusive as decorrentes de condições climáticas adversas; d) necessidade de prevenir ou reverter grave degradação ambiental; e) necessidade de atender a usos prioritários, de interesse coletivo, para os quais não se disponha de fonte alternativa; f) necessidade de serem mantidas as características de navegabilidade do corpo hídrico.

Não é demais relembrar que a água, quando apropriável com finalidades econômicas, é tratada pela legislação ambiental como recurso hídrico. O artigo 5º da Lei 9.984/2000) estabelece os seguintes prazos: (1) até dois anos, para início da implantação do empreendimento objeto da outorga; (2) até seis anos, para conclusão da implantação do empreendimento projetado; (3) até 35 anos, para vigência da outorga de direito de uso. Na definição dos prazos a autoridade administrativa deve considerar a natureza e o porte do empreendimento, bem como, quando for o caso, o período de retorno do investimento. Em consequência disso, os prazos estabelecidos nas letras (1) e (2) poderão ser ampliados, quando o porte e a importância social e econômica do empreendimento justificarem a ampliação, desde que ouvido o CNRH. O prazo estabelecido em (3) poderá ser prorrogado pela ANA, respeitando-se as prioridades estabelecidas nos Planos de Recursos Hídricos.

É importante assinalar que as outorgas de direito de uso de recursos hídricos para concessionárias e autorizadas de serviços públicos e de geração de energia hidrelétrica vigorarão por prazos coincidentes com os dos correspondentes contratos de concessão ou atos administrativos de autorização. A Lei 9.984/2000 foi alterada pela Lei 14.026/2020 que, infelizmente, não levou em consideração o acelerado das mudanças climáticas globais e da necessária adequação do regime de outorga a tais circunstâncias, pois como foi visto no item (1) a redução dos recursos hídricos no Brasil é dramática.

A *outorga preventiva* de uso de recursos hídricos objetiva declarar a disponibilidade de água para os usos requeridos, observado o disposto no artigo 13 da Lei 9.433/1997. A outorga preventiva não é, efetivamente, uma outorga, pois a outorga é um consentimento administrativo, para que uma determinada quantidade de recursos hídricos possa ser apropriada economicamente, como parte de um processo produtivo ou como corpo receptor de efluentes. Ela, como se sabe, estabelece prazos e condições para que um bem público possa ser momentaneamente utilizado privadamente (desde que tenha utilidade para a coletividade). Como se passará a ver, a "outorga preventiva" não exerce qualquer função similar. Ela não confere direito de uso de recursos hídricos, a sua finalidade é reservar a vazão passível de outorga futura, possibilitando aos investidores o planejamento de empreendimentos que necessitem desses recursos. Cuida-se de uma mera declaração feita pelo poder público dirigida a um determinado empreendedor, no sentido de que, em tese, há vazão suficiente para o empreendimento projetado. Existe, no particular, um certo grau de similaridade com a LP prevista na legislação de licenciamento ambiental. Entretanto, diferentemente do que ocorre com a LP, a concessão da outorga preventiva não cria uma vinculação da administração para com as razões nela estabelecidas. Em primeiro lugar porque a lei, expressamente, afasta a incidência do direito adquirido para a hipótese. Por outro lado, a administração, ao concedê-la, gera para o particular uma expectativa de direito bastante relevante, pois o planejamento é feito com base em custos projetados desde uma determinada carga de vazão.

É também de se considerar que a classificação de *preventiva* para a declaração feita pela administração é bastante inadequada, pois ela não tem a pretensão de evitar coisa alguma. Tenho a sensação de que o legislador desejava utilizar-se do termo "cautelar" ou "prévio" e, inadvertidamente, lançou mão da palavra "preventiva". As outorgas preventivas, assim como a outorga propriamente dita, são concedidas com prazos definidos. Estes serão fixados levando-se em conta a complexidade do planejamento do empreendimento, limitando-se ao máximo de três anos, findo o qual será considerado o disposto nos incisos I e II do artigo 5º. O prazo, assim como a vazão, em minha opinião, poderá ser alterado pela Administração, mediante a edição de ato jurídico devidamente fundamentado, desde que o interesse público, definido em lei, assim o exija e justifique.

Uma figura assemelhada à da outorga preventiva é a "*declaração de reserva de disponibilidade hídrica*". Trata-se de documento essencial sempre que a Agência Nacional de Energia Elétrica – Aneel for promover licitação com o objetivo de autorizar ou conceder o uso de potencial de energia hidráulica em corpo de água de domínio da União.

O § 3º do artigo 7º da Lei 9.984/2000 assegura a transformação automática da declaração de reserva de disponibilidade hídrica, pelo respectivo poder outorgante, em outorga de direito de uso de recursos hídricos à instituição ou empresa que receber da Agência Nacional de Energia Elétrica – ANEEL a concessão ou a autorização de uso do potencial de energia hidráulica. A medida é inteligente e de caráter prático, pois assegura maior celeridade processual e evita a repetição de procedimentos administrativos desnecessários. Por medida de isonomia e de economia processual e administrativa, entendo que o mesmo deva ocorrer com a outorga preventiva, que poderia ser, automaticamente, transformada em outorga, desde que presentes as condições para a operação do empreendimento planejado. Na hipótese em que o corpo de água for de domínio dos estados ou do Distrito Federal, a declaração de reserva de disponibilidade hídrica será obtida em articulação com a respectiva unidade gestora de recursos hídricos.

494 DIREITO AMBIENTAL – *Paulo de Bessa Antunes*

A cobrança pelo uso da água está inserida em um princípio geral do direito ambiental que impõe, àquele que, potencialmente, auferirá os lucros com a utilização dos recursos ambientais, o pagamento dos custos. A cobrança, portanto, está plenamente inserida no contexto das mais modernas técnicas do direito ambiental e é socialmente justa. A cobrança pela utilização do uso dos recursos hídricos não é um fim em si mesmo, mas, ao contrário, um instrumento utilizado para o alcance de finalidades precisas. A cobrança não tem a natureza de tributo. São objetivos da cobrança pela utilização dos recursos hídricos: (1) reconhecer a água como bem econômico e dar ao usuário uma indicação de seu real valor; (2) incentivar a racionalização do uso da água; (3) obter recursos financeiros para o financiamento dos programas e interações contemplados nos planos de recursos hídricos. É importante observar que a legislação estadual não pode isentar de cobrança a utilização dos recursos hídricos para a atividade agropecuária[8], bem como a dispensa de outorgada para a perfuração de poços tubulares.[9]

A cobrança pela utilização dos recursos hídricos deve ser realizada tendo por base os critérios legais fixados na lei, sendo certo que a sua utilização prioritária deve ocorrer na bacia hidrográfica que tenha gerado o recurso financeiro. A aplicação dos recursos poderá ser feita a *fundo perdido,* ou seja, o dinheiro retorna à sua origem com vistas ao financiamento de projetos e obras que alterem, de modo considerado benéfico à coletividade, à qualidade, à quantidade e ao regime de vazão dos corpos de água.

1.3.2   *Administração dos recursos hídricos*

A administração dos recursos hídricos é feita em três níveis: (1) Conselho Nacional de Recursos Hídricos – CNRH;[10] (2) Comitês de Bacias Hidrográficas; (3) Agências de água.

O *Sistema Nacional de Gerenciamento de Recursos Hídricos* foi constituído tendo por base os seguintes objetivos: a) coordenar a gestão integrada das águas; b) implementar a PNRH; c) arbitrar administrativamente os conflitos relacionados com os Recursos Hídricos; d) planejar, regular e controlar o uso, a preservação e a recuperação dos Recursos Hídricos; e) promover a cobrança pela utilização dos Recursos Hídricos.

O Sistema Nacional de Gerenciamento dos Recursos Hídricos é integrado por: (1) CNRH; (2) a Agência Nacional de Águas; (3) Conselhos de Recursos Hídricos dos Estados e do Distrito Federal; (4) Comitês de Bacias Hidrográficas; (5) os órgãos dos poderes públicos federais, estaduais e municipais, cujas competências se relacionem com a gestão dos recursos hídricos; (6) as Agências de Água.

O Decreto 10.000/2019, revogou os Decretos 4.613/2003 e 5.263/2004, reorganizando o Conselho Nacional de Recursos Hídricos [CNRH]. Inicialmente, há que se registrar que o CNRH saiu do âmbito do MMA para passar a integrar a Estrutura Regimental do Ministério do Desenvolvimento Regional, competindo-lhe:

(1) formular a PNRH, nos termos do disposto na Lei 9.433/1997, e no artigo 2º da Lei 9.984/2000;

(2) promover a articulação do planejamento de recursos hídricos com os planejamentos nacional, regionais, estaduais e dos setores usuários;

(3) arbitrar, em última instância administrativa, os conflitos existentes entre conselhos estaduais de recursos hídricos;

---

[8]   STF, ADI 5.025/MS, Rel. Marco Aurélio, j. 08.02.2021, Tribunal Pleno, Data de Publicação: 19.03.2021.

[9]   STF, ADI 5.016/BA, Rel. Alexandre de Moraes, j. 11.10.2018, Tribunal Pleno, Data de Publicação: 29.10.2018.

[10]   Ver Decreto 11.960/2024.

Capítulo 17 · ÁGUA POTÁVEL E SANEAMENTO | **495**

(4) deliberar sobre os projetos de aproveitamento de recursos hídricos, cujas repercussões extrapolem o âmbito dos Estados em que serão implantados;

(5) deliberar sobre as questões que lhe tenham sido encaminhadas pelos conselhos estaduais de recursos hídricos ou pelos comitês de bacia hidrográfica;

(6) analisar propostas de alteração da legislação pertinente a recursos hídricos e à Política Nacional de Recursos Hídricos;

(7) estabelecer diretrizes complementares para implementação da Política Nacional de Recursos Hídricos, aplicação de seus instrumentos e atuação do Sistema Nacional de Gerenciamento de Recursos Hídricos;

(8) aprovar propostas de instituição dos comitês de bacia hidrográfica de rios de domínio da União e estabelecer critérios gerais para a elaboração de seus regimentos internos;

(9) acompanhar a execução e aprovar o Plano Nacional de Recursos Hídricos e determinar as providências necessárias ao cumprimento de suas metas;

(10) estabelecer critérios gerais para a outorga de direitos de uso de recursos hídricos e para a cobrança por seu uso;

(11) deliberar sobre os recursos administrativos que lhe forem interpostos;

(12) manifestar-se sobre os pedidos de ampliação dos prazos para as outorgas de direito de uso de recursos hídricos de domínio da União, estabelecidos nos incisos I e II do *caput* e no § 2º do artigo 5º da Lei 9.984, de 2000;

(13) definir os valores a serem cobrados pelo uso de recursos hídricos de domínio da União, sugeridos pelos Comitês de Bacia Hidrográfica, nos termos do disposto no inciso VI do *caput* do artigo 4º da Lei 9.984, de 2000;

(14) manifestar-se sobre propostas relativas ao estabelecimento de incentivos, inclusive financeiros, para a conservação qualitativa e quantitativa de recursos hídricos, incluídas aquelas encaminhadas pela Agência Nacional de Águas;

(15) definir, em articulação com os Comitês de Bacia Hidrográfica, as prioridades de aplicação dos recursos a que se refere o *caput* do artigo 22 da Lei 9.433/1997, nos termos do disposto no § 4º do artigo 21 da Lei 9.984/2000;

(16) aprovar o enquadramento dos corpos de água em classes de uso, em consonância com as diretrizes do Conselho Nacional do Meio Ambiente e de acordo com a classificação estabelecida na legislação ambiental;

(17) autorizar a criação das agências de água, nos termos do disposto no parágrafo único do artigo 42 e no artigo 43 da Lei 9.433/1997;

(18) delegar às organizações civis de recursos hídricos sem fins lucrativos de que tratam o artigo 47 da Lei 9.433/1997, e os artigos 1º e 2º da Lei 9.637/1998, por prazo determinado, o exercício de funções de competência das agências de água, enquanto essas agências não forem constituídas, nos termos do disposto no artigo 51 da referida Lei;

(19) deliberar sobre as acumulações, as derivações, as captações e os lançamentos de pouca expressão, para fins de isenção da obrigatoriedade de outorga de direitos de uso de recursos hídricos de domínio da União, nos termos do disposto no inciso V do *caput* do artigo 38 da Lei 9.433/1997;

(20) zelar pela implementação da Política Nacional de Segurança de Barragens, estabelecida pela Lei 12.334/2010;[11]

---

[11] Ver Decreto 11.310/2022, que regulamenta dispositivos da Lei 12.334/2010, para dispor sobre as atividades de fiscalização e a governança federal da Política Nacional de Segurança de Barragens, institui o Comitê Interministerial de Segurança de Barragens e altera o Decreto 10.000/2019.

496 | DIREITO AMBIENTAL – *Paulo de Bessa Antunes*

(21) estabelecer diretrizes para implementação da Política Nacional de Segurança de Barragens, aplicação de seus instrumentos e atuação do Sistema Nacional de Informações sobre Segurança de Barragens, de que trata a Lei 12.334/2010; e

(22) apreciar o Relatório de Segurança de Barragens, de que trata o inciso VII do *caput* do artigo 6º da Lei 12.334/2010, e encaminhá-lo ao Congresso Nacional, com recomendações para melhoria da segurança das obras, se necessário.

O Conselho Nacional de Recursos Hídricos tem a seguinte estrutura: (1) Plenário; (2) Secretaria-Executiva; (3) Câmaras Técnicas; e (4) Comissão Permanente de Ética, sendo composto pelos seguintes representantes: (1) dois do Ministério do Desenvolvimento Regional; (2) um do Ministério da Justiça e Segurança Pública; (3) um do Ministério da Defesa; (4) um do Ministério das Relações Exteriores; (5) dois do Ministério da Economia; (6) um do Ministério da Infraestrutura; (7) um do Ministério da Agricultura, Pecuária e Abastecimento; (8) um do Ministério da Educação; (9) um do Ministério da Cidadania; (10) um do Ministério da Saúde; (11) dois do Ministério de Minas e Energia; (12) um do Ministério da Ciência, Tecnologia, Inovações e Comunicações; (13) dois do Ministério do Meio Ambiente; (14) um do Ministério do Turismo; (15) um do Ministério da Mulher, da Família e dos Direitos Humanos; (16) nove dos conselhos estaduais e distrital de recursos hídricos; (17) seis dos setores usuários de recursos hídricos, dos quais: a) um dos irrigantes; b) um das instituições encarregadas da prestação de serviço público de abastecimento de água e de esgotamento sanitário; c) um das concessionárias e autorizadas de geração de energia elétrica; d) um do setor hidroviário e portuário; e) um do setor industrial e minerometalúrgico; e f) um dos pescadores e usuários de recursos hídricos com finalidade de lazer e de turismo; e (18) três de organizações da sociedade civil de recursos hídricos, dos quais: a) um das organizações técnicas de ensino e de pesquisa com atuação comprovada na área de recursos hídricos e com, no mínimo, cinco anos de existência legal; b) um das organizações não governamentais com representação em comitês de bacia hidrográfica de rios de domínio da União e com, no mínimo, cinco anos de existência legal; e c) um dos comitês de bacia hidrográfica de rios de domínio da União.

Os Comitês de Bacia Hidrográfica poderão ter como áreas de atuação: (1) a totalidade de uma bacia hidrográfica; (2) sub-bacia hidrográfica de tributário do curso de água principal da bacia, ou de tributário desse tributário; ou (3) grupo de bacias ou sub-bacias contíguas.

Compete aos Comitês de Bacia Hidrográfica, no âmbito de sua área de atuação (Lei 9.433/1997, artigo 38): (1) promover o debate das questões relacionadas a recursos hídricos e articular a atuação das entidades intervenientes; (2) *arbitrar,* em primeira instância administrativa, os conflitos relacionados aos recursos hídricos; (3) aprovar o Plano de Recursos Hídricos da bacia (4) acompanhar a execução do Plano de Recursos Hídricos da bacia e sugerir as providências necessárias ao cumprimento de suas metas; (5) propor ao Conselho Nacional e aos Conselhos Estaduais de Recursos Hídricos as acumulações, derivações, captações e lançamentos de pouca expressão, para efeito de isenção da obrigatoriedade de outorga de direitos de uso de recursos hídricos, de acordo com os domínios destes; (6) estabelecer os mecanismos de cobrança pelo uso dos recursos hídricos e sugerir os valores a serem cobrados; (7) estabelecer critérios e promover o rateio dos custos das obras de uso múltiplo, de interesse comum ou coletivo.

É a seguinte a composição dos Comitês de Bacia: (1) representante da União; (2) representante do Estado e do Distrito Federal cujos territórios se situem, ainda que parcialmente, em suas respectivas áreas de atuação; (3) representantes dos Municípios situados, no todo ou em parte, em suas áreas de atuação; (4) representantes dos usuários das águas em sua área de

Capítulo 17 · ÁGUA POTÁVEL E SANEAMENTO | 497

atuação; (5) das entidades civis de recursos hídricos com atuação comprovada na bacia. A redução da participação cidadã nos Comitês é inconstitucional, conforme decidido pelo STF.[12]

Nas hipóteses em que os Comitês estejam constituídos em áreas que envolvam Terras Indígenas, deverão ser integrados por representantes da Fundação Nacional do Índio – FUNAI e das comunidades indígenas da região.

1.3.2.1   Infrações e penalidades

São infrações às normas de utilização dos Recursos Hídricos: (1) derivar ou utilizar recursos hídricos para qualquer finalidade, sem a respectiva outorga de direito de uso; (2) iniciar a implantação ou implantar empreendimento relacionado com a derivação ou a utilização de recursos hídricos, superficiais ou subterrâneos, que impliquem alterações no regime, quantidade ou qualidade dos mesmos, sem autorização dos órgãos ou entidades competentes; (3) utilizar-se dos recursos hídricos ou executar obras ou serviços relacionados com os mesmos em desacordo com as condições estabelecidas na outorga; (4) perfurar poços para extração de água subterrânea ou operá-los sem a devida autorização; (5) fraudar as medições dos volumes de água utilizados ou declarar valores diferentes dos medidos; (6) infringir normas estabelecidas em regulamento, compreendendo as normas administrativas emanadas dos órgãos competentes; (7) obstar ou dificultar as ações da fiscalização competente.

As penalidades aplicáveis são as seguintes: (1) advertência por escrito, na qual será fixado o prazo para a correção da irregularidade; (2) multa simples ou diária, proporcional à gravidade da infração; (3) embargo provisório, por prazo determinado, para a execução de serviços e obras necessárias para o cumprimento das normas legais referentes aos recursos hídricos; (4) embargo definitivo, com revogação da outorga.

1.4   Agência de água

As Agências de Água têm por função o desempenho das atividades técnicas necessárias para que os Comitês de Bacia Hidrográfica possam ver aplicadas as suas deliberações. As Agências de Água podem prestar serviços para mais de um Comitê. As Agências de Água deverão ter a sua constituição autorizada pelos Comitês ou pelo Conselho Nacional de Recursos Hídricos. São condições legais necessárias à constituição de Agências de Água: (1) prévia existência do Comitê ou dos Comitês de Bacia Hidrográfica que as tenham instituído; (2) viabilidade financeira assegurada pela cobrança do uso dos recursos hídricos em sua área de atuação.

Incumbe à Agência de Bacia, na sua área de atuação: (1) manter balanços atualizados da disponibilidade de recursos hídricos em sua área de atuação; (2) manter o cadastro de usuários de recursos hídricos; (3) efetuar, mediante delegação do outorgante, a cobrança pelo uso dos recursos hídricos; (4) analisar e emitir pareceres sobre os projetos e obras a serem financiados com recursos gerados pela cobrança pelo uso dos recursos hídricos e encaminhá-los à instituição financeira responsável pela administração desses recursos; (5) acompanhar a administração financeira dos recursos arrecadados com a cobrança pelo uso dos recursos hídricos em sua área de atuação; (6) gerir o sistema de informações sobre recursos hídricos em sua área de atuação; (7) celebrar convênios e contratar financiamentos e serviços para

---

[12] STF, ADI 5.016/BA, Rel. Alexandre de Moraes, j. 11.10.2018, Tribunal Pleno, Data de Publicação: 29.10.2018.

DIREITO AMBIENTAL – *Paulo de Bessa Antunes*

a execução de suas competências; (8) elaborar a sua proposta orçamentária e submetê-la à apreciação do respectivo ou respectivos Comitês de Bacia Hidrográfica; (9) promover os estudos necessários para a gestão dos recursos hídricos na sua área de atuação; (10) elaborar o Plano de Recursos Hídricos para apreciação do respectivo Comitê de Bacia Hidrográfica; (11) propor ao respectivo ou respectivos Comitês de Bacia Hidrográfica.

Compete, ainda, às Agências de Água propor ao respectivo ou respectivos Comitês de Bacia Hidrográfica: (1) o enquadramento dos corpos de água nas classes de uso, para encaminhamento ao respectivo conselho nacional ou conselhos estaduais de recursos hídricos, de acordo com o domínio destes; (2) os valores a serem cobrados pelo uso dos recursos hídricos; (3) o plano de aplicação dos recursos arrecadados com a cobrança pelo uso dos recursos hídricos; (4) o rateio do custo das obras de uso múltiplo, de interesse comum ou coletivo.

Nos termos da Lei 9.433/1997, artigo 47, são consideradas organizações civis de recursos hídricos, (1) consórcios e associações intermunicipais de bacias hidrográficas; (2) associações regionais, locais ou setoriais de usuários de recursos hídricos; (3) organizações técnicas e de ensino e pesquisa com interesse na área de recursos hídricos; (4) organizações não governamentais com objetivos de defesa de interesses difusos e coletivos da sociedade; (5) outras organizações reconhecidas pelo Conselho Nacional ou pelos Conselhos Estaduais de Recursos Hídricos.

1.4.1   Agência Nacional de Águas e Saneamento Básico – ANA

A Agência Nacional de Águas e Saneamento Básico (ANA), e organizada sob a forma de autarquia sob regime especial, com autonomia administrativa e financeira, vinculada ao Ministério do Desenvolvimento Regional, integrante do Sistema Nacional de Gerenciamento de Recursos Hídricos (Singreh), cuja é finalidade implementar, no âmbito de suas competências, a Política Nacional de Recursos Hídricos e de instituir normas de referência para a regulação dos serviços públicos de saneamento básico.

O Brasil é um país bem servido de recursos hídricos, no entanto, a gestão deles ainda é deficiente. Assim como a renda, a distribuição de recursos hídricos em nosso território é bastante desigual e carece de intervenção que promova o equilíbrio e as necessárias compensações entre as regiões e os usuários do recurso. Em última análise, a Agência Nacional de Águas – ANA tem o papel de ser a entidade encarregada de dar execução às decisões políticas capazes de definir usos adequados para os recursos hídricos brasileiros, atendendo às diferentes necessidades nacionais de forma equilibrada e contemplando todos os usos e velando para que uns não se sobreponham aos outros, assegurando o equilíbrio entre as demandas dos usuários.

De acordo com a Lei Federal 9.433/1997, compete ao CNRH promover a articulação dos planejamentos nacional, regionais, estaduais e dos setores usuários elaborados pelas entidades que integram o Sistema Nacional de Gerenciamento de Recursos Hídricos e formular a PNRH. O mencionado Conselho, entretanto, não possui competências executivas que pertencem à ANA. A ANA não é uma agência reguladora nos moldes da ANP, por exemplo. À ANA compete: (1) supervisionar, controlar e avaliar as ações e atividades decorrentes do cumprimento da legislação federal pertinente aos recursos hídricos; (2) disciplinar, em caráter normativo, a implementação, a operacionalização, o controle e a avaliação dos instrumentos da PNRH; (3) outorgar, por intermédio de autorização, o direito de uso de recursos hídricos em corpos de água de domínio da União, observado o disposto nos artigos 5º, 6º, 7º e 8º da lei que a instituiu; (4) fiscalizar os usos de recursos hídricos nos corpos de água de domínio da União; (5) elaborar estudos técnicos para subsidiar a definição, pelo CNRH, dos valores a serem cobrados pelo uso de recursos hídricos de domínio da União, com base nos mecanismos e quantitativos sugeridos pelos Comitês de Bacia Hidrográfica, na forma do inciso VI do artigo 38 da Lei 9.433/1997; (6) estimular e apoiar as iniciativas voltadas para a criação de Comitês de Bacia Hidrográfica; (7) implementar, em articulação com os Comitês de Bacia Hidrográfica, a cobrança pelo uso de recursos hídricos de domínio da União; (8) arrecadar, distribuir e aplicar receitas auferidas por intermédio da cobrança pelo uso de recursos hídricos de domínio da União, na forma do disposto no artigo 22 da Lei 9.433/1997; (9) planejar e promover ações destinadas a prevenir ou minimizar os efeitos de secas e inundações, no âmbito do Sistema Nacional de Gerenciamento de Recursos Hídricos, em articulação com o órgão central do Sistema Nacional de Defesa Civil, em apoio aos Estados e Municípios; (10) promover a elaboração de estudos para subsidiar a aplicação de recursos financeiros da União em obras e serviços de regularização de cursos de água, de alocação e distribuição de água e de controle da poluição hídrica, em consonância com o estabelecido nos planos de recursos hídricos; (11) definir e fiscalizar as condições de operação de reservatórios por agentes públicos e privados, visando a garantir o uso múltiplo dos recursos hídricos, conforme estabelecido nos planos de recursos hídricos das respectivas bacias hidrográficas; (12) promover a coordenação das atividades desenvolvidas no âmbito da rede hidrometeorológica nacional, em articulação com órgãos e entidades públicos ou privados que a integram, ou que dela sejam usuários; (13) organizar, implantar e gerir o Sistema Nacional de Informações sobre Recursos Hídricos; (14) estimular a pesquisa e a capacitação de recursos humanos para a gestão de recursos hídricos; (15) prestar apoio aos Estados na criação de órgãos gestores de recursos hídricos; (16) propor ao CNRH o estabelecimento de incentivos, inclusive financeiros, à conservação qualitativa e quantitativa de recursos hídricos; (17) participar da elaboração do Plano Nacional de Recursos Hídricos e supervisionar a sua implementação; (18) organizar, implantar e gerir o Sistema Nacional de Informações sobre Segurança de Barragens (SNISB); (19) promover a articulação entre os órgãos fiscalizadores de barragens; (20) coordenar a elaboração do Relatório de Segurança de Barragens e encaminhá--lo, anualmente, ao Conselho Nacional de Recursos Hídricos (CNRH), de forma consolidada; (21) declarar a situação crítica de escassez quantitativa ou qualitativa de recursos hídricos nos corpos hídricos que impactem o atendimento aos usos múltiplos localizados em rios de domínio da União; e (22) declarar a situação crítica de escassez quantitativa ou qualitativa de recursos hídricos nos corpos hídricos que impacte o atendimento aos usos múltiplos localizados em rios de domínio da União, por prazo determinado, com base em estudos e dados de monitoramento, observados os critérios estabelecidos pelo Conselho Nacional de Recursos Hídricos, quando houver e (23) estabelecer e fiscalizar o cumprimento de regras de uso da água, a fim de assegurar os usos múltiplos durante a vigência da declaração de situação crítica de escassez de recursos hídricos a que se refere o inciso XXIII do *caput* do artigo 4º.

Em se tratando de bacias hidrográficas compartilhadas com países vizinhos, evidentemente que a ANA não poderá ultrapassar ou deixar de observar os limites estabelecidos em tratados internacionais ou multilaterais.

1.4.1.1   A regulamentação administrativa das águas

O estabelecimento de um sistema de classificação das águas é essencial para administrar o uso dos recursos hídricos e fiscalizar a qualidade das águas interiores. A primeira classificação das águas realizadas no Brasil foi estabelecida pela Portaria 13/1976 do Ministério do Interior que, na época, era o órgão ao qual estava vinculada a antiga SEMA. Atualmente, a matéria é da competência do Conama que a exerceu pela edição da Resolução Conama 357/2005.

Classificação das águas conforme o uso preponderante

Classificação	Classe	Destinação das Águas
Águas doces	Classe Especial	Águas destinadas ao abastecimento para consumo humano, com desinfecção; à preservação do equilíbrio natural das comunidades aquáticas, e a preservação dos ambientes aquáticos em unidades de conservação de proteção integral.
	Classe 1	Águas destinadas ao abastecimento para consumo humano, após tratamento simplificado; à proteção das comunidades aquáticas; à recreação de contato primário, tais como: natação, esqui aquático e mergulho, conforme Resolução Conama 274, de 2000; à irrigação de hortaliças que são consumidas cruas e de frutas que se desenvolvam rentes ao solo e que sejam ingeridas cruas sem remoção de película; e à proteção das comunidades aquáticas em Terras Indígenas.
	Classe 2	Águas destinadas ao abastecimento para consumo humano, após tratamento convencional; à proteção das comunidades aquáticas; à recreação de contato primário, tais como: natação, esqui aquático e mergulho, conforme Resolução Conama 274, de 2000; à irrigação de hortaliças, plantas frutíferas e de parques, jardins, campos de esporte e lazer, com os quais o público possa vir a ter contato direto; e à aquicultura e à atividade de pesca.
	Classe 3	Águas destinadas ao abastecimento para consumo humano, após tratamento convencional ou avançado; à irrigação de culturas arbóreas, cerealíferas e forrageiras; à pesca amadora; à recreação de contato secundário; e à dessedentação de animais.
	Classe 4	Águas destinadas à navegação; à harmonia paisagística.
Águas salinas	Classe Especial	Águas destinadas à preservação dos ambientes aquáticos em unidades de conservação de proteção integral; e à preservação do equilíbrio natural das comunidades aquáticas.
	Classe 1	Águas destinadas à recreação de contato primário, conforme Resolução Conama 274, de 2000; à proteção das comunidades aquáticas e à aquicultura e a atividade de pesca.
	Classe 2	Águas destinadas à pesca amadora; e à recreação de contato secundário.
	Classe 3	Águas destinadas à navegação; à harmonia paisagística.
Águas salobras	Classe Especial	Águas destinadas à preservação dos ambientes aquáticos em unidades de conservação de proteção integral; à preservação do equilíbrio natural das comunidades aquáticas.
	Classe 1	Águas destinadas à recreação de contato primário, conforme Resolução Conama 274, de 2000; à proteção das comunidades aquáticas; à aquicultura e à atividade de pesca; ao abastecimento para consumo humano após tratamento convencional ou avançado; à irrigação de hortaliças que são consumidas cruas e de frutas que se desenvolvam rentes ao solo e que sejam ingeridas cruas sem remoção de película, e à irrigação de parques, jardins, campos de esporte e lazer, com os quais o público possa vir a ter contato direto.
	Classe 2	Águas destinadas à pesca amadora; e à recreação de contato secundário.
	Classe 3	Águas destinadas à navegação; à harmonia paisagística.

A Resolução Conama 430/2011, complementou a Resolução Conama 357/2005.

2. SANEAMENTO BÁSICO

2.1 Titularidade dos serviços públicos de saneamento básico

Esse talvez seja o tema mais complexo da Lei em exame, pois sempre houve intensa controvérsia entre estados e municípios sobre a matéria, sobretudo em função do elevadíssimo potencial arrecadatório dos serviços de saneamento. Entendeu a Lei que os titulares dos serviços públicos de saneamento básico poderão delegar a organização, a regulação, a fiscalização e a prestação desses serviços, nos termos do artigo 241 da CF e da Lei 11.107/2005; com isso estabeleceu-se, claramente, a possibilidade de investimentos privados no setor, como forma de obtenção dos recursos necessários à implementação das diretrizes legalmente estabelecidas sobretudo à tão almejada universalização. Assim, determinou a norma competir ao titular dos serviços a formulação da respectiva política pública de saneamento básico, devendo, para tanto: (i) elaborar os planos de saneamento básico; (ii) prestar diretamente ou autorizar a delegação dos serviços e definir o ente responsável pela sua regulação e fiscalização, bem como os procedimentos de sua atuação; (iii) adotar parâmetros para a garantia do atendimento essencial à saúde pública, inclusive quanto ao volume mínimo *per capita* de água para abastecimento público, observadas as normas nacionais relativas à potabilidade da água; (iv) fixar os direitos e os deveres dos usuários; (v) estabelecer mecanismos de controle social, nos termos do inciso IV do *caput* do artigo 3º da Lei; (vi) estabelecer sistema de informações sobre os serviços, articulado com o Sistema Nacional de Informações em Saneamento; (vii) intervir e retomar a operação dos serviços delegados, por indicação da entidade reguladora, nos casos e condições previstos em lei e nos documentos contratuais.

Dessa forma, o titular deverá instituir uma agência reguladora dos serviços de saneamento básico, criar um marco legal para a regulação da atividade, especificando direitos e garantias das partes, com ênfase para os direitos dos usuários do serviço. Determinou-se ainda que, na hipótese da prestação do serviço por particular, deverá ser celebrado contrato, sendo expressamente vedada *"a sua disciplina mediante convênios, termos de parceria ou outros instrumentos de natureza precária"*. Objetivou o legislador criar um quadro jurídico estável, de forma que o investimento feito pelo particular fique longe de variações políticas de ocasião e, em última análise, o usuário do serviço seja prejudicado, com a interrupção ou má prestação do serviço. Há exceção legal para: (I) os serviços públicos de saneamento básico cuja prestação o poder público, nos termos de lei, autorizar para usuários organizados em cooperativas ou associações, desde que se limitem a: (a) determinado condomínio; (b) localidade de pequeno porte, predominantemente ocupada por população de baixa renda, onde outras formas de prestação apresentem custos de operação e manutenção incompatíveis com a capacidade de pagamento dos usuários; (II) os convênios e outros atos de delegação celebrados até o dia 6 de abril de 2005.

O contrato de prestação de serviço de saneamento básico é modalidade de contrato administrativo, o qual terá como condição de validade: (i) a existência de plano de saneamento básico; (ii) a existência de estudo comprovando a viabilidade técnica e econômico-financeira da prestação dos serviços, nos termos do respectivo plano de saneamento básico; (iii) a existência de normas de regulação que prevejam os meios para o cumprimento das diretrizes da Lei, incluindo a designação da entidade de regulação e de fiscalização; (iv) a realização prévia de audiência e de consulta públicas sobre o edital de licitação, no caso de concessão, e sobre a minuta do contrato. Por se tratar de condições de validade, o contrato firmado sem a observância das condições acima não produzirá efeito jurídico.

Há, também, a necessidade de que os planos de investimentos e os projetos relativos ao contrato sejam compatíveis com o respectivo plano de saneamento básico, sem o que não se justificaria a concessão. Na hipótese que entre o particular e a Administração existam contratos de concessão ou de programa, as normas previstas no inciso III do § 2º do artigo 11 da Lei 11.445/2007, alterada pela Lei 15.012/2024, deverão prever: (i) a autorização para a contratação dos serviços, indicando os respectivos prazos e a área a ser atendida; (ii) a inclusão, no contrato, das metas progressivas e graduais de expansão dos serviços, de qualidade, de eficiência e de uso racional da água, da energia e de outros recursos naturais, em conformidade com os serviços a serem prestados; (iii) as prioridades de ação, compatíveis com as metas estabelecidas; (iv) as condições de sustentabilidade e equilíbrio econômico-financeiro da prestação dos serviços, em regime de eficiência, incluindo: (a) o sistema de cobrança e a composição de taxas e tarifas; (b) a sistemática de reajustes e de revisões de taxas e tarifas; (c) a política de subsídios; (v) mecanismos de controle social nas atividades de planejamento, regulação e fiscalização dos serviços; (vi) as hipóteses de intervenção e de retomada dos serviços.

Tais cláusulas são obrigatórias e, portanto, condições de validade do contrato; caso inexistentes, o contrato padece de vício grave, sendo juridicamente ineficaz. O legislador não se limitou a estipular cláusulas obrigatórias, estabelecendo, igualmente, uma proibição de inclusão de cláusulas contratuais que *"prejudiquem as atividades de regulação e de fiscalização ou o acesso às informações sobre os serviços contratados"*. Mesmo que a proibição de tais cláusulas seja uma decorrência lógica do sistema jurídico adotado no país, justifica-se a menção diante do grande número de municípios existente no país e o seu baixo grau de institucionalização.

Nas hipóteses em que os serviços públicos de saneamento básico sejam da responsabilidade de mais de um prestador, havendo interdependência entre eles, a relação entre elas deverá ser regulada por contrato, sendo a regulação e a fiscalização exercidas por uma única entidade, a qual definirá, no mínimo: (i) as normas técnicas relativas à qualidade, quantidade e regularidade dos serviços prestados aos usuários e entre os diferentes prestadores envolvidos; (ii) as normas econômicas e financeiras relativas às tarifas, aos subsídios e aos pagamentos por serviços prestados aos usuários e entre os diferentes prestadores envolvidos; (iii) a garantia de pagamento de serviços prestados entre os diferentes prestadores dos serviços; (iv) os mecanismos de pagamento de diferenças relativas a inadimplemento dos usuários, perdas comerciais e físicas e outros créditos devidos, quando for o caso; (v) o sistema contábil específico para os prestadores que atuem em mais de um Município.

São cláusulas obrigatórias entre os diferentes prestadores de serviço: (i) as atividades ou insumos contratados; (ii) as condições e garantias recíprocas de fornecimento e de acesso às atividades ou insumos; (iii) o prazo de vigência, compatível com as necessidades de amortização de investimentos, e as hipóteses de sua prorrogação; (iv) os procedimentos para a implantação, ampliação, melhoria e gestão operacional das atividades; (v) as regras para a fixação, o reajuste e a revisão das taxas, tarifas e outros preços públicos aplicáveis ao contrato; (vi) as condições e garantias de pagamento; (vii) os direitos e deveres sub-rogados ou os que autorizam a sub-rogação; (viii) as hipóteses de extinção, inadmitida a alteração e a rescisão administrativas unilaterais; (ix) as penalidades a que estão sujeitas as partes em caso de inadimplemento; (x) a designação do órgão ou entidade responsável pela regulação e fiscalização das atividades ou insumos contratados.

Com vistas à implantação da universalização dos serviços, os entes Federados, isoladamente ou em consórcios públicos, poderão instituir fundos, aos quais poderão ser destinadas, entre outros recursos, parcelas das receitas dos serviços, com a finalidade de custear,

Capítulo 17 · ÁGUA POTÁVEL E SANEAMENTO | 503

na conformidade do disposto nos respectivos planos de saneamento básico. Admite-se que os recursos de tais fundos possam ser utilizados como fontes ou garantias em operações de crédito para financiamento dos investimentos necessários à universalização dos serviços públicos de saneamento básico.

2.2 Prestação regionalizada de serviços públicos de saneamento básico

Ocorre a prestação regionalizada de serviços públicos de saneamento básico quando: (i) há um único prestador do serviço para vários Municípios, contíguos ou não; (ii) há uniformidade de fiscalização e regulação dos serviços, inclusive de sua remuneração; (iii) compatibilidade de planejamento. Tal prestação poderá ser exercida por: (i) órgão, autarquia, fundação de direito público, consórcio público, empresa pública ou sociedade de economia mista estadual, do Distrito Federal, ou municipal, na forma da legislação; (ii) empresa a que se tenham concedido os serviços.

Quanto às atividades de fiscalização e regulação nas hipóteses de prestação regionalizada de serviços públicos de saneamento básico, elas poderão ser exercidas: (i) por órgão ou entidade de ente da Federação a que o titular tenha delegado o exercício dessas competências por meio de convênio de cooperação entre entes da Federação, obedecido o disposto no artigo 241 da CF; (ii) por consórcio público de direito público integrado pelos titulares dos serviços.

2.3 Planejamento

A prestação de serviços públicos de saneamento básico pressupõe a existência de planejamento, consubstanciado em um plano, que poderá ser específico para cada serviço, o qual abrangerá, no mínimo: (i) diagnóstico da situação e de seus impactos nas condições de vida, utilizando sistema de indicadores sanitários, epidemiológicos, *ambientais* e socioeconômicos e apontando as causas das deficiências detectadas; (ii) objetivos e metas de curto, médio e longo prazos para a universalização, admitidas soluções graduais e progressivas, observando a compatibilidade com os demais planos setoriais; (iii) programas, projetos e ações necessárias para atingir os objetivos e as metas, de modo compatível com os respectivos planos plurianuais e com outros planos governamentais correlatos, *identificando possíveis fontes de financiamento;* (iv) ações para emergências e contingências; (v) mecanismos e procedimentos para a avaliação sistemática da eficiência e eficácia das ações programadas.

Os planos de saneamento básico são de responsabilidade dos titulares dos serviços públicos de saneamento, podendo ser elaborados com base em estudos fornecidos pelos prestadores de cada serviço. Tais planos deverão ser consolidados e compatibilizados pelo titular do serviço, observando-se os planos das bacias hidrográficas em que estiverem inseridos.

2.4 Regulação

Regulação é a atividade administrativa mediante a qual são estabelecidas normas para a prestação de serviços públicos concedidos, estabelecendo as regras a serem observadas pelos prestadores, com vistas a garantir boa qualidade dos serviços e modicidade das tarifas. No caso específico dos serviços públicos de saneamento básico, o exercício da função de regulação atenderá aos seguintes princípios: (i) independência decisória, incluindo autonomia administrativa, orçamentária e financeira da entidade reguladora; (ii) transparência, tecnicidade, celeridade e objetividade das decisões. Tal como exposto acima, são objetivos da regulação: (i) o estabelecimento de padrões e normas para a adequada prestação dos serviços e para a satisfação dos usuários; (ii) a garantia do cumprimento das condições e metas estabelecidas;

DIREITO AMBIENTAL – *Paulo de Bessa Antunes*

(iii) a prevenção e a repressão ao abuso do poder econômico, ressalvada a competência dos órgãos integrantes do sistema nacional de defesa da concorrência; (iv) a definição de tarifas que assegurem tanto o equilíbrio econômico e financeiro dos contratos como a modicidade tarifária, mediante mecanismos que induzam a eficiência e eficácia dos serviços e que permitam a apropriação social dos ganhos de produtividade.

Compete à entidade reguladora editar normas relativas às dimensões técnica, econômica e social de prestação dos serviços, as quais deverão contemplar, pelo menos, os seguintes aspectos: (i) padrões e indicadores de qualidade da prestação dos serviços; (ii) requisitos operacionais e de manutenção dos sistemas; (iii) as metas progressivas de expansão e de qualidade dos serviços e os respectivos prazos; (iv) regime, estrutura e níveis tarifários, bem como os procedimentos e prazos de sua fixação, reajuste e revisão; (v) medição, faturamento e cobrança de serviços; (vi) monitoramento dos custos; (vii) avaliação da eficiência e eficácia dos serviços prestados; (viii) plano de contas e mecanismos de informação, auditoria e certificação; (ix) subsídios tarifários e não tarifários; (x) padrões de atendimento ao público e mecanismos de participação e informação; (xi) medidas de contingências e de emergências, inclusive racionamento.

O titular do serviço público de saneamento básico, por motivo de conveniência e oportunidade, poderá delegar a fiscalização e a regulação da atividade a qualquer entidade reguladora constituída dentro dos limites do respectivo Estado, explicitando, no ato de delegação da regulação, a forma de atuação e a abrangência das atividades a serem desempenhadas pelas partes envolvidas. Caso se trate de gestão associada ou prestação regionalizada dos serviços, os titulares poderão adotar os mesmos critérios econômicos, sociais e técnicos da regulação em toda a área de abrangência da associação ou da prestação, sendo, portanto, mais conveniente a delegação da regulação a uma entidade única, com vistas a assegurar a uniformidade do controle.

Os usuários de serviços públicos de saneamento básico, na forma das normas legais, regulamentares e contratuais, têm direito a: (i) amplo acesso a informações sobre os serviços prestados; (ii) prévio conhecimento dos seus direitos e deveres e das penalidades a que podem estar sujeitos; (iii) acesso a manual de prestação do serviço e de atendimento ao usuário, elaborado pelo prestador e aprovado pela respectiva entidade de regulação; (iv) acesso a relatório periódico sobre a qualidade da prestação dos serviços.

Como atividade econômica é necessário que os serviços públicos de saneamento básico tenham a chamada sustentabilidade econômico-financeira, que deverá ser assegurada, sempre que possível, mediante remuneração pela cobrança dos serviços: (i) de abastecimento de água e esgotamento sanitário: preferencialmente na forma de tarifas e outros preços públicos, que poderão ser estabelecidos para cada um dos serviços ou para ambos conjuntamente; (ii) de limpeza urbana e manejo de resíduos sólidos urbanos: taxas ou tarifas e outros preços públicos, em conformidade com o regime de prestação do serviço ou de suas atividades; (iii) de manejo de águas pluviais urbanas: na forma de tributos, inclusive taxas, em conformidade com o regime de prestação do serviço ou de suas atividades. Acresce que a instituição das tarifas, preços públicos e taxas para os serviços de saneamento básico deverá observar ainda: (i) prioridade para atendimento das funções essenciais relacionadas à saúde pública; (ii) ampliação do acesso dos cidadãos e localidades de baixa renda aos serviços; (iii) geração dos recursos necessários para realização dos investimentos, objetivando o cumprimento das metas e objetivos do serviço; (iv) inibição do consumo supérfluo e do desperdício de recursos; (v) recuperação dos custos incorridos na prestação do serviço, em regime de eficiência; (vi) remuneração adequada do capital investido pelos prestadores dos serviços; (vii) estímulo ao uso de tecnologias modernas e eficientes, compatíveis com os níveis exigidos de qualidade,

Capítulo 17 · ÁGUA POTÁVEL E SANEAMENTO | 505

continuidade e segurança na prestação dos serviços; (viii) incentivo à eficiência dos prestadores dos serviços.

O prestador de serviço poderá interromper a prestação nas seguintes hipóteses: (i) situações de emergência que atinjam a segurança de pessoas e bens; (ii) necessidade de efetuar reparos, modificações ou melhorias de qualquer natureza nos sistemas; (iii) negativa do usuário em permitir a instalação de dispositivo de leitura de água consumida, após ter sido previamente notificado a respeito; (iv) manipulação indevida de qualquer tubulação, medidor ou outra instalação do prestador, por parte do usuário; e (v) inadimplemento do usuário do serviço de abastecimento de água, do pagamento das tarifas, após ter sido formalmente notificado.

2.5   Aspectos técnicos e ambientais

A prestação dos serviços deverá atender a requisitos mínimos de qualidade, incluindo a regularidade, a continuidade e aqueles relativos aos produtos oferecidos, ao atendimento dos usuários e às condições operacionais e de manutenção dos sistemas, de acordo com as normas regulamentares e contratuais. No que se refere especificamente aos padrões de potabilidade da água, deverão ser observados os padrões federais, salvo nas hipóteses em que os Estados definam padrões mais estritos. Em tal caso, deverá ser considerada a repercussão do padrão local nas tarifas, de forma a assegurar a manutenção do equilíbrio econômico-financeiro do contrato de concessão. A lei determina que os órgãos ambientais, quando do licenciamento ambiental de unidades de tratamento de esgotos sanitários e de efluentes gerados nos processos de tratamento de água, deverão considerar etapas de eficiência, a fim de alcançar progressivamente os padrões estabelecidos pela legislação ambiental, em função da capacidade de pagamento dos usuários. Isso se faz pela definição de metas a serem alcançadas em determinado período de tempo. Penso que, no particular, seria bastante conveniente que as metas ambientais fossem incluídas nos contratos, como cláusulas contratuais a serem observadas, haja vista que, em tese, a ação da agência reguladora é mais rápida e eficiente do que a ação dos órgãos ambientais. As metas, igualmente, são aplicáveis à qualidade dos efluentes de unidades de tratamento de esgotos sanitários que atenda aos padrões das classes dos corpos hídricos em que forem lançados, a partir dos níveis presentes de tratamento e considerando a capacidade de pagamento das populações e usuários envolvidos.

A situação do saneamento básico no Brasil é um dos problemas ambientais e de saúde pública de maior relevância. A Lei 11.445/2007, com nova redação dada pela Lei 14.026/2020 é uma tentativa de enfrentamento do problema, com vistas à sua solução. A matéria, submetida ao STF, foi conformada com a declaração de constitucionalidade pela Corte Constitucional.[13]

---

[13]   "Ações Diretas de Inconstitucionalidade 6.492, 6.536, 6.583 E 6.882. Direito Constitucional, Administrativo e Regulatório. Lei 14.026/2020. Atualização do *Marco Legal* do *Saneamento* Básico. Renovação em quatro leis federais – na Lei 9.984/2000, que instituiu a Agência Nacional de Águas (ANA); na Lei 10.768/2003, que dispõe sobre o quadro funcional da ANA; na Lei 11.107/2005, a Lei dos Consórcios Públicos; e, principalmente, na Lei 11.445/2007, que estabelece as diretrizes nacionais para o *saneamento* básico. Juízo de admissibilidade positivo. Mérito. Quatro premissas teóricas. (A) Disciplina constitucional dos serviços públicos de *saneamento*. (B) Funcionalidade e atributos econômicos do *saneamento*. (C) Realidade brasileira à luz da redação original da Lei 11.445/2007. Desatendimento às essencialidades sanitárias. (D) OBJETIVOS setoriais da Lei 14.026/2020. Temáticas apreciadas. Primeiro pilar da Lei 14.026/2020. (1) Os instrumentos de prestação regionalizada *versus* a autonomia política e financeira dos municípios. Constitucionalidade dos institutos *legais* de cooperação. Segundo pilar da Lei 14.026/2020. (2) A modelagem contratual que determinou a concessão obrigatória e, ao mesmo tempo, a vedação ao contrato de programa. Contrapontos: 'Esvaziamento' da autonomia administrativa dos municípios e desrespeito a atos jurídicos perfeitos. improcedência.

2.6 Política federal de saneamento básico

Determina o artigo 2º da Lei 11.445/2007 que os serviços públicos de saneamento básico deverão ser prestados com base nos seguintes princípios fundamentais: (1) universalização do acesso e efetiva prestação do serviço; (2) integralidade, compreendida como o conjunto de todas as atividades e componentes de cada um dos diversos serviços de saneamento que propicie à população o acesso a eles em conformidade com suas necessidades e maximize a eficácia das ações e dos resultados; (3) abastecimento de água, esgotamento sanitário, limpeza urbana e manejo dos resíduos sólidos realizados de forma adequada à saúde pública, à conservação dos recursos naturais e à proteção do meio ambiente; (4) disponibilidade, nas áreas urbanas, de serviços de drenagem e manejo das águas pluviais, tratamento, limpeza e fiscalização preventiva das redes, adequados à saúde pública, à proteção do meio ambiente e à segurança da vida e do patrimônio público e privado; (5) adoção de métodos, técnicas e processos que considerem as peculiaridades locais e regionais; (6) articulação com as políticas de desenvolvimento urbano e regional, de habitação, de combate à pobreza e de sua erradicação, de proteção ambiental, de promoção da saúde, de recursos hídricos e outras de interesse social relevante, destinadas à melhoria da qualidade de vida, para as quais o saneamento básico seja fator determinante; (7) eficiência e sustentabilidade econômica; (8) estímulo à pesquisa, ao desenvolvimento e à utilização de tecnologias apropriadas, consideradas a capacidade de pagamento dos usuários, a adoção de soluções graduais e progressivas e a melhoria da qualidade com ganhos de eficiência e redução dos custos para os usuários; (9) transparência das ações, baseada em sistemas de informações e processos decisórios institucionalizados; (10) controle social; (11) segurança, qualidade, regularidade e continuidade; (12) integração das infraestruturas e dos serviços com a gestão eficiente dos recursos hídricos; (13) redução e controle das perdas de água, inclusive na distribuição de água tratada, estímulo à racionalização de seu consumo pelos usuários e fomento à eficiência energética, ao reúso de efluentes sanitários e ao aproveitamento de águas de chuva; (14) prestação regionalizada dos serviços, com vistas à geração de ganhos de escala e à garantia da universalização e da viabilidade técnica e econômico-financeira dos serviços; (15) seleção competitiva do prestador dos serviços; e (xvi) prestação concomitante dos serviços de abastecimento de água e de esgotamento sanitário.

A composição dos serviços públicos de limpeza urbana e de manejo de resíduos sólidos urbanos, para efeitos de aplicação da lei, é composta pelas seguintes atividades: (1) coleta, transbordo e transporte dos resíduos relacionados na alínea *c* do inciso I do *caput* do artigo 2º da Lei; (2) triagem para fins de reuso ou reciclagem, de tratamento, inclusive por compostagem, e de disposição final dos resíduos relacionados na alínea *c* do inciso I do *caput* do artigo 2º da Lei; (3) varrição, capina e poda de árvores em vias e logradouros públicos e outros eventuais serviços pertinentes à limpeza pública urbana. Não integra o conceito de serviço público de saneamento a ação executada por meio de soluções individuais, desde que o usuário não dependa de terceiros para operar os serviços, bem como as ações e serviços de saneamento básico de responsabilidade privada, incluindo o manejo de resíduos de responsabilidade do gerador.

---

defasagem e acomodação geradas pelo contrato de programa. Terceiro pilar da Lei 14.026/2020. (3) O robustecimento da instância federal para a coordenação do sistema de *saneamento*. Alegações: Vício formal originário na atribuição das competências fiscalizatórias e sancionadoras à agência; e abuso de poder no procedimento condicionante à elegibilidade para as transferências voluntárias. improcedência. Considerações sobre a tutela da segurança jurídica, em face dos artigos 13 e 14 da Lei 14.026/2020. Ações Diretas de Inconstitucionalidade conhecidas e, no mérito, julgadas improcedentes" (ADI 6.492, Tribunal Pleno, Rel. Min. Luiz Fux, j. 02.12.2021, Publicação: 25.05.2022).

A PFSB objetiva (artigo 49 da Lei 11.445/2007): (1) contribuir para o desenvolvimento nacional, a redução das desigualdades regionais, a geração de emprego e de renda, a inclusão social e a promoção da saúde pública; (2) priorizar planos, programas e projetos que visem à implantação e à ampliação dos serviços e das ações de saneamento básico nas áreas ocupadas por populações de baixa renda, incluídos os núcleos urbanos informais consolidados, quando não se encontrarem em situação de risco; (3) proporcionar condições adequadas de salubridade ambiental aos povos indígenas e outras populações tradicionais, com soluções compatíveis com suas características socioculturais; (4) proporcionar condições adequadas de salubridade ambiental às populações rurais e às pequenas comunidades; (5) assegurar que a aplicação dos recursos financeiros administrados pelo poder público dê-se segundo critérios de promoção da salubridade ambiental, de maximização da relação benefício-custo e de maior retorno social; (6) incentivar a adoção de mecanismos de planejamento, regulação e fiscalização da prestação dos serviços de saneamento básico; (7) promover alternativas de gestão que viabilizem a autossustentação econômica e financeira dos serviços de saneamento básico, com ênfase na cooperação federativa; (8) promover o desenvolvimento institucional do saneamento básico, estabelecendo meios para a unidade e articulação das ações dos diferentes agentes, bem como do desenvolvimento de sua organização, capacidade técnica, gerencial, financeira e de recursos humanos, contempladas as especificidades locais; (9) fomentar o desenvolvimento científico e tecnológico, a adoção de tecnologias apropriadas e a difusão dos conhecimentos gerados de interesse para o saneamento básico; (10) minimizar os impactos ambientais relacionados à implantação e desenvolvimento das ações, obras e serviços de saneamento básico e assegurar que sejam executadas de acordo com as normas relativas à proteção do meio ambiente, ao uso e ocupação do solo e à saúde; (11) incentivar a adoção de equipamentos sanitários que contribuam para a redução do consumo de água; (12) promover educação ambiental destinada à economia de água pelos usuários; (13) promover a capacitação técnica do setor; (14) promover a regionalização dos serviços, com vistas à geração de ganhos de escala, por meio do apoio à formação dos blocos de referência e à obtenção da sustentabilidade econômica financeira do bloco; (15) promover a concorrência na prestação dos serviços; e (16) priorizar, apoiar e incentivar planos, programas e projetos que visem à implantação e à ampliação dos serviços e das ações de saneamento integrado, nos termos da Lei.

A alocação de recursos federais e os financiamentos com recursos da União ou com recursos geridos ou operados por órgãos ou entidades da União deverão ser feitos em conformidade com as diretrizes e objetivos estabelecidos nos artigos 48 e 49 da Lei e com os planos de saneamento básico, estando condicionados a: (I) alcance de índices mínimos de: (a) desempenho do prestador na gestão técnica, econômica e financeira dos serviços; (b) eficiência e eficácia na prestação dos serviços de saneamento básico; (II) à operação adequada e à manutenção dos empreendimentos anteriormente financiados com recursos federais.

Os chamados recursos a fundo perdido serão alocados prioritariamente às ações e empreendimentos que visem ao atendimento de usuários ou Municípios que não tenham capacidade de pagamento compatível com a autossustentação econômico-financeira dos serviços, não se admitindo a sua aplicação a empreendimentos contratados de forma onerosa. É prerrogativa da União instituir e orientar a execução de programas de incentivo à execução de projetos de interesse social na área de saneamento básico com participação de investidores privados, mediante operações estruturadas de financiamentos realizados com recursos de fundos privados de investimento, de capitalização ou de previdência complementar, em condições compatíveis com a natureza essencial dos serviços públicos de saneamento básico. Todavia, é proibida a aplicação de recursos orçamentários da União na administração, operação e manutenção de serviços públicos de saneamento básico não administrados por órgão ou entidade federal, salvo

508 | DIREITO AMBIENTAL – *Paulo de Bessa Antunes*

por prazo determinado em situações de eminente risco à saúde pública e ao meio ambiente, situação que deverá ser devidamente documentada e justificada.

No âmbito da PFSB, compete à União, sob a coordenação do Ministério das Cidades, elaborar: (i) o PNSB, que conterá: (a) os objetivos e metas nacionais e regionalizadas, de curto, médio e longo prazos, para a universalização dos serviços de saneamento básico e o alcance de níveis crescentes de saneamento básico no território nacional, observando a compatibilidade com os demais planos e políticas públicas da União; (b) as diretrizes e orientações para o equacionamento dos condicionantes de natureza político-institucional, legal e jurídica, econômico-financeira, administrativa, cultural e tecnológica com impacto na consecução das metas e objetivos estabelecidos; (c) a proposição de programas, projetos e ações necessários para atingir os objetivos e as metas da PFSB, com identificação das fontes de financiamento, de forma a ampliar os investimentos públicos e privados no setor; (d) as diretrizes para o planejamento das ações de saneamento básico em áreas de especial interesse turístico; (e) os procedimentos para a avaliação sistemática da eficiência e eficácia das ações executadas; (ii) planos regionais de saneamento básico, elaborados e executados em articulação com os Estados, Distrito Federal e Municípios envolvidos para as regiões integradas de desenvolvimento econômico ou nas em que haja a participação de órgão ou entidade federal na prestação de serviço público de saneamento básico.

O PNSB deverá: (i) abranger o abastecimento de água, o esgotamento sanitário, o manejo de resíduos sólidos e o manejo de águas pluviais com limpeza e fiscalização preventiva das respectivas redes de drenagem, além de outras ações de saneamento básico de interesse para a melhoria da salubridade ambiental, incluindo o provimento de banheiros e unidades hidrossanitárias para populações de baixa renda; (ii) tratar especificamente das ações da União relativas ao saneamento básico nas áreas indígenas, nas reservas extrativistas da União e nas comunidades quilombolas.

Com vistas a catalogar a informação disponível sobre saneamento básico, foi instituído o Sistema Nacional de Informações em Saneamento Básico – Sinisa, com os objetivos de: (i) coletar e sistematizar dados relativos às condições da prestação dos serviços públicos de saneamento básico; (ii) disponibilizar estatísticas, indicadores e outras informações relevantes para a caracterização da demanda e da oferta de serviços públicos de saneamento básico; (iii) permitir e facilitar o monitoramento e avaliação da eficiência e da eficácia da prestação dos serviços de saneamento básico.

Todas as informações constantes do Sistema são públicas e acessíveis a todos, devendo ser publicadas por meio da internet. Os titulares dos serviços serão apoiados pela União na organização de sistemas locais de informação.

O Regulamento estabeleceu os seguintes conceitos normativos aplicáveis às questões de saneamento básico: (i) planejamento: as atividades atinentes à identificação, qualificação, quantificação, organização e orientação de todas as ações, públicas e privadas, por meio das quais o serviço público deve ser prestado ou colocado à disposição de forma adequada; (ii) regulação: todo e qualquer ato que discipline ou organize determinado serviço público, incluindo suas características, padrões de qualidade, impacto socioambiental, direitos e obrigações dos usuários e dos responsáveis por sua oferta ou prestação e fixação e revisão do valor de tarifas e outros preços públicos; (iii) fiscalização: atividades de acompanhamento, monitoramento, controle ou avaliação, no sentido de garantir o cumprimento de normas e regulamentos editados pelo poder público e a utilização, efetiva ou potencial, do serviço público; (iv) entidade de regulação: entidade reguladora ou regulador: agência reguladora, consórcio público de regulação, autoridade regulatória, ente regulador, ou qualquer outro órgão ou entidade de direito público que possua competências próprias de natureza regulatória, independência decisória e não acumule funções de prestador dos serviços regulados; (v) prestação de serviço público de saneamento básico: atividade, acompanhada ou não de execução de obra, com o objetivo de permitir aos usuários acesso a serviço público de saneamento básico com características e padrões de qualidade determinados pela legislação, planejamento ou regulação; (vi) controle social: conjunto de mecanismos e procedimentos que garantem à sociedade informações, representações técnicas e participação nos processos de formulação de políticas, de planejamento e de avaliação relacionados aos serviços públicos de saneamento básico; (vii) titular: o ente da Federação que possua por competência a prestação de serviço público de saneamento básico; (viii) prestador de serviço público: o órgão ou entidade, inclusive empresa: (a) do titular, ao qual a lei tenha atribuído competência de prestar serviço público; ou (b) ao qual o titular tenha delegado a prestação dos serviços, observado o disposto no artigo 10 da Lei 11.445/2007; (ix) gestão associada: associação voluntária de entes federados, por convênio de cooperação ou consórcio público, conforme disposto no artigo 241 da Constituição; (x) prestação regionalizada: aquela em que um único prestador atende a dois ou mais titulares, com uniformidade de fiscalização e regulação dos serviços, inclusive de sua remuneração, e com compatibilidade de planejamento; (xi) serviços públicos de saneamento básico: conjunto dos serviços públicos de manejo de resíduos sólidos, de limpeza urbana, de abastecimento de água, de esgotamento sanitário e de drenagem e manejo de águas pluviais, bem como infraestruturas destinadas exclusivamente a cada um destes serviços; (xii) universalização: ampliação progressiva do acesso de todos os domicílios ocupados ao saneamento básico; (xiii) subsídios: instrumento econômico de política social para viabilizar manutenção e continuidade de serviço público com objetivo de universalizar acesso ao saneamento básico, especialmente para populações e localidades de baixa renda; (xiv) subsídios diretos: quando destinados a determinados usuários; (xv) subsídios indiretos: quando destinados a prestador de serviços públicos; (xvi) subsídios internos: aqueles concedidos no âmbito territorial de cada titular; (xvii) subsídios entre localidades: aqueles concedidos nas hipóteses de gestão associada e prestação regional; (xviii) subsídios tarifários: quando integrarem a estrutura tarifária; (xix) subsídios fiscais: quando decorrerem da alocação de recursos orçamentários, inclusive por meio de subvenções; (xx) localidade de pequeno porte: vilas, aglomerados rurais, povoados, núcleos, lugarejos e aldeias, assim definidos pelo Instituto Brasileiro de Geografia e Estatística – IBGE; (xxi) aviso: informação dirigida a usuário pelo prestador dos serviços, com comprovação de recebimento, que tenha como objetivo notificar a interrupção da prestação dos serviços; (xxii) comunicação: informação dirigida a usuários e ao regulador, inclusive por meio de veiculação em mídia impressa ou eletrônica; (xxiii) água potável: *água para consumo humano cujos parâmetros microbiológicos, físicos e químicos atendam ao padrão de potabilidade estabelecido pelas normas do Ministério da Saúde;* (xxiv) sistema de abastecimento de água: instalação composta por conjunto de infraestruturas, obras civis, materiais e equipamentos, destinada à produção e à distribuição canalizada de água potável para populações, sob a responsabilidade do Poder Público; (xxv) soluções individuais: todas e quaisquer soluções alternativas de saneamento básico que atendam a apenas uma unidade de consumo; (xxvi) edificação permanente urbana: construção de caráter não transitório, destinada a abrigar atividade humana; (xxvii) ligação predial: derivação da água da rede de distribuição ou interligação com o sistema de coleta de esgotos por meio de instalações assentadas na via pública ou em propriedade privada até a instalação predial; (xxviii) etapas de eficiência: parâmetros de qualidade de efluentes, a fim de se alcançar progressivamente, por meio do aperfeiçoamento dos sistemas e processos de tratamento, o atendimento às classes dos corpos hídricos; e (xxix) metas progressivas de corpos hídricos: desdobramento do enquadramento em objetivos de

510 | DIREITO AMBIENTAL – *Paulo de Bessa Antunes*

qualidade de água intermediários para corpos receptores, com cronograma preestabelecido, a fim de atingir a meta final de enquadramento.

Conforme o regulamento, cabe ao Ministério da Saúde definir os parâmetros e padrões de potabilidade da água, bem como estabelecerá os procedimentos e responsabilidades relativos ao controle e vigilância da qualidade da água para consumo humano. A responsabilidade pelo controle da qualidade da água é do prestador do serviço.

2.7   O papel da ANA na regulação do saneamento

Em relação ao saneamento básico, a ANA tem competência para instituir *normas de referência* para a regulação dos serviços públicos de saneamento básico por seus titulares e suas entidades reguladoras e fiscalizadoras, observadas as diretrizes para a função de regulação estabelecidas na Lei 11.445/2007. Normas Dessa forma, a ANA compete estabelecer as normas de referência sobre (1) padrões de qualidade e eficiência na prestação, na manutenção e na operação dos sistemas de saneamento básico; (2) regulação tarifária dos serviços públicos de saneamento básico, com vistas a promover a prestação adequada, o uso racional de recursos naturais, o equilíbrio econômico-financeiro e a universalização do acesso ao saneamento básico; (3) padronização dos instrumentos negociais de prestação de serviços públicos de saneamento básico firmados entre o titular do serviço público e o delegatário, os quais contemplarão metas de qualidade, eficiência e ampliação da cobertura dos serviços, bem como especificação da matriz de riscos e dos mecanismos de manutenção do equilíbrio econômico-financeiro das atividades; (4) metas de universalização dos serviços públicos de saneamento básico para concessões que considerem, entre outras condições, o nível de cobertura de serviço existente, a viabilidade econômico-financeira da expansão da prestação do serviço e o número de Municípios atendidos; (5) critérios para a contabilidade regulatória; (6) redução progressiva e controle da perda de água; (7) metodologia de cálculo de indenizações devidas em razão dos investimentos realizados e ainda não amortizados ou depreciados; (8) governança das entidades reguladoras, conforme princípios estabelecidos no artigo 21 da Lei 11.445/2007; (9) reúso dos efluentes sanitários tratados, em conformidade com as normas ambientais e de saúde pública; (10) parâmetros para determinação de caducidade na prestação dos serviços públicos de saneamento básico; (11) normas e metas de substituição do sistema unitário pelo sistema separador absoluto de tratamento de efluentes; (12) sistema de avaliação do cumprimento de metas de ampliação e universalização da cobertura dos serviços públicos de saneamento básico; (13) conteúdo mínimo para a prestação universalizada e para a sustentabilidade econômico-financeira dos serviços públicos de saneamento básico.

As normas de referência para a regulação dos serviços públicos de saneamento básico devem atender aos princípios estabelecidos no inciso I do *caput* do artigo 2º da Lei 11.445/2007, sendo instituídas pela ANA de forma progressiva. As normas de referência devem (1) promover a prestação adequada dos serviços, com atendimento pleno aos usuários, observados os princípios da regularidade, da continuidade, da eficiência, da segurança, da atualidade, da generalidade, da cortesia, da modicidade tarifária, da utilização racional dos recursos hídricos e da universalização dos serviços; (2) estimular a livre concorrência, a competitividade, a eficiência e a sustentabilidade econômica na prestação dos serviços; (3) estimular a cooperação entre os entes federativos com vistas à prestação, à contratação e à regulação dos serviços de forma adequada e eficiente, a fim de buscar a universalização dos serviços e a modicidade tarifária; (4) possibilitar a adoção de métodos, técnicas e processos adequados às peculiaridades locais e regionais; (5) incentivar a regionalização da prestação dos serviços, de modo a contribuir para a viabilidade técnica e econômico-financeira, a criação de

Capítulo 17 · ÁGUA POTÁVEL E SANEAMENTO | **511**

ganhos de escala e de eficiência e a universalização dos serviços; (6) estabelecer parâmetros e periodicidade mínimos para medição do cumprimento das metas de cobertura dos serviços e do atendimento aos indicadores de qualidade e aos padrões de potabilidade, observadas as peculiaridades contratuais e regionais; (7) estabelecer critérios limitadores da sobreposição de custos administrativos ou gerenciais a serem pagos pelo usuário final, independentemente da configuração de subcontratações ou de subdelegações; e (8) assegurar a prestação concomitante dos serviços de abastecimento de água e de esgotamento sanitário.

A elaboração das normas de referência deve ser feita pela (1) avaliação das melhores práticas regulatórias do setor, ouvidas as entidades encarregadas da regulação e da fiscalização e as entidades representativas dos Municípios; (2) adoção de consultas e audiências públicas, de forma a garantir a transparência e a publicidade dos atos, bem como a possibilitar a análise de impacto regulatório das normas propostas; e a ANA (3) poderá constituir grupos ou comissões de trabalho com a participação das entidades reguladoras e fiscalizadoras e das entidades representativas dos Municípios para auxiliar na elaboração das referidas normas.

2.8 Licenciamento ambiental

O licenciamento ambiental de unidades de tratamento de esgoto sanitário e de efluentes gerados nos processos de tratamento de água considerará etapas de eficiência, a fim de alcançar progressivamente os padrões definidos pela legislação ambiental e os das classes dos corpos hídricos receptores. Isso implica que o órgão ambiental, responsável pelo licenciamento da atividade, deverá definir um programa de metas ambientais e eficiência a ser alcançado em determinado espaço de tempo, em função de um programa de investimentos previamente acordado entre as partes envolvidas no procedimento de licenciamento ambiental.

A questão da implantação das etapas de eficiência é complexa, pois a norma determina que elas deverão levar em consideração "a capacidade de pagamento dos usuários", ou seja, adotou-se o princípio da melhor tecnologia sem custos excessivos. Logicamente, os custos da tecnologia utilizada serão arcados pelos usuários do serviço e, ao mesmo tempo, deverá ser respeitada a equação econômico-financeira do contrato de concessão. Assim, em tais casos se faz necessária a consulta dos usuários, os quais deverão ser informados dos custos referentes às metas adotadas. Penso que a matéria deveria constar do contrato de concessão de forma clara, com vistas a que se evitem impasses prejudiciais às partes envolvidas. Por outro lado, a inclusão da matéria nos contratos de concessão torna-a mais facilmente executável e, portanto, mais viável de ser atendida. Quanto ao particular, o Regulamento determinou que o Conama e o CNRH elaborem, no âmbito de suas respectivas competências, normas para o cumprimento do dispositivo.

É importante realçar que na estrutura da remuneração dos serviços está previsto que ela deverá levar em consideração, além da capacidade de pagamento dos usuários, os "padrões de uso ou de qualidade definidos pela regulação" (Regulamento, artigo 47, VI, do Decreto 7.217/2010).

2.8.1 Processo simplificado para o licenciamento

O licenciamento ambiental é um instrumento da PNMA e não um fim em si mesmo. Em tal condição, ele está subordinado aos objetivos da política ambiental e de outras políticas públicas que incidam sobre os recursos naturais. É no licenciamento ambiental que os diferentes princípios de direito ambiental se materializam mediante as escolhas feitas pela Administração ao licenciar um empreendimento. Nas precisas palavras de Andreas Krell:

512 | DIREITO AMBIENTAL – *Paulo de Bessa Antunes*

O importante é reconhecer que nenhum princípio tem, por si, preferência absoluta. A situação concreta pode exigir a interdição imediata de uma fábrica que funciona em desacordo com a legislação a ambiental; em outro caso, pode ser razoável manter a empresa funcionando, se os efeitos negativos para o meio ambiente parecem pouco significantes comparados com as consequências sociais do fechamento (KRELL, 2004, p. 78).

Assim, o licenciamento ambiental se realiza de maneira a atender às finalidades das políticas públicas concretas e de forma instrumental. O mesmo se diga em relação às diferentes modalidades de avaliação ambiental que são escolhidas conforme a natureza dos projetos ou empreendimentos objeto de licenciamento.

Não há avaliações ambientais predeterminadas, mas as necessárias para projetos específicos. Em outro momento, externei opinião no sentido de que

> [a] avaliação dos impactos ambientais é uma maneira pela qual se possibilita a todas as partes interessadas em um determinado projeto, empreendimento ou atividade, o acesso ao conhecimento dos custos ambientais referentes a esse mesmo projeto, empreendimento ou atividade. Trata-se de uma evolução da análise custo-benefício que é feita antes, durante e depois da implementação de qualquer projeto, empreendimento ou atividade. Na análise custo-benefício tradicional, o elemento a ser medido é, essencialmente, o econômico-financeiro. Na avaliação dos impactos ambientais, o foco é voltado para os *custos ambientais* envolvidos. Chamo a atenção para o fato de que *custos ambientais não devem ser confundidos com custos ecológicos*. Custos ambientais, em realidade, são mais amplos do que os custos meramente ecológicos, pois neles devem ser consideradas variáveis tais como a saúde humana, a geração de empregos, a arrecadação e as consequências para o meio ambiente (ANTUNES, 2005, p. 136-137).

Todas as licenças ambientais são concedidas com base em estudos ambientais apropriados para cada situação concreta sob licenciamento. A Resolução Conama 237/1997, artigo 1º, III, define os estudos ambientais.[14]

As dificuldades de infraestrutura que o País possui, bem como a necessidade de assegurar investimentos e as complexidades próprias do licenciamento ambiental fizeram com que vários instrumentos normativos tratassem da questão do licenciamento ambiental, tais como a Lei 13.334/2016[15] e a própria lei do saneamento básico.

---

[14] III – Estudos Ambientais: são todos e quaisquer estudos relativos aos aspectos ambientais relacionados à localização, instalação, operação e ampliação de uma atividade ou empreendimento, apresentado como subsídio para a análise da licença requerida, tais como: relatório ambiental, plano e projeto de controle ambiental, relatório ambiental preliminar, diagnóstico ambiental, plano de manejo, plano de recuperação de área degradada e análise preliminar de risco.

[15] Art. 17. Os órgãos, entidades e autoridades estatais, inclusive as autônomas e independentes, da União, dos Estados, do Distrito Federal e dos Municípios, com competências de cujo exercício dependa a viabilização de empreendimento do PPI, têm o dever de atuar, em conjunto e com eficiência, para que sejam concluídos, de forma uniforme, econômica e em prazo compatível com o caráter prioritário nacional do empreendimento, todos os processos e atos administrativos necessários à sua estruturação, liberação e execução. § 1º Entende-se por liberação a obtenção de quaisquer licenças, autorizações, registros, permissões, direitos de uso ou exploração, regimes especiais, e títulos equivalentes, de natureza regulatória, ambiental, indígena, urbanística, de trânsito, patrimonial pública, hídrica, de proteção do patrimônio cultural, aduaneira, minerária, tributária, e quaisquer outras, necessárias à implantação e à operação do empreendimento. § 2º Os órgãos, entidades e autoridades da administração pública da União com competências setoriais relacionadas aos empreendimentos do PPI

Observe-se que não há dispensa de estudos ambientais, mas determina que o licenciamento se faça de forma prioritária e compatível com as necessidades concretas. Os estudos ambientais necessários serão definidos, a partir de tal perspectiva.

O legislador ordinário, ciente da necessidade de ampliar o serviço público de saneamento básico e de suas repercussões positivas sobre a saúde humana e o meio ambiente, estabeleceu diretrizes para o licenciamento ambiental da atividade. Dessa forma, a própria Lei 11.445/2007, em seu artigo 44, determina que:

> Art. 44. O licenciamento ambiental de unidades de tratamento de esgotos sanitários, de efluentes gerados nos processos de tratamento de água e das instalações integrantes dos serviços públicos de manejo de resíduos sólidos considerará os requisitos de eficácia e eficiência, a fim de alcançar progressivamente os padrões estabelecidos pela legislação ambiental, ponderada a capacidade de pagamento das populações e usuários envolvidos.
>
> § 1º **A autoridade ambiental competente assegurará prioridade e estabelecerá procedimentos simplificados de licenciamento** para as atividades a que se refere o *caput* deste artigo, **em função do porte das unidades, dos impactos ambientais esperados** e da resiliência de sua área de implantação.
>
> § 2º A autoridade ambiental competente estabelecerá metas progressivas para que a qualidade dos efluentes de unidades de tratamento de esgotos sanitários atenda aos padrões das classes dos corpos hídricos em que forem lançados, a partir dos níveis presentes de tratamento e considerando a capacidade de pagamento das populações e usuários envolvidos.

A norma, em especial o § 1º do artigo 44, estão em plena harmonia com o artigo 176, VI, da Constituição Federal, pois determina que a autoridade ambiental estabeleça um rito para o licenciamento ambiental que considere o porte das unidades e os impactos ambientais esperados.

No particular, há que se relembrar que impacto ambiental é:

> qualquer alteração no meio ambiente ou em seus componentes, resultante da ação humana, que gere interferência em suas dinâmicas físico-químicas, biológicas e ecológicas e, direta ou indiretamente, afetam a saúde, a segurança e o bem-estar da população em suas atividades sociais e econômicas. Os impactos podem ser positivos ou negativos.[16]

É sabido que:

> [i]mpacto é um choque, uma modificação brusca causada por alguma força exterior que tenha colidido com algo. Sinteticamente, poderíamos dizer que o impacto ambiental é uma modificação brusca causada no meio ambiente. A definição de um conceito de impacto ambiental não é simples, principalmente devido ao fato de que ambiente não se confunde com natureza. A multiplicidade de circunstâncias e eventos que podem advir da intervenção humana no mundo natural – transformando-o em ambiente – é

---

convocarão todos os órgãos, entidades e autoridades da União, dos Estados, do Distrito Federal ou dos Municípios, que tenham competência liberatória, para participar da estruturação e execução do projeto e consecução dos objetivos do PPI, inclusive para a definição conjunta do conteúdo dos termos de referência para o licenciamento ambiental.

[16] Disponível em: https://semil.sp.gov.br/educacaoambiental/prateleira-ambiental/impacto-ambiental/. Acesso em: 27 nov. 2024.

DIREITO AMBIENTAL – *Paulo de Bessa Antunes*

tão ampla que, dificilmente, poderá ser exatamente avaliada pela ciência. A humanidade necessita intervir na natureza para sobreviver e, contraditoriamente, se a intervenção for inadequada, poderá estar cavando a própria sepultura. Por mais "ambientalista" que uma pessoa seja, ela não poderá viver sem consumir recursos ambientais. Qualquer ação humana produz repercussões na natureza (ANTUNES, 2005, p. 139).

A Resolução 01/1986 do Conselho Nacional do Meio Ambiente define impacto ambiental assim:

Art. 1º Para efeito desta Resolução, considera-se impacto ambiental qualquer alteração das propriedades físicas, químicas e biológicas do meio ambiente, causada por qualquer forma de matéria ou energia resultante das atividades humanas que, direta ou indiretamente, afetam:
I – a saúde, a segurança e o bem-estar da população;
II – as atividades sociais e econômicas;
III – a biota;
IV – as condições estéticas e sanitárias do meio ambiente;
V – a qualidade dos recursos ambientais.

Certamente, o saneamento básico causa um impacto positivo no ambiente. A possibilidade da adoção de licenciamentos ambientais simplificados não é novidade trazida pela Lei 11.445/2007, pois já se encontrava presente em nosso ordenamento jurídico desde a edição a Resolução 237/1997 do Conselho Nacional do Meio Ambiente. Efetivamente, o § 2º do artigo 2º da mencionada Resolução determina que:

Art. 2º A localização, construção, instalação, ampliação, modificação e operação de empreendimentos e atividades utilizadoras de recursos ambientais consideradas efetiva ou potencialmente poluidoras, bem como os empreendimentos capazes, sob qualquer forma, de causar degradação ambiental, dependerão de prévio licenciamento do órgão ambiental competente, sem prejuízo de outras licenças legalmente exigíveis. (...)
§ 2º Caberá ao órgão ambiental competente definir os critérios de exigibilidade, o detalhamento e a complementação do Anexo 1, levando em consideração as especificidades, os riscos ambientais, o porte e outras características do empreendimento ou atividade.

Assim, em cada caso concreto, o órgão de controle ambiental definirá a forma como o licenciamento ambiental se processará e os estudos ambientais necessários, sempre levando em consideração a necessidade de simplificação ante a urgência do saneamento.

Capítulo 18
POLUIÇÃO DOS MARES

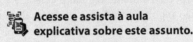

Acesse e assista à aula explicativa sobre este assunto.

> http://uqr.to/1b2hv

A poluição do mar é um problema seríssimo que vem recebendo pouca atenção da sociedade[1]. Desde os primórdios da Humanidade, o mar tem sido usado com vários propósitos, dentre os quais se destacam o comércio entre os povos e a alimentação dos seres humanos. A utilização dos mares sempre foi motivo de controvérsia, ora sendo considerado como algo fechado e sujeito à jurisdição, variando de *Mare Nostrum* (nosso mar) que era a denominação dada pelos Romanos ao Mar Mediterrâneo, até *mare clausum* e *mare liberum*, ou seja, mar fechado, que era a concepção defendida por Portugal e Espanha em relação ao Oceano Atlântico, ou mar livre, famosa formulação de Hugo Grócio que defendia a liberdade de navegação nos mares. Em relação à poluição dos mares, várias inciativas vêm sendo tomadas em nível internacional, muito embora o problema ainda seja muito relevante como, por exemplo, é o caso da poluição por plásticos e microplásticos. Com efeito, a conservação e o uso sustentável dos oceanos, dos mares e dos recursos marinhos para o desenvolvimento sustentável é o Objetivo de Desenvolvimento Sustentável 14, definido em 25 de setembro de 2015 por lideranças de 193 países, e que está muito longe de ser cumprido. Há expectativa de que até 2025 os oceanos estarão até três vezes mais poluídos com plásticos. Como se sabe, a poluição dos oceanos e mares é um problema gravíssimo que assola todo o mundo. Segundo a União Internacional para a Conservação da Natureza – IUCN, 8 milhões de toneladas de plásticos são lançadas anualmente nos oceanos, formando cerca de 80% de todos os rejeitos lançados nos mares[2]. Os países integrantes da ONU já admitem estabelecer um acordo ambiental multilateral para enfrentar a questão[3].

---

[1] Texto baseado em artigo disponível em: https://negocios.pro.br/2020/08/07/a-poluicao-do-ambiente-marinho-por-plasticos-e-micro-plasticos/. Acesso em: 12 out. 2020.

[2] Disponível em: https://www.iucn.org/resources/issues-briefs/marine-plastics. Acesso em: 24 jul. 2020.

[3] Disponível em: https://www.nationalgeographicbrasil.com/meio-ambiente/2022/03/nacoes-finalmente-concordam-em-resolver-a-crise-da-poluicao-plastica. Acesso em: 8 jun. 2022.

Objetivo 14. Conservação e uso sustentável dos oceanos, dos mares e dos recursos marinhos para o desenvolvimento sustentável

14.1 Até 2025, prevenir e reduzir significativamente a poluição marinha de todos os tipos, especialmente a advinda de atividades terrestres, incluindo detritos marinhos e a poluição por nutrientes

14.2 Até 2020, gerir de forma sustentável e proteger os ecossistemas marinhos e costeiros para evitar impactos adversos significativos, inclusive por meio do reforço da sua capacidade de resiliência, e tomar medidas para a sua restauração, a fim de assegurar oceanos saudáveis e produtivos

14.3 Minimizar e enfrentar os impactos da acidificação dos oceanos, inclusive por meio do reforço da cooperação científica em todos os níveis

14.4 Até 2020, efetivamente regular a coleta, e acabar com a sobrepesca, ilegal, não reportada e não regulamentada e as práticas de pesca destrutivas, e implementar planos de gestão com base científica, para restaurar populações de peixes no menor tempo possível, pelo menos a níveis que possam produzir rendimento máximo sustentável, como determinado por suas características biológicas

14.5 Até 2020, conservar pelo menos 10% das zonas costeiras e marinhas, de acordo com a legislação nacional e internacional, e com base na melhor informação científica disponível

14.6 Até 2020, proibir certas formas de subsídios à pesca, que contribuem para a sobrecapacidade e a sobrepesca, e eliminar os subsídios que contribuam para a pesca ilegal, não reportada e não regulamentada, e abster-se de introduzir novos subsídios como estes, reconhecendo que o tratamento especial e diferenciado adequado e eficaz para os países em desenvolvimento e os países menos desenvolvidos deve ser parte integrante da negociação sobre subsídios à pesca da Organização Mundial do Comércio

14.7 Até 2030, aumentar os benefícios econômicos para os pequenos Estados insulares em desenvolvimento e os países menos desenvolvidos, a partir do uso sustentável dos recursos marinhos, inclusive por meio de uma gestão sustentável da pesca, aquicultura e turismo

14.a Aumentar o conhecimento científico, desenvolver capacidades de pesquisa e transferir tecnologia marinha, tendo em conta os critérios e orientações sobre a Transferência de Tecnologia Marinha da Comissão Oceanográfica Intergovernamental, a fim de melhorar a saúde dos oceanos e aumentar a contribuição da biodiversidade marinha para o desenvolvimento dos países em desenvolvimento, em particular os pequenos Estados insulares em desenvolvimento e os países menos desenvolvidos

14.b Proporcionar o acesso dos pescadores artesanais de pequena escala aos recursos marinhos e mercados

14.c Assegurar a conservação e o uso sustentável dos oceanos e seus recursos pela implementação do direito internacional, como refletido na UNCLOS [Convenção das Nações Unidas sobre o Direito do Mar], que provê o arcabouço legal para a conservação e utilização sustentável dos oceanos e dos seus recursos, conforme registrado no parágrafo 158 do "Futuro Que Queremos"

Uma realidade que poucos conhecem são as chamadas "ilhas de plástico" que existem nos oceanos, sendo formadas por gigantescas concentrações de lixo – basicamente plásticos (microplásticos – até 5 milímetros) que são atraídos por correntes rotativas e nelas ficam presos. Atualmente são reconhecidas 5 (cinco) grandes ilhas de plástico: (a) duas no Pacífico, (b) duas

Capítulo 18 · POLUIÇÃO DOS MARES | **517**

no Atlântico e (c) uma no Índico. Foi em 1997 que Charles Moore descobriu a ilha de plástico do Pacífico. A "ilha" é formada basicamente por microplásticos, mas não só. As suas dimensões chegam a 1,6 milhão de metros quadrados que englobam cerca de 79 mil toneladas de plástico[4]. O Fórum Econômico Mundial acredita que, em 2050, os mares e oceanos terão mais plásticos do que peixes[5].

Estima-se que cerca de 80% da poluição dos mares tem origem telúrica[6]. No Brasil não é diferente. O Instituto Oceanográfico da Universidade de São Paulo indica que plásticos, medicamentos, drogas e esgoto doméstico formam a grande parte da poluição de nossos mares[7]. As formas de poluição acima mencionadas são difusas e não chamam a atenção do público. As marés negras[8], grandes derramamentos de óleo no mar, são os eventos que atraem a curiosidade e, certamente, a indignação da comunidade internacional.

O Fundo Mundial para a Natureza – WWF[9] identificou os seguintes danos econômicos causados pela poluição por plásticos dos mares e oceanos: (1) redução de suprimento e demanda por frutos do mar "devido às mortes dos animais e à preocupação da ingestão de plástico pelos animais", (2) obstrução dos motores das embarcações. Em relação a tais itens, estima-se que "os custos referentes à interrupção do comércio devido à poluição plástica na União Europeia sejam de 0,9% do total das receitas da indústria, o que equivale a € 61,7 milhões ao ano". Ainda, segundo o estudo "Solucionar a Poluição Plástica: Transparência e Responsabilização", a Cooperação Econômica Ásia-Pacífico (Apec) estimou o custo de danos por poluição à navegação comercial em US$ 297 milhões ao ano.

Em relação ao turismo, a poluição plástica pode reduzir as receitas e aumentar os custos da indústria do turismo. A poluição por plásticos é uma das mais graves que assolam os mares e oceanos. A cada ano são lançadas cerca de 8 milhões de toneladas de plástico nos mares, causando danos vultosos; acredita-se que até 1 milhão de pássaros marinhos e 100 mil mamíferos possam ser mortos anualmente em razão da quantidade de lixo plástico presente nos mares.

O Brasil possui litoral com aproximadamente 8,5 mil quilômetros de extensão, abrangendo 17 Estados e 280 municípios; por volta de 80% da população nacional está localizada a menos de 200 quilômetros do litoral. No que tange à zona econômica exclusiva, a sua extensão é de 4,5 milhões de quilômetros quadrados[10]. Conforme consta do Plano Nacional de Combate ao Lixo no Mar[11], lançado pelo Ministério do Meio Ambiente, 90%

---

[4] Disponível em: https://revistagalileu.globo.com/Ciencia/Meio-Ambiente/noticia/2018/03/ilha-de--lixo-no-oceano-pacifico-e-16-vezes-maior-do-que-se-imaginava.html. Acesso em: 24 jul. 2020.

[5] Disponível em: https://www.weforum.org/press/2016/01/more-plastic-than-fish-in-the-ocean-by–2050-report-offers-blueprint-for-change/. Acesso em: 24 jul. 2020.

[6] Disponível em: https://oceanservice.noaa.gov/facts/pollution.html. Acesso em: 23 jul. 2020.

[7] Disponível em: https://jornal.usp.br/universidade/lixo-no-mar-brasileiro-vai-de-drogas-a-plastico/. Acesso em: 23 jul. 2020.

[8] Disponível em: https://www.publico.pt/mares-negras. Acesso em: 23 jul. 2020.

[9] Disponível em: https://promo.wwf.org.br/solucionar-a-poluicao-plastica-transparencia-e – responsa-bilizacao?_ga=2.4276851.1769289315.1595612218-1353620904.1595612218. Acesso em: 24 jul. 2020.

[10] Disponível em: https://www.marinha.mil.br/economia-azul/noticias/economia-azul-o-desenvolvi-mento-que-vem-do-mar. Acesso em: 23 jul. 2020.

[11] Disponível em: https://www.mma.gov.br/agenda-ambiental-urbana/lixo-no-mar.html. Acesso em: 24 jul. 2020.

DIREITO AMBIENTAL – *Paulo de Bessa Antunes*

do lixo monitorado em praias e restingas do litoral brasileiro são constituídos por resíduos plásticos, sendo os elementos mais comuns os seguintes: (1) tampas de garrafas e tampas em geral; (2) garrafas; (3) embalagens de comida; (4) sacolas plásticas; (5) cigarros, filtros ou bitucas; (6) derivados de cordas e cabos; cordas e cabos (menores que 1 metro); (7) hastes flexíveis; (8) fragmentos não identificados; (9) esponjas, espumas, espumas vinílicas acetinadas – EVAs; (10) copos e embalagens de isopor; (11) boias de isopor e fragmentos; (12) fragmentos de isopor. Aproximadamente 70% das tartarugas que encalham no litoral brasileiro ingeriram plástico[12].

Não há dúvida de que, no caso brasileiro, a poluição das praias e do mar por plásticos é um reflexo direto da falta de saneamento e de adequada coleta do lixo urbano, muito embora o problema não possa ser atribuído apenas a isso. O Brasil ostenta a posição de 4º maior produtor de plásticos no mundo, produzindo cerca de 11,3 milhões de toneladas do material, tendo um índice de coleta elevado, todavia, a reciclagem não passa de 1,28% para uma média global de 9%, que também se julga baixa.

1. POLUIÇÃO HÍDRICA POR ÓLEOS

A partir da edição da Lei 9.478/1997, conhecida como Lei do Petróleo, houve um aumento significativo das atividades petrolíferas e, particularmente, o incremento da atividade *offshore*, ou seja, a exploração e produção de petróleo no mar. Indiscutivelmente, quanto maior o volume de atividades com óleo, maior a possibilidade de que acidentes ocorram. Para que se tenha uma pálida ideia do papel desempenhado pelo petróleo na economia brasileira e, sobretudo, do seu crescente papel, confira-se a informação de Haroldo Lima (2008, p. 27-28):

> A participação do setor petróleo no PIB brasileiro é acompanhada pela ANP desde 2002. Dados anteriores mostram que, em 1955, pouco depois do surgimento da Petrobras, o setor participava com 0,24% do PIB, em valores referidos a preços de mercado e corrigidos para 2003. Nos anos 60, o valor médio agregado pelo setor ao PIB foi de 2,44%, passando para 2,79% nos anos 70 e 4,2% nos anos 80. A partir de 2002, a ANP passou a estimar a participação do setor petróleo e gás no PIB do país. Para tal foi desenvolvida uma metodologia específica, que resultou em uma evolução de 2,7% para 10,5% entre 1997 e 2005, a preços básicos [...] Para nos fixarmos em período computado a partir do aparecimento da Agência Nacional do Petróleo, constata-se que, entre 1998 e 2004, enquanto o conjunto da economia claudicou, com crescimento de 14,22% em sete anos, o setor petróleo, incluindo a petroquímica, cresceu 318%.

Os números acima mencionados tiveram repercussão direta na produção de petróleo que "entre 1996 e 2006 mais do que dobrou, passando de 252 para 268 milhões de barris/ano". Certamente, o incremento da atividade petrolífera, sobretudo *offshore*, gera externalidades tais como o aumento da poluição. O quadro abaixo demonstra que os acidentes referentes ao lançamento de petróleo no mar que ocorreram no Brasil podem ser classificados como pequenos ou de baixa relevância.

---

[12] Disponível em: https://g1.globo.com/natureza/desafio-natureza/noticia/2019/07/24/copo-e-sacola--encontrados-no-intestino-de-tartaruga-verde-mostram-os-riscos-de-poluir-a-agua-com-plastico. ghtml. Acesso em: 24 jul. 2020.

Capítulo 18 · POLUIÇÃO DOS MARES | 519

Quadro – Derramamento de óleo no mar (Brasil)[13]

Antes da Lei 9.478/1997	Depois da Lei 9.478/1997
Março de 1975 – Um cargueiro derrama 6 mil toneladas de óleo na Baía de Guanabara. Outubro de 1983 – 3 milhões de litros de óleo vazam de um oleoduto em Bertioga. Agosto de 1984 – vazamento de gás em poço offshore: 37 mortos e 19 feridos. Maio de 1994 – 2,7 milhões de litros de óleo em 18 praias do litoral norte paulista. 10 de março de 1997 – Rompimento de duto entre a Refinaria de Duque de Caxias (RJ) e o terminal DSTE--Ilha: vazamento de 2,8 milhões de óleo combustível em manguezais na Baía de Guanabara (RJ). 16 de agosto de 1997 – Vazamento de 2 mil litros de óleo combustível atinge cinco praias na Ilha do Governador (RJ).	18 de janeiro de 2000 – O rompimento de duto que liga a Refinaria Duque de Caxias ao terminal da Ilha d'Água: vazamento de 1,3 milhão de óleo combustível na Baía de Guanabara. 11 de março de 2000 – Vazamento de 18 mil litros de óleo cru em Tramandaí (RS). 16 de março de 2000 – Derramamento de 7.250 litros de óleo no canal de São Sebastião (SP). 26 de junho de 2000 – Derramamento de 380 litros de óleo combustível. Novembro de 2000 – 86 mil litros de óleo vazaram de um cargueiro da Petrobras poluindo praias de São Sebastião e de Ilhabela (SP). 11 de agosto de 2001 – Vazamento de óleo atinge 30 km de praias do litoral norte baiano. 15 de agosto de 2001 – Vazamento de 715 litros de petróleo na Baía de Ilha de Grande (RJ). 5 de outubro de 2001 – Vazamento de 150 litros de óleo em monoboia, a 8 km da costa de São Francisco do Sul (SC). 18 de outubro de 2001 – Vazamento de 392 mil litros de óleo. Morte de 1 pessoa. 23 de fevereiro de 2002 – Vazamento de 50 mil litros de óleo combustível no Píer da Praça Mauá (RJ). 13 de maio de 2002 – Vazamento de 16 mil litros na baía de Ilha Grande (RJ). 25 de junho de 2002 Pinhais, na região metropolitana de Curitiba (PR), deixando vazar 15 mil litros óleo. 10 de agosto de 2002 – Vazamento de 3 mil litros de petróleo em São Sebastião (SP). Novembro de 2004 – Porto de Paranaguá (PR) um milhão de litros de metanol e 5 milhões de litros de óleo combustível vazaram no mar. Novembro de 2011 – Bacia de Campos, Macaé (RJ) – vazamento de 3,7 mil barris de petróleo, o equivalente a 588 mil litros de óleo no mar.

---

[13] Pesquisa do autor.

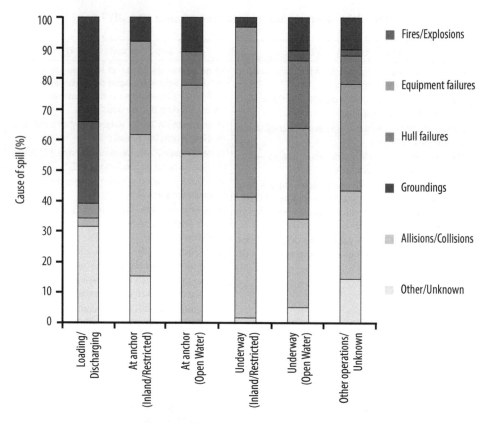

* Incidence of spills > 700 tonnes by operation at time of incident and primary cause of spill, 1970-2011. (One bunkering incident occurred in this size category but has not been included in the graph).

No caso do petróleo, diferentes fatores contribuem para que o tema seja bastante discutido e, com segurança, desempenhe um importante papel no imaginário ambiental. De fato, acidentes e incidentes ocorrem diariamente na indústria do petróleo, sobretudo naquela porção da atividade que é exercida no mar. Conforme se verá mais adiante, a grande maioria dos acidentes e incidentes é de pequena monta e não atrai a atenção das cadeias de mídia e, consequentemente, não empolga a opinião pública. Por outro lado, acidentes pontuais com navios petroleiros e dutos atraem a atenção internacional cada vez com mais força; especialmente se tais acidentes ocorrerem em regiões situadas ou próximas a países desenvolvidos. Pode-se afirmar que o acidente com o navio tanque Torey Cannyon, em 1967, foi o início das medidas internacionais adotadas contra a poluição marítima. Alvo de diferentes pressões, a atividade petrolífera tem dado margem ao aparecimento de soluções inovadoras para os riscos ambientais dela decorrentes e, principalmente, na elaboração de mecanismos financeiros capazes de garantir indenizações para os afetados por danos por ela causados.

Maiores derramamentos de óleo

Posição	Nome do navio	Ano	Local	Dimensão (toneladas)
1	Atlantic Empress	1979	Costa de Tobago, Índias Ocidentais	287.000
2	ABT Summer	1991	700 milhas náuticas de Angola	260.000
3	Castillo de Bellver	1983	Baía Saldanha, África do Sul	252.000
4	Amoco Cadiz	1978	Costa da Bretanha, França	223.000
5	Haven	1991	Genova, Itália	144.000
6	Odyssey	1988	700 milhas náuticas da Nova Escócia, Canadá	132.000
7	Torrey Canyon	1967	Ilhas Scilly, Reino Unido	119.000
8	Sea Star	1972	Golfo de Omã	115.000
9	Irenes Serenade	1980	Baía Navarino, Grécia	100.000
10	Urquiola	1976	La Coruña, Espana	100.000
11	Hawaiian Patriot	1977	300 milhas náuticas de Honolulu	95.000
12	Independenta	1979	Bósforo, Turquia	95.000
13	Jakob Maersk	1975	Porto, Portugal	88.000
14	Braer	1993	Ilhas Shetland, Reino Unido	85.000
15	Khark 5	1989	120 milhas náuticas da costa atlântica do Marrocos	80.000
16	Aegean Sea	1992	La Coruña, Espanha	74.000
17	Sea Empress	1996	Milford Haven, Reino Unido	72.000
18	Nova	1985	Ilha Kharg, Golfo do Iran	70.000
19	Katina P	1992	Costa de Maputo, Moçambique	66.700
20	Prestige	2002	Costa da Galícia, Espanha	63.000
35	Exxon Valdez	1989	Estreito Príncipe William, Alasca, EUA	37.000

Fonte: http://www.itopf.com/information-services/data-and-statistics/statistics/#major. Acesso em: 5 fev. 2012.

O derramamento de óleo provocado pelo navio Torey Cayon, repita-se, em 1967 (ANTUNES, 2012), levou à criação, em 1968, da International Tanker Owners Pollution Federation (ITOPF), que reúne os principais proprietários de navios petroleiros. Uma das funções básicas da ITOPF foi gerir um fundo voluntário e transitório estabelecido pelos armadores com a finalidade de assegurar indenizações para os afetados por derramamento de óleo no mar. Tal fundo, denominado Tovalap (Tankers Owners Voluntary Agreement Concerning Liability for Oil Pollution), foi, posteriormente, reconstituído e organizado com o nome de Cristal (Contract Regarding and Interim Supplement to Tanker Liability for Oil Pollution). Ambos os fundos foram extintos em 1997.

Os fundos mencionados foram capazes de assegurar indenizações para os prejudicados, de forma que as vítimas não ficassem desamparadas, assim como o meio ambiente. Muitas são as Convenções existentes hoje, destacando-se as *1992 Civil Liability Convention* (1992 CLC) e a *1992 Fund Convention* (1992 FC), que entraram em vigor em 30 de maio de 1996. A 1992 CLC estabelece o regime de responsabilidade civil objetiva e determina a existência de seguros compulsórios, levando em consideração a tonelagem da embarcação, para cobrir os danos causados pela atividade. O regime de compensação pela existência de um fundo é bastante interessante, pois assegura mais velocidade para a reparação dos danos e indenização das vítimas. Não se trata, obviamente, de uma solução miraculosa para os graves problemas decorrentes da poluição marinha por óleo, porém das soluções atualmente existentes é a mais eficiente. O quadro abaixo apresenta os valores máximos das compensações pagas pelos mecanismos acima descritos.

Valor máximo de compensação (CLC e Fund Convention)
(Milhões de dólares americanos, dezembro 2011)

Tonelagem Bruta	1969 CLC	1992 CLC (após nov. 2003)	1992 FUND (após nov. 2003)	Fundo suplementar
5.000	1	6,9	311,7	1151,5
25.000	5,1	26,3	311,7	1151,5
50.000	10,2	50,5	311,7	1151,5
100.000	20,4	98,6	311,7	1151,5
140.000	21,5	137,9	311,7	1151,5

Nota: Os limites de responsabilidade sob os vários regimes são baseados em Direitos Especiais de Saque (Special Drawing Right – SDR). Na Tabela, foi considerada a taxa de 1 SDR = US$ 1,54 (dez. 2011 – Fundo Monetário Internacional).

O Brasil não é parte em nenhuma das duas convenções, limitando-se à condição de observador. O quadro a seguir demonstra as Convenções ratificadas pelo Brasil e as não ratificadas.

Convenções Internacionais (adaptado de PALMA, 2011, p. 143-144)	
Ratificadas	**Não ratificadas**
Responsabilidade Civil em Danos Causados por Poluição por Óleo (CLC-1969)	Prevenção da Poluição do Mar por Óleo (Oilpol) Estabelecimento de um Fundo Internacional para Reparação de Danos por Poluição por Óleo (Fund Convention)
Prevenção da Poluição Causada por Navios (Marpol – 1973-78) Direito do Mar (Unclos) Preparo, Resposta e Cooperação em Casos de Poluição por Óleo (OPRC – 1990) Convenção Internacional para Controle e Gerenciamento da Água de Lastro e Sedimentos de Navios.[14]	Responsabilidade Civil por Danos Decorrentes da Poluição por Óleo, Resultante da Exploração de Recursos Minerais do Subsolo Marinho

Do ponto de vista jurídico, é importante frisar que o Brasil é Parte da (1) Convenção sobre Responsabilidade Civil em Danos Causados por Poluição de Óleo [CLC/69], (2) da Convenção Internacional para a Prevenção da Poluição Causada por Navios, concluída em Londres, em 2 de novembro de 1973, alterada pelo Protocolo de 1978, concluído em Londres, em 17 de fevereiro de 1978, e emendas posteriores, ratificadas pelo Brasil [MARPOL 73/1978], e da (3) Convenção Internacional sobre Preparo, Resposta e Cooperação em Caso de Poluição por Óleo, de 1990, ratificada pelo Brasil [OPRC/1990]. O Brasil, entretanto, não é Parte da Convenção Internacional para o Estabelecimento de um Fundo Internacional para a Compensação de Danos Causados por Poluição por Óleo (Fund). Tais convenções formam o quadro legal aplicável, estabelecendo os mecanismos de responsabilização a serem aplicados em caso de derramamento de óleo no mar (*oilspill*). No direito interno, a principal norma é a Lei 9.966, de 28 de abril de 2000, que trata da prevenção, do controle e da fiscalização da poluição causada por lançamento de óleo e outras substâncias nocivas

---

[14] Promulgada pelo Decreto 10.980/2022.

ou perigosas em águas sob jurisdição nacional. As sanções administrativas aplicáveis ao caso estão previstas no Decreto 4.136, de 20 de fevereiro de 2002. Os Planos de Área para o combate à poluição por óleo em águas sob jurisdição nacional foram tratados pelo Decreto 4.871, de 6 de novembro de 2003. Aqui, é relevante observar que, mesmo na hipótese de que o óleo tenha origem em águas internacionais, ao atingir as águas jurisdicionais brasileiras, a lei nacional é aplicável.

A segurança do transporte marítimo de petróleo tem aumentado nos últimos anos graças à adoção de medidas de âmbito internacional incentivadas pela *International Maritime Organization* (IMO), em resposta às pressões da opinião pública, inclusive do Greenpeace. Desde as grandes marés negras causadas por acidentes com os petroleiros Amoco-Cadiz e Torey Canyon, ocorridos na década de 60 do século passado nas costas europeias, a comunidade internacional vem dando mais atenção ao transporte de óleo por via marítima, reduzindo drasticamente a sua ocorrência.

O quadro a seguir demonstra o nível decrescente de tonelagem de óleo lançado ao mar em função de acidentes com navios petroleiros:

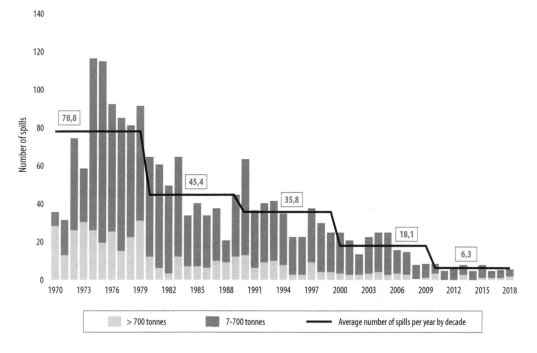

Fonte: https://www.itopf.org/knowledge-resources/data-statistics/statistics/.

Uma comparação interessante é a feita entre o crescimento do volume de petróleo transportado por mar e o número de acidentes.

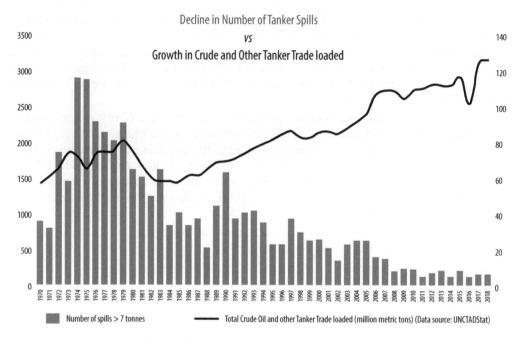

Fonte: https://www.itopf.org/knowledge-resources/data-statistics/statistics/.

A queda espetacular na tonelagem de óleo lançado ao mar por acidente é, em grande medida, resultado da adoção de cascos duplos nos navios tanque e de um controle mais estrito das condições de transporte que estão, atualmente, reguladas por acordos multilaterais. Todavia, há em circulação grande quantidade de navios com cascos simples (Pré-Marpol), sobretudo arvorando as chamadas bandeiras de conveniência, ou seja, países cujas legislações trabalhista, tributária e ambiental são mais "frouxas", vez que um navio em águas internacionais está inteiramente regido pelas leis de sua bandeira.

A responsabilidade civil e administrativa pelo derramamento de óleo no mar, conforme a legislação brasileira, é do proprietário do navio, tal como disposto no inciso I do § 1º do artigo 25 da Lei 9.966/2000. A Lei 9.605/1998 (crimes ambientais) estabelece a possibilidade de responsabilização penal da pessoa jurídica proprietária do navio. No caso, mesmo praticado em águas internacionais, o crime, em tese, produziu resultados no Brasil, o que, pelo artigo 6º do Código Penal, fixa a competência da Justiça brasileira. As penas aplicáveis, entretanto, são modestas. O § 3º do artigo 54 da Lei 9.605/1998 estabelece pena de um a cinco anos. Existe a possibilidade de cumulação com outros tipos penais.

2. CONVENÇÃO DAS NAÇÕES UNIDAS SOBRE O DIREITO DO MAR (MONTEGO BAY)

A Convenção das Nações Unidas sobre o Direito do Mar (Convenção de Montego Bay) [Convenção, *United Nations Convention on the Law of the Seas*, UNCLOS] foi incorporada ao direito brasileiro pelo Decreto 99.165/1990, sendo a 3ª Convenção celebrada sobre Direito do Mar, haja vista a prévia existência das Convenções de Genebra de 1958 e 1960. A nova Convenção foi firmada no reconhecimento da conveniência de se estabelecer "uma ordem jurídica para os mares e oceanos que facilite as comunicações internacionais e promova os

Capítulo 18 · POLUIÇÃO DOS MARES | **525**

usos pacíficos dos mares e oceanos, a utilização equitativa e eficiente dos seus recursos, a conservação dos recursos vivos e o estudo, a proteção e a preservação do meio marinho".

Uma perspectiva histórica da UNCLOS[15] demonstra que a reivindicação sobre a riqueza propiciada pelos mares cresceu a partir da segunda metade do século XX, inclusive com a busca da expansão do mar territorial, com vistas à apropriação dos recursos *offshore*. O aumento incontrolado das atividades pesqueiras que, cada vez mais, dirigiam-se a águas mais distantes, os resultados negativos da poluição do mar decorrente do aumento do transporte marítimo etc. Tudo isso fez que a tensão entre os países aumentasse.

Em 1945, o presidente Harry S. Truman, respondendo em parte à pressão dos interesses nacionais do petróleo, estendeu unilateralmente a jurisdição dos Estados Unidos sobre todos os recursos naturais da plataforma continental daquela nação – petróleo, gás, minerais etc. Este foi o primeiro grande desafio à doutrina da liberdade dos mares. Outras nações logo seguiram o exemplo.

Em outubro de 1946, a Argentina reivindicou sua plataforma e o mar epicontinental acima dela. Chile e Peru em 1947, e Equador em 1950, afirmaram direitos soberanos sobre uma zona de 200 milhas, esperando assim limitar o acesso de frotas pesqueiras em águas distantes e controlar o esgotamento dos estoques de peixes em seus mares adjacentes. Logo após a Segunda Guerra Mundial, Egito, Etiópia, Arábia Saudita, Líbia, Venezuela e alguns países do Leste Europeu reivindicaram um mar territorial de 12 milhas, claramente afastando-se do limite tradicional de três milhas.

Mais tarde, a nação arquipelágica da Indonésia afirmou o direito de domínio sobre as águas que separavam suas 13.000 ilhas. As Filipinas fizeram o mesmo. Em 1970, o Canadá afirmou o direito de regular a navegação em uma área que se estende por 100 milhas de sua costa, a fim de proteger as águas árticas contra a poluição

Do petróleo ao estanho, dos diamantes ao cascalho, dos metais aos peixes, os recursos do mar são enormes. A realidade de sua exploração cresce dia a dia à medida que a tecnologia abre novas maneiras de aproveitar esses recursos.

A Convenção tem uma abrangência enorme e, certamente, não é exagero dizer que ela engloba os principais e fundamentais aspectos jurídicos relacionados com o mar. Grande parte das determinações da Unclos já se encontra incorporado ao direito brasileiro por meio de diferentes normas legais que tratam de temas marítimos. Praticamente todos os capítulos e tópicos do presente livro que cuidam do direito do mar, no que se refere à proteção ambiental, de alguma forma estão relacionados à Unclos.

A Convenção adotou os seguintes conceitos normativos: (1) "área" significa o leito do mar, os fundos marinhos, e o seu subsolo além dos limites da jurisdição nacional; (2) "autoridade" significa a Autoridade Internacional dos Fundos Marinhos; (3) "atividades na Área" significa todas as atividades de exploração e aproveitamento dos recursos na Área; (4) "poluição do meio marinho" significa a introdução pelo homem, direta ou indiretamente, de substâncias ou de energia no meio marinho, incluindo os estuários, sempre que a mesma provoque ou possa vir a provocar efeitos nocivos, tais como danos aos recursos vivos e à vida marinha, riscos à saúde do homem, entrave às atividades marítimas, incluindo a pesca e as outras utilizações legítimas do mar, alteração da qualidade da água do mar, no que se refere à sua utilização, e deterioração dos locais de recreio; (5) a) "alijamento" significa: i) qualquer lançamento deliberado no mar de detritos e outras matérias, a partir de embarcações, aeronaves, plataformas ou outras construções;

---

[15] Disponível em: https://www.un.org/depts/los/convention_agreements/convention_historical_perspective.htm. Acesso em: 12 out. 2020.

ii) qualquer afundamento deliberado no mar de embarcações, aeronaves, plataformas ou outras construções; b) o termo "alijamento" não incluirá: (i) o lançamento de detritos ou outras matérias resultantes ou derivadas da exploração normal de embarcações, aeronaves, plataformas e outras construções, bem como o seu equipamento, com exceção dos detritos ou de outras matérias transportados em embarcações, aeronaves, plataformas ou outras construções no mar ou para eles transferidos que sejam utilizadas para o lançamento destas matérias ou que provenham do tratamento desses detritos ou de outras matérias a bordo das referidas embarcações, aeronaves, plataformas ou construções; (ii) o depósito de matérias para outros fins que não os do seu simples lançamento desde que tal depósito não seja contrário aos objetivos da presente Convenção.

O artigo 2 da Convenção estabelece o regime jurídico aplicável ao mar territorial, seu espaço aéreo sobrejacente, leito e subsolo, dispondo que a "soberania do Estado costeiro estende-se além do seu território e das suas águas interiores e, no caso de Estado arquipélago, das suas águas arquipelágicas, a uma zona de mar adjacente designada pelo nome de mar territorial" (2)(1); "Esta soberania estende-se ao espaço aéreo sobrejacente ao mar territorial, bem como ao leito e ao subsolo deste mar" (2)(2), sendo exercida "de conformidade com a [...] Convenção e as demais normas de direito internacional" (2)(3).

Os Estados têm o direito de fixar a largura do seu mar territorial até um limite que não ultrapasse 12 milhas marítimas, medidas a partir de linhas de base determinadas de conformidade com o artigo 7 da Convenção (artigo 3). Já o limite exterior do Mar Territorial "é definido por uma linha em que cada um dos pontos fica a uma distância do ponto mais próximo da linha de base igual à largura do mar territorial" (artigo 4). As linhas de base normal, salvo disposição em contrário, para medir a largura do mar territorial é a linha de baixa-mar ao longo da costa, tal como indicada nas cartas marítimas de grande escala, reconhecidas oficialmente pelo Estado costeiro.

No caso de ilhas situadas em atóis ou de ilhas que têm cadeias de recifes, a linha de base para medir a largura do mar territorial é a linha de baixa-mar do recife que se encontra do lado do mar, tal como indicada por símbolo apropriado nas cartas reconhecidas oficialmente pelo Estado costeiro.

As Águas interiores (artigo 8), (1) excetuando o disposto na Parte IV da Convenção, são as águas situadas no interior da linha de base do mar territorial; (2) quando o traçado de uma linha de base reta, de conformidade com o método estabelecido no artigo 7 da Convenção, encerrar, como águas interiores, águas que anteriormente não eram consideradas como tais, aplicar-se-á a essas águas o direito de passagem inocente, conforme o disposto na Convenção.

2.1 Recursos vivos do mar: medidas de controle e uso

Os recursos vivos do mar estão regulados pelo Artigo 61 da Convenção, cabendo aos Estados costeiros fixar as capturas permitidas na sua zona econômica exclusiva (61)(1). Na forma do artigo 61 (2), o Estado costeiro, tendo em conta os melhores dados científicos de que disponha, assegurará, por meio de medidas apropriadas de conservação e gestão, que a preservação dos recursos vivos da sua zona econômica exclusiva não seja ameaçada por um excesso de captura. O Estado costeiro e as organizações competentes sub-regionais, regionais ou mundiais, cooperarão, conforme o caso, para tal fim. As medidas adotadas [artigo 61 (3)] devem ter também a finalidade de preservar ou restabelecer as populações das espécies capturadas a níveis que possam produzir o máximo rendimento constante, determinado a partir de fatores ecológicos e econômicos pertinentes, incluindo as necessidades econômicas das comunidades costeiras que vivem da pesca e as necessidades especiais dos Estados em desenvolvimento, e tendo em conta os métodos de pesca, a interdependência das populações

Capítulo 18 · POLUIÇÃO DOS MARES | **527**

e quaisquer outras normas mínimas internacionais geralmente recomendadas, sejam elas sub-regionais, regionais ou mundiais.

Ao adotar as medidas acima, o Estado costeiro deve ter em conta os seus efeitos sobre espécies associadas às espécies capturadas, ou delas dependentes, a fim de preservar ou restabelecer as populações de tais espécies associadas ou dependentes acima de níveis em que a sua reprodução possa ficar seriamente ameaçada [artigo 61 (4)]. Periodicamente deverão ser comunicadas ou trocadas informações científicas disponíveis, estatísticas de captura e de esforço de pesca e outros dados pertinentes para a conservação das populações de peixes, por intermédio das organizações internacionais competentes, sejam elas sub-regionais, regionais ou mundiais, quando apropriado, e com a participação de todos os Estados interessados, incluindo aqueles cujos nacionais estejam autorizados a pescar na zona econômica exclusiva.

A utilização dos recursos vivos do mar está disciplinada pelo artigo 62 da Convenção, cabendo ao Estado costeiro promover a utilização ótima dos recursos vivos na zona econômica exclusiva, sem prejuízo do artigo 61. Para isto, deve determinar a sua capacidade de capturar os recursos vivos da zona econômica exclusiva. Quando o Estado costeiro não tiver capacidade para efetuar a totalidade da captura permissível, deve dar a outros Estados acesso ao excedente desta captura, mediante acordos ou outros ajustes e de conformidade com as modalidades, condições e leis e regulamentos mencionados no § 4º do artigo 62, tendo particularmente em conta as disposições dos artigos 69 e 70 da Convenção, principalmente no que se refere aos Estados em desenvolvimento neles mencionados. Ao dar a outros Estados acesso à sua zona econômica exclusiva nos termos do artigo 62, o Estado costeiro deve ter em conta todos os fatores pertinentes, incluindo, *inter alia*, a importância dos recursos vivos da zona para a economia do Estado costeiro correspondente e para os seus outros interesses nacionais, as disposições dos artigos 69 e 70 da Convenção, as necessidades dos países em desenvolvimento da sub-região ou região no que se refere à captura de parte dos excedentes, e a necessidade de reduzir ao mínimo a perturbação da economia dos Estados, cujos nacionais venham habitualmente pescando na zona ou venham fazendo esforços substanciais na investigação e identificação de populações.

O artigo 62 (4) nacionais de outros Estados que pesquem na zona econômica exclusiva devem cumprir as medidas de conservação e as outras modalidades e condições estabelecidas nas leis e regulamentos do Estado costeiro. Tais leis e regulamentos devem estar em conformidade com a Convenção e podem referir-se, *inter alia*, às seguintes questões: a) concessão de licenças a pescadores, embarcações e equipamento de pesca, incluindo o pagamento de taxas e outros encargos que, no caso dos Estados costeiros em desenvolvimento, podem consistir numa compensação adequada em matéria de financiamento, equipamento e tecnologia da indústria da pesca; b) determinação das espécies que podem ser capturadas e fixação das quotas de captura, que podem referir-se seja a determinadas populações ou a grupos de populações, seja à captura por embarcação durante um período de tempo, seja à captura por nacionais de um Estado durante um período determinado; c) regulamentação das épocas e zonas de pesca, do tipo, tamanho e número de aparelhos, bem como do tipo, tamanho e número de embarcações de pesca que podem ser utilizados; d) fixação da idade e do tamanho dos peixes e de outras espécies que podem ser capturados; e) indicação das informações que devem ser fornecidas pelas embarcações de pesca, incluindo estatísticas das capturas e do esforço de pesca e informações sobre a posição das embarcações; f) execução, sob a autorização e controle do Estado costeiro, de determinados programas de investigação no âmbito das pescas e regulamentação da realização de tal investigação, incluindo a amostragem de capturas, destino das amostras e comunicação dos dados científicos conexos; g) embarque, pelo Estado costeiro, de observadores ou de estagiários a bordo de tais embarcações;

528 | DIREITO AMBIENTAL – *Paulo de Bessa Antunes*

h) descarga por tais embarcações da totalidade das capturas ou de parte delas nos portos do Estado costeiro; i) termos e condições relativos às empresas conjuntas ou a outros ajustes de cooperação; j) requisitos em matéria de formação de pessoal e de transferência de tecnologia de pesca, incluindo o reforço da capacidade do Estado costeiro para empreender investigação de pesca; k) medidas de execução.

A Convenção, em sua Parte XII – Proteção e preservação do meio marinho, buscou estabelecer as obrigações dos Estados em relação à proteção e preservação do meio marinho (artigo 192). Estas obrigações devem ser cumpridas sem que os Estados renunciem aos seus direitos de soberania para aproveitar os seus recursos naturais (artigo 193), conforme as suas políticas "em matéria de meio ambiente e de conformidade com o seu dever de proteger e preservar o meio marinho".

A Convenção, em seu artigo 194, arrola um conjunto de medidas para prevenir, reduzir e controlar a poluição do meio marinho, a serem (1) tomadas, individual ou conjuntamente, como apropriado, todas as medidas compatíveis com a Convenção que sejam necessárias para prevenir, reduzir e controlar a poluição do meio marinho, qualquer que seja a sua fonte, utilizando para este fim os meios mais viáveis de que disponham e de conformidade com as suas possibilidades, e devem esforçar-se por harmonizar as suas políticas a esse respeito. (2) Os Estados devem tomar todas as medidas necessárias para garantir que as atividades sob sua jurisdição ou controle se efetuem de modo a não causar prejuízos por poluição a outros Estados e ao seu meio ambiente, e que a poluição causada por incidentes ou atividades sob sua jurisdição ou controle não se estenda além das áreas onde exerçam direitos de soberania, de conformidade com a Convenção. (3) As medidas tomadas, de acordo com a Parte XII, devem se referir a todas as fontes de poluição do meio marinho. Estas medidas devem incluir, *inter alia*, as destinadas a reduzir tanto quanto possível: a) a emissão de substancias tóxicas, prejudiciais ou nocivas, especialmente as não degradáveis, provenientes de fontes terrestres, provenientes da atmosfera ou através dela, ou por alijamento; b) a poluição proveniente de embarcações, em particular medidas para prevenir acidentes e enfrentar situações de emergência, garantir a segurança das operações no mar, prevenir descargas internacionais ou não e regulamentar o projeto, construção, equipamento, funcionamento e tripulação das embarcações; c) a poluição proveniente de instalações e dispositivos utilizados na exploração ou aproveitamento dos recursos naturais do leito do mar e do seu subsolo, em particular medidas para prevenir acidentes e enfrentar situações de emergência, garantir a segurança das operações no mar e regulamentar o projeto, construção, equipamento, funcionamento e tripulação de tais instalações ou dispositivos; d) a poluição proveniente de outras instalações e dispositivos que funcionem no meio marinho, em particular medidas para prevenir acidentes e enfrentar situações de emergência, garantir a segurança das operações no mar e regulamentar o projeto, construção, equipamento, funcionamento e tripulação de tais instalações ou dispositivos. (4) Ao tomar medidas para prevenir, reduzir ou controlar a poluição do meio marinho, os Estados devem se abster de qualquer ingerência injustificável nas atividades realizadas por outros Estados no exercício de direitos e no cumprimento de deveres de conformidade com a Convenção. (5) As medidas tomadas de conformidade com a Parte XII devem incluir as necessárias para proteger e preservar os ecossistemas raros ou frágeis, bem como a habitat de espécies e outras formas de vida marinha em vias de extinção, ameaçadas ou em perigo.

O artigo 195 estabelece o "dever de não transferir danos ou riscos ou de não transformar um tipo de poluição em outro" oponível aos Estado ao tomar medidas para prevenir, reduzir e controlar a poluição do meio marinho, pois deverão agir de modo a não transferir direta ou indiretamente os danos ou riscos de uma zona para outra ou a não transformar um tipo de poluição em outro.

2.2 Poluição marinha

A poluição do meio marinho decorrente do uso de tecnologias ou introdução de espécies estranhas ou novas, de acordo com o determinado no artigo 196 da Convenção, deve ser objeto das "medidas necessárias" para prevenção, redução e controle.

O artigo 207 cuida da poluição de origem telúrica, estabelecendo que os Estados "devem adotar leis e regulamentos para prevenir, reduzir e controlar a poluição do meio marinho proveniente de fontes terrestres, incluindo rios, estuários, dutos e instalações de descarga, tendo em conta regras e normas, bem como práticas e procedimentos recomendados e internacionalmente acordados" (207)(1). As Partes da Convenção deverão buscar harmonizar as suas políticas a esse respeito no plano regional apropriado, haja vista que a poluição do meio marinho tende a se expandir, podendo atingir outros Estados. A Convenção revela especial preocupação com a execução das políticas de combate à poluição, conforme o disposto no artigo 213.

3.   A CONVENÇÃO MARPOL

A Convenção Marpol (*International Convention for the Prevention of Pollution from Ships)* é a mais importante convenção internacional voltada para a prevenção e repressão da poluição dos ambientes marinhos, causada por navios. Na verdade, a Marpol é a denominação pela qual ficou conhecida a Convenção de 1973, com a adição do tratado de 1978, a qual possui ainda dois protocolos (1978/1997). Atualmente são seis os anexos, os quais serão brevemente noticiados abaixo.

O organismo internacional responsável pela gestão da Marpol é a IMO (*International Maritime Organization)*, integrante do sistema das Nações Unidas. Está incluída entre os elementos regulamentados pela Marpol a poluição decorrente de lançamento de óleo, produtos químicos, substâncias perigosas empacotadas, esgoto e lixo. O Protocolo de 1978 referente à Convenção Internacional de 1973 (Marpol 1978 Protocol) foi aprovado em Conferência sobre a segurança dos petroleiros e Prevenção da Poluição em fevereiro de 1978, realizada como resposta internacional a toda uma série de acidentes com petroleiros ocorridos nos anos 1976/1977. Dado que a Convenção Marpol 1973 ainda não tinha entrado em vigor, o Protocolo Marpol 1978 absorveu a Convenção-mãe, gerando uma norma que é um "somatório" de ambas. A combinação dos documentos é conhecida como Convenção Internacional para a Prevenção da Poluição Marinha por Navios, de 1973, alterada pelo Protocolo de 1978 (Marpol 73/78), cuja entrada em vigor se deu aos 2 de outubro de 1983 (anexos I e II). Em 1997, um novo protocolo foi adotado para adicionar mais um anexo, o anexo VI.

A Convenção possui dispositivos voltados para a minimização e prevenção da poluição causada por navios, seja a acidental, seja a atribuída às operações rotineiras, contando com seis anexos técnicos:

Marpol	
Anexo	**Regras**
I	Prevenção da poluição por óleo (entrou em vigor em 2 de outubro de 1983)
II	Controle da Poluição por substâncias líquidas nocivas transportadas a granel (entrou em vigor em 2 de outubro de 1983)
III	Prevenção da Poluição por Substâncias Nocivas transportadas por mar em embalagens (que entrou em vigor em 1º de julho de 1992)
IV	Prevenção da Poluição por esgotos sanitários dos navios (em vigor desde 27 de setembro de 2003)
V	Prevenção da Poluição por Lixo por Navios (entrou em vigor em 31 de dezembro de 1988)
VI	Prevenção da Poluição Atmosférica por Navios (entrou em vigor em 19 de maio, 2005)

Emendas à Marpol		
	Resolução	**Entrada em Vigor**
Emendas 2010	Resolução MEPC.193(61)	1º.01.2014
	Resolução MEPC.194(61)	1º.02.2012
Emendas 2011	Resolução MEPC.200(62)	1º.01.2013
	Resolução MEPC.201(62)	1º.01.2013
	Resolução MEPC.202(62)	1º.01.2013
	Resolução MEPC.203(62)	1º.01.2013

Fonte: https://www.ccaimo.mar.mil.br/convencoes_e_codigos/convencoes/prevencao_da_poluicao_marinha/ marpol#.

A Marpol 73/78, consolidada com as emendas que entraram em vigor internacionalmente até 1º abril de 2004, incluindo o Protocolo de 1997 (anexo VI), foi aprovada no Congresso Nacional pelo Decreto Legislativo 499/2009.

O Decreto 10.984/2022 promulgou as Emendas aos Anexos da Convenção Internacional para a Prevenção da Poluição Causada por Navios, adotadas pelo Comitê de Proteção ao Meio Ambiente Marinho da Organização Marítima Internacional. Conforme o artigo 1º foram promulgadas as Emendas aos Anexos da Convenção Internacional para a Prevenção da Poluição Causada por Navios, adotadas por meio das Resoluções MEPC.111(50), MEPC.116(51), MEPC.117(52), MEPC.118(52), MEPC.132(53), MEPC.141(54), MEPC.143(54), MEPC.154(55), MEPC.156(55) e MEPC.164(56).

O Anexo I diz respeito à prevenção da poluição por óleo originada (i) por rotinas operacionais ou (ii) por descargas acidentais; desde 1992, é obrigatório que os navios petroleiros novos possuam casco duplo, adotando-se prazo para que os navios que estivessem em uso passassem a adotar os cascos duplos. Houve revisão em 2001 e 2003.

O Anexo II estabelece os critérios e as medidas a serem adotadas para o controle da poluição causada por substâncias líquidas nocivas transportadas a granel. Houve a avaliação de aproximadamente 250 substâncias para a inclusão na lista anexa à Convenção. Somente se admite descarga de resíduos de instalações de recepção, observadas concentrações e condições, as quais variam de acordo com a categoria de substâncias lançadas. De qualquer forma, há que se observar a distância de 12 milhas marítimas da costa mais próxima.

No Anexo III estão contemplados os requisitos gerais para a edição de normas detalhadas sobre embalagem, marcação, rotulagem, documentação, estiva, limitações de quantidade, exceções e notificações com vistas a evitar a poluição por substâncias nocivas.

Os requisitos para controlar a poluição do mar por lançamento de efluentes sanitários estão relacionados no Anexo IV; já o anexo V cuida dos diversos tipos de lixo, fixando as distâncias da terra, bem como a forma pelo qual eles podem ser eliminados. Os requisitos variam dependendo da fragilidade da área marítima. É relevante notar a proibição de *dumping* de plásticos no mar.

O Anexo VI está inserido no contexto de prevenção das mudanças climáticas globais, sobretudo o "aquecimento global". Pelo Anexo VI são estabelecidos limites para a emissão de Nox e Sox por navios, bem como foi proibida a emissão de elementos que contribuam para a depleção da camada de ozônio.

Em 2011, a IMO adotou medidas obrigatórias para reduzir as emissões de gases de efeito estufa (GEE) gerados pelo transporte marítimo internacional, com um novo capítulo adicionado ao Anexo VI. Os navios, após 1º de janeiro de 2013 deverão adotar mecanismos e procedimentos de eficiência energética.

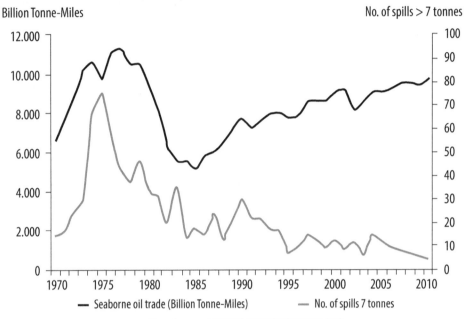

(Source: Fearnresearch 1970-1989, Lloyds List Intelligence 1990-2010)

4. A LEI 9.966, DE 28 DE ABRIL DE 2000

A Lei 9.966/2000, "estabelece os princípios básicos a serem obedecidos na movimentação de óleo e outras substâncias nocivas ou perigosas em portos organizados, instalações portuárias, plataformas e navios em águas sob jurisdição nacional", aplicando-se (i) nas hipóteses em que "ausentes os pressupostos para aplicação da Convenção Internacional para a Prevenção da Poluição Causada por Navios (Marpol 73/78)", *(ii)* "às embarcações nacionais, portos organizados, instalações portuárias, dutos, plataformas e suas instalações de apoio, em caráter complementar à Marpol 73/78"; bem como (iii) "às embarcações, plataformas e instalações de apoio estrangeiras, cuja bandeira arvorada seja ou não de país contratante da Marpol 73/78, quando em águas sob jurisdição nacional"; e, por fim, (iv) "às instalações portuárias especializadas em outras cargas que não óleo e substâncias nocivas ou perigosas, e aos estaleiros, marinas, clubes náuticos e outros locais e instalações similares."

O primeiro ponto que se destaca na análise do campo de aplicação da Lei 9.966/2000 é que ela tem como um dos objetivos cobrir as lacunas em relação à aplicação da Convenção Internacional para a Prevenção de Poluição por Navios (Marpol). Na verdade, a lei nacional é consistente com a Marpol e, na prática, é a incorporação ao direito interno da norma internacional.

A lei, em função do princípio da soberania dos Estados, aplica-se, em princípio, somente nas áreas submetidas ao poder de império do Estado brasileiro. Nesse particular, a Lei 9.966/2000 definiu as águas por ela tuteladas: as (1) águas interiores que são (a) as compreendidas entre a costa e a linha de base reta, a partir de onde se mede o mar territorial; (b) as dos portos; (c) as das baías; (d) as dos rios e de suas desembocaduras; (e) as dos lagos, das lagoas e dos canais; (f) as dos arquipélagos; (g) as águas entre os baixios a descoberta e a costa. Por sua vez, as (2) águas marítimas, são todas aquelas sob jurisdição nacional que não sejam interiores. Como se pode perceber, a Lei 9.966/2000 não se dirige apenas ao combate da poluição por óleo causada nas águas marítimas, *mas nas águas sob jurisdição nacional.*

O quadro a seguir mostra a relação entre as diferentes águas sob jurisdição nacional.

Lei 9.966/2000	Lei 8.617, de 4 de janeiro de 1993
I – águas interiores; as compreendidas entre a costa e a linha de base reta, a partir de onde se mede o mar territorial; as dos portos; as das baías; as dos rios e de suas desembocaduras; as dos lagos, das lagoas e dos canais; as dos arquipélagos; as águas entre os baixios a descoberta e a costa; II – águas marítimas, todas aquelas sob jurisdição nacional que não sejam interiores.	Mar territorial brasileiro: faixa de doze milhas marítima de largura, medidas a partir da linha de baixa-mar do litoral continental e insular, tal como indicada nas cartas náuticas de grande escala, reconhecidas oficialmente no Brasil.
	Nos locais em que a costa apresente recorte profundos e reentrâncias ou em que exista uma franja de ilhas ao longo da costa na sua proximidade imediata, será adotado o método das linhas de base retas, ligando pontos apropriados, para o traçado da linha de base, a partir da qual será medida a extensão do mar territorial.
	A soberania do Brasil estende-se ao mar territorial, ao espaço aéreo sobrejacente, bem como ao seu leito e subsolo.
	A zona contígua brasileira compreende uma faixa que se estende das doze às vinte e quatro milhas marítimas, contadas a partir das linhas de base que servem para medir a largura do mar territorial.
	Na zona contígua, o Brasil poderá tomar as medidas de fiscalização necessárias para: (i) evitar as infrações às leis e aos regulamentos aduaneiros, fiscais, de imigração ou sanitários, no seu território, ou no seu mar territorial; (ii) reprimir as infrações às leis e aos regulamentos, no seu território ou no seu mar territorial.
	A zona econômica exclusiva brasileira compreende uma faixa que se estende das doze às duzentas milhas marítimas, contadas a partir das linhas de base que servem para medir a largura do mar territorial.
	Na zona econômica exclusiva, o Brasil tem direitos de soberania para fins de exploração e aproveitamento, conservação e gestão dos recursos naturais, vivos ou não vivos, das águas sobrejacentes ao leito do mar, do leito do mar e seu subsolo, e no que se refere a outras atividades com vistas à exploração e ao aproveitamento da zona para fins econômicos.
	Art. 8º Na zona econômica exclusiva, o Brasil, no exercício de sua jurisdição, tem o direito exclusivo de regulamentar a investigação científica marinha, a proteção e preservação do meio marítimo, bem como a construção, operação e uso de todos os tipos de ilhas artificiais, instalações e estruturas. Parágrafo único. A investigação científica marinha na zona econômica exclusiva só poderá ser conduzida por outros Estados com o consentimento prévio do Governo brasileiro, nos termos da legislação em vigor que regula a matéria.
	A plataforma continental do Brasil compreende o leito e o subsolo das áreas submarinas que se estendem além do seu mar territorial, em toda a extensão do prolongamento natural de seu território terrestre, até o bordo exterior da margem continental, ou até uma distância de duzentas milhas marítimas das linhas de base, a partir das quais se mede a largura do mar territorial, nos casos em que o bordo exterior da margem continental não atinja essa distância.

Lei 9.966/2000	Lei 8.617, de 4 de janeiro de 1993
	Art. 11. A plataforma continental do Brasil compreende o leito e o subsolo das áreas submarinas que se estendem além do seu mar territorial, em toda a extensão do prolongamento natural de seu território terrestre, até o bordo exterior da margem continental, ou até uma distância de duzentas milhas marítimas das linhas de base, a partir das quais se mede a largura do mar territorial, nos casos em que o bordo exterior da margem continental não atinja essa distância. Parágrafo único. O limite exterior da plataforma continental será fixado de conformidade com os critérios estabelecidos no artigo 76 da Convenção das Nações Unidas sobre o Direito do Mar, celebrada em Montego Bay, em 10 de dezembro de 1982. Art. 12. O Brasil exerce direitos de soberania sobre a plataforma continental, para efeitos de exploração dos recursos naturais. Parágrafo único. Os recursos naturais a que se refere o *caput* são os recursos minerais e outros não vivos do leito do mar e subsolo, bem como os organismos vivos pertencentes a espécies sedentárias, isto é, àquelas que no período de captura estão imóveis no leito do mar ou no seu subsolo, ou que só podem mover-se em constante contato físico com esse leito ou subsolo. Art. 13. Na plataforma continental, o Brasil, no exercício de sua jurisdição, tem o direito exclusivo de regulamentar a investigação científica marinha, a proteção e preservação do meio marinho, bem como a construção, operação e o uso de todos os tipos de ilhas artificiais, instalações e estruturas. § 1º A investigação científica marinha, na plataforma continental, só poderá ser conduzida por outros Estados com o consentimento prévio do Governo brasileiro, nos termos da legislação em vigor que regula a matéria. § 2º O Governo brasileiro tem o direito exclusivo de autorizar e regulamentar as perfurações na plataforma continental, quaisquer que sejam os seus fins.

O Mar Territorial confunde-se com o conceito de águas marítimas, dele excluindo-se as águas interiores, mesmo que não sejam doces. Este é um conceito fundamental para o estudo, por exemplo, das competências para o licenciamento ambiental.

4.1 Classificação das substâncias quanto ao perigo ou nocividade

A Lei determina que o órgão federal de meio ambiente, no caso o Ibama, deverá divulgar e manter atualizada a lista de substâncias classificadas conforme o disposto no artigo 4º, sendo certo que ela deverá ser *"no mínimo, tão completa e rigorosa quanto a estabelecida pela Marpol 73/78"*. A classificação diz respeito aos riscos produzidos quando as substâncias são descarregadas na água.

Classificação quanto ao perigo ou nocividade	
Categoria A	alto risco tanto para a saúde humana como para o ecossistema aquático;
Categoria B	médio risco tanto para a saúde humana como para o ecossistema aquático;
Categoria C	risco moderado tanto para a saúde humana como para o ecossistema aquático;
Categoria D	baixo risco tanto para a saúde humana como para o ecossistema aquático.

O tema merece atenção, pois a norma e a relação de substâncias nocivas e perigosas estabelecem uma presunção relativa quanto ao nível de risco causado pelo seu lançamento. Uma vez ocorrido o lançamento e estabelecida a presunção, ocorre como consequência jurídica a inversão do ônus da prova. Assim, fundamental para que existam as definições mencionadas na lei, bem como que a aplicação de qualquer penalidade referente ao lançamento de óleo em águas jurisdicionais brasileiras seja precedida de laudo pericial capaz de identificar a substância lançada às águas, conforme o grau de risco e periculosidade administrativamente definido, sem o que a aplicação de penalidade terá desatendido aos ditames da legalidade.

O Instituto Brasileiro do Meio Ambiente e dos Recursos Naturais Renováveis, Ibama, mediante a edição da Instrução Normativa 2, de 18 de janeiro de 2022, regulamentou a descarga de óleo, misturas oleosas, substâncias nocivas ou perigosas de qualquer categoria e lixo em águas sob jurisdição nacional para fins de pesquisa de campo, nos termos do artigo 19 da Lei 9.966/2000.

Importante observar que, na forma do disposto na Portaria 24, de 4 de abril de 2007 do Ibama, foi autorizado o credenciamento da Marinha do Brasil, por meio de suas organizações militares subordinadas – Diretoria de Portos e Costas (DPC) e Instituto de Estudos do Mar Almirante Paulo Moreira (IEAPM), para "emissão de laudos técnicos ambientais nos incidentes de derramamento de óleos e derivados em águas sob jurisdição nacional, nos termos das sanções especificadas no Decreto 4.136, de 2002.

Não se admite mais que as atividades utilizadoras de recursos ambientais, notadamente os hídricos, não tenham planos, projetos, equipamentos e pessoal especializados voltados para a prevenção, o controle e o combate da poluição. Na verdade, segundo a disciplina estabelecida pelo artigo 5º da Lei 9.966/2000, "todo porto organizado, instalação portuária e plataforma, bem como suas instalações de apoio, disporá obrigatoriamente de instalações ou meios adequados para o recebimento e tratamento dos diversos tipos de resíduos e para o combate da poluição, observadas as normas e critérios estabelecidos pelo órgão ambiental competente". Como matéria submetida ao poder de polícia do Estado, cabe ao órgão ambiental responsável pelo licenciamento do porto organizado, instalação portuária e plataforma e suas instalações de apoio definir as características das aludidas instalações e meios destinados ao recebimento e tratamento de resíduos e ao combate da poluição. Este procedimento deve ser feito durante o licenciamento ambiental, considerando-se as fases que estão sendo submetidas ao procedimento de licenciamento ambiental, devendo ser embasado em estudo técnico, que, na forma da lei, deverá estabelecer, no mínimo: (i) as dimensões das instalações; (ii) a localização apropriada das instalações; (iii) a capacidade das instalações de recebimento e tratamento dos diversos tipos de resíduos, padrões de qualidade e locais de descarga de seus efluentes; (iv) os parâmetros e a metodologia de controle operacional; (v) a quantidade e o tipo de equipamentos, materiais e meios de transporte destinados a atender situações emergenciais de poluição; (vi) a quantidade e a qualificação do pessoal a ser empregado; (vii) o cronograma de implantação e o início de operação das instalações. A norma legal estabelece alguns parâmetros a serem observados pelo estudo técnico, a saber: (i) o porte, (ii) o tipo de carga manuseada ou movimentada e (iii) outras características do porto organizado, instalação portuária ou plataforma e suas instalações de apoio.

O legislador, ainda que com excesso de zelo, buscou evitar que a autoridade licenciante abrandasse o limite do estudo técnico, como forma de burlar a proteção ambiental, gerando limites muito fluidos para o licenciamento.

O legislador, no § 3º do artigo 5º, atribui à discricionariedade administrativa dos órgãos ambientais que, no caso de "instalações ou meios destinados ao recebimento e tratamento de resíduos e ao combate da poluição" poderão exigir "das instalações portuárias especializadas em outras cargas que não óleo e substâncias nocivas ou perigosas, bem como dos estaleiros, marinas, clubes náuticos e similares" as medidas de proteção adequadas, mediante a implantação de sistemas de prevenção, controle e combate da poluição. Contudo, do meu ponto de vista, não se cuida de hipótese discricionária, pois a CF determina que a Administração bem como o particular devem contribuir para a proteção ambiental. Parece-me bastante claro que todas as atividades que possam, comprovadamente, contribuir para a poluição do mar, devem ser dotadas dos mecanismos capazes de evitar ou minimizar os riscos causados, na exata medida de sua dimensão, conforme definido pelo licenciamento ambiental.

As medidas de prevenção, controle e combate da poluição devem estar organizadas e disponíveis sob a forma de manual de procedimentos internos para o gerenciamento de riscos da poluição, bem como para a gestão dos diversos resíduos gerados ou provenientes das atividades de movimentação e armazenamento de óleo e substâncias nocivas ou perigosas, o qual deverá ser aprovado pelo órgão ambiental responsável pelo licenciamento da atividade, em conformidade com a legislação, normas e diretrizes técnicas vigentes, sendo a sua elaboração responsabilidade das entidades exploradoras de portos organizados e instalações portuárias, proprietários ou operadores de plataformas.

4.2   Os planos de emergência

Uma vez ocorrida a poluição, o que resta a fazer é reduzir os efeitos nocivos. É para a ação em tais contextos de acidente que a norma prevê a existência dos planos de emergências individuais que são obrigatórios para os portos organizados, instalações portuárias e plataformas, bem como suas instalações de apoio. Os planos de emergência, elaborados pelo exercente da atividade de risco, ou por terceiro a seu mando, devem ser aprovados, do ponto de vista ambiental, pelo órgão responsável pelo procedimento de licenciamento ambiental.

O plano de emergência individual não deve ser entendido como um plano a ser implementado por uma única empresa responsável por atividades que possam ter efeitos nocivos sobre o ambiente marinho. Se assim fosse, dadas as dimensões de portos organizados, instalações portuárias e plataformas, a dificuldade de coordenação entre os diversos planos de emergência individual seria praticamente insuperável. Com o fito de evitar o desperdício de esforços, a descoordenação e, na prática, a inaplicabilidade dos planos de emergência, determina a lei que "no caso de áreas onde se concentrem portos organizados, instalações portuárias ou plataformas, os planos de emergência individuais serão consolidados na forma de um único plano de emergência para toda a área sujeita ao risco de poluição, o qual deverá estabelecer os mecanismos de ação conjunta a serem implementados", observado o disposto nesta Lei e nas demais normas e diretrizes vigentes.

A Lei, no § 2º do artigo 7º, determina que *"a responsabilidade pela consolidação dos planos de emergência individuais em um único plano de emergência para a área envolvida cabe às entidades exploradoras de portos organizados e instalações portuárias, e aos proprietários ou operadores de plataformas, sob a coordenação do órgão ambiental competente"* (rectius: licenciante). Quando se tratar de planos de emergências individuais para atividades ou áreas de grande porte, o órgão ambiental fará a consolidação sob a forma de planos de contingência locais ou regionais, em articulação com os órgãos de defesa civil. Cabe ao órgão federal de controle ambiental, no caso o Ibama, consolidar os planos de contingência locais e regionais, na forma de um Plano Nacional de Contingência, articulando-se com a defesa civil, observado o disposto na *Convenção Internacional sobre Preparo, Resposta e Cooperação em caso de Poluição por Óleo, assinada em Londres em 30 de novembro de 1990,* promulgada pelo Decreto 2.870/1998.

536 | DIREITO AMBIENTAL – *Paulo de Bessa Antunes*

4.3 Descarga em águas jurisdicionais nacionais de óleo, substâncias nocivas ou perigosas e lixo

Os artigos 15 e ss. da Lei 9.966/2000 estabelecem uma proibição genérica de descarga em águas sob a jurisdição nacional das substâncias classificadas conforme o artigo 4º, criando exceções específicas.

A proibição de descarga de substâncias nocivas ou perigosas classificadas na categoria "A", mesmo daquelas provisoriamente assim classificadas como tal, *além de* água de lastro, resíduos de lavagem de tanques ou outras misturas que contenham tais substâncias. A descarga da água subsequentemente adicionada ao tanque lavado em quantidade superior a cinco por cento do seu volume total somente será admitida se atendidas cumulativamente as seguintes condições: (i) a situação em que ocorrer o lançamento enquadre-se nos casos permitidos pela Marpol 73/78; (ii) o navio não se encontre dentro dos limites de área ecologicamente sensível; (iii) os procedimentos para descarga sejam devidamente aprovados pelo órgão ambiental competente. É proibido descarregar água subsequentemente adicionada ao tanque lavado em quantidade inferior a cinco por cento do seu volume total.

No que tange à descarga, em águas sob jurisdição nacional, de substâncias classificadas nas categorias "B", "C", e "D", mesmo aquelas provisoriamente assim classificadas, além de água de lastro, resíduos de lavagem de tanques e outras misturas que as contenham, há proibição, salvo se observado, cumulativamente, o seguinte: (i) a situação em que ocorrer o lançamento enquadre-se nos casos permitidos pela Marpol 73/78; (ii) o navio não se encontre dentro dos limites de área ecologicamente sensível; (iii) os procedimentos para descarga sejam devidamente aprovados pelo órgão ambiental competente. Para efeito de descarga, os efluentes de esgotos sanitários e águas servidas de navios, plataformas e suas instalações de apoio são equiparáveis às substâncias incluídas na categoria "C" e deverão observar, também, as condições e os regulamentos de vigilância sanitária.

Com exceção das situações permitidas pela Marpol 73/78, *é proibida a descarga de óleo, misturas oleosas e lixo em águas sob jurisdição nacional,* desde que o navio, plataforma ou similar não se encontre dentro dos limites de área ecologicamente sensível, devendo os procedimentos para descarga ser devidamente aprovados pelo órgão ambiental competente. A água de processo, que seja continuamente descartada, será regida pelas normas de controle ambiental vigentes ao tempo do descarte. Os plásticos, de qualquer tipo, inclusive cabos sintéticos, redes sintéticas de pesca e sacos plásticos estão proibidos de ser descarregados ou descartados em águas jurisdicionais nacionais.

A descarga de lixo, água de lastro, resíduos de lavagem de tanques e porões ou outras misturas que contenham óleo ou substâncias nocivas ou perigosas de qualquer categoria só poderá ser efetuada em instalações de recebimento e tratamento de resíduos, conforme previsto no artigo 5º da Lei, salvo nos casos expressamente previstos na Lei 9.966/2000. Admite-se, contudo, que a descarga de óleo, misturas oleosas, substâncias nocivas ou perigosas de qualquer categoria, e lixo, em águas sob jurisdição nacional, possa ser excepcionalmente tolerada com vistas a salvaguarda de vidas humanas, pesquisa ou segurança de navio, tal como definido em regulamento.

Na hipótese de realização de pesquisa, é necessário que se observe o seguinte: (i) a descarga seja autorizada pelo órgão ambiental competente, após análise e aprovação do programa de pesquisa; (ii) esteja presente, no local e hora da descarga, pelo menos um representante do órgão ambiental que a houver autorizado; (iii) o responsável pela descarga coloque à disposição, no local e hora em que ela ocorrer, pessoal especializado, equipamentos e materiais de eficiência comprovada na contenção e eliminação dos efeitos esperados.

A descarga de resíduos sólidos das operações de perfuração de poços de petróleo será objeto de regulamentação específica pelo órgão federal de meio ambiente.

4.4 Ressarcimento de custos de combate à poluição

A sociedade não deve arcar com os custos do combate à poluição, sob pena de que poluir se torne economicamente lucrativo; desta forma, determina o princípio do poluidor pagador – claramente incorporado no artigo 23 da Lei 9.966/2000 – que o responsável pela poluição arque com os custos da limpeza. Observe-se que aqui não se cuida de responsabilidade, pois não se está tratando da aplicação de multas ou outras penalidades.

As operações de combate à poluição, bem como o recolhimento de óleo descarregado, resgate de animais e tantas outras atividades que normalmente ocorrem em vazamentos de óleo, dadas as dimensões e urgência, implicam o envolvimento de várias partes e, consequentemente, custos. As partes privadas que, por convocação da autoridade pública, participarem das Ações de combate à poluição devem ter os seus custos ressarcidos pelo responsável pela descarga, na condição de terceiros prejudicados, tal como disposto no § 1º do artigo 14 da Lei 6.938/1981.

O parágrafo único do artigo 23 da Lei 9.966/2000 estabeleceu um direito de retenção nos casos em que a descarga tenha origem em navio que ano possua o certificado exigido pela CLC/1969; em tais hipóteses, a liberação do navio somente ocorrerá após a oferta de caução idônea para cobrir o *"pagamento das despesas decorrentes da poluição"*. A propósito, veja-se: "Ação civil pública. Transbordo e liberação de mistura ácida em navio. Danos ambientais. Medidas de precaução. – Determinados o transbordo e a liberação de mistura ácida – transportada pelo navio Bahamas – para águas internacionais, além da prestação de caução, capaz de suportar a operação, a fim de afastar perigo ambiental decorrente de vazamento da referida substância em águas territoriais, brasileiras" (TRF da 4ª Região. Apelação Cível 200304010474378. Desembargador Federal Edgard Antônio Lippmann Júnior. 4ª Turma. *DJU* 27.07.2005, p. 714).

5. PODER DE POLÍCIA EM MATÉRIA DE POLUIÇÃO POR ÓLEO

A proteção do meio ambiente e o exercício de atividades econômicas no mar são altamente fiscalizados e, portanto, submetidos ao poder de polícia do Estado brasileiro. O poder de polícia sobre o meio ambiente, como se sabe, é atividade administrativa e, portanto, integrante da competência comum estabelecida pela CF em seu artigo 23. O artigo 23 de nossa CF foi regulamentado pela LC 140/2011 que "fixa normas, nos termos dos incisos III, VI e VII do *caput* e do parágrafo único do artigo 23 da CF, para a cooperação entre a União, os Estados, o Distrito Federal e os Municípios nas ações administrativas decorrentes do exercício da competência comum relativas à proteção das paisagens naturais notáveis, à proteção do meio ambiente, ao combate à poluição em qualquer de suas formas e à preservação das florestas, da fauna e da flora; e altera a Lei 6.938, de 31 de agosto de 1981". Em tal texto legal, atribui-se ampla competência à União em matéria de poluição marítima.

O artigo 27 da Lei de combate à poluição por óleo estabelece a repartição das atribuições dos diferentes órgãos da Administração Pública, seja da federal, seja da estadual no que diz respeito à implementação das normas de combate à poluição marinha por óleo:

Autoridade Marítima	Ibama	OEMA	OMMA	ANP
a) fiscalizar navios, plataformas e suas instalações de apoio, e as cargas embarcadas, de natureza nociva ou perigosa, autuando os infratores na esfera de sua competência; b) levantar dados e informações e apurar responsabilidades sobre os incidentes com navios, plataformas e suas instalações de apoio que tenham provocado danos ambientais; c) encaminhar os dados, informações e resultados de apuração de responsabilidades ao órgão federal de meio ambiente, para avaliação dos danos ambientais e início das medidas judiciais cabíveis; d) comunicar ao órgão regulador da indústria do petróleo irregularidades encontradas durante a fiscalização de navios, plataformas e suas instalações de apoio, quando atinentes à indústria do petróleo.	a) realizar o controle ambiental e a fiscalização dos portos organizados, das instalações portuárias, das cargas movimentadas, de natureza nociva ou perigosa, e das plataformas e suas instalações de apoio, quanto às exigências previstas no licenciamento ambiental, autuando os infratores na esfera de sua competência; b) avaliar os danos ambientais causados por incidentes nos portos organizados, dutos, instalações portuárias, navios, plataformas e suas instalações de apoio; c) encaminhar à Procuradoria-Geral da República relatório circunstanciado sobre os incidentes causadores de dano ambiental para a propositura das medidas judiciais necessárias; d) comunicar ao órgão regulador da indústria do petróleo irregularidades encontradas durante a fiscalização de navios, plataformas e suas instalações de apoio, quando atinentes à indústria do petróleo.	a) realizar o controle ambiental e a fiscalização dos portos organizados, instalações portuárias, estaleiros, navios, plataformas e suas instalações de apoio, avaliar os danos ambientais causados por incidentes ocorridos nessas unidades e elaborar relatório circunstanciado, encaminhando-o ao órgão federal de meio ambiente; b) dar início, na alçada estadual, aos procedimentos judiciais cabíveis a cada caso; c) comunicar ao órgão regulador da indústria do petróleo irregularidades encontradas durante a fiscalização de navios, plataformas e suas instalações de apoio, quando atinentes à indústria do petróleo; d) autuar os infratores na esfera de sua competência.	a) avaliar os danos ambientais causados por incidentes nas marinas, clubes náuticos e outros locais e instalações similares, e elaborar relatório circunstanciado, encaminhando-o ao órgão estadual de meio ambiente; b) dar início, na alçada municipal, aos procedimentos judiciais cabíveis a cada caso; c) autuar os infratores na esfera de sua competência.	a) fiscalizar diretamente, ou mediante convênio, as plataformas e suas instalações de apoio, os dutos e as instalações portuárias, no que diz respeito às atividades de pesquisa, perfuração, produção, tratamento, armazenamento e movimentação de petróleo e seus derivados e gás natural; b) levantar os dados e informações e apurar responsabilidades sobre incidentes operacionais que, ocorridos em plataformas e suas instalações de apoio, instalações portuárias ou dutos, tenham causado danos ambientais; c) encaminhar os dados, informações e resultados da apuração de responsabilidades ao órgão federal de meio ambiente; d) comunicar à autoridade marítima e ao órgão federal de meio ambiente as irregularidades encontradas durante a fiscalização de instalações portuárias, dutos, plataformas e suas instalações de apoio; e) autuar os infratores na esfera de sua competência.

Pelo que se pode ver do quadro acima, parece bastante claro que as principais competências para a proteção do meio ambiente marinho, em razão de poluição por óleo, remanescem com a autoridade naval, dentro de uma linha de coerência com todo um conjunto de normas que rege as relações jurídicas estabelecidas no ambiente marinho. O texto da lei, aliás, é bastante claro ao atribuir à autoridade marítima o dever de "apurar responsabilidades sobre os incidentes com navios, plataformas e suas instalações de apoio que tenham provocado danos ambientais" (artigo 27, I, *b*).

A Marinha do Brasil exerce o poder de polícia nas águas jurisdicionais nacionais mediante a atuação da Capitania dos Portos que, na forma do Decreto Imperial 358/1845, poderia ser estabelecida em cada uma das províncias marítimas do Império do Brasil. As primeiras capitanias dos portos foram efetivamente criadas pelo Decreto 447/1846. Quando se trata do exercício do poder de polícia em matéria ambiental, notadamente quando se trata de poluição do mar, existe uma tendência – encontrável inclusive na jurisprudência – de se considerar que o Ibama e os Estados podem exercer o controle ambiental em conjunto com a Marinha do Brasil, em razão de que: "a competência da Capitania dos Portos não exclui, mas complementa, a legitimidade fiscalizatória e sancionadora dos órgãos estaduais de proteção ao meio ambiente" (REsp 200401090312, Relator: Ministro Luiz Fux, 1ª Turma, *DJU* 26.09.2005, p. 214).

6.   INFRAÇÕES ADMINISTRATIVAS

A Lei 9.966/2000 em seu artigo 25 e ss. estabeleceu um rol de infrações administrativas atribuindo-lhes sanções específicas. Não me parece que se possa admitir como legal a criação de tipos administrativos por decreto, sobretudo em função de que a **Lei** possui claramente delineadas as condutas que o legislador entendeu devessem ser tipificadas como infracionais. Observe-se que o artigo 33 da Lei 9.966/2000 determina que: "*O Poder Executivo regulamentará esta Lei, no que couber, no prazo de trezentos e sessenta dias da data de sua publicação*". Do meu ponto de vista, a regulamentação não pode chegar ao ponto de criar tipos administrativos além daqueles constantes na própria lei. Observe-se que, no caso, a Lei 9.966/2000 sequer é dotada de um dispositivo aberto como aquele constante na Lei 9.605/1998. Contudo, inexplicavelmente, o regulamento baixado pelo Decreto 4.136/2002 estabelece em seu artigo 1º que "constitui infração às regras sobre a prevenção, o controle e a fiscalização da poluição causada por lançamento de óleo e outras substâncias nocivas ou perigosas em águas sob jurisdição nacional a inobservância a qualquer preceito constante da Lei 9.966, de 28 de abril de 2000, e a instrumentos internacionais ratificados pelo Brasil". Parece-me que o legislador não deixou espaço para que o Executivo "crie" infrações administrativas, vez que a lei estabeleceu, de forma cabal, nos artigos 25 e 26, quais são as infrações administrativas puníveis, deixando ao poder regulamentar a possibilidade de dispor sobre os valores da multa aplicável conforme as circunstâncias concretas.

A Lei 9.966/2000 determina que os artigos 5º, 6º e 7º são de cumprimento obrigatório, sob pena de multa diária. Multa diária é aquela renovada diariamente enquanto persistir a prática da infração. Os valores deverão ser fixados em regulamento, observados os parâmetros fixados pelo § 2º do artigo 25. A multa diária começa a correr do dia em que foi constatada a infração até o efetivo cumprimento da norma violada. É importante observar que, nos termos do artigo 17 da LC 140/2011, cabem a fiscalização e a consequente imposição da sanção à entidade responsável pelo licenciamento ambiental.

No que tange ao inciso II do artigo 25, descumprimento dos artigos 9º e 22, a lei considerou a infração menos grave do que a do inciso I, tanto assim que determinou a imposição de multa. As infrações são omissivas, pois ambas dizem respeito à não realização de (I) auditorias bianuais e (ii) falta de comunicação aos órgãos ambientais, à Capitânia dos Portos e à ANP de incidentes que possam implicar poluição do mar. Muito embora os artigos 9º e 22 sejam bastante claros em seus termos, há necessidade de regulamentação do tipo de auditoria bianual que deverá ser entregue ao órgão de controle ambiental responsável pelo licenciamento.

No âmbito federal, as auditorias ambientais tratadas pela Lei 9.966/2000 foram disciplinadas pela Resolução Conama 306/2002, subsidiariamente na Resolução Conama 265/2000. Para que se possa ter como cumprido o determinado pelo artigo 9º, a Auditoria deve preencher os requisitos dispostos na Resolução do Conama específica. Caso o licenciamento ambiental da facilidade industrial seja estadual, será exigível a auditoria tal como tratada na norma estadual ou como determinar o órgão ambiental. Penso que não há exigência cumulativa; isto é, não se podem exigir, concomitantemente, uma auditoria para apresentação no órgão federal, uma para o estadual e outra para o municipal. Como afirmado acima, a LC 140/2011 disciplinou a questão, definindo claramente a competência para a fiscalização e, evidentemente, para a exigência de elementos a serem fiscalizados.

Quanto à comunicação tratada pelo artigo 22, há que se considerar que *"imediatamente"* é um conceito aberto que necessita ser preenchido por norma administrativa. Assim, a comunicação imediata deverá ser examinada à luz da regulamentação específica de cada um dos órgãos para os quais a comunicação é obrigatória.

No caso da comunicação de incidentes à ANP, a matéria está regulada pela Resolução ANP 44/2009. Na forma do artigo 1º da Resolução 44/2009: *Fica estabelecido, através da presente Resolução, o procedimento para comunicação de incidentes, a ser adotado pelos concessionários e empresas autorizadas pela ANP a exercer as atividades da indústria do petróleo, do gás natural e dos biocombustíveis, bem como distribuição e revenda.*

O inciso III do artigo 25 da Lei 9.966/2000 diz respeito ao descumprimento dos artigos 10, 11 e 12, cominando as penas de multa e retenção do navio até que a situação seja regularizada. Retenção, no caso, não se confunde com o direito de retenção que o credor possui sobre bem móvel com vistas a garantir o seu crédito. Até porque, na hipótese, os bens são imóveis por determinação legal. Na verdade, o navio não poderá deixar o porto enquanto persistir o descumprimento das normas contidas nos artigos 10, 11 e 12 da Lei 9.966/2000. A multa é aplicada na modalidade simples, haja vista que a lei não se referiu à "multa diária".

A infração tipificada no inciso IV do artigo 25 é: *"descumprir o disposto no artigo 24"*, cominando-se as penas de (i) multa e (ii) suspensão imediata das atividades da empresa transportadora em situação irregular. As penas são cumulativas. A pena cominada é curiosa, pois o artigo 24 é destinado ao administrador público ou privado, no sentido de que ele somente contrate empresa transportadora regularmente licenciada para as atividades de transporte. O ilícito praticado pela transportadora, certamente, é não possuir o licenciamento necessário para o exercício de suas atividades; não tendo qualquer sentido a penalizar por ter firmado um contrato. Por outro lado, a norma não penaliza aquele que contratou o serviço de empresa irregular. Observe-se que, dadas as dimensões da atividade regulada pela Lei 9.966/2000, não se está falando de empresas de "fundo de quintal", mas de empresas de porte e cuja regularidade pode ser muito bem pesquisada pelos contratantes, sem maiores dificuldades.

7. RESPONSABILIDADE

O artigo 25, em seu § 1º, estabelece a relação de pessoas passivamente responsáveis pela observância das normas da Lei 9.966/2000. É importante observar que o § 1º determina que a responsabilidade existe *"na medida de sua ação ou omissão"* para (i) o proprietário do navio, pessoa física ou jurídica, ou quem legalmente o represente; (ii) o armador ou operador do navio, caso este não esteja sendo armado ou operado pelo proprietário; (iii) o concessionário ou a empresa autorizada a exercer atividades pertinentes à indústria do petróleo; (iv) o comandante ou tripulante do navio; (v) a pessoa física ou jurídica, de direito público ou privado, que legalmente represente o porto organizado, a instalação portuária, a plataforma e suas instalações de apoio, o estaleiro, a marina, o clube náutico ou instalação similar; (vi) o proprietário da carga.

"Na medida de sua ação ou omissão", implica juízo de culpabilidade, matéria típica da responsabilidade subjetiva. Assim, três são as hipóteses que devem ser examinadas, ainda que sucintamente: (i) a responsabilidade civil; (ii) a responsabilidade administrativa; e (iii) a responsabilidade penal.

A responsabilidade civil é objetiva, pois assim estabelecido na Lei 6.938, de 31 de agosto de 1981 (artigo 14, § 1º) e confirmada pelo Código Civil (artigo 927). A responsabilidade penal em matéria de proteção ao meio ambiente é subjetiva; quanto à responsabilidade administrativa, há muita controvérsia a respeito do tema, pois a Lei 9.605/1998 (artigo 72, § 3º), ao dispor sobre a imposição de penalidade pertinente à aplicação da pena de multa, é clara ao determinar a aplicação de multa simples em caso de negligência ou dolo. Contudo, tem se firmado orientação no sentido de considerar-se objetiva a responsabilidade administrativa. Ora, ao se considerar objetiva a responsabilidade administrativa, em meu ponto de vista, perde o sentido tentar-se aferir a *"medida da ação ou omissão"*, pois ação ou omissão implicam conduta subjetiva. Dada a relação de potenciais responsáveis pela observância das normas legais constantes do § 1º do artigo 25, da Lei 9.966/2000 não há como se excluir a subjetividade da conduta, pois punir-se o proprietário da carga, por exemplo, quando o incidente foi relativo a vazamento de óleo quando o navio estava sendo abastecido, parece ser excessivo. Entendo que o § 1º estabeleceu uma ordem de preferência para a imposição de sanções administrativas que deve ser observada, conforme as circunstâncias do caso concreto.

5ª PARTE
MEIO AMBIENTE URBANO

Capítulo 19
A PROTEÇÃO DO MEIO AMBIENTE URBANO

 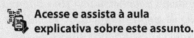

Acesse e assista à aula explicativa sobre este assunto.
> http://uqr.to/1b2hw

A Lei 10.257/2001 [Estatuto da Cidade] disciplina os artigos 182 e 183 da CF, com vistas a regular o uso da propriedade urbana em benefício da coletividade, da segurança e do bem-estar dos cidadãos e, também, do equilíbrio ambiental. O artigo 2º da lei estabelece as *diretrizes* norteadoras da política urbana, cujo objetivo é ordenar o pleno desenvolvimento das funções sociais da cidade e da propriedade urbana.

É importante realçar que o meio ambiente urbano é regido pelas normas especiais do Estatuto da Cidade, complementadas pelos diferentes Planos Diretores dos Municípios que tenham população superior a 20 mil habitantes, com s os seguintes princípios: (1) *garantia do direito a cidades sustentáveis, entendido como o direito à terra urbana, à moradia, ao saneamento ambiental, à infraestrutura urbana, ao transporte e aos serviços públicos, ao trabalho e ao lazer, para as presentes e futuras gerações;* (2) *gestão democrática por meio da participação da população e de associações representativas dos vários segmentos da comunidade na formulação, execução e acompanhamento de planos, programas e projetos de desenvolvimento urbano;* (3) *cooperação entre os governos, a iniciativa privada e os demais setores da sociedade no processo de urbanização, em atendimento ao interesse social;* (4) *planejamento do desenvolvimento das cidades, da distribuição espacial da população e das atividades econômicas do Município e do território sob sua área de influência, de modo a evitar e corrigir as distorções do crescimento urbano e seus efeitos negativos sobre o meio ambiente;* (5) *oferta de equipamentos urbanos e comunitários, transporte e serviços públicos adequados aos interesses e necessidades da população e às características locais;* (6) *ordenação e controle do uso do solo, de forma a evitar: a) a utilização inadequada dos imóveis urbanos; b) a proximidade de usos incompatíveis ou inconvenientes; c) o parcelamento do solo, a edificação ou o uso excessivos ou inadequados em relação à infraestrutura urbana; d) a instalação de empreendimentos ou atividades que possam funcionar como polos geradores de tráfego, sem a previsão da infraestrutura correspondente; e) a retenção especulativa de imóvel urbano, que resulte na sua subutilização ou não utilização; f) a deterioração das áreas urbanizadas; g) a poluição e a degradação ambiental; h) a exposição da população a riscos de desastres;* (7) *integração e complementaridade entre as atividades urbanas e rurais, tendo em vista o desenvolvimento socioeconômico do Município e do território sob sua área de influência;* (8) *adoção de padrões de produção e consumo de bens e serviços e de expansão urbana compatíveis com os limites da sustentabilidade ambiental, social e econômica do Município e do território sob sua área de influência;* (9) *justa distribuição dos benefícios e ônus decorrentes do processo de urbanização;* (10) *adequação dos instrumentos de política econômica, tributária e financeira*

546 | DIREITO AMBIENTAL – *Paulo de Bessa Antunes*

e dos gastos públicos aos objetivos do desenvolvimento urbano, de modo a privilegiar os investimentos geradores de bem-estar geral e a fruição dos bens pelos diferentes segmentos sociais; (11) recuperação dos investimentos do Poder Público de que tenha resultado a valorização de imóveis urbanos; (12) proteção, preservação e recuperação do meio ambiente natural e construído, do patrimônio cultural, histórico, artístico, paisagístico e arqueológico; (13) audiência do Poder Público municipal e da população interessada nos processos de implantação de empreendimentos ou atividades com efeitos potencialmente negativos sobre o meio ambiente natural ou construído, o conforto ou a segurança da população; (14) regularização fundiária e urbanização de áreas ocupadas por população de baixa renda mediante o estabelecimento de normas especiais de urbanização, uso e ocupação do solo e edificação, consideradas a situação socioeconômica da população e as normas ambientais; (15) simplificação da legislação de parcelamento, uso e ocupação do solo e das normas edilícias, com vistas a permitir a redução dos custos e o aumento da oferta dos lotes e unidades habitacionais; (16) isonomia de condições para os agentes públicos e privados na promoção de empreendimentos e atividades relativos ao processo de urbanização, atendido o interesse social; (17) estímulo à utilização, nos parcelamentos do solo e nas edificações urbanas, de sistemas operacionais, padrões construtivos e aportes tecnológicos que objetivem a redução de impactos ambientais e a economia de recursos naturais; (18) tratamento prioritário às obras e edificações de infraestrutura de energia, telecomunicações, abastecimento de água e saneamento; (19) garantia de condições condignas de acessibilidade, utilização e conforto nas dependências internas das edificações urbanas, inclusive nas destinadas à moradia e ao serviço dos trabalhadores domésticos, observados requisitos mínimos de dimensionamento, ventilação, iluminação, ergonomia, privacidade e qualidade dos materiais empregados.

As cidades e comunidades sustentáveis estão contempladas pelo ODS 11:

---

11. Cidades e Comunidades Sustentáveis

Tornar as cidades e os assentamentos humanos inclusivos, seguros, resilientes e sustentáveis

Meta 11.1

• **Nações Unidas**

Até 2030, garantir o acesso de todos à habitação segura, adequada e a preço acessível, e aos serviços básicos e urbanizar as favelas.

• **Brasil**

Até 2030, garantir o acesso de todos a moradia digna, adequada e a preço acessível; aos serviços básicos e urbanizar os assentamentos precários de acordo com as metas assumidas no Plano Nacional de Habitação, com especial atenção para grupos em situação de vulnerabilidade. +

• **Indicadores**

11.1.1 – Proporção de população urbana vivendo em assentamentos precários, assentamentos informais ou domicílios inadequados.

Meta 11.2

• **Nações Unidas**

Até 2030, proporcionar o acesso a sistemas de transporte seguros, acessíveis, sustentáveis e a preço acessível para todos, melhorando a segurança rodoviária por meio da expansão dos transportes públicos, com especial atenção para as necessidades das pessoas em situação de vulnerabilidade, mulheres, crianças, pessoas com deficiência e idosos.

• **Brasil**

Até 2030, melhorar a segurança viária e o acesso à cidade por meio de sistemas de mobilidade urbana mais sustentáveis, inclusivos, eficientes e justos, priorizando o transporte público de massa e o transporte ativo, com especial atenção para as necessidades das pessoas em situação de vulnerabilidade, como aquelas com deficiência e com mobilidade reduzida, mulheres, crianças e pessoas idosas. +

• **Indicadores**

11.2.1 – Proporção de população que tem acesso adequado a transporte público, por sexo, idade e pessoas com deficiência.

Capítulo 19 · A PROTEÇÃO DO MEIO AMBIENTE URBANO | 547

Meta 11.3

- **Nações Unidas**

Até 2030, aumentar a urbanização inclusiva e sustentável, e as capacidades para o planejamento e gestão de assentamentos humanos participativos, integrados e sustentáveis, em todos os países.

- **Brasil**

Até 2030, aumentar a urbanização inclusiva e sustentável, aprimorar as capacidades para o planejamento, para o controle social e para a gestão participativa, integrada e sustentável dos assentamentos humanos, em todas as unidades da federação. +

- **Indicadores**

11.3.1 – Razão da taxa de consumo do solo pela taxa de crescimento da população.

11.3.2 – Proporção de cidades com uma estrutura de participação direta da sociedade civil no planejamento e gestão urbana que opera de forma regular e democrática.

Meta 11.4

- **Nações Unidas**

Fortalecer esforços para proteger e salvaguardar o patrimônio cultural e natural do mundo.

- **Brasil**

Fortalecer as iniciativas para proteger e salvaguardar o patrimônio natural e cultural do Brasil, incluindo seu patrimônio material e imaterial. +

- **Indicadores**

11.4.1 – Total da despesa (pública e privada) per capita gasta na preservação, proteção e conservação de todo o patrimônio cultural e natural, por tipo de patrimônio (cultural, natural, misto e por designação do Centro do Patrimônio Mundial), nível de governo (nacional, regional e local), tipo de despesa (despesas correntes/ de investimento) e tipo de financiamento privado (doações em espécie, setor privado sem fins lucrativos e patrocínios).

Meta 11.5

- **Nações Unidas**

Até 2030, reduzir significativamente o número de mortes e o número de pessoas afetadas por catástrofes e substancialmente diminuir as perdas econômicas diretas causadas por elas em relação ao produto interno bruto global, incluindo os desastres relacionados à água, com o foco em proteger os pobres e as pessoas em situação de vulnerabilidade.

- **Brasil**

Até 2030, reduzir significativamente o número de mortes e o número de pessoas afetadas por desastres naturais de origem hidrometeorológica e climatológica, bem como diminuir substancialmente o número de pessoas residentes em áreas de risco e as perdas econômicas diretas causadas por esses desastres em relação ao produto interno bruto, com especial atenção na proteção de pessoas de baixa renda e em situação de vulnerabilidade. +

- **Indicadores**

11.5.1 – Número de mortes, pessoas desaparecidas e pessoas diretamente afetadas atribuído a desastres por 100 mil habitantes

11.5.2 – Perdas econômicas diretas em relação ao PIB, incluindo danos causados por desastres em infraestruturas críticas e na interrupção de serviços básicos.

Meta 11.6

- **Nações Unidas**

Até 2030, reduzir o impacto ambiental negativo *per capita* das cidades, inclusive prestando especial atenção à qualidade do ar, gestão de resíduos municipais e outros.

- **Brasil**

Até 2030, reduzir o impacto ambiental negativo *per capita* das cidades, melhorando os índices de qualidade do ar e a gestão de resíduos sólidos; e garantir que todas as cidades com acima de 500 mil habitantes tenham implementado sistemas de monitoramento de qualidade do ar e planos de gerenciamento de resíduos sólidos. +

- **Indicadores**

11.6.1 – Proporção de resíduos sólidos urbanos regularmente coletados e com destino final adequado no total de resíduos sólidos urbanos gerados, por cidades.

11.6.2 – Nível médio anual de partículas inaláveis (ex: com diâmetro inferior a 2,5μm e 10μm) nas cidades (população ponderada).

548 | DIREITO AMBIENTAL – *Paulo de Bessa Antunes*

Meta 11.7

• **Nações Unidas**

Até 2030, proporcionar o acesso universal a espaços públicos seguros, inclusivos, acessíveis e verdes, particularmente para as mulheres e crianças, pessoas idosas e pessoas com deficiência.

• **Brasil**

Até 2030, proporcionar o acesso universal a espaços públicos seguros, inclusivos, acessíveis e verdes, em particular para as mulheres, crianças e adolescentes, pessoas idosas e pessoas com deficiência, e demais grupos em situação de vulnerabilidade. +

• **Indicadores**

11.7.1 – Proporção da área construída cidades que é espaço público aberto para uso de todos, por sexo, idade e pessoas com deficiência.

11.7.2 – Proporção da população vítima de assédio físico ou sexual, por sexo, grupo etário, pessoas com deficiência e local da ocorrência, nos últimos 12 meses.

Meta 11.a

• **Nações Unidas**

Apoiar relações econômicas, sociais e ambientais positivas entre áreas urbanas, periurbanas e rurais, reforçando o planejamento nacional e regional de desenvolvimento.

• **Brasil**

Apoiar a integração econômica, social e ambiental em áreas metropolitanas e entre áreas urbanas, periurbanas, rurais e cidades gêmeas, considerando territórios de povos e comunidades tradicionais, por meio da cooperação interfederativa, reforçando o planejamento nacional, regional e local de desenvolvimento. +

• **Indicadores**

11.a.1 – Proporção de população que reside em cidades que implementam planos de desenvolvimento urbano e regional que incluem projeções de população e avaliação de recursos, por tamanho da cidade.

Meta 11.b

• **Nações Unidas**

Até 2020, aumentar substancialmente o número de cidades e assentamentos humanos adotando e implementando políticas e planos integrados para a inclusão, a eficiência dos recursos, mitigação e adaptação às mudanças climáticas, a resiliência a desastres; e desenvolver e implementar, de acordo com o Marco de Sendai para a Redução do Risco de Desastres 2015-2030, o gerenciamento holístico do risco de desastres em todos os níveis.

• **Brasil**

Até 2030, aumentar significativamente o número de cidades que possuem políticas e planos desenvolvidos e implementados para mitigação, adaptação e resiliência a mudanças climáticas e gestão integrada de riscos de desastres de acordo com o Marco de SENDAI. +

• **Indicadores**

11.b.1 – Número de países que adotam e implementam estratégias nacionais de redução de risco de desastres em linha com o Marco de Sendai para a Redução de Risco de Desastres 2015-2030.

11.b.2 – Proporção de governos locais que adotam e implementam estratégias locais de redução de risco de desastres em linha com as estratégias nacionais de redução de risco de desastres.

Meta 11.c

• **Nações Unidas**

Apoiar os países menos desenvolvidos, inclusive por meio de assistência técnica e financeira, para construções sustentáveis e resilientes, utilizando materiais locais.

• **Brasil**

Apoiar os países menos desenvolvidos, inclusive por meio de assistência técnica e financeira, para construções sustentáveis e robustas, priorizando recursos locais. +

• **Indicadores**

11.c.1 – Proporção do apoio financeiro aos países menos desenvolvidos destinado à construção e modernização de edifícios sustentáveis, resistentes e eficientes em termos de recursos, utilizando materiais locais.

1. NORMAS CONSTITUCIONAIS

A Constituição Federal possui dois artigos especialmente voltados para o estabelecimento de uma disciplina para a ocupação do solo urbano e para as políticas públicas cujo objetivo é assegurar uma ocupação racional e socialmente justa dos territórios de nossas cidades. Tais artigos são: (1) artigo 182 e (2) artigo 183. Conforme já decidido pelo Supremo Tribunal Federal, o protagonismo em questões urbanísticas é dos municípios[1].

Ao nível constitucional foi estabelecido que a Política de Desenvolvimento Urbano é executada, fundamentalmente, pelo Poder Público Municipal, de acordo com as diretrizes gerais que tenham sido fixadas em lei. Tal política tem por objetivo ordenar o pleno desenvolvimento das funções sociais da cidade e garantir o bem-estar de seus habitantes. O "instrumento básico" da política de desenvolvimento urbano é o plano diretor, que possui caráter obrigatório para cidades com mais de 20.000 habitantes. Ele é fundamental, pois é quem definirá quando a propriedade privada estiver, ou não, cumprindo com as suas funções sociais, mediante o atendimento das "exigências fundamentais" de ordenação da cidade expressas no Plano Diretor. O Plano Diretor, no entanto, não é a única norma municipal em matéria de urbanismo, podendo os municípios estabelecerem normas específicas para situações particulares, desde que compatíveis com o Plano Diretor[2].

2. INSTRUMENTOS DA POLÍTICA URBANA

O artigo 4º do Estatuto da Cidade estabelece um conjunto de instrumentos a serem utilizados pelo Poder Público para a implementação e efetivação da política urbana. Tais instrumentos, entretanto, não são "número fechado", podendo ser acrescentados outros àqueles exemplificados. Os instrumentos dividem-se em: (1) ações de planejamento, seja no nível nacional, estadual, municipal, metropolitano, de microrregiões ou aglomerações urbanas; (2) planejamento municipal – que mereceu destaque especial – com as seguintes ações: plano diretor; disciplina do parcelamento, do uso e da ocupação do solo; zoneamento ambiental; plano plurianual; diretrizes orçamentárias e orçamento anual; gestão orçamentária participativa; planos, programas e projetos setoriais; planos de desenvolvimento econômico e social; (3) institutos tributários e financeiros: imposto sobre a propriedade predial e territorial urbana – IPTU; contribuição de melhoria; incentivos e benefícios fiscais e financeiros; (4) institutos jurídicos e políticos: desapropriação; servidão administrativa; limitações administrativas; tombamento de imóveis ou de mobiliário urbano; instituição de unidades de conservação; instituição de zonas especiais de interesse social; concessão de direito real de uso; concessão de uso especial para fins de moradia; parcelamento, edificação ou utilização compulsórios; usucapião especial de imóvel urbano; direito de superfície; direito de preempção; outorga onerosa do direito de construir e de alteração de uso; transferência do direito de construir; operações urbanas consorciadas; regularização fundiária; assistência técnica e jurídica gratuita para as comunidades e grupos sociais menos favorecidos; referendo popular e plebiscito; demarcação urbanística para fins de regularização fundiária; legitimação de posse; (5) estudo prévio de impacto ambiental (EIA) e estudo prévio de impacto de vizinhança (EIV).

O Estatuto da Cidade teve o cuidado de procurar evitar a superposição de institutos jurídicos, institucionais ou técnicos, pois explicitamente determinou que "os instrumentos mencionados neste artigo regem-se pela legislação que lhes é própria".

---

[1]   ADI 5.696, Rel. Min. Alexandre de Moraes, j. 25.10.2019, P, *DJe* 11.11.2019.

[2]   STF, RE 607.940, Rel. Min. Teori Zavascki, j. 29.10.2015, P, *DJe* 26.02.2016, Tema 348.

2.1   Instrumentos com imediata repercussão ambiental

O artigo 25 define os contornos do direito de preempção do Poder Público Municipal. Por tal direito é conferida "ao Poder Público municipal preferência para aquisição de imóvel urbano objeto de alienação onerosa entre particulares". O *direito de preempção*, para ser legalmente exercido pelo Poder Público municipal, demanda a existência de determinadas condições legais bem caracterizadas e absolutamente necessárias para o seu exercício. Em primeiro lugar, é necessário que haja uma lei municipal (em sentido formal), diretamente emanada do Plano Diretor, à qual cabe delimitar as áreas em que incidirá o direito de preempção e fixará prazo de vigência, não superior a cinco anos, renovável a partir de um ano após o decurso do prazo inicial de vigência. Assim, nós poderíamos definir o direito de preempção como o direito de preferência que é outorgado ao Poder Público municipal, por lei própria, com delimitação espacial e temporal e com definição do objetivo do exercício da preferência. A declaração do direito de preempção não obsta que se realizem transações entre particulares no imóvel declarado sujeito à sua incidência. Dentro do prazo legal, o Poder Público poderá exercê-lo.

O direito de preempção somente será exercido quando o Poder Público necessitar de áreas para: (1) regularização fundiária; (2) execução de programas e projetos habitacionais de interesse social; (3) constituição de reserva fundiária; (4) ordenamento e direcionamento da expansão urbana; (5) implantação de equipamentos urbanos e comunitários; (6) criação de espaços públicos de lazer e áreas verdes; (7) criação de unidades de conservação ou proteção de outras áreas de interesse ambiental; (8) proteção de áreas de interesse histórico, cultural ou paisagístico.

O proprietário deve notificar sua intenção de alienar o imóvel para que o Município, no prazo máximo de 30 dias do recebimento da notificação, manifeste por escrito seu interesse em comprá-lo. À notificação deve ser anexada proposta de compra assinada por terceiro interessado na aquisição do imóvel, na qual deverão constar preço, condições de pagamento e prazo de validade. Compete ao Município fazer publicar, em órgão oficial e em pelo menos um jornal local ou regional de grande circulação, edital de aviso da notificação recebida e da intenção de aquisição do imóvel nas condições da proposta apresentada. Uma vez decorrido o prazo, sem manifestação, fica o proprietário autorizado a realizar a alienação para terceiros, nas condições da proposta apresentada. Tão logo seja concretizada a venda a terceiro, o proprietário fica obrigado a apresentar ao Município, no prazo de 30 dias, cópia do instrumento público de alienação do imóvel. Caso a alienação seja processada em condições diversas da proposta apresentada, é nula de pleno direito. O Município poderá, nos casos de venda fora da proposta apresentada, adquirir o imóvel pelo valor da base de cálculo do IPTU ou pelo valor indicado na proposta apresentada, se este for inferior àquele.

É desnecessário dizer que o exercício do direito de preempção deve ser feito mediante o pagamento em dinheiro e que, igualmente, as verbas a ele destinadas estejam previstas em rubrica orçamentária própria.

Uma das questões mais tormentosas que têm estado bastante presentes na vida de todas as áreas urbanas é a resultante do conflito entre o estabelecimento de determinados padrões urbanísticos e a limitação ao direito de construir. Não raras vezes, projetos já autorizados e licenciados têm sofrido enormes dificuldades para chegarem a bom termo, tendo em vista o estabelecimento de padrões diferentes daqueles vigentes à época da concessão das licenças ou autorizações. A *transferência do direito de construir*, em princípio, parece ser uma boa alternativa para a questão, pois por seu intermédio é possível compatibilizar o desenvolvimento harmônico da cidade com a preservação de direitos individuais, em especial com o direito de propriedade.

Na forma do artigo 35, a lei municipal, baseada no Plano Diretor, poderá autorizar o proprietário de imóvel urbano, privado ou público, a exercer em outro local, ou alienar, mediante escritura pública, o direito de construir previsto no Plano Diretor ou em legislação urbanística dele decorrente, quando o referido imóvel for considerado necessário para as seguintes finalidades: (1) implantação de equipamentos urbanos e comunitários; (2) preservação, quando o imóvel for considerado de interesse histórico, ambiental, paisagístico, social ou cultural; (3) servir a programas de regularização fundiária, urbanização de áreas ocupadas por população de baixa renda e habitação de interesse social.[3]

Há necessidade de lei municipal para que o instituto possa ser aplicado.[4]

A *concessão de uso especial* tem expressa previsão constitucional. Nos termos do artigo 1º da MProv 2.220/2001, "[a]quele que, até 22 de dezembro de 2016, possuiu como seu, por cinco anos, ininterruptamente e sem oposição, até duzentos e cinquenta metros quadrados de imóvel público situado em área com características e finalidade urbanas, e que o utilize para sua moradia ou de sua família, tem o direito à concessão de uso especial para fins de moradia em relação ao bem objeto da posse, desde que não seja proprietário ou concessionário, a qualquer título, de outro imóvel urbano ou rural", nova redação dada pela Lei 13.465/2017. A MProv admite, ademais, a concessão de uso especial coletiva para as populações de baixa renda, nos locais nos quais não se pode identificar o possuidor individual.

O artigo 5º da MProv estabelece que é facultado ao Poder Público assegurar o exercício do direito de concessão de uso tratado pelos artigos 1º e 2º em outro local, quando a ocupação do imóvel ocorrer, dentre outras, em área de interesse para a preservação ambiental e para a proteção de ecossistemas naturais. A medida é muito importante, pois não raras vezes se estabelece uma contraposição entre os chamados "interesses sociais" e os de preservação ambiental, com a ocupação de encostas de morros, faixas marginais de proteção e outras áreas ambientalmente sensíveis e incapazes de assegurar moradias adequadas para as pessoas. O Poder Público, agora, tem os instrumentos legais adequados para providenciar a desocupação de áreas extremamente perigosas e ambientalmente sensíveis e, ao mesmo tempo, conceder direito de uso de bens públicos para aqueles que necessitam ter uma habitação adequada. Cuida-se de forma legal para atender direito fundamental (moradia) se o imóvel público for ocupado em consonância com os requisitos legais, sem que a Administração se manifeste sobre a ocupação, consolida-se o direito à concessão de uso.[5]

A lei estabeleceu, em seu artigo 36, uma importantíssima inovação denominada *Estudo de Impacto de Vizinhança* – EIV. O EIV deverá estar previsto em lei municipal que definirá as atividades para cuja implantação o mencionado estudo se fará necessário, com vistas à obtenção das licenças ou autorizações de construção, ampliação ou funcionamento a cargo do Poder Público municipal.

O EIV, assim como o EIA, é um aperfeiçoamento das análises de custo/benefício de um determinado empreendimento. De acordo com o determinado no artigo 37, *o EIV será executado de forma a contemplar os efeitos positivos e negativos do empreendimento ou atividade quanto à qualidade de vida da população residente na área e suas proximidades*. O conteúdo mínimo do EIV deverá contemplar as seguintes questões: (i) adensamento populacional; (ii) equipamentos urbanos e comunitários; (iii) uso e ocupação do solo; (iv) valorização imobi-

---

[3] Regulamentado pelo Decreto 9.310/2018.

[4] TJ-RS, AC 70082027905/RS, Rel. Ricardo Torres Hermann, j. 25.09.2019, 2ª Câmara Cível, Data de Publicação: 03.10.2019.

[5] TJ-SP, AC 10486787420178260053/SP 1048678-74.2017.8.26.0053, Rel. Coimbra Schmidt, j. 04.10.2019, 7ª Câmara de Direito Público, Data de Publicação: 04.10.2019.

liária; (v) geração de tráfego e demanda por transporte público; (vi) ventilação e iluminação; e (vii) paisagem urbana e patrimônio natural e cultural.

O EIV deve ser disponível para a consulta por parte dos interessados.

O artigo 38 determina que a *elaboração do EIV não substitui a elaboração e a aprovação de Estudo Prévio de Impacto Ambiental (EIA), requeridas nos termos da legislação ambiental.* O EIV, conforme se pode facilmente verificar, é uma evolução do Estudo de Impacto Ambiental – sendo ambos espécies de AIAs – previstas na Constituição para todas as atividades efetiva ou potencialmente poluidoras. Infelizmente, o legislador deixou passar uma ótima oportunidade para disciplinar adequadamente a avaliação de impactos em atividades urbanas, especialmente as atividades não industriais. Todos aqueles que militam na área da proteção ao meio ambiente sabem que os estudos de impacto ambiental têm uma vocação eminentemente industrial, ou, no mínimo, de projetos que signifiquem intervenção em ambiente não urbanizado. No entanto, à míngua de outras normas, o EIA passou a ser exigido pelos órgãos ambientais para a implantação de *shopping centers,* condomínios e outros empreendimentos semelhantes. Tais Estudos de Impacto, de acordo com os seus termos de referência, normalmente, têm por objetivo investigar os assuntos relacionados como conteúdo mínimo do EIV. Penso que o EIV é um instrumento mais do que suficiente para que se avaliem os impactos gerados por uma nova atividade a ser implantada em área urbana – não se tratando de atividade industrial. O EIV nada mais é do que um EIA para área urbanas e, *data venia,* creio ser completamente destituída de lógica ou razão a obrigatoriedade de ambos os estudos.

O EIV não concluir por exigência urbanísticas que não estejam previstas nas leis municipais próprias de zoneamento e/ou gabaritos para a área na qual se pretenda edificar.[6]

2.2 Plano Diretor e gestão democrática da cidade

O instrumento jurídico mais importante para a vida das cidades é o Plano Diretor, pois é dele que se originam todas as diretrizes e normativas para a adequada ocupação do solo urbano. É segundo o atendimento das normas expressas no Plano Diretor que se pode avaliar se a propriedade urbana está, ou não, cumprindo com a sua função social tal qual determinado pela CF. Assim é que determina o artigo 39 do Estatuto da Cidade: "A propriedade urbana cumpre sua função social quando atende às exigências fundamentais de ordenação da cidade expressas no plano diretor, assegurando o atendimento das necessidades dos cidadãos quanto à qualidade de vida, à justiça social e ao desenvolvimento das atividades econômicas", observadas as diretrizes previstas no artigo 2º do próprio Estatuto da Cidade. O Plano Diretor é lei formal, não podendo ser substituído por decreto ou outro ato administrativo de qualquer natureza. Como instrumento básico da política de desenvolvimento e expansão urbana, ele é parte integrante e indissociável do processo de planejamento municipal. Tanto o plano plurianual como as diretrizes orçamentárias e o orçamento anual devem incorporar as diretrizes e as prioridades nele contidas. Isso, entretanto, ainda não vem se realizando na prática. Não é pouco comum que normas de diversas hierarquias contrariem, frontalmente, as diretrizes do Plano Diretor municipal.

O Plano Diretor não pode se limitar às áreas de expansão urbana do município, pois deve abranger todo o território municipal, inclusive as áreas rurais, quando houver. Com vistas a manter-se atualizado, o Plano Diretor deve ser submetido a um processo de ampla revisão a cada dez anos.

---

6   TJ-RS, AC 70052098753/RS, Rel. Genaro José Baroni Borges, j. 15.05.2013, 21ª Câmara Cível, *DJ* 16.07.2013.

Capítulo 19 · A PROTEÇÃO DO MEIO AMBIENTE URBANO | **553**

O estatuto da cidade definiu preceitos de participação cidadã, mínimos, a serem observados quando da elaboração dos Planos Diretores dos diferentes Municípios, a saber: (1) promoção de audiências públicas e debates com a participação da população e de associações representativas dos vários segmentos da comunidade; (2) publicidade quanto aos documentos e informações produzidos; (3) acesso de qualquer interessado aos documentos e informações produzidos.

As audiências são reuniões abertas e acessíveis à sociedade nas quais há espaço para o diálogo entre a comunidade e a Administração Pública, objetivando a busca de soluções para demandas sociais, não podendo ser suprimidas do processo de elaboração o Plano Diretor.[7]

O Plano Diretor é obrigatório para cidades: (1) com mais de 20 mil habitantes; (2) integrantes de regiões metropolitanas e aglomerações urbanas; (3) onde o Poder Público municipal pretenda utilizar os instrumentos previstos no § 4º do artigo 182 da CF; (4) integrantes de áreas de especial interesse turístico; (5) inseridas na área de influência de empreendimentos ou atividades com significativo impacto ambiental de âmbito regional ou nacional; (6) incluídas no cadastro nacional de Municípios com áreas suscetíveis à ocorrência de deslizamentos de grande impacto, inundações bruscas ou processos geológicos ou hidrológicos correlatos.

O conteúdo mínimo do Plano Diretor deve contemplar o seguinte: (1) a delimitação das áreas urbanas onde poderá ser aplicado o parcelamento, edificação ou utilização compulsórios, considerando a existência de infraestrutura e de demanda para utilização, na forma do artigo 5º do Estatuto da Cidade; (2) disposições requeridas pelos artigos. 25, 28, 29, 32 e 35 do estatuto; (3) sistema de acompanhamento e controle.

O Estatuto estabeleceu uma relação de instrumentos com vistas a assegurar a gestão democrática da cidade. Tais instrumentos são, a saber: (1) órgãos colegiados de política urbana, nos níveis nacional, estadual e municipal; (2) debates, audiências e consultas públicas; (3) conferências sobre assuntos de interesse urbano, nos níveis nacional, estadual e municipal; (4) iniciativa popular de projeto de lei e de planos, programas e projetos de desenvolvimento urbano.

O legislador assegurou uma enorme variedade de instrumentos aptos a assegurar a participação cidadã em todos os aspectos da vida urbana. Não se deve esquecer, contudo, que, em face da autonomia constitucional dos Estados e dos Municípios em relação à União, estes deverão estabelecer, em leis próprias, os mecanismos de participação que deverão guardar simetria com os estabelecidos em âmbito federal.

Diante da importância crucial que os orçamentos públicos desempenham na vida de qualquer coletividade, o artigo 44 determinou que: "No âmbito municipal, a gestão orçamentária participativa de que trata a alínea *f* do inciso III do artigo *4º desta Lei incluirá a realização de debates, audiências e consultas públicas sobre as propostas do plano plurianual, da lei de diretrizes orçamentárias e do orçamento anual, como condição obrigatória para sua aprovação pela Câmara Municipal"*. O artigo merece reflexão, pois determina uma condição prévia para a aprovação do plano plurianual que não encontra amparo na CF, seja na forma procedimental, seja na imposição de limitações ao exercício da soberania popular por meio de seus representantes. Acredito que a matéria será submetida à apreciação do STF para decidir quanto à sua constitucionalidade.

O artigo 45, igualmente, apresenta questões de constitucionalidade que não são simples. Assim é que determina o mencionado artigo: "Os organismos gestores das regiões metropolita-

---

[7]   TJ-MG, Remessa Necessária-Cv 10000210357323001/MG, Rel. Dárcio Lopardi Mendes, j. 29.04.2021, 4ª Câmara Cível, Data de Publicação: 30.04.2021.

DIREITO AMBIENTAL – *Paulo de Bessa Antunes*

nas e aglomerações urbanas incluirão obrigatória e significativa participação da população e de associações representativas dos vários segmentos da comunidade, de modo a garantir o controle direto de suas atividades e o pleno exercício da cidadania."O controle dos órgãos administrativos, na forma da CF, pode ser exercido por duas vias: (i) interna e (ii) externa. O controle interno se faz pelos órgãos de controle do próprio Poder em questão; já o controle externo se faz pelo Poder Legislativo, com o auxílio do Tribunal de Contas. É indiscutível que o Ministério Público, igualmente, exerce um importante papel no controle da legalidade dos Poderes. A participação popular no controle dos diferentes atos administrativos se faz por meio da representação aos Poderes Públicos, ou pela ação popular. Como compatibilizar os preceitos constitucionais com a norma contida no artigo 45 é uma questão que, em minha opinião, está aberta.

2.3   Loteamento de acesso controlado

No passado, criou-se uma tendência, em muitas cidades, de construção dos "loteamentos fechados", que não se confundiam com condomínios, haja vista que as "áreas" comuns eram públicas e doadas à municipalidade, nem com os loteamentos clássicos, pois mantinham um determinado grau de controle de circulação e acesso no seu interior. Durante muito tempo a matéria não estava regulada em lei, muito embora as Cortes de Justiça admitissem a modalidade. Uma figura interessante era a existência de uma associação de moradores que seria a responsável pela administração das áreas comuns, os tribunais, ao admitirem o "loteamento fechado", no entanto, isentavam os proprietários de imóveis da filiação compulsória à associação.[8]

A Lei 6.766/1979, com a nova redação dada pela Lei 13.465/2017, em seu artigo 2º, § 8º, passou a admitir o loteamento de acesso controlado, como o loteamento cujo controle de acesso será regulamentado por ato do Poder Público Municipal, sendo vedado o impedimento de acesso a pedestres ou a condutores de veículos, não residentes, devidamente identificados ou cadastrados.[9]

2.4   Mobilidade urbana

Uma das questões mais relevantes do meio ambiente urbano é a relacionada à mobilidade urbana. A qualidade da mobilidade urbana é responsável pela melhoria da qualidade de vida das pessoas, pela maior ou menor emissão de poluentes na atmosfera e, igualmente, pelo maior ou menor custo de vida.

As diretrizes para a Política Nacional de Mobilidade Urbana [PNMU] estão previstas na Lei 12.587/2012. A PNMU tem por objetivo contribuir para o acesso universal à cidade, o fomento e a concretização das condições que contribuam para a efetivação dos princípios, objetivos e diretrizes da política de desenvolvimento urbano, por meio do planejamento e da gestão democrática do Sistema Nacional de Mobilidade Urbana. Do ponto de vista normativo, a mobilidade urbana pode ser definida como a condição em que se realizam os deslocamentos de pessoas e cargas no espaço urbano. É importante consignar que o desenvolvimento

---

[8]   STJ, REsp 623.274/RJ, Rel. Min. Carlos Alberto Direito, 3ª Turma, *DJ* 18.06.2007, p. 254.

[9]   "É inconstitucional a cobrança por parte de associação de taxa de manutenção e conservação de loteamento imobiliário urbano de proprietário não associado até o advento da Lei 13.465/2017 ou de anterior lei municipal que discipline a questão, a partir do qual se torna possível a cotização de proprietários de imóveis, titulares de direitos ou moradores em loteamentos de acesso controlado, desde que, (i) já possuidores de lotes, tenham aderido ao ato constitutivo das entidades equiparadas a administradoras de imóveis ou, (ii) no caso de novos adquirentes de lotes, o ato constitutivo da obrigação tenha sido registrado no competente registro de imóveis" (STF, RE 695.911/SP, Rel. Dias Toffoli, j. 15.12.2020, Tribunal Pleno, Data de Publicação: 19.04.2021).

sustentável das cidades, nas dimensões socioeconômicas e ambientais é um dos princípios da PNMU (artigo 5º, II, da Lei 12.587/2012). Considerando a dimensão ambiental é relevante anotar que o artigo 7º, IV, da Lei 12.587/2012 indica o desenvolvimento sustentável com a mitigação dos custos ambientais e socioeconômicos dos deslocamentos de pessoas e cargas nas cidades como um de seus objetivos.

O Brasil é hoje um país com elevado nível de urbanização e, consequentemente, com aglomerados populacionais bastante significativos e que demandam infraestrutura para que os serviços básicos possam ser oferecidos às populações residentes nas cidades. Juntamente com o saneamento (ou a falta dele), os transportes são, dos serviços Básicos, aqueles que podem impactar mais fortemente o meio ambiente, dependendo da opção de política pública adotada em todos os níveis da administração pública. O Brasil, na década de 50 do século XX fez a opção de construir a sua industrialização com base no automóvel e no transporte individual, agora, muitos anos depois, tal industrialização está cobrando o preço ambiental.

A Lei Federal 12.587/2012 muito embora não seja voltada precipuamente para a proteção do meio ambiente, estabeleceu algumas disposições relevantes para a matéria. A Política Nacional de Mobilidade Urbana busca contribuir para o acesso universal à cidade, o fomento e a concretização das condições que contribuam para a efetivação dos princípios, objetivos e diretrizes da política de desenvolvimento urbano, por meio do planejamento e da gestão democrática do *Sistema Nacional de Mobilidade Urbana,* que é o conjunto organizado e coordenado dos modos de transporte, de serviços e de infraestruturas que garante os deslocamentos de pessoas e cargas no território do Município.

Os modos de transporte urbano foram classificados pela lei em (1) *motorizados e* (2) *não motorizados.* Tais modos de transporte *quanto ao objeto* podem ser: (1) de passageiros; (2) de cargas. No que diz respeito às suas características, eles podem ser: (1) coletivo e (2) individual; no que se refere à sua *natureza* podem ser: (1) público e (2) privado. *A infraestrutura de mobilidade urbana* foi caracterizada como: (1) vias e demais logradouros públicos, inclusive metroferrovias, hidrovias e ciclovias; (2) estacionamentos; (3) terminais, estações e demais conexões; (4) pontos para embarque e desembarque de passageiros e cargas; (5) sinalização viária e de trânsito; (6) equipamentos e instalações; e (7) instrumentos de controle, fiscalização, arrecadação de taxas e tarifas e difusão de informações. Veja-se que, em princípio, tais atividades podem ser enquadradas na alínea *b,* do inciso IV do § 2º do artigo 1º do Código Florestal revogado, admitindo-se, quando for o caso, a supressão de vegetação de preservação permanente.

É importante observar que um dos objetivos da Política Nacional de Mobilidade Urbana, conforme o inciso II do artigo 5º é o "desenvolvimento sustentável das cidades, nas dimensões socioeconômicas e ambientais." O legislador determinou que a Política Nacional de Mobilidade Urbana seja orientada pelas seguintes diretrizes: (i) integração com a política de desenvolvimento urbano e respectivas políticas setoriais de habitação, saneamento básico, planejamento e gestão do uso do solo no âmbito dos entes federativos; (2) *prioridade dos modos de transportes não motorizados sobre os motorizados e dos serviços de transporte público coletivo sobre o transporte individual motorizado;* (3) integração entre os modos e serviços de transporte urbano; (4) *mitigação dos custos ambientais, sociais e econômicos dos deslocamentos de pessoas e cargas na cidade;* (5) incentivo ao desenvolvimento científico-tecnológico e ao *uso de energias renováveis e menos poluentes;* (6) priorização de projetos de transporte público coletivo estruturadores do território e indutores do desenvolvimento urbano integrado; (7) integração entre as cidades gêmeas localizadas na faixa de fronteira com outros países sobre a linha divisória internacional; (8) garantia de sustentabilidade econômica das redes de transporte público coletivo de passageiros, de modo a preservar a continuidade, a universalidade

556 DIREITO AMBIENTAL – *Paulo de Bessa Antunes*

e a modicidade tarifária do serviço. Penso que, no caso concreto, a implantação de políticas de mobilidade urbana deverá considerar prioritariamente os elementos acima arrolados, sob pena de questionamentos. Lembre-se que um dos objetivos da política ora examinada é o de *promover o desenvolvimento sustentável com a mitigação dos custos ambientais e socioeconômicos dos deslocamentos de pessoas e cargas nas cidades".*

Um importante instrumento com claras repercussões ambientais é o estabelecido pelos incisos I, II e VII do artigo 23 que estabelece como instrumentos de gestão, postos à disposição dos entes federativos, respeitadas as competências constitucionais de cada um deles, que são os seguintes: (1) restrição e controle de acesso e circulação, permanente ou temporário, de veículos motorizados em locais e horários predeterminados; (2) estipulação de padrões de emissão de poluentes para locais e horários determinados, podendo condicionar o acesso e a circulação aos espaços urbanos sob controle; (3) monitoramento e controle das emissões dos gases de efeito local e de efeito estufa dos modos de transporte motorizado facultando a restrição de acesso a determinadas vias em razão da criticidade dos índices de emissões de poluição.

O Plano de Mobilidade Urbana, como definido em lei, é o instrumento de efetivação da Política Nacional de Mobilidade Urbana e deverá contemplar os princípios, os objetivos e as diretrizes nela dispostos a saber: (1) os serviços de transporte público coletivo; (2) a circulação viária; (3) as infraestruturas do sistema de mobilidade urbana, incluindo as ciclovias e ciclofaixas; (4) a acessibilidade para pessoas com deficiência e restrição de mobilidade; (5) a integração dos modos de transporte público e destes com os privados e os não motorizados; (6) a operação e o disciplinamento do transporte de carga na infraestrutura viária; (7) os polos geradores de viagens; (8) as áreas de estacionamentos públicos e privados, gratuitos ou onerosos; (9) as áreas e horários de acesso e circulação restrita ou controlada; (10) os mecanismos e instrumentos de financiamento do transporte público coletivo e da infraestrutura de mobilidade urbana; e (11) sistemática de avaliação, revisão e atualização periódica do Plano de Mobilidade Urbana em prazo não superior a 10 (dez) anos.

Nos municípios com população acima de 20.000 (vinte mil) habitantes e em todos os demais obrigados, na forma da lei, à elaboração do plano diretor, deverá ser elaborado o Plano de Mobilidade Urbana, integrado e compatível com os respectivos planos diretores ou neles inserido. Observe-se que, nos Municípios sem sistema de transporte público coletivo ou individual, o Plano de Mobilidade Urbana deverá ter o foco no transporte não motorizado e no planejamento da infraestrutura urbana destinada aos deslocamentos a pé e por bicicleta, de acordo com a legislação vigente.

A integração do Plano de Mobilidade Urbana ao plano diretor municipal estará em elaboração até 14 de abril de 2015. Após tal data surge o impedimento de receber recursos orçamentários federais destinados à mobilidade urbana até o atendimento da exigência legal. Apesar do tempo transcorrido, a questão tem sido relegada a segundo plano.

Observe-se que, no que concerne ao licenciamento ambiental e urbanístico, os impactos dos novos empreendimentos ou atividades na mobilidade urbana deverão ser contemplados nos EIVs e nos Estudos Ambientais exigíveis.

3. ZONEAMENTO

Os principais conflitos ambientais dizem respeito aos usos concomitantes do espaço geográfico, sejam o solo, o espaço aéreo ou as águas. Eles ocorrem, pois de fato, geralmente, existem concepções diferentes quanto à utilização de uma parcela do espaço geográfico e, na falta de regras claras que destinem determinada região para um ou vários usos específicos, o conflito se estabelece. Todavia, eles *não se limitam aos usos contemporâneos,* visto que, em diversas oportunidades, *os usos passados* têm repercussão sobre os usos presentes e mesmo futuros. O zoneamento, nesse contexto, é medida de ordem pública cujo objetivo é arbitrar e definir os usos possíveis, mediante a adoção de regras.

Assim como o licenciamento ambiental, o zoneamento é um importante instrumento institucional para a prevenção de danos ambientais e de controle das atividades potencialmente poluidoras, sendo um instrumento da PNMA.

O zoneamento tem origem em sociedades industrializadas e urbanizadas. Foi nos direitos norte-americano e inglês que a questão se colocou primeiramente. No Direito norte-americano, o termo *zoning* é definido como (BLACK, 1991, p. 1.114): "a determinação e aplicação em cada um dos distritos, tendo a ver com os desenhos arquitetônicos e estruturais de prédios, determinando usos e as construções que pode haver no interior de cada distrito determinado. A divisão do solo em zonas e dentro das zonas, as regulações tanto de natureza do uso da terra e as dimensões físicas dos usos, incluindo os gabaritos e as áreas mínimas".

Para o Professor Diogo Figueiredo Moreira Neto (1977, p. 87): "Zoneamento não é mais que uma divisão física do solo em microrregiões ou zonas em que se promovem usos uniformes; há, para tanto, indicação de certos usos, exclusão de outros e tolerância de alguns. A exclusão pode ser absoluta ou relativa".

Na mesma linha, o Professor José Afonso da Silva (1981, p. 291) afirma que: "Zoneamento – constitui um procedimento urbanístico, que tem por objetivo regular o uso da propriedade do solo e dos edifícios em áreas homogêneas no interesse coletivo do bem-estar da população".

O ex-Ministro do STF, Professor Eros Roberto Grau (1983, p. 98), sustenta que: "Zoneamento é a divisão de um território – municipal – a partir de determinados critérios".

Existe zoneamento quando são estabelecidos critérios legais e regulamentares para definição de usos permitidos. Tais usos, uma vez estabelecidos, tornam-se *obrigatórios,* tanto para o particular, quanto para a Administração Pública, constituindo-se em limitação administrativa incidente sobre o direito de propriedade. Os critérios a serem utilizados para o zoneamento são fixados unilateralmente pela Administração Pública, através de ato próprio, ou mediante obrigatória consulta à população interessada. O estabelecimento de zonas especiais destinadas a fins específicos integra o poder discricionário da Administração Pública, conforme desde há muito vem sendo reconhecido pelo STF ("Não sai de sua órbita constitucional a lei municipal que propõe o zoneamento urbano, com faculdade ao prefeito de incluir, conforme a conveniência da cidade, este ou aquele logradouro público". RE – Embargos – Embargos no Recurso Extraordinário. 51.972. ADJ: 14.11.1963, p. 1165. Relator Ministro Cândido Motta).

Quando o zoneamento se impuser sobre propriedade privada, não poderá vedar os usos preexistentes, sob pena de violação de direitos adquiridos ("Estabelecimento industrial para exploração de pedreira regularmente licenciado pela municipalidade – Lei posterior do município, alterando o zoneamento da cidade. Não pode o poder público, *manu militari,* interromper o funcionamento do estabelecimento industrial, regularmente *licenciado de acordo com os usos conformes, sob pena de se ferir direito adquirido. Recurso Extraordinário conhecido e provido".* STF – RE: 92.845/SP – São Paulo – *DJU:* 19.09.1980, p. 7206. Relator: Ministro Cunha Peixoto).

Merece ser observado que, uma vez que ele tenha sido estabelecido, toda e qualquer atividade a ser exercida na região submetida a uma norma de zoneamento passa a ser *vinculada,* isto é, não poderão ser admitidas pela Administração Pública atividades que contrariem as normas estabelecidas para o zoneamento. Os particulares têm, portanto, o direito de exigir que se faça cumprir o zoneamento. Por exemplo, se residimos em uma região classificada como exclusivamente residencial, temos o direito de exigir judicialmente que a prefeitura não conceda alvará para a localização de uma boate, ou outra atividade que possa implicar incômodo para a vizinhança. Somente por mecanismo legal de hierarquia superior ou igual àquele que tenha estabelecido o zoneamento é que se poderá alterá-lo.

O zoneamento é contemporâneo do urbanismo e, de fato, foi com o planejamento das modernas cidades industriais que ele surgiu. A propósito, vale recordar a lição de Gaston Bardet (1990, p. 18), que afirma: *"Foi na Inglaterra, berço da grande indústria, onde a miséria dos guetos dos trabalhadores amedrontou os mais realistas, que se multiplicaram normalmente as reações contra a cidade monstruosa".* Desde 1816, o industrial Robert Owen observava *"a atenção que se consagra à máquina morta, à falta de consideração pela máquina viva".* As oposições que encontrou fizeram-no compreender que a grande cidade e a sua economia são um mal, não somente para a classe trabalhadora, como para a sociedade inteira, e que *"a moradia sã e barata não é um produto normal da sociedade capitalista"* (Catherine Bauer). Na verdade, hoje nós sabemos perfeitamente que atrás da fábrica vêm os operários, atrás das cidades vem o crescimento das populações etc. A economia industrial e de escala é essencialmente urbana. As estatísticas mais modernas indicam um número cada vez maior de pessoas vivendo em cidades, muitas vezes em condições extremamente precárias, muito embora os números estejam em diminuição, com uma melhoria relativa da qualidade de vida das populações.

O Brasil conseguiu reduzir o número de pessoas que vivem em favelas em 16% desde 2000, de acordo com o relatório State of the World's cities 2010/2011, divulgado ontem pela Divisão de Habitação da Organização das Nações Unidas (ONU). De acordo com o documento, cerca de 10,4 milhões de pessoas tiveram suas condições de vida melhoradas nos últimos dez anos. Apesar da evolução, o desempenho é inferior à média de progresso da América Latina, que teve uma redução de 19,5% no número de habitantes de favelas, segundo a Agência Brasil.

O relatório indica que a parcela de brasileiros que mora em áreas urbanas carentes passou de 31,5% para 26,4%, devido principalmente às políticas sociais e econômicas, à diminuição na taxa de natalidade e à redução na migração do campo para a cidade. Mesmo assim 54,6 milhões ainda vivem em moradias consideradas inadequadas no país. Em todo o mundo, um total de 227 milhões de pessoas conseguiu deixar as favelas na última década.

Os países mais populosos da América Latina – Argentina, México, Colômbia e Brasil – contabilizaram 79% do avanço nas condições de vida dos moradores das favelas por causa de um acesso maior a saneamento e água. Mesmo com o bom desempenho brasileiro, Argentina e Colômbia foram os países mais bem-sucedidos, já que reduziram em 40% sua população residente em favelas. A República Dominicana também é citada como bom exemplo, por reduzir em 30% o número de pessoas que vivem em moradias precárias".[10] O Direito brasileiro, especialmente após a Constituição de 1988, ultrapassou o conceito puramente urbanístico de zoneamento, passando a adotá-lo para uma grande variedade de atividades econômicas distintas.

O zoneamento é utilizado no direito ambiental como instrumento da PNMA. Como instrumento jurídico, o zoneamento ingressou em nosso direito positivo como ferramenta de proteção à saúde humana, tal qual ocorreu em outras nações. Atribui-se à Lei 5.027/1966, que instituiu o *Código Sanitário do Distrito Federal,* a condição de um dos diplomas legais

---

[10] Disponível em: http://www.gazetadopovo.com.br/vidaecidadania/conteudo.phtml?tl=1&id=984298&tit=Numero-de-moradores-de-favelas-cai-16. Acesso em: 4 ago. 2011.

Capítulo 19 · A PROTEÇÃO DO MEIO AMBIENTE URBANO | **559**

pioneiros na matéria. O artigo 6º da referida lei determinou a divisão do território do Distrito Federal em três áreas: a área metropolitana; as áreas dos núcleos satélites; e área rural.

Em cada uma dessas áreas foram estabelecidos usos permitidos e critérios para a autorização de atividades no interior de cada uma das zonas delimitadas.

3.1 Zoneamento ambiental

O zoneamento é uma importante intervenção estatal na utilização de espaços geográficos e no domínio econômico, organizando a relação espaço-produção, alocando recursos, interditando áreas, destinando outras para estas e não para aquelas atividades, incentivando e reprimindo condutas etc. Ele é o resultado de uma arbitragem feita pelo poder público, de forma a definir a convivência entre os diferentes interesses de uso dos espaços geográficos, reconhecendo e legitimando os conflitos entre os diversos agentes. Ele busca estabelecer um padrão de convivência para os usuários de um mesmo espaço. O principal instrumento de planejamento (zoneamento) urbano é o Plano Diretor elaborado pelos municípios.

3.1.1 *Zoneamento federal*

As bases constitucionais para o zoneamento são bastante amplas. A primeira, evidentemente, decorre do poder de polícia do Estado. O artigo 21, inciso IX, da CF, fornece uma primeira referência do poder-dever da União em relação ao zoneamento. A União pode, ainda, conforme permissivo contido no artigo 43 da Constituição de 1988, articular sua ação em um mesmo complexo geoeconômico e social, visando ao desenvolvimento e à redução das desigualdades regionais. Também poderá a União estabelecer os zoneamentos definidos na Lei do SNUC, de acordo com mandamento constitucional contido no artigo 225, § 1º, III, muito embora não se trate de uma competência exclusiva ou privativa da União. O zoneamento, no entanto, deve ter por base uma lei, pois como instrumento de planejamento deve se adaptar ao disposto no artigo 174, § 1º, da CF.

Em matéria de zoneamento ambiental, merece ser consignado que o Decreto Federal 10.084, de 5 de novembro de 2019, revogou o Decreto Federal 6.961, de 17 de setembro de 2019, que aprovou o zoneamento agroecológico da cana-de-açúcar. Na prática, foi liberado o plantio de cana-de-açúcar em regiões antes interditas, como a Amazônia, por exemplo. A administração federal, em concreto, emitiu um forte sinal de pouco compromisso com a proteção da Amazônia.

3.1.2 *Zoneamento estadual*

Os Estados (artigo 25, § 3º, CF), poderão, mediante LC, instituir regiões metropolitanas, aglomerações urbanas e microrregiões, constituídas por agrupamentos de municípios limítrofes, para integrar a organização, o planejamento e a execução de funções públicas de interesse comum. Observe-se que, ao município, não compete concordar ou discordar de sua inclusão em um dos instrumentos de gestão urbanísticas acima mencionados. Compete-lhe, única e exclusivamente, a eles se integrar da forma mais ampla possível ("... Ao primeiro exame, discrepa do § 3º do artigo 25 da CF norma de Carta de Estado que submete a participação de município em região metropolitana, aglomeração urbana ou microrregião à aprovação prévia da câmara municipal. Liminar deferida para suspender a eficácia do preceito em face do concurso da relevância da argumentação jurídico-constitucional, da conveniência e do risco de manter-se com plena eficácia o preceito, obstaculizada que fica a integração e realização das

560 DIREITO AMBIENTAL – *Paulo de Bessa Antunes*

funções públicas de interesse comum" STF – ADI 1841 MC/RJ. Relator: Min. Marco Aurélio. Tribunal Pleno. *DJU* 28.08.1998, p. 2.)

Mesmo a manifestação plebiscitária da população diretamente interessada foi declarada inconstitucional pelo STF: "[...] 2. Constituição do Estado do Espírito Santo, artigo 216, § 1º. Consulta prévia, mediante plebiscito, às populações diretamente interessadas, para criação de regiões metropolitanas e aglomerações urbanas. 3. Impugnação em face do artigo 25, § 3º, da CF. Previsão de plebiscito, para inteirar-se o processo legislativo estadual, em se tratando de criação ou fusão de municípios, 'ut' artigo 18, § 4º, da Lei Magna federal, não, porém, quando se cuida da criação de regiões metropolitanas. 4. Relevância dos fundamentos da inicial e *periculum em mora* caracterizados. Cautelar deferida, para suspender, *ex nunc,* a vigência do § 1º do artigo 216 da Constituição do Estado do Espírito Santo. 5. Ação direta de inconstitucionalidade procedente. Declarada a inconstitucionalidade do § 1º do artigo 216, da Constituição do Estado do Espírito Santo" (ADI 796/ES – Relator: Min. Néri da Silveira. Tribunal Pleno. *DJU:* 17.12.1999, p. 2).

3.1.3   Zoneamento municipal

Aos Municípios estão reservadas as mais importantes tarefas em matéria de zoneamento, visto que a utilização do solo é matéria de interesse predominantemente local e, portanto, contemplada entre as competências municipais. No âmbito da política urbana, os Municípios têm a tarefa de editar os *planos diretores,* que são obrigatórios para cidades com mais de 20.000 habitantes. O *plano diretor* é o instrumento básico da política de desenvolvimento e expansão urbana. É através dele que as cidades podem projetar o desenvolvimento e fixar critérios jurídico-urbanísticos para a ocupação racional do solo. Até mesmo no setor agrário, a atividade municipal, igualmente, é importante, pois os planos diretores é que irão fixar as regiões voltadas para a atividade agrícola, delimitando a utilização do solo municipal. O estabelecimento de zonas urbanas e de zonas rurais, como é óbvio, é da maior importância para a proteção ambiental.

3.1.4   Zoneamento ambiental urbano

O zoneamento urbano alcançou grande desenvolvimento desde a sua criação e não se limita mais às clássicas funções de separar a indústria da população em geral, como forma de reduzir os impactos da industrialização com referência à sociedade. Não. Hoje, o zoneamento urbano é muito mais complexo e, constantemente, são criados novos instrumentos de intervenção urbanística.

3.1.5   Zonas de Uso Industrial (ZUI)

As zonas industriais podem ter origem *"espontânea"* ou *"induzida"* pelo Poder Público. As zonas industriais formadas "espontaneamente" são aquelas que se criam em função da existência de capitais, mercados e capacidade técnica em certas regiões que estimulam a implantação de indústrias, e os melhores exemplos brasileiros são a cidade e o Estado de São Paulo. As zonas industriais induzidas são aquelas cuja localização é determinada pela Administração Pública e é resultado de políticas de incentivos fiscais e outros mecanismos empregados pelo Estado para a atração de investimentos. Como exemplo pode ser citado o polo petroquímico de Camaçari, ou outras regiões construídas especificamente para abrigar indústrias.

No Direito brasileiro, a definição legal da necessidade de mecanismos para combate à poluição nas zonas industriais teve início com o Decreto-lei 1.413, de 14 de agosto de 1975, que dispôs sobre o controle da poluição do meio ambiente provocada por atividades industriais, e, em seu artigo 1º, determinou que "as indústrias instaladas ou as que fossem ser instaladas em território nacional ficavam obrigadas a promover medidas necessárias para prevenir ou corrigir os inconvenientes e prejuízos causados pela poluição e contaminação do meio ambiente." É importante observar que a norma não reconheceu nem poderia reconhecer o *"direito adquirido"* a poluir. "Inicialmente, deve ser afastado o argumento que versa sobre o longo lapso temporal que o Impetrante mantém o empreendimento, pois não há direito adquirido a poluir, em assim sendo, no momento em que averiguada a ocorrência de um dano ao meio ambiente, cumpre, ao órgão fiscalizador, tomar as medidas previstas em lei, com o fim de impedir a continuidade da agressão, independentemente do período de tempo em que a mesma vinha sendo perpetrada. 3. Sobre a vigência de licenciamentos para o exercício da atividade, também não merece prosperar o argumento do Impetrante. Isto porque o órgão Impetrado agiu no exercício de competência (atribuição) concorrente, conferida pela CF" (Tribunal Regional Federal da 2ª Região, AC 200851110002991, Relator: Desembargador Federal Poul Erik Dyrlund, 8ª Turma Especializada, E-DJF2R: 24.3.2010. p. 358-359).

O artigo 4º do mencionado decreto-lei estabeleceu que nas áreas críticas, será adotado esquema de zoneamento urbano, objetivando, inclusive, para as situações existentes, viabilizar alternativa adequada de nova localização, nos casos mais graves, assim como, em geral, estabelecer prazos razoáveis para a instalação dos equipamentos do controle de poluição.

O Decreto-lei foi posteriormente revisto pela Lei 6.803/1980, que manteve e aprofundou as determinações referentes à organização da ocupação do solo urbano com finalidades industriais e de combate à poluição. O importante § 3º do artigo 1º da Lei 6.803 determina que "As indústrias ou grupos de indústrias já existentes, que não resultarem confinadas nas zonas industriais definidas de acordo com a lei, serão submetidas à instalação de equipamentos especiais de controle e, nos casos mais graves, à relocalização".

A norma estabeleceu um importante padrão a ser observado e que, desde a sua edição, vem se desenvolvendo e aprofundando. A atividade industrial, conforme o teor da norma, deve se realizar dentro de condições capazes de, concomitantemente, assegurar o prosseguimento da produção e o menor nível possível de incômodos a terceiros. O parágrafo estabeleceu uma solução: instalação de equipamentos especiais de controle, que se se revelarem insuficientes para preservar as condições de salubridade ambiental, poderá ser seguida da relocalização da indústria. Essa segunda solução, entretanto, é complexa, pois envolve recursos financeiros, transferência de empregos, existência de áreas livres e muitas outras questões que não são triviais.

Foi a partir da instituição de *áreas críticas de poluição* que se iniciou um processo mais sistemático e coerente de delimitação de espaços urbanos para proteção ambiental. Nessas áreas, as zonas destinadas à instalação de unidades industriais devem ser definidas em esquema de zoneamento que seja capaz de compatibilizar as atividades industriais com a proteção do meio ambiente. As categorias básicas definidas pela legislação são as seguintes: zona de uso estritamente industrial; zona de uso predominantemente industrial; e zonas de uso diversificado.

As zonas industriais, independentemente da categoria em que estejam classificadas, podem, ainda, ser: não saturadas; em vias de saturação; e saturadas.

Capítulo 20
POLÍTICA NACIONAL DE RESÍDUOS SÓLIDOS – PNRS

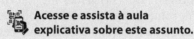

Acesse e assista à aula explicativa sobre este assunto.

> http://uqr.to/1b2hx

A Política Nacional de Resíduos Sólidos – PNRS foi instituída pela Lei 12.305/2010, aplicando-se a todas as "pessoas físicas ou jurídicas, de direito público ou privado, responsáveis, direta ou indiretamente, pela geração de resíduos sólidos e as que desenvolvam ações relacionadas à gestão integrada ou ao gerenciamento de resíduos sólidos", ficando excluídos, expressamente, os rejeitos radioativos, que são regulados por legislação específica. Além disso, aplicam-se aos resíduos sólidos as Leis 11.445/2007, 9.966/2000, 14.785/2023 e 15.070/2024, assim como as normas estabelecidas pelos órgãos do Sistema Nacional do Meio Ambiente (Sisnama), do Sistema Nacional de Vigilância Sanitária (SNVS), do Sistema Unificado de Atenção à Sanidade Agropecuária (Suasa) e do Sistema Nacional de Metrologia, Normalização e Qualidade Industrial (Sinmetro).

O artigo 3º da Lei 12.305/2010[1] estabelece os conceitos normativos que deverão ser utilizados pelos aplicadores do direito, seja na esfera administrativa, seja na judicial, sempre que a PNRS venha a ser empregada. Por se tratar de conceitos especiais deverão ser aplicados preferencialmente sobre as normas gerais de controle da poluição que, no caso, terão aplicação subsidiária. Eles são os seguintes: (1) *acordo setorial:* ato de natureza contratual firmado entre o poder público e fabricantes, importadores, distribuidores ou comerciantes, tendo em vista a implantação da responsabilidade compartilhada pelo ciclo de vida do produto; (2) *área contaminada:* local onde há contaminação causada pela disposição, *regular* ou irregular, de quaisquer substâncias ou resíduos; (3) *área órfã contaminada:* área contaminada cujos responsáveis pela disposição não sejam identificáveis ou individualizáveis; (4) *ciclo de vida do produto:* série de etapas que envolvem o desenvolvimento do produto, a obtenção de matérias-primas e insumos, o processo produtivo, o consumo e a disposição final; (5) *coleta seletiva:* coleta de resíduos sólidos previamente segregados conforme sua constituição ou composição; (6) *controle social:* conjunto de mecanismos e procedimentos que garantam à sociedade informações e participação nos processos de formulação, implementação e avaliação das políticas públicas relacionadas aos resíduos sólidos; (7) *destinação final ambientalmente adequada:* destinação de resíduos que inclui a reutilização, a reciclagem, a compostagem, a recuperação e o aproveitamento energético ou outras destinações admitidas pelos órgãos competentes do

---

[1] Regulamento: Decreto 10.936/2022.

Sisnama, do SNVS e do Suasa, entre elas a disposição final, observando normas operacionais específicas de modo a evitar danos ou riscos à saúde pública e à segurança e a minimizar os impactos ambientais adversos; (8) *disposição final ambientalmente adequada:* distribuição ordenada de rejeitos em aterros, observando normas operacionais específicas de modo a evitar danos ou riscos à saúde pública e à segurança e a minimizar os impactos ambientais adversos; (9) *geradores de resíduos sólidos:* pessoas físicas ou jurídicas, de direito público ou privado, que geram resíduos sólidos por meio de suas atividades, nelas incluído o consumo; (10) *gerenciamento de resíduos sólidos:* conjunto de ações exercidas, direta ou indiretamente, nas etapas de coleta, transporte, transbordo, tratamento e destinação final ambientalmente adequada dos resíduos sólidos e disposição final ambientalmente adequada dos rejeitos, de acordo com plano municipal de gestão integrada de resíduos sólidos ou com plano de gerenciamento de resíduos sólidos, exigidos na forma da Lei; (11) *gestão integrada de resíduos sólidos:* conjunto de ações voltadas para a busca de soluções para os resíduos sólidos, de forma a considerar as dimensões política, econômica, ambiental, cultural e social, com controle social e sob a premissa do desenvolvimento sustentável; (12) *logística reversa:* instrumento de desenvolvimento econômico e social caracterizado por um conjunto de ações, procedimentos e meios destinados a viabilizar a coleta e a restituição dos resíduos sólidos ao setor empresarial, para reaproveitamento, em seu ciclo ou em outros ciclos produtivos, ou outra destinação final ambientalmente adequada; (13) *padrões sustentáveis de produção e consumo:* produção e consumo de bens e serviços de forma a atender as necessidades das atuais gerações e permitir melhores condições de vida, sem comprometer a qualidade ambiental e o atendimento das necessidades das gerações futuras; (14) *reciclagem:* processo de transformação dos resíduos sólidos que envolve a alteração de suas propriedades físicas, físico-químicas ou biológicas, com vistas à transformação em insumos ou novos produtos, observadas as condições e os padrões estabelecidos pelos órgãos competentes do Sisnama e, se couber, do SNVS e do Suasa; (15) *rejeitos:* resíduos sólidos que, depois de esgotadas todas as possibilidades de tratamento e recuperação por processos tecnológicos disponíveis e economicamente viáveis, não apresentem outra possibilidade que não a disposição final ambientalmente adequada; (16) *resíduos sólidos:* material, substância, objeto ou bem descartado resultante de atividades humanas em sociedade, a cuja destinação final se procede, se propõe proceder ou se está obrigado a proceder, nos estados sólido ou semissólido, bem como gases contidos em recipientes e líquidos cujas particularidades tornem inviável o seu lançamento na rede pública de esgotos ou em corpos d'água, ou exijam para isso soluções técnica ou economicamente inviáveis em face da melhor tecnologia disponível; (17) *responsabilidade compartilhada pelo ciclo de vida dos produtos:* conjunto de atribuições individualizadas e encadeadas dos fabricantes, importadores, distribuidores e comerciantes, dos consumidores e dos titulares dos serviços públicos de limpeza urbana e de manejo dos resíduos sólidos, para minimizar o volume de resíduos sólidos e rejeitos gerados, bem como para reduzir os impactos causados à saúde humana e à qualidade ambiental decorrentes do ciclo de vida dos produtos, nos termos da lei; (18) *reutilização:* processo de aproveitamento dos resíduos sólidos sem sua transformação biológica, física ou físico-química, observadas as condições e os padrões estabelecidos pelos órgãos competentes do Sisnama e, se couber, do SNVS e do Suasa; (19) *serviço público de limpeza urbana e de manejo de resíduos sólidos*: conjunto de atividades previstas no artigo 7º da Lei 11.445/2007.

A PNRS é política pública, parte integrante da PNMA, que reúne o conjunto de princípios, objetivos, instrumentos, diretrizes, metas e ações desenvolvidas pelo Governo Federal, por si próprio ou mediante o regime de cooperação com Estados, Distrito Federal, Municípios ou particulares, com vistas à gestão integrada e ao gerenciamento ambientalmente adequado dos resíduos sólidos.

Os seus *princípios* podem ser assim sintetizados: (1) *a prevenção e a precaução;* (2) *o poluidor-pagador e o protetor-recebedor;* (3) *a visão sistêmica, na gestão dos resíduos sólidos, que considere as variáveis ambiental, social, cultural, econômica, tecnológica e de saúde pública;* (4) *o desenvolvimento sustentável;* (5) *a ecoeficiência, mediante a compatibilização entre o fornecimento, a preços competitivos, de bens e serviços qualificados que satisfaçam as necessidades humanas e tragam qualidade de vida e a redução do impacto ambiental e do consumo de recursos naturais a um nível, no mínimo, equivalente à capacidade de sustentação estimada do planeta;* (6) *a cooperação entre as diferentes esferas do poder público, o setor empresarial e demais segmentos da sociedade;* (7) *a responsabilidade compartilhada pelo ciclo de vida dos produtos;* (8) *o reconhecimento do resíduo sólido reutilizável e reciclável como um bem econômico e de valor social, gerador de trabalho e renda e promotor de cidadania;* (9) *o respeito às diversidades locais e regionais;* (10) *o direito da sociedade à informação e ao controle social;* (11) *a razoabilidade e a proporcionalidade.*

A principiologia definida pela Lei 12.305/2010 tem por objetivo estabelecer critérios para a sua aplicação e interpretação sempre que o próprio texto normativo não esteja suficientemente claro. Contudo, é preciso reconhecer que, em um conjunto de cerca de 11 princípios, não é tarefa clara estabelecer quais são os prevalentes, notadamente quando tais princípios não são de compreensão unânime e, não raras vezes, são contraditórios entre si. O princípio da precaução, por exemplo, não encontra uma definição tranquila. Por sua vez, o princípio "protetor-recebedor" volta-se para a compensação daqueles que prestam "serviços ambientais" para a coletividade e, por isso, merecem pagamento pela ação desempenhada; é, portanto, o inverso do entendimento brasileiro que tem sido adotado para o princípio do poluidor pagador.

A PNRS tem os seguintes *objetivos:* (a) proteção da saúde pública e da qualidade ambiental; (b) não geração, redução, reutilização, reciclagem e tratamento dos resíduos sólidos, bem como disposição final ambientalmente adequada dos rejeitos; (c) estímulo à adoção de padrões sustentáveis de produção e consumo de bens e serviços; (d) adoção, desenvolvimento e aprimoramento de tecnologias limpas como forma de minimizar impactos ambientais; (e) redução do volume e da periculosidade dos resíduos perigosos; (f) incentivo à indústria da reciclagem, tendo em vista fomentar o uso de matérias-primas e insumos derivados de materiais recicláveis e reciclados; (g) gestão integrada de resíduos sólidos; (h) articulação entre as diferentes esferas do poder público, e destas com o setor empresarial, com vistas à cooperação técnica e financeira para a gestão integrada de resíduos sólidos; (i) capacitação técnica continuada na área de resíduos sólidos; (j) regularidade, continuidade, funcionalidade e universalização da prestação dos serviços públicos de limpeza urbana e de manejo de resíduos sólidos, com adoção de mecanismos gerenciais e econômicos que assegurem a recuperação dos custos dos serviços prestados, como forma de garantir sua sustentabilidade operacional e financeira, observada a Lei 11.445, de 2007; (k) prioridade, nas aquisições e contratações governamentais, para: (i) produtos reciclados e recicláveis; (ii) bens, serviços e obras que considerem critérios compatíveis com padrões de consumo social e ambientalmente sustentáveis; (l) integração dos catadores de materiais reutilizáveis e recicláveis nas ações que envolvam a responsabilidade compartilhada pelo ciclo de vida dos produtos; (m) estímulo à implementação da avaliação do ciclo de vida do produto; (n) incentivo ao desenvolvimento de sistemas de gestão ambiental e empresarial voltados para a melhoria dos processos produtivos e ao reaproveitamento dos resíduos sólidos, incluídos a recuperação e o aproveitamento energético; (o) estímulo à rotulagem ambiental e ao consumo sustentável.

O principal objetivo da PNRS é a proteção da saúde pública. A inadequada disposição de resíduos gera inúmeros problemas de saúde pública. Para alcançar tal objetivo foram estabelecidas metas teóricas tais como a redução, o reuso e a reciclagem dos resíduos (3R).

Na forma do artigo 10 da PNRS, *"incumbe ao Distrito Federal e aos Municípios a gestão integrada dos resíduos sólidos gerados nos respectivos territórios, sem prejuízo das competências de controle e fiscalização dos órgãos federais e estaduais do Sisnama, do SNVS e do Suasa, bem como da responsabilidade do gerador pelo gerenciamento de resíduos [...]"*. Assim, a competência primária em matéria de resíduos sólidos é dos municípios, conforme o artigo 30 da CF, haja vista que a matéria diz respeito ao uso e ocupação do solo, bem como ao predominante interesse local.

Aos Estados foi atribuída a competência de: (i) promover a integração da organização, do planejamento e da execução das funções públicas de interesse comum relacionadas à gestão dos resíduos sólidos nas regiões metropolitanas, aglomerações urbanas e microrregiões, nos termos da LC estadual prevista no § 3º do artigo 25 da CF; (ii) controlar e fiscalizar as atividades dos geradores sujeitas a licenciamento ambiental pelo órgão estadual do Sisnama. O Estado, portanto, é um indutor que deve "apoiar e priorizar as iniciativas do Município de soluções consorciadas ou compartilhadas entre 2 (dois) ou mais Municípios".

Extremamente importante é a matéria trazida nos artigos 13 e seguintes da PNRS, que estabelecem a classificação dos resíduos sólidos (1) quanto à origem: (a) *resíduos domiciliares:* os originários de atividades domésticas em residências urbanas; (b) *resíduos de limpeza urbana:* os originários da varrição, limpeza de *logradouros* e vias públicas e outros serviços de limpeza urbana; (c) *resíduos sólidos urbanos:* os englobados nas alíneas *a* e *b;* (d) resíduos de estabelecimentos comerciais e prestadores de serviços: os gerados nessas atividades, excetuados os referidos nas alíneas *b, e, g, h* e *j;* (e) *resíduos dos serviços públicos de saneamento básico: os gerados nessas atividades, excetuados os referidos na alínea c;* (f) *resíduos industriais:* os gerados nos processos produtivos e instalações industriais; (g) *resíduos de serviços de saúde:* os gerados nos serviços de saúde, conforme definido em regulamento ou em normas estabelecidas pelos órgãos do Sisnama e do SNVS; (h) *resíduos da construção civil:* os gerados nas construções, reformas, reparos e demolições de obras de construção civil, incluídos os resultantes da preparação e escavação de terrenos para obras civis; (i) *resíduos agrossilvopastoris:* os gerados nas atividades agropecuárias e silviculturais, incluídos os relacionados a insumos utilizados nessas atividades; (j) *resíduos de serviços de transportes:* os originários de portos, aeroportos, terminais alfandegários, rodoviários e ferroviários e passagens de fronteira; (k) *resíduos de mineração:* os gerados na atividade de pesquisa, extração ou beneficiamento de minérios; (2) *quanto à periculosidade:* (a) *resíduos perigosos:* aqueles que, em razão de suas características de inflamabilidade, corrosividade, reatividade, toxicidade, patogenicidade, carcinogenicidade, teratogenicidade e mutagenicidade, apresentam significativo risco à saúde pública ou à qualidade ambiental, de acordo com lei, regulamento ou norma técnica; (b) *resíduos não perigosos:* aqueles não enquadrados em (*a*).

1. INSTRUMENTOS E DIRETRIZES

Os instrumentos disponíveis na PNRS são os seguintes: (1) os planos de resíduos sólidos; (2) os inventários e o sistema declaratório anual de resíduos sólidos; (3) a coleta seletiva, os sistemas de logística reversa e outras ferramentas relacionadas à implementação da responsabilidade compartilhada pelo ciclo de vida dos produtos; (4) o incentivo à criação e ao desenvolvimento de cooperativas ou de outras formas de associação de catadores de materiais reutilizáveis e recicláveis; (5) o monitoramento e a fiscalização ambiental, sanitária e agropecuária; (6) a cooperação técnica e financeira entre os setores público e privado para o desenvolvimento de pesquisas de novos produtos, métodos, processos e tecnologias de gestão, reciclagem, reutilização, tratamento de resíduos e disposição final ambientalmente adequada de rejeitos; (7) a pesquisa científica e tecnológica; (8) a educação ambiental; (9) os incentivos fiscais, financeiros e creditícios; (10) o Fundo Nacional do Meio Ambiente e o Fundo Nacional de Desenvolvimento Científico e Tecnológico; (11) o Sistema Nacional de Informações sobre a Gestão dos Resíduos Sólidos (Sinir); (12) o Sistema Nacional de Informações em Saneamento Básico (Sinisa); (13) os conselhos de meio ambiente e, no que couber, os de saúde; (14) os órgãos colegiados municipais destinados ao controle social dos serviços de resíduos sólidos urbanos; (15) o Cadastro Nacional de Operadores de Resíduos Perigosos; (16) os acordos setoriais; (17) no que couber, os instrumentos da Política Nacional de Meio Ambiente, entre eles: (a) os padrões de qualidade ambiental; (b) o Cadastro Técnico Federal de Atividades Potencialmente Poluidoras ou Utilizadoras de Recursos Ambientais; (c) o Cadastro Técnico Federal de Atividades e Instrumentos de Defesa Ambiental; (d) a avaliação de impactos ambientais; (e) o Sistema Nacional de Informação sobre Meio Ambiente (Sinima); (f) o licenciamento e a revisão de atividades efetiva ou potencialmente poluidoras; (18) os termos de compromisso e os termos de ajustamento de conduta; (19) o incentivo à adoção de consórcios ou de outras formas de cooperação entre os entes federados, com vistas à elevação das escalas de aproveitamento e à redução dos custos envolvidos.

Há um amplo rol de instrumentos da PNRS, os quais, seguindo uma tendência bastante marcada em nossa legislação ambiental, tendem a ser vagos, pouco claros e capazes de gerar conflitos interpretativos e de atribuições complexos. Expressões como *"no que couber"*, francamente, não têm qualquer significado inteligível. Já se pode antever, sem a menor sombra de dúvida, graves conflitos interinstitucionais entre os conselhos de meio ambiente e os de saúde, *"no que couber"*. Por outro lado, o Cadastro Nacional de Operadores de Resíduos Perigosos é uma redundância em face do Cadastro Federal de Atividades Potencialmente Poluidoras ou Utilizadoras de Recursos Ambientais, uma vez que o primeiro cadastro é um subconjunto do segundo. Dado que a PNRS é subordinada à PNMA, sendo em realidade uma política setorial, faz-se desnecessária qualquer menção aos instrumentos disponíveis na política-mãe, como o licenciamento ambiental, por exemplo.

Fiel ao propósito basilar da lei que é o estabelecimento de uma *política* para o gerenciamento dos resíduos sólidos, a lei estabeleceu um conjunto de diretrizes a serem aplicadas pelos gestores públicos ou privados de tais resíduos. Em meu ponto de vista, cuida-se de uma medida inteligente e capaz de dar ao administrador a flexibilidade necessária para, em cada caso concreto, optar pela decisão que melhor consulte ao objetivo final da política que se está implementando. Assim, o artigo 9º da Lei 12.305/2010 definiu uma ordem de prioridade a ser observada na gestão dos resíduos sólidos que é a seguinte: (i) não geração, (ii) redução, (iii) reutilização, (iv) reciclagem, (v) tratamento dos resíduos sólidos e (vi) disposição final ambientalmente adequada dos rejeitos. Sabemos que o resíduo é um subproduto de uma determinada atividade e, muitas vezes, processos ineficientes fazem com que a própria matéria-prima possa se transformar em resíduo com perdas econômicas e ambientais significativas. Assim, a ordem de prioridade para o gerenciamento e gestão dos resíduos sólidos, tal como estabelecida na lei, segue uma lógica econômica e ambiental precisa e que merece aplauso. Note-se que, por ser diretriz, a norma não impede que sejam gerados resíduos, até mesmo porque seria uma norma natimorta. O que a norma busca é que qualquer atividade seja praticada com o mais elevado nível de eficiência econômica e ambiental, o que levará, logicamente, ao menor índice de desperdício que é diretamente proporcional à menor geração de resíduos.

Um elemento importante do artigo 9º é a diretriz contida em seu § 1º, que expressamente reconhece que os resíduos sólidos, se adequadamente aproveitados, podem se constituir em importante fonte de energia complementar, "desde que tenha sido comprovada sua viabilidade

2. PLANOS DE RESÍDUOS SÓLIDOS

Os Planos de Resíduos Sólidos podem ser organizados conforme as diferentes competências legais dos diferentes entes federativos e são os seguintes: (i) *Plano Nacional de Resíduos Sólidos;* (ii) *Planos estaduais de resíduos sólidos;* (iii) *Planos microrregionais de resíduos sólidos e os planos de resíduos sólidos de regiões metropolitanas ou aglomerações urbanas;* (iv) *planos intermunicipais de resíduos sólidos;* (v) os *planos municipais de gestão integrada de resíduos sólidos;* (vi) *planos de gerenciamento de resíduos sólidos.* Os planos devem ser amplamente divulgados no que se refere ao seu conteúdo, bem como submetidos ao *"controle social em sua formulação, implementação e operacionalização",* observado o disposto na Lei 10.650/2003, e no artigo 47 da Lei 11.445/2007.

O *Plano Nacional de Resíduos Sólidos*[2] deve ser elaborado pela União, sob a coordenação do MMA, com vigência por prazo indeterminado e horizonte de 20 anos, a ser atualizado a cada quatro anos, tendo como conteúdo mínimo: (1) diagnóstico da situação atual dos resíduos sólidos; (2) proposição de cenários, incluindo tendências internacionais e macroeconômicas; (3) metas de redução, reutilização, reciclagem, entre outras, com vistas a reduzir a quantidade de resíduos e rejeitos encaminhados para disposição final ambientalmente adequada; (4) metas para o aproveitamento energético dos gases gerados nas unidades de disposição final de resíduos sólidos; (5) metas para a eliminação e recuperação de lixões, associadas à inclusão social e à *"emancipação econômica"* de catadores de materiais reutilizáveis e recicláveis; (6) programas, projetos e ações para o atendimento das metas previstas; (7) normas e condicionantes técnicas para o acesso a recursos da União, para a obtenção de seu aval ou para o acesso a recursos administrados, direta ou indiretamente, por entidade federal, quando destinados a ações e programas de interesse dos resíduos sólidos; (8) medidas para incentivar e viabilizar a gestão regionalizada dos resíduos sólidos; (9) diretrizes para o planejamento e demais atividades de gestão de resíduos sólidos das regiões integradas de desenvolvimento instituídas por LC, bem como para as áreas de especial interesse turístico; (10) normas e diretrizes para a disposição final de rejeitos e, quando couber, de resíduos; (11) meios a serem utilizados para o controle e a fiscalização, no âmbito nacional, de sua implementação e operacionalização, assegurado o controle social. O Plano Nacional de Resíduos Sólidos deve ser elaborado "mediante processo de mobilização e participação social, incluindo a realização de audiências e consultas públicas".

Os *Planos Estaduais de Resíduos Sólidos* devem ser elaborados como condição prévia para que os Estados possam se candidatar aos recursos econômicos e financeiros federais "destinados a empreendimentos e serviços relacionados à gestão de resíduos sólidos, ou para serem beneficiados por incentivos ou financiamentos de entidades federais de crédito ou fomento para tal finalidade". Conforme norma estabelecida pelo artigo 16 da PNRS, a medida é extremamente salutar. Cuida-se, efetivamente, de uma relevante medida de *federalismo cooperativo,* pois permite que a União invista recursos em um projeto previamente definido o qual, necessariamente, estará em conformidade com um Plano Nacional estabelecido e, portanto, evitando-se a dispersão de recursos escassos.

Os recursos da União serão distribuídos prioritariamente aos Estados que instituírem microrregiões, consoante o § 3º do artigo 25 da CF, de forma a integrar a organização, o planejamento e a execução das ações a cargo de Municípios limítrofes na gestão dos resíduos

---

[2]   Aprovado pelo Decreto 11.043/2022.

Capítulo 20 · POLÍTICA NACIONAL DE RESÍDUOS SÓLIDOS – PNRS | 569

sólidos. Regulamento, baixado pelo Executivo, definirá as normas complementares sobre o acesso aos recursos da União.

As microrregiões, respeitada a responsabilidade dos geradores nos termos da PNRS, abrangem as atividades de: (1) coleta seletiva; (2) recuperação e reciclagem; (3) tratamento e destinação final dos resíduos sólidos urbanos; (4) gestão de resíduos de construção civil; de (5) serviços de transporte; de (6) serviços de saúde; (7) agrossilvopastoris ou outros resíduos, de acordo com as peculiaridades microrregionais.

O *Plano Estadual de Resíduos Sólidos* deverá ser elaborado para viger por prazo indeterminado, abrangendo todo o território do Estado, pelo período de vinte anos e sendo revisto a cada quatro anos, com o seguinte conteúdo mínimo: (1) diagnóstico, incluída a identificação dos principais fluxos de resíduos no Estado e seus impactos socioeconômicos e ambientais; (2) proposição de cenários; (3) metas de redução, reutilização, reciclagem, entre outras, com vistas a reduzir a quantidade de resíduos e rejeitos encaminhados para disposição final ambientalmente adequada; (4) metas para o aproveitamento energético dos gases gerados nas unidades de disposição final de resíduos sólidos; (5) metas para a eliminação e recuperação de lixões, associadas à inclusão social e à emancipação econômica de catadores de materiais reutilizáveis e recicláveis; (6) programas, projetos e ações para o atendimento das metas previstas; (7) normas e condicionantes técnicas para o acesso a recursos do Estado, para a obtenção de seu aval ou para o acesso de recursos administrados, direta ou indiretamente, por entidade estadual, quando destinados às ações e programas de interesse dos resíduos sólidos; (8) medidas para incentivar e viabilizar a gestão consorciada ou compartilhada dos resíduos sólidos; (9) diretrizes para o planejamento e demais atividades de gestão de resíduos sólidos de regiões metropolitanas, aglomerações urbanas e microrregiões; (10) normas e diretrizes para a disposição final de rejeitos e, quando couber, de resíduos, respeitadas as disposições estabelecidas em âmbito nacional; (11) previsão, em conformidade com os demais instrumentos de planejamento territorial, especialmente o zoneamento ecológico-econômico e o zoneamento costeiro, de: (a) zonas favoráveis para a localização de unidades de tratamento de resíduos sólidos ou de disposição final de rejeitos; (b) áreas degradadas em razão de disposição inadequada de resíduos sólidos ou rejeitos a serem objeto de recuperação ambiental; (12) meios a serem utilizados para o controle e a fiscalização, no âmbito estadual, de sua implementação e operacionalização, assegurado o controle social.

Os Estados poderão, também, elaborar planos microrregionais de resíduos sólidos, bem como planos específicos direcionados às regiões metropolitanas ou às aglomerações urbanas. A elaboração e a implementação por parte dos Estados de planos microrregionais de resíduos sólidos, ou de planos de regiões metropolitanas ou aglomerações urbanas, em consonância com o previsto no § 1º do artigo 17 da PNRS, contarão, obrigatoriamente, com a participação dos Municípios envolvidos e não excluem nem substituem qualquer das prerrogativas a cargo dos Municípios previstas na PNRS. Uma vez respeitada a responsabilidade dos geradores nos termos da PNRS, o plano microrregional de resíduos sólidos deve atender ao previsto para o plano estadual e estabelecer soluções integradas para a coleta seletiva, a recuperação e a reciclagem, o tratamento e a destinação final dos resíduos sólidos urbanos e, consideradas as peculiaridades microrregionais, outros tipos de resíduos.

A elaboração de plano municipal de gestão integrada de resíduos sólidos, tal como estipulado pela PNRS, é condição para que o Distrito Federal e os Municípios tenham acesso aos recursos da União, ou por ela controlados, destinados a empreendimentos e serviços relacionados à limpeza urbana e ao manejo de resíduos sólidos, ou para que se beneficiem de incentivos ou financiamentos de entidades federais de crédito ou fomento para tal finalidade. A União, ao distribuir os recursos em tela, deverá dar prioridade aos Municípios que:

(i) optarem por soluções consorciadas intermunicipais para a gestão dos resíduos sólidos, incluída a elaboração e implementação de plano intermunicipal, ou que se inserirem de forma voluntária nos planos microrregionais de resíduos sólidos referidos no § 1º do artigo 16 da PNRS; (ii) implantarem a coleta seletiva com a participação de cooperativas ou outras formas de associação de catadores de materiais reutilizáveis e recicláveis formadas por pessoas físicas de baixa renda.

Na elaboração do plano municipal de gestão integrada de resíduos sólidos, será observado o seguinte conteúdo mínimo: (1) diagnóstico da situação dos resíduos sólidos gerados no respectivo território, contendo a origem, o volume, a caracterização dos resíduos e as formas de destinação e disposição final adotadas; (2) identificação de áreas favoráveis para disposição final ambientalmente adequada de rejeitos, observado o plano diretor de que trata o § 1º do artigo 182 da CF e o zoneamento ambiental, se houver; (3) identificação das possibilidades de implantação de soluções consorciadas ou compartilhadas com outros Municípios, considerando, nos critérios de economia de escala, a proximidade dos locais estabelecidos e as formas de prevenção dos riscos ambientais; (4) identificação dos resíduos sólidos e dos geradores sujeitos a plano de gerenciamento específico nos termos do artigo 20 da PNRS ou a sistema de logística reversa na forma do artigo 33 da PNRS, bem como as normas estabelecidas pelos órgãos do Sisnama e do SNVS; (5) procedimentos operacionais e especificações mínimas a serem adotados nos serviços públicos de limpeza urbana e de manejo de resíduos sólidos, incluída a disposição final ambientalmente adequada dos rejeitos e observada a Lei 11.445/2007; (6) indicadores de desempenho operacional e ambiental dos serviços públicos de limpeza urbana e de manejo de resíduos sólidos; (7) regras para o transporte e outras etapas do gerenciamento de resíduos sólidos de que trata o artigo 20 da PNRS, observadas as normas estabelecidas pelos órgãos do Sisnama e do SNVS e demais disposições pertinentes da legislação federal e estadual; (8) definição das responsabilidades quanto à sua implementação e operacionalização, incluídas as etapas do plano de gerenciamento de resíduos sólidos a que se refere o artigo 20 da PNRS a cargo do poder público; (9) programas e ações de capacitação técnica voltados para sua implementação e operacionalização; (10) programas e ações de educação ambiental que promovam a não geração, a redução, a reutilização e a reciclagem de resíduos sólidos; (11) programas e ações para a participação dos grupos interessados, em especial das cooperativas ou outras formas de associação de catadores de materiais reutilizáveis e recicláveis formadas por pessoas físicas de baixa renda, se houver; (12) mecanismos para a criação de fontes de negócios, emprego e renda, mediante a valorização dos resíduos sólidos; (13) sistema de cálculo dos custos da prestação dos serviços públicos de limpeza urbana e de manejo de resíduos sólidos, bem como a forma de cobrança desses serviços, observada a Lei 11.445, de 2007; (14) metas de redução, reutilização, coleta seletiva e reciclagem, entre outras, com vistas a reduzir a quantidade de rejeitos encaminhados para disposição final ambientalmente adequada; (15) descrição das formas e dos limites da participação do poder público local na coleta seletiva e na logística reversa, respeitado o disposto no artigo 33 da PNRS, e de outras ações relativas à responsabilidade compartilhada pelo ciclo de vida dos produtos; (16) meios a serem utilizados para o controle e a fiscalização, no âmbito local, da implementação e operacionalização dos planos de gerenciamento de resíduos sólidos de que trata o artigo 20 da PNRS e dos sistemas de logística reversa previstos no artigo 33 da mesma lei; (17) ações preventivas e corretivas a serem praticadas, incluindo programa de monitoramento; (18) identificação dos passivos ambientais relacionados aos resíduos sólidos, incluindo áreas contaminadas, e respectivas medidas saneadoras; (19) periodicidade de sua revisão, observado prioritariamente o período de vigência do plano plurianual municipal.

Admite-se que o plano municipal de gestão integrada de resíduos sólidos possa estar inserido no plano de saneamento básico previsto no artigo 19 da Lei 11.445/2007, respeitado o conteúdo mínimo previsto no artigo 29 da PNRS. Quando se tratar de Municípios com população inferior a 20.000 habitantes, o plano municipal de gestão integrada de resíduos sólidos terá conteúdo simplificado, como definido em regulamento. Contudo, em se tratando de municípios com população inferior a 20.000 habitantes que (artigo 19, §§ 2º e 3º, da Lei 12.305/2010): (1) sejam integrantes de áreas de especial interesse turístico; estejam (2) inseridos na área de influência de empreendimentos ou atividades com significativo impacto ambiental de âmbito regional ou nacional e (3) cujo território abranja, total ou parcialmente, Unidades de Conservação, não são aplicáveis as disposições acima.

É importante anotar que a simples existência de plano municipal de gestão integrada de resíduos sólidos não é suficiente para elidir a necessidade de que o Município ou o Distrito Federal promovam o licenciamento ambiental de aterros sanitários e de outras infraestruturas e instalações operacionais integrantes do serviço público de limpeza urbana e de manejo de resíduos sólidos pelo órgão competente do Sisnama, o qual, dependendo do caso concreto, poderá ser o próprio Município ou o Distrito Federal. Acrescente-se ser vedado atribuir-se ao serviço público de limpeza urbana e de manejo de resíduos sólidos a realização de etapas do gerenciamento dos resíduos a que se refere o artigo 20 da PNRS, em desacordo com a respectiva licença ambiental ou com normas estabelecidas pelos órgãos do Sisnama e, se couber, do SNVS. Por fim, considere-se que a ausência do plano municipal de gestão integrada de resíduos sólidos não é impeditivo para a instalação ou a operação de empreendimentos ou atividades devidamente licenciados pelos órgãos competentes.

O plano de gerenciamento de resíduos sólidos é obrigatório para: (1) os geradores de resíduos sólidos previstos nas alíneas *e, f, g* e *k* do inciso I do artigo 13 da PNRS; (2) os estabelecimentos comerciais e de prestação de serviços que: (a) gerem resíduos perigosos; (b) gerem resíduos que, mesmo caracterizados como não perigosos, por sua natureza, composição ou volume, não sejam equiparados aos resíduos domiciliares pelo poder público municipal; (3i) as empresas de construção civil, nos termos do regulamento ou de normas estabelecidas pelos órgãos do Sisnama; (4) os responsáveis pelos terminais e outras instalações referidas na alínea *j* do inciso I do artigo 13 e, nos termos do regulamento ou de normas estabelecidas pelos órgãos do Sisnama e, se couber, do SNVS, as empresas de transporte; (5) os responsáveis por atividades agrossilvopastoris, se exigido pelo órgão competente do Sisnama, do SNVS ou do Suasa. Os resíduos perigosos serão objeto de normas específicas.

O plano de gerenciamento de resíduos sólidos deverá ser elaborado com base no seguinte conteúdo mínimo: (1) descrição do empreendimento ou atividade; (2) diagnóstico dos resíduos sólidos gerados ou administrados, contendo a origem, o volume e a caracterização dos resíduos, incluindo os passivos ambientais a eles relacionados; (3) observância das normas estabelecidas pelos órgãos do Sisnama, do SNVS e do Suasa e, se houver, o plano municipal de gestão integrada de resíduos sólidos: (a) explicitação dos responsáveis por cada etapa do gerenciamento de resíduos sólidos; (b) definição dos procedimentos operacionais relativos às etapas do gerenciamento de resíduos sólidos sob responsabilidade do gerador; (4) identificação das soluções consorciadas ou compartilhadas com outros geradores; (5) ações preventivas e corretivas a serem executadas em situações de gerenciamento incorreto ou acidentes; (6) metas e procedimentos relacionados à minimização da geração de resíduos sólidos e, observadas as normas estabelecidas pelos órgãos do Sisnama, do SNVS e do Suasa, à reutilização e reciclagem; (7) se cabível, ações relativas à responsabilidade compartilhada pelo ciclo de vida dos produtos, na forma do artigo 31 da PNRS; (8) medidas saneadoras dos passivos ambientais relacionados aos resíduos sólidos; (9) periodicidade de sua revisão, observado, se couber, o prazo de vigência da respectiva licença de operação a cargo dos órgãos do Sisnama.

Regulamento, baixado pelo Executivo, definirá: (1) normas sobre a exigibilidade e o conteúdo do plano de gerenciamento de resíduos sólidos relativo à atuação de cooperativas ou de outras formas de associação de catadores de materiais reutilizáveis e recicláveis; (2) critérios e procedimentos simplificados para apresentação dos planos de gerenciamento de resíduos sólidos para microempresas e empresas de pequeno porte, assim consideradas as definidas nos incisos I e II do artigo 3° da LC 123/2006, desde que as atividades por elas desenvolvidas não gerem resíduos perigosos.

Deverá ser indicado responsável técnico, devidamente habilitado, para a elaboração, implementação, operacionalização e monitoramento de todas as etapas do plano de gerenciamento de resíduos sólidos, nelas incluído o controle da disposição final ambientalmente adequada dos rejeitos. Tais responsáveis técnicos deverão manter atualizadas e disponíveis ao órgão municipal competente, ao órgão licenciador do Sisnama e a outras autoridades, informações completas sobre a implementação e a operacionalização do plano sob sua responsabilidade, o que será feito mediante sistema declaratório, com periodicidade, no mínimo, anual, na forma do regulamento. O artigo 24 da PNRS estabelece que o "plano de gerenciamento de resíduos sólidos é parte integrante do processo de licenciamento ambiental do empreendimento ou atividade pelo órgão competente do Sisnama". Isso significa que não se concederá licença ambiental sem a existência do mencionado plano. Penso que, na hipótese, há que se exigir o plano para a fase de LI, haja vista que na fase de LP cuida-se apenas de planejamento preliminar do empreendimento. A PNRS determinou, ainda, que *no processo de licenciamento ambiental* seja "assegurada [a] oitiva do órgão municipal competente, em especial quanto à disposição final ambientalmente adequada de rejeitos".

3. RESPONSABILIDADES DOS GERADORES E DOS PODERES PÚBLICOS

O artigo 25 da PNRS estabelece que o poder público, o setor empresarial e a coletividade são responsáveis pela efetividade das ações voltadas para assegurar a observância da Política Nacional de Resíduos Sólidos e das diretrizes e demais determinações estabelecidas nesta lei e no seu regulamento. Ao titular dos serviços públicos de limpeza urbana e de manejo de resíduos sólidos cabe a responsabilidade pela organização e prestação direta ou indireta desses serviços, observados o respectivo plano municipal de gestão integrada de resíduos sólidos, a Lei 11.445, de 2007, e as disposições da PNRS e seu regulamento. Já as "pessoas físicas ou jurídicas referidas no artigo 20 [PNRS] são responsáveis pela implementação e operacionalização integral do plano de gerenciamento de resíduos sólidos aprovado pelo órgão competente na forma do artigo 24 [PNRS]". Considerando que é *res inter alios acta,* (artigo 27, § 1° da Lei 12.305/2010). "[a] contratação de serviços de coleta, armazenamento, transporte, transbordo, tratamento ou destinação final de resíduos sólidos, ou de disposição final de rejeitos, não isenta as pessoas físicas ou jurídicas referidas no artigo 20 [PNRS] da responsabilidade por danos que vierem a ser provocados pelo gerenciamento inadequado dos respectivos resíduos ou rejeitos". Evidentemente que contratos entre as partes poderão assegurar que o contratante obtenha da contratada o ressarcimento de prejuízos que venha a ter em função de uma inadequada atuação dessa última; contudo, reafirme-se, tal contrato não é oponível a terceiros. Relevante observar que o § 2° do artigo 27 da PNRS estabeleceu a possibilidade de que os serviços referentes à gestão de resíduos sólidos que tenham sido executados pelo Poder Público *"serão devidamente remunerados pelas pessoas físicas ou jurídicas responsáveis, observado o disposto no § 5° do artigo 19"*. Observe-se que, nas hipóteses

Capítulo 20 · POLÍTICA NACIONAL DE RESÍDUOS SÓLIDOS – PNRS | **573**

de geração de resíduos sólidos domiciliares, o seu gerador terá "cessada sua responsabilidade pelos resíduos com a disponibilização adequada para a coleta ou, nos casos abrangidos pelo artigo 33, com a devolução" (artigo 28).

A PNRS, em seu artigo 29, estabeleceu a responsabilidade *subsidiária* do poder público no que se refere a *"minimizar ou [fazer] cessar o dano"*, tão logo a Administração *"tome conhecimento de evento lesivo ao meio ambiente ou à saúde pública relacionado ao gerenciamento de resíduos sólidos"*. Os gastos nos quais a administração pública incorra para "minimizar" ou fazer cessar os danos causados por terceiros deverão ser ressarcidos integralmente pelo causador das lesões ao meio ambiente.

Importante a determinação contida no artigo 51 da PNRS: "Sem prejuízo da obrigação de, independentemente da existência de culpa, reparar os danos causados, a ação ou omissão das pessoas físicas ou jurídicas que importe inobservância aos preceitos desta Lei ou de seu regulamento sujeita os infratores às sanções previstas em lei, em especial às fixadas na Lei 9.605, de 12 de fevereiro de 1998, que 'dispõe sobre as sanções penais e administrativas derivadas de condutas e atividades lesivas ao meio ambiente, e dá outras providências', e em seu regulamento".

A PNRS, em seu artigo 30, instituiu a chamada responsabilidade compartilhada "pelo ciclo de vida dos produtos, a ser implementada de forma individualizada e encadeada, abrangendo os fabricantes, importadores, distribuidores e comerciantes, os consumidores e os titulares dos serviços públicos de limpeza urbana e de manejo de resíduos sólidos". Tal responsabilidade compartilhada pelo ciclo de vida dos produtos tem os seguintes objetivos: (i) compatibilizar interesses entre os agentes econômicos e sociais e os processos de gestão empresarial e mercadológica com os de gestão ambiental, desenvolvendo estratégias sustentáveis; (ii) promover o aproveitamento de resíduos sólidos, direcionando-os para a sua cadeia produtiva ou para outras cadeias produtivas; (iii) reduzir a geração de resíduos sólidos, o desperdício de materiais, a poluição e os danos ambientais; (iv) incentivar a utilização de insumos de menor agressividade ao meio ambiente e de maior sustentabilidade; (v) estimular o desenvolvimento de mercado, a produção e o consumo de produtos derivados de materiais reciclados e recicláveis; (vi) propiciar que as atividades produtivas alcancem eficiência e sustentabilidade; (vii) incentivar as boas práticas de responsabilidade socioambiental.

Além das obrigações estabelecidas no plano de gerenciamento de resíduos sólidos e com vistas a fortalecer a responsabilidade compartilhada e seus objetivos, os fabricantes, importadores, distribuidores e comerciantes têm responsabilidade que abrange: (i) investimento no desenvolvimento, na fabricação e na colocação no mercado de produtos: (a) que sejam aptos, após o uso pelo consumidor, à reutilização, à reciclagem ou a outra forma de destinação ambientalmente adequada; (b) cuja fabricação e uso gerem a menor quantidade de resíduos sólidos possível; (ii) divulgação de informações relativas às formas de evitar, reciclar e eliminar os resíduos sólidos associados a seus respectivos produtos; (iii) recolhimento dos produtos e dos resíduos remanescentes após o uso, assim como sua subsequente destinação final ambientalmente adequada, no caso de produtos objeto de sistema de logística reversa na forma do artigo 33 da PNRS; (iv) compromisso de, quando firmados acordos ou termos de compromisso com o Município, participar das ações previstas no plano municipal de gestão integrada de resíduos sólidos, no caso de produtos ainda não inclusos no sistema de logística reversa.

As embalagens devem ser fabricadas com materiais que propiciem a reutilização ou a reciclagem; cabendo aos respectivos responsáveis assegurar que elas sejam: (i) restritas em volume e peso às dimensões requeridas à proteção do conteúdo e à comercialização do produto; (ii) projetadas de forma a serem reutilizadas de maneira tecnicamente viável e compatível com as exigências aplicáveis ao produto que contêm; (iii) recicladas, se a reutilização não for possível. O Regulamento da PNRS deve dispor sobre os casos em que, por razões de ordem técnica ou econômica, não seja viável a aplicação do disposto acima.

A responsabilidade pelo atendimento das determinações supra é de todo aquele que: (i) manufatura embalagens ou fornece materiais para a fabricação de embalagens; (ii) coloca em circulação embalagens, materiais para a fabricação de embalagens ou produtos embalados, em qualquer fase da cadeia de comércio.

Conforme disposição do artigo 33 da PNRS, "são obrigados a estruturar e implementar sistemas de logística reversa, mediante retorno dos produtos após o uso pelo consumidor, de forma independente do serviço público de limpeza urbana e de manejo dos resíduos sólidos, os fabricantes, importadores, distribuidores e comerciantes" de: (i) agrotóxicos, seus resíduos e embalagens, assim como outros produtos cuja embalagem, após o uso, constitua resíduo perigoso, observadas as regras de gerenciamento de resíduos perigosos previstas em lei ou regulamento, em normas estabelecidas pelos órgãos do Sisnama, do SNVS e do Suasa, ou em normas técnicas; (ii) pilhas e baterias; (iii) pneus; (iv) óleos lubrificantes, seus resíduos e embalagens; (v) lâmpadas fluorescentes, de vapor de sódio e mercúrio e de luz mista; (vi) produtos eletroeletrônicos e seus componentes. Na forma do que se dispuser em regulamento ou em acordos setoriais e termos de compromisso firmados entre o poder público e o setor empresarial, os sistemas previstos no *caput* do artigo 33 serão estendidos a produtos comercializados em embalagens plásticas, metálicas ou de vidro, e aos demais produtos e embalagens, considerando, prioritariamente, o grau e a extensão do impacto à saúde pública e ao meio ambiente dos resíduos gerados.

A definição dos produtos e embalagens referidos acima deve levar em consideração a viabilidade técnica e econômica da logística reversa, bem como o grau e a extensão do impacto à saúde pública e ao meio ambiente dos resíduos gerados. Sem prejuízo de exigências específicas fixadas em lei ou regulamento, em normas estabelecidas pelos órgãos do Sisnama e do SNVS, ou em acordos setoriais e termos de compromisso firmados entre o poder público e o setor empresarial, cabe aos fabricantes, importadores, distribuidores e comerciantes dos produtos a que se referem os incisos II, III, V e VI ou dos produtos e embalagens a que se referem os incisos I e IV do *caput* e o § 1º (artigo 33) tomar todas as medidas necessárias para assegurar a implementação e operacionalização do sistema de logística reversa sob seu encargo, consoante o estabelecido neste artigo, podendo, entre outras medidas: (i) implantar procedimentos de compra de produtos ou embalagens usados; (ii) disponibilizar postos de entrega de resíduos reutilizáveis e recicláveis; (iii) atuar em parceria com cooperativas ou outras formas de associação de catadores de materiais reutilizáveis e recicláveis, nos casos de que trata o § 1º do artigo 33.

Cabe aos consumidores efetuar a devolução após o uso, aos comerciantes ou distribuidores, dos produtos e das embalagens a que se referem os incisos I a VI do *caput,* e de outros produtos ou embalagens objeto de logística reversa, na forma do § 1º, todos do artigo 33. Os comerciantes e distribuidores deverão efetuar a devolução aos fabricantes ou aos importadores dos produtos e embalagens reunidos ou devolvidos na forma dos §§ 3º e 4º do artigo 33. Os fabricantes e os importadores darão destinação ambientalmente adequada aos produtos e às embalagens reunidos ou devolvidos, sendo o rejeito encaminhado para a disposição final ambientalmente adequada, na forma estabelecida pelo órgão competente do Sisnama e, se houver, pelo plano municipal de gestão integrada de resíduos sólidos.

Caso o titular do serviço público de limpeza urbana e de manejo de resíduos sólidos, por acordo setorial ou termo de compromisso firmado com o setor empresarial, encarregar-se de atividades de responsabilidade dos fabricantes, importadores, distribuidores e comerciantes

Capítulo 20 · POLÍTICA NACIONAL DE RESÍDUOS SÓLIDOS – PNRS | 575

nos sistemas de logística reversa dos produtos e embalagens a que se refere o artigo 33, as ações do poder público serão devidamente remuneradas, na forma previamente acordada entre as partes. À exceção dos consumidores, todos os participantes dos sistemas de logística reversa manterão atualizadas e disponíveis ao órgão municipal competente e a outras autoridades informações completas sobre a realização das ações sob sua responsabilidade.

Os acordos setoriais ou termos de compromisso referidos no inciso IV do *caput* do artigo 31 e no § 1º do artigo 33 podem ter abrangência nacional, regional, estadual ou municipal. Sendo certo que os acordos setoriais e termos de compromisso firmados em âmbito nacional têm prevalência sobre os firmados em âmbito regional ou estadual, e estes sobre os firmados em âmbito municipal. Na aplicação de regras concorrentes consoante o § 1º do artigo 34, os acordos firmados com menor abrangência geográfica podem ampliar, mas não abrandar, as medidas de proteção ambiental constantes nos acordos setoriais e termos de compromisso firmados com maior abrangência geográfica.

Toda vez que estabelecido sistema de coleta seletiva pelo plano municipal de gestão integrada de resíduos sólidos e na aplicação do artigo 33, os consumidores são obrigados a: (i) acondicionar adequadamente e de forma diferenciada os resíduos sólidos gerados; (ii) disponibilizar adequadamente os resíduos sólidos reutilizáveis e recicláveis para coleta ou devolução.

No âmbito da responsabilidade compartilhada pelo ciclo de vida dos produtos, cabe ao titular dos serviços públicos de limpeza urbana e de manejo de resíduos sólidos, observado, se houver, o plano municipal de gestão integrada de resíduos sólidos: (i) adotar procedimentos para reaproveitar os resíduos sólidos reutilizáveis e recicláveis oriundos dos serviços públicos de limpeza urbana e de manejo de resíduos sólidos; (ii) estabelecer sistema de coleta seletiva; (iii) articular com os agentes econômicos e sociais medidas para viabilizar o retorno ao ciclo produtivo dos resíduos sólidos reutilizáveis e recicláveis oriundos dos serviços de limpeza urbana e de manejo de resíduos sólidos; (iv) realizar as atividades definidas por acordo setorial ou termo de compromisso na forma do § 7º do artigo 33, mediante a devida remuneração pelo setor empresarial; (v) implantar sistema de compostagem para resíduos sólidos orgânicos e articular com os agentes econômicos e sociais formas de utilização do composto produzido; (vi) dar disposição final ambientalmente adequada aos resíduos e rejeitos oriundos dos serviços públicos de limpeza urbana e de manejo de resíduos sólidos.

Para o cumprimento do disposto nos incisos I a IV do artigo 36, o titular dos serviços públicos de limpeza urbana e de manejo de resíduos sólidos priorizará a organização e o funcionamento de cooperativas ou de outras formas de associação de catadores de materiais reutilizáveis e recicláveis formadas por pessoas físicas de baixa renda, bem como sua contratação. A contratação prevista no § 1º do artigo 36 é dispensável de licitação, nos termos da alínea *j* do inc. IV do artigo 75 da Lei 14.133/2021.

São proibidas as seguintes formas de destinação ou disposição final de resíduos sólidos ou rejeitos: (1) lançamento em praias, no mar ou em quaisquer corpos hídricos; (2) lançamento *in natura* a céu aberto, excetuados os resíduos de mineração; (3) queima a céu aberto ou em recipientes, instalações e equipamentos não licenciados para essa finalidade; (4) outras formas vedadas pelo poder público. Sempre que decretada emergência sanitária, a queima de resíduos a céu aberto pode ser realizada, desde que autorizada e acompanhada pelos órgãos competentes do Sisnama, do SNVS e, quando couber, do Suasa. Uma vez assegurada a devida impermeabilização, as bacias de decantação de resíduos ou rejeitos industriais ou de mineração, devidamente licenciadas pelo órgão competente do Sisnama, não são consideradas corpos hídricos para efeitos do disposto no inciso I do artigo 48.

São proibidas, nas áreas de disposição final de resíduos ou rejeitos, as seguintes atividades: (1) utilização dos rejeitos dispostos como alimentação; (2) catação, observado o disposto no inciso V do artigo 17 da PNRS; (3) criação de animais domésticos; (4) fixação de habitações temporárias ou permanentes; (5) outras atividades vedadas pelo poder público.

É proibida a importação de resíduos sólidos perigosos e rejeitos, bem como de resíduos sólidos cujas características causem dano ao meio ambiente, à saúde pública e animal e à sanidade vegetal, ainda que para tratamento, reforma, reuso, reutilização ou recuperação. A Lei 15.088/2025 deu nova redação ao artigo 49 da Lei 12.305/2010, que ficou assim redigido:

> Art. 49. É proibida a importação de resíduos sólidos e de rejeitos, inclusive de papel, derivados de papel, plástico, vidro e metal.
>
> § 1º É ressalvada da proibição prevista no *caput* deste artigo a importação de resíduos utilizados na transformação de materiais e minerais estratégicos, inclusive aparas de papel de fibra longa, nos termos de regulamento, e de resíduos de metais e materiais metálicos.
>
> § 2º O importador ou o fabricante de autopeças, exceto de pneus, são autorizados a importar resíduos sólidos derivados de produtos nacionais previamente exportados, para fins exclusivos de logística reversa e reciclagem integral, ainda que classificados como resíduos perigosos, nos termos de regulamento.

4. LOGÍSTICA REVERSA

Conforme disposição do artigo 33 da PNRS, "são obrigados a estruturar e implementar sistemas de logística reversa, mediante retorno dos produtos após o uso pelo consumidor, de forma independente do serviço público de limpeza urbana e de manejo dos resíduos sólidos, os fabricantes, importadores, distribuidores e comerciantes" de: (i) agrotóxicos, seus resíduos e embalagens, assim como outros produtos cuja embalagem, após o uso, constitua resíduo perigoso, observadas as regras de gerenciamento de resíduos perigosos previstas em lei ou regulamento, em normas estabelecidas pelos órgãos do Sisnama, do SNVS e do Suasa, ou em normas técnicas; (ii) pilhas e baterias; (iii) pneus; (iv) óleos lubrificantes, seus resíduos e embalagens; (v) lâmpadas fluorescentes, de vapor de sódio e mercúrio e de luz mista; (vi) produtos eletroeletrônicos e seus componentes. Na forma do que se dispuser em regulamento ou em acordos setoriais e termos de compromisso firmados entre o poder público e o setor empresarial, os sistemas previstos no *caput* do artigo 33 serão estendidos a produtos comercializados em embalagens plásticas, metálicas ou de vidro, e aos demais produtos e embalagens, considerando, prioritariamente, o grau e a extensão do impacto à saúde pública e ao meio ambiente dos resíduos gerados.

A definição dos produtos e embalagens referidos acima deve levar em consideração a viabilidade técnica e econômica da logística reversa, bem como o grau e a extensão do impacto à saúde pública e ao meio ambiente dos resíduos gerados. Sem prejuízo de exigências específicas fixadas em lei ou regulamento, em normas estabelecidas pelos órgãos do Sisnama e do SNVS, ou em acordos setoriais e termos de compromisso firmados entre o poder público e o setor empresarial, cabe aos fabricantes, importadores, distribuidores e comerciantes dos produtos a que se referem os incisos II, III, V e VI ou dos produtos e embalagens a que se referem os incisos I e IV do *caput* e o § 1º (artigo 33) tomar todas as medidas necessárias para assegurar a implementação e operacionalização do sistema de logística reversa sob seu encargo, consoante o estabelecido neste artigo, podendo, entre outras medidas: (i) implantar procedimentos de compra de produtos ou embalagens usados; (ii) disponibilizar postos de entrega de resíduos reutilizáveis e recicláveis; (iii) atuar em parceria com cooperativas ou outras formas de associação de catadores de materiais reutilizáveis e recicláveis, nos casos de que trata o § 1º do artigo 33.

Cabe aos consumidores efetuar a devolução após o uso, aos comerciantes ou distribuidores, dos produtos e das embalagens a que se referem os incisos I a VI do *caput,* e de outros produtos ou embalagens objeto de logística reversa, na forma do § 1º, todos do artigo 33. Os comerciantes e distribuidores deverão efetuar a devolução aos fabricantes ou aos importadores dos produtos e embalagens reunidos ou devolvidos na forma dos §§ 3º e 4º do artigo 33. Os fabricantes e os importadores darão destinação ambientalmente adequada aos produtos e às embalagens reunidos ou devolvidos, sendo o rejeito encaminhado para a disposição final ambientalmente adequada, na forma estabelecida pelo órgão competente do Sisnama e, se houver, pelo plano municipal de gestão integrada de resíduos sólidos.

Caso o titular do serviço público de limpeza urbana e de manejo de resíduos sólidos, por acordo setorial ou termo de compromisso firmado com o setor empresarial, encarregar-se de atividades de responsabilidade dos fabricantes, importadores, distribuidores e comerciantes nos sistemas de logística reversa dos produtos e embalagens a que se refere o artigo 33, as ações do poder público serão devidamente remuneradas, na forma previamente acordada entre as partes. À exceção dos consumidores, todos os participantes dos sistemas de logística reversa manterão atualizadas e disponíveis ao órgão municipal competente e a outras autoridades informações completas sobre a realização das ações sob sua responsabilidade.

Os acordos setoriais ou termos de compromisso referidos no inciso IV do *caput* do artigo 31 e no § 1º do artigo 33 podem ter abrangência nacional, regional, estadual ou municipal. Sendo certo que os acordos setoriais e termos de compromisso firmados em âmbito nacional têm prevalência sobre os firmados em âmbito regional ou estadual, e estes sobre os firmados em âmbito municipal. Na aplicação de regras concorrentes consoante o § 1º do artigo 34, os acordos firmados com menor abrangência geográfica podem ampliar, mas não abrandar, as medidas de proteção ambiental constantes nos acordos setoriais e termos de compromisso firmados com maior abrangência geográfica.

Toda vez que estabelecido sistema de coleta seletiva pelo plano municipal de gestão integrada de resíduos sólidos e na aplicação do artigo 33, os consumidores são obrigados a: (i) acondicionar adequadamente e de forma diferenciada os resíduos sólidos gerados; (ii) disponibilizar adequadamente os resíduos sólidos reutilizáveis e recicláveis para coleta ou devolução.

No âmbito da responsabilidade compartilhada pelo ciclo de vida dos produtos, cabe ao titular dos serviços públicos de limpeza urbana e de manejo de resíduos sólidos, observado, se houver, o plano municipal de gestão integrada de resíduos sólidos: (i) adotar procedimentos para reaproveitar os resíduos sólidos reutilizáveis e recicláveis oriundos dos serviços públicos de limpeza urbana e de manejo de resíduos sólidos; (ii) estabelecer sistema de coleta seletiva; (iii) articular com os agentes econômicos e sociais medidas para viabilizar o retorno ao ciclo produtivo dos resíduos sólidos reutilizáveis e recicláveis oriundos dos serviços de limpeza urbana e de manejo de resíduos sólidos; (iv) realizar as atividades definidas por acordo setorial ou termo de compromisso na forma do § 7º do artigo 33, mediante a devida remuneração pelo setor empresarial; (v) implantar sistema de compostagem para resíduos sólidos orgânicos e articular com os agentes econômicos e sociais formas de utilização do composto produzido; (vi) dar disposição final ambientalmente adequada aos resíduos e rejeitos oriundos dos serviços públicos de limpeza urbana e de manejo de resíduos sólidos.

Para o cumprimento do disposto nos incisos I a IV do artigo 36, o titular dos serviços públicos de limpeza urbana e de manejo de resíduos sólidos priorizará a organização e o funcionamento de cooperativas ou de outras formas de associação de catadores de materiais reutilizáveis e recicláveis formadas por pessoas físicas de baixa renda, bem como sua contratação. A contratação prevista no § 1º do artigo 36 é dispensável de licitação, nos termos do dispensável de licitação, nos termos da alínea *j* do inc. IV do artigo 75 da Lei 14.133/2021.

5. RESÍDUOS PERIGOSOS

A instalação e o funcionamento de empreendimento ou atividade que gere ou opere com resíduos perigosos somente podem ser autorizados ou licenciados pelas autoridades competentes se o responsável comprovar, no mínimo, capacidade técnica e econômica, além de condições para prover os cuidados necessários ao gerenciamento desses resíduos. As pessoas jurídicas que operam com resíduos perigosos, em qualquer fase do seu gerenciamento, são obrigadas a se cadastrar no Cadastro Nacional de Operadores de Resíduos Perigosos, cadastro – parte integrante do Cadastro Técnico Federal de Atividades Potencialmente Poluidoras ou Utilizadoras de Recursos Ambientais – este que será coordenado pelo órgão federal competente do Sisnama e implantado de forma conjunta pelas autoridades federais, estaduais e municipais.

As pessoas jurídicas referidas no artigo 38 da PNRS são obrigadas a elaborar plano de gerenciamento de resíduos perigosos e submetê-lo ao órgão competente do Sisnama e, se couber, do SNVS, observado o conteúdo mínimo estabelecido no artigo 21 da PNRS e demais exigências previstas em regulamento ou em normas técnicas. A essas mesmas pessoas jurídicas incumbe: (i) manter registro atualizado e facilmente acessível de todos os procedimentos relacionados à implementação e à operacionalização do plano previsto no *caput;* (ii) informar anualmente ao órgão competente do Sisnama e, se couber, do SNVS, sobre a quantidade, a natureza e a destinação temporária ou final dos resíduos sob sua responsabilidade; (iii) adotar medidas destinadas a reduzir o volume e a periculosidade dos resíduos sob sua responsabilidade, bem como a aperfeiçoar seu gerenciamento; (iv) informar imediatamente aos órgãos competentes sobre a ocorrência de acidentes ou outros sinistros relacionados aos resíduos perigosos.

O órgão de licenciamento ambiental, na forma do artigo 40 da PNRS, pode exigir a contratação de seguro de responsabilidade civil por danos causados ao meio ambiente ou à saúde pública, observadas as regras sobre cobertura e os limites máximos de contratação fixados em regulamento.

Cabe ao Governo Federal, sem prejuízo das iniciativas de outras esferas governamentais, a estruturação e manutenção de instrumentos e atividades voltados para promover a descontaminação de áreas órfãs. Havendo a identificação dos responsáveis pelas áreas órfãs, estes ressarcirão integralmente o valor empregado pelo Poder Público nos trabalhos de descontaminação.

6. INSTRUMENTOS ECONÔMICOS

O Poder Público deverá estabelecer políticas indutoras e linhas de financiamento para atender, prioritariamente, às iniciativas de: (i) prevenção e redução da geração de resíduos sólidos no processo produtivo; (ii) desenvolvimento de produtos com menores impactos à saúde humana e à qualidade ambiental em seu ciclo de vida; (iii) implantação de infraestrutura física e aquisição de equipamentos para cooperativas ou outras formas de associação de catadores de materiais reutilizáveis e recicláveis formadas por pessoas físicas de baixa renda; (iv) desenvolvimento de projetos de gestão dos resíduos sólidos de caráter intermunicipal ou, regional, nos termos do inciso I do *caput* do artigo 11; (v) estruturação de sistemas de coleta seletiva e de logística reversa; (vi) descontaminação de áreas contaminadas, incluindo

Capítulo 20 · POLÍTICA NACIONAL DE RESÍDUOS SÓLIDOS – PNRS | **579**

as áreas órfãs; (vii) desenvolvimento de pesquisas voltadas para tecnologias limpas aplicáveis aos resíduos sólidos; (viii) desenvolvimento de sistemas de gestão ambiental e empresarial voltados para a melhoria dos processos produtivos e ao reaproveitamento dos resíduos.

No fomento ou na concessão de incentivos creditícios destinados a atender diretrizes dessa Lei, as instituições oficiais de crédito podem estabelecer critérios diferenciados de acesso dos beneficiários aos créditos do Sistema Financeiro Nacional para investimentos produtivos. A União, os Estados, o Distrito Federal e os Municípios, no âmbito de suas competências, poderão instituir normas com o objetivo de conceder incentivos fiscais, financeiros ou creditícios, respeitadas as limitações da LC 101/2000 (Lei de Responsabilidade Fiscal), a: (i) indústrias e entidades dedicadas à reutilização, ao tratamento e à reciclagem de resíduos sólidos produzidos no território nacional; (ii) projetos relacionados à responsabilidade pelo ciclo de vida dos produtos, prioritariamente em parceria com cooperativas ou outras formas de associação de catadores de materiais reutilizáveis e recicláveis formadas por pessoas físicas de baixa renda; (iii) empresas dedicadas à limpeza urbana e a atividades a ela relacionadas.

Os consórcios públicos constituídos, nos termos da Lei 11.107/2005, com o objetivo de viabilizar a descentralização e a prestação de serviços públicos que envolvam resíduos sólidos, têm prioridade na obtenção dos incentivos instituídos pelo Governo Federal.

7. PROIBIÇÕES

São proibidas as seguintes formas de destinação ou disposição final de resíduos sólidos ou rejeitos: (i) lançamento em praias, no mar ou em quaisquer corpos hídricos; (ii) lançamento *in natura* a céu aberto, excetuados os resíduos de mineração; (iii) queima a céu aberto ou em recipientes, instalações e equipamentos não licenciados para essa finalidade; (iv) outras formas vedadas pelo poder público. Sempre que decretada emergência sanitária, a queima de resíduos a céu aberto pode ser realizada, desde que autorizada e acompanhada pelos órgãos competentes do Sisnama, do SNVS e, quando couber, do Suasa. Uma vez assegurada a devida impermeabilização, as bacias de decantação de resíduos ou rejeitos industriais ou de mineração, devidamente licenciadas pelo órgão competente do Sisnama, não são consideradas corpos hídricos para efeitos do disposto no inciso I do artigo 48.

São proibidas, nas áreas de disposição final de resíduos ou rejeitos, as seguintes atividades: (i) utilização dos rejeitos dispostos como alimentação; (ii) catação, observado o disposto no inciso V do artigo 17 da PNRS; (iii) criação de animais domésticos; (iv) fixação de habitações temporárias ou permanentes; (v) outras atividades vedadas pelo poder público.

A Lei 15.088/2025 deu nova redação ao artigo 49 da PNRS, proibindo a importação de resíduos sólidos e de rejeitos, inclusive de papel, derivados de papel, plástico, vidro e metal. O § 1º do artigo fez ressalva à importação de resíduos utilizados na transformação de materiais e minerais estratégicos, inclusive aparas de papel de fibra longa, nos termos de regulamento, e de resíduos de metais e materiais metálicos. Pelo § 2º, o importador ou o fabricante de autopeças, exceto de pneus, são autorizados a importar resíduos sólidos derivados de produtos nacionais previamente exportados, para fins exclusivos de logística reversa e reciclagem integral, ainda que classificados como resíduos perigosos, nos termos de regulamento.

6ª PARTE

EXPLORAÇÃO DE RECURSOS NATURAIS

Capítulo 21
MINERAÇÃO

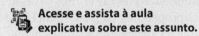

Acesse e assista à aula explicativa sobre este assunto.

> http://uqr.to/1b2hy

A mineração é atividade econômica de grande importância, com amplas repercussões sobre o meio ambiente Este capítulo não é sobre a atividade minerária em si, mas sobre a atividade minerária, à luz da legislação de proteção ao meio ambiente. A implementação de técnicas adequadas, controles e fiscalização podem reduzir o impacto causado pela mineração ao ambiente. Mineração, nos termos constitucionais é atividade com significativo impacto ambiental presumido[1].

A implementação de técnicas adequadas, controles e fiscalização podem reduzir o impacto que ela causa ao ambiente. Infelizmente, a mineração é responsável por dois dos maiores desastres[2] ambientais já registrados no Brasil. Um estudo sobre direito ambiental aplicado às atividades minerárias não pode deixar de mencionar os dois casos, devido às fundamentais repercussões que eles tiveram sobre o direito aplicável.

O primeiro grande desastre foi o rompimento da barragem de Fundão, no município de Mariana, MG. As informações constantes do sítio na internet do Ministério Público Federal [MPF][3] dão conta que: "[a] barragem rompida no dia 5 de novembro era conhecida por barragem do Fundão, tendo iniciado sua operação em dezembro de 2008. Cinco meses depois, em abril de 2009, o lançamento dos rejeitos teve que ser interrompido porque houve forte percolação no talude de jusante do barramento. Os taludes são, por assim dizer, as faces de uma barragem, e o talude de jusante é aquele que fica do lado oposto ao conteúdo do reservatório. É a face inclinada do dique que 'olha' para fora do reservatório. A percolação nada

---

[1] CF, artigo 225, § 2º.

[2] DESASTRE Resultado de eventos adversos, naturais ou provocados pelo homem, sobre um ecossistema (vulnerável), causando danos humanos, materiais e/ou ambientais e consequentes prejuízos econômicos e sociais. Os desastres são quantificados, em função dos danos e prejuízos, em termos de intensidade, enquanto os eventos adversos são quantificados em termos de magnitude. A intensidade de um desastre depende da interação entre a magnitude do evento adverso e o grau de vulnerabilidade do sistema receptor afetado. Normalmente o fator preponderante para a intensificação de um desastre é o grau de vulnerabilidade do sistema receptor. Os desastres classificam-se quanto à Intensidade, Evolução e Origem. (CASTRO, 1998).

[3] Disponível em: http://www.mpf.mp.br/grandes-casos/caso-samarco/o-desastre. Acesso em: 16 dez. 2019.

mais é do que a passagem de material líquido para e pelo interior do maciço do barramento". Ainda conforme as informações do MPF, "[n]o dia 5 de novembro de 2015, aproximadamente às 15h30, aconteceu o rompimento da barragem de Fundão, situada no Complexo Industrial de Germano, no Município de Mariana/MG. Além do desastre ambiental, a tragédia ceifou a vida de 19 pessoas".

Além das 19 mortes resultantes do colapso da barragem, houve uma fabulosa liberação de rejeitos (minério de ferro e sílica, dentre outros) para o ambiente, totalizando cerca de 40 milhões de toneladas; além disso, a liberação de rejeitos para o ambiente não se limitou aos momentos imediatamente após o rompimento da barragem, tendo persistido por longo tempo. Todo o material liberado formou uma enorme massa de rejeitos que, desde o subdistrito de Bento Rodrigues (Mariana), atingiu o oceano Atlântico nas costas do Estado do Espírito Santo. Prossegue a informação do MPF: "Em sua rota de destruição, à semelhança de uma avalanche de grandes proporções, com alta velocidade e energia, a onda de rejeitos atingiu o Córrego de Fundão e o Córrego Santarém, destruindo suas calhas e seus cursos naturais. Em seguida, soterrou grande parte do Subdistrito de Bento Rodrigues, localizado a 6 km da barragem de Santarém, dizimando 19 vidas e desalojando várias famílias. Já na calha do rio Gualaxo do Norte, a avalanche de rejeitos percorreu 55 km até desaguar no rio do Carmo, atingindo diretamente várias localidades rurais, como as comunidades de Paracatu de Baixo, Camargos, Águas Claras, Pedras, Ponte do Gama, Gesteira, além dos municípios mineiros de Barra Longa, Rio Doce e Santa Cruz do Escalvado". O caso foi considerado o "maior desastre ambiental do Brasil – e um dos maiores do mundo –, provocou danos econômicos, sociais e ambientais graves e tirou a vida de 19 pessoas. Os prejuízos que se viram às primeiras horas e que aumentaram com o passar do tempo projetam-se mesmo hoje como um devir que não tem tempo certo para findar. Danos contínuos e, em sua maioria, perenes".

O "caso Brumadinho" foi um rompimento de barragens também no Estado de Minas Gerais;[4] do ponto de vista ambiental (dano ecológico), foi menor do que o desastre de Mariana, embora, do ponto de vista humano, as consequências foram mais drásticas. Ainda não se sabe o número total de vítimas fatais, sendo que, até janeiro de 2020, haviam sido identificados 270 óbitos, persistindo ainda outras 6 pessoas desaparecidas[5]. O colapso da barragem se deu aos 25 de janeiro de 2019.[6]

Esses dois episódios levaram à modificação da legislação relativa às barragens, inclusive a legislação do Estado de Minas Gerais, pois o estado possui 698 barragens[7]. O Brasil, segundo dados da Agência Nacional de Mineração possui tem 65 barragens de rejeitos a montante. Minas Gerais tem a maior quantidade delas, 46, das quais 39 são estruturas classificadas em nível de emergência – três das quais no maior patamar de risco.[8] Os colapsos de barragens mencionados ocorreram nas chamadas barragens a montante.

---

[4] Disponível em: http://www.mpf.mp.br/mg/sala-de-imprensa/noticias-brumadinho. Acesso em: 16 dez. 2019.

[5] Relação atualizada disponível em: http://www.vale.com/brasil/PT/aboutvale/servicos-para-comunidade/minas-gerais/atualizacoes_brumadinho/Paginas/listas-atualizadas.aspx. Acesso em: 23 jun. 2022.

[6] Disponível em: https://www.mpmg.mp.br/portal/menu/comunicacao/noticias/brumadinho-tres-anos-8A9480677DC8F680017EE3BF244E01A6-00.shtml. Acesso em: 4 jun. 2022.

[7] Disponível em: https://noticias.r7.com/minas-gerais/das-698-barragens-cadastradas-em-mg-22-estao-sem-estabilidade-26012019. Acesso em: 4 jun. 2022.

[8] Disponível em: https://exame.com/brasil/tres-anos-apos-brumadinho-minas-tem-39-barragens-em-nivel-de-perigo/. Acesso em: 4 jun. 2022.

1. A EVOLUÇÃO LEGISLATIVA DA ATIVIDADE MINERÁRIA

Dadas as condições em que o Brasil foi colonizado por Portugal, a mineração sempre desempenhou papel relevante na economia nacional. O extrativismo de riquezas naturais, durante muitos anos, foi a principal atividade econômica do país, e, no interior da atividade extrativista, a mineração sempre se destacou.

Com o descobrimento do Brasil, a Coroa portuguesa passou a ser senhora e proprietária de todo o território brasileiro. Estabelecidos os mecanismos para a concessão de terras para aqueles que se dispusessem a financiar a colonização, através das Cartas de Doação, a Coroa reservava-se o direito de reter a quinta parte das riquezas minerais que fossem encontradas e lavradas na colônia. Os minerais, portanto, eram de propriedade do Estado, que outorgava o direito de lavra aos particulares que, em contrapartida, ficavam obrigados ao pagamento do *quinto*.

O Regime Imperial não deu tratamento constitucional ao tema na Constituição de 1824. Na República, todas as Constituições dispuseram sobre a matéria. Na Constituição Republicana de 1891, as minas foram contempladas pelo artigo 72, § 17 que determinava que "o direito de propriedade mantém-se em toda a plenitude, salvo a desapropriação por necessidade ou utilidade pública, mediante indenização prévia, sem que as minas pertencem aos proprietários do solo, salvo as limitações que forem estabelecidas por lei a bem da exploração deste ramo de indústria".

Com a reforma constitucional promovida pela Emenda de 3 de setembro de 1926, o dispositivo foi alterado determinando que o direito de propriedade se mantém em toda a sua plenitude, salvo a desapropriação por necessidade ou utilidade pública, mediante indenização prévia. E mais que as minas pertencem ao proprietário do solo, salvo as limitações estabelecidas por lei, a bem da exploração das mesmas, acrescentando que as minas e jazidas minerais necessárias à segurança e defesa nacionais e as terras onde existirem não podem ser transferidas a estrangeiros.

A Constituição de 1934 dispunha, em seu artigo 118, que: "as minas e demais riquezas do subsolo, bem como as quedas d'água, constituem propriedade distinta da do solo para o efeito de exploração ou aproveitamento industrial". Aqui foi feita uma grande inovação, pois foram separadas as propriedades do solo e do subsolo. A atividade minerária, bem como a utilização dos potenciais hídricos continuaram dependendo de autorização ou concessão federal (artigo 119), sendo outorgadas apenas a brasileiros ou empresas organizadas no Brasil. As minas, jazidas minerais e quedas d'água deveriam ser nacionalizadas progressivamente. A CF de 1937 dispôs sobre a matéria no artigo 143 e seus parágrafos. Não houve grandes mudanças em relação ao Texto Magno de 1934. A Constituição de 1946 manteve o regime anterior, sem modificações mais profundas, o mesmo ocorrendo com a Carta Constitucional de 1967.

1.1 A mineração na Constituição de 1988

A CF estabelece em seu artigo 20, IX, que os recursos minerais, inclusive os do subsolo são bens de domínio da União. Por sua vez, o artigo 21, XXV, da CF determina competir à União "estabelecer as áreas e as condições para o exercício da atividade de garimpagem, em forma associativa." Coerentemente com o que foi estabelecido pelo artigo 20, IX, da Constituição de 1988, o artigo 22, XII, determina que "compete privativamente à União legislar sobre jazidas, minas, outros recursos minerais e metalurgia". Não se pode esquecer de que o artigo 91, § 1º, inciso III, da CF também está ligado ao tema. Tanto é assim que, na forma do artigo mencionado, compete ao Conselho de Defesa Nacional "propor os critérios e condições de utilização das terras indispensáveis à segurança do território nacional e opinar sobre seu efetivo uso, especialmente na faixa de fronteira e nas relacionadas com a preservação e a exploração dos recursos naturais de qualquer tipo".

O artigo 174, por seus §§ 3º e 4º, determina que o "Estado favorecerá a organização da atividade garimpeira em cooperativas, levando em conta a proteção do meio ambiente e a promoção econômico-social dos garimpeiros" e que tais cooperativas "terão prioridade na autorização ou concessão para pesquisa e lavra dos recursos e jazidas de minerais garimpáveis, nas áreas onde estejam atuando, e naquelas fixadas de acordo com o artigo 21, XXV, na forma da lei".

As competências estaduais e municipais específicas de proteção ambiental, necessariamente, terão repercussões na atividade minerária, ainda que não caiba aos Estados e aos Municípios legislar *diretamente* sobre tais atividades[9]. Mais à frente, o artigo 176 da CF voltou-se, especificamente, para disciplinar a atividade minerária dispondo: que "as jazidas, em lavra ou não, e demais recursos minerais e os potenciais de energia hidráulica constituem propriedade distinta da do solo, para efeito de exploração ou aproveitamento, e pertencem à União, garantida ao concessionário a propriedade do produto da lavra." Já os §§ 1º, 2º e 3º do mencionado artigo determinam que a pesquisa e a lavra de recursos minerais e o aproveitamento dos potenciais a que se refere o *caput* deste artigo somente poderão ser efetuados mediante autorização ou concessão da União, no interesse nacional, por brasileiros ou empresa constituída sob as leis brasileiras e que tenha sua sede e administração no País, na forma da lei, que estabelecerá as condições específicas quando essas atividades se desenvolverem na faixa de fronteira ou terras indígenas. Aos proprietários do solo é assegurada participação nos resultados da lavra, na forma e no valor que dispuser a lei. Todavia, a autorização de pesquisa será sempre por prazo determinado, e as autorizações e concessões não poderão ser cedidas ou transferidas, total ou parcialmente, sem prévia anuência do poder concedente.

No capítulo constitucional (artigo 225) voltado para a proteção do meio ambiente, encontra-se o § 2º que destaca o regime de responsabilidade ambiental da atividade minerária, determinando que "aquele que explorar recursos minerais fica obrigado a recuperar o meio ambiente degradado, de acordo com a solução técnica exigida pelo órgão público competente, na forma da lei."

Por fim, acrescente-se a norma contida no § 3º do artigo 231 da CF que, embora voltada para os povos indígenas, impacta a atividade minerária, assim, o aproveitamento dos recursos hídricos, incluídos os potenciais energéticos, a pesquisa e a lavra das riquezas minerais em terras indígenas só podem ser efetivados com autorização do Congresso Nacional, ouvidas as comunidades afetadas, ficando-lhes assegurada participação nos resultados da lavra, na forma da lei[10].

Fora do corpo permanente da CF, também, existem normas voltadas para a disciplina da atividade minerária. Assim é que no Ato das Disposições Constitucionais Transitórias – ADCT, os artigos 43 e 44 dispuseram sobre a matéria, estabelecendo que "na data da promulgação da lei que disciplinar a pesquisa e a lavra de recursos e jazidas minerais, ou no prazo de um ano,

---

[9]   O Supremo Tribunal Federal vem, gradativamente, reconhecendo maior competência aos estados e municípios em matéria de regulação ambiental das atividades minerárias. "A discussão acerca de ilicitude ou desatendimento a exigências legais ou regulamentares por parte dos órgãos que expediram licenças ambientais para determinado projeto de exploração mineral não traz risco de abalo ao pacto federativo, inapta à configuração do conflito federativo atrativo da competência originária prevista no artigo 102, I, *f*, da CF" (ACO 2.991 AgR, Rel. Min. Rosa Weber, j. 06.10.2017, 1ª Turma, *DJe* 07.11.2017).

[10] STF, ADI 3.352 MC, Tribunal Pleno, Rel. Min. Sepúlveda Pertence, j. 02.12.2004, Publicação: 15.04.2005.

a contar da promulgação da Constituição, tornar-se-ão sem efeito as autorizações, concessões e demais títulos atributivos de direitos minerários, caso os trabalhos de pesquisa ou de lavra não hajam sido comprovadamente iniciados nos prazos legais ou estejam inativos".

2. AGÊNCIA NACIONAL DE MINERAÇÃO [ANM]

A ANM foi criada pela Lei 13.575/2017, em substituição ao Departamento Nacional de Produção Mineral [DNPM], com a função de implementar as orientações e diretrizes fixadas no Decreto-Lei 227, de 28 de fevereiro de 1967 (Código de Mineração), revogando alguns dispositivos, em legislação correlata e nas políticas estabelecidas pelo Ministério de Minas e Energia e promover a gestão dos recursos minerais da União, bem como a regulação e a fiscalização das atividades para o aproveitamento dos recursos minerais no País, competindo-lhe: (1) implementar a política nacional para as atividades de mineração; (2) estabelecer normas e padrões para o aproveitamento dos recursos minerais, observadas as políticas de planejamento setorial definidas pelo Ministério de Minas e Energia e as melhores práticas da indústria de mineração; (3) prestar apoio técnico ao Ministério de Minas e Energia; (4) requisitar, guardar e administrar os dados e as informações sobre as atividades de pesquisa e lavra produzidos por titulares de direitos minerários; (5) gerir os direitos e os títulos minerários para fins de aproveitamento de recursos minerais; (6) estabelecer os requisitos técnicos, jurídicos, financeiros e econômicos a serem atendidos pelos interessados na obtenção de títulos minerários; (7) estabelecer os requisitos e os critérios de julgamento dos procedimentos de disponibilidade de área, conforme diretrizes fixadas em atos da ANM; (8) regulamentar os processos administrativos sob sua competência, notadamente os relacionados com a outorga de títulos minerários, com a fiscalização de atividades de mineração e aplicação de sanções; (9) consolidar as informações do setor mineral fornecidas pelos titulares de direitos minerários, cabendo-lhe a sua divulgação periódica, em prazo não superior a um ano; (10) emitir o Certificado do Processo de Kimberley, de que trata a Lei 10.743, de 9 de outubro de 2003, ressalvada a competência prevista no § 2º do artigo 6º da referida Lei; (11) fiscalizar a atividade de mineração, podendo realizar vistorias, notificar, autuar infratores, adotar medidas acautelatórias como de interdição e paralisação, impor as sanções cabíveis, firmar termo de ajustamento de conduta, constituir e cobrar os créditos delas decorrentes, bem como comunicar aos órgãos competentes a eventual ocorrência de infração, quando for o caso; (12) regular, fiscalizar, arrecadar, constituir e cobrar os créditos decorrentes: a) da Compensação Financeira pela Exploração de Recursos Minerais (CFEM), de que trata a Lei 7.990, de 28 de dezembro de 1989; b) da taxa anual, por hectare, a que se refere o inciso II do *caput* do artigo 20 do Decreto-Lei 227, de 28 de fevereiro de 1967 (Código de Mineração); e c) das multas aplicadas pela ANM; (13) normatizar, orientar e fiscalizar a extração e coleta de espécimes fósseis a que se refere o inciso III do *caput* do artigo 10 do Decreto-Lei 227, de 28 de fevereiro de 1967 (Código de Mineração), e o Decreto-Lei 4.146, de 4 de março de 1942, e adotar medidas para promoção de sua preservação; (14) mediar, conciliar e decidir os conflitos entre os agentes da atividade de mineração; (15) decidir sobre direitos minerários e outros requerimentos em procedimentos administrativos de outorga ou de fiscalização da atividade de mineração, observado o disposto no artigo 3º da Lei 13.575/2017; (16) julgar o processo administrativo instaurado em função de suas decisões; (17) expedir os títulos minerários e os demais atos referentes à execução da legislação minerária, observado o disposto no artigo 3º da Lei 13.575/2017; (18) decidir requerimentos de lavra e outorgar concessões de lavra das substâncias minerais de que trata o artigo 1º da Lei 6.567, de 24 de setembro de 1978; (19) declarar a caducidade dos direitos minerários, cuja outorga de concessões de lavra seja de sua competência; (20) estabelecer as condições para o aproveitamento das substâncias minerais destinadas à realização de obras de responsabilidade do poder público; (21) aprovar a delimitação de áreas e declarar a utilidade pública para fins de desapropriação ou constituição de servidão mineral; (22) estabelecer normas e exercer fiscalização, em caráter complementar, sobre controle ambiental, higiene e segurança das atividades de mineração, atuando em articulação com os demais órgãos responsáveis pelo meio ambiente e pela higiene, segurança e saúde ocupacional dos trabalhadores; (23) definir e disciplinar os conceitos técnicos aplicáveis ao setor de mineração; (24) fomentar a concorrência entre os agentes econômicos, monitorar e acompanhar as práticas de mercado do setor de mineração brasileiro e cooperar com os órgãos de defesa da concorrência, observado o disposto na Lei 12.529, de 30 de novembro de 2011, e na legislação pertinente; (25) regular e autorizar a execução de serviços de geologia e geofísica aplicados à atividade de mineração, visando ao levantamento de dados técnicos destinados à comercialização, em bases não exclusivas; (26) estabelecer os requisitos e procedimentos para a aprovação e decidir sobre o relatório final de pesquisa; (27) apreender, destruir, doar a instituição pública substâncias minerais e equipamentos encontrados ou provenientes de atividades ilegais ou promover leilão deles, conforme dispuser resolução da ANM, com acompanhamento de força policial sempre que necessário, ficando autorizado o leilão antecipado de substâncias minerais e equipamentos, no caso de risco de depreciação, mantido o valor apurado em depósito até o término do procedimento administrativo de perdimento pertinente; (28) normatizar, fiscalizar e arrecadar os encargos financeiros do titular do direito minerário e os demais valores devidos ao poder público nos termos da Lei 13.575/2017, bem como constituir e cobrar os créditos deles decorrentes e efetuar as restituições devidas; (29) normatizar e reprimir as infrações à legislação e aplicar as sanções cabíveis, observado o disposto na Lei 13.575/2017; (30) instituir o contencioso administrativo para julgar os créditos devidos à ANM em 1ª instância administrativa e os recursos voluntários, assim como os pedidos de restituição do indébito, assegurados o contraditório e a ampla defesa; (31) manter o registro mineral e as averbações referentes aos títulos e aos direitos minerários; (32) expedir certidões e autorizações; (33) conceder anuência prévia aos atos de cessão ou transferência de concessão de lavra, cuja outorga seja de sua competência, conforme estabelecido pelo § 3º do artigo 176 da Constituição Federal; (34) regulamentar o compartilhamento de informações sobre a atividade de mineração entre órgãos e entidades da União, dos Estados, do Distrito Federal e dos Municípios; (35) normatizar o sistema brasileiro de certificação de reservas e recursos minerais, no prazo de até um ano, contado da publicação da Lei 13.575/2017; (36) aprovar seu regimento interno; (37) regulamentar a aplicação de recursos de pesquisa, desenvolvimento tecnológico e inovação, do setor mineral.

3. CONSELHO NACIONAL DE POLÍTICA MINERAL

O artigo 4º do Decreto 11.108/2022 instituiu o Conselho Nacional de Política Mineral [CNPM], como órgão de assessoramento direto do Presidente da República, com vistas à formulação de políticas e diretrizes para o desenvolvimento do setor mineral brasileiro, competindo-lhe a (1) definição das diretrizes para o Plano Nacional de Mineração e o Plano de Metas e Ações; o estabelecimento (2) das prioridades da Política Mineral Brasileira; o (3) estabelecimento das diretrizes para programas específicos, em conformidade com os princípios da Política Mineral Brasileira; a (4) promoção da articulação, integração e alinhamento de planos, programas e ações do setor mineral com as políticas públicas setoriais da Administração Pública Federal; e (5) opinar sobre propostas de atos normativos ou programas com impacto potencial ao setor mineral, mediante solicitação de um de seus membros.

O CNPM é composto pelo (1) Ministro de Estado de Minas e Energia, que o presidirá; (2) Ministro de Estado Chefe da Casa Civil da Presidência da República; (3) Ministro de

Estado das Relações Exteriores; (4) Ministro de Estado Chefe do Gabinete de Segurança Institucional da Presidência da República; (5) Ministro de Estado da Agricultura, Pecuária e Abastecimento; (6) Ministro de Estado da Ciência, Tecnologia e Inovações; (7) Ministro de Estado do Desenvolvimento Regional; (8) Ministro de Estado da Economia; (9) Ministro de Estado da Infraestrutura; (10) Ministro de Estado do Meio Ambiente; (11) Secretário Especial de Assuntos Estratégicos da Presidência da República; e (12) Diretor-Presidente da Companhia de Pesquisa de Recursos Minerais – CPRM.

O CNPM convidará, como conselheiros, com direito a voto: (1) um representante dos Estados e do Distrito Federal; (2) um representante dos Municípios produtores e afetados; (3) três representantes da sociedade civil, com notório conhecimento do setor mineral; e (4) um representante de instituições de ensino superior, com notório conhecimento do setor mineral.

4. POLÍTICA MINERAL BRASILEIRA

A Lei 13.575/2017, ao instituir a Agência Nacional de Mineração [ANM], em seu artigo 2º, I atribuiu à missão de implementar a Política Nacional para as Atividades de Mineração [PNAM]. O Decreto 11.108/2022 instituiu a PNAM, bem como o Conselho Nacional de Política Mineral [CNPM][11]. O Decreto 11.108/2022 é mal formulado, pois a lei trata da PNAM e não da Política Mineral Brasileira [PMB], demonstrando falta de cuidado do poder regulamentar.

A PMB está estruturada sobre os princípios de (1) a valorização e o aproveitamento racional dos recursos minerais do País, com a maximização de seus benefícios socioeconômicos; a (2) preservação do interesse nacional; a (3) promoção do desenvolvimento sustentável; a (4) responsabilidade socioambiental; o (5) estímulo à pesquisa, ao desenvolvimento tecnológico, à inovação, ao extensionismo tecnológico e ao empreendedorismo; a (6) agregação de valor aos bens minerais; a (7) atração de investimentos para a pesquisa mineral e outros segmentos da indústria mineral; a (8) ampliação da competitividade do País no mercado internacional; o (9) estímulo ao desenvolvimento regional e à diversificação e integração econômica local; o (10) respeito à cultura e às vocações locais, às condições adequadas de trabalho e aos direitos humanos; a (11) cooperação com: a) Estados, Distrito Federal e Municípios; e b) entidades representativas do setor mineral; e (12) a promoção da concorrência e do livre mercado.

Os instrumentos de planejamento da PMB são o (1) Plano Nacional de Mineração, destinado ao planejamento de longo prazo do setor mineral do País, com horizonte de até trinta anos, com vistas a orientar as políticas de médio e longo prazos para o desenvolvimento do setor mineral; e o (2) Plano de Metas e Ações, destinado ao estabelecimento de ações, metas e projetos, com horizonte de até seis anos, com vistas ao cumprimento dos objetivos do Plano Nacional de Mineração. Ambos os instrumentos devem passar por revisões periódicas.

5. O CÓDIGO DE MINAS

O Código de Minas [Decreto-lei 227/1967][12], é o principal diploma legal brasileiro, em âmbito infraconstitucional, que regulamenta a atividade minerária no País. Uma vez que a propriedade dos recursos minerais independe da propriedade do solo, o Código tem por função básica o regramento da atividade do Poder Público como administrador dos recur-

---

[11] Vale ressaltar que o Decreto 9.759/2019 extinguiu todos os conselhos que não tivessem sido criados por lei. É a situação do CNPM que não foi criado por lei, mas por simples decreto. A ADI 6.121 declarou parcialmente inconstitucional o Decreto 9.759/2019.

[12] Regulamentado pelo Decreto 9.406/2018.

DIREITO AMBIENTAL – *Paulo de Bessa Antunes*

sos minerais. A matéria, evidentemente, é da maior repercussão econômica e ambiental. Ao analisarem a importância do ordenamento jurídico da atividade minerária.

É no Código de Minas que estão os padrões básicos para o licenciamento das atividades utilizadoras de recursos ambientais minerários.

O artigo 6º-A do Código de Minas define a atividade minerária como a pesquisa, a lavra, o desenvolvimento da mina, o beneficiamento, o armazenamento de estéreis e rejeitos e o transporte e a comercialização dos minérios, mantida a responsabilidade do titular da concessão diante das obrigações constantes do Código i até o fechamento da mina, que deverá ser obrigatoriamente convalidado pelo órgão regulador da mineração e pelo órgão ambiental licenciador.

Na atividade de mineração estão compreendidas a (1) responsabilidade do minerador pela prevenção, mitigação e compensação dos impactos ambientais decorrentes dessa atividade, contemplando aqueles relativos ao bem-estar das comunidades envolvidas e ao desenvolvimento sustentável no entorno da mina; a (2) preservação da saúde e da segurança dos trabalhadores; a (3) prevenção de desastres ambientais, incluindo a elaboração e a implantação do plano de contingência ou de documento correlato; e a 4) recuperação ambiental das áreas impactadas[13].

O Código de Minas define jazida (artigo 4º) como toda massa individualizada de substância mineral ou fóssil, aflorando à superfície ou existente no interior da terra, e que tenha valor econômico; e mina, a jazida em lavra, ainda que suspensa[14].

As minas[15] são classificadas pelo Código de Minas (artigo 6º), segundo a forma representativa do direito de lavra, em duas categorias: a (1) mina manifestada, a em lavra, ainda que transitoriamente suspensa a 16 de julho de 1934 e que tenha sido manifestada na conformidade

---

[13] Decreto 9.406/2018: "Art. 5º A atividade de mineração abrange a pesquisa, a lavra, o desenvolvimento da mina, o beneficiamento, o transporte e a comercialização dos minérios e o aproveitamento e o armazenamento de estéreis e rejeitos. § 1º Independe de concessão o aproveitamento de minas manifestadas e registradas, as quais são sujeitas às condições que o Decreto-Lei 227, de 1967 – Código de Mineração, este Decreto e a legislação correlata estabelecem para a lavra, a tributação e a fiscalização das minas concedidas. § 2º O exercício da atividade de mineração implica a responsabilidade do minerador pela: I – prevenção, mitigação e compensação dos impactos ambientais decorrentes dessa atividade, incluídos aqueles relativos ao bem-estar das comunidades envolvidas e ao desenvolvimento sustentável no entorno da mina II – preservação da saúde e da segurança dos trabalhadores; III – prevenção de desastres ambientais, incluídas a elaboração e a implantação do plano de contingência ou de documento correlato, conforme resolução da ANM, que deverá ser integrado ao Plano de Contingência de Proteção e Defesa Civil do Município, quando houver; IV – recuperação ambiental das áreas impactadas. § 2º-A. A recuperação do ambiente degradado compreenderá, entre outras atividades, o fechamento da mina e o descomissionamento de todas as instalações, incluídas as barragens de rejeitos. § 3º O fechamento da mina pode incluir, entre outros aspectos, os seguintes: I – a recuperação ambiental da área degradada; II – a desmobilização das instalações e dos equipamentos que componham a infraestrutura do empreendimento; III – a aptidão e o propósito para o uso futuro da área; e IV – o monitoramento e o acompanhamento dos sistemas de disposição de rejeitos e estéreis, da estabilidade geotécnica das áreas mineradas e das áreas de servidão, do comportamento do aquífero e da drenagem das águas. § 4º As obrigações e as responsabilidades do titular da concessão ficam mantidas até o fechamento da mina, cujo plano será aprovado pela ANM e pelo órgão ambiental licenciador".

[14] "[O]corrência anormal de minerais constituindo um depósito natural que existe concentrado em certos pontos da superfície do globo terrestre. Consideram-se assim todas as substâncias minerais de origem natural, mesmo as de origem orgânica, como: carvão, petróleo, calcário etc." (GUERRA, 1993, p. 4).

[15] "Mina – é o depósito mineral (jazida) em exploração pelo homem. Um pegmatito decomposto e inexplorado é uma jazida; o mesmo em estado de exploração, com galerias, escavadeiras etc., é uma mina" (GUERRA, 1993, p. 290).

do artigo 10 do Decreto 24.642/1934, e da Lei 94/1935; e (2) mina concedida, quando o direito de lavra é outorgado pelo Ministro de Estado de Minas e Energia. Conforme o parágrafo único do artigo 6º do Código de Minas, são partes integrantes das minas: (a) edifícios, construções, máquinas, aparelhos e instrumentos destinados à mineração e ao beneficiamento do produto da lavra, desde que este seja realizado na área de concessão da mina: (b) servidões indispensáveis ao exercício da lavra; (c) animais e veículos empregados no serviço;(d) materiais necessários aos trabalhos da lavra, quando dentro da área concedida; e, (e) provisões necessárias aos trabalhos da lavra, para um período de 120 (cento e vinte) dias.

A mina, portanto, é uma universalidade

5.1 O Código de Minas e a proteção do meio ambiente

O Código de Minas possui normas de proteção do meio ambiente. O artigo 6º-A determina que o fechamento da mina "deverá ser obrigatoriamente convalidado (...) e pelo órgão ambiental licenciador."

O parágrafo único do artigo 6º-A e seus incisos estabelecem uma série de medidas que integram a atividade de mineração e estão voltadas para a proteção ambiental e das comunidades que, eventualmente, se encontrem em áreas de entorno da mina, com vistas ao bem-estar e desenvolvimento sustentável,

A proteção da segurança e da saúde dos trabalhadores também estão incluídas como parte integrante das atividades minerárias. Acrescente-se a necessidade de medidas para a prevenção de desastres ambientais, incluindo a elaboração e a implantação do plano de contingência ou de documento correlato; e a recuperação ambiental das áreas impactadas.

O artigo 43-A estabelece obrigações para o titular da concessão de lavra, com ênfase para a recuperação do ambiente degradado e a responsabilização civil, no caso de danos a terceiros decorrentes das atividades de mineração, sem prejuízo das sanções administrativas e penais. O parágrafo único do artigo define obrigações mínimas para a recuperação do ambiente degradado, devendo contemplar o (1) fechamento da mina e o (2) descomissionamento de todas as instalações, incluídas barragens de rejeitos.

O artigo 47-A do Código de Minas cuida das hipóteses de extinção ou caducidade da concessão minerária, estabelecendo obrigações para o concessionário, no sentido de (1) remover equipamentos e bens e arcar integralmente com os custos decorrentes dessa remoção; (2) reparar ou indenizar os danos decorrentes de suas atividades; e (3) praticar os atos de recuperação ambiental determinados pelos órgãos e entidades competentes. Estas obrigações incluem a apresentação perante a autoridade minerária do Plano de Fechamento de Mina e, perante a autoridade ambiental, do Plano de Recuperação de Áreas Degradadas.

O exercício do direito de lavra, em desacordo com o plano aprovado pela ANM, sujeita o concessionário a sanções que podem ir gradativamente da advertência à caducidade. É relevante anotar que caso o concessionário pratique atividades de lavra, de beneficiamento ou de armazenamento de minérios, ou de disposição de estéreis ou de rejeitos em condições que resultem em graves danos à população ou ao meio ambiente, será instaurado processo administrativo de caducidade do título minerário, sem prejuízo do disposto no artigo 65 e das demais sanções previstas no Código de Minas. (artigo 52 do Código de Minas).

A pena de caducidade da autorização de pesquisa, ou da concessão de lavra, será aplicada quando ocorrer significativa degradação do meio ambiente ou dos recursos hídricos, bem como danos ao patrimônio de pessoas ou comunidades, em razão do vazamento ou

592 DIREITO AMBIENTAL – Paulo de Bessa Antunes

rompimento de barragem de mineração, por culpa ou dolo do empreendedor, sem prejuízo à imposição de multas e à responsabilização civil e penal do concessionário (artigo 65, § 4º).

A mineração, assim como as demais atividades utilizadoras de recursos ambientais, está submetida ao licenciamento ambiental. Há, entretanto, direito especial quanto ao regime jurídico do licenciamento das atividades minerárias, estabelecido pela Lei 7.805/1989, que altera o Decreto-lei 227, de 28 de fevereiro de 1967, cria o regime de permissão de lavra garimpeira, extingue o regime de matrículas e dá outras providências. Tanto a permissão de lavra garimpeira, tratada no artigo 3º da Lei 7.805/1989, quanto a concessão de lavra, tratada no artigo 16, dependem de prévio licenciamento pelo órgão ambiental integrante do Sisnama.

O artigo 17 da lei 7.805/1989 estabelece a possibilidade de que a pesquisa e a lavra possam ser realizadas em "áreas de conservação", desde que haja prévia autorização do órgão ambiental responsável pela administração da unidade de conservação. O termo é tecnicamente incorreto, pois o que existe são unidades de conservação e áreas de preservação permanente e áreas de proteção. Evidentemente que a mineração somente pode ser admitida em unidades de conservação do grupo de uso sustentável, não se admitindo a atividade no interior de unidades do grupo de proteção integral[16].

A atividade minerária, como foi visto, é presumidamente capaz de causar significativo impacto sobre o meio ambiente. Logo, a sua autorização em unidades de conservação é medida excepcional, devendo observar o disposto no inciso III do § 1º do artigo 225 da Constituição Federal, de forma a não alterar ou suprimir as condições que tenham justificado a instituição da unidade de conservação. Ademais, a atividade deve estar conforme ao plano de manejo da atividade.

A atual redação do Código de Minas é bastante firme em relação à proteção do meio ambiente e de terceiros.

6. MINERAÇÃO EM TERRAS INDÍGENAS

Entre todos os temas polêmicos que dizem respeito às atividades minerárias, certamente, o mais polêmico é o referente à mineração em terras indígenas. Veja-se que, no tocante à mineração, o § 3º do artigo 231 da CF estabeleceu uma exceção ao regime de usufruto exclusivo das riquezas do solo, dos rios e dos lagos existentes em terras indígenas, conforme definido pelo § 2º do artigo 231. Nos resultados da utilização econômica dos recursos minerais eventualmente existentes no interior de terras indígenas, a CF determinou que, na forma da lei, seja assegurada aos índios a *participação nos resultados da lavra*. A Constituição de 1988 determinou, igualmente, fossem ouvidas as comunidades afetadas pela atividade minerária.

Pelo que se constata dos termos contidos na CF, *a mineração em terras indígenas não está proibida no Brasil*. O que a Constituição determinou foi, apenas e tão somente, que o Congresso Nacional autorizasse a atividade e que a comunidade indígena afetada fosse ouvida, assegurando-se à mesma a percepção de *royalties*. A participação dos indígenas no produto da lavra é, apenas e tão somente, uma extensão dos direitos, previstos no § 2º do artigo 176, aos povos aborígenes. No caso é aplicável a Convenção 169 da Organização Internacional do Trabalho.

---

[16] TRF-2, AC 02048923019994025102/RJ 0204892-30.1999.4.02.5102, Rel. Marcelo Pereira da Silva, j. 22.11.2016, 8ª Turma Especializada.

O Poder Executivo encaminhou o Projeto de Lei 191/2020 para regulamentar a matéria.[17] O Projeto de Lei, lamentavelmente, padece de gravíssimas inconstitucionalidades.[18]

7. MINERAÇÃO E MEIO AMBIENTE

É indiscutível que, em princípio, a mineração é uma atividade causadora de alto impacto ambiental e que, nessa condição, necessário se faz que ela esteja rigorosamente submetida a controles de qualidade ambiental, de monitoramento e auditoria constantes. Tais circunstâncias, contudo, não fazem com que a mineração seja uma atividade proscrita ou ilegal em nosso país. Ao contrário, a mineração é uma atividade lícita e que tem gerado muitos recursos para o Brasil. É dentro dessa perspectiva que as relações entre as atividades minerárias e o meio ambiente devem ser observadas. Aliás, não é demasiado que se recorde os termos do artigo 2º da Lei da Política Nacional do Meio Ambiente – PNMA, que são os seguintes:

> *A PNMA tem por objetivo a preservação, melhoria e recuperação da qualidade ambiental propícia à vida, visando assegurar, no País, condições de desenvolvimento econômico, aos interesses da segurança nacional e à proteção da dignidade da vida humana [...].*

A própria CF, ao dispor amplamente sobre as atividades de mineração, reconheceu a importância das mesmas. As únicas restrições que podem ser opostas às atividades mine-rárias, do ponto de vista ambiental, são aquelas com imediato assento constitucional. Tais restrições são: (1) ser praticada em áreas definidas como intocáveis; e (2) ser realizada em áreas indígenas sem autorização do Congresso Nacional e sem que as comunidades indígenas sejam consultadas.

Excetuando-se as duas vedações apresentadas, a atividade minerária será permitida, desde que, precedida de Estudo de Impacto Ambiental, conforme determinação constitucional contida no artigo 225, § 1º, inciso IV, e que sejam atendidas as condições contidas no § 2º do mesmo artigo 225, cujo teor é o seguinte:

> *Aquele que explorar recursos minerais fica obrigado a recuperar o meio ambiente degrada-do, de acordo com solução técnica exigida pelo órgão público competente, na forma da lei.*

7.1 Licenciamento das atividades de mineração

A mineração, assim como as demais atividades utilizadoras de recursos ambientais, está submetida à necessidade de licenciamento, para que possa ser exercida licitamente e de conformidade com a lei brasileira. Assim é em razão do artigo 10 da Lei 6.938/1981. Há, entretanto, direito especial quanto ao regime jurídico do licenciamento das atividades mine-rárias, estabelecido pela Lei 7.805, de 18 de julho de 1989, que altera o Decreto-lei 227, de 28 de fevereiro de 1967, cria o regime de permissão de lavra garimpeira, extingue o regime de matrículas e dá outras providências. Tanto a permissão de lavra garimpeira, tratada no artigo

---

[17] Disponível em: https://www.camara.leg.br/proposicoesWeb/fichadetramitacao?idProposic ao=2236765. Acesso em: 9 fev. 2020.

[18] Ver Parecer do Instituto dos Advogados Brasileiros. Disponível em: https://www.iabnacional.org.br/ noticias/advogados-sao-contra-exploracao-de-recursos-minerais-e-hidricos-em-terras-indigenas. Acesso em: 4 jun. 2022.

3º da Lei 7.805/1989, quanto a concessão de lavra, tratada no artigo 16, dependem de prévio licenciamento pelo órgão ambiental integrante do Sisnama.[19]

O artigo 17 da Lei 7.805/1989 estabelece a possibilidade de que a pesquisa e a lavra possam ser realizadas em unidades de conservação, desde que haja prévia autorização do órgão ambiental responsável pela administração da unidade de conservação. O que a lei pretende é que, nas unidades de conservação nas quais sejam admitidas atividades econômicas, destas, a princípio, não se poderá excluir a atividade minerária. A exclusão da mineração somente poderá ser concebida se, no estudo de impacto ambiental, resultar demonstrado que os efeitos nocivos das atividades de mineração, na unidade específica, não podem ser mitigados adequadamente. A matéria deverá ser examinada, portanto, caso a caso, considerando-se os objetivos legais da unidade de conservação, a intangibilidade ou não de seu território e os efeitos concretos, previstos na avaliação dos impactos ambientais, da atividade pretendida.

---

[19] "Mandado de Segurança. Garimpo de Serra Pelada. Cooperativa de Mineração dos Garimpeiros de Serra Pelada. Trabalhos de garimpagem e sua extensão. A Lei 7.194, de 11.06.1984, retirou 100 hectares da concessão da Companhia Vale do Rio Doce, localizados no Município de Marabá, PA, e os destinou a trabalhos exclusivamente por garimpagem, estabelecidos o prazo de três anos e a cota limite de 190 metros acima do nível do mar, para o exercício dessa atividade. A Lei 7.599, de 15.05.1987, no artigo 3º, permitiu a garimpagem, no local, até 31 de dezembro de 1988, podendo esse prazo ser prorrogado por ato do Poder Executivo, alterando, ainda, o § 2º do artigo 2º, da Lei 7.194/1984, para estipular que a garimpagem não se admitirá além da profundidade em que seja possível garantir o trabalho dos garimpeiros em condições de segurança, cabendo a grupo de trabalho, instituído nesse diploma, avaliar tais condições. A Lei 7.805, de 18.07.1989, que alterou o Decreto-lei 227/1967, criou o regime de permissão de lavra garimpeira, estabelecendo, em seu artigo 3º, a necessidade de prévio licenciamento ambiental e estipulando, no artigo 18, que os trabalhos de pesquisa ou lavra que causarem danos ao meio ambiente são passíveis de suspensão temporária ou definitiva, de acordo com parecer do órgão ambiental competente. o Decreto 99.385, de 12.07.1990, prorrogou, até 11 de março de 1991, o prazo para o término dos trabalhos exclusivamente por garimpagem, em Serra Pelada, prevendo que a cooperativa de mineração dos garimpeiros de Serra Pelada – Coomigasp – deveria apresentar, até 11 de janeiro de 1991, projeto demonstrando a viabilidade do prosseguimento das atividades de garimpagem no tocante ao aproveitamento racional do depósito, à segurança do trabalho, ao adequado atendimento das normas ambientais e à disponibilidade de recursos técnicos e financeiros para implantação das diretrizes nele preconizadas, observada a promoção econômica e social dos garimpeiros cooperativados. Prorrogação do término dos trabalhos de garimpagem, em Serra Pelada, ainda, por Decreto de 13.03.1991, até 11.06.1991, e, por fim, pelo Decreto de 12.06.1991, até 11.02.1992, explicitando-se, todavia, neste último diploma, que a prorrogação se aplica, exclusivamente, aos trabalhos desenvolvidos por garimpagem nos rejeitos oriundos da cava principal do garimpo. Legitimidade ativa da cooperativa impetrante para requerer mandado de segurança contra as restrições indicadas. Não aplicação à espécie da Súmula 266. Inexistência, entretanto, de direito certo e líquido ao prosseguimento de trabalhos de garimpagem, na área, sem as limitações do decreto impugnado. Pronunciamento da comissão interministerial, criada pelo Decreto 99.385, de 12.07.1990, desfavoravelmente ao projeto encaminhado pela impetrante, nos termos em que se formulou. Análise do parecer. Não cabe, na via eleita, a margem da discussão de fatos e provas, afastar, desde logo, as conclusões da comissão interministerial, para reconhecer, ao contrário, o direito da impetrante ao prosseguimento, pura e simplesmente, das atividades de garimpagem, na área anterior de cem hectares e na própria cava principal do garimpo. A limitação posta no decreto impugnado, quanto ao âmbito de atuação da garimpagem, no local, não é desautorizada pela Constituição (artigos 174, § 4º, e 21, XXV), ou pela legislação em vigor, e evidencia a possibilidade, ainda, de uma transição entre a situação anterior e outra que venha a definir-se. Não há dúvida de que graves problemas sociais e ambientais, no local, estão presentes, devendo encontrar a administração e a impetrante caminhos para sua solução. Exato é, porém, que não existe direito certo e líquido da impetrante ao que pretende, o que configura, por si só, a impossibilidade de conceder a segurança. Mandado de segurança indeferido" (STJ, MS 21.401, Rel. Min. Néri da Silveira).

Conforme observa Marcelo Gomes de Souza: "O licenciamento ambiental [...] deve ser exigido para toda atividade de mineração a se implantar [...]" (SOUZA, 1995, p. 133).

7.2 Estudos de impacto ambiental e atividades de mineração

A mineração, obviamente, está submetida ao regime geral estabelecido pelo artigo 225, § 1º, IV, da Constituição, que determina a obrigatoriedade da realização de estudos de impacto ambiental para a atividade. Coloca-se a questão: toda atividade minerária deve ser submetida a estudo de impacto ambiental? Essa não é uma questão pacífica, pois autores há que entendem ser inconstitucional a exigência de estudos de impacto ambiental para toda e qualquer atividade de mineração, vez que é necessário "seja levado em consideração se o aproveitamento do recurso mineral específico é ou não potencialmente causador de expressivo impacto ambiental" (SOUZA, 1995, p. 133). A Resolução Conama 1, de 23 de janeiro de 1986, determina que:

> Art. 2º Dependerá de elaboração de estudo de impacto ambiental e respectivo relatório de Impacto Ambiental – RIMA, a serem submetidos à aprovação do órgão estadual competente, e do Ibama em caráter supletivo, o licenciamento de atividades modificadoras do meio ambiente, tais como [...] IX – extração de minério, inclusive os da classe II, definida no Código de Mineração [...].

Posteriormente, o próprio Conama fez editar a Resolução Conama 9, de 6 de dezembro de 1990, com o objetivo de definir mais claramente as normas pertinentes ao licenciamento ambiental das atividades de extração mineral das classes I, III, IV, VI, VII, VIII e IX do Decreto-lei 227, de 28 de fevereiro de 1967.

O licenciamento *ambiental* da atividade minerária é, prioritariamente, realizado pelos órgãos estaduais integrantes do Sisnama. O Ibama somente tem atuação supletiva, isto é, caso o órgão estadual deixe de realizar a sua tarefa. Não há que se falar em embargos administrativos promovidos pelo Ibama em razão de discordância com os termos do licenciamento estadual. Na hipótese em que a atividade minerária a ser desenvolvida tenha repercussão ambiental em mais de um Estado-Membro da federação, competirá ao Ibama a coordenação dos trabalhos de licenciamento.

O estudo de impacto ambiental deverá ser apresentado ao órgão fiscalizador juntamente com o requerimento de concessão da Licença Prévia (LP). Na fase posterior do processo de licenciamento, isto é, quando do requerimento da Licença de Instalação (LI), o empreendedor deverá apresentar o Plano de Controle Ambiental (PCA), o qual deverá conter os projetos executivos de minimização dos impactos ambientais, analisados quando do requerimento de concessão da licença prévia (LP).

Observe-se que, nos termos em que está redigido o § 2º do artigo 5º da Resolução Conama 9/1990, a concessão da licença de instalação (LI) é um direito do requerente, desde que o PCA tenha sido aprovado: *o órgão ambiental competente, após a aprovação do PCA do empreendimento, concederá a licença de instalação*. A licença de operação, igualmente, se constitui em direito do empreendedor, desde que tenham sido implantados os projetos previstos no PCA e que os mesmos estejam tendo desempenho satisfatório.

> Art. 7º Após a obtenção da portaria de lavra e a implantação dos projetos constantes do PCA, aprovados quando da concessão da Licença de Instalação, o empreendedor deverá requerer a Licença de Operação, apresentando a documentação necessária [...]

596 | DIREITO AMBIENTAL – *Paulo de Bessa Antunes*

§ 2º O órgão ambiental competente, após a comprovação da implantação dos projetos do PCA, concederá a Licença de Operação.

A Resolução Conama 1/1986 menciona expressamente a Classe II como uma das categorias de atividades minerárias para as quais são exigidos estudos prévios de impacto ambiental. Ocorre que o próprio Conama, através da Resolução Conama 10, de 6 de dezembro de 1990, entendeu que nem sempre as atividades minerárias são *potencialmente causadora(s) de significativa degradação do meio ambiente*. Assim é que o artigo 3º da recém-mencionada resolução estabelece a possibilidade de dispensa da apresentação de estudo prévio de impacto ambiental. De fato, dispõe o artigo 3º do diploma legal:

> A critério do órgão ambiental competente, o empreendimento, em função de sua natureza, localização, porte e demais peculiaridades, poderá ser dispensado da apresentação dos Estudos de Impacto Ambiental – EIA e respectivo Relatório de Impacto Ambiental – RIMA.

A expressão "a critério" deve ser entendida como: "não havendo impacto ambiental significativo", haja vista que, caso exista o impacto significativo, o EIA não poderá ser dispensado.

Foi determinado ao empreendedor que, na hipótese de inexigibilidade de apresentação do EIA/RIMA, o mesmo deverá apresentar um Relatório de Controle Ambiental – RCA, elaborado segundo diretrizes fixadas pelo órgão ambiental.

As Licenças de Instalação (LI) e de Operação (LO), desde que o empreendedor tenha atendido às exigências legais, se constituem em direito do requerente. Como se vê, a Resolução Conama 10/1990 derrogou a Resolução Conama 1/1986, no que se refere às atividades minerárias relativas aos minerais compreendidos na Classe II.

7.3 Obrigação de recuperação ambiental da área degradada

Como se sabe, o Direito Ambiental consagra o princípio geral da responsabilização dos causadores de danos ambientais. Dentre os elementos fundamentais que constituem a obrigação de reparação do dano, encontra-se a *repristinação do meio ambiente* como um dos mais importantes aspectos a serem observados pelos utilizadores de recursos ambientais. A CF, contudo, no que diz respeito às atividades minerárias, foi redundante, pois, no § 2º do artigo 225, estabelece que: *Aquele que explorar recursos minerais fica obrigado a recuperar o meio ambiente degradado, de acordo com solução técnica exigida pelo órgão público competente, na forma da lei.*

Sendo certo que no § 3º está determinado que: *As condutas e atividades consideradas lesivas ao meio ambiente sujeitarão os infratores, pessoas físicas ou jurídicas, as sanções penais e administrativas, independentemente da obrigação de reparar os danos causados.*[20]

---

[20] "Recurso Especial. Ação civil pública. Poluição ambiental. Empresas mineradoras. Carvão mineral. Estado de Santa Catarina. Reparação. Responsabilidade do Estado por omissão. Responsabilidade solidária. Responsabilidade subsidiária. 1. A responsabilidade civil do Estado por omissão é subjetiva, mesmo em se tratando de responsabilidade por dano ao meio ambiente, uma vez que a ilicitude no comportamento omissivo é aferida sob a perspectiva de que deveria o Estado ter agido conforme estabelece a lei. [...] 3. Condenada a União a reparação de danos ambientais, é certo que a sociedade mediatamente estará arcando com os custos de tal reparação, como se fora autoindenização. [...] 4. Havendo mais de um causador de um mesmo dano ambiental, todos respondem solidariamente pela reparação, na forma do artigo 942 do CC. De outro lado, se diversos forem os causadores da degradação ocorrida em diferentes locais, ainda que contíguos, não há como atribuir-se a res-

Obviamente que a reparação dos danos estabelecidos pelo § 3º somente pode ser considerada tecnicamente correta se feita de acordo com a orientação do órgão público competente. Admite-se, contudo, que o constituinte tenha buscado dar um relevo às atividades minerárias e aos danos que estas possam ter causado ao meio ambiente.

Após a promulgação da Constituição de 1988, foi baixado o Decreto 97.632, de 10 de abril de 1989, com o objetivo de regulamentar o artigo 2º, inciso VIII, da Lei 6.938/1981. O qual estabelece e que um dos princípios da PNMA é a recuperação das áreas degradadas. A degradação da qualidade ambiental é, nos termos da lei, *a alteração adversa das características do meio ambiente.*

É evidente que a degradação ambiental não decorre, apenas, das atividades minerárias. Entretanto, o Decreto 97.632/1989 limitou-se a tratar de recuperação de áreas degradadas por atividades minerárias. Observe-se, ademais, que o decreto estabeleceu uma definição para degradação. Assim determina o artigo 2º:

> Para efeito deste decreto são considerados como degradação os processos resultantes dos danos ao meio ambiente, pelos quais se perdem ou se reduzem algumas das suas propriedades, tais como a qualidade ou capacidade produtiva dos recursos ambientais.

O Código de Minas, conforme o disposto em seu artigo 48, define a *lavra ambiciosa* como aquela "conduzida sem observância do plano preestabelecido, ou efetuado de modo a impossibilitar o ulterior aproveitamento econômico da jazida." Decorre daí que o Código tem duas preocupações básicas, a primeira que é a de assegurar que a lavra seja efetuada dentro de padrões técnicos que garantam a salubridade da atividade, e a segunda, com o objetivo de manter um determinado grau de sustentabilidade da atividade minerária. Sabemos, entretanto, que os recursos minerais não são renováveis e que, para a sua extração, não raro, são necessárias atividades que criam modificações ambientais irreversíveis. Tais modificações, durante a realização das atividades de extração mineral, não podem ser impedidas. Como exemplo é possível apresentar o desmonte de um morro para a extração de determinado minério. Dificilmente o morro poderá ser reconstituído e, em seu lugar, poderá surgir uma cratera. Bem se vê que, no caso, não se poderá falar em *repristinação ambiental* ante a total impossibilidade, pelo menos em nível de nossa melhor tecnologia atualmente existente.

Penso que a situação que está colocada é interessante, pois, de fato, não se poderia adotar a designação *degradação* para as atividades minerárias, regularmente realizadas e praticadas segundo os ditames dos licenciamentos, inclusive o ambiental. Assim é porque, nos termos da lei, a degradação é uma alteração adversa do meio ambiente e, portanto, proibida. Analisando-se a questão sob outro prisma, observa-se que o legislador, diante das importantes repercussões econômicas e sociais das atividades minerárias, estabeleceu um critério diferenciado para a prática de tais atividades. Embora tenha exigido que as mesmas se façam

---

ponsabilidade solidária adotando-se apenas o critério geográfico, por falta de nexo causal entre o dano ocorrido em um determinado lugar por atividade poluidora realizada em outro local. 5. [...] Portanto, (i) na falta do elemento 'abuso de direito'; (ii) não se constituindo a personalização social obstáculo ao cumprimento da obrigação de reparação ambiental; e (iii) nem comprovando-se que os sócios ou administradores têm maior poder de solvência que as sociedades, a aplicação da *disregard doctrine* não tem lugar e pode constituir, na última hipótese, obstáculo ao cumprimento da obrigação. 6. Segundo o que dispõe o artigo 3º, IV, c/c o artigo 14, § 1º, da Lei 6.938/1981, os sócios/administradores respondem pelo cumprimento da obrigação de reparação ambiental na qualidade de responsáveis em nome próprio. A responsabilidade será solidária com os entes administrados, na modalidade subsidiária. 7. A ação de reparação/recuperação ambiental é imprescritível. [...]" (STJ, REsp 200400327854, Rel. Min. João Otávio de Noronha, 2ª Turma, *DJU* 22.10.2007, p. 233).

598 | DIREITO AMBIENTAL – *Paulo de Bessa Antunes*

com respeito à legislação de proteção do meio ambiente e mediante critérios bastante rígidos de segurança, admitiu que, durante a fase de extração, são inevitáveis os resultados negativos sobre o meio ambiente.

A recuperação dos danos ambientais causados pela mineração é, precipuamente, uma atividade de *compensação*, pois raramente é possível o retorno, ao *status quo ante*, de um local que tenha sido submetido a atividades de mineração.

8. CAVERNAS

As cavernas são cavidades subterrâneas que integram o patrimônio da União, conforme expressa previsão constitucional. As chamadas cavernas são elementos muito importantes do ponto de vista ambiental e do ponto de vista turístico. É desnecessário dizer que as atividades econômicas de grande impacto ambiental e, em especial a mineração, podem causar danos às cavidades naturais.

O regime jurídico aplicável às cavidades subterrâneas está disciplinado pelo Decreto 10.935, de 12 de janeiro de 2022 que revogou o Decreto 99.556, de 1º de outubro de 1990. Anteriormente à sua revogação, o Decreto 99.556/1990, teve a sua redação alterada pelo Decreto 6.640, de 7 de novembro de 2008 que instituiu um regime mais rígido de classificação das cavidades subterrâneas com vistas à sua proteção. A nova redação do Decreto foi impugnada perante o STF que não conheceu da Ação Direta de Inconstitucionalidade[21], mantendo a proteção outorgada pela nova redação.

8.1 Proteção ao patrimônio espeleológico

O MMA, mediante a expedição da Portaria MMA 358/2009 instituiu o *"Programa Nacional de Conservação do Patrimônio Espeleológico"*, o qual a estratégia nacional de conservação e uso sustentável do patrimônio espeleológico se fundamenta nos seguintes princípios: (1) todos têm direito ao meio ambiente ecologicamente equilibrado, bem de uso comum do povo e essencial à sadia qualidade de vida, impondo-se, ao Poder Público e à coletividade, o dever de defendê-lo e de preservá-lo para as presentes e as futuras gerações; (2) onde exista evidência científica de dano irreversível à diversidade biológica, o Poder Público determinará medidas eficazes para evitar a degradação ambiental; (3) a instalação de obra ou atividade potencialmente causadora de significativa degradação do meio ambiente deverá ser precedida

---

[21] O *thema iudicandum sub judice* revela: (i) a Ação Direta de Inconstitucionalidade tem por fito a impugnação de Decreto Presidencial que determina a classificação das cavidades naturais subterrâneas brasileiras de acordo com o seu grau de relevância, definindo parâmetros para o licenciamento ambiental de empreendimentos que possam afetar tais recursos naturais; (ii) o próprio Decreto 99.556/1990, nos seus consideranda, registra ser editado tendo em vista o disposto na Lei 6.938/1981, a qual define que são recursos ambientais o subsolo e o solo, tratando do licenciamento ambiental para a proteção desses recursos nos artigos 9º, IV, 10, 11, 12 e 17-L; (iii) nenhum dispositivo do Decreto atacado realiza a alteração ou supressão de um espaço territorial especialmente protegido, bem como não se determina que as Unidades de Conservação existentes devem ser desprezadas no bojo do licenciamento ambiental de que trata o mencionado regulamento; (iv) conforme dispõe o artigo 28 da Lei 9.985/2000, "São proibidas, nas unidades de conservação, quaisquer alterações, atividades ou modalidades de utilização em desacordo com os seus objetivos, o seu Plano de Manejo e seus regulamentos", sendo que eventual descumprimento dessa proibição no caso concreto deverá ser combatido pelas vias ordinárias, e não em sede abstrata. 5. A alegação de que o Executivo desbordou dos lindes da sua competência regulamentar resolve-se no plano da legalidade, não avançando à seara constitucional senão reflexa ou indiretamente. STF, ADI 4.218 AgR, Tribunal Pleno, Rel. Min. Luiz Fux, j. 13.12.2012, Publicação: 19.02.2013.

de estudo prévio de impacto ambiental, a que se dará publicidade; e (4) o valor de uso da biodiversidade é determinado pelos valores culturais e inclui valor de uso direto e indireto, de opção de uso futuro e, ainda, valor intrínseco, incluindo os valores ecológico, geológico, genético, social, econômico, científico, educacional, cultural, recreativo e estético.

As diretrizes gerais a serem adotadas pelo Programa Nacional de Conservação do Patrimônio Espeleológico são: (1) valorização do Patrimônio Espeleológico, bem da sociedade brasileira; (2) integração de ações setoriais, por meio da descentralização de ações, do fortalecimento da ação governamental, do estabelecimento de parcerias e envolvimento dos setores interessados na implementação do Programa; (3) abordagem ecossistêmica para a gestão do Patrimônio Espeleológico, avaliando problemas, identificando soluções e propondo medidas adequadas de conservação, uso sustentável e recuperação dos recursos da geodiversidade.

8.1.1 Atribuições do Instituto Chico Mendes de Conservação da Biodiversidade – Instituto Chico Mendes

Para a implementação do Programa Nacional do Patrimônio Espeleológico, cabe ao Instituto Chico Mendes propor ao MMA: (i) articulação das ações do Programa Nacional do Patrimônio Espeleológico no âmbito do Sistema Nacional do Meio Ambiente – Sisnama e junto aos demais setores do governo e da sociedade; (ii) projetos em apoio às ações previstas no Programa Nacional do Patrimônio Espeleológico, buscando recursos financeiros; (iii) articulação com os Ministérios afetos aos temas tratados para a elaboração e encaminhamento de propostas de criação ou modificação de instrumentos legais necessários à execução do Programa Nacional do Patrimônio Espeleológico; (iv) integração de políticas setoriais visando à implementação de ações direcionadas à gestão sustentável do Patrimônio Espeleológico (conservação, utilização sustentável, avaliação de impactos); e (v) estímulo à cooperação interinstitucional e internacional para a melhoria da implementação das ações de gestão do Patrimônio Espeleológico.

Competindo-lhe ainda: (1) coordenar a elaboração do Programa, definindo as metas a serem alcançadas, o arranjo de implementação do Programa, as parcerias necessárias e os indicadores para alcance do objetivo do Programa; (2) acompanhar e avaliar a execução dos componentes do Programa Nacional do Patrimônio Espeleológico; (3) monitorar, inclusive com indicadores, a execução das ações previstas do Programa Nacional do Patrimônio Espeleológico; (4) coordenar a elaboração de Planos de Ação para o patrimônio espeleológico, decorrentes das metas estabelecidas no Programa; e (5) acompanhar, monitorar e avaliar a execução de Planos de Ação, decorrentes do detalhamento das metas do Programa.

8.2 O Decreto 10.935, de 12 de janeiro de 2022

O Decreto 10.935/2022, em sua essência, manteve as definições e determinações contidas no Decreto 99.556/1990, muito embora tenha promovido alterações que, como se verá, enfraqueceram sobremaneira a proteção conferida pela norma revogada. Estabelece o Decreto 10.935/2022 que as cavidades naturais subterrâneas existentes no território nacional deverão ser protegidas, de modo a permitir estudos e pesquisas de ordem técnico-científica, bem como atividades de cunho espeleológico, étnico-cultural, turístico, recreativo e educativo. Para os fins de aplicação da norma, cavidade natural subterrânea é *encaixante* o espaço subterrâneo acessível pelo ser humano, com ou sem abertura identificada, conhecido como caverna, gruta, lapa, toca, abismo, furna ou buraco, incluídos o seu ambiente, o conteúdo mineral e hídrico, a fauna e a flora presentes e o corpo rochoso onde se inserem, desde que tenham sido formados por processos naturais, independentemente de suas dimensões ou tipo de rocha encaixante.

600 | DIREITO AMBIENTAL – *Paulo de Bessa Antunes*

As cavidades naturais subterrâneas deverão ser classificadas conforme o grau de relevância, que é dividido em (1) máximo, (2) alto, (3) médio ou (4) baixo. A classificação é feita de acordo com análise dos atributos ecológicos, biológicos, geológicos, hidrológicos, paleontológicos, cênicos, histórico-culturais e socioeconômicos, avaliados sob enfoque regional e local, ou seja, as cavidades não são consideradas em relação ao conjunto de cavidades subterrâneas existentes em todo o território nacional, mas apenas e tão somente em relação aos níveis regional e local. Isso quer dizer que há uma valorização efetiva das cavidades, pois regional ou localmente elas podem ter uma relevância que não teriam se examinadas dentro de um contexto mais amplo. O exame dos atributos geológicos para a definição do grau de relevância é realizada pela comparação com cavidades da mesma litologia.

O (1) enfoque local é a unidade geomorfológica que apresenta continuidade espacial, a qual pode abranger feições como serras, morrotes ou sistema cárstico, o que for mais restritivo em termos de área, desde que contemplada a área de influência da cavidade natural subterrânea; e o (2) enfoque regional é a unidade espeleológica entendida como a área com homogeneidade fisiográfica, geralmente associada à ocorrência de rochas solúveis, que pode congregar diversas formas do relevo cárstico e pseudocárstico, como dolinas, sumidouros, ressurgências, vale cegos, lapiás e cavernas, delimitada por um conjunto de fatores ambientais específicos para a sua formação e que engloba, no mínimo, um grupo ou formação geológica e suas relações com o ambiente no qual se insere.

Os atributos das cavidades naturais subterrâneas se classificam, em razão de sua importância, em (1) acentuados, (2) significativos ou (3) baixos.

A cavidade natural subterrânea com grau de relevância é a que possui, no mínimo, um dos seguintes atributos:

Cavidade Natural Subterrânea – Grau de Relevância	
Grau de Relevância	**Importância dos Atributos**
Máximo	No mínimo um dos seguintes atributos: (1) gênese única na amostra regional; (2) dimensões notáveis em extensão, área ou volume; (3) espeleotemas únicos; (4) abrigo essencial para a preservação de populações de espécies animais em risco de extinção, constantes de listas oficiais; (5) hábitat essencial para a preservação de população de troglóbio raro; (6) destacada relevância histórico-cultural ou religiosa; ou seja (7) cavidade considerada abrigo essencial para manutenção permanente de congregação excepcional de morcegos, com, no mínimo, dezenas de milhares de indivíduos, e que tenha a estrutura trófica e climática de todo o seu ecossistema modificada e condicionada à presença dessa congregação.
Alto	(1) acentuada sob enfoque local e regional; ou (2) acentuada sob enfoque local e significativa sob enfoque regional
Médio	grau de relevância médio aquela cuja importância de seus atributos seja considerada, (1) acentuada sob enfoque local e baixa sob enfoque regional; ou (2) significativa sob enfoque local e regional
Baixo	(1) significativa sob enfoque local e baixa sob enfoque regional; ou (2) baixa sob enfoque local e regional

A localização, a construção, a instalação, a ampliação, a modificação e a operação de empreendimentos e atividades, considerados efetiva ou potencialmente poluidores ou degradadores de cavidades naturais subterrâneas e de sua área de influência, dependerão de licenciamento prévio emitido pelo órgão ambiental licenciador competente. Caberá ao órgão ambiental, no âmbito processo de licenciamento ambiental, avaliar e validar a proposta de classificação do grau de relevância de cavidades naturais, apresentada pelo empreendedor. O regime jurídico revogado determinava (artigo 5º-A e §§ 1º e 2º) que competia ao órgão licenciador fazer a classificação da relevância das cavernas, cabendo ao empreendedor financiar o custo de tais estudos.

Mesmo as cavidades com grau de relevância máximo não estão completamente protegidas pela regulamentação, pois na forma do artigo 4º do Decreto 10.935/2020, os impactos negativos irreversíveis podem ser autorizados pelo órgão licenciador desde que o empreendedor demonstre (1) que os impactos decorrem de atividade ou de empreendimento de utilidade pública, nos termos do disposto na alínea "b" do inciso VIII do *caput* do artigo 3º da Lei 12.651, de 25 de maio de 2012[22]; (2) a inexistência de alternativa técnica e locacional viável ao empreendimento ou à atividade proposto; (3) a viabilidade do cumprimento da medida compensatória de que trata o § 1º do artigo 4º[23]; e (4) que os impactos negativos irreversíveis não gerarão a extinção de espécie que conste na cavidade impactada.

O direito revogado não contemplava o grau de relevância máximo, todavia, o artigo 3º do Decreto 99.556/1990, não admitia que a "cavidade natural subterrânea com grau de relevância máximo e sua área de influência" fosse objeto de impacto irreversível, sendo a sua utilização autorizada somente dentro de condições que assegurem sua integridade física e a manutenção do seu equilíbrio ecológico. Há que se considera a impropriedade de admitir a prática de danos irreversíveis em cavernas com base na legislação de proteção à vegetação nativa, pois evidentemente, o Decreto ultrapassou os seus limites constitucionais, pois a Lei 12.651/2012 não trata de cavidades subterrâneas.

O § 3º do artigo 4º do Decreto 10.935/2022 determina que o órgão ambiental licenciador competente, considere "de forma equilibrada, os critérios ambientais, sociais e econômicos", quando se tratar de "inexistência de alternativa técnica e locacional viável ao empreendimento ou à atividade proposto". Sabe-se que a mineração tem a chamada "rigidez locacional", ou seja, só pode ser praticada onde exista jazimento mineral. Entretanto, quando se fala em "rigidez locacional", o sentido que tem sido utilizado não é o de "única região onde existe o mineral a ser explorado", mas de região na qual os direitos minerários de determinado empreendedor estão localizados. Há, evidentemente, uma distorção do conceito. É necessário que se chame a atenção para o fato, pois a legislação ambiental e, no caso ora examinado, a de proteção das cavernas, deve ser interpretada de forma minimalista, pois do contrário ela perde a sua natureza tutelar. Infelizmente, a prática tem demonstrado que as declarações de utilidade pública têm sido concedidas com muita facilidade.

Conforme o disposto no artigo 5º do Decreto 10.935/2022, a cavidade natural subterrânea classificada com grau de relevância alto, médio ou baixo poderá ser objeto de impactos negativos irreversíveis quando autorizado pelo órgão ambiental licenciador competente, no âmbito do licenciamento ambiental da atividade ou do empreendimento.

O empreendedor, na hipótese de impacto negativo irreversível em cavidade subterrânea com grau de relevância alto, deverá optar por uma das seguintes medidas compensatórias:

---

[22]   "Art. 3º Para os efeitos desta Lei, entende-se por: (...) VIII – utilidade pública: (...) b) as obras de infra-estrutura destinadas às concessões e aos serviços públicos de transporte, sistema viário, inclusive aquele necessário aos parcelamentos de solo urbano aprovados pelos Municípios, saneamento, gestão de resíduos, energia, telecomunicações, radiodifusão, instalações necessárias à realização de competições esportivas estaduais, nacionais ou internacionais, bem como mineração, exceto, neste último caso, a extração de areia, argila, saibro e cascalho".

[23]   "Art. 4º (...) § 1º Nas hipóteses de que trata o *caput*, o empreendedor deverá adotar medidas e ações para assegurar a preservação de cavidade natural subterrânea com atributos ambientais similares àquela que sofreu o impacto e, preferencialmente, com grau de relevância máximo e de mesma litologia."

(1) adotar medidas e ações para assegurar a preservação de duas cavidades naturais subterrâneas com o mesmo grau de relevância, de mesma litologia e com atributos ambientais similares àquela que sofreu o impacto, que serão consideradas cavidades testemunho; (2) adotar medidas e ações para assegurar a preservação de uma cavidade testemunho, conforme o disposto no inciso I do § 1º do artigo 5º do Decreto 10.935/2022, e de mais uma cavidade a ser definida pelo Instituto Chico Mendes, em comum acordo com o empreendedor; (3) adotar medidas e ações para assegurar a preservação de uma cavidade testemunho, conforme o disposto no inciso I do § 1º artigo 5º do Decreto 10.935/2022 e outras formas de compensação, definidas pelo Instituto Chico Mendes, em comum acordo com o empreendedor, observados os critérios e as diretrizes estabelecidos no artigo 8º do mesmo Decreto; ou (4) outras formas de compensação superiores às previstas no inciso III do § 1º do artigo 5º do Decreto 10.935/2022, definidas pelo Instituto Chico Mendes, em comum acordo com o empreendedor, observados os critérios e as diretrizes estabelecidos no artigo 8º.

O artigo 8º do Decreto estabelece que, sem prejuízo da aplicação dos procedimentos definidos no regulamento, a partir da data de sua entrada em vigor, ato conjunto do Ministro de Estado do Meio Ambiente, do Ministro de Estado de Minas e Energia e do Ministro de Estado de Infraestrutura, ouvidos o Instituto Chico Mendes e o Instituto Brasileiro do Meio Ambiente e dos Recursos Naturais Renováveis – Ibama, disporá sobre: (1) metodologia para a classificação do grau de relevância das cavidades naturais subterrâneas, observado o disposto no artigo 2º; (2) atributos ambientais similares; e (3) outras formas de compensação, de que tratam os incisos III e IV do § 1º do artigo 5º.

O STF, em decisão liminar concedida na ADPF 935/DF Relator: Min. Ricardo Lewandowski (Julgamento: 24.01.2022, Publicação: 25.01.2022), entendeu que:

> Como se vê, sem maiores dificuldades, o *Decreto 10.935/2022* imprimiu um verdadeiro retrocesso na legislação ambiental pátria, ao permitir – sob o manto de uma aparente legalidade – que impactos negativos, de caráter irreversível, afetem *cavernas* consideradas de máxima relevância ambiental, bem assim a sua área de influência, possibilidade essa expressamente vedada pela norma anterior. Convém notar, por relevante, que a área de influência de uma cavidade subterrânea constitui importante fonte de nutrientes dos ecossistemas subterrâneos, abrangendo bacias hidrológicas, consistindo, ademais, a circunscrição domiciliar de espécies responsáveis pela entrada de alimento nas *cavernas*, a exemplo dos morcegos. Além disso, a nova regra faz menção – como um dos requisitos de admissibilidade para a exploração desses bens naturais – a demonstração de que os possíveis impactos adversos decorrerão de empreendimento considerado de "utilidade pública", conceito juridicamente indeterminado, o qual confere, por sua amplitude e generalidade, um poder discricionário demasiadamente amplo aos agentes governamentais responsáveis pela autorização dessas atividades com claro potencial predatório. Visto isso, recordo que direito ao meio ambiente ecologicamente equilibrado (artigo 225 da CF) está intimamente relacionado com a ideia da dimensão ecológica da dignidade da pessoa humana.

A partir de tal conclusão, a cautelar foi deferida parcialmente, ad referendum do Plenário, até julgamento final, apara suspender a eficácia dos artigos 4º, I, II, III e IV e 6º do Decreto 10.935/2022, de modo a propiciar a imediata retomada dos efeitos do então revogado artigo 3º do Decreto 99.556/1990, com a redação dada pelo *Decreto* 6.640/2008, nos termos do artigo 5º, § 1º, da Lei 9.882/1999.

9. POLÍTICA NACIONAL DE SEGURANÇA DE BARRAGENS

O governo federal, mediante a edição da Lei 12.334/2010, com nova redação dada pela Lei 14.066/2020, estabeleceu a Política Nacional de Segurança de Barragens destinadas à acumulação de água para quaisquer usos, à disposição final ou temporária de rejeitos e à acumulação de resíduos industriais e criou o Sistema Nacional de Informações sobre Segurança de Barragens. A Lei ora comentada é aplicável "a barragens destinadas à acumulação de água para quaisquer usos, à disposição final ou temporária de rejeitos e à acumulação de resíduos industriais que apresentem pelo menos uma das seguintes características: (1) altura do maciço, medida do encontro do pé do talude de jusante com o nível do solo até a crista de coroamento do barramento, maior ou igual a 15 (quinze) metros; (2) capacidade total do reservatório maior ou igual a 3.000.000 m³ (três milhões de metros cúbicos); (3) reservatório que contenha resíduos perigosos conforme normas técnicas aplicáveis; (4) categoria de dano potencial associado médio ou alto, em termos econômicos, sociais, ambientais ou de perda de vidas humanas, conforme definido no artigo 7º da lei; (5) categoria de risco alto, a critério do órgão fiscalizador, conforme definido no artigo 7º da Lei.

O artigo 2º da lei estabelece as seguintes definições normativas: (1) barragem: qualquer estrutura construída dentro ou fora de um curso permanente ou temporário de água, em talvegue ou em cava exaurida com dique, para fins de contenção ou acumulação de substâncias líquidas ou de misturas de líquidos e sólidos, compreendendo o barramento e as estruturas associadas; (2) *reservatório:* acumulação não natural de água, de substâncias líquidas ou de mistura de líquidos e sólidos; (3) *segurança de barragem:* condição que vise a manter a sua integridade estrutural e operacional e a preservação da vida, da saúde, da propriedade e do meio ambiente; (4) empreendedor: pessoa física ou jurídica que detenha outorga, licença, registro, concessão, autorização ou outro ato que lhe confira direito de operação da barragem e do respectivo reservatório, ou, subsidiariamente, aquele com direito real sobre as terras onde a barragem se localize, se não houver quem os explore oficialmente; (5) *órgão fiscalizador:* autoridade do poder público responsável pelas ações de fiscalização da segurança da barragem de sua competência; (6) *gestão de risco:* ações de caráter normativo, bem como aplicação de medidas para prevenção, controle e mitigação de riscos; (7) dano potencial associado à barragem: dano que pode ocorrer devido a rompimento, vazamento, infiltração no solo ou mau funcionamento de uma barragem, independentemente da sua probabilidade de ocorrência, a ser graduado de acordo com as perdas de vidas humanas e os impactos sociais, econômicos e ambientais; (8) categoria de risco: classificação da barragem de acordo com os aspectos que possam influenciar na possibilidade de ocorrência de acidente ou desastre; (9) zona de autossalvamento (ZAS): trecho do vale a jusante da barragem em que não haja tempo suficiente para intervenção da autoridade competente em situação de emergência, conforme mapa de inundação; (10) zona de segurança secundária (ZSS): trecho constante do mapa de inundação não definido como ZAS; (11) mapa de inundação: produto do estudo de inundação que compreende a delimitação geográfica georreferenciada das áreas potencialmente afetadas por eventual vazamento ou ruptura da barragem e seus possíveis cenários associados e que objetiva facilitar a notificação eficiente e a evacuação de áreas afetadas por essa situação; (12) acidente: comprometimento da integridade estrutural com liberação incontrolável do conteúdo do reservatório, ocasionado pelo colapso parcial ou total da barragem ou de estrutura anexa; (13) incidente: ocorrência que afeta o comportamento da barragem ou de estrutura anexa que, se não controlada, pode causar um acidente; (14) desastre: resultado de evento adverso, de origem natural ou induzido pela ação humana, sobre ecossistemas e populações vulneráveis, que causa significativos danos humanos, materiais ou ambientais e prejuízos econômicos e sociais; (15) barragem descaracterizada: aquela que não opera como estrutura

604 | DIREITO AMBIENTAL – *Paulo de Bessa Antunes*

de contenção de sedimentos ou rejeitos, não possuindo características de barragem, e que se destina a outra finalidade.

O artigo 2º-A, acrescentado pela Lei 14.066/2020, proibiu a construção ou o alteamento de barragem de mineração pelo método a montante. Ficando estabelecido pelo § 1º do artigo 2º que alteamento a montante é a metodologia construtiva de barragem em que os diques de contenção se apoiam sobre o próprio rejeito ou sedimento previamente lançado e depositado. As barragens que estejam construídas a montante deverão ser descaracterizadas até 25 de fevereiro de 2022, considerada a solução técnica exigida pela entidade que regula e fiscaliza a atividade minerária e pela autoridade licenciadora do Sistema Nacional do Meio Ambiente (Sisnama). Tal prazo poderá ser prorrogado pela Agência Nacional de Mineração "em razão da inviabilidade técnica para a execução da descaracterização da barragem no período previsto, desde que a decisão, para cada estrutura, seja referendada pela autoridade licenciadora do Sisnama".

9.1   Objetivos da Política Nacional de Segurança de Barragens

O artigo 3º da PNSB estabelece os seguintes objetivos: (i) garantir a observância de padrões de segurança de barragens de maneira a reduzir a possibilidade de acidente e suas consequências; (ii) regulamentar as ações de segurança a serem adotadas nas fases de planejamento, projeto, construção, primeiro enchimento e primeiro vertimento, operação, desativação e de usos futuros de barragens em todo o território nacional; (iii) promover o monitoramento e o acompanhamento das ações de segurança empregadas pelos responsáveis por barragens; (iv) criar condições para que se amplie o universo de controle de barragens pelo poder público, com base na fiscalização, orientação e correção das ações de segurança; (v) coligir informações que subsidiem o gerenciamento da segurança de barragens pelos governos; (vi) estabelecer conformidades de natureza técnica que permitam a avaliação da adequação aos parâmetros estabelecidos pelo poder público; (vii) fomentar a cultura de segurança de barragens e gestão de riscos.

A PNSB se fundamenta nos seguintes princípios: (i) *Princípio da Prevenção:* a segurança de uma barragem deve ser considerada nas suas fases de planejamento, projeto, construção, primeiro enchimento e primeiro vertimento, operação, desativação e de usos futuros; a segurança de uma barragem influi diretamente na sua sustentabilidade e no alcance de seus potenciais efeitos sociais e ambientais; (ii) *Princípio da Participação:* a população deve ser informada e estimulada a participar, direta ou indiretamente, das ações preventivas e emergenciais; (iii) *Princípio da Responsabilidade:* o empreendedor é o responsável legal pela segurança da barragem, cabendo-lhe o desenvolvimento de ações para garanti-la.

O Poder de Polícia administrativa sobre as barragens é bastante complexo, sendo da titularidade de diferentes órgãos da administração pública. Desdobrando-se da seguinte forma: (i) entidade que outorgou o direito de uso dos recursos hídricos, observado o domínio do corpo hídrico, quando o objeto for de acumulação de água, exceto para fins de aproveitamento hidrelétrico; (ii) entidade que concedeu ou autorizou o uso do potencial hidráulico, quando se tratar de uso preponderante para fins de geração hidrelétrica; (iii) entidade outorgante de direitos minerários para fins de disposição final ou temporária de rejeitos; (iv) entidade que forneceu a licença ambiental de instalação e operação para fins de disposição de resíduos industriais.

Conforme disposto no artigo 16 da PNSB, o órgão fiscalizador, no âmbito de suas atribuições legais, é obrigado a: (1) manter cadastro das barragens sob sua jurisdição, com identificação dos empreendedores, para fins de incorporação ao SNISB; (2) exigir do empreendedor a anotação de responsabilidade técnica, por profissional habilitado pelo Sistema

Conselho Federal de Engenharia e Agronomia (Confea)/Conselho Regional de Engenharia e Agronomia (Crea), dos estudos, planos, projetos, construção, inspeção e demais relatórios citados na lei; (3) exigir do empreendedor o cumprimento das recomendações contidas nos relatórios de inspeção e revisão periódica de segurança; (4) articular-se com outros órgãos envolvidos com a implantação e a operação de barragens no âmbito da bacia hidrográfica; (5) exigir do empreendedor o cadastramento e a atualização das informações relativas à barragem no SNISB.

Cabe ao órgão fiscalizador informar imediatamente à autoridade licenciadora do Sisnama e ao órgão de proteção e defesa civil a ocorrência de desastre ou acidente nas barragens sob sua jurisdição, bem como qualquer incidente que possa colocar em risco a segurança da estrutura. Por sua vez, o empreendedor da barragem obriga-se a: (1) prover os recursos necessários à garantia de segurança da barragem e, em caso de acidente ou desastre, à reparação dos danos à vida humana, ao meio ambiente e aos patrimônios público e privado, até a completa descaracterização da estrutura; (2) providenciar, para novos empreendimentos, a elaboração do projeto final como construído; (3) organizar e manter em bom estado de conservação as informações e a documentação referentes ao projeto, à construção, à operação, à manutenção, à segurança e, quando couber, à desativação da barragem; (4) informar ao respectivo órgão fiscalizador qualquer alteração que possa acarretar redução da capacidade de descarga da barragem ou que possa comprometer a sua segurança; (5) manter serviço especializado em segurança de barragem, conforme estabelecido no Plano de Segurança da Barragem; (6) permitir o acesso irrestrito do órgão fiscalizador, da autoridade licenciadora do Sisnama, do órgão de proteção e defesa civil e dos órgãos de segurança pública ao local da barragem e das instalações associadas e à sua documentação de segurança; (7) elaborar e atualizar o Plano de Segurança da Barragem, observadas as recomendações dos relatórios de inspeção de segurança e das revisões periódicas de segurança, e encaminhá-lo ao órgão fiscalizado; (8) realizar as inspeções de segurança; (9) elaborar as revisões periódicas de segurança; (10) elaborar o PAE, quando exigido, e implementá-lo em articulação com o órgão de proteção e defesa civil; (11) manter registros dos níveis dos reservatórios, com a respectiva correspondência em volume armazenado, bem como das características químicas e físicas do fluido armazenado, conforme estabelecido pelo órgão fiscalizador; (12) manter registros dos níveis de contaminação do solo e do lençol freático na área de influência do reservatório, conforme estabelecido pelo órgão fiscalizador; (13) cadastrar e manter atualizadas as informações relativas à barragem no SNISB; (14) notificar imediatamente ao respectivo órgão fiscalizador, à autoridade licenciadora do Sisnama e ao órgão de proteção e defesa civil qualquer alteração das condições de segurança da barragem que possa implicar acidente ou desastre; (15) executar as recomendações das inspeções regulares e especiais e das revisões periódicas de segurança; (16) manter o Plano de Segurança da Barragem atualizado e em operação até a completa descaracterização da estrutura; (17) elaborar mapa de inundação, quando exigido pelo órgão fiscalizador; (18) avaliar, previamente à construção de barragens de rejeitos de mineração, as alternativas locacionais e os métodos construtivos, priorizando aqueles que garantam maior segurança; (19) apresentar periodicamente declaração de condição de estabilidade de barragem, quando exigida pelo órgão fiscalizador; (20) armazenar os dados de instrumentação da barragem e fornecê-los ao órgão fiscalizador periodicamente e em tempo real, quando requerido; (21) não apresentar ao órgão fiscalizador e às autoridades competentes informação, laudo ou relatório total ou parcialmente falsos, enganosos ou omissos; (22) cumprir as determinações do órgão fiscalizador nos prazos por ele fixados.

Quando se tratar de reservatórios de aproveitamento hidrelétrico, a alteração que possa acarretar redução da capacidade de descarga da barragem ou que possa comprometer a sua segurança, também deverá ser informada ao Operador Nacional do Sistema Elétrico (ONS).

606 DIREITO AMBIENTAL – *Paulo de Bessa Antunes*

O órgão licenciador das barragens, sem prejuízo das prerrogativas da autoridade licenciadora do Sisnama, pode exigir, nos termos do regulamento, a apresentação não cumulativa de caução, seguro, fiança ou outras garantias financeiras ou reais para a reparação dos danos à vida humana, ao meio ambiente e ao patrimônio público, pelo empreendedor de: I – barragem de rejeitos de mineração ou resíduos industriais ou nucleares classificada como de médio e alto risco ou de médio e alto dano potencial associado; II – barragem de acumulação de água para fins de aproveitamento hidrelétrico classificada como de alto risco.

A PNSB é dotada dos seguintes instrumentos: (i) sistema de classificação de barragens por categoria de risco e por dano potencial associado; (ii) Plano de Segurança de Barragem; (iii) Sistema Nacional de Informações sobre Segurança de Barragens (SNISB); (iv) Sistema Nacional de Informações sobre o Meio Ambiente (Sinima); (v) Cadastro Técnico Federal de Atividades e Instrumentos de Defesa Ambiental; (vi) Cadastro Técnico Federal de Atividades Potencialmente Poluidoras ou Utilizadoras de Recursos Ambientais; (vii) Relatório de Segurança de Barragens. É importante notar que os itens iv, v, vi e vii também são instrumentos da PNMA. O que denota uma tentativa do legislador em promover a integração da PNSB com a PNMA, o que é saudável. Para o exercício do poder de polícia, a Lei da PNSB prevê uma classificação das barragens segundo o grau de risco de cada uma delas, de acordo com o dano potencial e pelo volume, conforme critérios gerais estabelecidos pelo Conselho Nacional de Recursos Hídricos (CNRH). As categorias de risco são: (i) alto, (ii) médio ou (iii) baixo e é feita conforme as (i) características técnicas, o (ii) estado de conservação do empreendimento e o (iii) atendimento ao Plano de Segurança da Barragem. Para a classificação do grau de risco (dano potencial), a Administração deverá levar em conta o (i) potencial de perdas de vidas humanas e dos (ii) impactos econômicos, sociais e ambientais decorrentes da ruptura da barragem.

9.2 Plano de Segurança da Barragem

As barragens devem adotar o Plano de Segurança da Barragem, o qual deverá conter: (i) a identificação do empreendedor; (ii) os dados técnicos referentes à implantação do empreendimento, inclusive, no caso de empreendimentos construídos após a promulgação da PNSB, do projeto como construído, bem como aqueles necessários para a operação e manutenção da barragem; (iii) a estrutura organizacional e qualificação técnica dos profissionais da equipe de segurança da barragem; (iv) os manuais de procedimentos dos roteiros de inspeções de segurança e de monitoramento e relatórios de segurança da barragem; (v) regra operacional dos dispositivos de descarga da barragem; (vi) a indicação da área do entorno das instalações e seus respectivos acessos, a serem resguardados de quaisquer usos ou ocupações permanentes, exceto aqueles indispensáveis à manutenção e à operação da barragem; (vii) o Plano de Ação de Emergência (PAE), quando exigido; (viii) relatórios das inspeções de segurança; (ix) a previsão de revisões periódicas de segurança.

É da atribuição do órgão fiscalizador definir a periodicidade dentro da qual será feita a atualização, a qualificação do responsável técnico, o conteúdo mínimo e o nível de detalhamento dos planos de segurança. Uma vez realizadas as inspeções periódicas da barragem, deverá o empreendedor contemplar as exigências formuladas pelo órgão de fiscalização nas atualizações do Plano de Segurança. Em tal contexto é importante observar que as inspeções de segurança, as quais se dividem em (i) regular e (ii) especial, terão a sua periodicidade, a qualificação da equipe responsável, o conteúdo mínimo e o nível de detalhamento definidos pelo órgão fiscalizador em função da categoria de risco e do dano potencial associado à barragem. Cabe à própria equipe de segurança da barragem a realização da inspeção de segurança regular, cujo relatório deverá ficar disponível ao órgão fiscalizador e à sociedade civil. Por sua vez, a inspeção de segurança especial será elaborada, conforme orientação do órgão fiscalizador, por equipe multidisciplinar de especialistas, em função da categoria de risco e do dano potencial associado à barragem, nas fases de construção, operação e desativação, devendo considerar as alterações das condições a montante e a jusante da barragem, sendo certo que os relatórios das inspeções de segurança deverão indicar as ações a serem adotadas pelo empreendedor com vistas à manutenção da segurança da barragem. Além do mais, deverá ser realizada Revisão Periódica de Segurança de Barragem cujo objetivo é a verificação do estado geral de segurança da barragem, considerando o atual estado da arte para os critérios de projeto, a atualização dos dados hidrológicos e as alterações das condições a montante e a jusante da barragem. A Revisão Periódica de Segurança de Barragem deverá indicar as ações a serem tomadas pelo empreendedor. Compete ao órgão de fiscalização estabelecer (i) a periodicidade; (ii) a qualificação técnica da equipe responsável; (iii) o conteúdo mínimo e o nível de detalhamento da revisão periódica de segurança em função da categoria de risco e do dano potencial associado à barragem.

Um dos principais, senão o principal, objetivos da Revisão Periódica de Segurança de Barragem é indicar as ações a serem adotadas pelo empreendedor para a manutenção da segurança da barragem, devendo contemplar: (i) o exame de toda a documentação da barragem, em especial dos relatórios de inspeção; (ii) o exame dos procedimentos de manutenção e operação adotados pelo empreendedor; (iii) a análise comparativa do desempenho da barragem em relação às revisões efetuadas anteriormente.

As barragens classificadas na categoria de dano potencial alto poderão ser exigidas a elaborar PAE, o qual estabelecerá as ações a serem executadas pelo empreendedor da barragem em caso de situação de emergência, bem como identificará os agentes a serem notificados dessa ocorrência, contemplando, no mínimo: (i) a identificação e análise das possíveis situações de emergência; (ii) os procedimentos para identificação e notificação de mau funcionamento ou de condições potenciais de ruptura da barragem; (iii) os procedimentos preventivos e corretivos a serem adotados em situações de emergência, com indicação do responsável pela ação; (iv) a estratégia e meio de divulgação e alerta para as comunidades potencialmente afetadas em situação de emergência. O PAE deve estar disponível no empreendimento e nas prefeituras envolvidas, bem como ser encaminhado às autoridades competentes e aos organismos de defesa civil.

9.2.1   *Sistema Nacional de Informações sobre Segurança de Barragens (SNISB)*

A PNSB, em seu artigo 13, criou o Sistema Nacional de Informações sobre Segurança de Barragens (SNISB), para fins de registro informatizado das condições de segurança de barragens em todo o território nacional. Tal SNISB compreende sistema de coleta, tratamento, armazenamento e recuperação de suas informações sobre barragens em construção, em operação e desativadas. O SINSB é estruturado com base nos seguintes princípios: (i) descentralização da obtenção e produção de dados e informações; (ii) coordenação unificada do sistema; (iii) acesso a dados e informações garantido a toda a sociedade.

A PNSB, em seu artigo 15, deu especial atenção à educação e à comunicação sobre a segurança de barragens, sendo certo que deverá ser estabelecido *programa de educação e de comunicação sobre segurança de barragem*, com o objetivo de conscientizar a sociedade da importância da segurança de barragens e de desenvolver cultura de prevenção a acidentes e desastres, que deverá contemplar as seguintes medidas: (1) apoio e promoção de ações descentralizadas para conscientização e desenvolvimento de conhecimento sobre segurança de barragens; (2) elaboração de material didático; (3) manutenção de sistema de divulgação sobre

608 | DIREITO AMBIENTAL – *Paulo de Bessa Antunes*

a segurança das barragens sob sua jurisdição; (4) promoção de parcerias com instituições de ensino, pesquisa e associações técnicas relacionadas à engenharia de barragens e áreas afins; (5) disponibilização anual do Relatório de Segurança de Barragens.

A barragem que não estiver conforme os requisitos de segurança nos termos da legislação pertinente deverá ser recuperada ou desativada pelo seu empreendedor, o qual deverá comunicar ao órgão fiscalizador as providências adotadas. A recuperação ou a desativação (descomissionamento) da barragem deverá ser objeto de projeto específico. Nos casos de omissão ou inação do empreendedor, o órgão fiscalizador poderá tomar medidas com vistas à minimização de riscos e de danos potenciais associados à segurança da barragem, *devendo os custos dessa ação ser ressarcidos pelo empreendedor.*

9.3 Sanções

A Lei 14.066/2020 determinou a inclusão no texto da PNSB do Capítulo V-A, que deu tratamento amplo às infrações e suas sanções administrativas.

O artigo 17-A da Lei 12.334/2010 estabelece que: "Sem prejuízo das cominações na esfera penal e da obrigação de, independentemente da existência de culpa, reparar os danos causados, considera-se infração administrativa o descumprimento pelo empreendedor das obrigações estabelecidas nesta Lei, em seu regulamento ou em instruções dela decorrentes emitidas pelas autoridades competentes". As autoridades competentes para lavrar auto de infração e instaurar processo administrativo são os servidores dos órgãos fiscalizadores e das autoridades competentes do Sisnama. É certo que qualquer pessoa, ao constatar infração administrativa, pode dirigir representação à autoridade competente, para fins do exercício do seu poder de polícia. Em tal hipótese, a autoridade competente que tiver conhecimento de infração administrativa é obrigada a promover a sua apuração imediata, mediante processo administrativo próprio, sob pena de corresponsabilidade. Devendo a apuração ser feita em processo administrativo próprio, assegurado o direito à ampla defesa e ao contraditório.

Conforme o disposto no artigo 17-B, "o processo administrativo para apuração de infração prevista no artigo 17-A desta Lei deve observar os seguintes prazos máximos: I – 20 (vinte) dias para o infrator oferecer defesa ou impugnação contra o auto de infração, contados da data da ciência da autuação; II – 30 (trinta) dias para a autoridade competente julgar o auto de infração, contados da data da sua lavratura, apresentada ou não a defesa ou impugnação; III – 20 (vinte) dias para o infrator recorrer da decisão condenatória à instância superior da autoridade competente; IV – 5 (cinco) dias para o pagamento de multa, contados da data do recebimento da notificação".

As penalidades às quais o infrator está sujeito são as tipificadas no artigo 17-C, a saber: (1) advertência; (2) multa simples; (3) multa diária; (4) embargo de obra ou atividade; (5) demolição de obra; (6) suspensão parcial ou total de atividades; (7) apreensão de minérios, bens e equipamentos; (8) caducidade do título; (9) sanção restritiva de direitos. Na aplicação das sanções, a autoridade deverá levar em conta: (1) a gravidade do fato, considerados os motivos da infração e suas consequências para a sociedade e para o meio ambiente; (2) os antecedentes do infrator quanto ao cumprimento da legislação de segurança de barragens; (3) a situação econômica do infrator, no caso de multa.

Caso o infrator cometa, simultaneamente, 2 (duas) ou mais infrações, devem ser aplicadas, cumulativamente, as sanções a elas cominadas.

A advertência deve ser aplicada pela inobservância das disposições da PNSB e da legislação correlata em vigor, ou de regulamentos e instruções, sem prejuízo das demais sanções previstas no artigo 17-C. A multa simples é aplicada sempre que o agente, por culpa ou dolo:

Capítulo 21 · MINERAÇÃO | 609

(1) deixar de sanar, no prazo assinalado pela autoridade competente, irregularidades praticadas pelas quais tenha sido advertido; ou (2) opuser embaraço à fiscalização da autoridade competente.

A multa simples poderá ser convertida em serviços socioambientais, a critério da autoridade competente, na bacia hidrográfica onde o empreendimento se localiza, sem prejuízo da responsabilidade do infrator de, independentemente da existência de culpa, reparar os danos causados. A multa diária é aplicada sempre que o cometimento da infração se prolongar no tempo. A suspensão parcial ou total de atividades é aplicada quando a instalação ou a operação da barragem não obedecer às prescrições legais, de regulamento ou de instruções das autoridades competentes.

As sanções de (1) apreensão de minérios, bens e equipamentos e (2) caducidade do título são aplicadas pela entidade outorgante de direitos minerários.

As sanções restritivas de direito são: (1) suspensão de licença, de registro, de concessão, de permissão ou de autorização; (2) cancelamento de licença, de registro, de concessão, de permissão ou de autorização; (3) perda ou restrição de incentivos e de benefícios fiscais; (4) perda ou suspensão da participação em linhas de financiamento em estabelecimentos oficiais de crédito.

O valor das multas, de acordo com o disposto no artigo 17-E deve ser fixado por regulamento e atualizado periodicamente, com base nos índices estabelecidos na legislação pertinente, observado o mínimo de R$ 2.000,00 (dois mil reais) e o máximo de R$ 1.000.000.000,00 (um bilhão de reais).

O artigo 22 da PNSB estabelece que "*o descumprimento dos dispositivos desta Lei sujeita os infratores às penalidades estabelecidas na legislação pertinente*". Cuida-se de uma cláusula geral a qual expressa uma péssima orientação normativa que, seguidamente, vem sendo adotada na legislação de proteção ao meio ambiente, deixando obscuras as normas aplicáveis. Melhor teria andado o legislador se tivesse estabelecido na própria PNSB as sanções aplicáveis em caso de sua inobservância.

Capítulo 22
AGROTÓXICOS

Acesse e assista à aula explicativa sobre este assunto.
> http://uqr.to/1b2hz

1. SUBSTÂNCIAS TÓXICAS

O controle das substâncias tóxicas encontra o seu fundamento constitucional no inciso V do § 1º do artigo 225 combinado com o artigo 200 da Lei Fundamental. Além disso, tais substâncias estão submetidas ao poder de polícia. É necessário estruturar um sistema de controle de substâncias tóxicas capaz de diminuir o risco que elas representam para a vida humana. Embora não haja maior dificuldade na compreensão dessa necessidade, a sua concretização não é muito simples. A preocupação com os produtos tóxicos é recente. Foi somente com o aparecimento do livro *Silent Spring,* da escritora Rachel Carson, que o problema ganhou dimensão planetária. Isso ocorreu no ano de 1962, nos Estados Unidos da América. O livro foi o primeiro libelo contra a poluição causada por produtos químicos, notadamente pelos pesticidas. *Silent Spring* alcançou a notável marca de meio milhão de exemplares vendidos, tendo permanecido por 31 semanas na lista de *best-sellers* do *New York Times* (McCORNICK, 1992).

É importante observar que antes da publicação de *Silent Spring* os "acidentes" com produtos tóxicos não mereciam maior atenção das autoridades ou mesmo da opinião pública: a inquietação difundida pelos efeitos da precipitação nuclear e pelas advertências de *Silent Spring* se combinou no período de 1966-1972 com uma série de desastres ambientais – acontecimentos que figuraram em manchetes de jornal e tiveram um efeito catalisador sobre os temores ambientais. Houve desastres ambientais comparáveis antes, alguns deles em passado muito recente. Em 1948, por exemplo, vinte pessoas morreram e 43% da população de Donora, Pensilvânia, caíram doentes em consequência de um nevoeiro sulfuroso. Uma mistura de nevoeiro e fumaça (o *smog*) típica do inverno desceu sobre Londres entre 5 e 10 de dezembro de 1952, tendo sido responsável, segundo o Conselho do Condado de Londres, pela morte imediata de 445 pessoas; ao todo, mais de quatro mil pessoas morreram, a maioria por condições circulatórias e respiratórias de longo prazo provocadas pelo nevoeiro. O acontecimento foi diretamente responsável pela aprovação na Grã-Bretanha da Lei do Ar Limpo, em 1956 (McCORNICK, 1992).

Convém, no entanto, que não sejam esquecidas as palavras de Jean Dorst (1973, p. 205): "Trata-se, na realidade, de um assunto extraordinariamente complexo, e é muito difícil ter atualmente uma visão serena e objetiva. Demasiados interesses materiais e financeiros – indústria química, produção agrícola – e demasiados sentimentalismos e conclusões apressadas complicaram um problema sobre o qual, no entanto, já possuímos atualmente uma série de informações provenientes de um número crescente de experiências e observações. As conclusões conduziram, frequentemente, a posições extremadas em que a impulsividade de uns se opunha aos interesses materiais de outros".

O Brasil é um grande produtor agrícola, ostentando a 4ª posição mundial na produção de grãos (arroz, cevada, soja, milho e trigo), tendo à sua frente a China, os Estados Unidos e a Índia, respondendo por cerca de 7,8% da produção global. No ano de 2020 foram produzidas 239 milhões de toneladas de grãos e exportadas 123 milhões.[1] A agricultura baseada em produtos químicos é, ainda, responsável pela imensa maioria da produção, haja vista que a agricultura orgânica, embora crescente, é modesta. Entre 2000 e 2017, a área agricultável mundial destinada a cultivos orgânicos cresceu 365%, cerca de 10% ao ano. Em números absolutos, a agricultura orgânica saltou de 15 milhões de hectares para 69,8 milhões de hectares no período. Deste total, 51% da área agrícola destinada à produção orgânica está na Oceania, seguida pela Europa (21%), América Latina (11%), Ásia (9%), América do Norte (5%) e África (3%). Em 2017, somente 1,4% da área agricultável do mundo é destinada a cultivos orgânicos.[2]

Em 2017, o Brasil ocupava o 12º lugar entre os 20 países com as maiores áreas de produção orgânica. É o maior produtor de arroz orgânico da América Latina, com mais de 27 mil toneladas anuais, lidera a produção mundial de açúcar orgânico e é o país com mais colmeias (quase 900 mil). Apesar disso, existem entraves para o crescimento da produção orgânica no Brasil, tais como a elevada concentração da propriedade rural e o predomínio de monoculturas que limitam o aumento da conversão de áreas cultiváveis em orgânicos, bem como a maior diversificação produtiva, a conservação de sementes crioulas, além do reduzido investimento em pesquisas, a difusão de estudos, experiências e inovações tecnológicas. A área ocupada com a produção orgânica cresce em média 2% ao ano no país. Em 2018, havia mais de 22 mil unidades de produção orgânica certificadas, frente a pouco mais de 5 mil em 2010, segundo o Cadastro Nacional de Produtores Orgânicos do Ministério da Agricultura, Pecuária e Abastecimento (Mapa).[3]

Em relação à segurança dos produtos, vale mencionar a Lei 14.515/2022, que dispõe, dentre outras coisas, sobre programas de autocontrole dos agentes privados regulados pela defesa agropecuária e sobre a organização e os procedimentos aplicados pela defesa agropecuária aos agentes das cadeias produtivas do setor agropecuário. A lei determina que os agentes privados regulados pela legislação relativa à defesa agropecuária desenvolverão programas de autocontrole com o objetivo de garantir a inocuidade, a identidade, a qualidade e a segurança dos seus produtos. Eles deverão garantir a implantação, a manutenção, o monitoramento e a verificação dos programas de autocontrole que conterão: (1) registros sistematizados e auditáveis do processo produtivo, desde a obtenção e a recepção da matéria-prima, dos ingredientes e dos insumos até a expedição do produto final; (2) previsão de recolhimento de lotes, quando identificadas deficiências ou não conformidades no produto agropecuário que

---

[1] Disponível em: https://g1.globo.com/economia/agronegocios/noticia/2021/06/01/brasil-e-o-4o--maior-produtor-de-graos-atras-da-china-eua-e-india-diz-estudo.ghtml. Acesso em: 23 jun. 2022.

[2] Disponível em: http://repositorio.ipea.gov.br/bitstream/11058/9678/1/TD_2538.pdf. Acesso em: 23 jun. 2022.

[3] Disponível em: https://www.ipea.gov.br/portal/index.php?option=com_content&view=article&id=35326. Acesso em: 23 jun. 2022.

possam causar riscos à segurança do consumidor ou à saúde animal e à sanidade vegetal; e (3) descrição dos procedimentos de autocorreção.

2. AGROTÓXICOS

Os produtos químicos utilizados na agricultura brasileira são denominados genericamente como agrotóxicos, como forma de ressaltar os seus aspectos nocivos. A palavra agrotóxico foi cunhada no Brasil pelo Professor Adilson Paschoal em 1977. Anteriormente, os produtos químicos utilizados na agricultura eram denominados como pesticida, praguicida, defensivo agrícola e biocida. A denominação "agrotóxico" foi motivo de críticas do setor agrícola.

O PL 6.299/2002 deu início a processo de alteração que altera os artigos 3º e 9º da Lei 7.802/1989, de forma a denominar os agrotóxicos como "pesticidas" ou "produtos de controle ambiental". A conversão do PL na Lei 14.785/2023 levou à revogação da Lei 7.802/1989. A partir da definição de pesticida como: "produtos e agentes de processos físicos, químicos ou biológicos, destinados ao uso nos setores de produção, no armazenamento e beneficiamento de produtos agrícolas, nas pastagens ou na proteção de florestas plantadas, cuja finalidade seja alterar a composição da flora ou da fauna, a fim de preservá-las da ação danosa de seres vivos considerados nocivos" e produtos de controle ambiental como: "produtos e agentes de processos físicos, químicos ou biológicos, destinados ao uso nos setores de proteção de florestas nativas ou de outros ecossistemas e de ambientes hídricos, cuja finalidade seja alterar a composição da flora ou da fauna, a fim de preservá-las da ação danosa de seres vivos considerados nocivos". A proposta é radical, pois mascara a ação deletéria dos produtos químicos, induzindo a crença de que eles não são nocivos. Obviamente, não se desconhece a importância que os agrotóxicos ainda exercem na produção agrícola, todavia, mascarar-lhes os efeitos nocivos é inadequado e contraproducente.[4]

A inadequada utilização dos agrotóxicos representa um dos mais graves problemas de poluição causada por produtos químicos. As suas implicações são muito graves, pois abrangem área que oscila desde a produção de alimentos e da sua qualidade até a saúde humana afetada, seja pelos próprios agrotóxicos, seja pelo consumo de alimentos contaminados.

A aplicação dos agrotóxicos por lavradores com baixo nível de escolaridade e cultura formal tem gerado um explosivo coquetel de agrotóxicos e doenças causadas por intoxicação.

A problemática dos agrotóxicos é complexa, pois implica, inclusive, questões referentes à economia nacional, autossuficiência de alimentos, pauta de exportações e saúde pública. Deve ser observado que, ainda hoje, a agricultura sem produtos químicos é apenas uma esperança, haja vista que se logrou, até aqui, uma produção agrícola de grande escala que seja isenta de produtos químicos; mesmo a agricultura transgênica demanda certo grau de utilização de produtos químicos.

2.1 A Lei 14.785/2023

A Lei 14.785/2023 é responsável pela regulação geral dos agrotóxicos no Brasil. A competência legislativa em matéria de agrotóxicos, seus componentes e afins é definida na Constituição Federal e na própria Lei 14.785/2023.

---

[4] Disponível em: https://reporterbrasil.org.br/2019/01/agrotoxico-veneno-defensivo-entenda-a--disputa-pelo-nome-desses-produtos-agricolas/. Acesso em: 23 jun. 2022.

A União é competente para: (1) legislar sobre a produção, o registro, o comércio interestadual, a exportação, a importação, o transporte, a classificação e o controle tecnológico e toxicológico; (2) controlar e fiscalizar os estabelecimentos de produção, de importação e de exportação; (3) analisar e homologar a análise de risco dos agrotóxicos e dos produtos de controle ambiental, de seus componentes e afins, nacionais e importados, facultada a solicitação de complementação de informações; (4) controlar e fiscalizar a produção, a exportação e a importação. Cabe, ainda, à União apoiar às ações de controle e de fiscalização à unidade da Federação que não disponha dos meios necessários.

Aos Estados e ao Distrito Federal compete, nos termos dos artigos 23 e 24 da CF, legislar supletivamente sobre o uso, a produção, o consumo, o comércio e o armazenamento dos agrotóxicos e dos produtos de controle ambiental, de seus componentes e afins, bem como fiscalizar o uso, o consumo, o comércio, o armazenamento e o transporte interno deles. Aos Municípios compete, nos termos do inciso II do artigo 30 da CF, legislar supletivamente sobre o uso e o armazenamento dos agrotóxicos e dos produtos de controle ambiental, de seus componentes e afins.

O artigo 10 da Lei estabelece uma competência fiscalizatória genérica do "poder público" quanto: à (1) devolução e da destinação adequada de embalagens vazias de agrotóxicos, de produtos de controle ambiental e afins, de produtos apreendidos pela ação fiscalizadora e daqueles impróprios para utilização ou em desuso; ao (2) armazenamento, o transporte, a reciclagem, a reutilização e a inutilização das embalagens vazias dos produtos referidos no inciso I do artigo.

A fiscalização estadual e a municipal, para o exercício de suas tarefas, deverá se apoiar nos "dados existentes no registro dos órgãos federais".

Parágrafo único. A publicação do registro dos agrotóxicos, dos produtos de controle ambiental e afins no sítio eletrônico do órgão federal registrante autoriza a comercialização e o uso nos Estados e no Distrito Federal.

2.2 Repartições de Competências Administrativas no Interior da Administração Federal

São vários os órgãos federais envolvidos na regulamentação, registro e fiscalização dos defensivos agrícolas (agrotóxicos). O artigo 5º da Lei 14.785/2023 determina competir ao órgão federal responsável pelo setor da agricultura: (1) analisar propostas de edição e de alteração de atos normativos sobre as matérias tratadas na lei e promover ajustes e adequações considerados cabíveis quanto aos agrotóxicos; (2) apoiar tecnicamente os órgãos competentes no processo de investigação de acidentes e de enfermidades verificados nas atividades com uso de agrotóxicos, de produtos técnicos e afins; (3) autorizar e emitir o documento eletrônico de RET[5] para a realização de pesquisa e desenvolvimento de novos agrotóxicos, de novos produtos técnicos e afins e estabelecer as medidas de segurança que deverão ser adotadas, bem como auditar os registros já expedidos; (4) conceder os registros e as autorizações de agrotóxicos para os fins previstos no artigo 1º; (5) dar publicidade no seu sítio eletrônico aos pleitos de registro de agrotóxicos em até 30 (trinta) dias após a submissão pelo registrante, bem como à conclusão das avaliações; (6) definir e estabelecer prioridades de análise dos pleitos de registro de agrotóxicos para os órgãos federais responsáveis pelos setores da saúde e do meio

---

[5] Registro Especial Temporário (RET): ato privativo do órgão registrante, destinado a atribuir o direito de importar, de produzir e de utilizar agrotóxico, produto de controle ambiental ou afim para finalidades específicas em pesquisa e desenvolvimento, por tempo determinado, podendo conferir o direito de importar ou de produzir a quantidade necessária à pesquisa e à experimentação.

ambiente; (7) analisar e homologar os pareceres técnicos apresentados nos pleitos de registro de produtos técnicos,[6] de produtos equivalentes, de pré-misturas,[7] de produtos formulados[8] e de produtos genéricos,[9] conforme as análises de risco à saúde e ao meio ambiente, e divulgar em seu sítio eletrônico; (8) monitorar conjuntamente com o órgão federal responsável pelo setor da saúde os resíduos de agrotóxicos em produtos de origem vegetal.

Ao órgão federal responsável pelo setor da saúde compete: (1) apoiar tecnicamente os órgãos competentes no processo de investigação de acidentes e de enfermidades verificados nas atividades com uso de agrotóxicos, de produtos de controle ambiental e afins; (2) elaborar e manter as monografias referentes aos ingredientes ativos e dar-lhes publicidade; (3) estabelecer exigências para a elaboração dos dossiês de toxicologia ocupacional e dietética; (4) analisar e homologar a avaliação de risco toxicológico apresentada pelo requerente dos agrotóxicos, dos produtos de controle ambiental, dos produtos técnicos e afins, facultada a solicitação de complementação de informações; (5) priorizar as análises dos pleitos de registros de agrotóxicos e de produtos de controle ambiental conforme estabelecido pelo órgão registrante.

Ao órgão federal responsável pelo setor do meio ambiente compete: (1) apoiar tecnicamente os órgãos competentes no processo de investigação de acidentes de natureza ambiental verificados nas atividades com uso de agrotóxicos, de produtos de controle ambiental e afins; (2) estabelecer exigências para a elaboração dos dossiês de ecotoxicologia; (3) analisar e homologar a análise de risco ambiental apresentada pelo requerente dos agrotóxicos, dos produtos de controle ambiental e afins, facultada a solicitação de complementação de informações; (4) priorizar as análises dos pleitos de registros de agrotóxicos e de produtos de controle ambiental conforme estabelecido pelo órgão registrante; (5) analisar propostas de edição e de alteração de atos normativos sobre as matérias tratadas nesta Lei e promover ajustes e adequações considerados cabíveis quanto aos produtos de controle ambiental; (6) autorizar e emitir o documento eletrônico de RET para a realização de pesquisa e desenvolvimento de novos produtos de controle ambiental, de novos produtos técnicos e afins e estabelecer as medidas de segurança que deverão ser adotadas, bem como auditar os registros já expedidos; (7) conceder os registros e as autorizações de produtos de controle ambiental para os fins previstos no artigo 1º; (8) dar publicidade no seu sítio eletrônico aos pleitos de registro de produtos de controle ambiental em até 30 (trinta) dias após a submissão pelo registrante, bem como à conclusão das avaliações; (9) definir e estabelecer prioridades de análise dos pleitos de registro dos produtos de controle ambiental; (10) priorizar as análises dos pleitos de registro dos agrotóxicos conforme estabelecido pelo órgão registrante.

A Lei 14.785/2023 ainda não foi regulamentada,[10] por tal motivo permanece vigente o Decreto 4.074/2002, salvo no que contrariar a lei de regência.

---

[6] Produto técnico: produto obtido diretamente de matérias-primas por processo físico ou químico isolado ou em mistura com biológicos destinado à obtenção de produtos formulados ou de pré--misturas e cuja composição contém teor definido de ingrediente ativo e de impurezas, podendo conter estabilizantes e produtos relacionados, tais como isômeros.

[7] Pré-mistura: produto obtido a partir de produto técnico, por intermédio de processos físicos ou químicos isolados ou em mistura com biológicos, destinado exclusivamente à preparação de produtos formulados.

[8] Produto formulado: agrotóxico, produto de controle ambiental ou afim obtido a partir de produto técnico ou de pré-mistura, por intermédio de processo físico, ou diretamente de matérias-primas, por meio de processos físicos ou químicos isolados ou em mistura com biológicos.

[9] Produto genérico: agrotóxico, produto de controle ambiental ou afim formulado exclusivamente a partir de produto técnico equivalente.

[10] Fevereiro de 2025.

616 DIREITO AMBIENTAL – *Paulo de Bessa Antunes*

Os artigos 2º, 3º, 4º, 5º, 6º e 7º do Decreto 4.074/2002, alguns com nova redação dada pelo Decreto 10.833/2021, regulamentaram as competências como se segue:

Aos Ministérios da Agricultura, Pecuária e Abastecimento, Saúde e do Meio Ambiente, no âmbito de suas respectivas áreas de competências, compete: (1) estabelecer as diretrizes e exigências relativas a dados e informações a serem apresentados pelo requerente para registro e reavaliação de registro dos agrotóxicos, seus componentes e afins; (2) estabelecer diretrizes e exigências objetivando minimizar os riscos apresentados por agrotóxicos, seus componentes e afins; (3) estabelecer especificações para rótulos e bulas de agrotóxicos e afins; (4) estabelecer metodologias oficiais de amostragem e de análise para determinação de resíduos de agrotóxicos e afins em produtos de origem vegetal, animal, na água e no solo; (5) promover a reavaliação de registro de agrotóxicos, seus componentes e afins quando surgirem indícios da ocorrência de riscos que desaconselhem o uso de produtos registrados ou quando o País for alertado nesse sentido, por organizações internacionais responsáveis pela saúde, alimentação ou meio ambiente, das quais o Brasil seja membro integrante ou signatário de acordos; (6) avaliar pedidos de cancelamento ou de impugnação de registro de agrotóxicos, seus componentes e afins; (7) autorizar o fracionamento e a reembalagem dos agrotóxicos e afins; (8) controlar, fiscalizar e inspecionar a produção, a importação e a exportação dos agrotóxicos, seus componentes e afins, bem como os respectivos estabelecimentos; (9) monitorar e fiscalizar a qualidade de agrotóxicos,[11] seus componentes e afins quanto às características do produto registrado; (10) desenvolver ações de instrução, divulgação e esclarecimento sobre o uso correto e eficaz dos agrotóxicos e afins; (11) prestar apoio às Unidades da Federação nas ações de controle e fiscalização dos agrotóxicos, seus componentes e afins; (12) indicar e manter representantes no Comitê Técnico de Assessoramento para Agrotóxicos de que trata o artigo 95 do Decreto 4.074/2002; (13) manter o Sistema de Informações sobre Agrotóxicos – SIA, a que se refere o artigo 94 do Decreto 4.074/2002; (14) dar publicidade ao resumo dos pedidos e das concessões de registro; e (15) avaliar as solicitações de registro de produtos técnicos equivalentes.

Ao Ministério da Agricultura, Pecuária e Abastecimento e ao Ministério da Saúde, no âmbito de suas competências, compete monitorar os resíduos de agrotóxicos e afins em produtos de origem vegetal e animal.

Aos Ministérios da Agricultura, Pecuária e Abastecimento e do Meio Ambiente compete registrar os componentes caracterizados como matérias-primas, ingredientes inertes e aditivos, de acordo com diretrizes e exigências dos órgãos federais da agricultura, da saúde e do meio ambiente.

Ao Ministério da Agricultura, Pecuária e Abastecimento compete: (1) avaliar a eficiência agronômica dos agrotóxicos e afins para uso nos setores de produção, armazenamento e beneficiamento de produtos agrícolas, nas florestas plantadas e nas pastagens; e (2) conceder o registro, inclusive o RET, de agrotóxicos, produtos técnicos, pré-misturas e afins para uso nos setores de produção, armazenamento e beneficiamento de produtos agrícolas, nas florestas plantadas e nas pastagens, atendidas as diretrizes e exigências dos Ministérios da Saúde e do Meio Ambiente.

---

[11] Ver ADPF 910: "Arguição de Descumprimento de Preceito Fundamental. Decreto 4.074/2002, modificado pelo Decreto 10.833/2021. Controle de agrotóxicos, componentes e afins. Afronta a preceitos fundamentais garantidores do direito fundamental à saúde e ao meio ambiente ecologicamente equilibrado. Princípios da prevenção e da precaução. Vedação ao retrocesso socioambiental. Arguição de descumprimento fundamental parcialmente conhecida e julgada, em parte, procedente".

Compete ao Ministério da Saúde: (1) definir os critérios técnicos para a classificação toxicológica e para a avaliação do risco à saúde decorrente do uso de agrotóxicos, seus componentes e afins; (2) realizar a classificação toxicológica de agrotóxicos e afins; (3) avaliar o risco à saúde decorrente do uso de agrotóxicos e afins; (4) definir os critérios técnicos para a avaliação de agrotóxicos, seus componentes e afins destinados ao uso em ambientes urbanos e industriais; (5) conceder o registro, inclusive o RET, de agrotóxicos, produtos técnicos, pré-misturas e afins destinados ao uso em ambientes urbanos e industriais; (6) estabelecer intervalo de reentrada em ambiente tratado com agrotóxicos e afins; e (7) estabelecer o limite máximo de resíduos e o intervalo de segurança de agrotóxicos e afins.

Ao Ministério do Meio Ambiente compete: (1) avaliar os agrotóxicos e afins destinados ao uso em ambientes hídricos, na proteção de florestas nativas e de outros ecossistemas, quanto à eficiência do produto; (2) realizar a avaliação ambiental, dos agrotóxicos, seus componentes e afins, estabelecendo suas classificações quanto ao potencial de periculosidade ambiental; (3) realizar a avaliação ambiental preliminar de agrotóxicos, produto técnico, pré-mistura e afins destinados à pesquisa e à experimentação; e (4) conceder o registro, inclusive o RET, de agrotóxicos, produtos técnicos e pré-misturas e afins destinados ao uso em ambientes hídricos, na proteção de florestas nativas e de outros ecossistemas, atendidas as diretrizes e exigências dos Ministérios da Agricultura, Pecuária e Abastecimento e da Saúde.

Em relação ao Decreto 1.833/2021, cabe relembrar que a sua constitucionalidade foi submetida a julgamento perante o STF que, ao decidir a ADPF 910, deliberou o seguinte:

> O Tribunal, por maioria, (a) converteu o julgamento da medida cautelar em definitivo de mérito; (b) não conheceu da arguição de descumprimento de preceito fundamental quanto ao inc. IV do artigo 6° e ao artigo 41 do Decreto 4.074/2002, alterado pelo Decreto 10.833/2021; e (c) conheceu parcialmente da arguição de descumprimento de preceito fundamental e julgou parcialmente procedente o pedido para: (c.1) declarar a inconstitucionalidade do inc. I do artigo 6° do Decreto 10.833/2021, pelo qual revogado o inc. III do artigo 2° do Decreto 4.074/2002; (c.2) declarar a inconstitucionalidade do inc. X do artigo 2° e dos §§ 2° e 3° do artigo 69 do Decreto 4.074/2002, modificado pelo Decreto 10.833/2021; (c.3) declarar a inconstitucionalidade do § 8° do artigo 86 do Decreto 4.074/2002, modificado pelo Decreto 10.833/2021; (c.4) dar interpretação conforme à Constituição ao inc. I do § 14 do artigo 10 do Decreto 4.074/2002, alterado pelo Decreto 10.833/2021, para que a expressão "mesmo ingrediente ativo" seja compreendida como a totalidade dos ingredientes ativos dos produtos técnicos, pré-misturas, agrotóxicos ou afins que busque se registrar; (c.5) dar interpretação conforme à Constituição ao inc. XV do artigo 2° do Decreto 4.074/2002 para que a publicidade aos resumos de pedidos e concessões de registro seja realizada por meio do acesso livre, sem a exigência de cadastro para consulta dessas informações; (c.6) dar interpretação conforme à Constituição ao § 2° do artigo 31 do Decreto 4.074/2002, alterado pelo Decreto 10.833/2021, para que os "critérios referentes aos procedimentos, aos estudos e às evidências suficientes" sejam aqueles aceitos por instituições técnico-científicas nacionais ou internacionais reconhecidas. Tudo nos termos do voto da Relatora, vencidos os Ministros André Mendonça e Nunes Marques, que não conheciam da arguição e, vencidos em relação às questões preliminares, no mérito, julgavam improcedentes os pedidos. Plenário, Sessão Virtual de 23.06.2023 a 30.06.2023. (ADPF 910-DF, Plenário, Rel Min. Cármen Lúcia, j. 03.07.2023).

Os órgãos registrantes têm competência para: (1) aplicar as penalidades decorrentes de infrações à Lei 14.785/2023; (2) auditar entidades públicas e privadas de ensino, de assistência

618 | DIREITO AMBIENTAL – *Paulo de Bessa Antunes*

técnica e de pesquisa que realizam experimentação e pesquisa e emitem pareceres técnicos; (3) autorizar as empresas a realizar a comunicação de risco e a emitir rótulos e bulas em consonância com o GHS; (4) controlar e fiscalizar a pesquisa, a produção, a importação e a exportação dos produtos técnicos, dos produtos técnicos equivalentes, das pré-misturas, dos produtos formulados e dos produtos genéricos, bem como os estabelecimentos que realizam essas atividades; (5) coordenar as reanálises dos riscos; (6) coordenar o processo de registro; (7) estabelecer critérios de prioridades de análise, de acordo com as demandas ou as ocorrências fitossanitárias ou ambientais; (8) adotar medidas para desburocratizar e informatizar o processo de registro; (9) emitir as autorizações e registros; (10) estabelecer procedimentos para o registro, a autorização, a inclusão, a reavaliação e a fiscalização de produtos; (11) fiscalizar a qualidade dos produtos técnicos, dos produtos técnicos equivalentes, das pré-misturas, dos produtos formulados e dos produtos genéricos em face das características do produto registrado; (12) promover a capacitação dos técnicos incumbidos de registro, de autorização e de fiscalização dos produtos.

2.3 Definição legal de agrotóxico, produtos de controle ambiental, produtos técnicos e afins

De conformidade com a norma legal, agrotóxicos e afins (artigo 2º) são (1) agrotóxicos: produtos e agentes de processos físicos ou químicos isolados ou em mistura com biológicos destinados ao uso nos setores de produção, no armazenamento e no beneficiamento de produtos agrícolas, nas pastagens ou na proteção de florestas plantadas, cuja finalidade seja alterar a composição da flora ou da fauna, a fim de preservá-las da ação danosa de seres vivos considerados nocivos (artigo 2º, XXVI); (2) produto de controle ambiental: produtos e agentes de processos físicos ou químicos isolados ou em mistura com biológicos destinados ao uso nos setores de proteção de florestas nativas ou de outros ecossistemas e de ambientes hídricos, cuja finalidade seja alterar a composição da flora ou da fauna, a fim de preservá-las da ação danosa de seres vivos considerados nocivos (artigo 2º, XXX); (3) produto técnico: produto obtido diretamente de matérias-primas por processo físico ou químico isolado ou em mistura com biológicos destinado à obtenção de produtos formulados ou de pré-misturas e cuja composição contém teor definido de ingrediente ativo e de impurezas, podendo conter estabilizantes e produtos relacionados, tais como isômeros (artigo 2º, XXXVII); e (4) afins: substâncias e produtos empregados como desfolhantes, dessecantes, fitorreguladores, ativadores de planta, protetores e outros com finalidades específicas.

A Lei 14.785/2023 foi mais detalhista do que a revogada Lei 7.802/1989, adotando uma série de definições que não se encontravam presentes na anterior lei, adaptando o quadro normativo à nova realidade dos produtos para utilização agrícola.

Em relação aos produtos, a lei reconhece as seguintes classificações: (1) produto formulado: agrotóxico, produto de controle ambiental ou afim obtido a partir de produto técnico ou de pré-mistura, por intermédio de processo físico, ou diretamente de matérias-primas, por meio de processos físicos ou químicos isolados ou em mistura com biológicos; (2) produto genérico: agrotóxico, produto de controle ambiental ou afim formulado exclusivamente a partir de produto técnico equivalente; (3) produto idêntico: agrotóxico, produto de controle ambiental ou afim com composição qualitativa e quantitativa idêntica à de outro produto já registrado, com os mesmos fabricantes e formuladores, indicações, alvos e doses; (4) produto novo: produto com ingrediente ativo ainda não registrado ou autorizado no País; (5) produto técnico: produto obtido diretamente de matérias-primas por processo físico ou químico isolado ou em mistura com biológicos destinado à obtenção de produtos formulados ou de

Capítulo 22 · AGROTÓXICOS | **619**

pré-misturas e cuja composição contém teor definido de ingrediente ativo e de impurezas, podendo conter estabilizantes e produtos relacionados, tais como isômeros; (6) produto técnico equivalente: produto técnico que tem o mesmo ingrediente ativo de outro produto técnico já registrado, cujos teor e conteúdo de impurezas não variam a ponto de alterar seu perfil toxicológico ou ecotoxicológico conforme os critérios e os procedimentos sobre equivalência estabelecidos pela Organização das Nações Unidas para a Alimentação e a Agricultura (FAO); (7) produto técnico de referência: produto técnico que tem seu registro suportado por estudos físico-químicos, toxicológicos e ambientais completos.

2.4 Registro

Há consenso científico no sentido de que os agrotóxicos são produtos perigosos e, portanto, estão submetidos à rigorosa regulação e controle por parte do Poder Público; devendo a sua utilização se fazer com a observância de regras predefinidas com vistas a resguardar a saúde humana, o meio ambiente e a saúde animal.

O registro é uma etapa fundamental no sentido de reduzir os riscos causados pelos agrotóxicos, produtos técnicos e afins. O registro é feito em nível federal em dois órgãos: (1) Ministério da Agricultura e (2) Ibama. O § 1º do artigo 4º determina que as "exigências para o registro de agrotóxicos, de produtos de controle ambiental e afins, de que trata o *caput* deste artigo, deverão seguir o GHS, o Acordo sobre a Aplicação de Medidas Sanitárias e Fitossanitárias (SPS) e o *Codex Alimentarius*".

Conforme o Ministério das Relações Exteriores,

> [o] Acordo da OMC sobre a Aplicação de Medidas Sanitárias e Fitossanitárias (Acordo SPS) define os direitos e obrigações dos membros da OMC em relação à segurança alimentar e aos requisitos de sanidade animal e vegetal. O Acordo SPS reafirma que os países estão autorizados a aplicar as medidas necessárias para proteger a inocuidade dos alimentos, a saúde humana e animal e a sanidade vegetal.
>
> O Acordo SPS estabelece regras para evitar que tais medidas sejam utilizadas com vistas a restringir importações de forma arbitrária. Com a previsão de redução de direitos aduaneiros no âmbito do GATT-47, muitos países começaram a recorrer a barreiras comerciais não tarifárias como forma de proteger suas indústrias agrícolas domésticas. Foi nesse contexto que o Acordo SPS e o Acordo sobre Barreiras Técnicas ao Comércio (TBT) foram negociados durante a Rodada Uruguai.[12]

Dessa forma, o Brasil cumpre com os compromissos que assumiu perante a comunidade internacional e, concomitantemente, não cria exigências específicas que não correspondam ao padrão internacional. A imposição de exigências que discrepam do padrão internacional aceito é, certamente, uma ação que não traz qualquer vantagem competitiva para o País.

O *Codex Alimentarius*

> [é] um programa conjunto da Organização das Nações Unidas para Agricultura e Alimentação (FAO) e da Organização Mundial da Saúde (OMS), criado em 1963, com o objetivo de estabelecer normas internacionais na área de alimentos, incluindo padrões, diretrizes e guias sobre Boas Práticas e de Avaliação de Segurança e Eficácia.

---

[12] Disponível em: https://www.gov.br/mre/pt-br/delbrasomc/brasil-e-a-omc/acordo-sps. Acesso em: 13 jan. 2025.

Seus principais objetivos são proteger a saúde dos consumidores e garantir práticas leais de comércio entre os países. Atualmente, participam do *Codex Alimentarius* 187 países-membros e a União Europeia, além de 238 observadores (57 organizações intergovernamentais, 165 organizações não governamentais e 16 organizações das Nações Unidas).

Apesar de os documentos do *Codex Alimentarius* serem de aplicação voluntária pelos membros, eles são utilizados em muitos casos como referências para a legislação nacional dos países. A Resolução das Nações Unidas 39/248, de 1985, recomenda que os governos adotem, sempre que possível, as normas e diretrizes do *Codex Alimentarius*, ao formular políticas e planos nacionais relacionados a alimentos.[13]

Assim, como se vê, os requisitos legais para o registro de agrotóxicos, produtos técnicos e afins atende aos padrões internacionais vigentes. A Lei 14.785/2023, neste particular, progrediu muito em relação à norma revogada. Há proibição de que, observados os parâmetros do § 1º do artigo 4º, sejam registrados produtos com agrotóxicos, de produtos de controle ambiental e afins que apresentem risco inaceitável, para os seres humanos ou para o meio ambiente, por permanecerem inseguros, mesmo com a implementação das medidas de gestão de risco.

O Registro Especial Temporário (RET) foi criado para produtos novos que se destinarem à pesquisa e à experimentação. O órgão federal registrante deve avaliar e concluir a solicitação do RET no prazo de até 30 (trinta) dias, contado do protocolo do requerimento.

2.4.1 Prazo para registro

A pesquisa, a produção, a exportação, a importação, a comercialização e a utilização de agrotóxicos, produtos de controle ambiental, produtos técnicos e afins, tal como definidos no artigo 2º da Lei, somente poderão ser realizadas mediante autorização ou registro em órgão federal competente.

A Lei, no artigo 3º, definiu prazos para a conclusão dos processos de registro a serem contados da data da submissão do requerimento ao órgão competente, variando de 30 dias até 24 meses, dependendo da natureza do registro pretendido.

A fixação de prazos para a atuação administrativa é sempre controversa, pois os termos das leis nem sempre são observados, tendo em vista que usualmente as novas leis não são acompanhadas pelas necessárias dotações orçamentárias para a melhoria da qualidade do serviço, adequação do quadro de pessoal etc. No regime anterior de registro, o Tribunal de Contas da União proferiu o Acórdão, no qual consta:

> 9.1. determinar, nos termos do artigo 43 da Lei 8.443, de 1992, e do artigo 250, II, do RITCU, que o Ministério da Agricultura, Pecuária e Abastecimento (MAPA) e o Instituto Brasileiro do Meio Ambiente e dos Recursos Naturais Renováveis (Ibama), além da Agência Nacional de Vigilância Sanitária (Anvisa), apresentem o conjunto plano de ação atualizado, dentro do prazo máximo de 120 (cento e vinte) dias contados da notificação da presente deliberação, a partir, entre outros elementos necessários, da definição de cada ação e de cada responsável pela respectiva ação, com o correspondente cronograma de implementação dessa ação, para a efetiva adoção das medidas necessárias para a plena correção das irregularidades identificadas na presente auditoria a partir da implementação das seguintes providências:

---

[13] Disponível em: https://www.icict.fiocruz.br/sites/www.icict.fiocruz.br/files/Codex%20Alimentarius_%20Minist%C3%A9rio%20Anvisa.pdf. Acesso em: 13 jan. 2025.

Capítulo 22 · AGROTÓXICOS | 621

(...)

9.1.6. promovam, nos termos do Decreto 10.139, de 2019, a revisão do atual prazo fixado para o registro de agrotóxicos, já que o prazo de 120 dias fixado pelo artigo 15 do Decreto 4.074, de 2002, não seria compatível com a realidade brasileira, além de estar em descompasso com a prática mundial, resultando em elevado volume de decisões judiciais tendentes a, negativamente, impactar as atividades dos órgãos registradores (TCU, RA 22872021).

2.5 Análise de risco

De acordo com o disposto no § 4º do artigo 4º, a análise dos riscos é obrigatória para a concessão de registro de agrotóxicos e de produtos de controle ambiental. A análise de risco é um processo formado por 3 fases que compreendem: (1) a avaliação dos riscos, que é a caracterização científica e sistemática da natureza e da magnitude dos riscos à saúde humana e ao meio ambiente resultantes da exposição a determinadas substâncias ou produtos, cujo processo inclui a identificação do perigo, a avaliação da dose-resposta (caracterização do perigo), a avaliação da exposição à substância e a caracterização do risco; (2) a comunicação dos riscos, que é a transmissão de informações relativas a perigos e a riscos, bem como a fatores relacionados com riscos e com a percepção do risco, especialmente as pertinentes ao manuseamento e à aplicação de agrotóxico e de produtos de controle ambiental, bem como ao estabelecimento de requisitos mínimos de saúde e segurança no local de trabalho para precaver os riscos decorrentes da exposição dos trabalhadores a esses produtos, e as medidas preventivas, gerais e específicas, para a redução desses riscos; e (3) a gestão dos riscos, que é o processo decorrente da avaliação dos riscos, que consiste em ponderar fatores econômicos, sociais e regulatórios, bem como os efeitos sobre a saúde humana e o meio ambiente, em consulta às partes interessadas, levados em conta a avaliação dos riscos e outros fatores legítimos, e, se necessário, em selecionar opções apropriadas para proteger a saúde e o meio ambiente.

Em termos normativos, para a finalidade de aplicação da lei, foram estabelecidos os conceitos normativos de (1) dano: manifestação nociva de uma substância ou processo para a saúde humana ou para o meio ambiente; (2) risco: probabilidade da ocorrência de efeito nocivo à saúde ou ao meio ambiente combinada com a severidade desse efeito, como consequência da exposição a um perigo; e (3) perigo: propriedade inerente a um agente químico isolado ou em mistura com biológicos, com potencialidades para provocar efeito nocivo à saúde humana ou ao meio ambiente.

Deverá ser feita análise de risco para a concessão dos registros dos produtos novos, bem como para a modificação nos usos que implique aumento de dose, inclusão de cultura, equipamento de aplicação ou nos casos de reanálise.

2.5.1   Reanálise dos riscos

A reanálise dos riscos de agrotóxicos é um processo regulatório que promove a revisão das informações científicas, técnicas e regulatórias de agrotóxicos já aprovados e registrados para uso. O seu objetivo é verificar se essas substâncias ainda atendem aos critérios de segurança, eficácia e impacto ambiental vigentes. A reanálise é muito necessária, pois procede a (1) atualização dos científicos que indicaram a aprovação do produto, podendo revelar informações desconhecidas ou atualizadas sobre os impactos de um agrotóxico na saúde humana, animal e no meio ambiente; (2) examina as mudanças regulatórias, tanto nacionais quanto internacionais, relativas à segurança de alimentos, saúde e meio ambiente que podem ter mudado ao longo do tempo, devendo ser verificado se o produto registrado continua atendendo à legislação vigente; (3) situações de graves contaminações do solo, intoxicações e danos ambientais e outros fenômenos semelhantes podem indicar a necessidade de reanálise; (4) iniciativas internacionais lideradas por organizações tais como a FAO ou a OMS podem indicar necessidade de reanálise de agrotóxicos.

A reanálise dos agrotóxicos é coordenada pelo órgão responsável pelo setor agrícola, de forma que os órgãos ambientais e de saúde pública também devam participar do processo, especialmente devido ao fato de que são responsáveis por determinados registros específicos, sem os quais o agrotóxico não tem existência legal no País. O artigo 28 dispõe que o "responsável pelo setor da agricultura (...) poderá solicitar informações aos órgãos da saúde e do meio ambiente para complementar sua análise". De fato, ele deverá solicitar os pareceres, pois não é da competência do Ministério da Agricultura a análise dos aspectos de saúde pública ou ambientais.

Compete ao órgão federal responsável pelo setor do meio ambiente coordenar o processo de reanálise dos produtos de controle ambiental, devendo solicitar informações ao órgão da saúde para complementar sua análise.

Dadas as competências legais, os pareceres deverão ser considerados vinculantes, pois os órgãos coordenadores não são titulares de todas as competências e, portanto, não detêm mais competência na reanálise do que detêm na análise. Aliás, a tese ora esposada é confirmada pelo artigo 31 da Lei, na medida em que dispõe: "[a]o final do procedimento de reanálise, após manifestação conclusiva, o órgão federal registrante poderá: I – manter o registro sem alterações; II – manter o registro mediante a necessária adequação; III – propor a mudança da formulação, da dose ou do uso; IV – restringir a comercialização; V – proibir, suspender ou restringir a produção ou a importação; VI – proibir, suspender ou restringir o uso; VII – cancelar ou suspender o registro". Ora, não há um registro único, logo, o órgão registrante – do ponto de vista da saúde pública – poderá emitir parecer vinculante determinando medidas que deverão ser acatadas pelo coordenador do processo de reanálise.

2.6   Controle de qualidade, inspeção e fiscalização dos agrotóxicos

Do ponto de vista legal, existe um sistema de amplo monitoramento dos agrotóxicos. Tal monitoramento abrange todos os aspectos da vida do produto. A lei estabelece um mecanismo de controle sobre toda exportação, produção, importação, comercialização e utilização dos agrotóxicos. Assim é que os agrotóxicos, seus componentes e afins só poderão ser produzidos, exportados, importados, comercializados e utilizados, se previamente registrados em órgão federal, de acordo com as diretrizes e exigências formuladas dos órgãos responsáveis pelos setores de saúde, do meio ambiente e da agricultura.

O aludido monitoramento divide-se em *controle de qualidade, inspeção e fiscalização. O controle de qualidade, a* inspeção e a fiscalização são realizados com vistas ao controle dos agrotóxicos, seus componentes e afins em tudo aquilo que diga respeito à sua produção, aos veículos destinados ao transporte, ao seu armazenamento, à sua comercialização e utilização, à propaganda comercial, à rotulagem e à disposição final de resíduos e embalagens.

A Lei 14.785/2023 determina que o órgão registrante mantenha atualizados e aperfeiçoados os mecanismos destinados a fiscalizar a qualidade dos agrotóxicos, dos produtos de controle ambiental e afins, tendo em vista a identidade, a pureza e a eficácia dos produtos. Independentemente do controle e da fiscalização a cargo do poder público, toda empresa fabricante, formuladora ou importadora de agrotóxicos, de produtos de controle ambiental e afins é obrigada a dispor de unidade de controle de qualidade, que poderá ser em laboratório próprio ou terceirizado, com a finalidade de verificar, com a emissão de laudos, a qualidade do processo produtivo, das matérias-primas e das substâncias empregadas, quando couber, e dos produtos finais fabricados, formulados ou importados.

O artigo 68 do Regulamento (Decreto 4.074/2002) determina que os órgãos federais encarregados dos setores de agricultura, saúde e meio ambiente mantenham atualizados e aperfeiçoados mecanismos capazes de assegurar a qualidade dos agrotóxicos, seus componentes e afins, tendo em vista a identidade, pureza e eficácia dos produtos. Isso deverá ser efetuado mediante mecanismos de controle de qualidade. O Poder Público, no exercício de seu poder de polícia, exerce o controle de qualidade, entretanto, isso não desobriga que o estabelecimento destinado à produção e importação de agrotóxicos, seus componentes e afins disponha de unidade de controle de qualidade próprio, com a finalidade de verificar a qualidade do processo produtivo, das matérias-primas e substâncias empregadas, quando couber, e dos produtos finais. Admite-se que as empresas produtoras de agrotóxicos, seus componentes e afins realizem os controles previstos no Regulamento em institutos ou laboratórios oficiais ou privados, de acordo com a legislação vigente.

Segundo determinação contida no artigo 70 do Regulamento, todo o ciclo de vida dos agrotóxicos, seus componentes e afins será submetido à fiscalização. No ciclo de vida estão compreendidos: (1) sua produção, (2) manipulação, (3) importação, (4) exportação, (5) transporte, (6) armazenamento, (7) comercialização, (8) utilização, (9) rotulagem e a (10) destinação final de suas sobras, resíduos e embalagens.

Considerando a natureza federal do Estado brasileiro e a existência de um regime de federalismo cooperativo, o artigo 71 do Regulamento estabeleceu a seguinte estrutura para a fiscalização dos agrotóxicos, seus componentes e afins: (1) Competência federal: (a) estabelecimentos de produção, importação e exportação; (b) produção, importação e exportação; (c) coleta de amostras para análise de controle ou de fiscalização; (d) resíduos de agrotóxicos e afins em produtos agrícolas e de seus subprodutos; e (e) quando se tratar do uso de agrotóxicos e afins em tratamentos quarentenários e fitossanitários realizados no trânsito internacional de vegetais e suas partes. A competência dos estados e do Distrito Federal, por meio de seus setores de agricultura, saúde e meio ambiente, dentro de suas respectivas esferas de competência, ressalvadas aquelas específicas dos órgãos federais relacionados,[14] quando se tratar de: (a) uso e consumo dos produtos agrotóxicos, seus componentes e afins na sua jurisdição; (b) estabelecimentos de comercialização, de armazenamento e de prestação de serviços; (c) devolução e destinação adequada de embalagens de agrotóxicos, seus componentes e afins, de produtos apreendidos pela ação fiscalizadora e daqueles impróprios para utilização ou em desuso; (d) transporte de agrotóxicos, seus componentes e afins, por qualquer via ou meio, em sua jurisdição; (e) coleta de amostras para análise de fiscalização; (f) armazenamento, transporte, reciclagem, reutilização e inutilização de embalagens vazias e dos produtos apreendidos

---

[14] "Agravo regimental em agravo de instrumento. Nulidade da decisão agravada: alegação de invasão de *competência* ao argumento de que em sede de agravo de instrumento somente é cabível emissão de juízo de admissibilidade, e não apreciação do mérito. Improcedência. Artigo 1 da Lei 7.747/1982, do Rio Grande do Sul. Inconstitucionalidade rejeitada pelo Plenário desta Corte. Agravo improvido. 1. A teor do disposto no artigo 21, § 1º, do RISTF, poderá o relator arquivar ou negar seguimento a pedido ou recurso manifestamente intempestivo, incabível ou improcedente e, ainda, quando contrariar a jurisprudência predominante do Tribunal. Nulidade: invasão de *competência*. Improcedente. 2. O Plenário desta Corte, ao julgar a Representação 1.153-RS, não julgou inconstitucional o artigo 1º da Lei 7.742/1982, que condiciona a prévio cadastramento do produto *agrotóxico* e outros biocidas no Departamento do Meio Ambiente da Secretaria Estadual de Saúde e do Meio Ambiente a comercialização no território do Estado do Rio Grande do Sul. Agravo regimental improvido" (STF, AI 158.479 AgR, 2ª Turma, Rel. Min. Maurício Corrêa, j. 13.02.1996, Publicação: 26.04.1996).

624 | DIREITO AMBIENTAL – *Paulo de Bessa Antunes*

pela ação fiscalizadora e daqueles impróprios para utilização ou em desuso; e (g) resíduos de agrotóxicos e afins em produtos agrícolas e seus subprodutos.

Admite-se a delegação de atribuições da União para os Estados.

A fiscalização é atividade rotineira e de caráter permanente, somente podendo ser desenvolvida por agentes devidamente credenciados e com a formação profissional que o habilite devidamente para tal. Os fiscalizados devem, sob pena de aplicação de sanções, prestar informações ou proceder à entrega de documentos nos prazos estabelecidos pelos órgãos competentes, a fim de não obstar as ações de inspeção e fiscalização e a adoção das medidas que se fizerem necessárias. A fiscalização tem livre acesso, no desempenho de suas atividades, aos locais onde se processem, em qualquer fase, a industrialização, o comércio, a armazenagem e a aplicação dos agrotóxicos, seus componentes e afins, competindo-lhes, quando se fizer necessário (artigo 74 do Decreto 4.074/2002): (1) coletar as amostras necessárias às análises de controle ou fiscalização; (2) executar visitas rotineiras de inspeções e vistorias para apuração de infrações ou eventos que tornem os produtos passíveis de alteração e lavrar os respectivos termos; (3) verificar o cumprimento das condições de preservação da qualidade ambiental; (4) verificar a procedência e as condições dos produtos, quando expostos à venda; (5) interditar, parcial ou totalmente, os estabelecimentos ou atividades quando constatado o descumprimento do estabelecido na Lei 7.802/1989,[15] neste Decreto e em normas complementares e apreender lotes ou partidas de produtos, lavrando os respectivos termos; (6) proceder à imediata inutilização da unidade do produto cuja adulteração ou deterioração seja flagrante, e à apreensão e interdição do restante do lote ou partida para análise de fiscalização; e (7) lavrar termos e autos de infração.

A *inspeção* se faz por meio de exames e vistorias sobre (artigo 75 do Decreto 4.074/2002): (1) matéria-prima, qualquer que seja a sua origem ou natureza; (2) a manipulação, transformação, elaboração, conservação, embalagem e rotulagem dos produtos; (3) os equipamentos e as instalações do estabelecimento; (4) o laboratório de controle de qualidade dos produtos; e (5) a documentação de controle da produção, importação, exportação e comercialização.

A *fiscalização* será exercida sobre os produtos nos estabelecimentos produtores e comerciais, nos depósitos e nas propriedades rurais. Caso seja constatada qualquer irregularidade, o estabelecimento poderá ser interditado e o produto ou alimento poderão ser apreendidos e submetidos à análise de fiscalização.

A análise de fiscalização será realizada mediante coleta de amostra representativa do produto ou alimento pela autoridade fiscalizadora. A coleta de amostra deverá ser realizada em três partes, conforme técnica e metodologia indicada em ato normativo próprio. A amostra deve ser acondicionada de forma que se torne inviolável em presença do interessado e, caso ele não se encontre presente ao ato, ou se recuse a acompanhá-lo, faz-se necessária a presença de duas testemunhas. A produção de prova será feita da seguinte maneira (artigo 77): (1) uma parte da amostra será utilizada pelo laboratório oficial ou devidamente credenciado; (2) outra permanecerá no órgão fiscalizador; e (3) outra ficará em poder do interessado para realização de perícia de contraprova. Resguardado o emprego de metodologia oficial, a análise de fiscalização poderá ser realizada por laboratório oficial ou credenciado (artigo 78).

Em prazo máximo de 45 dias, contados da data da coleta da amostra, o interessado deve ser comunicado dos resultados da análise de fiscalização (artigo 79). Havendo discordância quanto ao resultado, poderá a parte requerer seja periciada a contraprova, em dez dias con-

---

[15] A Lei 14.785/2023 revogou a Lei 782/1989; todavia, ainda não foi regulamentada (fevereiro de 2025), remanescendo o Decreto 4.074/2002.

Capítulo 22 · AGROTÓXICOS | 625

tados da ciência do resultado da análise de fiscalização. Cabe ao interessado: (1) arcar com os ônus da contraprova e (2) indicar perito habilitado.

Assim como a análise de fiscalização, a perícia de contraprova deve ser realizada em laboratório oficial, ou credenciado, asseguradas a presença de peritos do interessado e do órgão fiscalizador e a assistência técnica do responsável pela análise contestada. A contraprova será realizada no prazo máximo de 15 dias (artigo 80, § 1º), contados da data de seu requerimento, salvo quando condições técnicas exigirem a sua prorrogação, o que deverá ser informado ao interessado de forma fundamentada, em obediência ao princípio constitucional da ampla defesa. Somente será admitida a realização da contraprova em parte da amostra que não tenha sido violada, fato que será, obrigatoriamente, atestado pelos peritos (artigo 80, § 2º).

A autoridade não realizará a contraprova quando for verificada a violação da amostra, oportunidade em que será finalizado o processo de fiscalização e instaurada sindicância para apuração de responsabilidades (artigo 80, § 3º). Nessa hipótese se estabelece uma situação complexa, visto que a contraprova se encontra em poder da autoridade e, ante a impossibilidade de examiná-la, em tese, não se poderiam validar os resultados da análise impugnada. Recomenda a cautela que se suspenda a aplicação de qualquer penalidade ao interessado, até que a Comissão de sindicância apure os fatos e, caso reste provado que a violação não foi praticada com o concurso do interessado, ou feita de forma a beneficiá-lo, não me parece cabível a aplicação de penalidade com base na primitiva análise. Evidentemente que a parte da amostra que se encontra em poder do interessado não poderá ser utilizada na controvérsia.

Com vistas a assegurar a ampla defesa e o contraditório, ao perito da parte interessada deverá ser dado conhecimento da análise de fiscalização e prestadas as informações que ele solicitar, assim como exibidos os documentos necessários ao desempenho de sua tarefa.

Todo o ato de perícia de contraprova deve ser reduzido a termo, com a lavratura de laudos e ata que serão assinados pelos peritos e arquivados no laboratório oficial ou credenciado, após a entrega de cópias à autoridade fiscalizadora e ao requerente (artigo 80, § 5º). Havendo divergência entre o laudo de contraprova e o da análise de fiscalização, proceder-se-á a nova análise, em terceiro laboratório, oficial ou credenciado, cujo resultado será irrecorrível, conforme a dicção do decreto (artigo 80, § 6º), utilizando-se a parte da amostra em poder do órgão fiscalizador, facultada a assistência dos peritos anteriormente nomeados, observado o disposto nos §§ 1º e 2º do artigo 80.

Evidentemente que a irrecorribilidade é meramente administrativa, visto que no Brasil vige o princípio do juízo universal e toda e qualquer lesão, ou ameaça de lesão a direito, pode ser objeto de apreciação judicial.

2.7 Alerta de organizações internacionais e seus reflexos no Brasil

A lei revela uma salutar preocupação com o *estado da arte d*as pesquisas sobre agrotóxicos, de modo a manter o país atualizado e apto a enfrentar os desafios constantes que surgem em tão complexa área. Dessa forma, quando organizações internacionais responsáveis pela saúde, pela alimentação ou pelo meio ambiente das quais o Brasil seja membro integrante ou com as quais seja signatário de acordos e de convênios alertarem para riscos ou desaconselharem o uso de agrotóxicos, de produtos de controle ambiental e afins, deverá a autoridade competente tomar providências de reanálise dos riscos considerando aspectos econômicos e fitossanitários e a possibilidade de uso de produtos substitutos.

Uma questão relevante é a relacionada aos limites máximos de resíduos. A lei determina que as condições a serem observadas para a autorização de uso de agrotóxicos, de produtos de controle ambiental e afins devem considerar os limites máximos de resíduos estabelecidos nas monografias de ingrediente ativo publicadas pelo órgão federal responsável pelo setor da saúde. Caso inexistentes tais limites máximos de resíduos, casos tais limites não existam, devem ser observados aqueles definidos pela FAO ou pelo *Codex Alimentarius*, ou por estudos conduzidos por laboratórios supervisionados por autoridade de monitoramento oficial de um país-membro da Organização para a Cooperação e o Desenvolvimento Econômico (OCDE). Entende-se que há uma lista de preferência para a utilização de tais limites.

Aqui existem algumas questões importantes que necessitam ficar bem esclarecidas. Há uma evidente diferença entre Tratados e Convenções internacionais que determinem a proibição de determinados produtos e das quais o Brasil seja Parte. Uma vez que a Convenção ou o Tratado entrem em vigor, mediante os mecanismos de ratificação, tais medidas se tornam obrigatórias para nós. Diferente é a posição de hipótese na qual uma entidade internacional tenha patrocinado um estudo e chegado a conclusões definitivas quanto à nocividade de um determinado produto. Caso não haja uma norma internacional, obrigatória, que proíba a utilização do mencionado elemento, o Brasil não estará obrigado a proibi-lo. A correta interpretação da norma é no sentido de que o Brasil, por suas autoridades, deverá levar em conta os estudos internacionais e examinar a sua procedência para a nossa realidade. Manda o bom-senso que medidas preventivas sejam adotadas, com vistas ao esclarecimento das questões suscitadas pelo documento do organismo internacional.

Para os fins de aplicação da norma em questão, deve-se compreender por Organização Internacional aquela que possa ser qualificada dentro do conceito vigente no Direito Internacional Público (MELLO, 1974, p. 314): "*As organizações internacionais, apesar de serem uma realidade na sociedade internacional, não possuem uma definição fornecida por uma norma internacional. As definições de organizações internacionais são dadas pela doutrina. A que nos parece ser mais exata é a dada por Angelo Piero Sereni: 'organização internacional é uma associação voluntária de sujeitos de direito internacional, constituída por ato internacional e disciplinada nas relações entre as partes por normas de direito internacional, que se realiza em um ente de aspecto estável, que possui um ordenamento jurídico interno próprio e é dotado de órgãos e institutos próprios, por meio dos quais realiza as finalidades comuns de seus membros mediante funções particulares e o exercício de poderes que lhe foram conferidos'. Esta definição é um pouco longa, mas tem, entretanto, a vantagem de enunciar as principais características das organizações internacionais*".

Observe-se que a norma legal não definiu uma proibição ou uma prescrição ditada por organismo internacional, mas limitou-se a falar em desaconselhamento ou alerta quanto à nocividade do produto. Qual a providência que deverá ser adotada pela autoridade brasileira? Parece-nos que, nos termos em que a legislação está colocada, a única medida que pode ser tomada pela autoridade brasileira é a determinação de que se realizem estudos quanto ao produto que tenha sido objeto de investigação da organização internacional. Tais estudos deverão, é certo, levar em consideração as análises realizadas no exterior; contudo, não poderão deixar de ter em mente que o que se quer é investigar as consequências do produto no Brasil. Se o produto estiver registrado segundo as leis brasileiras, somente após a completa realização de novos estudos é que o registro poderá vir, em tese, a ser colocado em questão.

O artigo 19 do Regulamento (Decreto 4.074/2002) estabelece que: "Quando organizações internacionais responsáveis pela saúde, alimentação ou meio ambiente, das quais o Brasil seja membro integrante ou signatário de acordos e convênios, alertarem para riscos ou desaconselharem o uso de agrotóxicos, seus componentes e afins, caberá aos órgãos federais de agricultura, saúde e meio ambiente, avaliar imediatamente os problemas e as informações apresentadas. Parágrafo único. O órgão federal registrante, ao adotar as medidas necessárias ao atendimento das exigências decorrentes da avaliação, poderá: I – manter o registro sem alterações; II – manter o registro, mediante a necessária adequação; III – propor a mudança da formulação, dose ou método de aplicação; IV – restringir a comercialização; V – proibir, suspender ou restringir a produção ou importação; VI – proibir, suspender ou restringir o uso; e VII – cancelar ou suspender o registro".

2.8 Responsabilidade

Como já foi exaustivamente analisado ao longo de todo o presente livro, as violações às normas de proteção ambiental implicam a imputação de responsabilidade àquele que tenha dado causa à ruptura da ordem pública do meio ambiente. A responsabilidade, como se sabe, reveste-se de múltiplos aspectos. A imputação de responsabilidade civil e administrativa, nos termos da Lei 14.785/2023, está disciplinada pelos artigos 49/55. A regulamentação da aplicação das sanções administrativas está contemplada pelo Decreto 4.074, de 4 de janeiro de 2002, com a nova redação que lhe foi dada pelo Decreto 10.833/2021.

O artigo 49 determina que, "[s]em prejuízo da aplicação das penas previstas nesta Lei, os responsáveis pelos danos ao meio ambiente e a terceiros responderão, solidariamente, por sua indenização ou reparação integral". Especificando o artigo 49, o artigo 50 estabelece a relação de responsabilidades e as condições de sua aplicação aos casos concretos.

Conforme o disposto no artigo 50, "[a]s responsabilidades pelos danos causados à saúde das pessoas e ao meio ambiente por ocasião da produção, da comercialização, da utilização e do transporte de agrotóxicos, de produtos de controle ambiental e afins, bem como por ocasião da destinação de embalagens vazias, cabem: I – ao profissional, quando for comprovada receita errada ou constatada imperícia, imprudência ou negligência; II – ao usuário ou ao prestador de serviços, quando tiver procedido em desacordo com o receituário agronômico ou as recomendações do fabricante e dos órgãos registrantes e sanitário-ambientais; III – ao comerciante, quando tiver efetuado venda sem o receituário agronômico ou em desacordo com ele, se o receituário for exigido; IV – ao registrante, quando tiver omitido informações ou fornecido informações incorretas; V – ao agricultor, quando tiver produzido produtos agrícolas em desacordo com as recomendações do fabricante ou em desacordo com o receituário agronômico, ou quando não tiver dado destinação às embalagens vazias em conformidade com a legislação pertinente; VI – ao empregador, quando não tiver fornecido os equipamentos adequados à proteção da saúde dos trabalhadores na produção, na distribuição e na aplicação dos produtos e quando não tiver feito a manutenção dos equipamentos".

É importante observar que, em função do princípio da especialização (especialidade), aos danos causados por agrotóxicos, a lei aplicável é a lei especial. Conforme o artigo 51, a lei se aplica a: "[a]quele que produzir, importar, comercializar, transportar, aplicar, prestar serviço ou der destinação a sobras e embalagens vazias de agrotóxicos, de produtos de controle ambiental e afins em descumprimento às exigências estabelecidas na legislação pertinente estará sujeito às sanções estabelecidas nesta Lei".

> O princípio da especialidade constitui critério para a superação de antinomias aparentes, e a incompatibilidade normativa soluciona-se pela aplicação do comando que contém elementos especializantes, subtraindo do espectro normativo da norma geral a aplicação em virtude de determinadas características especiais. O conflito entre os critérios cronológico e de especialidade resolve-se priorizando a regulamentação particular (STJ, REsp 2028232 RJ 2021/0143901-0, 4ª Turma, j. 11.10.2022, *DJe* 17.10.2022).

O artigo 52 define infração administrativa como "toda ação ou omissão que viole as normas previstas nesta Lei e as demais disposições legais pertinentes". As sanções administrativas aplicáveis são: (1) advertência; (2) multa; (3) apreensão ou interdição do agrotóxico, do produto de controle ambiental ou afim; (4) inutilização do agrotóxico, do produto de controle

628 | DIREITO AMBIENTAL – *Paulo de Bessa Antunes*

ambiental ou afim; (5) suspensão de registro, de autorização ou de licença do agrotóxico, do produto de controle ambiental ou afim; (6) cancelamento de registro, de autorização ou de licença do agrotóxico, do produto de controle ambiental ou afim; (7) interdição temporária ou definitiva parcial ou total do estabelecimento, da atividade ou do empreendimento; (8) destruição de vegetais, de partes de vegetais e de alimentos com resíduos acima do permitido; (9) destruição de vegetais, de partes de vegetais e de alimentos, nos quais tenha havido aplicação de produtos de uso não autorizado, a critério do órgão competente.

A inutilização de agrotóxicos, produtos de controle ambiental e afins apreendidos como resultado da ação fiscalizadora não é obrigatória, pois a autoridade fiscalizadora poderá ordenar outras providências, conforme o disposto no artigo 53.

E de acordo com as disposições do artigo 55, "[c]ompete aos órgãos de registro e de fiscalização referidos nos artigos 8º e 9º desta Lei definir critérios e valores e aplicar multas de R$ 2.000,00 (dois mil reais) a R$ 2.000.000,00 (dois milhões de reais), proporcionalmente à gravidade da infração".

Não há impedimento legal para que as multas sejam aplicadas cumulativamente com outras sanções legais. A reincidência "na mesma infração" (§ 2º, artigo 55). Para a finalidade de aplicação de sanção, a infração continuada se caracteriza "pela permanência da ação ou da omissão inicialmente punida", o que acarretará a aplicação da "respectiva penalidade aplicada diariamente até cessar sua causa, sem prejuízo da paralisação imediata da atividade ou da interdição do laboratório ou da instituição ou empresa responsável" (artigo 55, § 4º).

A aplicação da penalidade de multa é de competência dos órgãos e entidades de registro e de fiscalização, em conformidade com as suas respectivas competências legais.

A responsabilidade penal está prevista nos artigos 56/57 que instituem dois tipos penais. O primeiro dos crimes é o do artigo 56:

> Artigo 56. Produzir, armazenar, transportar, importar, utilizar ou comercializar agrotóxicos, produtos de controle ambiental ou afins não registrados ou não autorizados:
> Pena: reclusão, de 3 (três) a 9 (nove) anos, e multa.
> Parágrafo único. A pena será aumentada:
> I – de 1/6 (um sexto) a 1/3 (um terço), se do crime resultar dano à propriedade alheia;
> II – de 1/3 (um terço) até a metade, se do crime resultar dano ao meio ambiente;
> III – da metade até 2/3 (dois terços), se do crime resultar lesão corporal de natureza grave em outrem;
> IV – de 2/3 (dois terços) até o dobro, se do crime resultar a morte.

O segundo crime está ligado aos resíduos e embalagens vazias de agrotóxicos, de produtos de controle ambiental ou afins.

> Artigo 57. Produzir, importar, comercializar ou dar destinação a resíduos e a embalagens vazias de agrotóxicos, de produtos de controle ambiental ou afins em desacordo com esta Lei:
> Pena: reclusão, de 2 (dois) a 4 (quatro) anos, e multa.

Determina o artigo 86-A do Regulamento (Decreto 4.074/2002) que: "[s]em prejuízo das responsabilidades civil e penal cabíveis, a infração ao disposto neste Decreto acarretará a aplicação das sanções previstas no artigo 17 da Lei 7.802, de 1989".[16] Além das sanções previstas no *caput* do artigo 86-A, poderão ser aplicadas medidas cautelares, tais como: (1) suspensão da autorização do estabelecimento no registro do produto; (2) suspensão da autorização do uso; (3) apreensão do produto; e (4) apreensão dos alimentos contaminados.

A *multa* é aplicável nas hipóteses de (1) inobservância às disposições deste Decreto e à legislação aplicável; (2) após ser notificado, o infrator deixar de sanar, no prazo estabelecido pelo órgão competente, as irregularidades praticadas; ou (3) o agente opuser embaraço à fiscalização dos órgãos competentes. A *inutilização* é aplicável nos casos de produto sem registro ou naqueles em que ficar constatada a impossibilidade de lhes ser dada outra destinação ou reaproveitamento. A *suspensão de autorização de uso ou de registro de produto* é aplicada nos casos de constatação de irregularidades reparáveis. Já o *cancelamento da autorização de uso ou de registro de produto* é aplicado na hipótese de constatação de fraude ou modificação não autorizada pelos órgãos federais de agricultura, de saúde e de meio ambiente na fórmula e nas condições de fabricação.

O produto pode ter o *registro cancelado* quando constatada modificação não autorizada pelos órgãos federais de agricultura, saúde e meio ambiente, de informação que deveria constar em rótulo e bula referente a: (1) indicação de uso; (2) frases de advertência; (3) classificação toxicológica; ou (4) classificação ecotoxicológica. A suspensão do registro é aplicável quando a solicitação de adequação de informações ou documentos não for atendida no prazo de trinta dias, salvo justificativa técnica procedente.

A *interdição* (1) temporária ou (2) definitiva de estabelecimento são aplicáveis sempre que constatada irregularidade ou quando se verificar, mediante inspeção técnica ou fiscalização, condições sanitárias ou ambientais inadequadas para o funcionamento do estabelecimento. A *destruição* ou a *inutilização* de vegetais, parte de vegetais e alimentos será determinada pela autoridade sanitária competente quando forem identificados resíduos acima dos níveis permitidos ou aplicação de agrotóxicos e afins de uso não autorizado, sempre que estes ofereçerem risco dietético inaceitável, conforme critérios definidos em norma complementar.

Os autos de infração deverão conter a descrição do fato, a capitulação do ilícito administrativo e a informação das penalidades aplicáveis, sob pena de nulidade. O artigo 88 do Regulamento determina que a autoridade competente, ao analisar o processo administrativo, observará, no que couber, o disposto nos artigos 14 e 15 da Lei 9.605/1998. Seguindo uma orientação que vem se consolidando no sentido de que apenas uma autoridade federada aplique multa em função de um mesmo fato, o artigo 89 determina que: "A aplicação de multa pelos Estados, pelo Distrito Federal ou pelos Municípios exclui a aplicação de igual penalidade por órgão federal competente, em decorrência do mesmo fato".

2.9 Comercialização de agrotóxicos

Os agrotóxicos, assim como quaisquer outros produtos, têm um ciclo de vida que começa na sua produção e se encerra na sua destinação final. Nesta altura do presente trabalho, necessário se faz examinar os elementos indispensáveis para que os agrotóxicos e afins possam ser legalmente comercializados no território brasileiro. O primeiro elemento a ser examinado, portanto, é o receituário agronômico, sem o qual nenhum agrotóxico poderá ser comercializado legalmente no Brasil.

---

[16]   Artigos 49 e seguintes da Lei 14.785/2023.

630 | DIREITO AMBIENTAL – *Paulo de Bessa Antunes*

2.9.1   Receituário agronômico

A receita ou receituário é a prescrição e orientação técnica necessárias para a utilização de agrotóxico ou afim, por profissional legalmente habilitado. Sem tal documento não pode haver comercialização de agrotóxicos. Observe-se que não há necessidade legal de que o profissional seja engenheiro agrônomo, bastando a qualificação de técnico agrícola com formação de segundo grau. O receituário é um documento formal que deve obedecer a determinados parâmetros técnicos especiais. Em primeiro lugar ele deve ser expedido em, pelo menos, duas vias, a primeira para o usuário e a segunda para o estabelecimento comercial que deverá mantê-la à disposição dos órgãos fiscalizadores pelo prazo de dois anos, contados da data de sua emissão. A receita deverá conter as seguintes informações (artigo 66 do Decreto 4.074/2002): (1) nome do usuário, da propriedade e sua localização; (2) diagnóstico; (3) recomendação para que o usuário leia atentamente o rótulo e a bula do produto; recomendação técnica com as seguintes informações: nome do produto comercial que deverá ser utilizado e de eventual produto equivalente, cultura e áreas onde será aplicado; doses de aplicação e quantidades totais a serem adquiridas; modalidade de aplicação, com anotação de instruções específicas, quando necessário, e, obrigatoriamente, nos casos de aplicação aérea, época de aplicação; intervalo de segurança; orientações quanto ao manejo integrado de pragas e de resistência; precauções de uso; orientação quanto à obrigatoriedade da utilização de EPI; data, nome, CPF e assinatura do profissional que a emitiu, além do seu registro no órgão fiscalizador do exercício profissional.[17]

Produtos de baixa periculosidade poderão ser dispensados de receituário, conforme for definido pelas autoridades administrativas.

2.9.2   Embalagem, fracionamento e rotulagem

As embalagens dos agrotóxicos e afins deverão atender aos seguintes requisitos: (1) ser projetadas e fabricadas de forma a impedir qualquer vazamento, evaporação, perda ou alteração de seu conteúdo e de modo a facilitar as operações de lavagem, classificação, reutilização, reciclagem e destinação final adequada; (2) ser imunes à ação de seu conteúdo ou insuscetíveis de formar com ele combinações nocivas ou perigosas; (3) ser resistentes em todas as suas partes e satisfazer adequadamente às exigências de sua normal conservação; (4) ser providas de lacre ou outro dispositivo, externo, que assegure plena condição de verificação visual da inviolabilidade da embalagem; e (5) as embalagens rígidas deverão apresentar, de forma indelével e irremovível, em local de fácil visualização, exceto na tampa: (a) o nome da empresa titular do registro; e (b) a advertência com a expressão "AGROTÓXICO – NÃO REUTILIZAR ESTA EMBALAGEM".

As embalagens de agrotóxicos e afins, individuais ou que acondicionem um conjunto de unidades, quando permitirem o empilhamento, deverão informar o número máximo de unidades que poderão ser empilhadas.

É dispensado o cumprimento do requisito de que trata a alínea *a* do inciso V do artigo 44 nas seguintes hipóteses: (1) a embalagem apresentar mecanismo de rastreabilidade da sua

---

[17]   Apelação cível não provida. Pulverização de agrotóxico. Danos à plantação no imóvel vizinho. Nexo de causalidade. Dever de indenizar. Valor da indenização a título de lucros cessantes. Provado que a pulverização de agrotóxico estragou parte dos frutos da plantação no imóvel vizinho, o causador do dano deve ser compelido a ressarcir os prejuízos causados. Razoável e proporcional à extensão do dano sofrido na plantação, o valor fixado a título de lucros cessantes deve ser mantido (TJRO, AC 7001045-58.2019.822.0003, 1ª Câmara Cível, Rel. Des. Sansão Saldanha, j. 18.02.2023).

Capítulo 22 · AGROTÓXICOS | 631

origem; ou (2) a empresa titular do registro estar inserida em sistema de logística reversa, nos termos do disposto no inciso I do artigo 33 da Lei 12.305/2010, e em regulamento, acordo setorial ou termo de compromisso.

Tanto o fracionamento quanto a reembalagem de agrotóxicos e afins para comercialização somente poderão ser realizados pela empresa produtora ou por manipulador, sob responsabilidade daquela, em locais e condições previamente autorizados pelos órgãos estaduais, do Distrito Federal e municipais competentes; cabendo aos órgãos federais envolvidos no processo de registro do produto examinar os pedidos de autorização para fracionamento e reembalagem após o registro do estabelecimento no órgão estadual, do Distrito Federal ou municipal competente, na categoria de manipulador.

Os agrotóxicos e afins comercializados a partir do fracionamento ou da reembalagem deverão dispor de rótulos, bulas e embalagens aprovados pelos órgãos federais. No rótulo e na bula dos produtos fracionados ou reembalados, além das exigências já estabelecidas na legislação em vigor, o nome e o endereço do manipulador que efetuou o fracionamento ou a reembalagem, além de outros requisitos definidos no regulamento.

2.10   Destinação final dos agrotóxicos

A destinação final de agrotóxicos é uma medida que necessita ser definida em lei. A Lei 14.785/2023 dispôs sobre a matéria, motivo pelo qual o decreto regulamentador não poderia enfrentar o tema. Reconhece-se que a relevância é óbvia e que a necessidade de disciplinar o assunto é inquestionável. Entretanto, a observância da ordem jurídica é igualmente fundamental. Não se pode *despir um santo para vestir outro*. O que é necessário é que o Poder Público promova a edição da lei necessária para regular a matéria.

Em medida salutar, o Poder Público admite a reutilização de embalagens, mediante aprovação dos órgãos federais intervenientes no processo de registro. Quanto à destinação final, o artigo 52 do Decreto 4.074/2002 estabelece que: "A destinação de embalagens vazias e de sobras de agrotóxicos e afins deverá atender às recomendações técnicas apresentadas na bula ou folheto complementar".

Cabe aos usuários de agrotóxicos e afins devolver as embalagens vazias, e respectivas tampas, aos estabelecimentos comerciais em que foram adquiridos, observadas as instruções constantes dos rótulos e das bulas, no prazo de até um ano, contado da data de sua compra. Findo o prazo anterior, havendo ainda produto na embalagem, dentro do prazo de validade, será facultada a devolução da embalagem em até seis meses após o término do prazo de validade. Faculta-se ao usuário a devolução de embalagens vazias a qualquer posto de recebimento ou centro de recolhimento licenciado por órgão ambiental competente e credenciado por estabelecimento comercial.

Os usuários devem manter à disposição dos órgãos fiscalizadores os comprovantes de devolução de embalagens vazias, fornecidas pelos estabelecimentos comerciais, postos de recebimento ou centros de recolhimento, pelo prazo de, no mínimo, um ano, após a devolução da embalagem. Na hipótese de embalagens contendo produtos impróprios para utilização ou em desuso, o usuário observará as orientações contidas nas respectivas bulas, cabendo às empresas titulares do registro, produtoras e comercializadoras, promover o recolhimento e a destinação admitidos pelo órgão ambiental competente. As embalagens rígidas, que contiverem formulações miscíveis ou dispersíveis em água, deverão ser submetidas pelo usuário à operação de tríplice lavagem, ou tecnologia equivalente, conforme orientação constante de seus rótulos, bulas ou folheto complementar. Os usuários devolverão as em-

632 | DIREITO AMBIENTAL – *Paulo de Bessa Antunes*

balagens vazias aos estabelecimentos nos quais compraram os produtos, quando se tratar de produto adquirido diretamente do exterior. Os estabelecimentos comerciais disporão de instalações adequadas para recebimento e armazenamento das embalagens vazias devolvidas pelos usuários, até que sejam recolhidas pelas respectivas empresas titulares do registro, produtoras e comercializadoras, responsáveis pela destinação final dessas embalagens; caso eles não tenham condições de receber ou armazenar embalagens vazias no mesmo local onde são realizadas as vendas dos produtos, os estabelecimentos comerciais credenciarão posto de recebimento ou centro de recolhimento, previamente licenciados, cujas condições de funcionamento e acesso não venham a dificultar a devolução pelos usuários. Nas notas fiscais deverá constar o endereço de devolução.

Os estabelecimentos destinados ao desenvolvimento de atividades que envolvam embalagens vazias de agrotóxicos, componentes ou afins, bem como produtos em desuso ou impróprios para utilização, deverão obter licenciamento ambiental.

O artigo 57 do Decreto dispõe que: *As empresas titulares de registro, produtoras e comercializadoras de agrotóxicos, seus componentes e afins, são responsáveis pelo recolhimento, pelo transporte e pela destinação final das embalagens vazias, devolvidas pelos usuários aos estabelecimentos comerciais ou aos postos de recebimento, bem como dos produtos por elas fabricados e comercializados; I – apreendidos pela ação fiscalizatória; e II – impróprios para utilização ou em desuso, com vistas à sua reciclagem ou inutilização, de acordo com normas e instruções dos órgãos registrante e sanitário-ambientais competentes. § 1º As empresas titulares de registro, produtoras e comercializadoras de agrotóxicos e afins, podem instalar e manter centro de recolhimento de embalagens usadas e vazias. § 2º O prazo máximo para recolhimento e destinação final das embalagens pelas empresas titulares de registro, produtoras e comercializadoras, é de um ano, a contar da data de devolução pelos usuários. § 3º Os responsáveis por centros de recolhimento de embalagens vazias deverão manter à disposição dos órgãos de fiscalização sistema de controle das quantidades e dos tipos de embalagens, recolhidas e encaminhadas à destinação final, com as respectivas datas.*

Quando o produto for importado, o importador arcará com a responsabilidade pela destinação: (1) das embalagens vazias dos produtos importados e comercializados, após a devolução pelos usuários; e (2) dos produtos apreendidos pela ação fiscalizatória e dos impróprios para utilização ou em desuso.

REFERÊNCIAS BIBLIOGRÁFICAS

ACCIOLY, Hildebrando; NASCIMENTO E SILVA, G. E.; CASELLA, Paulo Borba. *Manual de direito internacional público*. 24. ed. São Paulo: Saraiva, 2019.

ACOT, Pascal. *História da ecologia*. Rio de Janeiro: Campus, 1990.

ACSELRAD, Henri; MELLO, Cecília Campello do Amaral; BEZERRA, Gustavo das Neves. *O que é Justiça Ambiental*. Rio de Janeiro: Garamond, 2009.

AGUIAR, Roberto Armando Ramos. *Direito do Meio ambiente e Participação Popular*. Brasília: Ministério do Meio Ambiente e da Amazônia Legal/Ibama, 1994.

ALAN, Shawkat; BHUIYAN, Md Jahid Hossain; CHOWDHURY, Tareq M. R.; TECHERA, Erika J. (ed.). *Routledge Handbook of International Law*. London and New York: Routledge, 2012.

ALBERT, Bruce. *O massacre dos Yanomami de Haximu*. Brasília: datilografado, relatório apresentado à Procuradoria Geral da República, 1993.

ALLAIS, Catherine. O estado do planeta em alguns números. In: BARRÈRE, Martine (org.). *Terra, patrimônio comum*. São Paulo: Nobel, 1992.

ALMEIDA, Fernanda Dias Menezes de. *Competências na Constituição de 1988*. 3. ed. São Paulo: Atlas, 2005.

ALMEIDA, João Batista de. *Comentários ao Código de Proteção do Consumidor*. São Paulo: Saraiva, 1991.

ALMEIDA, João Batista de. *Aspectos Controvertidos da Ação Civil Pública*: doutrina e jurisprudência. São Paulo: Revista dos Tribunais, 2001.

ALMEIDA, Maria Regina Celestino de. Catequese, aldeamentos e missionação. In: FRAGOSO, João; GOUVÊA, Maria de Fátima (org.). *Coleção Brasil Colonial, I (1443-1580)*. Rio de Janeiro: Civilização Brasileira, 2014. p. 435-478.

ALTMAN, Daniel. *O Futuro da Economia*: as 12 tendências que vão transformar a economia global. Tradução de Afonso Celso da Cunha Serra. Rio de Janeiro: Elsevier, 2011.

ÁLVARES, Walter T. *Curso de Direito da Energia*. Rio de Janeiro: Forense, 1976.

ALVES, Vilson Rodrigues. *Uso nocivo da propriedade*. São Paulo: Revista dos Tribunais, 1992.

ANAYA, S. James. *International Human Rights and Indigenous Peoples*. New York: Aspen Publishers, 2009.

ANDERSON, Perry. *O fim da história*: de Hegel a Fukuyama. Rio de Janeiro: Jorge Zahar, 1992.

ANDRADE, Lúcia. O papel da perícia antropológica no reconhecimento das terras de ocupação tradicional – O caso das comunidades remanescentes de quilombos do trombetas (Pará). In: SILVA, Orlando Sampaio; LUZ, Lídia e HELM, Cecília Maria Vieira (org.). *A perícia antropológica em processos judiciais*. Florianópolis: Editora da UFSC, 1994.

ANDRADE, Manuel A. Domingues. *Teoria Geral da Relação Jurídica*. Coimbra: Almedina, 1983. v. I.

ANJOS FILHO, Robério Nunes. *Direito ao desenvolvimento*. São Paulo: Saraiva, 2013.

ANNAN, Kofi. Prefácio. In: *United Nations Millennium Declaration*. Lisbon: United Nations Information Centre, 2000-2001.

ANTUNES, Paulo de Bessa. *Diversidade biológica e conhecimento tradicional associado*. Rio de Janeiro: Lumen Juris, 2002a.

ANTUNES, Paulo de Bessa. *Federalismo e competências ambientais no Brasil*. 2. ed. São Paulo: Atlas, 2015a.

ANTUNES, Paulo de Bessa. The Rights of the Indigenous People and the Amazon: A Road Ahead. *Environmental Policy and Law*, 53, 2023a, p. 153-163.

634 | DIREITO AMBIENTAL – *Paulo de Bessa Antunes*

ANTUNES, Paulo de Bessa. *Curso de Direito Ambiental*. 2. ed. Rio de Janeiro: Renovar, 1992a.

ANTUNES, Paulo de Bessa. Princípios constitucionais de utilização da energia nuclear. *Revista da Procuradoria Geral da República*. São Paulo: Revista dos Tribunais, n. 1, out./nov./dez, 1992b.

ANTUNES, Paulo de Bessa. A justiça e o direito a água limpa. In: CAUBET, Guy (org.). *Manejo alternativo de recursos hídricos*. Florianópolis: UFSC, 1994.

ANTUNES, Paulo de Bessa. (*Jurisprudência Ambiental Brasileira*. Rio de Janeiro: Lumen Juris, 1995a.

ANTUNES, Paulo de Bessa. Polícia tem que ficar fora de área indígena. *Jornal do Commércio*, 18 ago. 1995b.

ANTUNES, Paulo de Bessa. A necessária proteção do conhecimento tradicional. *Gazeta Mercantil*, 2005a.

ANTUNES, Paulo de Bessa. Vale o mais restritivo? 2005b. Disponível em: www.oeco.com.br. Acesso em: 28 ago. 2005.

ANTUNES, Paulo de Bessa. Omissões inconstitucionais. 2005c. Disponível em: www.oeco.com.br. Acesso em: 11 set. 2005.

ANTUNES, Paulo de Bessa. Correr atrás de baleia é crime. 2005d. Disponível em: www.oeco.com.br. Acesso em: 18 set. 2005.

ANTUNES, Paulo de Bessa. *Dano ambiental*: uma abordagem conceitual. 2. ed. São Paulo: Atlas, 2015b.

ANTUNES, Paulo de Bessa. Precautionary Principle on Brazilian Environmental Law. *Revista Veredas do Direito*, Belo Horizonte, v. 13, n. 27, p. 6388, set./dez. 2016a. Disponível em: http://www.domhelder. edu.br/revista/ index.php/veredas/article/view/877. Acesso em: 7 jul. 2019.

ANTUNES, Paulo de Bessa. *Direito Ambiental*. 19. ed. São Paulo: Atlas, 2019a.

ANTUNES, Paulo de Bessa. *Uma Nova Introdução ao Direito: perspectiva ambiental do direito*. 3. ed. Rio de Janeiro: Lumen Juris, 2021.

ANTUNES, Paulo de Bessa. A Amazônia é uma questão internacional. 2019b. Disponível em: https:// www.ambientelegal.com.br/a-amazonia-e-uma-questao-internacional/. Acesso em: 22 ago. 2021.

ANTUNES, Paulo de Bessa. *A Convenção 169 da Organização Internacional do Trabalho na América do Sul*. Rio de Janeiro: Lumen Juris, 2019c.

ANTUNES, Paulo de Bessa. A poluição do ambiente marinho por plásticos e micro plásticos. Disponível em: https://negocios.pro.br/2020/08/07/a-poluicao-do-ambiente-marinho-por-plasticos- -e-micro-plasticos/. Acesso em: 21 ago. 2021.

ANTUNES, Paulo de Bessa. Clima: é hora de prudência. Disponível em: https://www.jota.info/opiniao- -e-analise/artigos/clima-e-hora-de-prudencia-11102017. Acesso em: 22 ago. 2021.

ANTUNES, Paulo de Bessa. *Direito Ambiental*. 19. ed. São Paulo: Atlas, 2017.

ANTUNES, Paulo de Bessa. *Direito Ambiental*. 23. ed. São Paulo: Atlas, 2023b.

ANTUNES, Paulo de Bessa. *Diversidade Biológica e Conhecimentos Tradicionais Associados*. Rio de Janeiro: Lumen Juris, 2002b.

ANTUNES, Paulo de Bessa. Grandes acidentes e evolução do Direito Ambiental. Disponível em: http:// genjuridico.com.br/2019/06/18/evolucao-do-direito-ambiental/. Acesso em: 21 ago. 2021.

ANTUNES, Paulo de Bessa. Meio Ambiente e Soberania. Disponível em: https://eco21.eco.br/meio- -ambiente-e-soberania/. Acesso em: 22 ago. 2021.

ANTUNES, Paulo de Bessa. *Precautionary Principle on Brazilian Environmental Law. Revista Veredas do Direito*, Belo Horizonte, v. 13, n. 27, p. 6388, set./dez. 2016b. Disponível em: http://www.domhelder. edu.br/revista/ index.php/veredas/article/view/877. Acesso em: 7 jul. 2019.

ANTUNES, Paulo de Bessa. Quem compra madeira ilegal do Brasil? Disponível em: https://www.am- bientelegal.com.br/quem-compra-madeira-ilegal-do-brasil. Acesso em: 22 ago. 2021.

ANTUNES, Paulo de Bessa. Uma convenção-quadro, um protocolo, um acordo e 26 COPs. Disponível em: https://www.conjur.com.br/2021-nov-10/antunes-convencao-quadro-protocolo-acordo-26- -cops/. Acesso em: 2 maio 2024.

AQUINO, Sandra Cilce de. *Parecer sobre OCIP*. Inédito. Informações básicas sobre o assunto. [s.d.]

ARAGÃO, Maria Alexandra de Sousa. *O princípio do poluidor pagador*. Coimbra: Coimbra Editora, 1997.

ARANTES NETO, Adelino. *Responsabilidade do estado no direito internacional e na OMC*. 2. ed. Curitiba: Juruá, 2008.

ARÁOZ, Horacio Machado. *Mineração genealogia do desastre*. São Paulo: Elefante, 2020.

ARÁOZ, Horacio Machado. Potosí y los orígenes del extractivismo. *Voces in el Fénix*, 2017. Disponível em: https://vocesenelfenix.economicas.uba.ar/potosi-y-los-origenes-del-extractivismo/. Acesso em: 8 jul. 2024.

ARISTOTLE. Politics: A Treatise on Government. *The Project Gutenberg eBook of Politics*: A Treatise on Government. 2013. Disponível em: https://www.gutenberg.org/cache/epub/6762/p.6762-images.html. Acesso em: 30 jun. 2023.

ARNT, Ricardo. Tesouro Verde. *Exame*, ano 35, n. 9, maio 2001.

ASSIER-ANDRIEU, Louis. *O Direito nas Sociedades Humanas*. São Paulo: Martins Fontes, 2000.

AYLWARD, Bruce. The Role of Plant Screening and Plant Supply in Biodiversity Conservation, drug development and health care. In: SWANSON, Timothy M. *Intellectual Property Rights and Biodiversity Conservation:* An interdisciplinary analysis of the values of medical plants. Cambridge: Cambridge, 1998.

AZAM, Geneviève. Decrescimento. In: SOLÓN, Pablo (org.). *Alternativas sistêmicas*. São Paulo: Elefante, 2019. p. 65-83.

AZEVEDO, Álvaro Villaça. *Teoria Geral das Obrigações*. 6. ed. São Paulo: Revista dos Tribunais, 1997.

BACCHETTA, Víctor L. *El fraude de la celulosa*. Montevideo: Doble Clic, 2008.

BACCI, Massimo Livi. *Conquista – A destruição dos Índios Americanos*. Tradução de Sandra Escobar. Lisboa: Edições 70, 2007.

BACHELET, Michel. L'ingérence écologique. Paris: Éditions Frisson-Roche, 1995.

BALEEIRO, Aliomar. *Direito Tributário Brasileiro*. 10. ed. Rio de Janeiro: Forense, 1985.

BANCO MUNDIAL. *Le Secteur Forestier*. Washington, 1992.

BANDEIRA DE MELLO, Celso Antônio. *Elementos de Direito Administrativo*. 2. ed. São Paulo: Revista dos Tribunais, 1991.

BANDEIRA DE MELLO, Celso Antônio. *Curso de Direito Administrativo*. 4. ed. São Paulo: Malheiros, 1992.

BANDEIRA, Maria de Lourdes. Terras Negras: invisibilidade expropriadora. *Textos e Debates*, Ano 1, n. 2, 1991, UFSC, p. 7-23.

BANTON, Michael. *A Ideia de Raça*. Tradução de António Marques Bessa. Lisboa: Edições 70, 2015.

BAPTISTA, Zulmira M. de Castro. *Direito ambiental internacional*. São Paulo: Pilares, 2005.

BARBIERI, Samia Roges Jordy. *Biopirataria e povos indígenas*. São Paulo: Almedina, 2014.

BARDET, Gaston. *O urbanismo*. Campinas: Papirus, 1990.

BARRÈRE, Martine. *Terra:* Patrimônio Comum – A ciência a serviço do meio ambiente e do desenvolvimento. São Paulo: Nobel, 1992.

BARROS, Washington Pacheco. *Curso de Direito Ambiental*. 2. ed. São Paulo: Atlas, 2008.

BARROSO, Luís Roberto. *Interpretação e Aplicação da Constituição*. 6. ed. São Paulo: Saraiva, 2004.

BASTOS JR., Luiz Magno Pinto. A Convenção sobre Diversidade Biológica e os Instrumentos de Controle das Atividades Ilegais de Bioprospecção. *Revista de Direito Ambiental*, Revista dos Tribunais, ano 6, n. 23, jul./set. 2001.

BECK, Ulrich. *Sociedade de risco*: rumo a uma outra modernidade. Tradução de Sebastião Nascimento. São Paulo: Editora 34, 2013.

BENJAMIM, Antônio Hermann. Os princípios do estudo de impacto ambiental como limites da discricionariedade administrativa. *Revista Forense*, n. 317, jan./mar. 1992.

BENJAMIM, Antônio Hermann. Visão Geral da lei do Sistema Nacional de Unidades de Conservação. In: MILANO, Miguel Serediuk; THEULEN (org.). *II Congresso Brasileiro de Unidades de Conservação. Anais*, v. III, Campo Grande, 2000.

BERGEL, Jean-Louis. *Teoria geral do direito*. São Paulo: Martins Fontes, 2006.

BERGERON, Yves et al. A floresta ameaçada. In: BARRÈRE, Martine. *Terra:* Patrimônio comum – A ciência a serviço do meio ambiente e do desenvolvimento. São Paulo: Nobel, 1992.

BHAGAVAD GITA. *The original Sanskrit and English translation Lars Martin Fosse*. Woodstock: Yogavidia, 2007.

BITTAR, Carlos Alberto. *Responsabilidade civil nas atividades nucleares*. São Paulo: Revista dos Tribunais, 1985.

BITTAR, Carlos Alberto. *Responsabilidade civil:* teoria e prática. Rio de Janeiro: Forense Universitária, 1989.

BITTAR, Carlos Alberto. *Direito das Obrigações*. Rio de Janeiro: Forense Universitária, 1990.

BORGES, Caio; VASQUES, Pedro Henrique. A ADPF n. 708: o papel fundamental da sociedade civil organizada na garantia de direitos em face da crise climática. In: BORGES, Caio; VASQUES, Pedro Henrique. *STF e as mudanças climáticas*: contribuições para o debate sobre o Fundo do Clima (ADPF 708). Rio de Janeiro: Telha, 2021. p. 9-15.

BLAKENEY, Michael. Protecting Expressions of Australian Aboriginal Folklore under Copyright Law. *European Intellectual Property Review*, 9, 1995.

BLAKENEY, Michael. Bioprospecting and the Protection of Traditional Medical Knowledge of Indigenous People: an Australian Perspective. *European Industrial Property Review*, v. 19, issue 6, [s.d.].

BOBBIO, Norberto. *A era dos direitos*. Rio de Janeiro: Campus, 1992.

BORÉM, Aluízio. *Escape Gênico & Transgênicos*. Viçosa: UFV, 2001.

BORGHINI, Andrea; CASETTA, Elena. *Filosofia da biodiversidade*. Lisboa: Edições Colibri, 2018.

BOSQUET, Michel (André Gorz). *Ecologia e liberdade*. Lisboa: Editorial Veja, 1978.

BOUTILIER, Robert G.; THOMSON, Ian. *The social license*. New York: Routledge, 2019.

BP ENERGY OUTLOOK 2023 EDITION. Disponível em: https://www.bp.com/content/dam/bp/business-sites/en/global/corporate/pdfs/energy-economics/energy-outlook/bp-energy-outlook-2023.pdf. Acesso em: 2 maio 2024.

BRANDÃO, Jacyntho Lins. *Ele que o abismo viu*: epopeia de Gilgamesh. Tradução do Acádio, introdução e comentários. Belo Horizonte: Acadêmica Editora, 2017. Disponível em: https://edisciplinas.usp.br/pluginfile.php/7947980/mod_folder/content/0/Epopeia%20de%20Gilgamesh%20%28trad.%20Jacyntho%20Lins%20Brand%C3%A3o%29.pdf. Acesso em: 16 abr. 2024.

BRAÑES, Raúl. *Manual de Derecho Ambiental Mexicano*. 2. ed. México DF: Fondo de Cultura Económica, 2000.

BRAÑES, Raúl; CAILLAUX, Jorge; GONZÁLEZ, Marco A.; SILVA, Carlos Daniel. *Medio ambiente y libre comercio en América Latina*: los desafíos del libre comercio para América Latina desde la perspectiva del Área de Libre Comercio de las Américas (ALCA). Ciudad de Mexico: Programa de Naciones Unidas para el Desarrollo, 2000.

BRAUDEL, Fernand. História e ciências sociais: a longa duração. *Revista de História*, v. XXX, ano XVI, n. 62, abr./jun. 1965, p. 261-294. Disponível em: https://www.revistas.usp.br/revhistoria/article/view/123422/119736. Acesso em: 13 jul. 2024.

BREEN, Barry. Environmental Law from resource to recovery. In: CAMPBELL-MOHN, Celia; BREEN, Barrey; FUTRELL, J. William. *Environmental law from resources to recovery*. St. Paul: West Publishing, 1993.

BROCHADO, Djalma. *Ecocídio*: danos massivos ao meio ambiente e o sistema internacional penal. São Paulo: Thomson Reuters Brasil, 2023. *E-book*.

BROWN, Lester R. O início da revolução ambiental. In: BROWN, Lester R. *Qualidade de vida 1992*: salve o planeta! São Paulo: Globo, 1992.

BROWN, Lester R.; RENNER, Michael; HALWEIL, Brian. *Sinais Vitais 2000:* as tendências ambientais que determinarão nosso futuro. Tradução de Henry J. Mallet. Salvador: UMA, 2000.

BRUSH, Stephen B.; SCABINSY, Doreen (ed.). *Valuing local knowledge – indigenous people and intellectual property rights*. Washington (DC): Island Press, 1996.

BRYCE, Robert. *Power Hungry*: The Myths of "Green" Energy and the Real Fuels of the Future. PubliccAffairs. Edição do Kindle.

BRYCE, Robert. *Smaller Faster Lighter Denser Cheaper*: How Innovation Keeps Proving the Catastrophists Wrong. PublicAffairs. Edição do Kindle, 2022.

BURGENTHAL, Thomas; SHELTON, Dinha; STEWART, David P. *International human rights in a nutshell*. 4. ed. St Paul: West Publishing, 2009.

CABALLERO, Francis. *Essai sur la notion juridique de nuissance*. Paris: Librairie Générale de Droit et de Jurisprudence, 1981.

CABANA, Roberto M. López (coord.). *Responsabilidad civil objetiva*. Buenos Aires: Abeledo-Perrot, 1995.

CAETANO, Marcello. *Manual de Direito Administrativo*. 10. ed. Coimbra: Almedina, 1986.

CALVO, Trinidad Lázaro. *Derecho Internacional del Medio Ambiente*. Barcelona: Atelier, 2005.

CÂMARA LEAL. *Da prescrição e da decadência*. Rio de Janeiro: Forense, 1982.

CANBY JR., William. *American Indian Law*. St. Paul: West Publishing, 1994.

CAPOBIANCO, João Paulo R. Situação e perspectivas para a conservação da Mata Atlântica. In: LIMA, André (Org.). *Aspectos jurídicos da proteção da Mata Atlântica*. São Paulo: Instituto Socioambiental, 2001.

CAPRA, Fritjof; MATTEI, Ugo. *A revolução ecojurídica*. São Paulo: Cultrix, 2018.

CAPRA, Fritjof. *O ponto de mutação*: a cidadania, a sociedade e a cultura emergente. São Paulo: Cultrix, 2006.

CARNEIRO DA CUNHA, Manuela. O drama dos Yanomamis. *Ciência Hoje*, Amazônia, dez. 1991.

CARNEIRO, Athos Gusmão. *Jurisdição e competência*. São Paulo: Saraiva, 1983.

CARSON, Rachel. *Primavera Silenciosa*. Tradução de Cláudia Sant'Anna Martins. São Paulo: Gaia, 2010.

CARSON, Rachel. *Silent Spring (with an introduction of Vice President Al Gore)*. Boston/New York: Houghton Mifflin, 1994.

CARSON, Rachel. *Silent Spring*. Houghton Mifflin Company, Anniversary edition, 1962 [2002].

CARVALHO FILHO, José dos Santos. *Manual de Direito Administrativo*. Rio de Janeiro: Lumen Juris, 1999.

CARVALHO, Afrânio. *Águas interiores*. São Paulo: Saraiva, 1986.

CARVALHO, Carlos Gomes. *Introdução ao Direito Ambiental*. Cuiabá: Verde-Pantanal, 1990.

CARVALHO, Guilherme. Os Bancos Multilaterais e o Complexo Rio Madeira: A tentativa de garantir o controle dos recursos naturais da Amazônia para o grande capital. In: CEDI – Centro Ecumênico de Documentação e Informação – *Povos indígenas no Brasil* – 1987/88/89/90. *Aconteceu*, especial n. 18, São Paulo, 1991, p. 29.

CASSIER, Ernst. *Ensaio sobre o Homem*: introdução a uma filosofia da cultura humana. Tradução de Tomás Rosa Bueno. São Paulo: Martins Fontes, 2001.

CASTRO, Antônio Luiz Coimbra de. *Glossário de Defesa Civil Estudos de Riscos e Medicina de Desastres*. 1998.

CASTRO, José Nilo. *Direito Municipal Positivo*. 4. ed. Belo Horizonte: Del Rey, 1999.

CEPAL. *Acordo Regional sobre Acesso à Informação, Participação Pública e Acesso à Justiça em Assuntos Ambientais na América Latina e no Caribe*. Santiago, 2023.

CHADE, Jamil. País quer defender conhecimento indígena. *O Estado de S. Paulo*, 18 dez. 2001, Geral.

CHEDIAK, Karla de Almeida. *Filosofia da Biologia*. Rio de Janeiro: Jorge Zahar Editor, 2008.

CIDH. *Derechos de los pueblos indígenas y tribales sobre sus tierras ancestrales y recursos naturales. Normas y jurisprudencia del Sistema Interamericano de Derechos Humanos*. Diciembre 2009, OEA/Ser. L/V/II. Doc. 56/09, p. 333.

CIRNCROSS, Frances. *Meio Ambiente*: custos e benefícios. São Paulo: Nobel, 1992.

CLARK, Brian. O Processo de AIA: conceitos básicos. In: PARTIDÁRIO, Maria do Rosário; JESUS, Júlio de (org.). *Avaliação do Impacto Ambiental*. Lisboa: Centro de Estudos de Planejamento e Gestão Ambiental – CEPGA, 1994.

CLASTRES, Pierre. *La Société contre L'État*. Paris: Les Éditions Du Minuit, 1974.

COLL, Josefina Oliva de. *A resistência indígena*: do México à Patagônia, a história da luta dos índios contra os conquistadores. 2. ed. Tradução de Jurandir Soares dos Santos. Porto Alegre: LPM, 1986.

COMMAILE, Jacques. *Á quoi sert le droit?*. Paris: Gallimard, 2015.

COMISSÃO MUNDIAL SOBRE MEIO AMBIENTE E DESENVOLVIMENTO. *Nosso Futuro Comum*. Rio de Janeiro: FGV, 1988.

COMMISSION ON GLOBAL GOVERNANCE (1995). *Our Global Neighborhood. The Report of the Commission on Global Governance*. Disponível em: https://dn790008.ca.archive.org/0/items/cmmn--on-global-governance-our-global-neighborhood-1995/CMMN_ON_GLOBAL_GOVERNANCE--Our_Global_Neighborhood_%281995%29.pdf. Acesso em: 11 jul. 2024.

COMMITTEE ON THE ELIMINATION OF RACIAL DISCRIMINATION, 87th Session by The Association of Indigenous Village Leaders in Suriname. The Association of Saramaka Authorities/The Forest Peoples Programme. *A Report on the Situation of Indigenous and Tribal Peoples In Suriname and Comments on Suriname's 13th-15th Periodic Reports* (CERD/C/SUR/13-15) 14 July 2015.

CONCEIÇÃO, Ariane Fernandes; OLIVEIRA, Cíntia Gonçalves; SOUZA, Dércio Bernardes. Rostow e os estágios para o desenvolvimento. In: NIEDERLE, Paulo André; RADOMSKY, Guilherme Francisco W. (org.). *Introdução às teorias do desenvolvimento*. Porto Alegre: Editora da UFRGS, 2017. p 13-20.

CONFERÊNCIA DAS NAÇÕES UNIDAS SOBRE MEIO AMBIENTE E DESENVOLVIMENTO. *Conferência das Nações Unidas sobre o Meio Ambiente e Desenvolvimento*: de acordo com a Resolução n. 44/228 da Assembleia Geral da ONU, de 22-12-89, estabelece uma abordagem equilibrada e integrada das questões relativas a meio ambiente e desenvolvimento: a Agenda 21. Brasília: Câmara dos Deputados, Coordenação de Publicações, 1995.

CONTADOR, Cláudio Roberto. *Avaliação social de projetos*. 2. ed. São Paulo: Atlas, 1988.

CONTESSE, Jorge; LOVERA, Domingo. El Convenio 169 de la OIT en la jurisprudencia chilena: prólogo del incumplimiento. In: *Anuario de Derecho Público*. Santiago: Universidad Diego Portales, 2011.

CORNWALL, Andrea; EADE, Deborah (ed.). *Deconstructing Development Discourse – Buzzwords and Fuzzwords*. Oxford: Practical Action Publishing – OXFAN, 2010.

CORREA, Carlos M. *Intellectual property rights, the WTO and developing countries*: the TRIPS agreement and policy options. 3. reimp. Penang: Zed Books/Third World Network, 2002.

CORREA, C. M.; CORREA, J. I.; DE JONGE, B. The status of patenting plants in the Global South. *J World Intellect Prop.*, n. 23, p. 121-146, 2020.

CORTE INTERAMERICANA DE DIREITOS HUMANOS. *Caso do povo Saramaka vs. Suriname*. Sentença de 28 de novembro de 2007 (Exceções Preliminares, Mérito, Reparações e Custas). Jurisprudência da Corte Interamericana de Direitos Humanos/Secretaria Nacional de Justiça, Comissão de Anistia, Corte Interamericana de Direitos Humanos. Tradução de Corte Interamericana de Direitos Humanos). Brasília: Ministério da Justiça, 2014.

CORTE INTERAMERICANA DE DIREITOS HUMANOS. *Caderno de Jurisprudência da Corte Interamericana de Direitos Humanos n. 11*: povos indígenas e tribais. Corte Interamericana de Direitos Humanos: San José, C.R., 2022.

COSTA, João Batista de Almeida; OLIVEIRA, Cláudia Luz (org.). *Cerrado, Gerais, Sertão*: Comunidades Tradicionais nos Sertões Roseanos. São Paulo: Intermeios, 2012.

COSTA, Zé Pedro de Oliveira. *Uma história das florestas brasileiras*. São Paulo: Autêntica, 2022.

COTTERELL, Arthur. Introdução. In: SPENCE, Lewis. *Mitologia Norte-Americana*. Guia Ilustrado. Lisboa: Editorial Estampa/Círculo dos Leitores, 1993.

COUGHLIN JR., M. D. *Using the Merck* – INbio agreement to clarify the Convention on Biological Diversity. *Columbia Journal of Transnational Law* 31(2), [s.d.].

COUSILLAS, Marcelo J. *Evaluación del impacto ambiental*. Montevideo: IEEM, 1994.

CRETELLA JR., José. *O Estado e a obrigação de indenizar*. São Paulo: Saraiva, 1980.

CRETELLA JR., José. *Comentários à Constituição de 1988* (artigos 1º a 5º LXVII). Rio de Janeiro: Forense Universitária, 1989.

CRETELLA JR., José. *Comentários à Constituição de 1988*. Rio de Janeiro: Forense Universitária, 1991. v. IV.

CRIADO, Miguel Ángel. 50 anos depois, agente laranja continua contaminando o solo do Vietnã. 2019. Disponível em: https://brasil.elpais.com/brasil/2019/03/16/ciencia/1552710887_506061.html. Acesso em: 9 mar. 2024.

CRICK, Francis. *The Astonishing Hypothesis:* the scientific search for the soul. New York: Simon and Schuster, 1996.

CULTURAL SURVIVAL. Quarterly. 10.2 Land Rights: Strategies for Survival. June 1986.

CUNHA, Manuela Carneiro da. Definições de Índios e comunidades indígenas nos textos legais. In: SANTOS, Sílvio Coelho dos (org.). *Sociedades indígenas e o direito: uma questão de direitos humanos*. Florianópolis: UFSC, 1985.

CUNHA, Manuela Carneiro da. *Índios no Brasil (História, Direitos e Cidadania)*. São Paulo: Claro Enigma, 2012.

CUNHA, Manuela Carneiro da. *Os Direitos do Índio*. São Paulo: Brasiliense, 1987.

CUNNINGHAM, Anthony B. *Applied ethnobotany – people, wild plant use & conservation*. London: Earthscan, 2001.

D'AMATO, Claudio; TORRES, João P. M; MALM, Olaf. DDT (dichlorodiphenyltrichloroethane): toxicity and environmental contamination – a review. *Química Nova,* São Paulo, v. 25, n. 6a, 2002. Disponível em: http://www.scielo.br/scielo.php?script=sciarttext&pid=S0100 40422002000600017&lng=en&nrm=iso. Acesso em: 9 mar. 2024.

DAJOZ, Roger. *Ecologia Geral*. 4. ed. Petrópolis: Vozes, 1983.

DALY, Herman E.; COBB Jr, John B. *For the common good – redirecting economy toward community, the environment, and a sustainable future*. 2. ed. Boston: Beacon Press, 1994.

DALY, Herman E. *Beyond growth*. Boston: Beacon Press, 1996.

DANTAS, Francisco Clementino San Tiago. *Programa de direito civil*. Rio de Janeiro: Editora Rio, 1979.

DARWIN, Charles. (s/d) *The origin of species* – by means of natural selection or the preservation of favoured races in the struggle for life. New York: Bantam Books, [s.d.].

DAVIS, Mike. *Planeta favela*. São Paulo: Boitempo, 2006.

DAVIS, Shelton H. *The World Bank and Indigenous Peoples. The World Bank*, n. 1, 1993.

DEAN, Warren. *A ferro e fogo*: a história e a devastação da Mata Atlântica Brasileira. São Paulo: Companhia das Letras, 1996.

DeLONG, Don. C. Defining Biodiversity. *Wildlife Society Bulletin*, v. 24, n. 4, 1996, p. 738-749. Disponível em: https://cfcul.mcmlxxvi.net/GI/FCV/seminarios/EXSY_ReadingGroup/docs/DeLong.pdf. Acesso em: 27 jun. 2024.

DEROCHE, Frédéric. La Notion de "peuples autochtones, une synthèse des principaux débats terminologiques. In : FRITZ, Jean Claude; DEROCHE, Frédéric; FRITZ, Gérard; PORTEILLA, Raphäel (sous la direction de). *La Nouvelle Question Indigène*. Paris: L'Harmattan, 2005.

DESPAX, Michel. *Droit de L'environnement*. Paris: Litec, 1980.

DI PIETRO, Maria Sylvia Zanella. *Direito Administrativo*. São Paulo: Atlas, 1990.

DI PIETRO, Maria Sylvia Zanella. *Parcerias na Administração Pública*. São Paulo: Atlas, 1996.

DI PIETRO, Maria Sylvia Zanella. *Direito Administrativo*. 32. ed. Rio de Janeiro: Forense, 2019.

DIAMOND, Jared. *De l'inégalité parmi lês sociétés* – Essai sur L'Homme et L'Environnement dans L'Histoire. Paris: Galimmard, 2000.

DIAMOND, Jared. *Colapso*: como as sociedades escolhem o fracasso ou o sucesso. Rio de Janeiro: Record, 2005.

DICK, Phillip K. *Minority Report: a nova lei*. Tradução de Ana Luiza Borges. Rio de Janeiro: Record, 2002.

DIEGUES, Antônio Carlos. *O mito moderno da natureza intocada*. São Paulo: Hucitec, 1996.

DIEGUES, Antônio Carlos. *Aspectos sociais e culturais do uso dos recursos florestais da Mata Atlântica*. São Paulo: Senac, 2002.

DIEGUES, Antônio Carlos; ARRUDA, Renato S. V. (org.). *Saberes tradicionais e biodiversidade no Brasil*. Brasília: MMA, 2001.

DINIZ, Maria Helena. *Curso de Direito Civil Brasileiro:* Direito das Coisas. 6. ed. São Paulo: Saraiva, 1989. v. IV.

DINIZ, Maria Helena. *Norma Constitucional e seus efeitos*. São Paulo: Saraiva, 1989.

DINIZ, Maria Helena. *Lei de introdução ao CC brasileiro interpretada*. 4. ed. São Paulo: Saraiva, 1998.

DIZ, Jamile Bergamaschine Mata; COSTA, Beatriz Souza; GARCÍA, Tania. Análise das medidas internacionais em matéria de impactos transfronteiriços e a responsabilidade ambiental. *Revista de Direito Econômico e Socioambiental*, Curitiba, v. 10, n. 2, p. 127-157, maio/ago. 2019.

DOAS, Margaret. Intellectual Property Law. Indigenous Peoples Concerns. *Canadian Intellectual Property Review*, v. 12, n. 1, oct. 1995.

DOROUGH, Dalee Sambo. The Revision of International Labour Organization Convention no. 107: a subjective assessment. In: DUNBAR-ORTIZ, Roxanne; DOROUGH, Dalee Sambo; ALFREDSSON, Gudmundur; SWEPSTON, Lee; WILLE, Petter (ed.). *Indigenous Peoples' Rights In International Law*: Emergence and application – Book in honor of Asbjørn Eide at eighty. Kautokeino & Kopenhagen: Gáldu & IWGIA, 2015.

DORST, Jean. *Antes que a natureza morra*. São Paulo: Edgar Blücher, 1973.

DOUGLAS, Mary. *Risk and Blame – Essays on Cultural Theory*. London and New York: Routledge, 1994.

DOUGLAS, Mary. *Pureza e perigo*. São Paulo: Perspectiva, 2012.

DOUMBÉ-BILLÉ, Stéphane; MIGAZZI, Caroline; NERI, Kiara; PACCAUD, Françoise; SMOLINSKA, Anna Maria. *Droit international de l'environnement*. Bruxelles: Larcier, 2013.

DOYLE, Cathal M. *Indigenous Peoples, Title to territory, Rights and Resources – The transformative role of free prior and informed consent*. London and New York: Routledge, 2015.

DUE PROCESS OF LAW FOUNDATION [DPLF]. *Digesto de jurisprudencia latinoamericana sobre los derechos de los pueblos indígenas a la participación, la consulta previa y la propiedad comunitaria*. Washington, 2013.

DUPUY, Pierre-Marie; VIÑALES, Jorge E. *Introduction au Droit International de L'E nvironnement*. Bruxelles: Bruylant, 2015.

DUPUY, Pierre-Marie. *La responsabilité internationale des états pour le domage d'origine technologique et industrielle*. Paris: Pedonne, 1976.

DURNING, Alan Thein. (1993) Prestando apoio aos povos indígenas. In: BROWN, Lester. *Qualidade de vida 1993*: salve o planeta! São Paulo: Globo, 1993.

DURNING, Allan B. Acabando com a pobreza. In: BROWN, Lester. *Qualidade de vida 1990*: salve o planeta! São Paulo: Globo, 1990.

DUTFIELD, Grahan. *Intellectual property rights, trade and biodiversity*. London: Earthscan, 2010.

DWORKIN, Ronald. *Uma questão de princípio*. Tradução de Luís Carlos Borges. São Paulo: Martins Fontes, 2010.

DWORKIN, Ronald. *Levando os Direitos a Sério*. Tradução de Nélson Bodera. São Paulo: Martins Fontes, 2002.

EBLEN, Ruth A.; EBLEN, William R. (ed.). *The Encyclopedia of the Environment – The René Dubos Center for Human Environment*. Boston-New York: Houghton Mifflin Company, 1994.

ECONOMIC COMMISSION FOR LATIN AMERICA AND THE CARIBBEAN (ECLAC) AND CARIBBEAN COURT OF JUSTICE ACADEMY OF LAW (CCJ ACADEMY OF LAW). *Ensuring environmental access rights in the Caribbean*: analysis of selected case law (LC/TS.2018/31/Rev.1), Santiago, 2018.

ECONOMIC COMMISSION FOR LATIN AMERICA AND THE CARIBBEAN (ECLAC). *Ensuring environmental access rights in the Caribbean: analysis of selected case law*. Santiago, 2018.

EDELMAN, Margalit. Os beneficiários da propriedade intelectual. *Gazeta Mercantil*, 16, 17 e 18 nov. 2001.

EHRLICH, Paul R. *Human Natures*: genes, cultures, and the human prospect. Washington: Island Press/ Shearwater Book, 2000.

ENGELS, Friedrich. *A situação da classe trabalhadora na Inglaterra*. São Paulo: Boitempo, 2010.

ENGISCH, Karl. *Introdução ao pensamento jurídico*. 5. ed. Tradução de Prefácio de J. Baptista Machado. Lisboa: Calouste Gulbenkian, 1979.

ENTERRÍA, Eduardo Garcia de; FERNANDEZ, Tomáz Ramón. *Curso de Direito Administrativo*. São Paulo: Revista dos Tribunais, 1990.

ENZENSBERGER, Hans Magnus. *Guerra Civil*. São Paulo: Companhia das Letras, 1995.

ERESHEFSKY, Marc. Espécies. In: SOUZA FILHO, Sérgio Farias (org.). *Textos selecionados de filosofía da biologia*. Pelotas: UFPEL, 2022. p. 104-136. Disponível em: https://guaiaca.ufpel.edu.br/bitstream/handle/prefix/8398/TEXTOS_SELECIONADOS_DE_FILOSOFIA_DA_BIOLOGIA.pdf;jsessionid=0436C7DF08771030DB7D372283B10EFD?sequence=1. Acesso em: 6 jun. 2024.

ERRIGNON, Judith. Les Verts: Changer la societé in *Tout sur les écologistes. Collection Libération*, n. 9, mar. 1992.

ESTEVA, Gustavo. Desarrollo. In: SACHS, Wolfgang (ed.). *Diccionario del Desarrollo*: Una Guía del Conocimiento como Poder. Lima: Pratec, 1996. p. 52-78.

EUGUI, David Vivas. *El régimen legal y la experiencia venezolana en materia de aceso a los recursos genéticos, los conocimientos tradicionales y la propiedad intelectual*. [s.d.]

EWALD, François. *Foucault:* a norma e o direito. Lisboa: Veja, 1993.

EWALD, François. *L'État providence*. Paris: Grasset, 1986.

EWALD, François. La Faute Civile, Droit et Philosophie. *Revue Française de Théorie Juridique, Fin de la faute?,* Paris, PUF, Droits, n. 5, [s.d].

FANON, Frantz. The Wretched of the Earth, Preface by Jean-Paul Sartre, Translated by Constance Farrington Grove Weidenfeld, New York, 1963.

FARIAS, Talden. *Licenciamento ambiental*: aspectos teóricos e práticos. Belo Horizonte: Fórum, 2007.

FAURE, Michael. *L'analyse économique du droit de l'environnement*. Bruxelles: Bruylant, 2007.

FEARNSIDE, P. M. Frenesi de Desmatamento no Brasil: A Floresta Amazônica Irá Sobreviver? p. 45-57. In: KOHLHEPP, G.; SCHRADER, A. (ed.). *Homem e Natureza na Amazônia*. Tübinger Geographische Studien 95 (Tübinger Beiträge zur Geographischen Lateinamerika-Forschung 3). Geographisches Institut, Universität Tübingen, Tübingen, Germany, 1987.

FEDELI, Paolo. Uomo e ambiente nel mondo romano. *Consiglio Nazionale Della Recierche*, Sassari, p. 19-36, 1992.

FERDINAND, Malcom. *Uma ecologia decolonial*: pensar a partir do mundo caribenho. São Paulo: Ubu, 2002.

FERNANDES, Elizabeth Alves. *Meio ambiente e direitos humanos*: o deslocamento de pessoas por causas ambientais agravadas pelas mudanças climáticas. Curitiba: Juruá, 2014.

FERRAZ, Sérgio. Direito Ecológico, perspectivas e sugestões. *Revista da Consultoria-Geral do Estado*, v. 2, n. 4, Porto Alegre, 1972.

FINDLEY, Roger; FARBER, Daniel. *Environmental Law*. St. Paul: West Publishing, 1988.

FISCHOFF, Baruch; LICHTENSTEIN, Sarah; SLOVIC, Paul; DERBY, Stephen L.; KEENEY, Ralph. *Acceptable risk*. Cambridge: Cambridge University Press, 1981.

FLAVIN, Christopher. Planeta rico, planeta pobre. In: BROWN, Lester R. *Estado do Mundo 2001*. Salvador: UMA, 2000.

FONSECA, Pedro Cezar Dutra. *Desenvolvimentismo*: a construção do conceito. Texto para discussão/ Instituto de Pesquisa Econômica Aplicada. Brasília/Rio de Janeiro: Ipea, 2015.

642 | DIREITO AMBIENTAL – *Paulo de Bessa Antunes*

FOSTER, Caroline E. *Science and the precautionary principle in international courts and tribunals.* Cambridge: Cambridge University Press, 2013.

FRASER, Nancy; HONNETH, Axel. *Redistribution or Recognition – A Political-Philosophical Exchange.* London/New York: Verso, 2003.

FREELAND, Steven. Direitos Humanos, meio ambiente e conflitos: enfrentando os crimes ambientais. *SUR – Revista Internacional de Direitos Humano*, ano 2, n. 2, 2005, p. 118-145.

FREELAND, Steven. Crimes Against the environment and international criminal law. Disponível em: https://www.ibanet.org/article/6D983066-BCDB-481A-8C79-BD47362BDB49. Acesso em: 11 mar. 2024.

FREIRE, William. *Comentários ao Código de Mineração.* Rio de Janeiro: Aide, 1995.

FREITAS, Vladimir Passos de. *Direito Administrativo e meio ambiente.* Curitiba: Juruá, 1993.

FREITAS, Vladimir Passos de. *A CF e a efetividade das normas ambientais.* São Paulo: Revista dos Tribunais, 2000.

FREITAS, Vladimir Passos de; FREITAS, Gilberto Passos de. *Crimes contra a natureza.* São Paulo: Revista dos Tribunais, 1990.

FREYMAN, Monika. An Exploration of Sustainability and its Application to Corporate Reporting. IRI Working Paper. 2012. Disponível em: https://iri.hks.harvard.edu/files/iri/files/an-exploration-of--sustainability-and-its-application-to-corporate-reporting.pdf. Acesso em: 7 out. 2023.

FUNARI, Pedro Paulo; NOELLI, Francisco Silva. *Pré-História do Brasil.* São Paulo: Contexto, 2002.

FURLAN, Anderson; FRACALOSSI, William. *Direito Ambiental.* Rio de Janeiro: Forense, 2010.

FURTADO, Celso. *Desenvolvimento e subdesenvolvimento.* 5. ed. 1. reimp. Rio de Janeiro: Contraponto/ Centro Interacional Celso Furtado, 2016.

FUTRELL, J. William. The History of environmental law. In: CAMPBELL-MOHN, Celia; BREEN, Barrey; FUTRELL, J. William. *Environmental law from resources to recovery.* St. Paul: West Publishing, 1993.

GALEANO, Eduardo. *Nascimentos* – Memória do Fogo (1). Rio de Janeiro: Nova Fronteira, 1986.

GALVIS, Maria Clara; RAMIREZ, Angela. *Manual para defender os direitos dos povos indígenas.* Tradução de Rodolfo Marinho. Washington: Due Process of Law Foundation, [s.d.].

GARCIA, Maria da Glória F. P. D. *O lugar do direito na proteção do meio ambiente.* Coimbra: Almedina, 2015.

GARCIA, Rodolfo. *Ensaio sobre a História Política e Administrativa do Brasil (1500-1810).* 2. ed. Rio de Janeiro: José Olympio/INL, 1975.

GASPARINI, Diógenes. *Direito Administrativo.* São Paulo: Saraiva, 1989.

GASSEN, Hans Günther. *Biotecnologia para Países em Desenvolvimento.* In: GASSEN, Hans Günther et al. *Biotecnologia em Discussão.* São Paulo: Fundação Konrad Adenauer, 2000.

GAZETA MERCANTIL. Vegetação natural em SP aumenta após trinta anos, 3 out. 2002.

GEIPEL, Jeff; NICERSON, Emily; KIELTY, John; REGENSTREIF, Thérèse. Mining local procurement reporting mechanism. 2017. Disponível em: https://static1.squarespace.com/static/54d667e5e4b05b179814c788/t/5fb82959404f7008313b33c9/1605904737667/LPRM-English--Nov2020.pdf. Acesso em: 24 ago. 2024.

GENTILE, Giovanni G. *Lezioni di diritto dell'energia.* Milano: Giuffrè, 1987.

GIDDENS, Anthony. A vida em uma sociedade pós-tradicional. In: GIDDENS, Anthony; LASH, Scott; BECK, Ulrich. *Modernização reflexiva*: política, tradição e estética na ordem social moderna. 2. ed. São Paulo: Unesp, 2012.

GLISSEN, John. *Introdução histórica ao Direito.* Lisboa: Calouste Gulbenkian, 1988.

GOLDEMBERG, José; DESSUS, Benjamim. Energia: inventar novas solidariedades. *Terra patrimônio comum* – A ciência a serviço do meio ambiente e desenvolvimento. *São Paulo:* Nobel, 1992.

GOMES, Flávio dos Santos. *Mocambos e Quilombos*: uma história do campesinato negro no Brasil. São Paulo: Claroenigma, 2015.

GOMES, Orlando. *Obrigações.* 8. ed. Rio de Janeiro: Forense, 1998.

GONÇALVES, Carlos Roberto. *Responsabilidade civil*. São Paulo: Saraiva, 1998.

GOODLAND, Robert. "Free, Prior and Informed Consent and the World Bank Group". *Sustainable Development Law and Policy*, Summer 2004.

GOODLAND, Robert. Free, Prior and Informed Consent and the World Bank Group. *Sustainable Development Law and Policy*, Summer 2004, p. 66-74.

GOSEMENT, Arnaud. *Le principe de précaution – essai sur l'incidence de l'incertitude scientifique sur la decisión et la responsabilté publiques*. Paris: L'Harmattan, 2003.

GOULD, Stephan Jay. *Dedo mindinho e seus vizinhos:* ensaios de história natural. Tradução de Sérgio Flaksman. São Paulo: Companhia das Letras, 1993.

GRANZIERA, Maria Luiza Machado; REI, Fernando Cardozo Fernandes (coord.). *Direito ambiental internacional*: avanços e retrocessos – 40 anos de Conferências das Nações Unidas. São Paulo: Atlas, 2015.

GRANZIERA, Maria Luiza Machado. *Direito de águas e meio ambiente*. São Paulo: Ícone, 1993.

GRANZIERA, Maria Luiza Machado. *Direito Ambiental*. São Paulo: Atlas, 2009.

GRANZIERA, Maria Luiza Machado. *Direito Ambiental*. 3. ed. São Paulo: Atlas, 2014.

GRAU, Eros Roberto. *Direito Urbano*. São Paulo: Revista dos Tribunais, 1983.

GRAU, Eros Roberto. (1991) *A ordem econômica na Constituição de 1988* (interpretação e crítica). 2. ed. São Paulo: Revista dos Tribunais.

GRECO FILHO, Vicente. (1991) *Comentários ao Código de Proteção do Consumidor*. São Paulo: Saraiva.

GRIFFITHS, Tom. *Indigenous peoples and the World Bank: experiences with participation, Indigenous Peoples Program*. Forests Peoples Program: Moreton-in-Marsh, 2005.

GRUPO de Trabajo Asuntos Indígenas de la ULA. Provea, Laboratorio de Paz, Lexys Rendón Situación del Derecho a la Consulta Previa en Venezuela. Caracas, 2016.

GUATARI, Felix. *As três ecologias*. Campinas: Papirus, 1990.

GUERRA, Antonio Teixeira. *Dicionário Geológico:* geomorfológico. 8. ed. Rio de Janeiro: IBGE, 1993.

GUIMARÃES, Paulo Machado. *Ementário de jurisprudência indigenista*. Brasília: CIMI, 1993.

HAIGH, Nigel. *Direito Comunitário do Ambiente. Direito do Ambiente*. Lisboa: INA, 1994.

HALL, Gilbert; PATRINOS, Anthony. Latin America's Indigenous Peoples. *Finance and Development*, v. 42, n. 4, December 2005.

HAMMOND, Edward. *Biopiracy watch*: a compilation of some recents cases. Penang: Third World Network, 2013.

HANDL, Günther. Declaration of the United Nations Conference on the Human Environment (Stockholm Declaration), 1972 and the Rio Declaration on Environment and Development, 1992. 2012. Disponível em: http://legal.un.org/avl/pdf/ha/dunche/dunche_e.pdf. Acesso em: 25 mar. 2024.

HANNIGAN, John A. *Sociologia ambiental*: a formação de uma perspectiva social. Lisboa: Instituto Piaget, 2000.

HANNIGAN, John. *Environmental Sociology*. 3. ed. London and New York: Routledge, 2014.

HAWKING, Stephen W. *A brief history of time from the big bang to black holes*. New York: Bantam, 1989.

HEGEL, G. W. F. *Filosofia do direito*. São Leopoldo: Unisinos, 2010.

HÉMERY, Daniel; DEBIER, Jean-Claude; DELÉAGE, Jean-Paul. *Uma história da energia*. Brasília: Editora da UnB, 1993.

HERCULANO, Selene. *Políticas Ambientais*. Niterói: Editora da UFF, 2013.

HERTSGAARD, Mark. Les Catastrophes secrètes de Tcheliabinsk, *L'èvenement du jeudi*, n. 376, 16 au 22 janvier 1992.

HERTSGAARD, Mark. Les Catastrophes Secrètes de Tcheliabinsk. *L'Evenement du Jeudi*, n. 376, 16 a 22 de janeiro de 1992.

HESPANHA, António Manuel. *O Caleidoscópio do Direito*: o Direito e Justiça nos Dias e no Mundo de Hoje. 2. ed. reelaborada. Coimbra: Almedina, 2014.

HESPANHA, António Manuel. *Pluralismo jurídico e direito democrático*. São Paulo: Annablume, 2013.

HICKEL, Jason; O'NEILL Daniel W; FANNING, Andrew L.; Zoomkawala Huzaifa. National responsibility for ecological breakdown: a fair-shares assessment of resource use, 1970-2017. Lancet Planet Health 2022; 6: e342-49. Disponível em: https://www.thelancet.com/action/showPdf?pii=S2542-5196%2822%2900044-4. Acesso em: 2 nov. 2023.

HOLANDA, Aurélio Buarque de. *Dicionário Aurélio eletrônico*. Rio de Janeiro: Nova Fronteira, [s.d.].

HOLANDA, Sérgio Buarque de. *História Geral da Civilização Brasileira, 1 – A época colonial (do descobrimento à expansão territorial)*. 7. ed. São Paulo: Difel, 1985.

HORTA, Raul Machado. *Direito Constitucional*. 3. ed. Belo Horizonte: Del Rey, 2002.

IFC. CORPORAÇÃO FINANCEIRA INTERNACIONAL. Padrões de Desempenho sobre Sustentabilidade Socioambiental. 2012. Disponível em: https://www.ifc.org/content/dam/ifc/doc/2010/2012--ifc-performance-standards-pt.pdf. Acesso em: 24 ago. 2024.

INTERNATIONAL UNION FOR CONSERVATION OF NATURE AND NATURAL RESOURCES (IUCN). *World conservation strategy* – Living resource conservation for sustainable development. 1980.

INTERNATIONAL WORK GROUP FOR INDIGENOUS AFFAIRS (IWGIA). *The Indigenous World 2016*, Copenhagen, 2016.

ITLOS – INTERNATIONAL TRIBUNAL FOR THE LAW OF THE SEA. *Digest of jurisprudence*. Hamburg: Compact Media, 2021.

JACCOUD, Cristiane; STUMP, Daniela; SANTOS, Júlia Rabinovici; GARCIA, Luisa Pimentel; GIL, Luciana; BILHALVA, Margareth Michels; LEONHARDT, Roberta Danelon; MORAIS, Roberta Jardim. *Súmulas do STJ em Matéria Ambiental*. Londrina: Toth, 2019.

JAPIASSU, H.; MARCONDES, D. *Dicionário Básico de Filosofia*. Rio de Janeiro: Jorge Zahar, 1990.

JATAHY, Carlos Roberto de Castro. *Curso de Princípios Institucionais do Ministério Público*. 3. ed. Rio de Janeiro: Lumen Juris, 2008.

JESUS, Damásio E. de. *Direito Penal:* Parte Geral. 13. ed. São Paulo: Saraiva, 1988.

JOHNSTON, Paul; EVERARD, Mark; SANTILLO, David; ROBÈRT, Karl-Henrik. Reclaiming the Definition of Sustainability. *Env Sci Pollut Res* 14 (1) 60-66, 2007. Disponível em: https://pubmed.ncbi.nlm.nih.gov/17352129/. Acesso em: 6 out. 2023.

JONAS, Hans. *O princípio responsabilidade*: ensaio de uma ética para a civilização tecnológica. Rio de Janeiro: Editora da PUC, 2006.

JURISPRUDÊNCIA DA CORTE INTERAMERICANA DE DIREITOS HUMANOS/SECRETARIA NACIONAL DE JUSTIÇA, COMISSÃO DE ANISTIA, CORTE INTERAMERICANA DE DIREITOS HUMANOS. Tradução da Corte Interamericana de Direitos Humanos. Brasília: Ministério da Justiça, 2014.

JUSTEN FILHO, Marçal. *Curso de Direito Administrativo*. São Paulo: Saraiva, 2005.

KADE, Gerhard et al. *O homem e seu ambiente*. Rio de Janeiro: FGV, 1975.

KAHL, Sonja. La protección ambiental en la Comunidad Andina. *Cuaderno Doctrinario* 001-2022-TJCA (Hugo R. Gómez Apac, Director). Tribunal de Justicia de la Comunidad Andina: Quito, 2022.

KAMBEL, Ellen-Rose; MACKAY, Fergus. *The Rights of Indigenous Peoples and Maroons in Suriname*. Copenhagen: IWGIA, 1999.

KEEPIN, Bill. Energia nuclear e aquecimento global. *Aquecimento Global:* o relatório do Greenpeace. Rio de Janeiro: FGV, 1992.

KELSEN, Hans. *Teoria Pura do Direito*. 4. ed. Coimbra: Armênio Amado, 1979.

KEMF, Elizabeth (ed.). *The law of the mother – protecting indigenous peoples in protected areas*. San Francisco: Sierra Club Books, 1993.

KHALIL, Mohamed. Biodiversity and the Conservation of Medicinal Plants: issues from the perspective of the developing world. In: SWANSON, Timothy M. (ed.). *Intellectual Property Rights and Biodiversity Conservation* – an interdisciplinary analysis of the values of medicinal plants. Cambridge: Cambridge, 1998.

KHOR, Martin. A worldwide fight against biopiracy and patents on life. *Third World Resurgence*, n. 63, nov. 1995, p. 9-11. Disponível em: https://www.twn.my/title/pat-ch.htm. Acesso em: 8 jul. 2024.

KISS, Alexandre. Os direitos e interesses das gerações futuras e o princípio da precaução. In: KRINSKY, Sheldon. *Biotechics and Society* – The rise of industrial genetics. Westport: Praeger, 1991.

KISS, Alexandre. *Droit International de L'Environnement*. Paris: Pedone, 1989.

KRÄMER, Ludwig. *European environmental law – Casebook*. London: Sweet & Maxwell, 1993.

LACERDA, Galeno. Ação Civil Pública. *Revista do Ministério Público do Rio Grande do Sul*, n. 19, edição especial, Porto Alegre, 1986.

LACERDA, Rosane Freire. A Convenção 169 da OIT sobre Povos Indígenas e Tribais: Origem, Conteúdo e Mecanismos de Supervisão e Aplicação. [s.d].

LAFER, Celso. *Comércio e relações internacionais*. São Paulo: Perspectiva, 2011.

LAGO, André Aranha Corrêa. *Estocolmo, Rio, Joanesburgo*: o Brasil e as três conferências ambientais das Nações Unidas. Brasília: Instituto Rio Branco, 2006.

LAITOS, Jan G.; TOMAIN, Joseph P. *Energy and natural resources law*. Saint Paul: West Publishing, 1992.

LANG, Agathe van. *Droit de L'environnement*. 3. ed. Paris: Presses Universitaires de France, 2011.

LARENZ, Karl. *Derecho justo*: fundamento de la ética jurídica. Tradução de Luis Díes-Picazo. Madrid: Civitas, 1985.

LARENZ, Karl. *Derecho Civil*: parte general. Madri: Reunidas, 1987.

LAS CASAS, Bartolomé. *Brevíssima relação da destruição das Índias*. Tradução de Júlio Henriques. Lisboa: Antígona, 1997.

LATORRE, Angel. *Introdução ao direito*. Coimbra: Almedina, 1978.

LAUGHTON, M. A. Power To The People. Future-proofing the security of UK power supplies. Disponível em: http://www.viewsofscotland.org/library/docs/ASI_Power_to_the_People_03.pdf. Acesso em: 25 mar. 2024.

LAVIELLE, Jean-Marc; DELZANGLES, Hubert; LE BRIS, Catherine. *Droit International de l'Environnement*. 4. ed. Paris: Ellipses, 2018.

LE, T. T. H.; NGUYEN, V. C.; PHAN, T. H. N. Foreign Direct Investment, Environmental Pollution and Economic Growth – An Insight from Non-Linear ARDL Co-Integration Approach. *Sustainability* 2022, 14, 8146.

LEAKEY, Richard; LEWIN, Roger. *La sixiéme extinction*: évolution et catastrophes. Tradução de Vincent Fleury. Paris: Flammarion, 1999.

LEAL, Vítor Nunes. Atos discricionários e as funções quase judiciais da administração. *RDA, n. 2*, Rio de Janeiro, DASP, 1945.

LEGGET, Jeremy (org.). *Aquecimento Global*: o relatório do Greenpeace. Rio de Janeiro: FGV, 1992.

LEITÃO, Ana Valéria Nascimento Araújo. Direitos culturais dos povos indígenas – aspectos do seu reconhecimento. In: SANTILLI, Juliana. *Os Direitos Indígenas e a Constituição*. Porto Alegre: Sérgio Fabris, 1993.

LEITE, José Rubens Morato; AYALA, Patryck de Araújo. *Dano ambiental*: do individual ao coletivo extrapatrimonial. 3. ed. São Paulo: Revista dos Tribunais, 2010.

LEITE, José Rubens Morato; AYALA, Patryck de Araújo; BELCHIOR, Germana Parente Neiva. Dano ambiental na sociedade de risco: uma visão introdutória. In: LEITE, José Rubens Morato (coord.). *Dano ambiental na sociedade de risco*. São Paulo: Saraiva, 2012.

LEITE, José Rubens Morato; AYALA, Patryck de Araújo; FERREIRA, Maria Leonor Paes Cavalcanti. Estado de Direito Ambiental no Brasil: uma visão evolutiva. In: FARIAS, Talden; COUTINHO, Francisco Seráphico da Nóbrega (org.). *Direito ambiental*: o meio ambiente e os desafios contemporâneos. Belo Horizonte: Fórum, 2010.

LEITE, Marcelo. *Os alimentos transgênicos*. São Paulo: Publifolha, 2000.

LEMOS, Patrícia Faga Iglecias. *Direito ambiental*: responsabilidade civil e proteção ao meio ambiente. 3. ed. São Paulo: Revista dos Tribunais, 2010.

646 | DIREITO AMBIENTAL – *Paulo de Bessa Antunes*

LENSEN, Nicholas. Desafiando o lixo nuclear. In: BROWN, Lester. *Qualidade de vida 1992:* salve o planeta! São Paulo: Globo, 1992.

LEONARD, H. Jeffrey. Meio Ambiente e pobreza: estratégias de desenvolvimento para uma agenda comum. In: LEONARD, H. Jeffrey (org.). *Meio ambiente e pobreza*: estratégias de desenvolvimento para uma agenda comum. Rio de Janeiro: Jorge Zahar, 1992.

LEUZINGER, Márcia Dieguez. *Natureza e cultura:* unidades de conservação de proteção integral e populações tradicionais residentes. Curitiba: Letra de Lei, 2009.

LIMA, André (org.). *Aspectos jurídicos da proteção da Mata Atlântica.* São Paulo: Instituto Socioambiental, 2001.

LIMA, Haroldo. *Petróleo no Brasil*: a situação, o modelo e a política atual. Rio de Janeiro: Synergia, 2008.

LIMA, João Emmanuel Cordeiro. *O protocolo de Nagoia no Brasil.* Rio de Janeiro: Lumen Juris, 2024.

LIMA, Ruy Cirne. *Pequena História Territorial do Brasil (Sesmarias e Terras Devolutas).* Porto Alegre: Sulina, 1954.

LISBOA, Marijane. *Ética e cidadania planetárias na era tecnológica*: o caso da proibição de Basileia. Rio de Janeiro: Campus, 2009.

LOMBORG, Bjorn. *The Skeptical Environmentalist:* measuring the real state of the world. Cambridge: Cambridge University Press, 2001.

LÓPEZ, Maria Asunción Torres; GARCIA, Estanislao Arana. *Derecho Ambiental.* 2. ed. Madrid: Tecnos, 2015.

LOVELOCK, James. *Gaia*: alerta final. Tradução de Jesus de Paula Assis e Vera de Paula Assis. Rio de Janeiro: Intrínseca, 2010.

LUTZEMBERGER, José. *Fim do Futuro?* Porto Alegre: Movimento, 1976.

LYNAS, Mark. *Seis graus.* Rio de Janeiro: Zahar, 2008.

LYRA Filho, Roberto. *Para um direito sem dogmas.* Porto Alegre: Sergio Antônio Fabris Editor, 1980.

M´BOKOLO, Elikia. *África negra – História e Civilizações. Tomo I (até o século XVIII).* Salvador: EDUFBA/Casa das Áfricas, 2009.

MACHADO, Paulo Affonso Leme. *Direito ambiental brasileiro.* São Paulo: Revista dos Tribunais, 1991.

MACHADO, Paulo Affonso Leme. *Direito ambiental brasileiro.* 13. ed. São Paulo: Malheiros, 2005.

MACHADO, Paulo Affonso Leme. *Direito ambiental brasileiro.* 20. ed. São Paulo: Malheiros, 2012.

MACHADO, Paulo Affonso Leme. *Direito ambiental brasileiro.* 30. ed. São Paulo: Malheiros, 2023.

MACHADO, Paulo Affonso Leme. Biodiversidade aspectos jurídicos. *Revista de Direitos Difusos,* ano I, v. I, São Paulo, ADCOAS/IBAP, p. 11-17, [s.d.].

MACHADO, Paulo Affonso Leme. *Direito ambiental brasileiro.* 29. ed. São Paulo: JusPodivm, 2023.

MACKAY, Fergus. *A guide to indigenous peoples' rights in the Inter-American Human Rights System.* Copenhagen: IWGIA, 2002.

MACKINNON, John. *Bornéu.* 3. ed. Rio de Janeiro: Cidade, 1998.

MADDALENA, Paolo. *Danno Pubblico Ambientale.* Rimini: Maggioli, 1990.

MAFFI, Luisa (ed.). *On biocultural diversity*: linking language, knowledge and the environment. Washington/London: Smithsonian Institution Press, 2001.

MAIA, Luciano Mariz. *Legislação Indigenista.* Brasília: Senado Federal, 1993.

MALHEIROS, Tânia; WAMBIER Telmo. TCU vê perda de dinheiro público em Angra. *O Estado de S. Paulo,* 2 jul. 1992.

MALINGREY, Philippe. *Droit de L'Environnement – comprendre et appliquer la réglementation.* 6. ed. Paris: Lavoisier, 2016.

MALJEAN-DUBOIS, Sandrine. *Quel Droit pour L'Environnment?* Paris: Hachette, 2008.

MAMELUQUE, Leopoldo. *Privatização*: modernismo e ideologia. São Paulo: Revista dos Tribunais, 1995.

MARINI, Ruy Mauro. *Subdesenvolvimento e revolução.* 6. ed. Florianópolis: Insular, 2017.

MARK, Joshua. A epopeia de Atrahasis: o grande dilúvio e o significado do sofrimento. *World History Encyclopedia*. Disponível em: https://www.worldhistory.org/trans/pt/2-227/a-epopeia-de-atrahasis--o-grande-diluvio-e-o-signif/. Acesso em: 16 abr. 2024.

MARMORI, Margareth. A história do conflito. *Ciência Hoje,* Amazônia, dez. 1991.

MARTIN, Claude. Introduction. In: KEMF, Elizabeth (ed.). *Protecting indigenous peoples in protected areas.* San Francisco: Sierra Club Books, 1993.

MARTINEZ, Atecio López. *Sistemas Sui Genris para la Protección del Conocimiento Tradicional.* [s.d.] Disponível em: http://www.comunidadan dina.org/taller4/pdf. Acesso em: 16 abr. 2024.

MARTINS Jr., J. Izidoro. *História do direito nacional.* Rio de Janeiro: Typographia da Empreza Democrática, 1895. Disponível em: https://bibliotecadigital.stf.jus.br/xmlui/handle/123456789/261. Acesso em: 29 jun. 2023.

MARTINS, Edilson. *Nossos índios, nossos mortos.* Rio de Janeiro: Codecri, 1978.

MATTHEWS, G. V. T. *The Ramsar Convention on Wetlands*: its History and Development. Gland: The Ramsar Convention Bureau, 1993.

MAXIMILIANO, Carlos. *Hermenêutica e aplicação do Direito.* Rio de Janeiro: Forense, 1981.

MAYR, Ernst. *O desenvolvimento do pensamento biológico.* Tradução de Ivo Martinazzo. Revisão técnica de José Maria G. de Almeida Jr. Brasília: UnB, 1998.

MAZOYER, Marcel; ROUDART, Laurence. *História das agriculturas no mundo*: do neolítico à crise contemporânea. São Paulo: Unesp, 2010.

MAZZILLI, Hugo Nigro. *A defesa dos interesses difusos.* São Paulo: Revista dos Tribunais, 1998a.

MAZZILLI, Hugo Nigro. *Introdução ao Ministério Público.* 2. ed. São Paulo: Saraiva, 1998b.

MAZZUOLI, Valério de Oliveira. Curso de direito internacional público. 12. ed. Rio de Janeiro: Forense, 2019.

McANANY, Patricia A.; YOFFEE, Norman. *Questioning collapse – human resilience, ecological vulnerability, and the aftermath of empire.* New York: Cambridge University Press, 2012.

McCORMICK, John. *Rumo ao Paraíso*: a história do movimento ambientalista. Rio de Janeiro: Relume Dumará, 1992.

McGINN, Anne Platt. Eliminando gradualmente os poluentes orgânicos persistentes. In: BROWN, Lester R.; FLAVIN, Christopher; FRENCH, Hilary F. *Estado do Mundo 2000.* Salvador: UMA, 2000.

McKIBBEN, Bill. *O fim da natureza.* Rio de Janeiro: Nova Fronteira, 1990.

MEADOWS, Donella H.; MEADOWS, Dennis L; Randers, Jorgen; BEHRENS III, William W. *Limites do crescimento.* São Paulo: Perspectiva, 1977 [1972].

MEDAUAR, Odete. *Direito administrativo moderno.* São Paulo: Revista dos Tribunais, 1996.

MEIRELLES, Hely Lopes. *Direito administrativo brasileiro.* São Paulo: RT, 1989.

MEIRELLES, Hely Lopes. *Direito administrativo brasileiro.* 18. ed. São Paulo: Malheiros, 1993.

MEIRELLES, Hely Lopes. *Direito administrativo brasileiro.* 25. ed. São Paulo: Malheiros, 2000.

MEIRELLES, Hely Lopes. Proteção ambiental e ação civil pública. *Revista de Direito Administrativo,* Rio de Janeiro, FGV, 1965.

MELATTI, Júlio Cezar. *Índios do Brasil.* 7. ed. Brasília: Edunb-Hucitec, 1993.

MELLO, Celso A. *Responsabilidade internacional do estado.* Rio de Janeiro: Renovar, 1995.

MELLO, Celso Albuquerque. *Curso de Direito Internacional Público.* 4. ed. Rio de Janeiro: Freitas Bastos, 1974. v. 2.

MELLO, Celso D. de Albuquerque. *Curso de direito internacional público.* 12. ed. Rio de Janeiro: Renovar, 2000.

MENCHÚ, Rigoberta. Prefácio. In: DAVIDSON, Art. *Endangered Peoples.* (photographs by Art Wolfe, John Isaac). San Francisco: Sierra Club Books, 1994.

MENDES JÚNIOR, João. *Os Indígenas do Brazil, seus Direitos Inidividuaes e Políticos.* Edição Fac-Similar. São Paulo: Typ. Hennies Irmãos, 1912.

MENDONÇA, Marcos Carneiro de. *Raízes da Formação Administrativa do Brasil*. Rio de Janeiro: Instituto Histórico e Geográfico Brasileiro/Conselho Federal de Cultura, 1972. t. I.

MENEZES, Wagner. *Tribunais internacionais*: jurisdição e competência. São Paulo: Saraiva, 2013.

MENEZES, Wagner. *O direito do mar*. Brasília: Funag, 2015.

MESGRAVIS, Laina; PINSKY, Carla Bassanazi. *O Brasil que os europeus encontraram*. São Paulo: Contexto, 2002.

MIKSELL, Raymond; WILLIANS, Lawrence. *International Banks and the Environment – from growth to sustainability*: an unfinished agenda. San Francisco: Sierra Club Books, 1992.

MILANO, Miguel Serediuk; THEULEN, Verônica (org.). Introdução à Lei do Sistema Nacional de Unidades de Conservação. In: BENJAMIN, Antônio Hermann (coord.). *Direito Ambiental das Áreas protegidas*. Rio de Janeiro: Forense Universitária, 2001.

MILARÉ, Édis. *Direito do ambiente*. São Paulo: Revista dos Tribunais, 2001.

MILARÉ, Édis. *Direito do ambiente*. 4. ed. São Paulo: Revista dos Tribunais, 2005.

MILARÉ, Édis. *Direito do ambiente*. 6. ed. São Paulo: Revista dos Tribunais, 2009.

MILARÉ, Édis. *Direito do ambiente*. 9. ed. São Paulo: Revista dos Tribunais, 2014.

MILARÉ, Èdis. *Direito do ambiente*. 11. ed. São Paulo: Thomson Reuters, 2018.

MILLER, Arthur R.; DAVIS, Michael H. *Intellectual property*: patents, trademarks and copyright. Saint Paul: West Publishing, 1990.

MILLER, Peter. A come back for nuclear power? Our eletric future. *National Geographic*, v. 180, n. 2, aug. 1991.

MINDLIN, Betty. Índios e grandes projetos econômicos um exemplo: o programa Polonoroeste (Mato Grosso e Rondônia, 1982-87). São Paulo: Instituto de Antropologia e Meio Ambiente, junho de 1988. Disponível em: http://bd.trabalhoindigenista.org.br/sites/default/files/CTI02031.pdf. Acesso em: 29 jun. 2023.

MOKHIBER, Russel. *Crimes corporativos*: o poder das grandes empresas e o abuso da confiança pública. São Paulo: Página Aberta, 1995.

MONCADA, Luís Cabral. *Direito Econômico*. 2. ed. Coimbra: Coimbra Editora, 1988.

MONTEIRO, António Pinto. *Cláusulas limitativas e de exclusão de responsabilidade de indenizar*. Coimbra: Almedina, 1985.

MOONSEM, Frans; MAIA, Luciano Mariz (org.). *Etno-história dos índios Potiguara*. João Pessoa: PRPB/SECPB, 1992.

MOORE, Jason W. *Antropoceno ou capitaloceno? Natureza, história e crise do capitalismo*. São Paulo: Elefante, 2022.

MORAES, Alexandre. *Direito Constitucional*. São Paulo: Atlas, 2000.

MORAES, Luís Carlos Silva de. *Código Florestal comentado*: com as alterações da lei de Crimes Ambientais – Lei n. 9.605/98. São Paulo: Atlas, 1999.

MORAES R., Mónica et al. Capítulo 4 em Síntese: ecossistemas da Amazônia e suas funções ecológicas. Painel Científico para a Amazônia. Disponível em: https://www.aamazoniaquequeremos.org/wp--content/uploads/2022/02/Chapter-4-In-Brief-PT.pdf. Acesso em: 1º ago. 2023.

MORAES, Rinaldo. Os grandes projetos na Amazônia. *Gazeta Mercantil*, edição especial 4º aniversário, 28 mar. 2002.

MORAN, Emilio. *Nós e a Natureza*. São Paulo: Senac, 2008.

MORAND-DEVILLER, Jacqueline. *Le Droit de L'Environnement*. 10. ed. Paris: PUF, 2010.

MOREIRA NETO, Carlos Araújo. *Índios da Amazônia*: de maioria a minoria (1750-1850). Petrópolis: Vozes, 1998.

MOREIRA NETO, Diogo de Figueiredo. *Introdução ao direito ecológico e ao direito urbanístico*. 2. ed. Rio de Janeiro: Forense, 1977.

MOREIRA NETO, Diogo de Figueiredo. *Curso de direito administrativo*. Rio de Janeiro: Forense, 1992.

MOREIRA NETO, Diogo de Figueiredo. *Mutações do direito administrativo*. Rio de Janeiro: Renovar, 2007.

MOREIRA, Adriano. Tratado de Tordesilhas de 7 de junho de 1494. *Nação e Defesa*, n. 70, ano XIX, Instituto de Defesa Nacional, Lisboa, abr./jun. 1994, p. 9 – 25.

MOREIRA, Iara Verocai Dias. *Vocabulário Básico de Meio Ambiente*. Rio de Janeiro: Petrobras/FEEMA, 1997.

MOTTA, Ronaldo Seroa. Desafios ambientais da economia brasileira. IPEA: textos para discussão n. 509. Disponível em: http://www. ipea.gov.br/pub/td/t.pdf. Acesso em: 1º ago. 2023.

MOROSINI, Fábio Costa; LEICHTWEISS, Matheus Gabbato. Princípio 13. In: TOLEDO, André de Paiva; LIMA, Lucas Carlos (org.). *Comentários brasileiro à Declaração do Rio sobre Meio Ambiente e Desenvolvimento*. Belo Horizonte: D'Plácido, 2022.

MYERS, Norman. Tropical deforestation: population, poverty and biodiversity. In: SWANSON, Timothy M. (ed.). *The economics and ecology of biodiversity decline*: the forces driving global change. Cambridge: Cambridge University Press, 1998. p 111-122.

MYERS, Norman. Florestas Tropicais. In: LEGGET, Jeremy. *Aquecimento Global. O Relatório do Greenpeace*. Rio de Janeiro: FGV, 1992.

NASCIMENTO E SILVA, Geraldo Eulálio do. *Direito ambiental internacional*. Rio de Janeiro: Thex, 1995.

NASCIMENTO E SILVA, Geraldo Eulálio. *Direito Ambiental Internacional*. 2. ed. Rio de Janeiro: Thex, 2002.

NATALI, Carlo. *Aristóteles*. São Paulo: Paulus, 2016.

NEGRET, Rafael. *Ecossistema*: unidade básica para o planejamento da ocupação territorial. Rio de Janeiro: FGV, 1982.

NELLEMANN, Christian et al. *The Rise of Environmental Crime*: A Growing Threat to Natural Resources, Peace, Development and Security. RHIPTO, 2016.

NIMUENDAJU, Curt. *Mapa Etno-histórico*. Rio de Janeiro: IBGE/Pró-memória, 1987.

NISKIER, Gustavo. *Conflitos indígenas e projetos de desenvolvimento econômico*. Dissertação de Mestrado. Rio de Janeiro: PUC, 2016.

NUCLEAR ENERGY AGENCY/ORGANISATION FOR ECONOMIC CO-OPERATION AND DEVELOPMENT. *Liability and compensation for nuclear damage. An International Overview*. Paris: OECD, 1994.

NUNES, Antônio de Pádua. *Código de Águas*. 2. ed. São Paulo: Revista dos Tribunais, v. 1.

O desafio do desenvolvimento sustentável – Relatório do Brasil para a Conferência das Nações Unidas sobre o Meio Ambiente e Desenvolvimento. Brasília, 1991.

NUNES-NETO, Nei Freitas; CARMO, Ricardo Santos; EL-HANI, Charbel Niño. O conceito de função na ecologia contemporânea. *Rev. Filos.*, Curitiba, v. 25, n. 36, p. 43-73, jan./jun. 2013.

ODUN, Eugene. *Ecologia*. Rio de Janeiro: Guanabara Koogan, 1988.

OECD. Organisation for Economic Co-operation and Development. *The polluter-pays principle*: definition analysis implementation. Paris: OECD, 1992.

O GLOBO. Favela já tem 17% da população. *O Globo*, 28 abr. 2001.

O MOGNO KAIAPÓ. Centro Ecumênico de Documentação e Informação. *Aconteceu*, Não anni. La responsabilitá dell'esercente nucleare. In: GENTILE, Giovanni G. *Lezioni di Diritto dell'energia*. Milano: Giuffrè, 1987.

OBSERVATÓRIO DO CLIMA. *10 anos SEEC – Análise das emissões e de suas implicações para as metas climáticas do Brasil 1970-2021*. 2023

OIT. *La aplicación del convenio núm. 169 por tribunales nacionales e internacionales en América Latina: una compilación de casos*. Ginebra: OIT, 2009

OLIVEIRA, Antônio Inagê Assis. *O licenciamento ambiental*. São Paulo: Iglu, 1999.

OLIVEIRA, Fabiano Melo Gonçalves de. *Direito ambiental*. 2. ed. São Paulo: Revista dos Tribunais, 2010.

OLIVEIRA, Heli Alves. *Da responsabilidade do estado por danos ambientais*. Rio de Janeiro: Forense, 1990.

650 | DIREITO AMBIENTAL – *Paulo de Bessa Antunes*

OLIVEIRA, João Pacheco de. Os indígenas na fundação da colônia. In: FRAGOSO, João; GOUVEA, Maria de Fátima (org.). *Coleção Brasil Colonial, I (1443-1580)*. Rio de Janeiro: Civilização Brasileira, 2014. p. 167-228.

OMISSÃO gera conflitos. *Porantim*, n. 168, ano XVII, set. 1994.

ORGANIZAÇÃO DAS NAÇÕES UNIDAS. Carta das Nações Unidas. Disponível em: https://www.oas.org/dil/port/1945%20Carta%20das%20Na%C3%A7%C3%B5es%20Unidas.pdf . Acesso em: 30 out. 2023.

ORGANIZAÇÃO DAS NAÇÕES UNIDAS. Convenção Sobre Diversidade Biológica. 1992.

ORGANIZAÇÃO DAS NAÇÕES UNIDAS. Declaração das Nações Unidas sobre os direitos dos povos indígenas. 2007.

ORGANIZAÇÃO DAS NAÇÕES UNIDAS. Diretrizes de Bonn. 2002.

ORGANIZAÇÃO DOS ESTADOS AMERICANOS. Carta da Organização dos Estados Americanos. 1948.

ORGANIZAÇÃO DOS ESTADOS AMERICANOS. Convenção Americana dos Direitos Humanos (Pacto de San José da Costa Rica). 1969.

ORGANIZAÇÃO DOS ESTADOS AMERICANOS. Declaração Americana dos Direitos e Deveres do Homem. 1948.

ORGANIZAÇÃO DOS ESTADOS AMERICANOS. Protocolo Adicional à Convenção sobre Direitos Humanos em matéria de Direitos Econômicos, Sociais e Culturais (Protocolo de San Salvador). 1988.

ORGANIZAÇÃO DOS ESTADOS AMERICANOS. Protocolo de Nagoya. 2010.

ORGANIZAÇÃO INTERNACIONAL DO TRABALHO. Convenção 169 sobre Povos Indígenas e Tribais em Países Independentes. 1989.

ORWELL, George. The road to Wigan pier. 2002. Disponível em: https://gutenberg.net.au/ebooks02/0200391.txt. Acesso em: 2 maio 2024.

OSÓRIO, Fabio Medina. *Direito Administrativo Sancionador*. São Paulo: RT, 2000.

OUR World in Data team. *SDG Tracker*: Measuring progress towards the Sustainable Development Goals. 2023. Published online at OurWorldInData.org. Disponível em: https://ourworldindata.org/sdgs. Acesso em: 4 nov. 2023.

OYUELA, Raul A. Estrada; SISTO, Maria Cristina Zeballos. *Evolución reciente del derecho ambiental internacional*. Buenos Aires: A-Z editora, 1993.

PADILHA, Norma Seli. *Fundamentos constitucionais do direito ambiental brasileiro*. Rio de Janeiro: Elsevier, 2010.

PÁDUA, José Augusto. *Um sopro de destruição*: pensamento político e crítica ambiental no Brasil escravista (1786-1888). Rio de Janeiro: Jorge Zahar Editor, 2002.

PASQUIER, Claude. *Introduction à la théorie générale et à la philosophie du droit*. Neuchâtetel et Paris: Dalachaux et Niestlé, 1979.

PATINO, Maria Clara Galvis; RINCÓN, Ángela Mari Ramirez. *Digesto de jurisprudencia latinoamericana sobre los derechos de los pueblos indígenas a la participación, la consulta previa y la propiedad comunitaria*. Washington: Fundación para el Debido Proceso, 2013.

PEPPER, David. (2000) *Ambientalismo moderno*. Lisboa: Instituto Piaget, 2000.

PERALES, Carlos de Miguel. *La responsabilidad civil por daños al médio ambiente*. Madrid: Civita, 1997.

PEREIRA, Caio Mário da Silva. *Instituições de Direito Civil – Volume I*: Introdução ao Direito Civil. Teoria Geral de Direito Civil. 14. ed. Rio de Janeiro: Forense, 2004.

PERLIN, John. *História das florestas*: a importância da madeira no desenvolvimento da civilização. Rio de Janeiro: Imago, 1992.

PESSOA, Marialice Moura. O mito do dilúvio nas Américas. *Revista do Museu Paulista*, v. IV, nova série, [s.d.]. Disponível em: http://etnolinguistica.wdfiles.com/local--files/biblio%3Apessoa-1950-mito/Pessoa_1950_OMitoDoDiluvioNasAmericas.pdf. Acesso em: 1º maio 2024.

REFERÊNCIAS BIBLIOGRÁFICAS | **651**

PIRES, Fernanda. "Vale da Morte" foi o símbolo de Cubatão. Disponível em: https://www.valor.com.br/brasil/2570976/vale-da-morte-foi-o-simbolo-de-cubatao. Acesso em: 1º maio 2024.

PLATÃO. *Timeu-Crítias*. Coimbra: Centro de Estudos Clássicos e Humanísticos, 2011. Disponível em: https://edisciplinas.usp.br/pluginfile.php/363788/mod_resource/content/0/Plat%C3%A3o_Timeu-%20Completo.pdf. Acesso em: 18 abr. 2024.

PLOKHY, Serhi. *Átomos e cinzas*. Lisboa: Editorial Presença, 2023.

POLANYI, Karl. *A grande transformação*: as origens da nossa época. Rio de Janeiro: Elsevier, 2012.

POLITO, Antony Marco Mota; SILVA FILHO, Olavo Leopoldino da. A filosofia da natureza dos pré-socráticos. *Caderno Brasileiro de Ensino de Física*, v. 30, n. 2, p. 323-361, ago. 2013. Disponível em: https://periodicos.ufsc.br/index.php/fisica/article/view/21757941.2013v30n2p323/24929. Acesso em: 17 jul. 2023.

POMPEU, Cid Tomanik. *Regime Jurídico das Águas Públicas – 1 – Polícia da Qualidade*. São Paulo: Cetesb, [s.d.].

PONTES DE MIRANDA. *Comentários à Constituição de 1946*. São Paulo: M. Limonad, 1953. v. V.

PONTES DE MIRANDA. *Comentários à Constituição de 1967 (com a Emenda n. 1 de 1969)*. Rio de Janeiro: Forense, 1987. t. II.

PONTES DE MIRANDA. *Comentários à Constituição da República dos E.U. do Brasil*. Rio de Janeiro: Guanabara Waissmann, Koogan, [s.d.]. t. II.

PONTIFÍCIO CONSELHO DE "JUSTIÇA E PAZ". *Compêndio de Doutrina Social da Igreja*. São Paulo: Paulinas, 2005.

POPPER, Karl. R. *Em busca de um mundo melhor*. São Paulo: Martins Fontes, 2006.

POSNER, Richard A. *Animal Rights: Legal, Philosophical, and Pragmatic* Perspectives. In: SUSTEIN, Cass R.; NUSSBAUM, Martha C. (ed.). *Animal Rights – Current Debates and new Directions*. New York: Oxford University Press, 2004.

PRADO JÚNIOR, Caio. *História econômica do Brasil*. 43. ed. São Paulo: Brasiliense, 2012.

PRADO JÚNIOR, Caio. *História e desenvolvimento*. 4. ed. São Paulo: Boitempo, 2021.

PRADO, Rafael. *A Corte Internacional de Justiça e a proteção do meio ambiente*. Belo Horizonte: Arraes Editores, 2021.

PRAKASH, Siddartha. Towards a Synergy between Biodiversity and Intellectual Property Rights. *The Journal of World Intellectual Property Rights*, v. 2, n. 5, set. 1999.

PRICE, Richard. *Maroon Societies*: Rebel Slave Communities in the Americas. New York: Anchor Book, 1973.

PRIEUR, Michel. *Droit de L'Environnement*. Paris: Dalloz, 1991.

PRINCÍPIOS do Equador. *Os Princípios do Equador III, um referencial do setor financeiro para identificação, avaliação e gerenciamento de riscos socioambientais em projetos*, junho de 2013.

QUINTANILLA, Ignacio; ANDRADE, Pilar. *Los cien ecologismos*: Una introducción al pensamiento del medioambiente (Nuevo Ensayo n. 109). Madrid: Ediciones Encuentro, 2023. *E-book*.

RAMOS, Alcida Rita. *Sociedades indígenas*. São Paulo: Ática, 1986.

RAMOS, André de Carvalho. *Curso de direitos humanos*. 11. ed. São Paulo: Saraiva Jur, 2024.

RAPPORT de la Comission des Communautés Européenes à la Conférence des Nations unies sur L'environnement et le développement. Bruxelles, 1992.

REALE, Miguel. *Filosofia do Direito*. 15. ed. São Paulo: Saraiva, 1993.

REI, F. C. F. International environmental law and global environmental governance: southern influences. *Veredas do Direito*, v. 15, n. 32, Belo Horizonte, p. 143-165, maio/ago. 2018. Disponível em: http://www.domhelder.edu.br/revista/index.php/veredas/article/view/1257. Acesso em: 25 maio 2024.

REICHER, Dan W. Nuclear energy and weapons. In: CAMPBELL-MOHN, Celia. *Environmental Law from resources to recovery*. Saint Paul: West Publishing, 1993.

REINACH, Fernando. *A longa marcha dos grilos canibais, e outras crônicas sobre a vida no planeta terra*. São Paulo: Companhia das Letras, 2010.

652 | DIREITO AMBIENTAL – *Paulo de Bessa Antunes*

RÈMOND-GOUILLOUD, Martine. *Du Droit de Détruire – essai sue le droit de l'environnement.* Paris: PUF, 1989.

REZEK, Francisco. *Direito internacional público*: curso elementar. 12. ed. São Paulo: Saraiva, 2010.

REZEK, Francisco. *Direito Internacional Público*: curso elementar. 9. ed. São Paulo: Saraiva, 2002.

REZEK, José Francisco. *Direito dos tratados*. Rio de Janeiro: Forense, 1984.

RIBEIRO, Darcy. Nosotros Latino-Americanos. *Encontros com a Civilização Brasileira*, v. III, n. 11, Rio de Janeiro, Civilização Brasileira, 1982.

RIBEIRO, Jomara de Carvalho. *A responsabilidade do estado perante a Corte Internacional de Justiça*. Porto Alegre: Sérgio Antônio Fabris Editor, 2012.

RIFKIN, Jeremy. *O século da biotecnologia:* a valorização dos genes e a reconstrução do mundo. Tradução de Arão Sapiro. São Paulo: Makron Books, 1999.

RIOS, Aurélio Veiga. *A situação das terras indígenas no Brasil*. Brasília, mimeografado, [s.d.].

RITCHIE, Hannah. How many species are there?. Published online at OurWorldInData.org. 2022. Disponível em: https://ourworldindata.org/how-many-species-are-there. Acesso em: 27 jun. 2024.

RITCHIE, Hannah. Do rich countries import deforestation from overseas? Published online at OurWorldInData.org. 2021. Disponível em: https://ourworldindata.org/exporting-deforestation. Acesso em: 18 jun. 2024.

RITCHIE, Hannah; ROSER, Max. Now it is possible to take stock – did the world achieve the Millennium Development Goals? September 20, 2018. Disponível em: https://ourworldindata.org/millennium-development-goals. Acesso em: 2 nov. 2023.

RIVERO, Jean. *Direito administrativo*. Coimbra: Almedina, 1981.

ROBBINS, Paul. *Political ecology*. 2. ed. Malden: Wiley-Blackwell, 2012.

ROBBINS, Paul; HINTZ, John; MOORE, Sarah. A. *Environment and society*. 2. ed. Malden: Willey Blackwell, 2014.

ROBBINS, Paul; HINTZ, John; MOORE, Sarah A. *Environment and Society* – a critical introduction. 2. ed. Oxford: Wiley Blackwell, 2014.

ROCHA, Alex Pires. Comentários aos crimes contra a flora previstos nos artigos 38, 39, 40, 41 e 48 da Lei n. 9.605/98. In: BALTAZAR JÚNIOR, José Paulo; SILVA, Fernando Quadros. *Crimes ambientais*: estudos em homenagem ao Des. Vladimir Passos de Freitas. Porto Alegre: Verbo Jurídico, 2010.

ROCHA, Lauro L.; LACERDA, Carlos Alberto M. *Comentários ao Código de Mineração do Brasil*. Rio de Janeiro: Forense, 1983.

RODGERS JR., Willian H. *Environmental Law*. St. Paul: West, 1977.

RODOTÁ, Stefano. *El Terrible Derecho*: estudios sobre la propriedad privada. Tradução de Luis Díez--Picazo. Madrid: Civitas, 1986.

RODRIGUES, Silvio. *Direito Civil*: Direito das Coisas. São Paulo: Saraiva, 1980. v. 5.

RODRIGUES, Silvio. *Direito Civil: Parte Geral*. 32. ed. São Paulo: Saraiva, 2002. v. 1.

RODRIGUEZ, Gloria Amparo. La consulta previa com pueblos indígenas y comunidades afrodescendientes em Colombia. Bogota, out. 2010. Disponível em: https://redjusticiaambientalcolombia.files.wordpress.com/2012/03/libroconsulta_previa_gloria_amparo_rodriguez-de-universidad--del-rosario.pdf. Acesso em: 29 jul. 2023.

ROJAS, Biviany Garzón; YAMADA, Erika M.; OLIVEIRA, Rodrigo. *Direito à consulta e consentimento de povos indígenas, quilombolas e comunidades tradicionais*. São Paulo: Rede de Cooperação Amazônica – RCA/ Washington, DC: Due Process of Law Foundation, 2016.

ROMBOUTS, S. J. *Having a Say – Indigenous Peoples, International Law and Free, Prior and Informed Consent*. Oisterwijk: Wolf Legal Publishers, 2014.

ROMI, Raphaël. *Droit de L'Environnement*. 7. ed. Paris: Montchrestien, 2010.

ROSA, Luiz Pinguelli. As alternativas energéticas e o novo estilo de desenvolvimento. In: SANTIAGO, Silviano et al. *O ambiente inteiro:* a contribuição crítica da universidade à questão ambiental. Rio de Janeiro: UFRJ, 1992.

ROSA, Luiz Pinguelli; BARROS, Fernando de Souza; BARREIROS, Suzana Ribeiro. *A Política Nuclear no Brasil*. São Paulo: Greenpeace, 1991.

ROSTOW, W. W. *Etapas do desenvolvimento econômico (Um manifesto não comunista)*. Rio de Janeiro: Zahar Editores, [s.d.].

ROULAN, Norbert (org.); PIERRÉ-CAPS, Stéphanie; POUMARÈDE, Jacques. *Direito das minorias e Povos Autóctones*. Brasília: UnB, 2004.

RUIZ, Rafael. *Francisco de Vitoria e os direitos dos índios americanos*: a evolução da legislação indígena castelhana no século XVI. Porto Alegre: EDIPUCRS, 2002.

RUSS, Jacqueline. *Pensamento ético contemporâneo*. 5. ed. São Paulo: Paulus, 2011.

RYAN, John C. Conservando a diversidade biológica. In: BROWN, Lester R. *Qualidade de vida 1882*: salve o planeta. São Paulo: Globo, 1992.

SACHETT, Barbara Mourão. *O tribunal internacional do direito do mar e sua contribuição para a jurisdicionalização do direito internacional ambiental*. São Paulo: Dialética, 2024.

SACHS, Jeffrey D. *A era do desenvolvimento sustentável*. Lisboa: Actual, 2017.

SACHS, Wolfgang. *Diccionario del desarrollo – un guía del conocimiento como poder*. Proyecto Andino de Tecnologías Campesinas, 1996.

SALGAR, Ana Maria Hernández. *Conocimiento tradicional y bionegocios*: la experiencia de Colombia, 2010.

SALOMON, Marta. *TCU: apenas 3,7% das multas aplicadas são pagas*. 2011. Disponível em: http://www.istoedinheiro.com.br/noticias/25448_TCU+APENAS+37+DAS+MULTAS+APLICADAS+SAO+PAGAS. Acesso em: 29 jul. 2023.

SAMPAIO, José Adércio Leite. Responsabilidade Ambiental e ação civil pública. In: SOARES JR., Jarbas; ALVARENGA, Luciano José. *Direito ambiental no STJ*. Belo Horizonte: Del Rey, 2010.

SANDS, Philippe; PEEL, Jacqueline. *Principles of International environmental law*. 3. ed. 7. reimp. Cambridge: Cambridge University Press, 2017.

SANTILLI, Juliana. *Socioambientalismo e novos direitos*: proteção jurídica da diversidade biológica e cultural. São Paulo: Peirópolis, 2005.

SANTILLI, Márcio. Os Direitos indígenas na Constituição Brasileira, Centro Ecumênico de Documentação e Informação – CEDI, Povos indígenas no Brasil 1987/88/89/90. *Aconteceu Especial*, n. 18, São Paulo, 1992.

SANTILLI, Márcio. Vitória do Usufruto Indígena. *Os Brasileiros e os Índios*. São Paulo: Senac, 2000.

SANTOS, Edmílson Moutinho dos; CORREIA, Carlos Augusto de Almeida. Deve a Agência Nacional de Petróleo Explorar Novas Fórmulas Contratuais? Disponível em: http://www.ibp.org.br. Acesso em: 29 jul. 2023.

SANTOS, Valdir Andrade. *Poluição Marinha*: uma questão de competência, aspectos da Lei n. 9.966, de 28.04.2000. 2. ed. Rio de Janeiro: Lumen Juris, 2010.

SARKAR, Sahotra. The origin of the term biodiversity. *BioScience*, v. 71, n. 9, set. 2021. Disponível em: https://academic.oup.com/bioscience. Acesso em: 6 jun. 2024.

SARLET, Ingo Wolfgang; FENSTERSEIFER, Tiago. *Princípios do direito ambiental*. São Paulo: Saraiva, 2014.

SCHIERA, Pietro. Sociedade de "Estados", de "ordens" ou "corporativas". In: HESPANHA, Antônio. *Poder e Instituições na Europa do antigo regime*. Lisboa: Calouste Gulbenkian, 1984.

SCHMIDHEINY, Stephan. *Mudando o Rumo*: uma perspectiva empresarial global sobre desenvolvimento e meio ambiente Rio de Janeiro: FGV, 1992.

SCHOLTEN, Jules. Revisão independente em AIA nos Países Baixos. In: PARTIDÁRIO, Maria do Rosário; JESUS, Júlio de (org.). *Avaliação do impacto ambiental*. Lisboa: Centro de Estudos de Planejamento e Gestão Ambiental – CEPGA, 1994.

SCHWARZ, Walter; SCHWARZ, Dorothy. *Ecologia*: alternativa para o futuro. São Paulo: Paz e Terra, 1990.

SEEG. Análise das Emissões de Gases de Efeito Estufa e suas implicações para as metas climáticas do Brasil – 1970-2022. 2023. Disponível em: https://oc.eco.br/wp-content/uploads/2023/11/Relatorio--SEEG_gases-estufa_2023FINAL.pdf. Acesso em: 18 jun. 2024.

SENDIM, José de Sousa Cunhal. *Da reparação do dano através de restauração natural.* Coimbra: Coimbra Editora, 1998.

SERDY, Andrew. See you in port: Australia and New Zealand as third parties in the dispute between Chile and The European Union over Chile's denial of port access to Spanish vessels fishing for swordfish on the high seas. *Melbourne Journal of International Law*, v. 3 (1), May 2002.

SETZER, Joana; CUNHA, Kamyla; BOTTER FABBRI, Amália. *Litigância climática*: novas fronteiras para o direito ambiental no Brasil. São Paulo: Thomson Reuters/Revista dos Tribunais, 2019.

SHELDON, Jennie Wood; BALICK, Michael. Etnobotany and the Search for Balance between Use and Conservation. In: SWANSON, Timothy M. *Intellectual Property Rights and Biodiversity Conservation*: An interdisciplinary analysis of the values of medical plants. Cambridge: Cambridge, 1998.

SHERMAN, Brad; BENTLY, Lionel. *The making of modern intellectual property law*. Cambridge: Cambridge University Press, 1999.

SHIVA, Vandana. *Biopirataria*: a pilhagem da natureza e do conhecimento. Petrópolis: Vozes, 2001.

SILVA, Danny Monteiro da. *Dano ambiental e sua reparação*. Curitiba: Juruá, 2006.

SILVA, Geraldo Eulálio Nascimento. *Direito ambiental internacional*. Rio de Janeiro: Thex, 1995.

SILVA, José Afonso da. *Direito urbanístico brasileiro*. São Paulo: Revista dos Tribunais, 1981.

SILVA, José Afonso da. *Direito ambiental constitucional*. São Paulo: Malheiros, 1994.

SILVA, José Afonso da. *Direito ambiental constitucional*. 5. ed. São Paulo: Malheiros, 2004.

SILVA, Orlando Sampaio. O índio perante o direito. In: SANTOS, Silvio Coelho dos (org.). *O índio perante o direito*: ensaios. Florianópolis: UFSC, 1982.

SIMONNET, Dominique. *O ecologismo*. Lisboa: Moraes Editores, 1981.

SIMONSEN. Roberto C. *História econômica do Brasil (1500-1820)*. Brasília: Senado Federal, 2016.

SINGER, Peter. *Libertação Animal*. Edição revista. Tradução de Marly Winckler. Porto Alegre/São Paulo: Lugano Editora, 2004.

SKIDMORE, Thomas E. *Uma História do Brasil*. 2. ed. Tradução de Raul Fiker. São Paulo: Paz e Terra, 1998.

SMIL, Vaclav. *Energia e civilização*: uma história. Silveira: Letras Errantes, 2021.

SMITH, Fraser D. M.; DAILY, Gretchen C.; EHRLICH, Paul R. Human population dynamics and biodiversity loss. In: SWANSON, Timothy M. (ed.). *The economic and ecology of biodiversity decline*: the forces driving global change. Cambridge: Cambridge University, 1998.

SOARES JR., Jarbas; ALVARENGA, Luciano José. *Direito Ambiental no STJ*. Belo Horizonte: Del Rey, 2010.

SOARES, Guido Fernandes da Silva. *Direito Internacional do Meio Ambiente*: emergência, obrigações e responsabilidades. São Paulo: Atlas, 2001.

SOKAL, Alan; BRICMONT, Jean. *Imposturas intelectuais*: o abuso da ciência pelos filósofos pós--modernos. Rio de janeiro: Best Bolso, 2014.

SOUZA FILHO, Carlos Frederico Marés. O direito envergonhado: o direito e os índios no Brasil. In: GRUPIONI, L. D. Benzi (org.). *Índios no Brasil*. São Paulo: Secretaria Municipal de Cultura, [s.d.].

SOUZA, Bernardino José. *O Pau-Brasil na história nacional*. São Paulo/Rio de Janeiro: Companhia Editora Nacional, 1939. Disponível em: https://dspace.mj.gov.br/handle/1/8416. Acesso em: 29 jun. 2023.

SOUZA, Marcelo Gomes de. *Direito Minerário e meio ambiente*. Belo Horizonte: Del Rey, 1995.

SOUZA, Márcio. *Amazônia indígena*. Rio de Janeiro/São Paulo: Record, 2015.

SOUZA, Márcio. *História da Amazônia*: do período pré-colombiano aos desafios do século XXI. Rio de Janeiro/São Paulo: Record, 2019.

SPENCER, Lewis. *The Popol Vuh: The Mythic and Heroic Sagas of the Kichés of Central America*. London: Published by David Nutt, at the Sign of the Phoenix, Long Acre, 1908. Disponível em: https://www.gutenberg.org/cache/epub/56550/pg56550.txt. Acesso em: 18 abr. 2024.

STEIGLEDER, Annelise Monteiro. *Responsabilidade Civil Ambiental*: as dimensões do dano ambiental no direito brasileiro. Porto Alegre: Livraria do Advogado, 2004.

STELZER, Joana. *Direito do Comércio Internacional*: do *free trade* ao *fair trade*. Curitiba: Juruá, 2018.

STERN, Paul L.; YOUNG Oraw R.; DRUCKMAN, Daniel (coord.). *Mudanças e agressões ao meio ambiente*. Tradução de José Carlos B. Santos. São Paulo: Makron, 1993.

STIVAL, Mariane Morato. *Direito internacional do meio ambiente*: o meio ambiente na jurisprudência das cortes internacionais de direitos humanos. Curitiba: Juruá, 2018.

STONE, Christopher D. *The gnat is older than man*. Princeton: Princeton University Press, 1993.

TÁCITO, Caio. *Poder de polícia e polícia do poder, Direito Administrativo da Ordem Pública*. Rio de Janeiro: Forense, 1986.

TAINTER, Joseph A. *The collapse of complex societies*. 22. ed. New York: Cambridge University Press, 2011.

TAMANG, Parshuram. An Overview of the Principle of Free, Prior and Informed Consent and Indigenous Peoples in International and Domestic Law and Practices. In: DEPARTMENT OF ECONOMIC AND SOCIAL AFFAIRS. Division for Social Policy and Development, Secretariat of the Permanent Forum on Indigenous Issues. *Workshop On Free, Prior And Informed Consent*, New York, 17-19 January 2005.

TARAGÓ, Myriam Noemi. *Los Pueblos Originarios y La Conquista*. Buenos Aires: Sudamericana, 2014.

TAVA, Vernon I. The role of non-governmental organizations, peoples and courts in implementing international environmental laws. In: ALAM, Shawakat et al. (ed.). *Routledge Handbook of International Environmental Law*. London/New York: Routledge, 2015 (2013). p 123-136.

TAVARES, A. M. F. F.; STIVAL, M. M.; SILVA, S. D. A restrita jurisprudência ambiental da Corte Interamericana de Direitos Humanos e possíveis inovações sobre proteção ambiental urbana. *Veredas do Direito*, v. 17, n. 37, Belo Horizonte, p. 241-262, jan./abr. 2020. Disponível em: http://revista.domhelder.edu.br/index.php/veredas/article/view/1559. Acesso em: 14 set. 2024.

TAYLOR, G. Rattray. *A ameaça ecológica*. São Paulo: Verbo-Edusp, 1978.

TEIXEIRA, António Braz. *Sentido e valor do Direito*. Lisboa: Imprensa Nacional/Casa da Moeda, 1990.

THE INTERNATIONAL WORK GROUP FOR INDIGENOUS AFFAIRS (IWGIA). *Indigenous World 2023*. Copenhagen. 37th edition. 2023.

THE SECRETARIAT OF THE CONVENTION ON BIOLOGICAL DIVERSITY. CBD News Special Edition: Biological Diversity from Conception to Implementation – Historical perspectives on the occasion of the 10th anniversary of the entry into force of the Convention on Biological Diversity. [s.d.]

THE WORLD BANK. *Environmental and social framework*. Washington, DC: The World Bank, 2017.

THEODORO JÚNIOR, Humberto. *Processo de conhecimento*. 3. ed. Rio de Janeiro: Forense, 1984.

THOMAS, Keith. *O Homem e o mundo natural*. São Paulo: Companhia das Letras, 1988.

THOMÉ, Romeu; VENÂNCIO, Stephanie Rodrigues. O caso Gabciokovo – Nagymaros (Hungria vs. Eslováquia): a Corte Internacional de Justiça e o princípio da prevenção. *Revista de Direito e Sustentabilidade*, XXIX Congresso Nacional, v. 8, n. 2, p. 18-42, jul./dez. 2022.

THOREAU, Henry David. *Life without principle*. Disponível em: http://thoreau.eserver.org/life1.htmle. Acesso em: 15 ago. 2007.

THORNTON, Justine; BECKWITH, Silas. *Environmental Law*. London: Sweet & Maxwell, 1997.

TIGAR, Michael E.; LEVY, Madeleine. *O direito e a ascensão do capitalismo*. Rio de Janeiro: Zahar, 1978.

TOLEDO, André de Paiva. *Direito internacional & recursos biológicos*. 1. reimp. Belo Horizonte: D'Plácido, 2021.

TORRES, Ricardo Lobo. *Curso de direito financeiro e tributário*. 12. ed. Rio de Janeiro: Renovar, 2005.

656 | DIREITO AMBIENTAL – *Paulo de Bessa Antunes*

TRIGGER, Bruce G. *Les Indiens, la Fourrure et les Blancs*: Français et Amerindiens en Amérique du Nord. Tradução de Georges Khal. Québec: Boréal/Seuil, 1992.

TRINDADE, Antônio Augusto Cançado. *O esgotamento dos recursos internos no direito internacional*. 2. ed. Brasília: UnB, 1997.

TRINDADE, Antônio Augusto Cançado. *Os tribunais internacionais e a realização da justiça*. 3. ed. Belo Horizonte: Del Rey, 2019.

TROLLDALEN, Jon Martin. *International Environmental Conflict Resolution, the role of the United Nations*. Washington: WFED/UNITAR/NIDR, 1992.

TRUBEK, David M. Max Weber sobre direito e ascensão do capitalismo. In: RODRIGUEZ, José Rodrigo (org.). *O novo direito e desenvolvimento*. São Paulo: Saraiva/GV São Paulo, 2009. p. 1-50.

TRUBEK, David M. Law and development 50 years on. *International Encyclopedia of Social and Behavioral Sciences (Forthcoming)*, Univ. of Wisconsin Legal Studies Research Paper n. 1212, 2012.

TRUILHÉ-MARENGO, Eve. *Droit de L'Environnement de L'Union Européene*. Bruxelles: Larcier, 2015.

TUCIDIDES. *História da guerra do Peloponeso*. Brasília: UnB, 1987. Disponível em: https://funag.gov.br/loja/download/0041-historia_da_guerra_do_peloponeso.pdf. Acesso em: 7 mar. 2024.

UICN – União Internacional para a Conservação da Natureza, PNUMA – Programa das Nações Unidas para o Meio Ambiente e WWF – Fundo Mundial para a Natureza. *Cuidando do Planeta Terra*. São Paulo, 1991.

UNEP – UNITED NATIONS ENVIRONMENT PROGRAMME. *Bend the trend Pathways to a liveable planet as resource use spikes*. Nairobi: Unep, 2024.

UNEP – UNITED NATIONS ENVIRONMENT PROGRAMME. Environment Rule of Law: First Report, 2019.

UNESCO. The Precautionary Principle World Commission on the Ethics of Scientific Knowledge and Technology (Comest). Paris, 2005.

UNITED NATIONS. The Sustainable Development Goals Report 2023: Special edition. Towards a Rescue Plan for People and Planet. 2023. Disponível em: https://unstats.un.org/sdgs/report/2023/The-Sustainable-Development-Goals-Report-2023.pdf. Acesso em: 12 jul. 2024.

UNITED NATIONS ECONOMIC COMMISSION FOR EUROPE. *Protecting your environment. The power is in your hands*. Geneva, 2014.

UNITED NATIONS. *The Sustainable Development Goals Report 2023*: Special edition. 2023.

UNITED NATIONS. *Report of the United Nations Conference on Environment and Development*. Volume I, Resolutions Adopted by the Conference. New York, 1993.

UNITED NATIONS. *Millennium Development Goal 8*. Taking Stock of the Global Partnership for Development. *MDG Gap Task Force*. 2015a.

UNITED NATIONS. *The Millennium Development Goals Report*. 2015b.

URQUIDI, Victor L. Economia y medio ambiente. In: GLENDER, Alberto; LICHTINGER, Victor. *La diplomacia ambiental – México y la Conferencia sobre Medio Ambiente y Desarollo*. Mexico: Fondo de Cultura Económica, 1994. p. 47-69.

VARANASI, Anuradha. How colonialism spawed and contributes to exacerbate climate crisis. *State of the Planet*, September, 21, 2022. Disponível em: https://news.climate.columbia.edu/2022/09/21/how-colonialism-spawned-and-continues-to-exacerbate-the-climate-crisis/. Acesso em: 8 jul. 2024.

VARELLA, Marcelo Dias. O surgimento e a evolução do direito internacional do meio ambiente: da proteção da natureza ao desenvolvimento sustentável. In: VARELLA, Marcelo Dias.; BARROS--PLAUTAU (org.). *Proteção internacional do meio ambiente*. Brasília: Unitar/UniCEUB/UnB, 2009.

VARELLA, Marcelo Dias. *Direito Internacional Público*. 8. ed. São Paulo: Saraiva, 2009.

VARELLA, Marcelo Dias. *Direito internacional econômico ambiental*. Belo Horizonte: Del Rey, 2004.

VARELLA, Marcelo Dias; FONTES, Eliana; ROCHA, Fernando Galvão. *Biossegurança & Biodiversidade*: contexto científico e regulamentar. Belo Horizonte: Del Rey, 1999.

REFERÊNCIAS BIBLIOGRÁFICAS | 657

VARELLA, Marcelo Dias; PLAUTAU, Ana Flávia Barros. *Princípio da precaução*. Belo Horizonte: ESMPU/Del Rey, 2004.

VENOSA, Sílvio de Salvo. *Direito Civil*: responsabilidade civil. 5. ed. São Paulo: Atlas, 2005. v. 4.

VIEIRA, Roberto Santos. *Direito ambiental brasileiro*. Manaus, 1990.

VILLARES, Luiz Fernando. *Direito e Povos Indígenas*. Curitiba: Juruá, 2009.

VISSIER, Wayne. *Os 50 + importantes livros em sustentabilidade*. São Paulo: Peirópolis, 2012.

VITA, Heraldo Garcia. *A sanção no direito administrativo. São Paulo*: Malheiros, 2003.

WACKS, Raymond. *Law*: a very short introduction. 2. ed. Oxford: Oxford University Press, 2015.

WAINER, Ann Helen. *Legislação ambiental do Brasil (subsídios para a história do Direito Ambiental)*. Rio de Janeiro: Forense, 1991.

WALKER, Gabrielle; KING, Sir David. *O tema quente*: como combater o aquecimento global e manter as luzes acesas. Rio de Janeiro: Objetiva, 2008.

WALKER, Gabrielle; KING, Sir David. *O Tema Quente*: como combater o aquecimento global e manter as luzes acesas. Tradução de Caroline Chang. Rio de Janeiro: Objetiva, 2008.

WATSON, James D. *DNA – O segredo da vida*. Tradução de Carlos Afonso Malferrari. São Paulo: Companhia das Letras, 2005.

WEBSTER, Noah. *Webster's unabridged dictionary unabridged edition*. 2. ed. Nova York: The Publishers Guild Inc, 1970.

WHITE, Rob. *Crimes Against Nature – Environmental criminology and ecological justice*. Portland (Oregon): Willan Publishing, 2010.

WHITEHEAD, Alfred North. *O conceito de natureza*. Tradução de Júlio B. Fischer. São Paulo: Martins Fontes, 1994.

WHITEHEAD, Alfred North. *A ciência e o mundo moderno*. São Paulo: Paulus, 2006.

WHO. World Health Organization. *The use of DDT in malaria vector control:* WHO position statement. Geneva: WHO, 2011.

WIEACKER, Franz. *História do direito privado moderno*. Lisboa: Calouste Gulbenkian, 1980.

WIJNSTEKERS, W. *The Evolution of CITES*. 9. ed. Budapest: International Council for Game and Wildlife Conservation, 2011.

WINTER DE CARVALHO, Délton; DAMACENA, Fernanda Dalla Libera. *Direito dos desastres*. Porto Alegre: Livraria do Advogado, 2013.

WOLD, Chris. A emergência de um conjunto de princípios destinados à proteção internacional do meio ambiente. In: SAMPAIO, José Adércio Leite; WOLD, Chris; NARDY, Afrânio. *Princípios do direito ambiental*. Belo Horizonte: Del Rey, 2009. p. 5-31.

WOLFF, Maria Thereza. A biodiversidade na propriedade industrial. *Revista da Associação Brasileira da Propriedade Industrial*, n. 52, maio/jun. 2001.

WOOD, Michael. *História da China*: o retrato de uma civilização e de seu povo. São Paulo: Planeta do Brasil, 2022.

ZANOCCHI, José Maria. *A proteção do meio ambiente no comércio internacional*. Rio de Janeiro: Lumen Juris, 2020.

ZIERLER, David. *The Invention of Ecocide*: Agent Orange, Vietnam, and the Scientists Who Changed the Way We Think About the Environment. Athens: University of Georgia Press, 2011.